北京海淀年鉴

2020

《北京海淀年鉴》编纂委员会　编

方志出版社
Publishing House of Local Records

图书在版编目（CIP）数据

北京海淀年鉴. 2020 /《北京海淀年鉴》编纂委员会编. -- 北京：方志出版社，2020.12
ISBN 978-7-5144-4514-5

Ⅰ. ①北… Ⅱ. ①北… Ⅲ. ①海淀区—2020—年鉴
Ⅳ. ① Z521.3

中国版本图书馆 CIP 数据核字（2020）第 220529 号

北京海淀年鉴（2020）

编　　者：《北京海淀年鉴》编纂委员会
责任编辑：刘　珊

出 版 者：方志出版社
地址　北京市朝阳区潘家园东里 9 号（国家方志馆 4 层）
邮编　100021
网址　http：//www.zgfzcb.cn
发　　行：方志出版社图书经销中心
电话　（010）67110500
经　　销：各地新华书店
排　　版：北京纺印图文设计制作有限公司
印　　刷：北京中科印刷有限公司

开　　本：889 × 1194　1/16
印　　张：34.75
字　　数：1176 千
版　　次：2020 年 12 月第 1 版　2020 年 12 月第 1 次印刷
印　　数：0001 ~ 1200 册

ISBN 978-7-5144-4514-5　定价：260.00 元

《北京海淀年鉴》编纂委员会

《北京海淀年鉴》编辑部

编辑说明

一、《北京海淀年鉴》以马克思列宁主义、毛泽东思想、邓小平理论、“三个代表”重要思想、科学发展观、习近平新时代中国特色社会主义思想为指导，坚持辩证唯物主义和历史唯物主义的立场、观点、方法，存真求实，全面、客观、系统地记述区域发展情况。

二、《北京海淀年鉴》是由北京市海淀区人民政府主办、北京市海淀区党史地方志办公室承编的地方综合年鉴，是系统记述海淀区自然、政治、经济、文化、社会、生态方面情况的年度资料性文献。自2002年起逐年编纂并公开出版，一年一卷，本卷为第19卷。

三、本年鉴采用文章体和条目体两种体裁，以条目体为主。用规范的语体文、记述体，直陈其事。

四、《北京海淀年鉴》以内容年之次年年份为卷号。本卷记述时限为2019年1月1日至2019年12月31日（部分内容根据实际情况，时限略有前后延伸）。凡2019年事项，均直书月、日；“年内”指2019年。涉及其他年份的均标明年份。

五、《北京海淀年鉴》采用分类编辑法，由类目、分目、条目组成，部分分目增设次分目。全书条目标题统一用黑体加【 】表示。本卷设党和国家领导人与海淀、特载、专文、大事记、区情概览、中共海淀区委、海淀区人民代表大会、海淀区人民政府、政协海淀区委员会、中共海淀区纪委 海淀区监委、民主党派、人民团体、法治、军事、中关村科学城、中关村科技园区海淀园、“三山五园”历史文化景区、经济管理、农业与农村建设、商贸服务业、旅游业、城市建设与管理、生态环境、交通 邮政 通信、科技、教育、文化、卫生、体育、社会工作、社会生活、街道 镇（地区）、人物 荣誉、统计资料、附录35个类目。

六、文中除“民主党派”部分外，“党”指“中国共产党”，未标明党派的“市委”均指“中共北京市委”，“区委”均指“中共海淀区委”，“党员”均指“中共党员”，“党建”工作均指“中国共产党建设”工作。

七、中华人民共和国成立70周年庆祝活动，简称为新中国成立70周年庆祝活动，或国庆70周年活动。

八、入鉴资料均由各撰稿单位提供，并经主要负责人审核。部分资料由编辑部收集。主要数据和统计资料由海淀区统计局提供，部分数据由各相关部门提供。由于统计口径等原因，相关部门的个别数据与统计资料不一致的，以统计资料为准。

九、《北京海淀年鉴》配有双重检索系统：书前刊有详细目录，书后附有索引，并在海淀区党史地方志办公室电子资料库（hdszb.bjhd.gov.cn）中推出。

北京市海淀区行政区划图

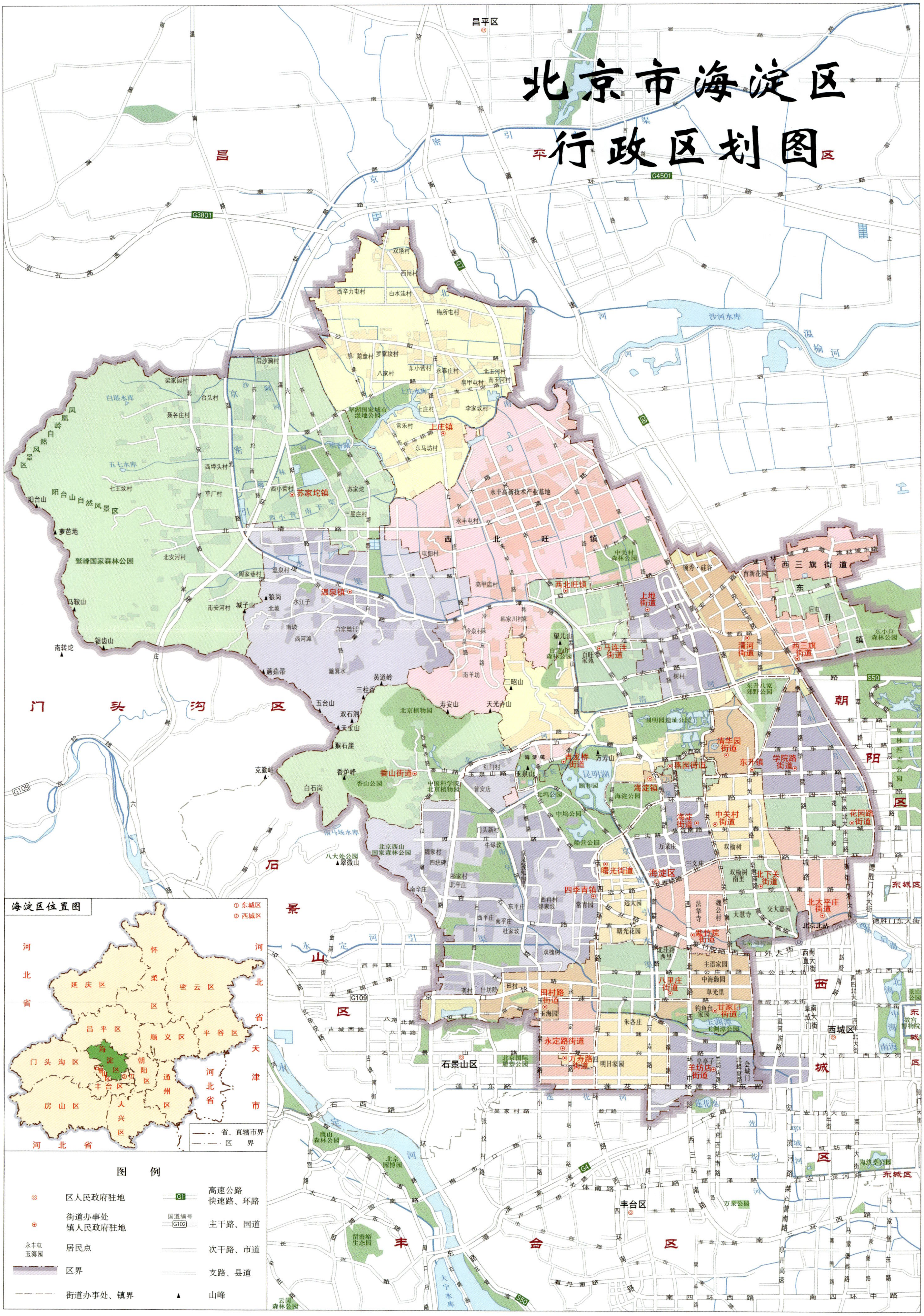

审图号：京S（2020）024号

北京市海淀区民政局　北京市测绘设计研究院 2019年12月联合编制

海淀交通运输设施图

审图号：京 S（2020）024 号　　　　北京市测绘设计研究院 2020 年 6 月编制

海淀分区规划（国土空间规划）（2017 年—2035 年）

图 01　区位图

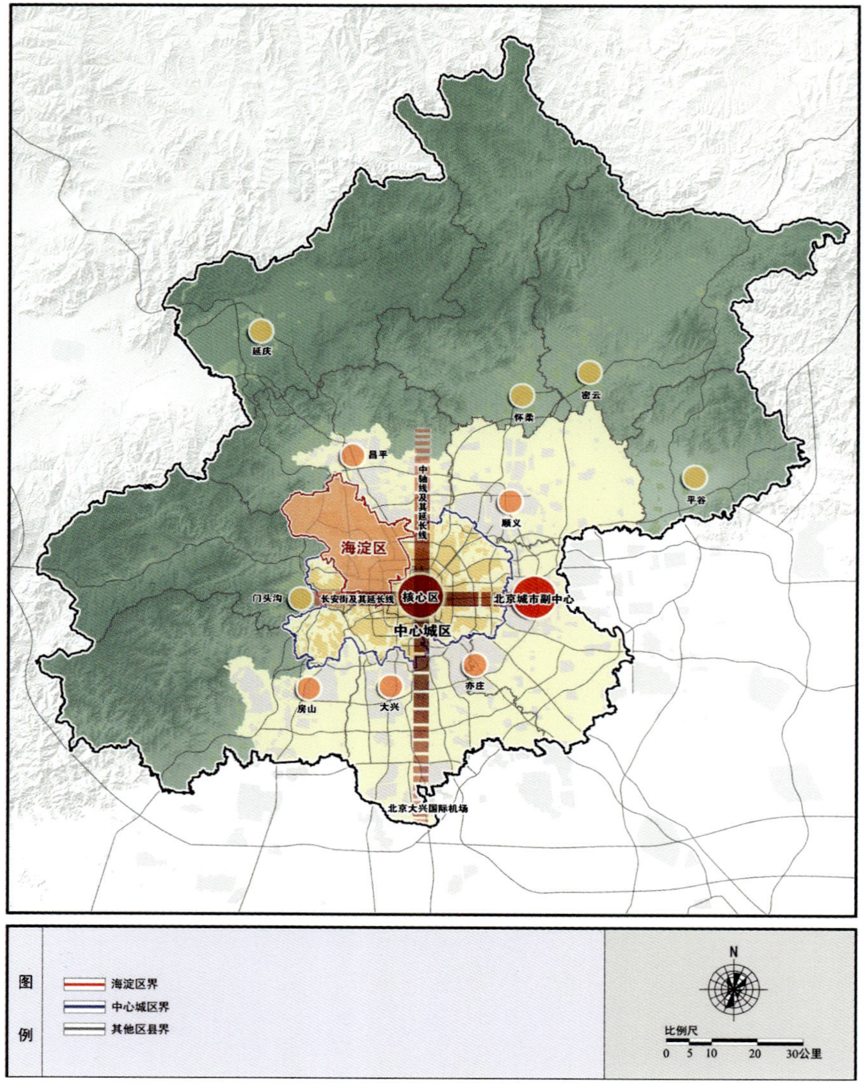

图 02　空间结构规划图

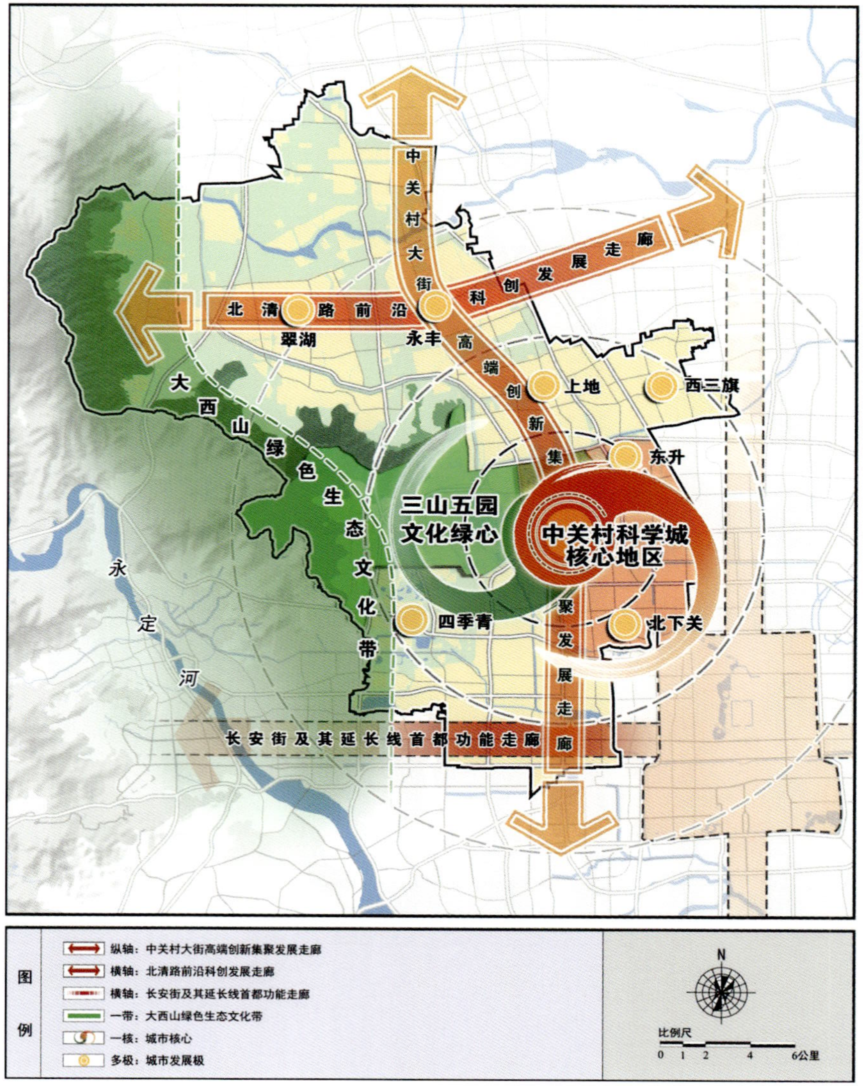

图 03　两线三区规划图

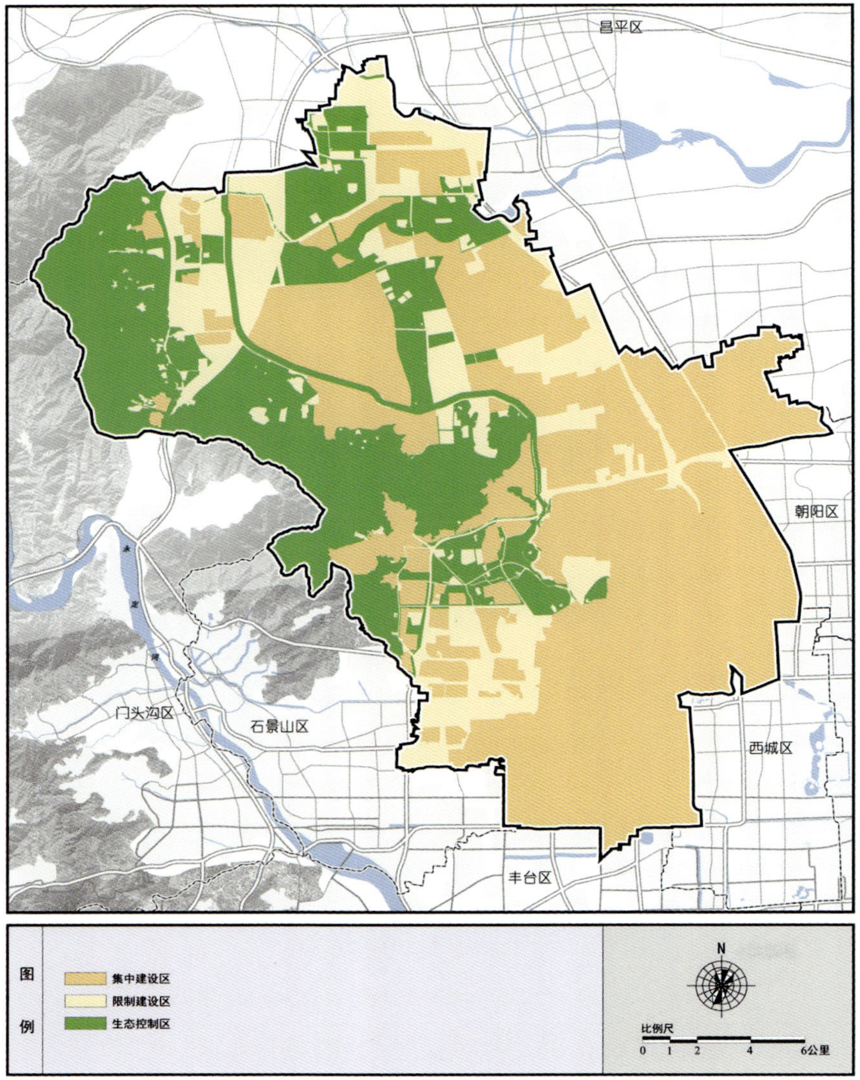

图 04　土地利用现状图

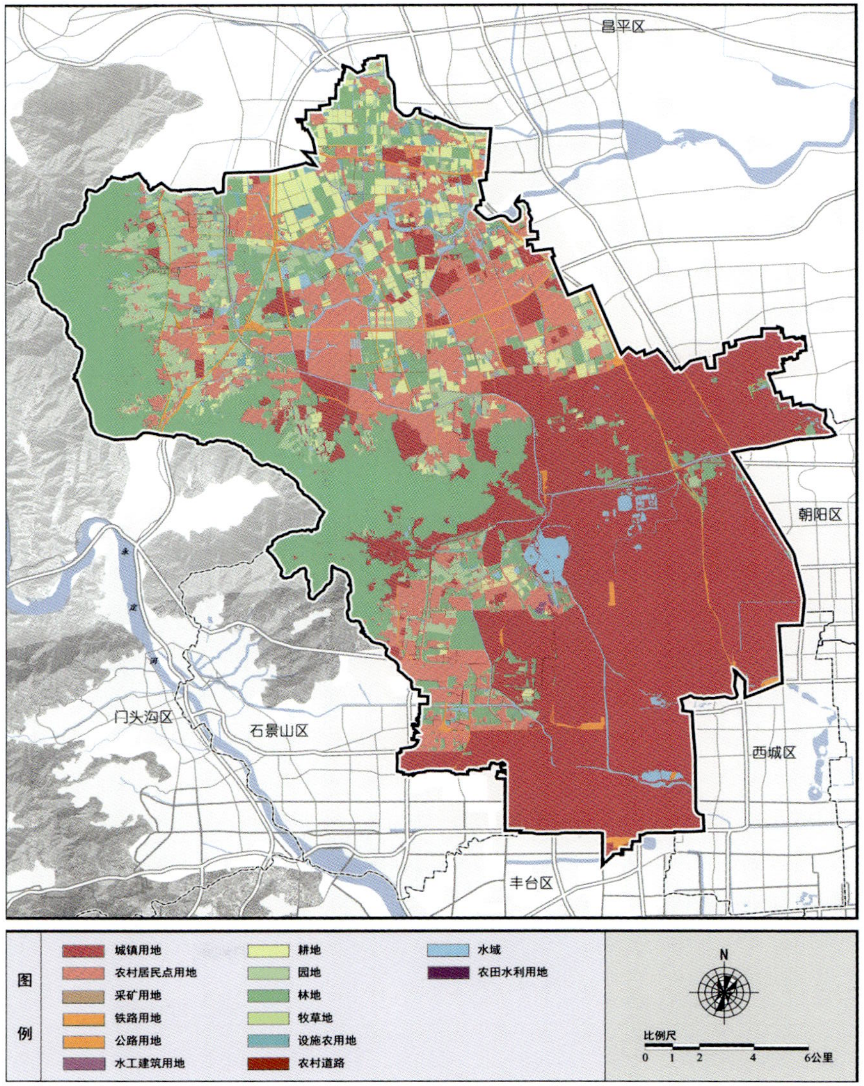

图 05　国土空间规划分区图

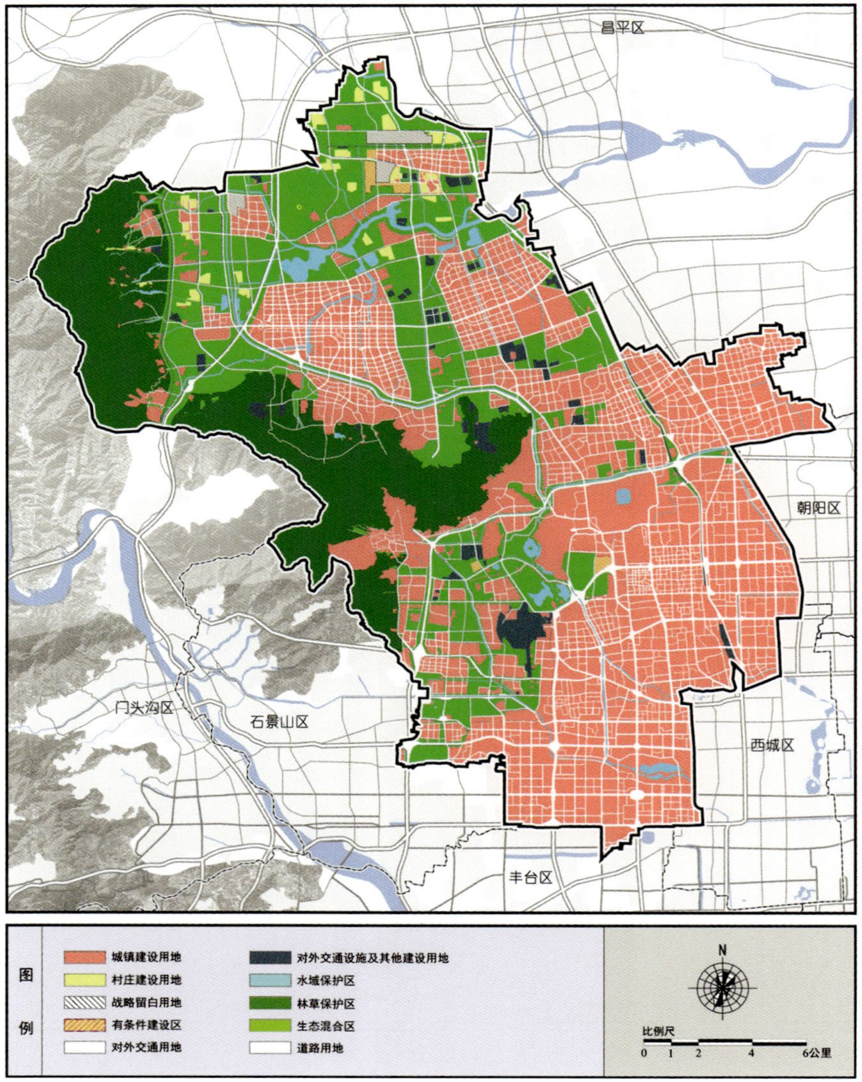

图 06　绿色空间结构规划图

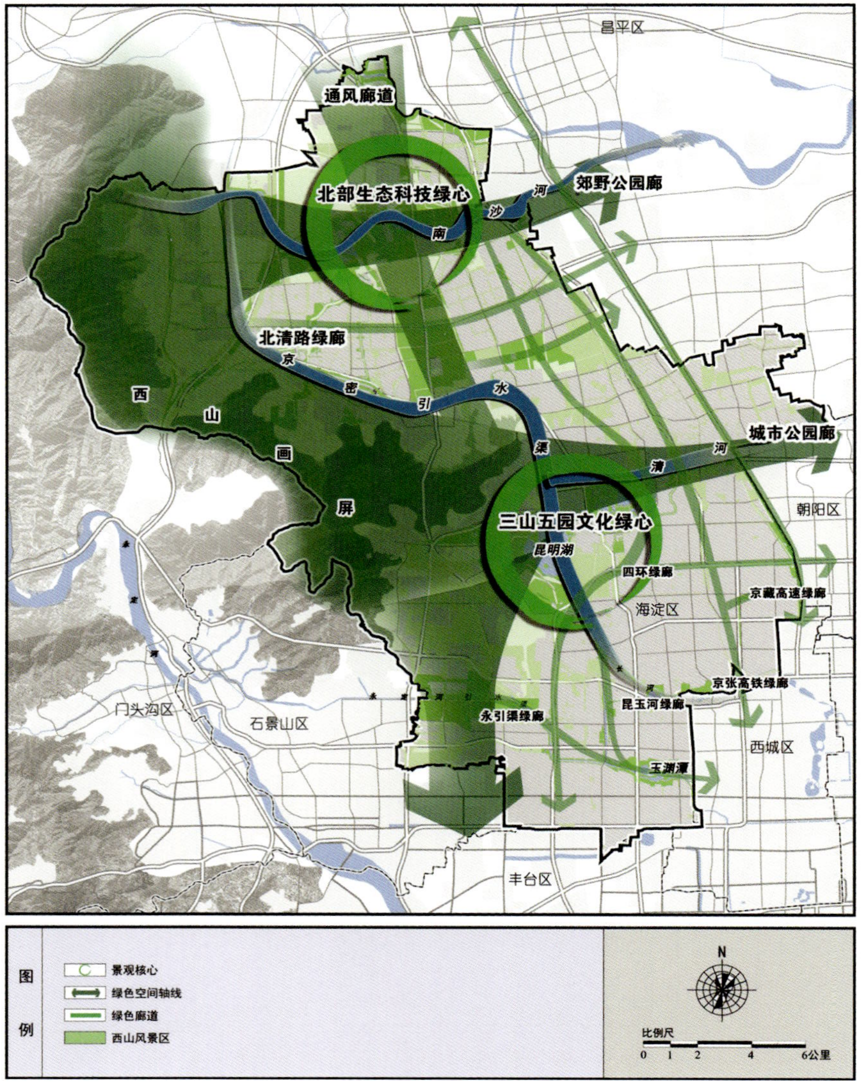

图 07　绿地系统规划图

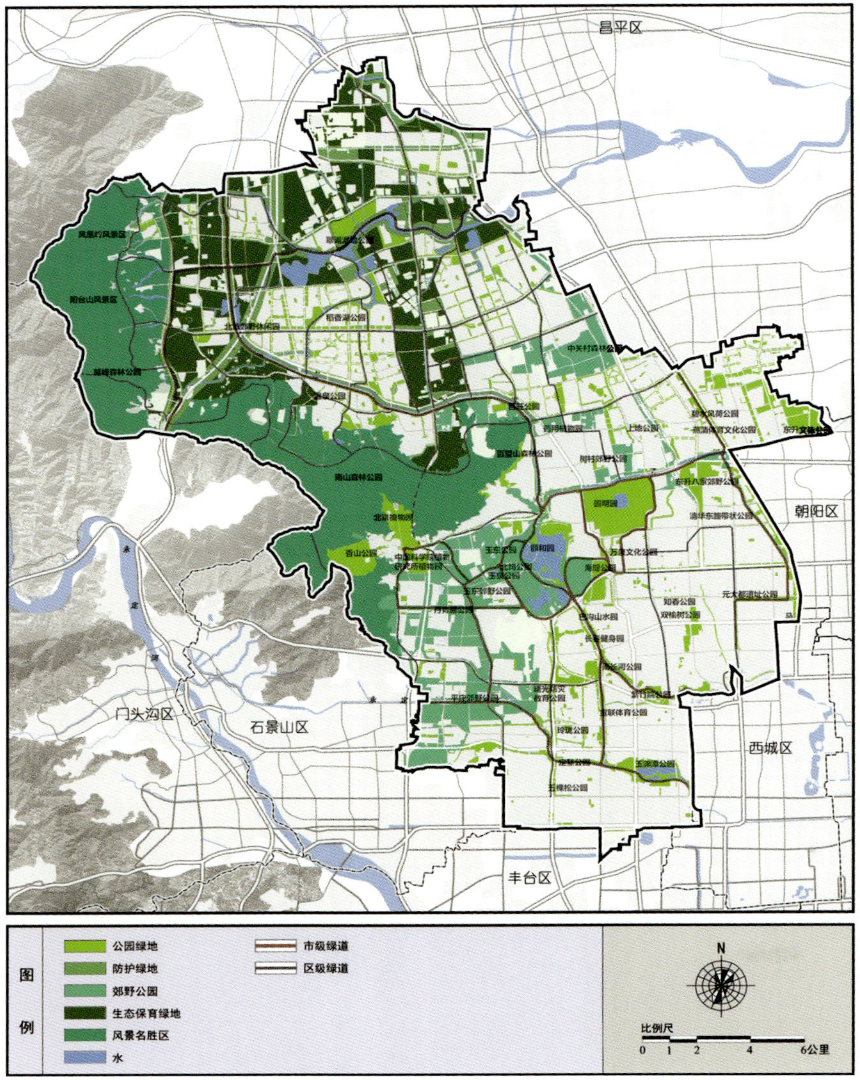

图 08　河湖水系规划图

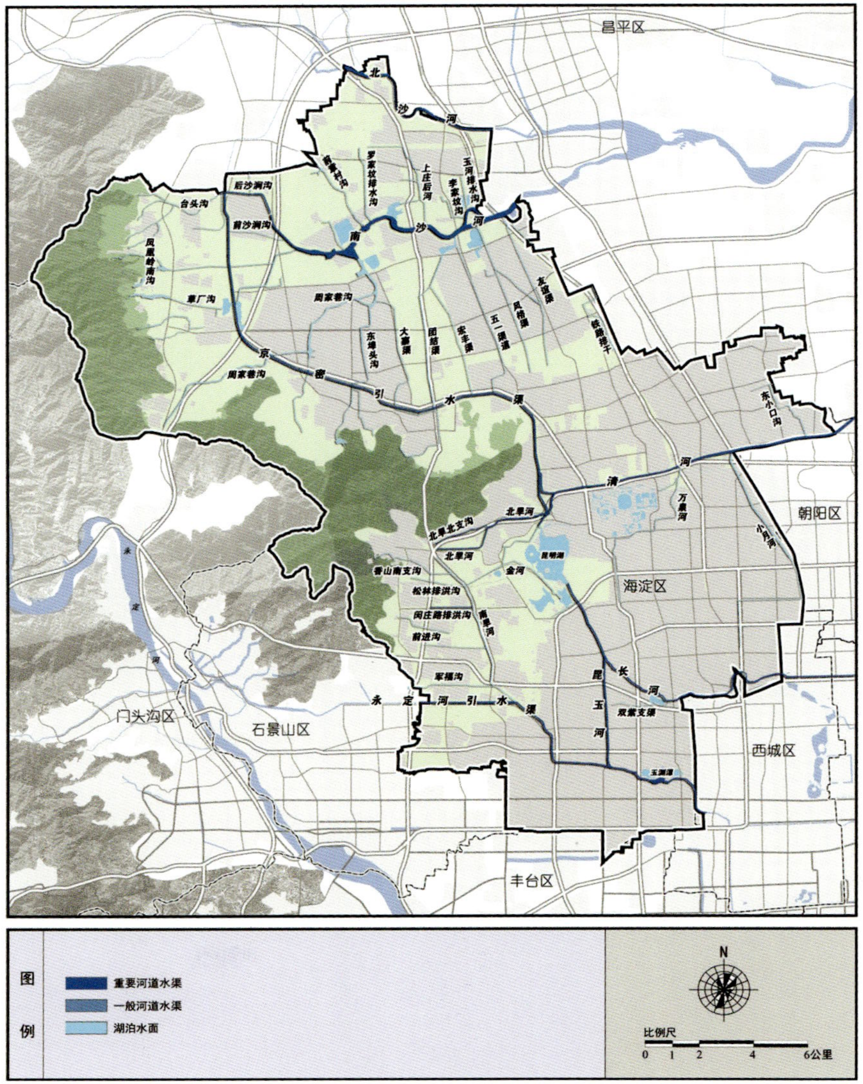

图 09　医疗服务和公共卫生设施规划示意图

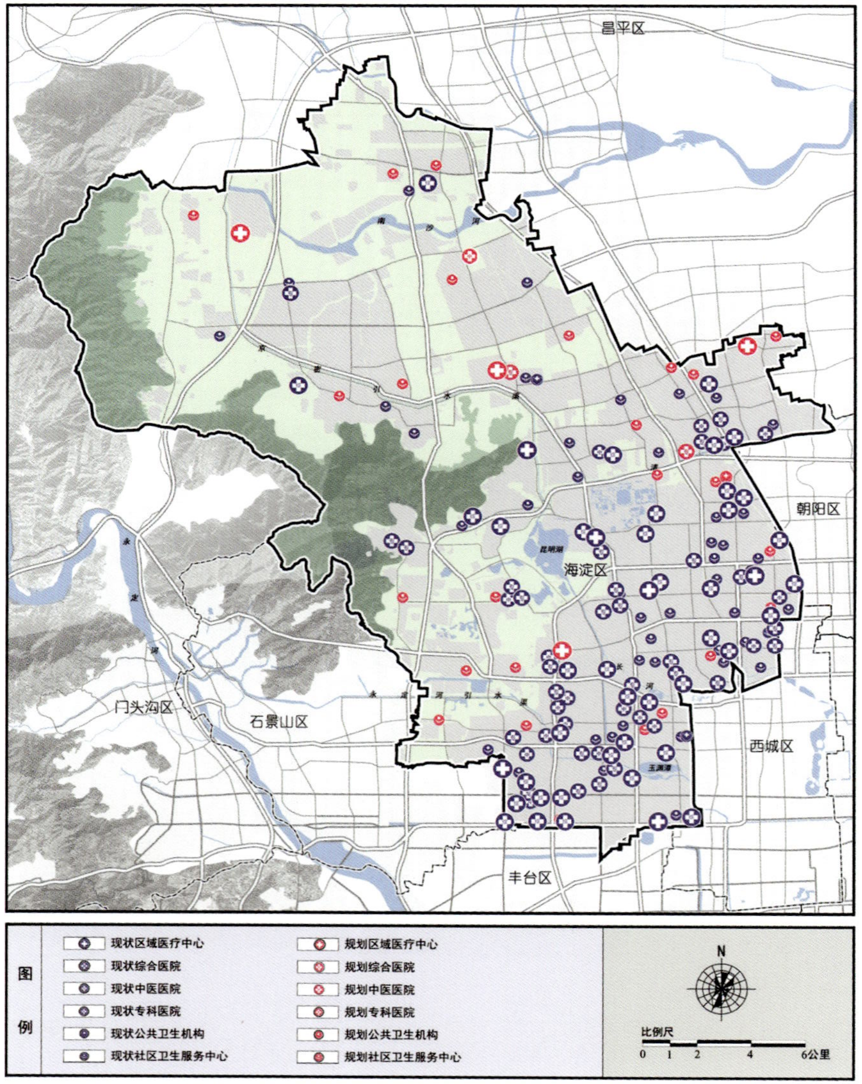

图 10　公共文化设施规划示意图

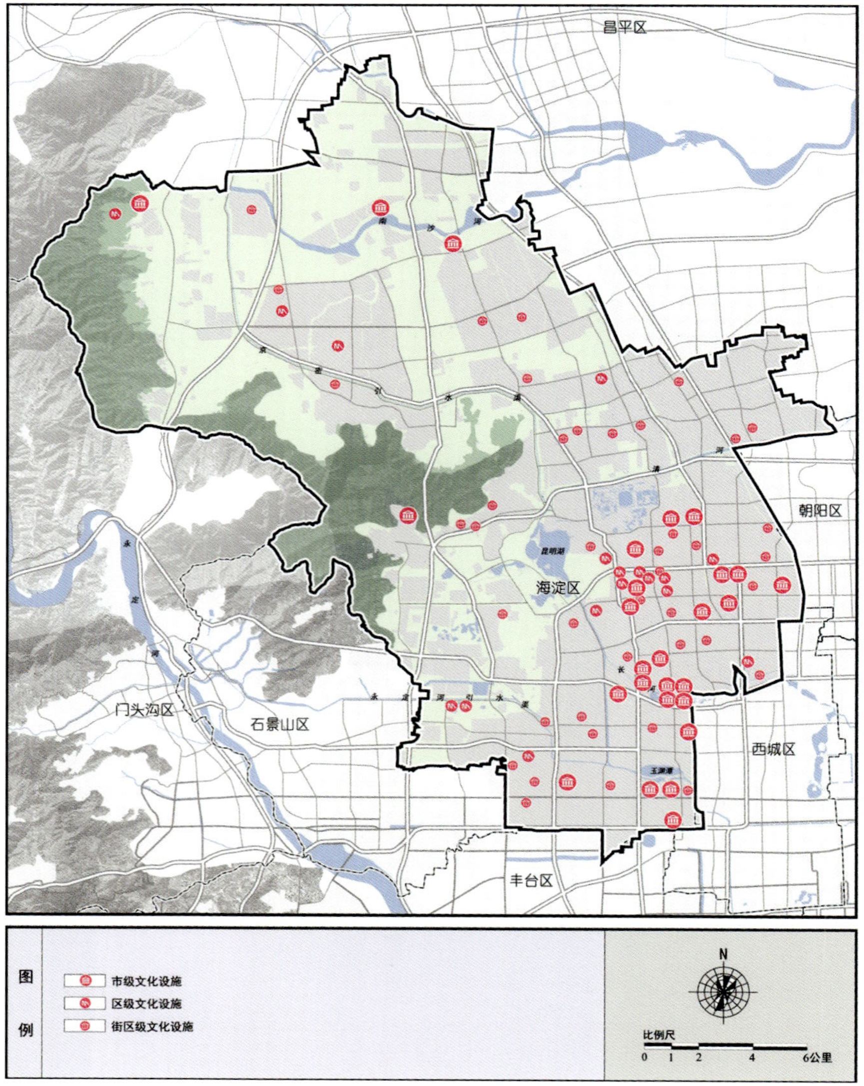

图 11　体育设施规划示意图

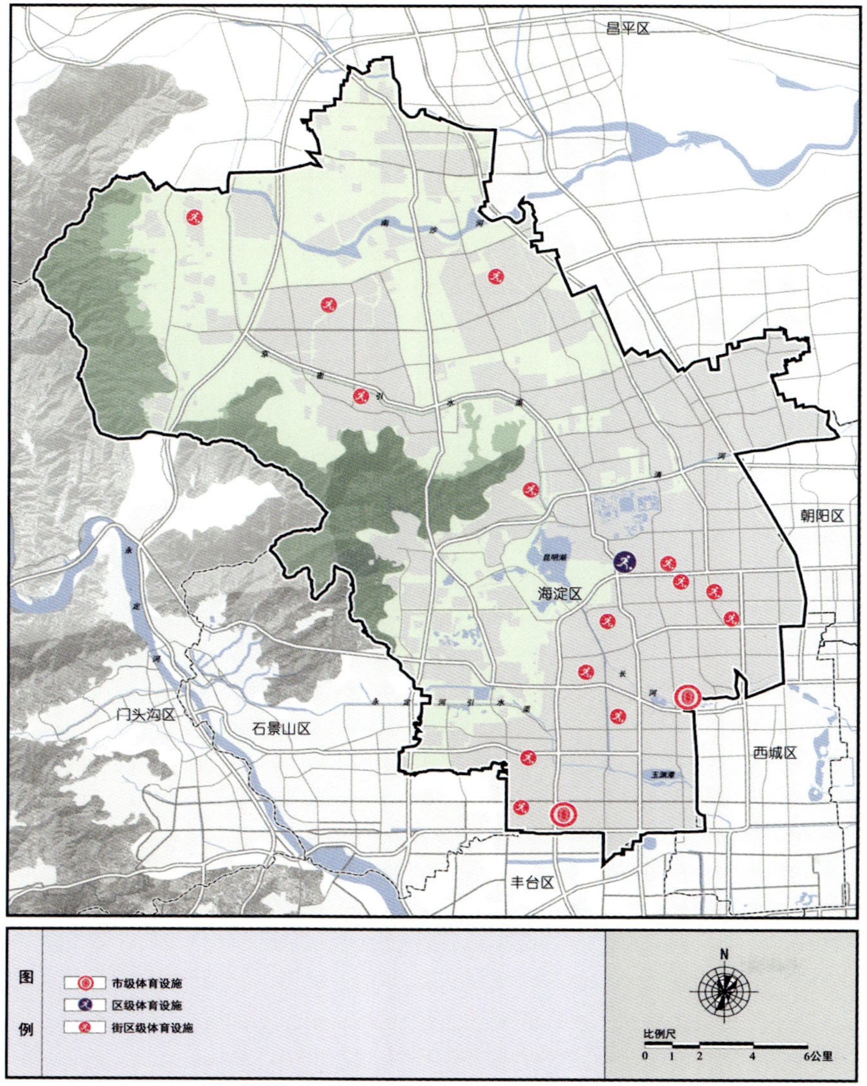

图 12　文化传承结构规划图

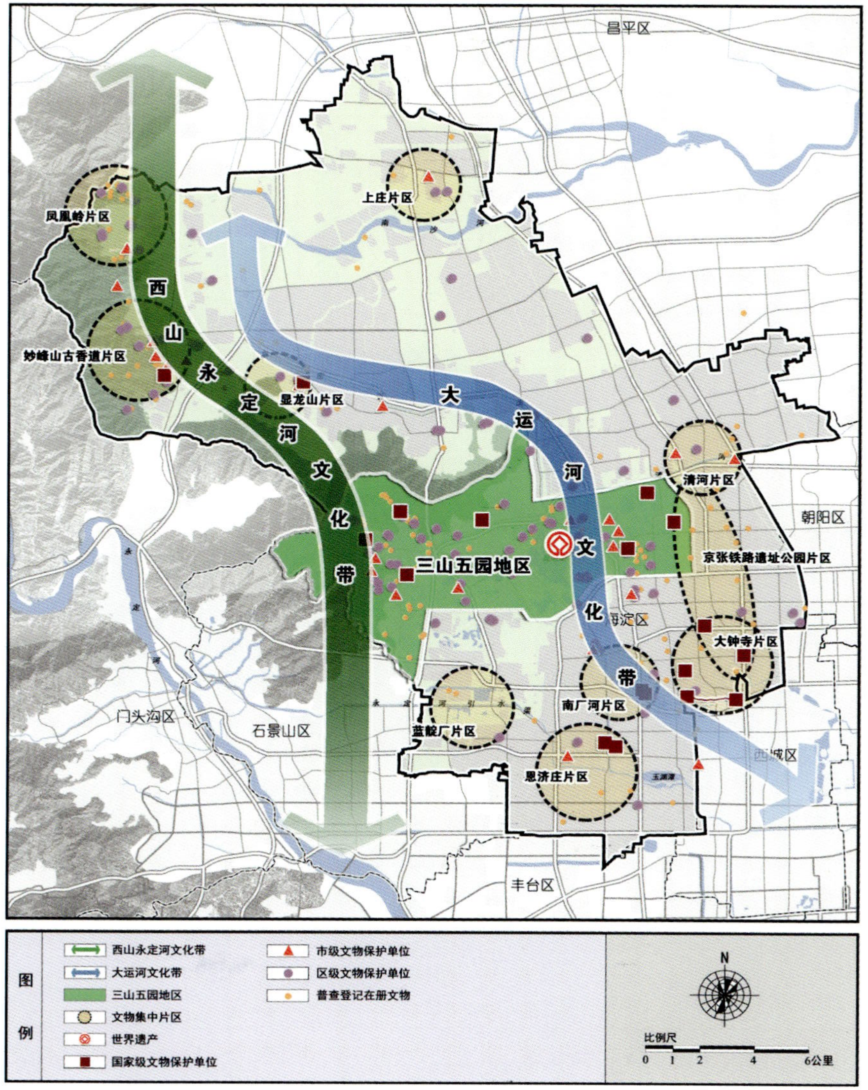

图 13　景观格局规划图

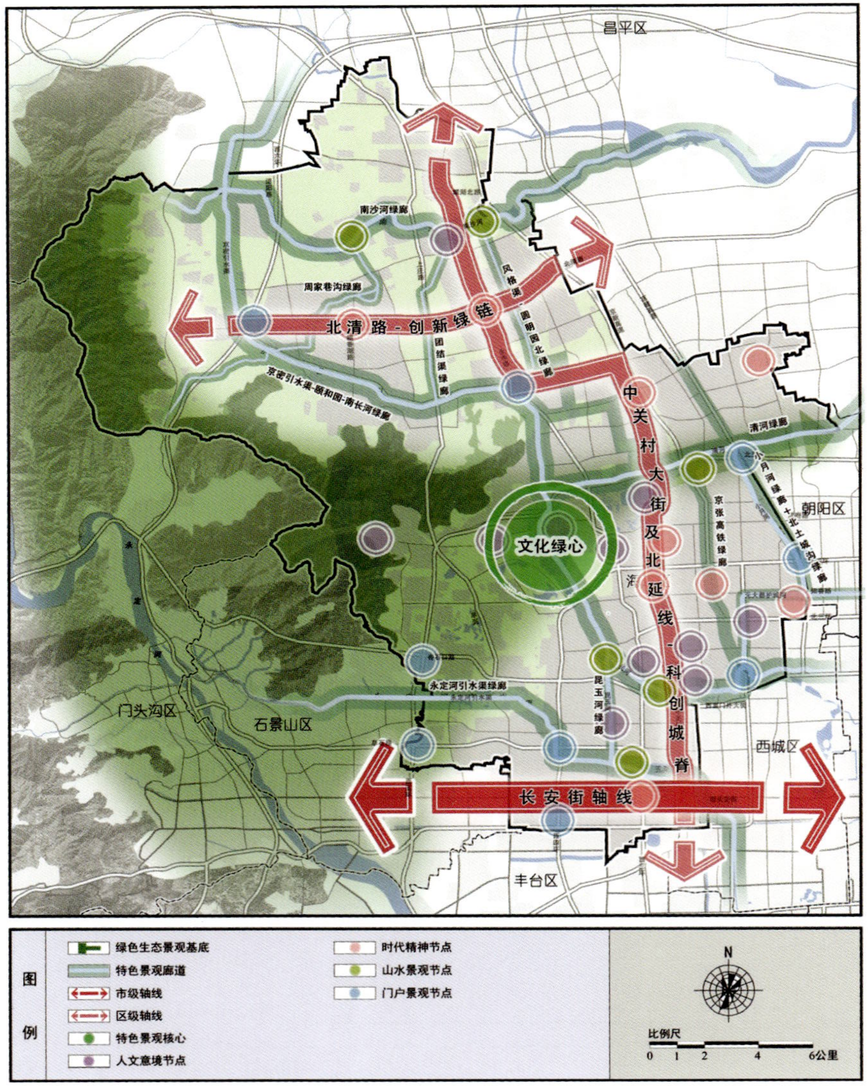

图 14　风貌分区规划图

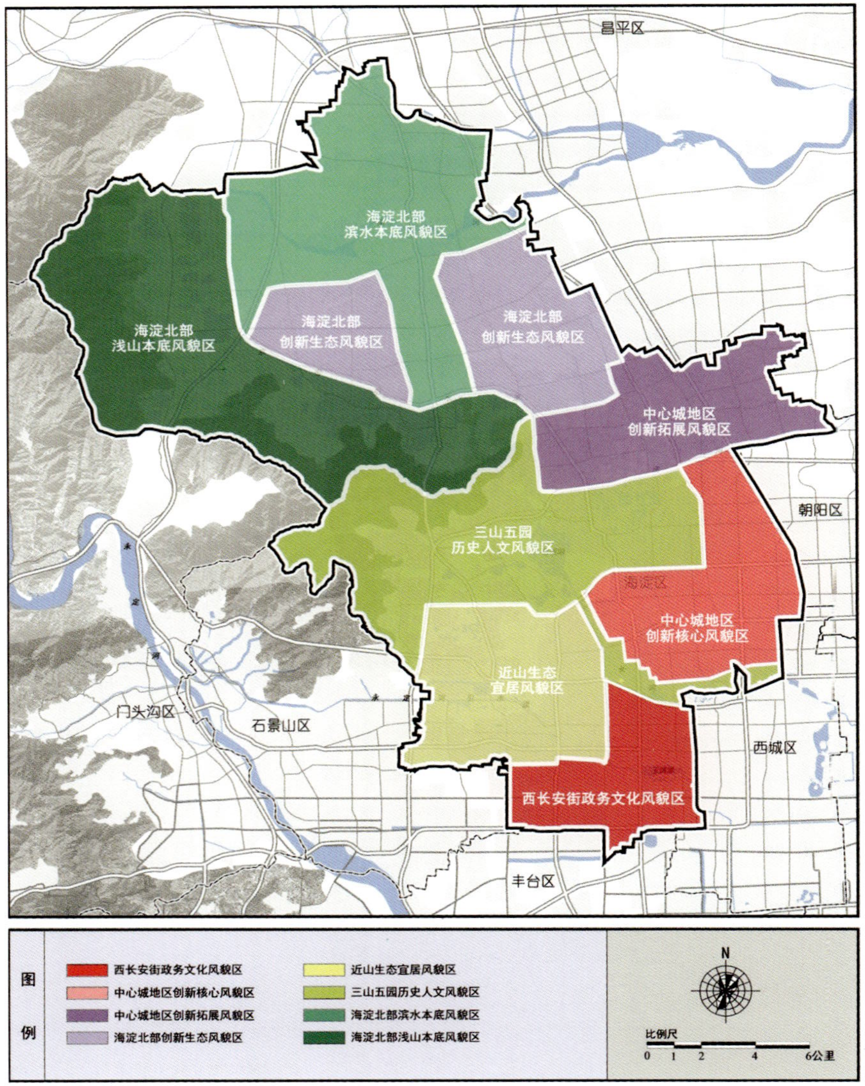

图 15　景观眺望系统规划图

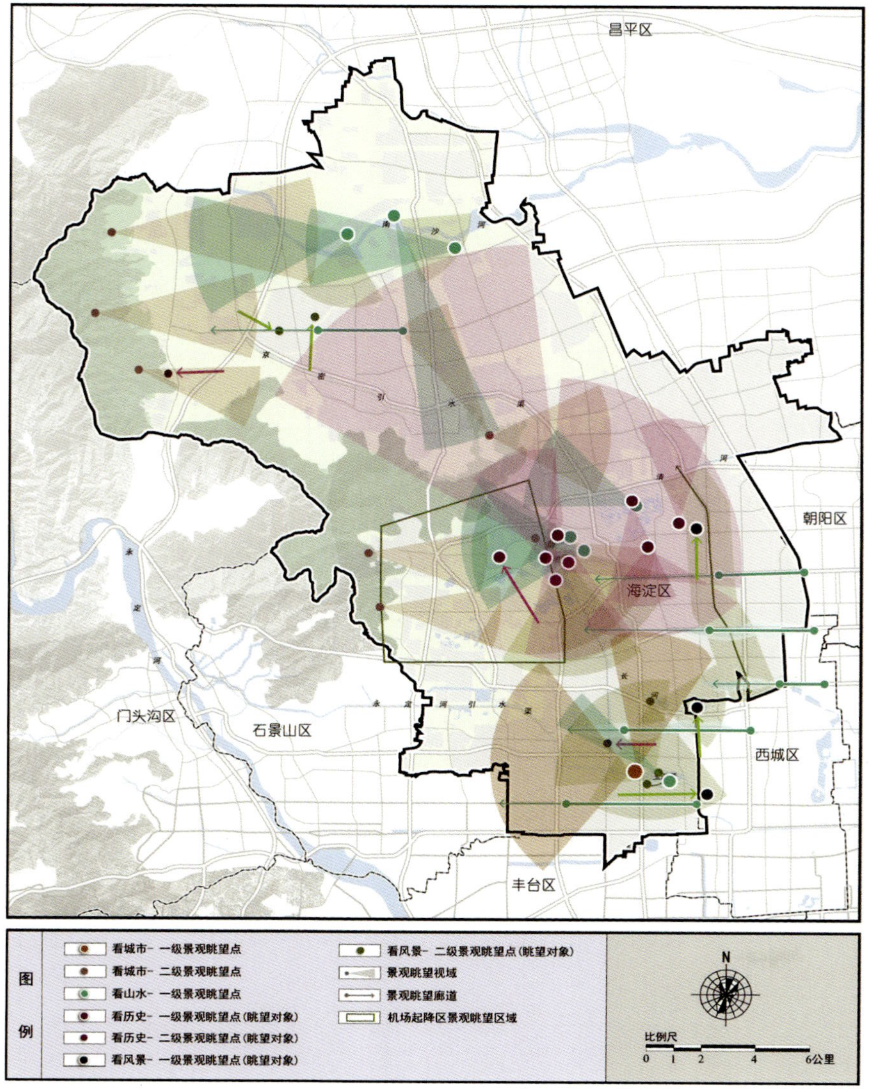

图 16　城市设计重点地区分级示意图

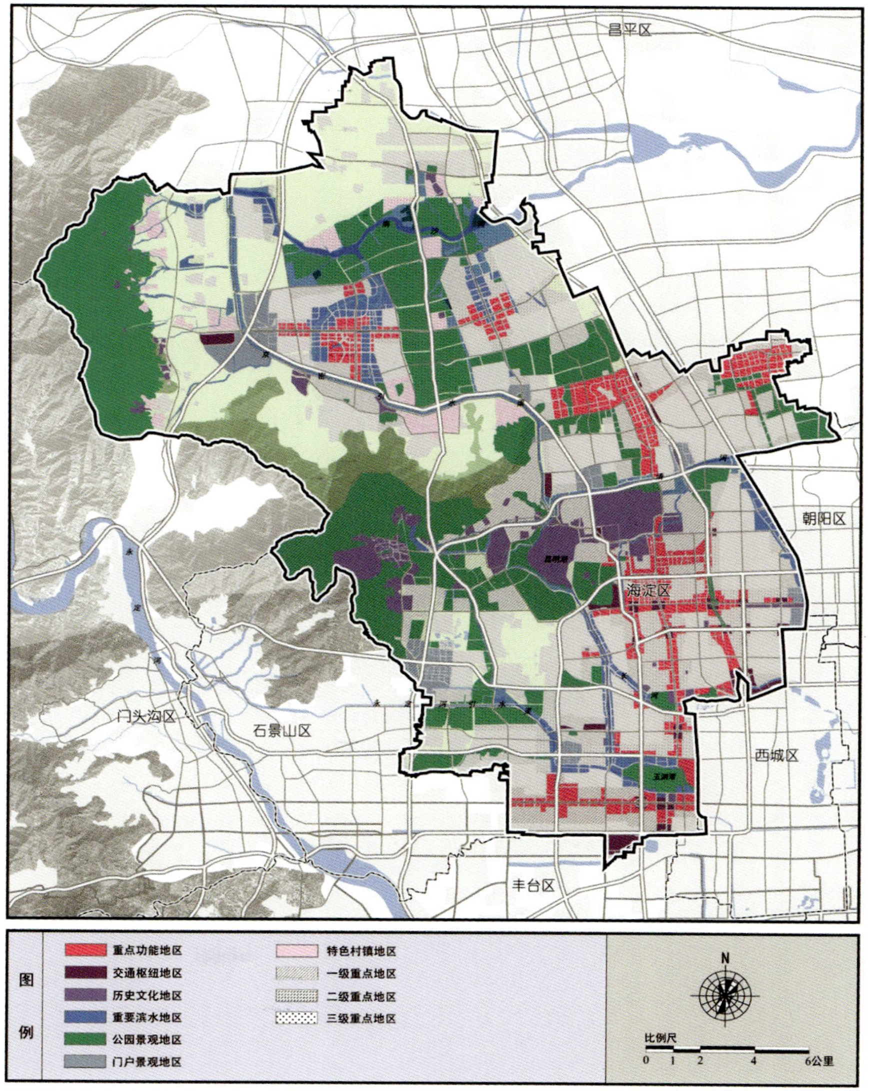

图 17　重大区域交通设施与廊道规划图

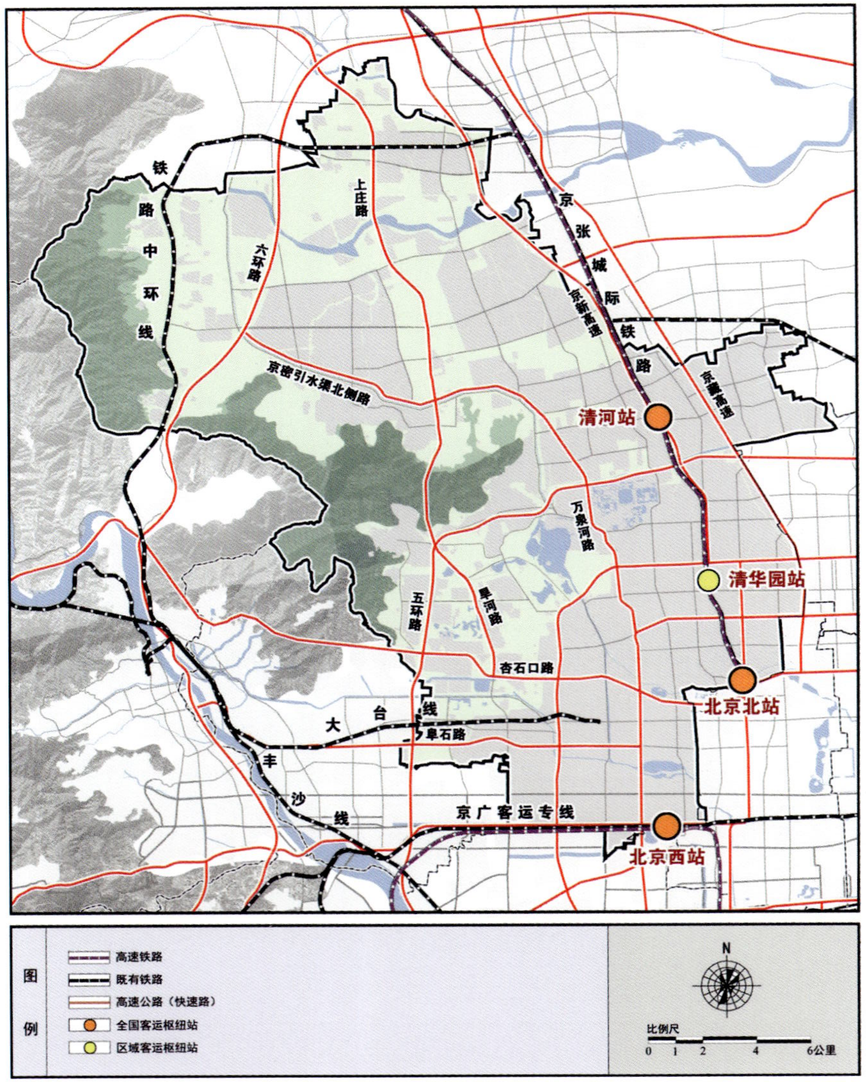

图 18　道路网系统规划图

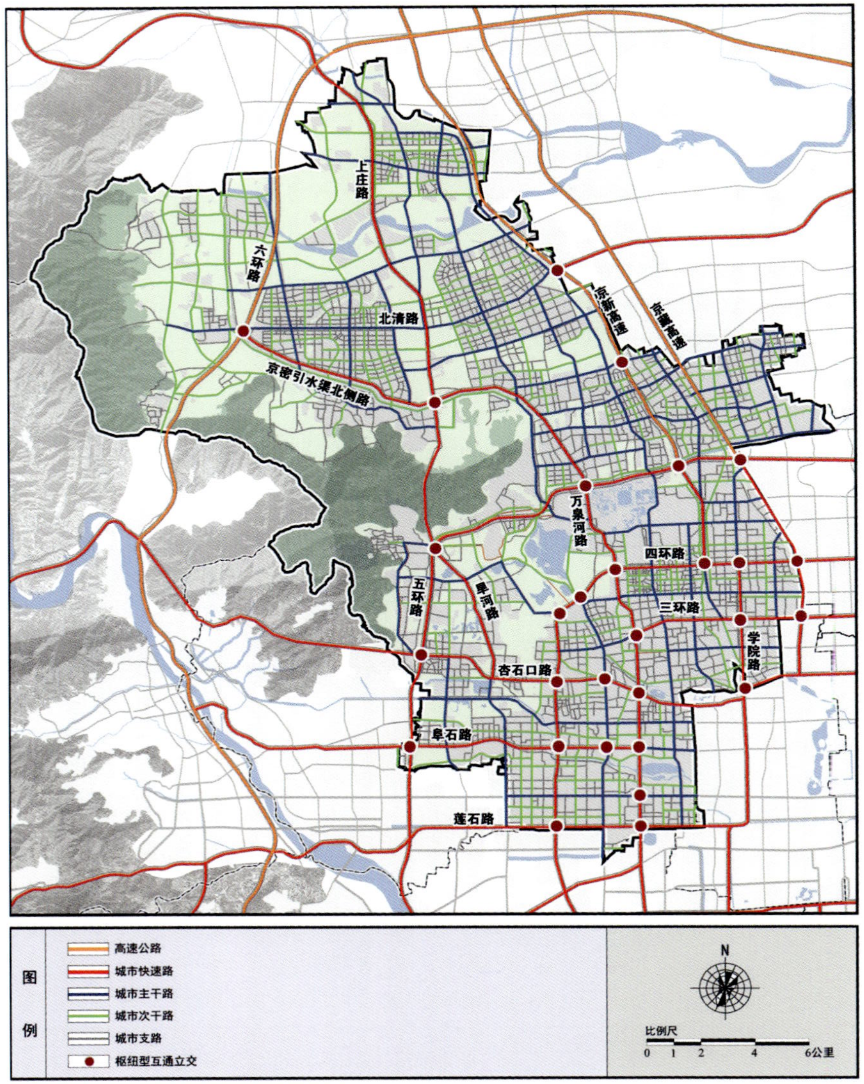

图 19　公交枢纽与公交场站规划示意图

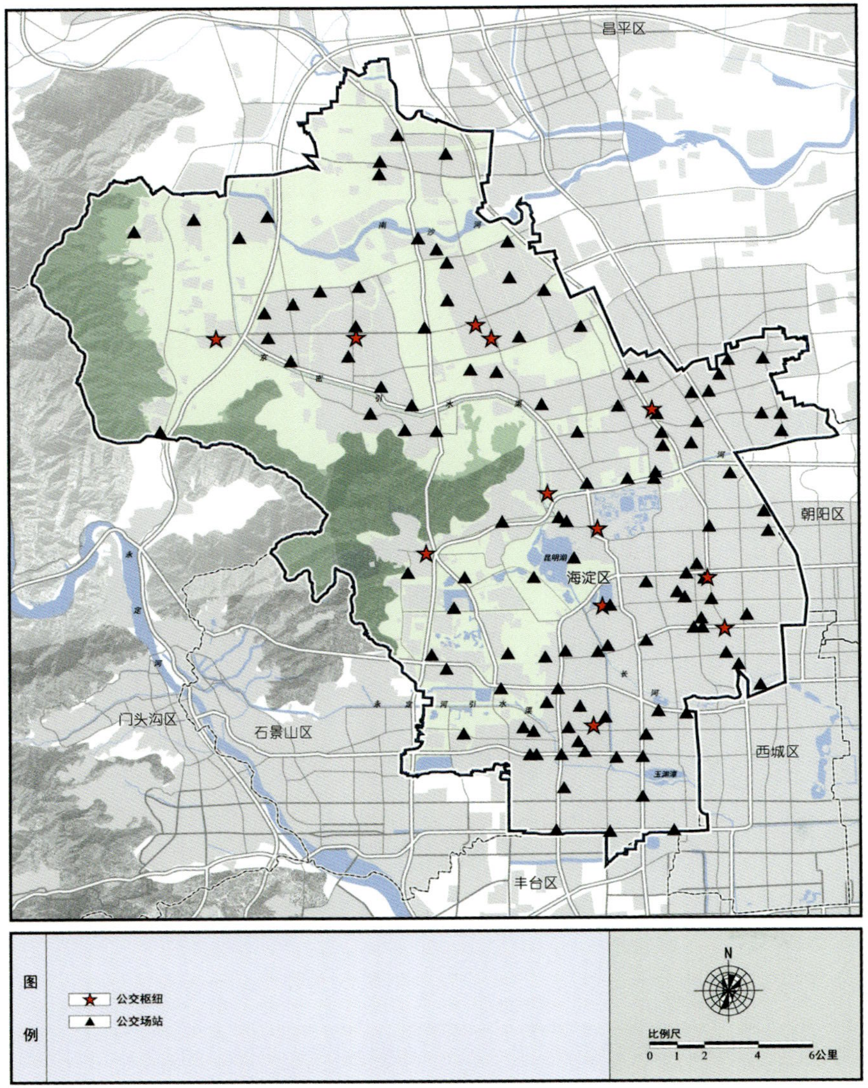

图 20　公共停车场与加油充电站规划示意图

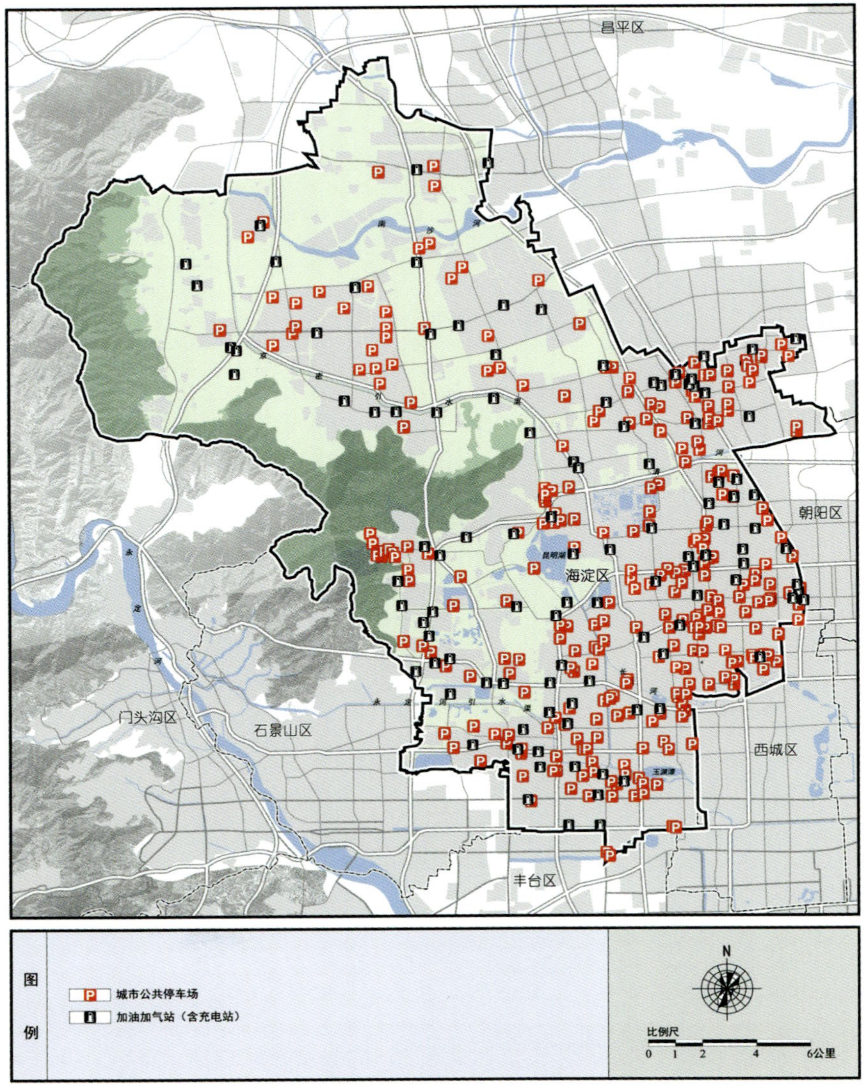

数字海淀

每日创造（万元）
Daily Production (10000 yuan)

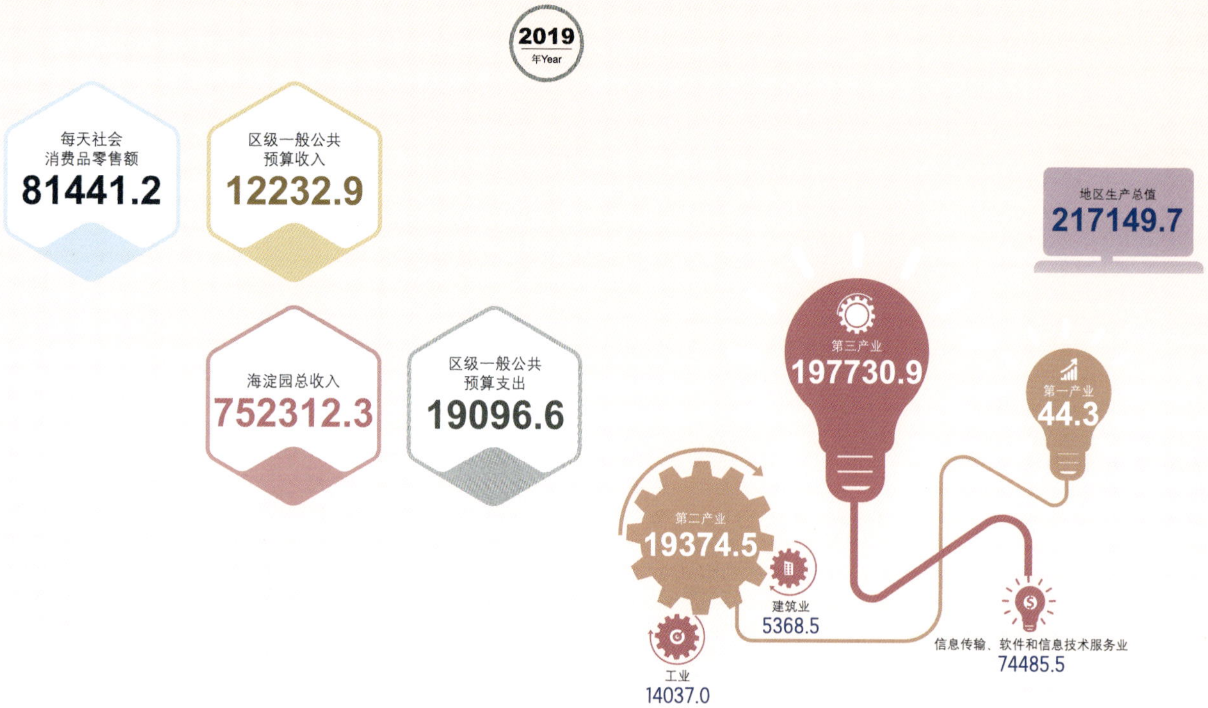

每日生活
Daily Life

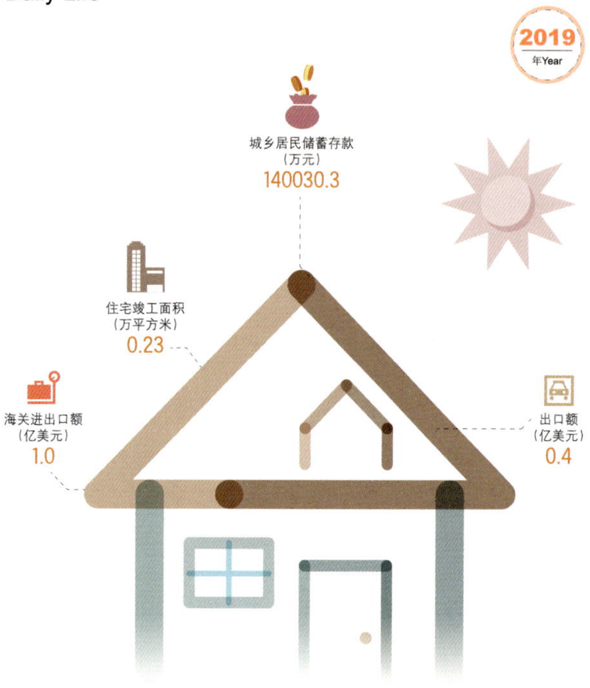

2019年全区居民家庭人均可支配收入构成（元）
2019 Per Capita Annual Income Composition of Total Households (yuan)

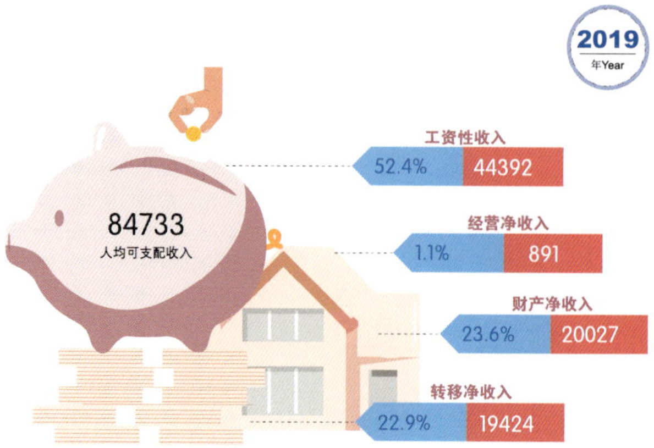

海淀区分行业增加值构成图（亿元）
Distinguish Between Haidian Industry Added Value Proportion Chart (100 million yuan)

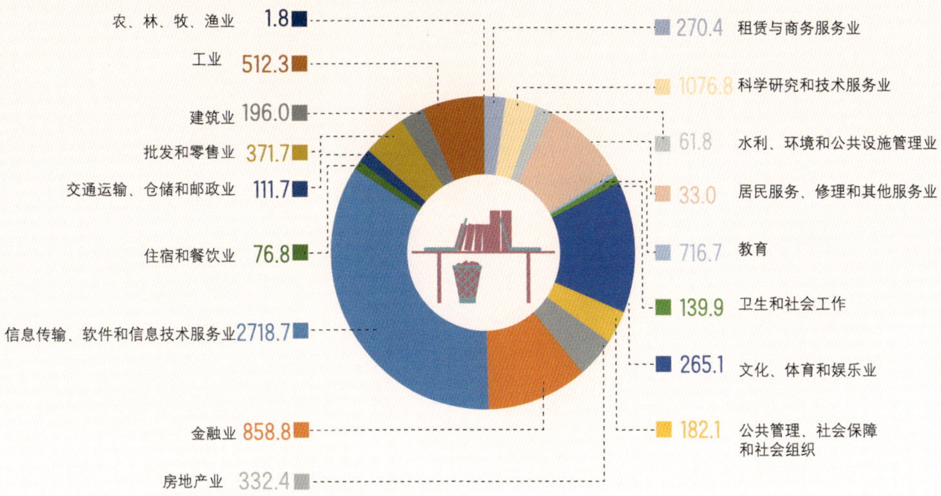

2019年全区居民家庭人均消费支出构成及占比（元）
2019 Per Capita Annual Expenditures Composition of Total Households(yuan)

2019年全区居民家庭每百户主要耐用消费品拥有量
2019 Number Of Main Durable Consumer Goods Per 100 Total Households

按收入规模划分的高新技术企业总收入（亿元）
The Total Income of High-tech Enterprises Grouped by Income Scale (100 million yuan)

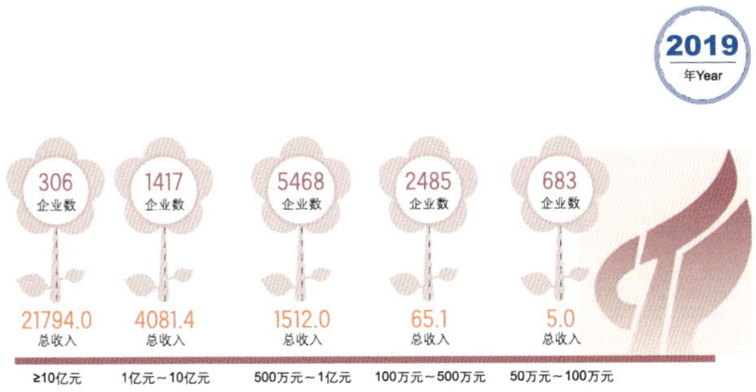

文化相关产业收入（亿元）
Cultural and Rclated Industry Income (100 million yuan)

信息传输、软件和信息技术服务业收入（亿元）
Information Transmission, Software and Information Technology Services Business Revenue (100 million yuan)

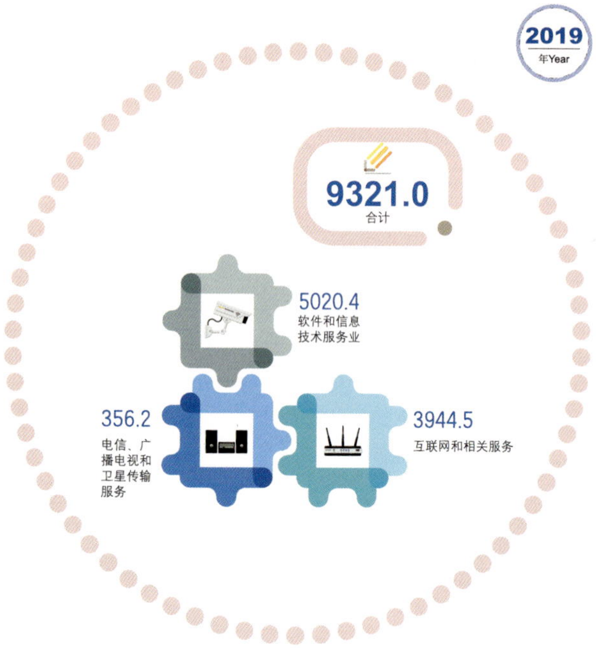

主要污染物排放量
Emission of Main Pollution

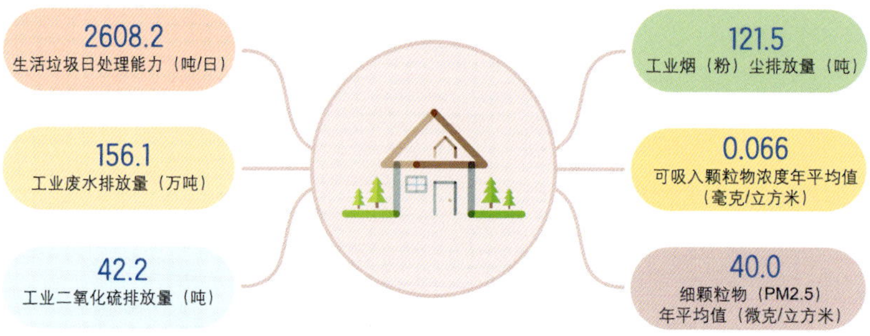

辖区面积：430.77 平方千米

年末户籍人口：241.1 万人

年末常住人口：323.7 万人

地区生产总值：7926.0 亿元

地区生产总值同比增长：7.0%

第一产业实现增加值：1.6 亿元

第二产业实现增加值：707.2 亿元

第三产业实现增加值：7217.2 亿元

人均地区生产总值：24.0 万元

规模以上工业企业总产值：2577.0 亿元

农村集体经济总收入：1.5 亿元

区域财政收入：2615.3 亿元

地方财政收入：673.8 亿元

社会消费品零售总额：2972.6 亿元

海关进出口总额：365.9 亿美元

实际利用外资额：61.5 亿美元

房屋施工面积：1152.3 万平方米

房屋竣工面积：156.9 万平方米

商品房销售面积：49.4 万平方米

私人汽车：921935 辆

地方财政支出中科学技术支出的占比：144.6%

地方财政支出中教育支出的占比：108.7%

专利授权数：4.9 万件

技术合同成交金额：1899.3 亿元

高考本科录取率：88.9%

幼儿园数：185 所

小学学校数：85 所

普通中学学校数：81 所

中等职业学校数：9 所

区域内高等院校数（含分部）：37 所

国有科研院所数：170 个

每千人拥有医院床位数：4.1 张

农村社会养老保险参保覆盖率：96.0%

地区售电量：150.49 亿千瓦时

地区总用水量：3.1 亿立方米

银行人民币存款：35836.0 亿元

银行人民币贷款：10248.0 亿元

银行个人存款：7188.0 亿元

全区居民人均可支配收入：84733 元

全区居民人均消费支出：56630 元

人均绿地面积：13.95 平方米

海淀园总收入：27459.4 亿元

海淀园企业数：12331 家

海淀园实缴税费总额：872.8 亿元

1月3日，中共海淀区第十二届委员会第九次全体会议召开（高政 摄）

1月7日，政协海淀区第十届委员会第三次会议召开（田峰 摄）

1月8日，海淀区第十六届人民代表大会第五次会议召开（张洪军 摄）

1月21日，国家网络安全产业园区入园企业签约（王佳琪 摄）

4月10日，海淀（中关村科学城）城市大脑发布会举办（张洪军 摄）

5月5日，2019·两岸青年交流合作北京峰会召开（张洪军 摄）

5月19日，中关村科学城创新发展发布会召开（张洪军 摄）

5月31日，北京市首条自行车专用路——昌平回龙观至海淀上地自行车专用路开放试运行（张洪军 摄）

6月13日，2019年全国大众创业万众创新活动周在中关村展示中心开幕（海淀园 供图）

7月3日，海淀区召开"壮丽70年 奋斗新时代"重大主题宣传海淀集中采访活动媒体见面会（张洪军 摄）

9 月 13 日，香山革命纪念馆开馆（田峰 摄）

9 月 19 日，小米科技园开园（张洪军 摄）

9 月 24 日，中关村大街 70 栋楼上演“祖国万岁”主题灯光秀，庆祝中华人民共和国成立 70 周年（田峰 摄）

10 月 17 日，2019 中关村论坛开幕（张洪军 摄）

11 月 13 日，上海证券交易所资本市场服务北方基地挂牌暨共建签约仪式举行（高政 摄）

11 月 23 日，海淀区政府与中国空间技术研究院签约战略合作框架协议（高政 摄）

8月15日，区领导现场指挥排练（区融媒体中心 供图）

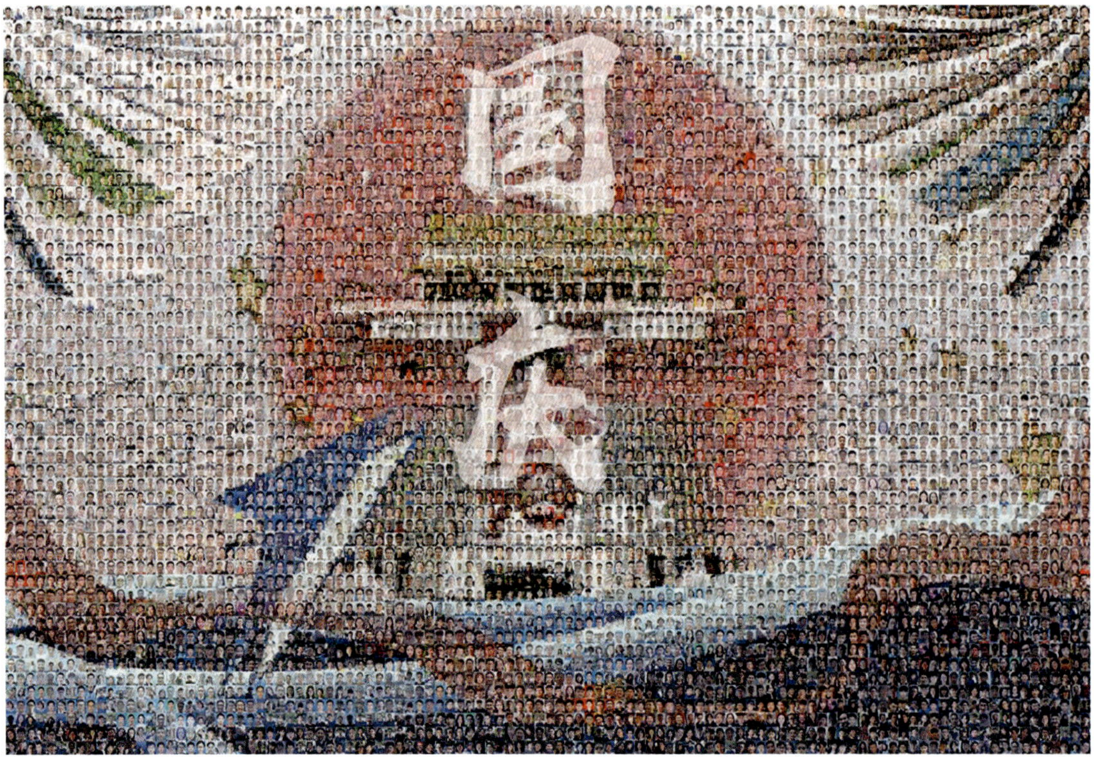

8月27日，参与2019年国庆活动的北京航空航天大学学生组成的笑脸墙（北京航空航天大学 供图）

9月19日，海淀区国庆70周年安保指挥部部署安保维稳工作（区委政法委 供图）

9月30日，海淀区举行国庆70周年活动服务保障出征仪式（张洪军 摄）

10月1日上午，海淀区学生参加国庆70周年游行（区教委 供图）

10月1日上午，在国庆70周年群众游行中，由海淀区机关干部、群众、大学师生共2008人组成的“圆梦奥运”方阵第17个出场，彩车上站立者均是奥运冠军（区直机关工委 供图）

目 录

党和国家领导人与海淀

特 载

专 文

大事记

区情概览

政策研究

网络安全与信息化

机构编制

巡察工作

党史研究

海淀区人民代表大会

综述

重要会议与决议、决定

监督工作

人事任免

视察与调研

代表工作

专门委员会工作

海淀区人民政府

综述

外事　港澳事务

政务服务

信息化城市服务管理

信访

人事管理

对口帮扶

京津冀协同发展

重要民生实事

政协海淀区委员会

综述

重要会议

政治协商

视察与监督

参政议政

提案和社情民意信息

专门委员会工作

中共海淀区纪委 海淀区监委

综述

重要会议

监督执纪

审查调查

反腐倡廉宣传教育

民主党派

中国国民党革命委员会北京市海淀区工作委员会

中国民主同盟北京市海淀区委员会

中国民主建国会北京市海淀区委员会

中国民主促进会北京市海淀区委员会

中国农工民主党北京市海淀区委员会

中国致公党北京市海淀区委员会

九三学社北京市海淀区委员会

台湾民主自治同盟北京市海淀区工作委员会

人民团体

总工会

共青团

妇女联合会

科学技术协会

归国华侨联合会

青年联合会

工商业联合会

法 治

政法委工作

法治政府建设

公安

检察

法院

司法行政

仲裁

军 事

区人武部

人民防空

中关村科学城

综述

创新创业

创新政策

中关村科学城指挥部

中关村科学城北区

中关村西区

中关村大街

中关村科技园区海淀园

综述

高精尖产业

专业园区建设

综述

园区开发建设

主要专业科技园

主要特色街区

经济信息化

服务体系

交流与合作

“三山五园”历史文化景区

综述

环境建设与修复

“三山五园”历史文化研究

经济管理

经济社会发展与经济调控

财政

税务

金融服务管理

市场监督管理

综述

市场主体监管

食品药品安全监管

质量技术监督

消费者权益保护

统计

审计

国有资产监管

中关村海关

烟草专卖与管理

区属传统工业

农业与农村建设

农业

农村经济

新农村建设

商贸服务业

商业服务业

对外经济贸易

旅游业

综述

旅游景点

旅游设施建设

旅游活动

旅游行业管理

城市建设与管理

规划与自然资源管理

房地产开发

市政基础设施建设

房屋管理

城市管理综合执法

电力供应

气象

消防救援

防震减灾

应急管理

综述

安全生产监督管理

危险化学品安全监管

烟花爆竹安全管理

园林绿化

环境卫生

水务

交通 邮政 通信

交通管理

交通运输管理

邮政

通信

中国联通北京市分公司

中国移动北京公司城区三分公司

科 技

综述

科技成果

科技产业

知识产权保护

教 育

综述

基础教育

高等教育

职业教育和继续教育

民办教育

特殊教育

教育督导

文 化

综述

文化设施

文化产业

区域特色文化

文化活动

文化市场监管

文化遗产保护

媒体传播

档案

地方志

文联活动

卫 生

卫生监督与管理

基层卫生

疾病防治

妇幼保健

计划生育

体 育

综述

群众体育

竞技体育

学校体育

冰雪运动

体育业训

社会工作

综述

精神文明建设

社区建设与管理

社会组织工作

社区工作者队伍建设

社会生活

就业和社会保障

医疗保障

民政

退役军人事务管理

居民生活

民族宗教

残疾人事业

红十字会

街道 镇（地区）

万寿路街道

羊坊店街道

甘家口街道

八里庄街道

紫竹院街道

北下关街道

北太平庄街道

海淀街道

中关村街道

学院路街道

清河街道

青龙桥街道

香山街道

西三旗街道

马连洼街道

花园路街道

田村路街道

上地街道

曙光街道

燕园街道

清华园街道

永定路街道

东升镇（东升地区）

海淀镇（万柳地区）

四季青镇（四季青地区）

西北旺镇（西北旺地区）

温泉镇（温泉地区）

苏家坨镇（苏家坨地区）

上庄镇（上庄地区）

玉渊潭农工商总公司

人物 荣誉

统计资料

附 录

索 引

Contents

People's Congress of Haidian District

People's Government of Haidian District

Haidian District People's Political Consultative Conference

Haidian District Discipline Inspection Committee of the Communist Party of China Haidian District Commission of Supervision

Democratic Parties

People's Organizations

Rule of Law

Military Affairs

Zhongguancun Science City

Zhongguancun Haidian Science Park

"Three Hills and Five Gardens" Historical Culture Attraction

Economic Administration

Agriculture and Rural Construction

Commercial and Trade Service Industry

Tourism

Urban Development and Management

Ecological Environment

Transportation·Post·Communication

Science and Technology

Education

Culture

Health

Sports

Social Work

Social life

Sub-Districts and Townships (Areas)

Figures and Honor

Statistics

Appendix

Index

党和国家领导人与海淀

习近平出席清华大学向俄罗斯总统普京授予名誉博士学位仪式

新华社北京4月26日电（记者刘华、王晓洁）国家主席习近平26日在北京友谊宾馆出席清华大学向俄罗斯总统普京授予名誉博士学位仪式。

仪式现场庄严隆重热烈，两国元首入场时，数百名清华大学师生代表全体起立，热烈鼓掌欢迎。乐团先后奏俄、中两国国歌。

清华大学负责人宣读赞辞及授予学位决议，并向普京颁发名誉博士学位证书。

普京致答辞表示，清华大学是举世闻名的大学，也是习近平主席的母校，培养了很多优秀人才。今天，在我的好朋友习近平主席见证下，清华大学向我授予名誉博士学位并举行隆重仪式，我感到很荣幸，也深受感动。中国既有着悠久灿烂的文明，也有骄人的科技创新成果。俄中教育交流合作发展迅速，双方都有大批留学生在对方国家学习。我衷心祝愿清华大学取得更大成就，希望同学们好好学习，天天向上，传承俄中友好，共同打造俄中关系美好的明天。

习近平在致辞中说，我们在隆重、热烈、友好的氛围中，共同见证清华大学向普京总统授予博士学位。我向普京总统表示衷心的祝贺。普京总统是中国人民的好朋友、老朋友，为深化中俄政治互信、推动两国各领域合作作出了历史性贡献。今天，能够见证清华大学向普京总统授予博士学位，我感到格外高兴。今年是中俄建交70周年，展望未来，中俄青年学生们肩负着传承两国人民友谊、促进两国共同发展的重要使命。希望同学们努力拼搏、勤勉向上，传递两国人民友好的接力棒，为中俄世代友好大业，为两国各自发展振兴，贡献青春、智慧和力量。

丁薛祥、杨洁篪、王毅、何立峰参加。

（摘自2019年4月26日 新华网）

习近平给北京体育大学2016级研究生冠军班全体学生的回信

新华社北京6月19日电　中共中央总书记、国家主席、中央军委主席习近平18日给北京体育大学2016级研究生冠军班全体学生回信，全文如下：

北京体育大学2016级研究生冠军班的同学们：

你们好！来信收到了，得知你们珍惜深造机会，边努力学习，边刻苦训练，积极参与全民健身推广工作，我感到很高兴。

我看过你们不少比赛，每当看到我国体育健儿在重大国际赛事上顽强拼搏、勇创佳绩、为国争光时，我从心里面为大家喝彩。新时代的中国，更需要使命在肩、奋斗有我的精神。希望你们继续带头拼、加油干，为建设体育强国多作贡献，为社会传递更多正能量。祝你们学业有成。请转达我对北体大全体师生和正积极备战奥运等赛事的运动员、教练员的诚挚问候！

习近平

2019年6月18日

（摘自2019年6月19日 新华网）

习近平视察北京香山革命纪念地

新华社北京9月12日电　在庆祝新中国成立70周年前夕，中共中央总书记、国家主席、中央军委主席习近平12日专程前往中共中央北京香山革命纪念地，瞻仰双清别墅、来青轩等革命旧址，参观香山革命纪念馆，观看《为新中国奠基》主题展览，回顾中国共产党领导中国人民夺取全国胜利和党中央筹建中华人民共和国的光辉历史，缅怀毛泽东同志等老一辈革命家的丰功伟绩。习近平发表重要讲话强调，全党全国各族人民要紧密团结起来，不忘初心、牢记使命，锐意进取、开拓创新，沿着中国特色社会主义道路，满怀信心继续把新中国巩固好、发展好，为实现“两个一百年”奋斗目标、实现中华民族伟大复兴中国梦而不懈奋斗！

中共中央政治局常委、中央书记处书记王沪宁参加活动。

初秋的北京，气候宜人，喜庆祥和。12日下午，习近平从中南海乘车来到位于北京西郊香山公园内的香山革命纪念地视察。习近平首先来到双清别墅，瞻仰毛泽东同志当年办公居住的地方。修缮一新的双清别墅，保持了原有风貌，绿树成荫，格外幽静。别墅内，办公室、会客室、卧室、饭厅的家具陈设，床上的书籍和墙上的《中国解放区现势图》、《最新北平大地图》等的摆放，都一如原样。习近平仔细察看，不时询问历史细节，对别墅的维护、修缮和文物保护表示满意。

接着，习近平步行来到不远处的来青轩，瞻仰了朱德、刘少奇、周恩来、任弼时同志的办公居住地，同大家一起缅怀老一辈革命家当年在香山工作生活情况。

离开来青轩，习近平来到香山脚下的香山革命纪念馆，参观了《为新中国奠基——中共中央在北京香山》主题展览。新建成的纪念馆庄重大气，“四梁八柱”的雨棚造型寓意党中央在香山为新中国搭建四梁八柱。28根廊柱，象征中国共产党从建党到建立新中国28年的奋斗历程。南广场上矗立着高19.49米的国旗杆，寓意中华人民共和国诞生于1949年。主题展览由“进京‘赶考’”、“进驻香山”、“继续指挥解放全中国”、“新中国筹建”、“不忘初心、牢记使命、永远奋斗”5个部分组成，按历史脉络，通过800多张图片、报照、地图、表格和1200多件实物、文献和档案，全景式生动呈现中共中央在香山期间领导全国各族人民，完成民族独立和人民解放的历史使命、开启中国历史发展新纪元的光辉历程。

习近平走进纪念馆，认真听取了每一个单元的讲解。正在播放的《北平和平解放》、《西苑机场阅兵》、《开国大典》等珍贵影像纪录片，吸引了习近平的目光。他驻足观看，不时同大家交流，回顾当年党中央进驻北京的历史细节。在中国人民解放军进驻北京香山示意图和毛泽东《论人民民主专政》、中国人民政治协商会议等专题展柜，习近平仔细听取介绍，对当年党中央筹建新中国的历史感慨良多。

参观结束时，习近平在纪念馆序厅发表了重要讲话。他表示，1949年3月23日，中共中央和毛泽东同志离开西柏坡前往北平，25日进驻北京香山，这里成为党中央所在地。在这里，毛泽东、朱德同志发布向全国进军的命令，吹响了“打过长江去，解放全中国”的伟大号角，中国人民解放军以摧枯拉朽之势向全国各地胜利大进军，彻底结束了国民党在大陆的统治。在这里，毛泽东同志发表了《论人民民主专政》，为新中国的建立奠定理论基础和政策基础。在这里，中共中央同各民主党派、各界人士共同筹备中国人民政治协商会议，制定通过了起到临时宪法作用的《中国人民政治协商会议共同纲领》，确定了新中国的国体和政体，制定了一系列基本政策，描绘了建立建设新中国的宏伟蓝图。

习近平指出，中共中央在北京香山虽然只有半年时间，但这里是我们党领导解放战争走向全国胜利、新民主主义革命取得伟大胜利的总指挥部，是中国革命重心从农村转向城市的重要标志，在中国共产党历史、中华人民共和国历史上具有非常重要的地位。

习近平强调，我们缅怀这段历史，就是要继承和发扬老一辈革命家“宜将剩勇追穷寇，不可沽名学霸王”的革命到底精神，不断增强中国特色社会主义的道路自信、理论自信、制度自信、文化自信，勇于进行具有许多新的历史特点的伟大斗争，坚决战胜前进道路上的各种艰难险阻，使“中国号”这艘巨轮继续破浪前进、扬帆远航。

习近平指出，我们缅怀这段历史，就是要继承和发扬老一辈革命家坚持立党为公、执政为民的革命情怀，始终赢得人民的衷心拥护，始终保持同人民群众的血肉联系，始终把人民对美好生活的向往作为奋斗目标，紧密团结各民主党派和各界人士共同创造更加美好的生活。

习近平指出，我们缅怀这段历史，就是要继承和发扬老一辈革命家谦虚谨慎、不骄不躁、艰苦奋斗的优良作风，始终保持奋发有为的进取精神，永葆党的先进性和纯洁性，以“赶考”的清醒和坚定答好新时代的答卷。

习近平强调，历史充分证明，中国共产党和中国人民不仅善于打破一个旧世界，而且善于建设一个新世界。展望未来，中国的发展前景无限美好。

丁薛祥、陈希、蔡奇、尤权，中央宣传部、中央党史和文献研究院、北京市有关负责同志陪同考察。

（摘自2019年9月12日新华网）

习近平向 2019 中关村论坛致贺信

新华社北京 10 月 17 日电 2019 中关村论坛开幕式 10 月 17 日在北京举行。国家主席习近平向大会致贺信。

习近平在贺信中指出，当前，新一轮科技革命和产业变革正加速演进，创新发展、合作共赢是大势所趋。中国愿积极参与全球创新合作，同世界各国共享创新发展成果，携手构建人类命运共同体。

习近平强调，中关村正努力打造世界领先科技园区和创新高地。举办中关村论坛，共议前沿科技和未来产业发展趋势，共商全球创新规则和创新治理，促进各国共享全球创新思想和发展理念，具有重要意义。希望与会嘉宾深入研讨、充分交流，增进共识、促进合作，使科技创新更好服务于各国人民对美好生活的向往，为推动世界科技发展作出积极贡献。

中关村论坛创办于 2007 年，旨在促进国内外科技界、产业界沟通交流与创新合作，迄今已举办十届。2019 中关村论坛于 10 月 16 日至 18 日在北京举行，主题为“前沿科技与未来产业”，共邀请国内外业界嘉宾约 1200 人与会。

（摘自 2019 年 10 月 17 日新华网）

韩正在北京海淀调研第四次全国经济普查登记工作①

新华社北京 1 月 5 日电（记者 韩洁）中共中央政治局常委、国务院副总理、第四次全国经济普查领导小组组长韩正 4 日下午在北京调研经济普查登记工作。韩正强调，第四次全国经济普查是一次重大国情国力调查，各地区、各部门和各有关单位要认真贯彻落实党中央、国务院决策部署，强化普查登记各项保障措施，全面加强数据质量控制，确保源头数据真实可靠，为国民经济做一次高质量“体检”。

韩正首先来到海淀区中湾国际公寓楼下的博美超市，详细了解普查人员对个体经营户进行现场登记和采集数据情况，并与普查员和店主亲切交流。他强调，普查人员要深入细致做好工作，自觉规范现场登记行为，熟练掌握现场登记各项要求和技能，主动出示证件、亮明身份，赢得普查对象的信任、支持和配合。

随后，韩正前往民营企业北京爱奇艺新媒体科技有限公司，察看非联网直报企业普查登记情况，询问企业需要普查登记的从业人员、营业收入等具体信息。他表示，对于采取手持电子终端设备等方式开展普查的单位，普查员要对每张普查表中的每个指标逐一采集数据，并独立通过网络平台及时报送，不能漏表缺项、不得编造篡改。要严格保守普查对象的个人隐私和商业秘密，普查取得的单位和个人资料，必须严格限定用于经济普查的目的，不得作为任何单位对普查对象实施处罚的依据。

最后，韩正来到中国普天信息产业集团有限公司。作为规模以上服务业企业，该公司可直接在国家统计联网直报平台上填报普查表。在现场察看操作流程后，韩正强调，普查数据真实与否决定着普查的成败，普查机构和普查人员要认真履行独立调查、独立报告的职责，坚决抵制各种干预普查数据的行为。对于采取联网直报方式开展普查的单位，普查员要深入现场及时核实相关信息，并标注核查情况；填报单位要独立填写每张表格、每项指标，报送真实准确、完整及时的普查数据，确保统计数据真实可靠。

（摘自 2019 年 1 月 5 日中华人民共和国中央人民政府网）

① 原标题为《韩正在北京调研第四次全国经济普查登记工作》。北京爱奇艺新媒体科技有限公司、中国普天信息产业集团有限公司、博美超市均在海淀区。

特载

区委十二届十二次全会报告（节选）

区委书记　于　军

（2019 年 12 月 24 日）

一、2019 年各项工作在攻坚克难中交出新答卷，新起点上海淀再出发再创业实现良好开局

重点抓三大政治任务：

一是深入学习贯彻落实习近平新时代中国特色社会主义思想。我们始终把学习贯彻习近平新时代中国特色社会主义思想和习近平总书记对北京重要讲话及党中央决策部署作为首要政治任务，区委理论学习中心组集体学习 47 次，以上率下引导全区干部群众牢固树立“四个意识”，坚定“四个自信”，做到“两个维护”，持续推动党的创新理论往深里走、往心里走、往实里走。习近平总书记每次发表重要讲话和对北京工作作出指示批示，都第一时间召开区委常委会会议学习传达、谋划部署、贯彻落实，切实做到学习跟进、认识跟进、行动跟进。坚持“关键少数”立标杆、“绝大多数”跟紧学，充分发挥区委党校阵地作用，通过多种形式，加强学习培训，筑牢思想根基、校准精神坐标、凝聚奋斗力量。在全区兴起学习宣传贯彻党的十九届四中全会精神热潮，区委常委班子带头集中学习、专题研讨，组建宣讲团开展宣讲阐释，引导党员干部坚定制度自信、增强制度自觉，做到信仰更加坚定、认识更加统一、行动更加有力。配合市委进驻海淀开展全面巡视和专项巡视，推进问题整改。加强区域空间管控，开展违建大棚房、浅山区违法占地违法建设、违建别墅等规自领域问题摸排和专项治理，坚定不移把习近平总书记对北京市规划和自然资源领域问题整改的指示批示要求落到实处。

二是圆满完成庆祝新中国成立 70 周年等重大活动服务保障任务。我们坚持以筹备和服务保障新中国成立 70 周年庆祝活动为纲，高质量制定工作方案，加强组织领导和统筹调度，有序推进重点专项任务。各级各部门勇于担当、连续奋战，以最高标准、最严举措、最实行动、最佳状态，全力以赴推进服务保障工作，确保了庆祝活动“精精益求精、万万无一失”；广大人民群众以主人翁的姿态、百分百的热情投身其中，营造了服务庆祝活动的浓郁氛围。圆满完成第二届“一带一路”国际合作高峰论坛、2019 年中国北京世界园艺博览会、亚洲文明对话大会服务保障工作，城市运行平稳有序、市容环境整洁靓丽、交通顺畅高效、社会和谐稳定、氛围浓重热烈，展示了全区党员干部群众自信担当的精神风貌和新时代海淀良好形象。国庆活动结束后，按照市委总结表彰大会要求，认真总结经验，庆祝活动形成的宝贵精神财富持续转化为党员干部群众向上奋斗的强大动力。

三是精心组织开展第二批“不忘初心、牢记使命”主题教育。我们按照“守初心、担使命，找差距、抓落实”总要求，在先学起来、先动起来、先改起来的基础上，坚持把开展主题教育与推动重点工作紧密结合，把学习教育、调查研究、检视问题、整改落实贯穿始终，精心制定实施方案，115 家处级单位全覆盖，分领域加强指导，全程跟进督导。聚焦迎国庆大调研、保民生大整治、促发展大提升系列活动，常委同志每月带头 3 天调研和 2 天集中学习研讨，区级领导干部带头学习调研、带头讲党课、带头对照党章党规找差距、带头整改落实、带头抓好分管领域主题教育。区级领导调研 466 次，解决问题 144 个，处级领导调研 8218 次，解决问题 4628 个。围绕“8+2+1”专项整治任务推动整改落实，破解了一大批“老大难”问题，测评满意率达 100%。特色亮点做法被人民日报、北京日报等中央和市级媒体广泛关注，刊播数量居全市首位。全区各级党组织和党员干部把初心转化为锐意进取、开拓创新的精气神和埋头苦干、真抓实干的自觉行动，为推动全区各项事业发展汇聚了力量、提供了保证。

一年来，区委常委会充分发挥总揽全局、协调各方作用，凝聚合力统筹推进年初确定的各项任务，再出发再创业实现良好开局。

一是经济运行稳中有进保持高质量发展态势。我们认真贯彻落实新发展理念，坚持稳中求进工作总基调，以稳应变、以进固稳，以创新发展推动经济高质量发展行稳致远。狠抓重点产业、基础设施、民生保障等领域重大项目投资，做实稳增长“基本盘”。发挥内需支撑作用，出台提升消费能级提高生活品质三年行动计划，推进传统商圈改造升级，优化生活性服务业布局，发展夜间经济，市场消费总量和贡献率全市第一。抢占前沿产业发展制高点，加强高精尖产业组织培育和模式创新，做优经济发展“含金量”。发布实施“人工智能15条”等支持政策，制定5G产业创新发展行动计划，率先推出首批17个科技应用场景建设项目。聚焦大信息、大健康主导产业，做强经济发展“主力军”。完善高精尖项目库，加强产业空间全生命周期管理，引进高精尖企业50家，新设科技型企业数量全市第一。发挥大企业带动作用和小微企业生力军作用，促进大中小企业融合发展。实施企业大走访、“服务管家”和“服务包”制度，落实减税降费政策，精准服务企业，激发市场主体活力，营商环境名列全市第一。在经济下行压力增大和外部环境不稳定不确定复杂背景下，区域经济运行保持总体平稳、稳中承压、稳中提质、稳中有进好态势，主要经济指标保持在合理区间，增速高于全国、领跑北京，显示出足够韧性和巨大潜力。预计地区生产总值突破7000亿元，同比增长7%；区级一般公共预算收入实现446.5亿元，同比增长0.1%；单位GDP能耗下降指标提前完成“十三五”目标。

二是中关村科学城建设在聚焦中再启新篇章。我们坚持中关村科学城功能定位，落实“四个聚焦”要求，壮大首都高质量发展动力源。围绕发挥党委政府组织作用和服务优势，着力构建以创新合伙人为支撑的“创新雨林”生态体系。着眼于提高资源配置能力和协同创新效能，探索以创新为导向的机构设置模式，深化中关村科学城管理体制机制改革，成立中关村科学城党工委和管委会，区域创新管理格局再次迎来深刻转型。组建中关村科学城创新发展有限公司，与翠微集团、海淀置业等构建“政府+市场”双轮驱动产业服务体系。发布支持中关村科学城标准创新发展措施。面向底层技术，成立开源芯片源码创新中心，推进研发投入倍增计划和信息技术应用创新行动。聚焦协同创新和成果转化，初步建成概念验证服务体系，支持北京协同创新研究院等载体建设，综合性国家技术创新中心落地。抢占科技创新前沿领域，支持国家网络安全产业园等战略科技力量和新型研发平台落户，筹建区块链创新中心。打造AI标志性聚集区和智能网联汽车测试场景，建设自动驾驶创新示范区。聚焦国际创新要素，加快国际人才社区规划建设。完成中关村论坛主会场改造，成功举办中关村论坛，得到习近平总书记贺信鼓励。加强国家知识产权示范城区和国家知识产权质押融资示范城区建设，北京国际知识产权服务大厅落户，中关村知识产权保护中心揭牌运营。谋划推动“三城一区”合作联动，支持通州副中心建设，与雄安新区对接合作取得新进展。

三是城市规划建设和治理呈现一批新亮点。我们深入落实新版城市总规，坚决打好城市规划、建设和治理“三张牌”。高标准编制完成分区规划，开展城市“双修”行动。实施街镇责任规划师制度，组建覆盖29街镇的“1+1+N”责任规划师团队。探索减量背景下的城市有机更新模式，启动实施市区量级“种子计划”城市更新项目和一批微更新项目，打造京张铁路遗址公园启动区等一批亮点成果。完成三山五园地区整体保护规划编制，完成东西红门、荷叶山腾退，启动东西水磨腾退，以“一心四脉多节点”推动香山中心区功能改造提升。中关村大街改造提升取得节点性成果。坚持把疏解非首都功能与治理“大城市病”、提升首都功能有机结合，围绕精治共治法治做文章，城市治理能力显著提升。优化“大城管”工作体系，以拆除违法建设为牵引，纵深推进27个“疏整促”专项行动，五星啤酒厂等高能耗企业调整退出。加快科技城市规划建设，实施“马上清（青）西”城市提升行动计划，一批重点项目加快落地。探索城市治理科技之路，推进智慧城市建设，发布“城市大脑”总体规划，建设45个智慧社区。加强交通路网建设，5条轨道交通和53条市政道路建设加快推进，京张高铁实现通车。实施乡村振兴战略，把美丽乡村建设全面融入科学城发展，制定农村人居环境整治和美丽乡村建设工作方案，以绣花功夫编制村庄规划。开展六大专项治理行动，打响农村人居环境整治攻坚战，41个现状村通过考核验收。探索乡村治理新模式，获批全国乡村治理首批试点。整建制农转非全面破题。启动科学城北区新一轮开发建设，推进城市设计、村庄腾退、土地开发、产城融合、园区建设、空间拓展、功能织补等重大项目建设，基础设施布局取得新突破。

四是三大攻坚战取得阶段性重大进展。我们深入贯彻落实中央防范化解重大风险决策部署，聚焦重点领域有效防范处置，坚决守住不发生系统性风险的底线。设立全国首家小微企业续贷中心，利用股债结合纾困体系，化解上市公司流动性风险。推动互联网金融风险整治。以“活金融”支持实体经济发展，与上交所、深交所签署战略合作协议，服务优质企业上市发展，新增上市企业23家。成立金融科技协同创新平台，启动金融科技与专业服务创新示范区核心区建设。贯彻落实中央关于精准脱贫决策部署，纵深推进“携手奔小康”行动，召开7次双边高层联席会研究对口帮扶工作，安排区级项目42个，投入区级专项资金7500万元，在政策支持、资金扶持、结对帮扶、消费扶贫等方面加大支援力度。坚决扛起生态文明建设政治责任，成立区委生态文明建设委员会，召开生态文明与城乡环境建设大会，聚焦生态环境突出问题，打好污染防治攻坚战。实施打赢蓝天保卫战三年行动计划和“一微克”行动，加强扬尘污染精细化管控，空气质量连续五年保持城六区最优。实施“水清岸绿”提升计划，水生态环境质量持续改善，三山五园片区互联互通水网格局初步形成，科学城北区实现局部水体循环，5个地表水考核断面全部达到考核要求，南沙河断面水质稳定达标。完成新一轮百万亩造林绿化工程，统筹做好留白增绿和城乡接合部改造绿化；制定科技主题公园建设三年行动计划，建成一批公园绿地。强化土壤污染源头管控和修复。有序引导、稳步推进垃圾强制分类，生态空间环境容量不断扩大。

五是全面深化改革开放激发新动力新活力。我们按照党的十九届三中全会和市委统一部署，召开区委十二届十次全会，出台区级机构改革方案，设置党政机构45个，议事协调机构由164个精简至59个，精简率64%，在全市率先完成区级机构改革任务，同步完成全区街道和试点镇管理体制改革，符合区域治理特点的机构职能体系更加完善，职能配置和职责关系更加清晰，编制管理利用更加规范，基层治理体系更加简约高效。充分发挥区委深改委议事协调作用，召开会议9次，审议议题36项，出台重要改革文件42个，年初确定的改革任务全面完成。聚焦科技创新、产业培育、国资国企、党的建设、司法行政、城市管理、乡村治理等重点领域推出一批改革举措，持续深化教育、医疗、养老等民生领域改革，“放管服”改革走在全市前列，加强督察问效，形成了一批制度化成果，人民群众改革获得感不断增强。坚持以全面深化改革促进扩大开放，制定出台建设北京市服务业扩大开放综合试点示范区实施方案，推出新一轮扩大开放措施。

六是民主法治和平安建设护航大局稳定。我们全面加强对人大、政府、政协工作的领导，积极支持人大、政协依法依章程履职，支持政府依法行政，凝聚“一盘棋”抓工作谋发展的合力。召开区委第五次人大工作会议，对新时代人大工作作出全面部署。区人大及其常委会围绕全区中心和重点工作开展视察、调研，履行重大事项决定、监督和人事任免职责，促进“一府一委两院”依法行政、依法监察、公正司法，维护社会公平正义。区政府围绕重点任务统筹协调、高频调度、跟踪问效、担当作为抓落实。区政协聚焦科技创新、经济高质量发展、重大民生保障等议题开展协商议政，关注民生热点难点问题加强民主监督。加强新时代统战工作，“五纵五横”大统战工作格局基本形成。宗教领域重点难点问题有效化解。加强对工青妇等群团组织领导，发挥桥梁纽带作用。组建区委全面依法治区委员会，积极创建全国法治政府建设示范区，推动法治宣传教育，营造良好法治环境。组建平安海淀建设领导小组，召开区委政法工作会议，纵深推进扫黑除恶专项斗争，加强反恐工作十大体系建设，推进“雪亮工程”，完善立体化、信息化社会治安防控体系，建成街镇综治中心平安建设工作站暨派出所社区警务站20个，群众安全感居全市前列。深化诉讼制度改革和司法体制综合配套改革，司法服务经济社会发展大局的意识和能力显著提升。深入开展矛盾纠纷排查化解，妥善处置一批历史遗留问题和各类群体访。把公共安全作为最基本的民生，制定安全生产委员会工作规则，严格落实安全生产责任制，加强城市安全风险评估，深入开展隐患排查和食品药品、人防工程、城市运行等重点行业领域专项治理，安全生产形势持续稳定。

七是宣传思想文化汇聚澎湃正能量。我们坚决担起举旗帜、聚民心、育新人、兴文化、展形象的使命任务，深入推进文化与科技、旅游融合发展，宣传思想文化工作在守正创新中展现新作为。压紧压实意识形态工作责任制，健全意识形态监测预警和工作协调机制，意识形态工作形势保持稳定。组建区委网络安全和信息化委员会，加强网上引导管控和网下防范处置。深化区融媒体中心建设，打造全媒体传播矩阵，围绕新中国成立70周年、科技创新、经济高质量发展等重大主题和中心工作开展正面宣传，旗帜鲜明传播正能量。新闻联播单独报道我区工作6次，北京日报头版报道31次，中央和市级媒体刊播数量居全市首位。深入践行社会主义核心价值观，开展“壮丽70年筑梦核心区”等主题宣传教育实践活动。新时代文明实践中心建设纳入全国第二批试点。加强中央政务功能和全国文化中心建设，高标准服务保障中共中央北京香山革命纪念地建设。圆明园珍贵文物持续回归。成功获得“国家公共文化服务体系示范区”称号，档案系统荣获“全国档案系统先进集体”称号。成立文旅集团，编制文旅产业融合发展三年行动计划。举办首届中关村舞蹈节、亚洲数字艺术展。在全市率先发布支持数字文化产业发展若干措施。西三旗数字文化产业园等8个老旧厂房拓展文化空间试点项目扎实推进，北京市精品游戏研发基地挂牌，规模以上文化产业收入同比增长20%，占全市47%。

八是民生答卷让人民群众幸福生活更有温度。我们深入践行以人民为中心的发展思想，认真落实“七有”要求和“五性”需求，让人民群众得到更多实惠、共享发展成果。把稳就业放在重要位置，连续六年动态保持充分就业区。坚持教育优先发展，召开全区教育大会，出台提升教育现代化水平建设教育强区行动计划，推动新时代海淀教育高质量发展。深化办学模式改革，扩空间、增学位、优结构，促进优质教育资源均衡发展。深化健康海淀建设，推进医耗联动综合改革和药品集中采购试点。国家卫生区和全国健康促进区创建取得新成效，7个镇全部荣获“国家级卫生镇”称号。初步建成国际化医疗服务体系。完善医疗基础设施，织密社区卫生机构网点，基层医疗服务能力显著提升。全面拓展养老服务体系，启动互助养老试点，一批养老照料中心投用，社区养老服务驿站29个街镇全覆盖。开展住房专项规划编制，实施保障性安居工程，完成产权类政策性住房4688套和17个老旧小区综合整治项目。筹办冬奥会三项测试赛，加快海淀体育中心升级改造，大力发展冰雪运动。推进精准社会救助。加强基层社区治理体系建设，开展社区会客议事厅、社区民主协商试点，41个市级“社区之家”和25个市级“一刻钟社区服务圈”示范点建设取得新进展。制定“接诉即办”① 工作实施意见，建立区级领导和街镇主要领导干部回访机制、月专题调度

① “接诉即办”：指全面深化党建引领“街乡吹哨、部门报到”改革，以“12345”市民服务热线为主渠道的群众诉求快速响应机制。

机制，全区协同、细化责任、从严考核、高频督查。全年接诉25万，“三率”居全市前列，彰显了破解难题的“海淀速度”、为民服务的“海淀温度”。

九是全面从严管党治党一刻不松劲不停步。我们坚决扛起全面从严治党责任，构建区三级党建工作责任体系，强化党委（党组）主体责任、党委（党组）书记第一责任人责任、纪委监委监督责任和班子成员“一岗双责”，有效传导管党治党压力。加强党的政治建设，认真执行中央关于加强和维护党中央集中统一领导的若干规定，严格落实重大事项请示报告等制度。加强领导班子和干部队伍建设，调整处级领导干部359人，处级非领导干部112人。推进公务员职务与职级并行工作。开展“千百十·我在基层”行动，推动党员领导干部下沉一线破解难题。成立全市第一家党支部书记学院，培训党支部书记780人。高质量完成村和社区“两委”换届选举工作，制定社区、村“两委”队伍建设规划。深化软弱涣散村、后进社区党组织整顿。做实区域化党建，探索党建引领基层社会治理试点，打造“社区治理合伙人”等一批党建引领社区治理特色经验。出台进一步加强和改进新时代区直机关党的建设实施意见、加强国有企业党的建设三年规划、加强公立医院党的建设工作实施意见。加强“两新”组织党建，出台非公科技企业党建改革若干措施和非公企业党组织充分发挥实质作用的意见，打造“两核一带多级”党建新格局。坚定不移正风肃纪，推动政治生态持续向好。立案238件、党纪政务处分138人、移送司法机关43人，追回在逃人员6人。驰而不息纠正“四风”，落实市委基层减负若干措施，规范督查检查考核，坚决整治形式主义、官僚主义。查处违反中央八项规定精神问题30人，运用监督执纪“四种形态”处理937人次。深化政治巡察，发现问题3463个。保持反腐败高压态势，聚焦农村小微权力腐败和违法占地违法建设等突出问题“靶向”整治，围绕中央扫黑除恶督察和市委巡视反馈问题等加大监督执纪问责力度。召开警示教育大会，以案为鉴、以案促改，形成教育、警示、震慑效果。

在肯定成绩、坚定信心的同时，要清醒地看到存在的问题和不足：一是部分党员干部对海淀新的发展阶段认识还不精准、对海淀在全市大格局下的角色意识还不够强；二是人口资源环境矛盾还没有根本解决，制约区域发展的主客观因素还不少，城市发展模式深刻转型还有很长的路要走；三是区域创新生态体系与中关村科学城功能定位还不完全匹配，南北发展还不均衡，科技创新能级还不高，核心技术、颠覆性技术成果与服务世界科技强国战略大局要求还有差距；四是外部环境不确定性不稳定性影响在持续，经济下行压力在增大，财政收支处于紧平衡状态，经济高质量发展还面临一些亟待攻克的难关；五是城市治理现代化水平还不高，科学城北区补齐基础设施、公共服务、城市管理、基层治理短板，提升城市品质还需要加快突破；六是全面从严治党任务艰巨，干部队伍专业素质和能力作风与新形势新任务新要求还不相适应，敢于担当、争创一流的精气神需要进一步提振。对于这些问题，我们必须高度重视，发扬斗争精神，采取有力措施，切实加以解决。

二、深入学习贯彻党的十九届四中全会精神，为国家治理体系和治理能力现代化贡献海淀力量

党的十九届四中全会，是在新中国成立70周年之际、“两个一百年”奋斗目标历史交汇点，召开的一次具有开创性、里程碑意义的重要会议。全会专门就坚持和完善中国特色社会主义制度、推进国家治理体系和治理能力现代化问题进行研究并作出决定。习近平总书记就《决定》所作的说明和重要讲话，深刻阐明了坚持和完善中国特色社会主义制度、推进国家治理体系和治理能力现代化的重大意义、总体考虑、目标任务，为新时代国家治理体系和治理能力现代化提供了根本遵循。市委十二届十次全会就贯彻落实党的十九届四中全会精神作出全面部署并出台《实施意见》，为我们更好地深化落实“两新两高”战略、提升区域治理水平指明了方向。全区各级党组织和广大党员干部要把学习宣传贯彻党的十九届四中全会和市委十二届十次全会精神作为一项重大政治任务，切实把思想和行动统一到中央和市委决策部署要求上来，结合实际创新创造，为国家治理体系和治理能力现代化贡献海淀智慧和力量。

一要深入学习领会精神实质。要抓好理论宣讲、舆论宣传，深入开展教育培训，引导党员干部领会精神实质、把握精髓要义。要把学习贯彻四中全会精神与学习贯彻习近平新时代中国特色社会主义思想和党的十九大精神结合起来，与学习贯彻习近平总书记对北京重要讲话结合起来，与学习贯彻中央和市委各项决策部署结合起来，深刻领会四中全会的历史地位和重大意义，深刻领会中国特色社会主义制度的历史逻辑、理论逻辑、实践逻辑，深刻领会我国国家制度和国家治理体系具有多方面的显著优势，深刻领会坚持和完善中国特色社会主义制度、推进国家治理体系和治理能力现代化的指导思想、总体目标和战略部署，深刻领会加强党对坚持和完善中国特色社会主义制度、推进国家治理现代化领导的具体要求，深刻领会首都在推进国家治理体系和治理能力现代化进程中肩负的重大责任使命，进一步增强“四个意识”、坚定“四个自信”、做到“两个维护”，以高度政治自觉、思想自觉和行动自觉推动中央重大决策和市委部署要求在海淀落地生根、开花结果。

二要提升区域治理能力水平。区域治理是国家治理体系的重要组成部分，是一项系统工程，涉及面广，牵动经济社会发展全局。改革开放40多年来，海淀以区域治理的改革创新激发了蓬勃旺盛的城市活力，编织出了更加适合全面创新的生态体系，积累了丰富经验成果，有基础、有条件、有责任，率先走出一条符合超大城市治理特点的区域治理新路子。要把贯彻落实四中全会精神与深化落实“两新两高”战略结合起来，与谋划推动海淀长远发展结合起来，与当前重点工作结合起来，对标对表新部署新要求，发扬创新精神，拿出务实管用的工作方案和思路举措。要在固根基、扬优势、补短板、强弱项上下功夫，注重系统治理、依法治理、综合治理、源头治理，围绕高质量发展和人民群众对美好生活的新期待，着力构建党建引领、政府有为、市场有效、企业有利、百姓受益的体制机制。要发挥改革创新试验田作用，大胆先行先试，健全优化提升首都功能的制度机制和科技创新体制机制，切实履行好中心城区职责，更好地服务党和国家发展大局。要树立“大治理”理念，着眼建设高品质城市，打造一批具有海淀特色的基层治理经验，形成一批区域治理的制度性安排和长效机制，巩固拓展治理成果。

三要切实增强制度执行自觉。制度的生命力在于落实和执行。全区各级党员干部要增强制度自信、维护制度权威，与时俱进把各方面制度机制完善好、发展好，自觉尊崇制度、严格执行制度。要健全党的领导制度体系，提高区委把方向、管大局、作决策、保落实的能力，发挥各议事协调机构职能作用，完善党委决策、政府落实、人大和政协监督工作机制，切实把党的全面领导贯穿到区域发展各领域各方面各环节。要健全高效的制度执行机制，构建全覆盖的制度执行监督机制，把制度执行和监督贯穿区域治理全过程，充分发挥制度指引方向、规范行为、提高效率、维护稳定、防范化解风险的重要作用。要把制度执行力和治理能力作为干部选拔任用、考核评价重要依据，推动党员干部严格按照制度履行职责、行使权力、开展工作，以高水平区域治理推动高质量发展。

三、奋发有为推动海淀新时代新发展，以落实“两新两高”战略新成效率先高水平全面建成小康社会

2020年是全面建成小康社会和“十三五”规划收官之年，是为“十四五”发展和实现第二个百年奋斗目标打牢基础之年，做好各项工作意义重大。全区工作总的要求是，坚持以习近平新时代中国特色社会主义思想为指导，深入贯彻党的十九大和十九届二中、三中、四中全会精神，深入贯彻习近平总书记对北京重要讲话精神，按照中央经济工作会议和市委十二届十次、十一次全会决策部署，坚持稳中求进工作总基调，坚持新发展理念，坚持以供给侧结构性改革为主线，坚持以改革开放为动力，加强“四个中心”功能建设、提高“四个服务”水平，抓好“三件大事”，打好三大攻坚战，进一步聚焦中关村科学城，深化落实“两新两高”战略，统筹做好稳增长、促改革、调结构、惠民生、防风险、保稳定各项工作，推进全面从严治党纵深发展，确保率先高水平全面建成小康社会。

2020年，我们要继续心无旁骛谋发展，攻坚克难创新局，确保各项工作稳中有突破、进中出亮点。要牢牢把握五个方面：

一要牢牢把握全面建成小康社会这个目标。

二要牢牢把握高质量发展这个根本要求。

三要牢牢把握“两新两高”这个战略。

四要牢牢把握“一村三山五园”这个重点。

五要牢牢把握大抓基层这个鲜明导向。

率先高水平全面建成小康社会，要集中精力抓好以下九个方面的工作：

第一，要以首善标准加强政治中心建设。海淀是政治中心功能重要承载区，要从大国首都的战略高度和“两个维护”的政治高度，从保障政治安全、维护首都稳定、完善政治服务功能多个维度把握政治中心建设的内涵要义，坚决扛起政治中心功能建设的重大责任，创造安全优良的政务环境。

第二，要以领跑姿态推动经济高质量发展。海淀是首都经济发展的重要支撑，要确保经济实现量的合理增长和质的稳步提升，担起引领首都经济高质量发展的责任使命。经过综合分析研判，区委把2020年经济增长预期目标确定为6.8%左右，一般公共预算收入规模与2019年持平。

第三，要以全球视野打造世界一流科学城。中关村科学城要在“三城一区”中发挥引领示范作用。要坚持时代眼光和国际一流标准，着眼“科学”+“城”，统筹谋划、整体推进，确保每年都有新亮点新形象。

第四，要以卓越匠心提升城市建设品质。提升城市内涵品质，是高质量发展的内在要求和人民群众对美好生活的新期待。要落实北京城市总规和分区规划，编制控制性详细规划，建立贯穿城市规划编制、实施、管理全过程的城市规划设计管理体系，突出“四个中心”功能，高标准、精细化推进城市规划建设。

第五，要以先锋气魄推进全面深化改革。积极争取国家和市级新一轮先行先试政策，围绕构建“创新雨林”生态体系，推动中关村科学城管理机制、重点产业促进机制、科技成果转化机制、科技人才引进培养机制改革，以“块”的突破形成新时代科技体制改革的“海淀样本”。

第六，要以历史耐心加强生态文明建设。要发挥好区委生态文明委牵头把总、统筹协调、督促落实作用，落实领导干部生态文明建设责任制，完善生态环境治理体系，建设碧水蓝天美丽海淀。

第七，要以守正创新做强宣传思想文化。要更好肩负使命任务，注重守正创新实践，构建大宣传工作格局。实施好新时代文明实践中心建设全国试点，健全志愿服务体系，完善诚信建设长效机制，迎接全国文明城区建设大检查，打造新时代精神文明建设“海淀品牌”。

第八，要发挥制度优势推进民主法治建设。

要落实好区委第五次人大工作会议决策部署，加强和改进对人大工作的领导。落实政府重大决策向人大报告制度。要发挥人民政协专门协商机构独特优势，聚焦改革发展大事和民生关键实事，完善协商内容，丰富协商形式，提升民主协商效能。

第九，要以恒久初心保障和改善民生。要以强烈的为民情怀落实“七有”要求和“五性”需求，健全基本公共服务制度体系，加强普惠性、基础性、兜底性民生建设，以“群众视角”办好各项民生实事，促进经济发展与民生改善良性互动。

四、坚定不移推进全面从严治党向纵深发展，为高质量完成全年各项任务提供坚强政治保证

一要发挥党的政治建设统领作用。坚定不移学习贯彻习近平新时代中国特色社会主义思想，牢记“看北京首先要从政治上看”的要求，严明政治纪律和政治规矩，把增强“四个意识”、坚定“四个自信”、做到“两个维护”贯穿到各领域各方面，坚决把市委提出的“三个一”“四个决不允许”落到实处，确保一切工作从政治上考量、在大局下行动。健全区委对重大工作领导的体制机制，强化区委议事协调机构职能作用，贯彻落实新形势下党内政治生活若干准则，严格执行重大事项请示报告制度。健全各级党委（党组）工作制度。加强党员干部思想淬炼、政治历练、实践锻炼，切实提高政治觉悟和政治能力。发扬斗争精神，强化政治担当，发现违反政治纪律、危害政治安全的行为坚决抵制，严防对挑战政治底线的错误言论听之任之、逃避责任、失职失察。

二要建设高素质干部人才队伍。坚持新时代党的组织路线，加强和改进干部培育、选拔、管理、使用工作，制定新一轮贯彻落实党政领导班子规划纲要的实施意见。坚持拓宽选人视野与加强跟踪管理相贯通、用好年轻干部与用好各年龄段干部相结合，构建老中青相结合、既互补共进又成熟稳定、充满活力的领导班子。进一步建立健全年轻干部培养锻炼、适时使用、定期调整、有进有出的良性机制。突出政治标准，坚持事业为上、以事择人，注重优化结构，加强综合分析研判，切实选优配强各级领导班子。加强干部教育培训，巩固拓展“不忘初心、牢记使命”主题教育成果，全方位提升干部谋发展、促发展的专业能力和综合素质。建立健全正向激励、容错纠错机制，旗帜鲜明为担当作为的干部撑腰鼓劲，营造鼓励创新、宽容失败、争先创优、踏实苦干的浓郁氛围，充分激发和保护干部干事创业的积极性。贯彻落实市委新时代推动首都高质量发展人才支撑行动计划，完善体制机制，深化校地、央地人才合作，拓展人才服务阵地，营造一流人才发展生态。

三要提升基层党组织整体功能。以增强政治功能和组织力为重点，推动各领域基层党组织全面进步、全面过硬。抓实三级党建责任清单，推动党建责任层层落实。认真履行机关党建主体责任，推动机关党建工作和业务工作一起谋划、一起部署、一起落实、一起检查。深化区域化党建，用好党建协调委员会平台，打造共治共建共享新格局。深化“十百千·我在基层”行动，下沉一线破解难题。推进三级党建阵地体系建设，提升示范楼群党建质量。加强农村、社区党的建设，落实村、社区“两委”队伍建设规划，抓好软弱涣散基层党组织整顿。发挥党支部书记学院阵地作用，实施基层党建队伍“四大工程”，提升党支部书记和党建队伍综合素质。加强“两新”领域党的组织和工作体系建设，提升“两个覆盖”质量，打造更多非公党建品牌。深化党支部规范化建设。统筹抓好国企、教育、医疗卫生等领域党的建设。

四要驰而不息正风肃纪反腐。严格落实中央八项规定精神，时刻防范“四风”隐形变异新动向，下更大力气整治形式主义、官僚主义。落实各级党组织监督责任，保障党员监督权利。完善领导班子内部监督制度。构建大监督格局，以党内监督为主导，推进纪律监督、监察监督、派驻监督、巡察监督统筹衔接，维护风清气正的政治生态。深化派驻机构改革，发挥“派”的权威和“驻”的优势，提高发现和解决问题的能力。加强巡察规范化建设，完善巡察制度体系，强化巡察成果运用。深化运用监督执纪“四种形态”，在用好第一种形态上下足功夫，注重保护和激励干部大胆干事创业的积极性。着力构建一体推进不敢腐、不能腐、不想腐体制机制，巩固拓展反腐败斗争压倒性胜利。深化标本兼治，紧盯重大工程、重点领域、关键岗位腐败问题，聚焦群众痛点难点焦点，持续整治群众身边腐败和作风问题。加强市委巡视反馈问题整改。深入开展警示教育，以案例明法纪、促整改。

政府工作报告（节选）

——在海淀区第十六届人民代表大会第六次会议上

区长 曾 劲

（2020年1月5日）

一、2019年工作回顾

——新中国成立70周年庆祝活动服务保障圆满完成。全区上下全力以赴、连续奋战，以最高标准、最严要求、最好状态推动各项工作，阅兵保障、群众游行、联欢活动、群众观礼等任务落实精准到位，城市安全运行，市容清新明亮，游园丰富多彩，为庆祝活动精彩呈现、圆满成功贡献了海淀力量。国之大典极大地激发了全区干部群众爱国热情，极大地凝聚了团结奋斗力量，极大地增强了服务国家和首都大局的使命担当。我们还圆满完成了第二届“一带一路”国际合作高峰论坛、亚洲文明对话大会、北京世界园艺博览会、男篮世界杯等重大活动服务保障。

——经济运行稳中提质。预计地区生产总值迈上7000亿元新台阶，增长7%，经济总量和增长贡献继续保持全市首位，支撑引领首都发展的作用更加彰显。预计单位地区生产总值能耗、水耗均下降5%。质量效益继续提升。

——城市环境面貌持续改善。细颗粒物（$PM_{2.5}$）平均浓度40微克/立方米，空气质量保持城六区最优。

——群众获得感、幸福感、安全感进一步增强。通过“接诉即办”累计解决10万余件群众的操心事烦心事揪心事。居民人均可支配收入增速高于经济增速。城镇登记失业率始终处于1%以下。社会安全稳定。

（一）突出规划引领，城市治理水平实现新提升。深入贯彻新版北京城市总规要求，优化城市功能，加强精细治理，城市服务保障能力进一步增强。

总规任务加快落实。分区规划获市政府批复，编制三山五园地区整体保护规划、香山中心区保护建设规划等。完成全区生态保护红线勘界。在全市率先全面实施街镇责任规划师制度，组建“1+1+N”责任规划师团队。启动城市更新市区量级“种子计划”，京张铁路遗址公园五道口启动区向群众开放。三山五园地区整治提升三年行动计划扎实推进，实施东西红门荷叶山地区、东西水磨地区环境整治改造。香山地区环境面貌明显改善，拆除违法建设32处、1.2万平方米，缆线入地6.2公里，高品质绿化22万平方米。强化市委专项巡视反馈意见整改落实，建立规划和自然资源领域长效管理的制度框架，依法稳步推进“大棚房”、浅山区违法占地违法建设、违建别墅、绿地认建认养及公园配套用房出租等专项清理整治。

疏解整治促提升成效明显。27个专项任务全部完成。其中，按照场清地净标准拆除违法建设216.9万平方米，整治提升背街小巷110条，治理开墙打洞210处，占道经营等实现“动态清零”，“马上清（青）西”城市提升计划加快实施，新建和升级改造各类便民商业网点80个，累计建成22个社区商业e中心，40%的社区实现8项基本便民商业服务功能全覆盖，甘家口大厦在全市率先实现传统商业转型升级，群众对专项行动的满意度保持在95%左右。

“大城市病”治理深入推进。实施蓝天保卫战行动计划，检查重型柴油车11万辆次，持续开展施工、道路、裸露地面等扬尘综合整治。打好净土保卫战，加强土壤污染源头管控。统筹实施“水清岸绿”提升计划，三山五园互联互通水网格局初步形成，北部地区实现局部水体循环，实施60个单位自备井置换，全面落实河长制，考核断面水质达到考核要求。加强留白增绿和大尺度绿化，新增造林绿化2600亩。开展交通综合治理，保障京张高铁顺利通车，地铁13号线拆分工程启动，16号线征地拆迁基本完成，19号线、12号线、昌平线南延全面施工，香泉南路、五路居东路等道路建成，10项疏堵任务完成，永丰北环路等“断头路”打通，上地—回龙观自行车专用路开通，路侧停车管理改革全面实施，区交通委获评“全国交通运输系统先进集体”。强化垃圾治理，垃圾分类示范片区创建覆盖率69%，建成大件低值再生资源回收中转站13处、商品类再生资源网点326个，再生资源回收体系不断完善，四季青、南安河建筑垃圾处理设施运行良好，大工村建筑垃圾综合处理项目主体完工。

“大城管”体系作用充分发挥。城市管理问题整体呈下降趋势，问题解决率和群众满意率显著提升，首都环境综合考核排名位居前列。推进智慧城市建设，“城市大脑”加快实施，形成“1+1+2+N”总体框架，试点应用取得阶段性成果，城市交通视频图像智能应用平台大幅提升了交通执法效率，生态环保监测基站实现了对空气质量、目标河湖水体的实时监测。

以“创新合伙人”理念构建区域新型合作伙伴关系。认真做好驻区单位服务。全面开展全国双拥模范城“九连冠”创建工作。先后与延庆、怀柔、大兴等签署战略合作协议，建立健全跨区域联动发展机制。主动服务北京城市副中心和雄安新区建设。坚持把扶贫协作和对口帮扶作为分内事来抓，坚决打赢脱贫攻坚战，助力结对地区全部脱贫摘帽。

（二）坚持稳中求进，经济高质量发展取得新成效。积极应对错综复杂的外部发展环境和经济下行压力，全面做好“六稳”工作，着力推进创新发展。

加大投资补短板、优供给力度。扎实推进基础设施、民生改善、高精尖产业等领域重点工程，预计建安投资310亿元，增长3.6%左右；出台提升消费能级提高生活品质三年行动计划，促进消费提质增效，预计市场总消费7686亿元，增长10.5%左右，总量居全市首位，其中社会消费品零售额突破2400亿元，增长3.5%左右。

加强高精尖产业组织，优化产业结构。主导产业“压舱石”作用显著，产业融合发展、迭代升级，信息、科研、金融、教育等主要行业增加值占比七成以上，经济增长贡献超过八成。

持续优化营商环境。深化“放管服”改革，建设工程施工许可审批时限压缩64%、申报材料数量压缩70%。大力推进“一网通办”平台建设，区级事项网办深度实现新提升。在全市率先开展不动产交易、企业开办等领域的区块链技术应用场景建设，取得明显成效。企业登记注册全流程优化升级，企业开办全程网上1天办、全程服务“零见面”。在全市率先开展企业诉求“接诉即办、按需速办”工作。营商环境保持全市引领地位，为国家、首都营商环境大幅跃升做出重要贡献。全面落实国家更大规模减税降费政策，切实让企业得实惠、为经济增后劲，预计全年减免税费450亿元，完成区级一般公共预算收入446.5亿元，增长0.1%。解决企业融资难融资贵问题实现新突破，设立全国首家中小企业续贷中心——北京市企业续贷受理中心，累计快捷审批企业续贷申请325笔、20.3亿元，时限整体压缩70%以上。有效防范化解金融风险，设立科技创新空间资源基金、股票质押担保基金等，深化“股＋债”纾困体系，成功化解部分优质上市企业大股东的流动性风险。

以“一号议案”办理为契机，推动城乡融合发展全面提速。对全面破解整建制农转非难题作出系统安排。24个保留村村庄规划抓紧编制。加强集体产业定位和项目导入的区级统筹，科学城北区10个集体产业项目启动。制定实施科学城北区公共服务和基础设施建设三年行动计划。深入开展农村人居环境整治，41个村庄通过市级验收。我区成为全国乡村治理体系建设首批试点单位，区农业农村局获评“全国农业农村先进集体”。

（三）持续聚焦发力，中关村科学城建设迈进新阶段。优化创新治理体系，组建中关村科学城管理机构，发挥组织服务优势，不断提升区域创新发展能力。

原始创新能力和成果转化进一步强化。按国家实验室标准推进一批战略科技力量建设，智源研究院遴选一批智源学者，组建一批联合实验室，量子研究院首批研究人员和科研设施到位，网络空间安全领域重大项目开工。微芯边缘计算研究院、海华研究院等一批新型研发平台建设取得阶段性进展。京津冀国家技术创新中心建设方案通过科技部评审。面向底层技术，成立开源芯片源码创新中心，RISC- Ⅴ芯片创新生态加快构建。设立首个概念验证中心，建设首批11个高价值专利培育中心，打造智友天使学院、前孵化创新中心等一批平台。

高精尖产业发展壮大。成立工作专班，强化市区协同、跨部门联动，跟进服务146个高精尖产业项目落地实施，预计全年高新技术企业总收入2.6万亿元，增长10%以上。出台人工智能、智能网联汽车等产业发展支持政策，推进区块链技术研发和应用，支持5G核心芯片研发和产业发展，大信息产业的总体规模和引领优势进一步巩固。支持新药研发、高端医疗器械和智能医疗企业发展，百放孵化器等一批项目和平台落地，医药健康产业新发展路径更加清晰。在智能制造、新材料等领域引进国家智能制造系统创新研究院、中广核铀业等一批项目。在全市率先启动17个科技应用场景建设，打造中关村自动驾驶创新示范区，2019男篮世界杯实现全球首次国际顶级赛事5G+8K转播。在全市率先出台数字文化产业支持政策，北京市精品游戏研发基地落户中关村科学城数字文化产业园，预计规模以上文化产业收入突破5000亿元，增长20%左右。

创新生态不断完善。出台升级版“海英计划”，实施科技企业创始人“薪火共燃”培育项目。加快国际人才社区建设，启动国际青年创业平台和海外院士创新港建设。实施标准创新领跑计划，出台支持标准创新发展的政策措施。提升知识产权创造、保护和运营水平，中关村知识产权保护中心启用，支持高校院所专利运营办公室建设。金融服务实体经济能力大幅提升，金融科技与专业服务创新示范区核心区建设全面展开，首个金融科技主题楼宇——融汇国际大厦运营，新增上市企业23家，上市企业总数、新增上市企业数、科创板申报受理企业数、科创板上市企业数均居全国地级市（区）首位。成功举办2019中关村论坛，习近平总书记向论坛致贺信，论坛的规格层级、内容形式、国际影响力等实现了全方位提升。

创新空间布局优化拓展。建立高精尖产业用地“1+3”政策体系。学院路北端、永丰相应地块、东升科技园二期集体自持产业用地等完成供地，小米移动互联网产业园启用。围绕人工智能创新区定位，北大西门片区城市更新步伐加快，硅谷电脑城整体改造进展顺利。科学城北区医谷产业园等18个重点项目开复工175万平方米，全年竣工28万平方米，北清路沿线城市设计完成。

（四）办好民生实事，群众生活水平又有新提高。践行以人民为中心的发展思想，着力保障改善民生，33项区级重点实事全部落实。

深入开展“接诉即办”。制定实施市民服务热线反映问题“接诉即办”工作方案，建立以“响应率、解决率、满意率”为关键指标的考评体系。加强高位协调调度，围绕群众反映的共性问题强化主动治理，持续开展地锁清理、机动车停放等专项治理，各街镇、各部门服务群众水平和基层治理能力进一步提高。“接诉即办”工作年度综合考核成绩居城六区首位。

就业和社会保障力度加大。帮扶1.5万余名就业困难人员实现就业，连续6年获评北京市“充分就业区”。养老服务体系不断完善，29家社区养老服务驿站建成运营，在西三旗、北下关和曙光街道开展家庭养老床位建设试点工作，全面推进养老机构服务质量提升专项行动和星级评定。对416户困难家庭开展个案帮扶。全区城乡低保标准上调至1100元／人·月，增长10%。

群众居住条件进一步改善。建设、筹集保障性住房5697套，面向保障家庭、企业人才分配公租房7589套。启动悦秀园等13个老旧小区综合整治改造。持续开展农村4类重点对象和低收入群众危房改造。完成813部电梯隐患治理，老楼加装电梯开工283部、完成102部。

召开全区教育大会，启动提升教育现代化水平建设教育强区行动计划，出台教师队伍建设、提高教育教学水平等5个配套文件，进一步明确新时代教育改革发展路径。优化扩大教育资源布局，一零一中学、中关村三小等30余所优质中小学牵头开展集团化办学，已覆盖区内126个校区，特别是北部各镇均有优质教育资源进驻。加强合作办学，与北师大在西三旗成立北师大二附中海淀学校，与北京铁路局合力提升羊坊店第五小学内涵发展水平。持续推进学前教育行动计划，普惠性幼儿园覆盖率89%。实施培训机构专项治理，加强民办教育规范管理。

健康海淀建设成效显著。纵深推进国家卫生区创建，高分通过国家级暗访检查，7个镇全部获评“国家级卫生镇”。扎实开展全国健康促进区建设。医耗联动综合改革平稳落地，取消了医用耗材加成，降低了部分检验项目价格，417家医疗机构参改，共调整规范6621项医疗服务价格，进一步促进了医疗服务水平的提升。深化紧密型医联体建设，二级以上公立医院、社区卫生服务中心全部纳入医联体体系。建立653支家庭医生团队，累计签约123.8万人。新建9个急救站，呼叫满足率由75%提升至94%。新建、更新100套全民健身设施。

弘扬社会主义核心价值观，精心组织开展“壮丽70年筑梦核心区”等主题宣传教育活动。香山革命纪念地正式对外开放。深化群众性精神文明创建。新时代文明实践中心建设实现全覆盖。打造了“海淀 创新永远在路上”等一批有影响、有思想、有深度的新媒体产品。荣获“国家公共文化服务体系示范区”称号。原创舞剧《人生若只如初见》全国巡演，并作为国家文化精品剧目赴俄罗斯交流演出。举办亚洲数字艺术展、2019中关村舞蹈节。积极推动一批实体书店落户，广泛开展“书香海淀”全民阅读活动。系列品牌文化活动惠及群众500万人次。海淀博物馆新馆项目扎实推进。

加强和创新社会治理。深化党建引领“吹哨报到”改革，进一步推动治理重心下移、权力下放、力量下沉。在航天二院大力支持下，区属永定路街道组建并有序运行。推进社区减负增效，完善社区工作事项准入机制，对社区填报表格进行专项清理规范，开展社区会客议事厅试点工作。圆满完成53个村委会、578个社区居委会换届选举。加强食品药品安全监管，扎实推进国家食品安全示范区建设。持续推进平安海淀建设，狠抓安全隐患排查治理，开展信访矛盾调处化解，积极推动治安防控体系建设，严厉打击各类违法犯罪，社区三类可防性案件、电信网络诈骗和盗窃非机动车等警情同比大幅下降，深入开展扫黑除恶专项斗争，群众安全感测评24个季度居城六区首位。

区档案馆获“全国档案系统先进集体”称号，妇女儿童、民族、宗教、侨务、人防、防震减灾、气象、残疾人事业等均取得新的成绩。

各位代表：一年来，我们着力加强政府自身建设。始终把政治建设摆在首位，增强“四个意识”，坚定“四个自信”，做到“两个维护”，认真组织开展“不忘初心、牢记使命”主题教育，推动学习贯彻习近平新时代中国特色社会主义思想往深里走、往心里走、往实里走，深入学习宣传贯彻党的十九届四中全会精神。认真接受市委巡视，进行全面政治体检，全方位检视差距不足，制定整改方案，整改工作取得阶段性成效。严格依法行政，认真执行区人大及其常委会的决议决定，自觉接受各方面监督，认真听取各方面意见，办理区人大代表建议、政协委员提案505件，健安西路路侧停车等一批群众关心的问题得以解决，勘测处宿舍危楼解危等一批难点问题取得突破，全面开展全国法治政府示范区创建，不断提升法治政府建设水平。认真落实机构改革方案，科学设置机构，优化职能配置，顺利完成区级机构改革和街道、试点镇管理体制改革。持续整治“四风”问题，认真落实全面从严治党政治责任，深入推进区政府系统党风廉政建设和反腐败斗争。从严治政、提升效能，以钉钉子精神狠抓各项任务落实。

各位代表：一年来，全区发展所取得的成绩来之不易，这是市委、市政府和区委坚强领导的结果，是区人大、区政协监督帮助的结果，是全区广大干部群众团结奋斗的结果，是广大驻区单位等各方面大力支持的结果。在此，我代表区政府，向所有关心、支持和参与海淀建设发展的同志们、朋友们，致以崇高的敬意和衷心的感谢！

在看到成绩的同时，我们也清醒认识到，区域发展还面临不少挑战，政府工作还有不足：一是外部环境错综复杂，经济下行压力加大，财政收支紧平衡特征更加突出，新的经济增长点需要加快培育。二是科技创新能级还不高，全球领先原创成果还不多，硬科技创新和关键底层技术突破有差距，创新发展能力有待提升。三是政府服务管理方式尚未完全适应创新主体需求，组织服务优势发挥不充分，干部的本领能力需要增强，服务效能仍需提升。四是城乡、区域发展不平衡不充分，农村地区基础设施和公共服务仍然薄弱，统筹城乡、区域协调发展需要持续加大力度。五是城市治理亟待加强，城市功能尚有诸多短板，高质量公共服务供给不足，民生工作与群众期待还有不小差距，等等。这些问题，我们将在今后工作中认真加以解决。

二、2020 年主要任务

2020 年是全面建成小康社会和“十三五”规划收官之年，是为“十四五”发展和实现第二个百年奋斗目标打牢基础之年，做好各项工作意义重大。为做好 2020 年工作，区委十二届十二次全会提出了“5 个牢牢把握”的工作要求，明确了 9 个方面的重点任务，我们将一以贯之抓落实，接续奋斗向前进，在首都发展全局中展现海淀担当。

区政府工作的总体思路是：以习近平新时代中国特色社会主义思想为指导，全面贯彻党的十九大、十九届二中、三中、四中全会精神和中央经济工作会议精神，深入贯彻习近平总书记对北京重要讲话精神，按照市委市政府和区委的部署要求，坚持稳中求进工作总基调，坚持新发展理念，坚持以供给侧结构性改革为主线，坚持以改革开放为动力，加强“四个中心”功能建设，提高“四个服务”水平，抓好“三件大事”，打好三大攻坚战，统筹推进稳增长、促改革、调结构、惠民生、防风险、保稳定，深化落实“两新两高”区域发展战略，加快形成与全国科技创新中心核心区相匹配的区域治理体系和治理能力，确保率先高水平全面建成小康社会和“十三五”规划圆满收官，更加奋发有为地推动新时代海淀新发展。

全区经济社会发展主要预期目标是：地区生产总值增长 6.8% 左右；区级一般公共预算收入与 2019 年持平略增；居民人均可支配收入与经济发展保持同步；高新技术企业总收入增长 10% 以上；全面完成市级下达的能耗、水耗和空气质量改善任务。

专 文

北京市人民政府关于对《海淀分区规划（国土空间规划）（2017年—2035年）》的批复

北京市人民政府办公厅

海淀区人民政府：

你区《关于报请审批〈海淀分区规划（国土空间规划）（2017年—2035年）〉的请示》收悉。现批复如下：

一、同意《海淀分区规划（国土空间规划）（2017年—2035年）》（以下简称《分区规划》）。《分区规划》以习近平新时代中国特色社会主义思想为指导，深入贯彻习近平总书记对北京重要讲话精神，坚持以人民为中心，牢固树立新发展理念，立足京津冀协同发展，认真落实《北京城市总体规划（2016年—2035年）》，注重长远发展，注重减量集约，注重生态保护，注重多规合一，符合海淀区实际情况和发展要求，对于促进海淀区高质量发展、实现城市发展目标具有重要意义。

二、全面落实城市功能定位。海淀区是中心城区的重要组成部分，要在《分区规划》的指导下，深刻把握首都发展要义，坚持首善标准，按照具有全球影响力的全国科技创新中心核心区、服务保障中央政务功能的重要地区、历史文化传承发展典范区、生态宜居和谐文明示范区、高水平新型城镇化发展路径的实践区功能定位，创新城市治理手段，突出文化科技融合，着力优化提升首都功能，有序疏解非首都功能，建设世界领先的科技创新活力城市。

三、优化城市空间布局。统筹落实首都发展、文化保护、创新驱动、减量提质、改善民生的要求，坚持疏解整治与优化提升同步，统筹山前与山后地区联动发展，形成“两横一纵三轴格局，一带一核多极体系”的空间布局。长安街及其延长线首都功能走廊要强化政务服务保障；北清路前沿科创发展走廊要强化与昌平南部的联动，提升前沿科技创新能力；中关村大街高端创新集聚发展走廊要联动南北、辐射东西，形成知识创新、技术创新到产业培育的创新链条。大西山绿色生态文化带要建成串联南北的生态屏障，将三山五园重点地区文化绿心与中关村科学城核心区域聚合打造集中体现“四个中心”建设内涵的高水平示范区，建设多个汇聚创新资源的发展极。

四、严格控制城市规模。以资源环境承载能力为硬约束，切实减重、减负、减量发展，实施人口规模、建设规模双控，倒逼发展方式转变、产业结构转型升级、城市功能优化调整。到2035年，全区常住人口规模控制在313万人以内，城乡建设用地规模控制在227平方公里以内。严守人口总量上限、生态控制线、城市开发边界，强化“两线三区”管控，实行全域全类型国土空间用途管制。严格管控战略留白地区，合理调控建设时序，为长远可持续发展预留空间。

五、高水平建设中关村科学城。立足科技创新出发地、原始创新策源地、自主创新主阵地的功能定位，以中关村大街、北清路沿线为纽带，串联多个创新资源发展极，统筹高端创新资源，高水平谋划前沿创新布局，多维度推动高精尖产业发展。发挥高等学校、科研院所等研发创新主力军作用，拓展创新合伙人网络，建设一批国际化人才社区，推进科技体制改革和先行先试，深层次优化创新生态体系，全方位推进创新城市建设，着力增强创新引领力和影响力，建设具有全球影响力的科技创新中心核心区。

六、以三山五园为重点，强化文化保护传承发展。构建以三山五园为核心的历史文化保护体系，系统保护三山五园整体格局，实施最严格的红线管控，恢复山水田园历史风貌。做好西山永定河文化带和大运河文化带的保护传承，彰显历史文化传承发展典范。围绕文化传承发展，统筹整合科技资源要素，实现与科技创新的功能耦合和空间互动，推动文化软实力对区域发展形成硬支撑，率先完成国家公共文化服务体系示范区建设，展现海淀独特的文化气质，构建人文活力型城市形态。

七、科学配置资源要素，统筹生产、生活、生态空间。

坚持产业用地减量提质、集约发展，构建高精尖产业集群。适度提高重点地区居住用地及其配套用地比重，多渠道筹集各类保障性住房和租赁住房，促进职住平衡。围绕“七有”“五性”，推进教育、文化、体育、医疗、养老等公共服务均衡布局，实现城乡“一刻钟社区服务圈”全覆盖，提高生活性服务业品质，增强人民群众获得感。探索建设吸引创新人才的优质共享服务设施，统筹山水林田湖草各类生态要素，严守永久基本农田和生态保护红线，推进城市修补和生态修复，加强城乡统筹和一体化建设，实现一绿建成、二绿建好。加强河流、湿地、浅山生态保育和修复，利用南沙河、清河、永定河引水渠等水系打造多类型水岸景观，建设大运河海淀段、京张铁路遗址公园等绿色廊道，实现生产空间集约高效、生活空间宜居适度、生态空间山清水秀。

八、塑造城市特色风貌。加强城市设计引领和分级管控，加强对中央电视塔、佛香阁、百望山、香山、凤凰岭等眺望点的景观视廊管控，保护山林城层次分明、平缓舒朗的城市形象。加强建筑风貌、建筑高度、城市色彩、第五立面、城市天际线等规划引导，营造协调有序的城市格局、清新怡人的景观环境和富有活力的街道空间，全面提升城市空间品质。

九、着力治理“城市病”。坚持公交优先、绿色出行，构建舒适便捷、区域联动的综合交通体系。按照国际一流标准规划建设市政基础设施体系，提升城市运行保障能力。坚持节水优先，实行最严格的水资源管理制度。科学利用地下空间，加强地上地下空间一体化设计和统筹利用。着力攻坚大气、水和土壤等污染防治，持续改善环境质量。建立健全综合防灾体系，治理安全隐患，确保城市公共安全。做好军事设施和要害机关保护工作，加强重点地区综合治理和环境提升，强化人防设施规划建设，加强建筑高度整体管控，确保中央政务环境安全优良。

十、加强规划组织实施。《分区规划》作为区级国土空间总体规划，是海淀区各类开发保护建设活动的基本依据，必须严格执行，任何部门和个人不得随意修改、违规变更。海淀区要切实履行主体责任，以钉钉子精神抓好规划的组织实施，进一步完善多规合一、面向实施的国土空间规划体系，依据《分区规划》组织编制控制性详细规划、乡镇域规划、村庄规划、特定地区规划、专项规划以及近期建设规划等各级各类规划，实现各类空间管控要素精准落地，逐步形成国土空间规划“一张图”。健全全域全类型国土空间管控机制，抓紧完善分区规划运行规则，制定配套政策和管理措施，提升规划统筹实施水平。发挥好规划单元的统筹指导作用，合理有序释放建设用地资源，严格控制规划实施成本，确保《分区规划》实施过程可控、不甩项、不走样。做好区级城市体检评估，健全国土空间规划动态监测评估预警和实施监管机制，加强规划实施的监督考核问责，坚决维护规划的严肃性和权威性。提高城市精治共治法治水平，调动各方面参与和监督规划实施的积极性、主动性和创造性，加快推进城市治理体系和治理能力现代化。各市属单位要带头遵守《分区规划》，市有关部门要研究制定政策措施，加强对规划实施的支持和指导，共同努力把海淀区规划好、建设好、管理好。

《分区规划》实施情况要定期向市委、市政府报告，遇有重大事项要及时请示。

北京市人民政府办公厅
2019 年 11 月 21 日印发

大事记

1月

3日　区委十二届九次全会召开。区委书记于军代表区委常委会作工作报告，总结2018年工作，部署2019年任务，审议区委常委会抓党建工作情况报告。

4日　海淀区政协党的建设工作会议召开，出台《海淀区关于加强新时代政协党的建设工作的实施意见》。

4日至7日　政协北京市海淀区第十届委员会第三次会议召开。会议审议批准区政协常委会工作报告和提案工作报告，听取并讨论“一府两院”工作报告及国民经济和社会发展计划执行情况等报告；选举刘勇为十届区政协主席，党慧海为十届区政协常务委员；审议通过区政协十届三次会议决议。

6日　海淀区首届中小学冰雪嘉年华开幕，全区50所区级冰雪运动试点学校的万余名中小学生参加活动。

7日　芬兰萨翁林纳市市长詹尼·克里斯蒂安·莱恩率代表团访问海淀，双方签署海淀区·萨翁林纳市缔结友好城市关系协议书，将两区正式升级为姐妹城市关系。

8日至11日　第十六届海淀区人民代表大会第五次会议召开。会议听取、审议、表决通过《海淀区人民政府工作报告》等6项报告的决议；补选刘惠为海淀区人民检察院检察长。

9日　区委副书记、区长戴彬彬会见俄罗斯莫斯科州州长顾问阿尔乔姆·谢苗诺夫一行。

18日　海淀区人民政府—中国东方资产管理股份有限公司战略合作协议签署仪式暨海淀区大钟寺中坤广场重组工作系列协议签署仪式举行。

同日　北京市总工会与圆明园管理处签署文物捐赠协议，向圆明园捐赠8件清代文物。

28日　北京市首家协调劳动关系工作站在中关村创业大街揭牌成立。

29日　海淀区被教育部评为“全国青少年校园足球试点县（区）”。

31日　于军、戴彬彬会见百度公司董事长兼首席执行官李彦宏一行，双方围绕加强沟通对接、推动企业发展进行座谈。

同月　2018年11月启动的70个村和549个社区党组织完成换届选举。

2月

1日　中共北京市海淀区十二届纪律检查委员会第六次全体会议召开。会议审议通过《中国共产党北京市海淀区第十二届纪律检查委员会第六次全体会议工作报告》，表决通过《中国共产党北京市海淀区第十二届纪律检查委员会第六次全体会议决议》。

同日　于军会见中国国新控股有限责任公司党委书记、董事长周渝波一行。双方围绕加强对接合作、推动协同发展进行座谈。

12日　戴彬彬会见山西省大同市委副书记、市长武宏文一行。双方围绕进一步深化友好务实合作、推动两地跨区域协同发展、促进高质量创新发展等内容进行交流座谈。

14日　于军出席区委、区政府联合中关村管委会举办的科创板实施细则征求意见座谈会，25家中关村科创板意向企业高管参会。

19日　“海淀·逐梦创新之路——中关村创新文化展”落幕。本次展览自2018年12月7日开展，首次启用全景扫描技术，网上展览同步传播。

21日　海淀区综合职业教育龙头企业——中公教育在深交所上市，成功登陆A股市场。

22日　2019年区委政法工作会议召开。

25日　经区政府批准，温泉镇太舟坞村、东埠头村、杨家庄村3个村的村民委员会建制撤销。

26日至28日　戴彬彬率队赴苏州、上海考察高科技园区，签署战略合作备忘录。

27日　于军会见广州市越秀区委书记王焕清一行，双方围绕深化务实合作、加强协同创新、促进共赢发展进行座谈交流。

同日　全国政协副主席、民进中央常务副主席刘新成率调研组到北京市育英学校，就“办好人民满意的教育”进行调研。

3月

1日　海淀区入选第三批国家公共文化服务体系建设示范区（项目）名单。

同日　海淀区仲裁院正式启用全国劳动人事争议在线调解服务平台。该创新项目由人社部开发，在全国七省

（市）开展试点工作。

同日　北京市不动产登记领域线上“一网通办”服务正式推出，海淀区不动产登记中心完成全市首个交易、纳税、登记“一网通办”业务。

4日 《北京市海淀区人民政府、德勤企业咨询（上海）有限公司北京分公司合作备忘录》签署。

5日　戴彬彬会见中国科学院理化技术研究所副书记刘新建一行。双方围绕深化务实合作、推动科技创新发展进行座谈交流。

同日　戴彬彬会见阿里巴巴集团创业孵化事业部运营总监沙惟一行。双方围绕深化合作交流、推动双创发展进行座谈交流。

6日　于军、戴彬彬就近期群众诉求和媒体反映问题的办理工作进行检查调研。

7日　区委第十二届十次全会召开，贯彻落实党中央和市委的决策部署，动员部署海淀区机构改革组织实施工作。

同日　于军会见中国留学人才发展基金会理事长曹卫洲一行，双方围绕加强务实合作、推动协同发展、共建中关村科学城进行座谈。

11日 《北京市海淀区机构改革方案》获市委、市政府批准。19日，区委、区政府印发《北京市海淀区机构改革方案》。议事协调机构由164个精简至59个。共设置党政机构45个，其中区委机构13个（纪检监察机关1个、工作机关12个），区政府机构32个，均为工作部门。新组建市规划和自然资源委海淀分局、区生态环境局、区农业农村局、区文化和旅游局、区卫生健康委员会、区退役军人事务局、区应急管理局、区市场监督管理局、区医疗保障局、区司法局、区政务服务管理局、区科学技术和经济信息化局12个政府工作部门，优化区审计局、区园林绿化局、区民政局3个政府工作部门职责。区商务局、区人民防空办公室、区信访办公室3个政府工作部门更名。

14日　海淀区2019年党建工作会议召开。

15日　海淀区首个村准物业化管理试点在上庄镇罗家坟村启动。首批准物业化管理试点涉及6个村庄，此后逐步推进至42个平房村。

同日　经区政府批准，温泉镇高里掌村、辛庄村两个村的村民委员会建制撤销。

18日　于军到中关村东升国际科学园，围绕科技创新驱动、产业孵化升级、园区建设发展、新型城市形态构建等工作进行调研。

同日　戴彬彬会见内蒙古自治区科尔沁右翼前旗旗委副书记、政府旗长李振林一行。双方围绕继续做好2019年对口帮扶工作进行交流。

19日　于军到北京中公教育科技股份有限公司，就非公党建工作开展情况进行调研。

同日　戴彬彬到中关村科学城北区调研，在上庄镇双塔村实地调研“大棚房”清理整治工作情况，并听取北部办相关工作汇报。

23日至26日　第39届北京青少年科技创新大赛在怀柔区举办。海淀区各代表队共获得一等奖48项、二等奖172项、三等奖70项。

26日　戴彬彬会见中俄友好、和平与发展委员会地方合作理事会副主席，莫斯科州州长顾问阿尔乔姆·谢苗诺夫一行，双方围绕创新发展、教育合作等内容进行座谈。

同日　北京万向新元科技股份有限公司发布针对电力、网络直播内容监管、IDC数据中心运维、交通、安防五大行业的行业机器人，成为业内首个发布行业机器人的企业。

27日至28日　于军率海淀区党政代表团到内蒙古自治区兴安盟科右前旗对接扶贫协作工作。

4月

1日　AI（人工智能）机器人“小商”在区市场监督管理局正式上岗，成为全市首个将AI技术应用到客服咨询的政府部门。电话日均接听量增长约150%。

2日　中关村国际青年创业平台在中关村创业大街揭幕。

3日　于军、戴彬彬带领八里庄街道等10个街镇党政主要领导参加“春风化雨 暖心有我”第一批热线回访活动，检验“接诉即办”工作成效，会商解决群众诉求。17日，于军带领香山街道等10个街镇一把手参加“春风化雨暖心有我”第二批热线回访活动。

4日　于军主持召开海淀区2018年度全面从严治党主体责任检查考核集体约谈会，检查108家处级单位，对排名靠后或问题突出的6家单位进行集体约谈，针对存在问题，深刻分析原因，提出整改措施。

10日　海淀（中关村科学城）“城市大脑”发布会举行，发布海淀“城市大脑”顶层设计规划纲要、运营平台公司，面向社会征集应用场景解决方案。

12日　中国红十字会总会党组书记、常务副会长梁惠玲一行到海淀区考察调研红十字会工作。

16日　北京智源—旷视智能模型设计与图像感知联合实验室落地海淀，是北京市首个联合实验室。

18日　北京市副市长张家明一行到清华大学附属小学和北京大学附属中学，对海淀区学校体育工作开展情况进行调研。

20日　市长陈吉宁、副市长隋振江到海淀区调研民办非企业科研机构。

23日　中国侨联党组成员、副主席李波一行到海淀创业园，就贯彻落实《关于新时代加强基层侨联建设的指导意见》、加强基层侨联组织建设进行调研。

24日至26日　共青团北京市海淀区第十四次代表大会召开。会议听取和审议共青团北京市海淀区第十三届委员会工作报告，选举产生第十四届委员会委员成员，选举文思君为共青团北京市海淀区委员会书记。

26日　海淀区召开庆祝“五一”国际劳动节暨表彰大

会，表彰获全国五一劳动奖章、全国工人先锋号、首都劳动奖状、首都劳动奖章、北京市工人先锋号、第一届“海淀工匠”和“海淀工匠”提名奖的先进集体和个人。

同日　海淀区举行首个“新时代文明实践推动日”活动，海淀区新时代文明实践中心同时揭牌。

29日　中央统战部副部长邹晓东率队走访调研中关村智造大街和新浪微博，了解海淀区民营企业科技创新和统战工作情况。

同日　纪念五四运动100周年特别主题活动——“青春心向党·建功新时代”北京市首届中学共青团精品团课交流展示活动在海淀举行。

30日　区卫生健康委员会与北京大学第三医院签署共建海淀区曙光社区卫生服务中心合作意向书，这是海淀区首次引进三级医院优质资源共建社区卫生服务中心。

同月　北京市首个老旧小区适老化改造试点项目在北下关街道南二社区启动。该项目由区政府出资，对南二社区居住环境、出行环境、健康环境、服务环境、敬老社会文化环境营造五大方面进行提升改造，9月10日完成。

5月

5日　2019年两岸青年交流合作北京峰会开幕式在中关村国家自主创新示范区展示中心举行，于军出席开幕式并致辞。

7日至10月16日　由中国科协科学技术传播中心、区政府等单位联合主办的2019“创青春—中关村”U30活动举行，决出30位年度优胜者。

10日　《国务院办公厅发布关于对2018年落实有关重大政策措施真抓实干成效明显地方予以督查激励的通报》发布，海淀区3项工作获国务院点名表扬，并享受相应的奖励支持措施。

同日　于军率区党政代表团到河北省保定市易县开展结对帮扶工作。

同日　戴彬彬会见韩国首尔西大门区居民自治局局长吴文植一行，双方围绕进一步深化友好往来，加强教育、医疗卫生、体育、社会治理等领域合作进行交流。

13日　《海淀区提升消费能级提高生活品质三年行动计划（2019—2021）》出台。该计划提出开展科技消费头雁行动、“+文化”消费腾飞行动、夜间经济点亮行动、构建信用奖惩体系等27条措施。

同日　区市场监督管理局发出北京市第一份以“集群注册”模式登记的营业执照，试点免费住所政策。

15日　海淀区村居法律顾问“家庭律师进万家”启动仪式举行。

16日至17日　戴彬彬率区党政代表团到河北省张家口市赤城县考察对口帮扶工作。

19日　中关村科学城创新发展发布会举行，发布《关于加快中关村科学城人工智能创新引领发展的十五条措施》《关于支持中关村科学城智能网联汽车产业创新引领发展的十五条措施》两个产业政策。

20日　市长陈吉宁到海淀调研高质量发展工作。

21日　海淀区牵头成立“金融科技协同创新平台”，首批62家企业签约入驻。

24日　曾宪梓雕像在圆明园遗址公园揭幕。

29日　以“提升教育现代化水平，建设教育强区”为主题的海淀区教育大会召开。

31日　北京市首条自行车专用路开通，起点位于昌平回龙观同成街与文华路交叉路口，终点位于海淀区后厂村路与上地西路交叉口，长约6.5千米。

6月

2日　市委研究决定，戴彬彬不再担任中共北京市海淀区委员会副书记、常委、委员，建议不再担任北京市海淀区人民政府区长职务；曾劲任中共北京市海淀区委员会委员、常委、副书记，提名为北京市海淀区人民政府区长人选。经区委研究决定，戴彬彬不再担任北京市海淀区人民政府党组书记职务，曾劲任北京市海淀区人民政府党组书记。

4日　市委书记蔡奇围绕“推动社会组织参与社区治理和服务”主题到海淀调研。

5日　市长陈吉宁到海淀调研5G发展应用情况有关工作。

同日　区教委和昌平区教委、中关村二小举行合作办学签约仪式。

同日　海淀区首个“智慧社区”在甘家口小区建成。全区全年有40个社区开展智慧化建设试点。

6日　全国政协副主席刘奇葆率考察组以“培育新型文化业态，推动媒体融合发展”为主题，到海淀考察媒体融合发展工作。

11日　于军到区域新型研发机构、高新技术企业开展走访调研，征求对区域发展的意见和建议。

13日至19日　2019年全国大众创业万众创新活动周北京会场暨中关村创新创业季活动在中关村国家自主创新示范区展示中心举行。双创周举办30余场系列活动，汇集308项参展项目；中关村创新创业季举办53场活动，吸引3474个机构、公司、项目。

14日　全国首个自动驾驶封闭测试场——国家智能汽车与智慧交通（京冀）示范区海淀基地建成，负责T1至T3、车长6米以下自动驾驶车辆的能力测试和技术评估工作。

16日　蔡奇到海淀区调研走访华为公司北京研究所、超高清视频（北京）制作技术协同中心和新岸线（北京）科技集团有限公司。

17日　15点30分，由北京市八一学校学生牵头研制的中国首例中学生太空生物实验舱“方舟一号”在内蒙古阿拉善试验区成功发射。

18日　经报请市民政局、市委编委批准，调整海淀区部分街镇行政区划，设立中国共产党北京市海淀区委员会永定路街道工作委员会，为区委派出机关，规格为正处级；设立北京市海淀区人民政府永定路街道办事处，为区政府派出机关，与永定路街道党工委合署办公。调整后，海淀区属街道由19个增至20个。

20日　海淀区与怀柔区签署《海怀携手双城联动共建科创发展新生态战略合作框架协议》，包括共推科技创新、共促产业发展、共筑美丽家园、共治营商环境、共享美好生活、共育人才队伍6个方面18项共建工程（行动）。

25日　全市首家党支部书记学院——海淀区党支部书记学院在中关村学院成立。

26日　首届中关村科学城北区创业合伙人招募计划正式启动。入选的“北区创业合伙人”将获得整套支持政策。

27日　区四套班子领导到延庆区开展结对协作工作。

同日　海淀区市场监督管理局推出19条创新创优服务措施，其中15条属于争取率先探索实施的创新措施。

同月　区教育督导室完成全区170所无证幼儿园及25个社区办园点责任督学挂牌工作。

7月

1日　北京市自动驾驶测试管理联席小组发布首批T4级别自动驾驶测试牌照，5张牌照全部颁发给百度公司。

3日　全国首个“5G+AIoT（智能物联网）智慧社区”上线，为多场景模式的社区管理与服务形式。

3日至4日　区委宣传部组织“壮丽70年 奋斗新时代”重大主题宣传海淀集中采访活动，邀请15家中央、市属媒体到海淀采访。

4日　蔡奇到北京商汤科技开发有限公司、北京旷视科技有限公司和中科寒武纪科技有限公司调研走访。

8日　2019第七届“东升杯”国际创业大赛正式启动全球招募。

10日　市政协主席吉林到北太平庄街道调研，并主持召开“接诉即办”工作座谈会。

10日至11日　于军、曾劲、刘长利、刘勇等区四套班子领导到内蒙古自治区赤峰市敖汉旗对接扶贫协作工作。

22日　科创板在上海证券交易所鸣锣开市，首批上市25家公司，其中海淀区的天宜上佳、航天宏图2家企业成功登陆首批科创板。

同日　美国《财富》杂志发布2019年世界500强排行榜。小米集团首次登榜，排名468位，在上榜的全球互联网企业中排名第7位，在上榜的中国企业中排名第112位。

24日　海淀区推出北京首个绿色居住区指标体系。

25日　中国共产党北京市海淀区第十二届委员会第十一次全体会议召开。于军代表区委常委会作工作报告，区委副书记、代区长曾劲作关于2019年上半年全区经济社会发展工作的书面报告。

26日　蔡奇围绕“不忘初心、牢记使命，加强玉泉山周边地区环境整治”主题到海淀区调研。

8月

1日至3日　代区长曾劲率考察团赴新疆维吾尔自治区和田市考察对口支援工作。

6日　根据市委编委《关于设立中关村科学城管理机构有关问题的通知》文件精神，组建中共北京市委中关村科学城工作委员会（简称中关村科学城党工委）、中关村科学城管理委员会（简称中关村科学城管委会），为市委、市政府派出机构，由海淀区代管，对外保留中关村科技园区海淀园管理委员会牌子。不再保留中共北京市海淀区委海淀园工作委员会、中关村科技园区海淀园管理委员会（中关村国家自主创新示范区核心区管理委员会）。29日，中共北京市委中关村科学城工作委员会、中关村科学城管理委员会揭牌成立。

12日　《海淀区—延庆区结对协作总体工作方案（2019年—2022年）》公布，两区将在生态建设、产业发展、公共服务、功能疏解承接、低收入帮扶、干部人才交流等领域开展协作。

17日　由海淀区政府冠名的“海创千乘”1号卫星成功进入预定轨道。“海创千乘”卫星拥有30余项自主知识产权，完成10余项技术创新及工程落地。

18日　全球首台“5G＋8K”超高清视频全业务转播车在海淀诞生。

20日　全国人大常委会副委员长白玛赤林率全国人大华侨委调研组到海淀，就侨务工作情况进行调研。

22日　北京市首张“智慧审批”营业执照在区市场监督管理局颁出，企业开办再提速。

同日　全国首家小微企业续贷中心落户海淀。

26日　区政府发出通知，调整永定路街道、万寿路街道、田村路街道辖区范围。

28日　中国首个专注于IPv6产业创新的科技园区——“下一代互联网及重大应用技术创新园”在海淀正式开园。

9月

2日　于军会见德国海德堡市政府城市运营长官妮可尔·胡波代表团一行，双方就继续加强友好往来、深化务实合作进行座谈交流。

3日　区档案馆通过与上海市浦东新区档案馆搭建的民生档案跨馆异地利用平台，完成首例跨馆异地利用服务。

4日　海淀区不动产登记中心24小时自助服务区正式启用。

6日　中华人民共和国成立70周年庆祝活动海淀区服务保障工作动员大会召开，对全区各项服务保障工作进行再动员、再部署。13日，海淀区安全维稳和服务保障工作会召开，对做好中华人民共和国成立70周年庆祝活动服务保障工作进行再强调、再部署。

9日　于军主持召开区委常委班子巡视整改专题民主生活会，推动市委第三巡视组巡视海淀反馈意见整改工作。

10日　海淀区“不忘初心、牢记使命”主题教育工作会召开，对全区开展主题教育进行动员部署。

同日　民政部党组书记、部长黄树贤到地区调研养老服务工作。

12日　中共中央总书记、国家主席、中央军委主席习近平到北京香山革命纪念地，瞻仰双清别墅、来青轩等革命旧址，参观香山革命纪念馆。中央政治局常委、中央书记处书记王沪宁参加活动。

13日　北京香山革命纪念馆正式开放。中央政治局常委、国务院总理李克强，中央政治局常委、全国人大常委会委员长栗战书，中央政治局常委、全国政协主席汪洋，中央政治局常委、中央纪律检查委员会书记赵乐际，中央政治局常委、国务院副总理韩正，分别于11月13日、10月11日、10月7日、10月9日、9月13日，到北京香山革命纪念馆参观，瞻仰双清别墅、来青轩两处革命旧址。

19日　位于安宁庄路的小米科技园开园。

24日　“海淀通”全区统一政务服务App正式上线，提供1600余个事项的网上办理服务。

10月

1日上午　由海淀区机关干部、群众、三所驻区大学师生共2008人组成的“圆梦奥运”方阵在天安门广场参加国庆70周年群众游行活动。

11日　全市首家区级中华文化学院——海淀区中华文化学院在海淀区社会主义学院正式挂牌成立。

16日至18日　2019中关村论坛在中关村国家自主创新示范区展示中心举行，集中展出国内外116家单位的167项科技成果，其中100项新技术、新产品为首发。

18日　2019中关村论坛举行重大成果发布会，5个重大创新政策与应用需求项目集中发布，9个重要创新交流合作与项目集中签约，4个重大创新平台类项目集中揭牌。其中涉及海淀区的2项重大创新平台类项目揭牌，1项重要创新交流合作类项目签约。

同日　由区政府、中关村科学城管委会主办的2019中关村论坛平行论坛——AI World 2019世界人工智能峰会在中关村展示中心举行。

同日　区政府与法国泰雷兹集团签约，双方共建航空领域创新生态。

同日　国家智能制造系统创新研究院在海淀揭牌。

25日　中关村科学城—北京航空航天大学概念验证中心成立，是北京市首个概念验证中心。

同日　国家网络安全产业园区（海淀）挂牌，29家网络安全企业入驻。

29日　海淀区发布支持标准创新发展政策——《关于支持中关村科学城标准创新发展的措施（试行）》，为北京市首个区级标准化支持政策文件。

同日　区委第五次人大工作会议召开，区人大常委会党组作关于《中共北京市海淀区委关于新时代加强和改进人大工作的意见》贯彻落实举措的说明。

同日　海淀区与北京旷视科技有限公司签署战略合作协议。

30日　海淀区首家非公企业党校——中公教育党委党校成立。

同日　海淀舞蹈中心揭牌成立，是北京市唯一一家区级舞蹈中心。

11月

16日　陈吉宁到海淀区宣讲中共十九届四中全会精神。

7日　清华紫光集团旗下企业紫光展锐宣布启动6G相关技术的预研和储备。

7日至10日　全球电竞盛会英特尔极限大师赛（IEM）落户海淀，是国内首次独立举办。

8日　首个海淀区最大、功能最完备的小型消防站在北营房村投入使用，占地面积约2700平方米。

10日　海淀区发布以电竞产业为重点，推动游戏研发和内容创作、集聚游戏企业及电竞俱乐部、支持电竞场馆建设和赛事举办、支持开展游戏电竞交流活动、强化人才支撑、优化营商环境6个方面的支持政策，推动海淀数字文化产业高质量发展。

11日　海淀镇功德寺棚户区改造项目安置房在树村开工建设。

13日　陈吉宁在海淀区调研并召开现场办公会，强调要立足功能定位，不断深化发展战略，聚焦重点任务，加快推动实现高质量发展。

同日　文化和旅游部、国家文物局在中国国家博物馆举行流失海外多年的圆明园马首铜像捐赠仪式。12月4日，国家文物局到圆明园调研考察后决定，马首铜像拟存放正觉寺保存。

同日　上海证券交易所资本市场服务北方基地正式挂牌落户海淀区。

15日　位于西北旺镇唐家岭村的一亩园棚改项目安置房万和嘉园正式交付使用。安置房总建筑面积34.11万余平方米，共1300余套。

同日　北京市召开“北京民营企业100强发布会”，海淀区民营企业共获得130个奖项，较上年（84个）增长54.8%。

16日　蔡奇带领市四套班子成员、各委办局主要负责人和16个区的区委书记，到海淀街道苏州桥西社区检查“接诉即办”、垃圾分类等工作，并召开现场推进会。

18 日　北京金山办公软件股份有限公司成功登陆科创板，成为全国首家分拆上市的科创板企业。

19 日　由区政府主办的第十六届海淀文化季开幕。

20 日　《海淀分区规划（国土空间规划）（2017 年—2035 年）》获市政府批复。

同日　"三山五园"地区（东、西水磨）环境整治项目搬迁腾退工作启动。

27 日　海淀区正式启动全国社会心理服务体系建设试点工作。

12 月

2 日　蔡奇到海淀区中关村集成电路设计园调研。

5 日　海淀区与大兴区签署区域协作框架协议，两区将在科技成果转化、产业协同发展、政策资源共享、公共服务、干部人才交流学习等方面开展协作。

14 日　北京市精品游戏研发基地在海淀区中关村科学城数字文化产业园正式揭牌。

18 日　海淀区获评全国首批乡村治理体系建设试点单位。

20 日　全市首个退役军人就业创业基地在海淀落成。

24 日　中国共产党北京市海淀区第十二届委员会第十二次全体会议召开。

25 日　区委第六次政协工作会议召开，出台《中共北京市海淀区委关于新时代加强和改进政协工作的实施意见》。

同日　中关村科学城独角兽企业党建联盟成立，这是全国第一个独角兽企业党建联盟。

25 日至 28 日　政协北京市海淀区第十届委员会第四次会议召开。会议选举陈双、杨剑飞为十届区政协副主席，张启兵为十届区政协秘书长；审议通过十届四次会议决议。

30 日　京张高速铁路运营通车。铁路起自北京北站，终点张家口站，全长 173.964 千米，其中北京市境内 70.503 千米，海淀段全长 16.39 千米，设计时速 350 千米。清河站建成，实现国铁、地铁、市郊铁路无缝衔接与换乘。

31 日　中关村科学城建设推进大会召开，推出推进中关村科学城建设七大新政，即促进科技成果转化、升级区域创新政策、底层技术创新布局、优化创新发展服务体系、支持 RISC-V 开放生态创新引领发展、支持区块链创新引领发展、5G 产业创新发展行动计划。

年内　海淀区完成 33 件重要民生实事。

年内　全区核验销账拆除违法建设 216.9 万平方米，腾退土地销账面积 213.7 公顷，完成市政府折子工程任务。

（钟冷　林琳　郭君兮）

区情概览

基本地情

【概况】 海淀名字由来。据考古发现，距今7000～4000年前，海淀区现辖域已有人类居住和活动。海淀镇一带在古代是一片浅湖区，后来在湖边逐渐形成居民聚落。“海淀”在历史文献中亦称为“海甸”“海店”。在现存史料中最早见于元初王恽所撰《中堂事记》（见明叶盛《水东日记》）。

历史沿革与行政区划。历史上海淀区现辖地区没有设置单独的行政建置，分属不同的行政区域。自秦、汉以来，南半部成为历代北京城附廓县的辖地。金、元时，一部分地区是金中都、元大都的城区。至近代，大部分成为北京市辖行政区域。北半部历来属于以北京为中心的大行政区的属县（州）。1949年7月，在海淀地区正式设置单一行政区域，称北平市第十六区。后两次更名，于1952年9月1日命名为海淀区。海淀区行政区域经过多次变动，至1963年形成现辖域。2019年，海淀区辖7个镇（地区）、22个街道、63个村委会、581个社区居委会。

（钟冷）

【地理位置】 海淀区位于北京市城区的西部和西北部，跨北纬39° 53′～40° 09′、东经116° 02′～116° 23′，面积430.77平方千米，约占北京市总面积的2.62%。东接朝阳区、西城区，南接丰台区，西接石景山区、门头沟区，北接昌平区。地形西高东低，兼有山地、平原。辖域呈不规则平行四边形，南北纵向长于东西横向。从北极点双塔村至南极点吴家场，距离约30千米；从东极点河北村至西极点阳台山，距离约29千米。区人民政府驻海淀区长春桥路17号。

（钟冷）

【地形地貌】 海淀区位于北京市区西北部、华北平原北部边缘与太行山余脉西山山脉交会地带，大地构造处于阴山东西向复杂构造带南缘、祁吕贺兰山字型构造东翼反射弧与新华夏构造带三构造交接部位，西部山区为北京西山隆起带，东部平原为北京平原沉降带，故地质构造发育、构造形迹复杂。西部属中山（海拔500～1000米的山）山区边缘，东部为冲积扇平原，局部为平原洼地，地形西高东低。西部、中部为海拔100米以上的山地，面积约占辖区总面积的16.4%。有大、小山峰60余座，最高峰为阳台山，海拔1278米。香山以南、以东诸山海拔在200～600米之间。京西西山山系多南北走向，而海淀区境内的西山支脉大体为东西走向，横亘于中部，成为辖域南、北两部分的天然分界，习称南半部为“山前”、北半部为“山后”。东部、南部和北部为海拔100米以下、向东微倾斜的平原，面积约占辖区总面积的83.6%。山前平原为永定河冲洪积扇，山后平原为南沙河、南口冲洪积扇。东北部的黑泉村，海拔35米，为最低处。有河流35条，总长204.7千米；河道一部分为自然形成，后经人工改造；一部分属于人工开挖。水资源量1.6亿立方米。2019年总用水量3.14亿立方米，比上年减少1%，其中生活用水2.8亿立方米，增长1.2%。

（钟冷）

【气候】 海淀区地处暖温带半湿润半干旱大陆性季风气候区，四季分明。春季风大，湿度低；夏季炎热，降雨集中；秋季凉爽，光照足；冬季寒冷，雨雪少。冬季最长，夏季次之，春、秋季较短。夏季多刮偏南风，春、秋、冬季盛行偏北风。3月至5月为大风集中季节，夏季有短时雷雨大风出现。雨量等气象要素年内差异明显，时空分布不均，暴雨、雷电、冰雹、大风、雪害等灾害性天气较多发生。2019年平均气温13.7℃，比上年平均气温（12.8℃）偏高，年极端最高气温为38.7℃，极端最低气温为-14.9℃。降水受季风气候影响，年季变化很大，多集中在夏季。年降水量502.7毫米，日照时数2085.7小时。

（钟冷）

【资源】 海淀区矿产资源有煤、泥炭、砖用黏土及砖用页岩、建筑砂、砂砾石、制灰灰岩、花岗岩、石墨、矿泉水等。2016年，除矿泉水开采和地热利用外，所有固体矿产开发开采全部停止。有野生植物5门，其中国家二级保护植物6种，北京市二级保护植物4种。有野生动物4门（亚门）9纲、83科、268种，其中国家一级保护动物6种，北京市一级保护动物18种。

（钟冷）

【人口】 2019年，全区常住人口323.7万人，比上年减少12.1万人。其中常住外来人口123.7万人，占常住人口的比重为38.2%。常住人口出生率7.79‰，死亡率4.65‰；自然增长率3.14‰。户籍人口241.1万人，比上年增加2.3万人。

（钟冷）

【人文历史】 海淀区地处北京市的上风上水。有“三山五园”等皇家园林，是中华民族悠久历史文化遗产的重要组成部分。有为皇家建筑做出重要贡献的建筑世家“样式雷”，近代教育家英敛之、熊希龄、李石曾等杰出人物；

有曹雪芹、纳兰性德、顾太清、杨沫等名人的足迹和诗文；有双清别墅、孙中山纪念堂、李大钊烈士陵园等独具历史文化价值的公墓和纪念性文物。海淀区在京城政治生活中具有重要地位。自清康熙年间（1662—1722年）起，皇帝每年有很多时日住在西郊御园处理政务，这里成为紫禁城外又一政务中枢。中华人民共和国成立前夕，中共中央和中国人民解放军总部从西柏坡进驻香山，筹备建立中华人民共和国。一部分中央党政机关、解放军总部驻在海淀区，一些具有重大历史意义的会议在此召开。1949年后，海淀区逐步发展成为全国著名的文化教育中心、科研基地。有世界文化遗产1处、非物质文化遗产保护名录130项、文物保护单位133处，体育场、影剧院等公共文化资源丰富。聚集以中国科学院为代表的科研院所100多家、国家工程研究中心31个、国家重点实验室107个、普通高等院校37所（部）。拥有大中型文艺演出场所100多个，图书馆、博物馆300多个。

2016年9月，国务院印发《北京加强全国科技创新中心建设总体方案》，全国科技创新中心建设上升为国家战略。北京全国科技创新中心建设包括“三城一区”（中关村科学城、怀柔科学城、未来科学城，北京经济技术开发区）。

2017年9月，国务院批复《北京城市总体规划（2016—2035）》，对海淀区的功能定位是：具有全球影响力的全国科技创新中心核心区，服务保障中央政务功能的重要地区，历史文化传承发展典范区，生态宜居和谐文明示范区，高水平新型城镇化发展路径的实践区。强调聚焦“三城一区”，构筑北京发展新高地。为落实《北京城市总体规划（2016—2035）》，区委提出“两新两高”战略，即聚焦中关村科学城，以挖掘文化科技融合新动力、构建新型城市形态为总抓手，推动高质量发展、打造高品质城市，加快建设具有全球影响力的全国科技创新中心核心区。

（钟冷）

经济高质量发展

【概况】 年内，全区完成固定资产投资项目172项，总投资318亿元，比上年增长6.3%。北部地区重点项目建设资金498亿元，比上年增长21%，其中完成建安投资77.5亿元。实现地区生产总值7926.0亿元，比上年增长7.0%，占全市地区生产总值的22.4%，居全市首位，其中文化产业总收入突破6000亿元。房地产业房屋施工面积1152.3万平方米，比上年增长0.9%，其中新开工面积194.1万平方米，比上年增长1.9%。房屋竣工面积156.9万平方米，增长7.8%。商品房销售面积49.4万平方米，比上年增长86.8%。分产业看，第一产业实现增加值1.6亿元，下降1.9%；第二产业实现增加值707.2亿元，增长5.8%；第三产业实现增加值7217.2亿元，增长7.1%。三次产业结构为0.02∶8.92∶91.06。实现农、林、牧、渔业总产值4.27亿元，比上年下降0.7%。区级一般公共预算收入完成446.5亿元，比上年增长0.1%。其中，增值税155.5亿元，增长1.2%；企业所得税99.0亿元，下降12.4%。地方财政支出938.1亿元。规模以上工业企业实现工业总产值2577.0亿元，比上年增长2.4%。其中，计算机、通信和其他电子设备制造业实现产值1062.0亿元，增长3.5%。高技术制造业实现产值1885.8亿元，增长2.6%。实现社会消费品零售额2972.6亿元，比上年增长3.5%。进出口总额365.9亿美元，比上年下降4.5%。其中进口额219.3亿美元，比上年下降8.7%；出口额146.6亿美元，比上年增长2.6%。居民人均可支配收入84733元，比上年增长8.4%；居民人均消费支出56630元，比上年增长7.0%。城镇登记失业率0.92%；城镇登记失业人员就业64.97%，比上年提高了2.56个百分点。能源消费总量比上年下降0.14%，万元GDP能耗下降率6.68%。年均细颗粒物（PM2.5）月均浓度40微克/立方米，比上年下降20%；二氧化硫、二氧化氮月均浓度分别是4微克/立方米、38微克/立方米，分别比上年下降20%、11.6%。

（林琳）

【高精尖产业结构优化】 年内，全区第三产业实现增加值7217.2亿元，增长7.1%，高于全区增速0.3个百分点。其中，信息业、科研业、教育业、金融业和工业五大行业占全区经济总量的77.3%，比上年提高0.8个百分点，对经济增长贡献超九成。新技术催生新业态，以快手、抖音等企业为代表的短视频行业依托AI、VR、AR等技术，带动产业发展。全区实现产业链覆盖的人工智能产业集群，拥有35家人工智能上市企业，企业数量、研发经费和经营收入在北京市占比均超六成。独角兽企业40家，占全国总数的20%。自动驾驶企业85家，占北京市总量的75.9%，占全国总数的33.1%。大健康产业涉及企业8966家，规模以上企业1103家，技术渗透快，人工智能、3D打印、医疗机器人等新技术加速产业变革。

（林琳）

【优化营商环境】 年内，海淀区推进“9+N”政策2.0版落地，政策解读信息600余条。深化“放管服”改革，建设工程施工许可审批时限压缩64%，申报材料数量压缩70%。推进“一网通办”平台建设，实现12类数据共享（包括国家级数据3类、市级数据9类）。全区29个街镇政务服务中心全部实现“一窗”办理。区块链技术支撑的不动产交易量达1572笔，开办“e窗通”系统，实现“即批秒办”，实现全流程网上1天办、全程服务“零见面”“零次跑”。在全市率先开展企业诉求“接诉即办、按需速办”工作，建立区级领导和街镇主要领导干部回访机制、月专题调度机制，全年接诉25万件。落实国家大规模减税降费政策，减免税费约450亿元，涉及区级约57亿元，设立全国首家中小企业续贷中心——北京市企业续贷受理中心，累计快捷审批企业续贷申请325笔、20.3亿元，时限整体压缩

70%以上，节约成本约4500万元。化解金融风险，设立科技创新空间资源基金、股票质押担保基金等，深化“股+债”纾困体系，化解部分企业股东的流动性风险。

（林琳）

【城乡融合发展】 年内，海淀区全面破解整建制农转非难题，形成《海淀区加快实现整建制农转非工作报告》，推进北部地区整建制农转非工作。协调推进苏家坨镇北安河村和西北旺镇皇后店村整建制农转非工作。24个保留村编制村庄规划。科学城北区启动10个集体产业项目。制定实施科学城北区公共服务和基础设施建设三年行动计划。开展农村人居环境整治，实施“村庄清洁行动、厕所革命、污水治理、垃圾治理、绿化美化、治违控违”六大专项行动，41个村庄通过市级验收。海淀区成为全国乡村治理体系建设首批试点单位，区农业农村局获“全国农业农村先进集体”称号。

（林琳）

中关村科学城建设

【概况】 2019年，海淀区完成中关村科学城党工委、管委会组建，筹建中关村科学城专家咨询委员会，组建中关村科学城创新发展有限公司。按照国家实验室标准推进一批战略科技力量建设，组建一批联合实验室，智能、量子、北京微芯边缘计算研究院、海华信息技术研究院等一批新型研发平台建设取得阶段性进展。京津冀国家技术创新中心建设方案通过科技部评审。面向底层技术，成立开源芯片源码创新中心，构建RISC-V芯片创新生态。破解科技成果转化“最后一公里”难题，成立首个概念验证中心——北航概念验证中心，推进清华大学、中科院等高校院所验证中心建设。探索科技成果“批量转化”新模式，推进中科海淀科技创新综合体、中关村智友天使学院等平台建设。建设11个高价值专利培育中心，推进25所高校院所专利运营办公室建设。

（林琳）

【高精尖产业】 年内，海淀区聚焦人工智能、医药健康、智能制造、芯片、5G等领域，跟进服务146个高精尖产业项目落地。高新技术企业总收入约27459.4亿元，增长10%以上。出台支持人工智能和智能网联汽车产业政策，推进区块链技术研发和应用，支持5G核心芯片研发和产业发展，巩固大信息产业的总体规模和引领优势。支持新药研发、高端医疗器械和智能医疗企业发展，全球健康药物研发中心在结核病等领域推进10个研发项目，百放创新孵化加速器等一批项目和平台落地。在智能制造、新材料等领域引进国家智能制造系统创新研究院、中广核铀业等一批项目，首次实现碳纳米管集成电路TPU。推进科技应用场景建设，在全市率先启动17个科技应用场景，其中5G+8K超高清视频技术应用等7个项目进入实质性建设阶段，2019男篮世界杯实现全球首次国际顶级赛事5G+8K转播。在全市率先出台数字文化产业支持政策，建设中关村科学城数字文化产业园，吸引腾讯、网易等20多家头部游戏企业研发机构落户，挂牌成立北京市精品游戏研发基地。规模以上文化产业收入突破6000亿元，增长20%。实施研发投入倍增计划，支持171家企业1.82亿元研发投入补贴。

（林琳）

【创新生态完善】 年内，海淀区实施科技企业创始人“薪火共燃”培育项目。搭建国际人才社区、国际青年创业平台和海外院士创新港建设。实施标准创新领跑计划，出台支持标准创新发展的政策措施。提升知识产权创造、保护和运营水平，中关村知识产权保护中心启用，首批备案企业达408家。金融科技与专业服务创新示范区核心区建设全面展开，首个金融科技主题楼宇——融汇国际大厦运营，新增上市企业23家，上市企业总数、新增上市企业数、科创板申报受理企业数、科创板上市企业数均居全国地级市（区）首位。

（林琳）

【创新空间布局拓展】 年内，海淀区建立高精尖产业用地“1+3”政策体系。梳理产业用地2455宗、楼宇614栋。启用中关村壹号、集成电路设计产业园等园区。金隅科技园等园区完成建设。国家网络安全产业园（海淀）揭牌，启动主体大楼建设。学院路北端、永丰相应地块、东升科技园二期集体自持产业用地完成供地。启动小米移动互联网产业园。建设100平方千米的中关村自动驾驶创新示范区和人工智能集聚区，北大西门片区储备项目5个，知春路量子“双子座”转型打造人工智能应用创新基地。推进硅谷电脑城整体改造。中关村科学城北区医谷产业园等18个重点项目开复工175万平方米，竣工28万平方米，完成北清路沿线城市设计。

（林琳）

城市治理

【概况】 2019年，海淀区完成区级年度重点建设项目172项，建安投资318亿元。分区规划获市政府批复，开展城市双修，编制“三山五园”地区整体保护规划、香山中心区保护建设规划。完成全区生态保护红线勘界。在全市率先全面实施街镇责任规划师制度，组建“1+1+N”责任规划师团队，建立12种类型、50余个街镇治理更新“种子计划”。推进“三山五园”整治提升三年行动计划，16平方千米重点区范围内完成约1.43万平方米拆除任务，功德寺地区村庄腾退完成98%，东西红门及荷叶山环境整治项目完成全部民宅腾退。改善香山地区环境面貌，拆除违法建设32处、1.2万平方米，缆线入地6.2千米，高品质绿化22万平方米。建立规划和自然资源领域长效管理的制度框架，推进“大棚房”、浅山区违法占地违法建设、违建别墅、绿地认建认养及公园配套用房出租等专项清理整治。

（林琳）

【“疏解整治促提升”专项行动】 年内，全区27个专项任务全部完成，拆除违法建设216.9万平方米，整治提升背街小巷110条，“开墙打洞”210处，无证无照经营846处，占道经营实现“动态清零”。腾退面积8.4万平方米，疏解商户4769户，清理市场内虚数2371户，基本完成辖区养殖业清退。实施“马上清（青）西”城市提升计划，新建和升级改造便民商业网点80个，建成22个社区商业e中心，全区581个社区中有229个社区实现“菜篮子”、便利店等8项基本便民商业功能全覆盖。群众对专项行动的满意度保持在95%左右。

（林琳）

【“大城市病”治理】 年内，海淀区落实蓝天保卫战行动计划，实施“一微克”行动，细颗粒物（PM2.5）累计浓度为40微克/立方米。检查重型柴油车11万余辆次，查处超标重柴车7298辆次、超标机械91台。淘汰高排放老旧柴油货运车1011辆。调整退出一般制造业企业16家。开展重污染天气应对3次。开展施工、道路、裸露地面等扬尘整治，在101条道路试点开展背街小巷小型机械化降尘作业，道路尘负荷控制在25克/平方米以内。

（林琳）

【土壤污染源头管控】 年内，全区完成农用地、关停企业用地等250余个监测点采样分析，开展4个地块土壤污染调查评审、1家涉重点企业清洁生产强审，控制农业面源污染。实施“水清岸绿”提升计划，形成“三山五园”互联互通水网格局，北部地区实现局部水体循环，全面落实河长制。南沙河玉河橡胶坝断面等5个断面水质达到市级考核要求。完成4个镇级集中式饮用水水源地环境状况评估，推进青龙桥水厂水源地保护区划分。建立24条河流的入河排口台账，完成南沙河水质自动监测站建设，实现4小时一次的连续监控。完成辖区水环境承载力评价。加强“留白增绿”和大尺度绿化，全区森林覆盖率35.76%，城市绿化覆盖率52.67%，人均公园绿地面积13.95平方米。全区有注册城市公园41家，市级精品公园25处。完成绿化建设173.33公顷，全部为新增林地绿地。完成森林健康经营项目任务200公顷，布置花卉工程85501.7平方米，绿化提升工程面积约3.3万平方米，实施自行车专用道特色景观工程，投资绿化面积10750平方米，7处屋顶绿化1.43万平方米。“留白增绿”完成绿化面积25.92公顷，涉及7个街、镇的32个点位。

（林琳）

【重点区域综合交通治理】 年内，海淀区推进中关村西区、软件园等重点区域综合交通治理，京张铁路通车，地铁13号线拆分工程启动，16号线征地拆迁基本完成，19号线、12号线、昌平线南延全面施工，香泉南路、五路居东路等道路建成，10项疏堵任务完成，打通永丰北环路等10条“断头路”，统筹实施110余万平方米道路大中修和65条道路163千米自行车道治理。挖潜停车资源7434个，完成28条路段、3637个车位高位视频电子收费设施建设。区交通委获“全国交通运输系统先进集体”称号。推进生活垃圾全过程管理，大工村再生资源发电厂、六里屯垃圾填埋场等终端设备运行平稳，大工村建筑垃圾循环利用综合处理项目主体完工。

（林琳）

【“大城管”体系建设】 年内，全区城市管理问题整体呈下降趋势，问题解决率和群众满意率明显提升。推进智慧城市建设，投入智慧海淀专项资金6.9亿元，形成“1+1+2+N”总体框架，搭建“城市大脑”基础平台，运用大数据、云计算和人工智能技术，加快推动城管、交通、环卫、安防、社区等领域的智能化项目落地。生态环保监测基站实现对空气质量、目标河湖水体实时监测，提升城市精细化管理水平。

（林琳）

全面深化改革开放

【概况】 2019年，区委全面深化改革委员会审议通过各类改革议题36项，出台重要改革文件43项。中关村科学城改革、“接诉即办”工作、曙光街道探索党组织领导下的社区治理合伙人机制、医耗联动综合改革、卫生监督体制改革、探索高精尖产业组织新机制、教育集团化办学模式改革、续贷中心创新解决企业融资问题8篇改革信息在《北京改革情况交流》刊发。完成“京津冀协同发展”专项改革任务。调整组建区委区政府推进京津冀协同发展领导小组，有序疏解非首都功能，完成16家一般制造业企业调整退出，压缩3家教育培训机构，减少医疗机构10余家。

（林琳）

【教育改革与发展】 年内，海淀区完成“深化教育集团化办学模式改革”1项重点改革任务。教育集团化办学模式改革取得实效。推动成立北京一零一中学和海淀区教师进修学校两大教育集团，新增14所集团校。完成“推进教育现代化2035行动计划”专项改革任务。出台《海淀区提升教育现代化水平建设教育强区行动计划（2019—2022年）》和5个配套文件，启用海淀智慧教育云中心，推进校长职级制改革和义务教育学校绩效工资改革。

（林琳）

【科技创新】 年内，海淀区完成“探索建立中关村科学城管理体制机制”“进一步创新中关村创业会客厅服务模式”重点改革任务。中关村科学城管理体制机制探索取得突破。中关村科学城管理委员会挂牌成立，组建中关村科学城创新发展有限公司，建立市场化科技创新投资平台。加快探索新型创业服务模式，在全市率先推出“集群注册”服务模式，发放全市首张“集群注册”营业执照，实施“创新企业加速计划”，筹建中关村创业会客厅国际人才会客厅。完成“扎实推进产业组织创新”等4项专项改革任务。发布人工智能和智能网联汽车产业的两个“十五条”政策，中关村科学城17个科技应用场景建设进展顺利。建立高精尖产业调度工作机制，完善重点企业动态监测机制。知识产权领域改革取得新成效，依托中国（中关村）知识产权保护中心，探索专利导航产业创新发展机制。组建高价值专利培育运营中心。科技金融创新稳步推进。在全国首设企业续贷中心，探索破解企业融资难、融资贵问题。完善上市企业储备机制，新增上市公司18家、科创板企业5家，境内外上市公司总数达216家。

（林琳）

【党的建设改革】 年内，海淀区完成“深化党建引领‘街乡吹哨、部门报到’改革”重点改革任务。落实区域化党建“1+N+T”“三级协办”“三项清单”工作制度，抓实“四个双向”和“三项清单”。推进党建引领物业和业委会参与社会治理试点工作，推动形成“区域合作”“联盟共治”“会客议事”三种党建引领社会治理“海淀经验”。推进街镇大部制改革，构建街道“六室一队三中心”、试点镇“八室一队五中心”体系，完成20个街道、四季青为试点镇的管理体制改革工作。推动向街镇赋权，动态调整形成125项街道通用版职责清单，完成向街道重点下放“六权”工作。用好社区会客议事厅平台，加强对社区的工作支持和资金保障。深化派出所“两队一室”警务改革，打造全国首批“枫桥式公安派出所”。实施“千百十·我在基层”行动，切实为基层解决一批治理难题。完成“制定协同推进海淀非公科技企业党建工作相关制度机制”等2项专项改革任务。推动党建工作与科技创新服务工作融合。全面落实公立医院党建工作责任制、党风廉政建设主体责任和监督责任。推进群团改革工作，切实增强群团组织的政治性、先进性、群众性。

（林琳）

【纪律检查与监察体制改革】 年内，海淀区完成“制定海淀深化派驻机构改革实施意见”“推动巡察全覆盖”2项重点改革任务。完成区委第五、六、七轮巡察，启动第八轮巡察，推动巡察工作不断向基层延伸。完成“建立健全监督执纪工作以上级纪委领导为主的工作机制”等9项专项改革任务。建立健全监督执纪工作以上级纪委领导为主的工作机制。制定《12388电话举报工作制度》等文件，落实纪律处分执行工作制度。加强对追逃追赃工作的统筹协调。国际追逃追赃取得新突破，追回在逃人员6人。强化巡察整改和成果运用，把巡察反馈问题整改作为日常监督检查的重要内容。完善纪检监察机关内部监督制约机制。

（林琳）

【国资国企改革】 年内，海淀区完成“完善区属国企市场化运营机制”改革任务和“推进国有企业公司制、股份制改革”等4项专项改革任务。完成凤凰岭公园等4家全民所有制企业的公司制改革。组建国有控股的翠湖网联公司。重组中海纪元，承担海淀“城市大脑”建设任务。合作设立北京清海教育管理发展有限公司，推动优质教育资源共享。组建海淀文旅集团，推动文化旅游融合发展。加快翠微集团向科技产业投资平台转型拓展。设立中关村科学城科技创新空间资源基金股票质押担保基金、协同创新基金等纾困基金，缓解民营企业融资难。

（林琳）

【社会事业与民生保障改革】 年内，海淀区完成“加大文化领域政策研究和扶持力度”改革任务和“全面实施医耗联动综合改革”等6项专项改革任务。417家医疗机构全面实施医耗联动综合改革，取消医用耗材加成，调整规范6621项医疗服务价格。推进落实医疗卫生行业综合监管制度改革，建立起多元化的行业综合监管工作机制。持续推进社区卫生服务机构家庭医生签约激励机制政策。完善航天中心医院—永定路社区卫生服务中心紧密型医联体试点建设工作，推动海淀医院—温泉镇社区卫生服务中心等3家医联体试点建设。深化人才公租房供给侧改革，推动人才公租房总量、质量双提升。推进体育传统项目学校建设，促进青少年体育工作的开展。

（林琳）

【经济体制与转变政府职能改革】 年内，海淀区完成“深化营商环境政策落实”“聚焦创新型经济引领高质量发展”“推进海淀区机构改革”3项重点改革任务。实现施工许可全程网上办理；设置不动产登记“全业务”综合窗口，100%实现房屋交易、缴税、不动产登记“一窗受理”，实时出证；率先建立“集中办公区—孵化器—加速器—产业园区”全链条服务模式。制定《海淀区关于创新引领高质量发展的实施意见》《海淀区消费能级提升/升级三年行动计划（2019—2021）》，健全区域经济高质量发展协调推进机制。

（林琳）

【机构改革】 年内，海淀区在全市率先完成区级机构改革，出台区级机构改革方案，设置党政机构45个，议事协调机构由164个精简至59个，精简率64%。完成全区街道和试点镇管理体制改革。完成5支区级综合行政执法机构和各街道执法队的组建工作。完成“推进服务业扩大开放综合试点示范区建设”等5项专项改革任务。推进服务业扩大开放综合试点示范区建设，多领域探索具有海淀特色的扩大开放措施。建立健全预算绩效管理制度体系，强化政府债务管理，建立区政府向区人大常委会报告国有资产管理情况制度。全面落实减税降费政策，全口径减税降费402.3亿元。

（林琳）

【市场准入环节改革】 年内，区市场监督管理局开通“人工智能”应答系统和企业档案“容e查”，为企业提供“24小时不打烊”自助查询服务。新企业开办实现全流程一天办结，本市企业登记实现“二十四证合一”。完善政务服务“一网通办”平台功能，70%区级事项网上实质性受理，通过区块链技术，12类数据共享街镇政务服务中心全部实现“一窗通办”。

（林琳）

【城市规划建设管理改革】 年内，海淀区完成“构建推动减量发展的体制机制”“深入推进市民服务热线‘接诉即办’工作”“着力推进‘城市大脑’建设”3项重点改革任务。严格落实城乡建设用地减量任务，探索低效业态升级增效新路径。建立起快速响应、专题调度、常态分析、专项治理、考核问责、一把手回访的“接诉即办”工作机制。设立城市大脑研究中心，优化完善整体框架，逐步实现城市治理的精细化、智能化。完成“完善人防工程安全管理机制”等2项专项改革任务。持续完善社区治理体系。完成社区居委会换届选举任务，推动智慧社区建设。

（林琳）

【生态文明建设与新型城镇化改革】 年内，海淀区完成“推进镇级产权制度改革”等2项专项改革任务。四季青镇、上庄镇完成镇级产权制度改革。全区村级产权制度改革全面完成，镇级产权制度改革进入收官阶段。探索强化党对农村集体经济领导的有效实现形式。

（林琳）

【法治建设改革】 年内，海淀区完成“全面推进‘捕诉一体’改革”任务。整合审查逮捕、审查起诉职能，健全审查引导侦查工作机制。落实重大案件提前通报、疑难案件听取意见、敏感案件同步介入三项机制。建立检委会审议案件补充侦查督办制度。推进“全国法治政府建设示范区”创建工作。

（林琳）

民主法治和平安建设

【概况】 2019年，海淀区以中华人民共和国成立70周年庆祝活动安保为主线，完成全国“两会”、“一带一路”高峰论坛、世界园艺博览会开幕式、“亚洲文明对话大会”等重大安保任务。发挥党建引领“吹哨报到”改革的优势，推动治理重心下移、权力下放、力量下沉。开展社区会客议事厅、社区民主协商试点，建设41个市级“社区之家”和25个市级“一刻钟社区服务圈”示范点。完成53个村委会、578个社区居委会换届选举。推进国家食品安全示范区建设，“阳光餐饮”完成率达96%，上线“阳光药店”184家、“阳光超市”和“阳光市场”25家。首创食品保质期可视化“一码追溯”，实现从商超到便利店业态的全覆盖。推进农产品产销对接和“放心肉菜示范超市”建设。在全市率先试点推进连锁便利店销售乙类非处方药，为7家便利店核发“药品经营许可证”。妇女儿童、民族、宗教、侨务、人防、防震减灾、气象、残疾人事业等均取得新的成绩。

（林琳）

【平安海淀建设】 年内，海淀区推进平安海淀建设、基层综治中心建设，完成区、街镇、社区（村）三级综治中心规范化建设，共同推进社区警务工作站与综治中心规范化建设，实现“两站”融合，形成海淀特色的基层社会治理体制机制。开展安全隐患排查治理，推进城市安全隐患治理三年行动，新增挂账隐患834处，完成整改829处，销账率99.4%。开展“平安大街”创建活动。开展“共建平安铁路、共享铁路平安”主题宣传月活动。开展信访矛盾调处化解。推进“雪亮工程”[①]建设，严厉打击各类违法犯罪，社区三类可防性案件、电信网络诈骗和盗窃非机动车等警情大幅下降，开展扫黑除恶专项斗争，建立涉黑涉恶线索平台，群众安全感测评24个季度居城六区首位。

（林琳）

民生保障

【概况】 2019年，海淀区居民人均可支配收入84733万元，比上年增长8.4%。居民人均消费支出56630元，比上年增长7.0%。城镇登记失业率10004人，农村户籍登记失业人员有593人；城镇登记失业率为0.92%；城镇登记失业人员就业率64.97%，比上年提高2.56个百分点。城乡居民储蓄存款140030.3万元。

（林琳）

【就业和社会保障】 年内，全区安排社会保障和就业支出110.6亿元，出台新一轮促进就业政策，帮扶1.6万余名就业困难人员实现就业。提高女性创业就业能力，共举办手工布艺、扎染、绳结编织等就业技能培训50场，培训1630人次；建成温泉镇帮扶基地、爱心兴海帮扶基地等16个残疾人帮扶性就业基地，帮扶站内61名智力、稳定期精神和重度肢体残疾人实现就业。海淀区连续6年获评北京市“充分就业区”。29家社区养老服务驿站建成运营，在西三旗、北下关和曙光街道开展家庭养老床位建设试点工作，对416户困难家庭开展个案帮扶。全区城乡低保标准上调至1100元/人/月，增长10%。

（林琳）

【住房保障】 建设筹集保障性住房5697套，面向保障家庭、企业人才分配公租房7589套。启动悦秀园等13个老旧小区综合治理改造。开展农村4类重点对象和低收入群众危房改造。

（林琳）

【社区建设】 年内，全国社区治理和服务创新实验区通过验收。以四方机制为基础，创新工作方式，建立社区环境和物业管理委员会、社区治理合伙人机制、智汇五家等多种形式的社区议事协商模式，57个社区实现四方机制全覆盖。完成80个点位电梯安装和813部电梯隐患治理，老楼加装电梯开工238部，完成102部。

（林琳）

---

① 以县、乡、村三级综治中心为指挥平台，以综治信息化为支撑，以网格化管理为基础，以公共安全视频监控联网应用为重点的“群众性治安防控工程”。

【教育发展】 年内，全区教育经费总投入111.7亿元，同比增长6.8%。启动提升教育化水平建设强区行动计划，出台教师队伍建设，提高教育教学水平，推进“五育并举”人才培养模式改革，推出智慧教育2.0行动计划5个配套文件。扩大教育资源布局，一零一中学、中关村三小等30余所优质中小学开展集团化办学，覆盖126个校区，开工建筑面积8.7万平方米，完成投资10.6亿元。新增中小学学位3664个、学前教育学位8200个。实施培训机构专项治理精准行动、民办学校防范办学风险专项行动，疏解5个教育机构，疏解人口9800人次。

（林琳）

【健康海淀建设】 年内，医耗联动综合改革平稳落地。落实“4+7”药品集中采购试点[①]工作，降低群众用药负担。推进医联体建设，辖区二级以上公立医院、社区卫生服务中心全部纳入医联体体系。通过国家卫生区创建国家级暗访检查，7个镇全部获“国家级卫生镇”称号。开展全国健康促进区建设，完善由6家公立医院、5家优质社会办涉外医疗机构组成的国际化医疗服务体系。建立653支家庭医生团队，累计签约123.8万人，重点人群签约70.6万人。实现51个社区卫生服务中心“北京名中医身边工程”全覆盖。中医药文化进校园试点校达32所。组织西藏自治区拉萨市当雄县、新疆维吾尔自治区和田市等9个贫困地区16个县级医疗机构以及北京市通州区、密云区、延庆区、怀柔区对口帮扶，累计派出专家4000余人次。新建（更新）100套全民健身路径，建设健走步道17.18千米。

（林琳）

党建工作

【概况】 2019年，区委坚持和加强党的全面领导，以党的政治建设统领党的各项建设，把学习贯彻习近平新时代中国特色社会主义思想和习近平总书记对北京重要讲话及党中央决策部署作为首要政治任务。组织开展“不忘初心、牢记使命”主题教育，推动学习贯彻习近平新时代中国特色社会主义思想往深里走、往心里走、往实里走。认真接受市委巡视，进行全面政治体检，全方位检视差距不足，整改工作取得阶段性成效。严格依法行政，认真执行区人大及其常委会的决议决定，自觉接受各方面监督，认真听取各方面意见，办理区人大代表建议、政协委员提案505件。创建全国法治政府示范区。认真落实全面从严治党政治责任，深入推进区政府系统党风廉政建设和反腐败斗争。从严治政、提升效能，以钉钉子精神狠抓各项任务落实。

区人大常委会以习近平新时代中国特色社会主义思想为指导，深入学习贯彻习近平总书记关于坚持和完善人民代表大会制度的重要思想、习近平总书记对北京重要讲话精神，按照新时代人大工作新要求，全面聚焦深化落实区委“两新两高”战略，聚焦人民群众重大关切，聚焦全面推进依法治区，围绕重点工作创新监督方式，开展专项监督检查，推动区委决策部署落地见效。听取和审议区“一府两院”专项工作报告29项，督办议案1项，跟踪督办议案2项，作出决议、决定36项，形成审议意见书12份，完成区十六届五次人代会确定的各项工作任务。

区政协全面学习贯彻习近平新时代中国特色社会主义思想和中共十九大以及十九届二中、三中、四中全会精神，深入学习贯彻习近平总书记关于加强和改进人民政协工作的重要思想，认真学习贯彻中央、市委、政协工作会议精神，按照全国政协、市政协的部署要求，在中共海淀区委的坚强领导下，坚持围绕中心、服务大局，认真履行政治协商、民主监督、参政议政职能，推动政协工作取得全面进步；围绕落实“两新两高”战略，聚焦中关村科学城发展和民生问题深入调研，运用提案建言献策。全年提出提案321件，开展集中办理协商活动10次。

（林琳）

【党建工作责任体系构建】 年内，海淀区构建区三级党建工作责任体系，强化党委（党组）主体责任、党委（党组）书记第一责任人责任、纪委监委监督责任和班子成员“一岗双责”。开展“千百十·我在基层”行动，推动党员领导干部下沉一线，成立全市第一家党支部书记学院；完成村和社区“两委”换届选举工作。开展软弱涣散村、后进社区党组织整顿。建设党建引领基层社会治理试点，打造“社区治理合伙人”社区治理特色经验。出台新时代区直机关党的建设、公立医院党的建设工作实施意见、国有企业党的建设三年规划。出台非公科技企业党建改革措施和非公企业党组织意见，打造“两核一带多级”党建格局。查处违反中央八项规定精神问题30人，运用监督执纪“四种形态”处理937人次。开展政治巡察，发现问题3463个，立案238件，党纪政务处分138人，移送司法机关43人，追回在逃人员6人。

（林琳）

① 2018年11月14日，中央全面深化改革委员会第五次会议决定开展国家药品集中采购试点，试点城市范围包括北京、上海等4个直辖市和深圳、大连等7个城市。目的是降低部分药品价格，规范流通秩序，促进国产仿制药使用。北京市已于2019年3月23日在全市正式执行，25种国家集中采购药品价格降低25%。

中共海淀区委

3月25日，区四套班子主要领导参观纪念中共中央进驻香山70周年展（张洪军 摄）

6月25日，海淀区党支部书记学院成立暨第一期党支部书记培训班开班（张洪军 摄）

7月17日，中共海淀区委统战工作领导小组会议召开，研究部署全区统战工作（张洪军 摄）

9月5日，十二届区委第七轮巡察工作动员部署会召开（宁古德 摄）

10月29日，区委第五次人大工作会议召开（张洪军 摄）

12月25日，全国首个由独角兽企业组建的党建联盟——中关村科学城独角兽企业党建联盟成立（张洪军 摄）

综述

【概况】 2019年，中共北京市海淀区委员会（简称区委）坚持以习近平新时代中国特色社会主义思想为指导，深入贯彻落实中央和市委各项决策部署，深化落实“两新两高”战略，攻坚突破解难题，推动区域创新和跨越式高质量发展，各项工作取得新成绩。全年召开区委全会4次、区委常委会会议53次、区委常委（扩大）会议7次、书记专题会34次。

（张小芸）

【主要领导人事任免】 6月2日，经市委研究决定，戴彬彬不再担任中共北京市海淀区委员会副书记、常委、委员，建议不再担任北京市海淀区人民政府区长职务；曾劲任中共北京市海淀区委员会委员、常委、副书记，提名为北京市海淀区人民政府区长人选。经区委研究决定，戴彬彬不再担任北京市海淀区人民政府党组书记职务，曾劲任北京市海淀区人民政府党组书记。6月18日，海淀区第十六届人大常委会第二十二次会议决定，曾劲任海淀区人民政府副区长、代理区长。

（钟冷）

【政治建设】 年内，海淀区把中华人民共和国成立70周年活动等重大活动服务保障、“不忘初心、牢记使命”主题教育作为全年重点工作任务。加强党的政治建设，严格落实重大事项请示报告等制度。召开区委第五次人大工作会议，对人大工作作出全面部署。区人大及其常委会围绕全区中心和重点工作履行职责。区政协聚焦科技创新、经济高质量发展、重大民生保障等议题开展协商议政。“五纵五横”① 大统战工作格局基本形成。工青妇等群团组织桥梁纽带作用进一步发挥。完成区级机构改革任务，设置党政机构45个，议事协调机构由164个精简至59个，同步完成全区街道和试点镇管理体制改革。区委深改委召开9次会议，出台重要改革文件42个。组建区委全面依法治区委员会，创建全国法治政府建设示范区。组建平安海淀建设领导小组，纵深推进“扫黑除恶”专项斗争。深化诉讼制度改革和司法体制综合配套改革。

（张小芸）

【经济建设】 年内，海淀区狠抓重点产业、基础设施等领域重大项目投资。出台提升消费能级提高生活品质三年行动计划，市场消费总量和贡献率全市第一。发布“人工智能15条”等支持政策，制定5G产业创新发展行动计划，推出首批17个科技应用场景建设项目。引进高精尖企业50家，新设科技型企业数量全市第一。推出科技创新、产业培育改革措施。实施企业大走访、“服务管家”和“服务包”制度。设立全国首家小微企业续贷中心。新增上市企业23家。启动金融科技与专业服务创新示范区核心区建设。地区生产总值实现7926亿元，比上年增长7%；区级一般公共预算收入实现446.5亿元，比上年增长0.1%；单位GDP能耗下降指标提前完成“十三五”目标。建安投资比上年增长6.3%；市场总消费比上年增长10.5%，总量居全市首位，其中社会消费品零售额突破2400亿元，比上年增长3.5%。

（张小芸）

【文化建设】 年内，海淀区组织区委理论学习中心组集中学习48次、区处联学17次。压紧压实意识形态工作责任制，健全监测预警和工作协调机制。组建区委网络安全和信息化委员会，加强网上引导管控和网下防范处置。深化区融媒体中心建设，传播正能量。中央电视台《新闻联播》单独报道海淀区工作6次，中央和市级媒体刊播数量居全市首位。高标准服务保障中共中央北京香山革命纪念地建设。获得“国家公共文化服务体系示范区”称号。编制文旅产业融合发展三年行动计划。规模以上文化产业收入比上年增长20%，占全市的47%。

（张小芸）

【社会建设】 年内，海淀区围绕“七有”“五性”② 推进民生保障工作。连续6年动态保持充分就业区。出台提升教育现代化水平建设教育强区行动计划，促进优质教育资源均衡发展。7个镇全部获“国家卫生镇”称号。社区养老服务驿站覆盖29个街镇。完成产权类政策性住房4688套和17个老旧小区综合整治项目。筹办冬奥会三项测试赛，大力发展冰雪运动。41个市级“社区之家”和25个市级“一刻钟社区服务圈”示范点建设取得新进展。“接诉即办”接诉25万件。推进“携手奔小康”行动，召开7次双边高层联席会研究对口帮扶工作，安排区级项目42个，投入区级专项资金7500万元。实施“一微克”行动，空气质量连续5年保持城六区最优。“三山五园”片区互联互通水网格局初步形成。完成新一轮百万亩造林绿化工程。稳步推进垃圾强制分类。安全生产形势稳定。

（张小芸）

【中关村科学城建设】 年内，海淀区构建以创新合伙人为支撑的“创新雨林”生态体系。成立中关村科学城党工委和管委会，组建中关村科学城创新发展有限公司，构建“政府+市场”双轮驱动产业服务体系。支持北京协同创新研究院等载体建设，综合性国家技术创新中心落地。筹建区块链创新中心。成功举办中关村论坛，得到习近平总书记贺信鼓励。北京国际知识产权服务大厅落户，中关村知识产

① “五横”就是加强统战口内单位协调联动、加强辖区科研院校统战部门协同，运用好党外知识分子联谊会、新阶层联谊会、海外联谊会统战工作的延伸手臂；“五纵”就是发挥好在区委统战工作领导、区民族宗教领导小组、区新阶层统战联席会制度、区港澳台侨专项联席工作规则以及街镇委办局统战工作领导小组的作用，密织网络，综合发力，分层级、分领域团结凝聚最广大的统战人士。

② “七有”，即劳有所得、病有所医、老有所养、住有所居、弱有所扶、幼有所育、学有所教；“五性”，即安全性、公正性、便利性、宜居性和多样性。

权保护中心揭牌运营。推动“三城一区”合作联动，与雄安新区对接合作取得新进展。启动科学城北区新一轮开发建设。

（张小芸）

【城市建设治理】 年内，海淀区落实新版北京城市总规，编制完成分区规划，开展城市“双修”行动。组建覆盖29街镇的“1+1+N”责任规划师团队。实施市、区量级“种子计划”城市更新项目。完成“三山五园”地区整体保护规划编制，完成东西红门、荷叶山腾退。推进27个“疏整促”专项行动。实施“马上清（青）西”城市提升行动计划。发布“城市大脑”总体规划，建设45个智慧社区。5条轨道交通和53条市政道路建设加快推进，京张高铁实现通车。开展农村人居环境整治和美丽乡村建设。

（张小芸）

【作风建设】 年内，区委落实全面从严治党责任，构建区三级党建工作责任体系。立案238件，党纪政务处分138人，移送司法机关43人，追回在逃人员6人。落实市委基层减负若干措施，规范督查检查考核，坚决整治形式主义、官僚主义。查处违反中央八项规定精神问题30人，运用监督执纪“四种形态”处理937人次。深化政治巡察，发现问题3463个。聚焦农村小微权力腐败和违法占地违法建设等突出问题整治，围绕中央扫黑除恶督察和市委巡视反馈问题，加大监督执纪问责力度。

（张小芸）

【党的建设】 年内，全区调整处级领导干部359人，处级非领导干部112人。推进公务员职务与职级并行工作。开展“千百十·我在基层”行动，推动党员领导干部下沉一线破解难题。成立全市第一家党支部书记学院，培训党支部书记780人。完成村和社区“两委”换届选举工作，制定社区、村“两委”队伍建设规划。深化软弱涣散村、后进社区党组织整顿。推进区域化党建，探索党建引领基层社会治理试点，打造“社区治理合伙人”等一批党建引领社区治理特色经验。出台进一步加强和改进新时代区直机关党的建设实施意见、加强国有企业党的建设三年规划、加强公立医院党的建设工作实施意见。出台非公科技企业党建改革若干措施和非公企业党组织充分发挥实质作用的意见，打造“两核一带多级”党建新格局。

（张小芸）

重要会议和活动

【区委十二届九次全会】 1月3日，中国共产党北京市海淀区第十二届委员会第九次全体会议召开。区委常委会主持会议。全会落实市委十二届七次全会决策部署，总结2018年工作，部署2019年任务。会议审议和讨论《区委常委会工作报告》《区委常委会抓党建工作情况报告》《全区经济社会发展工作的报告》，补选区委委员，审议通过《区委十二届九次全体会议决议》。动员全区各级党组织和党员干部群众全面推动“两新两高”战略再聚焦再深化再落实，加快建设具有全球影响力的全国科技创新中心核心区。

（张小芸　钟冷）

【区委常委会研究2019年工作要点】 2月13日，区委常委会召开第111次会议，确定2019年全区工作总的要求和工作要点。总要求：以习近平新时代中国特色社会主义思想为指导，高举新时代改革开放旗帜，深入贯彻中共十九大和十九届二中、三中全会精神以及习近平总书记对北京重要讲话精神，按照市委十二届七次、八次全会决策部署，坚持稳中求进工作总基调，以供给侧结构性改革为主线，加强“四个中心”① 功能建设、提高“四个服务”② 水平，抓好“三件大事”③、打好“三大攻坚战”④，深化落实“两新两高”战略，统筹做好改革发展稳定和改善民生各项工作，全面总结中关村创新发展40年经验成就，以改革开放再出发的奋斗姿态开启新时代再创业新征程，当好高质量发展标杆、打造高品质典范城市，加快建设具有全球影响力的全国科技创新中心核心区。工作要点：以战略需求为任，努力交出高能级科技创新新答卷；以提质增效为要，努力交出高质量经济发展新答卷；以新版总规为尺，努力交出高标准规划建设新答卷；以城市品质为重，努力交出高效率城市治理新答卷；以绿色发展为源，努力交出高颜值生态环境新答卷；以改革创新为魂，努力交出高层次改革开放新答卷；以民生改善为基，努力交出高品质民生福祉新答卷；以高效良善为标，努力交出高水平民主法治新答卷；以从严治党为根，努力交出高站位党的建设新答卷；筹备和开好区委各次全会。

（张小芸）

【区委常委会研究2019年重要民生实事项目等事项】 3月6日，区委常委会召开第115次会议。会议传达党委系统办公室主任会暨2019年全市办公厅（室）领导干部专题培训班精神，听取海淀街道党工委工作情况汇报，研究2019年重要民生实事项目、《海淀区人大常委会2019年工作要点》及2019年区人大常委会讨论决定重大事项、《区政协常委会2019年工作要点》和《2019年政协协商计划》。

（张小芸　钟冷）

---

① “四个中心”：全国政治中心、文化中心、国际交往中心、科技创新中心。

② “四个服务”：为中央党政军领导机关工作服务，为国家国际交往服务，为科技和教育发展服务和为改善人民群众生活服务。

③ “三件大事”：精心组织实施新一版北京城市总体规划，以疏解北京非首都功能为“牛鼻子”推动京津冀协同发展，全力筹办好2022年北京冬奥会、冬残奥会。

④ “三大攻坚战”：防范化解重大风险、精准脱贫、污染防治。

【区委十二届十次全会】3月7日，中国共产党北京市海淀区第十二届委员会第十次全体会议召开。全会深入学习贯彻习近平总书记关于深化党和国家机构改革的重要论述，贯彻落实党中央和市委的决策部署，动员部署海淀区机构改革组织实施工作。

（张小芸）

【海淀（中关村科学城）“城市大脑”发布会】4月10日，海淀区在中关村展示中心举行海淀（中关村科学城）“城市大脑”发布会。发布会以“共建城市大脑，共享美好生活”为主题，由一个主会场和公共安全、产业联盟两个分会场组成。主会场展示“城市大脑”建设在顶层设计研究以及公共安全、城市交通、生态环保、城市管理等领域取得的初步成果，面向社会征集九大应用场景的解决方案，包括交通综合治理、市容环卫提升综合治理、生态环境综合分析及风险防控、智慧社区场景、智慧河湖生态治理等城市治理关键领域。公共安全分会场系统展示、介绍“城市大脑”“港湾”智慧社区和智慧派出所相关成果及合成作战理念，并点亮公共安全大数据实施蓝图；产业联盟分会场各企业展开演讲交流。发布会上，成立海淀城市大脑科技产业联盟及建设运营平台公司，发布《海淀城市大脑总体规划（纲要）》和“城市大脑”建设运营合作模式，进行“城市大脑”建设合作签约。海淀区于2018年实施“城市大脑”建设，按照“需求牵引、业务驱动”的工作思路，构建新型城市形态，建立多系统融合、多功能实现、多部门协同、多资源共享机制，共同推动运营管理，多主体协同作战，形成共建共治共享格局，切实解决好市民身边的城市治理问题。至年底，“城市大脑”建设在城市管理、公共安全、生态环保及城市交通4个领域取得阶段性成果，率先在全国破解信息化建设长期存在的如信息孤岛、各自为政等问题。区委书记于军出席会议并讲话。区长戴彬彬以及吴计亮、谭权等区领导，市有关部门、城六区及外省市有关领导出席会议。海淀城市大脑科技产业联盟成员单位负责人，来自福州、云南的政府及企业家代表共计600余人参加发布会。

（郭俊昕　孙树昆　孙焱珠）

【市委第三巡视组巡视海淀区工作动员会】4月11日，市委第三巡视组巡视海淀区工作动员会召开。市委第三巡视组组长王智慧讲话；市委第三巡视组副组长武玉华宣读《巡视通告》。区委书记于军主持会议并作表态发言。

（张小芸）

【区委常委会确定197项重点工作任务】4月19日，区委常委会召开第123次会议，审议确定2019年区委、区政府重点工作任务，共11大类197项任务，涉及主责单位72家。第一类经济社会发展主要预期目标，共7项，约占3.5%；第二类以战略需求为任，共10项，约占5.0%；第三类以提质增效为要，共19项，约占9.7%；第四类以新版总规为尺，共33项，约占16.8%；第五类以城市品质为重，共21项，约占10.6%；第六类以绿色发展为源，共8项，约占4.1%；第七类以改革创新为魂，共20项，约占10.2%；第八类以民生改善为基，共27项，约占13.7%；第九类以高效良善为标，共13项，约占6.6%；第十类以从严治党为根，共36项，约占18.3%；第十一类筹备和开好区委各次全会，共3项，约占1.5%。

（张小芸）

【2019·两岸青年交流合作北京峰会】5月5日，2019·两岸青年交流合作北京峰会在海淀中关村展示中心召开。峰会由海淀区、北京大学、清华大学、中国人民大学、北京师范大学共同主办，以“新时代　新成长　新发展”为主题，旨在搭建组织联动、行业互动、项目带动、专业推动的交流合作平台，助力海峡两岸青年共同成长。峰会由海淀区委副书记、区长戴彬彬主持。中共中央台办、国务院台办主任刘结一，台湾新党主席郁慕明，北京市委常委齐静，海淀区委书记于军出席开幕式并致辞，京台两地青年机构负责人、各界优秀青年代表等500余人出席开幕式。于军为相关机构颁发“海淀台湾青年驿站”和“海淀区台湾青年公寓”牌匾。团市委副书记郭文杰为在京优秀台湾青年颁发“青年五四奖章”，为“北京世园会城市志愿者高雄队”授旗。峰会发布8项支持台湾青年在京发展的具体措施，涉及实习、就业、培训、交流和公寓保障等方面。青年台籍教师、中国人民大学副教授林承铎，北京旷视科技联合创始人兼首席执行官印奇围绕“新时代两岸青年携手发展、共创未来”主题作主旨演讲。市委教育工委、市台办、市教委以及北京大学、清华大学、中国人民大学、北京师范大学等单位领导和相关负责人，周志军、高念东、陈双等区领导参加活动。

（王彩虹　钟冷）

【2019全国双创周北京会场】6月13日至19日，2019年全国大众创业万众创新活动周（简称双创周）北京会场暨中关村创新创业季活动在中关村国家自主创新示范区展示中心举行。国家发展改革委高技术司副司长沈竹林，中国科协科技传播中心主任郑浩峻，北京市有关部门领导，海淀区委书记于军，区委副书记、区政府党组书记曾劲，区人大常委会主任刘长利，区政协主席刘勇，区委常委、区委办主任高念东出席启动仪式，现场聆听学习国务院总理李克强重要讲话精神。双创周北京会场由北京市人民政府和中国科协承办，以“汇聚双创活力，澎湃发展动力”为主题，举行展览展示、创新竞赛、论坛路演、营商环境政策解读等30余场系列活动。设在中关村国家自主创新示范区展示中心的主题展览展示，展示面积1.8万平方米，分为创新引领、创新要素、创新源头、双创生态、京津冀协同创新、开放融合、科技惠民七大主题展区，汇集308项参展项目、300余家参展企业、130余家各类科技服务机构，馆内参展项目涵盖人工智能、生物健康、智能制造、新材料、智能交通、节能环保与新能源等产业领域，重点展示新一代信息技术、人工智能、集成电路和医药健康等高精尖领域产业领军企业和创新产品；馆外展示智

能扫地车、微型卡丁车等体验型设备。中关村创新创业季共举办53场活动，吸引402家大企业、2056家服务机构、228家投资机构、788家创业公司/项目、3.5万人次参与。

（程晓荷　钟冷）

【区委十二届十一次全会】 7月25日，中国共产党北京市海淀区第十二届委员会第十一次全体会议召开。全会总结上半年工作，部署下一阶段重点任务，动员全区各级党组织和党员干部群众，以服务保障中华人民共和国成立70周年庆祝活动为“纲”，以深化落实“两新两高”战略为牵引，以开展主题教育为动力，以提升党委政府组织能力为保障，完成全年各项目标任务。于军代表区委常委会作工作报告并讲话。区委副书记、代区长曾劲作关于2019年上半年全区经济社会发展工作的书面报告。

（张小芸）

【市委第一巡视组对海淀区开展规划自然资源领域专项巡视工作动员会】 8月14日，市委第一巡视组对海淀区开展规划自然资源领域专项巡视工作动员会召开。市委第一巡视组组长谷胜利作动员讲话，副组长肖家金宣读《巡视通告》。区委书记于军主持会议并作表态发言，区委副书记、代区长曾劲，区人大常委会主任刘长利，区政协主席刘勇，区人大常委会原主任周来升、关成启参加会议。

（张小芸）

【“不忘初心、牢记使命”主题教育工作会】 9月10日，海淀区“不忘初心、牢记使命”主题教育工作会召开。会议学习贯彻习近平总书记在“不忘初心、牢记使命”主题教育工作会议上的重要讲话精神，贯彻落实中央、市委决策部署，对全区开展主题教育进行动员部署。区委书记、区委“不忘初心、牢记使命”主题教育领导小组组长于军在动员讲话中强调，全区上下要提高政治站位，准确把握中央和市委对主题教育的部署要求，坚决做到“守初心、担使命，找差距、抓落实”，把主题教育作为重大政治任务抓紧抓实抓好，为推动区域创新和跨越式高质量发展凝聚力量。要把学习教育、调查研究、检视问题、整改落实贯穿主题教育全过程，主要做好三个方面的工作：充分利用好全市第一批主题教育经验做法，做到“四个突出”；抓好处级以上领导班子和领导干部主题教育，充分发挥示范带动作用；做实基层党支部学习教育和检视整改工作，全面夯实基层基础。市委“不忘初心、牢记使命”主题教育第二巡回指导组组长张雪对海淀区“不忘初心、牢记使命”主题教育前期准备工作表示充分肯定，并代表巡回组对下一步工作提出三点要求。区委副书记、代区长、区委“不忘初心、牢记使命”主题教育领导小组副组长曾劲，区人大常委会主任刘长利，区政协主席刘勇，市委“不忘初心、牢记使命”主题教育第二巡回指导组副组长张庆伍出席会议。会议采用视频的方式在全区范围内召开，市委第二巡回指导组成员，周志军、孟景伟、鲍雷、李俊杰、高念东等区四套班子领导，区法院、区检察院主要负责人，区委“不忘初心、牢记使命”主题教育领导小组成员，区委巡回指导组组长、副组长，中共十九大基层代表，部分市、区党代表以及全区各街镇、各部门、各单位领导班子成员分别在主会场和分会场参加会议。

（唐炜　钟冷）

【区委常委扩大会议】 9月14日，区委常委会召开扩大会议，传达学习习近平总书记视察北京香山革命纪念地的重要讲话精神，贯彻落实市委常委扩大会议精神。区委书记于军主持会议，曾劲、刘长利、刘勇等区四套班子领导及区法院、区检察院主要负责人参加会议。会议指出，习近平总书记视察北京香山革命纪念地，是2019年第三次视察北京，充分体现对北京市工作的高度重视，海淀区要进一步做好北京香山革命纪念地周边环境秩序维护整治提升工作，有力推动规划落地实施，提升城市精细化管理水平，以最高标准、最强举措、最佳状态完成好各项服务保障任务。与会领导围绕学习贯彻习近平总书记视察北京香山革命纪念地时的重要讲话精神开展学习研讨，进行表态发言。

（唐炜　钟冷）

【2019中关村论坛】 10月16日至18日，2019中关村论坛在中关村国家自主创新示范区展示中心举行。论坛由科技部、中国科学院、中国科协、北京市人民政府共同主办，中关村管委会、北京市科委、北京市政府外办、海淀区政府、中关村发展集团和科技部火炬中心承办，主题为“前沿科技与未来产业”，围绕5G、人工智能、工业互联网、脑科学、硬科技创新、耐心资本、知识产权等热点话题，举行论坛、展览、发布等30余场活动。来自美国、加拿大、德国、英国、法国、以色列、澳大利亚、日本等50个国家的数十位知名科学家、上百位投资人、1000多位企业家等共计7200余人次参与论坛，数万名公众参观展会。论坛首次采取“会议+展览+发布”的新架构，即“1+18+1+1”，1场开幕式暨全体会议、18场平行论坛、1场中关村国际前沿科技成果展、1场重大成果发布会。清华大学、北京大学、中国科学院、微软、英特尔、西门子等116家国内外单位展出167项科技成果，其中100项为首发新技术新产品，近1/5来自海外。国家主席习近平向大会致贺信。世界知识产权组织副总干事王彬颖、国际科技园及创新区域协会总干事艾巴·伦德、2014年诺贝尔生理学或医学奖获得者爱德华·莫索尔在开幕式上致辞，市委书记蔡奇宣读习近平主席贺信并致辞，中央有关部门、北京市领导、于军等区领导出席相关活动。

（钟冷）

【区委第五次人大工作会议】 10月29日，区委召开第五次人大工作会议。区委书记于军，区委副书记、代区长曾劲，区人大常委会党组书记、主任刘长利，区政协党组书记、主席刘勇出席会议。曾劲主持会议。会上，刘长利作区人大常委会党组关于《中共北京市海淀区委关于新时代加强和改进人大工作的意见》贯彻落实举措的说明。于军充分肯定区委第四次人大工作会议以来海淀区民主法治建设取得的成绩，指出：全区各级党委（党组）要支持和加强人大工作；要强化区人大及其常委会政治机关属性，充分保障全区人民当家做主的权利，维护宪法法律权威，全面推进依法治区。

（吴向荣）

【蔡奇在海淀召开现场推进会】 11月16日，市委书记蔡奇带领四套班子人员、各委办局主要负责人以及16个区的区委书记，就加强街道工作暨基层治理进行拉练式检查并召开现场推进会，拉练检查西城区、海淀区、朝阳区1月至10月接诉即办综合排名位居前列的街道。海淀街道苏州桥西社区曾是失管小区，社区居委会担负起物业职责，引导居民形成“自治、共治、共建、共管、共享、共荣”的社区管理模式，将各家各户不需要的修理工具、轮椅等闲置“废品”汇成“共享空间”，居民按需使用。做法得到蔡奇称赞。在听取海淀区“接诉即办”工作汇报后，蔡奇指出，区级领导担任重点街道地区党建工作协调委员会主任，有利于推动基层治理；要以“小事不出社区”为标准检验社区服务能力。蔡奇强调，推动社会治理和服务重心下移，构建具有首都特点的超大城市基层治理新格局。市委副书记、市长陈吉宁，市人大常委会主任李伟，市政协主席吉林参加现场会。

（钟冷）

【陈吉宁到海淀宣讲中共十九届四中全会精神】 11月16日，市委副书记、市长陈吉宁到海淀区宣讲党的十九届四中全会精神。陈吉宁在宣讲中阐述中共十九届四中全会的历史地位、时代背景、深远影响、重大成果以及全会《中共中央关于坚持和完善中国特色社会主义制度、推进国家治理体系和治理能力现代化若干重大问题的决定》（简称《决定》）的理论贡献和实践贡献；围绕《决定》中国家行政管理体制方面内容，结合北京工作实际谈了认识体会。陈吉宁强调，认真学习贯彻四中全会精神是当前和今后一个时期全市的重要政治任务，要深入学习贯彻落实好中共十九届四中全会精神，深化制度探索创新，推动政府治理体系不断完善、治理能力不断提升，为首都高质量发展提供更加坚实的制度保障。市政府秘书长靳伟，市政府有关部门负责人、海淀区委区政府及区委办局、镇街、有关企业负责人参加。

（钟冷）

【蔡奇调研中关村集成电路设计园】 12月2日，蔡奇到海淀区中关村集成电路设计园调查研究。中关村集成电路设计园是北京市集成电路产业的重要承载平台，开园一年来，吸引比特大陆、兆易创新、兆芯等数十家头部企业进驻，年产值240亿元，占全市集成电路设计领域的42%。蔡奇详细了解集成电路产业发展情况，察看驻园企业中庆现代公司、同源微公司和技术研发成果，询问企业营收、融资和发展规划等情况。蔡奇强调，要认真贯彻中共十九届四中全会精神，站在加快建设创新型国家高度，进一步完善科技创新体制机制，优化环境，集聚资源，加大研发力度，抢占未来发展先机，努力打造世界一流的集成电路设计产业园区。市领导崔述强、隋振江参加调研，区领导于军、曾劲、李俊杰陪同调研。

（钟冷）

【中共十九届四中全会精神宣讲报告会】 12月10日，海淀区以视频会议形式举行中共十九届四中全会精神宣讲报告会，于军作宣讲报告。曾劲、刘长利、刘勇等区领导、全区正处级领导干部、机关党员干部代表在主会场参加宣讲报告会。通过视频会议形式，将宣讲报告会开到全区各单位、社区、村，全区4000余名党员干部群众同步收听收看报告会。于军紧扣中共十九届四中全会主题，聚焦《决定》的核心要义，就充分认识坚持和完善中国特色社会主义制度；推进国家治理体系和治理能力现代化的重大意义；结合海淀实际，围绕14个方面具体任务，切实推动中共十九届四中全会和市委十二届十次全会精神落地落实3个方面进行宣讲。于军要求，全区要深入学习宣传贯彻全会精神，要原原本本宣讲好全会精神，要坚持领导干部带头宣讲，要持续兴起学习宣传贯彻全会精神的热潮。

（钟冷）

【区委十二届十二次全会】 12月24日，中国共产党北京市海淀区第十二届委员会第十二次全体会议召开。全会总结2019年工作，安排2020年重点任务，动员全区各级党组织和党员干部群众，加强“四个中心”功能建设、提高“四个服务”水平，抓好“三件大事”，打好三大攻坚战，深化落实“两新两高”战略，统筹做好稳增长、促改革、调结构、惠民生、防风险、保稳定各项工作，纵深推进全面从严治党，确保率先高水平全面建成小康社会。于军代表区委常委会作工作报告并讲话。区委常委会就抓党建工作情况作书面报告。区委副书记、代区长曾劲作关于全区经济社会发展工作的报告。

（张小芸）

中华人民共和国成立70周年庆祝活动服务保障

【概况】 2019年，海淀区圆满完成庆祝中华人民共和国成立70周年重大活动服务保障任务。高质量制定工作方案，加强组织领导和统筹调度，各级各部门以最高标准、最严举措、最实行动、最佳状态，全力以赴推进服务保障工作，确保庆祝活动“精精益求精、万万无一失”。全区各街镇、各单位举办文艺演出、主题演讲、展览等各种庆祝活动，广大群众热情投身其中，营造喜庆热烈、欢乐祥和、昂扬向上的氛围。10月1日，中华人民共和国成立70周年庆祝活动在北京举行。海淀区以最高标准、最严要求、最好状态，出色完成各项服务保障任务。国庆活动结束后，按照市委总结表彰大会要求，认真总结经验，庆祝活动形成的宝贵精神财富持续转化为党员干部群众向上奋斗的强大动力。

（钟冷）

【国庆70周年活动服务保障工作动员大会】 9月6日，中华人民共和国成立70周年庆祝活动海淀区服务保障工作动员大会召开，对各项服务保障工作进行再动员、再部署。区委副书记、代区长曾劲主持会议，区人大常委会主任刘长利、区政协主席刘勇参加会议。会上，曾劲传达中华人民共和国成立70周年庆祝活动北京市筹备和服务保障工作动员大会精神。海淀区服务保障专项工作组代表及基层一线工作者代表分别发言，表达全力为国庆70周年活动提供优质服务的必胜决心。区委书记于军在讲话中指出，海淀区要切实提高政治站位，确保完成好党中央和市委交给的重大政治任务。强调要高质量完成好重点专项任务，坚决确保地区安全稳定，做好城市运行和环境布置，严格落实各项工作责任。要求全区上下要把庆祝活动服务保障工作作为当前的头等大事来抓，圆满完成庆祝活动海淀区服务保障工作。大会以视频会议的形式在全区范围内召开。孟景伟、鲍雷、李俊杰、张劲林、高念东、吴计亮等区领导参加会议。

（钟冷）

【海淀区安全维稳和服务保障工作会】 9月13日，区委书记于军主持召开海淀区安全维稳和服务保障工作会，对做好中华人民共和国成立70周年庆祝活动服务保障工作和中秋节期间各项工作进行再强调、再部署。会议强调，要结合“不忘初心、牢记使命”主题教育，全力落实好“精精益求精，万万无一失”要求，把标准调高，把工作做细，高水平高质量落实好服务保障措施，全力做好中华人民共和国成立70周年庆祝活动服务保障工作。会议采用视频的形式在全区范围内召开，区领导张劲林、高念东、吴计亮、杨莉、沙海江参加。

（钟冷）

【国庆70周年庆祝活动海淀区领导小组专题会】 9月26日，海淀区召开国庆70周年庆祝活动海淀区领导小组专题会，学习贯彻市有关会议精神，对做好中华人民共和国成立70周年庆祝活动筹备和服务保障工作及国庆期间城市运行保障工作进行再动员、再部署。区委副书记、代区长曾劲主持会议，刘长利、刘勇出席会议。区委书记于军强调，做好中华人民共和国成立70周年庆祝活动服务保障工作，是必须完成好的重大政治任务，全区要形成上下贯通、部门协同、内外衔接的联动工作格局，高标准完成重点任务、高水平做好安全防控、高质量营造良好环境，以首善标准履行好海淀职责。会议采用视频的形式在全区范围内召开，周志军、孟景伟、鲍雷、李俊杰、张劲林、高念东等区领导参加。

（钟冷）

【国庆70周年庆祝活动服务保障出征仪式】 9月30日，海淀区举行国庆70周年庆祝活动服务保障出征仪式。区委书记于军向8个专项保障组授旗，鼓励大家以饱满热情和高昂斗志奔赴各自岗位，接受党中央和全国人民的检阅。各专项保障组代表依次接旗，并集体宣誓。区领导周志军、田敬军、吴计亮、梁爽、张若冰参加。

（钟冷）

【于军检查国庆70周年庆祝活动服务保障工作】 9月30日晚，区委书记于军到海淀区国庆70周年庆祝活动服务保障一线，实地察看安保维稳、城市运行、秩序维护、氛围营造等重点工作。在区域重点点位，于军仔细检查属地管理、消防安全、交通组织、医疗服务、后勤保障等工作的准备情况，并看望慰问坚守一线的安保力量、医护人员以及机关干部。于军强调，服务保障工作到了最后的关键时刻，各街镇、各部门、各单位要全力落实好“精精益求精，万万无一失”要求，以最佳的精神状态、最好的工作成效圆满完成庆祝活动海淀区服务保障工作。区领导李俊杰、高念东、吴计亮、谭权参加。

（钟冷）

【参加国庆天安门广场群众游行】 10月1日上午，由海淀区直机关工委、区教工委、区委政法委、区委社会工委、区国资委、区卫健委、海淀园工委七大工委的1000名机关干部，中国地质大学、北京外国语大学、北京语言大学的1008名师生共2008人，部分奥运冠军组成的“圆梦奥运”方阵，参加在天安门广场举行的国庆70周年群众游行活动。“圆梦奥运”方阵第17个出场，以“自由、生动、欢愉、活泼”的形式讲述新中国与奥运的故事。

（钟冷　杜宇）

组织工作

组织建设

【概况】 2019年3月，根据海淀区机构改革方案，将区人力社保局公务员工作相关职责、区委社会工委的“两新”组织党建工作职责划入区委组织部。

2019年，区委组织部贯彻落实全国、全市组织部长会议精神，落实区委党建工作会要求，以政治建设为统领，激励干部担当作为，推动党组织领导基层社会治理，发挥人才参与区域发展作用，不断提高全区组织工作质量和水平。截至12月31日，全区共有基层党组织8372个（党委508个，党总支502个，党支部7362个），中共党员209556名（不包括驻区中央、市级单位和部队等位于海淀区，但组织关系不隶属于海淀区委的党组织和党员）。其中，女党员99837名，占总数的47.64%；少数民族党员9178名，占总数的4.38%；35岁及以下的党员42016名，占总数的20.05%；大专以上文化程度党员157749人，占总数的75.28%。

（杜晓莺）

【村和社区“两委”换届完成】 1月，区委组织部牵头完成18257人次候选人资格审核，其中109人存在“十不能”情况。全区按规定应参加换届选举的53个村党组织的578个社区完成换届选举。除下派干部外，村委会换届选举100%实现书记、主任“一肩挑”。制定村和社区“两委”队伍建设规划（2019—2023年）及任务分解方案，建立健全“两委”干部选育用管工作机制。开展村和社区“两委”换届“回头看”工作。

（杜晓莺）

【党建工作会议】 3月14日，海淀区召开2019年党建工作会议，总结2018年全区组织、宣传思想文化和统战工作，部署2019年重点工作任务。区委书记于军出席会议并讲话，强调以组、宣、统工作新成效推动新时代海淀党建工作高质量发展。区委副书记、区长戴彬彬主持会议，区人大常委会主任刘长利、区政协主席刘勇出席会议。区委常委、组织部部长、统战部部长周志军作全区组织工作报告和统战工作报告，区委常委、宣传部部长张劲林作全区宣传思想文化工作报告，梳理总结2018年工作，对2019年重点任务进行部署和说明。孟景伟、李俊杰、高念东、田敬军、吴计亮等区领导出席会议。

（王彩虹　钟冷）

【区委书记讲专题党课】 10月12日，区委书记于军以“不忘初心担使命，继往开来再出发，为区域创新和跨越式高质量发展接续奋斗”为主题，为全区党员干部讲授“不忘初心 牢记使命”主题教育专题党课。党课系统阐述回答了党的初心使命是什么，有什么样的深刻内涵？如何践行党的初心使命，怎样推动海淀新时代新发展？如何在新的伟大斗争中推进自我革命，怎样走好新时代海淀的“赶考之路”三个问题，并对全区开展“不忘初心 牢记使命”主题教育提出明确要求，确保在落实海淀区“两新两高”战略、推动区域创新和跨越式高质量发展中永葆生机活力。专题党课以视频会议的形式在全区范围召开，市委第二巡回指导组成员，区四套班子领导，法院检察院主要负责人，区委主题教育领导小组成员，区委巡回指导组全体，区属各单位领导班子成员及基层党组织书记、党员代表在主会场和视频分会场参加。

（钟冷）

【党员干部培训】 年内，区委组织部依托区委党校基层分校体系，对普通党员分期分批进行习近平新时代中国特色社会主义思想培训，累计培训10万余人次。举办区委十二届九次全会精神专题轮训班，对1400余名处级干部进行轮训。印发《海淀区贯彻落实〈2018—2022年北京市干部教育培训规划〉的实施意见》，提升党员干部推动“两新两高”战略的能力素质。

（杜晓莺）

【“不忘初心、牢记使命”主题教育】 年内，海淀区开展“不忘初心、牢记使命”主题教育。召开主题教育工作会，成立领导小组及办公室，组建15个区委巡回指导组。制定主题教育总方案和机关、社区、村、国企、“两新”、离退休党组织6个领域分类指导方案。举办“初心所向”非公企业党组织主题教育宣教活动，来自区“两新”、社区、农村、政法等领域的2000余名党员参加活动。区委常委会班子成员带头开展“我在基层·迎国庆”大调研、“我在基层·保民生”大整治、“我在基层·促发展”大提升活动。全区各单位领导班子成员开展调研8633次，发现问题6620个，现场解决问题4923个。制定《关于巩固深化“不忘初心、牢记使命”主题教育成果 进一步加强党的政治建设的工作方案》《关于进一步深化主题教育的工作方案》等文件，倡导党员干部弘扬革命到底精神，以新担当新作为推动海淀区域创新和跨越式高质量发展。

（杜晓莺）

【“街乡吹哨、部门报到”工作】 年内，海淀区成立由区委书记、区长“双正职”挂帅的街道工作和“吹哨报到”改革工作专班，建立专班联席会议制度，组建8个专项工作组。出台《关于深化党建引领“街乡吹哨、部门报到”改革的工作方案》《关于贯彻落实〈关于加强新时代街道工作的意见〉的工作方案》《2019年度街道工作和“吹哨报到”改革重点任务安排》等文件。推进党建引领物业和业委会参与社会治理试点工作，推动形成“区域合作”模式、“联盟共治”模式、“会客议事”模式3种党建引领社会治理“海淀经验”，解决基层治理难题，提升群众获得感、满意度。

（杜晓莺）

【市委巡视检查和巡视整改工作】 年内，区委组织部开展选人用人和不担当不作为问题自查，配合市委巡视组和市委组织部做好巡视延伸调研、选人用人和不担当不作为专项检查迎检工作。巡视期间向巡视组提供名单、情况说明等材料，完成市委巡视组交办的各项任务。针对市委巡视组反馈的问题，制定落实9个整改方案、55项整改措施，严格按照时限对32个具体问题进行整改，明确责任部门、责任人。

（杜晓莺）

【“千百十·我在基层”行动】 年内，区委组织部制定《“千百十·我在基层”行动实施方案》，由区领导和法院院长、检察院检察长带头，推动千名党员干部、120余名年轻骨干、14个“强基础 解难题 促发展”党建工作组，下沉基层一线解决问题，坚持在改革发展的主战场、维护稳定的第一线、服务群众的最前沿培养锻炼干部。

（杜晓莺）

【干部队伍建设】 年内，区委组织部有序推进干部配备、人员转隶。开展镇领导班子届中考察调研，进一步调整优化结构。调整处级领导干部359人，处级非领导和职级干部112人。研究制定加快优秀年轻干部成长的实施方案，建立健全选、育、用、管机制。举办年轻干部培训班3期，培训年轻干部112人。选派126名年轻干部参加“不忘初心、牢记使命”主题教育、国家卫生区创建、“两委”换届、区委巡察、信访督导、“城市大脑”建设等重大任务。通过日常调研、谈心谈话、跟班学习等方式，加强对优秀年轻干部表现情况的考核考察。

（杜晓莺）

【干部教育培训】 年内，区委组织部开展中央和市级培训班调训工作，分别参加各类班60期165人次。根据干部成长阶段抓分层、主体培训，根据业务领域抓分类、专题培训，组织主体班、专题班31期1800余人次。对重点主体班次采取论文答辩形式考察学习成果，开展全程性、结构化学业考核，选派组工干部跟班学习等培训管理。推进领导干部上讲台。开展海淀智慧课堂、创新发展论坛等活动。

（杜晓莺）

【干部监督管理】 年内，区委组织部结合区委巡察，对13家单位开展选人用人和不担当不作为专项检查。严格落实干部选拔任用工作有关事项报告、"一报告两评议"、干部选拔任用全程纪实、镇党委书记离任检查、经济责任审计等制度，严格落实"凡提四必""双签字"等措施。对干部考察、公示期间收到的举报及时查核，提高举报办理质量和效率。从严从实抓好处级干部的个人有关事项报告填报、查核和干部兼职审批。

（杜晓莺）

【公务员管理】 年内，区委组织部牵头推进全区机构改革和街道大部制改革公务员转隶定岗工作，涉及1816人。研究印发《海淀区科级领导干部选拔任用工作参考流程》，进一步规范全区科级领导干部选拔任用工作。召开推行公务员职务与职级并行工作部署会，制定《海淀区关于推行公务员职务与职级并行制度有关问题答复口径》，推进公务员职务与职级并行制度落地见效。推荐全国人民满意的公务员和公务员集体，1人被评为"全国人民满意的公务员"。印发《关于调整党群系统纳入规范管理事业单位科级及以下人员主管部门的通知》。录用公务员234人。首次面向社区书记招录公务员2人。开展清理规范"一票否决"和签订责任状事项工作。

（杜晓莺）

【城市基层党建工作】 年内，海淀区落实城市基层党建"1+6"制度文件①、社区党组织议事规则、区域化党建"1+N+T"议事制度、"三级协办"工作制度、"三项清单"工作制度。建立健全街镇党建工作协调委员会定期会议制度，理顺工作关系。推进区属"双报到"单位党组织参加各级党建工作协调委员会相关会议和活动。做好三级党建工作协调委员会典型案例收集，推广先进经验做法。

（杜晓莺）

【"两新"组织党建工作】 年内，海淀区制定《2019年海淀区"两新"组织党建工作重点任务及分工》《关于海淀区非公科技企业党建改革的若干措施》《关于海淀区非公有制企业党组织充分发挥实质作用的意见》等文件，指导"两新"组织党建工作。探索实行"一方隶属、双重管理、多方服务"的工作机制，重点抓园区、特色科技企业、独角兽企业、众创空间、知识产权代理机构、民办学校等党建工作。成立全国第一个独角兽企业联盟、全国第一个众创空间类党建联盟。全面营造中关村西区"红帆"党群生态，深化"党建＋政务服务"建设，全区建成24个街镇级党群服务中心。

（杜晓莺）

【其他领域党建工作】 年内，区委组织部牵头推进其他领域党建工作。推进党建工作规范化标准化，配备专职副书记、党务干部，定期召开党组织书记联席会议。贯彻落实在深化区属国有企业改革中坚持党的领导加强党的建设的实施意见，加强不同类型企业分类指导。贯彻落实公办和民办中小学校党组织建设意见，规范学校党组织参与学校重大问题的议事规则和决策流程，强化党组织作用发挥。起草《关于加强海淀区属公立医院党的建设工作的实施意见》，把党的领导融入医院治理各环节。

（杜晓莺）

【党支部规范化建设】 年内，区委组织部牵头建成全市首家"党支部书记学院"，打造"研、训、练、考、任"一体化实训基地。建成基层党校分校33家，开办2期基层党校分校管理者培训班。依托中国人民大学开展基层党组织书记轮训11期，培训2400余人。举办党支部书记示范培训班。选派4人到延庆低收入村担任"第一书记"。全面开展党群服务体系建设，强化系统、街镇党群阵地功能。

（杜晓莺）

【党员教育管理】 年内，全区各单位召开处级及以上领导班子年度民主生活会和基层党组织组织生活会，开展民主评议党员工作。建立新发展党员区级联审制度、工作责任人备案制度，对多年不发展党员、发展党员不规范的单位建立工作台账，发展党员1409人。举办6期党员发展对象示范培训班。依托互联网平台，举办中关村红色大讲堂线上直播活动、主题教育学习挑战赛。表彰优秀共产党员、优秀党务工作者和先进党组织。规范"心桥"党代表工作室管理，提升党代表履职能力。组织"共产党员献爱心"，开展相关走访慰问，做好生活困难党员帮扶工作。

（杜晓莺）

【党建工作责任体系建设】 年内，区委组织部牵头完善区委党的建设工作领导小组，下设工作组相关成员及机构。开展各领域基层党组织书记抓基层党建述职评议考核，召开2018年度系统街镇党（工）委书记抓基层党建工作述职评议考核会。持续完善区、处、科（队站所）三级党建责任体系，落实党员区领导抓党建工作制度，出台处级单位党（工）委及领导班子成员抓基层党建工作责任指导清单，推动党建责任向基层延伸。开展党的建设研究和党建改革工作。

（杜晓莺）

【人才工作】 年内，区人才工作领导小组办公室牵头调整充实区人才工作领导小组成员单位，明确职责任务，进一步理顺人才工作机制。开展"人才工作大调研"，到驻区高校、园区和企业走访交流，建立人才联系走访和需求反馈机制。修订"海英"人才政策，重点支持"高精尖缺"产业顶

---

① "1+6"文件："1"即《关于加强和改进海淀区城市基层党建工作的实施意见》。"6"为配套文件，其中3个涉及街道层面：《海淀区街道党工委会议议事规则》《海淀区街道党工委书记会议事规则》《海淀区街道主任办公会议事规则》；3个涉及社区层面：《海淀区社区党组织委员会会议事决策规则（试行）》《海淀区社区党组织党务专职工作者配备及管理办法（试行）》《海淀区社区党组织党务专职工作者配备及管理办法（试行）》。

尖、领军和青年人才，增设举荐制度。做好国家级、市级海外高层次人才工程、北京学者、青年北京学者、百千万工程等人才工程推荐工作。

（杜晓莺）

【国际人才社区建设】 年内，区委组织部牵头以“中关村大街—成府路·知春路—学院路”沿线H型区域为核心，开展国际创新要素摸底和社区整体规划工作。设立高精尖领域优秀外籍创业项目，共建国际青年创业平台，吸引14个国家的团队入驻。支持北京智源人工智能研究院等新型创新平台建设，加大柔性引才力度。编制外籍人才工作生活宝典，推进国际学校、国际医院和国际人才公寓建设。举办中关村论坛平行论坛、中关村国际创新集市、国际青年人才（海淀）创新论坛。依托驻区高校开展国际文化节、城事设计节、留学生走进海淀、留学生招聘会等活动。

（杜晓莺）

【央地人才合作】 年内，区委组织部组织开展“中央和国家机关青年干部对话海淀”活动，邀请百余名中央和国家机关青年干部到海淀参观交流。落实与驻区高校合作倡议书内容，实施“创新合伙人”校地人才互动交流计划。加强院士工作站建设，累计设立院士站43家、进站院士100人次。推进“向科学家致敬”主题公园、科学家小径和科学驿站建设。加强区域人才交流合作，与怀柔区签署人才工作合作框架协议，开展对口新疆、西藏、内蒙古、河北等地人才挂职和培训，牵头组建京津冀双创示范基地联盟。

（杜晓莺）

干部培训

【概况】 2019年，中共海淀区委党校（简称区委党校）与海淀区行政学院、海淀区社会主义学院合署办公，是一个机构三块牌子的全额拨款事业单位。全年举办各级各类主体培训班79期，培训7697人次，其中承办河北省易县赴海淀区精准扶贫干部培训班2期，培训80人次。为海淀区对口扶贫的河北省赤城县委党校捐赠总价值35270元的电脑5台。

（刘绍波　韦志强）

【区委十二届九次全会精神轮训班】 1月16日至3月1日，区委党校举办处级干部深化学习区委十二届九次全会精神专题轮训班，共举办4期，每期2天，轮训822名处级干部。培训内容包括解读区委十二届九次全会精神、《如何交好2019年全区八张新答卷》、《聚焦中关村科学城，推动“两新两高”战略落地的思考》、《〈海淀分区规划（2017年—2035年）〉的重点和难点》、《全球科技创新发展趋势》等专题。

（刘绍波　韦志强）

【意识形态工作专项延伸调研】 5月7日，市委第三巡视组对区委党校开展意识形态工作专项延伸调研。区委宣传部副部长王怿主持座谈会，专项巡视组组长李志毅及巡视组成员、区委党校校委班子成员和部分中层干部参加调研活动。市委巡视组听取区委党校近几年来意识形态工作开展情况的汇报，并进行座谈交流。

（刘绍波　韦志强）

【中央党校（国家行政学院）国际和港澳培训中心主任到区委党校调研】 7月3日，中央党校（国家行政学院）国际和港澳培训中心主任刘宏毅带领港澳培训处、合作开发处、国际培训处等部门负责人一行5人到海淀区委党校调研。双方围绕海淀区科技创新改革实践中的成功经验纳入国家级干部教育培训进行研讨，就科技创新、非公党建、社会治理等现场教学基地建设进行深入交流。双方将在科技园区建设、基层党建现场教学基地建设等方面进行深度合作，中央党校（国家行政学院）国际和港澳培训中心将承办区委党校重点培训班次以及提供师资培训。

（刘绍波　韦志强）

【组织基层分校开展“两新两高”战略专题宣讲】 9月6日至10月30日，区委党校组织32所党校基层分校举办115场海淀区“两新两高”战略专题宣讲，参训党员12119人次。进一步凝聚全区党员对于“两新两高”战略的共识，推动“两新两高”战略落地。

（刘绍波　韦志强）

【与怀柔区委党校签订合作框架协议】 10月9日，怀柔区委党校党委书记、常务副校长王保军一行16人到海淀区委党校座谈交流。双方落实海淀区与怀柔区战略合作要求，签订《中共北京市海淀区委党校中共北京市怀柔区委党校合作框架协议》，将在干部教育培训、师资队伍建设、科研咨政、服务科学城和行政后勤保障等方面进行合作。

（刘绍波　韦志强）

【区领导讲专题党课】 10月12日，区委书记于军以“不忘初心担使命，继往开来再出发，为区域创新和跨越式高质量发展接续奋斗”为主题，为处级干部进修二班和年轻干部培训班（第四期）学员讲主题教育专题党课。10月24日，区人大常委会党组书记、主任刘长利以“坚持人民代表大会制度，推动新时代人大工作不断完善发展”为主题，为处级干部进修二班和年轻干部培训班（第四期）学员授课。10月25日，区政协主席刘勇以“政治协商制度在海淀区的实践”为主题，为处级干部进修二班、年轻干部培训班（第四期）、公务员初任培训班（第二期）及政协中共党员委员、政协机关干部讲“不忘初心、牢记使命”主题教育专题党课。

（刘绍波　韦志强）

【“两新两高”战略研讨会】 10月26日，由区委党校、区委研究室、区委宣传部共同举办的“贯彻落实‘两新两高’战略 推进中关村科学城建设”研讨会在区委党校召开，处级班、年轻干部培训班学员参会。研讨会邀请清华大学建筑学院副教授刘佳燕、北京大学政府管理学院副教授张波、北京市社科院副院长赵弘、北京市文化创意产业促进中心主任梅松，分别围绕《面向包容与创新的新城市场景营造》《面向“悠·享”打造高品质城市》《关于中关村科学城建设的几点思考》《以“文创＋创新”推动高质量发展》作专题报告。区委办局三位处级领导交流发言。编发《贯彻落实“两新两高”战略 推进中关村科学城建设研讨会论文集》，收集近一年来全区各单位“两新两高”战略的研究成果，对海淀区贯彻落实“两新两高”战略取得的成绩和经验进行归纳和总结。

（刘绍波 韦志强）

【正处级领导干部区块链专题培训班】 12月30日，区委组织部、海淀园管委会、区委党校共同举办首期海淀区正处级领导干部区块链专题培训班。区委副书记、代区长曾劲作开班动员。培训班从宏观到微观等不同层次设置系列课程，帮助学员逐步形成对区块链的全面认知体系，掌握区块链技术的核心价值应用场景、全球区块链发展态势与政策走向等，推动区块链产业发展与场景落地。全区各相关单位正处级领导干部、街道办事处主任、镇长、企事业单位主要负责人共105人参加培训。

（刘绍波 韦志强）

【“中共中央在香山”课题研究】 年内，区委党校组织开发、开展“为新中国奠基——香山的红色印记”“中共中央在香山的历史贡献及其宝贵精神”等系列课程和课题研究。“香山精神研究”课题通过市委党校审批。将香山革命纪念馆开发成革命传统教育现场教学基地。

（刘绍波 韦志强）

【立项课题20项】 年内，区委党校共立项课题20项，其中中组部课题1项（“国企基层党建创新成果课题”）、省部级课题1项（“北京创新文化研究”）、市级课题4项（“党员培训在海淀区社区思想政治教育工作中的作用”“香山精神研究”“统一战线在中关村科学城建设中作用研究”“信访制度在基层的创新与实践”）、区级课题2项（“海淀区青年干部党性教育研究”“巩固深化‘街乡吹哨、部门报到’工作研究”）。

（刘绍波 韦志强）

【新型智库建设】 年内，区委党校开展区域化党建和非公党建发展的典型事例、典型经验研究，编辑出版《国有企业基层党建创新案例精选》《海淀区党建工作研究报告（2019）》《海淀辖区非公企业党建工作报告》。开展文化与科技融合研究，编辑出版《北京创新文化》。开展“两新两高”战略专题研究，编著《中关村地区技术转移的实践与思考》《中关村核心区与美国硅谷发展指数比较研究》《高新技术产业发展的理论和实践：以中关村科学城为例》。开展建设高品质城市研究，形成“马上清（青）西城市提升计划”专题调研报告2篇。发表文章51篇，编制科研成果汇编5本。报送咨政报告37篇，其中报送市委办公厅1篇，报送市委党校4篇。被市党建会《党建动态》内参采用1篇，被《海淀信息》采用3篇，被《海淀组工动态》采用1篇，被区文明办《海淀区新时代文明实践中心简报》采用1篇。

（刘绍波 韦志强）

【主体培训班】 年内，区委党校（行政学院、社会主义学院）举办各类主体培训班79期，培训学员7697人次。

2019年海淀区委党校79期主体培训班一览表

表1 单位：人

序号	培训班名称	培训时间	参训人次
1	海淀区处级领导干部深化学习区委十二届九次全会精神专题培训班（第一期）	1月16日至1月17日	180
2	海淀区处级领导干部深化学习区委十二届九次全会精神专题培训班（第二期）	2月21日至2月22日	205
3	海淀区处级领导干部深化学习区委十二届九次全会精神专题培训班（第三期）	2月25日至2月26日	215
4	海淀区处级领导干部深化学习区委十二届九次全会精神专题培训班（第四期）	2月28日至3月1日	222
5	海淀区2019年处级干部进修一班	3月18日至4月12日	58
6	海淀区年轻干部培训班（第二期）	3月18日至4月12日	29
	海淀区第43期科级正职公务员任职培训班	3月18日至4月12日	36
7	海淀区党员发展对象培训班（第一期）	3月27日至3月29日	184
8	海淀区党员发展对象培训班（第二期）	4月10日至4月12日	174
9	海淀区新党员示范培训班	4月18日至4月19日	168
10	海淀区党员发展对象培训班（第三期）	4月24日至4月26日	186
11	街镇责任规划师岗前培训班	4月28日至4月29日	103
12	科技创新国际化人才培养专题培训班（处级第一期）	5月6日至5月30日	26
13	2019年海淀区美丽乡村建设培训班	5月6日至5月8日	31
14	海淀区2018年度军队转业干部培训班	5月6日至5月10日	184
15	科技创新国际化人才培养专题培训班（上半年）	5月6日至5月12日	33
16	海淀区党员发展对象培训班（第四期）	5月15日至5月17日	170
17	海淀区增强“四力”教育实践暨宣传思想文化工作专题培训班（第一期）	5月20日至5月24日	95
18	党建引领物业服务企业和业委会参与社会治理试点工作培训班	5月22日至5月24日	107
19	海淀公安分局党员发展对象培训班	5月22日至5月24日	107
20	2019年海淀区统战宗教工作专题培训班	5月27日至5月31日	61
21	海淀区增强“四力”教育实践暨宣传思想文化工作专题培训班（第二期）	5月27日至5月31日	118

续表 1

序号	培训班名称	培训时间	参训人次
22	海淀区年轻干部培训班（第三期）	6 月 3 日至 6 月 28 日	43
23	海淀区增强“四力”教育实践暨宣传思想文化工作专题培训班（第三期）	6 月 3 日至 6 月 6 日	105
24	海淀区第 38 期科级副职公务员任职培训班	6 月 3 日至 6 月 28 日	60
25	海淀区非公党员示范培训班	6 月 5 日	92
26	海淀区 2019 年第一期初任公务员培训班	6 月 10 日至 6 月 28 日	93
27	海淀区街镇规划师培训班	6 月 12 日至 6 月 14 日	140
28	海淀区第 44 期科级正职公务员任职培训班	6 月 17 日至 7 月 12 日	32
29	2019 年海淀区人才工作者专题培训班	6 月 17 日至 6 月 19 日	53
30	2019 年全市新任社区党组织书记示范培训班	6 月 17 日至 6 月 21 日	150
31	海淀区 2019 年全民健身工作专题培训班	6 月 24 日至 6 月 28 日	40
32	海淀区新党员示范培训班（第二期）	7 月 4 日至 7 月 5 日	148
33	2019 年海淀区新任副处级领导干部培训班	7 月 8 日至 7 月 12 日	34
34	2019 年度海淀区党员发展对象示范培训班（第五期）	7 月 10 日至 7 月 12 日	135
35	海淀区基层党建骨干培训班（第一期）	7 月 15 日至 7 月 19 日	28
36	2019 年海淀区组织系统信息、宣传、调研工作培训班	7 月 16 日至 7 月 17 日	191
37	海淀区基层党代表异地培训班（第一期）	7 月 22 日至 7 月 26 日	28
38	易县赴海淀区精准扶贫干部培训班	7 月 22 日至 7 月 26 日	50
39	海淀区基层党建骨干培训班（第二期）	7 月 29 日至 8 月 2 日	39
40	海淀区提升街镇服务区域经济发展能力专题培训班	7 月 24 日至 7 月 25 日	102
41	海淀区基层党代表异地培训（第二期）	8 月 5 日至 8 月 9 日	39
42	易县赴海淀区年轻干部精准扶贫培训班	8 月 27 日至 8 月 30 日	30
43	海淀区红十字会培训班	8 月 30 日至 9 月 7 日	10
44	2019 年度海淀区党员发展对象示范培训班（第六期）	9 月 3 日至 9 月 5 日	100
45	2019 年海淀区人才发展专项资金项目评审会	9 月 17 日	45
46	城管教育中心成立暨海淀区直机关分校不忘初心牢记使命党员培训（第一期）	9 月 17 日	65
47	海淀区直机关分校不忘初心牢记使命党员培训（第二期）	9 月 19 日	130
48	海淀区直机关分校不忘初心牢记使命党员培训（第三期）	9 月 24 日	180
49	海淀区离退休干部党组织骨干“守初心 担使命”培训班	9 月 25 日至 9 月 27 日	85
50	海淀区 2019 年第二期初任公务员培训班	10 月 8 日至 10 月 25 日	105
51	海淀区处级干部进修二班	10 月 8 日至 11 月 1 日	68
52	海淀区年轻干部培训班（第四期）	10 月 8 日至 11 月 1 日	43
53	海淀区第 39 期科级副职公务员任职培训班	10 月 8 日至 11 月 1 日	53
54	海淀区城管执法系统全员培训班（第一期）	10 月 9 日至 10 月 11 日	171
55	安全生产专题培训班	10 月 14 日至 10 月 16 日	64
56	海淀区城管执法系统全员培训班（第二期）	10 月 15 日至 10 月 17 日	212
57	台商、台属、台青异地培训（遵义）	10 月 17 日	20
58	海淀区城管执法系统全员培训班（第三期）	10 月 21 日至 10 月 23 日	198
59	海淀区 2019 年第三期初任公务员培训班	10 月 28 日至 11 月 15 日	105
60	法治思维养成与法治政府建设专题培训班	11 月 4 日至 11 月 8 日	69
61	文化与科技融合专题培训班	11 月 5 日至 11 月 7 日	46
62	海淀区城管法制宣传培训班	11 月 12 日至 11 月 14 日	54
63	海淀区第十九期处级女干部培训班	11 月 13 日至 11 月 15 日	137
64	海淀区委老干部局“守初心、担使命”系列培训（“四就近”专职工作者）班	11 月 13 日至 11 月 15 日	45
65	律师行业党委基层党组织书记培训班	11 月 18 日至 11 月 19 日	165
66	2019 年第四期公务员初任培训班	11 月 18 日至 12 月 6 日	116
67	团干部教育培训班	11 月 20 日至 11 月 22 日	140
68	北京市智慧城市建设专题培训班行前培训	11 月 21 日至 11 月 22 日	25
69	科技金融专题培训班	11 月 26 日至 11 月 28 日	42
70	海淀区老干部“守初心、担使命”系列培训（老党员先锋队骨干）班	11 月 26 日至 11 月 28 日	150

续表 1

序号	培训班名称	培训时间	参训人次
71	海淀区网信工作研修班	12 月 2 日至 12 月 6 日	97
72	海淀区 2019 年信访工作专题培训班（第二期）	12 月 6 日至 12 月 14 日	48
73	海淀区城管执法系统全员培训班（第四期）	12 月 10 日至 12 月 12 日	211
74	2019 年度海淀区基层专武干部集训班	12 月 10 日至 12 月 13 日	54
75	2019 年公务员信息采集和统计工作培训班第 1 期	12 月 12 日至 12 月 17 日	65
76	2019 年公务员信息采集和统计工作培训班第 2 期	12 月 18 日至 12 月 23 日	60
77	2019 年公务员信息采集和统计工作培训班第 3 期	12 月 24 日至 12 月 27 日	40
78	区委组织部党统会审培训班	12 月 30 日至 12 月 31 日	50
79	海淀区正处级领导干部区块链专题培训班	12 月 30 日至 12 月 31 日	105
合计			7697

（刘绍波　韦志强）

区直属机关党建

【概况】 2019 年，中共海淀区委区直属机关工作委员会（简称区直机关工委）领导 65 家单位党组织（11 个党委、29 个党总支、25 个党支部），所属党员 9015 人，其中在职党员 7150 人、离退休党员 1865 人。区直机关工委按照区委十次、十一次全会决策部署，落实“两新两高”战略，突出党建引领作用，落实党建任务，完成党组织重新整合、党员发展、组织关系转接。举办党组织书记培训班，高标准完成中华人民共和国成立 70 周年庆祝活动重大服务保障任务，组织党员献爱心、文艺会演、百姓宣讲等活动。评选表彰区直机关系统优秀共产党员 120 名，优秀党务工作者 30 名，先进党组织 20 个。

（杜宇）

【基层党组织建设】 年内，区直机关工委推进联片共建的党建协作机制，完善区直机关各单位机关党委（总支、支部）书记联席会议制度，针对机构改革，重新划分整合党建协作组。开展述职评议，65 家单位党组织书记分别进行现场和书面述职。制定印发《关于以政治建设为统领进一步加强和改进新时代区直机关党的建设的实施意见》，严格党内政治生活制度。依托党校区直机关分校，开设“机关党建大讲堂”，分层次、多形式对支部书记、党务工作者、普通党员进行培训，开班 43 期，近 4530 人次受训。利用中共中央宣传部“学习强国”平台，全方位、立体式、多层次推进理论教育。组织系统 65 家单位的 160 名专兼职党务干部，开展“发展党员规范实操专题培训”，有效提升党务干部实际操作能力。围绕党的政治建设等 8 个专题，开展集中交流研讨 5 次。按照“千百十·我在基层”工作要求，与北下关街道皂君庙社区开展结对共建活动。指导完成 14 个机关党组织的委员调整和 13 个基层党组织的换届工作。举办发展对象培训班，培训 115 人，审批发展党员 98 人，预备党员转正 78 人，转接组织关系 961 人次，收缴党费约 473.56 万元。

（杜宇）

【群团活动】 年内，区直机关工委是唯一承担全区国庆 70 周年庆祝活动“三项服务”保障任务的部门，组织 105 人参加“圆梦奥运”群众游行方阵、103 人参加“放飞梦想”联欢、80 人参加观礼。“圆梦奥运”方阵，区直机关分队涌现出 20 多个先进人物和典型事例。举行“向国旗宣誓 向祖国致敬”升国旗、唱国歌活动，32 名机关干部承担区委、区政府国旗护卫队任务。举办“党旗飘扬使命在心 党徽闪耀担当前行”主题展。区直机关工会牵头举办两场“光辉 98 载，壮丽 70 年”文艺会演，31 家单位的千名干部参演。组织“共产党员献爱心”捐款，65 家单位的 2 万余名党员现场捐款 30 余万元。组织 26 家单位的 61 名选手参加区直机关“时代新人说——我和祖国共成长”演讲比赛。

（杜宇）

【关爱帮扶】 年内，区直机关工会邀请驻区部分三级甲等医院医疗专家走进机关，为 900 余名干部职工进行健康咨询问诊，完成 300 名女职工“两癌”（乳腺癌、宫颈癌）筛查；向 5000 人次的干部职工发放节日福利；慰问困难党员、患重病职工 110 名，800 余名干部职工获得互助保险，1300 余名职工享受“京卡”二次报销。

（杜宇）

非公企业党建

【概况】 2019 年，中关村科学城党工委以习近平新时代中国特色社会主义思想为指导，学习贯彻中共十九大精神，落实市委、区委决策部署，坚持党建引领，开展“不忘初心、牢记使命”主题教育活动，进一步提升党的建设水平。聚焦中关村科学城建设，坚持服务党员、服务企业、服务发展的工作理念，出台非公科技企业党建改革措施，不断提高新时代党建工作水平。从严治党、非公党建取得新成效。形成“围绕企业抓党建，抓好党建促发展，企业发展强党建”的格局，开创或打造了红色中关村网站、“党建之友”、党建管理孵化平台、联合性质党组织建设、楼宇党建、“双培养一促进”工作法、中关村红色智慧大讲堂、中关村红创空间、非公企业党组织发挥实质作用、独角兽企业党建联盟等工作和活动品牌，一些做法在全国进行推广。至年底，中关村科学城党工委所属基层党组织1517家，管理党员30437名，党员和党组织数均占全区的1/6，是全国管理党组织和党员最多的基层党工委。

（程晓荷）

【海淀园工会工作会】 1月17日，海淀园工会召开2019年工作会。海淀园工委常务副书记吴宝华出席会议并讲话，海淀园工会负责人、园区企业工会主席300余人参加会议，园区职工8000余人次通过网络在线观看会议直播。会上，海淀园工会工委主任王晖作题为《团结动员广大园区职工为创造美好生活和实现海淀高质量发展竞相奋斗》的工作报告。报告总结2018年园区工会工作取得的成效，分析2019年工作面临的挑战和机遇，提出工会工作任务：统筹推进涵盖基本职能、特色品牌、专属服务的园区工会工作体系。工会经审委员会主任王远霞作2018年度经费审查报告。会议表彰2018年度158家先进基层工会、150名优秀工会干部、83名优秀工会积极分子和“双爱双评”活动120家先进企业、134名爱职工的优秀经理、315名爱企业的优秀职工以及“经济技术创新工程”活动44家先进企业、195名创新标兵、149项优秀成果、148件优秀合理化建议。吴宝华强调，园区工会要始终坚定正确的政治方向，切实深化维权和服务职责，把“海淀精神、海淀价值、海淀力量”贯彻到各项工作中，以拼搏为美，形成竞相奋斗、团结奋斗的生动局面。

（程晓荷　钟冷）

【海淀园党建工作会】 1月18日，海淀园工委召开2019年党建工作会，总结园区2018年党建工作，部署2019年党建任务。会上，中公教育科技公司党委、和利时科技集团党委、海淀园企业第四联合党委3个基层党组织书记进行述职发言，表彰2018年度75个先进基层党组织、123名优秀党务工作者、361名优秀共产党员、133名党建之友、15个优秀基层党建工作创新示范项目和37个先进团组织、40名优秀团干部、36名优秀团员。区委常委、副区长、海淀园工委书记、管委会主任李俊杰出席会议，企业党组织负责人，园区企业家代表、党员代表以及先进基层团组织负责人、优秀团员、团干部代表600余人参加会议。李俊杰表示，要以更高的政治站位，充分认识做好园区党建工作的重要性；发挥党建工作优势，进一步激发园区创新创业活力，以新担当新作为的时代要求，不断提升园区党建工作质量。

（程晓荷　钟冷）

【中关村红色智慧大讲堂】 2月28日，中关村红色智慧大讲堂第十讲在中关村软件园国际会议中心举行，邀请中国著名登山家、2019年劳伦斯最佳体育时刻奖获得者夏伯渝授课。来自园区非公企业的部分党组织书记、企业家代表、党员代表共计400余人参加活动。夏伯渝分享自己为实现攀登珠穆朗玛峰的理想，克服重重困难而圆梦的感人事迹。授课内容同步在网上直播，各党组织通过网上直播组织学习。海淀园工委常务副书记吴宝华参加活动，海淀园工委副书记王斌作动员讲话，总结2018年中关村红色大讲堂活动情况，对2019年大讲堂活动作安排部署。中关村红色智慧大讲堂以红色管理、党性教育等为主要内容，以实现对园区党员教育全覆盖为目标，采取线下与线上相结合方式，把教育范围扩大到非公企业出资人和广大企业员工。中关村红色智慧大讲堂全年共举办11讲，覆盖线下3000人次，线上近6万人次。

（程晓荷）

【海淀园系统专场基层党组织书记轮训班】 7月10日至11日，区委组织部在中国人民大学举办2019年海淀区基层党组织书记轮训班第八期（海淀园系统专场），海淀园机关党委各支部及非公企业党组织主要领导400余人参加培训。

（程晓荷）

【中关村科学城非公企业党建大会】 8月29日，中关村科学城管理机构揭牌仪式暨海淀区非公企业党建大会举行。大会举行中关村科学城管理机构揭牌仪式；宣读区委关于表彰海淀区非公科技领域优秀共产党员、优秀党务工作者、先进党组织以及命名“党建挚友”的决定。授予王小兰等50名共产党员“海淀区非公科技领域优秀共产党员”称号、张式俭等50名党务工作者“海淀区非公科技领域优秀党务工作者”称号、东华软件股份公司党委等50个党组织“海淀区非公科技领域先进党组织”称号、林菁等50名企业负责人“党建挚友”称号。会议发布《关于海淀区非公有制企业党组织充分发挥实质作用的意见》《关于海淀区非公科技企业党建改革的若干措施》和《中关村科学城促进人才创新创业发展支持办法》3个加强海淀区非公党建、促进科学城人才创新创业工作重要文件。会议提出党组织工作机制优化6条计划，突出党建的政治功能，逐步推进党建进入企业的章程，让党建工作成为企业各类主体的法定意志，加强服务党员成长、企业出资人引导和科技建党应用，让党建工作有地位和旺盛的生命力。

（程晓荷　钟冷）

【区非公科技企业党建改革措施出台】 8月29日，海淀区发布《关于海淀区非公科技企业党建改革的若干措施》（简称“非公科技党建改革16条”），包括四个方面的工作机制共16条改革措施。“非公科技党建改革16条”提出党建工作与科技创新服务工作的融合办法，让党建业务互促互通，解决非公企业党建工作容易边缘化的问题，使非公企业党建工作由被动开展向争相开展转变。非公科技党建改革16条提出，采用基层党建“条”与“块”工作体系交叉的办法，用区域化党建合伙人思维激发“条”的资源，建立“块”的共建体系，用“条”“块”联运机制，解决信息不对称，形成基层党建合力。

（程晓荷）

【海淀区首家非公企业党校成立】 10月

30日，海淀区首家非公企业党校——中共北京中公教育科技有限公司委员会党校（简称中公教育党校）揭牌成立，首期基层党支部书记培训班同时开班。海淀区委、海淀园工委、海淀园工会、中公教育公司的200余名常务干部、优秀党员代表以及中公教育公司线上8000余名党员参加揭牌仪式。海淀园工委常务副书记吴宝华出席仪式并致辞。中公教育党校履行三种职能：中公党务人才孵化器、中公教育学习平台、中公企业决策智库。中公教育党校由公司党委直接领导，承担公司全国20个二级党委、9个二级党总支、157个党支部共8239名党员的教育学习任务。中公教育党校聘请北京大学政府管理学院教授组成专家团队以及以知名高校教授学者为主的专家智库。仪式后，北京大学政府管理学院教授、博士生导师王浦劬作题为“当代中国治理的党政结构和功能机制”的首场讲座。

（程晓荷　钟冷）

【非公企业党组织主题教育活动】 11月18日至19日，海淀区举办主题为“初心所向”的非公企业党组织主题教育活动。此次主题教育宣教活动作为区委开展“不忘初心、牢记使命”主题教育的重要内容，通过集中讲述非公企业创新创业故事，展现非公企业党组织和党员守初心、担使命、谋发展的创业风采和时代精神，以身边的实际榜样鼓舞激励全区广大党员干部始终保持昂扬向上的精神风貌和工作斗志，以新担当新作为推动海淀新时代新发展。主题教育宣教活动在《初心所向》专题片中拉开序幕，《联想·岁月》《燃烧的使命》《小米人的心》等故事，通过音乐剧、情景表演、舞蹈剧等形式，生动展现、深刻诠释非公企业党组织、党员敢为人先、攻坚克难的使命担当。

（钟冷）

【中关村科学城独角兽企业党建联盟成立】 12月25日，中关村科学城独角兽企业党建联盟成立，这是全国第一个独角兽企业的党建联盟。第一批入选党建联盟的41家独角兽企业，涵盖人工智能、互联网服务、教育、电子商务、医疗健康、大数据与云计算、智能制造等领域。联盟主要包含四项重点功能：搭建交流企业党建、业务工作的平台，搭建服务企业发展、促进合作的平台，搭建反映意见建议的平台，搭建重要荣誉评选表彰和社会职务推荐平台。同时成立服务指导办公室，服务指导办公室设在区委组织部，由13家成员单位组成，日常工作由中关村科学城党工委、管委会综合事务部具体负责。主要职责是服务指导党建联盟开展工作，优先为党建联盟的成员企业提供各类党务政务服务和工作资源，及时回应解决联盟反馈的问题。

（程晓荷）

【“不忘初心、牢记使命”主题教育】 年内，中关村科学城党工委按照区委部署，开展“不忘初心、牢记使命”主题教育。组织开展集中学习研讨、专题活动10余次，开展调研60余次，覆盖重点企业27家，现场解决问题54项，挂账督办27项。领导班子开展集中交流研讨4次，完成研讨专题8个。开展自查，找出6类15个问题，召开专题民主生活会检视出班子4个方面10个问题。结合“千百十·我在基层”、联学联建等开展一系列活动，走访、调研千乘科技、声智科技等硬科技企业，覆盖各基层单位和重点独角兽企业27家，现场解决问题54项。协助举办“初心所向”非公企业党组织主题教育宣教活动。组织非公企业党组织开展主题教育，多项做法、多家基层组织得到中央指导组、市委、区委的充分肯定。

（程晓荷）

【非公党建】 年内，中关村科学城党工委出台《关于海淀区非公有制企业党组织充分发挥实质作用的意见》《关于海淀区非公科技企业党建改革的若干措施》等文件，深化非公党建创新。成立中关村科学城独角兽企业党建联盟，推进园区“两个覆盖”工作。新建61个基层党组织。中关村红创空间接待参观、举办活动培训等共316批约1.6万人次。打造“中关村红色智慧大讲堂”红色教育品牌。

（程晓荷）

【落实全面从严治党】 年内，中关村科学城党工委加强领导班子和干部队伍建设，严格执行民主集中制和“三重一大”制度，召开工委会13次，工委办公会22次，集体研究决定有关科学城重大资金预算支出、党的建设、意识形态等重要事项。落实理论中心组学习制度，开展各类专题学习、交流研讨共22次。落实意识形态主体责任，召开园区意识形态工作大会，在中关村软件园成立党建工作联席会，推动党建共建、意识形态工作齐抓共管。落实全面从严治党主体责任，全员覆盖层层签订责任书，共签订责任书168份。完成全程记实网上填报工作，上传各类履责记录1200余条。

（程晓荷）

社会领域党建

【概况】 2019年，区委社会工委区民政局学习贯彻习近平新时代中国特色社会主义思想，落实“两新两高”战略，深化党建引领，规范社区专职党务工作者配备，建立区域化党建工作新模式，推进商务楼宇工作站建设规范化，打造社会领域党建工作品牌。

（金韬）

【优秀社区书记工作室成立】 11月1日，海淀区区级优秀社区书记工作室成立。优秀社区书记工作室位于中关村东区互联网教育创新中心9层，建筑面积286平方米。工作室打造社区带头人的“朋友圈”、优秀党建品牌的“孵化园”、社区治理的“智囊团”；融合专家智库指导、智慧党建支撑、优秀书记带教、专业团队运营等优质资源，开展特色鲜明、针对性强、接地气的“互联网+”特色课程。培训社区“两委”后备人才1000人次。

（金韬）

【区域化党建工作】 年内，区委社会工委区民政局按照“党建引领、区域联动、共治共享”的工作思路，对全区区域化党建工作从工作体制、运行机制、保障体系进行探索，建立“三级平台、六个机制、五项保障”的“365”区域化党建工作新模式。全区29个街镇和581个社区建立党建工作协调委员会，区领导及243名街镇领导班子成员担任所联系的社区党建工作协调委员会主任，建立“三个清单”① “四个双向”② 机制，定期召开协调委员会会议，发放1.3万余份工作倡议书。

（金韬）

【“两新”组织党建工作】 年内，区委社会工委区民政局实施党建引领“两新”组织提升工程：向专业社会工作事务所继续购买66个楼宇专职社工岗位，负责全区234座商务楼宇中的党群活动中心日常工作和开展相关活动组织，服务12341家楼宇内非公企业、641个党组织、11308名党员、15万余企业员工；建立全区“两新”专职工作者的管理考核系统，对554名“两新”专职工作人员进行全天候的动态绩效管理；除常规楼宇活动之外，开展线上线下“书香社区楼宇”活动等；通过第三方抽样调查方式，定期对全区1.69万家市级台账非公企业及10万余家工商注册非公企按比例随机进行实地走访入户，做到企业清、党员清、工作清。

（金韬）

【基层党务队伍建设】 年内，区委社会工委区民政局建立社区书记区级备案管理制度，规范社区专职党务工作者配备，调整全区非公党务队伍编制，制定《海淀区社区“两委”队伍成员建设规划（2019—2023年）》《全区非公专职党务工作者管理办法》，优化队伍结构。全额配备社区专职党务工作者，其中书记581人，副书记581名，专职党务工作者776人。

（金韬）

老干部工作

【概况】 2019年3月，海淀区关心下一代工作委员会（简称关工委）职责从区文明办划入区委老干部局。全区有区属离休干部497人，易地来京安置离休干部59人，副处级以上退休干部1972人。区委老干部局下设参公管理事业单位海淀区老干部活动中心。负责海淀老龄大学管理工作。

（高燕）

【离退休干部生活待遇保障】 7月开始，离休干部发放养老服务津贴每人每月100元，区委老干部局完成居住在海淀区的1463名市属离休干部和495名区属离休干部的养老服务津贴发放。体检经费标准提高到每人每年1050元。完成1673名离休及副处级以上退休干部的体检工作。抗日战争时期参加革命工作的离休干部护理费标准由每人每月2500元提高到每人每月2700元。去世离休干部配偶无工作、有子女的生活困难补助费由每人每月1040元调整为每人每月1140元；去世离休干部配偶无工作、无子女的生活困难补助费由每人每月1555元调整为每人每月1705元。为区属14名离休干部办理大病医疗补助金44万余元。办理区级老领导和处级退休干部医疗费自费部分的审核报销29人次。

（高燕）

【区四套班子领导与老领导暑期座谈会】 8月15日，区四套班子领导与老领导暑期座谈会召开。区委书记于军，区人大常委会主任刘长利，区政协主席刘勇，区委常委、组织部部长、统战部部长周志军，区委常委、区委办公室主任高念东等区领导及区政协原主席张宝章、张芝田等老领导参加会议。会上通报全区上半年工作情况和下半年工作安排，区四套班子老领导在2018年暑期座谈会上所提意见建议的办理情况。

（高燕）

【海淀老龄（老干部）大学】 9月，海淀老龄（老干部）大学新建海淀老龄（老干部）大学海淀镇分校，分校累计达7所。挖掘海淀红色资源，组织编纂《红色海淀记忆》。组织118人次的艺术等级考试，完成36个班的结业，举办展览25次，展出作品2756幅。全年开设诗歌、书画、摄影、颖拓、计算机网络等班次111个，培训学员2700余名，4300人次参加学习。海淀老龄（老干部）大学和区文促中心完成《三山五园揽胜》系列丛书（共6册）编写，海淀老龄（老干部）大学历经6年努力，共有875名学员参与丛书编纂，参与创作的学员平均年龄67岁。

（高燕）

【第三十三届老干部运动会】 10月11日，海淀区第三十三届老干部运动会在海淀体育场举行。区委副书记、代区长曾劲，区政协主席刘勇等四套班子领导；区人大常委会原主任胡桂枝等老领导及有关单位主要领导、老干部工作主管领导出席开幕式。44个单位的离退休干部代表队参加入场式，来自区属92个单位的近2000名老干部参加运动会。比赛设置集趣味性、娱乐性、协作性和竞争性为一体的足球射门、门球过门、颠球、定向投沙包、踢毽入筐、乒乓球、台球7个项目。

（高燕）

【离退休干部“三项建设”③】 年内，区委老干部组织离休、处退干部参加

---

① “三个清单”：问题清单、任务清单、责任清单。

② “四个双向”机制：双向需求征集机制：属地党组织和驻地单位党组织要围绕中央、市、区重要会议精神和重大决策部署，结合基层党建工作、地区经济社会发展等需要，通过会议、座谈、走访等形式，定期或不定期相互征集需求意愿。每年集中性需求征集不少于1次。双向提供服务机制：属地党组织和驻地单位党组织要发挥各自优势，围绕双方需求，通过会议、洽谈等方式进行有效对接，通过项目化运作，相互提供服务，实现优势互补、相互服务、互促双赢。双向沟通协调机制：属地党组织和驻地单位党组织要及时总结交流工作中好的经验和做法，沟通研究工作中遇到的重难点问题，分析原因，提出对策，共同推动问题解决。双向评价通报机制：属地党组织和驻地单位党组织要对区域化党建推进情况进行动态跟踪，对双向服务、确定的项目督促落实，对已完成的项目要组织辖区相关单位、群众进行评议，相互作出评价，并通过党建工作协调委员会会议及时通报评价情况。

③ “三项建设”：政治建设、思想建设、党组织建设。

中组部、市委老干部局组织的培训班、形势报告会共4次。举办老干部"守初心、担使命"系列培训班4期，离退休干部党组织骨干、老党员先锋队队长近500人参加培训。组织离退休干部参加市老干部局举办的系列报告会和支部书记、先锋队长、宣讲团长培训班，共计6次100余人次。区老干部理论中心组全年学习20次。区老干部理论学习中心组成员开展"进机关、进社区、进校园、进支部"活动30次，宣讲习近平新时代中国特色社会主义思想和中共十九大精神、国家改革发展取得的重大成就和人民生活日新月异的变化、自身的经验做法和身边的感人事迹。印发《海淀区离退休干部党支部工作重点》，对离退休干部党建及支部工作提出具体要求。会同区委组织部、区财政局等6家单位共同印发《关于为海淀区基层党组织中担任书记、副书记、委员的离退休党员发放工作补贴的通知》，为全区各级党政机关、事业单位、国有企业等基层党组织中担任书记、副书记或委员的离退休党员（不含社区"两委一站"中全职工作的离退休返聘人员、非公党建指导员）发放工作补贴。印发《关于做好离休干部高龄养老社区"四就近"服务管理经费使用及相关工作的通知》，对市、区属离休干部"四就近"（就近学习、就近活动、就近发挥作用、就近得到关心照顾）工作提出具体要求。

（高燕）

【离退休干部宣讲活动】 年内，全区29个老干部宣讲团，深入街镇、社区、非公企业党组织开展宣讲活动，在中关村街道和万寿路街道试点开展海淀区老干部"红色回响"宣讲团送党课进社区宣讲月活动，在20个社区开展宣讲活动20场次，在海淀老龄大学、街道社区、非公企业宣讲10余场次。成立87支老党员先锋队、队员3480名，全区老党员先锋队累计521支、队员1.5万名。

（高燕）

【离退休干部文化活动】 年内，区委老干部局举办以"福满京城 春贺神州"为主题的海淀区老干部新春游艺会、新春团拜会和健康讲座；举办2019年老干部舞蹈培训班和电脑培训班；举办以"和满京城 奋进九州"为主题的第三十三届海淀区老干部文艺会演；举办"庆祝中华人民共和国成立70周年"12场系列活动，4200余人次参加；各单位离退休干部党支部开展庆祝新中国成立70周年主题党日活动210场。组织老干部红叶摄影队及其他活动团队骨干成员到河北省雄安新区、白洋淀、易县开展主题采风活动。海淀区老干部长青艺术团舞蹈队参加"三八"妇女节征文颁奖暨"巾帼建功新时代"风采展示、海淀区第二十四届中老年优秀健身项目展示、北京第二十二届中老年优秀健身项目表演赛等活动。海淀区老干部长青艺术团合唱队代表海淀区离退休干部参加由市委组织部、市委老干部局主办的"唱响新时代 颂歌献祖国"——北京市离退休干部庆祝新中国成立70周年合唱音乐会演出。

（高燕）

【关心下一代工作】 年内，区委老干部局组织"五老"代表参加"六一"在爱国主义教育基地中华世纪坛举办的"永远的红领巾"主题队日活动，与上千名学生、家长共同庆祝中国少年先锋队建队70周年。调整充实"五老"志愿服务队成员，扩充"骨干库"由7人增加到11人。海淀区关工委联合教委、团区委、街道、驻区高校等多个单位和部门，举办"大手拉小手 迈向新时代"主题系列活动，先后在中央财经大学、中关村四小等9所大、中、小学校及社区开展12场活动，4000余名青少年参加活动。"五老"志愿服务队荣获2019年度"感动海淀"文明人物团队特别奖。

（高燕）

【党建引领老干部工作向基层延伸试点工作】 年内，区委老干部局以万寿路街道和中关村街道为试点，以点带面推动全区党建引领老干部工作向基层延伸。调研部分街道镇利用社区资源做好离退休干部工作的情况；制定试点方案，与街道社区研究制定实施方案具体内容；主要领导带队督导试点街道工作推进情况；整合资源为试点街道倾斜政策，为万寿路和中关村两个试点街道离休干部安装无忧看护设备，加强助老员管理并送党课进试点街道。

（高燕）

宣传工作

【概况】 2019年，海淀区宣传思想文化战线贯彻北京市委、海淀区委决策部署，以中华人民共和国成立70周年庆祝活动筹备和服务保障工作为纲，学习贯彻全国、全市宣传部长会议精神，以"不忘初心、牢记使命"主题教育为契机，推动区域创新和跨越式高质量发展，在深化落实"两新两高"战略上凝聚合力，提高全区宣传思想文化工作科学化、规范化、制度化水平，为全区经济社会发展提供坚强思想保证和精神动力。

（韩松）

【2019海淀城市形象宣传片发布】 1月29日，2019海淀城市形象宣传片发布。宣传片以"海淀 科学＋城"为片名，时长6分31秒，从海淀的历史文化、生态环境、科技发展等方面进行介绍，体现海淀"科学＋城"的人文风范。仅3天时间，微信、微博、抖音等新媒体平台就播放13万次。

（钟冷）

【舞剧《人生若只如初见》巡演】 3月20日，以清代第一词人纳兰性德生平为创作背景的古典舞剧——《人生若只如初见》在广州大剧院上演，开启首轮全国巡演。该剧由海淀区委宣传部出品。此次巡演以内蒙古包头大剧院为第一站，之后转场鄂尔多斯大剧院、山东省会大剧院、德州大剧院、广州大剧院、佛山大剧院、闽南大剧院等10余个大型剧院，巡演持续2个月。舞剧通过《别有根芽》《天为谁春》《何处情深》《人在谁边》4个篇章，呈现清代著名词人纳兰性德的传奇一生。该剧用诗意的舞蹈呈现纳兰性德与其妻卢氏的伉俪情深，展现纳兰性德与曹寅、顾贞观之间的深厚友谊。舞剧由北京舞蹈学院青年舞团团长刘震担纲总导演，特邀著名朗诵表演艺术家陈铎独白纳兰词作经典篇章。原创舞剧《人生若只如初见》创作借鉴“创新合伙人”模式，按照政府引导、社会协同、专家支持、版权共享的方式，打造文化生态雨林。

（韩松）

【“筑梦行舟远 书香伴我行”全民阅读系列活动】 4月23日至12月初，区委宣传部、区文旅局联合主办的“筑梦行舟远 书香伴我行”海淀区2019年全民阅读系列活动举行。开幕式暨原创话剧《书店》首演在清华大学新清华学堂举行。全民阅读系列活动包括“书读 红海交响”“书伴 蓝山听涛”“书见 春峰碧园”“书随 风帆高扬”“书咏 文华典韵”“书品 百院书香”“书观 踏卷起舞”7个单元，革命历史文献展、读书沙龙、系列巡演、户外阅读、经典诵读、诗歌大赛、名人讲堂等826场主题活动。全民阅读活动以“壮丽七十年，颂读新时代”为主线，通过培育全民阅读文化品牌，打造城市特色文化地标与新型阅读空间，推进“互联网＋全民阅读”建设，推进创意产业建设布局、典型引领带动区域阅读文化新形态，打造全新海淀文化“金名片”。

（韩松）

【亚洲数字艺术展】 5月16日至6月15日，中国对外文化集团有限公司、海淀区政府和中央美术学院主办的亚洲文明对话大会系列活动之一的“亚洲数字艺术展”在海淀区创业路6号举行。展览以新兴艺术形式在“文化＋科技”跨界领域搭建文明互学互鉴、共同发展的平台，汇集12个国家和地区的30位艺术家的数字艺术作品，是在数字艺术领域首次以“亚洲”为主题的大型艺术展览。中国艺术家徐冰的《汉字性格》、德国艺术家托比亚斯·格莱米尔的《书法运动视觉》《京剧运动视觉》《功夫运动视觉》、澳大利亚艺术家邵志飞和莎拉·肯德丁的《功夫可视化》等作品围绕中国汉字、功夫、京剧等元素，以数字艺术的方式对中华优秀传统文化进行全新解读和演绎，体现出中华文明对亚洲乃至对世界艺术潮流的影响。

（韩松）

【第十六届世界文化节开幕】 5月19日，第十六届世界文化节游园会暨校园开放日在北京语言大学开幕。本届世界文化节由北京语言大学，海淀区委、区政府主办，区委宣传部、学院路街道办事处等单位承办，以“全面贯彻落实‘两新两高’战略，进一步体现海淀国际化特征，助力国际人才社区建设”为主题。乌拉圭大使费尔南多·卢格里斯等10余国大使莅临现场。来自90多个国家和地区的近千名青年学子（大部分为留学生）与万余名社会各界人士共同体验“世界脉动、聚焦北语”的精彩时刻。世界文化节秉承“多元、平等、包容”的理念，致力于为来自世界各地的留学生搭建展示与交流平台。“北语零时差，步履无国界”，中外友人在现场共同欣赏各国具有特色风情的服饰和艺术，享受环游世界的一日旅行。

（韩松）

【“壮丽70年 奋斗新时代”重大主题宣传活动启动】 7月3日，“壮丽70年 奋斗新时代”重大主题宣传海淀集中采访活动媒体见面会召开，标志着北京市“壮丽70年 奋斗新时代”主题宣传报道活动正式启动。新华社、《光明日报》、《经济日报》以及《北京日报》、北京广播电视台等15家中央、市属媒体围绕海淀坚持创新驱动，引领高质量发展的经验成就进行深入采访。区委常委、宣传部部长张劲林参加媒体见面会。此次主题宣传报道是《北京市庆祝中华人民共和国成立70周年宣传报道方案》的重要一环，市委宣传部以海淀作为采访首站，将重点挖掘海淀区委、区政府在鼓励创新、优化营商环境、推动文化科技融合等方面的历史传承，同时聚焦海淀区以中关村科学城为主要载体和平台，以科技创新为核心功能，构建新型城市形态，推动“三城一区”建设等方面的成就。3日至4日，区委宣传部组织与会的15家中央、市属媒体深入海淀基层一线，采访全国首个5G智慧社区、全市首个党支部书记学院、全球顶级的人工智能企业和智能网联汽车企业、党建引领使得群众获得感显著提升等案例。

（钟冷）

【“三山五园”文化巡展（巴黎站）】 8月26日至28日，“江山如此多娇——‘三山五园’皇家园林光影艺术展”在法国巴黎罗斯柴尔德公馆举行。巡展由北京市人民政府新闻办公室指导，区委宣传部主办，区文化发展促进中心联合北京中创文旅文化发展有限公司等10家单位共同举办，以“江山如此多娇——三山五园皇家园林光影艺术展”为主题，包括文化巡展展示、“三山五园”系列文创产品展卖、“一带一路”倡导下的国际遗产创意传承国际研讨会及第十三届国际文化产业学术年会三项活动。展览以颐和园和圆明园为代表，春、夏、秋、冬四季与中国传统节日相结合，分为皇家园林、江山多娇、颐和仙境、圆明幻园4个展项。巡展通过多媒体手段，以沉浸式的方式展现三山五园的东方之美。法国政界、文化、艺术、时尚等领域200多位重要嘉宾出席活动，法新社、路透社、美联社、《欧洲邮政公报》、《每日先驱导报》、澳洲《商业日报》等30余家海外媒体和新华社、人民网、央视国际频道等27家国内媒体给予关注和报道。展览开拓线上线下融合、科技文化融合的新模式。吸引14个知名品牌参与文创设计，相关文创产品进行销售。天猫商城线上对文化主题产品进行专题页面推广并售卖，线下在巴黎集体展示。12个线上合作商家进行专题推广，浏览量1.03亿次，访客数6329万人，成交数量262万笔，成交金额8759万元，转化率（下单买家数量／访客数）4.87%；其中三山五园IP商品成交数量5.80万笔，成交金额313.81万元。这是“三山五园”首次利用“科技＋文化”的形式在海外落地，开拓“文化+商业”融合的成功模式。

（韩松 邵晶森）

【艺术中关村联展】 9月21日至10月7日，区委宣传部、区文联、区科协、区北部办指导，区文促中心、实创公司主办，艺连网、壹美美术馆承办的艺术中关村2019年联展在海淀区中关村壹号壹美美术馆举行。展览涵盖国画、油画、书法、雕塑、科学家信札五部分，90余位艺术家的160余件作品参展。展览是“艺术中关村”项目在科技园区的首次亮相，以艺术家之笔触描绘中关村，展示中关村创新精神，诠释中关村创新文化。

（韩松）

【首届中关村舞蹈节】 10月19日至29日，区委、区政府联合北京舞蹈学院共同推出的“中关村艺术节”之2019中关村舞蹈节开幕。首次举办的中关村舞蹈节以“舞动中关村”为主题，分为中关村舞蹈节开幕式暨巡游活动、中关村舞蹈节“一带一路”民族民间舞蹈会演、中关村舞蹈节优秀剧目展演。巡游活动由海淀区第二实验小学旗舞团为先导，近500人组成的20支舞蹈队伍紧随其后，越南、尼泊尔、韩国、泰国、印度、马来西亚等国家以及中国的藏、苗、瑶、哈萨克等少数民族组成的“一带一路”沿线国家民族民间舞蹈团体表演精彩的民族舞蹈，多家驻区高校、中小学、民间团体进行表演，海淀舞蹈中心表演满族特色的舞蹈，还有首都体育学院技巧啦啦操等表演。10月19日至29日，举办“一带一路”民族民间舞蹈会演和优秀剧目展演，演出《筛巴学勒歌舞》、《小尧苗族花鼓舞》、《Exorcise the Evil》(《逐邪》)、《全丰花灯》、《Salaijo》、《Tamang Selo》、《要歌堂——瑶族长鼓舞》、《小花场》、《蛤蟆灯》、《长鼓舞》等10余个国内外精彩民族民间舞。优秀剧目展演包括《孔子》《人生若只如初见》两部优秀舞剧。

（韩松）

【海淀舞蹈中心成立】 10月31日，海淀舞蹈中心揭牌成立。中国舞蹈家协会、北京市舞蹈家协会、市委宣传部、区委宣传部、驻区高校领导、舞蹈专业人士、区属相关单位负责人100余人出席揭牌仪式。海淀舞蹈中心是集文艺精品创作、舞蹈艺术交流、舞蹈精品排演、舞蹈艺术展览展示于一体的北京市首家区级舞蹈中心。中心围绕海淀区“两新两高”战略部署，深入挖掘海淀文化内涵，推出《曹雪芹》等一批文艺精品，成为打造海淀舞蹈产业新地标和海淀文艺精品的重要基地。

（韩松）

【我和我的祖国——长城艺术作品巡展】 11月4日至10日，区委宣传部、中国世界民族文化交流促进会、中国西部研究与发展促进会、北京至高美术馆联合主办的长城艺术作品巡展在中华世纪坛艺术馆展出。长城文化工程始于1993年，由当代中国100多名艺术家、海外华人艺术家以及资深顾问团队共同创作完成。长城全景图以油画艺术创作的形式，再现不同时节、不同地域、不同情景下的长城意境。从周惠王二十一年（前656年）的楚国方城到明洪武元年（1368年）明长城，从山海关到嘉峪关等，描绘长城风景、长城历史人物、保卫长城等历史故事以及长城脚下的生活场面，颂扬长城文化精神。

（韩松）

【海淀与甘肃兰州达成宣传思想文化工作战略合作】 11月28日，海淀区与甘肃省兰州市宣传思想文化工作友好合作市区签约仪式举行。根据协议，双方将在文化体制改革、媒体融合、城市品牌宣传推介、文艺精品创作、文化科技融合应用场景落地等方面开展合作。利用中关村科学城丰富的科技产业资源和兰州市在“丝绸之路经济带”信息传输和信息服务黄金节点的区位优势，推动两地数字经济、数字文化产业的发展。在签约仪式上，双方还就文化、旅游、产业等方面进行推介。区委宣传部、区委网信办、区融媒体中心等单位负责人，兰州市委宣传部和兰州市宣传思想文化系统等单位负责人出席签约仪式。

（钟冷）

【理论宣传】 年内，区委宣传部把学习贯彻习近平新时代中国特色社会主义思想作为区、处两级党委（党组）理论学习中心组学习的重中之重。区委理论学习中心组围绕习近平总书记重要讲话精神、中国共产党的初心和使命、中共十九届四中全会精神等开展48次集体学习。巡听旁听处级理论学习中心组学习8次。结合“不忘初心、牢记使命”主题教育同步组织专题辅导和调研参观。组织观看《决胜时刻》《人民英雄纪念碑》《马背摇篮》。配发《新中国发展面对面》《向前一步》等学习资料20万余册。“学习强国”平台注册党员超过15万名。健全完善区领导带头讲、区宣讲团深入讲、百姓宣讲团面对面讲、特色宣讲团专题讲工作体系，依托四级宣讲体系和周末社区大讲堂、文明市民学校，开展“七进”① 宣讲2800场，受众50余万人次。

（韩松）

【筹备及服务保障国庆70周年庆祝活动】 年内，海淀区坚持“精精益求精、万万无一失”的标准，组建以驻区高校大学生、高新科研技术人员、机关党员干部为主体的群众联欢团队，承担群众联欢第四区块任务，并圆满完成国庆群众联欢任务。协调中央媒体、市属媒体刊播海淀区各项主题宣传、成就宣传以及典型宣传工作50余条。利用H5交互技术制作的“创新基因，始于1952”，解读海淀区各标志性地点的时代变迁，彰显海淀科技创新力量。采取人物访谈、网友互动、大V体验、圆桌对话、官微发布等形式，开展庆祝中华人民共和国成立70周年大型网络宣传活动。抖音、快手

① “七进”：进单位、进部队、进学校、进机关、进社区、进企业、进村居。

新媒体平台集中推广海淀文化、科技、生活短视频2900余个。开展“迎国庆展形象 做新时代文明北京人”精神文明创建，以309个公交地铁站台和143个交通路口为主阵地，开展文明乘车引导、文明交通疏导、咨询指路、帮困解难、控烟宣传等服务。全区新挂国旗2万面；悬挂灯笼灯饰4425组，布置硬质宣传横幅1522条，新设置建筑工地围挡宣传品410幅、大型户外广告设施宣传画面259块、户外电子屏5块，摆放大型绿化景观4处、绿化小品123处，张贴宣传海报近万张，社区和道路两侧布置文化墙近千处。在中关村大街、中关村壹号、上地软件园设置“祖国万岁”大型主题灯光秀，营造喜庆热烈浓郁的节日氛围。

（韩松）

【意识形态工作】 年内，区委压紧压实意识形态工作责任，多措并举筑牢区域意识形态安全防线，配合做好市委意识形态工作专项巡视，对32个单位党委（党组）开展意识形态工作责任制落实情况专项巡察。开展意识形态综合分析研判，召开教育系统、驻区高科技企业、驻区高校宣传部长意识形态工作（座谈）会。妥善处理2起涉意识形态事件，得到中央和市委充分肯定。加强对论坛、讲坛、讲座、报告会、研讨会等阵地管理。开展“扫黄打非”专项行动，执法检查各类单位（主体）2600余家。面向驻区重点企业、街镇、委办局开展意识形态及舆情工作专题培训，联合区委党校开展处级干部专题培训。

（韩松）

【社会主义核心价值观教育】 年内，区委宣传部围绕热烈庆祝中华人民共和国成立70周年重大主题，开展“壮丽70年 筑梦核心区”主题实践活动，举办“我和我的祖国”巡讲、“时代新人说——我与祖国共成长”演讲比赛，全区千余名党员干部群众参与宣讲，线上线下覆盖111.4万余人次。组建各级各类宣讲团88个，开展宣讲830余场，生动、真实、接地气、正能量的海淀故事广泛传播。高标准服务保障北京香山革命纪念地建设。新增3家区级爱国主义教育基地。4户家庭当选“全国最美家庭”，23户家庭当选“首都最美家庭”，38所校园申报“首都文明校园”。评选年度“感动海淀”十大文明人物，发挥典型人物的榜样作用，引领社会文明道德风尚。

（韩松）

【新时代文明实践活动】 年内，区文明办开展文明市民学校课堂教学进社区（村）80余场次，受益群众达17.2万人次。初步构建“文明市民学校网校”平台。公共文明引导员开展文明乘车引导、交通疏导等服务，参与重大活动保障，展示海淀“柠檬黄”队伍风采。新时代文明实践中心建设工作走在全市前列，举办“新时代文明实践推动日”活动，建立中心、所、站三级组织工作体系，组建“2+9+N”① 志愿服务队伍，驻区高校、科研院所、高新企业、科技文化场馆等驻区单位和社会组织力量积极参与。开发并上线运行服务管理平台，提供菜单式、订单式、一站式、随时随地的文明实践服务，形成“三纵四连五基地”格局，海淀区成功入选全国第二批新时代文明实践试点。推进区融媒体中心、新时代文明实践中心、区政务服务中心贯通建设。

（韩松）

【新闻宣传】 年内，新闻宣传工作继续保持高质量、高密度的发展态势，区委宣传部以庆祝中华人民共和国成立70周年为纲，围绕庆祝活动保障、“城市大脑”建设、2019年中国国际服务贸易交易会、中关村创新创业季、中关村科学城创新发展发布等区委、区政府中心工作，策划开展了一系列宣传活动。各方面重大题材先后6次登上中央广播电视总台《新闻联播》栏目，区委、区政府领导先后3次出镜接受采访，创造海淀区年度《新闻联播》曝光数量之最。海淀区作为中宣部“壮丽70年 奋斗新时代 推动高质量发展调研行”重大主题宣传集中采访活动首站，区属媒体开设“壮丽70年 奋斗新时代”和“70年70人70事”专题报道，播发新闻作品1000余篇（条）。召开新闻策划例会46次，组织相关采访活动300余次，接待记者采访2000余人次。重点工作在《人民日报》刊登稿件32篇，新华社刊登30篇，《北京日报》刊登415篇（头版重点报道33篇），中央广播电视总台播出41条（《新闻联播》6条），北京电视台播出279条（《北京新闻》88条）。培训新闻发言人400名。《一句话证明你在海淀生活过》入选全国第四届“五个一百”网络正能量精品活动。纪念五四运动100周年网络宣传活动H5短视频全网阅读量超过2400万。构建全区网络安全责任体系、管理体系、防护体系和联动体系，提升管网治网的技术能力。

（韩松）

【全国文化中心建设】 年内，区委宣传部制定海淀区推进全国文化中心建设2019年重点项目清单，大运河文化带、西山永定河文化带折子工程稳步推进。南长河公园二期完成绿地提升工程。白浮瓮山河（京密引水渠）文化景观带建设持续推进。“三山五园”地区建设和周边环境提升取得实效。完成海淀红色文化、创新文化内涵挖掘研究报告和文化与科技融合课题研究。推出海淀画册、海淀文化地图、海淀概况、海淀折页等文化产品，推出以“踏寻红色记忆，传承红色基因”为主题的红色教育产品。制

① “2+9+N”：1支新时代文明实践志愿指导员队伍，打造提升1支宣传文化组织员队伍；打造理论政策宣讲、教育服务、文化服务、科技与科普服务、卫生健康服务、科学健身服务、文明风尚培育、法律服务、应急救助9类专业志愿服务队伍；广泛吸纳社会力量，挖掘辖区优质资源，孵化培育科技创新、生态环保、邻里互助、乡风文明等N支功能多样的。

定文化精品工程重点项目扶持方案，为海淀题材文艺精品创作提供政策支持。深入挖掘区域文化资源，打造海淀文化品牌，丰富群众文化生活，让人民群众共享文化与科技融合发展的创新成果。

举办“海之春”“海之声”中关村儿童演出季等1200余场节日活动和文艺演出，惠及群众120万人次。近6万人线下参与全民阅读活动。

启动“三山五园”“夏宫”等文创品牌注册，规划文化衍生品开发及海淀特色IP打造。开展全域旅游和文旅融合发展研究。支持8个文保项目。推进非遗保护普及和进校园、进社区。

推进区域特色文化发展，举办2019曹雪芹红文化国博大讲堂、兰迷嘉年华“纳兰性德与三山五园”主题文化月活动、“三山五园”文化巡展巴黎站活动，支持贝家花园红色革命文化话剧和情景体验剧创作。

文化产业。推动数字文化产业发展，挖掘产业发展空间，出台电竞产业扶持政策。建设中关村科学城数字文化产业园，吸引腾讯、网易等20多家游戏企业研发机构落户，成立北京市精品游戏研发基地，形成完整的游戏研发生态体系，实现研发企业的集聚发展。

文化科技深度融合，举办亚洲文明对话大会的重要组成部分——亚洲数字艺术展。开展北上广等六地文化产业发展比较研究和产业品牌青年影响力排行研究，完成文化企业独角兽报告、营商环境报告。成立黑马文创基金、蓝天创投基金、博大文创基金。举办中关村文化产业研讨会、第十六届中国文化产业新年论坛海淀文化产业对话会等活动。开展艺术中关村项目、海淀文创市集活动和北京国际设计周创意市集。组织参加第十四届北京文博会、2019年法兰克福国际书展。开展西三旗数字文化产业园、中关村文化科技融合产业园等8个老旧厂房拓展文化空间试点。规模以上文化产业收入突破6000亿元，比上年增长20%。

（韩松）

【节日主题活动】 年内，区委宣传部围绕新形势下“举旗帜、聚民心、育新人、兴文化、展形象”的宣传思想工作使命和任务，大力营造国家统一、民族团结、社会和谐、家庭幸福的浓厚节日氛围，统筹推进春节、元宵节、清明节、端午节、七夕节、中秋节、重阳节等传统节日文化活动，惠及辖区群众300余万人次。春节、元宵节期间，以“福满京城 春贺神州”为主题，举办凤凰岭新春游园会、圆明园新春皇家巡游等活动952项。清明节期间，以“忆满京城 情思华夏”为主题，唱响追忆英雄人物、革命先烈主基调，用好李大钊烈士公墓等主阵地，组织开展“清明祭英烈、清明忆先贤、清明踏青游、清明诗画展、清明文明祭”五大品类活动215项。端午节期间，以“和满京城 奋进九州”为主题，开展“泛舟端午”“粽香端午”“书香端午”“健康端午”四大品类活动230项。七夕节期间，以“爱满京城 相约幸福”为主题，高标准推进颐和园、紫竹院公园开展的市、区两级主场活动，开展相亲联谊、文化讲座、游园体验、文艺演出、阅读交流等各类文化活动120项。中秋节期间，以热烈庆祝中华人民共和国成立70周年为工作主线，以“月圆京城 情系中华”为主题，举办中秋假日活动150项，为庆祝中华人民共和国成立70周年营造热烈喜庆的社会氛围。重阳节期间，以弘扬孝老爱亲为主题，精心组织开展“孝满京城 德润人心”等主题活动117项。

（韩松）

统战工作

【概况】 2019年，区委统战部坚持以习近平新时代中国特色社会主义思想为指导，学习贯彻习近平总书记关于加强和改进统一战线工作的重要思想，全面落实中央、市委、区委各项决策部署，推动统一战线各领域工作取得新进展、新成效。

构建大统战工作格局。充实完善区委统战工作领导小组工作规则及相关工作制度，基本形成海淀区“五纵五横”① 的大统战工作体系。通过“五纵五横”的工作体系，最大范围地团结凝聚统战人士。将统战工作纳入处级领导班子考核评价指标体系，纳入党建、全面从严治党考核体系，进一步压实基层统战工作职责。

思想政治引领。围绕中华人民共和国成立70周年活动，开展“1+7”② 系列主题教育活动，进一步夯实思想政治基础。组织承担海淀区及区委统战部调研课题33项，编报信息350余条，多条信息获党和国家领导人及有关部委批示回复，获全市统战信息一等奖。启动“民主党派在行动”第二季，服务“两新两高”战略落实。举办第六届民营企业创新产品发布会、政策解读会等十余场活动，启动“企业家之声”调研工作，畅通政企信息沟通渠道。做好侨务工作，依托侨界创新发展产业联盟，搭建引进国际人才平台，推进侨务审批服务事项办理便利度。

新的社会阶层人士统战工作。扩大海淀区新的社会阶层人士联谊会“1+X”工作网络覆盖，成立科技医疗大健康分会和律师行业分会，形成

① “五纵五横”：“五纵”是在区委统战工作领导小组领导下的区民族宗教领导小组、区新阶层统战联席会制度、区港澳台侨专项联席工作规则以及各街镇统战工作领导小组纵向工作体系；“五横”是区属统战系统单位、校地统战联席会议以及知联会、新联会、海联会横向工作体系的协调联动。

② “1+7”：“1”是海淀区统一战线庆祝中华人民共和国成立70周年主题展演活动；“7”是各统战领域开展的7项专题活动。

“1+8”（1个区级新联会总会和8个分会）工作体系。打造“海芯荟”工作品牌，组织“海芯荟大讲堂”，开展“海芯荟——网络知名人士海淀行”等活动。

民族宗教工作。开展民族团结进步创建工作，维护好宗教领域的安全稳定。

侨务工作。挖掘涵养侨务资源，维护侨界合法权益，进一步提升涉侨事项办事效率。

党外干部队伍建设。实施党外人才发展计划和骨干工程，推进后备人才数据库“互联网+智慧统战工作平台”建设。组织15期党外代表人士培训班，挂牌成立全市首家区级中华文化学院。

港台交流交往。开展中关村街道东里南社区和香港北角居民协会基层交流。围绕社区发展建设、民俗文化交流、居家养老服务等多方面内容，推进对台基层交流。以元宵、端午等传统节日为契机，以共同传承中华民族传统文化为纽带，海淀与台湾共同举办以“登高看海”“以粽凝情”等为主题的京台社区视频连线晚会，两地民众共度佳节，共叙亲情，共筑两岸一家亲。打造“三山五园进宝岛”品牌，组织海淀大型原创舞剧《人生若只如初见》赴台湾高雄演出。发挥海淀区33所涉台教育基地学校作用，深化青少年对台教育交流工作。全年共接待参访团33个、1376人次。因公临时赴台初审共计339批次、1315人次。

统战社团工作。按照市委统战部《关于促进北京统战社团创新发展的工作方案》精神，以海淀区知联会、新联会和海联会3个统战社团为试点，探索联谊会市场化运作、社会化管理、专业化服务模式。挂牌成立北京市首家区级统战社团活动基地，委托第三方运营机构负责联谊会的日常运转，推动统战社团创新发展。

（王彩虹）

【“与祖国同行 台商在海淀三十年”展览】 1月8日至11日，区台湾事务办公室与北京台资企业协会海淀区分会在“三山五园文化体验馆”共同举办“与祖国同行 台商在海淀三十年”展览。本次展览为纪念改革开放40周年、海淀中关村发展40周年、台商在海淀发展30周年而设，全景式呈现30年来台资企业、台商、台胞在海淀的发展印记。市台办副主任李长远出席开幕仪式，并就北京市出台的《关于深化京台经济文化交流合作的若干措施》与参加活动的台商座谈，听取意见建议。

（王彩虹）

【区长接待台商日座谈会】 1月11日，海淀区举办2019年区长接待台商日座谈会。区委书记于军，区委常委、统战部部长周志军，区委办主任高念东，区人大常委会副主任杨莉，副区长陈双，区政协副主席刘恪出席活动，听取20余位驻区台商对海淀区经济社会发展的意见和建议。区发改委、商务委、投资促进局、体育局等单位的负责人出席活动。北京台资企业协会海淀分会会长周至元回顾在海淀创业的历程，表示广大台商将继续与海淀区委、区政府合作，融入中关村科学城建设中，支持海淀区经济社会发展。于军介绍海淀区经济社会发展的最新成果，表示海淀区委、区政府将不断致力优化台商、台资企业发展氛围，营造更加宜居宜业的环境。

（王彩虹）

【党外知识分子联谊会二届二次会长会】 1月29日，区党外知识分子联谊会二届二次会长会召开。会议总结2018年度工作，审议通过《知联会活动小组轮值组长安排》《知联会2019年度工作计划》。区委统战部常务副部长、海淀知联会常务副会长刘珍出席会议。

（王彩虹）

【“登高看海”京台社区大舞台视频连线晚会】 2月15日至21日，海淀区组织清河街道、甘家口街道的社区工作者和社区达人等到台湾高雄市开展京台社区交流活动，并举办“咱的节日——登高看海·共度元宵京台社区大舞台视频连线晚会”。海淀与高雄两地同胞通过视频连线欢聚一堂，共叙亲情，共庆佳节。海淀区副区长陈双、市台办综合处处长刘清等和高雄市议员陈若翠、高雄市中华两岸关系发展促进会理事长王忠贤、新兴区的各里里长分别参加两地的晚会现场，与大家歌舞欢腾，共筑两岸一家亲。6月4日至10日，组织紫竹院街道、花园路街道、学院路街道、海淀街道的社区工作者到台开展京台社区交流，举办“登高看海”京台社区大舞台——海淀·高雄端午之夜视频连线晚会。高雄市前镇区各位里长、高雄市中华两岸关系发展促进会相关人员参加高雄市晚会现场。

（王彩虹）

【海外联谊会会长会】 3月18日，海淀地区海外联谊会召开2019年会长会，学习传达全国“两会”精神，研究、讨论海外联谊会2019年工作。2019年，海外联谊会继续高举爱国主义、社会主义旗帜，把握“大团结、大联合”主题，加强与港澳台海外友好社团和人士的联系与交往，扩大海淀区海外“朋友圈”，为促进海淀对外交往和各项事业健康发展继续发挥积极作用。

（王彩虹）

【非公评价单位统战工作培训班】 3月25日至29日，区委统战部在浙江大学玉泉校区举办第3期非公评价单位统战工作培训班。培训班以习近平新时代中国特色社会主义思想为指导，紧扣当前重点工作及热点问题，通过专家授课、案例教学等教学形式，帮助学员领会习近平总书记在民营企业座谈会上的重要讲话精神实质，了解浙江民营经济、浙商模式和浙江新发展理念。区委统战部副部长马龙虎参加培训班并作开班动员，来自海淀区非公有制经济代表人士综合评价工作领导小组和新的社会阶层人士统战工作联席会议成员单位的负责人、部分新的社会阶层代表人士等近70人参加培训。

（王彩虹）

【民主党派联席会】 3月26日，海淀区召开民主党派联席会，区委常委、组织部部长、统战部部长周志军主持会议，各民主党派主委或副主委出席会议。各民主党派总结在开展“2018调查研究年”和“构建新型城市形态，民主党派在行动”专项活动中取得的成绩，交流各自的特色活动。周志军向在专项活动中表现突出的党派和个人颁发荣誉证书，充分肯定各民主党派取得的成绩，并就2019年工作提出要求。

（王彩虹）

【基层统战干部培训班】 4月2日至4日，区委统战部举办2019年度海淀区基层统战干部培训班，全区各街镇和区委教工委、区卫生工委、区国资委、区海淀园工委以及河北张家口赤城县委统战部干部80余人参加培训。课程包括统一战线理论与实践、民主党派工作、新阶层人士统战工作、民族宗教工作等。区委统战部常务副部长刘珍出席开班仪式。

（王彩虹）

【周志军走访调研纳通科技集团】 4月17日，区委常委、组织部部长、统战部部长周志军走访调研海淀地区海外联谊会会长企业——北京纳通科技集团有限公司，了解海外联谊会工作开展情况和海淀区民营高新技术企业发展状况。周志军鼓励更多归国留学人员、非公有制经济人士等参与海淀区建设具有全球影响力的全国科技创新中心核心区工作。

（王彩虹）

【京港青年家庭交流活动】 4月20日至24日，区委统战部主办、中关村街道承办的2019“家在香港·心系家国”京港青年家庭交流活动在北京举行，50名香港北角居民协会青年家庭代表参加学习交流活动。活动推动京港两地社区组织进一步加强沟通合作。香港北角居民协会青年家庭代表与中关村街道东里南社区家庭代表共同开展联谊活动，体验首都居民的日常生活，体验非物质文化遗产技艺。交流团参观清华大学、故宫、长城、南锣鼓巷等著名历史人文景区，在圆明园举办“着汉服、行汉礼、诵孝经”中华民族传统文化传承活动，在天安门集体观看升国旗仪式、高唱国歌。区委常委、组织部部长、统战部部长周志军参加京港青年家庭交流欢迎会并致辞。

（王彩虹）

【统战宗教工作专题培训班】 5月27日至31日，由区委组织部、区委统战部、区委党校、区民宗办联合主办的2019年海淀区统战宗教工作专题培训班在区委党校举行。区委统战工作领导小组、区民族宗教工作领导小组成员单位、各街镇负责统战宗教工作的主管领导62人参加培训。区委统战部常务副部长刘珍出席开班仪式。

（王彩虹）

【欢度开斋节】 6月5日是伊斯兰传统节日开斋节。区政协主席刘勇，区委常委、组织部部长、统战部部长周志军，副区长陈双，副区长、区公安分局局长谭权等区领导到海淀清真寺慰问，与穆斯林群众共同欢度节日。海淀区各族穆斯林群众和外国穆斯林5400余人到全区7座清真寺参加会礼。

（王彩虹）

【配合华侨权益立法调研】 7月17日，市人大常委会民族宗教侨务办公室主任孙杰，到海淀区进行华侨权益保护立法调研工作。区人大常委会党组成员、副主任杨莉参加调研。调研组听取海淀区侨情和侨务工作开展情况汇报，深入了解“北京市华侨权益保护立法”工作的意见和建议，并强调扎实进行华侨权益保护立法调研工作，依法解决华侨和侨资企业普遍面临的困难和问题。年内，全国人大、市人大、市侨办先后6次到海淀区，开展华侨权益立法调研，实地考察北京（海淀）留学人员创业园发展情况，听取高校、科技园区、侨资企业和华侨华人科技创业者的诉求和意见以及侨资企业代表对首都侨务法治建设工作的意见建议，就如何解决华侨权益保护工作中存在的问题进行深入沟通。区委统战部配合市侨办华侨权益保护立法调研工作，搜集提供侨情数据。

（王彩虹）

【统战工作领导小组会】 7月17日，区委统战工作领导小组会议召开。会议由区委常委、组织部部长周志军主持。区委书记、区委统战工作领导小组组长于军出席会议并讲话。会议审议通过《区委统战工作领导小组工作规则（修订稿）》《区委统战工作领导小组成员名单》《区委统战工作领导小组各成员单位职责分工》等文件。区领导李俊杰、刘圣国及区委统战工作领导小组成员单位主要负责人参加会议。

（王彩虹）

【对台干部培训班】 7月18日至19日，海淀区举办对台干部培训班。区委对台工作领导小组成员单位，街道、镇对台工作主管领导和对台干部80余人参加培训。培训班邀请专家针对台海形势、对台工作实务、落实《关于深化京台经济文化交流合作的若干措施》“55条”等方面作报告。有关单位交流对台工作经验和体会。

（王彩虹）

【王璞到区调研统战工作】 7月19日，北京市欧美同学会秘书长王璞率队到海淀区调研，召开专题座谈会，听取海淀区留学人员统战工作开展情况的汇报，了解归国留学人员在海淀区的生活、工作、创新创业等情况；就进一步加强和改进留学人员统战工作、筹备中德科技论坛分论坛等进行交流，提出意见建议。区委常委、组织部部长、统战部部长周志军参加调研。

（王彩虹）

【“海芯荟——网络知名人士海淀行”活动】 7月19日，区委统战部举办“海芯荟——网络知名人士海淀行”活动，邀请金融资讯、企业管理、军事知识、运动科普、食品安全、本地资讯等领域的网络知名人士和新媒体行业代表人士10余人走进海淀，体验并宣传海淀区在背街小巷整治、社区治理和科技创新方面取得的新成果。网络知名人士一行参观中关村街道双榆树三街文化墙、便民超市、养老照料中心，感受背街小巷整治提升成果；参观中关村展示中心，了解中关村发展历程和海淀科技创新发展历史和高科技企业最新技术成果；考察曙光街道上河村社区“治理合伙人”机制，了解六方责任主体共同打造的“社区命运共同体”。在随后召开的座谈会上，区委常委、组织部部长、统战部部长周志军希望各位网络知名人士发挥网络影响力和传播力，传播海淀正能量，为海淀各项事业发展做出更大贡献。

（王彩虹）

【宗教界代表人士培训班】 8月6日至9日，中央统战部培训中心、中共海淀区委统战部举办海淀区宗教界代表人士培训班。海淀区宗教团体主要负责人、教职人员、骨干信徒以及区委统战部、区民宗办干部47人参加培训，区委统战部副部长郭莹出席开班仪式。通过学习贯彻习近平总书记关于宗教工作的重要论述，学习贯彻落实全国宗教工作会议精神，切实提高民族宗教工作的责任意识和主体意识，为实现中华民族伟大复兴的中国梦贡献力量。

（王彩虹）

【党外代表人士培训班】 8月14日至16日，区委统战部举办海淀区党外代表人士培训班。培训安排中共海淀区委十二届十一次全会精神辅导报告、习近平总书记关于加强和改进统一战线工作的重要思想、国家安全形势报告、当前中国宏观经济形势解读等课程，其间举办区委领导与党外人士谈心、党外人士读书分享活动等。区各民主党派、工商联领导班子成员，无党派代表人士，海淀区党外知识分子联谊会、海淀区新的社会阶层人士联谊会、海淀地区海外联谊会班子成员90余人参加培训。

（王彩虹）

【于军与党外代表人士谈心】 8月16日，区委书记于军到2019年海淀区党外代表人士培训班，与党外代表人士谈心。于军就全区中心工作与各民主党派、工商联负责人和无党派人士代表进行交流沟通，听取意见建议，并希望党外代表人士践行“创新合伙人”理念，进一步加强自身建设，发挥自身优势，深化落实海淀区“两新两高”战略，为加快建设具有全球影响力的全国科技创新中心核心区建言献策。区委常委、组织部部长周志军主持谈心活动。区委常委、区委办主任高念东，区政府副区长、区工商联主席陈双出席谈心活动。

（王彩虹）

【全国人大华侨委调研组到区调研侨务工作】 8月20日，全国人大常委会副委员长白玛赤林率全国人大华侨委调研组到海淀区调研侨务工作。区委常委、副区长李俊杰，区人大常委会副主任杨莉陪同调研。白玛赤林对海淀区政府的侨务工作给予充分肯定并指出，要深入学习贯彻习近平总书记关于侨务工作重要论述，进一步增强责任感和使命感，最大限度凝聚侨心侨力。

（王彩虹）

【“京台社区网络大讲堂”日常视频连线活动启动】 8月27日，海淀、台湾高雄区的社区基层组织正式启动“京台社区网络大讲堂”日常视频连线活动。通过视频连线，两地居民共话中秋文化，共度团圆时刻。同时开启首家京台社区大课堂日常连线活动。“京台社区网络大讲堂”将两地重大传统节日定时互访模式，延伸到基层社区建设经验、社区文化、经济发展成果实时共享新模式，京台社区交流成为常态。启动仪式后，大讲堂开启第一课——中秋文化，介绍中秋节的演变历史和传统习俗。大讲堂每月举办一至两期，每期设定相应主题，向两地居民传播健康运动、中医养生、手工制作和传统文化等知识。

（王彩虹　钟冷）

【“品传统文化·叙两岸亲情”迎中秋佳节活动】 9月7日，区台办、台盟海淀区工委、北京台资企业协会海淀分会共同举办“品传统文化·叙两岸亲情”迎中秋佳节活动。台胞台属界政协委员、海淀区台盟盟员、北京台资企业协会海淀分会代表、在京求学就业的台湾青年代表等60余人到四海孔子书院，品传统文化，共迎中秋佳节。区台办、台盟海淀区工委领导向参加活动的台胞台属及嘉宾致以节日问候。全国人大常委、市政协副主席、台盟市委主委陈军参加活动，勉励青年盟员与在京求学就业的台湾青年学生勇担历史使命与责任，争做两岸中华优秀传统文化的弘扬者。

（王彩虹　钟冷）

【海淀区台湾青年公寓交付使用】 9月19日，海淀区举行台湾青年公寓验收会及揭牌仪式，位于中关村创客小镇的台湾青年公寓20套房源正式交付使用，满足在海淀实习、就业台湾青年的住房需求。这是海淀区委区政府深入贯彻中共十九大精神和习近平总书记对台工作重要思想、推动北京市“55条措施”落地的具体举措。

（王彩虹）

【海淀区中华文化学院挂牌成立】 10月11日，北京市首家区级中华文化学院——海淀区中华文化学院在海淀区社会主义学院正式挂牌成立。海淀区中华文化学院将深入研究中华文化，打造海内外学术交流平台，开展对外文化交流合作，向港澳台同胞和海外侨胞开展国情市情区情教育和中华文化研修，向民族、宗教界等人士开展海淀区中华文化教育培训，进一步增加港澳台同胞、海外华侨华人的文化认同以及统一战线各领域代表人士的文化自信。海淀区各民主党派、工商联领导班子成员代表，区党外知识分子联谊会、新的社会阶层人士联谊会和海外联谊会领导班子成员代表，区委统战部、区委党校领导班子成员参加活动。

（王彩虹　刘绍波　韦志强）

【北京市首家区级统战社团活动基地挂牌成立】 10月25日，北京市首家区级统战社团活动基地——海淀区党外知识分子联谊会、海淀区新的社会阶层人士联谊会、海淀地区海外联谊会活动基地正式挂牌成立。北京市委统战部副部长祁金利，海淀区委常委、组织部部长、统战部部长周志军为活动基地揭牌，区委统战部常务副部长刘珍主持活动。市委统战部、区委统战部相关负责人，海淀区知联会、新联会、海联会部分领导班子成员及理事参加活动。

（王彩虹）

【新的社会阶层人士联谊会律师行业分会成立】 10月25日，海淀区召开新的社会阶层人士联谊会律师行业分会成立大会。区委统战部常务副部长刘珍，区司法局党组书记、局长周玉鑫为律师行业分会揭。区委统战部、区司法局等单位领导参加会议。

（王彩虹）

【2019年海淀区律师行业新的社会阶层人士培训班】 10月29日至11月1日，2019年海淀区律师行业新的社会阶层人士培训班在中央统战部干部培训中心苏州培训中心举办。这是海淀区首次针对律师行业分会理事开展的集体培训，引导分会理事学习贯彻习近平新时代中国特色社会主义思想和中共十九大精神，贯彻落实中共海淀区委十二届十一次全会精神，加强律师行业新的社会阶层人士的思想政治引领和沟通交流。海淀区新的社会阶层人士联谊会及律师行业分会代表40余人参加培训。

（王彩虹）

【承办第二届中德科技论坛未来科技分论坛】 11月19日，由区委统战部承办的第二届中德科技论坛未来科技分论坛在北京会议中心举行。全国人大常委会副委员长、欧美同学会会长陈竺，全国人大宪法和法律委员会委员、北京市人大常委会副主任、北京市欧美同学会会长闫傲霜，区政协副主席刘恪以及中德两国企业家、科学家、相关专业人士300余人参加论坛。论坛旨在搭建中德两国政府官员、科学家、企业家和专业人士学习研讨、交流合作的新平台，探索未来科技发展新思路，加强未来科技跨界融合创新，并促进中德两国在科技、经贸、文化领域广泛合作与交流。在主题演讲环节，北京旷视科技有限公司总裁付英波以《人工智能时代的创新价值》为主题作演讲，德国庞与合作伙伴管理咨询公司董事总经理帕特里克·索雷克介绍民众关于AI的集中认识误区，北京中海投资管理有限公司董事长、中关村创新研修学院院长柳进军以《城市大脑助力高品质城市发展》为主题作演讲。圆桌对话环节，6位中德两国的企业家、科学家围绕“未来科技与区域发展”主题进行深度的学习交流，分享未来科技的发展应用将带来的技术革新、商业逻辑颠覆以及对人们生活、思考方式的改变。

（钟冷）

【新的社会阶层人士统战工作2019年总结会】 12月5日，区委统战部召开新的社会阶层人士统战工作2019年总结会，回顾2019年工作成果，讨论2020年工作计划。海淀区新的社会阶层人士联谊会以及中关村创业大街分会、中关村智造大街分会、中关村知识产权一条街分会、海淀留创园分会、中关村软件园分会、作家分会、科技医疗大健康分会、律师行业分会的领导班子成员及理事70余人参加会议。2019年，区新联会及各分会积极创新、锐意进取，使组织体系建设更加完善、“海芯荟”品牌影响更加广泛、对外交流与合作更加密切，有效团结凝聚全区新的社会阶层人士，为海淀区经济社会发展贡献积极力量。

（王彩虹）

【圣诞节安全服务保障工作协调会】 12月16日，2019年海淀区圣诞节安全服务保障工作协调会在基督教海淀堂召开。会议下发工作方案，明确工作职责分工并提出平安夜、圣诞节当天安全保障的工作要求。各级政府职能部门协同配合，为各宗教团体（场所）、教职人员权益等方面做好服务保障工作。同时相关部门开展宗教活动场所安全执法检查工作，对活动场所的外围交通秩序、消防安保、反恐防暴、活动组织、技防监控、医疗救护、后勤保障、用电用气等逐一进行现场检查，发现问题隐患责令整改。

（王彩虹）

【第八届海峡两岸族韵喜福汇暨两岸少数民族大联欢晚会】 12月17日，由北京市台湾同胞联谊会和区台湾事务办公室共同主办的“第八届两岸族韵喜福汇暨两岸少数民族大联欢晚会”在海淀区工人文化宫举行。北京市台联、区政协、区总工会领导出席活动。本届晚会以“民族风两岸情”为主题，促进两岸少数民族同胞文化交融，增强海峡两岸同胞心灵契合度。中央民族大学、中国音协合唱联盟经典合唱团、海淀枫丹实验小学侗族大歌合唱团、台湾地区少数民族青年艺术社团成员和台湾少数民族歌手参与演出，15个节目精彩纷呈，民歌独唱、童声合唱、女声四重唱与民族乐器独奏、少数民族独舞、群舞交相辉映。

（王彩虹）

【区领导走访海淀基督堂】 12月24日，区委书记于军率区四套班子领导到基督教海淀堂，走访慰问教职人员，检查安全保障工作。区委副书记、代区长曾劲，区委常委、政法委书记吴计亮，区人大常委会副主任杨莉，副区长陈双，区政协副主席刘恪参加活动。

（王彩虹）

【北京市“七五”普法规划落实】 年内，海淀区落实北京市“七五”普法规划及市十五届人大常委会对新时期全市侨务工作情况报告审议意见，全区侨务工作围绕“弘扬法治精神，依法维护侨益”的主题，加强宣传《中华人民共和国归侨侨眷权益保护法》及其实施办法、北京市实施办法，坚持依法行政，增强全社会侨务法治观念，努力维护侨胞的正当权益。

（王彩虹）

【涉侨涉港澳依法行政工作】 年内，区侨办深化“放管服”改革，优化工作流程，规范涉侨行政行为，提高涉侨依法行政水平。梳理涉及华侨子女来京接受义务教育证明，华侨、港澳同胞和外籍华人学生来京上中小学批准等7项服务事项、5项权力清单。全力推进侨务审批服务事项办理便利度，压缩办理时限，切实提升群众办事获得感、幸福感。

（王彩虹）

【侨法宣传】 年内，区委统战部以《中华人民共和国归侨侨眷权益保护法》宣传月为契机，开展法治宣传教育活动。在区政务服务大厅开展涉侨政策法规宣讲、大厅工作人员培训工作，重点解读7项涉侨行政事项办理流程，提高涉侨工作人员的政策理论水平和依法行政能力。发放《北京市涉侨法规政策宣传手册》和海报2000份，在机关单位播放侨法宣传动画片。利用区委统战部网站和公众号等网络平台，向社会宣传推送信息，扩大侨法宣传社会影响力。

（王彩虹）

【归侨侨眷关爱】 年内，区侨办按照市委统战部工作精神，对全区归侨侨眷生活困难情况进行调查，市区两级共补助海淀区困难归侨侨眷41人次，发放补助金18.5万元。春节前夕走访侨界代表人士、知名人士，慰问困难归侨侨眷，送去慰问金和慰问品。

（王彩虹）

政策研究

【概况】 2019年，区委区政府研究室加强对海淀区“两新两高”战略的深化研究，完成各类文稿200余篇、80余万字。负责全区107项调研课题的跟踪管理服务工作。编印《海淀研究》4期、《决策参阅》8期。

（韩燕丽）

【改革工作】 年内，区委区政府研究室牵头组织区委改革办各项工作，制定海淀区2019年度改革工作要点，确定14项重点改革任务和37项专项改革任务。组织召开区委全面深化改革领导小组会议1次、区委全面深化改革委员会会议8次，审议通过各类改革议题36项，出台重要改革文件34项。全区改革任务督察全部完成。8篇改革信息被市委改革办《北京改革情况交流》采用印发。

（韩燕丽）

【课题研究】 年内，区委区政府研究室结合区委、区政府2019年重点工作，启动“海淀区深化街镇吹哨、部门报到改革，提升街镇统筹能力研究”“中关村科学城科技创新与场景应用模型研究”“海淀区减量发展研究”3项课题研究，开展“两新两高”战略再深化再落实、中关村科学城建设、垃圾分类、减量发展、北部地区高质量发展等专题调研。通过《决策参阅》，为区领导决策提供有价值的信息资料和意见建议，内容涵盖共享经济、科技创新、优化营商环境、区域比较与经验借鉴等，获得区委、区政府领导批示10余次。

（韩燕丽）

【文稿编写】 年内，区委区政府研究室起草区委十二届九次、十次、十一次、十二次全会报告，政府工作报告等材料。完成区委、区政府及主要领导报送上级的工作汇报、报告50余篇。组织完成区委、区政府相关会议活动文件、报告、讲话等材料的起草工作。完成10余篇区委主要领导在《前线》《北京工作》《中国青年报》《北京日报》等市级以上刊物的约稿、访谈材料。

（韩燕丽）

【调研管理】 年内，区委区政府研究室增强对全区调研课题的统筹指导，开展与区发改委、海淀园、区委党校等机构的合作，形成全区调研合力。组织全区各单位结合“不忘初心、牢记使命”主题教育，围绕海淀区重大发展命题，坚持目标导向、问题导向、需求导向，开展课题研究、推动成果转化、加强调研成果交流。开展2018年度全区调研工作先进单位和优秀调研成果评比。完成的调研成果中有106项实现转化，其中转化为制度、文件、项目、具体活动等的有80余项，在市级以上刊物上发表和获奖的有20余项。

（韩燕丽）

网络安全与信息化

【概况】 2019年3月，根据海淀区机构改革方案，将区委网络安全和信息化领导小组改为区委网络安全和信息化委员会，作为区委议事机构。区委网络安全和信息化委员会办公室为区委网络安全和信息化委员会的办事机构，作为区委工作机关，对外加挂区互联网信息办公室牌子。将相关机构的信息化推进、网络安全协调等职责划入区委网络安全和信息化委员会办公室。

2019年，中共北京市海淀区委网络安全和信息化委员会办公室（简称区委网信办）加强网络内容建设与管理，统筹网络安全、推进信息化发展实现新突破。

举办全区处级和科级干部网信业务轮训班3期，邀请区领导为120家互联网、人工智能、大数据、云计算等高科技企业作专题宣讲报告，推动形成“汇聚海淀智慧、建设网络强区”的强大力量。举办近百家互联网企业意识形态工作培训班，压实企业主体责任。统筹有关部门建立驻区企业舆情联动工作机制、架构全区网络安全责任体系。对标对表中央网信委、市委网信委，确立海淀网信事业发展的主要任务和落实措施。

落实网络意识形态责任和网络安全责任，全面加强网络综合治理，推动形成网络强国建设在海淀的生动实践。创新网络内容建设。以“壮丽70年 奋斗新时代”为主题，策划组织“发现美好海淀”微博话题、“抖出海淀范儿”抖音挑战赛，两个话题均实现超过1亿次的阅读；《人民记忆70年70城：记住海淀，中国互联网诞生地》视频传播位于全国前列；成立全市首支网信青年志愿者队伍，打造“五四精神 厚植海淀”H5等一批有思想、有深度、有影响的网络爆款产品，“一句话证明你在海淀生活过”入选“全国百部网络正能量动漫音视频作品”。完成庆祝中华人民共和国成立70周年网络安全保障任务和2019年“平安海淀”建设任务。

（田宬）

【“五个一百”网络正能量精品活动】 2月，区委网信办组织全区各单位申报“网聚正能量追梦新时代”为主题的第四届“五个一百”网络正能量精品活动。区委党校、公安分局、圆明园管理处和北下关街道等20个单位及个人共上报作品48部，包括北京山水民乐艺术团等“百名网络正能量榜样”8部，《中关村创新发展40年》等“百篇网络正能量文字作品”8部，“党小喵工作站”“百幅网络正能量图片”1部，《一句话证明你在海淀生活过》《那一刻，必须冲在前面》等“百部网络正能量动漫音视频作品”20部，“圆明园大讲堂真实的圆明园西部传奇”等“百项网络正能量专题活动”11部。

（田宬）

【纪念五四运动一百年网络宣传活动】 4月30日至5月12日，区委网信办组织策划纪念五四运动一百年网络宣传活动。活动以一个系列海报进行预热、一个H5动画达到高潮、一个专题栏目汇总报道为主线，组织包括网易新闻客户端、光明网微博和微信账号、海淀在线和海淀新闻微博账号等平台为主阵地，多渠道、广角度、高阶位进行宣传推广。5月4日H5动画短视频上线当天，网易新闻向北京用户采取PUSH推送方式进行全覆盖宣传，客户端739.7万用户观看H5动画，平均有效观看时长210秒，创下有效观看率新高；新浪微博在“青年说”粉丝通进行推广、大V进行转发和评论。活动有效覆盖人群2407万人次。

（田宬）

【网信青年说活动】 5月20日，区委网信办、海淀公安分局、团区委共同举办“汇聚海淀青春力量，构筑清朗网络空间”——网信青年说活动在中关村软件园国际会议中心启动，中央网信办传播局副局长傅云，北京市委网信办副主任夏日红，共青团市委副书记毛晓刚，海淀区委常委、宣传部部长张劲林等领导出席活动并致辞。活动现场发布“网信青年行动计划”、《网络青年公约》和《网络青年志愿者宣言》，倡导海淀网信青年志愿者们共筑清朗的网络空间。在论坛环节，新浪微博副总编汪抒、清华大学新闻学院教授、数据科学研究院专家沈阳、区委网信办负责人等分别就网络媒体和正能量传播、网络文明和数字反哺、网络技术与创新创业、网络扶贫与社会公益、网络生活与接拆即办主题发表演讲。启动仪式后，举办“网信青年我接力”系列主题活动，设立专题，通过故事分享、视频拍摄等形式，将网信故事、网络技术、网信发展在各大媒体和客户端进行线上分享。

（田宬　钟泠）

【驻区重点企业意识形态工作及负面舆情应对培训会】 7月25日，区委网信办、区金融办共同主办驻区重点企业意识形态工作及负面舆情应对培训会。区委常委、宣传部部长张劲林，区委网信办主任黄英，清华大学新闻学院教授、数据科学研究院专家沈阳及来自航天宏图、百度、联想等49家上市及拟上市公司、互联网企业的83名主要负责人、党委（支部）书记、公关关系负责人参加培训。

（田宬）

【海淀科技大V行活动】 8月15日至16日，区委网信办联合新浪集团开展“发现美好海淀”主题系列活动之海淀科技大V行活动。此次活动是在“70年海淀之路”大主题下，邀请新浪网、新浪地方站、微博等平台发布，邀约“@奥卡姆剃刀”等9名全国科技领域知名微博大V，以线下探讨东升科技园、中关村创业大街、中关村展示中心、中关村软件园、联想集团、新浪总部等海淀标志性科技地标和线上话题互动方式，零距离接触世界前沿科技，领略海淀的科技范儿，感受科技创新的奇妙与美好。在东升国际科技园，观看天玑骨科手术机器人模拟完成骨盆骨折微创的手术；在中关村创业大街，感受220米长大街如何从图书城转型成如今闻名全国的创业大街，见证创业潮涌；在中关村软件园，了解获得千万级投资的大学生创业故事。截至12月31日，“发现美好海淀”“海淀科技范儿”两个话题的阅读量达1.3亿次。

（田宬　郭君兮）

【网络安全工作会议】 9月9日，区委网信办、科信局、海淀公安分局、市国家安全局海淀分局举办海淀区网络安全工作会议。会议部署全区中华人民共和国成立70周年网络安全保障工作，强调各级各部门要守土有责、守土尽责，进一步强化政治担当，强化风险管理，在中华人民共和国成立70周年庆典活动即将到来的关键时刻，要“精精益求精、万万无一失”，坚决守住网络安全和意识形态工作的底线，坚决完成中华人民共和国成立70周年庆祝活动服务保障任务。全区120家单位网络安全和宣传工作负责人200余人参加会议。

（田宬）

【中共十九届四中全会精神互联网企业专场宣讲报告会】 12月30日，区委网信办举行学习贯彻中共十九届四中全会精神互联网企业专场宣讲报告会。区委书记于军作专题报告。市委网信办互联网企业党建办公室负责同志出席，区委常委、宣传部部长张劲林主持报告会。联想、百度、字节跳动、小米、腾讯、快手、新浪、微博、旷视科技、寒武纪等近120家互联网、人工智能、大数据、云计算等领域的高科技企业参加。落实网络安全责任制，筑牢网络安全屏障，深化网信“平安海淀”建设，完善创新驱动发展政策体系，创新中关村科学城运行体制机制，创新科技人才引进和培育机制，升级“创新雨林”生态体系，持续优化包括营商环境在内的发展环境，找准与驻区互联网企业共同发展的契合点，构建创新合伙人关系，推动海淀区域创新和跨越式高质量发展。新浪微博、旷视科技、启明星辰等互联网企业代表进行互动分享，强化政治担当和行动自觉，学习宣传贯彻全会精神，履行好互联网企业主体责任的同时，加强核心技术研发，为国家治理体系和治理能力现代化提供有力的科技支撑。

（田宬）

机构编制

【概况】 2019年，海淀区委机构编制委员会办公室（简称区委编办）共办理法人登记业务404件，其中设立登记13家，重新申领3家，变更登记201家，证书补领3家，注销12家，为172家事业单位办理证书到期换证工作。公告43家事业单位法人证书超期废止。受理44家机关、群团办理统一社会信用代码证的设立、变更及注销申请。

（饶培培）

【市场监管领域分级管理体制调整】 1月至3月，区委编办将市工商行政管理局海淀分局、区质量技术监督局、区食品药品监督管理局的职责以及区发展和改革委员会的价格监督检查职责整合，组建区市场监督管理局，作为区政府工作部门，加挂区食品药品安全委员会办公室牌子，不再保留市工商行政管理局海淀分局、区质量技术监督局、区食品药品监督管理局。4月，将市工商行政管理局海淀分局下设15个工商所、区食品药品监督管理局下设29个街镇食品药品监督管理所整合设置为区市场监管局下设的30个市场监督管理所；完成对原工商海淀分局、原区质监局、原区食药局所属事业单位转隶调整等工作。

（饶培培）

【2019版街道职责清单制定】 1月至11月，区委编办在市委编办印发的《北京市街道党工委和办事处职责清单（试行）》基础上，结合西三旗街道、四季青镇试点街镇职责清单，调整并形成《海淀区街道党工委和办事处职责清单（2019通用版）》。涉及党群工作、平安建设、城市管理、社区建设、民生保障、综合保障六大类125项职责事项。

（饶培培）

【海淀区机构改革工作完成】 3月11日，《北京市海淀区机构改革方案》获市委、市政府批准。3月19日，区委、区政府印发《北京市海淀区机构改革方案》。3月22日，区机构改革工作领导小组审议通过“三定”规定，重新制定21家区属部门“三定”规定，调整27家区属部门“三定”规定。议事协调机构由164个精简至59个，精简率达64%。机构改革后，共设置党政机构45个。其中，区委机构13个（纪检监察机关1个、工作机关12个）；区政府机构32个，均为工作部门。此次机构改革是根据《中共中央关于深化党和国家机构改革的决定》《深化党和国家机构改革方案》《关于地方机构改革有关问题的指导意见》和《北京市关于区级机构改革的总体意见》精神而进行的。

根据机构改革方案，组建区监察委员会、区委全面依法治区委员会、区委审计委员会、区委财经委员会、区委教育工作领导小组、区委城市工作委员会、区委农村工作领导小组、区委生态文明建设委员会；调整组建区委区政府推进京津冀协同发展领导小组；将区委全面深化改革领导小组、区国家安全工作领导小组、区委网络安全和信息化领导小组、区委外事工作领导小组分别改为区委全面深化改革委员会、区委国家安全委员会、区委网络安全和信息化委员会、区委外事工作委员会。加强区委职能部门的统一归口协调管理职能。将区机构编制委员会改为区委机构编制委员会，区委机构编制委员会办公室为区委机构编制委员会的办事机构，作为区委工作机关，归口区委组织部管理；区委组织部对外加挂区公务员局牌子；区委宣传部对外加挂区新闻出版局、区政府新闻办公室牌子；区委统战部对外加挂区政府侨务办公室牌子。不再设立区社会治安综合治理委员会及其办公室、区维护稳定工作领导小组及其办公室；不再设立区流动人口和出租房屋管理委员会及其办公室；将区委防范和处理邪教问题领导小组及其办公室（区政府防范和处理邪教问题办公室）职责交由区委政法委员会、市公安局海淀分局承担。调整规范设置区委保密委员会办公室（区国家保密局）、区委机要局（区密码管理局）、区委督查室。区委老干部局调整为区委工作机关，归口区委组织部管理；区精神文明建设委员会办公室调整为设在区委宣传部。组建区委军民融合发展委员会，其办公室为区委军民融合发展委员会的办事机构，作为区委工作机关；组建区科学技术和经济信息化局，中关村科技园区海淀园管理委员会与区科学技术和经济信息化局合署办公。不再保留区科学技术委员会。中关村科技园区海淀园管理委员会内设机构不再加挂区经济和信息化办公室牌子。深化区委区政府直属事业单位改革和承担行政职能的事业单位改革。将区档案局（区档案馆）的行政职能划归区委办公室，对外加挂区档案局牌子，区档案馆仍作为区委直属事业单位，归口区委办公室管理；将区农村合作经济经营管理站的行政职能划归区农业农村局，保留承担事务性工作的事业单位，归口区农业农村局管理；将区地震局的行政职能划归区应急管理局，保留承担事务性工作的事业单位，归口区应急管理局管理；将区新闻中心（区融媒体中心）的职责，以及区域公共媒体相关机构的职责整合，组建区融媒体中心，作为区政府直属事业单位，归口区委宣传部领导，不再保留区新闻中心。

（饶培培）

- 老干部局
- 巡察工作领导小组办公室
- 区直属机关工作委员会
- 推进京津冀协同发展领导小组办公室（设在区发展和改革委员会）
- 生态文明建设委员会办公室（设在区生态环境局）
- 农村工作领导小组办公室（设在农村工作委员会）
- 城市工作委员会办公室（设在区城市管理委员会）
- 教育工作领导小组办公室（设在教育工作委员会）
- 审计委员会办公室（设在区审计局）
- 军民融合发展委员会办公室
- 机构编制委员会办公室
- 外事工作委员会办公室［设在区政府办公室（区政府外事办公室）］
- 财经委员会办公室（设在区发展和改革委员会）
- 网络安全和信息化委员会办公室
- 国家安全委员会办公室（设在政法委员会）
- 全面依法治区委员会办公室（设在区司法局）
- 全面深化改革委员会办公室（设在区委区政府研究室）
- 区委区政府研究室
- 政法委员会
- 统一战线工作部
- 宣传部
- 组织部
- 办公室
- 纪律检查委员会监察委员会机关

中共北京市海淀区委机构设置示意图

说明：中共北京市海淀区委设置纪检监察机关 1 个，计入机构限额的工作机关 12 个（设在相关部门的区委议事协调机构的办事机构不计入机构限额）。其中，纪律检查委员会与监察委员会合署办公，实行一套工作机构、两个机关名称；办公室挂区档案局、机要局（区密码管理局）牌子；组织部挂区公务员局牌子；宣传部挂区新闻出版局、区政府新闻办公室牌子；统一战线工作部挂区政府侨务办公室牌子；网络安全和信息化委员会办公室挂区互联网信息办公室牌子。保密委员会办公室（区国家保密局）设在办公室；区精神文明建设委员会办公室设在宣传部。台湾工作办公室（区政府台湾事务办公室）与统一战线工作部合署办公、教育工作委员会与区教育委员会合署办公、农村工作委员会与区农业农村局合署办公、社会工作委员会与区民政局合署办公、卫生健康工作委员会与区卫生健康委员会合署办公，不计入机构限额

- 房屋管理局
- 医疗保障局
- 信访办公室
- 人民防空办公室
- 政务服务管理局
- 金融服务办公室
- 园林绿化局
- 统计局
- 体育局
- 国有资产监督管理委员会
- 审计局
- 市场监督管理局
- 应急管理局
- 退役军人事务局
- 卫生健康委员会
- 文化和旅游局
- 商务局
- 农业农村局
- 水务局
- 城市管理委员会
- 住房和城乡建设委员会
- 生态环境局
- 市规划和自然资源委员会海淀分局
- 人力资源和社会保障局
- 财政局
- 司法局
- 民政局
- 民族宗教事务办公室
- 科学技术和经济信息化局
- 教育委员会
- 发展和改革委员会
- 办公室

北京市海淀区人民政府机构设置示意图

说明：海淀区人民政府设置工作部门 32 个。其中，区政府办公室挂区政府外事办公室牌子；教育委员会挂区政府教育督导室牌子；住房和城乡建设委员会挂区政府房屋征收办公室牌子；城市管理委员会挂城乡环境建设管理委员会办公室、交通委员会牌子；市场监督管理局挂食品药品安全委员会办公室牌子；园林绿化局挂绿化委员会办公室牌子；房屋管理局挂住房保障办公室牌子。突发事件应急委员会办公室设在应急管理局。中关村科技园区海淀园管理委员会与科学技术和经济信息化局合署办公

【街道“大部门制”改革完成】 3月，区委编办根据市委、市政府《关于加强新时代街道工作的意见》、党建引领“街乡吹哨、部门报到”的改革精神，完成街道“大部门制”改革，将街道各类党政机构综合设置为“六室一队三中心”[①]，重新制定印发区属 19 个街道党政机构“三定”规定。

（饶培培）

【综合行政执法体制改革】 街道层面，3月，区委编办在街道“大部门制”改革期间，同步完成区属各街道综合行政执法队调整组建工作；7月，区委编办在四季青镇试点机构改革期间，同步完成四季青镇综合行政执法队调整组建工作。区级层面，5月，区委编办根据市委、市政府深化综合行政执法改革的要求，完成区级市场监管、生态环境保护、文化市场、农业农村等综合行政执法机构整合组建工作，规范城管执法机构和

① “六室一队三中心”：“六室”即综合办公室、党群工作办公室、平安建设办公室、城市管理办公室、社区建设办公室、民生保障办公室；“一队”即综合行政执法队；“三中心”即便民服务中心（退役军人服务站）、市民活动中心（党群活动中心）、市民诉求处置中心（综治中心）。

卫生健康执法机构单位名称。

（饶培培）

【区级部门下放职权】 4月至12月，区委编办研究制定《海淀区关于落实赋予街道相关职权要求的实施意见（试行）》，推动区级职能部门重点向街道下放“六权”①，在全市范围内率先完成赋予街道相关职权的改革。

（饶培培）

【永定路街道办事处设立】 6月18日，经报请市委编委批准同意，海淀区根据2018年年底市民政局备案同意的《北京市海淀区人民政府关于部分街道行政区划调整的报告》，设立中国共产党北京市海淀区委员会永定路街道工作委员会，为区委派出机关；设立北京市海淀区人民政府永定路街道办事处，为区政府派出机关，与永定路街道党工委合署办公。调整后，海淀区属街道由19个增至20个。

（饶培培）

【区政府部门权力清单编制】 6月至7月，按照市级部署要求，区委编办组织完成区政府部门权力清单编制工作。7月26日，以区委编办名义印发《关于公布〈海淀区政府部门权力清单（2019版）〉的通知》，进一步规范行政权力运行，接受社会监督。涉及行政许可、行政确认、行政检查、行政征收、行政奖励、行政给付、行政强制、行政裁决、其他9个类别共1168项职权事项。

（饶培培）

【四季青镇管理体制改革】 6月至7月，区委编办启动并完成以四季青镇为试点的镇机构改革工作，将四季青镇（四季青地区办事处）各类党政机构综合设置为“八室一队五中心”②。

（饶培培）

【中关村科学城党工委、中关村科学城管委会组建】 8月6日，根据市委编委《关于设立中关村科学城管理机构有关问题的通知》文件精神，组建中共北京市委中关村科学城工作委员会（简称中关村科学城党工委）、中关村科学城管理委员会（简称中关村科学城管委会），为市委、市政府派出机构，由海淀区代管，对外保留中关村科技园区海淀园管理委员会牌子。海淀区科学技术和经济信息化局与中关村科技园区海淀园管理委员会合署办公，同时加挂海淀区知识产权局牌子。不再保留中共北京市海淀区委海淀园工作委员会、中关村科技园区海淀园管理委员会（中关村国家自主创新示范区核心区管理委员会）。

（饶培培）

【北京市海淀区中关村大街建设办公室牌子撤销】 8月23日，区委编办根据市委编办《关于撤销北京市海淀区中关村大街建设办公室牌子的通知》文件精神，海淀区北部地区开发建设委员会办公室不再加挂北京市海淀区中关村大街建设办公室牌子，有关职责及12名行政编制划入中关村科学城管委会（中关村科技园区海淀园管委会），3名行政编制划入北部地区开发办。

（饶培培）

【增加街道层面专项行政编制】 8月，经区委编委会审议同意，为街镇层面增加2名专项行政编制，专门用于招录优秀社区党组织书记，该专项行政编制由区级统筹使用、实行动态管理。

（饶培培）

【5家经费自理事业单位撤销】 9月至10月，为落实中央、北京市关于分类推进事业单位改革精神，撤销四季青镇、上庄镇、西北旺镇所属的5家经费自理事业单位——北京市海淀区四季青镇成人中等专业学校、北京市海淀区翠湖幼儿园、北京市海淀区上庄镇敬老院、北京市海淀区西北旺镇敬老院、北京市海淀区小星星双语艺术幼儿园。

（饶培培）

【经营类事业单位改革】 11月27日，按照事企分离的原则，区委编办将区城管委所属的海淀区养路队、区园林绿化局所属海淀区绿化队、海淀区绿化二队、海淀区绿化三队（玲珑公园管理处）以及区环卫中心机关和所属13家财政补助事业单位承担的经营性职能剥离，明确上述事业单位为公益一类事业单位，不再承担经营性职能。

（饶培培）

巡察工作

【概况】 2019年，区委巡察工作领导小组办公室（简称区委巡察办）按照“发现问题、形成震慑，推动改革、促进发展”的工作方针，紧扣“两个维护、六个围绕、一个加强”的监督重点，坚持政治巡察，以问题为导向，为全区中心工作服务，以落实北京城市总体规划对海淀区的功能定位为抓手，开展巡察工作。

（郝亚茹）

【巡察工作专项检查】 4月至6月，市委巡视办联合市委第三巡视组对海淀区委巡察工作进行专项检查，听取工作汇报。市委巡视办和市委第三巡视组组成2个上下联动工作组，通过问卷测评、个别谈话、查阅资料、实地查看等方式，对区属13个已巡察处级单位整改情况进行监督检查。8月，市委巡视办向区委巡察工作领导小组反馈专项检查意见，区委巡察办负责相关整改工作。

（郝亚茹）

---

① “六权”：辖区设施规划编制、建设和验收参与权，全区性涉及本街道辖区范围内重大事项和重大决策的建议权，职能部门综合执法指挥调度权，职能部门派出机构工作情况考核评价和人事任免建议权，多部门协同解决的综合性事项统筹协调和考核督办权，下沉资金、人员的统筹管理和自主支配权。

② “八室一队五中心”：“八室”即综合办公室、党群工作办公室、平安建设办公室、城乡建设办公室、社区建设办公室、民生保障办公室、经济发展办公室、农业农村办公室；“一队”即综合行政执法队；“五中心”即便民服务中心（退役军人服务站）、市民活动中心（党群活动中心）、农村合作经济经营管理站（农业综合服务中心、农村统计信息中心）、林业管理服务中心、水务管理服务中心。

【第七轮规划自然资源领域专项交叉巡察工作】 8月至9月底，按照市委对规划自然资源领域开展专项巡视、各区同步开展专项交叉巡察的要求，海淀区委两个巡察组聚焦规划自然资源领域中的突出问题，对石景山区发改委、规自委、八宝山街道、古城街道4家单位开展专项巡察，查找政治问题、责任问题、腐败问题。朝阳区两个巡察组对海淀区规自委、住建委、温泉镇、学院路街道4家单位开展专项巡察。

（郝亚茹）

【常规巡察工作】 年内，区委巡察机构采用“一对一”“一托二”的方式，对区属20个处级单位党组织、257个社区党组织开展常规巡察，对1个处级单位党组织开展巡察工作“回头看”，完成区委第六轮、第七轮巡察，开展区委第八轮巡察。同时，按照市委巡视工作领导小组《关于推进实施村（居）巡察全覆盖的意见》的文件精神，确定政治建设、经费使用等12条专项巡察内容，开展村（居）巡察。区委全年召开5次常委会、2次书记专题会、2次巡察工作领导小组会，专题研究巡察工作。巡察中共接待群众来信来电来访164人次，巡察组个别谈话1749人次，发现各类问题3463个，提出整改意见706条，向区纪委区监委移送问题线索30件。

（郝亚茹 郭小卿）

【巡察整改】 年内，区委巡察工作把推动解决问题作为巡察工作的落脚点，强化被巡察单位的整改主体责任，要求被巡察单位建立问题台账和责任清单，开好整改情况党组织专题会议和整改情况专题民主生活会，充分发挥巡察整改专题民主生活会作用。落实整改监督责任，推动巡察监督与其他监督的有效贯通融合，区纪委区监委、区委组织部和区有关职能部门围绕整改清单，把巡察整改监督纳入日常监督工作范围，将巡察整改情况纳入全面从严治党考核内容，对整改不力、虚假整改的坚决用好问责武器，压实责任，确保件件有着落、事事有回音。加强现场监督，由区委巡察办牵头，联合区纪委区监委、区委组织部、区委宣传部组成巡察整改督查组，通过现场访谈和查阅资料等形式，对被巡察单位整改情况进行现场督查。发挥干部群众监督作用，建立整改情况公开制度，在本单位内部进行党内公开，在《海淀报》和区纪委网站向社会公开，加强社会监督。落实巡察整改情况“测评”机制，组织被巡察单位党员干部对单位的整改情况进行测评，让身边人说身边事，让群众评判整改的实效。

（郝亚茹）

【巡察队伍建设】 年内，区委巡察机构加强巡察队伍建设，提升工作规范化水平。开展巡察工作业务培训，认真学习习近平总书记关于巡视巡察工作的重要论述，贯彻落实中央、市委关于巡察工作的要求，落实区委的工作安排；组织业务学习和新老巡察干部座谈会，牢固树立发现问题是巡察工作的“生命线”、解决问题是巡察工作的“落脚点”的工作理念，提高思想认识，做好传帮带。严肃巡察纪律，严格遵守“两不规定”和《中共北京市海淀区委巡察机构人才十不准》。制定完善《关于规范巡察准备工作的规定》《关于规范相关单位向区委巡察组通报情况工作的规定》等12项制度，构建巡察制度体系。

（郝亚茹）

党史研究

【概况】 2019年，海淀区党史地方志办公室（简称区史志办）继续开展史料征集工作，加强党史研究。以讲授专题党课、推送微信公众号文章、自创舞台节目、举办党史区情知识竞赛等形式宣传党史。推出“中共中央在香山”主题展。编印发行《海淀史志》期刊5期，约30万字；发行《中共中央在香山座谈会》专刊900本。“海淀党史文化”微信公众号发布内容50余条，浏览量7000余次，其中《毛泽东在香山》等7篇文章被区委组织部“红色海淀”微信公众号转载。

开展“不忘初心、牢记使命”革命遗址遗迹考察活动7次，考察18处革命遗址、遗迹。组织全体党员干部到华博创科房山爱心培训基地开展“不忘初心、托起梦想”主题党日活动。到丰台区参观长辛店二七纪念馆，学习中国共产党领导工人运动的最初经验，追寻进步知识分子开展工人运动的红色初心，铭记工人革命光辉历程。结合在职党员“双报到”，到青龙桥街道开展海淀党史区情知识竞赛活动。

（徐支燕 马坤）

【“中共中央在香山”主题展】 3月25日至4月12日，为纪念中共中央进驻香山70周年，由区委宣传部指导，区史志办主办的“中共中央在香山”主题展在区政府第一办公区举办。展览展陈面积300余平方米，分为进京赶考、香山擘画、开国大典三部分，以图片、文字、视频、音频等元素展现中共中央进驻香山的背景、中共中央在香山的历史功绩、中国人民政治协商会议第一届全体会议与1949年10月1日开国大典等历史盛况。展览累计接待区四套班子领导、机关、团体、企事业单位1000余人次参观。

（马坤 徐支燕）

【“不忘初心、牢记使命——纪念中共中央进驻香山70周年”系列微宣讲】 6月至9月，区史志办推出“不忘初心、牢记使命——纪念中共中央进驻香山70周年”系列微宣讲，由党史研究室徐佳伟担任主讲人，为区档案馆、区政协、区图书馆、区委党校、区委办、区金融办等单位讲授专题党课。微宣讲共计6场，听众150余人。

（马坤）

【党史宣传进社区】 8月29日，区史志办到曙光街道远大园社区开展“礼赞新北京 奋进新时代”海淀区史志宣传月活动，推出“党史故事小讲堂”，为社区青少年讲述海淀红色故事。

（马坤 徐支燕）

【《中共中央在香山》座谈会】 9月26日，区史志办召开《中共中央在香山》座谈会，区委常委、区委办主任高念东，中共北京市委党史研究室、北京市地方志编纂委员会办公室副主任张恒彬，中央档案馆原副馆长、《中共中央在香山》顾问沈正乐等共40余人与会。座谈会学习贯彻习近平总书记视察中共中央北京香山革命纪念地重要讲话精神，缅怀中共中央在香山的历史功绩，继承和发扬革命精神和优良作风。全体人员观看区史志办制作的《香山·印迹》短片。《中共中央在香山》由中共北京市海淀区委党史研究室编撰，1993年由中共党史出版社出版，1994年获北京市第三届哲学社会科学优秀成果二等奖。2003年增订再版，由中央文献出版社出版。

（徐支燕　马坤）

【红色西山历史文化研讨会】 12月13日，区史志办联合北京永定河文化研究会、北京史地民俗学会举办“凝聚史志研究合力 挖掘红色西山资源”——红色西山历史文化研讨会。北京永定河文化研究会、北京史地民俗学会会长张广林，中国人民大学新闻学院教授殷强，贝家花园管理处主任张晓辉，北京史地民俗学会副会长常华，西山大觉寺管理处研究员张蕴芬等专家学者，区史志办主任李强及全办人员共40余人参会。与会人员围绕系统发掘和整理红色西山的政治价值、历史文化价值等方面进行研讨。

（马坤　徐支燕）

【《中国共产党北京市海淀区历史》初稿修改】 年内，区史志办继续修改、完善《中国共产党北京市海淀区历史》初稿。经资料搜集、整理，完成30余万字，搜集图片1000余张。并进行文字修改、史实考证等工作。

（徐支燕）

海淀区人民代表大会

1月8日，区人大十六届五次会议问询会（谢雯 摄）

1月11日，区人大十六届五次会议举行选举（张洪军 摄）

9月19日，区人大常委会领导到北京北斗星通导航技术股份有限公司开展“不忘初心、牢记使命”主题教育调研（区人大 供图）

综 述

【概况】2019年，海淀区人大常委会按照新时代人大工作新要求，坚持党的领导、人民当家做主、依法治国有机统一，落实区委“两新两高”战略，聚焦人民群众重大关切，全面推进依法治区。区人大常委会召开人民代表大会会议1次、常委会会议7次、主任会议12次，听取和审议区“一府两院”专项工作报告29项，督办议案1项，跟踪督办议案2项，作出决议、决定36项，形成审议意见书12份。截至年底，有区人大代表439名，市人大代表94名。

（吴向荣）

【“四长会”】2月22日，区人大常委会召开“四长会”。会议就2019年区人大常委会工作要点中涉及“一府两院”相关工作以及区人大常委会会议、主任会议听取审议的有关议题进行沟通研究。区委书记于军，区长戴彬彬，区人大常委会主任刘长利，副主任臧桂武、刘佩金，区法院、区检察院相关负责人参加会议。

（吴向荣）

【议案建议交办会】3月13日，区人大常委会召开2019年人大议案、代表建议交办会。区长戴彬彬，区人大常委会主任刘长利，常务副主任王鲁豫，副主任臧桂武、杨莉、刘佩金，议案领衔代表以及承办议案、建议相关部门主要负责人出席会议。区人大常委会向区“一府两院”转交人大议案、代表建议，并对议案、建议办理工作作出部署。区人大常委会农村办公室主任赵德法部署人大议案督办工作，代表联络室主任孙大钧部署代表建议办理工作。区发改委、区农委、区交通支队、区政府办负责人就办理人大议案、代表建议发言。刘长利就做好2019年的议案和建议办理工作提出要求。

（吴向荣）

【常委会组成人员（扩大）读书班】8月19日至23日，区人大常委会举办常委会组成人员（扩大）读书班。读书班以“不忘初心，牢记使命，以首善标准做好新时代海淀人大工作”为主题，包括专家讲座、参观考察、交流研讨等多种形式。区人大常委会主任刘长利，常务副主任王鲁豫，副主任臧桂武、杨莉、刘佩金，区人大常委会组成人员、各街道人大工委主任，镇党委书记、人大主席参加开班式，邀请市人大常委会研究室副主任田洪俊作关于“习近平总书记关于坚持和完善人民代表大会制度的重要思想”的专题讲座。8月20日，区委书记于军与区人大常委会组成人员面对面交流，听取常委会组成人员对海淀区域发展、政府工作推动的意见建议，共同商讨如何更好地做好新时代人大及全区各项工作。区委副书记、代区长曾劲出席会议，区委常委、区委办主任高念东，区人大常委会常务副主任王鲁豫，副主任臧桂武、杨莉、刘佩金及其他区人大常委会组成人员参加会议。8月20日至23日，读书班学员到河北省张家口市赤城县考察调研。

（吴向荣）

【“不忘初心、牢记使命”主题教育集体学习】9月18日，区人大常委会举行“不忘初心、牢记使命”主题教育集体学习。邀请首都师范大学马克思主义学院原院长李松林作专题讲座。区人大常委会主任刘长利，常务副主任王鲁豫，副主任臧桂武、杨莉、刘佩金参加学习。李松林以《不忘初心、牢记使命——中国共产党的逐梦之路与经验启示》为主题，从开展“不忘初心、牢记使命”的目的与要求、中国共产党为践行“不忘初心、牢记使命”所进行的斗争、中国共产党“不忘初心、牢记使命”的基本经验3个方面系统阐述开展主题教育的重要意义，回顾几代共产党人的逐梦诉求，进一步明确不忘初心、牢记使命的基本路径。

（吴向荣）

【区领导与部分市区人大代表座谈】12月23日，区领导与部分市、区人大代表座谈。区委书记于军，区委副书记、代区长曾劲，区人大常委会主任刘长利，常务副主任王鲁豫，副主任臧桂武、杨莉、刘佩金出席会议。区领导同参会代表围绕中关村科学城和全国科技创新中心核心区建设、推动企业发展与优化营商环境、保障改善民生等方面工作进行座谈交流。

（吴向荣）

重要会议与决议、决定

【十六届人大五次会议】1月8日至11日召开。会议听取并审议《海淀区人民政府工作报告》《海淀区2018年预算执行情况和2019年预算（草案）的报告》《海淀区人大常委会工作报告》《海淀区人民法院工作报告》《海淀区人民检察院工作报告》，审议《海淀区2018年国民经济和社会发展计划执行情况与2019年国民经济和社会发展计划（草案）的报告》，表决通过关于各项报告的决议。补选刘惠为海淀区人民检察院检察长，并报北京市人民检察院检察长提请北京市人民代表大会常务委员会批准。会议期间，组织代表询问活动，区人大常委会、区政府领导，及区政府各委办局、区法院、区检察院共49家单位约150人参加询问活动。参加询问活动的区人大代表200余人，提出问题和意见336件。召开“推动高质量发展与中关村科学城建设”和“构建新型城市形态，建设美丽海淀”的专题座谈会，区委、区政府有关领导出席座谈会并听取代表的意见建议。各代表团组织召开市、区代表座谈会，共有40位市人大代表到会与区人大代表座谈交流，听取意见建议。经大会主席团批准，将吴双等186位（人次）代表提出的“关于推动美丽乡村建设融入中关村科学城发展”等10件议案予以立案，交区政府并案办理，未立案的15件议案，转为“建议、批评和意见”处理。会议期间共收到代表提出的建议 261 件，两项共计 276 件。会后，区人大常委会将议案和“建议”转交区“一府两院”办理。

（吴向荣）

【区人大常委会第二十次会议】 3月12日召开。会议审议通过《海淀区人大常委会 2019 年工作要点》，决定印发全体代表监督执行。会议听取区政府办所作的《海淀区政府关于 2019 年重要民生实事项目的情况报告》，经过审议，表决通过《海淀区第十六届人民代表大会常务委员会关于海淀区 2019 年重要民生实事项目的决议（表决稿）》。会议听取和审议区人大常委会代表联络室所作的《海淀区人大常委会关于 2019 年代表建议、批评和意见办理工作的意见》。会议决定相关人事任免事项。

（吴向荣）

【区人大常委会第二十一次会议】 4月16日召开。会议听取和审议区财政局所作的《关于海淀区 2019 年新增地方政府债务及本级预算调整（草案）的报告》，表决通过《关于批准海淀区 2019 年地方政府债务限额及本级预算调整（草案）的决议》（草案）。会议听取区政府所作的《海淀区政府关于 2018 年度环境状况和环境保护目标完成情况的报告》。会议听取区文化和旅游局所作的《海淀区政府关于全区文物资源资产管理情况的报告》。会议决定相关人事任免事项。

（吴向荣）

【区人大常委会第二十二次会议】 6月18日召开。会议听取和审议区政府所作的《海淀区政府关于“大力推进非首都功能疏解，加快建设和谐宜居海淀”议案跟踪落实情况的报告》。会议听取和审议区政府所作的《海淀区完善和推进人民调解工作情况的报告》，区法院所作的《区法院“多元调解 + 速裁”工作情况的报告》，区检察院所作的《区检察院关于公益诉讼工作情况的报告》。会议决定相关人事任免事项。

（吴向荣）

【区人大常委会第二十三次会议】 7月23日召开。会议听取区政府关于全区信息化建设情况的报告并开展专题询问。会议听取和审议区财政局所作的《关于海淀区 2018 年决算（草案）的报告》《关于海淀区 2019 年上半年财政预算执行情况的报告》，区审计局所作的《关于海淀区 2018 年度区级预算执行和其他财政收支情况的审计工作报告》及区发改委所作的《关于海淀区 2019 年国民经济和社会发展计划上半年执行情况的报告》，表决通过《海淀区第十六届人民代表大会常务委员会关于批准海淀区 2018 年区级决算的决议》。会议听取区人大常委会代表资格审查委员会所作的关于个别代表的代表资格的审查报告，表决通过《海淀区第十六届人民代表大会常务委员会关于接受张泽根等五位代表辞去海淀区第十六届人民代表大会代表职务的决定》。会议决定相关人事任免事项。

（吴向荣）

【区人大常委会第二十四次会议】 9月17日召开。会议听取和审议区国资委所作的《关于海淀区 2018 年度企业国有资产的专项报告》，书面审议《区政府关于海淀区 2018 年度国有资产管理情况的综合报告》。会议听取区人大常委会代表资格审查委员会所作的关于个别代表的代表资格的审查报告，表决通过《海淀区第十六届人民代表大会常务委员会关于接受杨海芳代表辞去海淀区第十六届人民代表大会代表职务的决定》。会议听取区人大常委会代表联络室所作的《关于在部分选区补选区、镇人大代表的情况说明》，表决通过《海淀区第十六届人民代表大会常务委员会关于补选区、镇人大代表的决定》。会议决定相关人事任免事项。

（吴向荣）

【区人大常委会第二十五次会议】 11月26日召开。会议听取和审议区政府所作的《区政府关于“推动美丽乡村建设融入中关村科学城发展”议案办理报告》并表决通过。会议听取和审议区政府所作的《区政府关于“以改革创新为动力，积极创建国家卫生区，加快推进健康海淀建设”等 8 件议案跟踪落实情况的报告》。会议听取和审议区公安分局所作的《关于扫黑除恶工作情况的报告》。会议听取和审议区财政局所作的《关于海淀区 2019 年本级预算调整（草案）的报告》，区人大常委会财政经济委员会宣读《海淀区人民代表大会财政经济委员会关于海淀区 2019 年本级预算调整（草案）的审查结果报告》，经过审议，会议表决通过《海淀区第十六届人民代表大会常务委员会关于批准海淀区 2019 年本级预算调整草案的决议》。会议听取和审议区政府所作的《海淀区人民政府关于十六届人大五次会议代表建议、批评和意见办理情况的报告》及区人大常委会代表联络室所作的《海淀区人大常委会关于十六届人大五次会议代表“建议、批评和意见”办理及检查情况的报告》，书面审议区法院、区检察院关于十六届人大五次会议代表建议、批评和意见办理情况的报告。会议表决通过《海淀区第十六届人民代表大会常务委员会关于召开海淀区第十六届人民代表大会第六次会议的决定》。会议听取区人大常委会代表联络室所作的《关于个别代表的代表资格以及补选区第十六届人民代表大会代表的代表资格的审查报告》。会议决定相关人事任免事项。

（吴向荣）

【区人大常委会第二十六次会议】 12月17日召开。会议听取区政府所作的《区政府关于 2019 年重要民生实事项目完成情况的报告》。会议听取和审议区审计局所作的《海淀区 2018 年度预算执行和其他财政收支审计查出问题整改情况的报告》。会议听取区人大常委会所作的《关于区十六届人大六次会议筹备工作情况的报告》和《关于海淀区人大常委会工作报告起草情况的说明》。经过审议，会议通过《海淀区人民代表大会常务委员会工作报告（审议稿）》，决定根据会议意见修改完善后，提请区十六届人大六次会议审议。会议听取区人大常委会代表资格审查委员会所作的关于个别代表的代表资格的审查报告，表决通过《海淀区第十六届人民代表大会常务委员会关于接受张启兵代表辞去海淀区第十六届人民代表大会代表职务的决定》。根据《海淀区人大常委会对政府工作部门开展工作评议的实施方案》要求，会议分别听取区发改委、文旅局、园林绿化局、司法局、水务局负责人所作的各部门关于接受区人大常委会评议工作的自查报告，并开展工作评议。会议决定相关人事任免事项。

（吴向荣）

监督工作

【全区重点工作监督】 年内，区人大常委会围绕推动“两新两高”战略、大力发展数字经济、建设智慧海淀，对海淀区信息化建设情况开展专题询问；围绕顶层设计、项目政策落实、工作流程、资金使用管理与绩效等方面开展系统询问，并提出专题询问工作意见交区政府研究办理。重点督办“推动美丽乡村建设融入中关村科学城发展”议案，围绕产业发展、基础设施建设、人居环境整治、公共服务配套情况等组织专题调研4次，实地视察百旺农业种植园、北京协同创新园等多个代表性点位，共有代表240余人次参加议案办理活动，围绕顶层设计、产业融合发展等提出意见建议100余条。议案办理在整建制农转非、规划编制、集体产业、公共基础设施服务、农业发展、乡村治理六大重点领域取得实质性进展。继续跟踪督办“大力推进非首都功能疏解，加快建设和谐宜居海淀”议案，经过“一年办理，两年跟踪”，有效监督和支持区政府完成市、区两级“疏整促”任务指标。

（吴向荣）

【财经工作监督】 年内，区人大常委会首次对区政府财政预算的两次调整进行审查和批准，首次实现部门预算审查全覆盖。5个专门委员会对区政府30个部门的2020年预算共计提出意见建议187条，区政府采纳并调整预算项目256项，调减预算7.68亿元，调增预算3.12亿元。首次在部门预算审查中聘任预算监督顾问，进一步提高部门预算审查的专业性。围绕区委、区政府重点工作监督预算执行情况，首次组织代表视察老旧小区综合改造、学前教育两个重点项目的进展情况，加强对重点项目和重大投资项目执行情况的监督。首次跟踪调研区园林绿化局、田村路街道，要求部分单位领导列席区人大常委会会议，进一步增强政府部门预算主体责任。区人大常委会会议首次听取和审议海淀区2018年度区属企业国有资产的专项报告、专项审计报告及海淀区国有资产管理情况的综合报告，加大国有资产监督力度。

（吴向荣）

【民生事项监督】 年内，区人大常委会会议听取和审议区政府关于2019年重要民生实事项目的情况报告并作出相关决议，督促区政府加强普惠性、基础性、兜底性民生建设。跟踪督办“关于以改革创新为动力，积极创建国家卫生区，加快推进健康海淀建设议案”，督促区政府加强公共卫生服务、提升社区卫生服务能力。主任会议听取区政府关于第三期学前教育三年行动计划实施进展情况的报告，督促区政府进一步加大实施力度，促进学前教育优质普惠发展。继续监督公共文化服务体系示范区建设，听取区政府关于全区文物资源资产管理情况的报告，督促区政府积极开创文物保护利用新局面，形成海淀发展新动力。推动静态交通管理，通过主任会议听取相关工作报告、组织专题视察、座谈等方式，督促区政府下大力气缓解停车难问题。常委会会议听取区政府关于2018年环境状况和环境保护目标完成情况的报告，主任会议听取区政府关于“十三五”时期水清岸绿行动计划实施情况的报告，助推美丽海淀建设继续开展届内专项工作监督，对保障性住房建设分配与管理情况、社区卫生工作情况、区属国企所属社区配套用房腾退使用情况、农村集体经营性建设用地情况和区法院执行机制综合改革推进情况开展专项跟踪监督。

（吴向荣）

【法治建设监督】 年内，区人大常委会加强备案审查制度，对区政府报送的9件规范性文件进行备案审查。常委会会议听取和审议区政府关于大力推进和完善人民调解工作情况的报告、区法院关于诉前调解工作情况的报告、区检察院关于检察公益诉讼工作情况的报告，听取区公安分局扫黑除恶专项工作报告。主任会议专题听取村、社区“两委”换届选举工作报告，推进基层社会治理体系和治理能力现代化建设。对区发改委、区文旅局、区司法局、区园林绿化局、区水务局开展工作评议。

（吴向荣）

人事任免

【概况】 2019年，区人大常委会召开人事工作委员会会议8次，对区“一府一委两院”（政府、监察委员会、法院、检察院）人员任命62人次，免职70人次，接受辞职9人次，任命人民陪审员223人次。

（吴向荣）

【任免事项】 3月12日，区十六届人大常委会第二十次会议，根据区人民政府区长戴彬彬的提请，决定：免去林剑华北京市海淀区科学技术委员会主任职务，免去田桂茹北京市海淀区民族宗教侨务办公室主任职务，免去李大成北京市海淀区民政局局长职务，免去周玉鑫北京市海淀区司法局局长职务，免去王桐慧北京市海淀区农村工作委员会主任职务，免去王澎北京市海淀区商务委员会主任职务，免去陈静北京市海淀区文化委员会主任职务，免去李劲涛北京市海淀区卫生和计划生育委员会主任职务，免去刘磊刚北京市海淀区安全生产监督管理局局长职务，免去王京立北京市海淀区民防局局长职务，免去赵立华中共北京市海淀区委海淀区人民政府信访办公室主任职务，免去甄蕾北京市海淀区政府公共服务委员会主任职务，免去王玉方北京市海淀区社会建设工作办公室主任职务，免去曹宇明北京市海淀区旅游发展委员会主任职务，免去王勇禄北京市海淀区人民政府法制办公室主任职务，免去仲良喜北京市海淀区环境保护局局长职务。任命林剑华为北京市海淀区科学技术和经济信息化局局长，任命田桂茹为北京市海淀区民族宗教事务办公室主任，任命李大成为北京市海淀区民政局局长，任命周玉鑫为北京市海淀区司法局局长，任命张洪雨为北京市海淀区生态环境局局长，任命王桐慧为北京市海淀区农业农村局局长，任命王澎为北京市海淀区商务局局长，任命陈静为北京市海淀区文化和旅游局局长，任命李劲涛为北京市海淀区卫生健康委员会主任，任命石立峰为北京市海淀区退役军人事务局局长，任命刘磊刚为北京市海淀区应急管理局局长，任命刘春梅为北京市海淀区市场监督管理局局长，任命马学印为北京市海淀区政务服务管理局局长，任命王京立为北京市海淀区人民防空办公室主任，任命赵立华为北京市海淀区信访办公室主任，任命黄春明为北京市海淀区医疗保障局局长。

4月16日，区十六届人大常委会第二十一次会议，根据区人民政府区长戴彬彬的提请，决定：任命崔坤军为海淀区人民政府副区长（挂职至2020年3月）；任命陈朝晖为北京市规划和自然资源委员会海淀分局局长。

根据区人民法院院长提请，决定：免去曹伟海淀区人民法院审判员职务。

根据区人民检察院检察长刘惠的提请，决定：任命刘莎、穆麟为海淀区人民检察院检察员；免去王长林海淀区人民检察院副检察长、检察委员会委员、检察员职务；免去刘松、周治成、刘金城、宋余金、李建军、黄建国、杨钢、赵国强、闫莉海淀区人民检察院检察员职务。

6月18日，区十六届人大常委会第二十二次会议，根据区人民政府区长戴彬彬的提请，决定：任命曾劲为海淀区人民政府副区长。

根据区人民法院院长提请，决定：任命邵明艳为海淀区人民法院副院长、审判委员会委员、审判员。

根据区人民检察院检察长刘惠的提请，决定：任命夏鹏、胡志强、付强为海淀区人民检察院检察委员会委员。

会议决定，接受戴彬彬辞去海淀区人民政府区长职务的请求，并报海淀区人民代表大会备案。

会议决定，接受焦慧强辞去海淀区人民法院院长、审判委员会委员、审判员职务的请求，并报海淀区人民代表大会备案。

根据区人大常委会主任会议提请，决定：由曾劲代理海淀区人民政府区长职务；由邵明艳代理海淀区人民法院院长职务。

7月23日，区十六届人大常委会第二十三次会议，根据区人民政府代理区长曾劲的提请，决定：任命张春明为海淀区农业农村局局长。免去王桐慧海淀区农业农村局局长职务。

根据区人民法院代理院长邵明艳的提请，决定：任命于敏等223人为海淀区人民法院人民陪审员。

9月17日，区十六届人大常委会第二十四次会议，会议决定，接受肖韵竹辞去海淀区监察委员会主任职务的请求，并报海淀区人民代表大会备案。

根据区人大常委会主任会议的提请，决定：任命鲍雷为海淀区监察委员会副主任。

根据区人民法院代理院长邵明艳的提请，决定：免去王小云海淀区人民法院上地人民法庭副庭长、审判员职务；免去张杨、楼燕海淀区人民法院审判员职务。

根据区人民检察院检察长刘惠的提请，决定：免去张磊海淀区人民检察院检察委员会委员、检察员职务；免去刘英、汪蕾、王燕、陶振海、王得欣、王建松、李春林、马凌云、花蕊、王波峰、姚光银、张小兵、门达谦、钟鸣、于建智、布彬、郝长胜、李志平、陈学智、邱刚、刘景升、曹芳、谢志远、陈诏、刘康、戴净冰、吉小平、齐春贵海淀区人民检察院检察员职务。

根据区人大常委会主任会议提请，决定：由鲍雷代理海淀区监察委员会主任职务。

11月26日，区十六届人大常委会第二十五次会议，根据区人大常委会主任会议的提请，决定：任命谭连兴为海淀区第十六届人民代表大会法制委员会委员；任命杜宇为海淀区第十六届人大常委会永定路街道工作委员会主任，任命李红杰为海淀区第十六届人大常委会北下关街道工作委员会主任，任命高毅为海淀区第十六届人大常委会花园路街道工作委员会主任，任命毕淑琴为海淀区第十六届人大常委会上地街道工作委员会主任，任命张之放为海淀区第十六届人大常委会田村路街道工作委员会主任，任命钟福林为海淀区第十六届人大常委会香山街道工作委员会主任，任命冀国瑞为海淀区第十六届人大常委会曙光街道工作委员会主任，任命杨学祥为海淀区第十六届人大常委会燕园街道工作委员会副主任。免去李啸龙海淀区第十六届人大常委会永定路街道工作委员会主任职务，免去张泽根海淀区第十六届人大常委会北下关街道工作委员会主任职务，免去陈熙海淀区第十六届人大常委会香山街道工作委员会副主任职务，免去严敏杰海淀区第十六届人大常委会燕园街道工作委员会副主任职务。

根据区人民法院代理院长邵明艳的提请，决定：任命王运涛、戴国、马民鹏、周红、李梅、杨靖、徐进等7人为海淀区人民法院审判委员会委员；任命孙真真、宋玉洁、赵安康、段倩倩、孟雅慧、韩斌、丛喆、刘赛、李东方、林挚、董琳雪等11人为海淀区人民法院审判员。

根据区人民检察院检察长刘惠的提请，决定：任命韩志泰、杨岱君、黄海、韩笑、李鹏、张瑶、刘继成等7人为海淀区人民检察院检察员。免去赵志坚海淀区人民检察院副检察长、检察委员会委员、检察员职务；免去戚进松海淀区人民检察院检察委员会委员、检察员职务；免去陈高慧海淀区人民检察院检察员职务。

12月17日，区十六届人大常委会第二十六次会议，会议决定，接受孟景伟、刘圣国辞去海淀区人民政府副区长职务的请求，并报海淀区人民代表大会备案。

根据区人民政府代理区长曾劲的提请，决定：任命辛果为海淀区房屋管理局局长；免去徐洁勤海淀区人民政府副区长职务。

根据区人民法院代理院长邵明艳的提请，决定：免去陈雷海淀区人民法院审判委员会委员、审判员职务；免去曹丽萍海淀区人民法院民事审判第五庭副庭长、审判员职务。

（吴向荣）

视察与调研

【概况】 2019年，区人大常委会围绕全区中心工作、常委会重点工作和人大代表、人民群众关心、关注的热点问题，组织常委会组成人员、人大代表开展视察和调研100余次。

（吴向荣）

【区文物保护工作视察】 4月10日，区人大常委会组织代表视察海淀区文物保护工作。王鲁豫、刘佩金以及区人大常委会部分委员、教科文卫体委员会委员参加视察。王鲁豫一行到大钟寺古钟博物馆、海淀博物馆实地查看消防、不可移动文物保护设施，了解博物馆馆藏文物的保护情况。到圆明园大宫门遗址考古发掘工作现场，了解考古挖掘情况，并就考古挖掘的过程、资金投入等情况听取汇报。

（吴向荣）

【重点、跟踪督办建议办理情况检查】 4月25日，区人大常委会对2019年重点、跟踪督办建议办理情况进行实地检查。区委常委、区政府常务副区长孟景伟，区人大常委会常务副主任王鲁豫，区人大常委会副主任臧桂武、杨莉、刘佩金以及区人大常委会专职委员、代表建议督办监督员，有关建议承办单位相关负责人参加检查。检查组到中关村三小南校区，检查“关于在海淀地区增加公立幼儿园的建议”的办理情况。在巴沟村路，检查“关于以道路建设改造为抓手，构建新型城市形态方面的建议”办理情况，听取区住建委就基本情况、工作进展、存在问题和下一步工作的说明。到区政务服务中心，检查“关于进一步优化营商环境，促进经济高质量发展的建议”的办理情况，查看线上“一网通办”和线下“一窗受理”情况，了解近期区营商环境建设工作进展、取得成效及下一步工作安排。随后，区人大常委会召开座谈会，区教委、住建委、发改委作补充汇报，提出相关建议的代表、代表建议督办监督员对公立幼儿园建设、道路建设改造、优化营商环境等工作进一步提出建议。王鲁豫肯定建议办理工作，并提出相关工作要求。

（吴向荣）

【“水清岸绿”行动计划推进情况调研】 5月16日，区人大常委会副主任臧桂武到区水务局调研区“十三五”时期“水清岸绿”行动计划推进情况。臧桂武一行听取区水务局关于全区水务基本情况、“水清岸绿”工作推进情况、本年的工作思路和计划安排、水系生态治理工作情况汇报。臧桂武建议，利用好区位优势，在山水林田湖建设、生态修复等方面，切实搞好规划设计；认真梳理总结前期工作，在推进相关治理工程、削减面源污染、恢复水系循环流动等方面，给代表和群众一个清晰的交代；要有更高的视野，着力在治水工作与现代农业结合等，切实增强工作实效。

（吴向荣）

【“关于推动美丽乡村建设融入中关村科学城发展”议案督办】 5月22日、7月10日、9月3日、10月31日，区人大常委会分别组织4次“关于推动美丽乡村建设融入中关村科学城发展”议案督办专题视察调研。区人大常委会副主任臧桂武、刘佩金，区政府副区长沙海江，部分常委会委员、区人大农村委委员、议案领衔代表，以及区政府有关部门负责人参加。在5月22日第一次专题视察调研中，调研视察组一行视察西北旺镇百旺农业种植园和苏家坨镇北京协同创新园，听取区发改委关于议案办理进展情况的汇报、区农业农村局关于农村集体资产经营管理情况的汇报、区北部办关于中关村科学城北区“一镇一园”开发建设进展情况的汇报、海淀园关于集体产业空间资源管理相关安排和中关村科学城北区“一镇一园”产业定位有关情况的汇报。代表们从农村集体经济体制、“一镇一园”发展、人才培养等方面提出建议。在7月10日第二次专题视察调研中，视察南沙河治理工程、翠湖南路和稻香湖再生水厂，区发改委从议案办理进展情况、基础设施建设情况以及下一步工作思路方面作汇报。代表们结合北部地区现状和自身工作实际，提出解决好北部地区饮用水、推动农村多产业融合发展、拆除违章建筑、加快中水管道铺设等具体意见建议。在9月3日第三次专题视察调研中，视察苏家坨镇七王坟村美丽乡村建设情况，听取七王坟村作为新农村建设试点的有关情况介绍，重点察看“打造乡村经济综合体、提升集体经济产出力”的两个代表性项目，现场察看上庄镇罗家坟村人居环境整治情况以及村庄准物业化管理试点工作情况，区农业农村局、区发改委、区城管委、规自委海淀分局，结合议案办理分工分别汇报。代表们提出意见建议。在10月31日第四次专题视察中，重点就农村公共服务配套情况开展调研，实地视察翠微小学温泉分校和苏家坨镇社区卫生服务中心两个代表性点位，听取关于办学就医基本情况、特点特色、远景规划、社会效应以及推进南北公共服务均等化的探索实践等情况的介绍。区发改委、区农业农村局、区商务局等部门汇报各自工作推进情况。代表们从抓好规划落实、打造高新技术园区建设品牌、突出海淀形象特色等方面提出意见建议。

（吴向荣）

【“大力推进非首都功能疏解，加快建设和谐宜居海淀”议案督办】 5月29日，区人大常委会就“大力推进非首都功能疏解，加快建设和谐宜居海淀”议案督办开展视察活动。区人大常委会副主任臧桂武，部分常委会组成人员，议案领衔代表，区人大城建环保委委员，区政府办、区发改委及其他相关单位一同视察。臧桂武一行首到八里庄街道双紫花园，视察留白增绿工作情况；在双榆树三街，听取背街小巷整治情况介绍，实地查看街面整治情况、养老照料中心和综合执法中心等；在西三旗街道的金隅智造工场，视察腾笼换鸟促产业升级情况。在座谈会上，区发改委负责人汇报议案跟踪办理总体情况，代表们提出要规划先行、进一步解决城市基础设施配套问题、推进区域协调发展、增强老旧小区消防安全、提高科技智能水平等建议。

（吴向荣）

【区信息化建设专题询问视察】 6月5日，区人大常委会就区信息化建设开展专题询问视察活动。区人大常委会主任刘长利，区委常委、区政府副区长李俊杰，区人大常委会常务副主任王鲁豫，副主任臧桂武、刘佩金，部分常委会组成人员、区人大教科文卫体委员会委员、区人大财经委员会委员、区人大代表参加视察活动。区政府办、区科信局、区城管指挥中心、海淀公安分局、海淀交通支队、区政务服务管理局相关负责人参加视察活动。刘长利一行视察城市服务管理指挥中心指挥大厅，听取“城市大脑”建设工作情况汇报并观看区网格化图像信息系统演示、区公安实战平台演示、区违停抓拍执法模块演示；听取政务服务信息化建设“公共资源交易平台”项目介绍，并观看演示。代表们对海淀“城市大脑”建设取得的成果表示肯定，并提出相关工作意见和建议。

（吴向荣）

【公益诉讼工作情况调研】 6月5日，区人大常委会副主任杨莉到区检察院调研公益诉讼工作情况。区人大法制委负责人及部分委员，部分区人大代表，区检察院相关负责人参加调研。杨莉一行观看检察机关公益诉讼职能介绍展板和宣传片，详细了解公益诉讼制度、公益诉讼类型、公益受损情形、检察工作的职能部门等内容。区检察院汇报公益诉讼工作的进展及成效。与会代表结合各自工作领域对检察院公益诉讼工作提出针对性建议。

（吴向荣）

【区村（居）委会换届选举工作视察】 8月29日，区人大常委会组织视察区村（居）委会换届选举工作情况。区人大常委会副主任杨莉，常委会部分组成人员、法制委员会部分委员及人大代表参加活动。视察组一行到曙光街道世纪城西区社区，听取曙光街道和世纪城西区社区有关负责人汇报社区居委会换届选举情况；现场查看四季青镇玉泉村村委会党务、村务、财务情况公开栏，听取四季青镇和玉泉村村委会有关负责人汇报村委会换届选举情况，听取区民政局关于海淀区村（居）委会换届选举工作情况的汇报。

（吴向荣）

【静态交通管理调研】 9月5日，区人大常委会调研海淀区静态交通管理工作。区人大常委会副主任臧桂武、刘佩金，区人大常委会部分组成人员实地调研香泉环岛1号停车场、大运村立体停车场、长春桥路道路停车电子收费路段的静态交通管理工作。臧桂武一行查看海淀区新增路面停车场的建设情况。臧桂武指出，要促进动态交通与静态交通协调发展；静态交通建设和生态环境建设要协同发展；要充分利用科技手段，提高停车场的使用效率，有效缓解停车难问题；进一步提升静态交通管理水平，不断满足人民群众停车需求。

（吴向荣）

【垃圾终端设施建设情况调研】 9月16日，区人大常委会党组书记、主任刘长利带队到海淀区循环经济产业园调研垃圾终端设施建设情况。区城管委、绿海能集团主要负责人一同调研。刘长利一行实地查看再生能源发电厂，详细了解垃圾焚烧发电、垃圾渗滤液和废水处理等技术的工作原理；听取垃圾终端设施建设情况的汇报并开展座谈，围绕生活垃圾治理顶层设计、社会共治构建、源头减量等问题进行交流。

（吴向荣）

【少数民族乡村落实美丽乡村建设情况专项检查】 9月26日，区人大常委会到四季青镇门头村，开展少数民族乡村落实美丽乡村建设情况专项检查。区人大常委会主任刘长利，副主任臧桂武、杨莉、刘佩金，区人大常委会法制办、农村办委员一同参加调研，区农业农村局、区民宗办、四季青镇、门头村相关负责人陪同调研。调研组到门头馨园小区，听取2011年搬迁腾退及村居环境改善情况汇报，查看沿路配套商业设施，实地了解村民生活环境。区农业农村局、区民宗办、四季青镇负责人汇报相关工作情况。刘长利对少数民族乡村落实美丽乡村建设取得的成绩给予充分肯定，并提出工作要求。

（吴向荣）

【2019年代表建议办理情况检查】 9月27日，区人大常委会代表联络室组织代表和部分代表建议督办监督员，实地检查2019年代表建议办理情况。检查组在西三旗育新花园中路检查“关于育新花园西侧和北侧绿地建设公园的建议”办理情况，在安宁庄东路检查“关于尽快对清河社区服务医疗中心改造升级的建议”办理情况。区政府办相关负责人就相关建议办理情况进行总结。代表建议督办监督员和提出建议代表分别对2019年建议办理工作提出意见建议。

（吴向荣）

【区法院执行工作开展情况调研】 10月16日，区人大常委会副主任杨莉到区法院调研执行工作开展情况。区人大法制委负责人及部分委员，部分人大代表参加调研。杨莉一行观看区法院解决执行难三年工作总结宣传片，详细了解“基本解决执行难”工作开展情况及取得的成效。区法院介绍案件、人员、核心指标三方面执行工作的基本情况、存在的主要问题和困难以及解决举措，汇报“切实解决执行难”工作情况。人大代表和参会领导在加强人员队伍建设、寻求合力加强对外联动、推动财产查控、有效结合“终本”与恢复执行等方面，提出意见建议。

（吴向荣）

【公共法律服务调研】 10月22日，区人大常委会副主任杨莉到区司法局调研公共法律服务情况，听取相关负责人介绍海淀区公共法律服务中心的基本情况，详细了解志愿者服务、“12348”法律服务热线、指挥中心等各方面的具体工作。区司法局从工作成绩、存在问题和下一步工作打算三个方面进行汇报。与会人员就规范性文件备案审查、公共法律服务、人民调解、行政执法监督等问题进行交流。

（吴向荣）

【卫生议案办理情况视察】 11月8日，区人大常委会组织代表视察卫生议案办理情况。代表们到中关村急救工作站，了解海淀区院前医疗急救工作推进情况。到中关村医院了解中关村医院改扩建医用综合楼后的使用情况。区卫健委代表区政府汇报2018年卫生方面议案的继续办理情况，汇报议案所涉及的信息化建设、家庭医生签约、院前医疗急救等重点工作情况。

（吴向荣）

代表工作

【闭会期间代表活动】 7月至8月，322名区人大代表当面向选民进行述职，占代表总数的78%；91名代表因工作、身体等原因分别通过网络述职、递交书面述职报告等形式向选民进行述职，占代表总数的22%。代表述职总参与率100%，7800余名选民直接听取代表述职。推荐21名市、区人大代表参加国庆民主法治方阵游行活动。组织开展《北京市生活垃圾管理条例》宣讲和征求意见活动，按照市人大常委会“万名代表下基层，全民参与修条例”部署，组织53位市人大代表、286位区人大代表、276位镇人大代表，深入490个社区或村，征求458个单位、1.63万名市民、社区工作者的意见。

（吴向荣）

【代表履职培训】 年内，区人大首次组织32名人大代表，分两批参加全国人大培训基地代表履职学习培训班，系统学习代表履职相关内容。举办“魅力北京中轴线”“中美贸易战下的科技创新”等专题讲座。各街、镇代表小组依托代表邮箱、微信平台，为代表发送区情、街情、社情等信息材料，多种途径强化代表履职学习。组织召开区情通报会，使代表及时掌握全区社会发展情况和人大工作动态。

（吴向荣）

【代表建议办理】 年内，区人大常委会领导领衔督办代表建议，将西木楼社区“勘测处甲乙丙宿舍楼解危改造”“玉海园社区卫生站建设”等14件建议作为重点督办、跟踪督办件，共开展专题调研、实地检查17次。通过走访调研、电话询问、网络检查等方式，全面了解各单位建议办理工作进度，协调解决难点问题。优化建议办理评估工作，完善评估指标体系、调查问卷、操作流程，进一步提高评估工作的科学性和实操性。“京张铁路遗址公园建设”、“鲁艺文化园”项目、“慈献寺桥下建筑”等多年提出的“难点”建议取得重大进展。区十六届五次人代会提出的区属职权范围内的262件建议全部办结，其中问题得到解决或取得进展的150件，占57%。

（吴向荣）

【市人大代表履职服务保障】 年内，区人大做好市十五届二次人代会海淀代表团服务保障工作，大会期间做好代表审议报告、网络直播、与市长座谈、议案建议初审把关等工作。根据市人大常委会工作安排，做好闭会期间海淀团市人大代表的集中培训和视察、年中活动、会前活动等工作，组织市人大代表参观中关村东升科技园、故宫博物院等。

（吴向荣）

【人大代表补选及代表资格审查】 年内，组织羊坊店等16个街道、四季青等2个镇和2个部队选区，开展补选区人大代表工作，共补选27人为海淀区第十六届人民代表大会代表。指导西北旺等5个镇开展补选镇人大代表工作，共补选镇人大代表14人。补选代表工作期间，9次到相关街、镇调研，加强业务指导，及时解答、处理问题，保证补选代表工作依法、顺利完成。依法开展代表资格审查，全年召开代表资格审查委员会会议4次，对16名代表的变动情况和27名代表的补选情况，依法进行代表资格审查。

（吴向荣）

专门委员会工作

【财政经济委员会】 年内，财政经济委员会召开委员会（扩大）会议7次，听取、审议议题15项。协助区人大常委会会议完成审议议题9项。协助区人大常委会首次实现部门预算审查全覆盖。对区发改委、国资委、金融办、人力社保局、市场监管局、财政局、审计局、商务局、统计局9个政府部门2020年预算编制情况进行初步审查。协助区人大常委会对区发改委开展工作评议。督促对口政府部门办理代表建议21件，重点督办建议1件，跟踪督办建议1件。

（吴向荣）

【法制委员会】 年内，法制委员会召开委员会会议10次。协助区人大常委会会议完成审议议题7项。对区政府报送的9件规范性文件进行备案审查。对区民族宗教事务办公室、信访办公室、司法局、民政局、退役军人事务局、政务服务管理局6个政府部门2020年预算编制情况进行初步审查。协助区人大常委会对区司法局开展工作评议。督促对口政府部门办理代表建议28件。协助市人大常委会开展《北京市街道办事处条例》等立法征求意见、专题调研工作8件次。

（吴向荣）

【教育科技文化卫生体育委员会】 年内，教育科技文化卫生体育委员会召开委员会（扩大）会议4次。协助区人大常委会会议完成审议议题5项。协助区人大常委会对海淀区信息化建设情况开展专题询问。协助区人大常委会对区文化和旅游局开展工作评议。对区教委、卫健委、海淀园管委会、文旅局、体育局、医保局6个政府部门2020年预算编制情况进行初步审查。协助区人大常委会跟踪督办“关于以改革创新为动力，积极创建国家卫生区，加快推进健康海淀建设的议案”。督促对口政府部门办理代表建议65件。

（吴向荣）

【城市建设环境保护委员会】 年内，城市建设环境保护委员会召开委员会会议4次。协助区人大常委会会议完成审议议题2项。协助区人大常委会对区园林绿化局开展工作评议。协助区人大常委会跟踪督办“大力推进非首都功能疏解，加快建设和谐宜居海淀”议案。对区住建委、城管委、人防办、园林局、房管局、生态环境局、应急管理局7个政府部门2020年预算编制情况进行初步审查。督促对口联系部门办理代表建议112件，重点督办建议5件，跟踪督办建议3件。

（吴向荣）

【农村委员会】 年内，农村委员会召开委员会会议4次；协助区人大常委会重点督办“推动美丽乡村建设融入中关村科学城发展”议案，协助区人大常委会会议完成审议议题1项。对区农业农村局、区水务局2020年预算编制情况进行初步审查。协助区人大常委会对区水务局开展工作评议。督促对口政府部门办理代表建议16件，重点督办代表建议1件；组织镇人大主席联席会3次。

（吴向荣）

海淀区人民政府

2020
北京海淀年鉴

1月7日，海淀区与芬兰萨翁林纳市建立友好城市签约仪式举行（区新闻中心 供图）

2月7日，雄安新区项目开标会在海淀区公共资源交易中心召开（区政务服务局 提供）

4 月 17 日，区城管指挥中心组织各相关委办局就紫竹院街道鑫德嘉园“开墙打洞”点位进行现场会商（区城管指挥中心 供图）

4 月 30 日，区信访办接待信访群众（区信访办 供图）

7月26日，区人力社保局组织2019年度海淀区公务员培训（张毅 摄）

8月2日，区领导到新疆和田考察对口支援工作，给予资金援助（王佳琪摄）

综 述

【**概况**】 2019年，区政府召开会议104次，研究议题331项。其中，区政府全体会1次；区政府常务会41次，讨论议题178项；区长专题会62次，讨论议题152项。安排会前学习11次，其中会前学法6次。召开区政府党组民主生活会、区政府党组会、区政府党组扩大会48次；召开座谈交流会、小范围专题会、工作汇报会、专项调度会等其他会议62次。

区政府把国庆70周年活动服务保障作为重大政治任务和全区工作的重中之重，深化落实“两新两高”区域发展战略，完成区十六届人大五次会议确定的目标任务，推进区域创新和跨越式高质量发展。居民人均可支配收入84733万元，增速高于经济增速。城镇登记失业率为0.92%。全区细颗粒物（$PM_{2.5}$）平均浓度40微克/立方米，空气质量保持城六区最优。

海淀区贯彻新版北京城市总规要求，分区规划获市政府批复，编制三山五园地区整体保护规划、香山中心区保护建设规划等。完成全区生态保护红线勘界。全面实施街镇责任规划师制度。推进三山五园地区整治提升三年行动计划。建立规划和自然资源领域长效管理的制度框架，推进“大棚房”、浅山区违法占地违法建设、违建别墅、绿地认建认养及公园配套用房出租等专项清理整治。

（刘蓓蓓）

【**区政府全体会**】 2月20日，区政府第三次全体会议召开。会议主要任务是贯彻落实中央、市委市政府各项决策部署，传达市委副书记、市长陈吉宁在市政府第二次全体会议上的讲话精神，按照区委十二届九次全会和区两会的各项任务安排，全面完成全年经济社会发展各项目标任务，以优异成绩迎接中华人民共和国成立70周年。区委副书记、区长戴彬彬主持会议并讲话。戴彬彬指出，要对标新标杆，推动新时代跨越式高质量发展；要全面提升“四个服务”能力水平，全面聚焦中关村科学城建设，进一步改善营商环境，进一步挖掘文化与科技融合新动力，进一步努力打造高品质城市，进一步补齐民生短板；要树立新思维，以“钉钉子”精神推动各项任务落地见效；要提高政治思维水平，提高统筹协调的系统思维水平，提高敢于担当负责的责任思维水平，提高以本领建设为核心的创新思维水平；要采取新举措，全面提高政府工作水平；要强化管理意识，不断提升政府绩效管理水平；要强化服务意识，提升政府服务效能。要强化作风意识，持之以恒加强作风建设；要强化四个意识，推动全面从严治党向纵深推进。戴彬彬强调，区级层面要加强高位调度，各街镇、各部门、各单位要早筹划、早部署、早落实，保证按期保质完成。把工作的着力点放在攻坚克难、解决问题上，放在办实事、求实效上，放在立足现实、着眼长远、打牢基础上，扎扎实实做好各项工作。区领导孟景伟、刘佩金、陈双、谭权、徐洁勤、张若冰、沙海江、刘恪出席会议。

（刘蓓蓓）

【**海淀三项工作受国务院点名表扬**】 5月10日，《国务院办公厅发布关于对2018年落实有关重大政策措施真抓实干成效明显地方予以督查激励的通报》发布，对2018年落实打好三大攻坚战和实施乡村振兴战略、深化“放管服”改革、推进创新驱动发展、持续扩大内需、推进高水平开放、保障和改善民生等有关重大政策措施真抓实干、取得明显成效的24个省（区、市）、80个市（州）、120个县（市、区、旗）等予以督查激励，相应采取30项奖励支持措施。海淀区促进社会投资健康发展、企业债券发行、债券品种创新与风险防范等工作成效明显，土地节约集约利用成效好、闲置土地少且用地需求量较大，大力培育发展战略性新兴产业、产业特色优势明显、技术创新能力较强、产业基础雄厚三项工作受到通报表扬，将分别享受以下政策：国家发展改革委组织实施，从2019年起两年之内，对行政区域内企业申请企业债券实行“直通车”机制（企业直接向国家发展改革委申报，不需省级发展改革部门转报）；自然资源部组织实施，按照每个市5000亩、每个县（区）2500亩的标准奖励用地计划指标，在编制全国土地利用计划时单独列出；国家发展改革委会同有关部门组织实施2019年战略性新兴产业集群建设，推动有关金融机构优先给予综合性金融支持，推动相关新兴产业发展基金优先在上述地方设立子基金。

（钟泠）

【**中关村论坛“未来农业，拥抱新科技变革”平行论坛**】 10月16日，由中环易达牵头，中国农业科学院、中关村科技园区管委会、海淀区政府、北京市农林科学院联合主办，区农业农村局承办的2019中关村论坛首届“未来农业，拥抱新科技变革”平行论坛举行，来自中国、美国、日本、荷兰等国家和地区的农业领域知名科学家、企业家、投资人及驻华农业参赞180余人参加。论坛围绕什么是未来农业以及农业高质量发展、科技成果转化、农业可持续发展、基因育种、土壤系统改良、互联网人工智能、物联网大数据、精准动态感知等农业前沿技术和未来产业展开探讨。面向未来农业，论坛认为近期农业科技工作要在提升粮食单产水平、农产品质量要以消费者放心为突破口、农业信息与经济科学要重点实现现代信息技术在农业领域的应用等9个方面进行重点突破。

（侯进　钟泠）

【**与旷视科技公司签署战略合作协议**】 10月29日，海淀区与北京旷视科技有限公司正式签署战略合作协议，双方将在政策引导、示范工程、平台建设、人才培养等方面展开合作，充分发挥海淀区创新资源优势和旷视技术优势，持续培育特色人工智能产业发展繁荣生态，共同促进人工智能产业发展。区委常委、副区长李俊杰代表海淀区与旷视科技签署战略合作协议。区委副书记、代区长曾劲出席签约仪式并讲话。

（钟冷　王佳琪）

【市长在海淀区召开现场会】 11月13日，市长陈吉宁在海淀区调研并召开现场办公会。陈吉宁走访中科创达软件公司，结合产品展示，详细了解公司运营发展情况及应对市场变化的有关举措，鼓励公司发挥自身优势，进一步深化创新发展。在北京发那科机电有限公司，陈吉宁查看产品设备，了解公司研发、运营、市场推广情况和有关工作计划，鼓励公司把握北京建设国家科技创新中心的机遇，积极参与到创新驱动发展中来。在中关村国家自主创新示范区展示中心，陈吉宁主持召开现场办公会，听取海淀区经济社会发展情况和下一步工作计划汇报，对有关问题进行研究调度。陈吉宁指出，近年来海淀区在落实新发展理念，强化创新策源，深入推进中关村科学城建设，加快构建高精尖经济结构等方面做了大量工作，取得积极成效；强调要立足功能定位，充分发挥禀赋优势，不断深化发展战略，聚焦重点任务，加快推动实现高质量发展。市政府秘书长靳伟参加调研。

（钟冷）

【重大活动服务保障】 年内，全区上下以最高标准、最严要求、最好状态，推动阅兵保障、群众游行、联欢活动、群众观礼等任务落实精准到位，城市安全运行，市容清新明亮，游园丰富多彩，完成中华人民共和国成立70周年活动的各项服务保障工作。完成第二届“一带一路”国际合作高峰论坛、亚洲文明对话大会、北京世界园艺博览会、男篮世界杯等重大活动的服务保障工作。

（马帅）

【疏解整治促提升专项行动】 年内，全区27个专项任务全部完成。拆除违法建设216.9万平方米，整治提升背街小巷110条，治理开墙打洞210处，占道经营等实现“动态清零”，“马上清（青）西”城市提升计划加快实施，新建和升级改造各类便民商业网点80个，累计建成22个社区商业e中心，40%的社区实现8项基本便民商业服务功能全覆盖。

（刘蓓蓓）

【“大城市病”治理】 年内，海淀区实施蓝天保卫战行动计划，持续开展施工、道路、裸露地面等扬尘综合整治。打好净土保卫战，加强土壤污染源头管控。统筹实施“水清岸绿”提升计划，三山五园互联互通水网格局初步形成，北部地区实现局部水体循环。新增造林绿化173.3公顷。开展交通综合治理，保障京张高铁顺利通车，地铁13号线拆分工程启动，16号线征地拆迁基本完成，19号线、12号线、昌平线南延全面施工，香泉南路、五路居东路等道路建成，10项疏堵任务完成。实施路侧停车管理改革，区交通委获评全国交通运输系统先进集体。垃圾分类示范片区创建覆盖率69%。

（刘蓓蓓）

【“大城管”城市管理体系建设】 年内，海淀区推进智慧城市建设，“城市大脑”建设形成“1+1+2+N”总体框架，试点应用取得阶段性成果，城市交通视频图像智能应用平台大幅提升交通执法效率，生态环保监测基站实现对空气质量、目标河湖水体的实时监测。城市管理问题整体呈下降趋势，问题解决率和群众满意率显著提升。

（马帅）

【经济高质量发展】 年内，地区生产总值实现7926.0亿元，比上年增长7.0%，占全市地区生产总值的22.4%，居全市各区之首。能源消费总量比上年下降0.14%，万元GDP能耗下降率6.68%。

推进基础设施、民生改善、高精尖产业等领域重点工程，建安投资310亿元，增长3.6%左右；出台提升消费能级提高生活品质三年行动计划，市场总消费7686亿元，增长10.5%左右，总量居全市中区之首，其中社会消费品零售额突破2400亿元，增长3.5%左右。

优化高精尖产业产业结构。信息、科研、金融、教育等主要行业增加值占比七成以上，经济增长贡献超过八成。

持续优化营商环境。建设工程施工许可审批时限压缩64%，申报材料数量压缩70%。推进“一网通办”平台建设，区级事项网办深度实现新提升。企业开办全程网上1天办、全程服务“零见面”。全面落实国家更大规模减税降费政策，切实让企业得实惠、全年减免税费450亿元。深化“股＋债”纾困体系，成功化解部分优质上市企业大股东的流动性风险。

城乡融合发展。编制24个保留村村庄规划。中关村科学城北区10个集体产业项目启动。实施中关村科学城北区公共服务和基础设施建设三年行动计划。开展农村人居环境整治。海淀区成为全国乡村治理体系建设首批试点单位。

（马帅）

【中关村科学城建设】 年内，组建中关村科学城管理委员会，不断提升区域创新发展能力。

创新能力提升。按国家实验室标准推进一批战略科技力量建设，智源研究院遴选一批智源学者，组建一批联合实验室。一批新型研发平台建设取得阶段性进展。京津冀国家技术创新中心建设方案通过科技部评审。成立开源芯片源码创新中心，RISC－V芯片创新生态加快构建。设立首个概念验证中心，建设首批11个高价值专利培育中心，打造智友天使学院、前孵化创新中心等一批平台。

高精尖产业发展。跟进服务146个高精尖产业项目落地实施。出台人工智能、智能网联汽车等产业发展支持政策，推进区块链技术研发和应用，支持5G核心芯片研发和产业发展。支持新药研发、高端医疗器械和智能医疗企业发展，百放孵化器等一批项目和平台落地。引进一批智能制造、新材料等领域项目。启动17个科技应用场景建设，打造中关村自动驾驶创新示范区。出台数字文化产业支持政策，北京市精品游戏研发基地落户中关村科学城数字文化产业园。

完善创新生态。实施科技企业创始人“薪火共燃”培育项目。启动国际青年创业平台和海外院士创新港建设。实施标准创新领跑计划，出台支持标准创新发展的政策措施。提升知识产权创造、保护和运营水平。金融科技与专业服务创新示范区核心区建设全面展开。

优化拓展创新空间。建立高精尖产业用地“1+3”政策体系。学院路北端、永丰相应地块、东升科技园二期集体自持产业用地等完成供地，小米移动互联网产业园启用。围绕人工智能创新区定位，北大西门片区城市更新加快，硅谷电脑城整体改造进展顺利。科学城北区医谷产业园等18个重点项目开复工175万平方米，竣工28万平方米，北清路沿线城市设计完成。

（马帅）

【民生保障】 年内，33项区级重点民生实事全部落实。围绕群众反映的共性问题，持续开展地锁清理、机动车停放等专项治理，“接诉即办”累计解决10万余件群众最关心的事。

就业和社会保障。帮扶1.6万余名就业困难人员实现就业，获评北京市“充分就业区”。29家社区养老服务驿站建成运营，在西三旗、北下关和曙光街道开展家庭养老床位建设试点工作。对416户困难家庭开展个案帮扶。全区城乡低保标准上调至1100元／人·月，比上年增长10%。建设、筹集保障性住房5697套，面向保障家庭、企业人才分配公租房7589套。启动悦秀园等13个老旧小区综合整治改造。开展农村4类重点对象和低收入群众危房改造。老楼加装电梯开工283部、完成102部。启动提升教育现代化水平建设教育强区行动计划。优化扩大教育资源布局，一零一中学、中关村三小等30余所优质中小学牵头开展集团化办学，覆盖126个校区。持续推进学前教育行动计划，普惠性幼儿园覆盖率89%。

健康海淀建设。纵深推进国家卫生区创建，7个镇获评“国家级卫生镇”。开展全国健康促进区建设。医耗联动综合改革平稳落地，417家医疗机构参改，调整规范6621项医疗服务价格。深化紧密型医联体建设，二级以上公立医院、社区卫生服务中心全部纳入医联体体系。建立653支家庭医生团队，累计签约123.8万人。新建、更新100套全民健身设施。

弘扬社会主义核心价值观。组织开展“壮丽70年 筑梦核心区”等主题宣传教育活动。香山革命纪念地正式对外开放。新时代文明实践中心建设实现全覆盖。打造“海淀 创新永远在路上”等一批有影响、有思想、有深度的新媒体产品。海淀区获“国家公共文化服务体系示范区”称号。系列品牌文化活动惠及群众500万人次。

社会治理创新。深化党建引领“吹哨报到”改革，推动治理重心下移、权力下放、力量下沉。推进社区减负增效，开展社区会客议事厅试点工作。完成53个村委会、578个社区居委会换届选举。推进国家食品安全示范区建设。持续推进平安海淀建设，社区三类可防性案件、电信网络诈骗和盗窃非机动车等警情大幅下降。开展“扫黑除恶”专项斗争，群众安全感测评24个季度居城六区首位。

（刘蓓蓓　马帅　钟冷）

【机关事务管理】 年内，区政府机关事务管理处除集中管理和保障服务第一办公区、第二办公区、中关村人才发展中心、招商大厦、新海大厦、八里庄一站式服务大厅、曙光办公中心、综合楼办公区、上地办公中心、田村路办公中心、妇女儿童活动中心、西北旺办公中心、北部文化中心、青龙桥办公中心、上地行政审批服务大厅15个集中办公场所外，新增五路居办公中心、航天桥办公中心、联想桥办公中心3个办公区。区政府机关事务管理处总资产36.07亿元，其中新增资产1992.80万元；管理房产总面积66.07万平方米；报废资产365件，资产原值252.57万元。完成紫竹院街道移交世纪城6套房产的产权办理工作，清退海淀南路34号（艾瑟顿商业广场）民防协会占用的办公用房。推进海淀区车管平台建设，党政机关318辆应急车过户至机关事务管理处，完成最后一批公务用车定位安装和车管平台2.0系统升级工作，公务用车实现平台线上（包括手机端）申请、调度和使用。对第一办公区、招商大厦、曙光办公中心进行绿色照明改造，为各集中办公区购买配发节水限流器。对纳入公共机构节能绩效考核范围的100余家单位进行考核，完成海淀区公共机构节能管理平台运维工作。接收、发送机要文件22708件。

（赵国凡）

【领导调研】 年内，区政府主要领导参加调研、检查、走访、慰问140余次。其中，调研区属单位23次；调研企业19次；围绕优化营商环境、重大项目建设等专题调研39次；走访驻区大单位17次；采取“四不两直”方式开展安全生产、防汛、重大活动服务保障等专项检查26次；慰问一线干部职工、困难群众、老党员9次；结合党员“双报到”，为基层党员讲党课1次。主责海淀区中华人民共和国成立70周年重大活动服务保障综合协调工作，区政府主要领导参加视频调度5次，开展专项检查10次。在“不忘初心、牢记使命”主题教育期间，区政府主要领导开展“我在基层”三大主题调研34次，围绕中华人民共和国成立70周年重大活动服务保障工作开展检查10次；围绕深入基层了解社情民意走访社区19次；围绕推动区域经济创新发展调研企业5次。

（杨鹏飞）

【政务信息】 年内，《海淀信息》（普刊）出刊205期，编辑采用信息1480条，《海淀信息》（专刊）出刊46篇；区领导批示49条。向市政府办公厅报送信息1020条，被《昨日市情》（普刊、专刊）采用189条、《昨日市情》（特刊）采用6篇、市刊《今日舆情》（晚间版）采用123条。市领导对海淀区上报的信息批示18条。报送的《北京市跨省异地就医结算出现的新情况、新问题》《北京市解决拖欠农民工工资支付工作的进展、苗头性问题及工作建议》被国务院办公厅采用并获中央领导批示。

（李萱）

【建议提案办理】 年内，区政府共办理人大代表建议、政协提案563件，涉及主责单位58家。其中，全国政协提案1件、北京市人大代表建议41件（主办/单办18件，会办21件，参考2件）、北京市政协提案16件（主办/单办7件，会办9件）；区人大代表建议262件，区政协提案243件。市、区人大代表建议、政协提案满意（同意）率均达100%。区人大重点督办建议8件，解决5件；区人大和区政府联合跟踪督办建议6件，解决2件。区政协领导重点督办提案15件，解决11件；区政府领导领衔督办提案9件，解决5件。

（李冰）

【督查工作】 年内，区政府共督办市、区任务8类442项，下发督查通知单112件，报送督查报告48篇、督查专报22篇。推进基层减负。推进优化营商环境、“大棚房”清理整治、渣土车治理、疏解整治促提升、重要民生实事等重点任务。以联合督办的形式对“接诉即办”群众反映的11类问题开展督办；围绕“僵尸围挡”问题开展督查调研，形成《关于我区“僵尸围挡”检查调研的情况》报告。加强第三方机构对重点任务的察访核验，检验结果、查找问题、总结反馈。

（谢锦程）

【绩效管理】 年内，海淀区完成2019年度市绩效任务，市政府绩效考评、全区绩效管理等工作。申报创新项目《打造国际一流营商环境，加快推进政府治理体系和治理能力现代化》。深化党政融合考核模式，将全面从严治党（党建）、“平安海淀”建设考核与绩效考评有机结合，提高街镇对政府职能部门的评价权重。将国庆70周年活动服务保障工作、“接诉即办”、乡村振兴等年度重点工作纳入绩效考评。引入第三方专家审核机制。开展全区各部门群众满意度测评，对“疏解整治促提升”“垃圾分类”等重点工作开展专项测评。采取“四不两直”、第三方明察暗访等方式，对市、区重点工作完成情况开展两次察访核验。开展书面述职考评，邀请区领导、各单位代表及人大代表、政协委员、专家学者、基层一线党代表、企业代表、媒体代表等评价主体，对各单位年度工作进行线上评价打分。

（李诗絮）

外事 港澳事务

【概况】 2019年，海淀区完成第二届“一带一路”国际合作高峰论坛、世园会、“欢动北京”、中关村论坛等活动的外事礼宾接待任务，服务保障孟加拉国国民议会副议长、萨尔瓦多市长代表团等来访及大型外事活动51场649人次。海淀区与以色列赫兹利亚市、芬兰萨翁林纳市建立友好城市关系；得到全国友协正式批复；与英国曼彻斯特市签署友好交流与合作协议书；与匈牙利德布勒森市开拓全新交流渠道；与巴西里奥克拉鲁市开展教育、卫生方面交流。

全年审核申报因公出国团组140批、434人次，其中党政干部团组42批、73人次。“创业会客厅”和“一站式”服务中心受理32家企业的APEC商务旅行卡申办业务，涉及科技、金融、医疗、文化等行业，共计59人次。

开展对外党际交往工作，区委书记于军率团赴南非、津巴布韦，宣讲执行基层党建成果。选派区人大、区政协3位领导参加中联部高访团组，赴印度尼西亚、葡萄牙、刚果（布）、坦桑尼亚等国开展友好交往工作，宣讲海淀高品质城市建设经验。配合北京—东京结好40周年系列庆祝活动，选派常务副区长孟景伟担任团长，率领北京市海淀区政府代表团赴日执行友好访问任务。组织对外民间交流活动，组织海淀区区民亲善访问团赴国际友城日本东京都练马区访问，推动市、区对日交往工作的开展。

（宋晓晴）

【海淀区APEC商务旅行卡服务站落户】 11月12日，海淀区APEC商务旅行卡申办服务站落户中关村创业大街，中关村东升国际科学园一站式服务中心被授予牌照。APEC商旅卡是外交部为企业国际化发展提供的重要支持举措。区外办借助党支部共建机制，于次年6月把办理APEC商旅卡业务纳入中关村创业会客厅服务项目，共有14家驻区企业通过创业会客厅完成申办业务，涉及科技、金融、医疗、文化等行业，共计22人次。

（钟冷）

【因公出国（境）管理】 年内，区外办修改完善关于规范和加强因公出访管理工作的文件。修订印发2019年因公出国（境）团组办理指南；会同区教委、区卫健委开展区属中小学校、区属医院等近70家单位的外事负责人因公出国（境）管理工作培训，解读因公出国（境）管理政策，重点围绕外事纪律、国家安全、保密、财务纪律等方面开展专题行前教育，共召开专题行前教育会议33次。海淀区外事管理服务系统项目正式上线试运行，进一步简化办事手续，缩短审批流程，提高因公出国（境）团组办理效率。

（宋晓晴）

【涉外应急突发事件处置】 年内，区外办围绕迎接中华人民共和国成立70周年涉外服务保障工作要求，履行区涉外应急指挥部办公室职责，完善指挥部各成员单位的联动机制，加强日常走访调研，强化部门之间的联络沟通，建立长效工作机制。召开涉外突发事件应急指挥部工作会议，联合市外办组织全区指挥部成员单位参与涉外应急能力提升培训；区涉外应急指挥部办公室组织召开重点领域工作部署会，强化综合研判会商，开展部门联合执法检查。妥善处理涉外案事件。

（宋晓晴）

【与香港交流合作】 年内，区外办助力实施“马上清（青）西”城市提升行动计划，探索与香港建立街区规划和城市管理的长效合作机制。接待香港多媒体设计协会代表团一行，双方就优化研修项目内容、建立街区规划专题研修合作长效机制达成共识。组织第二期街区规划专题研修团赴香港，开展街区规划设计、城市精细化管理学习调研，提升区城市更新、社会治理等水平。邀请香港城市大学教授王炜文到学院路街道作题为“香港历史建筑保存状况、保育实践及政策”的讲座；在“香港城市更新分享暨京港台街区更新对话论坛”上，以“香港自90年代至今的旧区重建政策和实践”为题，介绍香港老旧城区存在的问题、解决思路与办法。

（宋晓晴）

【规范外语标识】 年内，区外办以国际人才社区建设为抓手，融入街区责任规划师工作，到万寿路、学院路、上地、东升镇等街镇调研规范公共场所外语标识工作，提供翻译标准，现场走访了解标识设立需求。对首都体育馆、五棵松体育馆—凯迪拉克中心双语标识设置情况进行调研核查。开展商业、旅游系统公共场所错误外语标识检查整改工作，印发整改通知单，要求行业主管部门加强自查和管理。义务为中关村展示中心讲解员进行10余次英语培训，举办专场涉外礼仪培训，协助校对新会议楼双语标识。

（宋晓晴）

政务服务

【概况】 2019年3月18日，根据海淀区机构改革方案，将区政务服务管理办公室的职责以及相关机构的行政审批制度改革工作职责，区政府办公室的信息和政务公开职责整合，组建区政务服务管理局，作为区政府工作部门。不再保留区政务服务管理办公室。

区政务服务管理局设1个区级政务服务中心（分为上地办公区、联想桥办公区、航天桥办公区）、7个政务服务分中心和29个街镇政务服务中心，全年业务办理量近424.56万件，办结量416.49万余件，办结率98.10%。接待考察调研团247批。为雄安新区公共服务局40名审批专业见学人员开展4期业务培训，传授审批事项、“一窗式”及窗口服务等业务知识和流程规范。

（张成佳　赵自虎　王西）

【优化营商环境】 年初，区政务服务管理局做好世界银行、国务院等部门营商环境评估工作。开展全市“9+N”（9项优惠政策，N项配套措施）政策2.0版培训1100余人次，发放《应知必会》手册500份，确保政策及时准确应用。线上开设优化营商环境专栏，发布政策解读信息600余条；线下开设政策主讲专区，日均服务100余人，印发宣传材料3000余份，确保政策宣传到位。组织9个部门参加全市优化营商环境“千人千题”考试，取得总成绩第一的优异成绩。

（秦淮）

【政务服务在线咨询系统上线】 3月15日，海淀区政务服务在线咨询系统正式上线，8月6日完成服务升级和流程优化。政务服务在线咨询系统上线整合全区40个业务部门的64个在线咨询座席，以“公众咨询+座席解答+事后回访”的形式，为企业和群众提供深度网上咨询服务。至年底，为企业、公众提供深度咨询2167个，电话回访率和满意度均为100%。

（王菲）

【区块链技术试点应用】 5月，区政务服务管理局在“一网通办”平台试点应用区块链技术，实现12类数据共享（包括3类国家级数据、9类市级数据）。在二手房交易场景中，现场核验材料由7份减至1份，核验时间由15分钟减至2分钟。实现二手房买卖和用电过户同步办理，群众办理用电过户的时间由原先3至5个工作日缩减至1分钟，办事获得感大幅提升。至年底，区块链技术支撑的不动产交易量达1572笔，最大日办理量达119笔。在企业开办场景中，通过区块链系统接入北京市企业开办“e窗通”系统，实现住所核验环节“即批秒办”。

（岳群智）

【政务公开惠民便民地图上线】 8月，由区政务服务局制作的海淀区政务公开惠民便民地图上线运行。惠民便民地图包括教育、医疗、养老、住房保障、便民商业等14大类79子类2629个服务地点信息，对接4300余项办事服务事项。具有“双重搜索”功能，搜索机构名称展示可办事项，搜索办事事项显示办事机构，实现“搜索即服务”。在海淀政务微信中嵌入移动端适配界面，公众通过手机搜索精准定位距离最近的办事机构，获取所需政务信息，实现便民服务掌上看、就近办，打通政务公开服务企业群众“最后一公里”。

（钟冷　赵振营）

【“海淀通”政务服务App上线】 9月24日，由区政务服务管理局牵头建设的“海淀通”全区统一政务服务App正式上线，标志着海淀区政务服务由网上服务大厅、“海淀通”App、“海淀政务”微信号、“便利淀”小程序移动端、自助服务终端构成的“五位一体”政务服务平台入口全面打通。各终端全面搭载区、街两级政务服务事项，各类服务实现“一端办理，全网同步”。“海淀通”App设置在线咨询、政务地图、办事指南、办事进度、便民服务、扫一扫等功能，将面向企业、个人提供覆盖区级和街镇两级1600余项事项的网上办理，包括二孩生育登记、老年优待证、社保关系转移等106项个人热点服务，实现引导材料填写、在线一键提交申请、办理结果实时通知。其中，在线咨询功能开通38个委办局58个座席852个服务事项，以“公众咨询+座席解答+事后回访”形式，为企业和群众提供深度网上咨询服务。“海淀通”App开设不动产业务专区，在全市率先实现不动产登记在线办理，包括夫妻更名、补证、换证以及自然人名称变更等6项不动产服务。

（景天　钟冷）

【政务服务事项标准化梳理】 年内，北京市海淀区政务服务管理局基本完成全区45个委办局、29个街镇和烟草专卖局、北京市燃气集团有限责任公司海淀分公司、国网北京市电力公司海淀供电公司、北京市热力集团有限责任公司第五分公司4家公司的事项梳理工作，包括行政许可、行政给付、行政确认、行政奖励、行政裁决、其他行政权力和其他公共服务7种行政审批类型和行政征收、行政检查、行政强制、行政处罚4种行政监管类型，共完成12309项事项梳理。其中依申请行政审批事项4021项（区级1621项），实现各级办理的事项要素上下标准一致、内容一致、形式一致。编制马上办365项、就近办186项、一次办405项的便利化事项清单，在网站公布，方便企业群众办事。

（秦淮）

【“一网通办”平台建设】 年内，区级1600余项依申请政务服务事项实现100%网上实质性受理，网上办事深度由2018年的三级提升至四级。上线“海淀通”App，在海淀区政务服务中心航天桥办公区开设自助服务区，与网上服务大厅、“海淀政务”微信公众号、“便利淀”小程序构成“五位一体”的政务服务整体架构，实现“一端办理，全网同步”。

（岳群智）

【政务服务“一窗通办”改革】 年内，区政务服务管理局进行政务服务“一窗通办”改革，压减11个由部门举办的专业大厅数量，专业大厅由10类18个减至4类（税务、社保、医保、婚姻）7个。增设政务服务中心航天桥办公区和联想桥办公区，与区政务服务中心构建线下“南北中”区级政务服务网。区政务服务中心上地办公区将39个部门的1100余个入驻事项整合为工程建设项目审批、综合业务服务、企业注册登记和税务服务四大类80余个综合窗口办理。全区29个街镇政务服务中心全部实现对外“一窗”办理，通过一窗整合，将29个街镇的660个窗口压缩至245个窗口。

（王素杰）

【政府信息公开】 年内，海淀区落实2019年4月新修订的《中华人民共和国政府信息公开条例》，有序推进政府信息公开。修改完善《海淀区政府信息主动公开工作规范》《海淀区政府依申请公开工作规范》《海淀区政府政策解读管理办法》等17个政务公开工作制度。绘制政务公开惠民便民地图。编制和公布海淀区政务公开全清单，包含4245条6035项内容，实现“一单”到底，信息全覆盖。政务开放日活动延伸至全区各部门、各领域，组织69家信息公开主体围绕优化营商环境、城市精细化管理等8个主题，集中举办政务开放日活动，累计邀请各类代表4800余人参加活动。编制《海淀区政府依申请公开工作手册》，指导规范全区依申请公开工作。全区主动公开政府信息28270条；编发《海淀区政务公开周刊》50期；受理信息公开申请1887件，处理因信息公开引发的行政复议104件、行政诉讼107件。

（赵振营）

【街镇政务服务标准化规范化建设】 年内，区政务服务管理局实施并基本完成街镇政务服务标准化、规范化建设。推进街镇政务服务“一网通办”工作，在街镇政务服务的196项个人事项（在市级平台中有177项，海淀区独有事项19项）中，120余项实现“网办深度升一级”，其中“北京市流动人口两孩以内生育服务登记”等事项率先在全市实现原件核验跑一次，“法律援助”等事项实现全流程网办零次跑。

（余婧君）

【海淀区公共资源交易平台】 年内，海淀区公共资源交易平台推出重点交易环节的网办、全过程的信息公开、延时服务、采购文件和交易服务费减免等服务举措。与区财政局联合开展政府采购项目代理机构进场交易行为评价，不规范行为项目比例由22.5%降至4.3%。小型工程交易的管理不断完善，通过项目全周期线上管理，项目交易效率和质量继续提升。平台全年交易项目2234个，交易金额137.91亿元，节约金额2.5亿元，节资率1.8%。街镇小型工程电子管理系统线上交易项目551个，交易额2.5亿元。促进京津冀公共资源交易一体化，为雄安新区建设项目进场交易提供专家抽取、场地服务、项目见证、音视频录像等全周期服务，累计提供400余人次服务和120场次场地保障；交易雄安新区项目83个，约占雄安交易项目的1/3，交易金额264.61亿元。

（吕求　赵自虎　王西）

信息化城市服务管理

【概况】 2019年，全区网格化融合平台累计受理各类信息165万余条，其中网格案件165万件；受理各类城市管理问题119.7万件，及时率98.3%，结案率91.76%。通过大循环处置问题22787件，小循环处置问题626121件，微循环处置问题548260件；小循环、微循环占案件总量的98.1%。受理各类企业和群众事务269899件，除咨询类直接回复外，分拣转办239527件。在全市“接诉即办”考核中，响应率100%，解决率64.06%，满意率79.64%，综合评分81.83分，综合排名位列城六区第一位，在十六区中排名第三位。累计上报《海淀市民热线反映》日报364期、周报51期、月报12期，编制《民意诉求档案》720份，报送《维稳日报》51期。协调、稳妥处理维稳事件374起。

（孙焱珠）

【背街小巷环境整治提升和“开墙打洞”专项整治工作会】 1月28日，副区长梁爽主持召开2019年背街小巷环境整治提升和“开墙打洞”专项整治工作会，围绕背街小巷环境整治提升工作和“开墙打洞”专项整治工作要求，进行研究和部署。29个街镇及31个相关委办局参加会议。

（孙焱珠）

【区领导现场调度群众诉求办理工作】 3月6日，区委书记于军、区长戴彬彬、区委常委高念东、副区长张若冰带队到羊坊店街道羊坊店路老旧平房区、清河街道清河二街封路施工现场了解群众诉求办理情况并调度有关工作，现场听取“接诉即办”工作及媒体反映问题办理情况，对做好“接诉即办”工作进行重点部署。

（孙焱珠）

【“接诉即办”工作培训会】 3月22日，区城市服务管理指挥中心（简称区指挥中心）组织开展“接诉即办”工作培训会。培训会邀请市热线中心工作人员介绍市民服务热线“接诉即办”工作背景、运行现状、新特点新要求新变化，解读市中心回访考核标准，讲解《市民热线反映》周报、月报各模块内容及核实督办要求；区委宣传部、区委办开展宣传稿、政务信息写作培训，提升工作人员写作能力；区指挥中心热线科分析工作形势，围绕工作流程、系统操作规范、考核标准、工作要求进行重点培训。29个街镇、44个相关委办局业务科室负责人及工作人员参加培训。

（孙焱珠）

【“春风化雨 暖心有我”热线回访活动】 4月3日，区委书记于军、区长戴彬彬携八里庄街道、北下关街道、北太平庄街道、海淀街道、学院路街道、清河街道、花园路街道、田村路街道、苏家坨镇、上庄镇10个街镇党政主要领导参加“春风化雨 暖心有我”第一批热线回访活动，检验“接诉即办”工作成效，会商解决群众诉求。于军书记作活动动员，戴彬彬区长、张若冰副区长与10个街镇党政主要领导参加回访活动。活动结束后，各街镇一把手交流回访情况和心得体会，戴彬彬区长提工作要求。4月17日，于军带领香山街道、青龙桥街道、紫竹院街道、永定路街道、曙光街道、羊坊店街道、西三旗街道、四季青镇、海淀镇、东升镇10个街镇一把手参加“春风化雨 暖心有我”第二批热线回访活动，给群众拨打回访电话，告知办理情况，记录群众需求，听取建议。本次活动共回访案件174件，有效回访132件，回访过程中再次受理案件2件。4月29日，副区长张若冰带领万寿路街道、甘家口街道、中关村街道、马连洼街道、上地街道、燕园街道、清华园街道、西北旺镇、温泉镇9个街镇党政一把手参加海淀区“春风化雨 暖心有我”第三批街镇一把手回访活动，实现海淀区29个街镇一把手回访全覆盖。本次活动共回访案件126件，有效回访82件。

（孙焱珠）

【“疏解整治促提升”专项行动工作调度会】 4月15日，区委常委、常务副区长孟景伟组织召开海淀区2019年“疏解整治促提升”专项行动工作调度会。会上，区发改委汇报海淀区2019年“疏解整治促提升”专项行动工作总体进展情况及下一步工作安排；区城管委、商务局、城管执法局、住建委、市场监管局、城管指挥中心、区委政法委、房管局及与会街镇汇报工作进展情况及下一步工作安排。29个街镇及35个相关委办局主管领导参会。

（孙焱珠）

【韩耕到海淀观摩调研城市管理问题】 4月24日，市政府副秘书长韩耕一行到海淀区观摩调研城市管理问题。韩耕一行到西北旺镇唐家岭社区公园和西六里屯社区点位，实地观摩整改情况，西北旺镇镇长尹刚汇报点位整改情况。随后到海淀区西北旺镇政府第二办公区进行现场交流研讨。西北旺镇汇报依托“大城管”体系，全面开展城市治理工作取得的成效。副区长张若冰汇报海淀区城市治理工作和海淀特色的城市治理新模式。市城市管理委和市政务服务局分别通报城市管理问题和“12345”热线办理情况，有关委办局和街镇进行交流发言。韩耕在讲话中指出，全市各区都有较好的城市管理工作机制，要继续保持，不断提升城市治理水平；对海淀的“大城管”体系和“接诉即办”机制提出肯定和表扬。海淀区10个委办局及朝阳区、丰台区及石景山区相关负责人参加调研。

（孙焱珠）

【向区人大常委会主任会汇报工作】 5月7日，海淀区召开第十六届人大常委会第三十五次主任会议，区指挥中心汇报“大城管”机制、城市大脑建设及“接诉即办”工作情况。参会人员对汇报内容提出2点意见建议：“大城管”综合考核指标虽然整合梳理全区城市管理考核指标，但一些市级考核指标还不能够涵盖，下一步是否可以进一步梳理整合；城市大脑建设工作在设计上要避免重复建设，要多了解群众和社会需求，多与各业务部门沟通联系，留足可扩展空间，尤其要重点考虑新技术建设后的使用问题，充分发挥新技术的实际应用价值。区人大常委会主任刘长利对指挥中心的“大城管”体系、城市大脑建设、“接诉即办”三项工作给予肯定，同时强调：三项工作需要继续推进；探索工作机制是否科学、合理和有效；城市大脑建设工作要在顶层设计方面下大力气。建设内容要能够为政府服务、为城市管理者提供便捷，让人民群众感受到城市管理工作革新带来的实际体验。

（孙焱珠）

【网格化图像信息系统三期PPP工程项目通过审议】 5月20日，第92次区政府常务会议召开，审议通过网格化图像信息系统三期PPP[①] 工程项目事项，并作出6项决议：授权区城市服务管理指挥中心作为网格化图像信息系统三期工程的实施机构和采购主体、代表区政府开展项目相关工作；同意项目以PPP模式开展实施；同意项目以竞争性磋商方式采购社会资本方；同意项目采用BOT（建设—运营—移交）模式，由社会资本方成立SPV[②] 公司负责投资、建设和运营，合作期满后移交资产和运营维护权；项目合作期限为10年，从2019年到2029年，2年建设期和8年运营期；同意将项目点位调整放在竞争性磋商采购社会资本方之后。

（孙焱珠）

【“接诉即办”工作专题调度会】 7月2日，区指挥中心召开上半年“接诉即

① Public-Private Partnership，又称PPP模式，即政府和社会资本合作，是公共基础设施中的一种项目运作模式。

② SPV为Special Purpose Vehicle的缩写，意思是特殊目的公司。

办”工作专题调度会。副区长张若冰带领区教委、城管委、住建委、房管局、生态环境局、人力社保局、园林绿化局、市场监管局、交通支队、环卫中心10个委办局一把手参加“春风化雨 暖心有我”委办局一把手回访活动。代区长曾劲调度上半年全区“接诉即办”工作，区指挥中心汇报上半年“接诉即办”工作情况，提出工作建议。九大专项整治行动的牵头单位分别汇报专项整治行动进展和下一步工作措施。曾劲提出具体工作要求。29个街镇和42家相关委办局的主要领导参会。10月9日，海淀区召开深化“不忘初心、牢记使命”主题教育，扎实推进“接诉即办”工作专题调度会。于军、曾劲带领区委、区政府有关领导回访群众反映问题的办理情况，通过与群众“零距离”沟通，了解全区“接诉即办”工作开展情况，副区长梁爽通报1月至9月全区“接诉即办”工作情况，剖析存在的问题，对下一步重点工作进行部署安排。11月12日，海淀区召开“不忘初心、牢记使命”“接诉即办”大提升工作调度会。于军分享调研大兴区“接诉即办”工作的体会，要求全区认真学习借鉴兄弟区的优秀工作经验，优化工作措施，促进“接诉即办”工作大提升。12月7日，区指挥中心召开全区“接诉即办”工作和建筑垃圾综合治理工作调度会。梁爽通报全区建筑垃圾综合治理工作情况，曾劲提出工作要求。

（孙焱珠）

【全区网格化城市管理视频工作会】 9月10日，区指挥中心组织召开全区网格化城市管理视频工作会。区指挥中心通报全区1月至7月网格化工作情况；区指挥中心和北京测绘院工程师进行城市管理部件更新案件上报技能培训；区城管委进行交通工程扬尘管控监督巡查培训，针对交通工程领域工地在扬尘管控方面的问题，明确网格监督员要采取的措施。29个街镇及15个委办局有关人员参会。

（孙焱珠）

【区长专题会研究城市大脑建设工作】 9月28日，代区长曾劲组织召开区长专题会，听取区指挥中心关于海淀区城市大脑建设工作推进情况的报告。会议肯定海淀城市大脑建设工作的阶段性进展，审议并原则同意《海淀城市大脑项目建设管理工作规则》及《2019年海淀城市大脑建设项目统招分签工作实施方案》。会议明确海淀城市大脑建设工作新机制以及海淀城市大脑项目统一建设、统一运维、统一验收、统一监理的“四统一”模式，要求专班办公室抓紧修改完善《海淀城市大脑项目建设管理工作规则》，以区政府办名义印发各单位贯彻落实；要求抓紧落实《2019年海淀城市大脑建设项目统招分签工作实施方案》，组织相关单位尽快落实相关任务；明确中海纪元作为城市大脑建设运营平台公司，审议并同意尽快成立中关村城市大脑研究中心；对城市大脑顶层设计、安全可控、资金盘子、监理验收、绩效评价、智慧海淀数据中心建设等方面提出要求。

（孙焱珠）

【中华人民共和国成立70周年活动服务保障工作】 10月1日，按照区委、区政府的工作部署，区城管指挥中心全力做好中华人民共和国成立70周年活动的服务保障工作。发挥“大城管”体系作用，加大对重点地区、重点道路以及重点区域的巡查监控力度，及时发现各类城市管理问题，协调部门和相关街镇解决问题，同时对于发现的疑难问题，由区联合督导组进行高位督导和协调，推动问题快速有效解决，全力服务保障工作；按照国庆游园活动要求，加装58路视频监控探头。在中华人民共和国成立70周年活动服务保障集中指挥期间，调取各类重点点位视频探头，支撑服务保障工作。

（孙焱珠）

【市民服务热线群众开放日活动】 10月23日，区指挥中心举办市民服务热线群众开放日活动，邀请北下关街道的政协委员、群众代表走进区指挥大厅参观交流。指挥中心工作人员向政协委员、群众代表介绍指挥中心工作情况，通过播放宣传片、参观指挥大厅等方式，详细介绍指挥中心的工作职能和工作成效。活动坚持“请群众看”和“听群众说”，带领群众代表近距离参与工作人员回访群众诉求办理过程。参观结束后，区指挥中心与群众代表座谈交流，现场发放《市民留言卡》，欢迎市民对政府工作提意见。

（孙焱珠）

【“雪亮工程”工作推进会】 11月14日，区指挥中心组织召开“雪亮工程”工作推进会。会上，区委政法委就“雪亮工程”专项转移支付资金绩效评价报告情况进行汇报；区指挥中心就2019年“雪亮工程”建设情况，尤其是网格三期工程的具体情况进行汇报；区公安分局就2019年“雪亮工程”市图像办相关考核工作进行汇报；区财政局就2019年“雪亮工程”资金使用情况、2020年资金预算等进行汇报；区科信局就2019年“雪亮工程”项目申报及审批情况、数据中心筹划等进行汇报。区委政法委副书记王际宝就工作落实、考核、2020年工作谋划等方面提出工作要求。区委政法委书记吴计亮就政治站位、年度任务、财政绩效、智慧社区方面进行总结，提出加快项目推进、坚持统筹牵动、加强运维管理等工作要求。

（孙焱珠）

【海淀“城市大脑”建设】 年内，海淀“城市大脑”完成顶层设计《海淀城市大脑总体规划（纲要）》；建立新型政企合作机制，形成海淀创新合伙人模式；汇聚示范应用所需资源；中关村西区综合治理、“雪亮工程”、大数据平台示范应用初见成效；树立“城市大脑”品牌，策划高端论坛，与携手同行的领军企业、科研单位共商建设路径，不断丰富建设理念；向上级对口单位争取试点示范，与项目建设形成合力，拓展效果。海淀“城市大脑”建设总体架构为“1+1+2+N”模式，即一张感知网、一个智能云平台、两个中心（大数据中心、AI计算处理中心）、N个创新应用（前期聚焦5个示范应用）。以遍布海淀全域的城市感知网络为硬件基础，以城市大数据为核心资源，以物联网、云计算、大数据、人工智能为关键技术，以政府主导、多元参与、共建共享为机制保障，对海淀全域进行全感知、全互联、全分析、全响应、全应用，为城市治理赋能，促进其高质量发展，促进城市治理体系和治理能力现代化。海淀“城市大脑”建设的目标是，自2018年起，用五年左右时间，从城市治理领域入手，全面提升海淀区现代化、智能化、精细化治理能力，将海淀“城市大脑”打造成国内一流的新型城市治理平台，形成现代化的城市治理体系，助推形成人文活力型、创新引领型、新型智慧型、宜居宜业型的新型城市形态，形成新时代海淀城市建设发展方案，输出海淀智慧和海淀模式。

（钟冷）

信访

【概况】 2019年3月，根据海淀区机构改革方案，将区委区政府信访办公室更名为区信访办公室，仍作为区政府工作部门。2019年，全区信访系统深化落实海淀区“两新两高”战略，坚持以党的政治建设为统领，以人民为中心，以法治思维和法治方式为根本，以确保中华人民共和国成立70周年庆祝活动绝对安全为主线，开展信访矛盾预防调处化解，维护群众合法权益、维护社会稳定。全年召开信访工作会议16次。全区信访总量18448批（件）次、48540人次，批（件）次比上年增长182%、人次持平，其中网上信访占比近70%。在平安北京信访考核中，海淀区连续三年名列十六区第一。

（秦世明）

【排查办主任办公会】 1月23日，区信访办召开2019年第一次区排查办主任办公会，审议并通过紫竹院街道、西三旗街道关于申请矛盾排查专项资金化解相关信访问题的请示。9月20日，副区长沙海江主持召开第二次区排查办主任办公会，审议并通过区城管委、区民政局、实创高科公司申请矛盾纠纷排查调处工作专项资金化解相关信访问题的请示。9月28日，副区长沙海江主持召开第三次区排查办主任办公会，审议并通过海淀公安分局申请矛盾纠纷排查调处工作专项资金化解相关信访问题的请示。12月26日，副区长沙海江主持召开第四次区排查办主任办公会，审议苏家坨镇、四季青镇、花园路街道申请矛盾纠纷排查调处工作专项资金化解相关信访问题的请示。

（李程）

【信访工作联席（扩大）会议】 2月28日，区信访办组织召开海淀区第一次信访工作联席（扩大）会议暨全国“两会”信访维稳工作部署会，传达市信访联席办关于做好全国“两会”期间信访工作的会议精神，对全国“两会”信访维稳工作进行部署。区信访联席会议成员单位，各街、镇等70余家单位参加会议。4月9日，区信访办组织召开第二次信访工作联席会议（扩大）会议。区纪委（监委）、区委政法委、区公安分局、区信访办、各街镇和属地派出所等90家单位参加会议。会议对第二届“一带一路”国际合作高峰论坛、北京世界园艺博览会、亚洲文明对话大会3项重大保障任务的信访维稳工作进行部署。5月23日，区信访办组织召开第三次信访工作联席（扩大）会议暨全区信访工作会议。会议由区委副书记、区长戴彬彬主持，区委书记于军，市信访办党组成员、副主任张宗林出席会议并讲话，全区各单位主要领导、主管领导和主管信访工作的负责人参加会议。会议传达习近平总书记近一年来对信访工作重要批示，中央有关领导、市主要领导重要指示和中央信访工作督察汇报会、全国信访局长会议、全市信访工作联席会议第一次全体会议精神，总结2018年海淀信访工作并部署2019年工作任务；印发《海淀区2019年信访工作要点》《海淀区“信访矛盾攻坚、信访积案和重点矛盾化解”工作方案》。12月3日，副区长沙海江主持召开信访工作联席会议第四次全体（扩大）会，区信访工作联席会议成员单位、区科信局、区律师协会、科技公司和部分市、区人大代表参加会议。会议以“深入学习贯彻十九届四中全会精神，加强信访机制和社会治理体系创新，打造海淀信访特色品牌”为主题，总结全区信访工作机制建设好的经验和做法，查找存在的问题和不足，就下一步如何创新信访机制和治理体系，打造海淀信访特色品牌进行研究讨论。

（李程）

【区领导接访】 3月12日，区委常委、政法委书记吴计亮在信访接待大厅窗口接待来访群众。3月15日，区政协副主席丁志明在信访接待大厅窗口接待来访群众。3月20日，区委常委、常务副区长孟景伟在区信访办接待信访群众易某某，沟通协调信访人申请低保的信访诉求。8月2日，区委书记于军在区信访办接待圆明园花园别墅小区群众代表。针对群众要求科学规划、提升人居环境的建议，区信访办召开圆明园花园别墅小区信访问题视频会商会，集中研判群众诉求。于军，区委常委、区委办主任高念东，副区长沙海江参加现场会商，区委办、区信访办、区城管委、区住建委、区教委、区园林绿化局、区水务局、海淀交通支队、规自委海淀分局、海淀镇、马连洼街道、清华附中等单位领导参加会议。8月2日，于军在区信访办随机接待信访群众张某，听取其诉求。由于小区修建车棚，距离居民楼较近，已经影响张女士的日常生活。于军在接访批示单上作出批示，指出群众利益无小事，相关街道要急群众所急，想群众所想，认真细致处理，切实为居民办实事、办好事。8月8日，区委副书记、代区长曾劲在区信访办参加信访接待日活动，倾听群众的呼声和诉求，推动信访难题解决；召开研究解决群众反映违建问题工作会，接诉即办。副区长沙海江一同参加接待日活动，区房管局、规自委海淀分局、玉渊潭农工商总公司、田村路街道、永定路街道参会。8月29日，区委常委、区政府党组成员、副区长李俊杰在区信访办参加信访接待日活动，接待天作商城业主代表。区信访办、区委政法委、区司法局、区商务局、区金融办、区市场监督管理局、北下关街道、大街办、大街公司及海国投公司等相关单位主要领导和负责人参加接待。

（杨娜）

【信访宣传月活动】 5月24日，由区信访办主办的以“打造网上主渠道 智慧信访更阳光”为主题的海淀区2019年信访条例暨网上信访宣传月在世纪金源广场启动。北京市信访办副巡视员任才、海淀区政府副区长沙海江以及区委政法委、区老干部局、曙光街道等单位有关领导参加活动。活动现场为群众发放宣传品，宣讲信访条例，答疑解惑。宣传月活动期间，全区共设立31个宣传站点，制作宣传横幅85条、海报2560张、移动宣传画65个，发放宣传材料2.64万份，宣传品4.3万份，接受群众咨询1万余人次；各街道镇自制宣传品7万余件。信访宣传月活动持续至6月23日，包括集中宣传、深入宣传、总结巩固3个阶段。

（纪慧娟）

【矛盾多元调解工作调研】 6月5日，区信访办、北明软件公司负责人一行到北京多元调解发展促进会调研。北京多元调解发展促进会简要介绍组织构成、人员结构、运行模式、调解优势、专业调解队伍建设、运营现状以及多元化解信访案件的重点和难点，对海淀区信访办引入多元主体参与矛盾化解的做法表示肯定。区信访办与北京多元调解发展促进会就信访件导入促进会专业调解模式化解矛盾的可操作性及应用范围进行沟通。区信访办将利用海淀科技创新优势打造网上智能化解平台，运用互联网支撑、集聚法律、专业调解资源，全力打造社会矛盾治理新路径。

（杨方千）

【海淀区公共管理综合保险招标研讨会】 6月18日，区信访办组织召开海淀区公共管理综合保险招标研讨会。与会人员对2019年招标文件中拟修改部分和部分拟增加的责任条款进行详细审核，基本确定2019年招标文件的总体框架和重要内容，并通过比较、吸收其他区的相关做法，结合海淀实际，参考社会化运营模式，对海淀区公共管理综合保险项目的参保范围、参保标准、理赔流程、后续服务等方面进行商定，为未来更好发挥公共管理综合保险项目优势，引入经验化社会治理新路径，推动化解社会矛盾奠定基础。

（李程）

【“区长信箱”升级改造研讨会】 7月11日，区信访办召开“区长信箱”升级改造研讨会。区融媒体中心、区科信局、中海纪元公司及区信访办参加。会议讨论将区长信箱系统尽快升级改造，使其与北京市网上信访信息系统相结合，并嵌入数据分析、图表生成、趋势预测、智能推送及移动端适配等功能，融合构造“大信访”格局，实现互联、互通、智慧、共享的功能体验，为阳光信访、法治信访、责任信访和智慧信访提供智能支撑，方便老百姓随时随地反映社情民意。

（杨方千）

【“智能接访”工作推进会】 8月14日，区信访办召开智能接访工作推进会，北明软件公司、国研咨询公司相关工作人员参会。北明软件公司工作人员针对信访智能接访大厅提出建设方案，按实际需求充分利用大数据、人工智能、物联网等技术与接访业务深度融合，提升信访综合服务能力，打造信访“智能接访”新模式。信访办领导对“智能接访”工作提出要实现设计改造一体化，体现科技海淀的亮点，将人文关怀与环境服务相结合，全面提升海淀信访接待服务水平的工作要求。

（杨娜）

【信访工作培训会】 11月4日至6日，区信访办组织召开2019年度海淀区信访工作培训会。各街道、镇，相关委办局信访工作主管领导、负责人及信访办工作人员参加会议。邀请市信访办办信处、网信处工作人员讲授信访基础业务及信访考核情况。

（纪慧娟）

【信访工作专题培训班】 12月9日至13日，区委组织部、区委党校、区信访办联合举办海淀区信访工作专题培训班，全区信访系统部分主管领导及科长共计48人参加培训。学员们观摩浙江省嘉兴市嘉善县信访超市的一窗受理、分流处理，将诉前调解、人民调解、劳动仲裁、信访办理等有效整合，提供“访、调、仲、诉、导、育”链式服务，敞开大门化解矛盾，推动社会治理“最多跑一次”。通过培训学习，学员对加强人民内部矛盾的多元预防调处化解，发挥信访工作的优势，推动党委领导、政府负责、民主协商、社会协同、公众参与、法治保障、科技支撑的社会治理体系的建设等有了更深入的认识。

（纪慧娟）

【信访矛盾排查】 年内，区信访办以确保中华人民共和国成立70周年绝对安全为主线，开展信访积案和矛盾攻坚工作。信访积案344件，其中涉及国家信访局四大攻坚战案件9件，化解4件、结案5件；市信访办下达信访积案232件，全部结案，息诉罢访158件，息诉罢访率68.1%；市、区、处级重点矛盾103件全部办结。完成信访服务保障任务：开展庆祝中华人民共和国成立70周年、第二届“一带一路”高峰论坛、北京世园会、亚洲文明对话大会等重要节点信访保障任务；配合完成中央扫黑除恶督导组督查、市委第一巡视组、市委第三巡视组督导检查任务；审核“两委”换届选举候选人678批次、7791人次。庆祝中华人民共和国成立70周年活动期间，区委、区政府主要领导主动接访下访，22位区级领导接访信访群众37批次。区属各单位每日安排一名处级领导干部在岗接访。排查涉访关注人416人，报送扬言类预警信息16份。高频调度精准化解矛盾：信访办牵头召开信访联席会4次，排查办主任办公会和排查办主任预备会15次，信访矛盾协调会20余次，专题推进会16次，调度全区70余家单位，分类研究涉众性经济案件、征地拆迁、农业农村等领域突出信访问题。使用矛盾排查资金2953万元，为苏家坨镇、海淀公安分局、城管委等单位化解一批历史积案。运用帮扶救助机制，通过安排公益性岗位、发放补助、节日慰问等方式，对生活困难的信访群众进行关心帮助。

（包贵萍）

【领导包案制】 年内，海淀区推动化解信访“难案大案”。区委书记、区长担任信访积案和重点矛盾攻坚组长，推动化解难案大案。8位区级领导包案，主责单位全部落实处级领导包案。区委书记于军召开专题会议推动“政策性转居问题”，代区长戴彬彬推动解决“田村熙湖小区700户居民10年临时用电问题”，代区长曾劲调度“永金里小区15、16号楼房产证问题”，并督办“常青园南里违建问题”。其他包案区领导积极推动化解，推动解决信访人近20年档案丢失问题、异地返京退休老知青缴纳“一老一小”医疗保险、菊园大产权证办理问题、五路居铁路涵洞影响居民出行问题、涉法涉诉类信访积案、信访人房屋开裂问题、翠微南里2号楼水压不足问题。副区长刘圣国、沙海江分别召开分管领域的信访工作协调会，推动解决一批信访矛盾。

（秦世明）

【拓展信访工作模式】 年内，区信访办采取3条措施，探索拓展信访工作模式。纵向分级负责，推动信访工作落实：根据《北京市信访工作责任制实施细则》，健全完善区委、区政府研究信访工作制度，明确各级信访部门、有权处理机关和属地政府的责任。在“平安海淀”信访考核中，西三旗街道、花园路街道、四季青镇和退役军人事务局、人力社保局、城管执法局成绩较好。横向部门联动，推动共建共治共享：区属单位相互协调，主动作为。规自委海淀分局全面梳理不动产登记问题；区卫健委开展本领域信访问题自查；区生态环境局完善依法分类清单；区园林绿化局对认建认养绿地领域专项排查梳理；区人力社保局牵头对异地退休返京知青问题多次会商，研提方案；区教委、区住建委、区人力社保局重点时期安排专人到区信访办接待窗口接访；区金融办牵头有效防范金融风险，网贷工作专班发挥作用，守住群体性聚集的底线；苏家坨镇群众满意度显著提升；四季青镇信访形势明显好转，特别是在东、西红门拆迁工作中做到关口前移，重心下沉。“全程公开、领导包片、干部拆迁”的做法，预防矛盾的产生，实现信访矛盾不出村，拆迁工作零上访。集中解决信访矛盾：全区信访系统通过开展“不忘初心、牢记使命”主题教育，集中查找一批人民群众关心关注的难点、堵点、痛点问题，集中研究解决一批当前存在的突出重点问题。向市信访办报送的“个税起征点调整对北京市居住证制度的影响”研究课题，对政策的调整发挥了积极作用。督办推动“马神庙1号院居民楼前违建信访问题”“圆明园小区周边车辆堵塞信访问题”等一批矛盾纠纷得到解决。

（秦世明）

人事管理

【概况】 2019年，全区有事业单位542个（有64家主管部门所属的246家事业单位纳入规范管理事业单位），编制34776名。其中，教委所属事业单位编制19522名，实有在编18952人；卫健委所属事业单位编制6740名，实有在编5098人；纳入规范管理事业编制3673名，实有在编3200余人。事业单位专业技术人员22769人，其中教委共有专业技术人员17644人、卫健委共有专业技术人员4864人，两家单位专业技术人员总数占区属单位总数的98%。

（张艺璇）

【积分落户工作】 年内，海淀区有北京市积分落户业务注册单位9664家，同比增长2.5%；系统申报41263人，同比增长0.04%（全市申报10.6万人，同比下降1.5%）。海淀区申报量占全市申报总量的39%；取得积分落户资格2401人，占全市总数（6007人）的39.97%，同比增加1.73%；接收落户人员申请材料2290份。

（张艺璇）

【人才引进】 年内，区人力资源社会保障局完成人才引进审核360人。办理北京市工作居住证1.6万个，续签1.23万个，变更1.76万个。

（张艺璇）

【公务员超市培训】 年内，区人力资源社会保障局开展“公务员超市培训”40期，计划培训10500人次，累计报名9869人次，实际参训9048人次，参训率91.68%。

（张艺璇）

【人事考试】 年内，区人力资源社会保障局承接市级、区级各类纸笔化人事考试19类，涉及考点73个、考场2049个、考生174303人次。承接上机考试7次，其中计算机模块考试1次，考生180人次；电子化考试6次，考生11314人次。

（张艺璇）

【外国人来华工作许可服务】 年内，区人力资源社会保障局继续开展外国人来华工作许可服务工作，为A类科技领军人才、国际企业家等“高精尖缺”人才提供免预约服务，开通“绿色通道”并提供“容缺受理”服务。受理审核4023份，制发外国人来华工作许可卡2023张，其中A类253张，B类1742张，C类28张。

（张艺璇）

对口帮扶

【概况】 2019年，海淀区印发《2019年海淀区东西部扶贫协作和对口支援工作计划》等文件，召开21次双边高层联席会议，安排并拨付区级扶贫项目专项资金7500万元，街镇自有财政资金6125万元。组织现场招聘会，带动帮扶地区就业脱贫4000余人，帮助结对地区销售特色产品和农副产品约6亿元。建成消费扶贫双创中心海淀分中心。实现对受援地108个乡镇结对全覆盖。安排1000万元专项资金，支持河北省赤城县11个项目建设，涉及产业发展、劳务协作、残疾人事业、培训提升等领域，帮扶202个贫困村、带贫惠贫7525人，吸纳1250名建档立卡贫困户实现就地就业。

（王晓华）

【科右前旗扶贫协作工作对接】 3月27日至28日，区委书记于军率海淀区党政代表团，到内蒙古兴安盟科右前旗对接扶贫协作工作。兴安盟人大工委副主任、科右前旗委书记朱成帮参加对接活动。代表团一行考察海淀区援建的产业扶贫项目巴日嘎斯台乡牲畜交易市场，项目建成后，将成为集牲畜交易、牲畜质量安全监测检测等功能于一体的现代化大型综合服务平台和农牧民受益的公益性综合流通服务项目，可增加就业岗位、带动产业发展。在俄体镇齐心村，代表团听取该村党建促脱贫工作进展情况的介绍。在齐心村，实地查看2018年帮扶建成的沙果气调保鲜库，总库容约20万公斤，可保证鲜果及蔬菜以“时间差”上市，提升果品附加值。

（唐炜　钟冷）

【“农帮宝”对口帮扶爱心专柜进社区】 4月3日，海淀区三家社区生鲜超市同时开设首批“农帮宝”对口帮扶爱心专柜。产品由海淀蔬菜联采平台考察筛选，来自海淀区对口帮扶地区，以农副土特产品为主，“一站式”从产地上架到专柜，带动对口帮扶地区增收脱贫。为扩大营销阵地，主办方设计“线下有帮扶专柜线上有微信营销”模式，把消费者从线下吸引到线上，设置“爱心小秘书”专门进行线上营销推广，可以得到展示和销售更多帮扶地区的好产品。同时在社区超市、社区便利店等便民商业网点设置爱心专柜，扩大消费面，让对口帮扶专柜成为消费扶贫力量，把爱心专柜打造成对口帮扶产品的展示窗口和销售平台。

（钟冷）

【京蒙扶贫协作年会暨经济合作招商推介会】 4月27日，内蒙古科右前旗·北京市海淀区·北京林业大学中央单位定点帮扶京蒙扶贫协作年会暨经济合作招商推介会在京举行。会议总结2018年中央单位定点帮扶和京蒙扶贫协作工作取得的成绩，进一步深化帮扶协作成果。内蒙古兴安盟人大工委副主任，科右前旗旗委书记朱成帮及四大班子领导，北京林业大学党委书记王洪元、校长安黎哲，海淀区委副书记、区长戴彬彬以及区领导王鲁豫、陈双、丁志明出席会议。与会人员观看科右前旗脱贫攻坚宣传片，海淀区、北京林业大学以及科右前旗分别介绍帮扶协作情况。戴彬彬表示，海淀区要以首善标准扎实推进对口帮扶科右前旗各项工作，确保各级援助资金及时到位，突出产业协作，聚焦精准帮扶，实现结对帮扶全覆盖，助力科右前旗如期脱贫。随后举行科右前旗项目和产品展示会议以及京蒙经济合作招商推介会。科右前旗28家企业的160余种优质农畜产品参加推介，与北京的21个商会、200余家企业的七大类、31个项目签约，金额145亿元。京东科右前旗扶贫馆同时上线。全国各地受邀企业代表、受邀嘉宾和科右前旗部分企业代表参加活动。

（王佳琪　钟冷）

【到赤城县考察对口帮扶工作】 5月16日至17日，区委副书记、区长戴彬彬率海淀区党政代表团，到河北省张家口市赤城县考察扶贫对口帮扶工作。代表团实地考察对口帮扶的产业扶贫、教育扶贫、健康扶贫项目；走访慰问建档立卡贫困户、捐赠援助资金、签署合作项目。雕鹗镇下虎村的弘基牧业温室大棚是2018年海淀区帮扶资金项目之一，项目建成运营后，除经济效益显著外，还带动周边村庄产业发展，助力贫困人员稳定脱贫。考察教育扶贫项目样田中心小学校舍新建提升情况。走访慰问建档立卡贫困户韩振环。其间，举行海淀区与赤城县对口帮扶高层联席会暨签约捐赠仪式。海淀区向赤城县援助捐赠对口帮扶专项资金1000万元；纳恩博（北京）科技有限公司向赤城县团委捐赠11.2万元助学款；区发改委、海淀园工委、永定路街道、清华园街道、燕园街道、区工商联、海淀镇分别与赤城县乡镇签订结对帮扶协议；四季青镇与赤城县云州乡、海淀联采联盟与赤城县供销社、北京锦绣大地电子商务有限公司与赤城县商务局分别就“云州乡矿泉水帮扶项目”“蔬菜种植采购项目”“电子商务合作项目”进行合作签约。海淀区副区长刘圣国、崔坤军，张家口市委常委、副市长吴向阳，副市长燕旺林，赤城县委书记郭新耀，县委副书记、县长赵红革等参加活动。

（王佳琪　钟冷）

【海淀园工委对口帮扶敖汉旗】 6月14日，海淀园工委常务副书记吴宝华带队，海淀园工会和12家非公高新技术企业的60名志愿者赴内蒙古赤峰市敖汉旗对口帮扶，海淀园“助力扶贫攻坚暨青年公益在行动”，工会工委联合园区企业向敖音勿苏小学捐赠价值28.4万元的物资，包括1台速印机、2台净水器、30份“一对一”助学大礼包、280套校服、50吨煤炭、40头猪崽、500袋猪饲料。6月24日，海淀园工委常务副书记吴宝华和园区企业一行20余人赴河北省赤城县田家窑镇、镇宁堡乡开展对口帮扶活动。工会工委向镇宁堡乡九年一贯制学校、田家窑镇九年一贯制学校建档立卡贫困学生捐赠80套助学大礼包，帮助改善贫困学生的学习条件。

（程晓荷）

【丹江口市对口协作高层互访联席会】 6月24日，湖北省丹江口市、海淀区对口协作高层互访联席会召开，区委副书记、代区长曾劲与到访的丹江口市委副书记、市长李翔一行，就持续做好对口协作工作座谈交流。2014年，双方建立对口协作结对关系，进行全方位合作对接，对口协作取得丰硕成果。2019 年 4 月，丹江口市正式脱贫摘帽。李翔表示，希望进一步加强两地沟通交流，做好后续合作各项工作，开创对口协作共赢新局面。曾劲表示，加大资金支持力度、智力协作力度、商务合作力度，持续做好对口协作各项工作，更好实现脱贫摘帽之后两地共同繁荣发展，造福两地人民。海淀区副区长张若冰、丹江口市副市长何宇参加会议。

（王佳琪　钟冷）

【河北易县考察团到区考察】 7月5日，河北易县考察团到海淀区考察位于永丰产业基地的北京声迅电子股份有限公司、东升科技园和东升国际科学园，了解园区运营及产业发展情况。易县考察团了解了海淀区产业转移项目信息，学习海淀区招商、项目管理先进经验，进一步拓宽与海淀区对接合作领域。2016 年，海淀区与国家级贫困县河北易县建立对口帮扶关系，援助易县对口帮扶资金超过亿元。通过科技帮扶、产业帮扶等“造血式”帮扶，促成驻区企业与易县签约产业、商贸、旅游推广等多个项目，引导中国航天科工集团等企业到易县投资，助力易县 2018 年实现脱贫摘帽。区委常委、常务副区长孟景伟，副区长崔坤军参加考察。

（聂蕊　钟冷）

【区四套班子领导到敖汉旗对接扶贫协作工作】 7月10日至11日，区委书记于军，区委副书记、代区长曾劲，区人大常委会主任刘长利，区政协主席刘勇等区四套班子领导，到内蒙古赤峰市敖汉旗对接扶贫协作工作。赤峰市政协副主席、敖汉旗委书记邱文博等四套班子领导参加对接活动。代表团考察萨力巴乡设施农业扶贫产业园，以推进一、二、三产融合发展为举措，通过探索资产收益模式，对加强精准扶贫、增加就业岗位、带动产业发展具有重要示范效应。走访慰问建档立卡贫困户孙文龙。考察由海淀区援建的产业扶贫项目东大品证牧业有限公司和牛养殖项目、内蒙古禾为贵农业发展有限公司，详细了解项目建设进度、企业经营状况、产业发展情况、项目与脱贫攻坚工作结合紧密度和贫困户受益效果。其间召开海淀区与敖汉旗对口帮扶高层联席会；举行对口帮扶签约捐赠活动，海淀区向敖汉旗援助对口帮扶资金 1000 万元。海淀区发改委与敖汉旗惠州街道办签订结对帮扶协议，实现海淀区部门、街镇与敖汉旗 18 个乡镇苏木、街道办结对全覆盖。海淀区红十字会、海淀区玉渊潭农工商总公司向敖汉旗红十字会捐赠博爱助学资金。北京环宇空间技术发展基金会、北京锦绣大地电子商务有限公司向惠州街道办捐赠对口支援资金。区领导高念东、王鲁豫、沙海江、刘恪参加扶贫协作工作对接活动。

（唐炜　钟冷）

【易县精准扶贫干部培训班】 7月22日至26日，海淀区委学校举办河北易县精准扶贫干部培训班，50 名易县乡镇（处）党政正职、乡镇（处）负责扶贫或乡村振兴工作干部、扶贫驻村工作队第一书记及相关县直部门的科级干部参加培训。培训班采取理论授课与现场教学相结合的形式，邀请中国人民大学公共管理学院城市规划与管理系教授邻艳丽、中国社科院政治学研究所副研究员左停等专家，围绕乡村振兴战略与精准扶贫方略、增强群众工作本领等系列政策进行解读。学员参观西北旺镇探索农村基层党建工作基地，了解基层党建工作新模式、新路子、新做法，结合理论课程，借鉴学习党建工作经验；考察中关村东升科技园、中关村国家自主创新示范区展示中心、中关村创业大街等基地，全方位了解中关村发展的历史和现状，了解北京市和海淀区如何通过园区建设和发展，利用集体建设用地调低入高发展模式，盘活低效集体建设用地，实现新型集体经济的高质量发展以及中关村在科技创新方面的主要成就、经验与做法。

（谢晶　钟冷）

【曾劲到和田市考察对口支援工作】 8月1日至3日，区委副书记、代区长曾劲率考察团，到新疆维吾尔自治区和田市考察对口支援工作。和田地委副书记、市委书记葛标，地委副书记、北京援疆和田指挥部总指挥丁勇参加考察。2017 年，海淀区与和田市签署携手奔小康行动协议，双方在产业经贸、人才交流、教育医疗等方面开展合作，取得阶段性成果。曾劲考察古江巴格乡赛克散村购牛项目，走访慰问建档立卡贫困户肉孜托合地·卡地，察看和田高能时代新能源有限公司实施的和田市生活垃圾焚烧发电工程项目、海淀区投资建造的和田市伊里其乡阿热肖拉克米粉加工车间、和田市北京海淀小学，向承接联系兵团十四师皮山农场对口支援资金 300 万元。其间举行海淀、和田携手帮扶高层联席会暨捐赠仪式。海淀区援助和田市对口支援资金 1500 万元；区红十字会、区教委、北京昊业怡生科技有限公司联合捐赠 775 台电脑并开展博爱助学爱心行动；区红十字会、小米集团党委捐建小米图书馆；6 家区属国有企业联合捐赠援建资金 600 万元。副区长张若冰参加考察。

（王佳琪　钟冷）

【与怀柔区签署医疗对口帮扶合作协议】 8月2日，海淀区卫生健康委与怀柔区卫生健康委举行对口帮扶战略合作框架协议签约仪式。双方将在社区卫生服务、医养结合、国际医疗服务、疾病预防控制、卫生监督等医疗领域的多个方面加强交流合作。在社区卫生服务领域，双方将围绕社区卫生服务机构功能定位，在基层卫生人才培养、培训方面合作，提升怀柔区基层卫生人员技术能力，构建基层医疗服务共同体，促进怀柔区分级诊疗格局建设。在加强医养结合交流合作方面，怀柔区将借鉴海淀区医养结合成功经验，在家医签约服务基础上，推进怀柔区医养结合工作，提升怀柔区为老年人医疗服务的综合能力。

（王艳洁　钟冷）

【“海淀区消费扶贫千店联盟”项目启动】 9月11日，“海淀区消费扶贫千店联盟”项目启动，北京市对口帮扶地区的农产品直供中关村街道辖区的25家社区门店。项目由北京车客家园网络科技发展有限公司承办，通过联合中关村地区中小型社区零售网点，整合需求，对接帮扶地区的优势农副产品，以中关村街道为试点，开启“消费扶贫直供社区”新模式。项目打通线上线下销售渠道，消费者可线上预订，线下提货。该项目计划在一年内，完成全区29个街镇社区消费联盟扶贫直供的市场落地实施，实现1000家社区终端服务商会员入会，覆盖40个对口帮扶贫困县的200个以上农产品品类，服务海淀区社区消费者人口200万人以上，扶贫直供产品年销量100万元以上的终端门店300家，实现年采购量达4亿元～6亿元的农产品直达海淀各社区。

（钟冷）

京津冀协同发展

【概况】 年内，海淀区执行新增产业禁限目录，实现不符合首都功能定位的产业“零准入”。调整组建区委区政府推进京津冀协同发展领导小组，印发实施《海淀区推进京津冀协同发展2019年工作要点》。与延庆区、怀柔区、通州区、大兴区签订合作框架协议，建立健全跨区域联动发展机制。发挥海淀教育资源、产业发展优势，助力通州、雄安建设。与通州区共同打造“通州硬科技产业示范基地”项目，支持首师大附中、人大附中、北理工附中等优质学校通州校区发展。北京市六一幼儿院雄安院区、北京市海淀区中关村第三小学雄安校区成为北京市首批教育援助雄安项目。

（王晓华）

【与怀柔区签署战略合作框架协议】 6月20日，海淀区与怀柔区签署《海怀携手双城联动共建科创发展新生态战略合作框架协议》。该协议包括共推科技创新、共促产业发展、共筑美丽家园、共治营商环境、共享美好生活、共育人才队伍6个方面18项共建工程（行动），打造“海怀”双城协同联动新模式，推动国家创新驱动发展战略落实落地。

（王晓华）

【《海淀区—延庆区结对协作总体工作方案（2019年—2022年）》公布】 8月12日，《海淀区—延庆区结对协作总体工作方案（2019年—2022年）》公布。该方案是2018年11月两区签订的《推动生态涵养区生态保护和绿色发展结对协作框架协议》的进一步落实和推进。方案主要内容是围绕生态建设、产业发展、公共服务、功能疏解承接、低收入帮扶、干部人才交流等经济社会发展重点领域，开展多形式、多渠道紧密协作，构建优势互补、共建共享、合作共赢的区域协作格局，促进两区经济社会绿色高质量发展。

（王晓华）

【与大兴区签署区域协作框架协议】 12月5日，海淀区与大兴区签署区域协作框架协议。根据协议要求，两区将围绕合作推进科技成果转化、加强产业协同发展、加强政策资源共享、促进公共服务共建共享、开展干部人才交流学习、拓宽多领域协作等方面，开展多形式、多渠道紧密协作，构建优势互补、共建共享、合作共赢的区域协作格局，促进两区高质量发展。

（王晓华）

重要民生实事

【概况】 2019年，海淀区完成优化教育、医疗、养老服务，提升居住条件，便利日常生活，改善交通出行，营造宜居环境，丰富文体活动，巩固公共安全，加强就业保障8个方面的33件重要民生实事，并在区政府网站、为民办实事平台向全社会公布进展情况和落实情况。

（谢锦程）

【33件重要民生实事】 1. 通过新建、扩建的方式，在人大附中航大城学校、十一晋元中学、育英中学新增中小学位3664个；在北京师范大学实验幼儿园龙樾分园、长河湾汇佳幼儿园、北京有色金属研究总院幼儿园等学前机构扩增学前教育学位8200个。

2. 曙光社区卫生服务中心和四季青镇社区卫生服务中心已取得项目执行通知书，正在开展招标工作。八里庄社区卫生服务中心建设项目已完成建设，准备竣工验收。

3. 制定《海淀区社区卫生医护人员岗位能力三年（2019—2021）达标工程实施方案》，区属社区卫生服务机构的在岗全科医生和社区护士共300人参加首期三年一达标工程，达标率95%。通过宣传折页、海报、动画、信息推送、集中签约、义诊咨询、健康教育等多种形式，让居民了解家庭医生签约服务内涵、签约流程、服务特色及政策内涵，合理引导居民预期，做到愿签尽签，稳步扩大签约服务覆盖面。全人群签约83.5万人，重点人群签约49.6万人。

4. 召开海淀区2019年医政医管暨医联体工作会议，推动全年医政医管和医联体各项工作的落实。建成首都医科大学附属北京世纪坛医院和海淀区羊坊店社区卫生服务中心紧密型医联体。

5. 结合国家级慢病综合防治示范区工作，发挥“家医团队”优势，加强宣传，将早发现、早预防、早治疗的健康理念传到群众身边。重视心血管病防控人才队伍和平台建设，建立医院和基层医疗卫生机构协作指导及转诊机制，提高项目实施单位专业人员心血管病预防和控制工作的能力，完成免费检查6092人、高危对象调查1502人、短期随访管理1501人。

6. 完善养老服务体系，加快养老服务业发展，新建永金里社区、颐源居社区等29家养老服务驿站；帮助解决老年人行动不便的问题，为2000户80岁以上有需求老人家庭配发浴凳，为1896户90岁以上高龄老人家庭进行适老化改造服务，深受老年人好评。

7. 推动保障房建设项目落地，建设政策性住房4688套，筹集租赁住房1006套。11月底，启动西三旗共有产权项目相关工作。

8. 新增市场化租赁补贴备案家庭472户，累计面向3300户家庭发放市场化租赁补贴8400万元，面向8300户家庭发放公租房补贴10325万元。加强信息化管理，提升智慧化管理水平，完成18个公租房项目848个身份识别系统摄像头安装工作。优化运营管理模式，提升服务品质，完成唐家岭服务站、青棠湾服务站和同泽园服务站的建站工作，提高百姓的满意度和舒适度。

9. 以“疏功能、补短板、惠民生”为工作导向，重点推进宝山村、双新村、功德寺等棚改项目，累计完成搬迁腾退503户。

10. 推进老旧小区综合整治项目，采取“菜单式”改造方式，体现“自下而上”尊重民意的改造原则，根据实际情况增加电梯、立体停车设施、养老驿站等自选类改造项目，同步建立后续运行管理长效机制。西三旗悦秀园小区、温泉镇温泉路45号院等13个老旧小区综合整治项目均已立项实施。

11. 持续做好既有多层住宅增设（适老化）电梯工作，开展政策宣讲、居民见面会等活动，加大入户走访力度，了解居民诉求，争取低层住户的理解与支持，不断扩大增设电梯的试点范围，全年完成北航社区415号楼、小营东路5号院3号楼等80个点位电梯安装工作。

12. 加快推进生活性服务业“规范化、连锁化、便利化、品牌化、特色化、智能化”发展，融合新型科技手段和创新服务模式，新建及规范蔬菜零售等各类生活性服务业网点80处（包括社区商业e中心12处），其中蔬菜网点33处、便利店31处、早餐12处、便民维修2处、洗染1处、美容美发1处。

13. 改善市民如厕环境，提升公厕服务品质，遵循“一厕一设计、一厕一预算、一厕一评审”的改造标准，本着“因地制宜、应改尽改”的原则，对区域内的公厕进行改造。经现场踏勘、方案设计、联审会讨论、财政评审、工程招投标、进场施工等相关工作，完成红联村9号、常青园北里等100座公厕的提升改造任务。

14. 挖潜停车位共计7000余个。利用大运村西侧等代建土地、香山地区环境整治项目、紫竹院原花鸟鱼虫市场疏解腾退用地、西三旗原天坛家具厂等空闲用地和人防空间等场地和空间，建设增加停车位5000余个；结合道路停车改革工作，在居住区周边道路规划施划居住停车位2000余个。

15. 建立联席会议制度，推进5G网络建设，建设完成5G基站2107处，其中长安街沿线、中关村大街沿线、上地街道、中关村西区、中关村智能网联汽车测试区域五大重点区域建设完成304处。经测试，五大重点区域已完全达到5G商用覆盖标准，实现5G网络全覆盖。其他区域也已基本完成相关建设工作，初步具备使用条件，完成5G网络初步覆盖。

16. 推进上庄东路、巴沟村路、五路居东路、香泉南路、杰王府西路5条道路建设，其中上庄东路涉及的腾退还建项目已基本完成，巴沟村路道路设计方案已调整完毕并报送至市规自委，五路居东路、香泉南路、杰王府西路已建成通车。唐家岭路与北清路接顺已完成建设。已实现通车里程8000米。统筹实施完成建枫路、长智路等105万平方米的道路大中修工程。

17. 按照“研究一批、实施一批、储备一批”的原则，完成永定河引水渠北侧路11项疏堵工程。注重学校、医院周边及拥堵节点的优化治理，完成翠微小学、口腔医院、万泉河路肖家河桥等20处点位的优化调整工作。结合群众诉求，完成三义庙路、人民大学南路、又一村路、太平东路、东翠路、极乐寺东街、北太平庄滨河路、滨河南侧路8条道路的机动车单行交通管理工作。

18. 结合道路大中修工程、慢行系统区域专项治理、疏堵工程等工作的开展，综合治理160余千米自行车道。通过软件升级、算法升级等方式，增加监控探头抓拍外埠车辆限行、尾号限行、货车限行等违法处罚功能，实现单一设备的多种违法行为抓拍，共完成苏州桥桥上、高梁桥桥头等68处监控点位的升级工作。

19. 重点聚焦交通枢纽、公交站周边及群众反映集中的居住周边无灯问题。完成冠城北园南侧路、永泰庄东里西门路、五道口地铁站东南侧路、茶棚路北段等33条无灯道路路灯安装工作。

20. 以绿色惠民为宗旨，保留现状植物，新植乡土植物，采用拟自然群落的种植手法，营造林冠线流畅、季相变化丰富的植物景观效果，完成温泉文体公园代征地绿化工程、五路居回迁安置房周边绿化工程、东升科技园二期周边绿化项目、阜石路南侧代征地绿化项目、太舟坞安置房周边绿化工程、温泉尚风尚水周边绿地绿化项目、和泓四季代征地7处30.46公顷公园绿地建设，栽植乔灌木7.34万株。其中，温泉文体公园代征地绿化工程、五路居回迁安置房周边绿化工程为城市休闲公园项目，涉及面积5.75公顷。

21. 发挥“1+2+N”拆违联动机制作用，形成“各司其职、各负其责、上下联动、齐抓共管”的治理格局，共拆除违法建设213.7万平方米。

22. 以四方机制为基础，创新工作方式，建立社区环境和物业管理委员会、社区治理合伙人机制、智汇五家等多种形式的社区议事协商模式。对符合条件的四道口社区、永定路西里社区等57个社区实现四方机制全覆盖。为解决物业费调整难题，制定《关于规范海淀区物业服务收费价格评估和调整程序的指导意见（初稿）》，并以此指导城华园、金晖嘉园等小区完成物业服务费调整，在实践中不断修正完善，物业行业收费价格评估及弹性调整工作机制基本形成。

23. 制定并印发《海淀区农村人居环境整治和美丽乡村建设工作方案（2019—2020年）》，对东升镇马坊村、小营村，西北旺镇永丰屯村、屯佃村，苏家坨镇七王坟村、车耳营村、梁家园村、聂各庄村，上庄镇前章村、西闸村、永泰庄村、后章村、西辛力屯村共13个村庄开展农村人居环境整治。对温泉镇温泉村、白家疃村，苏家坨镇柳林村、七王坟村、西小营村及上庄镇罗家坟村共6个村庄启动准物业化管理工作，在基础设施和公共服务设施维护、村庄保洁、绿化养护、治安控违等方面实行专业化管理。

24. 以喜迎中华人民共和国成立70周年华诞为主线，扩大公共文化产品供给，丰富市民文化活动，开展各类培训25.8万人次，提供高品质文艺演出810余场，举办公益性文艺演出203场，各级各类活动惠及群众508.4万人次。

25. 通过保障海淀区图书馆总分馆体系建设、24小时图书馆的运营及“书香海淀”全民阅读季活动，开展各类阅读活动546场，线上线下惠及群众302万人次。新增图书24.9万册，流转图书17.1万册，到馆人次415万人次，年均到馆人次达1.19次。

26. 加大投入建设全民健身工程，在四道口社区、八里庄北里社区、中青院社区、中关村公园等区域新建（更新）100套全民健身路径。在中关村公园、西闸村委会、青棠湾东区、大牛坊村悦康公园、石油社区中心花园、金河嘉园建设健走步道17.18千米。

27. 提升供水安全保障度和供水服务满意度，完成古月园、荷塘月舍、安河园3个居民小区的自备井置换工作。对供水基础较差、成井时间较长、存在一定安全供水隐患的农村自备井进行提质增效，完成四季青镇南辛庄等10个村、苏家坨镇聂各庄等10个村、上庄镇北玉河等11个村、西北旺镇土井村等9个村共40眼饮水自备井的提质增效工作，更换消毒设施20套。

28. 按照“边试点、边完善、边推进”的思路，建设海淀街道综治中心第二平安建设工作站暨海淀派出所第二社区警务工作站、学院路街道综治中心第一平安建设工作站暨东升派出所第一（地大）社区警务工作站、西三旗街道综治中心第一平安建设工作站暨西三旗派出所第一社区警务工作站等29个“两站”，其中建成20个、在建9个。

29. 采取制作横幅、印发彩页等方式走进社区，加大宣传力度，全力做好安装及后期自查工作，为北外社区23号楼、法华寺社区国图5号楼、双紫社区53号楼等老年人家庭安装37300套独立式感烟火灾探测报警装置。

30. 落实《北京市人民政府关于做好当前和今后一个时期促进就业工作的实施意见》和“1+11”促进就业政策文件要求，完善三级就业服务体系，开展就业援助月、春风行动、民营企业招聘月、毕业生就业服务月、金秋招聘月等专项活动，加大对困难群体的就业援助力度，全区共有16994人实现就业，城镇登记失业率为0.93%。

31. 开展手工技能培训，提高女性创业就业能力，共举办手工布艺、扎染、绳结编织等各类就业技能培训50场，培训1630人次。多方位帮扶女性创业，积极挖掘有前景、有示范带头作用的妇女创业项目，对非遗手工技艺项目、巧娘手工产品项目、创新手工作品等8个城镇妇女创业项目提供资金扶持，为巾帼非遗手工创新项目、促进农村妇女就业手工技能培训项目等6个农村妇女创业项目申报市农村妇女创新创业项目资金。

32. 依托残疾人“温馨家园”、职康站等基层服务设施，建成温泉镇帮扶基地、爱心兴海帮扶基地等16个残疾人帮扶性就业基地，帮扶站内61名智力、稳定期精神和重度肢体残疾人实现就业。

33. 创新办案模式，探索以强化案前引导、优化庭审程序、简化裁决文书为核心内容的要素式办案改革，建立并运行“自动分案”系统，分案从以“天”计算变为以“秒”计算，依托公众号实现仲裁文书电子送达，打造“智慧仲裁”平台，全年共处理劳动人事争议25547件，劳动仲裁案件结案率98.13%。

（谢锦程）

政协海淀区委员会

1月4日，海淀区政协党的建设工作会议召开（张洪军 摄）

7月9日，区政协常委会评审重点调研课题子课题（区政协 供图）

7月18日，2019年党派团体协商会召开（张洪军 摄）

9月27日，区政协组织政协委员视察五道口地区城市建设和社区治理工作（区政协 供图）

综述

【概况】 2019年，区政协召开全体会议2次，常委会会议11次，主席会议10次，秘书长会议3次。有委员442人，比上年增加11人；常委会组成人员85人，比上年增加1人。294件提案全部办复，编报社情民意信息110条。

围绕全区重点工作，组织各类协商调研活动55次。出台《海淀区关于加强新时代政协党的建设工作的实施意见》《中共北京市海淀区委关于新时代加强和改进人民政协工作的实施意见》。配合市政协开展落实回天地区三年行动计划、培育乡村发展新动能、促进民族交流交往交融等调研活动。与全国30余家地方政协开展交流活动。

组织庆祝中华人民共和国和人民政协成立70周年活动。会同区有关部门联合举办文艺演出、感恩音乐会、诗歌大赛、书画笔会活动，完成《中关村创新发展40年书画长卷》，编印出版《庆祝新中国成立70周年诗歌抒心怀》诗集，推出“70年回眸——纪念人民政协七十周年大事记”专题栏目。

坚持和完善各党派参加政协工作共同性事务情况交流机制；加强同党外知识分子、非公有制经济人士、新的社会阶层人士的沟通联络。组织少数民族界、宗教界开展专题学习考察调研活动。走访委员和委员单位80次，举办委员沙龙、委员讲坛、委员讲堂15期。

建成政协协商议政服务系统，推进网络政协移动互联平台四期项目、委员履职考核系统建设，微信公众号推送量、浏览量继续保持在全国政协系统前列。

（石峰）

【区政协党的建设工作会】 1月4日，区政协党的建设工作会召开，区委副书记、区政协党组书记刘勇主持会议。会议学习贯彻习近平新时代中国特色社会主义思想和中共十九大精神，贯彻落实全国政协和市政协系统党的建设工作有关会议精神，研究部署海淀区政协党的建设工作。出台《海淀区关于加强新时代政协党的建设工作的实施意见》，区委常委、组织部部长、统战部部长周志军宣布区委关于设立区政协机关党组的决定。区委副书记、区长戴彬彬强调，要深入学习贯彻习近平总书记关于加强和改进人民政协工作的重要思想，坚持和加强党对人民政协工作的全面领导，开创海淀区政协党的建设工作新局面。区政协领导、区政协委员会中的中共党员、区委有关部门负责人、各街镇党（工）委书记和政协机关党员干部参加会议。

（石峰）

【第31期读书班】 7月16日至18日，区政协、区委统战部联合举办第31期读书班。区委常委、常务副区长孟景伟作海淀区上半年各项工作运行情况的通报。读书班期间，学员听取“伴随共和国成长的人民政协”“中美贸易战与美国对华战略的变化”“三山五园的前世今生”等专题报告，并进行分班讨论。

（石峰）

【“一城一街”常委会重点调研课题完成】 10月，区政协常委会重点调研课题——“一城一街”（中关村科学城和中关村大街发展建设研究）发展建设研究调研课题通过评审。调研课题包括1个总报告和31个子报告，32个课题报告比较系统的梳理了中关村科学城和中关村大街的发展脉络，深度剖析了当前海淀面临的发展机遇与挑战，提出了许多切实可行的解决方案，受到区委、区政府的高度重视。2017年，区政协把中关村科学城和中关村大街发展建设研究作为常委会重点调研课题进行立项，计划用3年时间完成。

（周伟）

【中共十九届四中全会精神宣讲会】 12月6日，区政协召开中共十九届四中全会精神暨中央、市委政协工作会议精神宣讲会，区委书记于军主持会议，邀请市政协主席吉林作宣讲报告。吉林围绕中共十九届四中全会及中央、市委政协工作会议精神，从中国特色社会主义国家制度和国家治理体系的重大意义、中国特色社会主义国家制度和国家治理体系具有多方面的显著优势、中国特色社会主义国家制度和国家治理体系具有丰富的实践效果等方面，作全面系统的宣讲报告。区四套班子有关领导，区政协委员代表，各街镇（地区）政协委员活动小组组长及联络员，区各民主党派、工商联代表，“两新”人士代表，各人民团体主要负责人和机关干部代表，区政协、区委统战部机关干部，区属各单位机关干部代表等380余人听取宣讲报告。

（石峰）

【区委第六次政协工作会议】 12月25日，区委第六次政协工作会议召开，研究部署当前和今后一个时期海淀区的政协工作。会议出台《中共北京市海淀区委关于新时代加强和改进政协工作的实施意见》，区政协主席刘勇就《中共北京市海淀区委关于新时代加强和改进政协工作的实施意见》的主要内容及区政协贯彻落实举措作说明。区委书记于军充分肯定近年来全区政协工作取得的显著成效，强调要始终坚持党对政协工作的全面领导，为做好全区政协工作提供根本保证，并对政协工作提出4点要求：要着力发挥专门协商机构作用，努力做到“协”以成事、“商”以求同；着力加强思想政治引领，广泛凝聚共识、汇聚力量；着力推进工作制度化建设，实现规范有序、运行高效；着力加强委员队伍建设，强化责任担当、履职尽责。区四套班子及区法院、区检察院主要负责人，各民主党派、工商联主要负责人，全区各街镇、各部门、人民团体、企事业单位主要负责人，区政协常委以及政协委员中的中共党员委员参加会议。

（石峰）

重要会议

【全体会议】年内，区政协召开两次全体会议。

十届三次会议　1月4日至7日召开。会议审议批准区政协副主席刘恪代表常务委员会所作的工作报告、副主席丁志明代表常务委员会所作的提案工作报告，听取区委副书记、区长戴彬彬所作的政府工作报告的说明，讨论政府工作报告、2018年国民经济和社会发展计划执行情况与2019年国民经济和社会发展计划（草案）的报告、2018年财政预算执行情况和2019年财政预算（草案）的报告、人民检察院工作报告、人民法院工作报告；选举刘勇为十届区政协主席，党慧海为十届区政协常务委员；审议通过区政协十届三次会议决议。

十届四次会议　12月25日至28日在北京稻香湖景酒店召开。会议审议批准区政协主席刘勇代表常务委员会所作的工作报告，审议批准区政协副主席丁志明代表常务委员会所作的提案工作报告，听取区委副书记、代区长曾劲所作的政府工作报告的说明，讨论了政府工作报告、2019年国民经济和社会发展计划执行情况与2020年国民经济和社会发展计划（草案）的报告、2019年财政预算执行情况和2020年财政预算（草案）的报告、人民检察院工作报告、人民法院工作报告；选举陈双、杨剑飞为十届区政协副主席，张启兵为十届区政协秘书长；审议通过十届四次会议决议。

（石峰）

【常委会会议】年内，区政协共召开11次常委会会议。

第十四次会议　1月5日召开。讨论区政协十届三次会议选举办法（草案）及候选人建议名单。

第十五次会议　1月5日召开。审议选举办法（草案）；审议通过候选人名单；审议总监票人和监票人建议名单（草案）。

第十六次会议　1月6日召开。听取小组讨论汇报；审议通过任命区政协副秘书长有关事宜；审议大会决议（草案）；审议通过2019年常委会会议、主席会议排期。

第十七次会议　3月15日召开。听取关于海淀区2019年重要民生实事项目的情况通报；通报区政协党组2018年度民主生活会召开情况；审议通过2019年度区政协常委会工作要点；审议通过2019年度政协协商计划。

第十八次会议　5月17日召开。听取海淀区推动海淀教育高质量发展的情况通报；听取科学城北区开发建设有关情况的通报；围绕海淀区优化营商环境工作协商议政。

第十九次会议　7月19日召开。听取海淀区减税降费工作有关情况的通报；听取海淀区推进物业管理提升有关情况的通报；围绕海淀区构建高精尖经济结构产业空间管理协商议政；协商决定委员调整有关事宜；审议通过任免区政协副秘书长有关事宜；审议区政协专门委员会调整有关事宜。

第二十次会议　9月20日召开。听取海淀区2019年国民经济和社会发展计划上半年执行情况的通报；围绕海淀区分区规划有关工作协商议政；听取常委会重点调研课题主报告起草情况的汇报。

第二十一次会议　11月29日召开。听取海淀区党风廉政建设工作的通报；听取区委、区政府提案办理工作的通报；协商决定委员调整有关事宜；审议通过区政协十届四次全体会议议程、日程；审议常委会工作报告（常委会讨论稿）和提案工作报告（常委会讨论稿）；审议通过常委会建议案。

第二十二次会议　12月26日召开。审议有关人事事项；讨论政协北京市海淀区第十届委员会第四次会议选举办法（草案）及候选人建议名单。

第二十三次会议　12月26日召开。审议选举办法（草案）；审议通过候选人名单；审议总监票人和监票人建议名单（草案）。

第二十四次会议　12月27日召开。听取小组讨论情况汇报；审议大会决议（草案）；审议2020年常委会会议、主席会议排期。

（石峰）

【主席会议】年内，区政协召开10次主席会议。

第十七次会议　1月5日召开。讨论区政协十届三次会议选举办法（草案）及候选人建议名单。

第十八次会议　1月5日召开。审议选举办法（草案）；审议候选人建议名单；审议总监票人和监票人建议名单（草案）。

第十九次会议　1月6日召开。审议任命区政协副秘书长有关事宜；审议2019年常委会会议、主席会议排期。

第二十次会议　3月1日召开。审议2019年度常委会工作要点；审议2019年度政协协商计划；审议确定2019年区政协重点提案；研究决定召开常委会第十七次会议有关事宜。

第二十一次会议　5月10日召开。听取海淀区建设北京市服务业扩大开放综合试点示范区有关工作情况的通报；围绕海淀区开展“接诉即办”，推动基层社区精治共治有关工作情况协商议政；听取常委会重点调研课题部分子课题进展情况的汇报；审议通过《政协北京市海淀区委员会关于加强和改进委员学习工作的意见》；研究决定召开常委会第十八次会议有关事宜。

第二十二次会议　7月5日召开。听取海淀区信访工作有关情况的通报；听取海淀区金融风险防范工作有关情况的通报；听取海淀区市场监管工作有关情况的通报；研究专委会调整有关事宜；研究区政协、区委统战部第31期读书班方案；研究区政协、区委统战部2019年度党派团体协商会方案；研究决定召开常委会第十九次会议有关事宜。

第二十三次会议　9月6日召开。听取冬奥会海淀区筹备情况的通报；听取关于海淀区生态环境保护工作的通报；听取常委会重点调研课题主报告起草情况的汇报；研究决定召开常委会第二十次会议有关事宜。

第二十四次会议　11月26日召开。

审议区政协十届四次全体会议议程、日程、委员分组、各环节领导分工；审议提案和社情民意信息评优有关事宜；审议常委会建议案；审议常委会工作报告（主席会议讨论稿）和提案工作报告（主席会议讨论稿）；研究决定召开常委会第二十一次会议有关事宜。

第二十五次会议 12月26日召开。审议有关人事事项；讨论政协北京市海淀区第十届委员会第四次会议选举办法（草案）及候选人建议名单。

第二十六次会议 12月26日召开。审议选举办法（草案）；审议通过候选人名单；审议总监票人和监票人建议名单（草案）。

（石峰）

【秘书长会议】 年内，区政协共召开3次秘书长会议。

第八次会议 1月15日召开。专题征求各党派、工商联对区政协党组、班子成员及机关处级领导干部的意见建议。

第九次会议 6月11日召开。研究2019年度党派团体协商座谈会筹备有关工作；研究区政协庆祝中华人民共和国成立70周年和人民政协成立70周年活动安排方案；研究区政协、区委统战部第31期读书班有关事宜；通报党派团体提案办理有关事宜。

第十次会议 研究征集在区政协十届四次全体会议上的大会发言有关工作；研究优秀提案推荐情况；在全区开展“不忘初心、牢记使命”主题教育活动中就政协有关工作征求意见。

（石峰）

政治协商

【概况】 2019年，区政协围绕落实海淀区“两新两高”战略、中关村科学城建设、民生保障、社会治理等主题开展协商。完善常委会会议和主席会议协商，就构建高精尖经济结构、产业空间管理、优化营商环境、“接诉即办”等开展专题协商。开展党派团体协商，重点围绕建设“一城一街”、落实北京城市总体规划和民生保障等建言资政。推进双周协商，开展协商7次。完善协商成果采纳、落实和反馈机制，加强跟踪督促，把协商成果有效转化为区委区政府重要决策参考。

（石峰）

【主席会议协商】 5月10日，十届区政协第二十一次主席会议围绕海淀区开展“接诉即办”、推动基层社区精治共治有关工作协商议政。

（石峰）

【常委会会议协商】 5月17日，十届区政协常委会第十八次会议围绕“优化营商环境”协商议政。7月19日，常委会第十九次会议围绕“构建高精尖经济结构产业空间管理”相关工作协商议政，协商决定委员调整有关事宜。9月20日，常委会第二十次会议围绕海淀区分区规划有关工作协商议政。11月29日，常委会第二十一次会议协商决定委员调整有关事宜。

（石峰）

【党派团体专题协商会】 7月18日，区政协召开党派团体专题协商会。各民主党派、人民团体负责人，围绕贯彻落实海淀区“两新两高”战略、推动中关村科学城建设和区委区政府中心工作，提出意见建议75条。

（石峰）

【专题协商议政会】 12月27日，区政协十届四次会议举行专题协商议政会暨委员联组讨论活动。与会政协委员围绕“中关村科学城建设发展”“社会治理与民生保障”两个专题进行协商议政，为推动海淀新时代新发展贡献智慧和力量。区委书记于军，区委副书记、代区长曾劲，区政协主席刘勇，区委副书记孟景伟等区领导与委员们面对面座谈，听取意见建议。

（钟冷　石峰）

【双周协商】 年内，区政协围绕保留村改造提升与两镇（苏家坨、上庄）新形态构建、统筹推进中关村科学城产学研协同创新、法院执行难、推动宗教与中华优秀传统文化融合、创建健康促进区、集团化办学、加强“三山五园”保护利用等议题，开展双周协商活动7次。每次活动至少邀请1位区委、区政府主管领导出席，参加的委员和专家学者200余人次。向区委区政府报送意见建议50余条。

（石峰）

视察与监督

【概况】 2019年，区政协贯彻落实区委《关于加强和改进政协民主监督工作的实施意见》，完善民主监督机制，推动政协民主监督的制度化、规范化、程序化，把民主监督贯穿于各类履职形式和过程中。常委会会议、主席会议增加监督性议题比例。组织委员开展视察监督活动20余次，推动重大项目、民生实事的落实以及作风效能的提升。

（石峰）

【会议监督】 年内，区政协在常委会会议、主席会议中，加大监督性议题比例。常委会会议听取政府为民办实事、教育高质量发展、中关村科学城北区开发建设、减税降费、推进物业管理提升、党风廉政建设等情况通报，提出监督性意见建议30余条。主席会议听取海淀区建设北京市服务业扩大开放综合试点示范区、信访工作、金融风险防范、市场监管、冬奥会筹备、生态环境保护等情况通报，提出监督性意见建议50余条。

（石峰）

【专项监督】 年内，区政协围绕区委、区政府重要决策部署贯彻落实开展专项监督，将优化营商环境作为年度专项监督议题。围绕优化营商环境协商议政，组织委员到政务服务局等单位实地调研，提出监督性意见建议40余条，推动相关工作开展。

（石峰）

【视察监督】 年内，区政协围绕路侧停车、垃圾分类、非首都功能和业态调整、智慧交通、民族传统文化和传统体育项目传承、“安宁疗护”试点工作、居民体质健康等开展视察，组织政协委员开展座谈讨论，提出监督性意见建议200余条。

（石峰）

【特约监督】 年内，区政协组织各类特约监督活动14次。与区法院共同组建政协委员人民调解员队伍。推荐政协委员列席区政府常务会，参与市政府对各区的绩效考核工作以及区委、区政府年度述职述廉和行风评议等活动。组织委员参加规自委海淀分局、区生态环境局、区城管委、区住建委等部门的政府开放日活动，参加海淀区小升初电脑派位、高考考前巡察等现场监督工作。

（石峰）

参政议政

【概况】 2019年，区政协组织政协委员深入调查研究，推动建言资政和凝聚共识在服务中心任务中有机融合。加大相互交流力度，使建言资政的过程成为相互交流、精准建言和宣传政策、凝聚共识的过程。历时三年的常委会重点调研课题完成，并把相对成熟、具有可操作性的课题形成常委会建议案，报区委、区政府研究参考。围绕提升中关村科技创新力、海淀区新品牌学校建设、中关村创新人才体育健康管理服务体系等开展专题调研和座谈，向区委、区政府提出意见建议。组织政协委员参与海淀区新版分区规划讨论，就分区规划的制定和完善提出意见建议。配合市政协完成推进大型居住区精治共治、促进民族交流交往交融等专题调研，调研成果上报市政协。

（石峰）

【议政会暨常委会重点调研汇报会】 11月7日，区政协召开议政会暨常委会重点调研汇报会，市委主题教育第二巡回指导组组长张雪，区委书记于军，区委副书记、代区长曾劲出席。会议观看区政协常委会重点调研工作汇报片；听取区政协常委会重点调研课题主报告的汇报；与会政协委员围绕实体经济与虚拟经济协调发展、提升交通环境与效率、优化资源配置机制提升区域创新活力、加强整体文化布局、充分挖掘技术产业联盟为创新服务、提升海淀区医疗国际化服务、区块链产业、信息产业高质量发展等进行议政发言。

（石峰）

【区政协常委会重点调研课题】 年内，区政协完成中关村科学城和中关村大街建设两项常委会重点调研课题的收官工作。区政协党组、常委会、主席会定期听取进展汇报，研究重大事项，加强总体调度，帮助课题组协调各方资源，提供支撑平台。走访驻区企业、社会组织和相关部门，了解情况，使调研方向更契合区情现状和实际需求。邀请政府官员、专家学者、企业代表等组成专家评审组，对31个子课题进行评审。召开区政协2019年度议政会暨常委会重点调研汇报会，形成10个领域“1+31”调研成果，提出各类建议300余条。

（石峰）

【地区政协委员活动小组】 年内，区政协发挥地区政协委员活动小组联系群众的纽带作用，完善工作机制。全区29个地区政协委员活动小组开展活动90余次，参加委员400余人次。围绕土地规划利用、打造高品质城市、交通管理等提出意见建议30余条。

（石峰）

提案和社情民意信息

【提案办理】 年内，区政协征集提案321件，经审查立案294件，全部办复。其中，党派团体提案25件，界别提案11件，地区政协委员活动小组提案6件，委员提案252件（含平类提案3件）。继续坚持区领导领衔督办重点提案工作机制，有54件重点提案由区委常委、区政府领导和区政协领导分别领衔督办。制作《微课堂》系列课件，对委员开展提案知识培训。规范审查程序，推动全部提案实现网上转办。采取复查补办和跟踪督办等措施，推动成果转化。邀请新闻媒体参加提案办理协商、视察调研等活动。利用海淀政协微信公众号推出提案办理的跟踪报道，发挥舆论对提案办理的监督作用。

（石峰）

【社情民意信息】 年内，区政协编报社情民意信息110篇，被各级部门采用76篇，其中《关于加强互联网广告监管的相关建议》《关于加快北京人才大数据建设的建议》等信息被全国政协、市政协采用并转办。发挥各民主党派、工商联以及区政协各专委会和界别的作用，密切沟通联系、加强培训、搭建交流平台、将信息工作与视察调研等日常工作相结合、及时发布信息工作动态。

（石峰）

【社情民意信息员队伍建设】 年内，区政协在现有特邀信息员队伍、政协委员队伍基础上，建立以街镇地区委员活动小组为依托的第三支信息员队伍，建立基层信息联系点23个，提高政协信息网络的覆盖面。

（石峰）

专门委员会工作

【专门委员会调整】 7月19日，经十届区政协常委会第十九次会议审议通过，对区政协专门委员会设置进行调整：设置农业和农村委员会；教文卫体委员会更名为教文卫体和文史委员会，城建城管和环保委员会更名为人口资源环境和建设委员会；撤销学习和文史委员会，将学习职能并入相关委室，文史职能调整到教文卫体和文史委员会。调整后的专门委员会仍为8个，分别是提案委员会、经济科技委员会、人口资源环境和建设委员会、社会和法制委员会、教文卫体和文史委员会、农业和农村委员会、港澳台侨委员会、民族和宗教委员会。

（石峰）

【提案委员会】 年内，提案委员会组织全体委员围绕落实海淀区“两新两高”战略、中关村科学城建设和人民群众普遍关心的民生问题进行调研，建言献策。持续推动提案转化落地，确定11件提案开展复查补办和跟踪督办。针对委员连续两年提出的“海淀北部商业发展”提案，开展办理“回头看”，促进建议落实。开展高层次、多渠道的协商活动，首次邀请社区群众参与有关停车问题的提案办理协商，开展提案集中办理协商活动10余次。完成常委会重点调研“落实国家‘一带一路’发展倡议，扩大海淀企业国际化市场”子课题，其成果陆续转化为区政协提案。

（石峰）

【经济科技委员会】 年内，经济科技委员会围绕落实北京城市总体规划、“两新两高”战略、“挖掘文化与科技融合新动力、构建新型城市形态”等重点工作，开展调研活动。广泛邀请政府部门、学者、专家、企业家及群众参与常委会重点调研课题的相关工作，组织部分课题组成员到武汉考察，了解全国其他地区发展情况。全年组织开展各类调研活动21次，170余人次委员参与。专委会负责的区政协常委会关于中关村科学城和中关村大街建设重点调研主课题和13个子课题全部结题。围绕海淀区科技创新中心核心区建设要求和百姓关注的重点难点热点问题开展宽领域、多层次、常态化的协商议政活动5次，为推动海淀高质量发展提供政协智慧。

（石峰）

【人口资源环境和建设委员会】 年内，人口资源环境和建设委员会开展视察座谈等活动14次，组织委员参加区内其他会议与活动6次，累计参与委员180余人次。召开“海淀区保留村改造提升与两镇新形态构建”双周协商会，提出意见建议11条。召开海淀区分区规划情况通报座谈会、“马上清（青）西”城市形态提升专题研讨会等专题会议，就相关工作提出意见建议。围绕委员普遍关心关注的路侧停车电子收费、垃圾分类、绿色交通、非首都功能和业态调整、智慧交通建设等热点、难点问题，开展专委会专项视察活动。

（石峰）

【社会和法制委员会】 年内，社会和法制委员会围绕常委会重点调研课题开展调研活动，完成相关子课题调研任务。配合市政协开展“落实回天地区三年行动计划，推进大型居住区精治共治”调研，形成调研成果并报送市政协。以“法院执行难”为主题召开双周协商座谈会，整理归纳12条意见建议报送区委、区政府。举办“中关村法治环境建设高峰论坛”。围绕社区养老、智慧社区试点建设等工作开展专委会视察。推进政协委员调解员队伍建设，对委员中的人民调解员进行培训。

（石峰）

【教文卫体和文史委员会】 年内，教文卫体和文史委员会围绕教育、文化、医疗卫生、体育等民生问题开展履职活动。组织各类座谈、视察、调研活动10次。完成常委会重点调研相关子课题的调研和结题工作，形成调研报告6篇。以“海淀区创建健康促进区”“集团化办学”“加强‘三山五园’保护利用，创新和利用好历史文化名片”为主题，召开双周协商座谈会3次。围绕“安宁疗护”试点、居民体质健康管理等工作，开展专委会视察调研活动。组织“中关村创新人才体育健康管理服务体系”调研课题座谈会和海淀区新品牌学校建设专题座谈会。编辑出版《庆祝新中国成立70周年》诗集、《海淀文史》第22辑等书籍。举办《祖国七十载 诗歌抒心怀》诗歌大赛颁奖大会。参与海淀区小升初电脑派位、高考保障和考前巡查等工作。

（石峰）

【农业和农村委员会】 年内，农业和农村委员会接待市政协“提升产业发展质量培育乡村发展新动能”课题组到海淀区调研。会同社会和法制委员会组织委员参加2019年海淀区“中国农民丰收节”暨第十八届金秋田园体验季活动。会同社会和法制委员会组织委员参加区委主题教育巡回指导组在海淀法院召开的“不忘初心、牢记使命”主题教育先进典型事迹报告会。

（石峰）

【港澳台侨委员会】 年内，港澳台侨委员会完成常委会重点调研子课题“发挥新侨作用，提升中关村科学城国际影响力”调研，提出意见建议20条。完成“提升中关村科技创新力思考——基于美国硅谷创新的比较研究”专题调研，提出意见建议11条。组织召开“统筹推进中关村科学城产学研协同创新”双周协商座谈会，提出意见建议6条。组织开展“感受助力奥运、贡献侨界智慧”主题活动。参与举办“关爱老侨·情暖空巢”——海内外侨胞e起过大年活动。与区侨联联合举办“礼赞新中国·奋进新时代”海淀侨界庆祝中华人民共和国成立70周年活动。与区政协台胞台属界、台盟区工委、区台办共同举办“品传统文化·叙两岸亲情”迎中秋佳节活动。多次接待港澳委员到海淀开展教育、文化交流，鼓励引导港澳委员带头贯彻中央的方针政策，为维护港澳地区长期繁荣稳定贡献力量。

（石峰）

【民族和宗教委员会】 年内，民族和宗教委员会组织民族和宗教委员会委员、港澳台侨委员会委员参加市政协委员讲堂，听取“不忘初心聚民心，牢记使命铸辉煌—— 中国共产党民族工作光辉历程与深刻启示”专题辅导报告。组织“推动宗教与中华优秀传统文化融合”双周协商座谈会，提出意见建议6条。通过节日走访慰问、日常走访调研、召开座谈会等方式，密切联系民族宗教界委员。协助基督教海淀堂举办“我和我的祖国”暨新中国成立70周年感恩音乐会。参与市政协“深化民族团结进步创建工作，营造首都民族团结浓厚氛围”课题调研。完成“促进民族交流交往交融”专题调研任务。接待市政协课题组到海淀区民族小学调研。

（石峰）

中共海淀区纪委
海淀区监委

2 月 20 日，区纪委区监委驻区委卫生工委纪检监察组到双榆树社区卫生服务中心检查业务用房情况（区纪委区监委 供图）

11 月 22 日，“以案为鉴，以案促改”警示教育大会召开（张洪军 摄）

12 月 11 日，区纪委区监委第八审查调查室讨论案情（区纪委区监委 供图）

12 月 26 日，区监察委员会召开第一届特约监察员聘请会议，聘请 28 名特约监察员（张洪军 摄）

综 述

【概况】 2019年，全区纪检监察组织深入学习贯彻习近平新时代中国特色社会主义思想，贯彻落实中央纪委、市纪委和区委工作部署，围绕全区工作大局，坚持稳中求进、实事求是、依法依规依纪，坚持不敢腐、不能腐、不想腐一体推进，牢牢把握监督基本职责、第一职责，坚定不移正风肃纪反腐；开展“不忘初心、牢记使命”主题教育，坚持思想政治引领和忠实履行职责两手抓、两促进、相融合，通过领导讲专题党课、宣传解读、集中培训、专题研讨等活动，引导纪检监察干部努力做到学思用贯通、知信行统一。党风廉政建设和反腐败工作取得新进展、新成效。

区纪委区监委设置19个派驻纪检监察组，另有40个处级纪检监察机构，包括街镇纪委或纪工委27个、国有企业纪委13个。

区委设置1个巡察办和5个巡察组。对20个处级单位、257个社区和村党组织开展常规巡察，发现问题3463个，移送线索30个。

区纪委区监委接受检举控告类信访举报1639件次，立案238件；给予党纪政务处分138人，移送司法机关43人。

（郭小卿）

【纪检监察队伍建设】 年内，区纪委区监委落实全员培训要求，举办8期纪检监察干部培训系列课程——光盘培训班、5期“每月课堂”、1期全员培训班，开展纪法培训、技能培训、安全培训、信息化培训。组织2次全员闭卷考试，将测试成绩纳入绩效考核。执行监督执纪工作规则、监督执法工作规定和市委实施细则，把执纪执法权力关进制度笼子。主动接受区人大及其常委会监督，聘请28名特约监察员，依法公开监察工作信息，自觉接受民主监督、社会监督和舆论监督。成立纪检监察干部监督室，制定《海淀区纪检监察干部监督管理暂行办法》，完善内部监督机制。谈话函询纪检监察干部19人，组织处理2人，立案2人。

（郭小卿）

重要会议

【区纪委十二届六次全会】 2月1日，中共北京市海淀区十二届纪律检查委员会第六次全体会议召开。会议以习近平新时代中国特色社会主义思想为指导，全面贯彻落实中共十九大和十九届二中、三中全会精神，贯彻落实十九届中央纪委三次全会、市纪委十二届四次全会和区委十二届九次全会工作部署，总结2018年纪检监察工作，研究部署2019年工作任务。区委书记于军讲话，区委常委、区纪委书记、区监委主任肖韵竹做《忠诚履行职责，奋力改革创新，推动新时代海淀纪检监察工作高质量发展》的工作报告。会议以电视电话会形式在全区召开。区纪委委员以书面形式向全会述职，五名街镇纪检监察组织主要负责人以书面形式向全会述责述廉。会议审议通过《中国共产党北京市海淀区第十二届纪律检查委员会第六次全体会议工作报告》，表决通过《中国共产党北京市海淀区第十二届纪律检查委员会第六次全体会议决议》。

（郭小卿）

【区纪委常委会研究监督工作要点】 2月27日，区纪委常委会召开第100次会议，审议确定2019年海淀区纪检监察监督工作要点。工作总体思路是：坚持以习近平新时代中国特色社会主义思想为指导，认真贯彻落实十九届中央纪委三次全会、市纪委十二届四次全会精神，按照区纪委十二届六次全会工作部署，聚焦区委十二届九次全会精神贯彻落实情况，紧紧围绕党和国家工作大局、首都和海淀工作全局，紧扣党中央、市委和区委决策部署，坚持稳中求进工作总基调，落实一体推进工作高质量理念，做实政治监督，深化专项监督，做细日常监督，探索长期监督，切实强化对全区各级党的组织、党员和公职人员落实主体责任、依法履职、秉公用权、廉洁从政从业及道德操守等情况的监督，进一步推动各项重大决策部署落实到位，努力营造风清气正、干事创业的政治生态。工作要点：紧扣服务党和国家工作大局，持续深化政治监督；围绕集中解决突出问题，有效组织开展专项监督；关注解决重点难点问题，积极开展调研监督。

（郭小卿）

【区纪委常委会研究“以案为鉴、以案促改”警示教育工作】 8月30日，区纪委常委会召开第123次会议，审议通过《关于在全区深入开展“以案为鉴、以案促改”警示教育的实施方案》。指导思想：以习近平新时代中国特色社会主义思想为指导，全面贯彻中共十九大精神，坚持党要管党、全面从严治党，坚持惩前毖后、治病救人，坚持标本兼治、查改结合，突出警示教育的经常性、针对性、严肃性，强化问题整改的系统性、时效性、有效性，一体推进不敢腐、不能腐、不想腐。总体目标：通过开展“以案为鉴、以案促改”警示教育，深刻汲取违纪违法党员干部教训，全面加强党的纪律建设，使党员干部受警醒、明底线、知敬畏，主动在思想上划出红线、在行为上明确界限，不断增强敬法畏纪、遵规守纪的意识，提升拒腐防变、抵御风险的能力，坚守初心使命，强化担当实干，打造忠诚、干净、担当的党员干部队伍，为深化落实“两新两高”战略，加快建设具有全球影响力的科学创新中心提供坚强保证。

（郭小卿）

【区纪委常委会研究“不忘初心、牢记使命”主题教育实施方案】 9月11日，区纪委常委会召开第126次会议，审议确定区纪委区监委机关、区委巡察机构开展“不忘初心、牢记使命”主题教育实施方案以及领导班子、机关党支部、离退休党支部、宣传工作等4个工作方案。总体要求：守初心、担使命，找差距、抓落实。目标任务：理论学习有收获、思想政治受洗礼、干事创业敢担当、为民服务解难题、清正廉洁作表率。工作安排：以处级以上党员领导干部为重点，不划阶段、不分环节，要把学习教育、调查研究、检视问题、整改落实贯穿主题教育全过程。从2019年9月开始，11月底基本结束。开展集中教育时间不少于3个月。

（郭小卿）

监督执纪

【政治监督】 年内，区纪委区监委督促全区党员干部做到“两个维护”，带头贯彻关于加强和维护党中央集中统一领导的若干规定精神，带头贯彻关于加强党的政治建设的意见，带头贯彻重大事项请示报告条例，配合做好市委常规巡视和专项巡视。推进政治监督具体化、常态化。围绕服务保障中华人民共和国成立70周年庆典、打赢“三大攻坚战”①、抓好“三件大事”②、保障改善民生、减税降费、优化营商环境等重大举措，加强政治监督。制定20个专项监督任务，督促各级各部门高效履职，“疏解整治促提升”、促进生态文明和城乡环境建设行动进展顺利，30项市级挂账任务全部完成；监督保障1.33亿元扶贫资金安全高效使用；“吹哨报到”“接诉即办”等基层治理重大改革扎实推进。督促五棵松体育中心、首都体育馆场馆建设等冬奥工作有关部门整改问题148个；对村和社区“两委”换届工作纪律执行情况进行专项监督，排除122人次“十不能”③候选人，保障换届一次性选举成功。

（郭小卿）

【夯实从严治党主体责任】 年内，区纪委区监委协助区委落实全面从严治党主体责任，定期向区委常委会汇报各级党组织责任落实情况。发挥全面从严治党主体责任检查考核导向作用，区委书记于军牵头约谈问题突出的6家单位主要领导。督促指导各级纪检监察组织综合运用信访受理、约谈提醒、谈话函询等方式，加强对领导班子特别是一把手的监督。整体把握全区政治生态状况，动态分析研判领导班子、领导干部廉政情况，严把选人用人政治关、廉洁关、品行关、作风关。将督促被巡察党组织整改落实作为纪检监察日常监督重要抓手，推动纪律监督、监察监督、派驻监督、巡察监督形成有序衔接、互为补充、协调一致的监督链条。全区纪检监察组织共受理检举控告类信访举报1639件（次），处置反映问题线索1014件，运用“四种形态”④分别处理758人次、103人次、17人次、59人次，分别占80.9%、11%、1.8%、6.3%。审核196批次11515名拟选拔任用、评先评优、表彰奖励人员。19个派驻纪检监察组开展会议监督、谈话监督、调研监督、执纪监督，提出工作建议111件，立案42件，督促驻在部门党组扛牢主体责任、落实内部监督，持续改善内部政治生态。

（郭小卿）

【民生领域突出问题专项整治】 年内，区纪委区监委结合落实区委“不忘初心、牢记使命”主题教育“8+2+1”⑤整治任务，整治群众身边的不正之风和腐败问题。整治违反中央八项规定精神问题，建立公车管理平台，运用北斗卫星系统对全区公车全过程动态监控，防止公车违规使用。开展借考察学习为名“借道游”专项整治。违反中央八项规定精神问题立案44件，处分30人。整治形式主义、官僚主义问题，着力为基层减负，全区督查检查考核事项由2018年的209项减为2019年的19项，社区填报表格由71项精简为9项，区委

---

① “三大攻坚战”：防范化解重大风险、精准脱贫、污染防治，是在中共十九大报告中首次提出的新表述。

② “三件大事”：精心组织实施新一版北京城市总体规划，以疏解北京非首都功能为“牛鼻子”推动京津冀协同发展，全力筹办好2022年北京冬奥会、冬残奥会。

③ “十不能”：1. 凡被判处刑罚正在服刑期间或刑满释放（或缓刑期满）的；2. 因涉黄、涉赌、涉毒受到行政处罚的，被认定为涉黑涉恶、“村霸”等人员的；3. 涉嫌违纪违法正在接受纪检监察机关、公安机关、司法机关立案调查的；4. 因侵占村和社区集体资产资源资金，特别是支农和帮扶资金、农业补贴资金、社会救助资金被有关部门查处的；5. 参与或指使他人以暴力、威胁、欺骗、贿赂、伪造选票、虚报选举票数等不正当手段参选的；6. 因非法占地、违法建设等行为被有关部门查处且尚未整改的；7. 因违法信访、破坏选举秩序，组织或利用邪教、会道门、迷信活动扰乱社会公共秩序被有关部门处理的；8. 有失信行为被法院纳入失信被执行人名单的；9. 受到党纪政务处分尚未超过所受纪律处分有关任职限制期限的，近三年内被责令辞职或者免职的，任期内被评定过不合格党员或者连续两次民主评议为不称职的；10. 丧失行为能力，不能正常履职等其他情形的均不符合候选人条件。

④ 监督执纪“四种形态”：经常开展批评和自我批评、约谈函询，让“红红脸、出出汗”成为常态；党纪轻处分、组织调整成为违纪处理的大多数；党纪重处分、重大职务调整的成为少数；严重违纪涉嫌违法立案审查的成为极少数。源自《中国共产党纪律处分条例》（2018年版）。

⑤ “8+2+1”专项整治：“不忘初心、牢记使命”主题教育中，区委贯彻落实北京市委确定的整治任务，针对中央扫黑除恶督导反馈的突出问题，以及北京市委巡视、区委巡察发现的问题、调研发现的问题和“12345”市民服务热线“接诉即办”集中反映的问题，形成的专项整治任务。其中“8”是中央明确的8个方面整治任务：一是整治对贯彻落实习近平新时代中国特色社会主义思想和党中央决策部署阳奉阴违的问题；二是整治不担当不作为的问题；三是整治违反中央八项规定精神的突出问题；四是整治层层加重基层负担的问题；五是整治领导干部配偶、子女及其配偶违规经商办企业的问题；六是整治侵害群众利益的问题；七是整治基层党组织软弱涣散的问题；八是整治对“黄赌毒”和黑恶势力听之任之甚至充当保护伞的问题。“2”是指整治北京规划自然资源领域问题、整治高校党的政治建设方面存在的突出问题这两个方面整改任务。“1”是指整治市委第三巡视组巡视海淀发现的问题。

区政府及各部门发文精简68%，会议精简61%。专项整治“对黄赌毒和黑恶势力听之任之甚至充当保护伞”问题，办理涉黑涉恶问题线索98件，办结89件，立案44人，移送司法12人。成立专案组，查处中关村电子市场强迫交易案件违纪问题，立案9人，谈话提醒3名领导干部。专项整治农村集体土地房屋违规出租出借问题，督促各镇累计提高集体土地房屋年租金8366万元、收回欠缴租金1.07亿元，收回集体土地416.88亩（27.79公顷）、集体房屋59.8万平方米，拆除违法建设8.04万平方米，疏解人口10.5万人。专项整治国有资产违规出租出借问题，累计挽回或减少经济损失3480.78万元，收回国有资产土地面积62599.39平方米。专项整治党员干部、公职人员长期不在岗问题，排查发现涉嫌违规长期不在岗44人，立案2件。

（郭小卿）

审查调查

【惩治腐败】 年内，全区纪检监察组织立案238件，结案202件，给予党纪政务处分138人，其中处级30人。移送司法43人，比上年增长30.3%。

（郭小卿）

【追逃追赃】 年内，区纪委区监委组织开展国际追逃追赃工作，追回挂账在逃人员6人，其中中央挂账督办1人，市挂账督办5人；追回涉案赃款80余万元，查封涉案房屋7套。结合监督执纪和调查处置，发出纪律检查建议13份、监察建议12份，从制度机制深层次推动相关单位加强和改进监督管理。

（郭小卿）

反腐倡廉宣传教育

【区反腐倡廉警示教育基地调研】 9月3日，区委常委、区纪委书记鲍雷到区反腐倡廉警示教育基地调研，强调要从硬件和软件两个方面进一步提升警示教育基地的功能，进一步强化对党员干部的警示教育，筑牢拒腐防变思想道德防线，力争将区反腐倡廉警示教育基地打造成为具有影响力的廉政警示教育基地。反腐倡廉警示教育基地全年接待236批次、7715人次参观。

（郭小卿）

【圆明园廉政文化基地调研】 9月4日，区委常委、区纪委书记鲍雷到区圆明园廉政文化基地调研，强调要充分发挥圆明园遗址公园的重要作用，充分利用海淀区“三山五园”金字名片，深挖历史文化宝库，把古代官德和现代干部修养之道有机结合起来，从厚重的历史积淀中萃取文化精髓，以古鉴今，不断提高党员干部拒腐防变和抵御风险的能力。

（郭小卿）

【反腐倡廉警示教育基地揭牌】 9月17日，区纪委区监委反腐倡廉警示教育基地揭牌仪式在北京市第一中级人民法院举行，区委常委、区纪委书记、区监委代主任鲍雷参加揭牌仪式，并围绕“不忘初心、牢记使命”主题教育和“以案为鉴、以案促改”警示教育讲授廉政党课。区纪委区监委班子成员和机关部室干部，区规划自然资源领域和镇、村干部80余人参加，市区主题教育巡回指导组领导到现场指导。鲍雷强调，要切实做到守初心、担使命、找差距、抓落实，把市委巡视、区委巡察整改落实到位；以案为鉴，以案促改，在职务犯罪案件中深刻吸取教训，坚持秉公用权廉洁从政，做到敬畏党纪国法，守住红线底线，把全面从严治党引向深入。纪检监察干部要增强担当精神，忠诚履职尽责，强化纪律约束，发挥好政治“显微镜”“探照灯”作用，营造风清气正政治生态。

（宁德志）

【警示教育】 年内，区纪委区监委开展“以案为鉴、以案促改”警示教育活动。召开全区警示教育大会，对新查处的违纪违法典型案例进行通报，对去年警示教育大会以来受处分的区管干部“点名道姓”通报。全区设立1个主会场、44个分会场，共计2500多名党员干部接受教育；拍摄教育片，编印《以案释纪典型案例选编》《以案为鉴——海淀区违纪违法案例选编》等典型案例教材1.6万册，发放至全区处级领导干部、纪检监察干部及区属单位、基层党组织、区委党校等单位。

（郭小卿）

【廉洁文化宣传】 年内，区纪委区监委推动廉洁文化“六进”①，举办廉洁文化作品展等系列活动。9月3日至10月17日，由区纪委区监委主办的“廉洁海淀——庆祝新中国成立70周年廉洁文化作品展”在海淀区第一办公区、第二办公区、上地办公区、北部文化中心4个办公区巡展，1000余幅书法、摄影、绘画作品参展，近5000名干部群众参观。发挥圆明园廉政文化基地示范作用，评选28个“廉洁文化建设优秀项目”。在学习强国、中央纪委国家监委网站、《北京日报》等中央、市级媒体发表稿件200余篇，区纪委区监委网站、微信公众号等推送信息2000余条。海淀区纪委区监委宣传工作连续3年在全市纪检监察系统排名第一。

（郭小卿）

① 廉洁文化“六进”：进社区、进机关、进校园、进医院、进企业、进家庭。

民主党派

2020
北京海淀年鉴

1月6日，农工党中国农业大学支部与河北省武强县牧兴肉鸭养殖合作社进行科技帮扶对接（芮玉奎 摄）

2月27日，民进中央调研组在育英学校调研（张洪军 摄）

5月12日，民革海淀区工委在贵州纳雍县羊场乡保卫小学举办爱心捐赠仪式（民革海淀区工委 供图）

8月28日至29日，民盟海淀区委举办“不忘合作初心，继续携手前进”主题读书班（侯悦 摄）

9 月 28 日，致公党海淀区委开展“不忘合作初心　继续携手前进”主题教育活动（致公党海淀区委 供图）

10 月 19 日，台盟海淀区工委举办第三期“盟员讲故事”活动（台盟海淀区工委 供图）

11 月 12 日，九三学社基层组织教育与创新创业论坛在中国地质大学国际会议中心召开（刘艳 摄）

中国国民党革命委员会北京市海淀区工作委员会

【概况】2019年，中国国民党革命委员会北京市海淀区工作委员会（简称民革海淀区工委）有23个支部、1159名党员。党员中有全国政协委员2人、市人大代表2人、市政协委员5人（常委2人）、区人大代表1人、区政协委员16人（常委3人）。2人当选民革北京市第十五届委员会副主委，2人当选市委常委，4人当选市委委员。

民革海淀区工委开展“不忘合作初心，继续携手前进”主题教育活动。围绕“不忘合作初心，继续携手前进”主题举办暑期学习班暨新党员培训；举办学习中共十九届四中全会精神暨“不忘合作初心，继续携手前进”主题教育培训会，中央社会主义学院统战理论教研部副主任王小鸿作题为“学习贯彻十九届四中全会精神，坚持和完善新型政党制度”的辅导报告。组织领导机构成员、骨干党员到贵州遵义、赤水开展“同心同行七十年，坚定不移跟党走”主题教育活动，到云南滇西抗战遗址开展“不忘合作初心，携手继续前进”主题教育活动。举办“我心中的祖国”主题朗诵音乐会。在民革中央举办的“庆祝中华人民共和国成立70周年”演讲比赛中获第二名。

海淀第十支部被民革中央评为第一批“民革示范支部”。1人获“2019年首都劳动奖章”，获民革中央授予的首批“民革榜样人物”；1人获“首都创新领军人才”称号；1人获“2019北京榜样”提名人物。1个家庭当选“海淀最美家庭”和“2019首都最美家庭”。

（石军）

【参政议政】在12月25日至28日召开的区政协十届四次会议上，民革海淀区工委作题为《如何提升中关村科学城原始创新“智力”转化“价值”的建议》的发言，提交《关于积极推动海淀区北部特色小镇建设与发展的建议》《关于海淀区建设美丽乡村的对策与建议》《关于建设中关村电子信息与智能制造产业知识产权保护中心的建议》3件党派提案。举办信息工作会议暨信息员培训班。

（石军）

【社会服务】年内，民革海淀区工委到贵州省毕节市纳雍县羊场乡，搭建互联网村镇系统平台，利用互联网技术对村镇管理实现信息化；为羊场乡保卫小学捐赠价值2万元的学习用具。为贵州省遵义市播州区平正仡佬族乡民族中学和卫生院捐赠价值4万元的电脑、学习用品及体育器材。民革党员为遵义市13名生活困难的抗战老兵提供长期救助。在临汾市人民医院举办医疗培训讲座及教学式查房。在山西省曲沃县开展以乡村振兴为主题的调研座谈会。到云南保山市举办农业科技扶贫大讲堂和“同心·博爱”健康大讲堂。民革海淀区工委与北京师范大学心理学部达成合作协议，将其开发的“高中生生涯发展辅导系统”捐赠给贫困地区学校。为河北省赤城县第一中学、北京八一中学保定分校捐赠“高中生生涯发展辅导系统”。

（石军）

中国民主同盟北京市海淀区委员会

【概况】2019年，中国民主同盟北京市海淀区委员会（简称民盟海淀区委）下属1个基层委员会、3个总支委员会、49个支部，有盟员1786人。盟员中有民盟中央委员5人（常委1人）、民盟北京市委委员9人（常委1人）、市人大代表1人、区人大代表2人（常委会委员1人）、全国政协委员3人、市政协委员7人、区政协委员13人（常委2人、副秘书长1人）。世纪坛医院支部、科技一支部、北京城市学院支部、经济四支部完成班子换届。

全年召开主任委员会议3次、全体委员会议2次、调研课题工作会3次。承办“首都社会文化建设与大学文化使命”高端论坛，与《中国现代教育装备》杂志社联合举办“ITE平台峰会”活动。召开学习2019年全国“两会”精神座谈会，举办“国际形势与我国周边形势”专题讲座、庆祝“三八”国际妇女节生活技能培训活动。组织盟员参观“民盟先贤肖像巡回展”“张澜家风轶事展”“民盟华北五省市区庆祝新中国成立70周年书画联展”。选派百余名中青年盟员参加各类学习班。

编发《海淀盟讯》1期、《盟务动态》6期。报送信息152条，近100条次信息被采用。其中《建议在西藏设立“儿童健康——科技扶贫专项工程”》《建议做好民航机场紧急事态下旅客安置工作》《建议全面取消专利申请补贴》被中央统战部《零讯》采用;《社区“两委一站”工作时间应弹性化》被全国政协采用;《关于留学生在华兼职、实习、创业现状的管理建议》被民盟中央采用。

民盟海淀区委被民盟中央授予“民盟思想政治建设和宣传工作先进集体”称号，1人被授予“民盟思想政治建设和宣传工作先进个人”称号。10个基层组织被民盟北京市委评为先进基层组织，51位盟员被授予优秀盟员称号，15名老盟员被列入光荣册。

（王东旭）

【区长走访慰问】1月21日，区长戴彬彬走访慰问民盟海淀区委，与班子成员座谈。民盟海淀区委介绍民盟区委的基本情况以及2018年的主要工作。戴彬彬介绍海淀区发展面临的新形势和存在的主要问题，并就如何发挥海淀区文科类院校在发展北京科创中心中的作用与民盟海淀区委班子成员进行讨论。

（王东旭　王彩虹）

【"不忘合作初心，继续携手前进"主题读书班】 8月28日至29日，民盟海淀区委举办"不忘合作初心，继续携手前进"主题读书班，110余位盟员参加。中共海淀区委统战部领导传达中共海淀区委十二届十一次全会精神，通报海淀区上半年各项工作进展和下一阶段工作部署；中国现代国际关系研究院美国所所长、研究员王鸿刚作"中美贸易战与中美关系"专题讲座；民盟北京市委领导传达民盟北京市委第十二届八次全委会议暨思想政治宣传工作会议精神，并介绍民盟北京市委的年度重点工作；第十届"茅盾文学奖"获得者、著名作家梁晓声作"文化与文化建设"专题讲座；中央统战部研究室编刊处处长齐连振作"民主党派成员如何做好建言献策工作"专题培训；学习《民盟中央关于开展"不忘合作初心，继续携手前进"主题教育活动的决定》《民盟北京市委关于进一步加强思想政治建设和宣传工作的意见》。参会盟员对开展"不忘合作初心，继续携手前进"主题教育活动等议题进行讨论。

（王东旭）

【"国际形势与我国周边形势"专题讲座】 9月26日，民盟海淀区委科技文化专委会与科技二支部、科技一支部联合举办"国际形势与我国周边安全形势"专题讲座，50余名盟员参加。国防大学国家安全学院教授、博士研究生导师、全国马克思恩格斯研究会理事张文杰从国际形势的大变局、中国周边安全形势及如何塑造安全环境三方面分析中国当前面临的国际形势，并就反恐怖主义、中国边疆环境及边疆战士的现状等内容作详细介绍。

（王东旭）

【"首都社会文化建设与大学文化使命"论坛】 10月18日，由民盟北京市委高教委员会主办、民盟海淀区委承办的"首都社会文化建设与大学文化使命"高端论坛在世纪华天大酒店举办。民盟北京市委、海淀区委，区工委各有关领导，盟员代表等40余人参加。民盟北京市委专职副主委宋慰祖从首都高校服务社会文化建设，推进社会文化的普及与科技的融合等方面提出希望。民盟西城区委主委钟祖荣作题为《高校对中小学的文化影响》的发言，民盟朝阳区委副主委蒋璐作题为《高校在首都语言环境建设中的多语服务》的发言，民进海淀区委副主委殷强作题为《重大历史事件和重要人物研究对当今社会文化建设的启示》的发言，民盟北京邮电大学支部主委文福安作题为《高校虚拟仿真实验教学资源向中小学开放的途径与政策建议》的发言，民盟海淀区委主委张维佳作题为《充分挖掘利用高校文化资源 强力助推海淀区社会文化建设》的发言，民盟海淀区委副主委、首都师范大学委员会主委颜忠诚作题为《高校文化与社会文化互动》的发言，民盟海淀区委委员、中国劳动关系学院支部主委许艳丽作题为《发挥高校文化资源的社会服务功能》的发言。与会盟员就虚拟仿真实验教学、应试教育等问题进行研讨交流。

（王东旭）

【与北京市盲人学校签署合作备忘录】 12月3日，民盟海淀区委与北京市盲人学校举行合作备忘录签约仪式，成立"民盟海淀区委名师工作站"。民盟海淀区委将选派盟内普教界教师对盲人学校教师进行培训，促进盲校教师队伍综合素质提升和教学水平提高。民盟海淀区委首都师范大学委员会为盲校学生捐赠教具和文具用品。民盟海淀区委、首都师范大学党委统战部领导以及民盟海淀区委首都师范大学委员会等民盟10个基层组织的盟员代表40余人参加活动。

（王东旭）

【参政议政】 年内，有4名盟员出席全国政协十三届二次会议，并提交个人提案。在区政协十届三次会议上，民盟海淀区委提交《海淀区加快人工智能产业发展与应用的建议》《关于将中关村科学城建设成为世界一流科学城的建议》2件党派团体提案，个人提案近10件，并作题为《海淀区加快人工智能产业发展与应用的建议》的大会发言。《加强不可移动文物保护 提高海淀文化表达品质——以中关村大街改造提升为核心》被评为2018年度优秀党派团体提案。在区政协十届四次会议上民盟海淀区委提交《充分挖掘利用辖区高校文化资源，助推海淀文化建设文化科技融合》《关于"重新认识后城市化时代乡村特质，推动海淀区乡村振兴迈入新阶段"的对策建议》2件党派团体提案，个人提案近10件，并作题为《充分挖掘利用辖区高校文化资源，助推海淀文化建设文化科技融合》的大会发言。

完成《充分挖掘利用辖区高校文化资源，助推海淀文化建设和文化科技融合》《海淀区学区制改革的问题及对策建议》《北京市海淀区大都市外围农业地域经济发展模式演变及乡村振兴的创新路径研究》《关于进一步加快海淀区城市大脑建设的调查研究》《海淀区民参军技术转移转化调查研究》《关于海淀区基层治理工作质效提升的调查研究》《西山文化带海淀段文化遗产的保护与传承》《完善和加强便民经济区域带的规划和布局工作》《海淀区合力提升侵犯知识产权的执法检查和打击力度的调研》《关于海淀区文化演艺和旅游融合发展的瓶颈分析报告》10篇调研报告。其中，"充分挖掘利用辖区高校文化资源，助推海淀文化建设和文化科技融合"是中共海淀区委区政府调查研究重点课题；"海淀区学区制改革的问题及对策建议""北京市海淀区大都市外围农业地域经济发展模式演变及乡村振兴的创新路径研究""关于进一步加快海淀区城市大脑建设的调查研究""关于海淀区基层治理工作质效提升的调查研究""海淀区民参军技术转移转化调查研究"是中共海淀区委统战部立项课题；《关于进一步加快海淀区城市大脑建设的调查研究》转化为海淀区党外代表人士读书班区委书记与党外人士谈心会上发言；《海淀区学区制改革的问题及对策建议》转化为海淀区政协议政会发言；《西山文化带海淀段文化遗产的保护与传承》转化为民盟西山永定河文化带论坛发言。3篇课题调研报告分别被中共海淀区委统战部评为2018调查研究年特别贡献奖、一等奖、三等奖。

（王东旭）

中国民主建国会北京市海淀区委员会

【概况】2019年，中国民主建国会北京市海淀区委员会（简称民建海淀区委）下属基层委员会3个、支部35个，会员1649人。其中，具有大学及以上学历1344人，占会员总数的81.5%；具有中高级职称会员856人，占会员总数的51.9%。会员中，民建中央委员3人（常委1人），民建北京市委委员13人（副主委3人、常委3人），全国人大代表1人、北京市人大代表1人、海淀区人大代表8人（常委会委员2人），全国政协委员2人、北京市政协委员9人（常委3人）、海淀区政协委员30人（副主席1人、副秘书长1人、常委6人），担任特约职务70人次。

全年召开主任委员会议15次，全体委员会议3次、全体委员（扩大）会议2次，基层组织和专委会联席会1次。完成区委届中调整。报送3篇理论研究成果，其中《新中国成立70年民建的历史贡献和经验》被民建北京市委采用。编印《海淀民建》4期，撰写报送宣传稿件188篇，其中80篇被民建中央采用，148篇被民建北京市委采用。报送社情民意信息733篇，204篇被北京市政府、市政协、民建市委、中共海淀区委统战部采用。其中《需防止12345救助热线被恶意滥用》得到副市长王红批示。“海淀民建”微信公众号编发图文消息153篇。民建海淀区委被民建北京市委评为网站工作突出表现先进集体。

与甘肃省委、天津河北区委、广州市委、贵州黔东南自治州委员会、河北石家庄市委等民建组织进行工作交流。与石家庄市委共同举办以“治理现代化与高质量发展”为主题的“2019（第四届）京津冀开发区协同创新发展论坛”活动；企业委员会与贵州民建企业家代表团考察交流，与天津滨海新区、河北石家庄、唐山、邯郸民建企业委员会共同举办“第四届京津冀民建企业工作联席会”；清华委员会与云南普洱市、贵州黔东南自治州对接；科三支部与保定竞秀支部交流；文教一支部与天津河北区一支部交流结对；中关村支部与天津河北区三支部交流结对，并与河北雄安、保定、唐山，陕西咸阳，河南焦作等13市以及大兴区、石景山区、丰台区、东城区民建组织互访交流。

各基层组织及专委会举办活动260余次，主要有第九届“跨党派论坛”、第四届“地震预测”论坛、“网络安全风险管控”论坛、“A股股票市场前景研判”论坛、第四届民建财经论坛——“精准扶贫、精准脱贫”圆桌会议、企业如何引进科研成果研讨、“资本市场与科创板”专题研讨、“星五悦读会”等。

民建海淀区委开展“不忘合作初心，继续携手前进”主题教育活动，举办主题活动、会史教育、参观调研、知识竞赛等活动20余次。各基层组织、专委会以“午餐沙龙”，专题讲座，各类主题论坛，圆桌会议，走访调研，学习宪法、会史、会章等形式开展主题教育活动70余次。举办“庆祝新中国成立70周年”系列活动，以“同心同行七十年·坚定不移跟党走”为题，举办“科学精神·大家风范——中国院士书札文献收藏展”“我和我的祖国”快闪活动、“庆祝新中国成立70周年”主题征文、书画作品征集、考察世博园、国家高山滑雪场等国家重点工程建设现场等活动。到广州、深圳以及海淀北部办、环保园区等驻海淀区机构、企业开展调查研究，召开“人工智能”“硬科技”产业协同创新平台、区块链、中关村科学城建设等主题研讨会。

（赵欣）

【第二届“温暖北京”社会服务暨公益服务论坛】1月20日，民建海淀区委举办第二届“温暖北京”社会服务暨公益服务论坛。民建中央社会服务部副部长程喜真、民建北京市委副主委赵亚洲、中共海淀区委统战部常务副部长刘珍、民建海淀区委主委王玉梅等出席论坛。论坛共举办7个主题演讲：民建海淀区中科院的《“启智未来·春萌行动”总结及展望》，民建海淀区文教二支部的《走进社区，关爱老人——“关爱长者·春雨行动”发布》，民建海淀区委委员、中关村支部的《“围绕中心大局、做好精准扶贫”——敖汉旗扶贫经验总结》，民建海淀区清河支部的《重视社会服务工作，建立以“爱”为核心的基层组织履职环境》，民盟北京市直属第三支部的《“毫笔绘千秋、方寸见乾坤”非物质文化的传承与推广》，北方工业大学的《“青春有梦、志愿同行”北方工业大学理学院志愿服务启示》，香山公园双清别墅爱国主义教育基地讲解班的《讲好“进京赶考”这一课，红色基因代代传》。民建海淀区委、西城区委、门头沟区工委，以及民建东城、西城、朝阳、海淀区委社会服务专委会委员、社会各界志愿者代表等50余人参加论坛。

（赵欣）

【“两新两高”战略研讨会】5月13日，民建海淀区委召开“两新两高”战略研讨会，区政协副主席、民建海淀区委主委王玉梅，相关领域专家及参政议政骨干参会。研讨会围绕中关村科学城建设、创新创业人才和国际化人才的保障与服务、区级创新政策精准化研究、海淀新型城市形态内涵、海淀文化与科技深度融合等问题进行专题研讨。

（赵欣）

【赴广州深圳调研】5月16日至19日，民建海淀区委调研组一行18人赴广州、深圳，就提升创新环境、改善营商环境等课题进行调研。调研组参观考察腾讯公司、坎德拉公司、创新工场、创投小镇等创新型企业和特色园区，并就如何借鉴广州、深圳经验，培养海淀与北京市创新创业的土壤，改善营商环境，发挥海淀智力云集特点等方面进行交流探讨。双方就组织建设、参政议政、社会服务等主要工作展开交流。民建广州市委专职副主委隋永平、副主委李刚、市委常委黄津参加座谈。

（赵欣）

【第一届青年工作研讨会】 5月26日，民建海淀区委在中关村创业大厦召开第一届青年工作研讨会。民建中央组织部组织处处长李伟，民建北京市委、中共北京市委统战部、民建海淀区委、共青团海淀区委、航天五院团委等单位领导参会。研讨会主题为“弘扬·凝结·开拓·创新”，民建海淀区委作题为“新时代、新青年、新使命”的主旨发言。青年委员会向海淀民建全体青年会员发出“新青年、新使命，做新时代海淀好青年”的倡议。青年委员会与深圳市途梦教育公益事业发展中心签署“携手助力贫困地区教育公益行”合作协议。

（赵欣）

【中国院士书札文献收藏展】 6月12日，由民建海淀区委主办，民建海淀区专业一支部和北京稻香湖文创文化传播有限公司共同承办的“科学精神大家风范”——中国院士书札文献收藏展开展。民建北京市委常务副主委任学良，中共海淀区委统战部常务副部长刘珍以及中科院委员会、专业一支部、清河支部、科技园支部、老委会等会员代表30余人出席开展仪式。共展出院士墨迹（手稿、信札、讲义等）、院士藏书（签名本等）和院士文集等院士书札文献60余件。展览设立了民建会员院士文献藏品专柜，展出陈华癸、唐希灿、冯士笮、倪晋仁、程京5位民建会员院士的文献藏品，展览持续至6月18日。

（赵欣）

【第七届民建“城市发展论坛”】 6月16日，由民建北京大学委员会主办的第七届民建“城市发展论坛”在北京大学英杰交流中心举行，主题为“打造具有国际影响力的消费枢纽城市”。民建中央、北京大学、中共北京市委统战部、民建北京市委、中共海淀区委等有关领导以及民建北京市委、海淀区委各专委会和其他民主党派负责人及代表近300人出席论坛。北京大学经济学院教授郑伟、北京大学哲学系教授陈少峰、北京师范大学地理学部教授周尚意、北京大学建筑与景观学院副教授李迪华、北京大学经济学院教授夏庆杰分别围绕“中国社会保障的发展完善与消费提升”“文化产业升级与文旅新消费”“北京的地方营造与地方消费”“城市品质与消费提质”“精准扶贫与促进消费”等进行主题演讲。

（赵欣）

【“不忘合作初心，继续携手前进”主题读书班】 7月13日，民建海淀区委举办2019年“不忘合作初心，继续携手前进”主题读书班。民建北京市委副主委赵亚洲、中共海淀区委统战部常务副部长刘珍、民建海淀区委负责人、民建海淀区委委员、基层组织班子成员、专委会负责人、中青年骨干会员、近两年入会的新会员以及河北省唐山市路北区的民建会员共120人参加。中央党校（国家行政学院）报刊社总编辑丁茂战作《世界经济形势展望和我国宏观经济分析》主题报告，民建中央调研部综合处副调研员李照谦作《反映社情民意工作信息学习 & 思考》专题培训。

（赵欣）

【新会员学习班】 9月27日，民建海淀区委举办“不忘合作初心，继续携手前进”主题教育活动暨新会员学习班。民建海淀区委、近两年入会新会员、新转入会员，以及清河支部会员、组织工作委员会委员等90余名会员参加学习班。民建中央宣传部宣传处处长、文化委员会秘书长丁亮春作《“不忘合作初心，继续携手前进”——史话民建70年》专题讲座，民建海淀区委工作人员为学员们讲解会史。组织会员赴民建中央参观学习会史。

（赵欣）

【民建海淀同心基金发放】 12月23日，2019年“民建海淀同心基金”发放仪式在中国政法大学昌平校区举行。中国政法大学、民建海淀区委、民建中国政法大学支部、“民建海淀同心基金”捐赠人代表出席。截止到2019年，“民建海淀同心基金”共资助中国政法大学2011级到2019级的188名家庭经济困难学生，每人每年2000元，连续资助3年，资助总额达124万元。

（赵欣）

【参政议政】 年内，民建海淀区委参加中共海淀区委党派团体协商会5次，参与政协议政协商。在政协十届三次全会上，提交《关于提升孵化器发展质量，支撑核心区建设的有关建议》《关于海淀区西北部农村区域美丽乡村建设的相关建议》和《关于改善海淀区社区居民生活性服务业现状的建议》3件党派提案，50件委员个人或联合提案。《关于提升孵化器发展质量，支撑核心区建设的有关建议》作为民建区委在政协全会上的大会发言。《关于提升孵化器发展质量，支撑核心区建设的有关建议》《关于建设高层次“创新雨林”生态体系支持公益性龙头创业服务机构做强做大的建议》《关于完善乡村治理体系的建议》《关于提升创新政策精准性的建议》分别被评为区政协2019年度优秀党派提案和个人提案。完成课题74项，其中“提升科技基础设施建设、搭建‘硬科技’产业协同创新平台”“应用区块链技术 打造政务服务新模式”两项课题被民建市委选为报送市政协的重点提案素材，《关于优化海淀区营商环境吸引高端人才的几点建议》作为区政协党派团体协商会上的大会发言，《优化国际人才环境，吸引海外人才创业发展》作为区党外代表人士谈心会上的发言材料。

（赵欣）

【社会服务】 年内，民建海淀区委开展“关爱长者·春风行动”活动68场，受益老人1800人次。举办“春风行动”398场活动，受益老人9880人次。举办“关爱长者·春雨行动”知识讲座、联欢活动等38次，受益老人1268人次。“启智未来·春萌行动”累计为全市中小学生举办28次科普活动，受众学生1600余人次。“民建海淀同心基金”捐助中国政法大学、北京师范大学贫困生208名，资助金额124万元。民建海淀区委定点帮扶民建中央扶贫点——河北省丰宁满族自治县外沟门乡大营子村、万胜永乡下洼子村，捐款10万元；组织专家到丰宁开展智力扶贫，开展主题征文、心理讲座、科普报告等活动；文教二支部在丰宁大滩镇举办“民宿线上经营趋势和整合营销案例分享”培训，邀请“途家网”专家授课，完成网上销售签约民宿1200套，储备民宿房源近4000套，达成线上交易额50万元；专业一支部组织援建丰宁县黄旗镇多个行政村成立“爱心超市”，捐款、捐物、捐书近100万元。民建海淀区委科技委员会帮助贵州省黔东南自治州政府评议发展规划、提供企业技术咨询；科技园支部与妇委会慰问北安河敬老院；地震局支部地震科普进校园活动；文教一支部和企业委员会的“企业家进校园活动”；文教二支部参加民建中央贵州省黔西南自治州助学支教活动；中关村支部为河北保定涞源县、山东临沂沂水县、德州市儿童福利院等地贫困生、残疾儿童爱心捐助23万余元；中关村支部、科二支部、企业委员会走访考察会员企业。

（赵欣）

中国民主促进会北京市海淀区委员会

【概况】 2019年，中国民主促进会北京市海淀区委员会（简称民进海淀区委）有区属基层委员会3个（下属支部13个），区属支部45个，会员1428人。会员中，有民进中央委员4人（常务副主席1人、常委1人）、民进市委委员8人（常委3人）、全国人大代表1人、全国政协委员2人、市人大代表1人、市政协委员5人（常委1人）、区人大代表2人（常委会副主任1人）、区政协委员19人（常委6人），长江学者1人。

全年召开主委会3次、全委（扩大）会4次、机关干部会议33次。开展“不忘合作初心，继续携手前进”主题教育活动，3名会员参加民进北京市委主题教育宣讲团。组织100余人次参加民进北京市委、北京市社会主义学院、中共海淀区委、区政协、中共海淀区委统战部组织的各类学习班。

2个基层组织获“民进全国先进基层组织”称号，3名会员获“民进全国组织建设先进个人”称号。7个基层组织被评为民进北京市委社会服务先进集体，11人被评为民进北京市委社会服务先进个人。

（王玲）

【参政议政】 年初，民进海淀区委立项调研课题11个，其中重点调研课题1个，一般课题5个。完成9个课题，其中2个课题转化为与海淀区领导协商的发言材料，1个转化为海淀区政协十届四次全会大会发言，3个转化为党派团体提案。《关于推动先进核心技术成果转化落地中关村科学城的建议》被区政协评为2019年度优秀党派团体提案，《关于海淀区消费商圈改造升级的建议》《关于加快我区冰雪人才培养的建议》被区政协评为2019年度优秀提案。报送信息150余篇。在区党派团体协商会上，民进海淀区委作题为《海淀区文化科技融合，促进新型城市形态建设的建议》的大会发言；在区委统战部组织的读书班上，作题为《关于研究经济新形态推动构建新型城市形态的建议》的发言；在区政协十届四次全会上，作题为《关于推进中关村科学城科技服务业发展的对策研究》的大会发言。民进海淀区委领导班子成员参加中共海淀区委、区政协各类协商会、主席会、副秘书长会等会议十余次。

（王玲）

【中华人民共和国成立70周年庆祝活动】 8月，民进海淀区委召开暑期读书班，制作“我爱你中国”歌曲快闪活动，120余名会员参加，被中共北京市委统战部和民进中央采用，并在“学习强国”和头条号上刊登。报送“同心同行七十年　首都统一战线·坚定不移跟党走”“同心同行七十年·建功立业新时代”——海淀统一战线庆祝新中国成立70周年主题征文8篇，1篇获一等奖，1篇获二等奖，1篇获优秀奖；报送民进北京市委“我和我的祖国”主题摄影展，“我眼中的新北京”主题摄影作品25幅；报送“同心同行七十年·坚定不移跟党走”主题艺术展书画作品20幅，其中民进英才支部的作品选入首都统一战线庆祝新中国成立70周年“与共和国同行”书画展。民进北航基层委员会主办“华彩乐章——迎国庆70周年北航民进美术作品邀请展”，民进地大支部在“同心同行七十年，坚定不移跟党走”座谈会上，作“坚持初心跟党走，小支部也有大作为”的报告宣讲。

（王玲）

【社会服务】 年内，民进海淀金融支部继续在河北省易县塘湖镇洪城村开展扶贫敬英主题教育社会服务活动，向村委会和村希望小学捐助价值6000余元的慰问金、党建系列图书、文具和体育用品。

民进一零一中学支部组织由8名北师大实践队员组成的“善教队”赴黑龙江省绥化市美丽的呼兰河畔——兰西县第一中学支教扶贫。民进民大支部到湖南怀化通道县义务做师资培训，送教下乡，为创建孤儿微校筹集基金近45万元。民进十九中学支部与密云新农村中学继续开展“手拉手”活动，携手民进平谷区教育支部助力平谷区山东庄中学教育教学。民进小教北支部会同中科院物理所清洁能源实验室党支部博士团队支教志愿者，为太行山深处的山西省黎城县霞庄小学（抗大纪念小学）捐赠图书近万册，与霞庄村委会合作，建立民进图书馆。民进水利支部联合中共水利部三峡司党支部、中共水科院水环境所党支部，累计向重庆市城口县捐献图书400余册，价值1.3万余元。组织“书送爱心·携手同行”对口扶贫图书捐赠。民进文化支部向河北省易县裴山镇南庄小学捐赠书籍。

（王玲）

中国农工民主党北京市海淀区委员会

【概况】 2019年，中国农工民主党北京市海淀区委员会（简称农工党海淀区委）有支部30个，党员929人。党员中，有农工中央委员2人（常委1人）、农工市委委员8人（常委4人），市人大代表1人、区人大常委会委员1人，全国政协委员4人、市政协委员1人、区政协委员15人（常委3人），国务院参事1人、中国科学院院士1人、中国工程院院士1人、长江学者2人。

（方鹏飞）

【暑期读书班】 8月10日，农工党海淀区委举办第十四期暑期读书班，农工党海淀区委委员、党员骨干及新党员共65人参加。中共海淀区委统战部常务副部长刘珍作开班动员，农工党海淀区委主委徐凤芹传达农工党中央关于深入开展“不忘合作初心，继续携手前进”主题教育活动的会议精神，中国社会科学院数量经济与技术经济研究所经济系统分析研究室主任娄峰作题为《中国经济形势分析与中美贸易摩擦政策模拟》的专题报告。农工党海淀区委副主委曹卫东作《九十春秋初心路，七十寒暑同舟情》的党史讲座。

（方鹏飞）

【第十二期联情会】 12月4日，农工党海淀区委召开第十二期联情会，15家单位党委统战部领导和各基层支部负责人参会，就如何支持民主党派基层组织履行参政议政、社会服务等职能进行座谈。农工党北京市委专职副主委李亚兰、中共海淀区委统战部副部长王选革出席会议并讲话。

（方鹏飞）

【参政议政】 年内，农工党海淀区委完成调研课题13篇，其中《发展新型工业互联网平台，创建引领全国的工业大数据中心和全球订单中心》被列为2019年海淀区调查研究重点课题，《提高企业知识产权管理能力，促进海淀经济高质量发展》被选为2019年海淀区政协高端议政会发言。上报信息230条，其中《推进垃圾填埋场治理，保护首都生态涵养区》得到市委书记蔡奇批示;《农村垃圾分类不应照搬城市分类方法》得到市领导蔡奇、卢彦、张家明批示，并被《诤友》采用;《加快国民经济重要领域采用自主编码体系增强中美贸易战竞争力量》《网约车合规化过程中存在问题及建议》等7条信息被全国政协采用。

（方鹏飞）

【社会服务】 年内，农工党海淀区委中国农业大学支部与河北省武强县牧兴肉鸭养殖合作社建立科技帮扶对接。农工党海淀区委主委徐凤芹带领专家团队到昌平区流村镇高崖口村开展专家驻村活动，共义诊150余人次，完成慢性病调研问卷50余份，发放百余份健康宣传册。海淀六支部到贵州毕节大方县陇公同心小学开展“创意美术进校园”活动。农工党海淀区委与北京师范大学共同举办庆祝“新中国成立70周年——医教携手 共筑健康”活动，组织党员专家29人，开展4场健康讲座，义诊200余人，发放健康宣传材料百余份。海淀教育支部4名党员专家到河北省张家口市赤城县田家窑镇明德小学开展捐资助学活动。农工党海淀区委与门头沟区青白口村开展精准对接，建立名医工作站，多次组织农工党员开展义诊咨询活动，接诊300余人次。

（方鹏飞）

中国致公党北京市海淀区委员会

【概况】 2019年，中国致公党北京市海淀区委员会（简称致公党海淀区委）有支部20个，党员735人。党员中，有中国科学院院士3人，国务院参事1人，全国人大代表2人，全国政协委员4人，致公党中央委员6人，致公党中央专委会主任、副主任19人、委员29人，市人大代表1人，市政协委员5人，致公党北京市委委员9人，区人大代表3人，区政协委员19人。

致公党海淀区委开展“不忘合作初心，继续携手前进”主题教育活动，组织党员150人次参加致公党中央、致公党北京市委、中共海淀区委统战部举办的专题报告会、学习班、培训班。组织党员参加致公党北京市委、区委统战部纪念中华人民共和国成立70周年征文活动、书画摄影展、人物风采展、文艺会演等。组织党员参加国庆群众游行和观礼活动。

致公党海淀区委获致公党中央对外联络先进集体称号，孟坚、韩薇获先进个人称号。1人获国家自然科学奖二等奖，1人获未来科学大奖“数学与计算机科学奖”，1人获第十五届哲学社会科学优秀成果奖二等奖，4人获北京科学技术奖二等奖。

（李冬妮）

【承办第二届科技创新促进民营经济发展论坛】 11月17日，第二届科技创新促进民营经济发展论坛在福建厦门举办。论坛由致公党中央科技委员会、致公党北京市委、致公党福建省委主办，致公党海淀区委、致公党福建省委经济和科技委员会、致公党厦门市委等承办，主题为“鼓励民营企业科技创新，推动经济高质量发展”。来自致公党组织、有关企业代表、专家学者共150余人参加论坛，探讨如何强化科技与经济社会发展深度融合，支撑引领高质量发展。致公党海淀区委在论坛上作“推动民营经济创新发展的政策分析”“科技创新促进民营经济新发展”大会发言。

（李冬妮）

【参政议政】 年内，致公党海淀区委完成中共海淀区委研究室重点课题“关于优化配置创业孵化机构资源支撑概念验证支持计划实施的建议”、中共海淀区委统战部关注课题“关于农村闲置宅基地分类处置与再利用的建议”。开展“科技经纪人”项目调研。在海淀区政协十届三次全会上，提交《关于提升海淀背街小巷环境协同治理水平的建议》《关于通过突破核心技术、加强产业协同，在海淀打造全球领先的5G创新和创业生态》2件党派提案，作题为《从皇家后花园到宜居宜业大海淀》的大会发言。在海淀区议政会上作题为《抓住5G商用契机，打造国家级高科技影视产业集群》的发言，在区领导与党外人士谈心会上作题为《打造科技服务专业队伍》的发言。致公党海淀区委发送信息征集要点10次，《关于成立国家级知识产权学院，以促进创新驱动发展的建议》被中央统战部《零讯》采用、得到国务委员王勇批示，《关于农村闲置宅基地分类处置与再利用的建议》被市委书记蔡奇批示。在北京市政协与中共北京市委统战部联合召开的议政会上作题为《推进停车换乘建设，优化绿色出行体系》的即席发言。多名致公党党员参加致公党北京市委调研课题的调研工作。

（李冬妮）

【社会服务】 年内，致公党中央民族大学支部、第二支部、第四支部、第五支部、北京科技大学支部、清华大学支部、中国人民大学支部、首都师范大学支部、北大医学部支部、中国农业大学支部、中国地质大学支部、北京师范大学支部到北京市智光特殊教育培训学校，开展“关注特教事业，发扬自强精神”——庆祝新中国成立70周年祝福祖国主题教育公益活动。在致公党党员黄良进推进下，致公党北京市委“致西合作”重点项目酉阳县中小学校长高级研修班在北京师范大学沙河校区举办，来自酉阳县50所中小学的校长参加培训。在致公党海淀区委委员邢纪国推动下，致公党北京市委参与第五届海外华侨华人“一带一路”交流活动，举办国际腹针疼痛治疗师培训班。

（李冬妮）

九三学社北京市海淀区委员会

【概况】 2019年，九三学社北京市海淀区委员会（简称九三学社海淀区委）有基层委员会5个、支社（小组）58个，社员2075人。社员中，有九三学社中央委员7人（主席1人）、九三学社市委委员14人，全国人大代表1人、市人大代表1人、区人大代表3人、全国政协委员6人、市政协委员9人、区政协委员28人，有院士2人，长江学者10人，国家杰出青年10人。

九三学社海淀区委开展“不忘合作初心，继续携手前进”主题教育活动。在全区社员中开展“我和国旗合个影”活动，300余名社员参加；与九三学社天津滨海新区区委、内蒙古呼和浩特市委和河北省秦皇岛市委联合开展《我和我的祖国》快闪活动。开展科学与艺术沙龙、九三小讲堂、鸿雁讲堂、九三微跑团、海棠企业管理大讲堂、三林论坛、九三青年科技沙龙、九三智士等特色品牌活动。开展“九三family文化志愿行”系列活动，向外国留学生宣传和推介非遗文化。与文化工委联合举办太极拳学习交流等活动。承办第三届京津冀青年论坛。分别与甘肃、江苏、湖北、吉林、广东等省的有关九三市委进行社务交流。

出版《海淀九三》4期、老龄委专刊1期，“海淀九三”微信公众号发文286篇，向九三学社北京市委网站供稿272篇，在《团结报》、《人民政协报》、“学习强国”、科学网等媒体发表稿件13篇。

（赵国春）

【新社员培训班】 3月24日，九三学社海淀区委举办2019年新社员培训班，来自区属各支社的120余名新老社员参加培训。培训班以学习九三学社社史为主题，邀请全国政协委员、九三学社中央委员、清华大学建筑设计研究院副院长许进作社史专题讲座，介绍九三学社建立和发展的历史，讲述九三学社的核心价值观与优良传统；社员们观看《科协记述》纪录片，进行社史知识问答。

（钟冷）

【“学习传统文化、传承中华精神”活动】 10月11日，九三学社海淀区委与九三学社中央文化工作委员会在故宫博物院共同举办“学习传统文化、传承中华精神”活动，九三学社中央机关、九三学社北京市机关、九三学社海淀区委、九三学社东城区委等30人参加活动。邀请九三学社北京市委委员、中国社会科学院考古研究所副所长朱岩石就“良渚与古代中国——玉器显示的五千年文明”主题展作讲解。

（赵国春）

【基层干部和中青年骨干学习班】 10月18日至19日，九三学社海淀区委举办2019年基层干部和中青年骨干学习班，100余人参加学习。在学习班上，北京大学王选计算机研究所副研究员、王选纪念室主任丛中笑作题为《科学报国的最美奋斗者——当代毕昇王选的心路历程》的专题报告。结合“不忘合作初心，继续携手前进”主题教育活动，学习班组织近50名社员赴河北西柏坡开展异地培训。

（赵国春）

【第五届“教育与创新创业论坛”】 11月2日，由九三学社海淀区委所属中国地质大学（北京）支社、北京林业大学支社、中国农业大学委员会联合主办的九三学社基层组织第五届“教育与创新创业论坛”在中国地质大学（北京）国际会议中心举行。论坛主题为“融合、改变、共赢——立足当下，面向未来，建设一流本科专业”，包括两个主题报告、两个特邀报告和4个大会发言。中国农业大学本科生院常务副院长林万龙、中国地质大学（北京）教务处副处长邓雁希、东方国信副院长李卫平、超星集团副总经理刘强、北京林业大学材料科学与技术学院副院长毋军、北京邮电大学教授俎云霄、中国农业大学教授经玲、中国地质大学（北京）材料学院党委副书记于清海分别发言。来自中国农业大学、北京林业大学、北京邮电大学、中国矿业大学（北京）、中国地质大学（北京）等支社的160余名社员参会。

（赵国春）

【"九三正见"首场讲座】 11月8日，由九三学社海淀区委、首都师范大学承办的"九三正见"首场讲座在首都师范大学举办。此次活动是九三学社中央文化工作委员会开展"不忘合作初心，继续携手前进"主题教育活动的重要内容。九三学社中央委员会主席、中国科协—北大科学文化研究院院长韩启德院士出席并致辞。九三学社中央部分专工委委员、在京九三学社社员、首都师范大学师生、各民主党派负责人共800余人聆听讲座。邀请故宫学院院长、故宫博物院原院长单霁翔作题为《文化的力量——让文化遗产活起来》的讲座。"九三正见"下设子品牌"青年正见"，以"3+X"的形式安排活动，每年举办3场"正见"主题活动和若干期"青年正见"活动。

（赵国春 钟冷）

【参政议政】 年内，九三学社海淀区委在区政协十届三次全会上提交《关于加快推进海淀区基础研究成果转化为关键技术的建议》《挖掘弘扬学院路学院文化，推动海淀文化科技融合发展》2件党派提案，《关于落实海淀区村庄规划推进美丽乡村建设的建议》1件界别提案。其中《挖掘弘扬学院路学院文化，推动海淀文化科技融合发展》被评为优秀党派提案，《关于落实海淀区村庄规划推进美丽乡村建设的建议》被评为优秀界别提案。完成"统筹规划H型国际人才社区，建设文化科技融合的学院大道""数字经济背景下促进海淀区中小企业高质量发展研究""利用人工智能提升海淀区街区治理水平研究""海淀区社区医院工作状况及资源需求调研""海淀区拔尖青年科技人才工作现状与发展需求调研""提升海淀休闲农业品牌助力乡村振兴策略研究""利用农业科技资源优势，推进海淀区乡村振兴建设研究"7个调研课题。编报信息120篇，被采纳78篇。

（赵国春）

【社会服务】 年内，九三学社海淀区委邀请社内相关领域专家分别在中国农科院作物所科普基地和湖北荆州市举办两期德赛讲堂，受众300余人。青工委举办4期"小科学大梦想"科普活动，线上和线下参与人数达600人。首都师范大学委员会联合首都师范大学附属育新学校，帮扶贵州省兴义市第八小学，促成双方合作共建。中国农大委员会与九三学社承德市委决定在承德筹建科技小院、联合成立"九三学社现代农业科技承德研究院"，并依托研究院建设3～4个教授工作站，助力承德市绿色发展。海淀第七综合支社举办8期公益品牌活动——"海棠大讲堂"系列论坛，围绕"国企混改新局面""中国文创产业发展热点""我国卫星遥感应用现状和发展趋势""人工智能技术在医疗领域的融合发展与创新突破"等热点话题邀请业界知名专家进行分享。海淀第三综合支社在中国标准化研究院视觉健康与安全防护实验室举办人眼功能测试和近视防控科普讲座，为参与者进行人眼功能测试。首都师范大学委员会社员孙学峰助力河北省平山县北冶小学书法教学。中国气象局支社社员、国家预警信息发布中心副总工程师杨继国到中国人民大学附属小学作"当灾害来临，我该怎么做？"的主题讲座。

（赵国春）

【组织建设】 年内，九三学社海淀区委开展"主委走基层活动"，分别到北京电影学院支社、中国兽医药品监察所支社、北京理工大学支社及北京舞蹈学院支社4个基层组织进行调研，指导推动社务工作。召开组宣工作会议，对各支社分管组织工作的主委、副主委及组织委员80余人进行组织管理工作培训；举办基层干部和中青年骨干培训班，对90余名社务干部进行区情、社情培训；推荐5名中青年骨干参加中共海淀区委统战部举办的海淀区党外中青年骨干学习班。向九三学社北京市委和中共海淀区委统战部分别推荐64名和18名后备干部、党外代表人士。成立九三学社海淀区文化工作委员会、九三学社海淀区书画院、九三学社北京舞蹈学院支社、九三学社北京石墨烯研究院支社，完成北京理工大学支社、海淀第六综合支社、北京电影学院支社、中国林科院支社4个支社换届工作，完成海淀第七综合支社、北京交通大学支社、中信所支社3个支社届中调整工作。海淀第六综合支社被九三学社中央评为"组织工作先进集体"，1人被评为"组织工作先进个人"。

（赵国春）

台湾民主自治同盟北京市海淀区工作委员会

【概况】 2019年，台湾民主自治同盟北京市海淀区工作委员会（简称台盟海淀区工委）有3个支部，盟员81人。盟员中，有全国人大常委会委员1人、全国政协委员1人、市政协委员5人（政协副主席1人、常委兼副秘书长1人）、区人大代表1人（常委1人）、区政协委员8人（常委1人、副秘书长1人）。

台盟海淀区工委全年组织盟员参加中共海淀区委统战部组织的"庆祝新中国成立70周年"纪念活动10次、各类培训班12次、报告会10次、座谈会6次和领导干部读书班3次，盟员累计参加学习培训120人次。启动"盟员讲故事""分享悦读会"活动，推出"传承·筑梦——盟员讲故事"活动，开展"初心""长征路·再出发"两期分享活动。

（曾军）

【参政议政】 年内，台盟海淀区工委

报送信息84篇，被中央、市、区级单位和部门采用60余篇，被全国政协采用2篇，其中《关于规范涉港澳台标识的建议》《关于设立“中国北京国际质量基础技术创新中心”的建议》分别被市委书记蔡奇，副市长张家明、隋振江批示。在区政协十届三次会议上，提交《关于加快社区居家养老工作者队伍建设的提案》《关于加快海淀科学城北区的农村经济发展提升改善农村人居环境内生动力的提案》2件党派团体提案，11件委员个人提案。在区政协、区委统战部党派团体协商议政会、区领导班子谈心会上提交《关于加快落实“两新两高”战略，促进在京台胞求学就业发展的建议》《关于打造通勤与休闲功能相融合的滨水自行车绿道的建议》2件建议案，被区委区政府采纳并予以落实。台盟海淀区工委荣获台盟中央2019年度地市级参政议政先进集体称号、台盟北京市委2019年度参政议政先进集体称号。

（曾军）

【社会服务】 年内，台盟海淀区工委为温泉镇敬老院9位孤寡老人送去温暖红包500元，为敬老院送去300份牙膏、毛巾、香皂等洗漱用品，为“助梦起航”爱心助学捐款1930元；邀请台胞台属“共建海淀绿色家园”。组织“三八”妇女节制作香皂活动，老年支部赴景山公园踏青赏牡丹，组织在京台生、台商共庆中秋节活动。

（曾军）

人民团体

3月4日，纪念“三八”国际妇女节巾帼风采展示活动（张云飞 摄）

4月23日，中国共产主义青年团北京市海淀区第十四次代表大会召开（张洪军 摄）

4月25日，区工商联在河北赤城县政府开展“手拉手”捐资助学活动（周宇衔 摄）

7月8日，组织新侨海归和海外侨胞参与北京电视台在天安门广场录制升旗仪式和《我爱你中国》快闪活动（冀敏 摄）

11月，海淀总工会携手超市发举办丹江口扶贫蜜橘领回家活动（超市发 供图）

12月14日至15日，区科协和区教委主办2019海淀区青少年机器人竞赛活动（区科协 供图）

总工会

【概况】 2019年，北京市海淀区总工会（简称区总工会）下属海淀工人文化宫、海淀职业介绍所、海淀区职工服务（帮扶）中心3个直属事业单位。全区有工会组织5335家，工会会员289330人，其中区总工会直属基层工会110家，专职工会干部591人，兼职工会干部8053人。

区总工会推荐评选全国五一劳动奖章获得者1名，全国工人先锋号集体1个；首都劳动奖章获得者15名，首都劳动奖状集体3个，北京市工人先锋号集体6个。评选第一届“海淀工匠”10名和“海淀工匠”提名奖2名。编辑报告文学《光辉岁月》，记述1950—2000年12名被评为市级劳模的先进事迹。举行“海淀区劳模献礼祖国70华诞”图片展，并在4个基层工会进行巡展。

（胡文欣）

【劳动模范慰问】 元旦、春节两节期间，市总工会、区总工会向全区在劳动模范数据库的487名劳动模范发放春节慰问金及困难帮扶慰问金106万元，走访慰问7名困难劳动模范；组织75名劳动模范和劳动奖章获得者参加市总疗休养活动；组织213名劳动模范在北京市工人疗养院和海淀医院进行免费体检；组织450名海淀优秀职工赴北戴河疗养；与北京医师协会共同开展“劳动模范健康医疗服务活动”，精准定制健康管理服务，为全区392名劳动模范办理“健康医疗服务卡”。

（胡文欣）

【冬季“送温暖”活动】 1月10日，区总工会在北京城建海淀区项目工地启动2018—2019年度“把海淀问候带回家”送温暖系列活动，慰问一线职工并发放200份北京特产。元旦、春节累计投入300多万元，走访慰问基层生产一线、节日服务岗位一线的劳模工匠和坚守岗位的一线职工。

（胡文欣）

【中关村创业大街三方委员会工作站揭牌】 1月28日，区总工会举行中关村创业大街三方委员会工作站揭牌仪式，成立海淀区协调劳动关系三方委员会中关村科学城四季科创中心工作站、劳动人事调解中心、党群服务中心，在全区试点推广中关村创业大街三方委员会工作站工作经验。推进服务向基层延伸下沉，构建和谐劳动关系微循环。来自国家人社部、全国总工会、北京市总工会、海淀区总工会、海淀区人力资源和社会保障局以及相关部门企业等共100余名代表参加。在活动现场，工会代表、劳动部门代表以及工商联代表共同为工作站揭牌，标志着一站式服务“双创”企业职工，具有海淀特色的劳动关系三方协调机制的组织体系正式建立。

（胡文欣）

【关爱女职工】“三八”节期间，区总工会开展女职工维权行动月活动；与市职工服务中心联合开展“温情三月，呵护心灵”女职工心理关爱服务周活动。为已建“母婴关爱室”的单位开展送书活动。在全区女职工中开展“两癌”筛查并形成长效机制；开展10余场“首都女职工流动课堂”活动。

（胡文欣）

【第二十七届海淀职工艺术节】 3月至7月，区总工会举办第二十七届海淀职工艺术节。艺术节以“我和我的祖国”为主题，设置歌手大赛、舞蹈比赛、摄影比赛、书画比赛四大板块，来自全区40个基层工会的千余职工报名参加，3万多名职工参与新媒体互动。7月4日，第二十七届海淀职工艺术节文艺会演在海淀工人文化宫举行，来自各行各业的200多名职工参演，10多家参演单位的领导、职工300多人观看演出。市总工会副主席赵丽君，区政协副主席、总工会主席胡淑彦，全国劳动模范代表王永民、张惠领共同为首批全国劳模画像揭幕，为艺术节获得一等奖的选手颁奖。经过评比，5人获得书画比赛一等奖，5人获得声乐比赛一等奖，8人获得摄影比赛一等奖，3支舞蹈队获得舞蹈比赛一等奖。

（胡文欣）

【首期“安康杯”职业健康讲座】 5月23日，区总工会举办主题为“如何防治职业病做一个健康职业人”的知识讲座，全区基层工会约260名干部代表参加活动。培训中，全科医生孙安静主任从专业角度对现代人的职业病预防进行详细的讲解。安贞医院和中日友好医院的专家针对重点职业病开展义诊活动。

（胡文欣）

【劳动保护】 8月，区总工会组织海淀区参赛企业开展“安康杯”竞赛答题活动，共1.5万人参加；10月，区总工会选取12家“安康杯”竞赛优秀参赛单位给予每家2万元的“安康杯”竞赛专项经费补贴；4月至9月，区总工会与区应急局联合举办海淀区2019年安全生产“七进”和劳动保护工作暨安全歌曲传唱活动。区总工会获得全国“安康杯”竞赛安全文化宣传“先进单位”称号及竞赛活动“最佳组织单位”称号。

（胡文欣）

【第31届海淀区职工“长春杯”越野赛】 10月30日，区总工会举办第31届海淀区职工“长春杯”越野赛，全区各基层工会1500余名职工参加。北京市总工会党组成员、副主席赵丽君，区政协副主席、区总工会主席胡淑彦等领导出席开幕式。赛后区教育工会、东升镇总工会和区直机关工会分获一、二、三等奖。

（胡文欣）

【职工技能竞赛】 年内，区总工会组织开展计算机程序设计员比赛、中式烹调师比赛、人像摄影师比赛、快递员比赛、速换轮胎比赛等5项职业技能比赛，1500余名企业员工参加；在商业、建筑行业、教育、各街镇等单位相继开展30余场技能大赛和岗位练兵活动，4万余名职工参与其中；完善技术创新和成果转化，

3家单位申报市级示范性职工创新工作室，1家单位申报自主创新成果；开展“师带徒”活动，北京北冶功能材料有限公司、北京昊海建设有限公司、北京禾谷园连锁经营有限公司、区园林绿化局4家单位的66对师徒参加活动。

（胡文欣）

【基层工会建设】 年内，区总工会新建百人以上工会108家，发展会员4.6万人。海淀园工会工委组织形态和工会机构名称调整，正式成立中关村科学城总工会。各街镇总工会及教育工会、住建委工会、卫健委工会等发挥地域及行业优势，推进全区建会工作。区总工会按照“会站家”一体化建设的工作思路，把工会组建、工会服务站建设和职工之家建设有机结合起来，新建会的百人以上企业同步建职工之家，建设中关村科学城北部和上地十街辉煌国际两家公共区域职工之家、6家示范职工之家；在社区、企业车间班组、楼宇、商业网点、加油站等场所建立877家职工“暖心驿站”“心灵驿站”，北京佳讯飞鸿电气股份有限公司心灵驿站项目获北京市2019年优秀职工服务项目助推单位。

（胡文欣）

【职工权益维护】 年内，区总工会签订集体合同企业3406家，覆盖职工18万人，完成88.01%；签订工资专项合同企业3329家，覆盖职工15万人，完成86.02%。厂务公开民主管理数据库涵盖企业5357家，涵盖职工39万人。拓展民主管理新形式，完善职代会制度。曙光街道总工会召开区域性职代会，为职工搭建议事平台。成功调解劳动争议案件401件，为职工挽回经济损失1431万元。接受法律援助申请74件，办结69件，为职工挽回经济损失150余万元。参与处置6起企业集体解除重大事件，在甲骨文股份有限公司、北京五星啤酒公司、北京东陶有限公司等大规模解除事件中发挥工会组织的作用，缓解矛盾，促进问题的解决。

（胡文欣）

【职工素质建设】 年内，区总工会举办“汇聚职工正能量争做中国好网民活动”、“劳动筑梦”主题演讲比赛，创作15幅劳动精神文艺作品；举办走基层讲座30余场、职工读书沙龙40余场；新建区级职工书屋32家，全国职工书屋示范点1家，劳模书架5家，便捷新型职工书屋3家。举办职工速度钓鱼，开展职工健步走、工间操等活动。组织职工参加北京市体育社会指导员培训，5000多名职工参与各类体育活动。引导3万多名海淀职工志愿者，通过助力冬奥会、暖心伴考等活动，服务职工群众。

（胡文欣）

【职工服务】 年内，区总工会开展各类服务项目427项，会员参与率达113%，北京“12351”手机App注册率达45%。新增三甲医院专家进基层服务，共安排96场专家进基层活动，覆盖传统服务行业、高新技术企业、街道社区、区窗口单位等基层工会。暑期开办7个托管班，托管职工子女156人。举办“缘在工会，爱在海淀”单身职工交友联谊会；组织下基层放电影活动，放映电影30场；联合紫竹院、中关村街道的工会和社保所组织开展“就业援助送岗位走进街道系列活动”招聘会；承担职工互助保障费用2300万元，全区收取保费约761万元，职工互助保险海淀代办处被全国总工会、市总工会评为优秀基层单位。“12351”热线派单共接到市总工会派单857件，按时接单率、结案率均为100%。

（胡文欣）

【扶贫援助工作】 年内，区总工会开展扶贫援助工作，对口援助河北省易县总工会，内蒙古敖汉旗总工会、科右前旗总工会，新疆和田市总工会，划拨扶贫援助经费110万元，消费扶贫140万元，捐赠价值25万元的图书。将消费扶贫与职工福利有机结合。对口支援湖北省丹江口市总工会，帮助销售15万公斤、价值60万元的惠滩河村柑橘。

（胡文欣）

共青团

【概况】 2019年，共青团北京市海淀区委员会（简称团区委）所属基层团组织3200个，其中团委143个、团工委27个、团总支109个、团支部2921个，有团员29202人。在基层团组织中，有村（居）团组织47个、社区团组织193个、学校团组织1616个、机关事业团组织832个、企业团组织482个、社会组织团组织30个。全区有专职团干部159人，兼职团干部3073人，团员总数29202人。开展学社衔接工作，全年毕业团员总数10961名，完成学社转移10707名，未完成转移254名，完成率97.7%。团区委被评为北京市筹备和服务保障中华人民共和国成立70周年庆祝活动先进集体，获北京市2019年“青年大学习”网上主题团课优秀组织单位称号。

（李晔晗）

【海淀区未成年人保护委员会】 海淀区未成年人保护委员会办公室设在团区委，包括62个成员单位。2019年，海淀区未成年人保护委员会的总体思路是：以习近平新时代中国特色社会主义思想为指导，深入学习贯彻中共十九大和十九届二中、三中全会精神，全面贯彻习近平总书记关于青年工作的重要思想，贯彻落实团的十八大、十八届二中全会精神，落实海淀区委十二届九次全会部署，加强青年发展工作的顶层设计，加强队伍阵地建设，精准服务青少年美好生活需要，做好预防青少年违法犯罪和未成年人保护工作，促进全区青少年健康成长，为建设具有全球影响力的全国科技创新中心核心区培育青春动能。

（莫穷）

【北京市海淀区志愿服务联合会】 北京市海淀区志愿服务联合会是海淀区十大“枢纽型”社会组织之一，秘书处设在团区委，下设29个地区分会，全区设15个城市志愿服务站点。2019年，通过验证的注册志愿者855899人，注册志愿服务团队11697个，登记志愿服务项目44031个。各地区分会、系统分会累计开展“社区志愿日”主题志愿活动426场。在志愿服务联合会成立10周年之际，举办“志愿海淀10年时光展”，展现海淀志愿服务10年发展历程和独具特色的“海淀模式”。北京市海淀区志愿服务联合会获首都学雷锋志愿服务最佳志愿服务组织奖。

（焦孟琳）

【志愿服务创意大赛】 3月6日，团区委启动“志愿新时代 共建核心区”2019年海淀区志愿服务创意大赛。大赛旨在以志愿服务社会建设，用志愿服务破解社区治理难题，实现“云智库+社区”志愿服务共建共享的新模式。共征集街镇、社区、委办局、高校、企业、社会组织以及志愿者个人申报的项目184个，项目涵盖阳光助残、邻里守望与为老服务、文体惠民、恤病助医、环境保护、助力冬奥等17个类型。经过初期评审、启发培训、终期路演，最终选拔出30个获奖项目，于12月4日在中关村国家自主创新示范区展示中心召开表彰大会。

（焦孟琳）

【共青团北京市海淀区第十四次代表大会】 4月24日至26日，共青团北京市海淀区第十四次代表大会召开。会议听取和审议中国共产主义青年团北京市海淀区第十三届委员会的工作报告，经第十四届委员会第一次全体会议选举产生第十四届委员会委员31名、常委11名、书记1名、副书记6名。大会选举文思君为共青团北京市海淀区委员会书记。

（张凯）

【参加2019·两岸青年交流合作北京峰会】 5月5日，2019·两岸青年交流合作北京峰会在海淀中关村国家自主创新示范区展示中心举行。团区委组织台湾青年代表到北京“三城一区”（怀柔科学城、中关村科学城、未来科学城、北京经济技术开发区）、海淀区高新技术企业进行深度体验参访交流，向台湾嘉宾展示改革开放40年来北京取得的发展成就和厚重的历史文化底蕴。在2019·两岸青年交流合作北京峰会“融合·创新”海淀分论坛上，区青联分别与高雄青年工作委员总会、高雄市青年创业协会建立结伴成长伙伴关系，开展定期交流、参访等活动，推动资源共享，推动促进两岸优惠政策完善；举办“海淀之夜”联谊晚会。台湾青年机构负责人代表170余人、海淀区青联委员及各界青年代表100余人、街镇青年工作负责人等参加活动。

（王平）

【“创青春——中关村”U30活动】 5月7日，由中国科协科学技术传播中心、团市委、中关村管委会、海淀区政府联合主办的2019“创青春——中关村”U30活动在中国科技馆开幕。中国科协党组书记、常务副主席、书记处第一书记怀进鹏出席活动并讲话，中国科协副主席、书记处书记孟庆海，共青团北京市委员会书记熊卓，中共海淀区委书记于军，中关村管委会副主任翁啟文以及200余名青年创业者代表、科学家代表、企业家代表参加开幕式。活动面向全球年龄在35岁以下的青年创业者。经过4个月的线上报名、线上海选与评审、线下百强竞技等多轮选拔，10月16日，创青春——中关村U30在2019中关村论坛上发布2019年度优胜者榜单，30位高精尖领域创业青年获2019创青春——中关村U30年度优胜者，领域涵盖人工智能、芯片设计、生物医药、3D视觉、信息安全等，自主核心技术优势明显。30位年度优胜者具有高学历、高融资、高精尖的显著特点，多位优胜者曾在国际知名期刊发表多篇论文或申请到国内外发明专利授权，28位优胜者所在企业完成至少一轮次融资，半数以上优胜者所在企业累计完成两轮及以上融资，30家企业累计融资额超百亿元。

（王平　钟冷）

【重大活动志愿服务保障】 5月17日至18日，团区委组织来自中国人民大学的20名志愿者服务保障“亚洲数字艺术展”，为现场中外嘉宾、记者提供会务、引导等志愿服务，服务嘉宾700余人，累计服务时长240余小时。9月1日至10月31日中华人民共和国成立70周年庆祝活动期间，团区委统筹负责10个方阵24100名群众游行和志愿者服务保障工作，在15个城市志愿服务站点和35个重点社区开展志愿服务活动，累计志愿者上岗13596人次，累计服务时长46814小时，服务群众170837人次。共有11个集体、96名个人获得北京市筹备和服务保障中华人民共和国成立70周年庆祝活动先进集体和先进个人称号，800名志愿者获得区级先进个人称号。海淀区城市志愿者工作被市级媒体报道8次，区级媒体报道5次。9月8日至15日，团区委组织来自北京，河北固安团县委、易县团县委等不同地区、单位、团体的45名志愿者服务保障北京世界园艺博览会。志愿者为参观游览的中外游客提供咨询服务、秩序引导、参观协助、场馆讲解、语言翻译、组织协调和关爱助残等服务，累计服务时长96小时，累计服务游客4万余人次。

（焦孟琳　张凯）

【禁毒教育】 “6·26”国际禁毒日期间，团区委联合区禁毒办，开展“铭记历史，勿忘毒害”纪念虎门销烟180周年健步长走公益活动、参观北京市禁毒教育基地、手工绘制禁毒团扇和观看禁毒主题电影《扫毒》2等禁毒日主题活动，累计开展禁毒教育活动35场，涵盖社区青年汇、大学、中职中专、技术院校等，覆盖3100余人。组织海淀区彩虹之家青少年服务中心，开展禁毒教育工作，提升青少年、青年的禁毒意识，引导青少年、青年加入禁毒志愿者队伍，践行禁毒义务，营造自觉抵制毒品的良好社会氛围。

（莫穷）

【“青少年零犯罪零受害社区（村）”创建】 9月17日，共青团中央联合中宣部、中央政法委等部委公布创建“青少年零犯罪零受害社区（村）”第二期试点单位公示名单，海淀区位列其中。团区委贯彻落实中央社会管理综合治理委员会《关于印发〈创建“青少年零犯罪零受害社区（村）”试点工作实施方案〉的通知》要求，申报万寿路街道、北下关街道、海淀镇3个街镇作为试点单位，万寿路28号社区、太平路24号社区、大慧寺社区、南里社区、功德寺社区5个社区为试点社区，开展北京市青少年零犯罪零受害社区试点工作。团区委依托海淀区“彩虹之家”青少年服务中心等专业社会组织，为创建工作提供专业服务和资源支持，在爱国主义教育、法治系列宣传教育、志愿服务、思想教育活动研讨、安全自护讲座、传统文化普及、城市融入、知识竞赛等方面开展43场活动，覆盖950余人次。团区委为“零犯罪受害社区”提供社会工作服务，开展青少年摸排统计和需求评估，推进社区青少年安全体系建设，加强未成年人思想道德教育，增强法律意识和法治观念，维护社区和谐稳定，促进青少年健康成长。5个试点社区均创建成“青少年零犯罪零受害社区”。

（莫穷）

【学区团建工作】 年内，团区委统筹整合区域团建资源，在中关村学区、北太平庄学区、清河学区、永定路学区、学院路学区、四季青学区、温泉苏家坨学区、青龙桥学区、西三旗学区、紫竹院学区10个学区成立学区团建协作委员会和学区教工团委（团总支）。学区团建协作委员会是按照海淀现有17个学区进行划分，以每个学区为单位，由学区范围内各中小学校（含民办校和大学附中附小）、职业高中、幼儿园团组织与学区内各企事业单位团组织共同组建而成。学区团建协作委员会定期召开委员会议，共同研究、协商学区团建工作。学区教工团委（团总支）以每个学区为单位，梳理学区范围内各中小学校（含民办校和大学附中附小）、职业高中、幼儿园、直属单位等28周岁以下团员青年教师人数，团员青年教师在100人（含）以上的，成立学区教工团委；人数不足100人的，成立学区教工团总支。学区团委（团总支）引导青年教师以党的指导思想为行动指南，做好教育教学工作；为青年教师服务，吸引青年教师参与学区教工团工作，增强青年教工团员的责任感。

（李晔晗）

【团员回社区报到】 年内，海淀区有600余社区（村）团组织接待团员回社区报到6.2万余人，其中3万余人成为注册志愿者，参与社区志愿服务活动。

（李晔晗）

【社区青年汇】 年内，团区委优化调整社区青年汇布局，覆盖27个街镇。全区社区青年汇门店共计74家，其中旗舰店12家、重点地区店14家、普通店48家，有社工109人。围绕“一个中心”、贯穿“一条主线”、突出“一项重点”开展社区青年汇工作，发布《海淀团区委各部室参与社区青年汇建设方案》，将全团资源对接下沉至社区青年汇，为丰富社区青年汇活动类型提供保障。以五四运动100周年、中华人民共和国成立70周年等为契机，开展相关主题思想引导活动3200余场，思想引导类活动占60%以上，覆盖青年群体5万余人次。

（李晔晗）

【“网上共青团”宣传平台】 年内，团区委打造“网上共青团”新媒体宣传平台，推出“海淀青年”“志愿海淀”微信公众号、“海淀共青团”网站、微博等官方新媒体平台，并进驻“抖音”“快手”等新兴网络空间，利用多平台、多渠道宣传推广新媒体集群。“海淀青年”微信公众号设立“微矩阵”栏目，每周推送基层信息，设置“学习十九大”“青年大学习”“跟总书记学”等专题板块，实现与“共青团中央”“靠谱青年”“北京青年”等中央、市级微信公众号的同频共振和互联互动。全年累计发布微信推送1239篇，累计阅读量达364.23万余次。开展“马上清（青）西”主题联谊会，整合海淀高校优质资源，推荐各大名校讲座，组织青年观看爱国主义影片等主题系列活动，引领青年跟党走。

（张凯）

【青年讲师团】 年内，团区委以青年汇和志愿者服务站为抓手，根据服务青年不同，从各行各业选拔优秀青年，组建了一支33人的青年讲师团。青年讲师团围绕海淀区团代会、五四运动100周年、庆祝中华人民共和国成立70周年、“不忘初心、牢记使命”主题教育、冬奥会等主题，开展主题宣讲50余次，参与青年3000余人。

（张凯）

【五大青年行动】 年内，团区委继续开展五大青年行动，即由北京团市委提出的志愿活动合称，包括清洁空气、节水护水、垃圾分类、文明出行、背街小巷整治5个方面的志愿活动。对14个试点街镇志愿服务需求进行调研、分析，打造区域特色、符合地区需求的示范项目。按照“1+1”的模式，围绕清洁空气、保护河湖、垃圾分类、文明出行、背街小巷整治，打造1个志愿服务项目；围绕精准帮扶、义诊咨询、敬老助老、阳光助残、爱心陪伴、法律咨询、治安巡逻、社区应急等方面，打造1个社区志愿服务项目。35个社区开展309场活动，参加人数1.39万人次，服务时长2.26万小时。

（焦孟琳）

【“燃梦讲堂”活动】 年内，团区委举办“燃梦讲堂”（创新型人才服务平台）活动，依托“海淀青年”微信平台，推出“线上”创新创业政策梳理与专项申报解读公号信息9篇；开设线下“燃梦讲堂”创新创业政策宣讲活动3期，累计服务500余人次，通过案例和互动，支持企业。制作发放“燃梦讲堂”全纪实手册，方便企业了解相关创新创业政策。

（王平）

【“创业军机处”品牌活动】 年内，团区委组织“创业军机处”品牌活动12期，为12个精选创业团队、28名青年创业者服务，30名创业导师、24家企事业单位支持。服务项目覆盖大数据、工业物联网、新能源、智慧教育等领域。帮助企业了解税务优惠政策、知识产权申请绿色通道的标准以及国外申请知识产权的通道、工商审批流程等；给予企业行业发展建议和帮助企业找准定位；提供盈利模式和财务结构成本解决方案；给予企业与多方支持单位达成合作的机会；梳理银行针对小微企业的普惠金融政策；沟通办公场地问题等。

（王平）

【“阳光地带”社区青年汇】 年内，团区委组建的“阳光地带”社区青年汇与彩虹之家青少年服务中心协同配合，开展心理辅导、法律咨询、个案帮扶等工作，开展海淀区青少年禁毒暨法治宣传作品大赛、“爱在海淀学雷锋，理性消费重品质”和“忆峥嵘岁月，访红色卢沟”法治宣传教育、“预防校园欺凌，安全伴我成长”自护教育、“这样逃最有效”家庭教育活动，“不做小眼镜，阳光伴成长”青少年视力保护等系列活动，促进青少年健康向上。联合区教委举办第二届“青春无悔，与法同行”海淀区青少年法治文艺作品创意大赛，44家机关单位、大中小学校参与，收集法治文艺作品500余件；在学校、社区、社区青年汇开展线下和线上普法活动35场；在社区青年汇开展142场青少年自护教育活动，参与人数5300余人。

（莫穷）

【预防未成年人违法犯罪】 年内，团区委动员专业社工力量，对公安、检察院、法院、司法局等单位委托的涉诉未成年人进行观护帮教工作，教育矫正违反治安管理处罚法的未成年人57名，服务478人次；帮教因涉嫌犯罪而需要观护帮教的未成年人30人，服务600人次。开展主题小组活动6期42次活动，服务310人次；组织亲职教育活动2次，参与人次40人次。为97名未成年犯罪嫌疑人开展社会调查，面对面社会调查389人次，电话跟进服务421人次，实地走访72次。开展合适成年人服务339人次，其中海淀公安分局委托开展服务297人次、海淀检察院委托开展服务42人次。开展2次外展服务，走访未成年人聚集的娱乐场所，排查可能存在的隐患，预防未成年人违法犯罪。

（莫穷）

【未成年人权益保护】 年内，团区委通过直接联系帮扶对象、提供资源链接等方式，帮扶社区“五需”青少年（年龄在6～25周岁之间无合理原因不在学、无职业，需要就业帮扶、需要入学帮扶、需要行为纠偏、需要思想解惑或需要社会关系重建的青少年）青少年30人。开展个案工作、心理辅导、家庭关系维护等工作，服务青少年及家长300人次；在学校和社区开展关于情绪管理、团队协作等主题小组活动32场，服务青少年551人次。为15名刑事犯罪被害未成年人提供救助及干预服务，服务242人次。

（莫穷）

【未成年人检察工作社会支持体系建设】 年内，团区委作为全国首批40家未成年人检察工作社会支持体系建设试点单位，对海淀区未成年人检察工作社会支持体系建设，社会力量参与未成年人司法保护等内容开展相关工作。与北京超越青少年社工事务所签订未成年人检察工作社会支持体系合作协议。建立并完善海淀区涉诉未成年人观护帮教网上流转平台；完成海淀区罪错未成年人分级干预体系意见；完成海淀区被害未成年人“一站式救助”工作意见；形成2017年至2019年海淀区未成年人社会支持体系建设工作十大典型案（事）例。

（莫穷）

【困境青少年精准帮扶】 年内，团区委对“北京青少年系统”中的563名困境青少年开展精准帮扶工作。指导29个街镇帮扶组织定期填录、更新辖区帮扶青少年信息，定期收集各街镇反馈的问题，围绕阶段性问题，对相关青少年社会工作者、街镇团干部和志愿者进行2场项目业务培训。在全区组织开展成长发展、思想引导、科技体验、解困救助等不同类别8场活动，参与青少年950人次。开展“爱心陪伴成长计划”，由彩虹之家社工和志愿者为青少年进行10次的课业辅导和小组团体活动帮扶，青少年的学习成绩、人际沟通和交流、团队意识和协作能力得到提高，亲职关系得到修复和完善。做好项目品牌提升，形成“向阳行动计划”品牌手册。

（莫穷）

【“1+1+N”筑梦计划】 年内，团区委实施“1+1+N”筑梦计划（“1”代表青少年，“1”代表青联委员/志愿者/党员/团员等爱心人士，“N”代表爱心人士链接的多方资源）。该计划为困境青少年精准帮扶区级创新项目，通过“结对子”的帮扶方式，实现青少年的心愿，陪伴青少年快乐成长。有39名青少年的心愿已由部分支部党员、海淀青联委员、企业家、志愿者等爱心人士认领并开展结对帮扶工作。该项目被《北京晚报》等媒体宣传报道。

（莫穷）

【未成年人保护教育实践基地】 年内，团区委推出四季特色课程，结合植树节、“世界森林日”、清明节等时段，组织青少年开展植树等社会实践活动，以“立德树人”为宗旨，以“实践育人”为根本，对学生进行劳动体验教育环保教育。大吉城（北京）教育科技有限公司建立“海淀区青少年安全教育实践基地”，并开展安全教育培训、消防安全演习等主题活动；联合北京卫视制作国庆大片《拼搏的少年》，参与《成长加油站》录制；与团区委联合制作《拒绝烟酒之未成年》短视频。

（莫穷）

【青少年雏鹰成长培养基地】 年内，团区委面向全区29个街镇招生，筛选24名生活困难家庭青少年参加培养计划的学习。春、秋两季开展两期课程，涉及书法、美术、泥塑等学习内容，助力海淀区青少年的学业成长和特长发展。为22名有特长培养需求的困境青少年提供文化、艺术、科技等培养课程，共计500余课时，助力青少年全面发展。

（莫穷）

【涉诉未成年人观护帮教基地建设】 年内，团区委根据《关于加强北京市海淀区涉诉未成年人观护帮教的工作办法（试行）》和《北京市海淀区涉诉未成年人观护帮教工作运行管理办法（试行）》等制度规定，通过走访调研，考察涉诉未成年人观护帮教基地的工作条件和承接能力，建成15个涉诉未成年人社会观护帮教基地，包括12家企业和3家社会组织，采取"模块化"运行方式，为涉诉未成年人提供生活、心理、教育、发展等全方位帮扶。根据北京市人民检察院和海淀区人民检察院的反馈与需求，团区委与观护帮教基地沟通协调，10家观护帮教基地升级为北京市级未成年人观护基地，面向北京市开展涉诉未成年人的观护帮教工作，同时为未成年被害人的母亲提供就业岗位。

（莫穷）

【"扫黑除恶"专项斗争综合整治】 年内，团区委根据《海淀区扫黑除恶专项斗争综合整治组组织开展工作的实施方案》的要求，开展扫黑除恶专项斗争综合整治工作。建立各街镇和各委办局协同工作的日常工作机制，摸排、走访辖区重点青少年情况并建立台账。依托社会组织、社区青年汇、专家老师及志愿者开展青少年自我保护教育。通过张贴宣传海报、横幅、微信、微博、短视频等线下线上宣传方式，教育引导青少年远离黑恶势力，降低青少年违法犯罪率，印制《扫黑除恶专项斗争宣传折页》3000本，发放至各街镇以及贝壳网等单位和机构。

（莫穷）

【防治艾滋病宣传活动】 年内，团区委按照《北京市遏制与防治艾滋病"十三五"行动计划》《遏制艾滋病传播实施方案（2019—2022年）》《北京市海淀区"12·1"世界艾滋病日宣传活动方案》，联合海淀区疾控中心、海淀区彩虹之家青少年服务中心，开展"社区动员同防艾，健康中国我行动"海淀区大学生防艾辩论赛、知识竞赛以及艾滋病宣传教育月等防艾宣传活动25场，覆盖3600余人次。

（莫穷）

【社区志愿日系列活动】 年内，团区委联合区文明办、区民政局、区义工联、区残联等部门，共同开展社区志愿日系列活动，并将社区志愿日与"五大青年行动""志愿家庭"行动计划结合，下沉至基层10个主题活动，开展"迎新送暖"启程月、"传统文化"弘扬月、"学习雷锋"榜样月、"绿色环保"推广月等系列主题活动。海淀区志愿服务联合会各地区分会、系统分会累计开展"社区志愿日"主题志愿活动426场，参与志愿者2.3万余人次，累计服务时长110883小时，受众人数48150人。开展"心晴环保"精准助残志愿服务项目，以健康宣讲、送教上门、迎冬奥为主题，开展活动12场，服务残疾人500余人。

（焦孟琳）

妇女联合会

【概况】 2019年，海淀区妇女联合会（简称区妇联）下属海淀区妇女儿童活动中心、海淀区三八家务服务中心两个事业单位，海淀区家庭教育研究会1个法人社团。有区直机关、教育工委、公共委、国资委、民主党派（民建合在其中）、工商联、金秋集团（非公企业）、新东方教育科技集团、旷视科技有限公司、拉卡拉集团等10个妇工委，1个区级工会女职工委员会，设有区域女性人才联谊会、女领导干部联谊会、女司法工作者联谊会、中小学女校长联谊会、台港澳侨胞姐妹联谊会、女教授联谊会、女村长女书记联席会、女企业家联谊会、女医务工作者联谊会、中关村核心区女企业家沙龙10个女性联谊组织。有街道妇联22个，镇妇联7个，行政村、社区妇联636个。

（唐馨玲）

【海淀区纪念"三八"国际妇女节巾帼风采展示活动】 3月4日，区妇联举办"辉煌七十年 巾帼半边天 科创新时代 心系祖国情"——海淀区纪念"三八"国际妇女节巾帼风采展示活动。北京市妇联副主席赵丽君，区委常委、组织部部长、统战部部长周志军，区委常委、区委办主任高念东等领导出席活动并为荣获全国三八红旗手、全国巾帼文明标兵（岗）和海淀区三八红旗手（集体）优秀女性代表颁奖，各工委以及群团组织的领导一同参加活动。区妇联党组书记、主席车苇歆宣读《关于通报表扬海淀区三八红旗手（集体）的决定》，来自各行各业的优秀女性用诗朗诵、小品、快板、演讲、歌舞等节目，展现海淀女性积极向上的精神风貌。

（唐馨玲）

【"巾帼聚力共创和谐——海淀巾帼律师团与海淀巾帼亲情服务队手拉手"签约】 3月12日，区妇联与区司法局、区律师协会共同举办"巾帼聚力共创和谐——海淀巾帼律师团与海淀巾帼亲情服务队手拉手"签约。8名海淀巾帼亲情服务队的代表与8名律师代表签署合作协议。海淀巾帼律师团的女律师们将与全区29个街镇的778支巾帼亲情服务队展开手拉手合作，围绕妇女儿童最关心、最直接、最实际的法律问题开展普法讲座、法律咨询等公益法律服务，帮助她们依法维护自身合法权益。

（唐馨玲）

【海淀区巧娘协会成立】 5月9日，海淀区巧娘协会成立大会暨第一届会员大会召开。会议宣读《关于同意成立北京市海淀区巧娘协会的批复》《北京市海淀区巧娘协会成立行政许可决定书》《北京市海淀区巧娘协会章程》，选举产生第一届理事会、监事会，张婕当选第一届理事会会长。会员大会结束后，张婕主持召开第一届理事会第一次全体会议，会议讨论通过《北京市海淀区巧娘协会财务管理办法》（草案）和《北京市海淀区巧娘协会会费管理办法》（草案），研究通过聘请协会专职秘书长相关事宜。大会设置海淀巧娘风采展示环节，显示海淀女性创新创业的成果。

（唐馨玲）

【同心家国·筑梦海淀——2019"海淀最美家庭"揭晓】 5月14日，区妇联举行"同心家国·筑梦海淀——

2019‘海淀最美家庭’揭晓活动”，通报表扬300户家庭获“海淀最美家庭”，其中23户家庭获“首都最美家庭”称号，4户家庭获“全国最美家庭”称号。2019年“海淀最美家庭”揭晓活动围绕中华人民共和国成立70周年，围绕“家”“国”“梦”元素展开，侯宁、苗士赢、周晨光、陈艳丽、葛正明5户家庭在现场分别从创新、文化、奥运、国粹、外交多个角度分享他们的家庭故事，展示家风家训践行于点滴、将家国情怀传递于无形的精神。区妇联与清华大学出版社达成战略合作，结合“书香飘万家”的活动理念，共同启动“海淀最美家庭读书会”。

（*唐馨玲*）

【沈跃跃到海淀调研】 6月14日，全国人大常委会副委员长、全国妇联主席沈跃跃就贯彻落实习近平总书记重要讲话精神，发挥妇联团体会员和女企业家作用，加强思想政治引领，助力脱贫攻坚等问题到海淀调研，并与女企业家协会及女企业家代表进行座谈交流。沈跃跃一行参观小米科技米家体验店，小米科技创始人、董事长雷军介绍小米高端智能手机、互联网电视以及智能家居等高科技产品；小米科技集团高级副总裁祁燕介绍小米科技公司的简要情况及女员工成长发展状况。中国女企业家协会常务副会长兼秘书长黄文林，中国女企协副会长、北京市女企协会长、北京丰顺工贸集团董事长安钟岩分别汇报中国女企业家协会在加强思想政治引领、参与扶贫攻坚等方面的工作情况。区女企业家代表聂丽霞、曾向群、张华、陈明等分别介绍各自企业的发展状况、技术创新及履行社会责任等方面的情况。全国妇联副主席、书记处书记吴海鹰，全国妇联书记处书记章冬梅，全国妇联宣传部部长、办公厅副主任刘亚玫，全国妇联妇女发展部部长杜芮，区委常委、组织部部长、统战部部长周志军等参加调研。

（*唐馨玲*）

【“巾帼心向党·启航新时代”主题知识竞赛】 6月18日至21日，区妇联举办“巾帼心向党·启航新时代”主题知识竞赛。来自全区各街镇的30支代表队参加，经过选拔，8支代表队进入决赛。决赛分为开幕式、个人必答、集体必答、抢答题、风险题、加试题以及颁奖仪式等环节。曙光街道代表队夺得冠军。

（*唐馨玲*）

【第十三届海淀女职工技能竞赛暨风采展示活动】 7月2日，区妇联举办第十三届海淀区商业服务业、家庭服务业女职工技能竞赛暨风采展示活动。竞赛设礼品包装、系丝巾领带、巧娘手工艺展示项目，60余名选手参加竞赛和展示。现场手工艺项目涉及编织、刺绣、结艺、布艺、花艺等，邀请延庆区的优秀巧娘们带来面塑、皮雕、葫芦烙画等艺术作品，通过展示加深区县之间巧娘手工艺的交流融合。

（*唐馨玲*）

【“海淀区国旗文化夏令营”活动】 8月5日至9日，由海淀区妇女儿童活动中心主办、北京新风旗帜文化传播中心承办的第四届“海淀区国旗文化夏令营”开营。“海淀区国旗文化夏令营”以爱国主义教育、道德教育、素质教育为主要内容，开展精神文明实践教育活动。29名小学生参加此次活动，模拟开展队列训练、拳术训练、升旗仪式培训等。开国元勋朱德总司令外孙、中共井冈山红军人物研究会常务会长刘建将军为夏令营授营旗并讲话，工兵之王、地雷战创始人、开国将军王耀南之子王太和参加活动。

（*唐馨玲*）

【接待毛里求斯社会服务理事会代表团】 9月10日，毛里求斯社会服务理事会代表团一行34人，在北京市民间组织国际交流促进会秘书处副处长靳璞陪同下，到海淀区妇女儿童活动中心参观交流。代表团参观和体验妇女儿童活动中心各类特色公益服务项目，在篆刻课堂感受篆刻艺术，在京绣课堂感受传统刺绣工艺，在古琴课堂聆听静雅之音。体验中国民间传统染色工艺——扎染，亲手操作扎花、浸泡、浸染等步骤，完成扎染围巾，将作品带回家乡，传播中国特色文化。

（*唐馨玲*）

【“巾帼心向党 礼赞新时代——庆祝中华人民共和国成立70周年”艺术展演】 9月16日、19日，区妇联分别在中国宋庆龄青少年科技文化中心、海淀区北部文化中心文化馆剧场举办“巾帼心向党 礼赞新时代——庆祝中华人民共和国成立70周年”艺术展演，以全区“妇女之家”和妇女儿童活动中心为主要阵地，组织妇女以“唱响祖国颂歌、讲好中国故事、写出家国情怀、献礼祖国华诞”为主要形式，向祖国母亲七十华诞献上祝福。

（*唐馨玲*）

【接待澳门特别行政区省级妇联执委、特约代表访问团】 10月21日，区妇联接待澳门特别行政区省级妇联执委、特约代表访问团一行25人参观考察中关村智造大街高新企业和“妇女之家”。访问团了解中关村智造大街企业的基本情况、生态模式运营及发展成果，参观创新企业打造的“一站式”服务平台——“北斗七星”生态体系、游极虚拟现实科普基地、星云环影、全球成立最早规模最大的科技创新加速器PNP（Plug and Play）中国总部、北京神州泰科科技有限公司。在中关村智造大街妇女之家，访问团了解“妇女之家”针对园区高科技职业女性特点开展的妇女权益维护、心理健康疏导、民俗文化手工制作等特色活动以及通过常设的心愿信箱了解企业女性不同的需求，为园区企业女性提供服务。

（*唐馨玲*）

【中华人民共和国成立70周年活动】 年内，区妇联围绕庆祝中华人民共和国成立70周年，开展“讲好中国故事”主题沙龙、“唱红歌·迎国庆”、“礼赞新时代——庆祝中华人民共和国成立70周年”艺术展演活动；举办理论大课堂以及“巾帼心向党，启航新时代”主题知识竞赛活动，“壮丽70年·巾帼新风采”主题征文活动。表扬命名200名海淀区“三八红旗手”和100个“三八红旗集体”，组织先进代表到基层宣讲，促进广大妇女在实现海淀“两新两高”战略和落实“街镇吹哨、部门报到”任务中发挥半边天作用。利用“妇女之家”、妇联官网、QQ群、微信群和微信公众号扩大妇女宣传的舆论阵地，提高妇女的思想觉悟，“海淀女性”微信公众号全年推送微信147期、281条。

（唐馨玲）

【基层妇女组织建设】 年内，区妇联规范指导村（社区）妇联完成换届选举。吸纳政治素质好、群众公认度高的优秀女性加入妇联队伍中。支持打造市级示范“妇女之家”；在国际人才社区建立国际人才妇女之家，开展中日家庭文化交流，“寻根 筑梦”传统历史学习体验等系列国际文化交流活动。推进“两新”组织建立妇女组织，在神墨集团成立妇女工作委员会，在新东方教育集团建立妇委会；推动旷视科技有限公司和拉卡拉集团建立妇女工作委员会，在羊坊店海育大厦、恩菲等楼宇成立示范妇女之家，在海淀镇阅其书苑成立特色妇女之家。选举44名妇女代表出席北京市第十四次妇女代表大会。

（唐馨玲）

【实施“乡村振兴巾帼行动”】 年内，区妇联为6个农村妇女创新创业项目争取项目资金100万元，通过项目绩效评价、专家现场查勘、实地项目督导等方式规范基地发展。开展农业劳动力转移培训，在农村妇女中开展手工布艺、绳结编织、多肉植物种植等技能培训138场，培训妇女4140人次，拓展农村女性创业增收渠道。成立海淀区巧娘协会，开展扎染、刺绣、布贴画等手工培训66场，培训妇女1980人次，提高区域女性创业就业能力。开展爱心助困，为“两癌”[①]患病困难妇女家庭申请专项基金、争取免费义乳。与相关机构签署创业担保贷款工作合作协议，推进女性创业担保贷款工作。开展文明素质提升、传统文化传承、创业技能拓展、个人能力塑造等培训和活动千余场次，受益4万余人次。

（唐馨玲）

【巾帼扶贫行动】 年内，区妇联发动妇字号基地、女企业家、优秀女性、巧娘、妇联干部捐款40.7万元。与内蒙古、河北等地对接，了解当地贫困女童助学、妇女维权、妇女企业产品输出等需求，与区发改委、商务局、红十字会等单位对接，制定帮扶措施。组织女企业家代表、巧娘代表到内蒙古科右前旗实施精准帮扶，开展“巾帼助学·慈善圆梦”活动，为93名建档立卡的贫困女学生捐赠10.7万元助学金和书包、文具等学习用品。向全区最美家庭发出倡议，为新疆和田、皮山农场以及内蒙古等地寄送捐赠物资400余包。

（唐馨玲）

【最美家庭建设】 年内，区妇联倡导广大农村妇女参与“四清一改”[②]行动，为村居妇女开展免费公益环保课，带领广大农村妇女参与到农村环境整治和美丽乡村建设中。2019年“最美家庭”建设，海淀区荣获全国最美家庭4户、首都最美家庭标兵户5户、首都最美家庭23户，均居全市16个区县之首。成立“海淀最美家庭读书会”，举办最美家庭读书会朗诵活动。以庆祝中华人民共和国成立70周年为主题，开展“大国小家·最美时刻”视频拍摄、“我和祖国共成长”手抄报评选活动等8项家风家教主题宣传月活动。在家庭中推广垃圾分类工作，开展25场“普及垃圾分类知识·共创家庭绿色生活”活动。启动“超级爸爸”亲子训练营活动，近900户家庭、3000人参与。实施“雏鹰护航”计划，开展家庭教育互动式指导课堂，将儿童安全课程送进家长学校。

（唐馨玲）

【妇女儿童权益保障】 年内，区妇联宣传男女平等基本国策和儿童优先原则，制作发放5000余件宣传品，利用网络、微信、电子屏、展板条幅等形式扩大宣传，线上线下推动男女平等基本国策进校园、进机关、进社区。支持社区“儿童之家”建设，对4个街镇打造示范儿童之家给予经费支持；4个市级示范儿童之家接受市妇儿工委督导组实地评估。实施安全小卫士和妇幼健康课堂项目，提升妇幼健康水平和儿童自我保护能力。

（唐馨玲）

【专项培训】 年内，区妇联举办维权及巾帼亲情服务队调解技能专项培训，700余人参加。制作4万份男女平等基本国策宣传折页发放到全区各级政务服务大厅，促进执法单位和决策部门依法履职、自觉维护妇女合法权益；开展各类法律宣传活动670场，服务25081人次。创新维权工作机制，促进海淀巾帼律师团的女律师与全区29个街镇的648支巾帼亲情服务队展开手拉手合作，实现精准化个体维权服务；依托公益律师开展公益法律服务200余次，受益妇女近万人。全年共处理群众来信来访200余件，未出现一例越级访和极端信访事件。

（唐馨玲）

科学技术协会

【概况】 2019年，海淀区科学技术协会（简称区科协）围绕区委、区政府关于实施“两新两高”战略、推进中关村科学城建设的工作部署，以培育科技公民、创新全民科学素质建设为抓手，团结和依靠全区广大科技工作者，各项工作取得新进展。区科协获评2019年全国科普日优秀组织单位。

科技公民培育实施“全民科学素质行动计划纲要”，开展培育科技公民行动，提升公民科学素质。举办科技“三下乡”、科普之春、全国科技周、科普之夏、全国科普日等群众性科普活动。组织《海淀创新大讲堂》

① “两癌”：乳腺癌、宫颈癌。

② “四清一改”：清理农村生活垃圾、清理村内沟塘、清理农业生产废弃物、清理老旧广告牌，改变影响农村人居环境的不良习惯。

300余场。创建中国科学院自动化研究所、国家纳米科学中心等20个科普创新基地。培养科技创新后备人才，承办第十九届中国青少年机器人竞赛暨2019世界青少年机器人邀请赛MakeX机器人挑战赛北京选拔赛；组织中小学生参加第39届北京青少年科技创新大赛；举办海淀区青少年程序设计挑战活动、海淀区青少年机器人大赛、海淀区青少年科技创新大赛。举办信息学教师专题培训。

组织科技工作者参与中关村科学城建设，落实区委、区政府推动中关村科学城建设“两新两高”战略，对发挥两院院士等科学家在中关村科学城建设中的作用进行系统研究与顶层设计，探索以科学家为代表的科技工作者参与中关村科学城建设新模式。制定“北京中关村科学城院士（科学家）工作联合会”方案。拍摄包括杜祥琬、吴建平、江亿、李国杰、赵宇亮等13位院士科技报国事迹的微纪录片《印迹》。开展10余次以围绕区委、区政府在中关村科学城建设中迫切需要解决的问题，围绕区科协在中关村科学城建设中发挥什么样的作用为问题导向的专题调研，向区委、区政府提交《院士建言中关村科学城建设》报告。

（步平）

【组织参加第39届北京青少年科技创新大赛】 3月23日至26日，第39届北京青少年科技创新大赛在国防科技大学怀柔校区举行，海淀区科协组织本区105支代表队参赛。共获得中学项目一等奖28项、二等奖36项、三等奖31项，小学项目一等奖7项、二等奖113项、三等奖7项，创意项目一等奖2项、二等奖3项、三等奖8项，创客项目一等奖6项、二等奖4项，少年儿童科学幻想画项目一等奖5项、二等奖16项、三等奖23项，科技实践活动项目三等奖1项，十佳科技辅导员项目1名。

（步平）

【海淀区第二十一届“科普之春”活动】 4月，区科协在7个镇开展主题为“新时代 新科普 服务乡村振兴”的海淀区科普之春活动。各镇组织实施“科普之春·科普进校园”主题活动，以科学表演为展现形式，通过授课导师的实验演示，穿插科学原理讲解、趣味问答、互动体验等环节，让学生充分参与体验科学的魅力。4月20日，在中关村创业公社举办科普之春海淀主场活动。活动分为展示区、交流区和竞技区，展示3D打印、航空航天科普、实验艺术等多项科普内容，进行智能车体验竞技活动，提升公众科学素质。全区共开展活动44项，受益近3000人次。

（步平）

【海淀区青少年程序设计挑战活动】 4月，区科协举办2019年海淀区青少年程序设计挑战活动，来自约100所学校的近1200名学生参加。活动以考查学生对算法和编程能力的掌握为主。活动分为小学组和初中组。初中组考核方式为上机编程，小学组采用笔试和机试两种考核方式。考核结果以笔试结果为准，共评选出一等奖142项，二等奖187项，三等奖206项。

（步平）

【信息学奥林匹克竞赛教师专题培训】 4月至6月，区科协举办信息学教师专题培训，约300人次参加培训。邀请信息学奥林匹克竞赛的金牌专家定期为全区的中小学信息学教师授课，本年度共培训20次计80课时，培训内容主要包括C++语言程序设计基础。此次培训旨在促进海淀区青少年信息学竞赛的普及和提高，推进本区青少年计算机程序设计、人工智能等科技教育，帮助相关教师提高业务水平，开展本校信息学课程，指导青少年参加信息学奥赛等与人工智能相关的科技活动。

（步平）

【参加全国科技活动周主题活动】 5月19日至26日，由科技部、北京市政府主办的全国科技活动周举行，主场设在中国人民革命军事博物馆。5月19日，在中国人民革命军事博物馆举行的启动仪式上，区科协携手中央电视台《加油向未来》栏目开展科技活动周主题活动，包括展示型科技展项、互动体验式科技展项、展示讲解展项、科普讲座4项活动。本次活动免费对公众开放。科学表演秀开场，引入展示型科技展项：火箭的分级与结构、卫星结构、导磁悬浮、果蔬电池、镜子趣味实验、无人机编队飞行表演；互动体验式科技展项：留声机、楞次定律、真空实验、气泡沉船、滑轮组实验、虚拟书法、激光竖琴、火龙卷、相变花开、看得见的声音、VR驾驶；展示讲解展项：蝴蝶采蜜、萤火虫发光、蚊子的构造；科普讲座：力学、热学、生物学等科学知识和了解科学论证方法和过程，通过“思维体操”锻炼思辨能力，为广大观众带来试听乐趣。邀请10家科普出版社，设立科普图书博览区，展示国内外大量优秀科普读物。

（步平）

【北京市科技周海淀主场活动暨大西山科教游嘉年华】 5月25日，由区科协、苏家坨镇政府主办，大西山旅游开发有限公司协办的2019年度北京市科技周海淀主场活动暨大西山科教游嘉年华举行。活动主题为“科技强国·科普惠民”。活动分为非遗科普课堂、科学实践课堂、人工智能编程课堂、科学DIY、医学科普等方面，内容有近距离观察火箭模型、登月器、月球车、航模制作、纸飞机比赛，VR互动科技游戏体验。神奇有趣的立体科普图书、“科普中国”的《酷杰的科学之旅》、北京植物园的植物科普互动展示、北京自然博物馆的恐龙科普大篷车都激发公众对科学探索的兴趣。活动设置科幻画长廊，邀请专家指导现场创作。主场活动与大西山阳台山、贝家花园等景区形成科技融合互动。

（步平）

【“全国科技工作者日”主题活动】 5月30日，由区科协、紫竹院街道办事处主办的“礼赞共和国 追梦新时代”海淀区2019年“全国科技工作者日”主题活动举行，50位科技工作者和数千名地区居民参加。本次活动以“快闪”形式为载体创新交流和科学普及相结合为主题，设置科技成果展示、快闪互动活动两个环节。科技成果展示含有多项专利。“5件发明创新乐器”展现“科技让艺术更多彩”，“15项科技生活展品”展现“科技让生活更美好”。快闪互动活动让现场居民纷纷驻足，《单手笛独奏》《环保乐器合奏》《多调性小号独奏》《环保大提琴独奏》《智能小提琴独奏》5件创新发明乐器演奏、专业机器人充满科技感的街舞表演，受到观众欢迎。

（步平）

【第十九届中国青少年机器人竞赛暨2019世界青少年机器人邀请赛MakeX机器人挑战赛北京选拔赛】 6月2日，区科协承办第十九届中国青少年机器人竞赛暨2019世界青少年机器人邀请赛MakeX机器人挑战赛北京选拔赛，竞赛主题为“勇者征途”。赛前举办3次培训。来自全市19支队伍，54名选手参赛，最终北京市第六十五中学夺冠。

（步平）

【科技创新及金鹏科技论坛教师培训班】 7月10日至11日，区科协举办2019年海淀区科技创新及金鹏科技论坛教师培训班，来自50所学校的100余名科技教师参与培训。内容包括科技创新大赛、金鹏科技论坛、科学建议奖3项活动的课题选题、研究、答辩等，以及参赛的方法和注意事项。

（步平）

【海淀“科普之夏”青少年人工智能科学营】 7月22日至26日，区科协举办海淀“科普之夏”青少年人工智能科学营。以中国青少年机器人竞赛暨世界青少年机器人邀请赛MakeX机器人挑战赛为主要授课内容，主题为“守护家园”，赛事精神：创造、协作、快乐、分享。

（步平）

【首届海淀区青少年科学影像展评展映活动】 7月，区科协为贯彻落实《全民科学素质行动计划纲要实施方案（2016—2020年）》，旨在借助影像技术启迪青少年科学梦想，提高青少年科学素质，助力海淀区科技公民培育，举办主题为“探究科学·放飞梦想”的首届海淀区青少年科学影像展评展映活动，并开展培训讲座。活动共征集选拔出25项作品，涉及科学探究纪录片、科学微电影、科普动画等形式。

（步平）

【青少年科普科幻创作征集活动】 7月至12月，区科协组织开展青少年科普科幻创作征集活动。征集内容包含科幻小说、科学童话等形式，共征集科幻小说作品645篇、科学童话作品102篇。通过专家评审，评出科幻小说类特等奖6名、一等奖62名、二等奖202名、三等奖368名，科学童话类一等奖10名、二等奖20名、三等奖71名。

（步平）

【海淀区“科普之夏”专题活动】 8月20日，区科协、区委政法委、区园林绿化局联合主办第二届“科技公民舞起来”反邪教科普广场舞展演活动暨2019海淀区“科普之夏”专题活动在海淀公园百姓大舞台举行。“科普之夏”专题活动是海淀区反邪教宣传季的重要形式和内容，把反邪教宣传融入科普知识讲座、知识问答、科学体验等系列科普活动中，以提升公民的科学素质，激发“崇尚科学、拒绝迷信、抵制邪教”的自觉意识和热情，打造群众喜闻乐见的科学生活平台。来自街镇的20支代表队报名参与，经选拔，10支代表队、200余名演员参加展演。“科普之夏”活动期间，全区各单位共开展97场活动，直接受益近5000人次。

（步平）

【“科技小公民”青少年人工智能教育实践竞技体验活动暨全国科普日海淀主场活动】 9月21日，区科协、温泉镇政府联合举办“科技小公民”青少年人工智能教育实践竞技体验活动暨全国科普日海淀主场活动。主场活动设置MakeX机器人挑战赛、太阳能拉力体验活动、ESCC教科文创新赛、人形机器人竞赛4个活动区。在MakeX机器人挑战赛活动区，以机器人挑战赛、STEAM嘉年华等形式进行。在太阳能拉力体验活动区，孩子们自己搭建产品，体验自己的劳动成果。在ESCC教科文创新赛活动区，以海淀区“三山五园”为竞赛背景，需将地理知识、历史文化知识、编程知识、力学、搭建等相融合，才能完成作品，可锻炼孩子们的逻辑思维能力、创新能力、动手能力以及团结协作能力，加深对科技与文化融合的理解。在人形机器人竞赛活动区，孩子们自己编程，使机器人完成创意表演，完成设定动作。

（步平）

【海淀区青少年科技创新大赛】 9月至11月，区科协举办海淀区青少年科技创新大赛，共有近100所学校的2万余名师生参加。在参赛项目中，中小学生创新项目465项，科技辅导员项目12项，科技实践活动项目3项，儿童科学幻想画1万余幅。经过初评和复评两个环节，决出123个学生创新项目、15个教师项目、56幅科幻画晋级北京市比赛。

（步平）

【京津冀青少年科技教育创新研讨会暨海淀区科普工作培训会】 10月29日，区科协举办2019京津冀青少年科技教育创新研讨会暨海淀区科普工作培训会。会议旨在搭建青少年科普教育创新实践成果的分享交流平台，推进京津冀在科教领域的协同发展，推动科普与教育的有效对接和融合，提高科普工作者科普理论水平与实践能力。会议邀请来自科普界、教育界专家，采用研讨发言和自由交流相结合的形式，进行科普资源展示并现场讲解。来自街镇科协、企业科协、科普基地、中小学校、科普联席会议成员单位的近300名科普专兼职工作者参加培训。

（步平）

【第二十届海淀区青少年机器人竞赛】 12月14日至15日，区科协举办第二十届海淀区青少年机器人竞赛。吸引全区中小学100余支队伍、近500名选手参赛。竞赛项目包括机器人综合技能比赛、机器人创意比赛、VEX机器人工程挑战赛、教育机器人工程挑战赛、机器人智能工程挑战赛，每项比赛分为小学、初中、高中3个组别，共决出15个冠军队。设置小学组一等奖13名、二等奖16名、三等奖28名，初中组一等奖8名、二等奖9名、三等奖14名，高中组一等奖7名、二等奖6名、三等奖8名。

（步平）

【科普宣传】 年内，区科协结合中华人民共和国成立70周年，编印《“两弹一星”光耀中华——纪念中华人民共和国七十年贡献卓著的科技元勋》，与中国消防博物馆合作编印《防火与逃生》《社区和家庭消防安全科普知识手册》《公众聚集场所消防安全科普知识手册》《中小学生消防安全科普知识手册》。展板、手册发放至街镇、社区、学校等。

（步平）

归国华侨联合会

【概况】 2019年，北京市海淀区归国华侨联合会（简称区侨联）下设海淀园侨联及19个街道侨联组织。在北京市第十五次归侨侨眷代表大会上，区侨联获北京市侨联工作先进集体称号，10人获北京市侨联工作先进个人称号、9人获北京市归侨侨眷先进个人称号。

拓宽宣传渠道，运用新媒体开辟侨联宣传工作新路径，完善官网平台建设，发布、转载信息资讯480次；完善侨联微信服务号，推送资讯、活动、原创文章190篇。编辑出版《海淀侨声》2期，与海外侨领与侨界社团沟通交流，讲好海淀故事。

（张静波）

【海淀区第八届“新侨乡文化节”】 4月，区侨联与涉侨部门及相关单位共同举办海淀区第八届“新侨乡文化节”，配合市侨联开展第九届首都新侨乡文化节系列活动，组织健步走、侨界家庭亲子营等活动20场，有3000名侨界群众参与。举办海淀侨界庆祝中华人民共和国成立70周年活动，开展“我和我的祖国”征文和“我眼中的新北京”摄影征稿，组织新侨海归参与北京电视台在天安门广场录制升旗仪式和《我爱你中国》快闪活动，组织10余位海外侨胞参加国庆70周年群众游行活动。组织“书香侨海·一起悦读”线上线下读书分享互动会8场，1000余名侨界群众参加。

（张静波）

【“寻根之旅”夏令营北京海淀营】 7月8日至17日、7月22日至31日，由中国侨联主办、区侨联承办了两期2019“寻根之旅”夏令营北京海淀营活动。两期夏令营分别由来自新西兰北京会、澳大利亚北大中文学校的42位领队老师、营员以及来自德国曼海姆中文学校、翰林文教基金会、华盛顿州北京同乡会的48位领队老师、营员组成。活动期间将“游”与“学”有效结合，突出主题，彰显特色，参观游览故宫、长城、颐和园等北京、海淀著名景点，学习太极拳、书法、古诗词等中国优秀传统文化，营员们感受到中华文化的博大精深，结下深厚友谊。

（张静波）

【参政议政】 年内，区侨联为侨界政协委员和侨联委员履职搭建活动平台，提交团体提案2份、界别提案1份、个人提案5份。征集海外顾问、委员意见建议，服务核心区发展。围绕区委、区政府关注的难点热点问题，联合区政协港澳台侨委员会开展“提升中关村科技创新能力思考”课题调研，围绕垃圾分类、交通治理等问题开展调研座谈，配合区政协围绕“统筹推进中关村科学城产学研协同创新”举办双周协商会，发挥智囊和参谋作用。

（张静波）

【建设服务核心区】 年内，区侨联整合区域侨务资源，依托侨界创新发展产业联盟，举办参观考察、学术研讨与对接交流等活动，推动侨创平台落地。搭建引进国际人才平台，服务海淀区人才工作及国际人才社区建设。开展“创业中关村·侨海企业创业行”活动，组织50余名海归创业者赴天津、河北、山东、江苏等地开展项目考察对接活动。协助15名海归创业者进驻海淀创业园创业，组织100余名海归创业者赴利亚德集团总部、北京字节跳动科技有限公司、海淀创业园、中关村集成电路产业园、小米科技园等企业和园区行业标杆企业和园区考察，为企业发展壮大对接资源，助力企业产业化健康发展。深入中国科学院中科海外人才创业园、北京清华科技园、北航留学人员创业园进行侨情摸底。针对100余位海归人才开展侨界人物访谈，扩大海淀侨界人士在社会的影响力，激发他们服务核心区的积极性。

（张静波）

【海外联谊】 年内，区侨联接待来自十余个国家和地区的海外侨领、高端人士400余人次。与美国国家小企业协会及法国普阿蓝大区联系，邀请美国国家小企业协会主席、美国密歇根州首府兰辛市市长访问海淀，举办2019变局下中美中小企业跨界交流合作论坛，接待英国谢菲尔德大学副校长戴夫·佩特利教授考察团，促进中外合作交流。

（张静波）

【服务新侨及归国留学人员】 年内，区侨联开展“海归驿站”品牌活动，与北京市海外学人中心、市经信委、中关村管委会、海淀园管委会、海淀创业园等单位联合举办“创业中关村·助创政策宣讲解读会”5期、海归创业者分享交流会4场，线上线下1600余名新侨海归参加。走访60余家留创园、高科技海归企业，了解企业诉求，提供精准服务。

（张静波）

【维护侨益】 年内，区侨联贯彻落实中国侨联“两个并重”（国内、海外工作并重，老侨、新侨工作并重）工作方针，开展区属单位侨情普查，对辖区困侨、重点人士信息进行摸排更新。开展“心贴心、送温暖”行动，走访慰问109户，发放慰问金、慰问品7.91万元。开展老侨春游、海内外侨胞e起过大年等活动，营造侨之家暖心氛围。加强侨界志愿者队伍建设，开展志愿服务活动。推进基层侨之家建设，走访街道社区侨之家8个，了解基层侨联活动开展情况。举办法律宣传、医疗讲座等活动6场。配合北京市人大常委会开展华侨权益保护立法调研，维护侨益。与专业律师事务所合作，为侨联提供法律援助服务。接待处理信访8件次。

（张静波）

【参加“创业中关村·侨海企业创业行”活动】 年内，区侨联组织50余名在海淀创业的新侨海归分别参加由天津西青区组织部和统战部联合举办的“海归人才走进西青”活动、山东烟台人社局举办的“海归博士行”活动、江苏南京组织部举办的“创业南京”活动、河北省侨联主办的“2019创业中华——海外侨商枣强行”活动。其中，1人在河北、4人在南京、2人在苏州分别创办分公司。2人参加“2019年中国·烟台海内外精英创业大赛”获得一等奖。

（冀敏）

青年联合会

【概况】 2019年，北京市海淀区青年联合会（简称区青联）组织开展精准扶贫捐款捐物、服务创新创业、参访学习交流、基层志愿服务、参加两岸青年交流合作北京峰会等活动。区青联有委员282人，分为9个界别，其中团体会员界别20人，科学教育界别52人，经济金融界别53人，公共管理界别25人，解放军政法界别18人，文艺体育界别30人，医药卫生界别28人，民族、宗教、民主党派界别21人，新的社会阶层界别35人。

（王平）

【第八届委员会第二次全体会议】 4月28日，区青联召开海淀区青年联合会第八届委员会第二次全体会议，区委常委、区委办主任高念东，团市委统战部部长、市青联秘书长林宇出席，251名海淀青联委员参会。会议通报区青联八届三次常委会《关于增补北京市海淀区青年联合会第八届委员会委员的决议》，增补29人为青年联合会第八届委员会委员。

（王平）

【青年交流活动】 7月8日至14日，应台湾高雄市青年联合协会邀请，区青联主席文思君等带领海淀青年代表团，赴台湾开展青年工作交流。与山西黎城团委、房山青联开展交流活动，组织各界别委员及青年代表参加思想引领活动30余场，走进中关村创新展、公主坟交通大队等，加强委员之间的交流与沟通，提升青联凝聚力，回应青年发展的新需求。

（王平）

【青联委员轮训】 11月2日、11月9日，区青联组织两批次200余名委员轮训。进行《国际形势》专题讲座，并分组进行座谈交流，团区委书记班子结合“不忘初心、牢记使命”主题教育工作安排与青联委员一起，围绕“党的初心使命在海淀青联中的体现、海淀青联在海淀区建设发展中的作用与定位、海淀青联为青年服务的途径与方法”等议题，展开交流讨论。

（王平）

【扶贫助困】 年内，区青联开展青联组织助力精准脱贫工作。按市青联工作要求，到河北省赤城县进行对口帮扶；组织委员分别对内蒙古自治区敖汉旗、科右前旗和河北省易县捐书捐款；整合区青联资源，开展培训、导师指导、网络课程捐赠、现场公开课等方面的扶贫工作。

（王平）

工商业联合会

【概况】 2019年，北京市海淀区工商业联合会（简称区工商联）有会员单位2000余家。有团体会员10个：北京中关村海淀科技金融创新商会、海淀区户外广告行业协会、海淀区种子商会、海淀区饮食服务行业协会、海淀区商业联合会、北京市海淀区停车服务行业协会、中关村上市公司协会、中关村卓越高成长企业创新联盟、闪联信息产业协会、中关村多媒体创意产业园。有地区基层商会15个：苏家坨镇商会、西北旺镇商会、田村路街道商会、清河街道商会、学院路街道商会、青龙桥街道商会、上地街道商会、中关村街道商会、西三旗街道商会、马连洼街道商会、八里庄街道商会、温泉镇商会、紫竹院街道商会、曙光街道商会、北下关街道商会。有园区商会2个：留学人员创业园商会、中关村翠湖科技园商会。有行业商会5个：医药业商会、文化创意产业商会、传统服务业商会、中介服务业商会、互联网教育商会。有联谊会1个：青年企业家联谊会。

区工商联以庆祝中华人民共和国成立70周年为契机，团结引导广大会员企业落实区委、区政府“两新两高”战略，在优化营商环境、助力精准扶贫、解决企业痛点等方面发挥作用。组织非公经济人士学习贯彻中共十九大及习近平新时代中国特色社会主义思想；举办纪念习近平总书记在民营企业座谈会上讲话一周年活动；向各基层商会宣讲区委十二届十一次全会精神；组织企业家代表到上海开展教育活动，组织企业家党员到密云白乙化烈士纪念馆，开展中国共产党成立98周年纪念活动。组织会员企业参加市区有关部门组织的征文、书画展、摄影展等活动。区工商联获北京市思想政治工作优秀单位称号。

（张雪松）

【民营企业创新产品发布会】 1月24日，区工商联举办2019年民营企业创新产品发布会。市区领导、委办局顾问、工商联领导班子、各基层商会代表等600余人参加。会议授予18家基层商会“优秀基层商会”称号，授予20家会员企业“2018年度脱贫攻坚做出突出贡献会员企业”称号。美团网、新浪网、北京自由蜂电子商务有限公司等9家企业分别介绍行业前沿科技，发布全新产品5项。

（张雪松）

【参政议政】 年内，区工商联组织非公经济代表人士围绕疏解与提升、文化科技融合、新型城市形态等热点问题提出见解，为海淀创新发展和核心区建设提供智力支持。区工商联副主席孙育宁在政协全会上作《关于促进海淀信息产业向高质量发展的建议》的发言。给区委区政府研究室报送调研报告《民营企业在当前市场环境下如何持续健康发展的思考与研究——以海淀区民营企业为例》。

（张雪松）

【服务区域经济发展】 年内，区工商联牵手“创新合伙人”，开展校企对接活动，组织20余位企业家与北京大学科技开发部探讨产学研对接和技术成果转化。优化营商环境，对标对表市委市政府《北京市进一步优化营商环境行动计划》以及“9+N”政策2.0升级版，区相关职能部门向300余家会员企业进行宣讲。邀请区税务部门专家讲解国家关于深化增值税改革的新政策。举办新会员培训班，专题介绍海淀营商环境内容，帮助企业及时、准确地掌握相关具体政策。组织40余名企业家与“城市大脑”专班开展座谈，为海淀建设献策献计。举办“以科技铸就新型城市形态——城市大脑专题论坛”，引导民营科技企业主动参与海淀区建设，服务海淀区发展。

（张雪松）

【精准扶贫】 年内，区工商联领导赴河北赤城县开展考察对口帮扶活动，与茨营子乡签订帮扶协议，走访茨营子乡茨营子村和西沟村2个贫困村，走访建档立卡贫困户，送去现金、米、油、面等慰问品，现场捐款1.3万元，用于贫困户修缮房屋。组织青年企业家联谊会成员到赤城县开展“手拉手”捐资助学活动，现场向10名特困特优贫困学生每人捐赠2000元助学金及书包、书籍等学习用品。组织会员开展社会公益活动，拉卡拉支付股份有限公司捐助3万元为赤城地区购买140套棉衣。北京康斯特仪表科技股份有限公司、匡正会计师事务所、华信宏景税务师事务所、北京自由蜂电子商务有限公司为赤城地区捐款19万元。区工商联向20家会员企业授予“2018年度脱贫攻坚做出突出贡献会员企业”称号。为树立典型，经区工商联主席（会长）会议审议，决定向20家会员企业授予“2018年度为脱贫攻坚做出突出贡献的会员企业”称号。

（张雪松）

【会员服务】 年内，区工商联结合“不忘初心、牢记使命”主题教育，走访北京旷视科技有限公司、北京字节跳动科技有限公司、知乎网、北京正元伟业科技发展有限公司、北京和普威视科技股份有限公司、安进医疗科技（北京）有限公司、北京赢冠口腔医疗科技股份有限公司、北京蓝波绿农科技有限公司、中关村街道商会等企业和商会，了解企业经营情况，倾听企业心声。与区委统战部联合印发《关于加强服务海淀区民营企业实施方案》，加强对民营企业的服务。动员企业参与北京市民营企业百强评选，获得130个奖项，较上年增长54.8%，企业在科技创新、文化产业、社会责任等方面的成就均有增长。与区统计局合作，开展“企业家之声”调研工作，为区委、区政府制定相关政策提供依据。提高网站、会刊、微信公众号等自媒体质量，编发会刊4期、1300余册，微信公众号更新专题内容28期，阅读量6000余人次。向全国工商联以及市、区有关部门报送信息220余篇次，多篇信息被全国工商联采用。

（张雪松）

【组织建设】 年内，区工商联召开第十届四次执委会，增补执行委员和常务委员9人，4名主席会长班子成员进行年度工作述职，2名基层商会会长进行述职。加强中介服务商会组织建设，成立4个工作部，发挥专业商会作用。培养工商联后备队伍，青年企业家联谊会召开党员大会，总结临时党支部成立一年来所取得的工作成绩及作用。有13家企业党组织、15人被北京市工商联分别授予“非公党建示范单位”“党员驿站示范点”以及“优秀党务工作者”称号。组织百余名新会员开展培训活动。按照中共海淀区委统一部署，开展“不忘初心、牢记使命”主题教育，加强作风建设，规范机关管理，完善《机关规范化管理手册》。

（张雪松）

【原工商业者工作】 年内，区工商联帮助原工商业者解决生活困难，为原工商业者发放临时困难补助10万余元。走访慰问原工商业者2人，接待来访100余人次。

（张雪松）

法治

2020
北京海淀年鉴

2 月 22 日，2019 年海淀区委政法工作会议召开（张洪军 摄）

5 月 15 日，海淀区“扫黑除恶”专项斗争工作展举办（张洪军 摄）

5月28日，区检察院举办“携手关爱，共护明天”主题公众开放日（姚辉 摄）

6月27日，特警“魔鬼”训练（郑延刚 摄）

7月19日，区委政法委领导到田村路街道检查整治工作（区委政法委 供图）

8月27日，区法院审结“8·23”恶势力团伙案（区法院 供图）

12月4日，海淀区2019年“12·4”国家宪法日宪法宣传周启动仪式举行（区司法局 供图）

政法委工作

【概况】 2019年3月，根据海淀区机构改革方案，不再设立区社会治安综合治理委员会及其办公室、区维护稳定工作领导小组及其办公室，有关职责交由区委政法委员会承担。不再设立区流动人口和出租房屋管理委员会及其办公室，有关职责交由市公安局海淀分局、区发展和改革委员会、区房屋管理局承担。将区委防范和处理邪教问题领导小组及其办公室（区政府防范和处理邪教问题办公室）职责交由区委政法委员会、市公安局海淀分局承担。

2019年，全区政法系统落实中央和市委、区委政法工作会议精神，圆满完成“五大安保”活动，维护区域安全稳定。

安保维稳。以中华人民共和国成立70周年庆祝活动安保为主线，完成全国“两会”、“一带一路”国际合作高峰论坛、世界园艺博览会开幕式、亚洲文明对话大会等重大安保任务。开展“4·15”全民国家安全教育日活动。

平安海淀建设。聚焦社会治理体系和治理能力现代化建设，推进平安海淀建设。完成区、街镇、社区（村）三级综治中心规范化建设，实现社区警务工作站与综治中心平安建设工作站“两站”融合，形成具有海淀特色的基层社会治理体制机制。开展以中关村大街、长安街延长线为示范的区级“平安大街”创建活动。开展铁路安全隐患排查治理，成立平安铁路建设观察员队伍，开展“共建平安铁路、共享铁路平安”主题宣传月活动。推进“雪亮工程”建设，提升全区城市治理、治安掌控能力。

司法体制改革。推进司法体制综合配套改革，构建“多元调解+速裁”格局。推广“分调裁一体化平台”使用，开展远程在线调解工作。继续推广适用“48小时全流程结案”模式，统筹推进新型检察领导模式建设、新型检察管理监督机制建设、新型内部制约制度建设、新型质效评价标准体系建设，推进“切实解决执行难”，在全市推出“继续执行责任保险”。

司法服务保障。以“智慧+专业”模式，实现全国首个“微信自主立案”，打造北京市首个诉讼和执行服务公众号，有效提升诉讼便利度。成功办理“2·15”侵犯著作权专案、“学而思教育”被侵权案等知识产权案件，其中个别案例入选最高人民法院典型知识产权案例。举办“在线视频著作权保护”主题活动，共同寻求在线视频著作权保护的司法途径。与联想、搜狐、百度、拉卡拉等多家民营企业沟通，提供精准法治服务，为区域经济社会发展营造了良好的法治环境。

（同强）

【全区首个综治中心平安建设工作站暨社区警务工作站揭牌】 1月12日，海淀区首个街道综治中心平安建设工作站暨派出所社区警务工作站在紫金庄园社区揭牌。工作站实现7×24小时有人值守，在就近接处警情、维护社区治安秩序的同时，还提供身份证、居住证、外国人临时住宿登记等行政服务，配备交通违法处理、“网上公安局”业务自助办理等终端设备，设置防范电信诈骗、防盗、拒绝黄赌毒、消防安全等互动演示区域，提供体验式防范宣传教育，开设律师远程会见、矛盾纠纷调解等法律援助，并为其他政务部门提供服务预留“端口”。区委组织部、综治办和区公安分局将在全区推动社区警务工作站与综治中心平安站的建设运行，全面打造集防范、宣传、服务、体验于一体的对外窗口，形成具有海淀特色的新时代“枫桥经验”，切实将群众的需求解决在基层，将矛盾纠纷化解在基层。

（钟冷）

【中央扫黑除恶督导组到区督导】 6月10日，中央扫黑除恶第11督导组组长李智勇，在市委常委、政法委书记张延昆陪同下，到区公安分局海淀派出所第二社区警务工作站调研。6月19日，海淀区召开扫黑除恶专项斗争工作汇报会，于军汇报扫黑除恶专项斗争工作开展情况，中央扫黑除恶第三下沉督导组组长张鹏针对下沉督导工作提出工作目标并进行安排部署。6月19日，中央扫黑除恶第11督导组第三下沉组成员李占州、王培到海淀法院开展扫黑除恶专项斗争工作督导。7月4日，全国扫黑办副主任、中央组织部部务委员兼基层办主任毛定之一行4人，市委常委、政法委书记张延昆一行5人，对海淀区扫黑除恶工作进行调研。11月9日至10日，中央扫黑除恶第11督导组第三下沉组进驻海淀区，对海淀区扫黑除恶专项斗争和督导整改情况开展督导“回头看”工作。于军汇报落实中央扫黑除恶督导反馈问题整改工作情况，区委副书记、代区长曾劲主持会议，市委政法委副书记张健出席会议。

（钟冷）

【法治文化基层行进海淀】 11月20日，北京市法学会与海淀区法学会、温泉镇政府在温泉镇共同举办北京市法学会法治文化基层行进海淀暨基层社会治理创新研讨会。市法学会信息中心副主任白贵秀，区委政法委常务副书记、区法学会常务副会长王勇禄，温泉镇政府领导、社区（村）居民代表以及媒体记者、10名北京市百名法学青年英才代表、中央民族大学行政法学教授张步峰、中国政法大学副教授尹超、中国人民公安大学副教授史全增等共60余人参加研讨会。研讨会学习宣传贯彻中共十九届四中全会精神，以“基层出题，专家答题”方式，围绕基层治理、地区违法建设、信息公开等10余个方面的问题展开研讨。专家和百名法学青年英才代表提出合理化建议，指出基层治理应注重发挥多主体作用，运用法律、经济、社会等多种手段，不断推进基层社会治理体系和治理能力现代化。

（同强　钟冷）

【“弘扬宪法精神，维护宪法权威”讲座】 12月4日，区委政法委举办主题为“弘扬宪法精神，维护宪法权威”的宣传讲座。邀请北京师范大学法学院副教授、宪法学专家郭殊，围绕《习近平新时代中国特色社会主义思想指导下的宪法及其修改》的主题作专题讲座，全区各政法单位代表、各街镇代表及政法机关干部代表百余人聆听讲座。

（同强）

【中共十九届四中全会精神政法宣讲会】 12月31日，区委政法委举行学习贯彻中共十九届四中全会精神政法宣讲会。区委常委、政法委书记吴计亮围绕中共十九届四中全会主题和《中共中央关于坚持和完善中国特色社会主义制度、推进国家治理体系和治理能力现代化若干重大问题的决定》作宣讲报告。号召全体干部和党员要充分认识坚持和完善中国特色社会主义制度、推进国家治理体系和治理能力现代化的重大意义。区委政法委要学习宣传贯彻好中共十九届四中全会精神，推动《中共中央关于坚持和完善中国特色社会主义制度、推进国家治理体系和治理能力现代化若干重大问题的决定》和《中共北京市委贯彻〈中共中央关于坚持和完善中国特色社会主义制度、推进国家治理体系和治理能力现代化若干重大问题的决定〉的实施意见》各项重大部署落实，维护区域安全稳定，营造公平公正司法环境。

（同强）

【"扫黑除恶"专项斗争成果宣传】 年内，区委政法委把"扫黑除恶"专项斗争作为一项重大政治任务来抓，取得阶段性成果。在《海淀报》、海淀有线电视开设"扫黑除恶在行动"专题专栏，刊播区委、区政府重要部署，公安部门、街镇等单位"扫黑除恶"动态消息以及专项斗争取得的阶段性成果，区属媒体刊发、播出新闻119篇，中央、市属相关媒体刊发新闻70余篇。采取横幅、标语、宣传栏、发放宣传品等方式进行入户宣传，共悬挂横幅3000余条，印制、发放宣传品20万余份。利用1800台住宅区楼宇门禁终端系统，在60余个社区全天候推送宣传标语、口号，月浏览量达372万人次。开展扫黑普法进校园、进社区、进企业、进看守所活动，提升群众对"扫黑除恶"专项斗争的了解认知和检举揭发涉黑涉恶犯罪线索的主动性。建立涉黑涉恶线索平台，狠抓线索核查，营造良好的市场消费环境。

（同强）

【社会治安防控体系信息化建设】 年内，区委政法委将立体化社会治安防控体系的综合应用场景融入"城市大脑"建设。推动智慧交通智能化建设，遏制违规车辆违法行为。推进智慧社区建设，提升社区治安防范水平。打造"互联网+"信访新模式，创新网上信访，引入人工智能技术，为信访人提供在线解答服务及调处方案。推进公检法智能辅助办案，建成涵盖远程讯问，实现检察院、法院、看守所三地，公诉人、法官、被告人、辩护人四方音视频互联。创建公检法司案件信息共享系统，形成"电子档案为主，纸质档案为辅"的信息化流程体系。

（同强）

【城乡接合部综合整治】 年内，区委政法委围绕"疏解整治促提升"专项行动，对城乡接合部重点地区3个市级挂账社区（村）、18个区级挂账社区（村）进行综合整治。按照"一村一策"的原则，开展社会治安秩序、消防安全、安全生产违法行为、侵街占道违法建设等专项整治。通过整治，疏解人口44557人；治安案件比上年明显下降39.23%，群众安全感得到提升；消防安全隐患、违法生产经营、侵街占道违法建设等情况得到整治。

（同强）

【社会治安重点地区整治】 年内，区委政法委挂牌督办紫竹院地区整治工作。整治过程中，把综合整治工作与"接诉即办"工作机制紧密结合，学习借鉴"枫桥经验"，采取强化组织领导、细化工作措施、严密认真排查、落实主体责任、统筹区域协调、多措并举联控、加大基础建设和宣传力度等工作模式，建立健全联席会商、督导检查、通报评价、平安考核等工作机制，入室盗窃、电信网络诈骗等突出问题得到有效治理，群众安全感满意度得到明显提升。

（同强）

法治政府建设

【全国法治政府建设示范区创建】 8月至12月，海淀区开展全国法治政府建设示范区创建工作，成立以区委书记于军、代区长曾劲为组长，45家区属单位和29个街镇组成的全国法治政府建设示范区创建工作领导小组，制定工作方案和任务分解。出台《海淀区法治政府建设工作规定》《海淀区重大行政决策程序规定》《海淀区行政复议和应诉工作规定》《海淀区行政规范性文件制定和管理工作规定》4个文件。利用宣传横幅、公交站台、户外广告牌等实体阵地宣传创建工作，《法制日报》、"学习强国"App、北京电视台、"今日头条"等媒体做相关报道。撰写420个文本，共计93万字的申报材料。

（王卓然）

【《海淀区法治政府建设工作规定》印发】 9月4日，区政府印发《海淀区法治政府建设工作规定》（简称《规定》）。《规定》规范依法行政各方面工作，把政府工作整体、全面纳入法治轨道，为推进法治政府建设提供基本遵循。明确政府职能全面履行、依法决策、行政执法、行政权力的监督、社会矛盾纠纷化解、政务公开、提高国家工作人员依法行政能力等相关方面内容。

（王卓然）

【《海淀区重大行政决策程序规定》印发】 9月4日，区政府印发《海淀区重大行政决策程序规定》（简称《规定》）。《规定》涵盖重大行政决策程序各环节规定，明确决策动议、公众参与、专家论证、风险评估、合法性审查、集体讨论决定、决策执行、法律责任等方面内容，加强重大行政决策合法性、科学性和民主性，提高决策质量和效率。

（王卓然）

【司法部督查国庆安保维稳】 9月20日，司法部督查组到区司法局督查国庆70周年活动安保维稳工作。督查组一行考察海淀区阳光中途之家和四季青镇司法所，现场检查“两类”人员[①]管控情况、矛盾纠纷排查化解情况，要求区司法局坚持“稳”字当头，防范在先，坚决打赢国庆安保维稳攻坚战、防范风险隐患主动战、全面安全稳定持久战。

（王卓然）

【“营造法治化营商环境 保护民营企业发展”专项督察】 10月17日，市委依法治市办督察组到区司法局开展“营造法治化营商环境 保护民营企业发展”专项督察，听取海淀区优化法治营商环境整体情况工作汇报，与民营企业家及律师座谈，走访区法院和爱奇艺科技有限公司。督察结果：对海淀区“一网通办”平台、“淀小二”政务服务等品牌表示肯定，提出进一步提升政府工作的公开透明度、加强执法机关之间协调配合等督察建议。

（王卓然）

【区委全面依法治区委员会守法普法协调小组成立】 11月27日，区委全面依法治区委员会守法普法协调小组成立，并召开第一次会议。会议由区委常委、宣传部部长张劲林主持，传达市委全面依法治市委员会守法普法协调小组第一次会议、第二次会议和区委全面依法治区委员会第一次会议的主要精神，原则通过《中共海淀区委全面依法治区委员会守法普法协调小组工作规则》《海淀区国家机关“谁执法谁普法”普法责任制实施办法》《海淀区普法责任制清单（第一批）》等文件。55个委办局、29个街镇共84家成员单位主管领导参加会议。

（王卓然）

【宪法宣传周活动】 12月4日，由区司法局主办、北京律之韵法治艺术团协办的2019年海淀区“12·4”国家宪法日宪法宣传周启动。启动仪式上，青年代表诵读《中华人民共和国宪法》。区司法局聚焦中华人民共和国成立70周年活动主线，落实“谁执法谁普法”的普法责任制，以“尊崇宪法、学习宪法、遵守宪法、维护宪法、运用宪法”为主题，开展“宪法进公共交通场所”“宪法进宾馆酒店”“宪法进万家”宣传教育活动。全区各单位、各部门、各街镇通过专题讲座培训、以案释法宣讲、法治文艺会演、现场法律咨询、知识竞答、发放宪法书籍、张贴宣传海报、报纸有线电视专版专题、普法微信公众号等形式，开展宪法宣传。全区共开展宪法主题宣传活动1500余场次，制作宪法主题宣传资料、宣传品18万余份，发放宪法单行本10余万册，覆盖650余个社区（村）、160余所中小学校、40余家大型宾馆酒店商场。

（王卓然　钟冷）

【区领导出庭应诉】 12月4日，海淀区人民法院公开开庭审理原告徐某诉被告北京市公安局海淀分局信息公开答复和北京市海淀区人民政府行政复议决定书一案。区委副书记、代区长曾劲，海淀区公安分局副局长梁兆红作为行政机关负责人出庭应诉。北京市水务局等行政机关的80余人旁听庭审。庭审中，当事人各方围绕案件情况进行陈述，当庭出示有关证据并进行质证，围绕争议的关键环节进行辩论和最后陈述。经当庭调解，区政府和北京市公安局海淀分局表示愿意为原告提供案外帮助，在法律允许范围内协调解决原告遇到的困难，原告当庭自愿撤诉。

（王卓然）

公安

【概况】 2019年，北京市公安局海淀分局（简称区公安分局）围绕以国庆70周年庆祝活动为主线的“五大安保”[②]任务，以维护首都安全稳定为首要任务，立足保障民生和服务地区经济社会发展，推进立体化社会治安防控体系建设和平安海淀建设。

探索实践“常态化办会”海淀模式，完成重大安保警务9577场次。强化反恐专业队伍建设，开展反恐综合演练。加强反恐领域侦察打击，成功破获“3·11”专案。建立10个高校社区警务队，处置各类案件、事件121起。处置群体性事件994批次3万余人次，化解涉访不稳定因素130件，解决积压多年的突出矛盾12件。侦办“中安民生”“金信网”等38起重特大非法集资案件。

推进“扫黑除恶”和“云剑行动”“铁拳行动”等专项工作，接“110”报警24.08万件，比上年上升6%，其中刑事警情9444件，比上年下降16.6%。刑事案件立案1.9万余起，破案1.37万余起。刑事拘留5482人，行政拘留1万余人，逮捕2887人，直接起诉1801人，强制隔离戒毒193人，收容教育1人。刑事拘留转逮捕率50.4%，比上年上升0.5%；移送起诉率83.21%，比上年上升13.11%。启动速裁案件401件，其中启动48小时速裁案件105件，犯罪嫌疑人在看守所的平均羁押期限由137天缩短至40天。

八类案件破案率95.89%，命案破案率100%。经济案件立案1163起，破案716起，追赃挽损69.2亿元。打掉黄赌窝点719处，刑事拘留81人、行政拘留3564人。治安秩序类警情比上年下降38.8%。

实行相关警种协作、专项整治与日常管理同步推进的社会治安防控模式。建立以社区民警、专职辅警、警务联络员为核心骨干的专业化社区警务团队，与街镇、居（村）委会四级对接。建立立体化巡逻防控体系，消除各类安全隐患。

① “两类”人员：社区服刑人员和安置帮教人员。

② “五大安保”：中华人民共和国成立70周年、全国“两会”、第二届“一带一路”国际合作高峰论坛、北京世界园艺博览会、亚洲文明对话大会。

编订“海云计划”纲要，初步建成出入境智慧办理体系、“智慧型”监所。研发律师自助会见系统，建立远程视频提讯系统。“接诉即办”共接收诉求件1.1万余件，响应率100%、解决率47.4%、满意率68.2%。受理出入境证件实施“全国通办”制度，在清华大学建成全市首个大学校园出入境受理点。

法制支队未成年人案件审查中队被团中央、公安部授予“青少年维权岗”称号；海淀派出所被公安部授予“枫桥式公安派出所”称号；法制支队信访中队被市政府授予首都见义勇为权益保护工作先进单位称号；范玉农被公安部监管局授予社会矛盾化解工作成绩突出个人、全国监管系统协助破案业务能手称号。公安系统5人立个人一等功，8个单位立集体二等功。黄文祝被国务院授予“全国民族团结进步模范个人”，雷霆被公安部评为“2019年打击非法集资犯罪专项行动成绩突出个人”。

（钱军熙）

【反恐综合演练】 2月27日，区反恐办在地铁10号线巴沟站举行地上地下一体化反恐综合演练。模拟站内突发刀斧砍杀、蓄意纵火及遗留疑似爆炸物的警情，开展多部门、多警种协同作战的全要素综合性演练，从情报信息、外围封控、攻坚处置、救援处置、新闻应对5个方面检验海淀区反恐应急处置能力。参演警力150人，专业力量40人，社会辅助力量120人，救护救援专业车辆10辆。

（钱军熙）

【刑拘敲诈勒索者】 3月2日，区公安分局刑事拘留涉嫌敲诈勒索的修某某（男，1988年2月出生）、郭某某（男，1975年6月出生）。经查，2018年5月至10月，二人多次购买某种菜品，并以“向食药局举报该菜品制作违反《中华人民共和国食品安全法》规定”为要挟，敲诈3家酒楼9万余元。

（钱军熙）

【亚洲文明对话大会安保】 5月15日至22日，亚洲文明对话大会期间，区公安分局负责五棵松凯迪拉克中心场馆的安保任务，加强对照明、监控、消防等配套设备设施及馆内水电气热等重点要害部位的检查控制，加强场院巡视、周边区域巡逻盘查，疏导滞留观众。大会期间，在海淀区举办大型活动4项22场，接待观众18万人次。

（钱军熙）

【国际篮联篮球世界杯安保】 8月31日至9月15日，区公安分局在2019年国际篮联篮球世界杯暨第18届国际篮联篮球世界杯赛事期间完成16场比赛、32个国家7000余名涉赛人员、15万余人次观众、2处住地的安保任务以及凯迪拉克中心守护期、赛时外部商圈秩序维护等工作。投入警力4056人次，执行一级勤务6场次、二级勤务3场次、三级勤务9场次。

（钱军熙）

【清华园出入境证件受理点挂牌】 9月10日，区公安分局出入境证件清华园受理点正式挂牌。这是北京首个大学校园出入境证件受理点，是北京首家带有自助签注功能的出入境证件受理点。

（钱军熙）

【中华人民共和国成立70周年安保】 10月1日，中华人民共和国成立70周年庆祝活动在京举行，区公安分局负责31处庆祝大会和11处联欢活动集散点位、总长99千米的10条重要路线、阅兵村外围、22处公园景区以及支援任务，共投入警力3.6万余人次，支援警力3900余人次，保障受阅及服务保障车1600余辆、参与活动群众8万余人次的集结疏散和安全通行。

（钱军熙）

【冬季百日会战】 12月2日，区公安分局在全区开启“冬季百日会战”，全力“防反弹、压发案、整秩序、除隐患”工作。至2020年春节前，刑事拘留1272人，行政拘留1360人，比上年同期分别增长60.4%和8.3%，盗抢骗类同期案件破案率达67%，打掉违法犯罪团伙116个。全区接报刑事、治安秩序类警情比上年分别下降16.1%和39.6%。维护街面良好秩序，以35处挂账点位和自查隐患部位为重点，依托联合执法小分队，常态打整、高限处罚、定点看护，行政拘留103人、查扣车辆160辆，实现“人员双拘”2起、“人车双罚”40起。针对医院等易因矛盾升级引发个人极端行为的重点部位，走访对接全区1009家医疗机构，组织处突演练21场次，整改问题隐患110件，排查矛盾纠纷11件；走访中小幼学校、大中型商市场等大人流场所和敏感部位1663家，实现安全监管全覆盖。会战持续至2020年3月。

（钱军熙）

【“常态化办会”海淀模式形成】 年内，区公安分局探索实践“常态化办会”海淀模式。以国庆办（平安办）统筹全局重点任务，健全“联指、分指、前指、指挥组”四级战时指挥体系，固化重大活动“制定方案体系、拉列工作清单、统一情况汇总、部门分类指导、领导重点盯办、督察对抗检查”六方面规定动作。组建两支对抗检查专业小分队，实施单位自查、专业抽查、领导复查、对抗检查。形成“常态化办会”重大活动保障机制海淀模式。

（钱军熙）

【执法办案管理中心“一站式”管理】 年内，区公安分局将案审、审批、受立案、财物管理等部门派驻执法办案管理中心，依托远程会商、远程收案、远程辨认、远程示证等功能，会同法制总队、检察院、律师、法院形成远程及现场联动。设立“司法服务保障区”，引入伤情、文审、作价、电子数据、远程律师会见等社会诉讼司法保障服务，并设律师预约服务中心及律师休息室。

（钱军熙）

【执法管理】 年内，区公安分局依托执法监督管理委员会、执法质量考评委员会一体化运行，推进各警种落实主体责任，固化执法办案管理中心及案管组两级执法监督管理体系常态运行。实地督导检查167次，重点帮扶培训53次，发现纠正执法隐患问题

6300余件，发布问题通报312份，制作指导专刊41份。

（钱军熙）

【涉案财物规范管理】 年内，区公安分局建立“涉案财物管理中心+基层涉案财物保管室”两级涉案财物管理体系。完成37个办案单位网上涉案财物虚拟库建设，集中处置积压涉案财物2.6万余件，涉案款项374万余元。

（钱军熙）

【复议应诉信访案件受理】 年内，区公安分局受理行政复议、诉讼、国家赔偿等案件200余件，行政诉讼案件无一败诉，国家赔偿案件无实际赔偿案件。涉法信访事项分级分类处理，接受办理信访4.5万余件，办结率100%，化解多年积案7件，分局领导接访下访44次。

（钱军熙）

【八类严重暴力犯罪侦办】 年内，区公安分局持续严厉打击八类严重暴力犯罪[①]。立案341起，破现案327起，现案破案率95.89%，比上年提高3.39%。杀人、放火、抢劫、强奸案件破案率100%，伤害案件破案率93.28%，未发生爆炸、劫持、绑架案件。破获积案112起。

（钱军熙）

【“扫黑除恶”专项斗争】 年内，区公安分局共立九类涉恶因素案件278起，破现案252起，破现案率为90.6%。刑事拘留512人，行政拘留77人，打掉团伙39个。侦破涉及“八黑”乱象类案件601起，刑事拘留1034人，行政拘留2432人。办结上级部门提供涉黑涉恶线索176条、自接线索2713条。

（钱军熙）

【涉网犯罪侦办】 年内，区公安分局侦破涉网违法犯罪案件522起，刑事拘留869人。其中侦破主侦案件205起，刑事拘留176人；侦破公安部督办案件9起，刑事拘留167人；侦破网络黑客案件、侵犯公民个人信息案件199起，刑事拘留173人。

（钱军熙）

【毒品犯罪侦办】 年内，区公安分局毒品犯罪案件立案164起，破案151起，破案率92.07%。刑事拘留153人，行政拘留905人。

（钱军熙）

【群体性事件防范处置】 年内，区公安分局处置群体性事件932批次、3万余人次。其中群体访559批次、1.5万余人次；涉众型经济案件群体聚集435批次、1.5万余人次。化解涉访不稳定因素130件，协调化解纠纷22件，刑事拘留72人，行政拘留90人。

（钱军熙）

【大型活动场馆治安防控】 年内，区公安分局承担大型活动安保工作93项319场次，接待观众104.4万余人次，投入警力2.3万余人次。采用B/S架构、J2EE技术体系等技术，实行公安专网、视频专网及互联网的安保业务应用系统数据资源共享，形成“一个核心即一体化智慧管控平台、一个场馆分控平台、一个周边实景可视化平台、多个业务应用子系统”，实现对场馆安保态势的全方位可视化智能管控。

（钱军熙）

【行业场所管理】 年内，区公安分局在专项安保期间，对行业场所实施超常规管控措施，出动警力4万余人次，检查2.9万余家次，罚款527家次，停业整改37家，当场责令整改503家次1670项，警告2家，取缔“黑开”场所195家。打掉涉黄涉赌窝点719处。刑事拘留81人，行政拘留3564人。

（钱军熙）

【危险物品管理】 年内，区公安分局落实重大安保期间危险物品“四停一封”、刀具销售“三禁两报告”等制度，检查危险物品单位及刀具销售企业2801家次，收缴管制刀具30把、普通刀具2把、弩2把、枪支93支、枪状物32把、各类子弹2.3万余发、炮弹1枚、烟花爆竹374箱。刑事拘留6人，行政拘留13人。

（钱军熙）

【养犬执法检查】 年内，区公安分局办理登记年检犬只2.2万余条，收缴无证犬和流浪犬3159条，查处违规养犬行为439起，处罚违规养犬行为357起、罚款18万余元。查处各类举报136件，发放宣传材料10万余份，悬挂横幅2000余条。

（钱军熙）

【食品、药品专项行动】 年内，区公安分局开展打击整治食品违法犯罪治乱除害五大战役、整治医疗领域违法犯罪专项和整治保健市场乱象等专项行动，联合执法44次，查处无证行医单位70家，罚没款230.2万元。破获环食药旅领域案件386起，刑事拘留208人，行政拘留254人。

（钱军熙）

【“并肩治乱”专项行动】 年内，区公安分局开展“并肩治乱”专项行动[②]，成立10支联合执法小分队。接报扰序警情385件，比上年下降41.8%，刑事拘留591人，行政拘留1960人。接报盗非警情1211件，比上年下降26.5%，刑事拘留281人，行政拘留1198人。

（钱军熙）

【高校社区警务队成立】 年内，区公

① 八类严重暴力犯罪：杀人、放火、抢劫、强奸、伤害、爆炸、劫持、绑架。

② 为确保第二届“一带一路”国际合作高峰论坛、世界园艺博览会、亚洲文明对话大会等重大活动万无一失，“五一”假期街面秩序平稳，根据《北京市查处非法客运若干规定》、市政府《关于研究明确当前城市管理中群众反映强烈的难点事项主责部门有关工作的会议纪要》精神和市公安局《关于开展全市“并肩治乱”联合打击整治涉车类治安突出问题专项行动工作方案》，组织全区相关系统、单位开展打击整治“黑车、黑摩的、黑旅游、黑停车、克隆出租车呲活揽客”等涉车类治安突出问题“并肩治乱”联合专项行动。成立区打击整治“黑车、黑摩的、黑旅游、黑停车、克隆出租车呲活揽客”等涉车类治安突出问题“并肩治乱”联合专项行动工作协调小组，区政府主管城管、交通、公安、交管的区领导为组长，区委政法委、区城管执法局、公安分局、区交通支队、区文旅局、区残联及交通执法总队第六大队为小组成员单位。各街镇要参照区协调小组模式成立相应工作小组，由主管“平安建设”领导牵头负责，相关部门共同开展实施。

安分局建立圆明园派出所暨清华大学高校社区警务队、农研派出所暨中国人民大学高校社区警务队、大钟寺市场派出所暨北京师范大学高校社区警务队、玉渊潭派出所暨中央民族大学高校社区警务队以及中国地质大学、北京科技大学、北京林业大学、中国农业大学、北京语言大学、中国矿业大学、北京航空航天大学11支高校社区警务队，案件侦办由对应的户籍大学派出所统筹组织。

（钱军熙）

【专业化社区警务团队建设】 年内，区公安分局以社区民警、专职辅警、警务联络员为核心骨干，建立开放性架构的专业化社区警务团队，成员10.5万余人。以行政社区（村）为单位，实有人口、潮汐人口为基准，人地事物组织等16项指标为修正，划分818个警务网格，每名社区民警对应1个网格。建立警务站20处、警务室601处。29个派出所所长兼任街镇党（工）委委员，619名党员社区民警兼任628个社区（村）党组织副书记，形成“三联一统”的区域化党建和社会治理格局。在单独运行的基础上，将巡逻警务站和武装处突车组纳入社区警务队管理。

（钱军熙）

【社区安全防控】 年内，区公安分局开展39次大规模联合整治行动，解决上账安全隐患431件，处罚违法出租房主128人，办结出租房屋类“接诉即办”问题1093件，21处挂账重点社区（村）发案大幅度下降，其中，市级挂账3处重点地区刑事警情、治安警情和刑事立案分别下降20.2%、53.3%和20.8%；区级挂账18处重点地区刑事警情、治安警情和刑事立案分别下降20.8%、33.3%和20.3%，社会面治安秩序明显好转。社区三类可防性案件立案406起，比上年下降45.9个百分点，388个社区实现“零发案”。社区民警提供破案线索1596条，破案689起，刑事拘留600人，行政拘留1506人。

（钱军熙）

【“放管服”改革】 年内，区公安分局受理外地进京户口申报材料5055件，审核办理落户手续和证件10.8万件，完成整建制农转非3536人。办理居住证3.67万张、居住登记卡16万张。实施出入境事项“全国通办”制度，受理出入境业务42.8万余件，其中非京籍申请7万余件。接收群众诉求1.2万余件，响应率100%。

（钱军熙）

【外国人管理】 年内，区公安分局按照“管理前置、纵深推进、条块结合、突出属地”的原则，制定《外国人管理社区化实施细则》，明确社区民警管理职责，健全7项工作机制，做到涉外人员全走访、涉外要素全掌握、基础台账全更新。查处涉外案事件350起，核查外国人4.8万余人次，查处违法外国人726人。查处“违住”① 案件1260起、“三非”② 案件449起，行政拘留外国人26人。

（钱军熙）

【远程视频提讯系统建成】 年内，区公安分局为适应刑事案件速裁制度，在监区设立“远程速裁”和“视频会见室”，建成远程视频提讯系统，配置10套远程会见设备，可同时满足10位律师进行远程会见。办案机关在本单位即可实现远程讯问，可以节省约20%的警力。

（钱军熙）

·案例选辑·

【“中安民生”专案】 4月3日，区公安分局刑事拘留“中安民生”案犯罪嫌疑人103人，经检察院批准逮捕涉嫌集资诈骗的李某某（男，1982年12月出生）和涉嫌非法吸收公众存款的79人。经查，自2016年以来，李某某控制北京中安民生管理有限公司和中安民生养老服务有限公司，通过“资产养老”“资本养老”项目，以现金投资、抵押房产贷款投资等方式，非法吸收公众存款37.88亿余元，涉及6498名投资人、796套房产。经工作，冻结银行账户26个1550万余元、21家关联公司股权1.55亿余元，查封房产47套，抵押房产223套、高档汽车12辆。

（钱军熙）

【侦破22年前重大雇凶杀人案】 5月23日，区公安分局破获22年前的重大雇凶杀人案，抓获涉嫌故意杀人的王某某、陈某某、陈某（男，1970年12月出生）、鞠某（男，1972年12月出生）。经查，1997年4月初，王某某指使陈某某、陈某、鞠某杀害其妻钱某某、岳母汤某某。4月9日，陈某、鞠某骗开大慧寺21号院2号楼一间房门，持刀和用改锥杀害钱、汤二人，抢走现金3万余元、金项链2条。

（钱军熙）

【“金信网”专案】 5月30日，区公安分局刑事拘留涉嫌非法吸收公众存款的夏某（男，1970年3月出生）等52人，取保候审2人。经查，以夏某为实际控制人的金信金融信息服务（北京）有限公司，系“信和系”公司对外非法吸收公众存款的平台“金信网”的运营主体，涉及未兑付投资人7.3万余名，投资总额176亿元，未兑付本金及利息116亿余元。

（钱军熙）

【非法销售体外液试剂案】 6月4日，区公安分局破获全国首例非法生产体外液试剂冒充进口试剂销售案，刑事拘留涉嫌非法经营的金某（男，1970年8月出生）、王某某（男，1968年7月出生）、李某（女，1983年5月出生）。经查，北京普瑞亚科技有限公司无医疗生产器械资质，非法大量灌装销售德国AUTEC医用试剂，涉及全国16省的100余家医疗器械经营企业和医疗机构，涉案金额1.4亿元。

（钱军熙）

① “违住”：违反外国人住宿登记管理规定。

② “三非”：非法入境、非法居留、非法就业。

【盗窃案】 7月12日，区公安分局抓获涉嫌盗窃的李某某（男，1984年11月出生）等4人，起获现金234万余元、美元67万元、金条15根（每根重1000克）。李某某供认：6月19日，在海淀区世纪城一地下室盗窃现金500万元、美元67万元、金条16根。6月21日，用105万元购买丰田轿车1辆，用50万元购买凌志轿车1辆。

（钱军熙）

【诈骗案】 10月31日，区公安分局集中抓捕以李某某（女，1979年8月出生）、幺某某（男，1977年11月出生）为首的诈骗犯罪团伙成员73人，冻结账户247个3156万元。经查，李某某等人依托北京嗨亚财富信息技术有限公司，通过研发“还借钱”“嗨借钱”等多个App网络放贷平台，以民间借贷为掩护，诱骗借款人签订借款合同，随意强行扣除高额“砍头息”“手续费”等，采取软暴力手段非法催收。自2017年12月至2018年5月，3名借款人因无力偿还网贷自杀身亡。

（钱军熙）

【非法买卖“笑气”案】 11月17日，区公安分局刑事拘留涉嫌非法经营的王某（男，1984年8月出生）、王某某（女，1988年9月出生）夫妇和穆某（男，1988年5月出生），收缴“笑气”（氧化亚氮，N_2O，不燃气体）4.6万余支，价值13万余元。经查，王某夫妇自2017年以来，非法经营“笑气”，王某负责联系上线购买“笑气”，二人通过微信联系下线买家，穆某看守并闪送寄递“笑气”。

（钱军熙）

【污染环境案】 12月4日至5日，区公安分局在西北旺镇和苏家坨镇发现3处非法渣土场，堆放大量建筑垃圾，占地面积均在1万平方米以上。其中一处非法渣土场占地8万平方米，堆放建筑垃圾约2万吨。经工作，刑事拘留涉嫌污染环境的霍某（男，1988年1月出生）等32人。

（钱军熙）

检察

【概况】 2019年，海淀区人民检察院（简称区检察院）受理审查逮捕案件3309件5071人，受理审查起诉案件3643件4945人。对涉嫌犯罪但无社会危险性的，决定不批捕755人，对情节轻微、依法不需要判处刑罚的，决定不起诉914人。

审查逮捕非法集资类刑事案件187件624人，审查起诉189件564人，涉案金额超过500亿元。起诉侵犯知识产权刑事案件85人，起诉危害科技创新刑事案件460人。走访调研49家企业，提供精准法治服务。对企业管理漏洞制发检察建议44份。办理职务犯罪案件45件46人，决定逮捕25人，起诉32人。与区监察委等协作，追回在逃人员6人。审查群众来信1221件，接待群众来访9788人次，其中集体访117批次1632人次。

区检察院“检察公益课堂”获首都学雷锋志愿服务“最佳志愿服务项目”，微视频作品《打击侵权盗版维护合法权益》获北京市检察机关微视频评比一等奖。

刑事诉讼监督。刑事侦查监督。依托全国首家派驻公安执法办案管理中心检察室，监督立案28件44人，监督撤案85件95人；发出纠正违法通知书13份，发出检察建议书14份。派驻检察机制被中央政法委在全国推广。与区监察委、区公安分局联合制定全市首个《职务犯罪案件监察留置措施与刑事拘留措施衔接工作办法》，确保强制措施无缝衔接。

刑事审判监督。全面审查一审刑事裁判文书，对14份文书提出纠正意见均已裁定更正。针对适用认罪认罚程序被告人恶意上诉案件，提出二审抗诉9件。办理刑事申诉案件12件，就被告人冒用他人身份问题发出再审检察建议2份。检察长列席法院审判委员会5次，依法履行监督职责，实现司法公正的共同价值目标。

刑事执行监督。在国庆70周年特赦工作中，审查报请特赦案件13件。开展羁押必要性审查，提出变更强制措施建议并被采纳154人。联合区看守所开展突发事件应急演练。核查纠正监外执行罪犯漏管10人，监督社区矫正罪犯收监执行3人。联合海淀街道司法所，设立全市首家女性社区矫正工作站，建立女性社区矫正一体化新模式。

民事行政诉讼监督。办理民事诉讼监督案件271件，提请抗诉6件，发出再审检察建议24件、一般检察建议39件，改进工作检察建议37件。

民事非诉执行专项监督。对执行程序中的共性问题向法院发出类案检察建议2份，对公证程序不规范问题向公证机关发出类案检察建议1份，均已采纳改正。

虚假诉讼专项监督。查找制度缺陷和监管漏洞，综合运用检察建议、移送犯罪线索等方式，督促整治相关问题。口头监督。发出口头检察建议40件，即时监督纠正轻微违法问题，相关做法在全市推广。

行政诉讼监督。办理北京市人民检察院交办的行政诉讼监督案件26件。加强与区法院、行政机关的沟通交流，促进行政争议的实质性化解。与区法院召开情况通报会6次，加强信息共享，有效拓宽行政诉讼监督线索来源。

公益诉讼检察。办理公益诉讼案件16件，9件获全市推广。督促行政机关开展为期三个月的“春风行动”专项打击活动，打击医疗美容违法服务行为。开展食品安全专项检查，推动“饿了么星选”900余家商户上线“阳光厨房”直播。针对食品类电视购物广告中存在的虚假宣传问题，督促行政机关依法履行监管职责，约谈电视购物频道经营者，下架违法广告，保护消费者合法权益。深化“检察公益课堂”宣传品牌效应，在区内多所中小学宣讲公益保护知识，并通过线上直播、在线互动等方式扩大宣传覆盖面。全年开展“检察公益课堂”12期，线下受益青少年超过5000人，网络直播课堂点击量超过25万人次。

诉讼制度改革。整合捕诉两项审查、突出实质审查、审查引导侦查，履行检察官审前主导责任。因证据不足或不存在犯罪事实，对1405人作出不批捕决定，对88人作出存疑不起诉决定，对15人作出法定不起诉决定。

认罪认罚从宽制度改革。与区公安分局、司法局合作，优化在看守所签署具结书的绿色通道，拓宽认罪认罚适用范围。完善检法协商对接机制，共同研究部分案件量刑标准，提高量刑精准化水平。继续推进法律帮助律师辩护人化，保障律师参与办案的各项权利。区检察院此项制度改革的相关内容被“两高三部”（最高人民法院、最高人民检察院、公安部、国家安全部、司法部）出台的认罪认罚适用意见吸收。

优化“海淀轻罪案件办理模式”。三年以下轻罪案件占全部案件总数的57.6%，与区法院配合，提升轻罪案件办理质效，其中办理速裁案件1070件，占审结案件数的31.6%。提升首创的“48小时全流程结案模式”适用率，办案160件，比上年增长33.3%。

（付强　徐云）

【司法社工服务项目总结会】 1月30日，区检察院与首都师范大学少年司法社会工作研究与服务中心召开2018年度检察工作引入司法社工服务项目总结会。首都师范大学少年司法社会工作研究与服务中心社工就2018年度司法社工开展社会调查、担任合适成年人、开展观护帮教3个服务领域进行汇报。双方就2018年合作中展现的亮点、出现的问题、改进的建议、下一步工作计划进行交流。

（付强　徐云）

【获评全国刑罚执行监督精品案件】 3月，高检院刑事执行检察厅组织开展全国检察机关“刑罚执行监督精品案件”评选活动，区检察院办理的李某某暂予监外执行监督案，以办案行为规范、文书制作严谨、办案质量高且监督效果好，获评全国检察机关刑罚执行监督精品案件。

（付强　徐云）

【不起诉公开审查】 4月11日，区检察院邀请区人大代表、公安机关对张某某等5人寻衅滋事案以及乌某故意伤害案开展不起诉公开审查。上述两起案件系饮酒后引发的激情犯罪，双方均互为嫌疑人及被害人，因酒后发生矛盾，引发互殴，嫌疑人张某某等5人将乌某、张某林打伤，经鉴定二者均为轻微伤，嫌疑人乌某将张某某、杨某光打伤，经鉴定前者为轻伤二级，后者为轻微伤。案发后，双方均表示谅解并互相赔礼道歉。检察官审查后认为，双方均具有自首、谅解、初犯、偶犯等法定或者酌定从轻情节，故对双方开展不起诉公开审查，对双方进行释法说理、批评教育，做出相对不起诉处理。

（付强　徐云）

【法律数据运用能力专题讲座】 4月18日，区检察院举办法律数据运用能力专题讲座，邀请北京华宇元典法律研究院首席业务专家、法学博士侯晓焱作题为《法律大数据助力检察实证研究的新方法》的讲座。通过培训，检察官们了解了在海量数据汇聚的当下，如何更广泛地采集运用法律数据、采集运用理论写作路径构建以及多维度写作视角提升的具体方法，提高法律数据运用能力。

（付强　徐云）

【反在线视频盗版联盟成立】 4月24日，区检察院举办“在线视频著作权保护”主题活动，针对著作权保护领域出现的问题，共同寻求在线视频著作权保护的司法途径。活动中，区检察院联合区法院、区公安分局、专家学者、中国互联网协会、海淀区高科技企业以及在线视频著作权人共同成立“反在线视频盗版联盟”并发出倡议：净化网络空间，保护在线视频作品著作权人的合法权益，依法打击网络盗版。建立版权信息共享机制，创建版权保护数字化平台，提高尊重知识产权的公民意识，建议权利人向社会大众公示在线视频作品的著作权归属，在发现被侵权时及时固定证据并配合有权机关调查取证。

（付强　徐云）

【微视频《打击侵权盗版 维护合法权益》首映】 4月24日，由区检察院制作的微视频作品《打击侵权盗版 维护合法权益》在“在线视频著作权保护”主题活动中首映，并同步在区检察院微信、微博等宣传平台发布，并被最高人民检察院微信公众号、正义网等平台转发，播放量达100万余次。该作品通过演绎故事进行释法说理，反映院线电影频遭盗播的社会现象，展示检察机关对在线视频作品著作权保护的决心，加强对知识产权检察工作的普法宣传。该作品获北京市检察机关微视频评比一等奖。

（付强　徐云）

【主题公众开放日活动】 4月28日，区检察院举办“‘我将无我’奋斗，不负人民重托——共和国建设者走进检察机关”主题公众开放日活动。全国劳动模范朱良玉，全国五一劳动奖章获得者侯春仃、赵文涛，首都劳动奖章获得者马殿华等以及区人大代表、区政协委员30余人应邀参加。与会嘉宾就检察职能宣传，检学共建、检企共建、关注下岗及内退职工等弱势群体权益等方面提出希望和建议。5月28日，区检察院举办“携手关爱，共护明天”主题公众开放日活动。双榆树第一小学校长师生、区委政法委、团区委、区妇联、区教委、区民政局等部门代表30余人应邀参加。活动日向社会公众展现检察工作，特别是未成年人检察工作成果和相关举措，营造全社会关心关爱未成年人成长的良好环境，促进未成年人犯罪预防与保护工作。

（付强　徐云）

【不起诉案件公开听证会】 5月8日，区检察院就一起在校生盗窃案举行相对不起诉公开听证会，邀请区人大代表张海霞参与监督，案件侦查人员、被害人、学校代表、犯罪嫌疑人参加听证并发表意见。听证会上，承办检察官介绍听证会的基本程序，检察机关认定的事实、证据以及拟作相对不起诉处理的理由。嫌疑人真诚悔过，并向被害人鞠躬致歉。区人大代表张海霞、案件侦查人员、被害人支持检察机关对嫌疑人做相对不起诉处理。

（付强 徐云）

【司法救助线索征集反馈机制建立】 5月至10月，区检察院拓展工作思路，拓宽线索发现渠道，建立司法救助线索征集反馈工作机制，解决司法救助案件线索少、成案率低等问题，推进司法救助工作开展。共征集线索19件，审查办结1件，正在办理2件，发放司法救助金20万元。

（付强 徐云）

【公益诉讼集中宣传日活动】 6月5日，区检察院在圆明园景区南门广场组织开展“检察公益诉讼你我携手同行”公益诉讼集中宣传日活动。通过悬挂宣传横幅、设置公益诉讼宣传展板、向群众发送公益诉讼宣传手册、提供现场法律咨询等方式，开展公益诉讼职能宣传。结合食品药品安全、环境资源保护等领域的典型案例，向参与群众介绍检察公益诉讼工作的受案范围、工作流程等内容，展示检察机关开展公益诉讼取得的成效。解答群众提出的受案范围是否可以扩大、案件线索如何移送等问题。参与群众200余人，共发放检察职能宣传手册200余份。

（付强 徐云）

【“万柳法治思辩——行贿犯罪的理论与实践”论坛】 6月12日，区检察院举办“万柳法治思辩——行贿犯罪的理论与实践”论坛。北京市监察委员会委员张丽红，最高人民检察院第三检察厅检察员张志强，北京市人民检察院第三检察部主任王滨，国家检察官学院，北京市人民检察院第一分院、第二分院、第三分院、第四分院以及区监察委、区法院等单位的80余人参加论坛。围绕区检察院办理行贿案件过程中发现的具体聚焦行贿犯罪中单位意志认定、自首情节与“被追诉前主动交代”情节的适用方式、“感情投资”和“礼尚往来”的区别、办理民营企业单位行贿案件刑事政策的把握四方面问题展开探讨。

（付强 徐云）

【不服不起诉决定申诉案公开审查观摩活动】 6月14日，区检察院举办张某不服不起诉决定申诉案公开审查观摩活动。市检察院及各分院、区检察院负责刑事申诉检察和刑事审判监督工作职能部门的负责人、检察官、检察官助理等60余人参加观摩活动。外交学院副教授焦阳、北京市人大代表毕文胜、海淀区人大代表张永慧受邀参加活动。活动参与者在观摩公开示证的全过程后，对区检察院细致入微的前期准备工作表示赞赏，并希望及时整理形成规范性材料供各院参考学习。

（付强 徐云）

【司法救助】 6月20日，区检察院举办刘某琴司法救助案救助决定宣布暨救助金发放会。刘某琴系杨某伟交通肇事案的被害人，年逾80岁，因案致重伤昏迷，需继续救治。区检察院承办人在审查起诉过程中发现肇事人杨某伟无力赔偿刘某琴医疗费用，且刘某琴家属经济能力有限，认为符合司法救助的政策和规定，区检察院决定给予刘某琴司法救助金20万元。会上，区检察院申请人家属宣布并送达国家司法救助决定书，并发放司法救助金。

（付强 徐云）

【首家女性社区矫正工作站成立】 7月17日，区检察院联合海淀街道司法所、海淀区律师协会女律师工作委员会、海淀街道妇女联合会、海淀区妇幼保健院及海淀医院康复科，举行“融社会力量，展司法温度，创女性社区矫正一体化新模式”共建项目签约仪式，海淀区首家女性社区矫正工作站在海淀街道司法所成立。女性社区矫正工作站将在心理疏导、保健就医、法律咨询、困难帮扶等方面为女性社区矫正人员提供帮助。海淀区共有女性社区矫正人员59人，其中缓刑55人，暂予监外执行4人，约占全区社区矫正人员总数的19%；年龄主要分布在30岁到60岁之间，矫正期限为两年到三年的居多。涉及的犯罪类型包括妨害社会管理秩序、破坏社会主义市场经济秩序、侵犯财产犯罪等非暴力型犯罪。

（付强 徐云）

【诉前程序引入第三方平台专家调解】 7月，区检察院在办理一起故意伤害案件审查起诉过程中，向北京市检察院申请第三方平台调解专家协助。犯罪嫌疑人时某军与被害人时某伟系亲兄弟。案发当天二人发生口角，争执中时某伟手部受伤，经鉴定为轻伤二级。由市检察院委托的第三方平台的3位调解专家从情理、法理等方面对当事人双方进行疏导劝解，承办检察官从案件客观情况等方面对当事人双方进行释法说理，双方当事人达成刑事和解。犯罪嫌疑人时某军同意给付一定的经济补偿，被害人同意谅解时某军。本案系区检察院首次在诉前程序引入第三方平台专家协助调解案。

（付强 徐云）

【公益诉讼经验在全市推广】 11月18日，北京市人民检察院召开全市公益诉讼案件推介会，在全市推广海淀区检察院办理的超范围经营生食、不规范销售保健食品、自动售货设备未依法公示、医疗美容违法经营等公益诉讼案经验。区检察院公益诉讼案件办理坚持“案件质效为先、公益保护效果为主”的原则，以“着力解决人民群众公益保护需求”为案件办理准则，消除社会中公共利益保护方面的痛点与难点，取得扎实的办案成效。

（付强 徐云）

法院

【概况】 2019年，北京市海淀区人民法院（简称区法院）案件总量118593件，受理各类案件100631件，比上年下降2.41%；审结、执结案件99763件，比上年下降3.29%，其中审结刑事案件2557件、民商事案件56110件、知识产权案件11214件、行政案件1188件，执结各类案件28498件，以及申诉、再审等其他案件196件；未结案件18830件，比上年上升4.83%。法官人均结案457.63件，比上年下降1.05%。

区法院共有28个集体、67人次获得国家级、省部级荣誉14项，市级荣誉54项，区级荣誉27项。其中，刑事审判庭被最高法院评为“全国法院刑事审判工作先进集体”“刑事案件认罪认罚从宽制度试点工作先进集体”，四季青法庭被中央军委政治工作部、中央军委后勤保障部等单位联合评为“为全面停止军队有偿服务工作提供司法保障先进集体”，未成年人审判集体获评“全国巾帼文明岗”“青少年维权岗”，诉讼服务中心被最高法院评为“公告代理工作先进集体”。新媒体账号“北京海淀法院”获评“2018年度中国优秀政法新媒体”。王志勇获评“全国法院国家赔偿审判与司法救助工作先进个人”，孟凯锋获评“全国法院办案标兵”“全国法院‘基本解决执行难’工作先进个人”，廖钰获评“全国法院调研工作先进个人”，周红、王海兵获评“为全面停止军队有偿服务工作提供司法保障表现突出的个人”。

审判工作。刑事审判。审结杨某等14人利用“全能神”邪教组织破坏法律实施案，审理“聚智堂”非法吸收公众存款案、曹某等人“撞库”获取用户密码案。“北京特大跨国电信诈骗案”入选《人民法院报》“2018年度人民法院十大刑事案件”。推进“扫黑除恶”专项斗争，审结社会关注的“中关村电子市场强迫交易案”，受到中央“扫黑除恶”第11督导组的高度肯定。

民商事审判。在中关村智造大街开展巡回审判。与区公安分局、区金融办建立信息共享机制，防范P2P平台暴雷等金融风险。审结北京兴大医药研究有限责任公司破产重整案。依法惩治侵犯民营企业知识产权、损害商业秘密和商业信誉等犯罪19件，“巨石在线”侵犯著作权案作为唯一刑事案件入选最高法院典型知识产权案例。审理全国首例手机App涉嫌擅自读取用户通讯录侵犯隐私权案；审结新“托管型”教育加盟特许经营纠纷、涉小客车指标买卖案、全市首例民政部门申请撤销亲生母亲监护人资格案。

行政审判。审理“疏整促”行政案件62件，促成和解7件。连续14年发布行政审判白皮书。

知识产权审判。加大对原创作品、商业标识的保护力度，审结知乎问答改编短视频案、南北“宋城”之争商标侵权案，“《五环之歌》广告词改编权纠纷案”入选国际保护知识产权协会中国分会2019年度版权十大热点案件。

执行工作。创新机制，增设速执、腾房两类特殊类型案件执行团队，全年执结案件5500余件，腾房团队办结409件疑难复杂案件。与公安交通部门合作，利用道路交通实时监控系统定位被查封车辆破解“找车难”问题。涉诉信访建立“院庭长信访接待制”，实行“首问负责制”“接待日预约面复制”，接待来访群众1912人次。办结司法救助案件26件，发放司法救助金307.48万元。

司法改革。在内设机构人员分类改革、案件“繁简分流”、落实司法责任制、智慧法院建设4个方面深化改革探索。将33个内设机构整合为14个，遴选第四批共13名员额法官充实审判队伍。与区司法局合作选聘25名实习律师担任人民调解员；与区劳动人事争议仲裁委员会建立“两裁联动、信息互通”机制。实现“日周月季年”5个管理节点的精准审判管控。开展“电子档案为主、纸质档案为辅”案件归档方式全国试点工作，在全国法院率先上线电子卷宗“一键归档”系统。12月13日，获评全市法院司法改革“微创新”优秀案例。

（林挚　王静姝）

【案件归档方式试点工作】 1月2日，区法院召开“电子档案为主、纸质档案为辅”案件归档方式试点动员部署会暨业务培训会，选取部分试点庭（室），开展电子卷宗归档工作。2018年11月，区法院被确定为北京市承担最高人民法院“电子档案为主、纸质档案为辅”案件归档方式试点单位。9月20日，区法院电子卷宗“一键归档”上线，率先在全国法院系统启动电子卷宗“一键归档”。“一键归档”解决困扰法院多年的“一案两扫”① 问题，对于优化审判流程、集约司法资源意义重大。至年底，共2000件案件实现“一键归档”。

（林挚　王静姝）

【“案款管家”金融服务合作】 3月5日，区法院与中国工商银行签订“案款管家”金融服务合作协议，并交流座谈。基于该项合作，中国工商银行将开立“案款电子账户”，与区法院执行案款“一案一号”账户对接，实现案款管理的规范性、案款发还的高效性以及当事人领款的便捷性目标。9月，区法院与中国工商银行北京市分行共同推出“案款直通车”服务平台。自然人申请人在申请执行具有金钱给付内容的债务时，可通过人民银行和工商银行系统完成账户信息有效性验证，并与区法院执行案款“一案一账号”系统对接，2019年度共完成204个账户验证。

（林挚　王静姝）

【互联网典型商事案例新闻发布会】 4月2日，区法院召开涉互联网商事典型案例新闻发布会。会议邀请王小兰等6位市人大代表及市政协委员许涛、欧阳继华出席。《法制日报》、中央人民广播电台等十余家媒体予以报道。会上，区法院选取8个涉互联网商事典型案例进行发布，包括与人民群众联系最密切的电商平台网络购物消费纠纷、二手车交易平台买卖车辆纠纷，提示消费者通过电商平台所购货物出现质量问题时，应运用恰当的

① 按照以往的审判流程，法院诉讼卷宗需要在审判阶段扫描一次，导入审判系统，在卷宗归档之后，再次全卷扫描，即“一案两扫”；改革之后，审判阶段生成的电子卷宗可以直接导入电子归档系统，实现“一键归档”。

法律手段主张权利；也包括商事审判中占比较大的涉互联网借贷合同纠纷、网络投资纠纷；以及涉比特币交易、网络众筹、网络租房等新类型案件。

（林挚　王静姝）

【特许经营合同纠纷案件审判白皮书及十大典型案例发布】 4月17日，区法院召开新闻发布会，发布特许经营合同纠纷案件审判白皮书及十大典型案例。白皮书介绍区法院六年来审理特许经营合同纠纷案件的情况。六年来，区法院特许经营合同纠纷案件收结案量呈现出稳中有升的总体态势。截至2019年3月31日，区法院受理特许经营合同纠纷案件330件，审结278件。其中判决结案系最主要的结案方式，共计104件，占比44%。此类案件普遍较为复杂、调解撤诉率相对较低，具有较高的审理难度。发布会选取的典型案例涵盖教育培训、美容服务、汽车维修、招聘网站、儿童乐园、玩具等常见的几种服务类型。涉及的法律问题包括特许经营合同性质的界定标准、特许经营信息披露的效力认定、特许经营合同备案的法律效果、"冷静期"单方解除权行使的法律条件、特许经营合同格式条款的效力认定、特许经营的后合同义务以及货品退还及折旧等。

十大特许经营合同纠纷典型案例分别为：薛某与华夏励才信息技术有限公司"特惠帮"手机App合作协议案，闫某某与北京星期六教育科技有限公司合作协议案，李某与万达智源（北京）网络科技有限公司人才网站代理合作协议案，辛某某与特福莱（北京）汽车科技有限公司汽车服务加盟协议案，李某某与聚优快乐（北京）儿童用品有限公司童车代理协议案，刘某与北京博师育才教育咨询有限公司保目标合盟合同案，张某与北京安柯赛姆教育科技有限责任公司山姆大叔少儿英语特许加盟协议案，王某与北京玫瑰妈妈化妆品有限公司产后恢复产品合作协议案，北京水孩子教育科技有限公司与高某特许经营合同案，中育天成（北京）国际教育科技有限公司与大同市经纬城市建设培训学校少儿英语培训合作协议案。

（林挚　王静姝）

【市高院到区法院专题调研】 5月7日，北京市高级人民法院党组书记、院长寇昉，研究室主任张农荣一行到区法院，开展"多元调解+速裁""优化营商环境""突出问题集中整治"专题调研工作。10月22日，市高院党组书记、院长寇昉到区法院，调研收结案情况及"扫黑除恶"专项斗争，听取区法院的专项工作汇报。

（林挚　王静姝）

【首创少年司法"首审责任制"】 5月9日，区法院未成年人案件审判庭举办"首审责任制"推介暨典型案例发布会，区人大代表卞海虹、朱敏、关宝兰、沈军、张永慧，区妇联副主席翟威，团区委副书记李乾坤、团区委青年发展和权益维护部负责人莫穷应邀出席发布会。区法院于2014年提出"首审责任制"，建立在未成年人案件审判庭刑事、民事案件综合审判基础上的全面保护涉诉未成年人权益的特色审判制度。主要工作机制包括：一是法官与涉诉未成年人"一对一"管理，使法官全面了解未成年人个人情况，发现案件风险点，及时干预、妥善处理。二是首审法官持续负责同一未成年人相关案件裁判。三是庭室造册推动全面管理，发现共性问题并予以针对性解决，追踪未成年人发展情况，持续反馈形成工作经验。

（林挚　王静姝）

【民商事（知识产权）审判暨"多元调解+速裁"推进会】 5月31日，区法院召开民商事（知识产权）审判暨"多元调解+速裁"工作推进会，北京市高级人民法院立案庭庭长杨艳、区法院党组书记邵明艳参加会议并讲话。邵明艳提出构建"三纵一体""1+7""多元调解+速裁"① 工作格局要求。依托"多元调解+速裁"机制结案41879件，占民商事结案总数的63.9%。

（林挚　王静姝）

【中央"扫黑除恶"第11督导组到区法院督导】 6月19日，中央扫黑除恶第11督导组第三下沉组成员李占州、王培，到区法院开展"扫黑除恶"专项斗争工作督导。区委政法委副书记高超陪同督导。区法院建立"三统两强一专"② 总体工作机制。全年共审理涉黑涉恶案件16件103人，提前介入侦查、审查起诉14件，审结11件79人，现11件案件已生效，其中包括全市首例由基层法院审理的"12·5"黑社会性质专案，市级督办的"8·23案""苏某非国家工作人员受贿案"，社会关注的"中关村电子市场强迫交易案"等。

（林挚　王静姝）

【张春贤远程视频观看区法院案件庭审】 10月17日，最高人民法院邀请全国人大常委会副委员长张春贤及全国人大常委会相关单位负责人视察指导工作。与会人员远程视频连线区法院刑事审判庭（未成年人案件审判庭）未成年人犯罪案件庭审现场，观摩法庭教育环节。

（林挚　王静姝）

① 2019年5月，按照市高院关于"四个统一"的要求，区法院整合全院调解、审判资源，重组格局，在立案、诉前调解、速裁三个环节分别遵循"1+7"模式，由立案庭垂直管理7个人民法庭的立案、多元调解、速裁工作，实现院本部与人民法庭立案导出、多元调解、速裁全覆盖、一体推进，形成了"三纵一体"的垂直管理和推进体系，力求通过这一机制建立完成市委、市高院"将60%民商事案件解决在诉讼前端"的目标。

② 区法院按照中央、市委、区委、市高院的部署，围绕"有黑必扫、有恶必除、有伞必打、有腐必反、有乱必治、除恶务尽"的工作目标，结合本院工作实际，构建"三统两强一专"总体工作机制。"三统"指院党组统一督导，全院各部门统一保障，线索摸排、案件裁判尺度统一标准；"两强"指加强与公安、检察机关联络及与监察委、司法行政机关部门协作，加强立体宣传；"一专"指所有涉黑涉恶犯罪案件均采用刑事大要案专案专理模式，配齐配强办案力量、专案专人专办。

【限制高消费被执行人员子女就读高收费学校】 11月15日，区法院与区教委签订合作协议，限制高消费被执行人员子女报名就读高收费私立学校。双方建立联席会议机制，实现联合惩戒"快速通道"。

（林挚　王静姝）

【"送法进基层"活动】 11月28日，区法院党组成员、副院长张弓，带领行政审判庭到区城管局开展"送法进基层"活动，向区城管局赠送由行政审判庭设计制作的普法手册《小HI说拆违》，普法释法，延伸司法审判职能。

（林挚　王静姝）

·案例选辑·

【中关村电子市场强迫交易案】 3月29日、6月14日，区法院集中宣判李某等人犯强迫交易罪8起案件。

经审理查明，被告人李某系海淀区中关村鼎好电子城B1848-5店店长。2017年12月至2018年6月间，李某伙同被告人伞某、孙某某等人形成恶势力犯罪团伙，采用低价吸引被害人到店后，通过诱骗、威胁等手段，多次强迫被害人购买手机。2018年6月14日，被告人李某等10人在中关村鼎好电子城被公安机关抓获。

2017年10月至2018年6月间，被告人李某某、孟某某伙同安某某等10人形成恶势力犯罪团伙，租用鼎好大厦地下二层2704室、中关村E世界财富中心A座916B室，以低价销售手机、电脑吸引被害人到店交易，在被害人交付钱款后以手机系合约机、电脑需登录企业账户等为由，威胁被害人，拒不退还已交钱款，并要求再交付一定钱款或更换其他型号商品完成交易。李某某、孟某某参与强迫交易59次，交易数额共计人民币340.28万余元。

2018年1月至6月，被告人宋某某伙同程某某、熊某等7人形成恶势力犯罪组织，租用中关村海龙大厦9层911室，在网上以低价销售电子产品吸引被害人到店交易，在被害人交款后，宋某某等人以手机系合约机、电脑需登录企业账户等为由要求被害人继续交款，并在被害人拒绝交钱后，威胁被害人拒不退款，最终以继续交款或更换其他型号商品完成交易。宋某某、程某某、熊某强迫交易17次，交易数额共计人民币10.95万元。

被告人田某某系中关村E世界C620店店长。2017年6月至2018年6月间，伙同被告人李某某等人形成恶势力犯罪团伙，采用低价吸引被害人到店后通过诱骗、威胁等手段强迫被害人购买手机的方式，在中关村E世界C620店内强迫交易27次，交易金额共计人民币11.85万元。

2017年10月至2018年6月间，李某某、孟某某伙同安某某、张某某等人（均已判决，判决已生效）及被告人付某某等6名店员形成恶势力犯罪组织，租用鼎好大厦地下二层B2704室、中关村E世界财富中心A座916B室，在网上以低价销售电子产品吸引被害人到店交易，在被害人交款后，以手机系合约机、电脑需登录企业账户等为由要求被害人继续交款，并在被害人拒绝后，以纠缠、聚众包围等手段，迫使被害人最终以继续交款或更换其他型号商品完成交易。

被告人王某某系中关村鼎好电子城B1868店、B1848-5店和中关村E世界C620店的实际控制人。2016年10月至2018年6月，王某某伙同被告人冯某等店员形成恶势力组织，采用低价吸引被害人到店后通过诱骗、威胁等手段强迫被害人购买手机的方式，在中关村鼎好电子城B1868店、B1848-5店和中关村E世界C620店内强迫交易62次，交易金额共计人民币28.42万余元。

被告人余某某系鼎好大厦地下二层A012店实际控制人，被告人张某系该店店长。2017年10月至2018年6月，余某某、张某伙同被告人宋某某等人形成恶势力组织，采用低价吸引被害人到店后通过诱骗、威胁等手段强迫被害人购买手机的方式，在中关村鼎好大厦地下二层A012店内强迫交易23次，交易金额共计人民币9.92万余元。

2017年10月至2018年6月间，余某某、张某伙同宋某某等人（均已判刑）及被告人余某某（店员）组成恶势力组织，租用鼎好大厦地下二层A012店，采用低价吸引被害人到店交易，在被害人交款后，以手机系合约机、电脑需登录企业账户等为由要求被害人继续交款，并在被害人拒绝后，以纠缠、聚众包围等软暴力手段，迫使被害人最终以继续交款或更换其他型号商品完成交易。余某某参与强迫交易3次，交易数额共计人民币1.64万元。

区法院审理认为，海淀区人民检察院指控上述被告人犯强迫交易罪的事实清楚，证据确实、充分，指控罪名成立。区法院作出一审判决，以强迫交易罪分别判处上述被告人有期徒刑一年六个月至五年不等，并处罚金1.5万元至5万元。一审宣判后，其中4起案件的部分被告人提出上诉，4件判决已生效。

（林挚　王静姝）

【全市首例数据抓取禁令案】 6月28日，区法院就原告北京微播视界科技有限公司（简称微播公司）诉被告北京创锐文化传媒有限公司（简称创锐公司）、成都力奥文化传播有限公司（简称力奥公司）不正当竞争纠纷案中微播公司提出的行为保全申请依法作出裁定，责令创锐公司、力奥公司立即停止采用技术手段或人工方式获取来源于"抖音"App中的视频文件、评论内容并通过"刷宝"App向公众提供的行为。

微播公司称，其为"抖音"App的开发者和运营者，通过投入高额的运营成本、提供优质的原创内容在同类产品中形成竞争优势，微播公司对"抖音"App中的短视频及评论享有合法权益。二被申请人创锐公司、力奥公司作为同业竞争者，在其共同运营的"刷宝"App中向公众提供非法抓取自"抖音"App的短视频及用户评论，已取证的短视频数量达5万余条。二被申请人的上述行为削弱了微播公司的竞争优势，违反了反不正当竞争法第二条的规定，构成不正当竞争。

力奥公司否认其实施涉案行为，并表示涉案视频、评论均为用户上传；在接到法院通知后，其已将大部分涉案视频删除，余下1220条未删除视频所占比例较低，且具有合法来源，不会造成难以弥补的损害。创锐公司则否认其为“刷宝”App的开发者及运营者。

区法院于2019年6月6日、6月28日组织双方进行听证，经审查当事人提出的相关证据，认定创锐公司、力奥公司未提交足够证据证明5万余条涉案视频及相关评论内容为用户上传或具有合法授权，同时结合涉案视频中含有抖音专有VID码、“刷宝”App上展示有微播公司专门设置的含有“搬运自抖音”VID码的短视频、“刷宝”App上的评论内容、顺序、标点符号与“抖音”App完全相同，且出现表情图未能正常显示等情况，认定二被申请人系采用技术手段或人工方式获取来源于“抖音”App中的视频文件、评论内容并通过“刷宝”App向公众提供，该行为被认定为不正当竞争行为的可能性较大。鉴于涉案视频数量高达5万余条，二被申请人仍有1220条涉案视频坚持不予删除，且在未能提交相应证据证明的情况下仍坚称该部分视频有合法来源，加之二被申请人始终不承认其实施了涉案行为，在听证过程中“刷宝”App仍在向用户提供新的来源于“抖音”App的视频内容。为有效控制涉案行为规模及损害后果的扩大，区法院于2019年6月28日依法做出行为保全裁定，支持了微播公司的行为保全申请。

（林挚　王静姝）

【《五环之歌》广告词改编权纠纷案】 2018年6月20日，原告众得公司认为被告贝壳找房公司、被告岳某某侵害其对作品《牡丹之歌》的改编权，将二被告诉至区法院。本案的争议焦点在于仅享有词作品相关著作权的权利人能否以自己的名义主张整首歌曲被侵权。

区法院经审理认为，《牡丹之歌》的词和曲谱作者主观上知晓为电影《红牡丹》创作歌曲，客观上也各自进行创作行为。《牡丹之歌》的词和曲谱部分又可以分别作为文字作品和音乐作品使用，故《牡丹之歌》为可分割使用的合作作品。经对涉案广告中的《五环之歌》与《牡丹之歌》进行对比，发现在歌词部分中仅有“啊”字这一不具有独创性的语气助词相似，未使用歌词部分具有独创性的基本表达，表达的思想感情与主题亦完全不同，故未侵害众得公司就歌词部分享有的改编权。虽然被诉广告相应曲谱与《牡丹之歌》的相应曲谱存在相同之处，但上述使用方式是涉及《牡丹之歌》曲作品和歌曲整体的改编权问题。众得公司仅从词作者处获得相应授权，未获得曲作者的授权，无法以自己名义单独主张曲作品及歌曲整体的相关权利。2019年7月16日，区法院作出一审判决，驳回原告的全部诉讼请求。双方均未上诉。2019年12月7日，该案入选国际保护知识产权协会（AIPPI）中国分会版权热点论坛“2019年度版权十大热点案件”。

（林挚　王静姝）

【全国首例域名系统服务侵权纠纷】 8月27日，区法院对原告阿鲁克股份公司（简称阿鲁克公司）、阿鲁克幕墙门窗系统（上海）有限公司（简称幕墙公司）诉被告阿里巴巴云计算（北京）有限公司（简称阿里巴巴公司）侵害商标权纠纷一案作出判决。原告诉称，阿鲁克股份公司在第6类、第19类门窗等商品上享有“ALU-K”商标、在第19类商品上享有“ALUK”商标的商标专用权。阿鲁克上海公司经授权在中国使用上述商标。原告发现，域名为alukitaly.com、alukgroup.com以及alukbj.com的三个网站，存在侵犯原告商标权的行为。阿里巴巴公司为上述三域名提供域名注册及解析服务，原告多次致函要求阿里巴巴公司停止提供服务，但阿里巴巴公司均予以拒绝，并拒绝提供侵权网站的注册人信息。请求判令阿里巴巴公司停止为涉案三域名提供域名解析服务，赔偿经济损失及合理开支共计20万元。

区法院审理认为，阿里巴巴公司提供的是网络技术服务，而非网络内容服务，其不具备判断涉案三域名及网站是否存在侵犯商标权行为的专业能力，停止解析超过必要限度。同时，考虑权利人的权利保护、域名服务相关行业发展与网络用户利益的平衡，阿里巴巴公司并不负有停止解析的义务，判决驳回原告全部诉讼请求，判决于9月12日生效。

（林挚　王静姝）

【恶势力团伙犯罪案】 5月27日，区法院公开开庭审理“8·23”张某某等17人恶势力团伙犯罪案。经审理查明，被告人张某某通过编造虚假入党材料违规入党，并担任延庆区石河营村经济合作社专职社长。2014年至2017年，张某某等10名被告人形成恶势力犯罪团伙，共同实施破坏生产经营、故意伤害、寻衅滋事等5起违法犯罪活动。2016年至2017年，被告人董某等8名被告人实施聚众斗殴、故意伤害、寻衅滋事等6起违法犯罪活动。张某某利用担任村经济合作社社长的职务便利，干涉村“两委”会、村民代表会议召开，使基层党组织、基层群众自治组织的正常管理秩序形同虚设，造成极为恶劣的政治影响，并建立地下非法秩序，以各种手段逃避打击，造成恶劣的社会影响。

8月27日，区法院对张某某等17人作出一审判决，以破坏生产经营罪、故意伤害罪、寻衅滋事罪判处张某某有期徒刑十三年，剥夺政治权利二年，罚金30万元，追缴违法所得120万元，依法予以没收；以破坏生产经营罪、故意伤害罪、寻衅滋事罪、聚众斗殴罪判处李某、徐某某等16人有期徒刑十年到一年十个月不等的刑罚。

张某某等14人不服一审判决，分别于8月底、9月初上诉至北京市第一中级人民法院。11月22日，北京市第一中级人民法院作出终审判决，裁定驳回张某某等人的上诉，维持原判。判决于12月16日生效。

（林挚　王静姝）

司法行政

【概况】 2019年3月，按照海淀区机构改革方案，将区司法局、区政府法制办公室的职责整合，重新组建区司法局，作为区政府工作部门。不再保留区政府法制办公室。区司法局承担行政复议应诉、规范性文件审查、行政执法监督、法治宣传、社区矫正、律师、公证、司法鉴定、人民调解、法律援助10项职责。6月，组建中共北京市海淀区全面依法治区委员会，办公室设在区司法局。

区司法局下属海诚、求是、国信3家公证处，有公证员53人、公证员助理55人、辅助人员41人。有29个街镇司法所，配备司法助理员125人。律师事务所456家，律师5225人；律师行业党委1个，律师事务所党委2个，律师党支部143个，律师党员1798人。人民调解组织763个，人民调解员6697人，其中区公共法律服务中心人民调解专家团1个，街镇、社区（村）调委会677个，专业调委会85个。司法鉴定机构37家，执业司法鉴定人718人。在管社区服刑人员284人，在管安置帮教人员2063人。

（王卓然）

【行政执法】 推行行政执法公示、执法全过程记录、重大执法决定法制审核“三项制度”落实。办理行政复议案件484件，比上年增长18.3%，受理419件，审结402件，纠错33件，纠错率8.2%；办理以区政府为被告和被申请人的行政案件337件，比上年下降24.8%；审结284件，胜诉276件，败诉8件，败诉率2.8%，比上年下降3.7%。开展行政规范性文件审查19件次，文件合法性审查270件次，提出法律建议490条；办理以区政府为被申请人的履职申请案件27件，审核以区政府名义责成违法建设强拆案件52件，清理以区政府、区政府办名义制发的行政规范性文件106件，保留89件，废止17件。区司法局被授予全市司法行政系统中华人民共和国成立70周年维稳安保集体三等功。

（王卓然）

【法律事务管理】 出台《海淀区律师行业发展专项扶持资金实施办法》。律师行政审批业务入驻区政务服务大厅，办理律师类行政许可审批事项2239件。处理律师类投诉147件，作出行政处罚4件、行业处分16件。出台《海淀区公证机构财务管理办法（试行）》，建立公证机构财务预决算制度和财务监管机制，指导公证机构成立工会组织。区属3家公证处办理公证事项11.7万件，其中国内4.8万件（涉港澳公证551件）、涉外公证6.8万件。完成司法鉴定行政许可类事项初审75件，办理投诉案件50件，受理28件，作出处理答复28件，司法鉴定业务总量达12160件。

（王卓然）

【公共法律服务】 区公共法律服务中心对外服务窗口增至17个，“12348”法律服务热线开通8条。区公共法律服务中心窗口接待来访1.3万人次，电话咨询3.4万人次，办理各类法律服务事项1.6万余件。推进清河街道、永定路街道、中关村街道、四季青镇公共法律服务示范站建设。区属60余家政府部门和29个街镇聘任法律顾问比例达100%。为中关村高新技术企业开展“法治体检”21场次，受益企业232家。举办“家庭律师进万家”活动，村居法律顾问律师提供法律咨询10.9万人次。办理法律援助案件8972件，畅通老年人、残疾人、妇女、未成年人、军人军属和农民工等特殊群体申请渠道。开展全国“法援惠民生、助力农民工”品牌示范建设。

（王卓然）

【法治宣传教育】 举办法治宣传教育活动9200余场次，发放宣传资料和宣传品360余万份，惠及群众380万余人次。组建由46名律师、公证员、法官、检察官、行政执法人员组成的“服务核心区企业法律宣讲团”，为中关村孵化器、海淀园创业产业园区企业近千名企业经营管理人员和企业员工开展宣讲活动20余场次。出台《海淀区国家机关“谁执法谁普法”普法责任制实施办法》和《海淀区普法责任制清单（第一批）》等文件。

（王卓然）

【“三下乡”活动集中示范活动】 1月28日，由区委宣传部、区司法局等12家单位共同举行的“我们的中国梦”——文化进万家活动启动仪式暨2019年“三下乡”活动集中示范活动在苏家坨镇举行。活动现场发放法治扑克牌、普法年历、普法书籍等宣传资料和宣传品2000余份。

（王卓然）

【区司法行政工作会】 3月28日，2019年海淀区司法行政工作会议召开。会议总结全区2018年司法行政工作，部署2019年任务，表彰2018年先进集体、先进个人。学院路街道办事处副主任李侠、区人民检察院党组成员、纪检组长孙建华作交流发言。区委常委、常务副区长孟景伟出席会议并讲话。各委办局主管法治宣传教育、依法行政工作的主管领导，区司法局全体干部，各街镇主管领导，司法所司法助理员、抽调矫正干警，律师、公证员、基层法律服务工作者代表，司法鉴定机构负责人、法律援助机构负责人，专职人民调解员、矫正帮教协管员代表共350余人参加会议。

（王卓然）

【“家庭律师进万家”创新项目启动】 5月15日，海淀区“家庭律师进万家”项目启动仪式在上地八一社区举行。“家庭律师进万家”项目由区司法局、区律师协会指导，上地街道、海淀街道、北下关街道与忠慧律师事务所联合发起，依托各街镇司法所和专业的律师团队，以居民家庭为单位开展的普惠法律服务项目，是村居法律顾问服务的有效延伸。项目利用中关村“互联网+法律”的信息技术平台优势，全面响应和满足基层社区公共法律服务需求，推动海淀区覆盖全业务、全时空的公共法律服务网络建设。项目首批覆盖区域为上地街道、海淀街道和北下关街道的57个社区，惠及居民家庭8.2万户，商户1735家。通过为社区居民提供 7×24 小时日常法律保障服务、家庭公益维权法律保障服务与社区定期专题培训讲座等形式，为社区每个家庭配备一名家庭律师。

（钟冷）

【接待拉萨市政府考察团】 5月30日，拉萨市人民政府副市长张永林一行7人，到海淀区公共法律服务中心和矫正中心参观考察，就法律援助、律师管理、律师协会、人民调解以及社区矫正教育培训、电子监管、心理测评等工作进行交流学习。

（王卓然）

【张家明到海淀调研】 7月5日，副市长张家明到海淀区公共法律服务中心调研。张家明考察参观服务大厅、"12348"公共法律服务热线和网络平台、谈话室、指挥中心和人民调解室，与法律援助、企业法律服务咨询窗口值班律师进行交流，了解接待咨询和受理法律援助申请等情况，对律师为当事人和企业提供优质法律服务、为百姓解决矛盾纠纷等方面发挥的积极作用表示赞许。市委"不忘初心、牢记使命"主题教育第17巡回指导组组长王红专，市司法局党委书记苗林，市司法局副局长马燕，区委常委、常务副区长孟景伟参加调研。区司法局局长周玉鑫作随行汇报。

（王卓然）

【《海淀区律师行业发展专项扶持资金实施办法》实施】 7月16日，区司法局出台实施《海淀区律师行业发展专项扶持资金实施办法》（简称《办法》）。《办法》共计12条，设贡献奖励、律所奖励、律师奖励、租金补贴、引荐奖励等5类扶持激励措施，并规定相应标准、条件。"海淀区律师行业发展专项扶持资金"纳入区服务经济建设领导小组工作项目，适用于海淀区司法局负责管理或在海淀区纳税的律师事务所、律师。

（王卓然）

【国家统一法律职业资格考试保障】 8月31日至9月1日，区司法局完成2019年国家统一法律职业资格考试客观题考试保障工作。海淀考区共设15个考点，103个考场，5334个考试机位。区公共法律服务中心被确定为2019年国家统一法律职业资格考试北京考区总指挥部，区司法局确定各相关街镇司法所所长作为具体责任人，街道主管领导牵头，对接考点校方，协调城管、综治、社区并联系区属地派出所、交通、电力等部门，负责外围保障工作，确保每一个考点均有各职能部门联络人。投入考点周边服务保障人员约130人，司法所人员64人，公安区属派出所、交通民警、城管、综治、社区等部门安排应急人员66人。

（王卓然）

仲裁

【概况】 海淀区仲裁院（简称区仲裁院）是隶属于海淀区人力社保局的副处级参公事业单位，是北京市首批成立的3家试点仲裁院之一，于2011年5月26日正式对外办公。仲裁院承担仲裁委员会的日常工作，受理承办辖区内劳动人事争议案件的调解和仲裁。

2019年，区仲裁院构建"源头预防、调裁化解、研判指引"，即事前事中事后、三位一体、环状闭合的劳动关系风险防范化解体系，实现预防、调解、仲裁、诉讼、执行无缝衔接。开创"问调"工作机制，建立"自动分案"系统。作为全市试点，在所有街镇推广"互联网+调解"平台，建立在线调解纠纷新模式。构建区、街镇、企业三级联动的调解新格局，新建13家调解组织，基层调解组织累计达87家。

全年处理劳动人事争议25547件（进入办案程序20935件），结案率98.13%，一裁终局率40.37%。案外调解4612件，案内调解10834件，调解率61.4%。通过多元途径分转案卷5000余件，其中向区劳动争议调解中心派驻仲裁院工作站转卷600余件，调解成功310件，调解率52%。全部街镇推广使用"互联网+调解"平台，累计处理案件512件，调解率65.82%。开展公开庭20次、流动庭55次、法律讲堂17次。共发布信息135篇，推送公众号信息、视频36次。区仲裁院获"全国人力社保系统2017—2019年度优质服务窗口"称号，连续九年获北京市仲裁系统综合工作先进单位称号。

（何家芳 毛磊）

【全国劳动人事争议在线调解服务平台启用】 3月1日，区仲裁院启用全国劳动人事争议在线调解服务平台。这是人社部开发，并在全国七省（市）首先开展试点工作的创新项目，推出"互联网+调解"新模式。海淀区是北京市的试点区县之一，全区29个街道（乡镇）基层劳动人事争议调解中心均使用该平台，平台可提供在线申请、在线分配调解组织和调解员、在线审核以及出具调解协议书等服务，实现"马上办、网上办、就近办"，劳动纠纷可以在线申请并能在就近的街道乡镇劳动人事调解中心调解，有效节省维权成本。同日，区仲裁院"北京海淀仲裁"微信公众号启用仲裁文书电子送达功能。

（何家芳 毛磊）

【女职工权益保护专题讲座】 3月8日，区仲裁院联合北京市劳动和社会保障法学会劳动法分会、上地街道劳动科，组织两场公益普法活动，分别为法学会会员单位、中关村软件园入驻企业开展女职工权益保护专题讲座。讲座围绕"招聘录用中的性别歧视问题""女职工劳动合同的订立与履行""三期女职工的解除"等方面进行讲解和答疑。百余家企事业单位负责人及人力资源代表参加活动。

（何家芳 毛磊）

【多元化调解工作室成立】 3月26日，区仲裁院中关村分庭成立多元化调解工作室，吸纳高校教师、人力资源咨询师、各调解组织调解员、律师等社会力量参与调解。

（何家芳 毛磊）

【"稳就业·促和谐"劳动法律宣传之模拟庭审活动】 4月3日，区仲裁院与北京市劳动和社会保障法学会劳动法分会联合举办"稳就业·促和谐"

劳动法律宣传之模拟庭审活动。区基层劳动人事争议调解组织调解员、劳动法分会会员单位等近500人参加。邀请仲裁员、调解员和劳动法专家、律师共同参与，通过创新的“模拟庭审”形式，以案说法宣传劳动法律法规，指导用人单位规范用工。

（何家芳　毛磊）

【劳动人事争议仲裁委员会全体会议】 4月25日，区仲裁院召开海淀区2019年第一次劳动人事争议仲裁委员会全体会议。区人社局、区工商业联合会、区总工会、区卫生和计划生育委员会、区教育委员会、区私营个体协会、北京卫戍区政治工作部相关负责人参加会议。会议通报上半年仲裁院调解仲裁工作开展情况及下半年工作重点，参会人员就本单位、本行业工作中遇到的劳动争议问题及对海淀区调解仲裁工作的意见和建议展开座谈。12月17日，区仲裁院召开2019年第二次劳动人事争议仲裁委员会全体会议。通报2019年仲裁院调解仲裁工作开展情况，就《海淀区规范街道（镇）专业性劳动人事争议调解工作标准（审议稿）》向与会人员征求意见。仲裁委成员单位代表针对2019年工作情况进行点评，对2020年工作思路提出工作建议。

（何家芳　毛磊）

【多元化调解合作协议签约】 5月10日，区仲裁院与中国国际技术智力合作有限公司（简称中智公司）举行多元化调解合作协议签约仪式，共同探索政企合作新模式，打造多元化劳动人事争议处理机制。区仲裁院院长王春泽，中智外企服务分公司党委书记、总经理李云峰及其他相关负责人员出席仪式。签约仪式后，举行调解经验分享会，海淀区各街镇的30余名劳动争议调解员参加调解经验分享会。中智公司法务人员介绍公司的四级疏导机制以及相关的法律产品，分享劳动争议调解工作的经验。

（何家芳　毛磊）

【人社部调研“互联网＋调解”工作】 5月23日，人社部调解仲裁管理司郭晓宪副巡视员、调解处段光新处长，北京市人力社保局调解仲裁处处长毕学恭一行，到海淀区调研“互联网＋调解”工作。调研组一行到万寿路街道劳动人事争议调解中心实地参观，听取调解中心的工作汇报，调解员演示“互联网＋调解”平台操作及网上文书审查确认流程。

（何家芳　毛磊）

军事

2020

北京海淀年鉴

5月30日，区人武部在清华大学开展征兵宣传活动（区人武部 供图）

9月3日，第十二届区委第三次议军会议召开（张洪军 摄）

11月29日，区人防办组织人员参加人民防空指挥演练（李楠 摄）

区人武部

【概况】2019年，中国人民解放军北京市海淀区人民武装部（简称区人武部）坚持习近平新时代中国特色社会主义思想、习近平强军思想和习近平主席视察北京卫戍区讲话精神为指导，按照北京卫戍区党委"举旗铸魂、聚焦打赢、厉行法治、强基固本、创新推动、坚强班子"的工作思路和区委、区政府决策部署开展工作，完成以国防教育、兵役征集、民兵整组整训、停止军队有偿服务和中华人民共和国成立70周年活动等各项工作任务，国防后备力量建设保持健康发展的良好势头。

（强晓凯　梁爱祥）

【民兵整组】4月，区人武部研究部署民兵整组工作。针对2019年民兵组织整顿工作的新特点和新要求，突出民兵党建工作和新质力量筹建两项工作重点，力争发展"地方有潜力、部队有短板、打仗离不开"的新型民兵队伍，进一步提升民兵科技含量和专业化水平。采取听取汇报、座谈讨论、实地查看等方式，深入基层调研摸底，分析整组形势，掌握动员潜力，并进行宣传发动。多次与区国资委沟通，调动新质力量参与民兵整组，加强民兵营连党建工作。组织专武干部业务培训，提升业务能力。3个街镇的民兵建设情况有很大提升。

（强晓凯　梁爱祥）

【中华人民共和国成立70周年庆典保障】年内，区人武部完成预备役方队人员选拔任务，共选拔80余人，其中19人参加国庆阅兵检阅。受领抽组民兵参加群众联欢活动任务，严密组织训练排练近4个月。落实各类阅兵服务保障工作，组织专人到训练基地关心慰问活动参训预备役人员，解决生活所需和现实问题。完成空军导航台、长安街道路承重测试工作、玉渊潭飞机迫降应急保障等庆典工作。

（强晓凯　梁爱祥）

【重要时节安保执勤】年内，区人武部积极适应就业形式多样化的新形势和城市人口流动性强的特点，在重大节日、重要会议、重大活动期间，组织民兵应急分队执勤维稳、应急备勤。全国"两会"、国庆等重大节日期间，组织民兵采取重点目标守护、重要地段巡逻、在岗应急备勤、参加单位维稳等形式，配合公安和武警部队维护社会治安，维护安定团结的政治局面。

（强晓凯　刘钊）

【应急应战能力提升】年内，区人武部按照整军备战指示要求，结合"平时能应急、战时能应战"职能使命，加强国防后备力量遂行使命任务的能力。调整优化防汛队伍，以苏家坨镇武装部为试点，推动战备水平建设。进行防汛、山林防火和维稳训练，按照"建、训、用、管、保"的要求，抓好区属民兵应急力量建设，依托各乡镇的综合执法、消防等分队，抓好常备应急力量建设。

（强晓凯　梁爱祥）

【兵员征集】年内，区人武部针对海淀区征兵工作面临的形势和问题，开展调查动员，召开征兵动员会，了解掌握兵员分布情况，加强对基层征兵工作的帮助指导。海淀区兵役登记率100%，完成新兵征集任务，大学生占比96%。

（强晓凯　刘钊）

【军事设施保护区域调整】年内，区人武部结合军队改革后军事设施调整变化情况，与各街镇及驻区部队联系，完善各驻区部队的信息统计，基本完成军事设施保护区域划定调整工作。全区涉及调整任务的单位有138家。

（强晓凯　梁爱祥）

人民防空

【概况】2019年3月，海淀区民防局变更为海淀区人民防空办公室（简称区人防办），仍作为区政府工作部门。区人防办按照"党建统领、做强主业、聚焦全局、融合发展、务实创新、提质增效"工作思路，重点推进人防工程管理，出台《海淀区人民防空工程再利用与使用管理指导意见》；运用科技优势，加强民防应急指挥系统建设；开展防空防灾知识宣传教育活动，提升广大群众人防观念；坚持依法行政，提升优商环境；人防队伍建设有了进一步提高。

（张金升）

【人防工程管理】11月13日，区人防办出台《海淀区人民防空工程再利用与使用管理指导意见》。将人防工程逐步融入"大城管"网格化系统，全面提升人防工程战时应战、平时服务、应急支援的综合保障能力，打造人防工程"人防、物防、智防"三位一体现代化治理格局。维护维修300余处人防工程，拆除100余处人防工程中的违法建设或设施，恢复人防工程的防护效能。汛期进行应急机动、组织指挥、快速联通、倒灌排水汛期抢险抢修等防汛演练。

（张金升）

【人防工程行政审批】年内，区人防办完成建设项目人防工程审批申请，包括人防工程规划条件申请和易地建设申请。完成新建人防工程验收，办理《北京市人防工程信息统计表》54件，签订《防空地下室移交书》46件，完成人防工程竣工备案物建设平时利用审批申请工作。批复充电桩26个、再利用工程70处，为社会提供1050个停车位。

（张金升）

【人防工程建设】年内，区人防办推进人防工程科技创安工程与"智慧海淀"融合，协调资金1600余万元，完成600个点位及6处高点监控系统升级改造的招投标工作。在100余处人防工程安装视频监控系统，实现人防工程智能化管理。

（张金升）

【防空防灾基础设施建设】年内，区人防办完善市、区、乡镇（街道）三级指挥体系建设，做好海淀区防空防灾指挥所系统的维护工作；对22处高点监控系统进行日常维护，保证所有高点监控系统正常运行；对100余处防空警报器进行加电测试和维护；修订民防局应对突发事件处置各类预案。

（张金升）

【“三练一鸣”专业训练】 年内，区人防办依据《北京市人民防空训练规范》，组织“三练一鸣”（专业训练、综合训练、跨区演练，警报试鸣）专业训练。制定《海淀区人防办2019年度通信指挥工作要点》。聘请中国人民解放军防化指挥工程学院教授熊飞作室内标图专题授课，其在编组依据、原则、任务分配、训练保障等方面给予指导。参加和组织“海淀金盾—2019”人民防空袭行动指挥所程序性演练、京津冀跨区等训练，确保训练人员、时间、内容、效果“四落实”。组织五环外的12个街镇43台警报30个点位工作小组4500余人参加警报试鸣宣传活动。

（张金升）

【人防执法检查】 年内，区人防办出动执法人员近235人次，执法96次，查处多处未经批准擅自使用人防工程的单位和个人。关停5处，行政处罚17起，罚款50万元，清退人员110人。

（张金升）

【地下空间综合整治】 年内，区人防办按照《2019年海淀区人防工程综合整治工作方案》部署要求，实现清退531处住人工程无反弹，137处人防工程达到“三无一恢复”（无违规居住、无垃圾和不满足消防要求的隔断、无违规使用，恢复人防工程原平面布局）的标准。在“两会”、“一带一路”国际合作高峰论坛、中华人民共和国成立70周年活动等期间，开展人防工程专项安全检查，对人员密集场所和重点区域人防工程进行安全隐患排查。出动检查人员3874人次，检查工程2844处（次），签发限改单153份，确保整改措施落实到位。

（张金升）

【“人防进社会”】 年内，区人防办继续推进“人防进社区”工作。为提高社区人防专、兼职干部和民防志愿者的能力素质，对29个街镇的人防志愿者、人防干部开展专题培训，共培训2000余人次。在北京市二十中组织学生进行应急疏散演练；推进社区人防建设，完成90个社区的人防建设任务。

（张金升）

【人防宣传教育】 年内，区人防办拓展和深化人防宣传教育“五进”① 工作的形式和内涵，要求各街镇利用“5·12”和“国防教育日”，开展人防法律法规宣传、人防防空防灾知识介绍和疏散演练等宣传活动。组织北京市第二十中学的580名师生，进行人民防空疏散演练暨自救互救技能培训主题活动。每季度开设“人防大讲堂”，宣讲人防知识。

（张金升）

---

① “五进”：进机关、进学校、进社区、进企业、进网络。

中关村科学城

2020
北京海淀年鉴

5 月 19 日，北京中关村科学城创新发展有限公司、北京翠湖智能网联科技发展有限公司揭牌（张洪军 摄）

6 月 12 日，中关村科学城北区（王佳琪 摄）

8 月 29 日，中关村科学城党工委、中关村科学城管委会成立（海淀园 供图）

12 月 31 日，中关村科学城建设推进大会召开（张洪军 摄）

12 月 31 日，中关村科学城专家咨询委员会首届委员聘任仪式举行（张洪军 摄）

中关村科学城北区示意图（王佳琪 摄）

综 述

2019年8月29日，中共北京市委中关村科学城工作委员会（简称中关村科学城党工委）和中关村科学城管理委员会（简称中关村科学城管委会）成立。中关村科学城党工委、管委会为市委、市政府派出机构，由海淀区代管。成立中关村科学城党工委、管委会，是北京市全力推进全国科技创新中心建设的重大创新举措。功能定位为科技创新出发地、原始创新策源地、自主创新主阵地。

2017年9月27日，中共中央、国务院正式发布关于对《北京城市总体规划（2016年—2035年）》的批复。其中关于加强创新科技中心建设，批复强调要聚焦中关村科学城、怀柔科学城、未来科学城、创新型产业集群和“中国制造2025”创新示范区建设，发挥中关村国家自主创新示范区作用，构筑北京发展新高地。中关村科学城主体区域由原来的约75平方千米〔主要指中关村大街、知春路和学院路（“中知学”地区）周边区域〕扩展至中关村科技园区海淀园174平方千米范围，同时拓展至海淀区全域和昌平区部分区域，把北部生态科技新区（即中关村科学城北区）和“三山五园”历史文化景区全部纳入其中，形成以中关村大街“主纵轴”、北清路“主横轴”和“文化带”（西山永定河文化带、大运河文化带）为骨架，以中关村科学城南区和北区为主体区域，两轴一带相辅相成、南北两区贯通联动的“两轴一带两区”城市发展新格局。

按照功能细化，中关村科学城从“南北分区”，调整为以中关村大街为主脉，按照区位条件、发展基础和产业特色，划分为北部、南部、东部、西部四个产业功能区，形成“一城四区”的产业空间格局。

北部地区：包括大上地地区和北部四镇平原地区，打造成为科技创新的主要地带和标志区域，成为全国科技创新中心核心区建设的战略腹地和重要支撑。南部地区：包括清河五环以南建成区、四季青地区，重点发展以国际创新理念为核心的科技服务、科技金融、文化创意等处于价值链高端的现代服务业，打造成为高端创新要素聚集区、国际化创新企业总部集聚区。东部地区：包括京藏高速以东区域，西三旗、东升城乡接合部地区，重点发展智能制造，软件与信息服务的研发、技术服务等高端环节，打造北京市智能制造创新中心。西部地区：包括“三山五园”历史文化景区，以及阳台山、凤凰岭、鹫峰形成的西部历史文化带，重点发展历史文化旅游产业，高标准布局建设一批高端文化旅游项目，建设若干以生态休闲产业为主导的特色村庄。

中关村科学城作为北京市“三城一区”主平台中的领头羊，根据北京建设全国科技创新中心的总体部署，承担着打造科技创新出发地、原始创新策源地和自主创新主阵地的历史使命，承担着引领首都高质量发展的核心引擎功能。按照北京市提出的“四个聚焦”要求，致力于政产学研用创新主体的深度互动、全球高端创新要素的加快集聚和创新服务体系的不断升级，围绕强化基础研究和前沿技术研究布局、推动“硬核创新”、培育“硬核产业”、构建中关村科学城新型城市形态持续发力，为加快中关村科学城建设、完成好中央和市委市政府的决策部署提供强有力的组织保障。

中关村科学城围绕强化基础研究和前沿技术研究布局，推进网络安全领域国家实验室、北京量子信息科学研究院等“科研重器”建设，加快推进北京智源人工智能研究院等新型科研机构建设，实施概念验证计划，加快形成从基础研究到成果转化再到产业化的全新通道。围绕推动“硬核创新”，高标准做好国际人才社区规划建设，加快集聚全球顶尖创新人才和团队；着力推进人工智能算法和芯片、量子信息、颠覆性材料、生物科技等前沿研究储备和新技术突破。围绕培育“硬核产业”，聚焦集成电路、人工智能、大数据、医药健康等高精尖、硬科技产业领域，完善“政府+市场”双轮驱动的产业服务体系，加快培育一批龙头企业、独角兽企业和行业隐形冠军；推动人工智能为产业赋能，全力打造人工智能源头创新中心区；布局5G基础设施和产业链，催生一批抢占全球价值链高端、竞争力强的新兴产业和新兴企业。围绕构建中关村科学城新型城市形态，在科学城南部地区，加快空间优化布局和业态升级，打造高端创新创业与城市创新发展深度有机融合的新样板；在科学城北部地区，着力完善基础设施建设，补齐居住、教育、医疗、商业等配套服务短板，加快实现产业园区向多功能、国际化、宜居型科创社区和创新创业城区转型。

（程晓荷　钟冷）

创新创业

【概况】2019年，中关村科学城聚焦高精尖产业，围绕十大高精尖产业，聚焦人工智能、医药健康、智能制造、芯片、5G等优势领域，编制规划、分类施策。成立中关村科学城开源芯片源码创新中心，加快构建RISC-V芯片创新生态。突出大信息产业和科技服务业两大主导产业。信息业作为海淀经济发展的“压舱石”和产业结构的“基因”，融合了新一代信息技术、软件和信息服务业、集成电路设计和人工智能等领域，形成万亿级产业集群。科技服务业包括研发服务、科技金融服务等，是基于海淀创新资源密集和创新资本云集的特点而自然衍生出的重要业态，是创新发展的基础支撑型产业。培育医药健康、智能装备、新材料、能源环保四大价值环节型产业。在医药健康领域，重点发展新药研发、精准医学、健康管理、高端医疗器械等方面，在智能装备、新材料、能源环保等领域，重点发展基础材料、核心部件研发和控制系统等方面。几大产业体均已形成百亿至千亿级规模，依托人才和基础研究资源与信息产业形成互动和“软硬结合”。成功举办全国双创周北京会场、创响中国、中关村创新创业季等品牌活动。2019年中关村创新创业季共举办53场活动，吸引402家大企业、2056家服务机构、228家投资机构、788家创业公司/项目、3.5万人次竞相参与。会同中关村管委会等部门承办2019中关村论坛，国家主席习近平向大会致贺信。全年组织各类主体举办创业沙龙、分享交流、创业培训、项目路演活动2000余场，包括全国双创周北京会场、创响中国、中关村创新创业季等品牌活动和龙门创将、北航—北理工创新创业大赛、清华校友三创大赛等一批具有影响力的新型创新创业活动赛事。

（程晓荷）

【中关村科学城创新发展发布会】 5月19日，中关村科学城创新发展发布会在中关村国家自主创新示范区展示中心举行。于军主持发布会，国家知识产权局副局长廖涛及市科委主任许强、中关村管委会主任翟立新等市有关部门负责人出席会议。区委副书记、区长戴彬彬发布《关于加快中关村科学城人工智能创新引领发展的十五条措施》《关于支持中关村科学城智能网联汽车产业创新引领发展的十五条措施》两个产业政策。首批推出17个重点典型科技应用场景，包括智慧医疗、科技公园、智慧社区、智慧交通、无人便利店等与城市治理和民生保障密切相关的场景以及金融风险智能监测、超高清视频技术、非公党建学习平台、5G技术推广等行业技术应用场景，其中5个代表性项目进行合作意向签约。围绕人才住房保障和区域空间资源管理，发布优化海淀区人才公共租赁住房保障和管理、海淀区构建高精尖经济结构产业空间资源管理和利用实施意见两个政策。发布会上，区政府相关部门与以清华大学姚期智院士为代表的世界知名科学家签约共建海华信息技术前沿研究院；海淀园管委会与北京微芯边缘计算研究院签署合作备忘录；海淀园管委会、海淀区国有资产投资经营有限公司与百放英库医药科技（北京）有限公司签署落地合作备忘录。

（程晓荷）

【中关村科学城创新发展公司揭牌】 5月19日，在中关村科学城创新发展发布会上，中关村科学城创新发展公司揭牌成立。该公司注册资本60亿元，重点经营产业投资、产业服务、国际合作三大业务。产业服务板块重点围绕中关村科学城“创新雨林”生态体系建设，为创新创业者提供技术平台、产业园区、科技金融等多维度的专业服务。产业投资板块重点聚焦人工智能、下一代通信、颠覆性新材料、清洁新能源、医药健康等前沿产业领域，为早期“硬科技”企业提供“耐心资本”服务。国际合作板块重点瞄准全球主要创新城市，通过共建平台、项目合作、联合投资等多种方式，有效促进中关村科学城与全球创新网络建立深度联系、形成良好合作，成为值得信任的全球创新合作伙伴。

（程晓荷）

【翠湖智能网联科技发展有限公司揭牌】 5月19日，在中关村科学城创新发展发布会上，翠湖智能网联科技发展有限公司举行揭牌仪式。该公司为海淀新的市场化运营平台，以有效弥补市场化、专业化服务手段缺失的短板，提升创新资源统筹能力和创新服务供给水平，形成“政府+市场”双轮驱动的产业服务体系，更好地为科技企业和高精尖产业发展保驾护航。

（程晓荷）

【共建海华信息技术前沿研究院】 5月19日，在中关村科学城创新发展发布会上，海淀区政府相关部门与以图灵奖唯一华人获得者——清华大学姚期智院士为代表的世界知名科学家签约共建海华信息技术前沿研究院。该研究院实现跨学科、跨领域技术整合、产业落地转化。

（程晓荷）

【海淀园与北京微芯边缘计算研究院签署合作备忘录】 5月19日，在海淀区中关村科学城创新发展发布会上，海淀园管委会与北京微芯边缘计算研究院（简称微芯研究院）签署合作备忘录。微芯研究院瞄准物联网、芯片设计与制造、区块链、人工智能技术前沿，建设世界一流的边缘计算核心技术研发平台，汇聚全球顶尖科技人才及其创新团队，开展重大科技任务攻关，推动边缘计算科学理论、方法、工具、系统等方面取得变革性、颠覆性突破，产出一批重大原始创新理论研究成果和自主可控的核心技术。海淀区支持微芯研究院落地北京大学西门片区，并在房租补贴、运营经费等方面给予支持。

（程晓荷）

【与百放孵化器百放公司签署合作备忘录】 5月19日，在海淀区中关村科学城创新发展发布会上，海淀园管委会与百放孵化器百放公司签署合作备忘录。百放英库医药科技（北京）有限公司作为百放孵化器的运营主体，吸引世界顶尖医药管理人才、知名科学家，在京搭建面向全球的医药创新与转化平台，建立针对原始创新项目引进的筛选和评价机制，吸引优质的研究阶段IP进入孵化器，采取“2+1”模式（项目孵化2年后决定成功或终止，对少数有潜力且需要时间研发的项目延长孵化1年，孵化项目至产业化初期，培育孵化出“百放衍生公司”）。初步遴选出涵盖小分子、蛋白、抗体3个方向的创新性可转化项目，双方达成合作开发意向。海淀区支持百放孵化器落地贝伦产业园，并在运营资金、仪器设备平台等政策方面给予支持。

（孙树昆）

【中关村科学城管理机构揭牌】 8月29日，中共北京市委中关村科学城工作委员会和中关村科学城管理委员会正式揭牌成立。会议发布《中关村科学城管理机构设置方案》，明确中关村科学城管理机构设置、内设机构和编制等问题。中共北京市委中关村科学城工作委员会和中关村科学城管理委员会为市政府派出机构，由海淀区代管，对外保留中关村科技园区海淀园管理委员会牌子。

（程晓荷）

【2019 中关村论坛“全球院士科技创新与合作”论坛】 10 月 16 日，2019 中关村论坛“全球院士科技创新与合作”平行论坛在中关村展示中心会议中心举行。论坛由北京市人才工作局、中关村管委会、区政府等联合承办。来自美国、加拿大、英国、法国、日本、俄罗斯、白俄罗斯、乌克兰、新西兰、南非和中国 11 个国家的 33 位院士以及国内外各界人士等 180 余人出席活动。论坛上，宣布中关村科学城国际人才港、中关村科学城海外院士创新中心正式启动。海淀创业园与环球英才交流促进会签署共建中关村科学城国际人才港、海外院士创新中心协议。乌克兰船舶科学院院士亚历山大·雷杰科夫、乌克兰交通运输科学院院士安德烈·布克托夫、乌克兰船舶科学院院士内德巴洛·亚历山大 3 位海外院士签约落地海淀创业园。

（程晓荷）

【中关村科学城人工智能专项政策指南发布会】 10 月 21 日，区政府召开中关村科学城人工智能专项政策指南发布会，发布中关村科学城人工智能关键技术源头创新、人工智能开源开放创新平台建设两个专项政策指南。在支持方向上，两个专项政策指南进一步细化和明确“人工智能十五条”第二条、第三条政策条款的支持方向。关键技术源头创新专项聚焦发展自主可控的人工智能芯片、核心算法、框架、基础软件和智能传感器等基础和核心关键领域，涉及 4 个方向 11 个子方向，重点关注核心技术创新和突破；开源开放创新平台建设专项涉及 3 个方向，重点关注对产业生态的核心带动作用。在支持力度上，大力度支持人工智能创新发展，对特别重大的项目和平台可以连续支持三年，最高支持 3000 万元。

（程晓荷）

【《关于支持中关村科学城标准创新发展的措施（试行）》发布】 10 月 29 日，区政府发布《关于支持中关村科学城标准创新发展的措施（试行）》，为构建创新发展“生态雨林”体系、加快推进全国科技创新中心核心区建设提供标准化政策导向。这是北京市在区级标准化工作层面发布的第一个系统性的支持政策文件。国家市场监管总局标准创新管理司副司长谷保中，北京市市场监管局党组书记、局长冀岩，区委副书记、代区长曾劲出席发布会。标准创新措施将对各类创新主体或多主体联合开展标准制定提供 20 万 ~ 50 万元的资助，支持企业参与国内外人工智能、车联网等重点前沿产业领域标准创制，获批发布标准的制定单位将给予最高 300 万元资助。大力培育发展团体标准，对制定技术水平高、应用效果好且符合海淀区重点产业领域的团体标准负责单位给予最高发生费用 50% 的资金补贴。

（钟冷）

【海淀区与中国空间技术研究院签署协议】 11 月 23 日，区委书记于军，区委副书记、代区长曾劲，区委副书记、常务副区长孟景伟，副区长李俊杰、梁爽等一行到中国空间技术研究院座谈交流，双方围绕加强对接合作、增强发展动能、提升服务水平、促进共赢发展进行深入探讨。海淀区与中国空间技术研究院签署战略合作框架协议，双方建立常态化、规范化合作机制，推进落实国家创新驱动发展战略。

（程晓荷）

【中关村科学城开源芯片源码创新中心揭牌】 12 月 7 日，“中关村科学城开源芯片源码创新中心”启动仪式在中关村国家自主创新示范区展示中心举行。中关村科学城开源芯片源码创新中心是由海淀区政府、北京市科委、北京微芯边缘计算研究院等单位共同发起的民办非企业单位，将聚焦芯片研发源头创新，布局全球标准，打造高质量国际开源平台，营造海淀区“硬核”创新氛围，涵养芯片设计人才、团队等未来发展潜力，推动国家芯片产业创新发展。

（程晓荷）

【《落实〈市促进科技成果转化条例〉的措施》出台】 12 月 30 日，区委、区政府印发《中关村科学城关于落实〈北京市促进科技成果转化条例〉的若干措施（试行）》，围绕推进职务科技成果权属改革、推动成果转化落地、加强成果转化相关的配套支持和保障等 3 个方面，制定 8 条具体措施，率先推动首批实践案例落地。

（程晓荷）

【中关村科学城建设推进大会】 12 月 31 日，中关村科学城建设推进大会召开。区委副书记、代区长、中关村科学城党工委副书记、管委会主任曾劲主持会议，区人大常委会主任刘长利、区政协主席刘勇、区委副书记孟景伟等区领导，中关村科学城专家咨询委员会聘任的首届委员代表，中关村科学城企业代表等参加会议。会上，中关村科学城发布 50 名首届专家咨询委员会委员名单和一系列新政策、方案、计划和项目，为中关村科学城独角兽企业党建联盟授牌。区委书记、中关村科学城党工委书记于军强调，全区上下要加快构建与中关村科学城高度匹配的“创新雨林”生态体系、高精尖产业体系、创新治理体系、开放创新格局，为率先建成具有全球影响力的科学城而共同努力。

（程晓荷）

创新政策

【人工智能创新引领发展十五条措施发布】 5 月 19 日，区政府发布《关于加快中关村科学城人工智能创新引领发展的十五条措施》，主要内容包括：强化原始创新和关键核心源头创新。鼓励高校院所、新型研发平台和顶尖科学家团队聚焦人工智能重大原创学术思想和理论开展研究；重点支持面向未来开展跨领域、跨学科、大协同的超前研究和创新攻关；重点支持基础核心技术和关键共性技术攻关，特别重大的项目可连续支持三年，最高支持3000万元。鼓励创新主体建设开源开放的创新平台，突出支持一批产业链协同创新平台、开源及共性技术平台和公共计算平台，特别重大的平台可连续支持三年，最高支持3000万元。推进“人工智能+”示范应用，重点围绕交通、医疗、金融、制造、教育等领域打造一批人工智能深度应用场景，通过示范应用进一步引导人工智能技术产业化落地，打造科技城市，构建新型城市形态。全面优化人工智能产业布局，打造高品质人工智能研发和产业创新集聚区。强化资本助力，鼓励早期投资、长期投资、分阶段连续投资和产业链组合投资，引导社会资本更加有耐心培育人工智能产业发展。引进、培育人工智能紧缺人才，建设人工智能高级人才培训学校，面向深度学习算法、体系架构、融合应用等领域开展培训。

（程晓荷）

【智能网联汽车产业创新引领发展十五条措施发布】 5月19日，区政府发布《关于支持中关村科学城智能网联汽车产业创新引领发展的十五条措施》，主要内容包括推进智能网联汽车产业创新发展，加快建设中关村自动驾驶创新示范区，构建世界领先的智能网联汽车产业创新高地；围绕“汽车大脑”产业生态建设，支持一批共性技术基础平台建设，支持一批智能网联汽车领域关键技术创新突破。建设国际一流自动驾驶创新示范区，打造功能齐全、特色突出的自动驾驶封闭测试场；构建技术先进、体系完备的开放测试区域，支持智能网联先进技术应用；加大创新企业孵化培育，对智能网联汽车专业孵化器、加速器给予支持，对初创企业开展自动驾驶相关测试给予补贴；提升示范区市场化运营能力，突出自动驾驶场景应用，对短途接驳、物流配送、智能清扫、智能公交等自动驾驶示范应用给予支持。对具有国际影响力和行业带动力的高端交流平台和自动驾驶汽车赛事活动予以支持，推动中关村科学城成为国际领先的智能网联汽车产业创新高地。

（程晓荷）

【支持中关村科学城标准创新发展措施发布】 10月29日，区政府印发《关于支持中关村科学城标准创新发展的措施（试行）》（简称《措施》）的通知，这是北京市首个区级标准化支持政策文件。《措施》主要内容：对各类创新主体或多主体联合开展标准制定提供20万～50万元的资助，支持企业参与国内外人工智能、车联网等重点前沿产业领域标准创制，获批发布标准的制定单位将给予最高300万元资助。对制定技术水平高、应用效果好且符合海淀区重点产业领域的团体标准负责单位给予最高发生费用50%的资金补贴。

（程晓荷）

【中关村科学城建设七大新政出台】 12月31日，在中关村科学城建设推进大会上，海淀区推出推进中关村科学城建设的七大新政策，即关于落实《北京市促进科技成果转化条例》的若干措施（试行），围绕推进职务科技成果权属改革、推动成果转化落地、加强成果转化相关的配套、支持和保障三个方面，推出8条举措。中关村科学城关于升级区域创新政策的框架方案，为未来相关创新政策制定提供重要的方向性指导。《中关村科学城加强底层技术创新布局计划（2020）》，重点聚焦人工智能领域、集成电路设计领域、网络安全领域、操作系统领域、区块链领域、智能制造领域、颠覆性新材料领域、医药健康领域、氢能源与燃料电池领域、商业航天领域10个领域。关于进一步优化中关村科学城创新发展服务体系的若干措施，以打造面向创新链、面向企业全生命周期的服务链为主线，提出完善项目挖掘和评测机制、提升研发服务易得性、拓展技术转移前端服务链等10条措施。中关村科学城关于支持RISC-V开放生态创新引领发展的若干措施，制定创新引领、生态培育和开放合作等方面的措施。中关村科学城关于支持区块链创新引领发展的若干措施，包括创新引领及生态建设等方面制定支持措施。中关村科学城5G产业创新发展行动计划，重点实施“1+1+3+6”5G产业发展计划（一张精品网络，一个中关村5G产业协同创新平台，提升元器件、网络设备、泛智能终端三项技术研发能力，推进5G在5G+超高清视频应用示范、5G+智慧城市应用示范等六大领域示范应用）。

（程晓荷）

【“放管服”改革试点】 年内，中关村科学城深化“放管服”改革试点全面启动。“五证合一、一照一码”改革，落实工商十九条试点政策，率先开展企业登记注册全程电子化试点。细化落实外籍人才出入境试点政策。设立公安部中关村外国人永久居留服务大厅，为外籍人才办理永久居留业务。在北京市率先实施科技企业“集群注册”。认定中关村创业大街和海淀园创业服务中心为首批集群注册试点平台，免费为初创企业提供两年注册地址服务。在全国首设小微企业续贷中心。联合北京银保监局设立北京市企业续贷受理中心，职能范围由“续贷”受理扩展到“首贷＋续贷”审批，以缓解小微企业特别是民营高科技企业融资难、融资贵、融资慢问题。

（程晓荷）

中关村科学城指挥部

【概况】 2019年，中关村科学城指挥部辖6个分指挥部，固定资产投资项目总计48个，实际完成投资92.09亿元。其中，玉渊潭地区分指挥部固定资产投资项目7个，实际完成投资3.78亿元；东升地区分指挥部固定资产投资项目7个，实际完成投资8.2亿元；中知学地区分指挥部承接项目23个，实际完成投资6.14亿元；四季青镇分指挥部固定资产投资项目6个，实际完成投资47.2亿元；西三旗地区分指挥部固定资产投资项目5个，实际完成投资 26.77 亿元。北下关分指挥部无项目。

（林琳）

【玉渊潭地区建设】 年内，玉渊潭地区分指挥部负责玉渊潭地区的建设，固定资产投资项目共 7 个，计划投资 129330 万元，实际完成投资 37806 万元。

阜石路仁和商务楼项目。计划投资 616 万元，进行设备联合调试，完成现场收尾，完成产值 1728.71 万元。

阜石路东商务楼项目。计划投资 670 万元，进行设备联合调试，完成现场收尾，完成产值 2437.18 万元。

阜石路敬老院项目。计划投资 2552 万元，进行设备联合调试，完成现场收尾，完成产值 1125.87 万元。

西南饭店改造项目。计划投资 31174 万元，进行精装修施工，完成项目东侧园林区域国槐树栽植、石材路面铺装、大门前景观水池石材铺装，完成投资 16501.24 万元。

玲珑巷又一村回迁安置房项目。计划投资 24918 万元，项目 1# 楼、2# 楼外墙装饰真石漆完成 20%，屋面防水完成 20%。完成 1# 楼、2# 楼室内、厨卫间防水及保护垫、地面垫层，实现投资 16013 万元。

半壁店拆迁项目。计划投资 1400 万元。腾退拆除承租户面积 5.28 万平方米，占总建筑面积的 92%；疏解外来人口 3450 余人，完成绿化面积 80%。因租户拒不腾退，本年度实现投资 0 万元。

五路居站货场铁路职工住房项目（外联项目）。计划投资 68000 万元，取得建设项目规划条件、土地预审、立项批复，取得绿建二星专家预审意见、方案复函、人防标准审查、园林审核意见书。申报土地出让手续，准备签订出让合同。

（胡蝶）

【东升地区建设】 年内，东升地区分指挥部负责东升地区的建设，固定资产投资项目为 7 个，计划建安投资 8.2 亿元，实际完成投资 8.2 亿元。

东升科技园集体租赁房项目。取得建筑工程规划许可证，进行施工图纸审查工作及施工许可证的办理，完成土护降工程，推进土护降行收尾工作，完成 B 地块地勘报告评审。

东升科技园三期回迁安置房（京昌路楔形绿地棚改一期）项目。征地批复手续报市规自委，办理林转用备案；完成沟通幼儿园报规证方案，未沟通回迁房两标段报规证方案。

东升科技园三期（京昌路楔形绿地棚改二期）项目。取得棚户区改造后规划条件、用地预审意见函，办理立项批复。

东升科技园二期集体产业项目。取得多规合一初审意见、立项批复，完成土地出让合同签订。

东升科技园三期集体产业项目。取得多规合一初审意见、立项、通过申请土护降施工评审会，办理土护降施工招投标，按市规划自然资源委要求核算劳动力。

清河农贸市场集体租赁房项目。取得多规合一初审意见、用地预审意见函、立项批复、占地批复，审查设计方案。

马坊村集体租赁房项目。取得多规合一初审意见。

（李珠峰）

【中知学地区建设】 年内，中知学分指挥部负责中知地区的建设，协调推进 23 个项目建设：北京大学 8 个项目，清华大学 8 个项目，北京航空航天大学 2 个项目，中国人民大学 2 个项目，中国农业大学、北京科技大学、中国科学院计算机网络信息中心各 1 个项目。

北京大学 8 个项目。肖家河住宅项目：总建筑规模 88.8 万平方米，完成建安投资 4.62 亿元，完成 H、J、F、G、E' 地块施工，进行 E" 地块 4 栋楼结构施工；北京大学实验设备 2 号楼总建筑规模 2.18 万平方米，完成装修图纸确定工作；完成北京大学附属中学北校区实验综合楼项目，总建筑规模 3.13 万平方米；完成北京大学餐饮综合楼设备安装，总建筑规模 3.46 万平方米；完成北京大学国家发展研究院外幕墙安装项目，总建筑规模 2.72 万平方米；完成北京大学建筑景观设计学院大楼二次结构装修，总建筑规模 2.2 万平方米；完成北京大学医学部综合游泳馆项目，总建筑规模 2.2 万平方米；完成北京大学医学部医药科学园区综合楼一期结构封顶项目，总建筑规模 8.3 万平方米。

清华大学 8 个项目。完成清华大学八家教周转住房项目，总建筑规模 76.92 万平方米，完成建安项目，投资 1.52 亿元；完成清华大学生物医学馆项目，总建筑规模 4.2 万平方米；完成清华大学出土文献与保护中心大楼项目，总建筑规模 2.05 万平方米；清华大学经管学院扩建及三创项目进行结构封顶施工，建筑规模 6.6 万平方米；清华大学综合实验楼项目进行基础底板施工，总建筑规模 14.1 万平方米；清华大学北体育馆项目进行地下基础施工，总建筑规模 3.82 万平方米；清华大学新土木馆项目进行基础底板施工，总建筑规模 2.65 万平方米；清华大学物理楼项目进行土方施工，总建筑规模 4.2 万平方米。

北京航空航天大学 2 个项目。完成北京航空航天大学北区食堂等 5 项工程，新建总建筑面积 11.6 万平方米，其中地上建筑面积 4.26 万平方米，地下建筑面积 7.34 万平方米；完成北京航空航天大学先进制造和空天材料实验楼工程，新建总建筑面积 4.69 万平方米，其中地上 1.71 万平方米、地下 2.79 万平方米。

中国人民大学 2 个项目。完成中国人民大学教学科研楼等 4 项装修，建筑面积 6.56 万平方米；完成中国人民大学集体宿舍楼装修项目，建筑面积 3.6 万平方米。

中国农业大学 1 个项目。留学生与专家公寓项目正在办理工程规划许可证，总建筑面积 2.19 万平方米。

北京科技大学 1 个项目。工程实践基地一期项目进行楼内设备安装，建筑面积 1.43 万平方米。

中国科学院 1 个项目。完成中国科学院信息化大厦（互联网创新服务园）项目，总建筑面积 6.73 万平方米，其中地上建筑面积 3.71 万平方米、地下建筑面积 3.02 万平方米。

（熊疆）

【四季青地区建设】 年内，四季青地区分指挥部负责四季青地区的建设，固定资产投资项目共计6个，其中科学城平台4个，三山五园平台2个，计划总投资47.2亿元（宝山村棚改项目15亿元，常青回迁房项目5亿元，常青产业项目4亿元，巨山创意园项目7亿元，香山一期安置房项目10亿元，双新棚改项目6.2亿元）。6个项目共实现纳统约23.05亿元，完成率48.8%。

宝山村棚改项目。腾退住宅总院落数923户，入户率79.41%；腾退非住宅总户数76户，入户率100%。住宅总拆除324院，拆除率35.1%；非住宅总拆除约45.84万平方米，剩余面积约4万平方米，拆除率91.97%。取得《前期工作函》《设计方案审查意见函》《施工准备函评审会议纪要》一会审议；完成一标段施工、监理单位招标工作。办理安置房地块选址意见书及用地预审意见；进行施工图纸复审；申报环评及一道绿隔占用手续；完成安置房地块内高压线入地选线初步方案，完成首都规划院编制，进行地勘等相关前置工作。

常青回迁房项目。取得一会三函手续、选址意见书及用地预审，办理占地、“多规合一”初审意见函及电力手续。完成基坑开挖，进行基础垫层、塔吊搭设工作。土方施工完成90%工程量；垫层、卷材防水、保护层分别施工完成50%工程量；完成1号、13号、18号基础底板施工项目。

常青产业项目：完成建设主体授权、规划条件、立项批复、规自海淀分局“多规合一”协同平台综合会商意见函、工程项目施工准备函，地勘、文堪、设计招标、园林绿地占补平衡手续，办理占地手续，办理规证及开工证。项目施工进度尚未达到投资纳统条件，暂未纳统。

巨山创意园项目。取得规划条件、立项批复、规自海淀分局“多规合一”协同平台综合会商意见函、工程项目施工准备函，协商签订土地出让补充合同或重新签订出让合同，出让合同金额约10亿元。完成场地整理，项目施工进度尚未达到投资纳统条件，暂未纳统。

香山一期安置房项目。取得一会三函全部4项文件，用地预审意见和选址意见书。完成项目A、B地块建筑主体施工封顶；C-1、C-2地块进行地下基础施工。实现投资22.25亿元。

双新棚户区改造项目。取得《前期工作函》、《设计方案审查意见函》及一标段《施工登记意见函》一会审议；安置房地块《规划条件》及钉桩成果；“多规合一”平台初审意见及综合会商意见；安置房地块通过环评及交评审查并取得批复意见。实现纳统8072万元。

（王雪）

【西三旗地区建设】 年内，西三旗地区分指挥部负责西三旗地区的建设，疏解腾退56公顷智造产业功能区，产业规模近100万平方米。推进街区责任规划师试点，与北京清华同衡规划设计研究院有限公司合作编制《西三旗整治提升规划》，做好产业升级、空间整合、品质提升三大项、10个细分项系统规划。建设中国电力科学研究院有限公司南侧公园城市小品、背街小巷整治等重点街区规划项目。建设中关村西三旗（金隅）科技园，一期项目实现结构封顶，完成固定资产投资26.76亿元，完成二期项目立项备案，取得综合方案审查意见。

（周天）

中关村科学城北区

【概况】 中关村科学城北区泛指海淀区百望山以北的所辖区域，俗称“山后地区”，其范围南起马连洼北路及山脊线，北与昌平接壤，东临京包路，西与门头沟隔西山相望，区域面积226平方千米，占全区面积的52%。区域涵盖西北旺、温泉、苏家坨和上庄4个镇、63个行政村，现有常住人口31万人，户籍人口13.3万人。全年完成开发建设投资498亿元，比上年增长21%，其中完成建安投资77.5亿元。实现开复工面积497万平方米，其中新开面积104万平方米，竣工面积129万平方米。实现16宗土地上市，总建设用地面积37.95公顷，总建筑规模74.15万平方米。

（韩雨华）

【首届中关村科学城北区创业合伙人招募计划完成】 5月14日，由北京实创科技园开发建设股份有限公司联合北京翠湖科创平台和中关村科学城北区20余家领军科技企业、科研院所、投资机构以及中关村创业生态发展促进会共同发起的首届“中关村科学城北区创业合伙人招募计划”全面启动线上线下项目征集。活动分设硬科技综合领域和垂直产业领域两大组别，其中硬科技综合领域组重点征集硬科技八大领域（涵盖光电芯片、信息技术、生物技术、人工智能、智能制造、航空航天、新能源、新材料等）创新创业项目；垂直产业领域组分为自动驾驶产业、自主芯片（龙芯）产业、网络信息安全产业3个垂直方向，围绕行业领军机构定向招募创新创业项目。共征集178个优质硬科技创新创业项目。8月22日，首批“中关村科学城北区创业合伙人”榜单公布，18个项目入选“合伙人”，18家企业将入驻翠湖科创平台，其中12家为首批入选的创业合伙人企业。9家创新创业项目加入龙芯产业生态。北京实创科技园开发建设股份有限公司的关联基金、合作基金以及以北区上市公司为代表的产业资本，深度参与本次创业合伙人招募计划，累积意向投资额近3亿元。

（钟冷）

【规划编制】 年内，中关村科学城北区完成北清路沿线城市设计方案整合，启动方案深化及控规编制工作。启动永丰J地块，辛店BCD地块，翠湖A1、A2地块等项目城市设计编制工作，启动科学城北区交通设施规划专题研究以及科学城北区第二个五年开发建设计划编制工作。

（韩雨华）

【土地供应】 年内，中关村科学城北区实现翠湖国际人才社区、永丰基地III-8商业用地、地铁16号线北安河车辆段等16宗土地上市，总建设用地面积37.95公顷，总地上建筑规模74.15万平方米。

（韩雨华）

【腾退安置】 年内，中关村科学城北区推进辛庄、高里掌、苏一二等村庄腾退收尾工作，破解三星庄腾退、后厂村腾退等历史遗留问题。上庄C02安置房大部分楼座实现结构封顶，太舟坞二期安置房进入地上主体结构施工阶段，上庄B地块安置房启动加装电梯工程。

（韩雨华）

【园区建设】 年内，中关村科学城北区医谷产业园、中关村移动智能服务创新园等18个园区重点产业项目实现开复工，开复工面积达175万平方米。北京纳通科技集团有限公司、北京合众思壮科技股份有限公司等产业项目竣工交付使用，释放产业空间31万平方米。

（韩雨华）

【集体产业项目】 年内，中关村科学城北区完成西北旺021地块公租房项目，建设西北旺X2地块产业项目，苏家坨镇集体租赁住房项目具备开工条件，西北旺镇X5地块产业项目、温泉镇创客小镇二期、苏家坨镇北京协同创新园取得立项手续。

（韩雨华）

【配套设施建设】 年内，杨家庄定向安置房小学、北部新区实验幼儿园等10个教育配套项目实现开工建设，完成西北旺C3-02地块幼儿园建设。永丰社区服务中心、翠湖社区服务中心取得立项手续。建成邓庄南路、翠湖南路、上庄东路等主干路。西北旺A3（华润万象汇）、X2（中粮大悦城）地块商业项目实现开工建设。建成稻香湖110千伏变电站、玉河110千伏变电站并投入使用，上庄再生水厂投产，永丰调蓄水厂进场施工。

（韩雨华）

中关村西区

【概况】 2019年，中关村西区有建成楼宇75座，企业1.1万余家，其中集中办公区注册孵化企业8000余家，从业人员约10万人。新增“独角兽”企业2家。中关村西区占地面积95公顷，东起中关村大街，西至苏州街，南起海淀南路，北至北四环路。

（孙杰）

【电子市场疏解】 年内，中关村西区完成硅谷电子市场疏解任务，疏解商户1300户，疏解人口3000人。完成利康金桥电子市场疏解任务，疏解商户260户，疏解人口780人。完成鼎好大厦股权变更，大业主产权疏解，开展小业主产权面积回租回购工作。

（孙杰）

【新型城市形态建设】 年内，中关村西区推进交通综合治理项目，完成70余套电子警察系统、6套高点监控系统、15处货车禁行抓拍系统、10处机动车非礼让行人抓拍系统、70多套路口流量监测系统、1处违法鸣笛系统安装。推进中关村大街沿线中关村e世界等大厦的夜景照明工程。推进“城市大脑”物联网建设，安装井盖监测设备2394台。完成新中关、欧美汇、海龙大厦等8座大厦5G基站搭设工作。

（孙杰）

【企业审核入驻】 年内，中关村西街区审核企业3313家，其中新增1589家。依托创业公社红帆党群工作站，为创新创业企业开设专门窗口，共受理审核创新创业企业2094家，其中新增1215家。

（孙杰）

【服务西区企业】 年内，中关村西区办继续编印《西区故事》，挖掘60家创新创业企业和个人的素材和亮点。组织中关村西区创客联席会系列活动15场次，包括心理减压沙龙、3D打印、插花、制作香薰皂等。举办中关村西区第四届“创新杯”羽毛球比赛、“2019中关村西区好声音暨《西区故事》首发式”活动。发挥中关村西区创客健康家园平台作用，为32家孵化器企业创始人开展健康体检。西区创新创业服务站公众号发布信息700余篇，覆盖群体10万余人。

（孙杰）

【中关村西区环境提升】 年内，中关村西区共出动清扫保洁3万余人次，出动4000余作业车次，清理垃圾2000余吨，清理小广告10万余张。投入巡查养护人员1900余人次，完成步道养护面积约600平方米，维修点位约450处。新移交A区、C区花园、津乐汇公园、瑷玛斯绿地改造完成。海淀中街土建维修21处，中关村广场土建维修面积2600平方米。补植丹麦草1.01万平方米、大叶黄杨6200棵、女桢5300棵、红叶小檗500棵、北海道黄杨500棵。

（孙杰）

中关村大街

【概况】 2019年8月，中关村大街建设办公室（简称中关村大街办）撤销，人员划入中关村科学城管委会。按照聚焦“两新两高”发展战略，全面推进中关村大街改造提升工作，着力织补城市功能，拓展宜居宜业空间。按照《中关村大街提升发展规划及实施行动纲要》，结合大街“五个功能区段、六个关键节点”的总体空间结构，对大街沿线进行整体城市设计。实施交通、公共空间、建筑风貌、公共设施、照明、广告等优化工程，完善商务和生活配套服务，推动中关村大街周边环境改造提升和功能提升，打造内涵品质街区，推进中关村大街高端创新集聚发展轴建设。推进大街一期白石新桥至清华西门7.2千米区段的改造提升工作。实施大街沿线夜景照明二期工程，推进中关村大街“城市客厅”一期工程，高标准推进当代广场改造工作。完成《当代商城及周边地区环境提升项目城市设计方案征集工作方案》编制等工作。会同城市管理委、属地街道及相关业主单位，合力推进中关村大街沿线重点楼宇外立面改造。

（程晓荷　张丛）

【中关村大街夜景照明二期工程】 5月，中关村大街办对天作国际大厦、燕园大厦、方正大厦等沿街进行改造方案设计，7月实现开工建设。工程总投资9984万元，是区政府2019年投资建设计划项目。9月，通过多方协调、共商共建，天作国际大厦、燕园大厦、方正大厦等沿街37栋楼宇及7座人行天桥进行夜景照明改造升级完毕。

（张丛　程晓荷）

【“城市客厅”一期工程项目】 5月，中关村大街办启动“城市客厅”一期工程项目，对大街东侧数码大厦至魏公村路口长约900米区段、大街西侧神舟大厦至中央民族大学长约600米区段人行道与建前空间实施景观改造升级，打造开放创新的高品质城市公共空间。该项目被列入区政府2019年投资建设计划，安排资金3000万元。9月底，完成“城市客厅”一期工程方案设计编制工作，并提请区长专题会审议。

（张丛　程晓荷）

【空间优化】 年内，中国农业科技国际交流中心项目进行基础施工，打造成以农业科技创新、高科技企业孵化为主的“双创中心”；魏公村小区回迁安置房项目实现主体结构封顶；中关村南大街11号院（百花鞋厂）项目取得立项手续，按照市规自委函复意见对设计方案进行调整细化，将建成包含科技自用办公、科技文化展示与配套设施于一体的综合性科技办公园区。

（张丛　程晓荷）

中关村科技园区海淀园

1月，海淀园管委会组织园区企业参加美国拉斯维加斯电子消费品展（海淀园 供图）

5月21日，2019年北京金融科技协同创新论坛暨金融科技协同创新平台发布会召开（王佳琪 摄）

7月13日，海淀区社会信用体系建设大会召开（海淀园 供图）

8月28日，中国“互联网+”大学生创新创业大赛国际展示交流中心启用（王路 摄）

10月16日，外国院士落地中关村科技园区海淀园签约仪式举行（海淀园 供图）

10月18日，中关村论坛举办签约仪式——成果发布会及闭幕式（张洪军 摄）

10 月 18 日，中关村论坛之世界人工智能峰会（张洪军 摄）

10 月 21 日，海淀区人工智能专项政策指南新闻发布会举行（海淀园 供图）

11 月 19 日，海淀园企业博士后科研工作站创新发展 20 年工作会在示范区展示中心举办（海淀园 供图）

12 月 5 日，中关村科学城管委会为胚芽企业授牌（海淀园 供图）

综述

【概况】 中关村科技园区海淀园（简称海淀园）是全国科技创新中心核心区，中关村国家自主创新示范区核心区，全国首批双创示范基地，国家知识产权示范城市（城区），中关村人才特区，国家级文化与科技融合示范基地，国家技术转移集聚区、国际技术转移中心，国家科技金融创新中心，全国首批产融合作试点城市。

2019年，海淀园重点加强基础前沿布局，大力培育高精尖产业，升级创新服务体系，加快构建以创新合伙人关系为支撑的创新"生态雨林"，全力推进全国科技创新中心核心区建设。围绕十大高精尖产业，聚焦人工智能、医药健康、智能制造、芯片、5G等优势领域，编制规划、分类施策。 培育医药健康、智能装备、新材料、能源环保四大价值环节型产业。在医药健康领域，重点发展新药研发、精准医学、健康管理、高端医疗器械等方面，在智能装备、新材料、能源环保等领域，重点发展基础材料、核心部件研发和控制系统等方面。几大产业体均形成百亿至千亿级规模，依托人才和基础研究资源与信息产业形成互动和"软硬结合"。园区高新技术企业10448家，总收入达2.6万亿元，比上年增长10%以上。增加产业融合发展、迭代升级，信息、科研、金融、教育等主要行业增加值占比七成以上，经济增长贡献率超过八成。海淀区境内A股上市公司145家，占全市（346家）的42%，境外上市公司74家。其中2019年新增上市公司23家，科创板上市公司6家，占全市（12家）的50%，占全国（70家）的9%。海淀区科创板受理企业数目全国第一，科创板上市企业数目全国第一，上市公司总数保持全国地市级城市首位。全区技术合同成交52720项，总额1899.3亿元，比上年增长8.7%，占全市的33.3%。

出台支持人工智能和智能网联汽车产业政策、高精尖产业用地"1+3"政策（1个办法、3个细则），服务创新和产业发展的政策体系更加健全。完善30个细分专项政策，1860家创新主体得到支持。加快推进新型研发机构建设，北京微芯边缘计算研究院、海华信息技术研究院等3个领域研发进展明显。量子研究院、智源研究院等项目进展顺利，建设微芯边缘计算研究院等一批新型研发机构，挂牌成立首个概念验证中心，建设首批11个高价值专利培育中心，打造智友天使学院、前孵化创新中心等，成果转化能力进一步增强。全球健康药物研发中心在结核病等领域同步推进10个研发项目，搭建一批业内领先的药物研发平台。开发8英寸晶圆上高纯半导体碳纳米管平行阵列样品制备方法，首次实现碳纳米管集成电路TPU。设立科技奖和创新平台，对67家企业进行奖励和配套支持，助推企业与各类创新主体跨界合作，促进原创知识和技术产出；扩大市区联合原始创新基金规模，拓展自然科学基金支持范畴。

组建高精尖工作专班，强化市区协同、部门联动。成立开源芯片源码创新中心，RISC-Ⅴ芯片创新生态加快构建。落地百放孵化器、中广核铀业等一批重大项目，大信息、大健康等主导产业蓬勃发展。启动17个科技应用场景建设，打造中关村自动驾驶创新示范区。实施科技企业创始人"薪火共燃"培育计划、标准创新领跑计划等，启用中关村知识产权保护中心，启动国际青年创业平台、海外院士创新港建设，加快建设国际人才社区，创新生态不断完善。设立全国首家中小企业续贷中心，快捷审批企业续贷申请，时限整体压缩70%以上。金融服务实体经济能力进一步增强。

全年组织各类主体举办创业沙龙、分享交流、创业培训、项目路演活动2000余场。成功举办2019中关村论坛，首次举办中关村科学城国际科技创新合作论坛，建立科技外交官合作网络，国际合作取得新成效。成功举办全国双创周北京会场、创响中国、中关村创新创业季等品牌活动。支持龙门创将、北航—北理工创新创业大赛、清华校友三创大赛等一批具有影响力的新型创新创业活动赛事，着力塑造全球知名创新创业品牌。

对口帮扶。与通州区、怀柔区、延庆区签署战略合作协议。与亦庄开发区共建中关村先导基地。开展产业帮扶，促进对口帮扶地区发展。与河北易县、张家口赤城县，新疆和田，内蒙古敖汉旗、科尔沁右翼前旗扶贫对接，动员海淀区企业及联盟协会在帮扶地区开展扶贫对接和公益活动。在雄安新区设立创新驿站，推动区域协同国际化创新发展。与通州区签署战略合作协议，推进北京城市副中心建设。

（程晓荷）

【科创板实施细则征求意见座谈会】 2月14日，区委、区政府联合中关村管委会举办科创板实施细则征求意见座谈会。中国证监会、上海证券交易所等单位领导，于军、戴彬彬等区领导以及25家高新技术企业负责人参加座谈。与会人员就科创板的相关制度进行深入探讨和交流，助力企业登陆科创板。于军强调，海淀区围绕科创板相关政策要求，依托知识产权和产业金融大数据及企业创新能力评级模型，按照"构建企业知识产权和产业金融基础数据库、建立企业创新与经营全要素身份卡、生成科创板潜力企业、按产业进行潜力企业评级筛选"4个步骤，对意向企业开展筛选工作，力求形成"筛选一批、储备一批、培育一批"的科创板潜力企业梯度培育机制。海淀区已筛选31家高新技术企业备选科创板上市。

（程晓荷）

【4家企业入选2018全球半导体十大买家名单】 2月21日，美国信息技术研究分析机构高德纳（Gartner）发布最新全球半导体设计总体有效市场前十大企业排名，4家中国企业入列，合并市场份额12.5%，半导体采购支出达596亿美元。海淀企业联想

排名第五、小米成功挤入前十。小米较2017年上升8个名次，主要原因是2018年半导体支出增加27亿美元，年成长率63%。中国成为全球芯片买家的超级大客户。

（钟泠）

【美团点评获评“2019全球50家最具创新力企业”】 据腾讯网3月7日报道，美国知名商业杂志*Fast Company*（快公司）近期发布“2019年全球50家最具创新力企业”榜单，其中海淀园企业美团点评取代苹果公司高居首位。*Fast Company*评价美团点评为“开创性的交易型超级应用”。美团点评旗下拥有美团、大众点评、美团外卖、美团打车、美团单车等多款App应用，服务涉及餐饮、外卖、打车、共享单车、酒店旅游、电影、休闲娱乐等数百个品类，业务覆盖全国超过2800个县市区。2018年，平台共服务约4亿消费者、超过550万商家，为270万美团外卖骑手创造就业岗位。

（钟泠）

【小米首次进入世界500强榜单】 7月22日，美国《财富》杂志发布2019年世界500强排行榜。海淀园企业小米集团首次上榜，位居第468位，成为继京东、阿里巴巴、腾讯之后第4家登榜的中国互联网企业，也是全球第7家登榜的互联网企业。2019年世界500强排行榜共有25家新上榜和重新上榜公司，其中新上榜的中国公司有13家。世界最大的500家企业中，有129家来自中国。

（钟泠）

【海淀政企早餐会】 9月12日，由区政府、北京中关村高新技术企业协会、中关村创业投资和股权投资基金协会联合举办的“共话未来 共享发展”海淀政企早餐会在海淀区政府举行。区委、区政府相关部门负责人与零氪科技（北京）有限公司、北京华捷艾米科技有限公司等企业和机构的负责人共进早餐，面对面了解企业需求，探讨区域发展新趋势。9月27日，由中关村科学城科创企业服务平台组织第三期海淀政企早餐会，区委副书记、代区长曾劲，区委常委、副区长李俊杰与来自天宜上佳、用友软件、云知声、梆梆安全、百望股份、键凯科技6家企业以及中金公司投行部的负责人深入交流。区政府办、区金融办、中关村科学城管委会参会。本次早餐会以新形势下科创企业资本市场发展战略及服务机制探讨为主题，就企业科创板上市进展、企业上市存在的问题、服务保障企业上市工作建议等事项进行充分的交流探讨。

（程晓荷）

【22家企业入选全球独角兽企业】 截至11月，全球共有独角兽企业379家，中国入选94家，其中海淀区入选22家，约占全国入选量的25%，占北京市入选数量的44.8%。22家独角兽企业分布在9个行业，其中人工智能领域有独角兽企业8家，占全球人工智能领域独角兽企业的25%。在CB Insights发布的全球AI 100强榜单中，全国有6家企业入选，5家来自海淀区。除人工智能行业外，主要以互联网软件服务领域居多，但在网络安全、物流供应链、大数据方面尚未形成规模优势。平均每家企业估值88.18亿美元，是美国硅谷（32.44亿美元）的2.7倍。

（钟泠）

【国家高新技术企业认定】 年内，海淀园区收到高新技术企业认定材料3175家。需要参加重新认定企业数2687家，其中重新认定1489家，重新认定率为46.9%；专家评审通过3141家，专家评审通过率达98.9%。通过科技部备案2979家。截至年底，海淀区国家高新技术企业数量累计达10448家。

（孙猛）

高精尖产业

【概况】 2019年，海淀园根据北京市十大高精尖产业布局，明确以大信息产业（含人工智能、新一代信息技术、集成电路和软件信息服务业）和大健康产业为主导，以科技服务业为支撑，紧抓智能装备、新材料、节能环保等产业高价值环节的高精尖产业发展整体思路，加快培育高精尖产业。围绕海淀区重点发展的高精尖产业落细落实到高精尖项目，以更精细化的管理和服务手段帮助高精尖项目匹配政府、社会服务资源，实现项目挖掘和发现、要素匹配、项目落地、项目跟踪过程中重大问题的协调解决，推动高精尖项目统筹布局和落地实施，不断强化高精尖产业培育，持续增强高新技术企业对区域经济、产业发展的引领作用。实现十大高精尖产业入库项目146项。编制创新型企业培育行动计划，推动构建创新型企业梯队，探索阶梯式企业服务体系。

政策引领。深化落实海淀“创新发展16条”，修订完善“1+4”政策体系，实现两项政策无缝对接、高度匹配；制定“人工智能15条”“智能网联汽车15条”等产业发展政策，编制高精尖产业用地“1+3”体系政策，壮大经济增长新动能。制定《海淀区先进制造业发展行动计划（2020—2022年）》，打造先进制造业产业集群，建设产业创新载体和公共平台，推动产业协同布局，提升制造业实体经济高质量发展。启动编写《海淀区网络安全产业发展行动计划》；发布《中关村科学城5G产业创新发展行动计划》，切实推进5G产业创新发展。

服务企业。梳理“3×100”企业（领军企业、隐形冠军企业、种子企业）、独角兽企业、税收贡献重点企业等清单，建立专员负责制和分级分类响应机制，为企业发展提供空间、公租房、人才落户、高管子女教育等服务。实施“胚芽企业计划”，助推9家企业申报科创板，形成科创板企业储备名单。落实重点企业服务包承诺事项，走访各类企业40余家。完成重点培育企业资金奖励申报与审核，支持企业32家。组织40余家企业参加或随团参加CES展会，举办“2019中美科技企业美国市场拓展商务对接”活动，助力企业开拓海外市场。落实企业国际化发展专项政策，支持项目8个，支持金额共计777万元。

高精尖相关产业全年实现税收659.6亿元，增幅3.7%。其中，信息业实现税收408.2亿元，占中关村科学城总税收的17.0%，比重较上年提高1.3个百分点；通信设备制造业实现27.6亿元，增幅61.4%；集成电路行业实现税收12.6亿元，增幅31.9%。

（程晓荷）

【北京四板市场企业集体登陆仪式（海淀专场）】 5月28日，北京四板市场企业集体登陆仪式（海淀创业园专场）在中关村创业大厦举行，海淀创业园42家企业集体登陆，其中35家登陆孵化板，7家在科创板挂牌。区委常委、副区长、海淀园工委书记、海淀园管委会主任李俊杰，中关村智友天使学院（筹）院长等嘉宾，各登陆企业代表及观礼嘉宾百余人参加仪式。

（程晓荷）

【百人会·科创投融资Demo】 7月26日，由北京翠湖智能网联科技发展有限公司与中国电动汽车百人会、翠湖科创平台等企业联合主办的中关村科学城北区创业合伙人招募计划垂直行业组路演活动暨百人会·科创投融资Demo——自动驾驶与出行产业在翠湖科创平台举行。活动依托中关村科学城北区建立中关村自动驾驶创新示范区契机，旨在共同发掘、筛选、引入、培养行业内优秀初创企业，帮助优质企业快速发展，推动区域自动驾驶产业生态建设。

（程晓荷）

【金隅智造工场】 8月，金隅智造工场获“中关村科学城—金隅智造工场”授牌。10月，获“海淀区综合政务服务金隅智造工场站”授牌，成为海淀区首批“一窗通系统”试点园区项目。金隅智造工场于2017年3月正式纳入《北京加强全国科技创新中心建设重点任务实施方案（2017—2020）》，是北京市中关村科学城建设的重点推进项目。金隅智造工场已在“大信息及智能制造领域”构建起“一个国家重点工程实验室、两个科技成果孵化与转化平台、三家新能源及智能网联汽车行业领军企业、四家智能制造行业‘独角兽’、多条科技产业链环节”的高精尖产业客户格局。金隅智造工场占地20万平方米，一期已于2018年7月交付使用，入住率达87%，二期于2019年10月完成主体改造。

（程晓荷）

【国家智能制造系统创新研究院揭牌】 10月18日，在2019中关村论坛上，区委书记于军和国家智能制造系统创新研究院院长郝玉成共同为国家智能制造系统创新研究院揭牌。国家智能制造系统创新研究院由清华大学、中国信息通信研究院、机械工业仪器仪表综合技术经济研究所、国机智能技术研究院、中电科电子装备集团有限公司和中冶赛迪信息技术有限公司6家单位联合建设，将以智能制造共性技术、核心关键装备和标准研制及工程化应用为重点，兼具系统集成、战略咨询、技术评价、检测验证、产品认证等能力，通过2～3年建设完成国家级制造业创新中心和国家级智能制造公共服务平台，打造国际化的智能制造创新高地。形成创新链、技术链和产业链协同创新，造就引领全国智能制造发展的“创新引擎”。

（程晓荷）

【区政府与旷视科技签署战略合作协议】 10月29日，区政府与北京旷视科技有限公司签署战略合作协议。根据协议，双方将在政策引导、示范工程、平台建设、人才培养等方面展开合作，持续培育特色人工智能产业发展繁荣生态，共同促进人工智能产业发展。区委副书记、代区长曾劲出席签约仪式并讲话。北京旷视科技有限公司是一家行业领先的人工智能公司，是全球为数不多的拥有自主研发深度学习框架的公司之一，致力于打造服务于各商业领域的AIoT操作系统，以及构建具备连接物联网设备能力的生态系统。

（孙树昆）

【紫光展锐启动6G相关技术预研】 11月7日，清华紫光集团旗下企业紫光展锐宣布启动6G相关技术的预研和储备，对太赫兹通信、轨道角动量、甚大规模天线系统、甚高通量编解码、天地一体通信网等潜在6G关键技术进行探索，并制定6G技术原型研发推进规划。全球6G技术研究处于探索阶段，技术路线尚不明确，关键指标和应用场景有初步构想但尚待多方论证。

（钟冷）

【5G产业发展】 年内，海淀区采取3项措施，推动5G产业高质量发展。加快5G技术产业化进程：编制《海淀区5G产业创新发展行动计划》；加强5G产业生态建设，促进芯片设计企业、系统设备商、垂直应用行业的联合；构建产业发展链条，聚集紫光展锐等芯片领域领军企业，大唐移动等基站领域优势企业，小米等终端领域优势企业，清华、中科院等技术与标准领域领先高校院所，百度、华为等垂直应用领域行业巨头。集聚人才资源：集聚有清华、北大、北邮、北航等全国知名高校，中科院、中国信通院等科研院所，以及互联网、大数据、云计算等5G关联产业的高级人才。推动示范应用场景落地：推动长安街沿线、中关村大街沿线、上地街道、中关村西区、中关村自动驾驶创新示范区、海淀公园、中关村国家自主创新示范区展示中心5G网络全覆盖，在超高清视频、自动驾驶、健康医疗等领域推出更多应用场景，在工业互联网、智慧教育等领域开发落地应用场景。仅1—5月，全区23家5G重点企业及其关联企业合计实现销售收入1008.69亿元，同比增长25.1%；贡献税费52.14亿元。

（钟冷）

【集成电路产业】 年内，中关村科学城有集成电路企业316户，占北京市集成电路企业的50.8%。在集成电路芯片设计、制造封装、材料、设备等6类子行业中，集成电路制造封装企业纳税占全部集成电路企业税款贡献的68%，户均纳税1294.5万元，是集成电路行业整体户均纳税205.7万元的6.3倍。集成电路产教融合创新加快，北京大学、清华大学“国家集成电路产教融合创新平台”获教育部批准。龙头企业产业链协同加速，北京兆易创新科技股份有限公司完成对国内领先的指纹识别芯片供应商上海思立微电子科技有限公司的收购，有利于双方协同整合研发技术、降低开发成本，进一步提升综合竞争力。

（钟冷）

【人工智能产业】 年内，海淀区出台《关于加快中关村科学城人工智能创新引领发展的十五条措施》，促进人工智能产业发展。海淀区聚集全国近20%的人工智能企业，其中人工智能独角兽企业12家，占全国的20%。6家企业获批国家人工智能创新平台，占全国的40%。百度飞桨平台、寒武纪思元270芯片、旷视Brain++算法平台等成果被评为世界互联网领先科技成果，创新成果不断涌现。推动成立中关村科学城开源芯片源码创新中心，打造以中关村集成电路设计园为中心的集成电路产业集聚区，聚焦设计环节持续巩固集成电路产业生态优势。依托百放创新专业孵化器，建设面向全球的医药创新与转化平台，引入昆迈医疗的基因新一代脑磁图项目。推进J地块规划建设大健康产业聚集区。奇绩创坛等新型孵化平台落地，进一步丰富区域创新孵化模式。

（张静）

【智能网联汽车产业】 年内，海淀园在全域推动建设2000余处5G基站，约占全市的1/6，在全国首次实现基于5G在超高清视频直播、自动驾驶和远程驾驶演示、远程人体手术和智慧课堂智慧社会的应用。在全市率先推出首批17个科技应用场景，其中5G+8K超高清视频技术应用等7个项目进入实质性建设阶段。发布基于区块链技术搭建供应链金融服务、基于人工智能的楼宇经济监测分析应用等第二批四大科技应用场景项目。服务落地区块链研究院，推动标准、关键核心技术突破、示范应用等研究，在存量房交易、企业开办住所核验、市区联动打通数据方面先行先试区块链等新技术。

（张静　程晓荷）

【楼宇经济监测平台建设】 年内，海淀园完成楼宇经济监测平台建设工作。对重点非住宅楼宇采集数据进行补充，完成747栋重点楼宇摸排情况。完成《关于一般制造业空间资源梳理情况的报告》，梳理一般制造业企业222家。梳理五道口清华大学周边39栋楼宇，望京、电子城85栋楼宇，全区629栋商业楼宇租金变化、空置率等情况。

（曹雪鸥）

专业园区建设

综述

【概况】 2019年，海淀园有大学科技园18家，其中国家级大学科技园13家。有专业科技园（基地）22家。有科技企业孵化器57家，其中国家级科技企业孵化器21家。有中关村创业大街、中关村智造大街、中关村壹号、中关村前沿技术创新中心、中关村前孵化创新中心等特色街区。国家备案众创空间80家，北京市众创空间139家，集中办公区148家，总孵化面积达300万平方米。产业技术联盟近80个，行业协会30余家。微软、法国电信、IBM、SAP等40余家全球500强企业和知名跨国公司在海淀设立的总部型分支机构或研发中心达372家、外资企业681家。

2019年海淀园大学科技园一览表

表2

序号	名称	备注
1	清华大学国家大学科技园	国家级
2	北京大学国家大学科技园	国家级
3	北京航空航天大学国家大学科技园	国家级
4	北京理工大学国家大学科技园	国家级
5	北京邮电大学国家大学科技园	国家级
6	北京师范大学国家大学科技园	国家级
7	北京化工大学科技园	国家级
8	中国人民大学文化科技园	国家级
9	中国农业大学科技园	国家级
10	北京交通大学国家大学科技园	国家级
11	中国矿业大学（北京）国家大学科技园	国家级
12	北京林业大学国家大学科技园	国家级
13	北京科技大学国家大学科技园	国家级
14	中央财经大学科技园	
15	中国政法大学科技园	
16	北京电影学院大学科技园	

续表 2

序号	名称	备注
17	首都师范大学科技园	
18	北京联合大学科技园	

2019 年海淀园专业科技园（基地）一览表

表 3

序号	名称
1	中关村东升科技园
2	中关村东升国际科学园
3	北京航空航天大学国家大学科技园（北航科技园）
4	健康智谷大健康产业园
5	中关村航天科技创新园
6	清华科技园·玉泉慧谷
7	国泰·奥北科技园
8	中关村生物医药园
9	北坞创新园
10	龙徽 1910 文化创意产业园
11	中关村翠湖科技园—云中心（攀云中心）
12	中关村软件园
13	中关村多媒体创意产业园
14	中关村环保科技示范园
15	中关村集成电路设计园
16	中关村数字电视产业园
17	中关村国防科技园
18	中关村国际教育园
19	中国人民大学留学人员创业园
20	中关村创新园
21	北京上地信息产业基地
22	中关村永丰高新技术产业基地

2019 年海淀园科技企业孵化器一览表

表 4

序号	名称	备注
1	北京北航天汇科技孵化器有限公司（北航天汇孵化器）	国家级
2	北京理工创新高科技孵化器有限公司（北理工孵化器）	国家级
3	北京启迪创业孵化器有限公司（清华科技园启迪孵化器）	国家级
4	北京中关村国际孵化器有限公司（中关村国际孵化园）	国家级
5	北京中关村京蒙高科企业孵化器（京蒙高科）	国家级
6	北京中关村软件园孵化服务有限公司（中关村软件园孵化器）	国家级
7	北京中关村上地生物科技发展有限公司（中关村生物医药园）	国家级
8	中关村科技园区海淀园创业服务中心（海淀创业园）	国家级
9	北京京仪科技孵化器有限公司（京仪科技孵化器）	国家级
10	北京北达燕园科技孵化器有限公司（北大孵化器）	国家级
11	北京牡丹科技孵化器有限公司（牡丹科技孵化器）	国家级
12	创新工场（北京）企业管理股份有限公司（创新工场）	国家级
13	北京厚德科创科技孵化器有限公司（厚德创新谷）	国家级
14	北京交大科技孵化器有限公司（北京交大孵化器）	国家级
15	中国人民大学文化科技企业孵化器	国家级

续表 4

序号	名称	备注
16	北京东升科技企业加速器有限公司（东升科技园加速器）	国家级
17	北京赢家伟业科技孵化器股份有限公司（赢家伟业）	国家级
18	大唐创新港投资（北京）有限公司（大唐创新港）	国家级
19	北京科大方兴科技孵化器有限公司（方兴孵化器）	国家级
20	中关村意谷（北京）科技服务有限公司（中关村 e 谷）	国家级
21	博雅燕园科技企业孵化（北京）有限公司	国家级
22	北京亚杰商汇咨询有限公司（亚杰商会）	
23	太库（北京）科技孵化器有限公司（太库中关村）	
24	北京联想之星投资管理有限公司（联想之星）	
25	雷雷伙伴（北京）科技孵化器有限公司	
26	智创工坊（北京）科技有限公司（智创工坊）	
27	北京 3W 孵化器管理有限公司（3W 孵化器）	
28	燕园校友（北京）投资管理有限公司（北大创业训练营）	
29	紫荆花科技孵化器（北京）有限公司（紫荆花科技孵化园）	
30	北京杰伟科技发展有限公司（HIFIVE 创新中心）	
31	北京优投科技孵化器有限公司（优投空间）	
32	同方科技园有限公司（清华同方孵化器）	
33	中关村互联网教育科技服务有限责任公司（中关村互联网教育创新中心）	
34	北京即联即用创业投资有限公司（Plug and Play）	
35	北京车库咖啡孵化器运营管理有限公司（车库咖啡）	
36	北京银行中关村分行（北京银行中关村小巨人创客中心）	
37	北京天亿弘方投资管理有限公司（健康智谷大健康产业园）	
38	北京清创纪元创业教育科技有限责任公司（清华经管创业者加速器）	
39	北京金种子创业谷科技孵化器中心（北京金种子创业谷）	
40	北京云基地云计算科技发展有限公司（云基地）	
41	大唐网络有限公司（大唐网络 5G 创新中心）	
42	北京远见育成科技孵化器有限公司（北京远见育成）	
43	中关村青创（北京）国际科技有限公司（中关村京港澳青年创新创业中心）	
44	北京中关村创业大街科技服务有限公司（中关村创业大街）	
45	逐鹿仁德（北京）科技孵化器有限公司（HOMEX 加速器）	
46	北京智优沃科技有限公司（智优沃产业加速器）	
47	清华大学经济管理学院（简称：清华 x-lab）	
48	北京硬创空间科技有限公司（中关村智造大街硬科技孵化平台）	
49	北京翠湖科创科技发展有限公司（翠湖科创平台）	
50	北京中科创星科技有限公司（中科创星）	
51	中国电子科技集团公司信息科学研究院（中国电科创新空间）	
52	北京创客帮科技孵化器有限公司（创客总部）	
53	北京安创空间科技有限公司（安创空间）	
54	北京科方创业科技企业孵化器有限公司（科方创业孵化器）	
55	中航联创科技有限公司（中航联创）	
56	航天云网科技发展有限责任公司（航天云网双创基地）	
57	北京国科工业互联网研究院	

（程晓荷）

【国家网络安全产业园（海淀）正式落户】 1月21日，国家网络安全产业园（海淀）（简称产业园）正式落户海淀，并进行入园企业签约仪式。产业园按照“一园五区”（核心区、孵化区、企业总部区、产业生态区和产业配套区）进行总体布局，其中核心区和孵化区位于四季青镇。工信部、北京市联合全力推进园区建设，在政策环境、产业生态、企业集聚和重大项目落地等方面取得阶段性成效。产业园占地面积35万平方米，建筑面积51万平方米。其中核心区位于四季青镇东冉地区，占地面积25万平方米，建筑面积36万平方米；孵化区位于四季青镇北坞地区，占地面积25万平方米，建筑面积27万平方米，已有27家网络安全企业和机构入驻，12家企业签署入驻协议。10月25日，国家网络安全产业园区（海淀）挂牌。

（孙树昆　程晓荷　钟冷）

【2019中国数字智能生态大会】 3月21日，由中国软件行业协会、中关村发展集团股份有限公司、中国软件网、中关村软件园公司、昆仑海比（北京）信息科技有限公司联合主办的中关村前沿技术系列沙龙2019中国数字智能生态大会在中关村软件园召开。工信部信息化和软件服务业司软件处、中国软件行业协会领导以及东软集团、浪潮集团、用友网络等600家企业的近千人参加。大会以"共筑数字生态共同体"为主题，成功搭建企业服务商、平台商、渠道商、ISV、企业用户等企业生态各个组成部分对接合作的平台，发布《2019中国企业服务生态发展状况研究报告》。报告认为，企业服务已进入数字化智能化时代，ICT技术对传统产业渗透融合不断加速，不断催生出新模式、新业态，成为驱动业务创新和变革的关键力量。传统产业数字化、智能化转型步伐加快，ICT技术为传统产业带来的产出增长，已经成为驱动中国经济发展的主引擎。

（张蕾）

【廊坊·中关村软件园人才与产业基地创新合作交流会】 3月29日，由河北省廊坊市人民政府、中关村软件园公司主办，河北省廊坊市广阳区人民政府、中关村智酷双创公司承办的智汇廊坊·创享未来——廊坊·中关村软件园人才与产业基地创新合作交流会在中关村软件园举行。廊坊市政府领导，百度、IBM、博彦科技、中国软协、中科院、河北工业大学、华夏银行等代表共计200余人出席。中国软件行业协会常务副秘书长陈宝国发表《中国软件行业发展趋势展望》主题演讲。廊坊市工业和信息化局介绍廊坊市软件与信息服务业产业现状、产业规划空间布局及支持政策。廊坊·中关村软件园人才与产业创新基地发布"创享·未来"廊坊基地创新合作计划，就打造中关村与廊坊两地协同创新的大生态网络体系进行系统介绍。廊坊·中关村软件园人才与产业基地依托中关村创新资源和协同模式，精准聚焦大数据、人工智能、移动互联、云计算四大高端产业，着力打造"产业、城市、人才、文化"有机结合、融合发展的新型创新发展空间，面向廊坊市发挥创新服务辐射作用，打造"宜业、宜创"二位一体的生态系统。

（张蕾）

【中德双创交流会】 5月14日，由德意志学术交流中心（DAAD）与中关村软件园孵化网络体系共同举办的中德双创交流会在中关村软件园举行。来自柏林自由大学、柏林工业大学、莱比锡大学、亚琛工业大学、弗莱堡大学、海德堡大学、马克斯普朗克研究所及德意志学术交流中心的德国学者与来自中关村软件园孵化网络体系多家成员单位的初创企业和孵化器运营单位代表30余人参加。德方一行参观北京市高校大学生创业园（软件园），现场听取孵化团队知多星科技（Flow++）的创业经历、主营业务、产品介绍，并与工程师进行交流。双方就中国创新创业发展情况、中美欧创业的异同和企业特点、大数据及人工智能等可能产生的伦理问题、欧盟通用数据保护条例（GDPR）及其社会影响、中德孵化器运营模式、中德高校对科技成果转化及创新孵化的支持政策等问题进行广泛深入的讨论。

（张蕾）

【中关村海外项目路演活动】 6月11日，由中关村协同创新基金、中关村软件园公司、中关村国际孵化园主办的"协同创新 携手共赢"——中关村海外项目路演活动在中关村软件园举行。来自南非、斯洛文尼亚、俄罗斯、孟加拉国等7个国家的9个项目进行推介演示，项目涵盖可再生能源、生物塑料、医疗等领域。来自中关村协同基金、磐谷创投、明德资本等投资机构及东升国际科技园、中关村领创空间、立云加速器等孵化器的代表共计70余人参加。

（张蕾）

【长春·中关村智酷人才与产业创新平台签约】 6月11日，长春·中关村智酷人才与产业创新平台签约仪式在中关村软件园举行。该平台以科技人才创新与促进产业创新发展为核心，通过创新资源对接、创新人才培养和服务体系建设三个层面，合力打造双创人才培养和服务的协同创新品牌，为加快推进长春市"培育发展新动能，打造更宜创新创业的活力城市和实现高质量发展"建设提供支持。

（张蕾）

【中英新一代信息技术对接会】 6月24日，由中关村软件园公司承办的中英新一代信息技术对接会在中关村软件园举办。来自市科委、中关村发展集团、英中贸易协会负责人以及利用AI技术在医疗、公共服务、软件开发和机器学习等领域的8家英国科技企业以及48家国内科技企业代表共60人参会。英国雷丁大学计算机学院博士Giuseppe Di Fatta介绍该机构在AI技术上的研究情况和校企合作模式，8家英国AI领域的企业介绍相关技术、商业模式和合作需求，23家中方企业与英国企业进行一对一交流。

（张蕾）

【潍坊滨海·中关村智酷人才与科技产业创新平台启动】 8月8日，由中共潍坊市委、潍坊市人民政府、中关村软件园主办，潍坊滨海经济技术开发区管委会、中关村智酷双创公司承办的潍坊·中关村软件园创新合作交流会在中关村软件园举行，潍坊滨海·中关村智酷人才与科技产业创新平台正式启动。潍坊市委书记、市人大常委会主任惠新安等领导出席，百度、网易、亚信、商汤科技、千方科技、慧聪网、清华大学、中国人才科学研究院等200余家企业和机构的代表参会。潍坊滨海·中关村智酷人才与科技产业创新平台将为中关村企业提供创新发展所亟须的人才资源、市场资源，为潍坊提供高质量的双创服务体系，促进产业升级，打造更大范围的创新创业生态，形成示范和引领效应，通过培训交流、项目引进、产学研合作等模式，为中关村和潍坊创新发展提供有力支撑。

（张蕾）

【呼和浩特·中关村智酷人才与产业创新平台签约】 8月25日，呼和浩特市新城区人民政府与中关村智酷双创公司合作共建的呼和浩特·中关村智酷人才与产业创新平台（简称创新平台）签约仪式在中关村软件园举行。创新平台将依托中关村软件园大信息领域创新创业生态积淀和创新人才培养经验，以人才为动力，助推内蒙古自治区呼和浩特市高科技产业发展。双方合作的特点是采用人才先行策略，以人才带动产业，在北京建设飞地模式创新中心，搭建中关村与呼和浩特市合作对接的窗口和桥梁，助力该市企业利用北京资源建设在京研发中心，实现两地合作共赢。

（张蕾）

【全国首个下一代互联网及重大应用技术创新园开园】 8月28日，中国首个专注于IPv6[①] 产业创新的科技园区——下一代互联网及重大应用技术创新园在海淀正式开园。下一代互联网及重大应用技术创新园位于中关村科学城北区中关村壹号C区，建筑面积为10.5万平方米，将聚焦下一代互联网核心“新基建”IPv6开展重大技术研发、科技成果转化和产业创新服务。下一代互联网及重大应用技术创新园项目，是海淀区深化落实“两新两高”战略，着力提升中关村科学城北区高能级科技创新能力的重要举措，有望成为加快海淀全产业链发展的强大引擎。

（钟冷）

【高质量发展与精准招商引才高级研修班暨推介会】 8月28日至31日，由中关村软件园培训中心和云科领创科技集团联合主办的“高质量发展与精准招商引才高级研修班暨推介会”在中关村软件园举办。来自全国14个高新区、16个城市投促局以及11个外地驻京办的代表近50人参会。研修班邀请全国政协委员、华夏新供给经济学研究院首席经济学家贾康，云科领创科技集团董事长兼CEO胡永佳做关于“高质量发展与精准招商引才”的专题授课。学员参观走访中关村软件园展厅、联想未来中心。40余家企业、10余家投资机构及科研院所、20余家地方政府及驻京机构参加招商项目推介交流会。河南济源市商务局、浙江湖州市太湖新区、上海金山区投资促进中心、北京五道口双招双引共享中心、贵州省人民政府驻京办事处分别进行重点推介。

（张蕾）

【参加第十届中国服博会】 9月27日，由商务部主办、中国国际投资促进会承办的第十届中国国际服务外包交易博览会（简称服博会）在杭州开幕。本届服博会主题为“拥抱5G·AI时代，集聚创新要素，发展数字服务，构建数字经济——新机遇·新技术·新业态·新动能”，探讨5G·AI时代新一轮工业革命、网络革命为服务外包企业升级、为数字服务提供商创造的新机遇推动中国服务外包产业发展。中关村软件园组织软通动力信息技术（集团）有限公司、博彦科技股份有限公司等园区企业参加大会。在举办的中国数字服务暨服务外包领军企业推介会上，中关村软件园及园区企业获“十大数字服务领军企业”“一带一路领域领军企业”等奖项，中关村软件园获评“数字智慧园区”。

（张蕾）

【入选“新中国成立70周年70品牌”】 10月15日，“新中国成立70周年品牌峰会”在北京国家会议中心举行，峰会甄选中华人民共和国成立70周年最具贡献度和社会影响力的70个民族品牌。由中关村软件园建设运营的中国“互联网+”大学生创新创业大赛国际展示交流中心（简称大赛国际交流中心）作为中国创新创业领域的唯一代表，入选“新中国成立70周年70品牌”殊荣。大赛国际交流中心由教育部大赛组委会与中关村软件园共建和运营，为大赛提供展示推广、项目孵化、产业对接等服务，推动创新成果有效转化与落地，促进大赛高质量发展。

（张蕾）

【2019中关村“5G赋能未来产业”平行论坛】 10月18日，由中关村科技园区管理委员会、北京市科学技术委员会、北京市经济和信息化局与北京市通信管理局联合主办，中国信息通信研究院承办，中关村软件园协办的2019中关村“5G赋能未来产业”论坛活动暨第二届中关村5G创新应用大赛成果发布会在中关村示范区展示中心举办，中国通信标准化协会、中关村科技园区管理委员会、北京市经济和信息化局等单位领导出席并讲话。来自国际科技组织、国家机关、科研院所、行业领军企业代表约200人参加。论坛活动采取“成果发布+主旨演讲+圆桌对话”的形式，探讨5G未来发展的机遇和空间，畅谈5G万物互联时代为个人生活和行业发展注入的创新元素。国际电信联盟战略规划部门高级专家GitanjaliSah、中国工程院院士邬贺铨、全球移动通信系统协会GSMA大中华区战略合作总经理庞策等嘉宾围绕论坛主题发表主旨演讲。论坛揭晓2019年中关村5G创新应用大赛结果，为获奖的中国移动研究院、北京缙铖医疗科技有限公司、北京数码视讯科技股份有限公司等15家企业颁发获奖证书及奖杯。

（张蕾）

【亮相第二十二届科博会】 10月24日至27日，由科技部、国家知识产权局、中国贸促会和北京市人民政府共同主办，北京市贸促会承办的第二十二届中国北京国际科技产业博览

① IPv6是互联网协议第6版的缩写，是国际互联网技术和标准组织IETF公布的唯一用于替代IPv4的下一代互联网协议标准。

会（简称科博会）在京举行。本届科博会以“推动科技创新中心建设 引领产业高质量发展”为主题，面向世界科技前沿，集中展示一批原始创新和自主创新成果。中关村国家自主创新示范区展区首次以特色园区为参展主题，中关村软件园携手多家园区企业共同亮相，以最优的科创服务、最新的技术产品全面体现北京全国科技创新中心建设的蓬勃发展。

（张蕾）

【洞见2020 ReFinTech金融科技峰会】 11月29日，由路孚特（中国）科技有限公司主办，中关村软件园、ThoughtWorks和InfoQ战略合办的“洞见2020 ReFinTech金融科技峰会”在北京新世界酒店举办。本次峰会以“引领科技变革，洞见金融未来”为主题，面向金融行业专业人士、金融科技生态合作伙伴与开发者，共同探索金融行业发展趋势，金融科技领域的应用实践，讨论如何用低成本、高效率的方式加速业务创新与应用落地，推动金融行业的高质量发展。中国互联网金融协会、中国外汇交易中心、路孚特（中国）科技有限公司等单位的专家，分别围绕金融科技浪潮下的国家区块链战略、外汇交易市场变局、金融科技企业的探索与实践、金融数据平台架构演进等进行主题演讲，全方位解读金融产业政策与最新发展趋势，为当下金融科技发展提供建议。

（张蕾）

【3家企业入榜2019年世界品牌500强】 12月11日，世界品牌实验室（WorldBrand Lab）独家编制的2019年度（第十六届）《世界品牌500强》排行榜在美国纽约揭晓。来自中关村软件园的腾讯科技（北京）有限公司、联想（北京）有限公司、百度在线网络技术（北京）有限公司3家企业上榜。世界品牌实验室由1999年诺贝尔经济学奖得主罗伯特·蒙代尔教授担任主席，是全球领先的品牌咨询、研究和测评机构。该实验室致力于品牌估值、品牌战略、品牌设计及品牌保护，自2003年开始对世界50个国家的主流品牌进行跟踪研究。按照品牌影响力的三大关键指标，即市场占有率、品牌忠诚度和全球领导力，世界品牌实验室对全球2万个知名品牌进行评分，推出世界品牌500强。

（张蕾）

【区块链国际研修班举办】 12月12日至13日，中关村软件园与加拿大约克大学共同在中关村软件园举办区块链国际研修班。研修班采用高峰论坛与公开课结合的方式进行，围绕数字货币、场景应用、区块链机制设计等主题展开。加拿大北美区块链基金会主席覃文延、加拿大约克大学讲师Nasser Rahal等为学员带来区块链原理及应用、区块链人才培养、区块链经济与区块链社会等主题分享。中关村软件园引入加拿大约克大学区块链产业创新体系，发起“区块链TopGun中加联合培育计划”。学员完成学习后，可获得国际证书，加入加拿大发起的Blockchain Hub Community社区，享受社区提供的培训、咨询和孵化等服务。该区块链社区已有5000余名全球成员。

（张蕾）

【北京市精品游戏研发基地揭牌】 12月14日，北京市精品游戏研发基地揭牌活动在中关村科学城数字文化产业园举行。市委常委、宣传部部长杜飞进和中宣部出版局相关负责人共同为北京市精品游戏研发基地揭牌。区委副书记、代区长曾劲出席揭牌仪式。北京市精品游戏研发基地一期面积3万平方米，腾讯、网易、畅游、乐元素等近20家游戏研发机构确认入驻。基地将向数字音乐、网络文学等数字文化领域拓展，形成更完备的数字文化发展形态。

（钟冷）

园区开发建设

【北京实创高科技发展有限责任公司】 2019年，北京实创高科技发展有限责任公司（简称实创公司）资产总额为267.76亿元，净资产23.21亿元，其中归属母公司净资产22.54亿元。实现总收入32.66亿元，实现利润总额1.63亿元，净利润1.28亿元，上缴税费5.84亿元。3月14日，实创公司与东升镇属东升博展投资管理有限公司签署战略合作协议，共建实创凤凰岭蒲绒健康管理中心，将实创酒店升级改造转型为以健康管理中心+精品酒店为实体的健康管理服务体系平台。4月11日，上地街道与实创公司合作共建上地企业服务中心。6月，完成上地信息产业基地原联想地块街区提升改造，改造总面积9860平方米。7月30日，实创公司与百度签署战略合作协议，双方围绕智慧城市建设、人工智能结合智能园区应用建设、新型城镇化业务、人工智能技术在海淀区基层城市单元中的应用、海淀大脑大数据拓展等，开展多角度、多层次深度合作。征集上地信息路及沿线地区城市提升概念规划设计方案，并召开专家评审会。永丰产业基地（新）园区F1、F2、J地块完成立项批复，其中J地块相关宗地实现供地；“青棠湾”项目竣工交房，配套幼儿园装修加快推进；辛店东路等9.3千米城市次干路、支路进展顺利，园区路网骨架基本形成。启动智慧上地地理信息系统（GIS）平台项目建设，一期工程包括基础地理数据建设、宗地及楼宇经济运行管理子系统、企业经济形势分析子系统建设。

（孙燕艳）

【北京实创科技园开发建设股份有限公司】 2019年，公司实现总收入43.8亿元，净利润1.3亿元。推进翠湖、永丰两大产业组团8个地块的一级开发，开发面积219公顷，实现6宗地挂牌上市、7宗地收储入库，释放72万平方米产城配套空间。环保园国际人才社区和永丰III-8地铁一体化项目挂牌出让；辛店BCD地块完成全部供地。翠湖A1地块完成4宗地收储入库，翠湖H地块南区三宗地完成收储入库，为园区重大项目落地提供25万平方米产业空间；新增B地块、G3地块，推进前期立项等手续办理。推进二级项目建设17

个，总开复竣工面积74万平方米。环保园3-3-289、3-3-209、国际学校等一批重点项目完成工程建设，环保园3-3-298完成外立面装修施工，医谷产业园二期完成局部地下结构施工，西北旺C2棚改安置房项目竣工并交房入住，西北旺C3-02幼儿园工程完工；6所幼儿园1所小学全面开工建设。推进园区次干路、支路建设及断头路大修工程，建设道路总长14.4千米，其中8884米道路工程完工，具备通车条件。完成创新园纬三路、经七西路和规划横七路交通、路灯、绿化等收尾工作。完成国际学校周边稻香园中路、纵十二路路面施工及稻香园南街管线施工，翠湖D地块5条支路和A1地块3条支路道路基本完工，完成A1地块35千伏高压线改移和辛店BCD地块10千伏高压线杆拆除工作，创新园3条道路大修工程完成施工，6条断头路土建工作全部完成。引进万豪酒店进驻翠湖医谷产业园，推动中关村壹号14家餐饮及生活配套品牌进驻，完成园区GIS系统搭建并在内网试运行测试，园区网格化城市管理处理网格化任务单500余件。

（梁建秋）

【小米科技园开园】 9月19日，位于海淀区安宁庄路的小米科技园开园。小米科技园占地43991平方米，建筑面积34.8万平方米，总投资52亿元。办公空间由8栋楼组成，内有体育馆、健身房、顶层室内花园等设施，可容纳超过1.6万名员工。

（钟冷）

主要专业科技园

【健康智谷大健康产业园】 2015年2月，北京天亿弘方投资管理有限公司注册成立，对空置多年的海淀区花园北路35号9号楼进行全面升级改造为健康智谷大健康产业园，运用孵化器模式进行运营管理。健康智谷孵化体系以精准医疗为核心，慢病管理、医疗大数据、硬科技医疗器械为主要孵化方向，为小微企业提供导师咨询服务，通过优质的三方服务，为小微企业匹配行业大企业进行对接孵化。2019年，健康智谷科技孵化器入驻企业46家，其中高新技术企业14家、科技型中小企业6家、金种子企业2家，有2家企业共获得3.3亿元的投融资。技术交易合同8000万元，研发费用投入3亿元，企业收入12亿元。全年组织行业企业交流对接、创新活动19次，游学考察活动2次。联合"美因基因"搭建"第三方医学检验实验室"，完成检测服务112次，为生物医药研发企业、体检中心、各大科研机构等提供全基因组重测序、全外显子组测序、转录组测序、微生物多样性测序、宏基因组测序、建库测序、信息、咨询及培训等相关的基因检测服务以及数据储存分析服务。联合美年大健康和中关村美年健康产业研究院搭建健康智谷医疗大数据分析平台。在孵企业安影科技（北京）有限公司联合中关村美年健康产业研究院、首都医科大学宣武医院、天津市第一中心医院等单位，申报国家重点研发计划"数字诊疗装备研发"重点专项"无创性脑血流灌注功能定量评估系统研发及临床验证研究"项目并获得中央财政专项资金。

（李佳）

【中关村前孵化创新中心】 2018年，海淀区与市科委合作在益园建设中关村前孵化创新中心（简称前孵化创新中心），由首都科技发展集团具体运营。前孵化创新中心主要面向精准医学、智能技术及突破性新材料三大领域实现成果转化，聚集以北京大学、清华大学以及中科院为核心的原始创新创业项目，逐渐形成围绕高端科学家打造的中试平台办公空间。2019年，前孵化创新中心落地北京碳基集成电路研究院、北京优迅医学检验所有限公司和北京艺妙神州医药科技有限公司等14个原始创新项目，营业收入超过4亿元。

（赵媛）

【国家网络安全产业园区孵化园】 1月，国家网络安全产业园揭牌成立，明确四季青玉泉慧谷、静芯园及北坞创新园作为产业园"孵化园"定位，三园随即统一开展融合改造工作。三园启动园区功能配套改造筹备工作。9月，国家网络安全产业园区（三园）孵化园规划设计方案确定，打通北中南三部分，构建中央景观带，实现人车分离交通体系。功能布局优化，推进园区腾笼换鸟实现园区功能提升。10月中旬至12月20日，工程一期开工。施工内容为创新园东门、北门及北侧围墙与西侧围墙改造。

（张喆　沈然）

【清华科技园·玉泉慧谷】 规划总占地181亩，总建筑面积约16万平方米，分两期建设完成。一期项目占地145亩，建筑面积10.4万平方米，2004年9月正式投入使用；二期项目占地36亩，建筑面积5.7万平方米，2015年6月正式投入使用。2019年，被工业和信息化部、北京市人民政府授予"国家网络安全产业园（孵化区）"。10月25日，"国家网络安全产业园区（海淀）"在玉泉慧谷园区正式挂牌。产业园区重点建设网络安全核心技术成果转化中心、中小微企业双创中心和融合创新发展示范中心3个功能模块。通过"苗圃—孵化器—加速器"产业孵化链条，聚集新型双创服务机构、新型产业组织，提供创新创业投资、技术转移、知识产权服务、科技金融服务机构。搭建网络安全信息共享平台，推进网络安全融合创新发展，鼓励企业协同创新。园区实施"腾笼换鸟"计划，腾退近2万平方米的空置物业。

（刘宁　何宁）

【国泰·奥北科技园】 国泰·奥北科技园由国泰创投集团投资兴建，前身为兴华工业园废旧厂房，于2014年重建。园区总占地面积3.5万平方米，总建筑面积10.4万平方米，入驻100余家人工智能、大数据、机器人、云计算等高精尖企业，在园人数超6000人。园区企业总市值超2000亿元，年纳税超30亿元，累计获得知识产权超2000件。培育比特大陆、索为系统、多牛传媒、山石网科、掌趣科技、集创北方、随锐股份、格林深瞳、泰瑞数创、道有道、中绿环保等一大批“独角兽”企业和上市挂牌企业。被评为中关村“特色园区”、海淀区“专精特新”产业园、北京市总部经济公共服务平台、北京市中小企业知识产权集聚示范区、中国高新科技产业示范园区项目。

（张毅）

【中关村软件园】 截至2019年年底，中关村软件园企业累计726家，比2018年增加39家。上市企业65家（含分支机构），收入过亿元的企业80家，比2018年增加9家。国家规划布局重点软件企业26家、中国软件百强企业12家、中国互联网百强企业9家、留创企业55家。新增企业从业人员0.39万人，累计8.18万人。园区企业总收入2869.8亿元，比上年增长13.9%；累计拥有知识产权55779件，比2018年增加8815件，其中专利28550件、注册商标17780件、软件著作权10449件。投入研发经费311亿元，比上年增长5.1%；企业完成科技成果转化481项，比2018年增加33项。全年举办中关村软件园大讲堂8期，主题包括前沿技术趋势分析、最新政策宣讲解读、知识产权与自主创新、国际化战略布局与实操、项目管理实践等，吸引500余家企业的近千人参加。1月，中关村软件园入选首批北京市文化创意产业园区；8月，成为北京市企业创新信用领跑行动2019年第一批信用赋能合作伙伴。

（张蕾）

主要特色街区

【中关村创业大街】 中关村创业大街是北京市、海淀区政府共同打造的中国第一条以创新创业为主题的特色街区，前身为海淀图书城步行街，全长220米，建筑面积4.5万平方米，2014年6月12日正式开街。2019年，中关村国际青年创业平台落地；与东方汽轮机、法国电力分别成立产业创新中心；成为全市首批“集群注册”平台试点运营单位，为创业团队提供2年内免费使用公司注册地址的服务。截至年底，中关村创业大街入驻45家国内外优质创业服务机构，孵化3451家创业团队，其中外籍和海归团队409家；累计获得融资团队1181家，总融资731亿元，融资比例34.2%；累计举办创新创业活动5600余场；形成以创新空间运营、提升城市功能为基础，以初创孵化、成长加速、产业创新、全球、科技投资等为支撑的创新服务体系，打造全球产业创新生态加速平台。

（程晓荷）

【中关村智造大街】 截至2019年底，中关村智造大街入驻企业累计230家，比2018年增加39家。上市企业4家（含分支机构），收入过亿元的企业7家，比2018年增加2家。新增企业从业人员0.02万人，累计0.23万人。园区企业总收入31.6亿元，比上年增长11.2%；累计拥有知识产权984件，比2018年增加98件，其中专利480件、注册商标225件、软件著作权279件。投入研发经费3.6亿元，比上年增长6.1%；企业完成科技成果转化102项，比2018年增加11项。中关村智造大街聚集以智能制造和电子信息产业为核心的上下游企业，提供超过5000余项专业服务，累计为京津冀地区企业服务超过4万家次，形成服务案例超过5000项。举办第八届创新创业大赛北京赛区先进制造赛道初赛、复赛，科技成果直通车，2019北京高新科技成果路演系列活动，中关村智造大街硬科技生态链大讲堂系列培训活动，中关村智造大街技术经纪人系列培训活动，“创新升级、成果赋能”专项领域科技成果转化政策解读等活动，近万人次参加。2019年获得国家中小企业公共服务示范平台、中关村双创示范基地、中关村硬科技孵化平台、中关村智能硬件公共服务平台、国家级众创空间、中关村金种子企业、首都科技创新券专业服务机构、北京市科创企业、创新创业载体知识产权服务指引首批试点验收通过单位等荣誉。

（程晓荷）

【中关村壹号】 中关村壹号位于北清路，于2018年底正式运营，总建筑面积约50万平方米。中关村壹号以“硬科技”为主题，以人工智能为主导产业，以商业航天、金融科技为辅助产业。截至2019年年底，入驻企业和专业机构达60余家，入住率超过80%。包括人工智能标杆企业、金融科技知名企业、商业航天领军企业、专业硬科技投资与成果转化服务平台以及5G、大数据、物联网领域的明星企业。中关村壹号成立N.E.W.壹号硬科技产业联盟，为企业提供融资、技术、人才、政策、市场与企业家圈层六大产业服务体系。2019年，中关村壹号运营单位实创亿达组织策划、主办或承办40余场大中型产业活动，携手入驻企业参与AIIA2019人工智能开发者大会、2019年北京国际科技产业博览会、2019年中国互联网大会等10余项国内外高端产业活动。2019年中国国际服务贸易交易会中关村人工智能产业应用与发展论坛及“AI·未来城”科技嘉年华活动于5月29日至6月1日在中关村壹号成功举办，近100家国内外知名人工智能企业的创始人和高管作主题发言，600余家人工智能企业参会参展，约万名科技爱好者参与。

（赵媛）

【中关村前沿技术创新中心】 中关村前沿技术创新中心（简称前沿技术创新中心）是由中关村管委会和海淀区政府共同打造的中关村原创前沿技术集聚的示范区域，位于海淀区北四环西路67号中关村国际创新大厦，建筑面积1.6万平方米。前沿技术创新中心聚集包括人工智能、颠覆性新材料、大数据等一批掌握重大原创前沿和关键核心技术的企业和相应的公共服务平台，按照“加快培育掌握颠覆性前沿技术的独角兽企业和具有全球影响力的创新型企业，持续引领构建首都高精尖经济结构”的建设目标，构建国内前沿技术企业的政策特区和展示窗口，并依托该区域建立与国际前沿科技互动交流的接入口，形成有利于重大原创前沿技术企业成长发展的高效生态体系。入驻包括声智科技、深晶科技、佳格天地等16家企业，2018年共获得社会融资10亿元，2019年企业总收入达到10亿元。

（孙小迪）

经济信息化

【中关村软件园获评“2018年中国最具活力软件园”】 1月18日，2019中国软件产业年会在北京举行。会上，中关村软件园荣膺“2018年中国最具活力软件园”称号。中关村软件园创建于2000年，是中关村国家自主创新示范区中新一代信息技术产业高端专业化园区，是北京建设世界级软件名城核心区，聚集国内外680余家知名科技创新企业，成为云计算、移动互联网、人工智能产业中有影响力的产业高地。2018年实现总产值逾2500亿元，园区2.6平方千米上的单位密度产值居于全国领先地位。

（孙树昆）

【区块链“33333”计划产业孵化平台成立】 1月18日，由中关村创客小镇、币格科技、弦子科技三方共同发起的以“赋能产业，链接未来”为主题的区块链“33333”计划产业孵化平台暨成果发布会在中关村创客小镇召开，“33333”计划产业孵化平台正式启动。该平台将以“共建、共治、共享、共赢”为原则，由前200位入孵产业孵化平台的企业共同建设、使用及运营。为更加有效支持技术领军企业推动有国际影响力的开源组织建设，推动区块链底层技术创新、产业应用创新和商业模式创新，构建产业生态系统，中关村创客小镇区块链“33333”计划产业孵化平台应运而生。“33333”计划通过筛选，从北京30多个团队中选出20多个团队进入中关村创客小镇区块链项目，包括从公链到场景到落地。

（孙树昆）

【紫光展锐发布5G通信技术平台及首款5G基带芯片】 2月26日，在2019世界移动通信大会（MWC）上，清华紫光集团旗下紫光展锐公司发布5G通信技术平台马卡鲁及其首款5G基带芯片——春藤510。马卡鲁作为紫光展锐全新5G通信技术平台，将持续助力展锐春藤物联网产品向5G蔓延发展。春藤510采用台积电12纳米制程工艺，支持多项5G关键技术，可实现2G/3G/4G/5G多种通信模式，符合最新的3GPP R15标准规范，支持Sub-6GHz频段及100MHz带宽，可同时支持SA（独立组网）和NSA（非独立组网）组网方式，充分满足5G发展阶段中的不同通信及组网需求。

（孙树昆）

【“地平线”成为全球估值最高人工智能芯片公司】 2月27日，中关村人工智能芯片技术创业企业地平线发布公告，由SK中国、SK Hynix以及数家中国一线汽车集团与旗下基金联合领投的B轮融资，获得约6亿美元投资，公司估值达30亿美元“地平线”成为全球最具价值的人工智能芯片公司，是中国唯一在世界四大汽车市场（美国、德国、日本和中国）与全球顶级汽车集团建立合作伙伴关系的自动驾驶初创企业，促进地平线参与自动驾驶、智慧城市、智慧零售、智能机器人等重要领域进程。

（孙树昆）

【百度大脑开放日】 3月20日，在中关村大街百度大脑创新体验中心举行百度大脑首场开放日活动，宣布开放24种新的AI能力。截至3月，百度大脑已开放158项AI能力，24小时快速集成，开发者数量超过100万。百度大脑开源深度学习平台PaddlePaddle以及通用AI能力都进行更新。其中，PaddlePaddle核心框架Paddle Fluid v1.3新增发布视频分类模型库，新增支持NLP语义表示BERT模型，提升分布式训练性能。语音方面，推出语音识别极速版；视觉方向上，OCR、车辆分析、人脸人体、图像识别都有升级；人脸人体识别方向上，发布新能力人脸情绪识别，人脸检测关键点由72个增至150个，常见手势能识别种数达24种；在语言处理应用技术方面，新增文本纠错、新闻摘要、智能写诗、智能春联和对话情绪识别等能力；在知识理解方面，推出作文检索和知识问答两种新能力；在市政、物流、教育等领域，百度大脑加持的产品有更多落地案例。

（孙树昆）

【“天琴二代”芯片发布】 5月20日，海淀园企业北京合众思壮科技股份有限公司（简称合众思壮）发布全球首颗全面支持北斗三号民用导航信号体制的高精度基带芯片“天琴二代”。芯片采用55纳米工艺，最高通道数从394增加到1100，单颗芯片即可支持双天线测向技术。同时增加独有的Cyg-nus天鹅抗干扰技术，实现对GNSS带内、外干扰信号的检测和抑制。“天琴二代”作为全新一代GNSS（全球导航卫星系统）多模多频高精度基带芯片，可实现对全星座全频点支持，使搭载“天琴二代”芯片的高精度产品能接收到北斗三号系统的所有导航信号，是全球首颗北斗三号全信号芯片。“天琴二代”芯片支持的频点从24个增加到31个，通过软件配置“天琴二代”实现卫星信号解调的升级，即能够支持现有及未来计划发布的所有导航信号频率。

（孙树昆）

【第五届“互联网+教育”创新周】 5月28日至6月4日，第五届“互联网+教育”创新周在中关村互联网教育创新中心举办。“创新周”由区政府主办、中关村互联网教育创新中心承办，活动以“挖掘‘互联网+教育’新动力”为主题，设有10余场主题论坛、四大教育案例展，中国教育学会、国家教育咨询委员会、中国教育发展战略学会、中国教育技术协会相关领导以及300余位来自全国各地的政府代表、教育界专家学者、教育企业家及教育领域投资人出席活动，共同探讨教育领域“政策链、产业链、资金链、人才链”的发展趋势，进一步构建优化科技与教育融合发展的生态。

（孙树昆）

【百度与东软集团达成战略合作】 5月31日，北京百度网络科技有限公司与东软集团在北京签署战略合作协议，双方将共同推进人工智能在智能城市、医疗健康等关键领域的落地和商业模式创新。医疗健康领域，百度智能云将与东软集团联合升级云化HIS（医院信息系统），百度AI将全面接入HIS产品体系，在医院智能化方面进行积极探索，并推动医疗大数据在医药和保险行业的深度应用。双方将共同成立基于人工智能技术的“CDSS（临床辅助决策支持系统）专项小组”，携手推进人工智能辅助决策系统在医疗机构的探索应用。

（孙树昆）

【寒武纪推出新一代云端AI芯片思元270芯片】 6月21日，中关村海淀园企业寒武纪正式宣布推出云端AI芯片中文品牌“思元”、第二代云端AI芯片思元270（MLU270）及板卡产品。最新发布的思元270芯片集成系列创新性技术：处理非稀疏深度学习模型的理论峰值性能提升至上一代MLU100的4倍，达128TOPS（INT8）；定点训练领域实现关键性突破，思元270训练板卡可通过8位或16位定点运算提供卓越的人工智能训练性能；兼容INT4和INT16、浮点运算和混合精度运算，理论峰值分别达到256TOPS和64TOPS，支持浮点运算和混合精度运算；多样化AI应用：思元270采用寒武纪公司自主研发的MLUv02指令集，可支持视觉、语音、自然语言处理以及传统机器学习等高度多样化的人工智能应用，为视觉应用集成充裕的视频和图像编解码硬件单元。

（孙树昆）

【北京冬奥服务型机器人创新产品测评大赛启动】 9月24日，“‘智慧奥运·智享未来——迈进智能机器人新时代’2019年北京冬奥服务型机器人创新产品测评比选大赛”启动活动在中关村软件园举行。启动会上，发布《关于举办2019年北京冬奥服务型机器人创新产品测评比选大赛的通知》。大赛由北京市科委、北京市经济和信息化局、中关村科技园区管理委员会、海淀区政府共同主办，重点围绕公寓入住、颁奖、移动售货、社区配送、点菜送餐、客房服务、器械运送、导览翻译、安防巡检九大类典型应用场景，征集优秀服务型机器人产品。

（程晓荷）

【国家数字化设计与制造创新中心北京中心揭牌】 11月5日，国家数字化设计与制造创新中心北京中心在清华科技园揭牌成立。国家数字化设计与制造创新中心在海淀区布局建设北京中心，开展国产软件开发、核心技术突破和推广，建设自主可控的以软件为核心的生态系统，推动完善工业软件产业链，赋能工业互联网，为制造业数字化转型提供新动能。

（孙树昆）

【中关村集成电路设计园产业服务平台启动】 11月27日，中关村集成电路设计园产业服务平台（IC-PARK ISP）正式启动，是北京市首个专注于芯片产业的服务平台，标志着中关村集成电路设计园“一平台三节点”产业生态体系正式落地。“一平台”指IC PARK产业服务平台，线上线下相结合，聚合50多家专业服务机构。“三节点”指通过人才节点、孵化节点和投融资节点，培育未来产业火种，护航全生命周期的芯片项目快速落地与优质成长。

（孙树昆）

【“海淀区统一视频会议系统二期项目”通过验收】 11月29日，组织召开“海淀区统一视频会议系统二期项目”通过中关村海淀园管委会专家组审核验收。“海淀区统一视频会议系统二期项目”为2018年“智慧海淀”项目，涉及29个街镇及下属的677个社区（村）、76个委办局及下属站队所等单位的会场建设及接入。项目实现区应急会商系统—街镇/委办局—社区（村）三级视频会议、各街镇—社区（村）视频会议、同时召开第二个全区—街镇/委办局的二级视频会议、同时召开多个街镇/委办局视频会议的功能。“海淀区统一视频会议系统二期项目”实现海淀区各单位之间的视频会议系统的互联互通、市级视频会议信号与社区（村）信号的互联互通，满足区政府日常视频会议工作需要。

（孙树昆）

服务体系

【概况】 2019年，海淀园围绕北京市十大高精尖产业领域和海淀区优势方向，持续优化创新创业软环境。修订完善人才支持政策，发布集群注册平台运行机制并认定两家试点运营单位。推动科技资源支撑型双创平台建设，开展中关村科学城创新服务体系研究，进一步完善中关村科学城的“创新雨林”生态。高标准推进国家双创示范基地建设。牵头组建京津冀双创示范基地联盟，举办2019年全国双创周北京会场活动，2019年“创响中国”北京海淀站暨京津冀双创示范基地联盟工作推进会，2019年“创响中国”系列活动。为创新创业提供深化精准服务，创新推出“薪火共燃”培育计划，继续实施“胚芽企业计划”。推进社会信用体系建设。启动创建全国信用体系建设示范区，参加国家发展改革委第二批社会信用体系示范城市第二阶段评审工作；启动海淀区公共信用信息归集和应用相关制度的编制工作和完善公共信用信息数据服务项目，通过信息化手段为全区各部门城市信用监测信息报送提供业务支撑。

（程晓荷　曹雪鸥）

【创建“集群注册”平台工作机制】 4月8日，海淀园管委会发布《海淀区“集群注册”平台工作机制（试行）》（简称《机制》）。《机制》包括总则、“集群注册”平台的认定、“集群注册”平台的管理、平台入驻企业条件、平台入驻企业管理、平台的退出、附则7章13条。“集群注册”平台实行联席会管理制度。联席会由海淀园管委会、海淀区发展改革委、海淀区市场监督管理局等单位组成，下设“集群注册”平台联席会办公室，办公室设在海淀园管委会。“集群注册”平台为入驻企业免费提供注册地址，制定企业入驻条件、企业退出机制、入驻企业管理等制度。入驻企业原则上应为增值税小规模纳税人，并且符合《中共北京市委、北京市人民政府关于印发加快科技创新构建高精尖经济结构系列文件的通知》对首都十大高精尖产业发展的指导意见公布的产业、符合海淀区产业功能定位以及经联席会审议并通过的其他行业领域企业。9日，中关村科技园区海淀园创业服务中心、中关村创业大街科技服务有限公司被认定为海淀区“集群注册”平台试点运营单位。

（程晓荷　郑起霞）

【“龙门创将”落户海淀】 4月10日，英国约克公爵安德鲁王子访问北京，向市委书记蔡奇正式提出“龙门创将”与北京市、海淀区开展深度合作，三方共同签署框架合作协议。根据协议，三方将围绕“龙门创将”创新技术国际合作中心、“龙门创将”中国基金、“龙门创将”创新培训学院和“龙门创将”全球创新创业大赛中国赛区赛事4个方面开展深入合作。4月15日，海淀区政府、北京市科委、“龙门创将”全球代表正式签署“龙门创将”创新技术国际合作中心框架合作协议，“龙门创将”平台实体落地海淀。根据协议，三方将共同围绕“龙门创将”创新技术国际合作中心、“龙门创将”中国基金、“龙门创将”创新培训学院和“龙门创将”全球创新创业大赛中国赛区赛事4个方面开展深入合作。“龙门创将”是由英国约克公爵安德鲁王子于2014年创立的全球性的创新创业孵化公益平台，汇聚全球各领域最具影响力的行业领袖、天使投资人、创业导师及合作伙伴，为初创企业提供创业支持，已在全球扶持初创企业近2000家。

（程晓荷）

【130家企业入选中关村金种子企业名单】 5月29日，中关村管委会公布“第八批中关村金种子企业评选通过机构名单”，共207家企业入选，覆盖新一代信息技术、医药健康、智能装备、节能环保与新能源、智能交通和新材料六大高精尖产业领域。其中海淀园企业130家，占62.8%。“金种子工程”是针对初创期企业特点，促进初创企业快速发展的培育工程。

（孙树昆）

【2019年“创响中国”海淀园政策推介会】 6月12日，2019年“创响中国”海淀园政策推介会在中关村国家自主创新示范区展示中心举办。推介会旨在宣传推介海淀园产业特色、园区总体情况和产业发展规划，并对海淀“创新发展16条”及修订或新出台30余项支持创新创业和“胚芽计划”等支持政策进行重点推介和详细解读。海淀区优化营商环境再升级，推出集群注册平台，为企业开办拓展“零成本”服务模式，有效降低科技型小微企业注册成本，进一步缓解海淀区住所资源稀缺问题。园区机构、企业逾100人参与推介活动。

（程晓荷）

【“创客北京”区级赛】 6月至8月，由海淀园管委会主办，海淀园创业服务中心承办的“2019创客北京”海淀区级赛在海淀园创业服务中心等多个赛点举行。大赛为“创客中国”北京市中小企业创新创业大赛暨“创客北京2019”创新创业大赛的初级赛事，共有532个项目报名参赛，占全市报名参赛项目总数的32%。经评选，55个项目进入市级决赛，占全市进入决赛项目总数的20.6%。经过市级决赛角逐，29个项目进入北京市TOP100，占29%；10个项目获奖，占全市获奖项目总数的三分之一；2个项目晋级全国总决赛，占全市晋级全国总决赛项目数的一半。海淀区获得大赛组委会颁发的优秀分赛区奖。

（田京京）

【海淀区社会信用体系建设大会】 7月13日，海淀区社会信用体系建设大会召开。会议由海淀区政府主办、海淀园管委会承办，是北京市“诚信建设万里行”活动的一部分。国家公共信用信息中心、北京市经济和信息化局、中国人民银行营业管理部（北京）、北京市市场监督管理局领导以及海淀区政府领导、海淀区政府各部门、企业、金融机构、大数据机构和信用服务机构代表共约200人出席大会。海淀区作为唯一一个代表北京市创建全国信用体系建设示范区的城区，将开展信用数据融合、信用监管协同、信用便民惠企、信用应用创新四大工程，探索更多具有海淀特色的“信用模式”，并计划用两年时间创建完成。

（田京京　程晓荷）

【第二届中关村创客节】 10月25日，第二届中关村创客节在中关村创客小镇开幕。创客节由海淀园指导、温泉镇政府主办、中关村创客小镇承办，由“创V+应用场景孵化大赛决赛”、“‘智能时代下的中国探索’人工智能产业峰会”和“创客集势—文化科技展”三部分构成，创客及专家从创造、引领、驱动未来三个方面共话5G时代的人工智能发展与应用。500余个项目参加应用场景孵化大赛，9个团队分获智慧社区、科技公园、科技生态农业桂冠。“智能时代下的中国探索”人工智能产业峰会，深度探索人工智能创新发展下的实际应用趋势、方法与路径，为人工智能中国化发展指明方向，推动应用场景与人工智能的充分融合。创客集势—文化科技展聚集50余家全球优秀企业的前沿技术与产品，体验看见、感知、连接未来。

（程晓荷　钟冷）

【“薪火共燃”计划】 10月31日，清华五道口全球创业领袖项目特别计划暨海淀区“薪火共燃”计划第一期在清华大学五道口金融学院开班。“薪火共燃”计划是区政府与清华大学五道口金融学院联合打造的针对海淀区优秀创新型企业的高端培训项目，探索建立“政府主导、高校培养、企业参与”的企业家培训机制。首期培训班吸引60名来自科创领域的独角兽企业创始人、合伙人及公司高管，进行为期半年的“创业+金融”课程培训。清华大学五道口金融学院常务副院长、金融学讲席教授廖理，海淀区委副书记、代区长曾劲出席开学典礼并致辞。2018年11月，海淀区政府与清华五道口金融学院签署《合作备忘录》，“薪火共燃”计划为《合作备忘录》的具体落地项目。

（曹雪鸥　程晓荷）

【2019“海淀高科技高成长20强”榜单揭晓】 11月8日，由中关村科学城管委会担任指导单位，德勤中国与中关村创业大街联合公布首届“2019年海淀高科技高成长20强”和“海淀明日之星”企业榜单，发布《2019海淀高科技高成长20强暨明日之星》年度报告。报告依据评选期间对当地高科技企业首席高管进行调研和实地访谈收集所得的信息，进一步分析高科技企业的发展历程以及在发展中所面临的机遇和挑战。在20强企业中，营收在亿元以上的企业占60%，高于2019年全国50强的56%，且四分之三的获奖企业成立年份在4～8年，经营业绩增速很快。20家“海淀明日之星”中，人工智能行业企业占45%，且近半数企业估值集中在1亿～10亿美元级别，4家企业达到10亿美元以上的独角兽级别。

2019“海淀高科技高成长20强”榜单一览表

表5

排名	公司中文全称	所属行业	收入增长率（%）
1	北京华捷艾米科技有限公司	虚拟现实技术开发	2845
2	北京中网易企秀科技有限公司	大数据	1971
3	北京同城必应科技有限公司	平台服务	1577
4	北京石头世纪科技股份有限公司	智能硬件	1566
5	泛测（北京）环境科技有限公司	环保科技	1225
6	北京优迅医学检验实验室有限公司	医疗设备及服务	1193
7	北京百家互联科技有限公司	互联网教育	928
8	北京易点淘网络技术有限公司	电子商务	733
9	天云融创数据科技（北京）有限公司	大数据	625
10	星辰天合（北京）数据科技有限公司	云计算	586
11	北京联动天翼科技股份有限公司	新能源电池	458
12	北京集奥聚合科技有限公司	金融科技	379
13	北京百分点信息科技有限公司	泛AI技术	364
14	北京知呱呱科技服务有限公司	平台服务	355
15	北京忆恒创源科技有限公司	智能硬件	292
16	北京明略软件系统有限公司	泛AI技术	255
17	北京科兴生物制品有限公司	生物技术	240
18	北京众清科技有限公司	智能硬件	224
19	北京中科睿芯科技有限公司	人工智能芯片	217
20	北京永洪商智科技有限公司	大数据	186

（郑起霞　程晓荷）

【企业博士后科研工作站创新发展20年工作会】 11月19日，由区政府、中关村科学城管委会主办的中关村科技园区海淀园企业博士后科研工作站创新发展20年工作会在中关村示范区展示中心举行。华裔物理学家李政道为海淀园企业博士后科研工作站20周年题词并发来贺信。人力社保部、中国博士后科学基金会等单位相关负责人及部分博士后工作站的代表500人参会。会议总结海淀园企业博士后科研工作站创新发展20年的成果，为张晶等20位优秀博士后、北大方正集团有限公司等5家优秀分站、清华大学等5个优秀合作高校院所、顾文震等5位优秀管理人员、汤帜等5位优秀合作导师进行颁奖，为北京字节跳动科技有限公司等7家新设博士后科研工作站的企业授牌。

（程晓荷）

【240家海淀胚芽企业授牌】 12月5日，中关村科学城管委会主办的2019年海淀区胚芽企业大会召开，为评选的240家海淀胚芽企业授牌。入围企业涵盖新一代信息技术、集成电路、医药健康、智能装备、节能环保、新能源智能汽车、新材料、人工智能、软件和信息服务业、科技服务业10个领域。海淀园管委会服体处副处长王伟与田敏求为胚芽企业代表颁发证书。大会发布“智·连”计划，整合国内外行业领军企业创新需求，与胚芽企业进行对接合作，初创企业可获得POC（概念认证）、联合研发、业务订单、项目投资等合作机会。NTT、中信集团、法国电力、中钢集团等大企

业发布创新需求，涉及清洁氢能、智慧城市、能源管理、人工智能、区块链等多个前沿技术与具体应用场景。

（程晓荷）

【人才建设】 年内，海淀园修订科创人才专项支持政策，优化区域人才品牌，形成错位、持续支持态势，推动人才结构优化和自主创新能力提升。形成《中关村科学城促进人才创新创业发展支持办法》。大力度推进国际人才社区建设。与中关村管委会共建国际青年创业平台；在中关村创业大街全球创新社区进行试点；搭建国际人才政策资源对接平台，继续围绕中关村大街—成府路·知春路—学院路构成的H形区域为核心推动国际人才社区建设；编制外籍人才工作生活宝典，方便外籍人才在海淀生活、创业。持续完善高层次人才服务体系，持续为海英人才提供公租房配租、子女义务教育需求、充分落实现有的人才政策等；新设院士站6家，报审博士后分站25家。海淀园院士专家服务中心被评为2019年优秀院士专家服务中心，6家院士工作站被评为2019年优秀院士专家工作站。

（程晓荷）

【“创新合伙人”计划】 年内，海淀区实施“创新合伙人”计划。该计划着力打造政府与企业在原始创新过程中的新型伙伴关系，让科技创新主体成为中关村科学城的主人。该模式重点关注科学家、企业家的同时，突出对投资家、科技经纪人、知识产权服务、法律、战略咨询、会计师等群体的关注，以构建支撑创新发展的多元人才体系。通过探索设立人才举荐制度的方式，打破传统人才认定的限制，将人才的评定权交给知名企业家、投资人、科学家，加强对人才的市场化评价。设立“青年科学家大奖”，提供落户、医疗服务、子女教育、住房保障。

（程晓荷）

【博士后工作站】 年内，海淀园博士后工作站在青年人才培养、助力企业发展、促进高端智力资源对接等方面开展系列探索和实践，取得丰硕成果。海淀园累计培养企业博士后人才477人，园区企业博士后累计主持或参与科研项目768项、217项获授权，以前三的申请人身份申报发明专利782项、申报国际专利16项；设站企业与北大、清华、中科院等知名高校院所的超过50个流动站联合开展博士后培养，推动高校科研院所的智力资源在企业的有效嫁接、转移转化。年内新增博士后分站25家。

（刘佳　程晓荷）

【国际人才社区建设】 年内，海淀园与中关村管委会试点共建中关村国际青年创业平台，吸引来自美国、瑞典、俄罗斯、韩国等国家的14家团队的优秀人才入住。鼓励创业大街提供办公空间、项目落地、市场对接、政策支持等服务，建设国际人才会客厅。鼓励建设洋创社区，吸引、服务国际青年在华创新创业。编制、发布外国人在海淀工作生活服务手册，内容涵盖创办公司、证件办理、子女教育、就医、住房、餐饮等方面，为外籍人才提供就业、创业、生活等全方位指南。国际人才社区建设工作自2017年9月启动以来，逐步确立以中关村大街—成府路·知春路—学院路沿线H型区域为核心推进工作，即“H计划”。

（刘佳　程晓荷）

【“创业会客厅”双创服务新平台】 年内，海淀区创新政府治理新模式，打造“创业会客厅”双创服务新平台。集成“政府政务服务+社会专业服务”，设有工商登记、税务咨询、人力社保、知识产权等多个政府服务窗口，吸引知果果、51社保、盛大资本、北京银行、德恒律所等一批专业机构入驻创业会客厅，在知识产权、人力资源、科技金融、法律咨询等领域，为创业者提供一站式全要素创新创业服务。探索“互联网+双创服务”的方式，打造创业会客厅升级版——“网上会客厅”。创业者在线上可实现公司注册、变更、注销，筛选孵化器、在线提交商业计划书、入驻申请，了解前沿创新创业资讯、在线报名创业大赛等。

（曹雪鸥）

交流与合作

【概况】 2019年，海淀园管委会支持企业开展国际合作研发、拓展海外市场。联络驻华使馆、国际高校、国际商会、协会等机构，定期举办对接活动。组织环球商机等国际交流活动9场，论坛嘉宾包括政党领袖、政府要员、行业领军代表等。支持8个项目，支持金额共计777万元。其中，国际合作研发项目支持6项，支持金额377万元；境外市场拓展项目支持2项，支持金额400万元。办理《关于在中关村大街设立一带一路青年创新创业中心的提案》、《关于加强香港与海淀区青年科技创业创新交流合作的建议》及《关于支持设立一带一路科技创新基金的提案》三件提案。重点关注工业节能和储能科技领域，完成《海淀园储能产业发展现状、问题及建议》《海淀园工业节能细分产业分析》。全年接待国际人士30批797人次，对接国际高校5所。办理园区因公出国5批10人；企业因公赴香港3批4人，因公赴台湾18批25人，APEC商务旅行卡35批44人。邀请外商来华16批20人。

（程晓荷）

【“环球商机”系列活动】 1月3日，海淀园管委会举办土耳其商机闭门交流会。土耳其商务参赞赛兹根·塔什肯介绍土耳其拟专区建设科技园区的规划、土耳其的重点产业方向及投资环境。北京华环电子股份有限公司、奕农生物、四方继保等企业参会交流。1月30日，海淀园管委会与爱沙尼亚使馆联合举办爱沙尼亚商机对接会，爱沙尼亚共和国大使馆中国贸易投资局局长PIRGIT LAANPUU介绍爱沙尼亚投资概况及TEMPID项目。雷力生物、北京化工大学、一带一路产能合作中心、中发智造等海淀企业及机构参会对接。3月26日，海淀园管委会与意大利使馆共同举办中意科技创新合作对接会，来自意大利北部、中部、南部的大学、科研机构30余位代表参加此次对接会，代表团成员来自航空航天、核能源、新材料等领域，与海淀企业进行深入对接。4月29日，海淀园管委会主办的Link the World——巴基斯坦商机在招商大厦举行。中巴投资公司副总裁Shahnawaz Mahmood、巴基斯坦证券交易所主席Sulaiman S.Mehdi出席座谈会。北京航天测控、雷力海洋、时代新威、中牧股份、阿卡都等企业代表参与活动，共同探讨创新合作。9月12日，海淀区人民政府联合瑞士大使馆瑞士贸易与投资处（SBH）主办中瑞企业海外投资高峰论坛，中关村软件园承办，旨在帮助中国企业近距离了解在瑞士和欧洲投资环境和商业机会。海淀区区长助理上官伟为论坛致辞，瑞士驻华使馆公使沈鹤明、贸易与投资处商务参赞莫海岩、D. Morschett教授以及瑞士创新园、普华永道、纷美包装代表作主题发言，瑞士及海淀企业代表参与圆桌论坛。10月29日，海淀园管委会举办Link the World——乌克兰、乌兹别克斯坦商机研讨会。工业和信息化部中小企业发展促进中心培训处处长金铁鹰，乌克兰、乌兹别克斯坦经济发展部，高管局、农业部、财政部、外交部、基础设施部等政府部门40余名官员参会，重点介绍乌克兰和乌兹别克斯坦的投资机会和投资环境，并与海淀企业代表进行项目对接及交流。

（程晓荷）

【中美科技企业商务交流对接活动】 1月8日至11日，海淀园第11次组团，带领同方股份有限公司、网易有道、佰才邦、精唯信诚、灵境世界、辰信领创等15家企业赴美国拉斯维加斯参加第52届国际消费类电子产品展览会，并在展会期间举办“中美科技企业商务交流对接活动”，近30家涉及人工智能、智能生活、人脸识别、智能翻译、3D打印及App社交平台等相关领域的企业随团参展，销售额超过4000万美元。同时在美国当地举办“2019中美科技企业美国市场拓展商务对接”，美国华美资讯联盟协会代表，美国行业企业代表，美国投资、金融机构代表，国际买家等共计80余人参加对接活动。

（程晓荷）

【北京国际创新项目路演对接会】 3月13日，Sino Track北京国际创新项目路演对接会在中关村创业大厦举行。大会由中国北京（海淀）留学人员创业园主办，以“搭建国际科技交流平台 助力北京科创中心建设”为主题，旨在开发国际科技资源、搭建北京与国际创新合作的桥梁，为国际优秀创业团队进驻中国提供合作平台、投融资咨询及产业资源对接。北京海淀留学人员创业园国际创新孵化基地同时揭牌。

（程晓荷）

【中关村国际青年创业平台启动】 4月2日，由中关村管委会和海淀区政府合作共建的中关村国际青年创业平台在中关村创业大街全球创新社区启动。中关村管委会党组副书记、主任翟立新，海淀区政府区长戴彬彬出席启动仪式并讲话。启动仪式上，翟立新与戴彬彬共同为中关村国际青年创业平台揭牌。创业平台依托中关村创业大街运营管理，主要吸引本科毕业8年内、硕博士毕业5年内的境外高校毕业生来中关村示范区创新创业，重点支持一批具有一定技术储备和较好市场潜力的国际优秀青年人才创业项目。首批来自美国、瑞典、俄罗斯、韩国等国家的10家创业团队入驻平台。中关村国际青年创业平台致力于吸引符合北京市十大高精尖产业定位的国际优秀青年人才创业项目，定位于打造国际优秀青年人才落地海淀创新发展第一站。平台以有在中国创新创业意愿的国际青年为服务对象，主要面向新一代信息技术、医药健康、智能装备、新材料、节能环保与新能源、智能交通等前沿技术产业方向的硬科技项目。

（程晓荷）

【中关村科学城企业国际化人才实训班】 6月至8月，海淀园举办4期中关村科学城企业国际化人才实训班。每期实训班招收学员40人，学时3天至6天。课程内容涉及海外风险与应对、海外营销、知识产权、创新以色列等板块，聚焦国际合作能力提升、企业合规管理体系建设、创新国际合作模式设置、并购案例分享等企业重点关注的发展要素，针对企业的关键需求，引入海外法律风险防范、央企国际化战略案例深度解析等专题，通过问题分析、经验分享等方式，提升企业国际化水平。培训班学员发起成立“中关村企业海外发展联盟”，帮助企业抱团出海，共享海外资源。

（程晓荷）

【中瑞企业海外投资高峰论坛】 9月12日，由区政府和瑞士大使馆瑞士贸易与投资处联合主办、中关村软件园承办的中瑞企业海外投资高峰论坛在软件园举行。论坛旨在为中瑞商界人士搭建一个高层次的平台，帮助中国企业近距离了解在瑞士和欧洲的投资环境和商业机会。瑞士驻华使馆公使及瑞士国家创新园、普华永道会计师事务所、纷美包装有限公司的代表分别作主题发言。瑞士及海淀园企业的代表150人参加论坛。

（程晓荷）

【中关村科学城国际人才港暨海外院士创新中心启动】 10月16日，由市人才局、中关村管委会、海淀区政府、中关村发展集团股份有限公司主办的2019中关村论坛“全球院士科技创新与合作”平行论坛在中关村示范区展示中心举行。来自美国、加拿大、英国、法国、日本等11个国家的33位院士以及国内外各界人士等180余人参加。论坛上，中关村科学城国际人才港暨中关村科学城海外院士创新中心宣布启动。中关村海淀园创业服务中心与北京环球英才交流促进会签署共建中关村科学城国际人才港、海外院士创新中心协议，乌克兰船舶科学院院士亚历山大·雷杰科夫、乌克兰交通运输科学院院士安德烈·布克托夫、乌克兰船舶科学院院士内德巴洛·亚历山大3位海外院士签约落地海淀创业园。

（程晓荷）

【中关村论坛重大成果发布会】 10月

18日，2019中关村论坛举行重大成果发布会，5个重大创新政策与应用需求项目集中发布，9个重要创新交流合作与项目集中签约，4个重大创新平台类项目集中揭牌。其中，涉及海淀区的两项重大创新平台类项目揭牌，1项重要创新交流合作类项目签约。

（钟冷）

【国家智能制造系统创新研究院揭牌】 10月18日，在2019中关村论坛重大成果发布会上，区委书记于军与国家智能制造系统创新研究院院长郝玉成共同为国家智能制造系统创新研究院揭牌。该项目由清华大学、中国信息通信研究院、机械工业仪器仪表综合技术经济研究所、国机智能技术研究院、中电科电子装备集团有限公司、中冶赛迪信息技术有限公司6家单位联合在海淀区建设，将以智能制造共性技术、核心关键装备和标准研制及工程化应用为重点，利用2～3年时间，建设成国家制造业创新中心和智能制造公共服务平台。

（钟冷）

【中国建设银行建银科创孵化中心揭牌】 10月18日，在2019中关村论坛重大成果发布会上，区委副书记、代区长曾劲与中国建设银行股份有限公司北京分行行长袁桂军共同为中国建设银行建银科创孵化中心揭牌。中国建设银行建银科创孵化中心将依托中国建设银行集团综合服务优势、海淀区全国科技创新中心核心区的科技优势，致力于打造具有全球影响力和金融科技特色的科创孵化平台。该中心将与政府部门、知名高校、科研院所、投资机构、龙头企业等机构合作，为科创企业提供全景式、全要素、全生命周期的金融与非金融“一条龙”服务支持，助推海淀区域创新和跨越式高质量发展。

（钟冷）

【区政府与法国泰雷兹集团签约】 10月18日，在2019中关村论坛重大成果发布会上，区委副书记、代区长曾劲代表区政府与法国泰雷兹集团北亚区副总裁兼中国区总裁及首席执行官贝杰鸿签约，双方共建航空领域创新生态。根据协议，双方将共同致力于下一代空管系统的研发，实现机场区域管制和运营的自动化；在打造航空领域创新产业生态、搭建国际交流平台、推动高精尖项目落地合作、探索共建联合实验室等方面进行深入合作。泰雷兹集团是世界领先的高科技集团，业务覆盖航空航天、交通、防务和安全领域，8万名员工遍布68个国家。

（钟冷）

【2019世界人工智能峰会】 10月18日，以“AI元力，重启未来”为主题的AI World 2019世界人工智能峰会在中关村展示中心举办。峰会由区政府、中关村科学城管委会主办，新智元、智源研究院承办。人民邮电出版社社长顾翀，海淀区委常委、区政府副区长李俊杰，科大讯飞、微软、华为、英特尔等全球产学研领袖出席。科大讯飞股份有限公司轮值总裁胡郁、微软全球资深副总裁王永东、北京旷视科技有限公司首席科学家孙剑、英特尔中国研究院院长宋继强等专家发表主题演讲，把脉中国人工智能产业和技术最新动态，构建开源生态系统。嘉宾围绕人工智能源头创新、人工智能“硬科技”创新、人工智能深层次创新以及人工智能伦理、安全规范等话题发表主旨演讲和探讨。区委书记于军出席并致辞，与嘉宾共同揭晓2019 AI Era创新大奖，发布《智周万物：人工智能改变中国》和AI开放创新平台——新智元AI朋友圈。

（程晓荷）

【中关村科学城国际科技创新合作论坛】 10月22日，中关村科学城国际科技创新合作论坛（科技外交官论坛）在中关村国家自主创新示范区展示中心举办。论坛由区政府、中关村科学城管委会主办，海淀园管委会承办。区委副书记、代区长曾劲，科技部人事司、中国科学技术交流中心、海淀园管委会、中国国际科学技术合作协会等部门相关领导，中国驻美国、德国、法国、以色列、韩国、捷克等使领馆科技外交官以及阿联酋、澳大利亚、加拿大、瑞士、日本等国家驻华代表出席论坛。各驻外参赞、科技外交官，以专题报告的形式，介绍国外科技资源布局，解读全球领先领域的现状与发展，分享典型园区建设经验及海外科技创新典型案例，各重点国别驻华外交官介绍本国科技创新最新发展情况和对华科技创新交流合作重点项目，并针对中关村科学城建设发展与合作机遇以及海淀区国际科技合作发展提出建议。

（程晓荷）

【中德科技论坛未来科技分论坛】 11月19日，由海淀区承办的第二届中德科技论坛未来科技分论坛在北京会议中心举办。中德两国企业家、科学家以及相关专业人士以及海淀区50家企业代表共300余人参加论坛。全国人大常委会副委员长陈竺，全国人大宪法和法律委员会委员、北京市人大常委会副主任闫傲霜，海淀区政协副主席刘恪出席论坛。嘉宾对海淀区的科技创新情况和美好的未来有了更深入的了解。闫傲霜、德国柏林—勃兰登堡航空联盟总经理安德里亚斯·蒂默曼，北京旷视科技有限公司总裁付英波，庞与合作伙伴管理咨询公司董事、总经理帕特里克·索雷克，小米集团人工智能专家刘方等8位两国嘉宾分别作主题演讲，分享未来科技领域成果。在圆桌对话环节，启明星辰信息技术集团股份有限公司总经理严立、氪空间（北京）信息技术有限公司高级副总裁董博、北大纵横管理咨询公司创始人王璞等6位中德两国的企业家、科学家围绕未来科技与区域发展主题进行交流，分享未来科技的发展应用将带来的技术革新、商业逻辑颠覆以及对人们生活、思考方式的改变。

（程晓荷）

“三山五园”历史文化景区

2 月 15 日，圆明园大宫门百年来首次亮相（田峰 摄）

8 月 27 日，环境整治后的香泉环岛（香山街道 供图）

9 月 12 日，珍贵古籍《圆明园匠作则例》重回圆明园（圆明园管理处 供图）

11 月 4 日，改造后的香山路公交候车亭（香山街道 供图）

综述

2019年，海淀区构建以"三山五园"为核心的整体历史文化保护体系，实施最严格的红线管控，提升文化软实力。对生态建设、疏解提升、建筑风貌、基础设施等问题进行研究，形成香山中心地区保护建设规划，将研究成果纳入整体保护规划。

2012年9月，根据北京市第十一次党代会关于统筹推动海淀"三山五园"历史文化景区建设的部署精神，区委、区政府研究决定，撤销海淀南部地区土地整理和城中村拆迁整治指挥部，调整成立"三山五园"历史文化景区建设指挥部和中关村科学城地区建设指挥部。"三山五园"是北京西郊海淀中部一带、以清代皇家园林为代表的各历史时期文化遗产的统称，主要包括万寿山、香山和玉泉山，颐和园、静宜园、静明园、畅春园和圆明园，具有悠久的历史文化底蕴，是休闲和旅游观光的风景名胜，是环境优美、和谐宜居的高科技核心区的重要组成部分。通过建设"三山五园"历史文化景区，以文化遗产保护与文化大发展并举、环境综合整治与恢复古都风貌并举、文化旅游开发与城市服务功能完善并举为建设思路，对景区周边村庄实施就地改造和异地搬迁上楼，同步布局高端文化旅游产业项目，使地区环境面貌彻底改观，历史风貌得到恢复，文化魅力充分彰显，旅游形象全面提升，初步建设成为具有世界影响力的文化中心城市的重要功能区、历史文物保护区、恢复古都风貌代表区、科技与文化融合发展示范区和世界高端旅游目的地。

"三山五园"历史文化景区东起地铁13号线和京密引水渠，西至海淀区界，北起西山山脊线和北五环，南至北四环和闵庄路，总面积为68.5平方千米。将村庄拆迁腾退、环境综合整治、安置房规划建设等改造工作分为三大板块，即香山地区（以南北植物园为界分为两部分，分别为四王府等东部地区，香山中心区保护建设规划）、两园之间（颐和园与圆明园）、玉泉山周边的园外园地区。主要位于海淀镇、四季青镇和青龙桥街道、香山街道的辖区内，涉及5个行政村、43个自然村，其中中坞、北坞、六郎庄、北宫门、香山一期、中共中央党校西墙外、一亩园、功德寺、双新等项目基本腾退完毕。

（钟冷　张帆）

环境建设与修复

【颐和园常态化监测项目】 3月至11月，颐和园与天津市华昊测绘有限公司合作，对古建、山体类皇家园林遗存及其影响因素等实施季度或半年定期监测，其中包括颐和园清可轩遗址监测、大戏楼及石舫变形监测、颐和园东侧南侧天际线监测、清可轩摩崖石刻监测、德和园大戏楼振动监测、万寿山水土流失监测、全园微环境监测6部分。采用人工和自动化监测设备相结合的方法进行监测数据采集及分析评估，并提出预防性保护建议。本项目共编制年度报告6个，发出预警数量为零。

（孙伟）

【颐和园雨燕环志工作】 6月1日，颐和园与野生动物救护中心、中国观鸟会共同完成2019年的雨燕环志工作。环志工作在专家团队的指导下，为栖息在颐和园廓如亭景区的160余只北京雨燕进行年度"体检"，环志工作包括：测量和记录雨燕的生物数据，记录雨燕的生存状态，为雨燕环志并放飞几个环节。在160余只雨燕中，重捕的雨燕超过100只，高于往年重捕雨燕数量，数据证明颐和园廓如亭的雨燕是每年回归并栖息于此的，证明颐和园生态环境良好。

（颜素）

【杓兰保育迁地回归】 6月9日，北京植物园与四川黄龙自然保护区在黄龙举行杓兰保育迁地回归仪式。自2016年起，北京植物园与四川黄龙管理局在杓兰保育研究方面持续开展合作。杓兰是兰科杓兰属的植物，被称作"植物中的大熊猫"，是世界珍稀濒危植物保育的旗舰类群。植物园的专家们研究了解杓兰的休眠机制，采用各种物理和化学方式努力打破它的休眠，并提供合适的培养条件，最终让杓兰种子成功萌发。北京植物园成功繁殖出杓兰幼苗，此次为黄龙管理局送回兰科植物2000株，在黄龙花卉培育基地经过一个半野化环境的过渡训练生活阶段后，让兰花回归到黄龙景区，保持植物的遗传多样性。

（石鑫）

【香山红门及荷叶山地区环境整治改造项目启动】 7月初，香山红门及荷叶山地区环境整治改造项目启动。本次腾退改造范围为：东至玉泉山西墙，南至玉泉山路，西至香泉环岛，北至五环路（含象鼻子沟和妙云寺周边地区），总占地约100公顷。本项目为"三山五园"地区重点环境整治项目，是香山村四王府等东部地区环境整治项目的二期工程，用地范围内包括村民宅基地上住宅房屋、集体土地和国有土地非住宅房屋，其中宅基地建筑总面积约3.8万平方米，涉及129个院落，常住人口258户629人。此次先期启动东西红门、荷叶山、正蓝旗象鼻子沟、妙云寺周边及旱河路以东部分区域。本项目采用货币补偿和房屋安置补偿两种补偿方式，被搬迁人自行选择其中一种方式。本项目安置房位于祁家村C2和A1地块，安置房性质为按经济适用房管理。截至11月12日，项目正式签约123个院落，签约完成率95.35%。交房95个院，拆除完毕76个院，正在拆除19个院。

（钟冷）

【"三山五园"水系循环专题会】 9月18日，副区长沙海江主持召开"三山五园"地区水系循环专题研究会。会议原则同意提升三山五园地区水系循环能力和水生态环境的建设思路及《关于推进三山五园地区水系循环及生态治理工作的请示》内容，强调方案设计要遵循自然水脉现状，保证西郊地铁线等城市交通正常安全运行，同步做好景观提升、林水结合工作。由区水务局牵头，在投资预算、管理维护、调水量及用水费用等方面继续完善方案。

（李月霞）

【香山地区景观提升工程全部完成】 9月，香山地区景观提升工程建设工作全部完成并通过验收。工程于2018年8月启动，累计完成40余项大类事项的协调调度工作，完成18万平方米的绿化提升工作、3.1万平方米的停车场建设、8万平方米的道路建设及大修工作，入地强弱电杆线253根，外立面改造65户，完成4条道路的路灯建设等。

（钟冷）

【北京植物园完成第九次绿化资源普查】 10月25日，北京植物园完成第九次园林绿化资源专业调查工作。完成全园774个绿化小班，面积195.9公顷的植物普查工作，普查内容主要包括园区内不同类型植物数量、生长情况、生长位置、植被面积等数据。

（石鑫）

【村庄腾退新模式】 10月，区发改委启动三山五园地区东西红门及荷叶山村腾退工作。在总结以往村庄腾退经验基础上，结合实际情况，探索出“区政府投资先行安排解决、参照政府投资项目从严把控、明确规划后再定成本分担”的村庄腾退新模式，通过管理费浮动机制激励实施主体，遵循“三公开”（安置人口公开、确权面积公开、安置面积公开）原则，拆迁公司不参与入户谈话。至年底，东西红门及荷叶山村全部129个宅基地院落签约完毕，成本控制良好，村庄腾退新模式首施成功。

（王晓华）

【“三山五园”地区（东、西水磨）环境整治项目启动】 11月19日，“三山五园”地区（东、西水磨）环境整治项目启动大会在海淀镇会议中心召开。会议决定，项目搬迁腾退工作及公示程序于11月20日正式启动。此项目集体产业的腾退工作已于10月16日先行启动。水磨地区位于圆明园和清华大学周边，是“三山五园”历史文化景区建设的重要节点，以中关村北大街为界，分为东水磨和西水磨，其中东水磨位于清华大学西门外，西水磨紧邻圆明园东墙。12月14日，东、西水磨地区环境整治项目正式启动预签约。12月18日，入户工作组完成首轮入户宣传工作，2020年1月1日正式启动签约仪式。此次项目的安置房位于西北旺镇唐家岭地区。

（钟冷）

【珙桐引种繁育及试种试验项目通过初验】 12月17日，由北京植物园等7家单位共同承担的珙桐引种繁育及试种试验项目通过北京市园林科学研究院专家初次验收。该项目由北京市园林绿化局主管，北京植物园、北京市园林科学技术研究院等7家单位共同完成。北京植物园、北京市园林科学技术研究院等4家单位分别自陕西岚皋、湖北宜昌等地引种珙桐苗木3020株，其中北京植物园引种试种315株，从苗木引种栽培、种子繁育处理、日常养护修剪管理、物候监测、夏季遮阴、冬季防寒等方面进行数据记录和跟踪研究。2018年5月，中共中央政治局委员、北京市委书记蔡奇赴希腊、爱尔兰、英国访问，外方将珙桐种子作为礼物赠予。访问回国后，蔡奇指示北京市园林绿化局研究在北京培育、试种珙桐。

（石鑫）

【“国际海棠品种登陆”管理与服务平台建设项目通过验收】 12月，由北京植物园承担的“国际海棠品种登录”管理与服务平台建设项目通过北京市经济和信息化局验收。北京植物园国际海棠品种登陆中心承担面向全世界的国际海棠新品种登录工作，具备品种在线登录、海棠数据库、海棠文化科研科普等知识查询功能，为国内外用户提供便捷的数据服务。项目完成国际海棠网数据库、标本库、文献库和品种登录平台构建，上传品种数据1264条，其中46个品种提供照片和详细特征，基本实现数据搜索、品种在线登录、研究进展查新和海棠文化宣传等功能，在世界范围内首次开启“国际海棠品种登陆”的在线工作模式。

（石鑫）

【组织编制《“三山五园”地区整体保护规划》】 年内，市规划自然资源委海淀分局配合市规自委编制《“三山五园”地区整体保护规划》。组织协调整体保护规划与分区规划之间的对接，校核现状及规划用地性质、布局结构、建设规模、实施成本测算等专项内容，确保规划研究推进一致。组织召开“三山五园”地区整体保护规划对接会，通报最新成果和工作进展，发函征求“三山五园”办各成员单位的意见建议，根据意见建议，对整体保护规划进行修改和完善。结合控规启动新一轮存量空间资源摸底清查，建立清单台账和信息库，搭建数据信息平台。从山水园田、驻防、村镇、御道、文物古迹等要素入手，开展历史格局研究，落实上位规划目标任务，提出恢复与重构“三山五园”整体格局，保障与提升首都“四个中心”功能。“三山五园”地区整体保护规划基本完成。

（张帆）

【红线管控】 年内，海淀区完成“三山五园”地区5平方千米中心区范围的既有建筑拆除和外迁工作，拆除5.8万平方米。通过地形处理、种植高大树木等方式，完成北坞嘉园、创新园、御园和青龙桥敬老院等绿化遮挡及西洼大食堂屋顶色彩调整工作，确保城市景观与生态环境相和谐。完成绿色空间及16公顷京西稻田的景观营造工作，基本形成山水林田湖自然生态的环境景观。完成玉泉山周边水系恢复方案研究，再现重点地区历史水生态景观。完成香山路、玉泉山路等6条重要道路的空间环境提升工作。“三山五园”地区16平方千米重点区范围内建筑减量，完成约1.43万平方米拆除任务。推进东西红门村庄腾退工作，实现香山一期安置房项目开工建设；功德寺地区村庄腾退工作完成98%。实施完成园外园生态环境提升工程共计311.55公顷，新增稻田16.8公顷，水面20公顷，栽植苗木20万株。调水330万立方米。完成颐西路北延等路段工程，基本实现玉泉山周边三圈层道路交通系统。

（张帆）

【“三山五园”地区整治提升三年行动计划】 年内，海淀区落实“三山五园”地区整治提升三年行动计划。四季青镇、海淀镇分别启动东、西红门，荷叶山及东、西水磨整治项目拆迁工作。区水务局开展园外园地区水系连通补水工作，完成北旱河循环补水管线工程建设。

（张帆）

“三山五园”历史文化研究

【《北京的皇家园林——颐和园2018年年度监测报告》完成】 1月15日，颐和园完成编写、审核并在线提交“北京的皇家园林——颐和园”2018年度遗产保护状况监测报告工作。年度遗产监测报告内容包括综述、基本信息概述、分析报告（承诺事项进展情况、机构与能力建设情况、遗产本体保护情况、遗产影响因素情况、保护项目及相关研究）和监测工作自评估四大部分，共18大类40项，约3.7万字。

（高翠萍）

【《明珠耀“两河”——西山永定河、大运河文化带中的颐和园》出版】 4月1日，颐和园与国家图书馆、中国科学院文献情报中心、北京市海淀区档案馆等单位共同编撰的《明珠耀“两河”——西山永定河、大运河文化带中的颐和园》由国家图书馆出版社出版。全书共20万字，分为永定波平，代代相承；西山畅情，无双昆明；灌田储水，桥闸纵横；就水成景，勒石记铭；皇家航线，一脉连通5个部分，书中采用大量的文献资料，以及样式雷图档40幅、古今照片46张，系统阐释颐和园与西山永定河文化带、大运河文化带的关系，将颐和园在这两个文化带中所处的重要地位和蕴含的深厚文化进行详尽、系统的说明。

（张鹏飞）

【“修复1860”——圆明园出土文物修复】 4月23日至6月初，圆明园管理处开展“修复1860”——圆明园出土文物一期修复工作。共修复库藏瓷器6件，包括青花缠枝莲绣墩1件、青花瓷砖2件、青釉瓷鼻烟壶1件、康熙红釉瓷碗1件、康熙团龙纹瓷碗1件。8月28日至11月5日，开展二期修复工作，共修复雍正青花碗、康熙祭蓝釉盘、康熙青花莲瓣石榴纹碗、康熙莲瓣青釉碗、康熙釉里红夔龙纹碗、康熙釉里红二龙戏珠纹碗、康熙青花龙纹碗、乾隆梵文青花高足碗、康熙釉里红龙纹碗、康熙黄釉绿彩龙纹碗、地天母铜佛像11件文物。“修复1860”项目邀请中国文物学会修复专业委员会专家，严格按照文物原来的形貌、材料和工艺进行修复，既注意保持其历史真实性，又体现其美学价值。此项目修复的圆明园出土文物均通过专家验收。

（鲁紫鹃）

【“三山五园历史文化景观虚拟再现”项目启动】 5月，北京联合大学三山五园研究院、海淀区文化促进发展中心、海淀公园管理处、北京奇想飞航科技有限公司联合申报文化和旅游部（简称文旅部）的文化艺术与旅游研究项目信息化发展专项——“三山五园历史文化景观虚拟再现”项目。6月20日，获文旅部批复。项目于8月启动。“三山五园历史文化景观虚拟再现”项目，基于国家级文化遗产传承应用虚拟仿真实验中心近年来开展的三山五园·畅春园虚拟再现、香山静宜园虚拟再现等项目以及服务于北京市文化建设、为海淀区历史文化研究、推广等活动的建设成果。12月26日，“三山五园历史文化景观虚拟再现”项目开题专家指导暨研究推进会举行。文化和旅游部、市文旅局相关领导以及北京师范大学、北京联合大学的专家教授出席会议。项目执行负责人汇报项目进展情况，并展示取得的成果。针对项目组的阶段性成果，与会领导、专家给予肯定，并对项目建设提出建设性意见。

（原迪）

【畅春园虚拟重建】 “十一”期间，海淀公园依托应用文科综合国家级实验教学示范中心（北京联合大学）的科研成果，在公园“未来空间”建设“畅春再现”为主题的三山五园历史文化资源虚拟再现——畅春园虚拟重建；添置增强现实交互设备（AR台）、zSpace3D虚拟现实、HTCVIVE虚拟现实（VR）、电子沙盘、空气呈像；展示中心利用自主知识产权为公园定制的畅春园虚拟重建。自2012年以来，应用文科综合国家级实验教学示范中心（北京联合大学）以畅春园全域可视化为起点，探索虚拟现实与交互技术服务于三山五园历史文化资源建设，形成以“印记·三山五园”为核心的系列研究成果，在服务于学校教学、科研的同时，为社会提供服务。

（靳雅群）

【颐和园研究院第一届学术研讨会】 10月31日，由北京市颐和园管理处和北京颐和园学会主办、天津大学协办、颐和园研究院承办的京津冀地区园林建筑遗产传承与保护学术研讨会暨颐和园研究院第一届学术研讨会在颐和园举办。故宫博物院古建部研究院杨红作题为“静宜园（香山）永安寺建筑群彩画复原方案设计考证”的主题报告；古建责任工程师、瓦作技师杨宝生作题为“古建营造八大作”的主题报告；天津大学建筑学院教授、博士生导师王其亨作题为“探索中国古代建筑外部空间设计模数”的主题报告；颐和园研究员、著名园林专家耿刘同作题为“颐和园古建历史地位述略”的主题报告。清西陵管理处、北京市建筑工程研究院、西安交通大学、清华大学建筑系、中央美术学院等单位有关人员就园林建筑遗产传承与保护研究中所秉持理念及实践进行主题发言。参会嘉宾实地考察颐和园绮望轩遗址、赅春园、花承阁、霁清轩。

（刘精）

【“‘三山五园’水利文物遗迹研究”通过评审】 12月3日，“‘三山五园’水利文物遗迹研究”课题通过专家评审。此课题为北京市公园管理中心级课题，由北京市颐和园管理处主持，北京市香山公园管理处、北京市植物园管理处、北京市圆明园管理处、中国水利水电科学研究院联合开展。课题以“三山五园”地区的水利文物遗迹为研究对象，系统整理“三山五园”及周边地区水利文献史料，形成资料汇编，调研并梳理该区域现存水利文物遗迹的数量、类型、现状等问题，并对现存水利文物遗迹现状提出合理的保护措施。

（孙震）

【北京联合大学“三山五园”研究成果】 年内，北京联合大学应用文理学院依托北京学研究基地和三山五园研究院，以“一核一城三带两区”研究应用为核心，搭建校内外资源聚合平台，继续推进校地合作。承担北京市社科基金研究项目《北京全国文化中心建设评价指标体系研究》、延庆区西山永定河文化带保护发展规划、长城文化带传统村落非遗保护、三山五园历史文化资源数据库开发和海淀公园科技主题公园二期软件开发等项目；“西山文脉”系列丛书（10册）完稿，推进《袅袅炊烟在浅山：北京京郊村落记忆》（6册）调研、编撰工作，完成初稿；启动《擦亮尘封：记北京工业遗产的辉煌蜕变》（3册）的调研、编撰工作。开展《“小普带你看西山永定河文化带”系列科普动漫短片》项目脚本撰写、策划、资料提供及审核工作。推进“三山五园”口述历史资源建设，形成香山静宜园专题调研报告，形成香山村落、寺庙、红色遗迹三条走读路线，组织海淀文化沙龙——三山五园畅春园专题；推进三山五园数字体验馆、三山五园文献馆建设，承担文化和旅游部《三山五园历史文化景区虚拟再现》项目，推出西山永定河文化带系列展览，2019年春节期间作为市委宣传部市民文化活动的组成部分在香山公园展出，后续在颐和园等地展出。三山五园精品校本课程开发形成初步成果，《三山五园的园林之美》《三山五园诗文》特色课程确立相应的特色教学模式和课程讲义，建立相关专题的教学资源库，形成《三山五园的文学空间》等实践教材。《北京日报》等媒体报道《北联大让三山五园活起来》。

（范晓薇）

经济管理

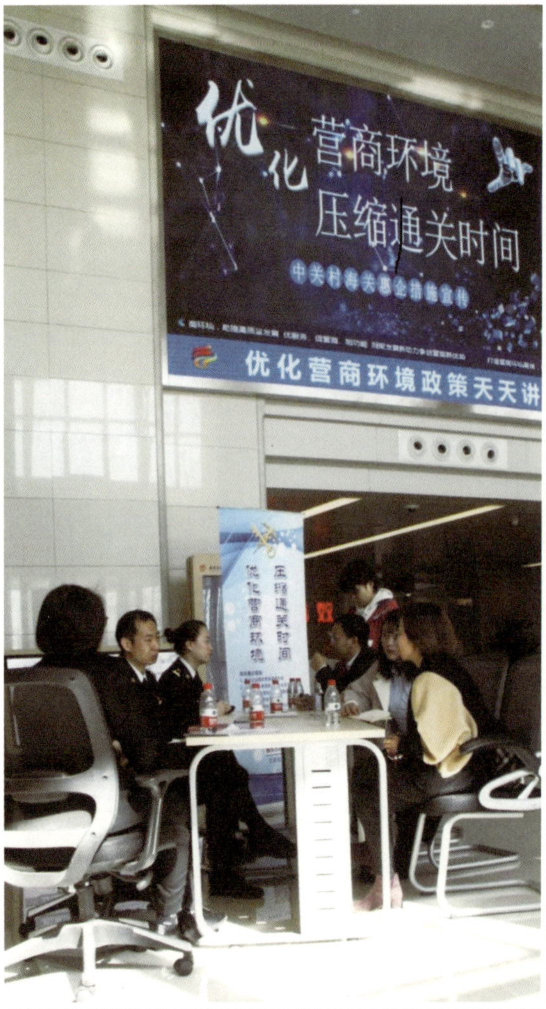

3月5日，中关村海关在海淀区政务服务站中心开展海关优化营商环境政策宣讲（李鹏 摄）

3月27日，区税务局减税降费宣传员为纳税人答疑解惑（区税务局 供图）

5月18日，海淀区与深圳证券交易所战略合作座谈会暨签约仪式举行（张洪军 摄）

6月27日，区市场监督管理局召开“落实‘两新两高’战略优化发展环境”服务措施新闻发布会（张洪军 摄）

9月2日，海淀烟草联合区市场监管部门开展校园周边控烟情况检查（海淀烟草公司 供图）

11月8日，金融科技创新港正式揭牌（大街办 供图）

经济社会发展与经济调控

【概况】2019年，海淀区实现地区生产总值突破7926.0亿元，同比增长7%；社会消费品零售额突破2421.6亿元，同比增长3.5%；建安投资完成318亿元，同比增长6.3%；区级一般公共预算收入446.5亿元，比上年增长0.1%；减税降费规模超过450亿元，其中区级60亿元，惠及超过29.6万家单位纳税人；万元地区生产总值能耗下降6.68%，$PM_{2.5}$浓度比上年下降20%；城乡居民人均可支配收入84733元，比上年增长8.4%，城镇登记失业率为0.92%。制定《海淀区提升消费能级提高生活水平三年行动计划（2019—2021年）》。培育消费新动能。

争取国家和北京市的政策支持，助力企业做大做强。牵头组织的“促进社会投资健康发展、企业债券发行、债券品种创新与风险防范”和“大力培育发展战略性新兴产业、产业特色优势明显、技术创新能力较强、产业基础雄厚的地方”两项工作成效明显，受到国务院办公厅督查激励和奖励支持。

开展“海淀创新合伙人的发展模式研究”“5G背景下海淀区产业发展趋势研究”“关于海淀区低效空间相关研究”“海淀区深入推进非首都功能疏解相关对策研究”等课题研究工作。完成《关于海淀区第三方服务业发展的调研报告》《海淀区大健康产业调研报告》等报告，研究成果获得区级调研成果一等奖。“接诉即办”信访件600余件。

（王晓华）

【《海淀区提升消费能级提高生活水平三年行动计划（2019—2021年）》出台】5月6日，由区发展改革委牵头制定的《海淀区提升消费能级提高生活水平三年行动计划（2019—2021年）》以区政府名义正式印发。行动计划立足问题导向、目标导向、特色导向，聚焦居民消费获得感提升，聚焦科技创新带动消费升级，围绕“增供给、促需求、优布局、解桎梏、造环境”5个方面提出27条工作措施。力争到2021年，基本形成与新型城市形态相匹配的消费生态，便民服务品质显著提升，中高端商品和服务供给高度丰富，新消费引领作用进一步增强，让百姓“能消费、愿消费、敢消费”。培育壮大消费新动能、构筑新时代海淀高质量发展新优势，助力北京国际消费枢纽城市建设。

（王晓华）

【海淀区第三方服务业发展现状调研报告完成】5月，区发改委完成《关于海淀区第三方服务业发展的调研报告》。该调研报告共分为3部分：第一部分总结了海淀区第三方服务业基本情况，从11个重点领域的企业规模、规上企业数量、规上企业收入、空间布局等方面分析发展面临的形势；第二部分从国际化、专业化、影响力、人才保障、集聚发展、行业管理服务等方面剖析问题；第三部分提出政策建议，推动海淀区第三方服务业迈向专业化、高端化、国际化、品牌化，需要“走出去”对接国际市场，“引进来”集聚龙头品牌，“跳上去”发展高端业务，“沉下来”融入创新生态。

（王晓华）

【海国鑫泰在香港成功发行5亿美元境外债】9月24日，兴证国际金融集团作为联席全球协调人，协助北京海国鑫泰投资控股中心境外全资子公司海国鑫泰资本有限公司在香港成功发行3年期、票息4.3%的5亿美元高级无抵押境外债券，证券代码6058.HK。这是北京市区属全资企业首次发行境外债券。发行人主体评级为BBB（标普）、债券评级为BBB（标普）。本次发行市场最高认购倍数超6倍，最终价格指引较初始价格指引成功收窄50个基点。

（钟冷）

【《海淀区“十四五”规划研究编制工作方案》通过审议】11月26日，《海淀区“十四五”规划研究编制工作方案》（简称《工作方案》）通过区政府第115次常务会议审议。《工作方案》明确“十四五”规划编制工作的总体要求、主要任务、时间安排及保障措施，设置32个前期研究重点课题，确定“1+25+1”区级规划体系，即1个总体规划纲要、25个专项规划、1个街镇综合性规划。

（王晓华）

【海淀区大健康产业发展现状调研报告完成】12月，区发改委完成《海淀区大健康产业调研报告》。该调研报告共分五部分：一、从大健康产业生态圈的产业核心、产业配套、产业环境3个层面对总体情况进行系统研判；二、从企业数量、营业收入、空间布局、代表企业等方面对重点领域进行整体梳理；三、从需求侧及供给侧两个层面分析海淀区大健康产业发展机遇；四、基于现状，挖掘资源，借势机遇，借鉴标杆，从模式、转化、突破、融合4个方面剖析问题；五、从多个层面提出政策建议。以存量产业为依托，以优势领域为引领，以基础领域为示范，以重构领域为落点，瞄准国际国内两大市场，量和质两方面提升能级，努力发展成为重要增长极和支柱性产业。

（王晓华）

【“十三五”国家服务业综合改革试点评估完成】年内，海淀区继续推进国家服务业综合改革试点工作。2016年，海淀区被国家发改委确定为“十三五”服务业综合改革试点城市，制定《海淀区开展国家服务业综合改革试点实施方案》，围绕“改革创新八大机制、重点聚焦六大工程、全力打造三大格局”的试点任务，健全试点推进工作机制，出台一批支持政策，在两业融合发展、新动能培育、服务业扩大开放、国际人才服务创新、知识产权保护等方面取得新突破。2019年海淀区第三产业增加值占GDP的比重为91.1%，科技创新引领特色更加强化，新业态新模式不断涌现。海淀区在国家发展改革委组织开展的国家服务业综合改革试点评估中名列第二。

（王晓华）

【大运河文化带（海淀段）建设】年内，区发改委结合《海淀区大运河文化带五年行动计划》及2018年度完成情况，分解制定“2019年建设任务清单”。落实北京市《大运河文化保护传承利用规划纲要》，推进万寿寺周边环境整治、延庆寺、白浮瓮山河（京密引水渠）文化景观带、南长河公园二期4项任务，加强大运河文化带（海淀段）保护利用。

（王晓华）

【新能源应用】年内，区发改委推广应用新能源和可再生能源，促进新能源项目及试点示范建设，优化能源结构，提升非化石能源利用率。新能源利用总量超过全区能源消费总量的8%，完成“十三五”规划目标。开展节能改造和新能源利用，50余项节能技改、新能源应用、循环经济示范等项目通过审核。完成海房新能源二里庄锅炉及附属设施分布式光伏电站项目等8家企业和16个自然人光伏发电项目并网发电，总装机容量为2044.425千瓦；43个民用建筑太阳能光热开发利用项目，太阳能热水系统集热器面积合计8362.08平方米；科研楼等7项（北京纳通科技集团总部基地科研楼）项目，热泵供暖面积89957.32平方米。推进京能海淀北部新区能源互联网示范工程建设。

（王晓华）

【企业备案变更】年内，区发改委完成57家企业69件企业备案和备案变更，总资金约95.06亿元。完成上市募投14个项目备案，总资金约20.31亿元，其中包括科创板上市的2家企业的4个项目。完成国家发改委和北京市发改委3个专项61个项目的推荐工作，涉及总投资约69.44亿元。

（王晓华）

【疏解整治促提升专项行动】年内，区发改委完成疏解整治促提升专项行动27项任务。按照“场清地净”标准拆除违法建设216.9万平方米，疏解制造业企业16家，占道经营实现“动态清零”，无证无照经营整治846户，背街小巷环境整治提升110条，“开墙打洞”整治221处，棚户区改造503户，人防工程环境恢复50处，群租房整治1283户，城乡接合部改造98.4万平方米，“留白增绿”41.48公顷。推进“互联网+生活性服务业”，新建和升级改造基本便民商业网点80个，累计建成22个“社区商业e中心”。全区常住人口规模稳步下降，群众对专项行动满意度保持在95%左右。

（王晓华）

【街镇整治提升】年内，区发改委根据北京市治理类街乡镇整治提升工作部署，针对治理类街道万寿路街道、学院路街道、北太平庄街道实际情况，分析梳理市民反映的问题，研究制定督导工作方案和分街镇3年专项工作方案，建立完善区、街道两级问题清单和项目清单，加强市、区、街镇协调联动，回应市民需求，解决城市治理和“接诉即办”重点难点问题。

（王晓华）

【优化营商环境】年内，区发改委组建营商环境工作专班。完成世界银行、中国营商环境评价及国务院、北京市系列督查迎检工作。召开迎检工作部署会5次，制定工作方案和阶段性工作安排8项，组织大厅暗查暗访3次，上报典型案例2314个。组织召开海淀区营商环境现场会，牵头相关部门组织培训700余场、4万余人次。制定《海淀区进一步优化营商环境行动计划》，推进“科技政务”、推行“智能”监管、实施概念验证计划、加大第三方服务业的培育支持力度、打造一批人工智能深度应用场景、加强“北京市企业续贷受理中心”建设、探索实行“包容期”管理、探索信用告知承诺制度等198项改革举措。牵头制定《关于全面推进企业诉求接诉即办进一步优化营商环境工作的实施方案》，依托企航服务平台，构建“全天候、全方位、全覆盖”服务企业新机制，推动企业诉求“接诉即办、按需速办”，实现“接诉即办”与主动服务双结合，普惠性服务与重点服务双结合。开展“进工地、下基层”等上门服务，促进中坞重点村资金平衡用地一级开发项目、北大西门片区更新升级、“马上清（青）西”城市提升计划等重点项目审批进度。2019年世界银行评价中国排名大幅提升15名，北京在中国营商环境评价中综合排名第一。

（王晓华）

【城市公共空间改造提升试点征集】年内，区发改委开展城市公共空间改造提升试点项目征集及现场踏勘工作，8个项目列入北京市试点，总投资2.18亿元。8个项目是：北大西门片区城市更新升级—东南广场改造工程，中关村大街城市客厅（公共空间）改造提升一期工程，小月河滨水公园，重塑上地信息路项目：重要区域城市空间重塑，紫竹院街道文化微景观（长河）城市更新项目，海淀南路带状公共空间与芙蓉南街带状公共空间改造项目，圆明园西路两侧公共空间改造，海淀区北太平庄街道新外大街公共空间品质提升项目。

（王晓华）

【承办区人大“一号议案”】年内，区发改委承办2019年区人朋“一号议案”——“关于推动美丽乡村建设融入中关村科学城发展”议案。多次实地调研、与人大代表沟通、各部门协调合作、研究论证，在整建制农转非等关乎全局发展、代表高度关注、百姓呼吁强烈的重大问题和重点事项实现破题开局，推动美丽乡村建设融入中关村科学城发展取得实质性进展并形成议案办理报告。11月26日，议案办理报告经区第十六届人大常委会第二十五次会议审议通过。

（王晓华）

【价格管理】年内，区发改委针对猪肉价格上涨过快、价格过高的问题，提请区政府召开价格调控专题会1次，协调10余个单位实施价格调控协调机制，采取多种措施稳定价格水平。食品价格同比涨幅多月在全市各区最低。完成圆明园、凤凰岭两家区属AAAA级旅游景区门票价格成本监审工作。完成17条路侧占道停车收费的价格核定和编号，指导400余个经营性停车场按要求明码标价。完成近10所公办幼儿园保育费、中小学住宿费收费备案。

（王晓华）

【价格监测】 年内，区发改委完成辖区11个监测点的商品价格采集，累计报送数据2万余条。进行价格分析研判，报送信息累计130余篇，被国家、市级刊物采用100余篇，价格监测工作全市考核排名提升12名，第四季度排名上升至全市第二名。

（王晓华）

财政

【概况】 2019年，海淀区一般公共预算收入743.5亿元，完成调整预算的110.3%。其中，区级一般公共预算收入完成446.5亿元，完成调整预算的100.0%，比上年增长0.1%。全区一般公共预算支出743.5亿元，完成调整预算的110.3%。其中，区本级支出669.4亿元，完成调整预算的109.1%。区级一般公共预算收支平衡。调整和压缩一般性支出兜牢“三保”[①]底线，严控行政成本，部门决算一般性支出较上年压减11.3%，“三公”经费只减不增。首次向区人大常委会专题汇报行政事业单位国有资产管理情况。

（王婧）

【海淀区成为深化民营和小微企业金融服务综合改革试点城市】 9月30日，财政部公布2019年度财政支持深化民营和小微企业金融服务综合改革试点城市名单，确定全国59个市（州、区）入选首批试点城市，海淀区入选。从2019年起，财政部联合科技部、工业和信息化部、人民银行、银保监会开展财政支持深化民营和小微企业金融服务综合改革试点工作，中央财政通过普惠金融发展专项资金，每年安排约20亿元资金，支持一定数量的试点城市。试点期限暂定3年，东、中、西部地区每个试点城市的奖励标准分别为3000万元、4000万元、5000万元。奖励资金可用于试点城市金融机构的民营和小微企业信贷风险补偿或代偿，或用于试点城市政府性融资担保机构资本补充。海淀区将通过设立“银政担园共同体”融资担保基金，建立健全融资担保体系和风险补偿机制，破解辖区民营和小微企业融资难、融资贵的问题。

（王婧　钟冷）

【优化营商环境】 年内，区财政局拨付资金9.2亿元，以提升政府效能为指点，大力营造“五有五化”[②]发展环境。深化“一网、一窗、一次”改革，率先搭建“接诉即办、按需速办”服务体系，推动企业满意度与部门工作效率双提升。

（王婧）

【减税降费】 年内，区财政局全力推动中央和北京市出台的各项减税降费政策。个人所得税专项附加扣除、小微企业普惠性减税及增值税降率等优惠政策效果明显，减税降费总规模约453.3亿元，其中涉及区级56.9亿元。

（王婧）

【创新经济发展专项资金投入】 年内，区财政局拨付专项资金49.6亿元，组建中关村科学城创新发展公司，设立中关村科学城科创基金，依托市场化机制优化中关村科学城产业生态；把握对接重点企业和中小微企业发展需求，通过房租补贴、高管团队奖励、担保贷款贴息等服务政策，促进企业在海淀创新发展。

（王婧）

【智慧城市治理体系资金支持】 年内，区财政局拨付街镇补助资金75.4亿元、智慧海淀专项资金6.3亿元、社会建设专项资金7402万元、社会公益事业补助资金1亿元，巩固全国社区治理和服务创新试验区建设成果。围绕“城市大脑”建设，依托大数据和智能化手段，提升城市管理的精细化和智能化水平。

（王婧）

【民生事业全覆盖资金投入】 年内，区财政局安排教育资金125亿元，支持义务教育扩大优质资源供给和教育体制改革，缓解“入园难”“入园贵”问题。拨付卫生和计划生育资金39.2亿元，加强医疗卫生服务体系建设，持续提高公共卫生服务水平，推动医耗联动、公立医院薪酬制度等改革。安排社会保障和就业资金107.9亿元，支持多层次社会保障体系建设，落实养老保险制度，实施就业促进政策，切实保障困难群众基本生活等。拨付资金49.9亿元，服务保障“疏解整治促提升”，推进重点区域整治提升、老旧小区综合整治、公厕革命、垃圾全过程管理等专项行动。拨付大气污染防治资金4.9亿元、水污染防治资金9.9亿元，巩固“无煤化”治理成果，实施“水清岸绿”提升计划和污染防治。

（王婧）

【预算绩效管理】 年内，区财政局贯彻落实全面实施预算绩效管理的各项工作，全区共有90个部门纳入绩效目标管理，占全区预算部门总数的77.6%，共有28个部门纳入部门整体绩效目标管理。共对47个部门的105个项目开展事前绩效评估工作，资金规模6.9亿元。对41个部门的66个项目开展财政评价工作，资金规模25.4亿元。

（王婧）

【国库管理制度改革】 年内，区财政局实施财政国库业务电子化管理第二阶段改革试点工作，将财政直接支付业务、财政授权支付业务（含公务卡业务）、财政工资统发业务以及涉及的财政、代理支库、代理银行及预算单位等环节纳入改革范围。有13家海淀区区级国库集中收付业务代理银行实施改革，占全区代理银行总数的80%以上；配合北京市财政局推进全市差旅电子凭证网上报销改革试点

---

① “三保”：保基本民生、保工资、保运转。

② “五有五化”：有效率、有内涵、有诚信、有温度、有活力，便利化、品牌化、法治化、人性化、国际化。

工作，选取10家预算单位作为北京市预算单位差旅电子凭证网上报销改革工作区级试点单位。推进公务卡改革，新增开卡1004张，通过公务卡累计消费701.83万元。

（王婧）

【区政府投资引导基金设立】 年内，海淀区设立全市首家以财政局作为出资人的政府投资引导基金——北京市海淀区政府投资引导基金，认缴规模200亿元，解决财政存量资金规范管理与资金保障之间的矛盾，加强区政府对资金的统筹调度以及实现对各子基金的规范管理。

（王婧）

【街镇财政管理机制】 年内，区财政局安排街镇体制财力补助资金75.4亿元，夯实街镇基层管理体制，落实“街镇吹哨、部门报到，地区鸣笛、家家出力”工作方案，增强街镇自主管理权限，整合专业力量和协管力量，提升街镇城市管理精细化水平。

（王婧）

【政府采购】 年内，区财政局在政府采购领域落实优化营商环境各项措施。加强绿色政府采购管理，扩大政府采购新技术新产品规模，支持科技创新、节能环保、中小企业、监狱企业、残疾人企业发展以及脱贫攻坚工作。完成项目采购立项1719个，完成政府采购资金支付41.92亿元，接到政府采购、举报、提请监督检查案件共计19起，符合受理条件并处理完成13起。

（王婧）

税务

【概况】 2019年，区税务局累计登记纳税人54.17万户，包含单位纳税人登记47.94万户，个体经营纳税人登记6.23万户。其中，处于正常状态26.28万户，占登记户数的48.50%；非正常状态5.30万户，占登记户数的9.79%；非正常注销状态10.50万户，占登记户数的19.39%；其他状态12.09万户，占登记户数的22.32%。累计完成各项税费收入2533.2亿元，比上年减少2.7%；其中税收收入2394.9亿元，比上年减少3.9%。完成中央级收入1497.4亿元，比上年减少3.1%；完成地方级收入897.4亿元，比上年减少5.0%。组织教育费附加、地方教育附加、文化事业建设费、残疾人就业保障金等非税收入105.43亿元。

（丁琪）

【税收征管】 1月1日，北京市电子税务局单轨上线。3月1日，区税务局完成金税三期系统并库。推广网上办税，办理率超90%。简化清税注销业务流程，扩大即时办结范围，全年注销企业22673家，约98%申请注销企业可当日办结，网上注销率达90%。落实北京市税务局“税邮合作”工作部署，10月，在邮政网点试点为自然人代开增值税普通发票并代征税款。优化“厅所衔接业务流转系统”，实现“依申请事项交接单”“依职权事项交接单”“法人约谈和人像采集台账”等七大功能集成式服务。开展2019年常规欠税清理核实工作，完成新欠核实清理736户，涉及税款6934.35万元；陈欠核实清理310户，涉及税款1571.44万元。

（丁琪）

2019年海淀区税务局收入完成情况统计表

表6　　单位：万元、%

项目	本期	同期	增减额	增减
各项税费收入	25332187	26036861	–704674	–2.7
其中：一般公共预算收入	9934871	10445194	–510324	–4.9
区级	4097407	4218102	–120695	–2.9
一、税收收入	23948861	24910336	–961475	–3.9
其中：中央级	14974387	15461376	–486990	–3.1
地方级	8974475	9448960	–474486	–5.0
1. 增值税	7063916	7053289	10627	0.2
2. 消费税	45743	37617	8126	21.6
3. 企业所得税	10782567	10770080	12487	0.1
4. 个人所得税	4110465	5277981	–1167516	–22.1
5. 资源税	11037	8727	2310	26.5
6. 城市维护建设税	532594	547096	–14502	–2.7
7. 房产税	558199	477258	80941	17.0
8. 印花税	207174	209410	–2236	–1.1
9. 城镇土地使用税	31208	27901	3307	11.9
10. 土地增值税	233141	144412	88729	61.4

续表 6

项目	本期	同期	增减额	增减
11. 车船税	7244	7488	-244	-3.3
12. 车辆购置税	150783	133543	17240	12.9
13. 耕地占用税	1396	7169	-5773	-80.5
14. 契税	172994	181228	-8234	-4.5
15. 环保税	5935	2109	3826	181.4
16. 其他税收	34465	25028	9437	37.7
二、非税收入	1054270	1126525	-72255	-6.4
1. 教育费附加收入	233281	239386	-6105	-2.6
2. 地方教育附加	155502	159440	-3938	-2.5
3. 外商投资土地使用费	564	82	482	587.8
4. 文化事业建设费	430744	324940	105804	32.6
5. 税务部门罚没收入	1660	3971	-2311	-58.2
6. 残疾人就业保障金	207044	398703	-191659	-48.1
7. 废弃电器电子基金收入	10	3	7	233.3
8. 世界文化遗产门票收入	25386	0	25386	
9. 考试考务费	79	0	79	
三、社会保险基金收入	329056		329056	
1. 基本养老保险基金	180706	0	180706	
2. 基本医疗保险	106916	0	106916	
3. 工伤保险基金	2916	0	2916	
4. 失业保险基金	6415	0	6415	
5. 生育保险基金	7412	0	7412	
6. 其他社会保险	24691	0	24691	

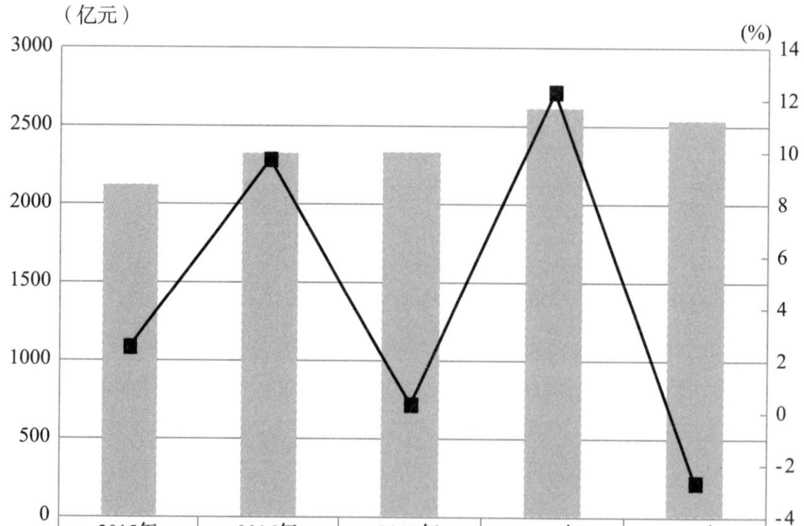

	2015年	2016年	2017年	2018年	2019年
税费（亿元）	2115.7	2320.6	2326.9	2612.7	2533.2
增幅（%）	2.5	9.7	0.3	12.3	-2.7

2015—2019 年海淀区税务局税费收入情况图

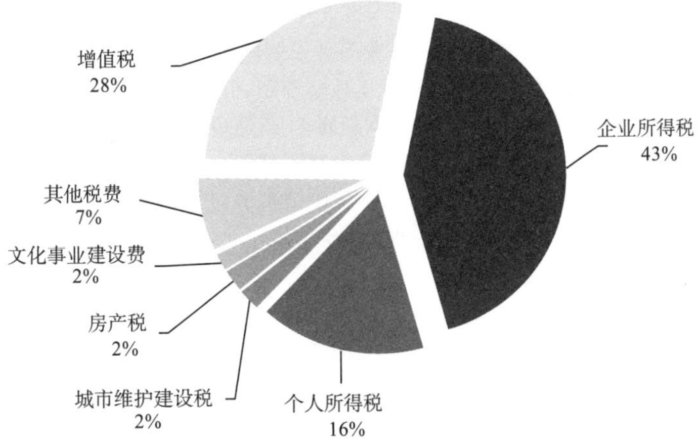

2019 年海淀区税务局税费收入分税（费）种结构图

【社会保险费】 1月，机关事业单位及城乡居民社会保险费正式划转税务征收；4月，税务社保系统、职业年金系统正式上线。全年征收840户机关事业单位五险（基本养老保险、基本医疗保险、工伤保险、失业保险、生育保险）32.91亿元。征收职业年金9.14亿元。落实城镇职工基本养老保险、失业保险等减税降费系列优惠政策，减免2.23亿元。

（丁琪）

【非税收入】 1月，成人高考招生考试经费、世界文化遗产门票收入划归税务部门征收。新划转费种全年收入2.55亿元。

（丁琪）

【车辆购置税】 6月1日，区税务局实现车辆购置税完税证明无纸化开具。车辆购置税应税车辆数63781辆，入库税款15.08亿元。落实减免优惠，免税车辆711辆。

（丁琪）

【货物和劳务税】 11月1日，区税务局上线增值税发票系统2.0版。落实增值税小微企业税收优惠政策，52.35万户次纳税人享受优惠。完成增值税即征即退退税52.21亿元，涉及纳税人2.4万户次。落实出口退税审批制度，推广使用中国国际贸易“单一窗口”平台进行出口退税申报，全年审批出口退税额73亿元，比上年增长108.57%；审批出口免抵额31亿元，比上年增长40.91%。

（丁琪）

【减税降费】 年内，区税务局落实个人所得税改革、小微企业普惠性税收减免、深化增值税改革和降低社会保险费率等减税降费政策。通过“税企通”平台向企业推送减税降费政策短信73万次；在“北京海淀税务”微信平台设立减税降费专栏，推送文章329篇，阅读量48.61万次。组织纳税人面对面培训174场，惠及21328人次；举办税企座谈会24场，征集260余家企业共计90条意见建议。送达减税降费红利账单2万余份。共有30.29万户单位纳税人、455.4万自然人享受到减税降费政策红利。

（丁琪）

【所得税】 年内，区税务局完成2018年度企业所得税汇算清缴工作，参加汇算清缴企业227687家，汇算申报率99.96%。应纳所得税额1103.87亿元，比上年降低2.17%。小型微利企业税收优惠政策受惠面达100%，享受企业44905家。落实个人所得税新政，全区享受专项附加扣除政策人数114.80万人。面向重点扣缴义务人举办百余场个税政策专场培训，共辅导8万余户；对员工千人以上扣缴单位上门辅导438户，涉及员工211万余人。

（丁琪）

【财产和行为税】 年内，区税务局推进土地增值税项目清算，清算入库税款16.01亿元。不动产交易大厅受理办结交易申报1.2万余笔。自2019年9月1日《中华人民共和国耕地占用税法》实施以来，征收耕地占用税675.98万元。开展房产税、印花税等税种的风险应对工作，补缴房产税、城镇土地使用税约1.06亿元，印花税近400万元，水资源税33.47万元。开展建筑业增值税进项发票比对工作，补缴环境保护税税款203.10万元。

（丁琪）

【大企业税收管理】 年内，区税务局加强企业经济分析和风险应对工作，完成两批“千户集团”（指年度缴纳税额达到国家税务总局管理服务标准的企业集团）风控任务13户，完成风险复评162户，报送企业案例分析4篇。采集55户“千户集团”总部企业共计14495家成员单位企业数据，完成数据检测。完成55户“千户集团”数据名册核实工作，涉及成员企业约2万户次。强化财报附报和数据直报，定期催报1800余家“千户集团”企业财务报表附报的报送工作。

（丁琪）

【国际税收管理】 年内，区税务局完成非居民税收收入合计109.03亿元，比上年增长14.1%。加强非居民承包工程作业与提供劳务税收征管后续管理，完成机构改革后首例代理型常设机构外籍人员个人所得税补税入库案件，督促企业外籍高管人员入库非居民个人所得税3.74亿元。开展税收协定后续管理，发现不符合享受协定待遇案件10件，补缴税款1400万元。对涉及境外发债的17户企业进行专项核查，入库税款9000万元。举办税收政策辅导会2场，辅导1000余户企业。走访企业，为其在开展国际业务中遇到的困难和问题提供辅导和建议。

（丁琪）

【税收风险管理】 年内，区税务局运用风险系统数据，做好风险任务整合、推送与应对。下发风控任务1279批次，完成风险应对18941家次，发现问题企业11961家次。组织各项税费收入44.99亿元，企业所得税弥补亏损5.16亿元。其中，风险管理工作成效排前三位是企业所得税、房产税、增值税。

（丁琪）

【纳税服务】 年内，区税务局在各办税服务厅试行“无声叫号”模式，开通微信错峰预约服务。办税服务厅入驻联想桥政务分中心。制定《国家税务总局北京市海淀区税务局纳税服务投诉管理办法》，在原有办理时限上各环节再压缩50%办理时间，加强纳税人权益保护。与16家金融机构持续推进“银税互动”平台搭建，为1077家小微企业提供13.86亿元贷款。受理北京市市政服务热线“12345”接诉即办工单1629件。落实《全国税务机关纳税服务规范》（3.0版），构建“自主遵从、优质便捷”的纳税服务体系。

（丁琪）

【税收宣传】 年内，区税务局开展43场“六进”（进社区、进校园、进公园、进商业街区、进政务服务中心、进公共交通场所）税法宣传活动；开展宪法宣传周活动。年内共刊发宣传稿件163篇。与今日头条、新浪微博、海淀融媒体等联合开展税收宣传；携手北京巴士传媒，利用公交车显示屏投放拍摄的5分钟公益广告。制作网红宣传品牌《曹老师小课堂》1分钟税宣系列微视频，播出62期，浏览量超10万人次。“北京海淀税务”微信公众平台发布各类税收信息1194篇，点击量305.7万人次。税法宣传公益广告《减税降费 一路同行》获北京市法制动漫微视频作品大赛二等奖。

（丁琪）

【税收科研】 年内，区税务局开展“聚焦主题主业 深入推进党的建设”“税收视角下高技术制造业发展研究”“从税收视角看海淀区战略性新兴产业发展”“善用互联网新媒体 营造税收宣传大格局”4项重点调研课题，完成日常调研7篇，在《中国税务报》和《国际税收》刊物发表2篇。

（丁琪）

金融服务管理

【概况】 2019年，区金融办纳入督查督办范围的工作任务共计23类177项，其中按时完成172项，跨年度工作任务5项；承办人大代表建议、政协委员提案15件，均按时限办理完毕。金融业增加值达750亿元，比上年增长22.7%，占全区地区生产总值的10.8%。全区有金融机构及分支机构3196家，比上年增加109家。

（魏秀梅 田紫陌）

【金融科技】 4月，区金融办运营北京市首个金融科技主题楼宇——融汇国际大厦，同步发布北京金融科技与专业服务创新示范区主题形象设计方案，启用中关村资本大厦、中关村壹号、互联网金融中心大厦等楼宇，聚集重点金融科技企业30余家。与中关村管委会联合发布《关于促进海淀区金融科技产业创新发展的若干措施》，对北京中科金财科技有限公司等14家企业支持资金超2000万元。组织16家驻区企业申报18个中国人民银行等六部委开展的金融科技应用示范项目，占北京市入选项目的39%。联合中国银行业协会，打造线上线下、连通供需两端的金融科技协同创新平台，推出“金融科技会客厅”，入驻银行和科技企业90余家。支持设立中关村金融科技产业发展联盟和五道口金融科技交流中心，举办全球金融科技创业大赛、中关村“番钛客”金融科技创新大赛、金融科技协同创新论坛等品牌活动。

（欧阳小沛）

【全市首批“5G+智能银行”在海淀开业】 7月11日，由中国移动与中国建设银行共同研发的“5G+智能银行”在京开业，首批落户清华园支行、中粮广场和长安兴融中心3个网点。银行设有智慧柜员机、金融太空舱等服务设施。智慧柜员机在业内首次将语音、刷脸、电子证件等技术融入客户自助业务流程，是“5G+智能银行”金融业务办理的核心。对私业务、对公业务、支付结算业务等19大类近300项功能都可以在智慧柜员机上快捷实现。“5G+智能银行”内还设置“汽车金融体验”“客户旅程”“互动桌面”“共享空间”等体验设施。“5G+智能银行”是一个体验空间、对话空间、娱乐空间，用户可以在这个空间里享受到快捷的金融服务。

（钟冷）

【海淀区与科创基金科创投资公司签署战略合作协议】 11月26日，海淀区与北京市科技创新基金、北京科技创新投资管理有限公司正式签署战略合作协议。区委副书记、代区长曾劲出席签约仪式。根据协议，依托北京市科技创新基金、北京科技创新投资管理有限公司在科技创新领域的广泛布局，充分发挥海淀区科技创新资源禀赋，三方围绕基金合作、项目投资、行业研究、评审尽调等方面开展战略合作，加快构建市、区政府引导基金协同体系，助力全国科技创新中心核心区建设。

（钟冷）

【银行业】 年内，全区银行机构及其网点总数767家。银行存款余额达35836亿元，比上年增长11.68%；银行贷款余额10248亿元，比上年增长8.07%。银行业存贷差为25588亿元，银行业存贷比为28.6%，比上年同期存贷比低95%。

（徐利燕）

【股权投资】 年内，区金融办在基金业协会备案的股权投资管理机构累计达790家，占全市的28.02%；披露金额的管理资本量1.1万亿元，占全市的29.95%。发生650起股权融资案例，占全市股权融资案例总数的

32.53%。已披露金额股权融资案例获投金额 791.89 亿元，占全市股权融资总额的 42.62%。

（邢蓓）

【金融风险管控】 年内，区金融办会同市场监管、属地街镇等，现场核查企业 120 余次。33 家在营网贷机构借贷余额为 405.99 亿元，比上年下降 49.3%；出借人数量为 41.23 万人，比上年下降 53.29%。加强网贷机构高管出入境限制管理。完成 26 家网贷机构的现场行政核查工作；约谈 24 家企业进入行政核查的网贷机构，引导 11 家网贷机构实现良性退出；会同公安部门对 13 家网贷机构进行立案。网贷工作专班电话接访 7944 人次，现场接待投资人 743 批次 4889 人，通过法律帮助窗口累计服务投资人 180 余人。开展金融安全宣传教育月活动，举办 100 余场活动，2 万余人参与现场活动，发放宣教材料和宣传品 4 万余份，宣传覆盖总计 30 余万人。

（张国兴）

【企业上市挂牌】 年内，海淀区存量上市（挂牌）企业 922 家，其中境内外上市公司 219 家（境内 145 家、境外 74 家）、“新三板”挂牌企业 493 家、四板（不含孵化板）挂牌企业 210 家。在 922 家上市（挂牌）企业中，存量境内 A 股上市公司 145 家，占全市（346 家）的 42%，占全国（3759 家）的 4%；存量“新三板”挂牌企业 493 家，占全市（1171 家）的 42%，占全国（8884 家）的 6%；创新层企业 51 家，占全市（98 家）的 52%，占全国（667 家）的 8%；存量四板（不含孵化板）挂牌企业 210 家，占全市（477 家）的 44%。助推 6 家企业成功登陆科创板，新增上市企业 22 家。海淀区上市企业总数、新增上市企业数、科创板上市企业数均居全国地级市（区）首位。

（李冬）

【小额贷款】 年内，区金融办共批准设立小额贷款公司 17 家，占全市（131 家）的 12.98%；注册资本金 44.15 亿元，占全市（173.3 亿元）的 25.5%；银行融资余额 2.16 亿元，占全市（5.29 亿元）的 40.8%。累计发放贷款 103.7 亿元，占全市（235.5 亿元）的 44.04%；贷款余额 42.3 亿元，占全市（173.2 亿元）的 24.4%。累计向农户及农村企业、组织贷款 2.4 亿元，占全市（45.6 亿元）的 5.3%；向小微企业客户贷款 22.8 亿元，占全市（48.7 亿元）的 46.9%。

（黄晓）

【融资担保】 年内，全区有融资性担保公司 9 家，占全市（62 家）的 14%；注册资本 261.13 亿元，占全市（594.93 亿）的 43%。其中国有融资性担保公司 7 家，占全市（31 家）的 22%。融资性担保公司担保金额合计期末数为 1580 亿元，占全市（3850 亿）的 41%，比上年增长 6%。

（黄晓）

市场监督管理

综 述

【概况】 2019 年 3 月，根据海淀区机构改革方案，将市工商行政管理局海淀分局、区质量技术监督局、区食品药品监督管理局的职责以及区发展改革委员会的价格监督检查职责整合，组建区市场监督管理局，作为区政府工作部门，加挂区食品药品安全委员会办公室牌子。不再保留市工商行政管理局海淀分局、区质量技术监督局、区食品药品监督管理局。3 月 16 日，海淀区市场监督管理局挂牌成立。年内完成 37 个内设机构设立、30 个市场监管所组建工作，完成区发改委物价部门、商务综合执法监督检查所等人员转隶。

（郭洁）

【“人工智能”应答系统上线】 4 月 1 日，区市场监督管理局在全市首推“人工智能”应答系统，人工智能客服机器人“小商”正式运行，将人工智能技术应用到企业登记咨询服务，解决咨询电话难打通的问题。“人工智能”应答系统以大数据为支持，具备智能回答、智能学习、智能交互的特点，提供企业设立、变更、注销等所有企业登记业务的咨询服务，咨询电话由 5×8 小时延伸至 7×24 小时智能接听。人工智能应答系统智能客服日均接听量近 1000 个，线下传统人工咨询量下降近三分之二，政务服务人工成本与企业时间成本“双下降”。

（郭洁）

【优化发展环境】 5 月 28 日，依托“互联网 + 企业开办”新模式，打通市场监管、公安、税务等部门数据壁垒，实现“一网、一窗、一次”办理，企业开办时间压缩至 1 天，营业执照申请最快 15 分钟即可领取，6993 户市场主体登记。推进审批许可改革，实现计量许可环节和 CCC① 免办申请全程电子化办理。发展智能政务，应用区块链技术在企业开办场景中实现住所核验的“即批秒办”；上线“企业注销套餐”，解决市场主体注销难题；构建人工智能咨询客服体系，实现企业档案“容 e 查——智能自助查询”；出台“落实‘两新两高’战略优化发展环境”19 条服务措施；“企航服务”平台及顾问、服务专员工作模式优势，为企业提供市场监管综合服务。释放创新创业空间，试点“集群注册”，降低科技型小微企业创业成本；对优质、守信的集中办公区，适度放宽其地址异常等方面的限制，释放更多优质地址资源。推动出台支持中关村科学城标准创新发展的措施，推进“百城千业万企”对标达标专项行动和国家高新技术产业标准化试点建设。开展质量提升行动，启动“卓越领航”，为企业质量管理提供专业支持。

（郭洁）

① 中国政府为保护消费者人身安全和国家安全、加强产品质量管理、依照法律法规实施的一种产品合格评定制度。英文名称 China Compulsory Certification，英文缩写 CCC。

【“创新创优19条”发布】 6月27日，区市场监督管理局正式发布19条创新创优服务措施，涵盖区域经济高质量发展（5条措施）、辖区企业创新性成长（7条措施）、人民群众放心安全消费（4条措施）、新型城市形态塑造（3条措施）4个领域，涉及市场准入、商标广告、食品药品安全、产品质量、消费维权等市场监管业务。在19条措施中，有15条属于争取率先探索实施的创新措施。启动“企航服务平台”，对接政府部门、29个街镇、辖区企业以及孵化器、创新创业平台等第三方服务机构，搭建服务精准、功能多元、数据翔实、研判全面的线上线下一体化市场监管综合服务平台。依托“区块链”技术，探索实现部门间信息共享互认，打造7×24小时智能政务咨询服务体系。继续推进“阳光工程”建设，营造安全放心的消费环境。助力智慧社区和智慧城市建设。

（郭洁）

【企业档案管理】 12月31日，区市场监督管理局档案中心共接收、整理、扫描、入库新开企业2532家，变更129038家，个转企业材料171卷。档案迁入5794家，档案迁出12492家。个体注销758家，个体吊销982家。个体出证61家次，企业查无出证8家次。整理并扫描外资企业3057家，接待企业鉴定199家，接收下放资料3家，抽检吊销2148家。接待档案查询4万余人次，打印扫描企业登记信息230万余页。协助局属各相关单位查询企业登记信息近300人次，打印2万余页。借阅档案34人次，提供电子照片文档共3125个，调取案卷70卷。

（郭洁）

【“疏整促”专项行动】 年内，区市场监督管理局完成846户无证无照整治任务，100%销账；完成210户“开墙打洞”整治台账及其中54处住宅点位销账任务；配合疏解6个有形市场，腾退面积8.4万平方米。开展创卫迎检工作，实现问题点位和问题种类呈“双下降”态势；落实生态环境三大保卫战行动，加强大气污染相关执法监督检查工作。

（郭洁）

【重大活动服务保障任务】 年内，区市场监督管理局完成全国“两会”、“一带一路”国际合作高峰论坛等重要活动的市场秩序、食品安全、特种设备服务保障任务。完成国庆期间8家领导驻地和13家游园会餐饮、食品流通、特种设备安全及多项活动共8.5万人次的就餐安全服务保障任务。

（郭洁）

市场主体监管

【医疗机构违法广告宣传专项整治】 3月12日至9月30日，区市场监督管理局开展医疗机构违法广告宣传专项整治工作。专项整治工作分3阶段进行，即摸底调查阶段、实地检查阶段、问题处置阶段。在摸底调查阶段，确定企业备案的域名和搜索企业运营推广的网站，电脑端和移动端双排查；完成对注册为企业的全部海淀区医疗机构的主体核实工作；在实地检查阶段，逐户上门检查企业经营活动，全面排查场所内的广告宣传，现场调查企业的互联网广告宣传情况。根据检查结果，对医疗机构的违法广告宣传情况处置20件。

（郭洁）

【互联网媒体行政告诫会】 3月25日，区市场监督管理局组织今日头条、百度公司等辖区16家重点互联网媒体，召开“营造良好互联网广告生态”媒体行政告诫会，针对“标题党”、低俗内容、植入保健品广告等典型问题，提出五点整改要求：严禁利用重大政治活动进行商业广告宣传，杜绝“蹭热点”式宣传，商业广告与公益广告、新闻报道要严格区分，使消费者能清晰辨识；杜绝广告内容与标题不一致、时政新闻周边随意安排商业广告、内容低俗等不健康的广告创意，营造清朗的互联网广告生态环境；落实北京地区暂停互联网金融投资理财类广告发布，禁止发布非法贵金属交易、外汇交易等投资理财类广告；履行广告审查责任，对关乎群众生命健康和财产安全的特殊商品或服务行业，以及知名品牌的广告提高审查标准；加强链接广告发布后的监测自查，自觉主动清理违法广告。

（郭洁）

【无证无照整治】 3月27日，区市场监督管理局组织全区29个街镇梳理任务、摸排台账，完成在市专项整治办公室系统中的落点落图工作，共计846处。制订年无证无照宣传计划，制作宣传品，引导社会各界共同监督，营造无证无照经营行为社会共治氛围。定期下发整治进度通报，督促街镇提早部署、协同推进整治工作。继续强化区级督查和第三方抽查为主的“三级”防反弹机制，巩固整治成效。

（郭洁）

【危物种走私联合专项行动】 5月5日，区市场监督管理局针对华联等大型商场开展危物种走私联合专项整治行动。排查非法加工、经营象牙等濒危物种或销售象牙制品的违法行为。未发现有上述违法行为。开展法制宣传，向商户宣传濒危物种走私属违法行为，切实掌握走私总体规模态势，包括走私重点人群、主要渠道、方式路线等情况。与商场物业部门建立长效机制，确保对辖区内违法行为的监管有的放矢。

（郭洁）

【创业企业“集群注册”】 5月14日，海淀区在全市率先实行创业企业“集群注册”。在企业开办上减环节、压时限、强服务，在全市率先试点免费住所政策。通过在区级创业平台推出可提供免费住所的孵化服务，并由平台和创业企业约定为期2年的使用期限，实现创业企业“集群注册”。“集群注册”有利于降低科技型小微企业注册成本，缓解住所资源稀缺问题，持续激发区域创新创业活力。海淀园创业服务中心和中关村创业大街成为全市首批“集群注册”平台试点运营单位。“集群注册”平台共注册146家企业。

（郭洁）

【企业注销登记改革】 8月1日，海淀区企业登记微服务平台正式上线运行。该平台以“企业注销套餐”为核心功能，具有智能化交互体验、全天候在线服务、问答式界面设计等特点，提供 7×24 小时企业注销咨询答疑、一对一服务。针对企业提供的经营状况、企业类型等信息，智能化推荐适合其自身情况的注销模式（简易注销、电子化注销、一般注销），平台根据企业注销需求将提供相应的登记流程图、所需材料等信息，使企业便捷获取个性化注销“套餐”。用户可通过手机端随时随地进行一对一的咨询交流，不受时间和空间限制，足不出户即可解决注销难题。全年注销企业 2.5 万户。

（郭洁）

【“智慧审批”登记模式】 8 月，区市场监督管理局试点“智慧审批”登记模式，运用技术手段实现与市规自委房产数据实时共享并接入北京市企业开办 e 窗通系统，在住所核验率先实现“即批秒办”。在该模式下，企业提交材料压减最多可达 20%，企业开办速度在最快 15 分钟的基础上再提速近 40%，可最大程度杜绝虚假材料，保护企业及产权人利益。8 月 22 日全市首户“智慧审批”登记模式企业在海淀诞生。新设企业 23564 户，发放印章 23505 套。其中通过“e 窗通”线上服务平台开办量占全区企业开办总量的 87.57%。

（郭洁）

【自助打照服务】 年内，区市场监督管理局在全市率先推行自助打照服务，试点在社会性企业服务机构海淀园创业服务中心设置自助服务终端，实现“公司门口取执照”。设在政务中心、企航服务中心和创业中心的打照机累计提供自助服务 7.78 万件，为企业节约近 16 万个工作日。

（郭洁）

【企业信用监管】 年内，区市场监督管理局推进市场监管信用出证工作。根据企业信用信息出具信用证明，将原来的工商、质监、食药部门信用出证改为市场监管部门信用出证，一份证明同时包含工商、质监、食药信用证明，服务企业“少跑路”。为“科创板”上市企业和关联公司及时出具信用证明。截至 2019 年 10 月 29 日，45405 家次企业被列入经营异常名录、1866 户个体工商户被标记为经营异常状态；为 12494 家次企业办理移出经营异常名录，1038 户次个体工商户办理恢复正常记载状态出具企业信用信息出证 1703 份，其中发行债券 58 份、评奖评优 272 份、企业上市 842 份、企业重组 30 份、增发股票 126 份、招投标 20 份、其他类型 355 份。

（郭洁）

【双随机抽查】 年内，区市场监督管理局对电动自行车、投资理财、房地产经营机构、预付费等领域开展双随机抽查 15 次，检查主体 27238 户次；对“低慢小”经营主体、直销企业、医疗机构等行业开展重点检查 17 次，检查主体抽查 1147 户次。联合区烟草局对辖区内校园周边烟草经营主体开展检查，检查主体 7 户；联合区房管局对房地产经纪机构开展检查，检查主体 40 户。办结行政案件 462 件，罚没款 286.96 万元。优化全程服务，以“服务包＋共性指导”与“服务专员＋个性服务”两种服务模式，累计为企业提供“健康广告”“商标体检”等专属服务 566 次。

（郭洁）

【查处商标侵权案】 年内，区市场监督管理局对中关村环保科技园区内某企业开展专项商标侵权打假行动，在该企业办公室及仓库查获涉嫌商标侵权的光纤模块、交换机等商品 500 余件以及仿冒商品标签、售后服务卡、进网许可等侵权证据，涉案金额 30 余万元。涉案物品和涉案当事人刘某等 3 人现场移交公安机关。

（郭洁）

【市场疏解】 年内，区市场监督管理局办理有形市场变更 10 个；注销或转型市场 7 个，疏解北京仁和四季农副产品市场有限公司、北京市五道口服装百货市场中心、北京利康金桥旧电脑市场有限公司、北京硅谷电脑城、北京清河镇农副产品交易市场中心、北京健翔桥农副产品市场有限责任公司 6 个市场，腾退面积 8.4 万平方米，疏解商户 4769 户。清理市场内虚数 2371 户。

（郭洁）

【市场专项整治】 年内，区市场监督管理局开展类金融、校外教育培训、旅游市场 3 项专项整治工作。在涉嫌非法集资风险专项排查整治行动中，共排查各类广告经营者和发布者 730 户，现场检查广告 989 条，监测非现场广告 6687 条。开展行政指导 11 次。对旅游市场出动检查人员 16273 人次，检查户数 8529 户，立案 2 起，罚没款 3 万元；处理旅游市场消费投诉 3878 起，为消费者挽回经济损失 63.51 万元。校外培训机构整治出动检查人员 2032 人次，检查户数 2303 户，立案 6 起，罚没款 12 万元；处理培训机构消费投诉 8504 起，为消费者挽回经济损失 777.14 万元。

（郭洁）

【格式合同专项整治】 年内，区市场监督管理局制定《北京市工商行政管理局海淀分局对利用合同格式条款侵害消费者权益的违法行为开展专项整治行动方案》，检索出可能涉及房地产业、汽车销售、机动车驾驶培训和网络商品交易的企业 1405 家。开展格式条款检查 1537 家次，开展行政约谈 243 次，出具行政建议书 8 份，责令改正 21 次，纠正违法条款 7 条；对房地产企业开展宣传活动 124 次。查办不公平格式条款合同案件 113 件。

（郭洁）

【预付式消费问题整治】 年内，区市场监督管理局开展摸底调研，掌握各大商业综合体对预付卡商户的管理措施以及发行预付卡商户在管理中的问题、建议，根据摸底调研情况，开展实地走访和精准指导，引导商业综合体落实主体责任，规范管理。重点检查投诉举报较多的经营主体，对存在未在注册地经营等违法行为的，依法列入经营异常名录；排查预付式消费风险，强化预付式消费合同、广告、价格日常监管；对涉嫌犯罪的经营单位负责人，加大刑事司法打击力度。对预付费跑路企业实施“黑名单”制度，限制其名下企业的变更登记。39

家企业列入黑名单，5家企业申请移出，申请移出过程中解决投诉580件，为消费者挽回损失39.5万元。年立案预付式消费案件30件，罚款金额超过300万元。

（郭洁）

【违规收费治理】 年内，区市场监督管理局对违规涉企收费行为开展执法检查。在各部门、各商业银行自查自纠的基础上，加大涉小微企收费减免政策落实情况执法检查，实现检查一个规范一个。对政府部门及其下属单位和企业反映问题较多的其他领域进行随机抽查，重点抽查小微企业收费减免政策落实情况，对违规收费行为依法查处。引导行政事业单位进一步规范收费公示和明码标价，提升收费主体依法合规收费意识和收费自律能力。加强政策宣讲，畅通投诉举报渠道。加强社会监督，发挥“12345”“12315”投诉举报平台作用，及时接收和处理群众投诉举报，依法查处违法。

（郭洁）

【清户吊销】 年内，区市场监督管理局对企业法人、个体工商户、个人独资企业、有限公司等经济主体开展全面清户吊销工作。共吊销经营主体14630户。对拟吊销的377家企业法人和1612户个体工商户制发责令改正公告。

（郭洁）

食品药品安全监管

【春季校园食品安全】 4月1日，区市场监督管理局开展春季校园食品安全检查。将辖区学校（含托幼机构）和校外培训机构、集体用餐配送单位以及校园周边200米内食品经营单位纳入检查范围，逐家逐户开展拉网检查，及时消除食品安全隐患。与区教委等职能部门联动，重点检查食品经营主体资质、食品采购查验、食品加工制作与贮存、从业人员健康卫生、餐饮具清洗消毒、食品留样等内容。针对检查中发现的问题，加大督促整改力度，确保整治工作成效。共检查大、中、小学及幼儿园各类学校及校外培训机构729家（次），校园周边食品经营单位1140家（次），责令整改101家（次），警告11家（次）。加强风险防控，强化对重点地区、重点单位销售的儿童食品及休闲食品中糖精钠、甜蜜素、二氧化硫和硼砂等项目的快速检测力度。结合“阳光餐饮”建设，督促学校食堂以及社会餐饮单位通过透明厨房、视频厨房、网络厨房和食品安全信息公示栏，向学生及家长展示原材料来源和食品加工过程，确保食品安全信息、加工操作过程阳光、透明。开设食品安全小课堂、发放食品安全知识手册、在学校宣传显示屏、校园广播等播放《诺如病毒防护宣传片》、张贴宣传海报等形式，开展食品安全进校园活动。

（郭洁）

【化妆品科普安全宣传周活动】 5月13日至20日，区市场监督管理局组织开展化妆品科普安全宣传周活动。活动以“安全用妆，点靓生活”为主题，在解放军空军总医院、北京工商大学设立主会场，在29个市场监督管理所设立分会场，发放各类宣传手册、宣传用品1万余册（件），义诊、咨询2000余人次，提升公众的化妆品安全意识。推出集监管信息查询、安全科普、消费风险提示、不合格化妆品信息通报等功能于一体的化妆品咨询服务平台。制作发放《化妆品经营者规范经营提示书》。

（郭洁）

【食品保质期“阳光监管”】 6月3日，区市场监督管理局启动“一码追溯”食品保质期“阳光监管”工作。完善二维码溯源链条，实现超市发13家直营店现制现售区域食品保质期的“阳光监管”，便利蜂便利店的食品二维码身份识别系统，实现从商场超市到便利店业态的全覆盖。便利蜂便利店的食品二维码，可对60余种短保质期预包装食品进行“阳光监管”。该二维码加载产品名称、规格、生产厂家等产品识别信息，可读取生产日期、保质期等内容，实现“扫码—读取信息—自动记录—完成收货查验”全程电子化。

（郭洁）

【夜间经营食品安全监管】 年内，区市场监督管理局持续推进“阳光餐饮”工程建设。督促餐饮服务单位提升后厨环境卫生水平和操作规范性，展示后厨加工过程，使消费者吃得放心。推进餐饮业品质提升工作，对申请品质提升的餐饮服务单位统一标准，着重从后厨环境、食品从业人员个人健康卫生、消毒保洁、诚信管理和社会责任等方面入手，加强监督管理，严防食源性疾病发生，确保“夜间经济”发展稳定。在餐饮单位夜间经营时段不定期开展监督检查，对餐饮单位的制作过程、成品存放和防蝇防尘设施加强检查，监督经营食品安全。

（郭洁）

【国家食品安全示范区建设】 年内，区市场监督管理局推进国家食品安全示范区建设。“阳光餐饮”完成率达96%，上线“阳光药店”184家、“阳光超市”和“阳光市场”25家。首创食品保质期可视化“一码追溯”，实现从商超到便利店业态的全覆盖。推进农产品产销对接和“放心肉菜示范超市”建设。为7家便利店核发“药品经营许可证”，试点推进连锁便利店销售乙类非处方药。

（郭洁）

【“阳光餐饮”工程】 年内，区市场监督管理局继续实施“阳光餐饮”工程。制定下发《2019年阳光餐饮工作实施方案》及《2019餐饮业品质提升工作方案》，明确各基层所工作任务和阶段性目标；更新阳光餐饮和品质餐饮建设工作需要制作的信息公示和操作记录、培训记录等，制作公示栏1万张、制度记录3种2万册。全区8394户餐饮单位，实现“阳光餐饮”8057户，“阳光餐饮”工程完成率达96%。

（郭洁）

【食品检测】 年内，区市场监督管理局完成区级监督抽检食品2000批次，其中日常监督抽检1400批次、区级专项抽检600批次、风险监测核查9批次。抽检猪肉样品100批次、牛肉样品70批次、羊肉样品70批次、水产品100批次、蔬菜样品150批次、豆制品80批次，发现不合格样品10批次。检查流通环节食品经营主体221户次，快检食品样品33个，检测结果全部合格。组织辖区50家保健食品生产及委托生产企业开展网络经营行为自查，召开20家网络食品第三方平台工作会，到美团网等网络食品第三方平台进行“面对面”授课培训。向企业印发《特殊食品网络经营行为工作提示》。检查大、中、小学及幼儿园、学校及校外培训机构食堂729家次，校园周边食品经营单位1140家次，责令整改101家次，警告11家次。

（郭洁）

【化妆品日常监管】 年内，区市场监督管理局以防晒、染发、美白等特殊用途化妆品作为重点品种，以化妆品专营店、美容院美发机构、电商平台作为重点单位，以产品合法性、标签标识、索证索票及台账管理、产品及店内宣传等作为重点内容，对化妆品开展日常监管，严控化妆品安全风险。共出动执法人员1700余人次，检查重点经营场所870户次，检查覆盖率50%，发现和监督问题整改13件。培训、约谈企业12家，检查化妆品生产企业4家次，均为停产状态。严厉打击化妆品经营活动中的违法违规行为，重点查处美容美发等行业及特殊用途化妆品，办理化妆品案件36件，罚没款金额1.5万元。加强监督抽检和风险监测，完成快速检测化妆品150批次，未发现不合格产品。

（郭洁）

【国产非特殊用化妆品监督检查】 年内，区市场监督管理局开展国产非特殊用化妆品备案后的监督检查工作。督促企业落实主体责任，在资质证照、原料采购、产品生产等方面做到符合法律规定。重点检查产品类别、产品配方及包装、产品标签标识等信息与网上备案内容是否一致，以及该产品提供的信息资料是否符合国产非特殊用途化妆品相关规定。检查完成非特备案产品957件，责改310件；检查企业40家次。

（郭洁）

质量技术监督

【标准创新】 9月21日，由区市场监督管理局牵头制定的海淀区标准创新支持政策——《关于支持中关村科学城标准创新发展的措施（试行）》，通过区长专题会审议，9月25日以区政府名义正式印发施行，成为北京市在区级标准化工作层面发布的第一个系统性的政策文件，得到国家市场监管总局标准创新管理司、北京市市场监督管理局等部门的肯定。开展百城千业万企对标达标专项行动，组织辖区企业对标国际先进标准、对标国际先进产品指标。编制产品对标技术方案12条，涉及指标项51项；形成对标结果8条，涉及指标60项，其中29项优于国际先进水平、31项达到国际先进水平。31家单位的63项标准获得市级补助，补助金额567万元，占全市补助金额的47%。其中高新技术标准21项，占比近33%。

（郭洁）

【特种设备安全监管】 年内，区市场监督管理局完成800台电梯安全隐患治理。完成3000台电梯物联网建设，通过应用电梯物联网技术，实时监测电梯运行状态，加强对电梯使用、日常维保等环节的监管，提升安全监管工作的实时化、精细化、智能化水平，提高政府管理及面对突发事件的应急反应能力。加强场（厂）内机动车监管，定期完善在用叉车管理台账信息并报送；开展场（厂）内机动车摸底调查和编码登记工作，督促相关单位在生态环境部微信程序中完成有效的信息采集，协助生态环境部门打好蓝天保卫战。开展液化石油气安全专项治理，重点检查是否存在超许可范围充装、安全管理制度的落实情况、操作人员是否持证上岗、液化石油气瓶充装记录、充装前后的检验情况、是否存在充装报废及超期气瓶的情况等，督促相关单位落实安全主体责任，消除安全隐患。落实《北京城市安全隐患治理三年行动方案（2018年—2020年）》，对重点场所和重点行业领域的特种设备开展专项检查，监督检查420家单位，发出监察指令书20份。

（郭洁）

【计量监管】 年内，区市场监督管理局按照“一门一网一次”的要求构建优质高效的网上政务服务体系，实现全程网上办理，最短时限内发放许可证书。共办理11家次行政许可，发放证书25张，未发生许可事项超期情况。以集贸市场、加油站、出租车、餐饮行业和商场超市等行业为重点，培育诚信计量示范单位100余家，形成“以经营者自我承诺为主、政府部门推动为辅、社会各界监督”的诚信计量运行机制。推动供热计量改革，组织开展热量表生产使用单位和公共建筑供暖企业监督检查，促进供热节能减排；配合市市场监督管理局在重点大型商场开展能源计量工作审查和综合平衡测试服务；加强对50家重点用能单位监管。检查39家加油站，对加油站使用的加油机进行计量复核，保证加油量准确。开展计量器具超期未检清理工作，重点检查商场超市、集贸市场、计量认证实验室、眼镜店、医疗机构等326家，检查在用计量器具2100余台（件），查处违法行为16起。处理计量投诉举报36件。开展“开学季”眼镜行业的专项整治，重点检查高校周边眼镜制配单位共计46家，核查使用的验光仪、焦度计、镜片箱等计量器具。开展商品过度包装的专项检查，抽查月饼、粮油、化妆品等20余批次，检验商品的包装空隙率和包装层数，规范商品节能包装。承担商品定量包装的国家级和市级的监督抽查任务，对辖区内20家食品生产企业进行产品抽样。清查生产领域和流通领域的能效、水效标识使用情况，对生产企业的取证情况进行复核，对销售单位的在售产品的标识标注情况进行抽查。

（郭洁）

【产品质量监管】 年内，区市场监督管理局共出动执法人员482人次，检查企业241家次，对18家次企业进行处罚，罚没款合计17.3万元。结销商品类案件68件，罚没款21.2万元。开展生产领域产品抽检65个批次，其中合格64批次，不合格1批次，产品质量监督抽查合格率98.5%，产品主要涉及低压电器、食品用塑料包装、集成电路读写设备等产品。对1家抽查不合格企业进行处罚，罚没款合计0.5万元。开展流通领域商品抽检514组，其中电动自行车类商品61组，不合格商品40组，向市场移转案件线索40件，实施不合格商品全区域下架6次。对68家抽查不合格企业进行处罚，罚没款21.2万元。组织开展食品相关产品、特种劳动防护用品、防爆电气等获证企业生产经营情况进行执法检查，做到获证企业执法检查全覆盖。完成获证企业年审工作，对21家获证企业提交的自查报告进行审核，对2家未按时提交年审报告的企业进行立案查处。开展取消许可目录管理产品证书注销工作，为5家获证企业办理证书注销手续。

（郭洁）

消费者权益保护

【概况】 2019年，区市场监督管理局办理信访请求2971件，妥善化解信访矛盾纠纷。接收市、区“接诉即办”转办件8.8万件，承办4.6万余件；年平均反馈率96.25%，解决率60.91%，满意率84.12%。加强重点投诉监测预警，深入社区、学校开展消费普法宣传，畅通群众维权渠道，受理投诉举报15.6万件。主责办理5件人大建议提案，涉及限制老年代步车、普通家庭过期药品防污染处理、食品规范标识、外卖行业食品安全和改变升级企业注销登报公示环节，均按期办结。

（郭洁）

【食品药品领域“接诉即办”工作】 4月25日始，区市场监督管理局实行7×24小时值守，建立24小时运行的“接诉即办”微信工作群，及时解决群众诉求。开通区非紧急救助服务中心系统二级平台，电脑版和手机版同步运行，同时开通短信提醒功能，切实提升工作效率。强化“接诉即办”督办、考核力度，在即时反馈基础上，重点提升“解决率”和“满意率”，对回访不合格的案件发回承办部门进行二次办理，确保百姓满意、认可办理结果。

（郭洁）

【对新浪微博开展行政指导】 截至7月21日，区市场监督管理局受理因新浪微博“明星势力榜”停榜引发的投诉、咨询75件，消费者反映主办方存在退花不退款、拖延退款等行为。

区市场监督管理局及时对新浪微博开展行政指导，通报有关投诉情况，并就消费者反映的问题和现阶段的退款情况等事项进行查询。要求新浪微博重视消费者诉求，及时核实处理相关投诉，并就采取措施和退款情况作出书面说明。建议新浪微博吸取教训，避免在公告中出现类似“本月为该明星购买鲜花的用户将于近日收到退款”等模糊承诺，发生退款情况应及时向消费者公布详细的退款方案，明确退款期限、方式和流程，避免引发不必要的投诉。新浪微博表示将及时处理相关投诉，切实维护消费者合法权益。

（郭洁）

【消费投诉处理】 年内，区市场监督管理局解决消费投诉13829件，为消费者挽回经济损失808.71万元。分派“96315”系统投诉单7324件，接受热线咨询1729人次。累计受理退款投诉、咨询8082件。

（郭洁）

【汽车“三包”争议调解】 年内，区市场监督管理局继续推进汽车“三包”[①]争议调解工作。受理汽车“三包”投诉320件，调解成功183件，调解成功率70.1%，退换车辆4台。开展对辖区内4S店的监督检查全覆盖，检查执行《家用汽车产品修理、更换、退货责任规定》情况，督促有关企业切实维护消费者的合法权益。

（郭洁）

统计

【概况】 2019年，海淀区统计局队坚持稳中求进工作总基调，按照中央经济工作会议、市委十二届七次全、区委十二届九次全会以及全国、全市统计工作会的决策部署，全面落实“两新两高”战略，落实“3+2+1”的工作格局，全年共撰写形势分析、专题分析147篇，其中41篇报告获区领导批示；编发经济信息125篇，被采用101篇，其中5篇分析文章被《中国信息报》采用；编印《2019年海淀区情手册》《2019年北京海淀统计年鉴》《海淀统计》杂志等8种资料，合计1.5万余册。完成区政府信息公开大厅统计信息200条左右，发布数据指标1000余个；收到各部门数据需求100余份，提供数据10万笔左右。对统计公报、进度数据、年度数据、数说海淀、统计图片等栏目维护更新。在全市优秀统计分析报告评比中，获形势类报告一等奖1项，专题类报告一等奖、二等奖各1项。

（程丹）

【人大代表建议办理情况评估】 7月，受区人大常委会委托，区国调队开展海淀区2019年人大代表建议办理情况评估。评估涉及3个方面：有关承办单位具体负责的由区人大常委会确定的重点督办、跟踪督办的代表建议；人大代表就人民群众普遍关注的社会民生热点难点问题提出的代表建议；以及其他需要进行评估的代表建议。区国调队完成评估工作后，向区人大代表联络室提交总体评估报告和9份评估分报告。

（胡启航）

【法人单位经营情况调查】 8月19日，根据《北京市统计局关于开展法人单

① “三包”是零售商业企业对所售商品实行“包修、包换、包退”的简称。指商品进入消费领域后，卖方对买方所购物品负责而采取的在一定限期内的一种信用保证办法。对不是因用户使用、保管不当，而属于产品质量问题而发生的故障提供该项服务。

位经营情况调查的通知》，区统计局（队）召开准规模单位查找工作布置会，对准规模调查的时间、内容、注意事项进行解释；要求各部门与经济普查登记结合好，提高核查率，对数据质量提出要求，梳理本年度基本单位工作的重点内容。区统计局（队）和统计所分工合作，采取互联网搜索、“114”热线咨询等方式进行单位查找，依托法人单位经营情况调查平台，指导企业在网上进行数据填报。9月20日，完成法人单位经营情况调查工作，总体上报率和查找率均达到市局要求。

（程丹）

【创建国家卫生区群众满意度调查】 10月，区统计局（队）在29个街镇开展海淀区创建国家卫生区群众满意度调查。调查对象年龄在18至70周岁、在海淀区居住半年以上的居民。回收问卷1044份。调查结果显示，2019年海淀区创建国家卫生区的整体满意度为99.9%；99.8%的被访者支持开展创建国家卫生区工作；市容环境卫生方面，满意度均不低于98%；社区周边环境方面，主要街道和本社区周边商场超市满意度较高，本社区周边小歌舞厅和本社区周边小浴室满意度较低；生态环境方面，群众认为最需要改善的则是大气及污水治理和垃圾分类处理。

（程丹）

【辅助调查员“多岗多酬”试点工作】 10月至11月，区国调队组织开展辅助调查员“多岗多酬”试点工作。具体包括住户辅调员试点采价工作、采价员试点劳动力调查工作两项内容，完成美廉美超市（花园路店）、物美超市（花园路店）、班尼路（花园路店）3个点位的采价试点工作和白堆子社区（涉及增光路40号院、阜光里、白堆子甲23号院、阜成路北二街4个小区）的劳动力试点工作，并向国家统计局北京调查总队提出加强辅调员管理的建议。

（张佳）

【“宪法日”统计普法宣传】 12月4日至5日，区国调队在北太平庄街道、花园路街道开展面向社会公众的普法宣传活动，推进统计法治宣传“进社区”。宣传活动以传播宪法、统计法律知识和调查队中心工作为主题，现场设置宣传展台，悬挂横幅，设置统计宣传展板，发放《中华人民共和国统计法》（简称《统计法》）、《中华人民共和国统计法实施条例》、《弘扬法治精神全面依法调查》等宣传资料500余份，向群众讲解《统计法》等统计法律知识，介绍调查队职能、统计法治建设等内容，为现场群众解答疑问。

（胡启航）

【第四次全国经济普查信息化系统升级项目竣工验收】 12月，区统计局（队）召开第四次全国经济普查信息化系统升级项目竣工验收会议。项目于1月9日启动，完成“网上工作布置服务”“区划代码标准建设服务”“四经普企业数据抓取服务”“普查单位定位服务”“待核查建筑物坐标转换服务”以及“四经普宣传、培训及演示服务”等建设工作。全面更新和维护国民经济各行业的基本单位名录库、基础信息数据库和统计电子地理信息系统并通过验收，在试运行期间通过第三方功能测评和第三方安全测评，实现项目目标。

（程丹）

【“扫黑除恶”专项斗争社会调查】 年内，区国调队受区委政法委委托，开展3次“城乡接合部重点地区及治安重点地区扫黑除恶专项斗争”社会调查。调查共涉及216个调查点，5600余个有效样本。

（张小明　胡启航）

【“疏解整治促提升”专项行动民意调查】 年内，区国调队按季度开展4次“疏解整治促提升”（简称“疏整促”）专项行动民意调查。在已完成疏解整治行动的地区随机拦访常住居民，对专项行动效果进行反馈评价，及时准确反映“疏整促”专项行动效果。调查点覆盖全区29个街镇，每季度样本1600个。调查结果显示，群众普遍对专项行动高度支持，“疏整促”专项行动满意度全年四季度连续维持在较高水平，整治效果明显；但后续仍需在宣传深度和广度、整治规划建设、特殊群体需求和区域协调发展、社区共建共治4方面予以关注。

（胡启航）

【统计法宣传月活动】 年内，区统计局（队）、各街道统计所开展不同形式的统计法制宣传月活动。西三旗街道统计所在24个社区举办44场《中华人民共和国统计法》普法宣传活动，设置知识竞赛、知识文艺联欢会、知识宣讲及互动答题，5000余人次参加；燕园街道统计所通过悬挂横幅、放置易拉宝、发放宣传资料、组织居民观看统计科普视频、有奖知识小问答等形式，使居民学习统计相关知识；甘家口街道统计所通过摆放宣传展架，自制《统计法铁律》《统计法伴我行》等宣传折页将统计法及统计工作介绍给民众。其他街道统计所也都开展了多种形式的统计法宣传活动。

（程丹）

【投资领域统计】 年内，区统计局（队）从培训效果、审核管理、评估预判三方面开展投资领域统计工作，提升投资领域数据质量。培训效果：根据投资领域企业的规模，对新增企业安排专场，保证其数据填报准确；提炼培训课件的重点内容，采取多样的讲解方式，保证企业能够快速掌握指标的新变化；建立网络交流平台，对企业反映比较集中的填报问题进行逐一解答。审核管理：通过对海淀区重点指标数据的汇总情况，分析整体变动原因，查找影响变动的重点企业；对企业上报的个体数据进行审核，对变动异常的企业数据进行再次核实，从微观企业入手提升数据质量；对企业数据管理的基础工作进行监督。评估预判：与海淀区各主要项目主管部门沟通，及时掌握辖区内项目进展情况，建立重点项目台账；搭建数据核查机制，按季度对投资、房地产项目进行自查，通过电话、邮件、实地等方式收集企业的上报依据和原始凭证；搭建评估预判机制，对海淀区月度投资数据进行汇总分析。

（程丹）

【大数据助力统计监测】 年内，区统计局（队）将大数据新技术引入统计工作各领域，用大数据助力统计监测工作。"大数据+人口动态监测"：开展融合试点工作，持续优化通信大数据监测模型，修正模型系数，提高监测结果与传统统计口径的契合度；结合海淀区"疏解整治促提升"专项行动要求，强化重点整治区域监测，用大数据监测结果对"疏整促"工作进行科学评估，为区政府相关职能部门科学决策提供数据支撑。"大数据+普查调查"：与第三方合作，运用分布式爬虫技术，利用互联网企业信息聚合平台的海量信息，对企业的联系信息和状态信息进行初步清洗，得到企业的最新数据，极大地提高了普查效率，减轻基层的普查负担。"大数据+公共设施建设"：依托基层社会服务管理体系，构建"15分钟生活圈"公共服务设施指标模型，利用大数据技术开展居民宜居环境建设调查研究。

（程丹）

【社区养老服务现状需求调查】 年内，区统计局（队）开展2019年海淀区社区养老服务现状需求调查。采用计算机辅助电话调查方式，调查样本870个，调查对象为50周岁以上且在海淀区居住半年以上的居民。调查结果显示，多数老年人愿意参加社区养老活动，社区养老服务满意度均超过九成；对改善医疗及生活类问题呼声较高。

（程丹）

【统计时空大数据应用体系建设】 年内，区统计局（队）持续优化大数据监测模型，探索建设统计时空大数据应用体系。2018年，海淀区统计局队与区房管局联合开展建筑物核查工作，完成全区既有建筑物基础信息的采集，初步构建"人房企"关联大数据模型。2019年，区统计局（队）探索研究此模型，以人房关联为导向，将手机信号加载到对应的楼宇中，实现人口数据"入楼"，通过开展对比调查，通过实地入户调查与建筑物信号监测结果进行比较分析，完善模型系数，提高数据精确度。在全国第四次经济普查和第七次全国人口普查衔接工作中，优化人口数据测算模型，提高对常住人口测算的合理性和科学性，为全面摸清区域人口底数、服务人口管理提供依据。

（程丹）

【智能网联汽车产业发展研究】 年内，区统计局（队）开展智能网联汽车产业发展现状的课题研究。与工业和信息化部计算机与微电子发展研究中心（中国软件测评中心）合作，采取定性和定量相结合的方式，利用大数据手段，与统计数据融合，多角度分析，为推动智能网联汽车产业生态链发展提供重要数据支撑。该研究从智能网联汽车的内涵及产业范畴、国内外整个领域发展概况等内容入手，围绕"车、路、云、网、图"五大关键要素，剖析海淀智能网联汽车各产业链条发展的优势和前景；通过与国内外先进地区和城市的数据对比，发现海淀智能网联汽车产业发展的短板及潜在资源；提出智能网联汽车产业加速发展意见和建议。

（程丹）

【"企业家之声"微调查】 年内，区统计局（队）、区工商联联合对100位企业家进行专访，开展"企业家之声"微调查。共收回有效问卷105份。被调查企业涉及信息、科研、工业等行业，问卷题目涉及经营状况、营商环境感知度、用工便宜度、规划主动性、研发创新投入度、国际化程度、本季度评价、下季度预期等多个维度。调查显示，企业活跃度与营商环境满意度相对较高，全年经济稳定健康发展具备妥善保障但不利因素犹存。

（程丹）

【"金样本"记账专项试点】 年内，区统计局（队）根据北京市统计局开展限额以下零售业和餐饮业"金样本"记账专项试点工作安排，开展"金样本"记账专项试点工作。落实"样本可靠"：以第四次全国经济普查单位名录库为基础，结合限额以下批零住餐单位抽样调查样本，按照行业中类初选出符合条件的企业及个体户名单；对初选的样本进行实地走访，与样本所在的社区居委会沟通，摸清样本企业和个体经营户的经营情况，挑选出经营状况稳定、经营活动正常、经营内容符合条件的备选库；确定9家记账条件良好的企业和个体工商户作为"金样本"记账的样本单位。落实"数据准确"：落实各样本单位的记账联络人，确定记账期间由该联络人负责台账记录、问卷信息收集和上报数据的质量；对各样本联络人进行"一对一"培训，对照日记台账和调查问卷的纸质样表，进行现场实际记账操作，从源头上确保"数据准确"。落实"信息可用"：对样本数据信息进行实时监测，为科学推测全区限额以下零售业和餐饮业销售经营情况提供参考。

（程丹）

【"接诉即办"群众满意度调查】 年内，区统计局（队）开展2019年海淀区"接诉即办"工作效果群众满意度调查。本次调查用随机抽样方法，采取计算机辅助电话调查方式（CATI），通过计算机产生随机数的方法，抽选年龄在18至70周岁且在海淀区内居住半年及以上的居民。样本年龄分布均衡，性别比例基本合理，文化程度及职业身份分布全面，共完成问卷870份。调查结果显示，七成以上被访者拨打过或知道"12345"政府服务热线；"接诉即办"工作机制得到居民认可；被访者对"接诉即办"开展成效表示满意。为保证调查数据真实可靠，采取"随打随监听"的审核策略。对于调查者的选择项进行极端值审核，对于差距很大的调查样本进行回访，与被访者进行确认，保证调查样本的准确性。

（程丹）

【智能问答机器人推出】 年内，区统计局（队）启动人工智能咨询答疑项目，探索运用新技术智能问答机器人，进一步提高统计数据的质量和工作效率。针对统计年报和定报过程中大量的咨询答疑任务，采用智能问答机器人+微信的方式，为填报单位提供新的交流途径，提高工作效率。智能问答机器人运用语音识别、语义分析、自然语言理解、深度学习等人工智能技术，是一个学习成长型的知识咨询 AI 对话平台。

（程丹）

【“三农”统计监测调查】 年内，区统计局（队）开展“三农”统计监测调查工作。优化调查方案，新增《农村地区土地情况调查表》，对《农村社会经济基本情况补充表》《乡（镇）社会经济发展基本情况补充表》《农村地区建筑物调查表》的部分指标进行调整，剔除不能满足现实需求的指标，新增反映“三农”新形势、新情况的指标。提升工作效率，新开发基于地图的信息采集系统，调查员手持移动终端（PDA）开展登记，提高工作信息化水平；建立调查数据联网系统，移动采集的全部数据上报至电脑端进行汇总审核；严控数据质量，选取有代表性的行政村先行试点，针对工作中发现的典型错误和问题开展调查实操培训，确保问题能够得到解决。增强服务效能，基于“三农”统计监测调查获得的数据，围绕海淀区乡村振兴战略实施和美丽乡村建设相关的重点、热点问题，不断深化数据成果的开发利用。

（程丹）

【《2019 北京海淀统计年鉴》编印】 年内，区统计局（队）完成《2019 北京海淀统计年鉴》编印工作。年鉴记录海淀区 2018 年社会经济和科技方面发展变化，分 3 部分：统计图、统计公报、统计表及相关指标解释。其中第三部分是核心部分，包括综合，人口，从业人员、劳动工资，投资，农业及农村经济，工业，建筑业，第三产业，商业，中关村科技园区海淀园，外经、旅游，金融、价格，教育、文化、科技，卫生、体育，城市建设，人民生活，社会福利、政法及其他，工商、税务共 18 章，收录 200 张统计表。年鉴为中英文对照版，随书配有电子光盘。

（程丹）

审计

【概况】 2019 年，海淀区审计局（简称区审计局）组织开展审计项目 32 个，查出主要问题金额 152357 万元，发现非金额计量问题 53 个；出具审计报告和专项审计调查报告 33 篇。审计处理处罚金额 7009 万元，审计促进整改落实有关问题资金 148628 万元；推动出台 5 项全区性管理制度，被审计单位建立完善内控制度 184 项。提出审计建议 69 条，提交审计信息 90 篇。“北京市海淀区工业公司 2016 年度资产负债损益情况的审计”“2017 年度海淀区本级预算执行及其他财政收支情况的审计”项目被评为北京市审计局优秀审计项目；《大数据环境下的预算执行审计思考与实践》获市优秀调研成果二等奖。

（尹广景）

【政策落实跟踪审计】 年内，区审计局聚焦减税降费、清理拖欠中小企业账款以及“疏解整治促提升”专项行动等内容，开展重大政策措施跟踪审计。关注落实效果，审查各项政策落实中的问题及难点，按季度报告审计结果。

（尹广景）

【预算执行审计】 年内，区审计局采取“大数据审计 + 重点现场审计”方式，对 51 家一级预算单位进行大数据审计，对 10 家单位开展现场审计，首次实现区属一级部门预算执行审计全覆盖。开展大数据审计的经验做法在市审计局专题研讨会上作典型发言。审计结果表明，区属各部门预算执行规范化水平不断提升，预算约束意识、厉行节约意识进一步增强，较好地落实了中央八项规定精神，“三公”经费决算支出较预算减少 21.22%。审计发现的主要问题是部分单位预算编制规范性有待加强、预算执行率有待提高、决算报表信息披露不完整、项目管理不规范等。

（尹广景）

【经济责任审计】 年内，区审计局制定《海淀区领导干部经济责任审计和自然资源离任审计工作规划（2020—2024 年）》。开展对 9 家区属单位的 13 位主要领导干部任期经济责任审计工作；对西北旺镇领导干部开展自然资源资产经济责任审计，实现苏家坨、上庄、西北旺、温泉 4 个镇领导干部自然资源资产离任（任中）审计全覆盖。

（尹广景）

【政府投资建设项目审计】 年内，区审计局投资审计稳步规范转型，消化委托审计项目存量，采取管用分离方式开展新的投资项目委托审计，组织完成政府投资审计项目 58 个，决算送审金额 117.4 亿元，审减工程投资 11.3 亿元；重点项目纳入全局计划，完成园外园生态环境提升三期工程审计。

（尹广景）

【专项审计】 年内，区审计局配合区发改委，开展扶贫资金审核检查。对区教委系统政府采购执行情况、全区养老服务建设等进行专项审计调查。参加市审计局组织的保障性安居工程跟踪审计。开展庆祝中华人民共和国成立 70 周年庆典资金使用情况跟踪审计，促进资金规范高效使用。

（尹广景）

【企业审计】 年内，区审计局完成 4 家区属国有企业审计，综合 2018 年以来 8 家企业的审计结果，向区人大常委会提交国企国资审计专项报告，结合审计发现的重大经济决策、财务管理和会计核算、内部管理、业务经营及资产管理等方面的问题提出审计建议，助力完善国有资本管理体制，促进国有资本保值增值，提高国有资产使用效益。

（尹广景）

【内部审计】 年内，区审计局对全区行政事业单位、国有企业等 124 家单位、部门开展内部审计工作情况专项调查，试点将内审事项纳入审计项目实施方案。组织开展 3 期专题业务培训，提高内部审计工作规范性。

（尹广景）

国有资产监管

【概况】 2019 年，海淀区人民政府国有资产监督管理委员会（简称区国资委）直接监管企业 16 家。区属国有及国有控股企业资产总额3242.14亿元，所有者权益982.47亿元，归属母公司所有者权益683.71亿元。实现营业总收入590.93亿元，实现归母净利润17.25亿元，上缴税费31.41亿元。

北京市海淀区国有资产投资集团有限公司、北京实创高科技发展公司、北京实创科技园开发建设股份有限公司、翠微集团、北京海淀置业集团有限公司、北京海融达投资建设有限公司6家区属国企向新疆和田市吉亚乡捐赠资金共计600万元，支援苗圃基地、扶贫车间、防疫站、道路路灯等6个项目建设，惠及建档立卡贫困户10532人。

【北京中海投资管理有限公司】 2019年，北京中海投资管理有限公司（简称中海投资公司）资产总额14.08亿元，收入7.57亿元，比上年增长39.46%。中海投资公司受托管理海淀区创投引导基金、海淀园引导基金、股权直投基金、文创引导基金四大类政策基金共计49支，总规模近470亿元，放大财政资金近6.5倍；其中股权投资基金共投资项目105个，已退出31个。

所属中关村梦想实验室引入英诺天使投资基金、中关村哈军工研究院等合作伙伴，助力创新孵化。强化D平台[①]布局策略，在5G、MEMS传感器、人工嗅觉、功能纤维、雅努斯材料等方面开展研究，新建4项前沿技术的动态跟踪数据库，绘制4项技术成果分布图，申报发明专利4项。协同“城市大脑”专班开展顶层设计，形成“1+1+5”[②]顶层设计成果；提出需求牵引、动态立项、联合评审、统招分签等创新举措，对原有项目管理机制进行优化和创新，推动实现城市大脑项目落地；为城市大脑建设提供行业研究、需求征集调研封装、协同立项评审、重点任务管理、成果展示发布、展示体验平台建设、产业联盟建设等支撑服务。

（郭俊昕）

2019年海淀区国资委直接监管企业一览表

表7

序号	企业名称	企业简称
1	北京市海淀区国有资产投资经营有限公司	海国投
2	北京海淀置业集团有限公司	海淀置业
3	北京实创高科技发展有限责任公司	实创高科
4	北京海开房地产集团有限责任公司	海开集团
5	北京翠微集团	翠微集团
6	北京海融达投资建设有限公司	海融达
7	北京中海投资管理有限公司	中海投资
8	北京西农投资有限责任公司	西农投资
9	北京市海淀区工业公司	工业公司
10	北京绿海能环保有限责任公司	绿海能
11	北京实创科技园开发建设股份有限公司	实创股份
12	北京海淀科技金融资本控股集团股份有限公司	海科金
13	北京市海淀区保障性住房发展有限公司	海保发
14	北京海房投资管理集团有限公司	海房投资
15	北京海淀文化旅游产业发展集团有限责任公司	文旅集团
16	北京通联实业公司	通联实业

（孙彦艳）

【北京海淀科技金融资本控股集团股份有限公司】 2019年，北京海淀科技金融资本控股集团股份有限公司（简称海科金集团，不含北京金一文化发展股份有限公司）实现资产总额236.09亿元，比上年增长59.50%；负债总额171.73亿元，比上年增长49.21%；净资产64.36亿元，比上年增长95.44%，其中归属于母公司净资产62.05亿元，比上年增长103.24%。海科金集团实现经营收入15.57亿元，比上年增长27.15%；实现利润总额2.6亿元；实现净利润2.19亿元；实现归属于母公司的净利润2.11亿元，比上年增长46.80%。上缴税金2.29亿元。至年末，股权融资平台北京中海创业投资有限公司已投资企业16家、子基金1家，累计投资额约4.02亿元；股权投资项目共计13家，累计投资额约3.59亿元。北京中海创业投资有限公司基金整体浮盈约4.41亿元，整体收益率113.14%，年化收益率（单利）19.19%；天使投资在投创新项目7个，总投资额139.875万元，

① 前沿技术产业化研发平台计划［简称D（Development）平台］。

② 包括1个总纲要《海淀城市大脑顶层设计总体规划（纲要）》，1个总报告《海淀城市大脑顶层设计总报告》和《海淀城市大脑顶层设计建设基础及应用需求分析报告》《海淀城市大脑总体架构体系及演进研究报告》《海淀城市大脑业务应用体系研究报告》《海淀城市大脑顶层设计建设机制研究报告》《海淀城市大脑顶层设计标准体系研究报告》5个分报告。

在投项目按已经实现的融资估值计算价值为775万元，平均增值近6倍，最高增值项目近30倍。债权融资平台中北京海淀科技企业融资担保有限公司实现营业总收入2.23亿元，总在保余额59.89亿元。“见贷即保”产品被中国融担协会、中国担保杂志评选为全国融资担保机构优秀业务产品。北京鑫泰小额贷款股份公司实现收入3856万元，实现利润1284万元；北京海汇典当有限公司实现收入486万元，实现利润154万元。资管平台与基金管理公司开展合作成立基金，用于收购北京核心位置的优质存量资产；参与设立京畿资本管理有限公司，实现合并收入15454万元，利润总额7492万元，净利润6208万元。辅助类平台中北京海金仓金融信息服务有限公司业务发生额约6.5亿元，实现主营业务收入821万元，其他业务收入66万元；北京海金商业保理有限公司发放保理融资49亿元，累计收回34亿元，年末保理资产余额28亿元，实现收入13959万元，实现净利润4785万元。北京海科融信物流有限责任公司实现收入1亿元，净利润706万元，汽车代采业务已小批量操作；北京中关村上地生物科技发展有限公司实现收入713万元，实现利润总额346万元，净利润251万元。孵化器实现总收入为1965万元。公共技术服务平台为100家企业及个人提供技术服务。海科金集团所属生物园区入驻企业100家，其中孵化企业56家；吸引落地投资总额8934.7万元，美元1870万元；在孵企业累计获得1亿元融资。在孵企业中有4家企业获国家一类新药临床批件（一家已获得三期批件），3家入驻企业获得三类医疗器械产品注册证，2家企业完成产业化转移，2家企业“新三板”上市。集团以及下属成员企业通过提供借款、融资担保等方式，向北京金一文化发展股份有限公司提供100亿元资金支持。北京金一文化发展股份有限公司实现营业收入56.57亿元，归属上市公司股东的净利润6.63亿元。

（齐海龙）

【中海数据存储产业基金组建】 7月，北京市海淀区国有资本经营管理中心、海科金集团及其旗下中海创投及其管理的基金共同出资组建基金规模2亿元的中海数据存储产业基金，已到位1.5亿元。资金在直接支持区域内数据存储类高新技术企业的基础上，联动区国资系统企业与上市公司体系产业等相关区域经济主体，实现区域内经济主体共赢，提升区域经济发展。

（齐海龙）

【网络安全等级保护和CCRC信息安全服务资质认证分享会】 8月22日，海科金集团、北京市信用协会、北京银行中关村分行和德钧咨询公司共同举办“网络安全等级保护和CCRC信息安全服务资质认证分享会”。分享会邀请专业人士讲解国家和北京市信用联合奖惩和信用修复政策、CCRC（中国信息安全认证中心）信息安全服务资质认证、网络安全等级保护的演变和发展、现阶段大环境和等级保护发展的形势、网络安全等级保护实际操作中的技术条件要求和实际执行中会遇到的问题。本次培训由德钧咨询副总经理田蜜进行政策文件解读，对办理流程及注意事项，确保政策落地的合规，降低企业税务备案的风险等进行说明，德钧咨询还针对中关村科技型小微企业研发费用支持资金管理办法进行了政策解读及申报指导。同时，德钧咨询的项目总监白洋对企业科技金融扶持政策进行了梳理，共有60余人参加了此次认证分享会。

（齐海龙）

【企业贷款担保】 年内，海科金集团受托管理的海淀科技企业担保扶持基金累计担保额达50余亿元，年放超过10倍，累计为600家以上科技型中小微企业提供贷款担保，年担保费不超过2%。扶持中关村国家自主创新示范区核心区中小微科技企业210家，贷款额度18.68亿元。

（齐海龙）

【国有企业改革】 年内，区国资委组建海淀文旅集团，加大在文化艺术、会展活动、体育产业、旅游科技等业务领域的布局。区属国企通过注销、转让等方式退出劣势企业18家。中山市京创科技开发公司、海南电南科技发展总公司、北京海淀区国有资产投资管理中心、北京凤凰岭自然风景公园由全民所有制企业改制为公司制企业。北京实创股份有限公司与北京北大千方科技有限公司等科技企业联合组建北京翠湖智能网联科技发展有限公司，承担中关村自动驾驶示范区的建设运营任务。北京中海投资管理有限公司与百度公司、中国联通等科技企业共同重组北京中海纪元数字技术发展股份有限公司，承担海淀“城市大脑”建设任务。

（孙彦艳）

【国有企业经营发展】 年内，翠微集团正式启动实体化经营，立足“科技产业投资平台”定位，完善组织架构。区国资中心退出中国铁塔项目，实现收益1.4亿元。北京海淀科技金融资本控股集团股份有限公司下属中海创投基金整体浮盈4.39亿元，整体收益率112.34%。翠微集团获得投资收益约6000万元。北京实创高科技发展公司参与海淀空间优化基金实现年度投资分红1500万元。超市发连锁增强社区服务功能，新开门店14家，3家门店挂牌“社区商业e中心”。北京海房投资管理集团有限公司推进多层住宅增设电梯项目，完成及在建电梯428部。北京市海淀区国有资产投资集团有限公司完成中关村大街夜景照明工程，推进夜间微循环摆渡车服务，促进夜经济发展。北京西农投资有限责任公司下属聂各庄敬老院通过四星级敬老院标准化验收。海开集团新承担政府投资项目实施主体任务，推进四季青巨山产业园等项目。北京北控绿海能环保有限公司组建运输子公司。区物资回收公司建成并运营再生资源回收站13处，解决15个街镇的大件垃圾交投需求。

（孙彦艳）

【国有资产管理】 年内，区国资委出台《区属国有企业内部审计管理办法》，指导各企业全级次建立健全内部审计体系，督促整改上年度企业决算审计发现的问题。出台《关于区属企业规范实施企业年金的指导意见》，规范统筹外福利待遇，完善薪酬福利体系。修订《海淀区企业资产评估管理实施细则》，将核准金额由1000万元调整到2000万元。组织开展“区属国企规范管理提升年”活动，督促各监管企业内部管理，提升管控能力。推进放权授权，全面执行投资和交易监督管理办法，国资委批复事项较上年减少一半，增强企业经营自主权。完成机关干部兼任一级监管企业董事、监事的清理整改工作，指导推进海国投实业股份有限公司、北京海淀科技金融资本控股集团股份有限公司两家企业的董事会换届工作，指导北京市海淀区保障性住房发展有限公司建立首届董事会。推进企业产权登记管理规范化，办理产权登记事项85项。启动资产评估评审程序，规范资产评估管理工作。完成国有资本经营收益收缴22251.12万元，支出16834.90万元。开展一级监管企业负责人年度和3年任期的业绩考核、薪酬核定。完成7件人大代表建议办理。

（孙彦艳）

中关村海关

【概况】 2019年1月31日，中关村海关完成海关机构业务调整工作。根据《海关总署关于北京海关职能配置、内设机构和人员编制规定的通知》要求，在原中关村海关及原北京出入境检验检疫局中关村办事处基础上，合并调整中关村海关机构及职责管理范围。调整后的中关村海关主要职责是：受北京海关直接领导，按授权承担指定区域范围内海关各类管理工作。承担党的基层组织建设和干部队伍建设工作；办理中关村国家自主创新示范区及其所在地海淀区的通关、检验检疫（指定业务除外）、征税、企管、常规稽查、核查、属地查验、加工贸易和保税等海关业务，反馈执法作业结果；承担北京海关部分减免税集中审核工作；承担北京海关原产地证集中审核工作。完成北京海关交办的其他工作。内设办公室、人事政工科、综合业务科、稽查科、减免税管理科、原产地管理科、查检科7个科室。

2019年，中关村海关征收税款10.82亿元。设立加工贸易手册37本，备案金额7.47亿美元，保税仓库内销征税410.87万元。新注册企业1024家，实有企业9930家。审批征免税证明14076份，总货值92.75亿美元，减免两税[①]50.81亿元。集中审核原产地证书48040份，签证金额28.09亿美元，累计为出口产品节约境外关税约8479.98万美元。受理特殊物品和生物材料报检846批次，进境SPF鼠[②]隔离监管307次。办结稽查作业36家，补税24家，税款入库2.21亿元；移交线索7起，案值1015.8万元，涉税159.46万元。“多查合一”作业51起。

（李鹏）

【回流文物减免税审批】 3月7日，中关村海关为鲁迅博物馆申请减免税进口美国联邦调查局查获并返还文物361件，该批文物为2009年中美签署限制进口中国文物政府间谅解备忘录以来，美方第三次，也是规模最大的一次中国流失文物返还。该业务为中关村海关首次办理的中国流失文物返还减免税审批业务。4月8日，为鲁迅博物馆申请减免税进口796件返还文物，该批文物为习近平总书记出访意大利期间意大利政府返还文物。该批文物时间跨度长达5000年，器物种类多样、保存状况较好，为近20年来最大规模的中国文物艺术品返还。开辟绿色通道、设置专人专岗，加急办理自日本、意大利、美国等进口的西周晚期青铜组器、圆明园“青铜马首”等1324件回归文物的减免税手续，按期完成国家文物回流工作。

（李鹏）

【优化营商环境】 3月，中关村海关与中关村管委会、海淀区商务局对区内150家企业开展优化营商环境专项政策宣讲，解答通关、保税、减免税审批、原产地证审批等业务疑难问题。加强企业政策指引力度，确保北京海关优化营商环境压缩通关时间的最新优惠政策及时落地。中关村海关平均通关时间压缩至8.65小时，压缩比例超过87%，提前申报率提升至82.59%。

（李鹏）

【原产地签证便利措施推出】 年内，中关村海关开展原产地签证无纸化签证和无纸化备案工作。实现北京海关承担的原产地证书申报企业登记、变更申请的全面无纸化办理；对信用等级高、签证差错率低的企业开展签证随附纸质单据免除试点作业。简化产品备案手续，对部分证书不再强制要求进行产品备案，对于北京地区以外生产的产品实现产地证备案产品信息全国联网，对一般产品预审采取上传电子文件方式，不再进行现场审核。

（李鹏）

【生物医药企业“精准化”通关服务】 年内，中关村海关在其建立的全国首家一站式特殊物品和生物材料查验平台推出多项“精准化”服务措施，帮扶生物医药企业准确判别货物生物安全风险级别，确定进境检疫要求及对应的监管措施，降低通关时长。中关村海关负责北京市99%实验鼠查验工作，针对进口实验鼠体质弱、对环境变化敏感的特点，推出预约查验负责，做到“即到即查，随查随放”，保证实验动物质量。4月，中央电视台新闻频道对中关村海关建立的全国首家“一站式特殊物品及生物材料进出口公共服务平台”进行专题报道。

（李鹏）

---

① 关税及增值税。

② Specific Pathogen Free，即无特定病原体鼠。

烟草专卖与管理

【概况】 2019年，北京市海淀区烟草专卖局（北京市海淀烟草公司）（简称海淀烟草公司）资产总额117104.72万元，比上年增加2072.24万元，增长1.8%；净资产108934.65万元，比上年增加1477.81万元，增长1.38%；固定资产净值4625.45万元；流动资产112479.27万元。全区有效户3138户，正常经营户3026户。移送公安局大要案26起，移送工商局无证经营案件180起。审核行政处罚案件596起，审查行政处罚案卷324本。

（刘奕歌）

【烟草专卖经营】 年内，海淀烟草公司完成销量92217箱，完成年销量计划的96.82%，比上年减少3810箱，下降3.97%；实现税利69069.56万元，毛利63771万元，比上年减少2007万元，下降3.05%；实现单箱销售额35400元，比上年增加1281元，增长3.75%。一、二、三类烟销量比上年增长，四、五类烟销量下降。其中，一类烟比上年增加992箱，增长4.1%；二类烟比上年增加186箱，增长0.94%；三类烟比上年增加1549箱，增长3.67%；四类烟比上年减少6301箱，下降66.17%；五类烟比上年减少277箱，下降100%。销售重点品牌卷烟81843箱，比上年减少3043箱，下降3.58%；重点品牌销量占比88.75%，比上年上升0.35个百分点。销售低焦油卷烟24245箱，比上年增加822箱，增长3.51%。

（刘奕歌）

【烟草市场监管】 年内，海淀烟草专卖局与相关职能部门联合执法，查办违法案件594起，其中5万元以上大要案49起，查获各类违法卷烟1394.91万支，其中假烟157.13万支，走私烟338.60万支。依法向公安机关移送追刑29人。全年卷烟市场净化率96.7%。

（刘奕歌）

【烟草行政执法】 年内，区烟草专卖局共移送公安局大要案26起，移送工商局无证经营案件180起，抄备检察院大要案26起，案件移送、抄备率达100%。审核行政处罚案件594起，审查行政处罚案卷324本，参加市烟草专卖局组织案卷评查1次，参评案卷9本。首次在北京市行政执法信息服务平台中开展案卷评查，参评案卷9本，成绩优秀。

（刘奕歌）

【烟草行政许可】 年内，区烟草专卖局办理各类行政许可2441件，其中新办行政许可731件、变更行政许可171件、延续行政许可1015件；停业13件；恢复营业11件；补办7件，歇业146件；责令停业整顿2件，审批注销167件；收回178件。全区有效户3138户，正常经营户3026户。

（刘奕歌）

【预警处理】 年内，区烟草专卖局接收营销、专卖部门发送的风险提示书1200余份，向营销部门发送《改进建议书》20份；向专卖部门传递《市场反馈单》16份；向企管办传递《反馈单》5份；向法制部门传递《反馈单》5份。涉及零售户533户次（400余户）：预警零售户173户次、访销反馈异常户87户次，外流零售户273户次。

（刘奕歌）

·案例选辑·

【查获非法经营卷烟案】 1月1日，区烟草专卖局联合海淀公安分局，在海淀区金沟河附近查获一起非法经营卷烟案件。共查获违法卷烟188.90万支，涉案金额203.04万元。

（刘奕歌）

【查获4起无证卷烟经营案】 1月11日，区烟草专卖局联合海淀公安分局，在海淀区西三旗、成府路、阜石路等地查获4起无证经营案件。查获违法卷烟37.54万支，总案值43.19万元。依法向公安机关移送追刑5人，网上追逃1人。

（刘奕歌）

【查获3起加热不燃烧卷烟案】 3月4日至19日，区烟草专卖局在海淀区西三旗、二里庄某小区、某地下停车场一小轿车内及大兴区某小区查获3起加热不燃烧卷烟的违法卷烟案件。共查获违法卷烟37.86万支，涉案金额29.19万余元。其中，查获加热不燃烧卷烟Marlboro（iQOS SMOOTH REGULAR）、Marlboro（iQOS MINT）、HEETS（IQOS BRONZE LABEL）、HEETS（IQOS FRESH EMERALD）、Fiit（lil CHANGE）、Marlboro（iQOS YELLOW MENTHOL）、HEETS（TURQUOISE LABEL）等共计28个品种25.30万支，价值18.52万余元。依法向公安机关移送追刑1人。

（刘奕歌）

【查办向未成年人售烟案】 6月，区检察院向区烟草专卖局移交2起向未成年人售烟的线索。区烟草专卖局立即调查取证，经核查，向未成年人售烟的2户商户均为无证经营卷烟商户，当事人对其违法行为确认无误。区烟草专卖局依据《北京市控烟条例》，对2户无证经营卷烟商户分别处以1万元的罚款。

（刘奕歌）

区属传统工业

【概况】 海淀区工业公司（简称工业公司）是海淀区国资委一级监管全民所有制企业，2019年所属企业20家，其中国有及国有控股企业10家，集体企业9家，挂靠党群关系企业1家，部分从事工业生产制造，部分出租经营房地资产。工业公司营业收入9470万元，实现利润1632万元，比上年增长11.17%，实现净资产收益率4.8%。

2019 年海淀区工业公司所属企业一览表

表 8

序号	企业名称	企业性质	企业注册地址
1	北京砂轮厂	国有企业	海淀区清河三街 99 号
2	北京市海佳利企业管理中心	国有企业	海淀区车道沟南里 A 楼商业楼 1 层
3	北京京海联实业开发股份公司	国有企业	海淀区北四环中路 283 号
4	北京市海淀八一湖旅社	国有企业	海淀区玉渊潭公园北侧东钓鱼台甲 1 号
5	北京市海淀区铸钢厂	国有企业	海淀区白家疃村东口
6	北京市海淀区水泥厂	国有企业	海淀区北安河乡寨口
7	北京海工物业管理有限公司	国有企业	海淀区东王庄小区 33 号楼 6 层
8	北京领先饮食品有限公司	国有监管	海淀区太舟坞 408 号
9	北京六一生物科技有限公司	国有控股企业	北京市金融安全产业园内（房山区阎富路 69 号院 25 楼）
10	北京市康而富商贸中心	国有企业	昌平区科技园区中兴路 10 号
11	北京市华都换热设备厂	集体企业	大兴区黄村镇芦城创新路 9 号
12	北京市海淀区机电设备厂	集体企业	海淀区南海淀 23 号
13	北京长城节能锅炉厂	集体企业	海淀区苏家坨镇柳林村
14	北京市第二皮鞋厂	集体企业	海淀区新街口外大街文慧园南路 2 号
15	北京市雪花冷冻箱厂	集体企业	海淀区阜外半壁店 77 号
16	北京风机二厂	集体企业	海淀区西三旗东路
17	北京中安电子集团	集体企业	海淀区东王庄小区 33 号 6 层
18	北京汽枪厂	集体企业	海淀区青龙桥西街 67 号
19	北京海淀电子医疗仪器厂	集体企业	海淀区三才堂
20	北京第一机床电器厂有限公司	挂靠企业	海淀区中关村大街 32 号

（杨秋雁）

【雪花冷冻箱厂老旧厂房改造现场专题会】 11 月 12 日，区委常委、常务副区长孟景伟到工业公司所属基层企业——北京市雪花冷冻箱厂开展“我在基层·促发展”工作调研并召开现场专题会。区国资委、区城管委、区住建委、规自海淀分局、区应急管理局、田村路街道、工业公司、雪花厂及中国行为法学会相关人员参加专题会。北京市雪花冷冻箱厂合作方就廉政教育产业园项目的整体方案、功能定位、项目进展及目前亟待解决的问题进行汇报。工业公司党委书记贺冗从项目定位、审批路径及审批具体内容发言，区国资委党委书记、主任魏开锋表示，老旧厂房改造难、缺乏政策依据，希望区政府及各职能部门给予大力支持。围绕雪花冷冻箱厂的老旧厂房改造升级利用，各部门提出富有建设性的意见建议。孟景伟对北京市雪花冷冻箱厂的法治廉政产业园项目定位给予肯定，并指出在现行政策条件下，企业要坚持厂房“不长高不长胖”的原则，通过对老旧厂房现状的加固改造实现产业升级。

（杨秋雁）

【推进电竞产业园合作项目】 年内，工业公司推进园区厂房改造，建成数字文化场馆；打造国际化数字文化产业聚集区，以数字文化产业上下游链条整合为建设方向，推进北京风机二厂升级改造。电竞产业园完成 A 区附属办公楼外立面装修，室内二次装饰改造完成 20%；完成排柱加固、屋顶拆除、地基基础，主体结构完成 60%。B 区厂房主体结构、外立面装修完成，室内公共部位装修完成 85%，启动招商入驻程序。C 区改造完成，11 月初投入使用。D 区改造、室内装修完成，丽枫酒店开始试营业。园区管理区域改造完成 95%。

（杨秋雁）

农业与农村建设

2020

北京海淀年鉴

3月27日，西北旺镇百旺种植园高架草莓基质栽培（马超 摄）

5月10日，聂各庄敬老院老人唱歌活动（聂各庄敬老院 供图）

5月20日，西山公墓排洪沟治理前（上）、后（下）对比（李建奇 摄）

7月19日，翠湖国家湿地公园栽种的乡土植物（区农业局组培室 供图）

9月23日，海淀区第二届中国农民丰收节举办（马超 摄）

农业

【概况】 2019年3月16日，北京市海淀区农业农村局挂牌成立。根据海淀区机构改革方案，将区农村工作委员会的职责以及区发展和改革委员会的农业投资项目、区财政局的农业综合开发项目、市规划和国土资源管理委员会海淀分局的农田整治项目、区水务局的农田水利建设项目等管理职责整合，组建区农业农村局，作为区政府工作部门。区委农村工作委员会与区农业农村局合署办公。不再保留区农村工作委员会（区动物卫生监督管理局）。

年内，区农业农村局备案4宗设施农业，包括温泉镇白家疃村经济合作社项目、上庄镇京西稻育秧设施建设项目、苏家坨镇柳林农教体验基地和上庄镇三元农业无人智能植物连栋温室建设项目。农田面积3400公顷，其中水田77.37公顷，水浇地238.03公顷，旱地362.27公顷，果园1654.43公顷，苗圃655.04公顷，设施农用地382.27公顷，其他35.44公顷。蔬菜产量1636.63万公斤，产值5140.94万元，分别比上年增长–2%、5%。主导树种樱桃产量43.64万余公斤，产值1827.15万元，分别比上年增长–6%、–16.4%。果树产量353.34万公斤，产值3814.34万元，分别比上年增长2.5%、0.1%。

（王倩玉）

【北京西农投资有限责任公司】 2019年，北京西农投资有限责任公司实现营业收入7676万元，利润总额5223万元。推进公司制改革，完成凤凰岭公园改制和长建西山建筑公司注销工作。拥有6家直属单位和2家合资企业。凤凰岭公园以创新旅游活动为抓手，举办第六届新春游园会、第七届金婚活动、第五届户外运动大会等活动，其中凤凰岭第六届新春游园会收入330万元，比上年增长14.9%。北京大美西山文化传播有限责任公司推出沉浸式实景剧《贝家花园1940》、话剧《西山枫叶正染红》等系列红色旅游活动。敬老院通过三星级养老机构评定和四星级服务标准化验收。西山公墓实施绿化、护坡和河道源头治理等工程。西山农场推广绿色农业技术，优化果品产业，公司稳步发展。北京京海龙物业服务有限责任公司完成生态林管护和环境维护工作。组织实施凤凰岭地块河道治理工程项目，完成项目概算评审工作，等待市发改委审批。加大辖域内生态环境保护力度，拆除违法建设16处，建筑面积4957.41平方米。做好辖域内耕地、经济林和生态林管护，实施农用地巡查、大棚房整治、防止散养畜禽反弹等工作，做好河道的日常管理维护工作。

（黄弈雄）

【休闲农业】 3月，区农业农村局组织16家农业园区开展开心农场活动，单元耕地总面积25.91公顷，共有单元数量7070个，设置露地、露地+设施农业、设施农业三种单元地块模式供市民租种，体验农耕。推进西马坊村经济合作社和柳林村经济合作社进行三产融合试点建设。开展稻田油菜花生态景观种植，推广种植面积达83.77公顷。推广适合都市农业的栽培的优良蔬菜品种，开展蔬菜高品质栽培技术推广，开展草莓高架无土栽培技术，果树、蔬菜水肥一体化化，节水灌溉普及推广。开展化肥减量增效、测土配方施肥工作。至年底，全区建成43个集观光休闲、科普体验于一体的休闲农业园区，8个国家级休闲农业星级园区，20个北京市级以上星级园区，汇聚8家国家级农业产业化重点龙头企业、12家北京市龙头企业。

（王倩玉　李洪亚）

【海淀区第19届樱桃文化节】 5月19日至6月19日，由区农业农村局主办，都市农业协会和四季青镇政府承办的海淀区第19届樱桃文化节举行。主题是“樱你而来 桃美海淀”，为市民推荐4条经典采摘线路及果品和农业园区。全区的樱桃预产总量为53万公斤，同比增长6%。

（王倩玉）

【海淀区“中国农民丰收节”】 9月23日至10月20日，区农业农村局举办“中国农民丰收节”暨第十八届金秋田园体验季活动，以“丰收海淀 祝福祖国”为主题，设置海淀农业70年峥嵘岁月展览、科技农业场景展示、传统文化展示、台湾美食展示、扶贫农产品展卖、农事教育体验、民俗文化展播等环节和模块，采取线上招募与线下邀请相结合的方式，邀请市民共享海淀农业发展成果。在9月23日于苏家坨镇弗莱农庄举办的开幕式暨第十八届金秋田园体验季活动上，区委常委、区委办主任高念东，区人大常委会副主任臧桂武，区政协副主席胡淑彦出席活动，共同启动五谷入仓仪式，海淀区都市农业协会同时揭牌。快闪《我和我的祖国》拉开活动序幕，10幅沙画《我的丰收我的节》再现海淀“三农”发展历程。区都市农业协会将市民参与活动购买“丰收卡”的费用捐赠给区红十字会。区领导到京西稻种植园收割京西稻，参观“海淀农业峥嵘岁月”成就展。

（王倩玉　李洪亚）

【海淀区都市农业协会揭牌】 9月23日，海淀区都市农业协会揭牌成立。协会由区农业农村局主管，致力打造农产品质量安全的技术集成体系，开展“现代农业园区”和“新农人”培育工作；探索一、二、三产业融合发展实践路径。

（李洪亚）

【国家农产品质量安全区创建】 9月28日，区政府办印发由区农业农村局起草的《海淀区创建国家农产品质量安全区实施方案》，方案包括工作任务部署、组织结构分工、实施步骤节点、任务细化分解等。创建工作包括健全农产品质量安全监管体系；强化源头管控，提高规范化管理水平；推进绿色优质安全示范区建设；推行政府和社会共治4项主要任务。海淀区成立创建国家农产品质量安全工作领导小组，由区政府主要领导任组长，区政府分管领导任副组长，成员单位为涉及的各部门、各街镇。领导小组办公室设在区农业农村局，负责创建工作的统筹协调工作。区农业农村局牵头组织相关政府职能部门及各镇召开创建工作推进会，指导各镇落实考核指标内容。配合区食品安全委员会，对5家农产品生产主体进行检查。区农业农村局聘请第三方专业机构帮助指导，成立专项工作组，确立以"畅想绿色发展中国梦，共筑农产品质量安全区"为核心的宣传体系，通过电视、报纸、网络、微信以及横幅、电子屏等渠道进行宣传。对监管队伍人员在农产品质量安全监管方面存在的薄弱环节开展专题培训，强化专业技能提升。对农产品质量安全相关制度规定进行系统梳理归纳。发挥科技优势，实施植保无人机飞防，保障统防统治整体工作的成功。完善追溯、认证、合格证等制度保障。海淀区农产品质量安全监测合格率保持98%以上。12月，第三方机构测评，海淀区在农产品质量安全工作领域的群众满意度得分80.53分，12月19日，海淀区农业农村局递交创建试点单位评估考核的申请。

（王倩玉）

【科技农业】 年内，区农业农村局信息中心与北京市农业局信息中心联合建设推广北京智慧农场综合服务平台建设与运营项目。结合北京市信息进村入户工程工作安排，筹备建设北京市首个5G基质草莓智慧温室。通过5G通信，将农业生产与管理环节融合，整合智能物联网、智能水肥一体机、智能滴灌等智能装备，提升生产智能化水平和园区综合管理水平，运用互联网打通、串联农业产业链条，实现"云平台"智慧管理和生产。区农业农村局编写《海淀乡土植物》图册，推介82种适合海淀"美丽乡村"建设的乡土植物。选送的乡土植物参加2019年北京世界园艺博览会展品竞赛，获18个奖项，其中2个特等奖、8个金奖、4个银奖、4个铜奖。"苹果矮化砧木组培苗生根阶段开放式培养方法及所用培养基"申报国家发明专利并初审合格。编写的"樱桃砧木组培快繁技术规程"成为北京市地方标准并发布实施。"辣椒育种技术创新与新品种选育及示范推广"成果获北京市农业技术推广一等奖。

（王倩玉）

【农业产业化】 年内，区农业农村局推荐北京嘉博文生物科技有限公司、北京九州大地生物技术集团股份有限公司成功申报第六批农业产业化国家重点龙头企业。组织开展2019年北京市农业产业化重点龙头企业认定和动态监测工作。组织大北农科技集团股份有限公司、北京雷力海洋生物新产业股份有限公司、北京大道农业有限公司、北京蜂珍科技开发有限公司参加第17届中国国际农产品交易会。组织审计公司对2017年7月至2018年6月期间贷款贴息申请材料进行审计核算，农信互联科技有限公司、万丰大地（北京）蔬菜有限公司等7家企业的28项贷款贴息申请和3项担保费补贴申请符合要求，拨付贴息和担保费补贴987.09万余元。

（王倩玉）

【农业转基因生物安全监管】 年内，区农业农村局加强农业转基因生物安全监管工作。对全区农业转基因生物研发、生产、加工、经营和进口等活动进行全链条监管，做到项目检查、品种转基因成分检测、种子生产基地抽样检测3个"全覆盖"。重点检查研发单位试验环节，全区共有25个试验课题组进行农业转基因研究，涉及物种包括玉米、小麦、水稻、棉花、植物、奶牛、禽类等。加强对农业转基因试验单位的行政法规业务指导，全面落实属地管理，有效防止非法转基因种子下地，斩断非法种植源头。区农业农村局共出动执法人员247人次，检查农业转基因生物试验单位71家次，试验项目84个，未发现开展非法农业转基因生物试验事件。

（钟冷）

【设施农业大棚二维码标牌悬挂完成】 年内，区农业农村局根据全市统一要求，开展设施农业大棚二维码标牌悬挂工作。完成设施农业大棚台账信息采集和填报，为全部4283栋设施大棚悬挂二维码标牌。通过标牌可直观地看到大棚的主体信息、设施类型、定位坐标、建设时间、经营主体等情况，配合长效监管机制，可实现对设施农业大棚的动态管理。

（钟冷）

【村级干部培训】 年内，区农业农村局实施以党组织书记"头雁领航"为主的农村基层干部教育培训"四大工程"①。开办村（社区）"两委"主要负责人培训班、农村系统基层党组织书记轮训班、农村党务干部培训班等，全年培训约800人次。建设海淀区村干部信息管理平台。

（王倩玉）

【农村实用人才培训】 年内，区农业农村局新增四季青敬老院培训基地、西北旺镇红丰党群活动服务中心、苏家坨镇柳林村现代农业管理基地、上庄镇农村基层治理人才培训基地4个农村实用人才基地，实施四季青敬老院护理员培养计划、温泉镇白家疃村园林绿化培训、上庄镇农村基层治理人才培养项目3个农村实用人才培养创新项目。

（王倩玉）

【政策性农业保险】 年内，全区政策性农业保险总保费为183.94万元，向参保农户拨付区级保费补贴73.59万元。承保面积335.85公顷、参保306户次；受灾面积218.98公顷、164户次，赔款金额179.6万元。

（王倩玉）

【非农业利用设施专项整治】 年内，区农业农村局建立设施农业电子台账，梳理设施大棚4530栋，建设主

① "四大工程"：村党组织书记"头雁领航"工程，村集体经济组织负责人"引领发展"工程，镇村党务骨干"能力锻造"工程，村级组织后备干部"素质提升"工程。

体信息406条，经营主体信息698条。为4283栋设施大棚悬挂二维码标识牌，关联相关信息。配合北京市规划和自然资源委员会海淀分局对917个图斑以及图斑外的全部占用耕地情况进行普查（含大棚房检查中列入非验收类项目和农业观光园类项目）。按照全市统一部署，9宗Ⅰ类问题涉及的2个镇整改到位并完成复垦复种工作。开展“大棚房”问题回头看工作，严防问题反弹。

（王倩玉）

【土壤污染防治】 年内，区农业农村局协调区农科所、区农机研究所、区农业执法大队，开展化肥农药减量、农膜回收、农药包装废弃物回收等工作。按照市农业农村局、市生态环境局下发的“耕地土壤环境质量类别清单”以及市园林绿化局要求，实施耕地、园地分类管理，开展土壤污染状况详查工作，涉及耕地2338个地块2062.87公顷，涉及园地1686块9349.3公顷，均为优先保护类（未受污染），无安全利用类和严格管控类。

（王倩玉）

【农业安全生产标准化建设】 年内，区农业农村局对各镇农业安全生产负责人和涉农重点企业的安全生产负责人进行农业安全生产标准化建设培训。16家农业企业通过企业安全标准三级认证复评，奖励补贴资金2.4万元。完成2家“一企一标准、一岗一清单”企业创建工作。

（王倩玉）

【农产品安全监管】 年内，区农业农村局向各镇下发农产品快速检测试剂1万份，共对9000余批次农产品样本进行定性检测，对市、区两级700余批次农产品及投入品样本进行定量检测，检测合格率100%。

（王倩玉）

【养殖业】 年内，区农业农村局清退畜禽散养户1366户，清退散养畜禽118657头（只）；印发《关于进一步推进散养畜禽清退工作的通知》，各单位、各镇政府完成散养畜禽清退工作，实现全区禁养目标。畜禽存栏：养猪户1户，存栏820头；养奶牛户3户，存栏177头；养羊户4户，存栏37头；养鸡户3户，存栏161只；养鸭户3户，存栏42只；养鹅户4户，存栏125只。

（王倩玉）

【动物免疫】 年内，全区畜禽重大动物疫病累计免疫12026头（只）次，应免率达100%。其中禽类禽流感三价免疫830只次，偶蹄动物口蹄疫疫苗免疫5008头次，猪高致病性蓝耳病免疫2493头次，猪瘟免疫2940头次，鸡新城疫免疫610只次，羊布病免疫33只次，小反刍兽疫免疫112只次。

（王倩玉）

【动物卫生监督】 年内，区农业农村局统筹协调开展重大动物疫病防控工作，建立联动机制，举行重大动物疫病防控工作风险评估和防控非洲猪瘟疫病应急演练，全区未发生非洲猪瘟疫情。全年检疫各类动物11539头（只），驻场官方兽医室监督换证动物产品13250吨；检查被监管单位853个次；执行行政处罚83起，罚没款254105元；处理群众举报73起。监督无害化处理病死动物11832千克（876头/只），对中华人民共和国成立70周年庆典放飞广场鸽进行疫病监测和检疫；办理兽医师执业证120个。

（王倩玉）

【渔业】 年内，全区水产养殖水面27.4公顷，养殖户数24户，养殖模式以垂钓为主。区农业农村局组织执法检查369次、联合执法21次，出动人员1380人次；发放《水产养殖质量安全告知书》《依法健康养殖承诺书》各24份；处理群众举报16起。查获禁用渔具960余米（37个）；送检养殖水产品51个鱼样，检测75个鱼样，全部符合国家标准。举行以“依法保护渔业资源、共护水域生态环境”为主题的增殖放流活动，放流鱼苗1.8万尾；开展“改善水域生态环境、建设高品质城市”为主题的渔业资源增殖放流活动，在南沙河、圆明园公园和翠湖湿地公园水域放流鱼苗2万余公斤。

（王倩玉）

农村经济

【概况】 2019年，全区农村集体总资产达到1848.2亿元，比上年增加78.2亿元，增长4.4%。农村集体净资产（所有者权益）总额692.8亿元，比上年增加38.5亿元，增长5.9%。农村集体经济总收入126.6亿元，比上年增加10.7亿元，增长9.2%。海淀区被评为全国第一批20个县（市、区）全国农村集体产权制度改革典型单位之一。

（王倩玉）

【海淀入选首批全国农村集体产权制度改革试点典型单位】 3月18日，农业农村部《关于开展学习全国农村集体产权制度改革试点典型经验活动的通知》，海淀区入选首批全国20个农村集体产权制度改革试点典型单位之一。2014年，农业部、中央农办、国家林业局出台《积极发展农民股份合作赋予农民对集体资产股份权能改革试点方案》，在全国开展先行先试。2015年开始，农业农村部在全国范围内先后开展三批农村集体产权制度改革试点，共确定3个省、50个地市、279个县为中央试点单位。试点开展4年来，各试点地区采取一系列有力度、有特色的改革举措，为全国农村集体产权制度改革面上推开积累了经验，闯出了路子，提供了学习样板。

（钟冷）

【刘振伟调研农村集体产权制度改革工作】 9月11日，全国人大常委会委员、全国人大农业与农村委员会副主任刘振伟带队调研组，到海淀区调研农村集体产权制度改革情况。区人大常委会副主任臧桂武、副区长沙海江参加调研。调研组一行在中关村东升国际科学园全球健康药物研发中心、国际创新教育中心及东升科技园外研书店、LAVIE商业街、一站式服务中心、泰利驿站等地调研运营情况。在座谈会上，副区长沙海江、东升镇党委书记武凯分别就东升镇和海淀区开展农村集体产权制度改革的工作情况进行汇报。2017年至2018年，海淀区完成全国农村集体产权制度改革试点任务，并获评全国农村集体产权制度改革试点典型单位。主要工作：开展村集体经济组织和村委会财务分离试点，村级改革全面完成；镇级改革取得新突破，四季青镇成为全市成员人数最多的股份经济合作社；在全国率先成立区、镇两级“农资委”，构建具备海淀特色的政策体系；提升农村股份经济合作社治理现代化、市场化、法治化水平，获颁全国首批农村集体经济组织“身份证”；探索实现集体资产保值增值、让农民“带着资产进城”的“海淀路径”。

（王倩玉　钟冷）

【农村集体经济组织登记赋码】 10月21日，区农业农村局、区金融服务办公室、区市场监督管理局、区农村合作经济经营管理站联合出台《海淀区关于开展农村集体经济组织登记赋码工作的通知》。通知对登记赋码对象、规范登记赋码事项、建立统一社会信用代码制度作出规定，促进登记赋码工作制度化、规范化、信息化。至年底，基本完成集体经济组织换发农业农村部统一监制的“农村集体经济组织登记证”工作，赋予其特殊法人地位。指导各股份社按照《海淀区股份经济合作社示范章程》的要求基本完成章程修订工作，帮助各镇修订股份社换届选举有关文件，研究解决选举过程中的具体问题。指导各镇推进镇级产权制度改革工作。

（王倩玉）

【农村集体资产保值增值】 年内，区农经站推进2宗物业资产出租，通过市农交所产权交易平台公开交易，交易额51272.64万元，实现海淀区农村集体经济组织产权流转公开交易零突破。区农经站组织完成农村集体经济组织资产清查工作，完成研究课题《海淀区农村集体资产清查结果分析报告》。

（丁利）

【“三资”监管信息化建设】 年内，区农经站推动农村“三资”监管信息化建设。在海淀、苏家坨、四季青、温泉等镇开展模块试点基础上，编写《海淀区农村集体资产监督管理服务平台项目建议书》并推动完成立项，未来将建设集“三资”监管、股权管理、审计管理等核心组件于一体的服务平台。

（丁利）

【合同管理】 年内，区农经站将合同管理作为“三资”监管的重要内容，印发《海淀区农村集体经济合同管理实施办法（试行）》。加强检查指导，开展整村流转农户承包地风险防范清查、合同专项审计、农村土地承包合同清理、涉地集体经济合同和别墅合同清查整改等工作，有效规范合同管理，维护农民切身利益。加强检查指导，开展整村流转农户承包地风险防范清查，清查结果显示相关承包方案都经过了村民代表会或者村民大会及镇审批相关程序；开展涉地集体经济合同清查整改，共梳理涉地合同5633份，整改工作正在进行中。

（丁利）

【农村集体财务管理】 年内，区农经站联合相关部门，开展各镇农村集体财务数据公开工作。针对部分村抽查审计中发现的会计核算问题，对相关人员进行有针对性的辅导，规范会计核算基础管理。加强与银行等部门的协作，完善征地款账户管理，推进财务公开和会计核算规范化。

（丁利）

【农村集体经济审计监督】 年内，区农经站完成农村镇级集体经济组织（总公司）2015年至2018年度经济合同管理情况专项审计。共审计10个单位，出具10份专项审计报告。完成16个村级集体经济组织2017年至2018年度财务收支管理情况的抽查审计，出具16份财务收支管理情况审计报告。推动上年度审计问题整改落实，对相关镇、村审计问题整改开展针对性调研和辅导。

（丁利）

【农村集体资产清产核资完成】 年内，区财政局完成全区农村集体资产清产核资工作。账面资产总额1522.84亿元，负债总额910.38亿元，所有者权益总额612.46亿元。资产清查核减资产总额1.77亿元，核减负债3.24亿元，核增所有者权益1.47亿元。核实资产总额为1521.07亿元、负债总额907.14亿元、所有者权益总额613.93亿元。农村集体土地总面积28.91万亩（19.27万公顷），其中农用地19.52万亩（13.01公顷），建设用地9.06万亩（6.04公顷），未利用地0.33万亩（220公顷）。海淀区账外房产面积729688.58平方米，涉及房产536套。

（钟冷）

【农经业务培训】 年内，区农经站针对镇、村两级经管人员开展信息化、财务会计、农经统计、农村股份社管理、农村集体经济审计业务、合同管理培训等专题培训，培训13期1400余人次。

（丁利）

新农村建设

【概况】 2019年，全区农村地区面积261.11平方千米，占全区总面积的60.6%，辖7个镇（地区办事处）、63个行政村，农业人口3.6万人。区农业农村局贯彻中央和北京市农村工作会议精神，推进农村人居环境整治、整建制农转非、基层党建等各项工作，农村城市化发展取得新成效。成为全国乡村治理体系建设首批试点单位；获全国农业农村系统先进集体、北京市筹备和服务保障中华人民共和国成立70周年庆祝活动先进集体称号。

（王倩玉）

【农村宅基地调研】 12月2日至19日，区农业农村局开展农村宅基地住宅调研工作。全面梳理宅基地相关的法律法规8部、政策规定56部；搜集汇总全区农村宅基地、农用地的数据情况如下：海淀区农村目前还有46个行政村没有拆迁腾退（含24个保留村），共计83个自然村，11个社区（有集体土地），31000名农村户籍。村落总面积85615亩；23448个院落；40115户99015人；占有2处宅基地791户；非村集体经济组织成员使用宅基地792户；加盖2层（含2层）以上的5985户。形成《海淀区宅基地房屋建设管理情况调研报告（讨论稿）》和《北京市海淀区农村村民宅基地房屋建设管理办法（讨论稿）》。

（王倩玉）

【乡村振兴战略】 年内，区农业农村局按照“产业兴旺、生态宜居、乡风文明、治理有效、生活富裕”的总体要求，推进乡村振兴战略，落实“四个优先”①。建立健全乡村振兴体制机制，规范明确乡村振兴工作制度，制定完善乡村振兴制度体系；统筹乡村振兴重点工作，开展农村人居环境整治和美丽乡村建设，实施农村“厕所革命”，推进生活垃圾治理，开展生活污水治理，推进乡村绿化美化。发展新型集体经济，促进农民增收就业。农业农村当好“压舱石”、守好“基本盘”、添好“背景色”的战略目标如期实现。海淀区农业农村局获评全国农业农村系统先进集体。

（王倩玉）

【农转非】 年内，区农业农村局办理区人大一号议案（聚焦“三农”工作，加快推进北部地区整建制农转非工作），牵头组织相关部门，通过梳理相关政策，组建工作专班，开展调研，摸清基本情况，分析难点问题，提出政策建议，形成《海淀区加快实现整建制农转非工作报告》，经区委、区政府研究，并经区人大审议通过。协调推进苏家坨镇北安河村和西北旺镇皇后店村整建制农转非工作。全年农转非共计2738人。

（王倩玉）

【农村人居环境整治】 年内，区农业农村局印发《海淀区农村人居环境整治和美丽乡村建设工作方案（2019—2020年）》，实施“村庄清洁行动、厕所革命、污水治理、垃圾治理、绿化美化、治违控违”六大专项行动，建立高规格推进、高频次调度、高密度检查、高效率协同、高水平保障的5项机制。开展“60天大会战”，攻坚长期形成的侵街占道、私搭乱建、乱堆乱放、暴露垃圾等痼疾顽症，整治农村人居环境，改善村庄环境面貌。根据中央环境保护督察北京市整改落实工作领导小组办公室《关于继续开展中央环境保护督察反馈意见整改落实调度工作的函》的要求，按照“整合资源，集成政策；部门联动，镇村主体；分类整改，专项攻坚；提升标准，固化成果”的工作思路，协调政府责任部门和各镇政府推进城乡接合部地区环境问题整改任务。解决4个村庄污水直排问题，建立完善村庄环境日常管护工作长效机制，实现“散乱污”企业动态清零，待拆和在拆迁村庄治理有序。

（王倩玉）

【美丽乡村建设】 年内，区农业农村局推进美丽乡村建设，落实分区规划，组织编制村庄美丽乡村建设实施方案。罗家坟村美丽乡村建设实施方案通过区政府联席会、区财政评审，进入施工前期准备阶段；东马坊等18个村的方案进行第一轮审查。

（王倩玉）

【农村基础设施管理】 年内，区农业农村局落实长效管理机制，在“村每日、镇每月、区每季度”检查基础上，委托第三方每月全覆盖检查街坊路、达标公厕、供水管网、排水管网、太阳能路灯、街坊路绿化等设施管护情况，通报检查情况并督促各镇及时整改。全年拨付区级管护资金2185.32万元，保障农村基础设施运行正常。

（王倩玉）

【准物业化管理】 年内，区农业农村局引入社会力量，在罗家坟、柳林等6个村试点实施准物业化管理。将基础设施和公共服务设施维护、村庄保洁、绿化养护、治安控违4类16项内容纳入管理范围，设施的运行和管理水平得到提高，实现村庄干净整洁，有效防止治安消防事件以及新生违法建设发生。

（王倩玉）

【农村地区早期防空洞治理】 年内，区农业农村局对西北旺镇冷泉村8户防空洞上的危房户继续以先期周转的方式进行解危，由区政府财政按照1600元/人/月标准进行周转补贴。周转人数50人，发放周转补贴96万元。与北部办、财政局、温泉镇政府等部门召开白家疃村防空洞上危房解危专题协调会，解决2018年26户和2019年6户危房户先期腾退解危工作。

（王倩玉）

① “四个优先”：一是干部配备优先，二是要素配置优先，三是资金投入优先，四是公共服务安排优先。

商贸服务业

1月18日，俄罗斯联邦公众院主席法捷耶夫到公司韩家川分拣中心调研再生资源体系建设及垃圾分类相关工作（区物资回收公司 供图）

1月24日，区领导在城乡仓储超市安全检查（高政 摄）

5月27日，中关村软件园深夜食堂现场（区饮服协会 供图）

➡7月至10月1日，超市发连锁在中华人民共和国成立70周年服务保障工作中承担海淀区游行排练队伍的早餐配送工作（翠微股份 供图）

➡8月16日，“超市发改制20周年活动启动仪式”在双榆树店召开（海淀置业集团 供图）

➡12月30日，市领导到甘家口大厦调研指导社区生活中心转型升级工作（宋振宇 摄）

商业服务业

【概况】2019年3月，按照《北京市海淀区机构改革方案》，海淀区商务委更名为海淀区商务局（简称区商务局）。6月，区商务局下属的海淀区商务综合执法监督检查所整建制转隶到区市场监管局。全年全区实现市场总消费7075.4亿元，比上年增长10.5%，占全市的26%。完成社会消费品零售额2421.6亿元，比上年增长3.5%；服务性消费4653.7亿元，比上年增长14.5%；限额以上企业共实现网上零售额864.3亿元，比上年增长19.2%，占全区社会消费品零售额的35.7%，拉动社会消费品零售额增长6个百分点。完成市级年初下达的社会消费品零售额增长3.1%左右、市场总消费增长10.5%的目标任务。市场总消费和服务消费总量及对全市贡献率保持全市第一。商务局牵头会同任务街镇推进完成3家市场整治提升任务，面积10.69万平方米。

（林榕晋）

【北京市海淀饮服行业协会】2019年，北京市海淀饮服行业协会下设餐饮、洗浴、美容美发、旅店、清真、摄影彩扩、洗衣、商场购物中心餐饮8个专委会。会员企业600余家。开展行业技能培训，提升餐饮从业人员素质和服务品质。举办第二届上地美食嘉年华、首届IC PARK深夜食堂嘉年华等活动。贯彻落实《北京市2018—2020年餐饮业大气污染防治专项实施方案》，对全区29个镇街进行政策标准、实施步骤、注意事项的宣讲，组织油烟净化设备厂家集中展示对接，1000余家餐饮企业参加。

（李利）

【海淀区物资回收公司】2019年，海淀区物资公司（简称物资回收公司）营业净收入增长19.16%，费用支出增长21.92%，主要承担海淀区再生资源大件低值回收体系建设支出。下属北京市开源技贸总公司、北京市颐顺达物资经营公司2家全资子公司；控股北京市开源物业管理股份有限公司。大件低值回收体系建设。建设大件、低值再生资源回收中转站7个，联合开源技贸公司建设“海淀E回收”网上智能管理云平台，实现大件垃圾收运全流程视频监管，从前端线上预约下单接单，智能物流运输以及终端处置环节实现体系全流程线上操作。规范运营13处回收中转站，回收大件垃圾72007件，其中床垫29927件、家具42080件。完成国有资产报废处置工作，回收报废单位近300批次，处置资产近27万件，分拣废旧物资800余吨，实现报废国有资产无害化、资源化处置。全区无公司管理的社区回收网点。开源物业完成中关村南大街24号院新商户入驻；海云旅馆地下室增项进行经营转型，完成地下室280平方米场地租赁；完成绿地房产5层整层出租。

2018年至2019年海淀区物资回收公司经营情况一览表

表9

单位：万元

项目	2018年	2019年	同比增长（%）
总收入	5682.8	6350	11.73
净收入	5293.3	6308	19.16
费用支出	3225.5	3932	21.92
利润总额	2098.7	1959	-6.64
净利润	1526.6	1428	-6.46
税金	1269	448	-64.73
投资收益	227.4	236	3.69
资本保值增值率（%）	105	104	-0.95

说明：1. 本年营业净收入增长19.16%，主要原因是承担海淀区再生资源大件低值回收体系建设补贴资金收入。
2. 费用支出增长21.92%，主要原因是承担海淀区再生资源大件低值回收体系建设支出

（肖洁）

【北京翠微集团】北京翠微集团为海淀区国资委直属全民所有制企业。2019年，翠微集团加快推进翠微股份商业+科技布局发展，促进股份公司转型升级。参与投资10个基金项目，投资总额39.29亿元，通过基金投资在高端芯片、科技金融、智慧城市、新能源等领域进行战略布局，部分投资涉及多个IPO热点独角兽项目。全年新增投资额27.66亿元，累计获得投资收益5661万元。

2018年至2019年北京翠微集团经营情况表

表10

项目	2018年	2019年
总资产（万元）	1054262	1079538
负债（万元）	384937	377362

续表 10

项目	2018 年	2019 年
净资产（万元）	458769	484017
少数股东权益（万元）	210556	218159
销售额（亿元）	50.00	49.00
利润（万元）	23130	23945

（杨军红）

【北京翠微大厦股份有限公司】 2019年，北京翠微大厦股份有限公司（简称翠微股份）拥有翠微百货、当代商城、甘家口百货三大商业品牌共计7家大型百货商场，地跨海淀区、丰台区、石景山区、昌平区，是集百货、超市、餐饮、休闲娱乐等都市品质生活服务于一体的大型商业零售企业集团。翠微股份获“70年北京商业品牌成就奖”“北京市诚信服务承诺单位”“海淀区构建和谐劳动关系先进单位”等称号。

推进商业主业转型升级，拓展股权投资基金等投资渠道，加大科技与新兴产业领域投资拓展，促进商业与科技的融合。推进北京海科融通支付服务股份有限公司重大资产重组工作。推进“一店一策”调改，构建时尚生活中心和社区生活中心，拓展零售新业态，深化商业转型。增加个性化、潮流品牌，注重对年轻客群的培养吸纳。完善业态功能。引进网红品牌“喜茶GO”、大北照相馆、米瑞酷影城、迷度产后护理、海底捞等功能商户。甘家口店完成升级改造，是全市首家完成社区型调改的百货店，在商业环境、商品品牌、业态功能等方面均得到大幅提升，得到市委书记蔡奇、副市长王红等领导和社会各界的关注和肯定。利用抖音、快手等新型推广形式进行营销宣传，营销服务创新创效能力稳步提升，全渠道营运能力持续增强。推动子公司文创旅游产业发展，翠微旅游“BTV生活翠微大班车”“企事业定制游”“海外康养居”等产品影响力进一步扩大。

（边玥）

【北京海淀置业集团有限公司】 2019年，北京海淀置业集团有限公司（简称海淀置业）实现营业收入38.19亿元，比上年增长7.83%；利润总额2.45亿元；净资产收益率6.15%；流动资产周转率2.13次；上缴税金2.25亿元，上缴国有资产收益3284万元。

房产运营。中技大厦启用智慧车场，改造升级地下食街；中关村网教推动孵化器企业进驻，降低空置损失；国控经贸将高思教育承租的北配楼从教学网点升级改造为教师办公区，实现租金翻倍；北京海物博科贸有限公司对盈智大厦实施分层改造，引进科技服务及互联网教育类企业，客户结构与租金水平同步提升；北京海置创投科技服务有限公司突破现有格局，增加经营收益；北京海置第一太平戴维斯物业服务有限公司签订中关村邮局北楼物业服务顾问及贝伦科技园全管项目筹备期物业合同。加强对房屋租赁经营全过程监督检查，推进房屋规范化运营。

商业便民服务。超市发连锁新开直营店16家、加盟店5家，调整改造店8家。疏解腾退网点15个，面积1900平方米；调整业态网点19个，面积3885平方米；新增规范菜篮子等便民服务网点26家，面积4121平方米；拆除违建26处，面积4513平方米；封堵开墙破洞点位47个。

科技服务。中关村创业大街创新生态体系进一步升级，引进科创企业25家，推出创业会客厅线上平台“翼计划加速服务”和“集群注册”业务。成立中关村融创企业开放创新促进会，首批注册会员33家。全球创新中心新增国际项目63个，中关村国际青年创业平台入驻外籍团队24个；设立中关村法国巴黎联络处并举办海外双创活动。实现科技服务收入780万元，比上年增长98%。中关村网教服务体系更加立体，引进企业及团队29家，主办互联网教育创新周、企业家年会等活动120余场；携手17家优秀教育企业、20项创新成果亮相第五届中国教育创新成果公益博览会，实现科技服务收入642万元，比上年增长28%。完成北京京育投资中心新投项目7个，中关村双创基金新投项目2个。

优化拓展空间资源。推动中关村e世界项目转型升级，向个人业主回购铺位77个，面积1214平方米；回租铺位155个，面积2462平方米；累计整合4.13万平方米，占商业总面积的93%；引入北京字节跳动科技有限公司等6家企业。推进北大西门片区城市更新升级，东南广场具备施工进场条件，硅谷电脑城进入施工阶段。楼宇升级改造，中海拓草桥7号院开始施工；完成蓝润商厦进行公开招标；七六八写字楼按照中关村国际青年创业平台的功能定位进行方案设计；推动中技大厦房屋29个单元回租。扩大房产规模，从中关村街道接收海中大楼整体管理权及使用权，总建筑面积7947平方米；接收原海淀区评剧团所属3处房产，回购籍海楼5处房屋，回租昊海楼3处房屋。

调整股权结构。集团公司收购超市发连锁公司其他股东持有的300万股股份，持股比例达到98.91%。超市发连锁收购北太平庄商场其他股东持有的30%股权，实现100%控股。北京中关村创业大街科技服务有限公司收购北京京北金融信息服务有限公司持有的北京中关村创业大街科技服务有限公司投资120万股股权。将海淀剧院100%股权无偿划转至北京海淀文化旅游产业发展集团有限责任公司。

处理历史遗留问题。永定路24号院售房问题取得新进展，超捷物业确定首批办理售房的62套房屋，完成售房款及差价核算工作。通过强制执行收回紫竹院项目债权1500万元；恒业达股东权益纠纷案胜诉，收回部分债权。

（耿玉姣）

【北京超市发连锁股份有限公司】 2019年，北京超市发连锁股份有限公司（简称超市发）以“百姓要什么，超市发就做什么”为宗旨，深化社区服务，开展“温暖进社区”活动，为居民提供便利。开发BI数据系统应用、公众号和小程序平台，提升购物体验。实现销售收入52.24亿元。获纳税A级企业、商业70年功勋模范企业、2019年度全国社区商业运营管理优秀奖、2019年诚信立商 质量兴商、北京市粮食行业先进集体、改革开放四十周年北京商业卓越贡献奖等荣誉。

推行“千店千面”模式。深耕社区市场，通过业态组合创新，扩展社区服务功能，生活超市、生鲜超市主营业态模式更趋成熟，呈现综合服务型社区商业示范项目、生鲜网红店等。组织进社区售卖120余次，关照社区孤寡老人等困难群体；在半壁店店、会城门店、玲珑路店三家门店设立“健康驿站”，服务社区居民。

新开直营店14家，生活超市、生鲜超市7家，超市发罗森便利店7家，改造店铺8家。其中海中市场一期改造定位为升级版海淀社区商业e中心、“科学家的菜篮子”，地下1层实行“传统化集市＋现代化超市”管理，地上1层引进北京传统小吃及网红品牌。22家超罗便利店不定期开展读书会、书画展、Cosplay等文娱活动，为消费者提供休憩、学习的空间。超市发的“千店千面”模式荣膺“CCFA年度零售创新奖”。

电子会员精准营销。通过前期接口、现场、屏幕、人脸识别等测试，实现会员通过AI互动屏游戏、注册及精准推送促销商品的功能。此项技术开发及应用为业内首创。

食品安全源头管控。超市发在“二维码”技术管控追溯的基础上，建立并完善企业食品安全追溯体系，在14家连锁店上线“二维码”短保期管控系统，避免过保质期的商品流出卖场。对加盟商、承租商及直营店、库房等重点单位实施“天天查、点点到”地毯式检查，累计检查千余店次，针对安全问题实施闭环管理。

精准扶贫。承担区总工会认购湖北丹江口地区精准扶贫商品蜜橘的存储、运输、发放工作，在13家连锁店派发15万公斤蜜橘；采购内蒙古乌兰察布爱心胡萝卜1万公斤、敖汉旗牛羊肉、赤城土豆等，支持扶贫事业。

配餐服务保障。承担海淀区国庆70周年活动游行排练队伍的早餐配送工作，向全区18个配送地点共配送餐包23万份，单品数量达276万件，完成中华人民共和国成立70周年活动配餐服务保障工作。

（赵燕玲）

【第十三届海淀区商业服务业职业技能风采大赛】 4月至7月9日，由区商务局主办、区商业联合会承办、区总工会等单位协办的第十三届海淀区商业服务业职业技能风采大赛举行。大赛以“风采展现价值 技能传承使命”为主题，设置超市、百货收银员比赛、外贸谈判知识竞赛、服装服饰搭配比赛、橱窗设计比赛、系丝巾比赛、礼品包装比赛、拿手好菜、“向上的力量”献礼祖国70华诞主题演讲汇报等10余项活动，近万人参加。大赛评选并表彰10名优秀选手和15家优秀集体。

（孙绍锋）

【第十七届中关村国际美食节】 5月31日，由市商务局指导、区商务局支持、海淀饮服协会主办的第十七届中关村国际美食节在中关村软件园开幕。美食节以“汇美食·寻智趣·品生活”为主题，是2019中国（北京）国际服务贸易交易会在海淀的分会场活动之一。中国烹饪协会、市商务局、区有关委办局和街镇领导，国际酒类专家，各区饮服协会负责人，驻区高校、高科技企业、商场、餐饮企业负责人200余人参加开幕式。美食节包括美食美酒嘉年华、香山德国啤酒节、西班牙美食节、巴西美食节、美食进社区系列活动，持续至7月。

（钟冷）

【第二届上地美食嘉年华】 5月27日，由区商务局支持、上地街道办事处主办、海淀饮服行业协会承办的第二届上地美食嘉年华在中关村软件园广场开幕。区人大常委会、区商务局、区政务服务管理局、上地街道等负责人出席开幕式，来自上地地区的科技企业、餐饮企业代表300余人参加。美食嘉年华由科技发展创新展示、厨艺绝活表演、深夜食堂嘉年华（餐饮企业现场制售）、有机农夫市集、美食进社区、美食进商场、美食走进高科技企业、儿童美食节、东里啤酒深夜食堂等10个板块构成。

（李利）

【首届IC PARK深夜食堂嘉年华】 8月16日，由区商务局、区北部办、实创公司、文旅集团支持，西北旺镇人民政府和中关村集成电路设计园主办，海淀饮服协会承办的“夜海北 悦芯旺”IC PARK深夜食堂嘉年华暨西北旺镇夏日文化广场活动，在中关村集成电路设计园开幕。海淀区副区长及相关部门领导参加开幕式。活动共持续10天，丰富海淀北部地区百姓文化生活。

（李利）

【六里屯社区特色商街开街】 9月12日，西北旺镇六里屯社区特色商街正式开街。配套商业总建筑面积1.68万平方米，引进菜篮子、便利店（社区超市）、早餐、理发、洗染、家政、维修、末端物流8项基本便民业态，引进多家优质连锁品牌企业，可辐射周边永旺家园5个小区，为约2万人提供便民服务。

（钟冷）

【第十五届海淀品牌消费节】 9月19日至10月，由区商务局支持、区商业联合会主办的历时1个月的第十五届海淀品牌消费节举行。品牌消费节以“夜未央 尚海淀”为主题，以智慧海淀、时光海淀、探索海淀、品牌海淀、潮流海淀、便民海淀、创新海淀和真情海淀等为轴线，开展智能生活科技体验中心——智慧小屋、“我和我的祖国 壮丽70年奋斗新时代海淀商业发展70年展”、便民商业服务社区行、新消费时代科技赋能零售研讨会、真情回馈消费者、BATF北京潮流玩具嘉年华以及在华润五彩城、蓝景丽家、万柳华联、金源新燕莎Mall等“夜经济”系列缤纷主题活动。

（李强）

【美团点评与市商务局签署战略合作协议】 9月24日，海淀园企业美团点评集团与市商务局签署战略合作协议，双方共同推进服务业改造提升、推动首都便民生活圈建设、推动农村电商精准帮扶、推动供应链现代化建设、合力打造品牌会展和消费促进专项活动、加强政企信息共享开展数据合作、推动快递行业规范健康发展8个方面全面深化合作，深挖消费需求，扩大消费供给，促进消费升级，提升服务品质。作为战略合作的首个转化成果，市商务局将在美团点评App推出北京消费指南、夜京城消费指南，为消费者提供购物、餐饮、文化、旅游、健身、娱乐、休闲等便捷消费指引和服务，提升消费体验。依托美团“互联网+生活消费”平台，双方将基于行业消费指数、生活服务业、夜间经济等大数据，形成消费趋势、指数报告等成果，助力科学决策。

（钟冷）

【第十一届绿色出行海淀体验会】 10月18日，由区商务局支持、区商业联合会主办、区商业联合会与区汽车行业联席会共同承办的第十一届绿色出行海淀体验会在华熙LIVE·五棵松快手广场开幕。以“科技创新 引领未来”为主题，推出主题车展、扶贫公益行、汽车行业形势分析会等活动，持续至11月18日。10月30日，2019第十一届绿色出行海淀体验会扶贫公益行活动在河北保定易县西山北乡港里小学举行，海淀区商联会向学校捐赠校服、文具、画具、画本、体育用具等学习及户外运动用品。

（李强）

【服务业扩大开放领域】 年内，海淀区服务业扩大开放领域，在科技、金融、教育、医疗等领域推出47项举措、24个项目，打造区域国际化发展环境，推进国际人才社区建设，新增2个园区政务服务站，政务服务站总数达到25个，覆盖全区主要科技园区。

（钟冷）

【消费能级提升】 年内，区商务局出台《海淀区提升消费能级提高生活品质三年行动计划（2019—2021）》（简称《三年行动计划》）、《海淀区推进夜间经济发展实施方案》（简称《实施方案》）、《海淀区进一步促进消费能级提升发展支持办法》（简称《支持办法》）等政策措施，有效促进了消费增长。《三年行动计划》在培育消费新动能、优化消费布局、破解制度制约障碍、营造诚信友好的消费市场环境等5个方面提出27条具体措施。《支持办法》完善商业便民体系建设、打造高品质现代生活圈、促进科技赋能模式创新、聚焦行业发展要素等方面，明确区域商业发展目标，优化商业调整结构，提升商业消费环境。《实施方案》提出构建包含市级、区级及重点区域的“1+3+5+N”① 重点商圈夜间经济网络布局，发展富有海淀特色的文化、旅游、体育、娱乐等夜间消费。

（张世璞）

【商圈改造提升】 年内，区商务局启动公主坟商圈、中关村商圈、五道口商圈、金源商圈等项目改造提升行动。公主坟商圈实现整体环境优化提升、交通系统改造和业态结构调整；中关村商圈以“科技、年轻、时尚”为主题进行改造提升，从路牌指引、街区景观等方面入手，实现商圈内各商场、购物中心的三通（会员服务、停车系统、空间连接），导入外部优质的资源，合理利用地区现有空间，探索商业与科技、文化、旅游等融合发展；五道口商圈针对五道口区域高校和年轻群体聚集区域特点，通过清退一批不符合区域业态的商户，吸引优质高端消费群体，全面转变业态定位和营销策略，打造成时尚潮流活力型商圈；金源商圈将引进海底捞智能餐厅等科技智能融合餐饮新型业态，引进米其林星级餐厅、区域性首店（旗舰店），促进金源Mall业态调整和品牌升级；推进世纪金源大饭店地下4万余平方米“能量城市”② 建设，形成以体育健康为主题的夜间经济聚集区。

（张世璞）

【生活性服务业网点建设】 年内，商务局建成适应居民需求的“社区商业e中心”等便民服务设施，实现社区空间资源“腾笼换鸟”，形成生活性服务业网点的“共建、共治、共享”。新建和升级改造各类便民商业网点80个，任务完成率100%。依托超市发等品牌企业以及海淀置业、供销社等拥有原配套网点资源的国有主体，建成22个以“8+N”③ 项服务功能为核心的社区商业e中心，覆盖半数街镇。在实现8项基本便民商业服务功能“一刻钟服务圈”全覆盖的基础上，采用多种措施完善各社区、村基本便民商业设施和服务功能。全区581个社区中有229个实现菜篮子、便利店等8项基本便民商业功能全覆盖。全区有各类便民商业网点9000余处，其中菜篮子网点1300余处，超市便利店

① “1+3+5+N”：1个市级商街，即五棵松华熙LIVE；3个区级夜间经济示范商圈，即中关村商圈、五道口商圈和西客站商圈；5个夜间经济重点区域，即公主坟商圈、金源商圈、上地商圈、中关村壹号及中关村集成电路设计园主体商街和稻香湖景酒店；聚焦N个重点街镇。

② “能量城市”：世纪金源大饭店地下4万余平方米商街的升级改造项目，“能量城市”以健身、瑜伽、球类、游泳、舞蹈、室内冰雪运动等多种体育健康为主题，同时配套餐饮、娱乐体验及生活服务多种功能，形成新的深夜食堂聚集区。

③ “8+N”：菜篮子、早餐、便利店（社区超市）、家政、洗染、美容美发、维修、末端物流等8项基本便民商业服务功能和N项选择性业态。

2100余处。区级财政投入约3000万元用于补贴菜篮子等便民商业网点的日常运营，累计投入近1.5亿元。

（曹乐）

【粮食和物资储备】 年内，区商务局制定《海淀区生活必需品应急保障工作方案》，建立“1+3+120”工作机制①，稳控生活必需品供应与价格水平。开展粮食安全生产和生活必需品市场供应检查和粮食供需平衡等专项调查。

（穆丹）

【消费扶贫】 年内，区商务局形成一个联采联盟平台、一个全方位的销售网络、千店扶贫联盟、N个科技创新消费扶贫模式的“1+1+1000+N”消费扶贫工作模式，建立受援地优质农副产品进海淀超市、社区、上电商平台渠道。全年完成消费扶贫总金额6.88亿元，惠及11077户建档立卡贫困户。

（穆丹）

【商务领域安全生产】 年内，区商务局围绕全国“两会”、“一带一路”国际合作高峰论坛、中华人民共和国成立70周年庆典等重要活动，对行业内重点企业进行梳理，分析故障源、风险点，对31家购物中心、103家规模以上商业零售企业和452家规模以上餐饮企业建立台账。开展安全生产隐患排查及风险评估，排查企业593家；安全生产督查检查企业1000余家；开展“城乡接合部重点地区专项整治”“瓶装液化石油气专项”“五清专项行动”等专项整治活动近10次。全区商务领域安全事故、伤亡人数“双0”。

（刘影）

对外经济贸易

【概况】 2019年，海淀区新设立外商投资企业363家，比上年增长7.4%；合同外资金额64.91亿美元，实际使用外资金额61.51亿美元，比上年下降22.23%，完成实际利用外资61.5亿美元的计划任务。完成进出口总额2523.6亿元，比上年增长0.04%，占北京市的8.8%。出口额1011.9亿元，比上年增长7.2%，占北京市的19.6%，完成全年指标的106.5%。进口额1511.7亿元，比上年降低4.3%。

（周娅楠）

【服务业扩大开放】 年内，区商务局扩大服务业开放，推出新一轮47项举措，聚焦23个重点项目。设立全国首个小微企业续贷中心，海关高级认证芯片设计企业简化通关手续、开设“国际网吧”等事项。上榜2019《财富》世界500强企业有17家，占全市的30.4%，占全国的13.2%；营商环境总部经济评价位居全市第一。

（杨换杰）

【市场开拓】 年内，区商务局利用中国国际进口博览会、中国（北京）国际服务贸易交易会等平台，推动101个项目达成国际合作，意向合作金额约1178亿元。组织20余家企业到希腊、芬兰、波兰等国考察，部分企业达成合作意向。召开专题座谈会11场，走访重点企业50余家，帮助企业申请各类资金共计9000余万元。

（杨换杰）

【外商企业登记事项】 年内，区商务局接待20572人次，其中电话咨询16397人次；办理外商投资企业设立和变更备案事项1543项；办理对外贸易经营者备案、变更和注销事项1261项；办理成品油新设、变更、年审及注销或歇业119项；办理拍卖企业许可、变更、注销、延续及核查事项88项；办理预付卡备案42项。

（周娅楠）

① “1+3+120”工作机制：“1”是成立主管区长为组长的应急保障工作组；“3”是3个工作机制，分别是日测日报机制、应急情况会商制度和月汇报制度；“120”是指120个商超应急保障网点。

旅游业

2020
北京海淀年鉴

4月至5月，玉渊潭公园春季鲁冰花联展（王智源 摄）

5月24日，圆明园管理处举办曾宪梓铜像揭牌仪式（张洪军 摄）

6月，凤凰岭第五届户外运动大会举办（崔蕊 摄）

9月19日，京张铁路遗址公园五道口启动区揭幕（田峰 摄）

9月21日，百望山森林公园在北区林下空间举办森林大课堂活动（高源 摄）

11月8日，温泉镇高里掌村口的“银杏大道”（田峰 摄）

综述

【概况】2019年3月，根据海淀区机构改革方案，整合海淀区文化委员会与海淀区发展旅游委员会的职责，组建海淀区文化和旅游局（简称区文旅局），作为区政府工作部门。不再保留区文化委员会、区旅游发展委员会。

区文旅局落实海淀区“两新两高”战略，摸排底数、制定整合发展规划、严格市场执法监管，引领推动文旅融合，构建优质的公共服务体系。海淀区旅游产业形成“皇家园林旅游”“中关村科教旅游”“西山休闲旅游”等品牌。

截至12月底，海淀辖域有旅游星级饭店69家，A级旅游区（点）21家。海淀区旅游咨询站（点）16个，其中，海淀区旅游咨询服务中心自管站2个，即圆明园咨询站、北部旅游咨询中心；景区咨询站14个，即颐和园咨询站、北京植物园咨询站、香山公园咨询站、中央广播电视塔咨询站、紫竹院公园咨询站、玉渊潭公园咨询站、凤凰岭自然风景区咨询站、太平洋海底世界博览馆咨询站、鹫峰森林公园咨询站、北京龙徽博物馆咨询站、大觉寺咨询站、北京汇通诺尔狂飙乐园咨询站、阳台山公园咨询站、百望山森林公园咨询站。

（杨立辉）

【北京—芬兰旅游圈发展合作座谈会】1月8日，区旅游委举办北京—芬兰萨翁林纳—圣彼得堡旅游圈发展合作座谈会。海淀区相关领导、芬兰萨翁林纳市政府市长詹尼·克里斯蒂安·莱恩一行以及两地旅游企事业单位参加座谈会。旨在促进芬兰和中国在旅游方面的深度合作，为两地旅游行业搭建良好的交流平台，寻求扩大两地之间的旅游业务伙伴关系；助力海淀企业“走出去”，同时“引进来”海外优质项目。

（于文艳）

【旅游对口支援】8月5日至7日，区文旅局到内蒙古兴安盟科右前旗调研对接，就景区、旅行社、在线旅游、旅游商品研发、媒体宣传等初步达成合作意向。与科右前旗文化旅游体育局签订战略合作框架协议，并向当地捐赠图书3万册。8月28日至29日，区文旅局到丹江口市，在智力帮扶、产业发展、宣传推介、物资援助等方面开展合作。区文旅局向丹江口市牛河林业开发区九年一贯制学校捐赠图书300余册。11月21日，区文旅局到河北省易县，就海洋国际旅行社有限责任公司在易县南城司乡营安村拟投资建设绿氧空间运动休闲旅游度假区项目进行协调推进。

（于文艳）

【“头雁行动”2019海淀文旅融合之西山研讨会】9月4日，由中国旅游研究院和区文旅局共同举办的“头雁行动”2019海淀文旅融合之西山研讨会在香山饭店举行，故宫学院院长、中国文物学会会长单霁翔，中国旅游研究院院长戴斌、中国旅游研究院院长名誉主任张广瑞、中国社会科学院旅游研究中心名誉主任张广瑞等200余名专家、行业负责人以及海淀区代区长曾劲、副区长张若冰出席研讨会。单霁翔作《文化的力量——让文化遗产资源活起来》的主旨演讲，戴斌作《主客共享的公共文化助力旅游业高质量发展》的主旨演讲。国家图书馆、香山公园、稻香湖景酒店介绍各自经验。中国旅游研究院发布《中国国民休闲发展报告（2019）》。“头雁行动”旨在将海淀打造成为品质人文旅游必达之地、现代红色旅游必达之地、青春中关村必达之地，成为文旅融合的“海淀样本”。海淀区发布实施提升旅游品质的三大工程，即一亿元资金绿色提升工程、“一步书香工程”、“海燕飞舞工程”。

（温力宏　钟冷）

【与中国旅游研究院签订战略合作框架协议】9月4日，区文旅局与中国旅游研究院在“头雁行动”2019海淀文旅融合之西山研讨会上签订战略合作框架协议。根据协议，双方将共同推动海淀成为全国品质人文旅游区示范地区；共建海淀文化和旅游产业数据库；联合开展专题合作调研；联合举办具有行业影响力的交流活动，共促旅游业产学研合作；建立专家共享、人才互换交流合作机制，联合举办专业培训。

（温力宏）

【区促进旅游产业发展支持资金拨付】年内，区文旅局拨付完成2019年海淀区促进旅游产业发展支持资金拨付工作。经区政府专题会议审议，2019年海淀区促进旅游产业发展支持资金共支持3个类别10个项目，资金共1498万元，用于提升旅游公共服务设施、旅游综合业态、旅游消费活力。

（温力宏）

【公园文化品牌精品建设】年内，海淀公园承办中关村论坛（户外活动）、中关村舞蹈节巡游活动、百姓周末大舞台等市区级活动26个，其中百姓周末大舞台演出60场，观众达4.33万人次。自办的“插秧节”“收割节”活动作为京西稻的一张传统文化名片，吸引800余个家庭参与其中；翠湖湿地每年组织多次科普活动，如世界湿地日、北京湿地日、生物多样性日、爱鸟周等。

（赵晨轩　王菲）

旅游景点

【星级饭店、旅游区（点）】2019年，海淀辖域内共有旅游星级饭店69家，A级旅游区（点）21家。其中，圆明园遗址公园由AAAA级旅游景区升级为AAAAA级旅游景区。

2019年海淀区星级饭店、旅游景区（点）统计表

表11

旅游星级饭店	数量（家）	旅游景区（点）	数量（家）
五星	9	AAAAA	2
四星	25	AAAA	6
三星	28	AAA	9
二星	7	AA	3
一星	0	A	1
合计	69	合计	21

（王月）

【21家A级旅游景区（点）名录】

1. 颐和园（AAAAA）
2. 圆明园遗址公园（AAAAA）
3. 北京植物园（AAAA）（内有曹雪芹纪念馆、卧佛寺）
4. 香山公园（AAAA）（含碧云寺）
5. 中央电视塔（AAAA）
6. 玉渊潭公园（AAAA）
7. 紫竹院公园（AAAA）
8. 凤凰岭自然风景公园（AAAA）
9. 太平洋海底世界（AAA）
10. 鹫峰国家森林公园（AAA）
11. 百望山森林公园（AAA）
12. 西山国家森林公园（AAA）
13. 北京西山大觉寺（AAA）
14. 北京龙徽葡萄酒博物馆（AAA）
15. 汇通诺尔狂飙运动休闲乐园（AAA）
16. 皇家菜博物馆（AAA）
17. 大钟寺古钟博物馆（AAA）
18. 上庄翠湖农业观光园（AA）
19. 阳台山自然风景区（AA）
20. 稻香湖公园（AA）
21. 蘑法森林（A）

（王月）

【颐和园】 颐和园位于北京西北郊，原名清漪园，始建于乾隆十五年（1750年），是中国保存最完整的清代皇家园林。1928年正式辟为公园对外开放。颐和园是全国第一批重点文物保护单位、首批全国文明风景旅游区、全国文明单位和国家AAAAA级旅游景区，1998年被联合国教科文组织列入《世界遗产名录》。颐和园总面积300.94公顷，其中古建面积69367.53平方米，复建面积10254.78平方米，园藏文物38810件，古树名木1607株，万寿山、昆明湖、佛香阁、长廊、石舫、十七孔桥等为其代表性景观。

2019年，接待中外游客1541万人次，比上年减少8.61%；完成国内、外事任务接待216批次。为游客提供非紧急救助咨询，办理游客诉求建议238件，游客满意度评价90.16分。年内，被国庆70周年市领导小组、国庆游园指挥部授予荣誉证书，获市属公园文创产品展示评比大赛“突出贡献奖”及多个奖项。

活动与展陈。举办毛泽东率党中央进京70周年纪念活动、中国邮政集团《拜年》特种邮票首发活动、“我们的礼物”市属公园冰雪活动季文创产品联展活动等特色活动。在首都博物馆筹办“园说——北京古典名园文物展”、到中国园林博物馆参展“御园瑰宝 匠心永传——园林文化与燕京八绝展”、到国家博物馆参展“回归之路——建国以来流失文物追索返还成果展”等展陈活动。

文物修缮保护。完成东堤昆仑石碑保护性碑亭搭建，石翁仲保护亭搭建，长廊区域部分匾额仿制替换，丹陛石保护罩安装，颐乐殿及庆善堂东、西配殿棚壁糊饰等工作。完成知春亭修缮工程、福荫轩院修缮工程、荇桥西牌楼抢险修缮工程、瞰碧台文物保护修缮项目、长廊区四座重檐八角亭建筑彩画平面扫描与应用项目。

世界文化遗产监测。完成2019年颐和园常态化监测项目、2019年古建病害巡查诊断与评估监测项目、《北京的皇家园林——颐和园2018年年度监测报告》撰写与上报工作。

科研项目。完成“清漪园大报恩延寿寺建筑群历史研究”“霁清轩保护与利用综合研究”“颐和园民国史料整理与研究”“颐和园园墙历史及工艺研究”“‘三山五园’水利文物遗迹研究”“新媒体背景下颐和园文化互动式传播的实证研究”。出版发行《明珠耀“两河”——西山永定河、大运河文化带中的颐和园》。

（王祁）

【圆明园遗址公园】 圆明园始建于康熙四十六年（1707年），历经清朝6代帝王150余年的不断营建，面积达5200余亩（352.13公顷）。1860年遭英法联军劫掠并焚毁，逐步沦为一片废墟。1976年11月，圆明园管理处成立，为海淀区区属差额拨款事业单位，负责圆明园遗址公园的日常管理。2010年10月9日，圆明园遗址公园被国家文物局评为全国首批国家考古遗址公园之一。现已形成以古典皇家园林遗址为基础、以自然山水框架为依托、以爱国主义教育为主题，以遗址展示、自然景观为特色的供游客观光游览、休憩娱乐的遗址公园。2019年接待游客973万人次，门票收入1.02亿元，经营收入3300万元，综合收入1.35亿元，门票收入首次突破亿元。圆明园官方微信公众号粉丝总数达2105390人，官方微博粉丝总数达390207人。

完成圆明园舍卫城遗址区域内渣土清理工程、舍卫城（一期）考古发掘项目；完成圆明园丹顶鹤舍建设工程与鹤舍监控系统工程；完成圆明园

大宫门扇面湖区域范围划定工作，取得北京市文物局对圆明园大宫门区域扇面湖遗址考古勘探项目批复。开展圆明园水系生态修复治理工作，投放锦鲤、黄金鲫等鱼苗3250公斤，黑天鹅繁衍200余只，园中鸟类460余种。完成圆明园夜游提升项目（一期）。开展北京大学圆明园流散文物三维数字化工作，完成所有文物的扫描和室外信息采集工作；开展“修复1860”文物修复工作；北京市总工会向圆明园捐赠8件清代文物；从一亩园、树村拆迁区域回收文物11779件。

举办多场大、中、小学生爱国主义教育活动，邀请百名贫困师生参加“新时代，新青年，在爱国情怀和文化传承中成长”爱党爱国主题夏令营活动，开展模拟考古体验。与河北博物院联合举办“圆明重光——圆明园历史文化巡展”。与中国美术学院、北京大学合作成立圆明园研究院，开展科研项目合作；回收珍贵古籍《圆明园匠作则例》。推出文创产品67件，圆明园荷花冰激凌成为网红爆款，圆明园文创网店在淘宝、京东正式上线。举办新春游园会、圆明园元宵灯会、第二十四届踏青节、圆明园端午节系列文化活动、第二十四届荷花节、2019年金秋游、曾宪梓雕像揭幕仪式等活动。

（鲁紫鹃）

【香山公园】 香山公园位于北京西山东麓，占地185.2公顷，是一座融生态人文景观于一体，拥有千年历史、浓郁山林特色、承载红色记忆的世界名山、皇家园林、红色胜地。主峰香炉峰（俗称“鬼见愁”）海拔575米。清乾隆十一年（1746年）赐名“静宜园”。1949年3月25日，中共中央进驻香山，毛泽东等老一辈革命家在此共同指挥渡江战役、筹建中华人民共和国。2001年被国家旅游局评为AAAA级旅游景区，碧云寺被国务院批准列入第五批全国重点文物保护单位。2019年，双清别墅被国务院批准列入第八批全国重点文物保护单位；双清别墅、来青轩等8处中共中央北京香山革命纪念地正式对公众开放，接待习近平、李克强、栗战书、汪洋、王沪宁、赵乐际、韩正等党和国家领导人。

2019年，香山公园举办新春登高祈福会、山花观赏、香山奇妙之旅暑期活动、香山红叶观赏期等旅游活动。开展纪念中共中央进驻香山70周年、纪念孙中山153周年诞辰、纪念毛泽东126周年诞辰、双清别墅红色文化进校园、第22届全国推普周（推广普通话宣传周）宣传等宣传活动。推出“追寻伟人足迹 不忘人党初心”红色课堂活动、清明节、端午节、七夕节、中秋节、重阳节传统文化系列活动。举办“走进香山双清别墅 追寻伟人红色足迹”主题展览、参展“园说·北京古典名园文物展”等展览。召开新闻发布会13次，各类媒体宣传报道1687篇次。接待台湾刑事侦防协会参访团、斯洛伐克外交部部长一行、国务院台湾事务办公室青年团、（台湾）中国全民民主统一会参访团、俄罗斯驻华大使杰尼索夫一行、台湾新同盟会参访团等团体参观考察。

（王奕）

【北京植物园】 2019年，北京植物园被市科委认定为“植物种质资源收集与保育北京市国际科技合作基地”，获“北京园林绿化科普教育基地”称号。获北京世园会展示、竞赛奖项151个，其中获各专项国际竞赛58个奖项（金奖13项、银奖14项、铜奖5项）。4项科研课题获中国风景园林学会2019年度科学技术奖，其中“海棠优良品种快速繁殖和栽培技术体系的研究”课题获2019年度科学技术奖一等奖，“高效抗逆园林植物新品种的选育与推广”课题获二等奖，“中国古老月季资源搜集保存展示技术及在育种中的应用”和“鸢尾属植物种质资源收集及新品种培育”获三等奖。5项科研课题获2018年度北京市公园管理中心科技进步奖。承担北京市科委课题野生花卉扩繁及园艺品质提升技术研究通过专家验收；增彩延绿项目通过验收。成功培育四倍体玉簪新品种。举办第十五届兰花展、苔藓之恋——世界苔藓植物科学画展、北京桃花节暨第16届世界名花展、第十一届北京君子兰精品展、影响世界的中国植物——LIAN.博物绘画巡展2019、中国特色及世界珍稀植物展等展览。举办专家带您识花草桃花、专家带您识花草丁香、食虫植物讲解、专家带您识花草郁金香、牡丹主题公益活动等专场活动。完成4A级旅游景区复核工作。

接待澳门特区政府市政属代表团、英国邱园主任RechardDeverell一行3人考察团、英国皇家园艺学会副主席Raymond Evison、泰国拉玛九世皇家公园、泰国清迈皇家植物园、英国爱丁堡皇家植物园、国际植物园联盟（BGCI）区域项目主任约阿希姆·格拉茨费尔德、世界自然保护联盟（IUCN）首席科学家汤姆斯·布鲁克斯等考察团队。

（石鑫）

【玉渊潭公园】 2019年，玉渊潭公园开展科普活动195场次，受众10万人以上。完成中华人民共和国成立70周年活动3次备降演练和10月1日备降保障，获得北京市70周年庆祝活动领导小组阅兵服务保障指挥部颁发的荣誉证书。公园为北京市科普基地、首都生态文明宣传教育基地，全年接待游人1000余万人次。举办第31届樱花文化活动暨首届鲁冰花花卉联展、科普游园会等活动。受理非紧急救助服务事项2万余件。

（王智源）

【紫竹院公园】 2019年，紫竹院公园营业收入991.42万元，接待游客729万人次。做好中华人民共和国成立70周年服务保障工作，布置节日景观环境，共悬挂灯笼137个、道旗100面、横幅2处；布置立体花坛3处，用花总量4.4万余株；国庆期间开展展览及文化活动11项。完成筠石苑景区景观提升工程。公园数字化监控系统建设项目正式投入使用。将友贤山馆打造成集特色书吧、公益展览、艺术活动、科普教育、文化休闲于一体的综合性公共文化空间，成为紫竹院公园的特色文化亮点。开展“一园一品”

及紫竹院公园第二届欢乐冰雪季冬季活动，接待游客5.2万人次。策划行宫文化展览，推出庆祝新中国成立70周年系列艺术展、伟大祖国70华诞系列艺术展、“时代凯歌·江山如画”展览等。创建科普品牌“心动紫竹——畅想园林之美”，组织开展主题科普活动29场，受众50余万人次。完成自然笔记38篇，荣获中心创意奖2个、优秀奖7个。拍摄制作“心动紫竹，畅想园林之美”宣传片。在传统文化节日开展“我们的节日”系列文化活动8场，开展春节拓福、清明画伞、中秋制作兔儿爷、茶会等文创活动8次，文创音乐会3次。出版《古往今来紫竹院》《踏访紫竹院》。

（刘博然）

【百望山森林公园】 2019年，北京市海淀百望山森林公园（简称百望山森林公园）为国家AAA级旅游景区、首都生态文明宣传教育基地、北京市中小学生社会大课堂基地、北京红色旅游（爱国主义教育）景区。面积244.6公顷，主峰海拔210米，森林覆盖率95%，建有特色景观——“绿色文化碑林”，有碑刻1000余通。全年接待游客224.06万人次，其中接待团体16万人次，提供讲解服务60次。“北京市海淀百望山森林公园”和“首都绿色文化碑林”两个微信公众号推送文章51篇。多篇文章被北京电视台文艺频道、北京头条、《中国绿色时报》等媒体刊发。

实施森林健康经营，栽植白皮松、油松、珙桐、银杏、崂峪苔草、荆芥等近1.8万株，其中栽植新品种彩叶树常绿蓝杉、秋火焰等88株。实施基础设施维护，开展危岩和存在地质隐患的边坡治理，新砌石护坡10处共278.6立方米。在西环路改建一处第三卫生间。通过注射打药、释放管氏肿腿蜂等方法，实施病虫害防治面积396公顷次，其中用生物药剂重点防控面积达58.14公顷次。

加强园林绿化文史资料收集整理，收集捐赠文史资料23971件，其中图书文献类731件、文书类2658件、实物类823件、照片类2503件、声像类65件、工程类1件、电子类17190件。

举办系列文化展览和科普教育活动，主要有“不忘初心，砥砺奋进——北京森林公安文史资料展”，展出395件展品，接待参观者7万人次；“天人合一，生生不息——古代先贤生态思想清风正义书法展”，展出作品87幅，接待参观者2万余人次；“青山妆锦绣，百望绘丹青——百望山写生绘画作品展”，展出作品70幅，接待参观者10万余人次；“传承园林文化 弘扬生态文明——北京园林绿化文史展”，展出66幅图片、97件实物资料，接待参观者17万人次。“十一”期间，百望山森林公园在门区及主要景点悬挂大红灯笼、中国结以及摆花烘托节日氛围，隆重庆祝中华人民共和国成立70周年，摆花2.62万盆。

（何慧敏）

【西山国家森林公园】 2019年，西山国家森林公园接待游客约200万人，接待旅游团体700余个。经营销售收入535万元。举办第八届踏青节、第七届森林音乐节、避暑休闲游和第八届红叶文化节等传统节庆活动及以“2019爱绿一起”为主题的生态文明体验活动；开展全国中小学生研学实践活动；西山无名英雄纪念广场“忠诚、干净、担当”专题党性教育活动基地共接待参观团体496个，接待游客约40万人，比上年增长33%，开展党性教育现场教学课程42堂；开展西山永定河文化带红色文化挖掘项目，编辑完成《光影中的忠魂》第三期，收集整理台湾隐蔽战线英雄历史材料899份，微信公众号发布文章110篇。

（成新新）

【团城演武厅】 团城演武厅始建于清乾隆十四年（1749年），是北京地区集城池、殿宇、亭台、校场为一体的武备建筑群，原为清代皇帝操练和检阅健锐云梯营的场所。其主要建筑有团城、演武厅、东西朝房、西城楼门、碑亭、放马黄城（已毁）等。1979年，团城演武厅公布为市级文物保护单位。1988年，成立北京市团城演武厅管理处。1979年被公布为市级重点文物保护单位。1992年正式对外开放。2006年6月，公布为全国重点文物保护单位，定名为“健锐营演武厅”。

2019年，团城演武厅推出健锐营历史文化专题讲座2次，举办“解读传统，拥抱未来”小志愿者特色讲解培训活动、首都文博志愿者培训拓展活动、“小小巴图鲁”文化体验活动。开展“西山健锐营历史文化研究”工作，完成初稿。举办“古建修缮知识展”“庆祝建国70周年——大阅兵展”“中国传统弓箭文化展”，观众达5000人次。主办“香山地区风景名胜展”门头村社区巡展活动，协办“我的满族人生——清代满族文化展”怀柔汤河口镇巡展活动、“中国古代体育展”海淀区第十三届民族社区运动会巡展活动，观众约4000人。

（田硕苗）

【北京凤凰岭景区】 2019年8月，北京凤凰岭自然风景公园改制，正式更名为北京凤凰岭景区管理有限责任公司。北京凤凰岭景区位于海淀区西北部苏家坨镇境内，总面积10.62平方千米，享有“京西小黄山”之美誉；奇山、怪石、林海、神泉为其奇妙的天然景观，佛、道、儒等宗教文化以及古东方养生文化的遗址、遗迹众多，文化积淀丰厚，共同构成景区内北、中、南三线40余处可观景点。景区于1996年4月正式开园，2010年9月，凤凰岭公园正式被评为国家AAAA级旅游景区。北京凤凰岭景区隶属于北京西农投资有限责任公司，海淀区属国有企业，接受国家、北京市、海淀区等各级旅游、文化以及园林等职能部门的行业管理和相关业务指导。

2019年，景区举办凤凰岭第六届新春游园会、凤凰岭第十九届杏花节、“忆满京城 情思华夏”——2019年凤凰岭清明节主题活动、凤凰岭第五届户外运动大会、2019年凤凰岭重阳登高活动、凤凰岭第七届金婚公益活动等。全年接待游客总量达到70万人次，旅游总收入1500余万元。

（刘峥）

【阳台山自然风景区】 阳台山自然风景区位于海淀区苏家坨镇境内，是一处以妙峰山古香道中北道为主线的风景区，于1997年开放。阳台山山脉成南北走向，连绵十余千米，沟壑纵横东西，植物繁茂种类丰富，品种达1000余种，植被覆盖率达90%以上，山、石、水景独具魅力各具特色，是京郊最佳的日出观赏地之一。主峰妙高峰海拔1278米，是平原地区最高峰。2019年，由苏家坨人民政府主办、北京大西山旅游开发有限公司协办的“西山有少年”系列活动在阳台山自然风景区举行，包括“西山有少年——文明旅游环保生活”“西山有少年——我是阳台山小代言”活动。活动旨在引导青少年自觉践行分类投放垃圾，培育绿色环保的生活方式；通过开展知识教育及播音活动，使活动参与者了解本地区旅游资源和文化历史，学习播音、语言、表达的技巧，培养“奉献、友爱、互助、进步”的志愿服务精神。

（裴岩琰）

【北京稻香湖景酒店】 2019年，北京稻香湖景酒店以文旅融合为核心亮点，聚焦“景区+酒店+文化场馆”综合运营模式，以海淀区非遗展示中心（北馆）、海淀美术馆（北馆）、CMB葡萄酒博物馆为依托，打造稻香湖国际旅游休闲度假区，提升以稻香湖为核心的周边区域精神文化生活空间，已成为海淀中关村科学城北部区域的文旅融合新标杆。年内举办多项活动：与中国饭店协会共同举办第八届中国饭店文化节暨中国（北京）绿色饭店博览会；完成“亚洲数字艺术展”“中关村论坛”等重要活动的服务保障工作；举办首届海淀区稻香湖文化旅游节，海淀首届国际艺术节等代表性文化旅游主题活动；举办多期文化公益活动。美术馆（北馆）举办主题、学术等优质展览19个，学术研讨会、公益大讲堂13次，市民8000余人次，接待参观23万余人次。非遗馆开展大型节日非遗展演及非遗技艺体验活动10场、大型非遗公益讲座近30场，接待40多所中小学师生近8万人；外宾300余人次，参观体验达100万人次。“湖景囍事”品牌婚宴迭代升级，婚博会星级酒店签单量居第一，获中国饭店协会首届中国喜宴创新大赛金奖。酒店营业额达到2.17亿元。稻香湖景酒店获中国饭店协会2019中国单体酒店优质服务TOP 100榜单第25名、大众点评2019必住榜北京必住酒店和2019必住榜全国亲子必住酒店等11项荣誉称号。

（李静磊）

【海淀公园】 位于北京市海淀区中部，新建宫门路2号。始建于2003年4月，于9月6日建成并向社会开放。2007年、2010年进行景观及设施方面的整体提升改造。海淀公园是在畅春园西花园遗址上建成的。西花园是畅春园的附园，是康熙皇帝命曹寅主持修建的。海淀公园东起万泉河路，西至海淀公园路，南到北四环路，北至新建宫门路，占地面积约34万平方米，其中陆地面积31.2万平方米，水体面积2.8万平方米。公园地跨畅春园西花园等皇家园林遗址，在风格上秉承畅春园的自然雅淡。园内选种雪松、油松、云杉、银杏、碧桃、千头椿、合欢、洋白蜡等85种苗木共60余万株的景观植物。园内分布有海淀花谷、丹棱晴波、万泉漱玉、古亭观稼、仙人承露、讨源书声、御稻流香等景区，并设有露天剧场、儿童乐园和足球网球运动场等服务场所。海淀公园是北京市首批应急避难场所、北京市重点公园和精品公园，也是北京园林绿化科普教育基地、北京园林绿化科技创新示范区、海淀区青少年校外活动基地。每年举办各类科教文化活动数十场，其中自办的“插秧节”“收割节”活动作为京西稻的一张传统文化名片，已成为最受市民们关注的活动之一。2019年国庆70周年游园活动期间，海淀公园被确定为北京市十大重点公园之一。10月1日至2日，国庆游园活动气氛热烈、现场组织管理有序，接待游客24471人。

（刘郁）

【翠湖湿地公园】 翠湖国家城市湿地公园是北京市唯一获批的国家级城市湿地公园，地处生态海淀“北部绿心”的核心地带。公园总规划面积为157.16公顷，其中水域面积约为90公顷。根据资源型保护公园特点设置为开放区、封育保护区、封闭区3个区域。开放区面积约为45公顷，因地制宜设计水生植物观赏区、临渊观鱼、两栖爬行动物观赏区、蝴蝶谷、蛙声伴客、观鸟塔、绕水芳径、青年林、归鹭岛、夕阳远山、凭栏观鸟、集沼凝翠等景点。2013年9月对公众游客预约开放，2019年，共接待游客18511人。获得由国家林业和草原局颁发的“保护森林和野生动植物资源先进集体”称号；参加北京自然教育工程启动暨北京西山森林音乐季开幕活动，作为倡议成立自然教育北京总校单位之一，被授予“自然教育北京总校”称号。

（王菲）

【中央电视塔】 2019年，中央电视塔接待游客68.44万余人次，总营业收入12876万元。举行以“爱伴梦想·点亮蓝灯”为主题的第十二届“世界自闭症日”点亮蓝灯艺术融合爱心公益活动、“首届一带一路中塔俄罗斯文化美食节”活动、“中华人民共和国成立七十周年”光影灯光秀、“同心共筑中国梦”灯光展、“绽放新春”灯光嘉年华系列活动、中央电视塔空中主题邮局启动等活动。配合中华人民共和国成立七十周年庆祝活动，为境内外媒体记者车辆流转停放提供场地支持和后勤服务保障，受到北京市委宣传部的高度赞扬。中央电视塔获“优秀无障碍文化旅游资源点”“北京市中小学生社会大课堂优质资源单位”称号。

（许丽丽）

【北京石刻艺术博物馆】 北京石刻艺术博物馆成立于1987年10月，是收藏、研究、展示北京地区石刻文物、艺术的专题博物馆，馆藏文物2600余件（套）。为国家三级博物馆、北京市爱国主义教育基地、北京市科普教育基地。2019年接待观众98931人次，门票收入81.25万元。2019年，北京石刻艺术博物馆修复文物5套（6件），即石翁仲1件、钱能墓地敕谕碑（二级）1件、石狮1件、明谢公墓志盖1件和明刘母王氏墓志2件。完成18件（套）露天上展文物裂隙、风化病害无损检测项目。真觉寺金刚宝座保护前期勘察项目通过专家验收。征集入馆文物4件，即民国时期“保德别墅”石匾1件、明故御马监太监罗祥墓志一方（志盖佚失，仅存志底）、石鱼洗及补配圆形石座各1件。完成北京市文物局课题“北京地区露天、半露天石质文物保存环境与病害调查第一期（东城区、西城区）”与“纳兰成德家族在京史迹调查与研究”。出版《北京地区近代石刻选粹》。举办第七届“五色五香——五塔寺端午文化嘉年华”系列活动、“丰碑不朽——庆祝中华人民共和国成立七十周年北京地区红色石刻展”、“笔走龙蛇——馆藏清代《草书要领》书法帖石拓片展”、“诒晋春秋——清代成亲王永瑆藏历代名家书帖展”。举办“金石大讲堂”公益文化讲座12次。

（郭豹）

【大钟寺古钟博物馆】 2019年，大钟寺古钟博物馆实施“常设展览维护与展陈效果提升”项目，完成展板翻新、照明升级与维护更新、多媒体设备维修、定向声音响维修、标识牌和导览标识的升级改造等内容，完善基本陈列服务及展示水平。开展永乐大钟大钟架力学结构监测工作，完成监测数据采集4次。完成安防系统升级改造工程，电视探头增加到188个。举办38场次活动，主要有：联合北京交通大学交通运输学院“扬帆”青年志愿服务团举办第15届“钟王杯”志愿者风采比赛；庆祝第43个国际博物馆日，围绕“让文物活起来”，进行编钟演奏；与北京大学校友书画协会联合举办“心印拾遗篆刻作品展”，展出以文化遗产名称为内容的篆刻作品共计114枚，展出由放大版印模组成的“印墙”，观展人数2677人次；参加中国“文化和自然遗产日”主题体验活动，介绍古代铸钟技术、石膏钟翻模制作以及DIY彩绘创作。开设石膏钟翻模制作互动项目，体验钟铃铸造的传统工艺；举办“致敬传统·闻钟赏月”迎中秋文化体验活动。

（杨巍）

【北京龙徽葡萄酒博物馆】 2019年，北京龙徽葡萄酒博物馆开展龙徽葡萄酒品鉴活动，邀请市民学习葡萄酒饮用常识；开展“国企开放日”活动，接待市委宣传部、首都文明办、市国资委、市教工委、共青团北京市委、国务院国资委新闻中心和200余名市民。联合李可染画苑、北京慧和天语艺术空间举办“龙徽生肖酒”发布会，推出“龙徽十二生肖系列葡萄酒”。经过老旧厂房改造，酿酒大师艺术馆、慧和天语艺术空间成为北京龙徽1910文化创意产业园的两个标志性建筑。以“中国红”“桂花陈”等老产品为主题的历史专题展区，诠释北京龙徽的发展历程。

（李婧）

【北京汇通诺尔狂飚运动休闲有限公司】 2019年，北京汇通诺尔狂飚运动休闲有限公司（简称狂飚乐园）接待游客量18万人次，总收入740万元。举办TNF100北京国际越野跑挑战赛、2019年狂飚水世界、2019年翱翔卓越夏令营、Honda Dreamwing北京店&狂飚乐园首期越野训练、圣诞滑雪狂欢趴——平衡车嘉年华、欧拜运动第一届“踏雪骑士雪地挑战赛暨狂飚乐园亲子平衡车滑雪趣味赛”。

（艾庆双）

旅游设施建设

【颐和园半壁桥厕所更新改造工程】 5月30日竣工。颐和园半壁桥厕所位于石舫北侧，建筑面积97.11平方米。工程于4月2日开工，改造内容包括调整男女厕间比例，重做室内装修及配套水电工程，更换洁具，改造“第三卫生间”等。

（常耘硕）

【颐和园东堤昆仑石碑保护性碑亭搭建工程】 6月6日，颐和园东堤昆仑石碑保护性碑亭搭建工作完工。东堤昆仑石碑于清乾隆二十九年（1764年）立，位于昆明湖东堤铜牛北，坐西面东，碑长方形，弧形碑首，高1.85米，宽0.93米，厚0.58米。石下承海水江崖石座，高0.62米，宽1米，长2.6米。碑身阴刻乾隆帝御笔行书御制诗，阳面（南侧）为乾隆三十五年（1770年）所作《昆明湖上作》七律诗1首，东侧为乾隆二十九年所作《西堤》七律诗1首。经过现场勘察发现石碑表面均有不同程度模糊、疏松等劣变状况，其西、北碑面均剥漶，字迹不清。工程于4月16日开工，完成东堤昆仑石碑保护性碑亭的设计、制作和安装工作，保护亭长4.89米、宽3.44米、高4.24米，搭建内容包括灰土垫层、方砖地面铺墁、阶条石砌筑、柱体、顶棚焊接、刷漆等。

（汪洋）

【植物园厕所提升改造工程】 6月21日完工。工程于4月30日开工，主要更换植物园料场厕所、丁香园厕所、东南门厕所服务设施，改造基础设施并增添新风系统等。

（石鑫）

【颐和园知春亭修缮工程】 7月15日竣工。知春亭位于玉澜堂以南紧邻昆明湖东岸的小岛上，建筑面积76.5平方米，有平桥与岸相通。知春亭始建于乾隆年间，光绪时重修。经现场勘察，建筑大木结构基本稳定，柱子柱根劈裂现象严重，角梁均有不同程度的拔榫糟朽现象；屋面裹垄灰酥碱开裂脱落，局部脱节拔垄，瓦件断裂松动；木基层糟朽；木装修松动变形；油饰地仗残损严重，局部位置的油饰地仗已全部剥离脱落、木骨外露；内檐彩画相对完整，外檐彩画褪色严重、图案模糊不清；台明石、踏跺石走闪，台帮局部砌块酥碱、断裂松动；两平桥结构稳定，铁质栏杆栏板油饰地仗开裂脱落严重；驳岸普遍出现移位、松动脱落，泊岸底部出现空洞。工程于6月15日开工，修缮主要包括知春亭屋面挑顶，大木构架整修，木装修拆安整修，地仗内檐修补、外檐重做、局部进行现状保留；对油饰彩画内檐除尘保护、少量补绘、外檐重绘；对两平桥栏板油饰整修，平桥地面铺设防腐木地板进行保护；对两小岛驳岸进行局部归安整修等。

（张斌）

【颐和园福荫轩院修缮工程】 7月18日竣工。福荫轩位于颐和园万寿山东北部，始建于乾隆年间，原名餐秀亭，为2层楼式的建筑，光绪十七年改建成1层“舒卷”式建筑，更名为福荫轩。福荫轩坐北朝南，面阔3间，周围有廊。轩的东、西面各有3间曲廊。福荫轩建筑面积103平方米，廊子建筑面积33平方米，总建筑面积为136平方米；院落面积360平方米，其中北侧170平方米、南侧190平方米。经现场勘察，建筑石活走闪，方砖地面碎裂磨损，大木拔榫现象严重，建筑整体歪闪，游廊歪闪10厘米以上；屋面漏雨，木望板及大木构件糟朽严重；地仗空鼓、脱落，彩画褪色、缺损，纹饰大面积模糊不清；木装修变形、糟朽、局部构件缺失；院落排水不畅。工程于2018年7月10日开工，修缮主要包括对建筑本体石活整修，地面剔补揭墁，墙体整修；东西游廊落架大修，大木构架整修、加固；更换糟朽严重木构件、木基层；屋面重做防水，恢复砖雕女儿墙；木装修整修、添配；室内重新裱糊；较完整的彩画除尘保护，其余彩画补绘、重绘；下架重做地仗、油饰。对福荫轩整体院落地面向排水沟处找泛水，重做垫层，甬路重新铺墁。对建筑周边山石进行加固假山石块，部分补配、归安。将院落北侧降土，重做排水，疏通排水沟。

（张斌）

【颐和园石翁仲保护亭搭建工程】 9月5日竣工。石翁仲位于耶律楚材祠院内，高2.62米，材质为汉白玉，1984年出土，经有关专家鉴定为元末文物，是颐和园重点保护的露陈文物之一。石翁仲长期受到树油、鸟粪等物质侵蚀，使裸露在环境之中的石质文物出现表面模糊、疏松、破碎等劣变状况。工程于7月17日开工，完成石翁仲保护亭的设计、制作、安装和验收工作，保护亭长4.3米，宽4.3米，高4.98米，搭建内容包括灰土垫层、方砖地面铺墁、阶条石砌筑、柱体、顶棚焊接、刷漆等。

（汪洋）

【阳台山南线道路提升项目工程】 9月11日竣工。阳台山南线道路位于大水涧售票处东500米，南线道路自底到上直线距离1500米。工程于7月1日开工，施工内容为道路整体修葺、建设护栏增加路灯、安装13个监控摄像头、增设中途休息区及3处景观，增设座椅20把、垃圾桶10个。

（李士博）

【京张铁路遗址公园五道口启动区建成开放】 9月15日，京张铁路遗址公园五道口启动区建成并正式向公众开放。由学院路街道组织建设的京张铁路遗址公园五道口启动区全线长近800米，面积1.7公顷，从成府路13号线五道口城铁站贯通至北四环铁路桥，包括铁路记忆广场、轨道花镜、展望花园3个部分，设置时光隧道、历史长廊、枕木花园以及西山远眺4个景观，全线设计五大生态科普点。在启动区广场设计竹条搭制的入口，在历史长廊里搭制40米长的竹廊，将举办京张铁路相关展览。京张铁路由詹天佑主持，于1909年建成。经过100多年的运行，已无法再满足城市化进程中不断扩张的交通运输需求，于2016年告别历史舞台。新建的京张高铁是北京首条高铁穿越中心城入地改造项目，在学院南路至清华东路之间长6020米的城区段入地，原地面南起北京北站、北至北五环长约9千米的旧线路，建成集遗址、文体、商业于一体的京张铁路遗址公园。遗址公园未来将向北延伸至后厂村路，全长超过13千米。

（钟冷）

【颐和园长廊区四座重檐八角亭建筑彩画平面扫描与应用项目】 9月25日竣工。颐和园长廊沿昆明湖北岸而建，又称千步廊，东起乐寿堂的邀月门，西至石丈亭，中间建有“留佳”“寄澜”“秋水”“清遥”四座八角重檐的亭子，每座亭上都绘有精美的建筑彩画，体现清代官式彩画的典型风格，具有极高的历史文化价值和艺术观赏价值。由于长廊长期处于露天环境中，面临自然因素和人为因素的损害。项目于4月12日开工，通过数字化技术手段对颐和园长廊四座重檐八角亭建筑彩画进行高精度数据采集，最大程度地保存彩画的历史信息，包括彩画的纹饰、色彩、结构等。遵循保存彩画真实信息、客观记录彩画现状的原则，利用正交摄影、平面扫描、虚拟展示等数字化信息技术，使之能够长期保存与展示。

（张斌）

【紫竹院公园南线生态景观提升工程】 9月27日竣工，并向游客开放。工程于6月开工，调整植物配置，栽植宿根花卉、观赏草、水生植物计60个品种，新修建占地约120平方米的木栈道一处，改造青石板铺装500平方米，透水铺装360平方米，新建科普花园1处，占地面积约300平方米。改造后的南线生态景观成为公园科普教育活动场所。

（刘博然）

【紫竹院公园筠石苑景区景观提升工程】 10月1日，紫竹院公园筠石苑景区景观提升工程完工，向游客开放。工程于2018年10月25日开工，修缮面积约7.1公顷，恢复原有水系景观效果，打造外环道路系统和内环游览系统。筠石苑友贤山馆修缮改造工程于5月29日开工，9月16日通过竣工验收。改造面积780平方米，改造内容包括屋面修缮，建筑内、外装修，水电改造，地面铺装等。改造后的友贤山馆成为开展文化展览及教育活动的场所，友贤山馆“书房”藏有国学、艺术、传统文化、公园文化等书籍5000余册，供游客免费借阅。

（刘博然）

【卧佛寺屋面保护性修缮】 11月10日完工。北京植物园对卧佛寺天王殿、三世佛殿、卧佛殿屋面进行保护性修缮及卧佛寺基础设施改造工程于7月28日开工，对寺内重要殿宇进行屋面换瓦等维修，改造基础设施，进一步提升文物古建保护水平和能力。11月11日，北京植物园卧佛寺正式对市民游客开放。

（石鑫）

【颐和园丹陛石保护罩安装工程】11月22日完工。丹陛石位于东宫门外，原为圆明园遗物，1937年6月从圆明园移此，是颐和园重点保护的露陈文物之一。由于长期受风沙雨水侵蚀及阳光暴晒，致使裸露在环境之中的石质文物出现表面酥碱化、酸雨侵蚀等痕迹。工程于7月23日开工，完成丹陛石保护罩设计、制作、安装验收工作。保护罩长4.7米、宽1.85米、高0.1米，主要结构为金属架支撑钢化玻璃。

（汪洋）

【北京植物园南门改造提升项目】11月完工。工程于4月9日开工，收回原南门停车场，实施绿化改造。对市民游客开放，增加展示面积4000余平方米。

（石鑫）

【凤凰岭景区基础设施建设】年内，区文旅局根据北京市文化和旅游局《2019年旅游公共服务设施改造项目任务书》内容，完成中线十字路口厕所改造工程、茶苑卫生间改造工程、雄狮峰防腐木观景台工程、休息亭维修改造工程。完成景区安全防护网维修项目，基础修建、更换和维护老旧破损严重防护网；修建一处雄狮峰观景平台；在重点地段加装全景监控，加装9处全景摄像装置。凤凰岭休息亭改造工程：景区修缮改造区域内较为破损严重的5处游览休息木亭；中线十字路口厕所改造工程，增加“第三卫生间空间”。凤凰岭景区文物安防系统建设项目：在7处区级文物和9处区文委普查项目文物及周边重要点位增设物理围栏、监控系统等。凤凰岭景区游步道维修：破损游步道、护坡修复，危险路段加装安全护栏及原损坏护栏修复等，共计38处点段约120米，新建和维修防护栏300米。年内完成30%工程量。凤凰岭摩崖石刻观景平台改造：对原有平台进行改造修复，更换原有平台防腐木地板、进行护栏修复及钢结构维修。

（蔡民　刘铮）

【贝家花园旅游公共服务改造项目】年内，区文旅局根据北京市文化和旅游局《2019年旅游公共服务设施改造项目任务书》，完成碉楼游客中心改造工程、环保厕所设备购买及安装工程。

（蔡民）

旅游活动

【御苑藏珍——颐和园精品文物展】1月25日至3月24日，颐和园与天津博物馆合作主办的“御苑藏珍——颐和园精品文物展”在天津博物馆举办。本次展览以“慈禧文物”为主题，内容分为文娱雅好、起居服用、寿礼供奉、舶来奇珍4部分，出展文物共105件/套，其中二级文物6件/套，三级文物39件/套，展品有瓷器、玉器、家具、钟表、书画、金银器、匾额、珐琅、杂项等。展览期间共接待观众9万人次。

（许馨心）

【凤凰岭第六届新春游园会】2月5日至10日（大年初一至初六），景区举办凤凰岭第六届新春游园会。游园会以传统与现代、文化与科技为主线，着重对科技海淀、文化西山、京津冀地区的传统文化、非遗文化及冰雪文化资源进行挖掘整合。突出区域特色，将科技文化、传统文化、非遗文化、冰雪文化、祈福文化等集中展示，设置灯笼大道、京津冀非遗展示区、非遗文化舞台、传统文化舞台、民俗文化舞台、生肖文化区、儿童游艺、吴桥杂技、地区农产品展售、冰雪乐园等区域。突出西山文化和海淀特色，促进科技与文化的融合，新增西山文化长街和科技产品体验区。游园会邀请海淀区非物质文化遗产扑蝴蝶、太平鼓、翰林院五虎棍、舞龙舞狮等特色文化项目进行展演展示，接待游客15.6万余人次。

（刘峥）

【第二届京西文化游园会】2月5日至20日（正月初一至十五），由北京稻香湖投资发展有限责任公司主办、海淀区非遗保护中心（北馆）承办的“火树银花耀新春，宫灯纳福庆团圆——第二届京西文化游园会”在稻香湖景酒店举行。活动期间，40位非遗传承人、近百位非遗文化表演者展示表演皮影戏、太平鼓、口技、天津相声、河北梆子、古筝、飞叉等京津冀传统非遗表演项目。写春联、送福字，拍摄全家福；观宫灯、做宫灯、挂宫灯祈福，名师名校文化大讲堂、非遗文化展览体验、非遗文化表演等文化活动丰富多彩、喜庆祥和。活动现场近40项非遗展览供市民免费参观，上场体验传统宫灯制作、鸟虫篆书写、京绣、汉砖拓印、彩塑京剧脸谱、剪纸、烙画、毛猴制作、鬃人、陶艺、风筝制作、秸秆扎刻、糖画、景泰蓝制作等非遗项目，非遗传承大师现场教授传统制作技艺。

（李静磊）

【第31届樱花文化活动季】3月19日至4月19日，玉渊潭公园举办第31届樱花文化活动季，累计接待游客近200万人次。在公园内设立8处文创专属区、3处临时商业点位，其中“樱花冰激凌”为爆款产品；与北冰洋联名“小樱”纪念版北冰洋汽水，与晨光联名樱花元素文具，首次引进国际品牌快餐麦当劳。设置文化活动体验，开展“清明问茶”系列主题活动、“樱花导赏”特色科普活动，引领“穿汉服 赏樱花”新时尚。活动期间，累计接待记者拍摄采访134人次，刊发报道435条（篇）。人民网、新浪、搜狐、腾讯、今日头条等各大网站、微博、新媒体、公众号等对樱花活动转发7000余条。

（王智源）

【毛泽东率党中央进京70周年纪念活动】3月25日，颐和园在益寿堂举办“继续赶考再扬帆，红色基因代代传”纪念毛泽东率党中央进京70周年主题活动。市公园管理中心、海淀区委宣传部、青龙桥街道、西苑小学等单位有关领导以及老干部代表、西苑小学红色小导游代表70余人参加活动。主办方宣布红色小讲解员正式上岗，授予颐和园益寿堂海淀区"爱国主义教育基地"称号。"颐和园益寿堂红色文化游览定制流程"揭牌，开放红色教室，为各单位团体党日活动、入党仪式、学习交流等进行个性化定制服务。

（张婉）

【凤凰岭第十九届杏花节】 3月下旬至5月中旬，景区举办凤凰岭第十九届杏花节。杏花节以"最美的遇见"为主题，开展"遇见最美的花""遇见最美的茶""遇见最美的路""遇见最美的祝福""遇见最美的景""遇见最美的古诗词"等系列活动。包含踏青赏花、画出最美的山花、茶文化体验、古装穿越、寻找最美凤凰岭、传统文化体验、祈福"杏"（幸）福树、户外阅读等文化活动，接待游客22万余人次。

（刘峥）

【"忆满京城 情思华夏"——2019年凤凰岭清明节主题活动】 4月5日至7日清明节期间，景区结合地区优美的自然景观和深厚的历史文化内涵，聚焦旅游文化深度融合的发展模式，开展"忆满京城 情思华夏"——2019年凤凰岭清明节主题活动，包含踏青赏花、读书品茗、传统文化体验、追忆先贤、古诗词诵读等文化活动，为市民提供一个集思忆先贤、踏青春游、赏画品诗于一体的活动平台。此活动被区委宣传部列为海淀区清明节重点文化活动项目，参与活动人数达4万余人。

（刘峥）

【第八届中国饭店文化节】 4月10日至12日，由中国饭店协会主办、北京稻香湖景酒店承办的第八届中国饭店文化节在京举行。第八届中国饭店文化节以"消费升级、优化供给"为主题，全面展示消费升级新形势下饭店品牌文化、创新文化、绿色文化、服务文化、餐饮文化、非遗文化六大文化产品，突出四大亮点内容：创新文化推动高质量发展、品牌文化塑造中国服务、餐饮文化彰显工匠精神、助力贫困地区特色优势产业发展扎实推进产业扶贫。特邀经济学家解析新形势下中国经济的新趋势、分享饭店产业消费升级六大行动计划；发布《2019中国连锁酒店投资与发展报告》《2019中国住宿业市场网络口碑报告》《2019中国租赁式公寓品牌价值榜》；发布中国酒店集团规模50强、中国连锁酒店品牌30强、中国单体酒店优质服务品牌50强、中长租公寓品牌50强。国家商务部原副部长、中国国际贸易促进会原会长姜增伟，中国饭店协会会长韩明，国务院参事、国家统计局原总经济师姚景源，中国旅游研究院院长戴斌，海淀区副区长陈双，区商务局副局长王申，区文化和旅游局副局长邱文忠等出席活动。

（李静磊　钟冷）

【玉渊潭公园首届鲁冰花展】 4月20日至5月22日，玉渊潭公园举办首届鲁冰花展，累计接待游客近100万人次。展览期间，园内整体布展装饰更换为鲁冰花元素，栽植鲁冰花10万盆（株），集中在"樱落花谷"新景区及樱花园景区，设计制作16组"卡通动物地景"置于"樱落花谷"景区。"鲁冰花邮局"公众开放，鲁冰花母爱主题明信片同步上市，樱花冰激凌、北冰洋汽水等文创产品热销。公园与首农食品集团合作，开设"品味首农食品 共享美好生活"惠民集市，为游客带来赏花、购物一站式便民新服务。举办"科技惠民，共享绿色家园"2019年科普游园会、"浓情五月，爱在玉渊"主题宣传实践活动、"北京市职工摄影文化活动月"摄影展等活动，提升游客游园体验。接待记者拍摄采访40余人次，刊发相关报道58条（篇），新浪微博、搜狐网、腾讯网等媒体转发鲁冰花展相关报道1900余条。

（王智源）

【"神州奇珍——中国特色珍稀植物展"布展】 4月，北京植物园完成世园会"神州奇珍——中国特色珍稀植物展"布展工作。展厅位于世园会中国馆地下1层，面积500余平方米。展览分4期，借助实物、科普墙等手段，集中展示北京植物园培育及中国科学院植物研究所、厦门市园林植物园、中国科学院华南植物园、深圳市中国科学院仙湖植物园等10余家单位提供的珍稀植物300余种。其中北京植物园展示活体植物200余种，其中有81种植物获奖，"总状绿绒蒿""云南独蒜兰"等7种植物获得特等奖。

（石鑫）

【玉渊潭公园科普游园会】 5月11日至12日，由北京公园管理中心主办、玉渊潭公园承办的"科技惠民，共享绿色家园"2019年科普游园会在玉渊潭公园举行。市属各公园、保定市园林绿化管理局、自然之友等单位的21个主题59项科普活动，通过多媒体展示、互动体验、科普模型等方式，为游客带来"园林科普大餐"。公园更新百米影廊科普展板130块，集中展示园林文化、动植物百科、生态环境等内容，在南区木屋开设家庭园艺快闪店，现场为游客讲解花卉养护知识。

（王智源）

【"中国旅游日"海淀分会场主题活动】 5月19日，海淀区以"揽胜园林山水 最美中关村人"为主题，开展"5·19"中国旅游日海淀分会场主题活动。活动包括文化惠民演出、旅游咨询及线路产品展示、文化旅游产品体验互动。现场向区自强家庭代表、劳动模范代表和见义勇为代表发放光荣赠票，上线"一折游遍三山五园"万张惠民门票购票程序。

（于文艳）

【曾宪梓雕像揭幕仪式在圆明园举行】 5月24日，曾宪梓雕像揭幕仪式在圆明园三园交界举行。仪式由海淀区副区长张若冰主持。香港金利来集团有限公司创办人、董事局原主席曾宪梓，全国政协委员、金利来集团主席曾智明，国务院港澳事务办公室、全国政协科教卫体委员会、教育部港澳台办、中央统战部、国家体育总局、中国奥委会、香港中华总商会、中共中央对外联络部等单位和部门相关负责人，海淀区委书记于军，区委常委、宣传部部长张劲林，区委常委高念东，曾宪梓教育基金、航天基金、体育基金领导及成员，圆明园管理处领导班子成员出席揭幕仪式。曾宪梓（1934—2019），广东梅州人，曾任全国工商联副主席，第八届、第九届、第十届全国人大常委，获“中华慈善奖”、香港特别行政区政府“大紫荆勋章”。20世纪70年代末开始，曾宪梓捐资支持国家教育、航天、体育、科技、医疗与社会公益事业，捐资逾1400项次，累计金额超过12亿港元。1993年，他捐资800万元，用于修复圆明园围墙，抢救、保护圆明园遗址。2018年12月18日，中共中央、国务院授予曾宪梓改革先锋称号，颁授改革先锋奖章。

（鲁紫鹂）

【参展“御园瑰宝 匠心永传——园林文化与燕京八绝展”】 6月5日至9月1日，由中国园林博物馆主办，北京工美集团有限责任公司、北京工艺艺嘉贸易有限责任公司、北京市颐和园管理处协办的“御苑瑰宝 匠心永传——园林文化与燕京八绝”展在中国园林博物馆展出。颐和园提供珐琅、玉器和丝织品文物展品共8件/套，其中二级文物1件/套、三级文物3件/套、一般文物4件/套，通过展示“燕京八绝”的材料、工艺特征、技法、应用等，反映其传承有序的精湛技艺，诠释“燕京八绝”与古典园林文化相辅相成的联系，获得观众与各界媒体广泛关注和好评。

（许馨心）

【第七届“五色五香——五塔寺端午文化嘉年华”活动】 6月7日至8日，第七届“五色五香——五塔寺端午文化嘉年华”活动在石刻馆举办。活动由北京市文物局主办，北京石刻艺术博物馆承办，西城区非物质文化遗产保护中心、那威五子棋俱乐部、北下关街道办事处协办。内容包括“五彩连台”文艺演出、“五谷丰登”包粽子比赛、“五行八作”非遗产手工艺展示、“五子登科”五子棋小棋王争霸赛、“五彩缤纷”拓片现场展示与互动以及“重五佳节祈安康——端午节俗文化展”。其中“重五佳节祈安康”展览的展期为6月7日至7月22日。

（郭豹）

【凤凰岭第五届户外运动大会】 6月8日至7月7日，景区举办凤凰岭第五届户外运动大会，大会期间举行泡泡凤凰跑、户外戏水、越野跑夜赛、雷殿生公益徒步行等主题活动。其中，6月15日举行的“岭”骑生态苏家坨“凤”献红心颂祖国——红色骑游活动将体育运动与休闲旅游有机融合，让广大骑友，特别是来自海淀的企业家、科学家快乐骑行，参与活动人数1.1万余人。

（刘峥）

【“第六届两岸新锐设计竞赛·华灿奖”启动】 6月13日，“第六届两岸新锐设计竞赛·华灿奖”启动仪式在颐和园举行。活动由中国高等教育学会、中华中山文化交流协会、北京歌华文化发展集团主办，北京颐和园管理处、北京国际设计周有限公司、华灿工场承办。设计竞赛增设颐和园定向作品征集内容，从颐和园“福寿文化”理念、特色创意活动策划、文创特色空间运营、基础设施设计等四大方向，促进两岸及港澳地区青年了解园林历史文化，由古鉴今推动中国设计事业的创新发展。本届竞赛至10月31日，共征集作品400余件，经过初选入围、分组评审和集体评审，评选出中国地质大学马鸣宇的作品《夔》《阁》《桥映夕流》为定向主题设计专项大奖。

（杨然）

【参加北京国际旅游博览会】 6月18日，区文旅局组织区内旅游企业参加北京国际旅游博览会，设置以“青春中关村必达之地”为主标题展区，设计和搭建海淀特色展台、播放海淀宣传片、展示海淀文化旅游优质企业等形式，宣传推介海淀区丰富的文化旅游资源，为企业提供宣传和洽谈平台。

（于文艳）

【“LIAN.影响世界的中国植物”2019巡展】 6月25日至8月中旬，影响世界的中国植物——LIAN.博物绘画巡展2019在北京植物园举办。展览分为中国特有植物展区、特别展区、自然笔记互动区3个主题，采用植物手绘的方式，围绕中国特有植物、园艺明星和常见植物、欧洲经典博物学中的中国植物三大内容开启巡展。

（石鑫）

【2019香山奇妙之旅暑期活动举办】 6月29日至9月15日，香山公园举办2019香山奇妙之旅暑期活动，活动分20场，其中包括两场“老北京”主题专场、两场摄影专场、一场昆虫专场、两场中秋专场等，接待300余个家庭。每期活动时间一天一夜，分为露营学习、营地讲座、园内考察、营地观察及总结4部分，根据香山特有乡土动植物特色设计，集观察、拍摄、讲解、体验等方面的多维度综合体验线路是活动的亮点。亲子家庭在老师及助教老师的带领下，参观营地展览学习营地搭建、动植物知识、夜探常识，探索观察学习香山的动植物，了解大自然、走进大自然，加强孩子和家长对科普环保的认识。

（张寅子）

【参加北京国际商务及会奖旅游展览会】 8月28日至29日，区文旅局组织北京稻香湖景酒店、北京世纪金源大饭店、玉渊潭酒店管理集团参加2019北京国际商务及会奖旅游展览会（IBTM China）。接待参观500人次，完成近百场现场洽谈与网络邀约洽谈，现场签约23单。

（于文艳）

【参加中国（广东）国际旅游产业博览会】 8月30日至9月1日，北京市文旅局组团，区文旅局参加中国（广东）国际旅游产业博览会，依托“魅力北京”为主题的北京展台，展示出海淀区丰富的文化旅游特色资源，现场扫二维码送出定制宣传品，进一步扩大海淀区文化旅游资源知名度。

（于文艳）

【《圆明园匠作则例》回家了暨清代文献档案珍品展】 9月12日至21日，圆明园管理处与中国书店在圆明园正觉寺三圣殿联合举办“《圆明园匠作则例》回家了暨清代文献档案珍品展”。流散民间的古籍文物《圆明园匠作则例》（简称《则例》）正式回归圆明园。该《则例》共两函48册，涉及建筑、园林、工艺、材料、人工经费等内容，涵盖修建圆明园所用之木、石、瓦、土、油、漆、装修、画、裱、佛像等用料、用工规格。《则例》详细介绍圆明园建筑或器物的制作要求、尺寸大小、限用工时、耗料数量以及重量、运费等，使其成为有案可查、有章可循的规则和定例；《则例》编纂自乾隆年间，成书于道光之际，书写规范、纸张考究、装帧精美，具有历史研究价值与文物收藏价值。

（鲁紫鹃）

【北京地区红色石刻展】 9月25日至12月31日，北京石刻艺术博物馆举办“丰碑不朽——庆祝中华人民共和国成立七十周年北京地区红色石刻展”。展览首次集中展示新民主主义革命时期（1919—1949）北京地区红色文化的石刻遗存，展出7组13件石刻拓片、99张图片，分“立革命潮头”“作中流砥柱”“为人民解放”3个单元，以时间为叙事纵轴，展示新民主主义革命时期以中国共产党人为代表的革命者为中华民族的独立、自由、解放做出的巨大牺牲和立下的不朽功勋。展览期间共接待观众2万余人次，近40家单位党组织集体参观。

（郭豹）

【梵声墨韵——北京古钟拓片艺术展】 9月至12月，大钟寺古钟博物馆制作的“撷彩京华”之“梵声墨韵——北京古钟拓片艺术展”在吉林省长春市展出。展览以古钟文化为主题，精选48幅具有特色的北京古钟拓片并辅以精品古钟文物（3件）和古钟模型（2件），讲述古钟背后的文化故事。此次展览是北京市文物局局属7家博物馆协同举办的“撷彩京华”联展的第三站，共接待观众3万人次。

（杨巍）

【凤凰岭重阳登高活动】 10月7日，景区举办“孝满京城 德润人心”海淀区2019年凤凰岭重阳登高活动，以中华人民共和国成立70周年为契机，邀请辖区内各高校、科研院所的专家教授等高知人群和共和国同龄人代表、金婚夫妇代表、银婚夫妇代表、四世同堂家庭代表、敬老孝老的道德模范代表、孝星代表、劳模代表等榜样人物及登山爱好者，立足海淀区域特点，出游赏秋、登高祈福，领略永定河西山文化带的秋景风韵，赏菊花、画重阳、听古乐、观茶艺，感受传统文化的独特魅力，参与活动人数达4500人。

（刘峥）

【参加北京国际旅游商品及旅游装备博览会】 10月18日至20日，北京市文化和旅游局主办的第八届北京国际旅游商品及旅游装备博览会举行。区文旅局组织优质文创单位国家图书馆、香山公园、圆明园、稻香湖景酒店、海淀美术馆北馆、中创文旅（颐和园文创）6家单位参与现场展示，推广海淀旅游商品。展示以中国风为主基调，精选具有海淀特色和文化创意的旅游衍生品260余种，包括香山公园的枫叶系列，双清别墅红色旅游系列，圆明园四十景图系列、荷花系列，国家图书馆“三山五园”、庆赏升平、十竹斋系列，稻香湖景酒店葡萄酒、艾灸，海淀美术馆北馆各种雕塑艺术品，中创文旅颐和园系列等，促成各类洽谈60余次。

（于文艳）

【首届海淀稻香湖文化旅游节】 10月19日，由区文旅局主办、北京稻香湖投资发展有限责任公司承办的首届海淀稻香湖文化旅游节开幕，活动遵循“文旅融合 畅享生活”的宗旨，包括丰收体验、非遗展示展演、非遗文化手工体验、红色电影展播、品美食鉴红酒、汉服文化秀等内容。4800余名市民参与活动。

（李静磊）

【凤凰岭第七届金婚公益活动】 10月20日，景区开展“凤凰于飞 一生相随”第七届金婚夫妇相聚凤凰岭大型公益活动。邀请包括金婚夫妇、共和国同龄人夫妇、四世同堂家庭在内的共50对老人，开展金婚夫妇穿婚纱走红毯、共和国同龄人和四世同堂家庭访谈、子女敬孝道茶、蒙眼找妈妈、儿童传统文化汇报演出等活动，共同经历一场难忘的金婚庆典，参与活动人数达2.2万人。

（刘峥）

【参加中国国际旅游交易会】 11月14日至16日，区文旅局作为北京市文旅局代表团成员单位，参加昆明2019中国国际旅游交易会。通过现场填写明信片、播放宣传片、发放旅游宣传资料、扫码关注赠送小礼品等方式，推介海淀区旅游资源，提升海淀旅游的品牌形象。

（于文艳）

【石质文物保存环境与病害调查】 12月10日，由北京石刻艺术博物馆承担的北京市文物局课题——“北京地区露天、半露天石质文物保存环境与病害调查第一期（东城区、西城区）”通过专家评审。合作单位有首都博物馆、中兵勘察设计研究院。调查显示，北京地区现存的石质文物种类、数量多，价值高，但很多处于露天、半露天环境中，出现不同程度的风化和损坏。2019年进行第一期东城区、西城区石刻调查，以中轴线上的露天、半露天石质文物为重点，进行文物基本信息采集、保存环境调查、病害调查与病害图绘制、现场无损检测、微量取样实验室分析等，掌握现存露天、半露天石质文物的保存状况与病害情况，分析病害成因与保护环境的关系，对文物的保存状况做出评估。

（郭豹）

旅游行业管理

【春节假日旅游工作会议】 2月3日，区假日旅游工作领导小组召开2019年春节假日旅游工作会议。各单位主管领导和部分企业负责人共100余人参会，凤凰岭自然风景公园、稻香湖景酒店、上庄镇、公安分局、区安监局、区城管执法局、交通支队就本区春节假日文化活动、旅游接待、安全保障、市场秩序、应急管理等工作进行发言。会上，副区长张若冰从加强组织领导、认真履行监管责任、全力维护旅游市场秩序、完善提升旅游公共服务质量、严格遵守假日旅游工作机制5个方面部署春节假日旅游工作。要求做好旅游突发事件、旅游投诉接报处理、旅游数据统计工作，做到及时上情下达，下情上报，确保春节假日信息畅通、各项工作落到实处。

（王月）

【防汛反恐消防安全演练】 5月29日，凤凰岭公园组织防汛反恐消防安全演练。演练模拟两个场景：汛期内发生的暴雨泥石流事件，防汛小组应急处置，同时在防汛疏散过程中发生游客扭伤事件，景区采取紧急救助措施；景区出现森林火灾。演练过程中，情况预想到位，演练动作逼真，处置迅速得当。公园及驻园单位防汛和消防应急救援人员的快速反应能力、应急处置能力、组织协调能力得到检验，增强山区景区防汛及消防工作人员的安全意识和实战能力。

（王月）

【旅游行业防汛工作动员部署会】 5月29日，区文旅局召开2019年海淀区旅游行业防汛工作动员部署会。会议要求各旅游景区要强化安全责任，健全本单位的防汛安全责任体系，完善相关工作制度，加强应急队伍建设和应急物资准备，加强防汛宣传、培训和应急演练。旅游景区防汛分指挥部成员单位区应急管理局、规自委海淀分局、区消防救援支队、区气象局等单位领导就防汛和消防应急工作提出具体要求。区文旅局与各A级旅游景区分别签订《2019年度海淀区旅游景区安全度汛责任书》。

（王月）

【文化和旅游行业安全生产大会暨安全生产月“黄丝带行动”启动大会】 6月28日，区文旅局召开2019年文化和旅游行业安全生产大会暨安全生产月“黄丝带行动”启动大会。海淀区277家文化行业单位、233家旅游行业单位负责人及安全工作负责人510人参加会议。会议对下半年工作提出要求：各单位要进一步提高对安全生产工作的认识，切实从思想上、行动上重视起来；要认真学习安全生产各类法律、法规、规章制度、文件规定；要认真落实安全生产主体职责，切实做好各项安全生产工作。

（王月）

【消防安全演习】 7月5日，区文旅局组织开展2019年海淀区文化和旅游行业“防风险保平安迎大庆”消防安全演习。紫竹院街道、区消防救援支队首体南路消防中队相关领导及来自全区文化和旅游行业各星级饭店的43名安全工作负责人到场观摩。7月19日，开展2019年海淀区文化和旅游行业安全消防应急综合演练。区文旅局、甘家口街道、市交通委海淀运输管理分局等单位领导现场指导，颐和园、圆明园、紫竹院、稻香湖等涉水旅游景区防汛及安全应急工作负责人到场观摩。本次演习严格按照“防风险保平安迎大庆”消防安全执法检查专项行动工作要求，模拟两个场景：客房区突发火情，工作人员组织初起救援；火情无法控制，配合消防队组织人员疏散。整个演习过程中，宾馆内全体人员在快速应变能力、处置能力、安全和组织能力等方面都成功经受住考验，圆满完成实战演练。紫竹院街道、首体南路消防中队分别对演习结果进行点评，并进行现场指导。

（王月）

【“北京礼物”商品和店面认证申报】 7月10日至8月15日，通过市“北京礼物”品牌管理系统，区文旅局共收到11家企业报送的88件商品和3家店面申请，收集纸质版申报材料60余份。初步审核通过商品认证80件、店面认证3个。

（于文艳）

【国庆假日文化和旅游市场安全部署会】 9月26日，区假日办组织召开2019年海淀区国庆假日文化和旅游市场安全部署会，区假日旅游工作领导小组成员单位主管领导和文化旅游企事业代表共100余人参加大会。会议就假日期间景区管理、热点景区周边旅游市场秩序整治、重大文化旅游活动安全管理等方面工作进行部署。

（王月）

【香山红叶观赏期综合服务保障工作协调部署会】 10月18日，区政府组织召开2019年香山红叶观赏期园外综合服务保障工作协调部署会。会议贯彻落实北京市2019年香山红叶观赏期综合保障协调工作会议精神，部署园外综合服务保障工作。红叶观赏期园外综合服务保障指挥部成员及相关23个单位参加会议。会上提出要求：要进一步提高思想认识；进一步细化方案措施；进一步加强值班值守。副区长张若冰要求，各单位要切实迅速行动起来，进一步细化综合保障工作方案，精细部署安排各项园外服务保障工作，以“精精益求精，万万无一失”的国庆服务保障标准全力做好本次红叶观赏期的园外各项服务保障工作，确保香山周边安全平稳有序和活动的圆满完成。

（王月）

【旅游投诉】 年内，区文旅局共协调处理旅游投诉约450件，包括核实处理“12345”热线来件350件、“12301”旅游热线来件70件、来电咨询投诉30件。根据市文旅局关于旅游热线“12301”投诉工作要求以及区非紧急救助中心关于“12345”“接诉即办”要求，全力做好旅游投诉办理工作，进一步提升解决率和游客满意率。

（李思佳）

【打击“非法一日游”专项行动】 年内，区文旅局开展打击“非法一日游”专项行动，加大对旅游市场秩序和旅游安全检查整治力度。成立旅游市场秩序治理整顿工作领导小组，多次组织召开协调和调度会议，协调公安、城管、交通执法六队、属地街镇等部门研究工作方案。对颐和园、香山公园、圆明园等热点景区、重点旅游线路、点位周边开展联合执法检查80余次，对旅游乱象如散发旅游小广告、“黑导游”、“黑票提”、“黑旅游车”、“黑商店”等进行不间断治理打击，拘留“黑导游”及扰序人员129人，查扣黑车49辆，检查导游1039余名，检查旅行社和网点200余家，对2家旅行社进行约谈和立案调查。

（唐晓东）

城市建设与管理

2 月 23 日，京张高铁清河站地上钢结构封顶（田峰 摄）

5 月 8 日，区应急局进行假冒伪劣安全帽清理整治联合执法检查（王毅 摄）

5月10日，市住建委、区房管局、海房投资集团在管家岭举办2019年城镇房屋防汛演习（区房管局 供图）

5月12日，北京市防灾减灾日主题宣传活动（王佳琪 摄）

8月19日，京昌路楔形绿地棚户区改造回迁安置房项目封顶（田峰 摄）

8月28日，八里庄街道五路居南街正式开通（田峰 摄）

8月29日，紫竹院街道魏公村小区征收改建项目结构封顶（何照云 摄）

9月19日，海淀区街镇责任规划师街镇规划成果展（市规划自然资源委海淀分局 供图）

11月7日，北京正式启动供暖（田峰 摄）

11月9日，在颐和园八方亭举办全国消防日演练（鞠小锋 摄）

北京市十佳最美街巷——香山买卖街（香山街道 供图）

规划与自然资源管理

【概况】2019年3月，根据海淀区机构改革方案，将北京市规划和国土资源管理委员会海淀分局的职责，以及区发展和改革委员会的组织编制主体功能区规划职责，区园林绿化局、区水务局的森林、水、湿地资源调查和确权登记管理职责等整合，组建市规划和自然资源委员会海淀分局（简称市规划自然资源委海淀分局），实行市、区双重管理体制，既作为市规划和自然资源委员会的派出机构，同时作为区政府工作部门。不再保留市规划和国土资源管理委员会海淀分局。区规自委下设北京市海淀区规划和自然资源执法队，北京市海淀区不动产登记事务中心、北京市海淀区土地利用事务中心、北京市土地整理储备中心海淀区分中心、北京市规划委员会海淀分局机关服务中心。

年内，受理人大代表建议、政协委员提案17件，其中市级6件（主办2件、会办4件），区级主办11件，均按期办结。办理行政案件159件（行政复议案件43件、行政诉讼案件116件），比上年增长22.31%。行政负责人出庭应诉9次。

（张帆）

【优化营商环境】4月，市规划自然资源委海淀分局在全市率先推出二手房交易“不动产登记＋用电过户”同步办理举措，提高不动产登记以及电力服务的办理效率。4月15日，登记费网上支付功能开通试行，并在全市推广。4月底，在42个“一窗办理”综合窗口推出房屋交易涉税业务税费代征服务，确保网签、缴税、登记、缴费、领证环节全部在一个窗口办结。启用不动产登记24小时自助服务区，成为全市第一家“24小时不打烊服务”机构。落实优化营商环境政策体系，完善“多规合一”协同平台运行机制，多层次、多途径搭建多部门联动沟通平台，着重研究空间资源配给与实际使用需求的对接，确保海淀高精尖产业结构建设，核发“多规合一”协同平台初审及综合会商意见61个。

（张帆）

【第三次全国国土调查完成成果上报】10月13日，海淀区第三次全国国土调查成果通过国家级核查，“全县检查差错率”为0.04%。2018年10月，海淀区启动第三次全国国土调查工作。调查以2019年12月31日为统一时点，分4个阶段实施，即准备阶段（2018年10月前）、组织实施阶段（2018年11月至2019年6月）、成果汇总及上报阶段（2019年）、成果验收及总结阶段（2020年）。至2019年，完成工作部署、底图制作、内业认定、外业调查、各级迎检、用地流量分析、数据质检和成果提交等各项工作，报送调查成果。

（张帆）

【不动产信息化建设】10月，市规划自然资源委海淀分局推进海淀区政府服务“区块链”上链工作，完成市公安局和市民政局数据信息上链工作，将区块链技术运用于京籍存量房交易，缩短登记时间，提高工作效率。配合北京市启动不动产登记电子证照测试工作，完成全市不动产登记电子证照测试工作。使用区块链技术核实不动产登记资料5626次，平均每日使用35次。

（张帆）

【海淀分区规划获批】11月20日，《海淀分区规划（国土空间规划）（2017年—2035年）》获市政府批复。海淀分区规划聚焦中关村科学城建设和“三山五园”地区的整治提升，开展城市双修，建立街镇责任规划师制度，创新城市治理手段，成为海淀分区规划编制的突出亮点。分区规划获评2019年度北京市优秀城乡规划奖特殊贡献奖（一等奖）。

（张帆）

【首创全职街镇责任规划师模式】年内，海淀区创新街镇责任规划师制度，在全国范围内首创全职责任规划师模式。面向全国公开招聘26名全职责任规划师，其中博士1名，硕士17名，获得中、高级以上职称的18名。建立覆盖全区的“1+1+N”① 责任规划师人员架构，形成多元专业城市治理人才梯队。建立12种类型、50余个街镇治理更新“种子计划”，通过“海师议事厅”深化“吹哨报到”，形成分局多部门一次协调集中会诊，搭建街镇治理工作推进、技术交流、成果学习平台。与学院路街道共同探索通过街区规划促进社会治理创新的路径方式，提炼出街区更新“4+1”工作法②。启动城市更新市区量级“种子计划”，以京张铁路遗址公园项目形成高标准案例，创新“策划＋规划”工作模式，开展从北京北站至北五环全长9千米的国际方案征集工作。以“海师·海诗”为主题，首度参与国际设计周，打造京张铁路遗址公园800米启动区，在五道口和五路居设置双展场，吸引10万余人次参观，中央、市区及互联网等媒体报道百余次。

（张帆）

【控制性详细规划编制】年内，市规划自然资源委海淀分局开展控制性详细规划编制工作。研究海淀区控规编制工作方案，探索创新控规编制工作思路。形成较为稳定的控规单元，划定以行政边界为基础，发挥街镇主体作用，建立权责统一的规划实施机制。开展现状三大设施、潜力用地、在途项目及人口情况的摸排校核工作，完善土地资源梳理，校核潜力用地，保障重点项目、在途项目的建设。整合多系统多平台数据，搭建数据分析平台，实现动态调整更新及指

① “1+1+N”：1名全职街镇规划师、1支高校合伙人团队和N个特色设计团队。

② “4+1”工作法：包括“4步法”，即街区画像、街区评估、街区更新规划及实施，1套“社会创新工具箱”。

标分解计算。选定“三山五园”重点地区为试点单元，完成现状梳理，摸清底数，形成台账，从保障政治中心职能、恢复山水生态格局、展现传承历史文脉、再现文化景观风貌、优化圈层道路体系、管控用地功能规模等方面入手，进行试点单元控规方案编制并形成初步成果。

（张帆）

【“城市双修”总体规划实施】 年内，海淀区继续实施“生态修复，城市修补”（简称城市双修）总体规划，重点实施浅山生态修复、河流生态修复、城市绿廊连通、绿地增补提质、街道环境整治、文化魅力提升、社区环境改善七大工程，以“两河、三廊、四街、一点”示范项目为抓手，完善城市生态系统和公共服务基础设施，提升公共空间和人居环境品质，构建起绿蓝交织、古今共融的重要城市景观走廊，串联重要的城市功能节点，塑造特色城市魅力，有效治理城市病，提升群众获得感。

（张帆）

【土地供应】 年内，海淀区完成供地面积110.76公顷，占全年任务的74%。其中，商品住宅35公顷（含共有产权房8.37公顷），商服用地15.08公顷，研发用地14.6公顷，公共管理与公共服务及交通运输用地10.34公顷，保障性安居工程用地11.46公顷，利用集体土地建设租赁住房20公顷，以征代划4.28公顷。

（张帆）

【规划国土审批】 年内，市规划自然资源委海淀分局核发规划类城镇建设项目选址意见书1件，建设用地规划许可证4件，用地面积60.03公顷；建设工程规划许可证84件，总建筑面积584.86万平方米；临时建设工程许可证7件，行政许可有效期延续1件，乡村建设规划许可证2件。市政基础设施工程建设工程规划许可证174件，线性规模10.62万延长米。国土类核发用地预审28件，总用地面积265.42公顷，划拨决定书19件，宗地面积24.66公顷，划拨决定书补充条款1件，宗地面积0.23公顷。核发社会投资简易低风险项目14件。

（张帆）

【智慧城市基础设施专项研究】 年内，市规划自然资源委海淀分局根据《海淀分区规划（国土空间规划）（2017年—2035年）》定位，通过布局智慧城市基础设施、建设智慧城市管理平台、搭建智慧城市应用体系，开展智慧城市基础设施专项研究工作。根据海淀区空间结构和功能布局，打造三网融合的多节点总体构架，动态监测和实时感知城市运行状态。依靠市规自委、市经信部门构建的大数据平台和城市大脑系统，实现信息共享和深度应用，用算法管理驱动城市运营，提升城市管控水平以及政府决策能力。通过搭建公平普惠、服务高效的智慧城市应用体系，加速人文、生态、科技融合发展，促进海淀区经济、社会与环境协调可持续发展。

（张帆）

【京张高铁清河站一体化设计方案完成】 年内，市规划自然资源委海淀分局开展京张高铁清河站交通枢纽站城一体化专项研究。实施站城综合体、天街及地下连廊与清河火车站的整体衔接，通过人性化景观设计，净化地面交通组织，解决大客流的公交接驳。该站一体化设计方案随清河站整体工程同步实施。

（张帆）

【市政环卫基础设施项目规划服务】 年内，市规划自然资源委海淀分局继续配合开展海淀区市政环卫设施项目建设研究，重点支持大工村建筑垃圾处理、六里屯垃圾综合处理、海淀区再生资源预处理中心、宝山综合处理厂等项目建设，提供建设项目规划条件和规划方案复函等规划技术服务工作，以及项目相关配套道路建设和市政管线的选址选线规划研究工作。

（张帆）

【规划核验】 年内，市规划自然资源委海淀分局完成建设项目规划验收事项90件、448项，总建筑规模约411万平方米。对127个建设项目开展全过程服务监督工作。

（张帆）

【征地及农用地转用】 年内，海淀区5个项目取得市政府批复，总面积约89.63公顷，其中新增建设用地约20.80公顷，农用地转用约24.17公顷（含耕地约7.48公顷）。办理征地结案10件，结案面积约130.78公顷；张贴公告9件，办理公示24件。

（张帆）

【集体土地建设租赁住房供地规划编制】 年内，市规划自然资源委海淀分局完成东升镇小营建材城地块集体土地租赁住房项目、上庄镇东小营村B01/B02等地块集体土地租赁住房项目、上庄镇梅所屯村集体土地租赁住房项目、四季青镇振兴村集体土地租赁住房项目4个项目选址和实施方案编制工作，并报送市规划自然资源委“多规合一”平台，供应总面积约22.78公顷，完成全年供地任务。

（张帆）

【耕地保护】 年内，市规划自然资源委海淀分局组织开展苏家坨镇集体租赁住房等项目的耕地耕作层土壤剥离利用工作。加强耕地保护和耕地占补平衡，通过申请跨省域调入增减挂钩节余指标、使用周家巷新增耕地指标等方式，确保耕地保护和耕地占补平衡数量、质量双到位。开展耕地保护空间落图落地，划定永久基本农田储备区约73公顷，耕地保有量储备区约260公顷。

（张帆）

【土地利用变更调查】 年内，市规划自然资源委海淀分局完成2018年度土地利用变更调查。2018年度自然资源部下发遥感监测图斑海淀区共计239块（分割图斑后242块），总面积约123.36公顷，比2017年图斑减少35块，面积减少82.29公顷。

（张帆）

【地质灾害防治】 年内，市规划自然资源委海淀分局会同北京市地质研究所、区气象局联合发布蓝色地质灾害气象预警5次，预警发布后及时做好避险撤离及预警应急响应各项准备工作。温泉镇白家疃南横山崩塌和簸箕水村坡面泥石流、香山老干部休养所泥石流地质灾害隐患点治理工程竣工。推进苏家坨镇七王坟南沟泥石流地质灾害隐患点治理工程。对海淀区山区和半山区进行全面隐患巡查，对41处地质灾害隐患点进行全面核查，对险村险户、泥石流沟、防火通道及旅游景区进行重点排查，更新隐患台账、完善防灾预案方案。

（张帆）

【矿产资源管理】 年内，市规划自然资源委海淀分局开展日常矿产资源监督管理各项工作，将日常的土地执法检查与非法开采和私挖盗采巡查相结合，对非法开采和私挖盗采切实做到“早发现、早制止、早查处”，坚决遏制非法开采和私挖盗采违法行为。

（张帆）

【土地卫片执法检查】 年内，市规划自然资源委海淀分局开展年度土地卫片、季度土地卫片、月度卫片和自然资源部全天候卫片执法检查工作，核查各类卫片图斑1512个。发现一般违法用地79宗，已拆除整改76宗，尚未拆除到位督促各镇加快拆除整改。

（张帆）

【土地督察】 年内，市规划自然资源委海淀分局限期整改类项目主要集中在违法违规占地问题，已整改到位96宗，到位率95%，其余5宗因特殊原因无法短期内整改到位。持续整改类问题包括21宗批而未供项目，16宗闲置土地项目和90个违法违规占地项目（程序性违法需补办手续），已整改到位26宗，到位率20.6%。

（张帆）

【规划查违】 年内，市规划自然资源委海淀分局处理城管及乡镇政府协助认定函681件，对1895处368029平方米的涉嫌违法建设出具规划认定。协助街镇对擅自“开墙破洞”行为是否取得规划许可事宜进行认定，发出查询函71个，办理“开墙破洞”案件点位规划查询194处。

（张帆）

【大棚房清理整治】 年内，市规划自然资源委海淀分局普查非农占耕问题，核查下发的917个图斑及图斑外涉及海淀区2009年全部占耕地情况（含大棚房检查中列入非验收类项目和农业观光园类项目）。除无问题类图斑外，全区涉及3个方面的整改任务：9宗Ⅰ类问题、242宗直接占用耕地一般违法项目、6宗另案处理问题项目。9宗Ⅰ类问题都已拆除到位、达到场清地平标准，且已恢复农业用途，6宗另案处理项目均已拆除整改到位，242宗一般违法项目已全部纳入区拆违台账。对全区32宗非农利用项目进行整改，30宗需拆除整改到位的均已拆除到位、达到场清地平标准，且已恢复农业用途；四季青镇四园苗木和海舟慧霖采摘园2宗非农利用项目移出“大棚房”问题整改台账，改为一般项目补办手续。

（张帆）

【违建别墅清查整治】 年内，市规划自然资源委海淀分局按照市违建别墅专班下发、市园林局移交、各街镇排查的线索，并通过实地核查情况按要求对部分图斑进行分割，形成138个项目。其中涉军涉密项目40宗，非别墅项目38宗，别墅项目60宗。根据《海淀区违建别墅问题清查整治专项行动2019年工作计划》所列需清查整治违建别墅项目5宗16栋，已拆除到位4宗10栋，剩余1宗6栋进入行政复议程序。

（张帆）

【浅山区违法占地违法建设整改】 年内，市规划自然资源委海淀分局完成浅山区违法占地违法建设排查数据的收集整理上报工作，对一般违法占地图斑及时给镇政府发督办函，并跟踪拆除整改情况。浅山区一般违法项目136宗，已拆除87宗，其余在持续拆除整改中，因特殊原因无法拆除的各街镇逐宗制订整改计划。

（张帆）

【“创建无违建街镇”工作】 年内，市规划自然资源委海淀分局按照市规划自然资源委关于全市“基本无违建”创建工作及存量违法建设普查举证工作要求，成立海淀区创建无违建普查初审工作专班，制订工作实施方案。学院路、上地、紫竹院等17个街道提出初审申请，提交案件总数1326宗，已审核通过完成772宗，退回554宗。

（张帆）

【不动产登记审批】 年内，市规划自然资源委海淀分局受理登记业务123162件，办结业务113190件。颁发不动产权利证书53116件，不动产登记证明25510件。代市财政收缴非税收入20032万余元，其中登记费1248万元，代收土地出让金18784万元。办结不动产权籍调查事项177件。完成不动产档案查询81954件；新增入库档案101111卷，均完成数字化归档。现库存不动产档案总量1912471卷。

（张帆）

【解决不动产登记历史遗留问题】 年内，市规划自然资源委海淀分局根据市、区两级关于“接诉即办”的工作要求，牵头解决不动产登记历史遗留问题。成立区级办证专班，形成“周报月调度”工作机制，计划两年内解决31个小区、2.4万余户发证问题。摸排出40个尚未发证小区，涉及住户6万余户。已有13个小区6000余户打通办证通道，7个小区5600余户取得大产权，具备分户登记条件。海淀区解决历史遗留问题做法得到市委、市政府的肯定。

（张帆）

【土地储备开发】 年内，市规划自然资源委海淀分局为保障土地供应工作顺利完成，区规自委加大统筹力度，完善部门协作机制。针对土地供应工作环节多、涉及部门广，分局各部门优化流程、精简办事程序。与市区两级政府积极主动对接工作，全方面、全天候应对各种情况，及时解决问题。完成商品住宅入库35.84公顷，超额完成年度供应任务。完成中关村环保园人才公寓、四季青中坞重点村资金平衡地块项目、辛店BCD项目及永丰J地块共有产权房项目，清河安宁庄东路1号剩余地块的供应工作，供应工作圆满完成，任务完成比位列全市第一。以上地块完成入市后，将有效缓解海淀区住房的供需压力，保障周边园区企业的职住平衡，改善区域环境，提高居民居住条件和生活水平。

（张帆）

【土地批后监管】 年内，市规划自然

资源委海淀分局对已供地324宗项目进行实时监测和动态巡查，共监测上传212次。其中，北京市系统共181个项目，监测上传96次，发放开工提醒通知书21份，竣工提醒通知书12份，督促开工通知书9份；自然资源部系统共143宗项目，监测上传116次，发放督促开工通知书28份，督促竣工通知书12份，开工提醒通知书23份。

（张帆）

【背街小巷无名道路命名】 年内，市规划自然资源委海淀分局梳理出256条待命名背街小巷，经筛查，其中146条道路已经命名，并将命名文件抄送至区交通委及相关街镇。剩余110条道路中，完成命名并抄送相关部门101条，因街镇原因取消命名5条，道路合并处理4条。

（张帆）

【地名及建筑物名称核准】 年内，市规划自然资源委海淀分局核准建筑物名称（21个）：创达大厦、翰学雅居、永丰智慧谷中心、芳怡园、和盈中心锦钰府、玲珑苑、数码视讯大厦、中关村发展大厦、中关村创业大厦、京粮天合家园、中国铁路投资大厦、京东科技大厦、安河家园八里、安河家园六里、安河家园五里、安河家园四里、安河家园三里、安河家园二里、安河家园七里、安河家园一里、安河家园九里。道路命名（115个）：永润路、大牛房六巷、大牛房五巷、大牛房四巷、大牛房三巷、大牛房二巷、大牛房一巷、大牛房二环路、大牛房一环路、菁盈路、英润路、上庄家园路、上庄家园东路、上庄家园南街、上庄家园中街、前官园南街、东北旺南路、红枫路、北上村路、北极寺公园路、应春路、塔院北门路、冠城园西街、广润路、汇佳南街、银燕路、曙学路、头堆村路、大柳树西二街、东冉东街、冬韵街、祁家村路、北交大南门路、福文巷、红联村斜巷、明光北里北路、清文路、九街坊路、沙窝东街、永悦路、致和路、地大南路、卧虎桥南街、五道口北巷、健翔园南路、石清东路、志学路、文苑路、阜光里北小街、花园村路、花园村西路、西钓鱼台路、榆槐巷、静榆巷、榆苑南街、迎夏街、丰益仓路、上河沿路、双紫北街、魏公村小街、厂洼东巷、化大北巷、慧福路、八里庄北里路、又一村南路、庄缘路、定慧北里东路、定慧北里西路、定慧东里斜街、恩济园路、永翠路、玫园北路、丽园北路、名园路、永安东里东路、永安东里西路、师缘路、五路街、阜康路、玫园南路、望福园东路、冉福路、佟家坟中路、培智路、小南庄北小街、桃花泉路、松风泉路、万泉街、万泉河东路、海润路、皇亭子东街、普会寺路、笃学路、双贝子坟路东巷、庙山前街、庙山后街、兰园南街、晏公祠路、镶黄北营路、新营路、林荫街、安河桥北路、镶黄西营路、馨香路、南辛村北街、建材城东一里路、营瑞路、前八家路、建材城南街、前八家胡同、清景路、营安路、通秀路、营信路、永泰东里路、娘娘庙街、环东巷、北外南街、亮甲店东路、崔家窑路、通元路、通善路、通和路、安河家园西路、正林街、友林街、子林街、杏林街、翠林街、通庆环路、新都东路、富力桃园中街、店南斜街、玉津路、石墨烯路、映水街、聚海路、尚清路（延长）、古莲路、小画眉街、观禾路、索家园街、三星庄路、凝翠路、澄湾街。道路名称变更（1个）：黛石东路。

（张帆）

房地产开发

【北京海淀科技园建设股份有限公司】 2019年，公司下属控股公司有北京德成置地房地产开发有限公司、北京德成兴业房地产开发有限公司、中关村青创（北京）国际科技有限公司、北京盛世翌豪房地产经纪有限公司、济宁海科建产业园运营管理有限公司（10月成立）。公司主要承担西北旺新村综合开发和冠城大通百旺府的开发建设，实现开复工面积459977.82平方米，完成销售面积21952.23平方米，西北旺村腾退项目拆除面积63278.18平方米。

（程建华）

【北京海开房地产集团有限责任公司】 2019年，北京海开房地产集团有限责任公司（简称海开集团）实现利润总额5004.46万元，比上年减少66.19%，其中归属母公司所有者的净利润3914.13万元，净资产收益率3.93%，营业收入增长率127.33%，已获利息倍数5倍。

年内，海开集团自主开发项目6项，政府投资代建项目6项。持有四支基金：中海双创二期基金（海开集团出资额1亿元，占比19%）、翠微科创股权基金（海开集团出资额5000万元，占比2%）、北京中关村发展启航创新投资基金（海开已出资额2500万元，再预出资额2500万元，占比7%）、海淀东兴国资支持优质科技企业发展基金（海开集团出资额1亿元，占比3%）。2019年度基金投资金额约7500万元（其中中海双创二期5000万元、中关村启航创新2500万元），收回部分本金、收益、利息约251万元（中海双创二期178万元、翠科基金73万元）。

两园安置房项目。9月29日，区政府专题会议确定海开集团作为两园之间棚改安置房三期项目的开发建设主体，负责地上物腾退及安置房建设等事宜。项目位于西北旺镇唐家岭地区，东至唐家岭路，南至一亩园安置房（两园之间棚改安置房一期项目），西至唐家岭公寓住房统建项目，北至邓庄南路，总用地面积9.73万余平方米，总投资26.5亿元。

东升科技园项目。12月，东升科技园二期L18、L25地块由海开集团二级控股子公司北京海开房地产股份有限公司与意向企业作为联合出让主体进行联合立项。

黄金海岸项目。2017年完成三证合一，2019年3月15日完成工商年检。

巨山村航天信息产业园项目。8月，海开集团作为四季青镇巨山村航天信息产业园项目土地一级开发工作的实施主体，实现项目落地，进入前期手续办理阶段。项目总用地面积约6.7公顷，北至西山排洪沟，东至中远物流仓库，南至原村中绿地南界，西至巨山路。

农研中心项目。与温泉镇和杨家庄村委会沟通协调，研究工作方案，争取对资产的收回采取主动，促进与丰泽公司进行谈判以解决遗留问题。

冷泉项目。3月7日，区政府专题会议确定海开集团作为冷泉村改造工作的第一责任人，依法终止与保利集团的合作。海开集团正式向保利公司提出解除合作关系事宜；2018年后的村域代维费125万元不再支付；完成一处已补偿完毕未完成拆除房屋的移交工作。

唐家岭代建项目。完成盛景创业园项目工程结算、移交工作。盛景创业园建筑面积10.48平方米，2017年12月底完工。合同投资额为47261万元，结算金额51781万元，代建管理费725万元，将项目移交给西北旺镇土井村经济合作社。

凤凰岭土地一级开发整理代建项目。凤凰岭土地一级开发市政工程项目：投资总额1.66亿元，代建费占比2%。完成合同签订76份，合同金额1.15亿元，完成投资拨付3315万元。凤凰岭电力外线工程：投资总额12890万元，合同金额1.17亿元。完成电力外线下穿京密引水渠段工程与下穿铁路段隧道工程；完成全长1312.42米暗挖隧道结构工程，完成绕行段1488米管井工程、道路恢复。

征拆腾退及环境整治。五塔寺地区综合改造项目完成前期项目摸底工作；中关村一小南侧平房搬迁项目取得《北京市海淀区人民政府关于授权中关村一小南侧平房拆迁和延庆寺地区、融通集团总部办公地西侧住宅平房环境整治项目房屋搬迁工作实施主体的批复》，签约率近90%；笑祖塔院城中村环境整治项目收尾工作，与未签约被拆迁户沟通、协商。海开集团参股的北京海开东方工程项目管理有限公司管理的大钟寺中坤广场A地块甩项区域环境整治项目启动，占地面积约7000平方米，建筑面积约6300平方米，总投资额5亿元，完成服务单位招标、指挥部现场搭建、安置房源落实、咨询期启动等工作，逐步推进签约工作。

公安海淀分局执法办案管理中心项目工作组。承担海淀公安分局9个项目的建设管理任务，工程合同总造价2996.3万元，建筑面积37454平方米，上水管线施工1205米。完成项目管理费24.3万元。

中关村（京西）人工智能科技园先导园。项目投资4150万元，建筑面积9451平方米，管理费用92万元，10月，取得五方验收单并正式启用。

海淀区教委代建工作组负责教委暑期应急工程。承担教委项目11项工程的管理工作。6个操场改造工程，总面积3.39万平方米，总投资额3158.95万元；5个学校改扩建工程，总面积1.13万平方米，总投资额7100万元。完成项目管理费48.8万元。

（王智）

【房地产企业资质审核77家】 年内，区住建委对房地产企业新设立事项核定3家，暂定级延续审核23家，暂定级升四级核定8家，四级资质延续审核53家。截至年底，海淀区共有有效房地产开发企业167家，其中一级资质11家，二级资质3家，三级资质7家，四级资质123家，暂定资质23家。

（张杨）

【建筑工程竣工验收备案88项】 年内，区住建委办理竣工备案项目84项，总规模354.7万平方米，共计建筑单体406个。其中，房建工程55件，规模为317.2万平方米；装修项目29件，规模37.5万平方米。

（卞丽宏）

【商品住宅项目备案9项】 年内，区住建委完成商品住宅建设方案备案9项，总建筑面积207万平方米。配建配套公共服务设施：学校（九年一贯制）18223.31平方米、小学11925平方米、幼儿园12906平方米、社区卫生服务站788平方米、文体活动站1200平方米、社区管理服务用房（社区居民委员会、社区服务中心）2059平方米、托老所3259平方米、老年活动站852平方米、社区助残服务中心879平方米；代征道路用地34626.63平方米、代征绿化用地63762.83平方米。

（卞丽宏）

【办理安全生产许可证29项】 年内，区住建委办理安全生产许可证33件。其中首次申请21件，重新核定11件，安全证企业日常事项变更1件。准予许可26件，不予许可7件。

（卞丽宏）

【绿色建筑标准建设】 年内，区住建委在企业开展绿色建筑政策宣讲，落实绿色社区相关技术指标，重点打造绿色建筑示范区。新建建筑在方案评审阶段组织专家进行评审，并出具相关绿色建筑意见。共计完成项目评审56个，其中三星级18个项目，皆为公共建筑，建筑面积757643.39平方米；二星级38个项目，大部分为居住建筑及配套设施，建筑面积7506358.12平方米。

（孙剑锋）

【建设政策性产权住房4688套】 年内，全区实现建设政策性产权住房4688套，竣工保障性住房8407套。推广住宅产业化和全装修成品交房，着力提升保障性住房建设品质。

（张莹）

【棚户区改造】 年内，海淀区以“疏功能、补短板、惠民生”为工作导向，采取片区更新、单元更新与微更新相结合的策略，完成棚户区改造和环境整治503户，疏解人口1950人，拆除建筑面积15.36万平方米，完成棚改拆迁任务。

（赵晶）

【征收拆迁】 年内，全区完成搬迁2506户、建筑面积578791.37平方米。其中完成住宅搬迁2427户、建筑面积415755.61平方米，非住宅搬迁79户、建筑面积163035.8平方米。房屋征收拆迁项目完成76户，棚改搬迁腾退项目完成915户，北部腾退项目完成560户，区属单位协议搬迁项目完成56户，驻区单位协议搬迁项目完成899户。

（高传辉）

【老旧小区综合整治续建工作】 年内，区住建委按照“基层组织、居民自愿、社会参与、政府支持”的工作思路，联合相关街镇和各实施主体，完成宝盛里小区、马甸月季园小区、建材城东一里小区、厂洼街7号院小区等17个小区的老旧小区综合整治续建工作，共计140栋楼，11212户，78.6万平方米。

（王亚昆）

【农村4类重点对象和低收入群众危房改造工作完成】 年内，区住建委按照中央和北京市要求，做好脱贫攻坚农村危房改造“回头看”排查工作，对全部4类重点对象和低收入群众房屋安全进行鉴定和排查。海淀区4类重点对象和低收入群众危房改造工作圆满完成，涉及8户，投资64.8万元。

（王亚昆）

【商品住宅项目】 截至年底，区住建委推进全区2019年度供地商品住宅用地项目建设，完成开工建设面积24.19万平方米。

（张杨）

市政基础设施建设

【概况】 2019年，海淀区住房和城乡建设委员会（简称区住建委）监管施工现场625个，执法检查施工现场2336个次，发现并整改隐患4675条，行政处罚478起。完成5项道路工程。接到“12345”“接诉即办”平台案件8051件，直退743件，处理618件。受理群众来信和上级转办信访案件859件，接听投诉咨询电话3946次，接待来访群众498批1028人次。

（于博）

【北京海融达投资建设有限公司】 北京海融达投资建设有限公司是海淀区国有独资公司。2019年，海融达承担的建设项目177项（含无煤化项目5项），其中正式项目84项、储备项目88项。按单位分：区住建委项目71项（正式32项、储备39项），区城管委项目33项（正式18项、储备15项），水务项目32项（正式9项，储备23项），园林项目34项（正式25项、储备9项），房建项目（储备2项），无煤化项目5项。全社会固定资产投资任务16.71亿元，涉及固定资产投资建设项目67项（区住建委26项，投资6.56亿元；区城管委13项，投资2.26亿元；水务11项，投资4.02亿元；园林17项，投资3.86亿元）。计划完成投资26.67亿元，实际完成投资29.43亿元，投资完成率110.35%。其中，住建委项目完成投资15.5亿元，园林项目完成投资5.1亿元，水务项目完成投资2.75亿元，管委项目完成投资3.28亿元，无煤化项目完成投资2.17亿元。实现通车里程约4.15千米，新建管线3.63千米。

开展前期工作新建改建项目62项，24项取得立项批复。累计完成35个非宅、39户住宅的搬迁工作，拆除房屋面积2.8万余平方米，树木伐移2.1万余株。完成五路居回迁房、知识产权法院周边市政配套等10个项目的现场验收和工程资料移交工作，移交道路总面积10万余平方米。

完成学院南路、皂君庙路等28条道路停车位智能收费项目建设，建设3729个车位。平原造林、留白增绿、代征绿地绿化建设共15个项目，主体工程全部完工，绿化建设总面积226公顷，其中2019平原造林工程完成绿化造林面积共计143公顷，建设面积在全市名列前茅；留白增绿绿化工程绿化面积79公顷；代征绿地绿化工程，绿化面积55.5亩。

水务项目前期工作11项，在施项目10项。已取得立项批复2项、规划选址意见书2项、工程规划许可证5项、工程规划方案批复1项；截污管道工程12条管线基本完成征地拆迁任务，永丰加压泵站及配套管网工程完成泵站2.6千米进水管线施工。

疏堵工程和道路大修工程项目，已取得11个片区道路大修工程、3个片区慢行系统完善工程等立项批复共19个。完成田村、苏家坨等道路大修面积24.9万平方米。完成2018年第一批、2018年第二批总计33条道路路灯完善工程。完成西三旗片区、四季青片区、北部片区慢行系统完善工程共计45条道路，实现自行车道治理111.7千米，改造无障碍系统61处。完成2018年万寿路甲15号院、彰化南路等疏堵改造工程4项。

房建项目。教师进修学校建设项目基坑土方开挖基本完成，基础底板完成80%。香山化工医院临时周转用房和海淀区瀚河园180号楼装修改造工程项目建设完毕，总建筑面积9101平方米。

香山环境改造工作。完成环境整治提升工程18万平方米，新建停车场3个可容纳680辆车，新建3个口袋公园，更换1773延长米的围栏，电力架空线入地3.55千米，通信架空线入地2.62千米，提升改造65户居民建筑外立面。

新开工4个项目：香泉南路（北辛村南路—香山南路）市政工程、杰王府西路（杰王府北路—香泉南路）市政工程、颐西路北延（玉东园—玉泉山路）道路工程、三虎桥中路（画院南街—紫竹院路南辅路）道路工程。

（郭欣）

【肖家河南街西段道路工程竣工】 4月竣工。工程于2018年11月开工，北起农大南路、南至肖家河南街、西起肖家河西路、东至圆明园西路，全长330米，规划道路等级为城市次干路，项目总投资22130.58万元。北京海融达投资建设有限公司建设，北京市市政专业设计院股份公司设计，北京城建一建设发展有限公司施工，北京正宏监理咨询有限公司监理。

（郭欣）

【全市首条自行车专用路开通】 5月31日，北京市首条自行车专用路建成开通。自行车专用路起于昌平区同城街与文华路交叉口，止于海淀区后厂村路与上地西路交叉口，共设置8处出入口，全长6.5千米，其中海淀段长1.6千米、占地面积约1.25万平方米。自行车专用路位于京藏高速西侧，紧贴地铁13号线，高架高出地面五六米，桥身和横梁为钢结构。自行车专用路设计为双向行驶，两侧行车道为绿色，宽2.5米；中间潮汐车道为橙色，宽1.5米。

（钟冷）

【香泉南路道路工程】 8月竣工。工程于4月开工，总投资27168.44万元。道路西起北辛村南路，东至香山南路，全长591.415米，规划等级为城市支路。由北京海融达投资建设有限公司建设，中国华西工程设计建设有限公司、北京城建集团二公司施工，中科金石（北京）工程咨询有限公司监理。

（王宇佳）

【杰王府西路道路工程】 8月竣工。工程于4月开工，总投资16621.44万元。道路南起杰王府北路，北至香泉南路，全长298.185米，规划道路等级为城市支路。由北京海融达投资建设有限公司建设，中国华西工程设计建设有限公司、北京城建集团二公司施工，中科金石（北京）工程咨询有限公司监理。

（王宇佳）

【颐西路北延道路工程竣工】 11月竣工。工程于2018年10月开工，南起颐西路终点，向北上跨北长河，沿现状道路向西再折向北，终点与现状玉泉山路相交，全长399.70米，设计道路等级为城市支路，项目总投资1937.24万元。北京海融达投资建设有限公司建设，北京市市政专业设计院股份公司设计，北京市时代市政工程有限公司施工，北京恒达诚信工程咨询有限公司监理。

（郭欣）

【安宁庄西路北延道路工程竣工】 11月竣工。工程于2018年11月开工，南起安宁庄路，北至西二旗大街，全长798.03米，规划等级为城市次干路，项目总投资8428.55万元。北京海融达投资建设有限公司建设，北京市市政专业设计研究院股份公司设计，北京住总正通市政工程有限公司施工，北京致远工程建设监理有限责任公司监理。

（郭欣）

【京张高铁正式运营通车】 12月30日，京张高铁正式运营通车。京张高铁于2016年4月29日开工建设，起自北京北站，途经海淀区、昌平区、延庆区，由延庆区康庄镇入河北省境内，最终到达张家口站，全线设北京北、清河等10座车站，呈东西走向，全长173.964千米，其中北京市境内70.503千米，海淀段全长16.39千米，设计速度350千米/小时。中国铁路北京局集团有限公司建设，中铁工程设计咨询集团有限公司设计，中铁建工集团有限公司施工，北京铁建工程监理有限公司监理。京张高铁是全国《中长期铁路网规划》“四纵四横”客运专线重要组成部分，是铁路“十三五”规划的重大项目，是2022年北京—张家口冬季奥运会的重要交通配套设施。新清河站是京张高铁建筑面积最大的车站，总建筑面积13.83万平方米，实现市郊铁路怀柔—密云线引入及地铁13号线增站开通，国铁、地铁、市郊铁路无缝衔接与换乘。

（王宇佳　钟冷）

【监管施工现场625个】 年内，海淀区有在监施工现场625个，比上年增长13%；建筑面积1826万平方米，比上年增长7%。其中，一般建筑工程536个，建筑面积1775万平方米；地铁工程29个标段，建筑面积51万平方米；市政工程60个，长度12.5万延长米。执法检查施工现场2336个次，比上年增长2%，发现并整改隐患4675条，行政处罚478起，罚款218.7万元。

（董琪凯）

房屋管理

【概况】 2019年3月，根据《北京市海淀区机构改革方案》，区房屋管理局加挂区住房保障办公室牌子，不再保留区政府保障和改革办公室牌子。海淀区房屋管理局（简称区房管局）下设海淀区住房保障事务中心、交易中心、档案中心、信息中心、执法大队、房屋安全鉴定站及9个房屋管理所。

区房管局围绕市、区折子任务、民生实事任务等重点工作任务，在住房保障、房地产市场监管、房屋管理三大业务板块和房屋全生命周期系统拓展应用等工作方面，完成各项任务目标。全区物业服务合同备案项目1324个，其中居住类607个，非居住类717个，共计10315.18万平方米。有注册且有管理项目的物业企业348家，有119个重点物业项目。参与处理古月园、国海广场、华澳中心、韦伯豪家园等物业管理矛盾纠纷。整治违法群租房1283处，建筑面积8.78万平方米，拆除隔断2682间，涉及租赁人口4908人。接收各类咨询投诉83055件，比上年下降14.10%；接待群众来访234批次444人次，其中集体访11批次179人次。组织矛盾排查4次，办理信访积案6件。

（汪时雨　李春然　沈鑫）

【北京海房投资管理集团有限公司】北京海房投资管理集团有限公司为海淀区国资委一级监管企业。2019年，集团公司营业收入19610万元，上缴税金2580万元，实现利润总额1721万元，比上年增长876.55%。房屋租金收入4334.75万元；物业收入1562万元，利润总额158万元；测绘、交易和融合业务经营收入463.78万元。

投资管理。文华创新基金新的项目投资有序推进，文资数码基金已投项目收益良好，中国商飞北研中心分布式光伏发电项目正式运行，出资参与的宁波鸿湖股基金项目有序推进。与海安智联、比特大陆等优质民企在智慧社区建设中展开全面合作，与西三旗街道、中冶中原就西三旗街道城市空间升级改造事项达成合作意向。

直管公房管理。开展“直管公房台账统计”专项任务，为政府购买服务提供决策依据。推动解决租赁变更案件35件，清理12户违规转租转借户，解决两处购房历史遗留问题。房改售房和三虎桥首体宿舍楼地下室回购有序进行。

重点项目。勘测处甲、乙、丙住宅楼解危排险项目正式报规，万寿寺东侧平房区“城中村”环境整治项目进入结算审计环节，清河毛纺南小区平房五排环境整治项目、汽修五厂宿舍环境整治项目、北京市第五十七中学东侧环境整治项目、会城门4个“边角地”环境整治项目启动准备工作，清河毛纺北小区综合整治试点项目进入楼本体及室外环境综合整治施工结算，区公安分局办公区项目除立体停车设施外的其余项目正在办理移交，既有多层住宅增设电梯项目完成电梯基础施工217部、电梯主体施工及电梯安装130部、投入使用29部，万寿路街道老旧小区综合整治项目实现产值约2050万元。

供暖工作。供暖方式模式转入科学管控、低损高能、低污染环保、服务高效的新轨道。开展能源减耗、采购管控、监控减排和信息管理平台搭建等工作，做好2019年至2020年度供暖准备工作。9月开始，公司安排收费员到管辖小区现场收费，共出动人员100多人次，回收资金近1000万元。2019年至2020年供暖季，截至12月底，预计收回供暖费5200余万元，为冬季供暖提供坚实资金保障。

控制能源，努力降低运行成本。各运营站、项目部召开运营工作例会，对能源使用情况进行分析，随时掌握能源消耗信息，及时调整能耗用量，全面控制能源消耗量，确保能耗成本精细化管理。

体现社会责任，抓好节能减排工作。按照《北京市环境保护局关于印发〈北京市大气污染物排放自动监控计划（第三批）〉的通知》的要求，2019年公司对知春里、二里庄锅炉房6台20吨燃气热水锅炉安装大气污染物排放自动监控设备，并与北京市环保局联网。根据监测数据，实时调节锅炉工况，有效控制污染物排放，为北京蓝天计划做出贡献。

开展信息化建设，全面提升公司管理水平。为达到科学调度、节能增效、提前预警、减少事故的目标，以“规范管理提升年”为契机，为达到信息化、科技化、精细化管理的目标，搭建信息化管理平台。完成15处能源站数据在供暖季实时接入指挥平台，以及知春里锅炉房视频接入海房投资集团信息集群指挥中心系统，开通48处锅炉房地理位置图和天气预警显示功能，建立能耗数据管理系统和各锅炉房能耗数据台账，实时监控能源耗量，有效控制运行能耗。通过收费系统与财务系统、税控系统的三方对接，实现按公司营业收入实时完成记账、税额的计算。

在知春里锅炉房安装气候补偿装置、锅炉烟气在线监测装置、软化水自动监控系统等，将报修、供暖收费、能耗传输、维修监督、锅炉自动化控制对接信息平台，随时掌握供热动态，及时调整供热方案，使供热管理更加精细化、智能化，提高供暖收入，降低运行成本。

（张国辉）

【公共租赁房房源筹集】 1月18日，区房管局与区住房保障事务中心、区保障性住房发展有限公司开展东升科技园回迁安置房项目趸租工作。5月19日至25日，开展温泉太舟坞项目趸租房源的续租工作。5月30日，开展五福玲珑居项目的续租工作。区房管局通过租赁方式，全年筹集房源1506套。

（魏新平）

【房屋管理信息化建设】 1月25日，海淀区既有建筑物信息实时动态管理系统上线运行。该系统以全区房屋全生命周期管理系统现有数据和功能为基础升级开发，支持PC端及Pad端填报房屋基础数据，涵盖建筑物坐落、名称、建筑面积、楼层、用途、户型、管理单位等信息。房管业务咨询投诉平台升级项目于11月22日上线运行，新接入城指案件，可按物业项目开展案件综合分析，开通外网应用。海淀区公租房动态监管系统于11月27日上线运行，在18个项目部署人脸识别设备，依托系统为后期监管工作提供数据支撑，借助人脸识别等信息技术手段，提升违规预警、动态监测、统计分析等使用监管工作水平。住房保障综合管理系统于11月27日上线运行，实现现有住保业务数据整合，挖掘住保业务数据价值，增加风险和趋势的预警功能。

（胡梦頔）

【《海淀区人才公共租赁住房管理暂行办法》发布】 5月19日，在中关村科学城创新发展发布会上，区长戴彬彬正式发布《海淀区人才公共租赁住房管理暂行办法》（简称《办法》）。《办法》由区房管局研究起草，确立工作机制。重点引进为海淀做出特别贡献的公共服务管理单位，扩大人才保障范围、放宽人才准入标准、规范配租程序、建立续租机制，租赁期限不超过3年，到期后视单位贡献情况确定是否续租。

（谌业美）

【房屋安全鉴定】 8月，海淀区房屋安全鉴定站得到北京市市场监督管理局正式批准，新增8个建筑物防雷装置检测参数。出具鉴定报告583份，鉴定房屋面积85.9万平方米，鉴定危险房屋70幢，建筑面积4.8万平方米。

（徐卫）

【保障性住房资格审核】 年内，区住房保障事务中心受理保障性住房资格申请2869户，完成18266户已备案家庭资格复核工作，涉及三嘉信苑、熙典华庭、映月台嘉园、金隅西砂、金隅旺雅家园及散租房源项目。

（李慧）

【保障性住房补贴审核发放】 年内，区住房保障事务中心完成保障性住房补贴资格备案1276户，向11586户家庭发放各类住房补贴19720万元。

（李红霞）

【保障性住房配租配售】 年内，海淀区住房保障事务中心完成海淀区第十八批公共租赁住房意向登记、选房配租工作，提供房源776套，配租房源776套。完成面向全区具有保障房资格的城镇低保低收入家庭专项配租工作，提供房源239套，配租房源239套。完成全区公共租赁住房实时配租平台上线工作，上线房源9套。

完成承租温泉水岸家园公租房项目趸租到期保障家庭调换选房75套。完成金隅尚林家园共有产权住房项目网申工作，提供房源315套。

（刘娟）

【商品房销售】 年内，区房管局受理商品房预售许可初审17件，现房销售备案66件。新建商品房销售金额319.3亿元。召开房地产调控工作例会4次，报送经济分析简报12次。

（曹晓玮）

【存量房屋交易】 年内，全区存量房签约套数17137套，受理购房资格审核申请3482件，合同信息录入3800套，网上合同信息注销927件。托管存量房交易资金6.82亿元，处理异常资金结转9件，司法协助59件。

（曹俊冉）

【商品房住宅专项维修资金使用管理】 年内，区房管局审核审批商品房住宅专项维修资金573笔23512.5万元，审减资金4721.8万元，审减率为20.1%，为业主节省大笔资金。

（李春然）

【党建引领物业管理纳入社区治理】 年内，区房管局全面开展党建引领物业管理纳入社区治理，490位居住类负责人向社区党组织报告物业管理情况的约占已备案居住类总数的81%。研究海淀区在党建引领下的“基础保障”“引导共商”“合伙治理”3类社区化物业管理模式，建立物业管理分类施策的工作基础，并联合区委宣传部通过微信公众号、加强培训、组织街镇参观学习等多种方式在全区推广，鼓励各街镇因地制宜选取科学的物业管理模式。

（李春然）

【物业费调价试点】 年内，经过前期案例分析、实践经验积累及充分征求各方意见，区房管局依照《物业管理条例》《北京市物业管理办法》等法律法规关于物业服务收费及业主权利等相关规定，结合实践经验拟定《关于规范海淀区物业服务收费价格评估和调整程序的指导意见》初稿，并协同属地街镇推动悦园、金晖嘉园、时雨园等小区通过业主共同决定程序与物业公司平等协商成功调整物业服务费。

（李春然）

【普通地下室再利用】 年内，区房管局开展普通地下室再利用工作。响应街镇需求，参与街镇组织的普通地下室规范使用协调会、研讨会共计18次，做好再利用指导和宣传工作；就《北京市海淀区人民政府关于普通地下室规范使用的指导意见（试行）》的修订工作，先后3次组织街镇及相关委办局召开研讨会、进行两轮征求意见。配合市住建委对7处再利用点位进行现场调研及开展媒体参访，北京卫视《北京您早》栏目、《北京日报》、《北京晚报》、《海淀报》等10家市、区级媒体报道全区普通地下室再利用典型案例13次。

（缐昀林）

【城镇房屋安全检查】 年内，区房管局检查房屋总面积11505万平方米（物业9300万平方米、自管2205万平方米），电梯19875部，二次供水水泵6784台，避雷系统40108个。检查城镇私房105户976间。汛期检查楼房2696幢次、平房2276间次、院落积水2处、楼房漏雨11幢次，各类防汛问题均得到有效处置。

（王璐）

【房屋安全生产检查】 年内，区房管局安全生产检查单位2516家次，出动检查人员7652人次，检查组2319组次，发现问题隐患15项，整改隐患15项。

（范海玲）

【既有建筑物信息采集更新】 年内，区房管局开展本年度既有建筑物基础信息采集更新工作。物业服务区域由房管局发动各物业服务企业进行线上填报更新，非物业服务区域由统计局通过四经普工作一并更新，全区既有建筑物更新至18419.78万平方米。开展重点非住宅楼宇入驻企业信息采集更新工作，配合区发改委建立区重点非住宅楼宇台账（涵盖1183幢楼宇），主要包括万平方米以上非住宅楼宇、重点纳税企业所在楼宇、区政府、各部门重点关注楼宇等，重点非住宅入驻企业更新33023条。

（胡梦頔）

【房屋管理行政执法】 年内，区房管局通过“职能部门+执法大队+执法分队”的执法体系，完成辖区内物业管理、房地产经纪机构和房屋租赁、房屋安全、商品房销售、普通地下室管理等领域执法检查3857次，行政处罚立案700件，行政处罚结案659件，履行行政处罚职权26项，行政处罚金额184.92万元。

（卢杨）

【房屋档案管理】 年内，档案管理中心共接收各类档案24302卷。其中，房屋登记类档案5746卷，住房保障类档案16881卷，房屋管理类档案1675卷。档案总量为213183卷，4505件（文书）；完成数字化加工并入库档案为30150卷，811件。

（彭艳萍）

城市管理综合执法

【概况】 2019年5月30日，根据《〈北京市深化综合行政执法改革实施方案〉的通知》和《中共北京市委机构编制委员会办公室关于调整组建部分领域区级行政执法机构的通知》，北京市海淀区城市管理综合行政执法监察局更名为北京市海淀区城市管理综合行政执法局（简称区城管执法局）。调整后的区城管执法局机构性质、规格、隶属关系、具体工作职能等均不变。6月，区城管执法局永定路街道执法队划转至新成立的永定路街道。截至12月，27个街镇执法队完成划转至所在街镇管理。

年内，区城管执法局扎实开展“不忘初心、牢记使命”主题教育，大力加强党风廉政建设，从严治党主体责任得到全面落实；持续推进“六型城管”建设，完善各项管理制度，强化内部监督，不断提高队伍执法能力和管理水平，城管社会形象稳步提升。深化城管文化建设，做优“城管来了”原创品牌，成立全国首家“城管文艺工作室”，原创微电影《城管来了》荣获中宣部社会主义核心价值观主题微电影展优秀作品二等奖。

有效发挥“两办”（区治理违法建设领导小组办公室，简称治违办；区城管执法协调领导小组办公室，简称协调办）的职能作用，开展疏解非首都功能、大气污染防治、环境秩序综合治理、城市精细化管理等工作。推进“留白增绿”工作。拆除违法建设完成市折子工程任务。规范、查处各类违法行为7.2万起。打造“美边丽界”工作受到区委书记于军的高度肯定，并做出批示。完成中华人民共和国成立70周年活动等大型活动、重大会议、重要节日等环境秩序保障任务80次。

（王淑凤）

【“清锁行动”】 4月11日至年底，针对私装地锁久增不减问题，区城管执法局牵头组织在全区范围内开展“清锁行动”。通过召开工作推进会、深入街镇“一事一策”解决问题等形式，立案处罚擅自设置地桩、地锁等障碍物类案件172起，罚款近10.14万元；拆销地锁27416个，29个街镇实现地锁“动态清零”。“12345”市民热线接报地桩地锁类举报环比下降56.75%。多家新闻媒体以“五把钥匙”① 开私装地锁、解群众“心锁”为题予以报道。

（王淑凤）

【城市环境突出问题治理】 4月17日至年底，区城管执法局与区委政法委、区公安分局、交通支队、交通执法等部门联合整治“无照经营、黑摩的、黑旅游、黑停车、非法小广告”5类突出问题，查处“黑车”28起，查扣“黑摩的”55辆。开展餐厨垃圾整治行动，立案查处违反餐厨垃圾管理行为为324起，罚款44.1万元。开展能源运行安全执法行动，立案查处违反燃气安全管理行为237起，罚款34.46万元。

（王淑凤）

【查处王某盗窃电能案】 8月28日15时，国家电网北京市电力公司海淀供电公司四季青供电所在巡查中发现，海淀区田村半壁店住户王某申报的电表，采用绕越供电企业的用电计量装置用电的方式盗窃电能。检查现场后王某签署《违约用电、窃电通知书》，四季青供电所工作人员对此部电表进行恢复并测量计费电能表标定电流计算容量，并于同日向区城管执法局直属队举报。区城管执法局执法人员经过调查询问，认为王某的行为违反《电力供应与使用条例》第三十一条第（二）项之规定，属盗窃电能的违法行为。经供电管理企业认定，王某的行为造成较为严重的电能损失，应追缴电费527.36元。经复查，王某已于8月29日15时前改正违法行为。依据《电力供应与使用条例》第四十一条的规定，区城管执法局于同日对王某做出处以罚款2636.8元的行政处罚决定。此案为查处的全市首个窃电违法案件。

（王淑凤）

【“美边丽界”打造】 年内，为解决各区之间、街镇之间行政辖区交界地区存在环境秩序类突出问题，区城管执法局围绕“美边丽界”治理目标，创新运用“外联内合”区域治理工作机制，突破行政壁垒、加强执法互动。秉持“平等、互信、务实、合作”的原则，推动与环海淀6区相关部门（西城、朝阳、丰台、石景山、昌平、门头沟）以及区内街镇之间签订联动执法合作协议，约定共同管辖区域范围，定期巡查辖区边界区域，互认执法行为，针对辖区边界区域环境秩序类突出性违法行为，开展联合跨界执法协作，共同补齐城市治理短板；加强街镇之间交流合作，先后构建沿清河、环上地“马上清（青）西”、中关村大街、中关村智造大街（五道口地区）、“三山五园”地区、长安街（海淀段）、冬奥通道（G6沿线）环境秩序责任共同体，以新合作增强城市治理合力。综合运用“外联内合”区域治理工作机制，有效解决海淀与西城、昌平、石景山、丰台等交界地区积存的环境秩序问题。7月12日，区委书记于军在《海淀信息》中批示：区城管执法局和相关街镇以问题为导向，以解决“痛点”“难点”“堵点”为目标，运用“外联内合”构建“美边丽界”新思维、新理念，积极推动构建新型城市形态的创新实践，创机制、求成效，这种做法和经验应不断完善和积极推广。

（王淑凤）

【违法建设治理】 年内，区城管执法局依托区治违办工作平台，围绕“五区三道、两横一纵、一带一核”区域，运用“五维”② 评判标准，落实“场清地净”要求，重构拆后建筑渣土清运机制，牵头组织各街镇拆除西北旺镇六里屯村、北太平庄街道红联北村、学院路街道海泰大厦楼顶、西北旺镇祥和之家蜂巢公寓、花园路街道北航西门外4S店一条街等重点点位的违法建设。全年核验销账拆违面积216.9万平方米，腾退土地销账面积213.7公顷，完成市折子工程任务。实现拆除违法建设、腾退土地“双达标”和建筑渣土不出区资源化处理的目标。

（王淑凤）

【大气污染治理】 年内，区城管执法局推行“一场、一车三查”工作法，在全区城管执法系统内开展渣土运输专项整治，严查施工工地扬尘污染。查处施工扬尘类案件332起，罚款528.8万元；查处渣土车违规运输类案件1482起，罚款330.9万元；查处施工工地夜间施工类案件201起，罚款264万元。

（王淑凤）

---

① “五把钥匙”：用“宣传发动”钥匙，解群众“抵触思想”之锁；用“技术支撑”钥匙，解群众“拆除困境”之锁；用“优化管理”钥匙，解群众“争端隐患”之锁；用“党员引领”钥匙，解群众“观望质疑”之锁；用“空间提效”钥匙，解群众“供需矛盾”之锁。

② “五维”标准：是否拆出一片绿；是否拆除一批高耗能高污染高排放产业；是否拆除一批安全隐患；是否拆出弥补城市功能短板和创新发展所需空间；是否拆出人民群众获得感。

【占道经营治理】 年内，区城管执法局依托“外联内合”联动工作机制，与接壤的西城、朝阳、丰台、昌平、石景山、门头沟六区深化沟通协作，加强街镇之间的联合，避免、消除“无人管”“不好管”“利用边界逃避管”的交界地区管理漏洞，共查处占道经营类违法行为4万余起，罚款200余万元，占道经营类有效举报同比下降49.20%，实现各街镇占道经营“动态清零”目标。

（王淑凤）

【群众诉求案件办理】 年内，区城管执法局落实“接诉即办”工作机制，全区城管执法系统共受理各类举报案件120703件。其中，受理“96310”城管热线案件18829件，受理区网格化社会服务管理融合平台案件84124件；受理区指挥中心上报类案件17750件。受理信访件305件，来电来访108批次133人次。走访15次，开展矛盾纠纷排查化解工作18次。全区综合考核涉及的案件办理均为满分。

（王淑凤）

【城市管理综合行政执法检查】 年内，区城管执法局落实“双随机”抽查制度和权责清单制度。随机选派执法人员277名，对5235家单位开展随机检查工作，纠正违法行为231件。负责调整各类权力事项共449项，其中行政处罚权力清单涉及13个方面425项、行政强制权20项、行政检查权3项、其他职权1项。完成一般程序执法案件8845件，简易程序案件50808件，比上年增长54.67%，人均处罚91.77件，比上年增加31.23件；职权履行率提升至64.42%，在全市城管系统中排名第二位。

（王淑凤）

【社会信用体系建设】 年内，区城管执法局通过设置分级账户、分级办理的方式，实现7个工作日内一般程序案件的行政处罚和行政强制信息归集至企业信用信息网，主动接受社会监督。在“信用海淀”“海淀区政府信息公开大厅”等门户网站定期公示信息51批次10111条。

（王淑凤）

【城管执法培训】 年内，区城管执法局在区委党校成立海淀区城市管理综合行政执法局教育中心，通过研讨式教学、案例式教学、论坛教学、翻转课堂等形式，分级分类组织开展科队长、小教员、业务骨干等专项培训和全员培训。开展“不忘初心、牢记使命”主题教育专题培训及2019年度全员综合培训共7期，培训人数992人。与北京市液化石油气公司建立燃气安全执法培训基地，聘请专业人员对执法人员进行专项培训，举办燃气安全执法培训50期，培训范围基本实现全区覆盖。

（王淑凤）

【城管文化品牌建设】 年内，区城管执法局实施锻造城管之魂、净化城管之心、规范城管之行、培育城管之情、创作城管之文的“五维”城管文化建设。成立全国首家“城管文艺工作室”，组织海淀区城管执法系统文化创作。继续开发“城管来了”原创系列品牌。在抖音平台发布推送短视频21条次，阅读量8490次；提升“海淀城管来了”微信公众平台影响力，发布99条推送，阅读量45317次。制作播出《城管来了》电视栏目26期，推出“青春心向党，建功新时代”“平凡的坚守”等专题节目。《城管来了》杂志开设“砥砺七十载奋进新时代”“不忘初心砥砺前行 牢记使命接续奋斗”栏目，以月刊的形式推出12期。原创微电影《城管来了》获中宣部社会主义核心价值观主题微电影展优秀作品二等奖。编辑出版《城管来了》《我们在路上——海淀城管的诗与梦》《听北大学子讲海淀治违故事》，拍摄的《我和我的祖国》快闪获得较高的点击率；选送音乐情景剧《城管来了》在区直机关庆“七一”文艺会演中获一等奖。参与全市城管执法系统开展的“中国梦·城管梦”征文比赛，获得优秀组织奖，个人二等奖1名、三等奖3名。拍摄制作《通过外联内合 打造美边丽界》工作纪实视频，展现构建新型城市形态的创新实践。

（王淑凤）

【完成12个课题研究】 年内，完成市城管执法局调查研究重点课题10个、海淀区调查研究关注课题2个；向市城管执法局报送城管执法系统调研报告50篇；编发2018年度《调查研究决策》，收录城管执法系统优秀调研文章39篇18万余字；7篇调研文章被收入2018年度《北京市城市管理综合行政执法调研报告汇编》，其中1篇调研文章获优秀调研文章二等奖。

（王淑凤）

电力供应

【概况】 2019年，国网北京海淀供电公司（简称海淀供电公司）是国网北京市电力公司的直属供电企业，负责海淀地区电网规划建设、运行管理、电力销售和90.45万客户的供电服务工作。海淀辖区内有架混线路260条，总长1413千米；电缆线路1122条，总长6007千米。配电自动化覆盖率100%。实现全年安全生产无事故目标，累计安全生产长周期4887天。完成售电量150.49亿千瓦时，比上年增长3.2%；投产110千伏及以上线路11.21千米、变电容量20万千伏安。

（李丹丹）

【优化电力营商环境】 年内，海淀供电公司联合区政务服务管理局、不动产登记事务中心推出“用电过户＋不动产过户同步办理”新举措，让客户体验“一签即成”的高效服务。推出营商环境政策“每时一看”“每日一听”“每期一讲”普及推广活动，获北京公司营商环境“千人千题”团体第一。承办北京公司“2019优化营商环境北京电力在行动”260余家施工企业人员培训班。完成“三零”[①]服务项目4059户，比上年增长152.89%，平均送电时间3天。查处“三零”掘路典型案例4项，其中北京禾谷园餐饮公司“三零”项目接受国家能源局督导组及华北能监局领导现场调研指导，获高度肯定。完成“三省”[②]送电项目15项，容量1.1万千伏安，平均送电时间12个工作日。

（李丹丹）

【电力服务水平提升】 年内，海淀供电公司强化“以客户为中心”的服务理念，推进社区客户经理“网格化”服务，实现全区674个居民小区、52个村委会全覆盖，打通客户用电服务“最后一站”。针对“三供一业”[③]移交小区，采取领导包干方式，编制88份一户一册、一户一案，确保地区百姓安全用电平稳度夏。完成1453个台区19.71万户高速载波采集设备换装工作，平均购电时长缩短至1.69分钟。完成北京市首个有序充电试点——八里庄97号院建设任务。上庄三嘉信苑有序充电项目推广建设工作通过国家能源局验收。实施精准化投诉管控，实现客户诉求分级分类、高效处置，投诉压降至62.16%。

（李丹丹）

【电力安全生产】 年内，海淀供电公司累计投入25819人次，出动车辆5710余台次，巡视线路行程近10万千米，完成全国“两会”、“一带一路”国际合作高峰论坛、亚洲文明对话大会、世园会、国际男篮世界杯等政治保电任务151项，实现“四个零”[④]的目标。开展“安全生产大讲堂”专题讲座、18项电网重大反事故措施培训、领导人员安全述职等活动，层层压实安全责任。加强作业现场安全管控，安排巡检1173次，检查各类施工任务1015次，发现制止各类违章行为50项，下发违章通知单20张。稳妥应对335.5万千瓦夏季最大负荷、278.7万千瓦冬季最大负荷以及各类恶劣天气考验。应用智能管控平台、班组移动作业等技术手段，全面提升主配网管控水平。完成40座配电站室、20座分界室消防系统试点安装，实现全部224条架空线路配电自动化自愈功能全覆盖。发生输电故障1起，10千伏配网故障78次，较上年减少74次，降幅49%。

（李丹丹）

【电网建设】 年内，海淀供电公司启动“2019—2021三年强网”专项行动，以智慧城市建设为契机，设立海淀科学城北智慧电网试点。完成“网格化规划”等5项规划编制。海淀北部电网规划站址落地。创新采取四方协议新模式，调整难拆迁问题站址4处，新增永丰变电站址1处。实现冬奥重点工程首体110千伏输变电工程如期开工；停工近3年的稻香湖220千伏输变电工程全面复工；玉渊潭220千伏输变电工程完成电气安装；投产五路居扩建、玉河输变电工程。创新建立由区属企业承接输变电工程前期赔偿的“1+2+3”模式。推进配电网工程建设，解决万泉河开闭站重载、中关村展示中心不同方向电源等问题；推动108项“三供一业”改造工程进场施工。

（李丹丹）

【同期线损建设】 年内，海淀供电公司持续加强同期线损建设，分线、分台区线损合格率较年初分别提升39%、23%，综合线损率达5.55%。完成同期线损示范区创建工作。《同期线损——泛在电力物联网建设的先行者》作为典型案例，代表北京公司入围国网公司泛在电力物联网建设2019年最佳实践案例。完成国务院国资委“三重一大”决策系统上线工作。启动公司合规管理体系建设，全面提升法律风险防范水平。打造北京市首例供电公司联合城市管理综合行政执法局打击窃电示范案例，累计查处违约及窃电用户148户，追补电费及违约使用电费999.04万元。

（李丹丹）

气象

【概况】 2019年3月17日，原隶属于区城市服务管理指挥中心的区突发事件预警信息发布中心划归区应急管理局，受区应急管理局、区气象局双重领导，业务工作和日常管理以区气象局管理为主。区气象局全年承担并完成市政府折子工程任务6项，区委、区政府重点工作任务2项，人大建议1项。开展执法检查206次，其中防雷安全执法检查134次、施放气球执法检查61次、气象信息服务执法检查11次。办理某物业公司拒不检测防雷装置行政处罚案。受理并办结行政审批16件，其中防雷装置设计审核7件、防雷装置竣工验收8件、施放气球活动审批1件。主动公开政府信息405条，其中全文电子化率达100%。受理申请并主动公开政府信息1件。区气象局“不忘初心、牢记使命”主题教育经验被中国气象局向全国气象系统推广。

年内，区气象局获全国气象部门优秀公务员集体称号，获海淀区三八红旗集体、海淀区直机关系统先进基层党组织称号；区气象台获北京市优秀气象服务先进集体称号。1人获北京市筹备和服务保障中华人民共和国成立70周年庆祝活动先进个人称号，1人获国庆70周年游园活动组织保障工作积极贡献奖，1人获北京市优秀气象服务先进个人称号，1人获第五届北京市气象局基层综合业务技术交

---

① “三零”：低压客户报装接电“零上门、零审批、零投资”。

② “三省”：10千伏临时用电“省力、省时、省钱”。

③ “三供一业”：供水、供电、供热（供气）及物业管理。

④ “四个零”：设备零故障、客户零闪动、工作零差错、服务零投诉。

流会二等奖，1人获海淀区直机关系统优秀党务工作者。

（孟庆栋 许璐）

【重大气候事件】3月21日00时至22日10时，受强冷空气影响，海淀区出现大风天气，阵风风力最大北安河10级（25.7米/秒,21日05时52分），香山、温泉、凤凰岭、车道沟等地风力达8级。6月2日，受涡后不断补充东移南下冷空气影响，出现雷阵雨天气，18时至19时，香山、上地、唐家岭、西苑、马连洼等地出现小冰雹。7月28日18时至29日17时，受高空槽和副高外围偏南暖湿气流的共同影响，普降暴雨，过程累计降水量全区平均57.5毫米，最大降水量西小口地区88.5毫米，最大小时雨强西小口41.4毫米/小时（28日19时至20时）。8月6日20时至7日06时，受副高外围和短波槽的共同影响，出现大雨，中东部街镇暴雨，过程累计降水量全区平均22.8毫米，最大降水量西小口地区90.9毫米，最大小时雨强西小口56.4毫米/小时（6日23时至24时）。8月21日至9月8日，持续19天无有效降水，位列1959年建站以来汛期（6月1日至9月15日）最长持续无降水日数第三位。9月8日，出现高温天气，日最高气温37.9℃，打破海淀国家气象观测站1959年建站以来9月最高气温纪录。9月9日16时至10日17时，受东移切变线及偏东风共同影响，出现暴雨天气，过程累计降水量全区平均65.4毫米，最大降水量温泉地区98.5毫米，最大雨强温泉44.6毫米/小时（9日17时至18时）。

（李春玲 史辰）

【天气监测】4月24日，区气象局完成翠湖湿地六要素自动气象站建设并投入业务运行。建成首钢大厦150米气象六要素站，助力城市中心局地对流性天气生消机理研究。布设调整微波辐射计、雨滴谱、光电式日照计、闪电定位仪等仪器点位，优化垂直监测设备布局。调整青龙桥温雨站和五棵松区域自动站站址。发挥钉钉和微信气象信息员平台沟通优势，强化灾害性天气预报预警和本地实况信息交流互通。发挥实景监测优势，根据天气系统发展，调度周边关键区域监测实景，结合X波段雷达、S波段雷达数据，研判回波影响范围及发展趋势，提前给出定点点位降雨精准预报。

（张希 史辰）

【气象科普】7月30日，区气象局接待中国气象局直属机关92名新入职人员，参观科普大屏、菜篮子工程、人工智能、智能灯杆、预警信息发布等系统和平台，熟悉基层台站观测、预报、服务保障等综合平台和设施设备。12月22日，组织召开2019年区气象信息员培训会，通过区政府应急指挥系统，对区气象灾害防御指挥部成员单位及各街镇分管气象工作领导、气象信息协理员、气象信息员进行高清视频连线培训，宣贯《公共场所气象灾害警示标志设置规范》。利用“3·23”世界气象日、“5·12”防灾减灾日、“12·4”国家宪法日，通过进社区、进校园、观测场开放日等形式，开展专题气象科普宣传活动，发放科普宣传材料2000余份，受众600余人次。持续固化“第二课堂”气象校园科普品牌，邀请西苑小学、北京大学师生参观气象观测场，讲解气象知识。“海淀气象”“北京海淀”等微信公众号发布文章33篇。

（史辰 李春玲）

【气象预报预警】年内，“智慧海淀”项目《海淀区人工智能气象预报预警服务》业务应用取得阶段性成果，并参加“2019年国际数据挖掘大会”交流，短时临近天气预报能力得到不断提升。持续深化“基于RMAPS-ST产品的区级预报预警服务检验技术研究”成果应用，做好X波段雷达、S波段雷达及超大城市试验垂直气象探测设备应用，天气系统早期信号得到有效捕捉，有效助力提升短时临近预报技术能力。以供暖服务、梯度监测为题，获2项北京市气象局科技项目。与清华大学合作撰写《北京市大气污染区域传输监控专报》8期。

（薛志磊 史辰）

【气象预警信息发布】年内，区气象局发布灾害性气象预警信号113期，其中暴雪蓝色1期、暴雨蓝色9期、雷电蓝色13期、雷电黄色11期、冰雹黄色1期、高温蓝色6期、高温黄色4期、大风蓝色49期、大风黄色3期、大雾黄色5期、道路结冰黄色4期、寒潮蓝色4期、沙尘蓝色3期。与市规划自然资源委海淀分局联合发布地质灾害气象风险蓝色预警5期。依托短信、微信、邮箱、传真和公共显示屏等发布手段，开展气象预警和提示等信息服务，发送预警短信40万余条、提示短信470万余条、传真1000余次、邮件2000余次，更新公共显示屏信息2900余次。完成海淀区突发事件预警信息发布平台Ⅰ期建设，完善突发事件预警信息发布体系，制定相关业务规范和标准。利用城市运行管理指挥中心提供的网格管理员信息，基于人工智能预报预警服务平台，对接“海淀区网格化城市服务管理系统”，将暴雨、大风等预报预警信息直达全区426个城管监督员和社管网格员手机端，提高气象灾害信息共享及应对能力。

（薛志磊 李春玲）

【气象服务】年内，区气象局“海淀气象”微信公众号推送包括常规周末天气预报，高影响天气科普解读，不定期适度融合与气象相关的海淀文化旅游信息传播、社会管理与法律法规宣传等内容。与海淀区融媒体中心合作，推出生活服务类节目《区县天气联播》，每周制作海淀新闻中心节目《周末天气》。在海淀官方新媒体公众号“北京海淀”功能区第一顺位设置“海淀天气”栏目，推送逐小时天气实况预报、预警信息、生活指数等，重要天气过程第一时间发布专题推送，共发布头版专题20余篇。全区10余块公众显示屏逐2小时发布最新天气预报及预警信息，紫竹院等公众显示屏关注度极高。建设“海淀区菜篮子气象服务保障系统”，针对“种植、存储、运输、销售”4个场景、“储、运、销”3个阶段，将高德路况数据和运输路线沿途气象实况信息相结合，及时提供预报预警。巩固部门联动合作机制，重点强化汛期、大风、降雪、低能见度等高影响天气信息沟通与应对，发布天气情况275期、天气专报190期、重要天气报告8期。完成国庆70周年系列庆祝活动、圆明园灯会、TNF100、国际篮联篮球世界杯、中关村论坛外围保障、中关村舞蹈节巡游等30余项重大活动的气象保障任务。

（薛志磊　李春玲）

【海淀区气候概况】 2019年，根据海淀国家气象观测站数据统计，全区日平均气温为13.7℃，比常年平均气温（12.8℃）偏高。年极端最高气温38.7℃，出现在7月3日；年极端最低气温为–14.9℃，出现在12月31日。年内高温日（气象上，将日最高气温≥35℃定义为高温日）数29天，比常年（9.0天）明显偏多，与2000年、2018年的历史最高值持平，7月23日至7月28日连续6天出现高温。全年降水量502.7毫米，比常年（557.5毫米）偏少，较2018年（554.1毫米）偏少。日最大降水量为55.3毫米，出现在8月7日。年日照时数2085.7小时，比常年（2480.8小时）偏少。春季（3月至5月）平均气温为15.6℃，比常年平均值（14.0℃）偏高；降水量为74.3毫米，接近常年平均值（72.2毫米）。夏季（6月至8月）平均气温26.4℃，比常年平均值（25.5℃）偏高；降水量为278.9毫米，比常年平均值（394.5毫米）偏少近3成。秋季（9月至11月）平均气温13.8℃，比常年平均值（12.8℃）偏高；降水量为142.5毫米，比常年平均值（82.3毫米）偏多7成。冬季（2018年12月至2019年2月）平均气温为–1.7℃，接近常年平均值（–1.4℃）；降水量为2.9毫米，比常年平均值（8.5毫米）偏少近7成。（常年值为海淀1981年至2010年30年有效资料平均值）。

（李春玲　张希）

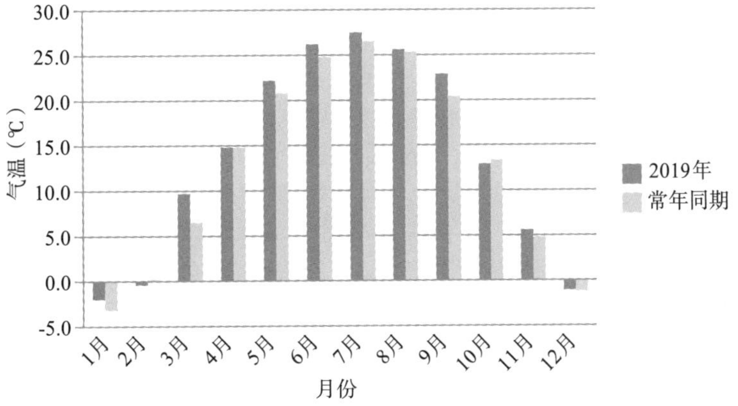

2019年海淀区月平均气温及与常年同期比较图

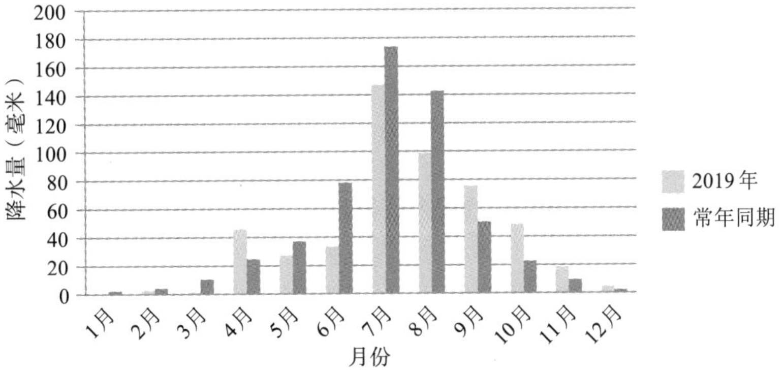

2019年海淀区月降水量及与常年同期比较图

消防救援

【概况】2019年5月，按照北京市消防救援总队《关于启用消防救援总队行政印章及调整总队制发公文发文机关标志和发文机关代字的通知》要求，海淀区消防支队更名为海淀区消防救援支队。12月31日，海淀区消防救援支队挂牌成立。海淀区消防救援支队下辖清河、颐和园、采石路、双榆树、香山、航天城、五棵松、西二旗、首体南路、向阳、凤凰岭、杨庄、四季青、八家、北安河、圆明园、玉泉山17个消防中队。

区消防救援支队全年执行重大政治性活动、重点节假日、国际篮联篮球世界杯等赛事的安保勤务953场次，日均勤务2.7场次，累计投入执勤力量8613人次、消防车1124辆次驻点备勤，完成中华人民共和国成立70周年庆祝活动及全国“两会”、第二届“一带一路”高峰论坛、北京世界园艺博览会开幕式、亚洲文明对话大会等重大消防安保任务。全区消防安全形势总体平稳，“防大火、控小火、压总量”成效明显。接处火警1043起，抢险救援935起，社会救助1170起，抢救疏散群众617人，挽回经济、财产损失1345万元。全年实际发生火灾299起、亡2人，实际发生火灾起数、亡人数较2018年分别下降16.01%、66.67%。检查单位2.2万家，整改隐患3.3万处，印发责令改正通知书2.01万份；“三停”（停止施工、停止使用或停产停业）单位76家，临时查封214处，罚款1174.96万元，拘留121人，清除整治一批火灾隐患顽疾。区消防救援支队被应急管理部消防救援局评为全国消防监督管理先进单位。

（秦鹏宇　尚艺璇）

【消防安全专项行动】1月8日，区消防救援支队联合多部门开展“拱卫三号”消防安全专项行动。划分5个战区，出动检查组17个，重点对甘家口地区沿街商户、人员密集区、施工工地、文物古建、居民小区、学校、商市场等重点区域场所开展检查，检查单位102家，发现并督改火灾隐患126处，罚款21万元，发放消防宣传海报、挂图2000余份。1月18日至20日，开展“拱卫四号”消防安全专项行动，消防监督检查人员、派出所民警、相关职能部门以及群防群治力量300余人参与行动，划分5个战区，对青龙桥街道重点单位、一般单位及“六小”单位开展集中隐患排查，共检查单位258家，发现并督改火灾隐患337处，临时查封3处，“三停”1家，罚款15.5万元，拘留1人。

（秦鹏宇　尚艺璇）

【中央电视台春晚活动现场消防安全检查】1月15日，区消防救援支队对2019年中央电视台春节联欢晚会活动场所进行检查。听取消防安全工作汇报，询问前期消防安全检查、消防宣传培训、舞台搭建电气线路设置、消防设施检测情况等内容；实地检查1号大厅舞台设置、消防通道、消防器材培训、可燃物清理等工作，对中央电视台日常安全管理、制度预案落实、消防设备设施运行维护、电气线路监控等方面提出具体要求。

（秦鹏宇　尚艺璇）

【消防工作联席会】1月24日，区政府召开2019年第一次消防工作联席会暨两节两会消防安全保卫部署会议，部署春节、全国“两会”等重大活动服务保障工作。2月26日，区政府召开2019年第二次消防工作联席会暨全国两会消防安全保卫再动员再部署会议，听取部门、街镇关于全国“两会”消防安保工作情况汇报，要求攻坚整治重点地区、重点行业、重要场所、薄弱环节火灾隐患，全力营造良好的消防安全环境。5月29日，区政府召开2019年第三次消防工作联席会暨“防风险保平安迎大庆”消防安全执法检查专项行动调度会，通报全区火灾形势，就“防风险保平安迎大庆”消防安全执法检查专项行动工作强调工作意见。11月28日，区政府召开2019年第四次消防工作联席会暨今冬明春火灾防控工作动员部署会，通报火灾情况及国内外典型火灾案例，并就贯彻落实市政府第51次常务会精神、推动落实岁末年初消防安全重点工作任务进行重点部署。

（秦鹏宇　尚艺璇）

【全国“两会”驻地消防调研演练】2月18日至26日，区消防救援支队组织辖区中队对全国两会涉会场所逐一开展消防安全调研和灭火救援演练。其间，以应急响应、现场侦查、初期扑救、堵截控火、救助人员、通信联络、综合保障、联勤联动等科目为重点，安排部署消防车47车次、指战员350余名参加演练，切实提升应对突发事件处置能力。

（秦鹏宇　尚艺璇）

【冬奥场馆施工现场消防安全检查】3月6日，区消防救援支队检查指导冬奥场馆首都体育馆改扩建项目消防安全工作，听取施工现场负责人关于工程建设进度和消防安全管理责任落实的情况报告，查看值守员工宿舍、办公室、厨房操作间等重点部位用火、用电、用气情况、消防车通道及消防器材设备、建筑内工料堆放以及可燃物清理等情况。

（秦鹏宇　尚艺璇）

【“防风险保平安迎大庆”消防安全执法检查专项行动】4月15日，区政府召开“防风险保平安迎大庆”消防安全执法检查专项行动动员部署会议。会议传达国务院、北京市关于“防风险保平安迎大庆”消防安全执法检查专项行动动员部署视频会议精神，通报分析近期全区火灾形势，并就重点工作进行提示。5月20日，区政府召开“防风险保平安迎大庆”消防安全执法检查专项行动部署会。会议听取应急安全、消防安全、森林防火工作开展情况，通报全区火灾形势，结合国庆70周年安保工作筹备情况，就消防执法检查强调工作要求。6月，区消防救援支队成立3个专项工作督导组，采取听取汇报、查阅档案资料、实地随机抽查等方式，深入相关街镇对11类重点场所、11类重点排查整治突出问题进行检查，督导“三自活动”（2019年3月起，北京市防火委统一部署开展火灾风险隐患“自知、自查、自改”活动）“防风险保平安迎大庆”专项工作情况。

（秦鹏宇 尚艺璇）

【实战化练兵现场会】 5月10日，区消防救援支队组织召开实战化练兵现场会，支队党委班子成员、全勤指挥部值班备防人员及各中队、小型消防站骨干代表共70余人到场观摩。现场会演示科目分为操课训练、交接班、实战化拉动演练，科目实施完毕后进行讲评，并对进一步做好全员岗位大练兵工作提出具体要求。

（秦鹏宇 尚艺璇）

【“大练兵大比武”消防培训竞赛】 6月12日至7月31日，区消防救援支队联合区公安分局，开展派出所社区民警“全科式”集中脱产培训和消防安全隐患排查比武竞赛，社区警务队长、社区民警620余人参加。此次培训以历年来国内重特大火灾后派出所被追责和派出所消防监督检查示范片为切入点，以派出所消防监管范围及法定职责、消防监督检查社区隐患排查内容和五到位工作法、火灾隐患举报投诉查处流程和消防设施器材识别以及评定标准等7个方面为核心，就社区民警最关切的核心问题而开展。培训后29个派出所各选拔1名社区警务队长和1名社区民警作为参赛组，进行全局消防安全隐患排查比武竞赛，消防隐患排查科目的考核成绩与醉酒人员处置、可疑人员查控、入户检查3个实战科目以及笔试科目成绩汇总后进行全局大排名。通过培训和比武活动，将派出所社区消防工作积极性、专业性推向新高度。

（秦鹏宇 尚艺璇）

【安全生产月消防应急演练】 6月，区消防救援支队联合相关街镇，集中开展安全生产月消防安全应急演练活动。参加范围涉及各行各业，参加单位主要有区应急局、区住建委等。通过举办消防培训讲座、开展实战演练、拉动微型消防站、举办消防技能比武活动等形式，进一步提升社会单位消防安全应急处置能力。

（秦鹏宇 尚艺璇）

【防汛抢险救援工作】 6月至9月，区消防救援支队按照“安全第一、全员动员、全力抢险、减少损失”工作方针，多措并举全力做好防汛抢险救援各项工作。部署社会面防汛抢险救援力量、水上抢险救援专业力量、防汛抢险救援机动力量。备用消防车112部、手抬泵29台、浮艇泵19台、橡皮艇2个、救生抛投器14个、救生衣590套、救生圈112个、雨衣446套，确保一旦接到群众遇险求助报警能够快速反应，协同其他应急力量科学施救，妥善处置因降雨造成的灾害事故和突发事件。年内，暴雨极端天气不多，汛期消防部门共接处防汛抢险警情19期，8月6日、7日两天内就占11起，抽水1500余吨。

（秦鹏宇 尚艺璇）

【电动自行车火灾防范专项整治行动】 8月19日，区消防救援支队联合29个街镇、公安派出所等多部门开展电动自行车火灾防范专项整治行动，对电动自行车占用堵塞疏散通道、安全出口等公共区域充电和其他违反电气安全管理行为进行查处。发现并督改火灾隐患112处，临时查封3处，罚款5万元，发放宣传材料2万余份，召集物业单位开展电动车火灾防控培训23次。

（秦鹏宇 尚艺璇）

【消防安全隐患大扫除“五清”专项行动】 8月27日，区政府组织召开国庆70周年安全工作推进会暨消防安全隐患大扫除“五清”（清扫可燃杂物、清理电动自行车、清整生命安全通道、清查仓储库房、清洗餐饮油烟道）专项行动部署电视电话会议，会议通报消防安全工作情况，就物业管理及电动自行车安全管理进行工作提示，针对做好中华人民共和国成立70周年消防安全隐患大扫除“五清”专项行动工作强调工作要求。“五清”专项行动期间，共检查单位5728家，发现并督改火灾隐患8216处，临时查封70处，“三停”14家，罚款395.7万元，拘留6人。

（秦鹏宇 尚艺璇）

【消防走进新生第一课灭火救援演练】 9月1日，区消防救援支队联合清华大学开展消防走进新生第一课灭火救援演练，3800名清华大学2019级本科新生参加消防演习活动。此次演练完成疏散逃生、灭火救援、应急联动等科目，进一步提高师生的消防安全防范意识和能力，确保新学年开学季校园持续安全稳定。

（秦鹏宇 尚艺璇）

【“119”消防宣传月】 11月2日，海淀区在北京电影学院举行海淀区第二十九届“119”宣传月启动仪式。市消防救援总队副总队长吴清松，区政府常务副区长孟景伟，区应急局局长刘磊刚，区公安分局副局长段建军，区消防救援支队支队长李广耐、政委李久义等领导，以及各委、办、局，各街镇、公安派出所主管领导，辖区高等院校、重点单位代表500余人参加启动仪式。此次消防宣传月活动的主题为“防范火灾风险建设美好家园”，聘请北京电视台节目主持人聂一菁女士为海淀区消防宣传公益形象大使，宣读《海淀区防火安全委员会关于对2019年度消防工作先进部门、先进街镇、重点单位及个人予以表彰的通报》。与会领导进行动员部署讲话，孟景伟宣布海淀区第二十九届“119”消防宣传月活动正式启动。启动仪式后，与会领导观摩高精尖消防器材、消防宣传车、VR体验、灭火体验装置，并向社区单位责任人、单位员工、市民发放消防宣传品。与会人员参观消防知识展板、消防特种器材、消防宣传车、微型消防站消防车，穿着体验消防战斗服，进行疏散逃生演练。现场还展示消防车辆器材装备，发放宣传材料，让市民零距离学习消防、参与消防。央广网、北京电视台、《新京报》、《法制晚报》、《北京青年报》、搜狐网、海淀有线等新闻媒体进行跟踪报道。

（秦鹏宇 尚艺璇）

防震减灾

【概况】 2019年，海淀区建有前兆监测台站8个、宏观观测站6个，建有Ⅲ类及以上地震应急避难场所21处。完成海淀区47中地震前兆监测站、区所属8个台站、北京市第十九中学微观监测台站、稻香湖景强震台、稻香湖景宏观观测站、实创西山科技培训中心宏观观测站的普查维护工作。10月，海淀区地震局撤销四季青双新园宏观观测站。海淀区地震局（简称区地震局）组织40余名地震宏观、微观观测员和防震减灾宣传员进行业务知识培训；完成7个镇（宏观观测员）和6个宏观观测站观测员信息更新，完成台站定岗定责制改革。荣获第六届北京市“防震减灾”科普讲解大赛最佳组织奖、2019年北京市中小学生防震减灾科普创客大赛优秀组织奖、2019年度区地震监测预报工作先进单位等称号、“海淀区防震减灾科普讲解大赛”获2019年度“海淀区市民学习品牌”。

（张建平　楚晓兵　黄健）

【震情应急处置】 4月7日，西北旺镇发生2.9级有感地震。区地震局收到震情速报后第一时间向区委办、区政府办汇报。与市地震局工作队到震中核实震情、了解现场情况，形成书面报告并报区政府。结合4月海淀、怀柔连续两次有感地震应急处置工作，利用视频例会向全区进行地震应急工作培训。

（楚晓兵）

【防震减灾科普宣传】 5月9日，全国防灾减灾日前夕，区地震局举办以“韧性理念与北京地震安全韧性城市建设”为主题的报告会，全区设73个视频分会场，近500人参加报告会。动员各街镇组织知识讲座、参观体验、疏散演练等防震减灾宣传活动，受众达6万余人次。指导北森云计算公司、中科院幼儿园等单位以及北京实验学校、科大附中等20所学校开展科普宣传及疏散演练活动，深入前屯社区、菊园社区，组织应急救护知识讲座，共计2万余人参与活动。12月4日，组织动员地区单位和街道机关干部开展“国家宪法日”防震减灾法治系列宣传活动，各街道设主会场，各社区设分会场，发放宣传材料、摆放宣传展板，进行防震减灾法治宣传。

（张建平　赵菁）

【防灾减灾日主题宣传活动】 5月12日，由北京市应急管理局、北京市教育委员会、北京市地震局、北京市消防总队、海淀区人民政府、中国关心下一代工作委员会健康体育发展中心主办的2019年北京市防灾减灾日主题宣传活动在一零一中学举行。活动以“提高灾害防治能力构筑生命安全防线”为主题，宣传防灾减灾技能，普及自救互救知识。活动设置主题展示区、海淀区中学生防灾减灾主题绘画作品展区、亲子互动区、应急救援进校园展示区、消防实训区以及“大手牵小手共筑安全梦”北京市安全文艺巡演进校园活动。主题展示活动后，召开北京市中小学生公共安全教育现场观摩交流会，听取东城区应急管理局“安全小达人”系列宣教活动经验交流、区教委“百校百剧”校园安全教育情景剧大赛经验发言。东城区、海淀区中小学生、教师、家长及志愿者1200人参加活动。

（宋亚甫）

【首届海淀区中小学生防震减灾科普创客大赛】 5月26日，区地震局联合海淀区教委，在北京市八一学校举办2019年海淀区中小学生防震减灾“小讲解员”赛前培训会，19所学校的100余名选手、老师和家长参加。6月16日，在北京科技大学附属中学举办2019年海淀区中小学生防震减灾“小讲解员”技能竞赛预赛。6月29日，在北京实验学校举办2019年海淀区中小学生防震减灾“小讲解员”技能竞赛决赛。本次竞赛共有49名中小学生参赛，覆盖海淀区21所学校，小学组和初中组的前5名选手被区地震局推荐参加北京市防震减灾“小讲解员”技能竞赛。截至7月底，收到小学组绘画类作品285幅、创客类1个（吊篮升降车）、海报类30张。初中组绘画类137、创客类微视频1个、应用程序类2个。高中组绘画类46幅、创客类1个（轮履式救援机器人）。8月，区地震局选派选手参加北京市地震局举办的2019年北京市中小学生防震减灾科普创客大赛，荣获知识大赛团体三等奖，讲解比赛初中组2个一等奖、2个二等奖、1个三等奖，讲解比赛小学组2个一等奖、1个二等奖和2个三等奖；高中组绘画一等奖，高中创客组二等奖等奖项。区地震局获大赛优秀组织奖称号。

（张建平　赵菁）

【应急疏散演练】 7月5日，在区地震局指导下，北森云计算有限公司组织开展地震应急疏散演练，460人参加演练。7月26日至31日，由区地震局主办、学院路街道办事处和北京应急技术创新联盟承办的“海淀区服务保障新中国成立70周年社区地震应急演练周”活动启动仪式暨现场观摩会举行。在志新社区以现场会的形式，按照预定流程依次开展模拟震情、应急避震、启动预案、应急疏散、灾情统计、高空速降、担架制作、医疗救护、应急灭火、帐篷搭建、应急供电、物资供应、群众安抚、治安巡逻14个科目的示范性演练。全区29个街镇响应，组织33场社区地震应急演练和宣传教育活动，受众约2000人。

（崔青山　王轶男）

【“壮丽70年 筑梦核心区”防震减灾科普讲解大赛】 7月25日，海淀区地震局举办以“壮丽70年 筑梦核心区”为主题的海淀区防震减灾科普讲解大赛，包括防震减灾科普讲解比赛和防震减灾主题宣传展，300余名参会人员参与体验互动。

（张建平　赵菁　楚晓兵）

【地震应急桌面演练】 9月27日，区地震局进行地震应急桌面推演预演。预演以西北旺附近发生4.9级地震为背景。随着值班员收到地震信息向局领导汇报情况，区地震局迅速成立应急指挥部，启动地震应急Ⅱ级响应。全体工作人员分为震情监测组、现场工作组、综合协调组开始作业。震情监测组负责制作《震情简报》，及时掌握辖区内各种宏微观异常情况，与市地震局沟通出台《震情会商意见》，配合市、区有关部门在震后展开震情、震害损失调查，汇总上报灾害发生情况和相关信息，为政府救灾提供决策建议。现场工作组立即赶赴现场进行地震现场勘察和测量，及时开展地震现场检测。配合做好震情、灾情、社情调查，及时（每小时）向指挥部报告现场情况；协助市地震局地震现场工作队做好地震现场科学考察工作。根据作业条件起草《地震现场工作简报》《北京市海淀区4.9级地震震害调查评估小组报告》。综合协调组，作为区地震局应急指挥部大脑，做好各方协调工作，起草《震情统一回答口径》和新闻发布稿，按要求做好对外宣传。预演结束后讨论预演流程和效果。此次预演达到熟悉演练流程，明确职责任务，检验演练效果，查找工作不足的目的，为正式推演奠定基础。

（崔青山　王轶男）

【建筑物基础信息采集】 9月至11月，区地震局根据北京市建筑物地震风险调查工作安排，以马连洼街道辖区为试点，通过实地调研和信息填报，完成19个社区建筑物的基础信息[①]采集工作，共采集500余栋建筑物信息，为市、区开展调查工作提供方法依据。

（张建平　赵菁）

【海淀区中小学防震减灾科普大讲堂】 10月16日至11月19日，区地震局结合“国际减灾日”宣传，在海淀区防震减灾科普示范学校中，广泛开展“海淀区中小学生防震减灾科普大讲堂”公益活动。覆盖31所中小学校，5000余名师生参加。

（张建平　赵菁）

【应急救援队和应急志愿者队伍培训】 11月17日，区地震局与共青团中国矿业大学（北京）委员会联合举办2019年中国矿业大学（北京）地震应急志愿者队伍培训班。120名志愿者参加，培训的主题为“练就过硬地震志愿服务本领，争做合格大学生应急志愿者”。11月27日，区地震局组织来自北京火箭军预备役大队和保福集团的45名地震应急救援队队员到国家地震紧急救援训练基地，参观基地荣誉展室、现代化地震救援装备车，了解专业搜救装备的功能和使用知识；观看4D短片《灾难启示录》，身临其境地感受地震、火灾、海啸来袭时的各种场面，启示大家加强防灾减灾知识和技能储备，突发应急情况下减少伤害；进行攀爬“18度斜楼”训练（国内首座斜向建筑）。

（崔青山　王轶男）

【防震减灾科普基地建设】 年内，区地震局启动13所区级防震减灾科普示范学校创建工作，制定防震减灾科普示范学校“认定与管理办法”，发挥已建成示范校的辐射作用，提升全区中小学生防震减灾意识。完成对北京航空航天大学安全教育体验馆、国家地震紧急救援训练基地、海淀区公共安全馆、东北旺中心小学4处“海淀区防震减灾科普教育基地”认定；对标区委“八张答卷”（高能级科级创新新答卷、高质量经济发展新答卷、高标准规划建设新答卷、高效率城市治理新答卷、高颜值生态环境新答卷、高层次改革开放新答卷、高品质民生服福祉新答卷、高水平民主法治新答卷）开展防震减灾业务直接服务推进“疏整促”行动，完成知春公园防震减灾科普园项目建设。

（张建平　赵菁）

【震情会商】 年内，区地震局制定《海淀区震情会商工作机制》，完成周会商85期、月会商12期、季会商4期、年会商2期，完成2019年半年和2020年度的地震趋势会商报告。

（楚晓兵）

【地震应急避难场所建设】 年内，区地震局对全区Ⅲ类及以上地震应急避难场所开展多轮次巡查。对北京市海淀区民族小学、马甸公园、北部新区实验学校、温泉公园等地震应急避难场所开展专项检查；完成北京市八一学校、北京市海淀区台头小学、北京市上地实验学校、北京市实验学校（海淀）、北京市交通大学附属中学、北京市科技大学附属中学、北京市玉渊潭中学、教师进修学校附属实验小学8所学校应急避难场所认定工作，认定面积超过10万平方米。至年底，全区Ⅲ类及以上地震应急避难场所累计达21个。

（崔青山　王轶男　黄健）

【2019年海淀区震情】 年内，海淀区共发生地震39次，最大地震为4月7日发生的2.9级地震。

2019年海淀区震情一览表

表12

序号	发震日期	发震时刻	纬度（°）	经度（°）	深度（千米）	震级	参考地点
1	2019-01-01	15：45：23.59	40.019	116.259	11	0.1	北京海淀
2	2019-01-04	11：30：51.92	40.086	116.211	19	–0.2	北京海淀
3	2019-01-04	16：53：55.74	39.990	116.195	1	–0.5	北京海淀

① 包括建筑高度（米）、建筑层数、建造年代、建筑面积（平方米）、结构类型、设计单位、建设单位、施工单位、监理单位、抗震设防烈度、抗震设防分类等级、建筑基础形式。

续表 12

序号	发震日期	发震时刻	纬度（°）	经度（°）	深度（千米）	震级	参考地点
4	2019-01-15	05：39：22.56	39.964	116.205	10	-0.8	北京海淀
5	2019-01-30	01：20：00.86	40.012	116.263	13	-0.8	北京海淀
6	2019-02-22	00：01：43.73	40.069	116.145	19	-0.3	北京海淀
7	2019-03-26	16：06：26.88	40.031	116.279	10	-0.4	北京海淀
8	2019-04-02	19：48：56.88	40.018	116.282	10	-0.6	北京海淀
9	2019-04-07	13：25：13.24	40.077	116.216	18	2.9	北京海淀
10	2019-04-08	15：47：55.45	40.041	116.295	15	-0.7	北京海淀
11	2019-05-06	11：07：18.62	40.054	116.142	4	-0.9	北京海淀
12	2019-05-15	06：34：48.15	40.035	116.283	14	-0.4	北京海淀
13	2019-05-16	01：36：37.24	40.024	116.266	15	-0.0	北京海淀
14	2019-05-25	20：26：01.03	40.077	116.262	19	0.1	北京海淀
15	2019-05-28	17：57：31.98	40.109	116.096	11	-0.4	北京海淀
16	2019-06-08	16：11：13.59	39.999	116.212	21	0.0	北京海淀
17	2019-06-09	03：49：08.79	40.108	116.095	15	-0.3	北京海淀
18	2019-06-12	17：51：15.80	40.092	116.259	19	-0.4	北京海淀
19	2019-07-18	19：58：36.71	40.042	116.348	18	-0.4	北京海淀
20	2019-08-06	21：15：22.66	40.075	116.051	17	-1.0	北京海淀
21	2019-08-10	14：18：42.21	40.078	116.059	10	0.3	北京海淀
22	2019-08-11	05：27：18.62	39.985	116.334	21	-0.5	北京海淀
23	2019-08-17	19：16：29.20	40.016	116.264	11	1.4	北京海淀
24	2019-09-04	04：05：10.38	40.014	116.240	14	-0.6	北京海淀
25	2019-09-10	09：46：03.80	39.977	116.187	17	0.1	北京海淀
26	2019-09-18	09：18：23.06	40.016	116.221	9	-0.6	北京海淀
27	2019-09-26	08：26：21.22	40.076	116.089	7	-0.1	北京海淀
28	2019-09-28	11：17：18.71	39.987	116.125	5	-0.8	北京海淀
29	2019-10-15	02：43：13.51	40.108	116.157	19	-1.1	北京海淀
30	2019-10-18	00：15：01.93	40.032	116.290	17	-0.2	北京海淀
31	2019-10-28	14：40：36.54	40.015	116.214	11	-0.3	北京海淀
32	2019-11-09	03：36：17.70	40.041	116.207	10	-0.4	北京海淀
33	2019-11-24	15：34：58.37	39.999	116.275	10	0.8	北京海淀
34	2019-11-25	23：02：21.27	40.035	116.297	13	0.2	北京海淀
35	2019-11-26	20：12：08.40	40.003	116.259	11	-0.1	北京海淀
36	2019-12-08	04：26：16.97	40.042	116.178	13	0.9	北京海淀
37	2019-12-21	04：12：29.31	40.010	116.166	15	-1.5	北京海淀
38	2019-12-22	12：52：55.18	40.038	116.249	15	-0.1	北京海淀
39	2019-12-29	02：41：50.43	39.970	116.239	5	-0.9	北京海淀

说明：摘自中国地震台网统一地震目录

（楚晓兵）

应急管理

综 述

【概况】2019年3月，根据海淀区机构改革方案，将区安全生产监督管理局的职责以及区城市服务管理指挥中心（区突发事件应急委员会办公室）的应急管理职责、市公安局消防局海淀支队的消防管理职责、区民政局的救灾职责、市规划和国土资源管理委员会海淀分局的地质灾害防治、区水务局的水旱灾害防治、区园林绿化局的森林防火、区地震局的震灾应急救援相关职责，相关机构的防汛抗旱、减灾、抗震救灾、森林防火等职责整合，组建区应急管理局，作为区政府管理部门，按照中央及本市有关改革部署实施。区突发事件应急委员会办公室设在区应急管理局。区城市服务管理指挥中心不再保留区突发事件应急委员会办公室牌子。不再保留区安全生产监督管理局牌子。

2019年，海淀区应急管理局（简称区应急局）落实“四化三体系双基”总任务，完成各项安全生产目标任务。全区发生生产经营性道路交通、火灾及工矿商贸生产安全亡人事故22起、死亡24人，同比减少8起、10人，事故总量和死亡人数呈下降趋势。

（邵连双）

【制度建设】年内，区应急局制定《执法科室（队）行政处罚案件集体研究工作制度》《安全生产重大行政处罚案件集体讨论制度》《局党组重大行政处罚案件集体研究制度》《行政执法公示办法》《执法全过程记录办法》《重大执法决定法制审核办法》《海淀区应急管理局市民服务热线反映问题“接诉即办”工作的实施办法》等制度。完成《海淀区防汛应急预案》的修订及区防汛抗旱指挥部领导成员、成员单位及职责的调整工作，形成“1+10+29”（1个海淀区人民政府防汛抗旱指挥部+10个防汛专项分指挥部+29个街镇防汛抗旱指挥部）的防汛抗旱组织机构。修订、完善相关工作制度，建立“年初细分任务、定期通报进展、年底综合评定”考核机制，采用“街镇、部门自评+互评”考核方法，提高安全监管水平。

（邵连双）

【隐患排查治理】年内，区应急局推进城市安全隐患治理三年行动，动态更新隐患台账，新增挂账隐患834处，完成整改829处，销账率为99.4%；建立重点地区生产经营单位基础台账和安全生产隐患台账，完成全部市级和区级挂账重点地区隐患的销账工作。

（邵连双）

【安全标准化创建】年内，区应急局实现三级达标企业445家，小微达标企业1019家。110家试点企业的清单编制企业的层级责任机制建立率、个性化标准清单制定率、信息系统使用率、执法检查覆盖率均达100%。

（邵连双）

【安全员队伍建设】年内，区应急局完成行政村、社区兼职安全生产巡查员与全区专职安全员的培训工作，分别培训1306人次、626人次。培训一般性企业负责人和安全管理人员10205人次；完成184个社区1100名灾害信息员和应急救援员的培训工作。组建132支包含6994人的防汛抢险队伍。评选15名专职安全员为2019年度海淀区安全生产选树典型“隐患排查能手”；评选企业安全生产宣传优秀青年团体17个、基层安全生产检查队1支；7人次获得北京市“安监之星”称号。完成全区灾害信息员基本信息录入工作，有灾害信息员720名。

（邵连双）

【安全生产宣传】年内，区应急局开展“安全生产月”“安全生产万里行”活动及应急管理和安全生产大讲堂、安全知识科普宣传、安全咨询宣传日等活动。开展120场防灾减灾知识进社区宣讲活动，29个街镇全覆盖。制作原创歌曲《真诚的守护》MV和《我和我的祖国》MV。北京航天精密大厦分公司、北京北大维信生物科技有限公司被评为市级安全文化示范企业。

（邵连双）

【安全风险评估】年内，区应急局制定《2019—2021年安全风险评估工作方案》，建立基于行业和属地的监管台账。组织、协调、推动全区各单位深入开展风险评估工作，及时向北京市安全生产委员会报送区级安全风险评估报告、应急资源调查报告、应急能力评估报告、重大安全风险源清单以及工作经验总结。

（邵连双）

【应急保障】年内，区应急局完成十九届中央纪委三次全会、中央政法工作会议、国庆70周年庆祝活动、2019中关村论坛等40余次的重大活动保障工作。从应急预案制定到活动现场应急管理，到活动结束，做到每次重大活动、每个重点时期的全流程保障。

（邵连双）

安全生产监督管理

【学校实验室安全管理工作检查】1月9日，区安全监管局联合区教委、公安海淀分局对中关村中学和第十九中学实验室进行调研检查。检查组听取学校实验室负责人对实验室管理工作的情况汇报，现场检查实验室的设置、制度建立、危险化学品储存、出入库登记、危险化学品购买及“一书一签”档案留存情况。检查组指出实验室安全管理工作中存在的问题，要求学校对照《实验室安全管理规范》标准和时限完成隐患整改。

（李欣雷）

【区领导检查建筑工地】1月22日，区长戴彬彬到京张铁路施工现场检查安全生产工作，区安全监管局、区住建委、属地等部门领导参加检查。在施工现场，戴彬彬实地查看京张铁路整体施工规划和现场安全生产措施是否落实，各项防护设施搭建是否规范，强调施工单位在“岁末年初”之际，要加强管理，严格遵守安全施工、文明施工等规范，切实做好施工安全防护及施工人员安全监督管理确保施工安全。同日，副区长梁爽带领区住建委、海淀消防支队、区安全监管局、紫竹院街道等部门，对在建建筑工地节前安全生产和消防安全工作进行检查。检查组听取工程现场负责人的工作汇报，检查工地消防设备设施运行情况以及工人宿舍的用电、防火安全情况。

（李旭光）

【“岁末年初”安全生产联合执法检查】 1月22日至29日，区安全监管局联合区体育局、区房屋管理局、区质量监督管理局、海淀消防支队、属地街镇对宾馆、餐饮、体育运动、物业、文化市场等生产经营单位开展安全生产联合检查。检查组重点检查生产经营单位的安全出口标识、从业人员教育培训、生产安全应急救援演练记录、安全疏散通道、后厨应急处置、配电箱（柜）张贴警示标识、施工安全围挡及警示标识、高压工具检测、特种作业人员持证上岗、消防设施设备运行、应急管理等情况。针对发现的问题和隐患，检查组现场下达《责令限期整改指令书》，要求生产经营单位立即进行整改，做好隐患自查自纠，确保生产经营安全。

（李旭光）

【区领导检查人员密集场所】 1月31日，区委常委、常务副区长孟景伟带队检查密集场所安全生产和消防安全工作。区安全监管局、区商务委、海淀工商分局、区食药监局、海淀消防支队、上地街道等部门领导参加检查。检查组实地查看人员密集场所的安全出口、疏散通道等重点部位，询问了解现场安全管理工作、从业人员应急处置等情况。

（李旭光）

【全国“两会”安全运行组调度会】 2月27日，海淀区召开服务保障2019年全国“两会”安全运行组第一次调度会，对“两会”期间安全保障工作进行部署。区安监局、相关街镇、区城管委、区水务局、区质监局、海淀消防支队、海淀交通支队等安全运行组成员单位负责人参会。会议传达《海淀区服务保障2019年全国两会工作方案》要求，部署海淀区全国“两会”服务保障运行工作。会议强调，要把“两会”期间安全保障工作当成一项重要的政治任务来抓，围绕重点地区、重点行业领域深入开展隐患排查治理，全力做好城市运行服务保障，圆满完成全国“两会”保障工作。

（姜路）

【区领导检查全国“两会”驻地周边】 3月2日，副区长沙海江带领区安全监管局、海淀消防支队、维稳办、综治办等部门领导，对重点地区周边生产经营单位进行安全检查。北下关街道、花园路街道、万寿路街道领导陪同检查。检查组对生产经营单位消防设施设备使用情况，应急队伍以及处置突发情况进行检查。沙海江要求各单位要加强领导带班及应急值守工作，加强对员工的安全教育培训增强应急处突能力，提高政治站位、高标准完成全国“两会”安全保障工作。

（李旭光）

【安全工作紧急视频会】 3月9日，北京市召开安全工作紧急视频会议，通报通州区“3·8”火灾情况，对进一步做好消防安全及安全生产隐患排查工作进行部署，就进一步做好全国“两会”期间安全工作提出明确要求。副区长沙海江，各街镇主要领导、主管领导、相关科室负责人以及区委办、区政府办、区应急办、消防支队、安全监管局等部门负责人参加视频会。会后，海淀区第一时间贯彻落实会议精神，对进一步做好全国“两会”期间安全隐患排查治理及应急值守工作进行再动员再部署，强调4点意见：提高政治站位、压实安全责任；保持高度警醒，确保全国“两会”各项安全保障措施落实、落细；持续深化危险化学品、仓储场所、人员密集场所等重点行业领域专项整治，确保安全隐患“排查见底、清理彻底、整改一抓到底”；进一步加强应急值守，加强安全预测、预警和应急协调联动机制，如遇突发险情，务必快速响应、有效应对。

（姜路）

【安全防范工作紧急视频会】 4月2日，海淀区召开加强安全防范工作紧急视频会。区委书记于军、区长戴彬彬、副区长沙海江出席会议。区委办、政府办、宣传部、应急管理局、各街镇党政主要领导及主管消防、安全生产、应急、维稳、城管的负责人参会。戴彬彬主持会议。于军强调，全区各部门、各街镇、各单位，要落实党中央、国务院关于安全生产的决策部署和市委、市政府关于做好安全防范工作的要求，坚持安全生产和消防安全工作不松懈，强化责任担当，加强巡查检查，排除安全隐患，防范化解各类安全风险，推进安全生产和消防安全工作深入开展，确保万无一失。

（姜路）

【非经营性加油站联合检查】 5月20日，区应急局联合区生态环境局、市交通委海淀运管分局、市规划自然资源委海淀分局、海淀消防支队，对公交场站的4家非经营性加油站进行联合检查。联合检查组听取加油站负责人关于改造情况的汇报，对作业现场的油罐、加油机等设备设施进行全面检查。从检查情况看，各单位现场安全管理较规范，设备设施完好，能够定期组织开展安全教育培训。

（李欣雷）

【城市安全隐患治理三年行动调度视频会】 6月24日，市安委会办公室组织召开城市安全隐患治理三年行动调度视频会，区应急局设立分会场，各街镇、区安委会重点成员单位主管领导参会。区应急局党组书记、局长刘磊刚提出6点要求：全力做好2018年城市安全隐患治理三年行动挂账隐患抽查迎检工作；持续推进危险化学品三年整治工作；强化隐患排查，完成年度监督检查计划；力争年度挂账隐患销账率达100%；对挂账及销账的隐患搞“回头看”，坚决避免隐患死灰复燃；利用多种形式学习宣传相关政策，教育引导生产经营单位增强安全隐患排查治理的主动性、自觉性，切实提高群众安全意识和自防自救能力。

（姜路）

【区安委会第三次全会】 7月26日，海淀区召开区安委会第三次全会，贯彻落实国务院和北京市安全生产电视电话会议精神，部署下一阶段安全生产重点工作。区安委会成员单位（委办局）主要领导、区属重点企业主要领导在区政府主会场参会，各街镇主要领导、主管负责人在本单位视频分会场参会。代区长曾劲、常务副区长孟景伟、副区长沙海江出席会议。曾劲要求要进一步提高政治站位，进一步落实行业监管责任、属地管理责任、企业主体责任，以城市安全隐患治理三年行动和“防风险保平安迎大庆”消防安全执法检查等专项整治行动为抓手，开展全方位的安全隐患专项整治，及时发现、整改、消除安全隐患。

（姜路）

【城市安全隐患治理三年行动推进会】 8月8日，海淀区召开城市安全隐患治理三年行动推进会。区应急局、有关部门、区属企业主管领导在区应急管理局主会场参会，各街镇主管领导、相关科室全体人员和安全生产检查队全体人员在各街镇分会场参会。会议要求各街镇、各有关部门要进一步强化隐患排查治理和重点行业领域安全监管，确保全区安全生产形势持续稳定。按照“边排查、边整治、及时挂账、及时销账”的原则，持续更新、完善城市安全隐患治理三年行动信息平台数据；严格挂账隐患销账流程，对本辖区、本行业（领域）已整改挂账隐患逐一进行现场复查核查后，方能提交销账申请；要对已销账隐患定期开展“回头看”核查，严防隐患反弹引发事故。

（姜路）

【燃气治理核查调度会】 12月9日，海淀区召开燃气治理“回头看”核查第一次调度会，对相关工作进行再动员再部署。区应急局、区城市管理委、区城管执法局、区市场监管局、海淀消防救援支队、市交通委海淀运管分局、北京市交通执法总队第六执法大队分管领导以及北京市液化石油气、燃气企业在海淀的相关负责人参会。会议强调，各部门要贯彻落实市、区工作部署，在做好区级核查基础上，全力配合市级检查核查工作，消除燃气安全隐患，确保全区安全生产形势稳定可控。12月18日，海淀区召开燃气治理“回头看”核查第二次调度会。会议通报全区燃气安全核查工作情况，对下阶段燃气检查核查工作进行再强调。

（姜路）

危险化学品安全监管

【危险化学品单位述责述安会议】 3月27日，区应急局组织4家重点危险化学品企业主要负责人开展述责述安工作，区生态环境局、公安海淀分局、海淀区消防支队参加会议。各企业主要负责人按照《述责述安制度实施细则》要求，对安全生产责任制、教育培训、隐患排查、应急救援等10项内容进行详细汇报，各部门根据相关职责与企业进行交流。区应急管理局强调，要不断提高政治站位，牢固树立安全生产红线意识；认真履行主要负责人的职责，全面落实企业主体责任；严格落实管理制度，确保安全。

（李欣雷）

【危险化学品企业检查】 3月28日，为吸取江苏响水天嘉宜化工有限公司“3·21”特别重大爆炸事故教训，贯彻落实北京市应急管理局“3·23”电视电话会议精神，区应急局联合区市场监督管理局、海淀公安分局，对辖区内危险化学品2家重点企业开展安全检查。检查组重点检查危险化学品储存仓库、储存设备设施、应急预案演练、安全教育培训、隐患排查记录等内容。从检查情况看，各企业能够定期开展应急预案演练，组织员工开展安全教育培训，按要求填报隐患排查记录。

（李欣雷）

【“四不两直”安全检查】 5月1日，区应急局以“四不两直”方式，对全区危险化学品企业进行检查。检查组对加油站贯标改造、应急值守、教育培训、规章制度以及现场设备设施等情况进行安全检查，共检查10家企业。

（席晓敏）

【危险化学品安全生产培训】 5月9日，区应急局组织开展危险化学品安全生产教育培训平台使用培训。辖区加油站、带储存设施的危险化学品经营企业、票据经营企业、构成重大危险源的液氨使用单位、医药制造企业以及化工生产企业等200家危险化学品从业单位主要负责人和相关人员参加培训。培训专家面对面进行教授，现场答疑解惑，并建立微信群深入推进培训工作，帮助企业学员熟练掌握危险化学品安全生产教育培训平台使用方法和日常操作，将企业全体从业人员纳入危险化学品安全生产教育培训平台管理体系，确保危险化学品安全生产教育培训平台培训工作顺利推进。

（席晓敏）

【危险化学品使用单位专项检查】 7月24日，市应急管理局危化处组织专家对海淀区危险化学品使用单位中国石油化工学院进行安全检查。检查组听取相关单位关于危险化学品使用安全管理工作的情况汇报，对该单位实验室、危险化学品转存间进行现场检查，重点检查实验室设施设备的安全状况，实验室和转存间危险化学品的储存是否符合规范，危险化学品购买、使用出入库登记制度的落实，危险化学品使用一书一签执行和从业人员培训等情况。检查组对检查中发现的问题提出整改建议。

（李欣雷）

【危险化学品安全风险评估会议】 8月5日，区应急局联合公安海淀分局，组织召开辖区科研机构危险化学品安全风险调研评估工作部署会，辖区各相关单位负责人参加会议。区应急局对开展科研机构危险化学品安全风险评估调研工作进行部署，明确安全风险评估调研工作的目的、评估的范围、主要内容、时间安排，并提出3点工作要求。

（李欣雷）

【危险化学品气体经营单位检查】 8月8日，为吸取河南省三门峡市某气化厂“7·19”重大爆炸事故教训，市应急管理局危化处聘请专家，以“四不两直”方式对海淀区2家危险化学品气体经营企业进行检查。检查组重点对企业设备设施运行、危险化学品的储存、风险辨识、事故应急预案演练、安全生产责任制落实、领导带班值守等情况进行检查。检查组要求危险化学品气体经营企业进一步加强安全生产监管，全力确保全市危险化学品安全生产形势稳定；严格落实企业主要负责人的安全责任；深刻吸取事故教训，认真开展隐患排查治理，及时消除事故隐患；加快完成“体检式”筛查和安全仪表系统等重点工作；加强应急值守，确保通信联络畅通。

（李欣雷）

【非经营性加油站整治验收】 8月19日至23日，区安委会办公室组织区应急局、区生态环境局、市规自委海淀分局、海淀消防救援支队、市交通委海淀运管分局、区农业农村局、区城市管理委等部门成立联合工作组，在全区范围开展非经营性加油站专项整治验收工作。联合工作组依据有关法律法规，对非经营性加油站隐患整改情况进行复查并填写《非经营性加油站隐患整改复查表》，共验收25家非经营性加油站。对经复查不符合整治内容要求的，责令停止使用并限期整改；对规定期限内仍不能整改的，要求使用单位委托有资质的单位拆除油罐和加油设备。

（李欣雷）

【涉氨制冷企业专项安全检查】 9月3日，区应急局对两家涉氨制冷企业进行专项安全检查。重点检查制冷机房、液氨储罐、中控室等关键场所及安全设施运行维护情况，要求企业落实主体责任，健全安全管理制度，完善应急预案，加强人员培训，提升应急处置能力。通过专项检查，发现特种作业人员培训教育未按要求进行落实，已督促企业及时消除隐患。

（李欣雷）

【“排险除患”专项整治协调会】 9月23日，区应急局召开危险化学品行业“排险除患”专项整治协调会。会上印发工作方案，明确排查方法、工作标准和完成排查工作的时间节点。专项整治以国庆安全保障工作为重点，坚持“防风险、保安全、迎大庆”的总体要求，在前期组织开展的“体检式”安全筛查工作基础上，全面彻底排查安全风险隐患，建立隐患问题台账，逐项督促企业落实隐患整改，实现闭环管理，确保国庆期间危险化学品安全生产形势稳定。

（李欣雷）

【危险化学品行政审批】 年内，区应急局向98家危险化学品经营单位发放危险化学品经营许可证。全区23家非药品类易制毒化学品经营单位全部完成网上填报，为9家发放备案证明。对1个烟花爆竹销售网点发放烟花爆竹（零售）经营许可证。

（席晓敏）

烟花爆竹安全管理

【烟花爆竹联合审查】 1月4日，区安监局、海淀公安分局、区消防支队、区交通支队、区工商分局、区城管局等区烟花办相关成员单位以及西北旺镇，开展2019年烟花爆竹销售网点联合审查工作。会议部署各个环节的工作安排，要求依法、科学、合理设置烟花爆竹零售点；有关部门要严格按照规范标准，对烟花爆竹零售点位进行现场审核，严格开展许可证办理工作，并在政务外网平台进行公示。

（李欣雷）

【烟花爆竹从业人员培训】 1月16日，区应急局联合公安海淀分局、海淀消防支队，组织开展2019年烟花爆竹销售从业人员安全培训工作。公安、消防、安监分别对烟花爆竹销售从业人员开展培训，并进行考试。要求烟花爆竹销售单位严格落实企业主体责任，严格执行各项规定，认真排查问题隐患，保持联络畅通。

（李欣雷）

【烟花爆竹应急预案演练】 1月24日，区应急局联合海淀公安分局、海淀消防支队，组织开展烟花爆竹零售点应急预案演练。各部门分别从火灾、爆炸、防恐等突发事件应急处置方面开展培训，并组织烟花爆竹零售点1家，从业人员16人进行实操演练。针对演练情况进行点评，对下一步工作提出具体要求。

（李欣雷）

隐患排查治理

【“一企一标准、一岗一清单”编制工作协调会】 3月6日，海淀区召开2019年度安全生产标准化和隐患排查治理“一企一标准、一岗一清单”编制工作协调会。15个相关行业主管部门负责人及工作人员参会。会议讨论2019年度全区安全生产标准化和隐患排查治理“一企一标准、一岗一清单”编制工作任务量化指标、标准化评审补助费预发放标准等相关工作，为编制工作开展做好前期准备工作。

（刘辉）

【“一企一标准、一岗一清单”编制工作部署会】 4月25日，海淀区召开2019年“一企一标准、一岗一清单”编制工作部署会，相关行业管理部门、各街镇相关科室负责人，清单编制企业及中介机构负责人200余人参加会议。区应急局对2019年“一企一标准、一岗一清单”编制工作进行部署，要求各行业、各街镇、各企业高度重视，成立领导小组、制定工作方案、细化工作措施，确保编制清单的质量和进度，所有清单编制企业在8月31日前完成清单编制、隐患信息系统应用等各项工作任务。

（刘辉）

【工业企业安全生产重点工作部署会】 5月16日，区应急局召开2019年工业企业安全生产重点工作会。有关街镇、评审机构及工业企业负责人80余人参加会议。区应急局部署2019年全区工业企业涉危使用事故隐患治理、有限空间作业条件确认、落实安全生产主体责任情况检查评估等重点工作，明确各专项行动的工作目标、工作步骤、工作要求等内容，安全评价机构讲解各专项行动的工作流程。聘请有限空间专业授课老师，向与会人员进行有限空间相关内容辅导培训。

（刘辉）

【城乡接合部挂账隐患“回头看”】 8月22日，区应急局开展针对城乡接合部挂账隐患的“回头看”抽查工作，西北旺镇负责人参加检查。检查人员重点对挂账隐患进行复查，要求企业履行主体责任，落实安全生产规章制度，做好隐患排查治理，防范事故风险。

（李旭光）

标准化建设

【安全生产标准化评审协调会】 1月23日，区应急局召开2019年度安全生产标准化“百部地标”评审单位工作协调会，有关安全生产中介服务机构负责人参会。区标准化办公室听取各中介服务机构汇报总结2018年度本单位安全生产标准化工作整体情况、工作中遇到的难点问题及2019年度工作设想。区标准化办公室通报2018年全区标准化工作开展情况，对各单位下一阶段工作提出要求：各评价机构严格对照“百部地标”、安全生产标准化评审否决项等新标准，开展标准化咨询评审工作；二是各咨询、评审单位要加大评审人管理；加强标准化工作过程控制，留存标准化咨询评审资料。

（刘辉）

【安全生产标准化工作动员部署会】 4月25日，区应急局召开2019年安全生产标准化工作动员部署会。有关行业部门、各街镇、有关评审机构及企业负责人200余人参加会议。区标准化办公室总结全区2018年安全生产标准化工作，部署2019年安全生产标准化建设工作目标、工作步骤、工作要求。区安委会办公室副主任、区应急管理局副局长郑臣提出强化组织领导、层层落实责任，严格标准、突出抓好评审质量，抓好执法联动3点工作要求。

（刘辉）

【标准化核查工作】 9月10日至12日、10月22日至24日、10月31日至11月1日，区安全生产标准化办公室组织3批次标准化核查工作。通过核查发现，被核查企业安全管理情况整体较好，对少数企业核查中发现的问题进行整改工作跟进。对三级达标企业增加对否决项的现场复核环节，即核查组通过系统下载现场复核记录与现场复核报告，现场复核时如实填写企业核查内容，企业签字盖章。现场复核完成后，相关文件表格重新上传至系统，合格后再次审核通过。全年共完成21家三级达标企业、119家岗位达标企业的核查工作。

（刘辉）

应急救援

【区领导指挥调度强降雨应对工作】 7月22日，区委书记于军对全区应对强降雨防汛工作进行集中指挥调度，先后连线香山、四季青、青龙桥等13个街镇，详细了解各街镇辖区水情、巡查、值守等情况，要求各单位要加强应急值守，保持视频会议室人员在岗，积极响应指挥调度；借这次全区统一指挥调度开展实战演练，充分熟悉掌握调度指挥、信息报送、应急处置流程，提高全区各单位防汛应急处置能力；防汛工作是大事，确保全区平安度汛。

（邓凯）

【防灾减灾知识社区宣讲】 7月31日至9月15日，区应急局开展防灾减灾知识社区宣讲工作。宣讲内容包括自救互救技能培训，传授逃生技巧，医疗救护知识，共举办120场宣讲活动，48000人次参与。宣讲活动在管控课程质量和提升培训效果方面采取创新方法：对宣讲老师提出专业的资质要求，在授课过程增加大量实际操作环节，以保证培训质量与效果；切实增强社区居民的自救互救能力。

（李秀喜）

【灾害信息员培训】 8月5日至13日，区应急局防灾减灾科在稻香湖培训中心开展全区三级灾害信息员培训工作。培训分3批次进行，共培训各街镇、社区（村）社会灾害信息员700余名。培训邀请国家减灾中心数据中心专家，讲授自然灾害识别与预警、《自然灾害情况统计制度》的报送要求及指标体系、自然灾害救助政策解读、大应急管理体制机制改革等内容。通过培训，信息员们了解了报灾流程，熟悉灾情报送的流程和方式方法，有助于领导及时科学决策，应对处置突发事件。

（李秀喜）

【综合减灾示范社区创建】 8月6日至9月10日，市应急管理局按照“组织筹备、集中培训、现场指导、分析整改、模拟验收”5个阶段，依据《全国综合减灾示范社区标准》，围绕“组织管理、灾害风险评估、应急预案、应急演练、宣传教育培训、应急避难场所、应急储备、志愿者队伍建设、资金投入、创建特色”等考核指标，对海淀区18个综合减灾示范社区创建工作进行咨询服务与专题指导。共梳理出创建中七大类381个问题，提出整改建议285条。区应急局为18个社区编制《社区综合应急预案》、绘制18个社区《社区灾害风险隐患地图》和《社区应急避难场所疏散路线图》；为18个社区梳理示范社区创建工作档案390份。10月12日，完成全国及北京市综合减灾示范社区申报工作，推荐17个社区参加全国和北京市创建综合减灾示范社区，其中3个社区被命名为全国综合减灾示范社区，14个社区被命名为北京市级综合减灾示范社区。

（李秀喜）

【应急救援员培训】 11月13日至20日，区应急局分别在怀柔川谷培训基地、密云军客培训基地举办6个街道的应急救援员培训工作，共培训应急救援员1104名。培训邀请国家地震紧急救援训练基地主任和北京市蓝天救援队教官分别授课，培训内容包括突发事件管理与处置对策、消防安全知识培训等理论指导和心脏复苏、止血包扎等实操练习。通过培训，学员初步掌握灾害事故现场的勘察搜救、伤员急救以及应对处置突发事件的发生。

（李秀喜）

【应急救援物资柜配备】 11月26日至12月10日，区应急局为没有配备应急物资柜和应急物资的37个社区配备应急救援物资柜。通过在社区储备应急物资和救险工具，使社区在应对突发事件发生时能够及时有效开展救险和处置，最大程度减少社区居民的生命和财产损失。全年储备15大类防汛物资，建立防汛重点部位隐患台账。

（李秀喜）

【社区应急演练活动】 12月4日，区应急局联合青龙桥街道军事科学院社区开展应急演练活动。活动邀请应急管理部紧急救援促进中心专家，为社区群众讲授消防安全知识、冬季防火事项，讲解灭火器的使用方法。通过模拟火灾现场情景，让群众体验突发事件自救互救、火灾浓烟逃生、应急救助全过程，增强群众的消防安全意识，提高自救能力。

（李秀喜）

执法监察

【重点地区安全生产检查】 1月7日至10日，区应急局联合属地街镇安办，组成联合检查组，以日夜连查方式，对重点地区进行安全生产执法检查。联合检查组重点检查人员密集场所、教育培训机构、体育运动、建筑施工工地加油站、文化娱乐、危险化学品等生产经营单位的配电室、安全通道等重点部位，特种作业人员持证上岗、高压工具年检、劳动防护用品发放及使用、配电箱（柜）张贴安全警示标识、从业人员教育培训、疏散通道畅通、生产安全事故应急救援预案制定及演练、生产安全隐患排查治理记录、应急值守等情况。要求企业落实主体责任，提高安全生产意识，在重点时期加强员工安全生产教育和培训，提高从业人员的应急处突能力，立即整改发现的问题和隐患。共出动执法人员3918人次，检查生产经营单位3166家，发现隐患2332项，下达整改文书2214份。

（李旭光）

【全国“两会”期间重点地区生产经营单位联合检查】 2月26日至3月7日，区应急局联合区商务委、区房屋管理局、区质量监督管理局、区文化委员会、海淀消防支队、属地街镇，对重点地区生产经营单位进行执法检查。检查人员重点对生产经营单位的安全出口、疏散通道、中控室、配电室等重点部位，特种作业人员持证上岗、个人劳动防护用品发放和使用、高压工具检测、高压配电室人员值班值守、安全警示标识张贴、安全生产规章制度、生产事故应急救援演练、隐患排查治理、员工安全生产教育和培训、安全出口、疏散通道等情况进行检查，要求各生产经营单位立即整改发现的问题；保持疏散通道畅通，做好应急预案演练，确保全国“两会”期间安全。

（李旭光）

【区领导检查重点场所安全管理工作】 3月9日，区委书记于军检查北京二商集团西郊食品冷冻厂、麦德龙超市等重点场所的安全管理工作。区委常委、区委办主任高念东，副区长沙海江，区应急管理局局长刘磊刚、消防支队支队长李广耐及属地街镇领导参加检查。于军督促企业进一步落实安全主体责任，强化安全教育，加强值守巡查，开展隐患排查治理，及时发现、消除安全隐患，有效预防安全事故的发生。同时强调，各行业部门和街道要进一步加大监督检查力度，坚决消除安全隐患，确保地区安全稳定。针对做好安全生产和消防安全工作，于军强调，要把中华人民共和国成立70周年庆祝活动作为统领各项工作的“纲”，切实把安全生产和消防安全工作抓细抓紧抓好，推进安全生产和消防安全工作深入开展，维护区域安全，确保万无一失。

（姜路）

【假冒伪劣安全帽清理整治】 4月25日至5月底，区应急局分别联合紫竹院街道、四季青镇、西北旺镇、八里庄街道等，对建筑工地开展假冒伪劣安全帽清理整治执法检查。重点检查建筑工地安全帽发放及佩戴、安全帽是否是伪劣产品。累计监督检查涉及安全帽生产、销售、使用单位657家，出动执法检查人员1112人，整改问题隐患100项。联合检查组要求企业负责人落实企业主体责任，为施工人员配发符合国家标准或行业标准的安全帽，并监督施工人员佩戴和使用，确保安全。

（李旭光）

【安全帽专项检查】 5月16日，为严厉打击生产、销售、使用假冒伪劣安全帽的违法违规行为，区应急局联合属地街镇开展假冒伪劣安全帽清理整治及巡查检查。区应急管理局联合属地街镇组成联合检查组，重点检查建筑工地安全帽发放及使用佩戴情况，安全帽是否符合《头部防护 安全帽》（GB 2811—2007）、《头部防护安全帽选用规范》（GB/T 30041—2013）等相关技术标准、规范要求。全区累计监督检查涉及安全帽生产、销售、使用单位449家，出动执法检查人员775人次，整改问题隐患63项，行政处罚0.5万元。联合检查组要求企业加强和落实主体责任，保障从业人员生命安全。

（姜路）

【市领导专项督查】 9月4日，市应急管理局副局长刘斌率第四督查组，对海淀区重点行业领域安全生产工作和维稳安保工作开展专项督查。督查组在查阅相关企业台账后，采取“四不两直”方式，对加油加气站、城乡接合部挂账村、人员密集场所进行抽查，重点对加油加气站值班值守、消防器材配备使用，城乡接合部挂账村出租房管理和隐患消隐、电动车室内充电、人员密集场所消防中控室、突发事件应急处置等关键部位和问题进行检查。督察组对海淀区安全生产监管工作给予肯定，并要求被检查企业进一步完善安全生产规章制度，做好相关预案和演练工作，确保重大活动期间安全生产工作平稳有序。

（李旭光）

【燃气安全检查核查】 12月10日至12日，市级燃气安全治理“回头看”核查第二检查组到海淀区开展燃气安全检查“回头看”检查核查工作。检查组由20名专家及市应急局处级领导组成，分为10个小组。12月10日，市检查组召开市级燃气安全检查核查工作动员会，对照《北京市燃气行业生产安全事故隐患目录》及海淀第一批燃气检查台账，到实地点位开展检查核查工作。检查组将“回头看”核查工作情况向区安办、区城管执法局初步反馈并提出相关工作建议。

（姜路）

【建筑施工单位安全大检查】 12月20日至31日，区应急局执法监察大队分4组，对辖区重点施工单位开展大检查。检查主要包括：从业人员安全生产教育、培训；特种作业人员是否持证上岗；是否为从业人员提供符合国家标准、行业标准的劳动防护用品；是否建立和落实安全生产责任制、安全生产规章制度和作业、操作规程；重大危险源是否登记建档、定期检测、评估、监控；是否对安全设备设施进行定期维护、保养、检测及燃气使用等情况进行检查。检查组要求建筑施工单位做到安全投入到位、安全培训到位、基础管理到位、应急救援到位，把安全责任落实到岗位、落实到人头；提示企业加强隐患排查治理，加强安全巡查和管理，避免安全生产事故发生。对检查中发现的安全生产隐患，督促企业立即整改，不能立即整改的，下达责令整改文书。

（李旭光）

【生产经营单位燃气使用安全专项联合检查】 12月23日至24日，区应急局联合区城管委、区城管执法局、区文旅局、区市场监管局、海淀消防救援支队、属地街道、燃气公司对15家生产经营单位的燃气使用安全进行专项联合执法检查。重点检查生产经营单位燃气间配置、燃气使用设备设施、安全生产管理制度、从业人员教育培训、应急预案制定及实施、配电箱是否张贴安全警示标志、特种作业人员档案、劳动防护用品发放及使用等情况。对发现的隐患问题要求企业立即整改，督促企业负责人落实安全生产主体责任，对燃气间等重点部位要加强巡视巡查并做好记录，确保生产安全。

（李旭光）

宣传教育培训

【安全生产月咨询日活动】 6月16日，海淀区在东升镇圣熙8号购物中心广场举办“安全生产月”咨询日主会场活动，副区长沙海江、市应急管理局安全生产综合协调处副处长张聪出席，区应急局党组书记、局长刘磊刚主持活动。活动以“防风险、除隐患、遏事故”为主题，区应急管理局、东升镇、区地震局、海淀消防支队等20余家单位通过展板展示、分发资料、现场体验、互动咨询，为市民提供“面对面、零距离、互动式”咨询服务，普及安全生产法律法规和常识。同时，区应急局、文旅局、住建委、消防支队、商务局、市场监管局、城管执法局等单位开展“七进”普法宣传活动，指导企业排查电气、消防等安全隐患。

（王蕊）

【一般性企业安全生产大培训】 6月18日，海淀区一般性企业安全生产大培训正式启动。区应急局按照财政管理制度，经过公开招投标程序，确定第三方培训机构承办大培训工作。区安委会办公室牵头制定《海淀区2019年生产经营单位主要负责人和安全生产管理人员安全生产培训考核工作方案》，召开全区安全生产大培训动员部署会，将市应急局确定1万人培训任务，落实到全区29个街镇，并将培训工作列入年度绩效考核。区应急局采取例会制度，定期召开阶段性专题工作推进会，总结阶段性工作成效。至8月31日，培训10205人次，超额完成全年培训任务。

（王蕊）

【兼职安全生产巡查员培训】 6月25日至7月15日，区应急局分6期对全区行政村（社区）兼职安全生产巡查员进行业务培训。培训由市应急管理局负责课程设计与师资培养，区应急管理局组织实施。培训内容包括消防安全、用电安全、燃气使用安全、危险作业等安全巡查要点。

（李旭光）

【安全月活动】 6月，海淀区以“防风险、除隐患、遏事故”为主题，开展安全月活动和安全生产宣传教育“七进”活动。联合区总工会，制定并印发《海淀区2019年安全生产“七进”和劳动保护工作暨安全歌曲传唱活动工作方案》，在全区范围内开展安全歌曲征集传唱活动，征集歌词40余首，制作完成原创歌曲《真诚的守护》MV。至年底，全区共组织开展安全生产大讲堂900余场次，系列应急演练1000余场次，张贴、发放各类宣传材料（宣传品）40万余份，发布安全月新闻、安全生产常识1000余条次，近50万人参加安全月活动。

（王蕊）

【安全生产行政执法培训】 7月5日，区应急局安全生产执法监察大队对执法人员开展安全生产行政执法业务培训。培训内容包括行政机关行政执法存在的主要问题、行政主体的认定、行政执法证据方面的具体要求、行政执法程序等。主讲人结合实际案例对相关内容进行讲解分析，并对执法人员提出的具体问题答疑解惑。

（李旭光）

【专职安全员培训】 7月22日至26日，区应急局举办专职安全员第一期安全生产检查业务培训班，各街镇、委办局专职安全员参加培训。培训内容包括安全生产法律法规、安全生产专业知识、安全生产执法检查、安全生产应急管理和专职安全员礼仪规范等。8月15日，组织18个职能部门的89名专职安全员，参加市应急管理局在首钢工学院组织的安全生产检查系统使用培训。市应急管理局信息中心和系统研发单位技术人员就职能部门安全生产检查系统的使用方法、企业台账录入、督查检查流程、宣传教育培训等方面进行详细讲解。信息中心技术人员现场指导专职安全员利用检查移动终端App进行现场实操，进行现场答疑。8月19日，区应急局举办专职安全员第二期安全生产检查业务培训班，各街镇、委办局的专职安全员参加培训。培训内容包括安全生产法律法规、安全生产专业知识、安全生产应急管理和专职安全员礼仪规范、安全生产执法检查等。

（李旭光）

【选树“隐患排查能手”】 7月22日至8月26日，区应急管理局开展2019年度安全生产专职安全员选树“隐患排查能手”典型人物活动。全区29个街镇及18个职能部门选拔推荐90名专职安全员。经过5天的集中业务培训，通过理论知识、现场隐患识别、文书填写及礼仪规范等环节的严格考核，最终有15名专职安全员获得海淀区安全生产“隐患排查能手”典型人物称号。

（刘学国）

【安全生产大讲堂活动】 7月24日，区应急局组织全区73家安委会成员单位的主管领导、相关科室负责人、专职安全员检查队队长等230余人，在海淀文化小剧场开展题为《坚定自信、不忘初心，用文化引领应急安全》的大讲堂活动。大讲堂活动是2019年安全生产月的活动之一，围绕文化自信与应急安全、安全文化的具体作用和安全文化的建设途径以及全国近年来重特大事故案例分析等内容进行深讲解。区安委会各成员单位分别组织机关干部、辖区企业、重点行业开展“安全生产和应急管理”大讲堂活动。全区开展“安全生产和应急管理”大讲堂近千场次，10余万名干部职工和企业从业人员参加培训。

（王蕊）

【“百名专家服务万家企业”活动】 9月25日，区应急局联合四季青镇，组织市应急局安全生产专家组成员，在锦绣大地物流港开展“百名安全生产专家服务万家企业活动”。专家深入锦绣大地农副产品批发市场，对400家小微企业的安全生产情况进行检查和指导。共查出并整改隐患问题700余条。就安全管理制度建立、安全培训教育开展、消防安全措施、用电用气安全等方面向现场负责人进行讲解，针对商户存在的安全隐患问题提出整改意见。

（王蕊）

【微信公众号改版升级】 年内，区应急局全面升级改版微信公众号，开设“应急资讯”“政务服务”“宣教互动”板块，设应急要闻、党建风采、基层快讯、微信矩阵、法律法规、办事指南、应急科普、视频中心、学习资料、在线答题10个子栏目。其中，应急科普、视频中心、微信矩阵、学习资料等栏目为网友学习了解应急和安全生产相关知识、办理相关业务提供平台；在线答题栏目实现应急和安全生产法律法规知识的互动学习。

（王蕊）

生态环境

2月22日，汽车尾气检测（王佳琪 摄）

3月22日，小型新能源多功能洗扫车（田峰 摄）

4月13日，整治水污染环境（王佳琪 摄）

4月16日，全国政协委员及市区领导到西山国家森林公园植树（张洪军 摄）

4月25日，北坞砂石坑补水回灌（区水务局 供图）

10月2日，道路清洗作业（宣传部 供图）

10月24日，清理枯枝和落叶（殷刚 摄）

10月24日，森林消防员在西山国家森林公园巡查（殷刚 摄）

市容环境

【概况】 2019年，海淀区城管委员会（加挂海淀区城乡环境建设管理委员会办公室、海淀区交通委员会牌子）（简称区城管委）下辖4个事业单位：海淀区市政设施监察所、海淀区渣土管理所、海淀区养路队、北京市海淀区循环经济产业园管理中心。

2019年，区城管委以服务保障中华人民共和国成立70周年活动为纲，围绕首都中心城区功能定位，落实区委、区政府“两新两高”战略部署，提高城市精细化管理水平，完成重大活动保障任务，区域环境品质明显提升，交通治堵力度显著增强，垃圾全流程处理体系逐步完善，城市运行安全稳定。完成市区重点工作、折子工程、为民办实事任务74项。核发施工工地建筑垃圾消纳许可955件。区城管委被评为全国交通运输系统先进集体，获“北京市筹备和服务保障中华人民共和国成立70周年庆祝活动先进单位”称号。

（杨艳芳）

【架空线入地专项整治】 1月1日至10月30日，区城管委实施重点道路、重点区域架空线实施入地专项整治工作。完成香泉环岛周边、枫林路、煤厂街部分路段等4条道路3.8千米通信架空线入地任务，拔除线杆78根；完成新旱河路北段（闵庄路—香泉环岛）架空线入地任务，撤除线缆4皮长千米，拔除线杆66根；完成香山路、买卖街、枫林路、广润路4条道路的路灯建设，新安装路灯147盏。完成一棵松路和杰王府西路架空线入地。完成玉泉山周边万安东路、茶棚路、北坞嘉园北小街、北坞嘉园东小街、金河路、颐和园西门路等11条道路撤线拔杆工作。完成八宝庄胡同周边电力、路灯、通信架空线入地。

（杨艳芳）

【环境整治提升】 2月12日至4月11日，区城管委推进并完成环境治理、景观提升、环境布置工作。清运垃圾40吨、混合垃圾48吨，粉刷外立面1425平方米，拆除违规户外广告20块，栽种道路树池树木300余株，更新维护交通护栏200余米，拆除违规建筑131438平方米，绿化围挡更新3.7千米。完成香山地区、背街小巷、架空线入地、农村地区4类393个环境整治提升任务，组织开展香山地区环境整治景观提升；完成110条市级背街小巷和143条区级背街小巷环境整治提升任务；完成40条背街小巷架空线入地工作；开展农村地区22个村环境综合治理，完成国庆70周年重大活动环境保障任务。

（杨艳芳）

【道路停车位规划设置】 3月，区城管委排查道路停车现状及路外空间，分析区域停车供需状况，统筹考虑交通保畅、便民利民等实际情况，重新规划设置道路停车位，因路施策缓解停车难。规划重新施划94条道路、13836个道路停车位。

（杨艳芳）

【市政市容环境监控指挥系统通过验收】 4月4日，区城管委完成“海淀区市政市容环境监控指挥系统”项目终验，通过对环卫作业车辆和公厕保洁作业过程的智能化、自动化、全流程的监管，改革、创新环卫作业的管理手段，探索在复杂的环境条件下如何综合管理环卫车辆的作业过程，提升作业质量，改善城乡市容环境卫生。

（杨艳芳）

【重大活动环境应急保障】 4月22日至4月30日，在第二届“一带一路”国际合作高峰论坛期间，区城管委落实环境保障职责，提高保洁标准，加强巡查，建立完善应急机制。针对“一带一路”2户保障客户，安排4组共计8人对5条直供电缆线路开展特巡，安排2个组共计10人，动用2台发电车为用户开展保障工作。4月26日至10月10日，北京世界园艺博览会期间，区城管委安排88名运维安保人员对直供聂康一、二线共20基杆塔定点看护，对19条一级相关输电通道进行全线不间断巡查。10月16日至18日，2019中关村论坛期间，区城管委会同各相关单位和街镇，完成电力架空线入地、万泉河桥景观照明建设、新建宫门路环境整治3项环境提升项目以及公服设施、牌匾标识、道路管养、建筑立面粉刷及护栏撤除5项专项整治任务，高质高效完成2019中关村论坛会场周边交通环境和市容市貌提升工作。

（杨艳芳）

【渣土专项整治】 5月24日起，区城管委、各街镇、区住建委、区城管执法局、区环保局、区交通支队和区交通执法总队第六大队等部门落实渣土专项整治部署，组织夜间联合执法。各单位针对渣土运输管理中存在的问题，认真分析、查找短板、抓住重点、多措并举，做好发现问题和执法查处的链接，建立并不断完善长效管理机制，使渣土专项整治成果得到固化。全年联合执法157次，查处违章车辆20余台。

（杨艳芳）

【路侧停车管理改革】 7月，区城管委按照“从严控制出行停车需求、适度满足居住停车需求和分类管理、综合治理”的思路，制定《海淀区路侧停车管理改革实施方案》《海淀区居住停车收费道路管理工作实施方案》及6个配套文件。将停车道路分为出行停车收费道路和居住停车收费道路，建设高位视频电子收费设施。对出行停车道路施划白实线车位，由区级组织实施管理，完成28条路段、3637个车位高位视频电子收费设施安装；居住停车道路施划白虚线车位，由属地街镇组织实施管理，完成12个街道，共59条道路、8274个停车位收支两条线管理。居住停车认证车辆12922个。

（杨艳芳）

【背街小巷小型机械化降尘作业】 8月27日，区城管委制定并印发《海淀区背街小巷降尘作业试点方案》，在海淀街道、羊坊店街道、万寿路街道3个街道的101条道路试点开展背街小巷小型机械化降尘作业，实施专业化管理、机械化作业、计量化考核，提高道路洁净度，道路尘负荷控制在25克/平方米以内。

（杨艳芳）

【堆物堆料暴露垃圾专项整治】 9月5日，区城管委制定并印发《海淀区堆物堆料暴露垃圾整治活动方案》，在全区开展堆物堆料、暴露垃圾专项整治工作。清理暴露垃圾数16962.97吨，清理堆物堆料4692吨，取消地撮站垃圾池193个。配置垃圾桶3211个，设置大件装修垃圾存放点148个。

（杨艳芳）

【出租车停车位施划】 9月，区城管委完成海淀区出租车停车位施划工程，在33条道路上规划出租车停车位243个。

（杨艳芳）

【节日景观布置】 10月1日至7日国庆期间，区城管委以国庆70周年庆祝活动服务保障工作为重点，打造层次分明的景观布置效果，完成区级36条主要道路景观灯饰布置工作。组织各相关街镇在38条道路布置临时灯饰，设置123处点位花卉容器、立体花坛、绿化小品。协调广告设施管理单位落实国庆70周年宣传环境布置。区城管委会同各街镇组织开展节日景观布置工作，全年在150余条道路累计安装景观灯笼、中国结1.48万套，设置各类造型灯具1070套，设置景观小品20余处，天桥景观布置9座，串灯约12.5万米。

（杨艳芳）

【全区首张非道路移动机械“环保牌照”发出】 11月12日，区生态环境局向北京西毓顺发机械设备有限公司发放编号为“3-10000151”（“3”代表国Ⅲ排放标准）的非道路移动机械环保号码标识，这是海淀区发放的首张非道路移动机械“环保牌照”，开启非道路移动机械“一机一证”模式。

（钟冷）

【双清绿道建成通行】 11月，双清绿道建成通车。绿道建设于4月1日开工，起点为清华新东门，向东穿越荷清路、地铁13号线、京张铁路后向北，终点至现况林大苗圃北侧路，全长663.4米，宽4～5米，采用彩色沥青混凝土铺筑，设置排水、照明以及隔离护栏围墙等。绿道只供步行、自行车骑行通行，日均近2万人次，有效解决清华大学周边师生、居民出行问题。

（杨艳芳）

【共享自行车网格化管理】 年内，区城管委对共享自行车的停放秩序进行日常管理与专项整治，清理废弃车辆、乱停放车辆7.38万余辆次。通过网格化管理和视频监控系统常态化开展日常点位巡查，发现共享单车堆积等问题并及时通知企业处理，清理车辆3.8万余辆次。完成全国“两会”、篮球世界杯、清明、中秋、国庆、北京马拉松等重大活动期间共享自行车停放秩序规范保障工作。

（杨艳芳）

【新增复划非机动车停放点位】 年内，区城管委完成新增和复划非机动车停车点位601处；配合北京市首条自行车专用路开通，在软件园和上地街道施划非机动车停车位，解决共享自行车停放问题。软件园施划停车位71个，解决5400辆共享自行车停放问题；上地街道施划停车位389处，解决5000余辆非机动车停放问题。停放区设置合格率达85%以上。

（杨艳芳）

【公共自行车服务系统运营招标】 年内，区城管委完成公共自行车服务系统运营工作的招标工作，确定中标单位为北京市时代市政工程有限公司，负责上地地区34个点位、1000辆规模的公共自行车服务系统的运营工作。

（杨艳芳）

【供热管理】 年内，区城管委推行供热市、区、街三级管理体制。将供热管理向街镇延伸，初步形成市级统揽全局、区级统筹协调、街镇属地配合的上下联动、同向发力的供热管理格局。探索建立供热服务考核机制，出台《海淀区供热服务考核实施方案》及《评分表》等文件，从供热服务、安全运行、节能环保、基础管理四大板块44个指标，对供热单位进行全方位考核，将考核成绩与供热补贴挂钩，实行奖优罚劣，督促供热单位全面提高供热服务质量。组织供热单位开展访民问暖活动100余场次；不定期开展突击检查，查看锅炉供回水温度，督促供热单位足量供给热量；对投诉量集中的供热单位进行约谈并要求整改，确保居民室温达标。委托第三方机构开展供热安全检查，摸排供热安全隐患7146个，建立供热安全隐患台账，供热单位整改率达86%，确保供热行业运行安全有序。

（杨艳芳）

【规范建筑物屋顶牌匾标识】 年内，区城管委以重大活动保障为契机，针对机关、院校、部队、医疗、科研院所及央属、市属国有企业等重点单位众多的问题，发挥市、区、街镇三级联动机制，规范建筑物屋顶牌匾标识209处277块，其中台账内126处158块，台账外83处119块。

（杨艳芳）

【既有景观照明设施管理】 年内，区城管委组织开展既有景观照明设施隐患治理，对19栋楼宇照明设施进行大修。完成阜成路、远大路、长春桥景观照明建设工作。景观照明全年亮灯约450小时。

（杨艳芳）

【道路公共服务设施管理】 年内，区城管委完成3500余个道路公共服务设施问题整治，完成四环路内249条道路、138千米、8280个公共服务设施二维码的安装。开展日常巡查管理工作，提高道路公共服务设施的科技化管理水平。

（杨艳芳）

【城市清洁日活动】 年内，每月最后一个周六全区开展城市清洁日活动。区城管委动员辖区单位7261个，出动人员33.17万余人次，清理机关大院数993个、街巷5608个、居民小区2679个、地下车库和自行车棚2338处，清理非法张贴小广告5.76万余张。

（杨艳芳）

【挖潜停车位】 年内，区城管委结合“疏整促”工作、环境整治项目、老旧小区综合整治、人防空间，鼓励社会力量挖潜停车设施，整合停车资源。结合香山地区环境整治及利用笑祖塔院、大运村西侧等代建土地；通过羊坊店原联通仓库、西三旗原天坛家具厂、紫竹院原花鸟鱼虫市场、二里庄三建宿舍、西三旗永泰小区、上地东里等空闲用地改造及利用民防空间增加停车位；结合道路停车改革，在23条居住区周边道路新增规划施划居住停车位2113个。全区挖潜停车位7409个。

（杨艳芳）

【停车泊位有偿错时共享】 年内，区城管委推动停车泊位有偿错时共享。制发《海淀区停车场错时共享停车登记表》，结合停车场备案、年审工作，要求停车企业填报。相关公司车位向居民提供错时停车位约1300个。

（杨艳芳）

【建筑垃圾运输管理】 年内，区城管委协调各街镇、相关部门开展宣传引导、巡检查处、道路设卡执法，组织各成员单位每月轮值牵头，指导街镇落实属地监管，提升全区建筑垃圾综合管理的工作实效。全年开展联合执法检查157次，城管部门查处违规车辆1400余起、交通执法查处违规车辆450余起、环保查处违规车辆650余起。

（杨艳芳）

【环境建设市级重点项目绩效考核】 年内，区城管委按照重点项目管理及项目资金绩效评价工作要求，完成首都环境建设办对海淀区2018年度地铁16号线和20条市级背街小巷环境建设市级重点项目绩效考核工作，提交绩效检查资料文件2232份，文件电子清单扫描件4.1万张，绩效考核成绩优秀。

（杨艳芳）

环境保护

【概况】 2019年3月，根据海淀区机构改革方案，将区环境保护局的职责以及区发展和改革委员会的应对气候变化和减排职责，市规划和国土资源管理委员会海淀分局的监督防止地下水污染职责，区水务局的编制水功能区划、排污口设置管理、流域水环境保护职责，区农村工作委员会的监督指导农业面源污染治理职责等整合，组建区生态环境局，作为区政府工作部门。不再保留区环境保护局。3月16日，海淀区生态环境局成立挂牌。7月4日，海淀区生态环境综合执法大队成立挂牌，海淀区生态环境综合执法大队为区生态环境局管理的副处级行政执法机构。

6月13日，成立中共海淀区委生态文明建设委员会，下设生态环境保护督查工作小组、大气污染综合治理及应对气候变化工作小组、推动形成绿色发展方式和生活方式工作小组、自然资源管理工作小组、生态环境建设工作小组、水污染综合治理工作小组、土壤污染综合防控工作小组7个专项工作小组。区生态环境局承担区委生态文明建设委员会办公室及生态环境保护督查工作小组、大气污染综合治理及应对气候变化工作小组、水污染综合治理工作小组、土壤污染综合防控工作小组4个专项工作小组办公室职能。

2019年，区生态环境局以改善辖区生态环境质量为核心，以治理大气、水和土壤污染为重点，持续深化“蓝天”“碧水”“净土”三大保卫战，完成各项约束性指标和重点任务。完成全国“两会”、第二届“一带一路”国际合作高峰论坛、世界园艺博览会、中华人民共和国成立70周年活动、国际篮联篮球世界杯5次重大活动的环境保障任务。区域空气中细颗粒物（$PM_{2.5}$）年均浓度为40微克/立方米，比上年下降20%；主要污染物氮氧化物、挥发性有机物、化学需氧量、氨氮重点工程减排量超额完成市级下达的年度减排任务，其中NO_2和PM_{10}首次达到国家二级标准。全年优良天数261天，占比为71.5%，比上年增长近8个百分点；重污染天数6天，较上年减少12天。

立案查处生态环境违法行为1659件、罚金1956.35万元，查封34起，未有涉嫌环境污染犯罪行为。受理信访案件3120件，其中“接诉即办”案件2401件，处理率、及时办结率均为100%。承接4件人大代表建议、1件政协委员提案。完成47项环保督察整改任务，完成9件蓝天保卫战强化监督案件的整改任务。

（李紫剑）

【生态环境质量监测】 年内，区环境监测站对市控地表水河湖10个断面水质、区控河长制68个断面、29个街镇降尘量实施每月监测，对柳林村和梅所屯村饮用水质、海泉、碧水青山、稻香湖和宏伟4个水厂的地下水饮用水质实施每季度监测，完成5家加油站周边地下水水质、市控土壤环境基础点位、农村土壤环境、宏伟桶装水厂周边土壤环境的监测工作。全区细颗粒物（$PM_{2.5}$）年均浓度为40微克/立方米，比上年下降20%，为城六区最优；二氧化硫（SO_2）年均浓度为4微克/立方米，比上年下降20%；二氧化氮（NO_2）年均浓度为38微克/立方米，比上年下降12%；可吸入颗粒物（PM_{10}）年均浓度为66微克/立方米，比上年下降12%。监测河流10条（段），总长79千米，京密引水渠、昆玉河、长河、土城沟、清河上段、清河下段、小月河、永引上段、万泉河9条河流水质达标，比上年增加2条，占监测流域总长度的94%；南沙河水质未达标，主要污染物指标为化学需氧量和生化需氧量，属于有机型污染。长河、清河上段、土城沟、京密引水渠和南沙河5个市级地表水监测考核断面全部达到考核要求；监测湖泊6个，水域面积427万平方米，团城湖、昆明湖、八一湖、玉渊潭湖水质达标，达标面积占64%，与上年持平；圆明园湖和紫竹院湖水质未达标，主要污染物指标为生化需氧量和总磷；水源三厂、团城湖饮用水水质达标；大牛坊地下水监测点位水质保持稳定。区域内声环境质量基本稳定，空气、水体、土壤中的放射性水平与往年相比无明显变化，属正常环境水平。

（李紫剑）

【机动车污染防治】 年内，区生态环境局人工检查重型柴油车8.17余万辆（次）、轻型营运性汽油车1316辆（次）、非道路移动机械498台（次），报废转出高排放老旧柴油货运车1122辆，发放非道路移动机械牌照623台。检查加油站894家次，抽测209家次；驻检测场监督检查检测车辆3.1万余辆（次）。

（李紫剑）

【生产生活大气污染防治】 年内，区生态环境局巩固“两散”（散乱污和散煤）治理成果，持续保持“散乱污”① 动态清零。淘汰退出一般制造业企业16家。开展餐饮油烟净化设备提升改造1820家。开展重点行业挥发性有机物专项执法，检查企业338家次，完成2家挥发性有机物排放企业“一厂一策”深度治理。

（李紫剑）

【扬尘污染治理】 年内，区生态环境局开展扬尘污染治理，细化裸地扬尘、工地扬尘、道路扬尘、渣土车等管控措施，每月对各街镇粗颗粒物浓度进行排名通报。联合住建委、生态环境、城管执法等部门开展专项行动，落实绿色施工和“六个百分百”要求。辖区综合降尘量控制在5.4吨/月/平方千米，比上年下降20.5%，清洁水平位列全市前列。

（李紫剑）

【空气重污染应急】 年内，海淀区启动空气重污染预警3次，均为橙色预警。空气重污染期间，全区各单位、街镇第一时间启动应急响应，落实工地停工、机动车停驶、工业企业停限产等措施，发挥“削峰降速”作用，有效缓解空气污染。

（李紫剑）

【饮用水源保护】 年内，区生态环境局推进青龙桥水厂水源地保护区划分，完成辖区4个镇级集中式饮用水水源地环境状况评估，评估结果显示水质均达标，未出现超采现象。深化地表水型饮用水水源地环境保护专项行动。完成区级交通穿越问题应急池选址和应急防护设施安装初步设计方案。会同区水务、卫健部门加强农村饮用水水质监测和信息公开。

（李紫剑）

【水污染防治】 年内，区生态环境局完成南沙河玉河橡胶坝水质自动监测站建设，实现对南沙河10项指标4小时一次的连续监控。健全辖区24条河流的入河排水口台账。开展工业废水直排专项整治、北部地区54处污水处理设施专项检查、40家部队单位排污专题调查。实施街镇水环境区域补偿制度，对61个街镇地表水考核点位进行定期监测。

（李紫剑）

【水环境承载力评价】 年内，区生态环境局完成全区水环境承载力评价工作，全区水环境承载能力处于中承载状态，山前和山后地区分别处于高承载和中承载状态；对各河道水生态状况编制河道分报告。

（李紫剑）

【土壤污染防治】 年内，区生态环境局将土壤保护纳入建设项目环评，全区禁止新建、扩建存在土壤环境污染风险的工业企业和规模化畜禽养殖场。完成250余个监测点位采样分析和评价，监测结果显示辖区土壤环境状况良好。

（李紫剑）

【净土保卫战】 年内，区生态环境局采取4项措施，开展净土保卫战，保护土壤安全。开展土壤环境监测，完成10个市控网络点位监测；水源地及农用地土壤环境调查覆盖镇级饮用水源地4个、水源井29口，布设农业生产区监测点位127个；围绕重点行业企业用地周边土壤环境，布设监测点位87个。开展涉重金属企业专项排查，严格限制新、改、扩建涉重行业建设项目，完成清洁生产审核工作；对重点监管单位开展“三查行动”。开展农用地分类管理，将全区耕地划定为优先保护类，制作耕地土壤质量分类清单，落实基本农田和耕地保护动态巡查机制；降低化肥农药使用量，完成测土配方技术覆盖率98%；推进农药包装废弃物、农膜包装回收处理，回收地膜17吨，设立农药包装废弃物回收点67个。深化建设用地风险防控，完成10家关停企业原址用地土壤筛查，布设监测点位34个，监测结果良好；加强疑似污染地块和污染地块管理，严格准入监管，未发现新增疑似污染地块。

（钟冷）

【建设用地土壤环境风险防控】 年内，区生态环境局落实建设用地土壤污染状况调查报告评审机制、土壤污染防治信息沟通和工作联动机制，完成1家涉重企业清洁生产强制性清洁生产审核、4个土地用途变更和1个农用地复垦地块土壤污染调查与评审。组织开展危险废物贮存场所和土壤污染敏感区域专项检查，深化“三查行动”（厂区外部土壤调查、企业土壤自查、土壤隐患排查）。

（李紫剑）

【污染物减排】 年内，区生态环境局编制《海淀区2019年减排专项资金申报指南》，加强污水处理厂动态监管调度、挥发性有机物“一厂一策”治理、餐饮业油烟治理等措施。全年实现氮氧化物削减10.6%，挥发性有机物削减2.3%，化学需氧量减排610吨，氨氮减排133吨，超额完成市级下达的年度减排任务。

（李紫剑）

【环评准入审批】 年内，区生态环境局环评审批窗口接待咨询7200余件，

① 不符合产业政策，不符合当地产业布局规划，未办理工信、发改、土地、规划、环保、工商、质监、安监、电力等相关审批手续，不能稳定达标排放的企业。散：不符合当地产业布局规划，没有进驻工业园区的规模以下企业。乱：不符合产业政策的企业，应办而未办理相关审批手续的企业，存在于居民集中区的企业、工业摊点、工业小作坊。污：无污染防治设施或污染防治设施不完备、不能对产生的污染物进行有效收集、无组织排放严重的企业，污染防治设施不具备达标排放能力的企业，没有治理价值的企业，不能实现稳定达标排放的企业。

许可环保报告项目65项，梳理网上备案项目4182项，“多规合一”平台审查项目9个，及时办结率100%。完成300个自主验收项目信息核查和填报。32项公共服务事项全部实现“全程网办100%”“一窗办理100%”。

（李紫剑）

【环境噪声监测】 年内，海淀建成区有噪声网格测点136个，达标网格数112个，达标率82.4%；区域环境噪声平均值为52.7分贝（A），达到国家55分贝的限值要求。海淀建成区交通噪声监测路段60条，昼间达标路段30条，达标率50%；道路交通噪声昼间平均值为70.6分贝（A）。

（李紫剑）

【生态保护红线勘界定标】 年内，区生态环境局开展辖区生态保护红线勘界定标工作，完成生态保护红线细化校核，校核后红线面积为19.11平方千米，空间布局分为7个片区。

（李紫剑）

【危险废物监管】 年内，区生态环境局更新海淀区危险废物监管台账，完成190余家危险废物产生单位注册信息的网上审核，组织400余家重点产废单位备案危险废物管理制度和应急预案。分5批组织200余家单位开展危险废物管理培训。检查各类产废单位800余家（次），立案处罚68家，罚金124万元。

（李紫剑）

【辐射环境安全监管】 年内，区生态环境局对辖区44家放射源单位、316枚放射源，529家射线装置单位、1410台射线装置实施全程监管，依法对2家辐射单位的违法行为给予行政处罚，罚款5万元。受理射线装置审批及涉源备案218件。修订《海淀区应对和处置突发核辐射恐怖袭击事件专项预案》《海淀区生态环境局辐射事故应急预案》。辖区未发生辐射事故和涉核恐怖事件，辐射环境状况良好。

（李紫剑）

【环境监察执法】 年内，区生态环境局围绕蓝天保卫战、碧水保卫战、净土保卫战，突出重点区域、重点行业、重点时段，开展34个专项执法行动，利用“热点网格”实施精准执法。落实“双随机”（在监管过程中随机抽取检查对象，随机选派执法检查人员）抽查制度，检查单位4138家（次），立案查处环境违法行为1659件，罚款1956.35万元，分别比上年增长98.92%和27.53%。向有关部门移送案件线索10起，向法院申请强制执行11起。

（李紫剑）

【环保督察整改】 年内，区生态环境局联合区整改办，对中央22项、北京市26项环保督察整改任务进行跟踪督办，其中完成整改任务47项，1项整改任务在推进中，完成时限为2020年年底前。

（李紫剑）

【蓝天保卫战】 年内，区生态环境局配合生态环境部开展蓝天保卫战强化监督帮扶25轮次，反馈督办问题20个，其中要自行整改问题9个（重污染天气应急预案类，包括部分企业未纳入污染减排清单；企业应急预案名称与营业执照不一致；企业应急预案不符合政府要求。污染防治设施未安装或不正常运行类，包括已停产企业未安装污染防治设施；污染防治设施治理效果不佳），均完成整改。

（李紫剑）

【重点污染源自动监测建设】 年内，区生态环境局调整更新辖区重点排污单位名录。32家重点排污单位监督性监测结果公布率达95%以上，企业自行监测结果公布率达85%以上；应当安装自动监控设备的污染源单位在线监测数据有效传输率达90%以上。

（李紫剑）

【第二次全国污染源普查】 年内，区生态环境局推进第二次全国污染源普查工作。在入户调查和专项调查的基础上，分源逐项对五大类1958个污染源开展5轮审核整改，摸清区域污染源变化情况；编制《汇总数据审核与比对分析报告》《汇总阶段整改报告》，完成污染源普查工作报告、技术报告的初稿编制。

（李紫剑）

【排污许可证核发】 年内，区生态环境局组织对6个行业（锅炉、电子、家具制造、电镀、垃圾焚烧发电、金属废料加工处理）的1000余家单位进行发证部署和培训，核发排污许可证1032个，启动企业全生命周期监管。对24个应于2017年至2018年完成排污许可证核发的重点行业进行清理整顿，导入清理整顿库15家单位，其中7家已经发证，8家列入2020年发证名单。

（李紫剑）

【生态环保宣传】 年内，区生态环境局组织开展“六五环境日”主题宣传、生态文明建设专题宣讲、“环保进校园”“环保大讲堂”“绿水青山”主题演讲等系列活动，发布微博1527条、微信829条，阅读量148万人次。

（李紫剑）

园林绿化

【概况】 2019年，北京市海淀区园林绿化局（简称区园林绿化局）下辖区园林绿化服务中心、区绿化队、区绿化二队、区绿化三队、区海淀公园管理处、区翠湖湿地公园管理处、区园林工程设计所、区林业工作总站（区林业保护站、区林业种苗管理总站、区生态林管护中心）8个事业单位。推进绿化重点工程等生态园林建设，新增林地绿地173.33公顷，栽植乔灌木16万余株。落实森林火灾综合防控和以生物防治、物理防治为主的林木有害生物绿色防控措施，加强野生动植物保护和林政执法管理。强化行业和行政监管，加强精细管绿护绿，推进科技兴绿。完成北大西门片区城市更新升级东南广场绿化景观提升改造、北京合众思壮北斗高精度定位与位置服务产业基地园林景观绿化工程项目等3个项目的附属绿地设计方案技术指导，完成西北旺科创生态小镇绿地规划设计方案征集及绿地系统研究工作。

全区森林覆盖率35.76%，城市绿化覆盖率53%，人均公园绿地面积13.95平方米/人（人均公园绿地按

2019年末常住人口计算），公园绿地500米服务半径覆盖率92.21%，公园绿地500米服务半径提前完成海淀区“十三五”目标。

（朱秋媛）

【北京市西山试验林场】 北京市西山试验林场（简称西山林场）地跨海淀、石景山和门头沟3个行政区，直属市园林绿化局（首都绿化办），为城市景观生态公益型国有林场。2019年，西山林场进行改革，清理处于吊销营业执照状态的企业14家，其中完成注销企业13家，向法院提交强制清算企业1家。完成西山方志书院项目的申报工作，投入经费2300万元，包括西山方志书院展览展示、西山方志书院互动体验项目、西山方志书院配套设施项目和西山方志书院运营维护项目。修订完善安全生产工作制度，逐级签订责任书44份。开展安全生产大检查4次。加设护林防火临时检查岗亭12座，防护围栏2处，加设警示牌和警示标语。完善应急管理制度与应急保障体系，转发预警51次，应急响应机制落实到位。接待并办结市民中心热线（12345）投诉3次、全国旅游监管服务平台（12301）投诉1次、市局网络舆情1次、林场值班室投诉1次、游客中心电话投诉1次，游客满意率100%。

（成新新）

【义务植树活动】 3月12日，全区参加植树人数达10.96万人、植树4.62万余株、动土20.28万立方米、养护树木114.91万株、清扫绿地517万平方米、设宣传咨询点260个、出动宣传车58辆、发放宣传材料26.14万份、出动绿色小信使0.22万人、悬挂宣传标语139幅。4月5日，首都第35个义务植树日活动在东升科技园二期绿地南地块举行。区四套班子领导、企事业单位和社会团体200余人参加义务植树活动，种植白皮松、油松、元宝枫、银杏、华北丁香等乔灌木2000余株。4月16日，全国政协副主席刘奇葆、卢展工、夏宝龙、杨传堂、郑建邦、辜胜阻、何维、邵鸿、高云龙和全国政协机关干部职工近300人在海淀区西山国家森林公园参加义务植树活动，植白皮松、元宝枫、栾树、流苏、丁香和黄栌等乔灌木1050余株。

（张梦菲）

【世园会海淀区主题花坛布置】 3月15日至4月17日，区园林绿化局布置完成世园会海淀区主题花坛项目。花坛主题为“科技海淀绿色生活”，位于延庆区世园会主路南侧，占地面积500平方米。正式展期为4月29日至10月7日，吸引17.8万名游人体验花坛运用的数字科技、智慧管理、环保材料、清洁能源等互动展示。

（马晓慧）

【西北旺科创生态小镇新型城市绿色空间系统竞赛】 3月26日，由区园林绿化局、北京林业大学园林联合学院主办、《风景园林》杂志社协办的西北旺科创生态小镇新型城市绿色空间系统竞赛举行。共有326支队伍参赛，涉及30个省市，队伍来自31个省市地区，其中国内队伍29个省市地区，国外3个城市，报名人员来自60所高校、38家企业单位，经过激烈角逐，最终决出特等奖1名、一等奖1名、二等奖3名、三等奖6名、优秀奖10名、最受欢迎奖1名，共22个奖项。11月23日，举办西北旺科创生态小镇新型城市绿色空间系统竞赛颁奖典礼及主旨报告会。12月2日至15日，在区政府一区举办2019西北旺科创生态小镇新型城市绿色空间系统规划方案征集及研究成果展。

（马晓慧）

【自行车专用道特色景观工程（海淀段）】 5月16日竣工。工程于2018年12月28日开工，北起昌平区龙域中街交叉路口，西至海淀后厂村路，绿化面积为10750平方米，投资320万元。种植乔灌木品种31种1900余株。

（王建生）

【中关村大街视觉系统提升景观工程】 5月30日竣工。工程于2018年8月1日开工，位于魏公村地铁站，国家图书馆北二门南侧，中发电子大厦西侧。工程面积6493平方米，造价336万元。魏公村节点栽植乔木11株，地被花卉219平方米，园路铺装1059.5平方米，路牙铺设183.49米，喷灌管线安装152米，阀门井1座，报装水源1座。图书馆节点栽植乔木5株，地被花卉180.7平方米，园路铺装135.35平方米，路牙铺设244.73米，廊架1座，喷灌管线安装44米，喷灌配件安装5个，报装水源1座。中发节点栽植乔木37株，灌木23株，地被花卉616平方米，园路铺装501.1平方米，路牙铺设356.63米，花池挡墙28.51米，树池篦子6套，喷灌管线安装202米，报装水源井1座，喷灌配件安装8个。

（吴迪）

【后厂村路大修疏堵工程绿化拆改移及绿化提升工程】 6月竣工。工程于2018年9月开工，位于海淀区北部新区，西起永丰路，东至京新高速（西二旗桥下），西临百望公园，南侧为大型产业园区。景观面积26593平方米，投资约814.90万元。种植乔灌木871株，地被花卉57312株，铺设冷季型草17461平方米。

（张朝晖）

【中关村论坛绿化提升工程】 10月12日至15日，区园林绿化局实施并完成中关村论坛绿化提升工程。工程位于中关村国家自主创新示范区展示中心会议中心东门至海淀公园北门沿线、展示中心与会议中心通道两侧，包括花钵花卉布置、地栽花卉布置、绿植布置，投资24.3万元，布置花钵21组，地栽花卉300余平方米，摆放绿植1800余株。

（张朝晖）

【区组培室获世园会18个奖】 12月25日，在北京市园林绿化局召开的2019世园会北京室内展品竞赛表彰大会上，海淀区组培室优选的乡土植物获18个奖项，包括2个特等奖（瞿麦、丘园蓝莸），8个金奖（金叶栾、黄花射干、乌头叶蛇葡萄、柳叶旋覆花、臭牡丹、华北香薷、荻、大穗狼尾草），4个银奖（白花荆条、串叶松香草、多花蒲公英、多花胡枝子），4个铜奖（金叶丁香、二色金光菊、大叶铁线莲、胡枝子）。

（王倩玉　钟冷）

【森林健康经营示范工程】 年内，海淀区完成森林健康经营项目任务200公顷，任务建设地点位于苏家坨镇北安河村、七王坟村山区，建设标准为市级示范区，建设内容包括林木抚育建设和附属工程建设。林木抚育建设：人工补植22.6公顷，割灌除草26.4公顷，修枝15.47公顷，扩堰79.8公顷，定株23公顷，疏伐72.13公顷。附属工程建设：修建作业道2824米，增设指示标示9处、坐凳10个，设工程牌匾2块。

（张强）

【生态林管护】 年内，海淀区纳入生态林地补偿机制政策林地总面积6948.87公顷，其中精品公园面积97.28公顷、一般公园面积315.50公顷、一级林地面积97.59公顷、二级林地面积946.65公顷、三级林地面积2002.17公顷、四级林地面积981.05公顷、五级林地面积2508.63公顷。拨付生态林地补偿机制政策资金28415.81万元，其中东升镇1813.63万元、海淀镇738.86万元、四季青镇6281.29万元、西北旺镇4200.72万元、温泉镇3858.63万元、上庄镇2956.04万元、苏家坨镇8302.81万元、国有林地养护资金263.83万元。完成整形修剪63.9万株，林木涂白933.33公顷10万余株，清理林地垃圾423千克，清理枯死木1.8万余株，补植补造乔、灌木和绿篱17万余株，施肥244.6公顷，病虫害防治面积866.67公顷。

（刘君）

【农村街坊路绿化】 年内，区园林绿化局纳入农村街坊路绿化管理涉及3个镇的30个村，绿地面积达35.2万平方米，下拨资金约85万元。

（张强）

【花卉布置】 年内，海淀区投资3855万元，布置花卉工程85501.7平方米，其中长春桥桥区、紫竹桥桥区2处重点桥区，中关村大街、万寿路、颐和园路、长春桥路、北坞村路、北清路和西郊机场的重点道路及京西宾馆1个重点场所布置地栽花卉59454平方米；在四环路，中关村1、2、3号桥，长春桥，万泉河路等10处布置花箱2898组，花钵1140个，总计18071平方米。完成全国“双创周”北京主会场中关村展示中心花卉布置，包括立体花坛2处，万泉河路花钵花卉437.1平方米，地栽花卉698.6平方米，花塔花卉12处，悬挂容器花卉86个，平面容器花卉180组。完成中关村西区花卉布置，包括海淀中街、西区环岛、海淀大街、环岛东南侧绿地草坪、西区广场台地、西区广场石头周边、丹棱街、海淀大街、善缘街9个路段，种植面积6841平方米。

（潘瑞敏　吴迪）

【森林防火】 年内，区园林绿化局完成森林防火类行政审批4项。层层签订森林防火责任书1200余份。组织4次联合检查，下发通知17件次，及时发布森林火险预警（橙色预警3次11天，红色预警1次7天）。印发《海淀区森林火灾扑救指导手册2019版》。投入财政资金731万元，用于维护保养防火路，修缮防火瞭望塔、检查站、物资储备库，新建2个镇级森林防火监控中心，增加视频监控系统5套。以四季青山区为试点，在防火路两侧人工造雪湿化地表，起到阻燃效果。打隔防火隔离带328千米。建立“无人机辅助侦查，联动警力精确打击”工作模式，利用无人机开展森林防火工作。建立森林防火联防联动机制，防火期森林消防局机动支队70人靠前驻防。与毗邻的石景山区、门头沟区、昌平区的森林防火主管部门分享防火信息，在邻区交界处发生火情时联动联战。举办森林防火宣传活动5次。在进山入口新增电子屏5块。本防火年度无森林火灾、无人员伤亡。

（陈白露）

【林木有害生物防控】 年内，海淀区推进林木有害生物防控工作。设置美国白蛾、白蜡窄吉丁、红脂大小蠹、松墨天牛等24种虫害区级监测点665个，在29个街镇的335个社区（村、公园）监测到美国白蛾成虫2219头，巡查到美国白蛾幼虫危害树木148株。推行以生物防治、物理防治为主的绿色防控措施，释放周氏啮小蜂、管氏肿腿蜂、异色瓢虫等有害生物天敌4亿余头；悬挂国槐小卷蛾诱捕器、粘虫板等防治用品3.96万件（套）；完成春、夏、秋三季飞防作业150架次，累计防控面积1.5万公顷。

（刘君）

【林政执法】 年内，海淀森林公安出动警力3000余人次，出动车辆1000余车次，巡护自然保护地、野生动物活动区域350处次，清查野生动物驯养繁殖、加工经营场所300余处。收到并核查处理违法犯罪线索670条，立案查处涉林违法犯罪案件68起。其中，涉林行政案件57起，处罚单位及人员57个；涉林刑事案件11起，刑事拘留11人；查扣涉案物品209件，价值99.7万元，救助放飞野生鸟350余只。

（陈白露）

【行政许可】 年内，区园林绿化局受理行政许可及服务事项661件，发放许可证及复函594件，接待咨询人员1722余人。审批林木伐移225件，树木伐移285件，对20件林木采伐申请进一步优化方案，减少采伐林木500余株。审核林地备案及临时占用手续28项，市园林绿化局批复绿地占用（含临时占用）64项；完成绿地率审核51项（多规平台4件）。受理核发林木种子生产经营许可证12份。签发产地检疫合格证、“植物检疫证书（出省）”12份，检疫苗木3.1万株，开具《森林植物检疫要求书》1393份。

（刘君　朱希）

【公共绿地审查】 年内，区园林绿化局取得中关村西区精品街区绿化建设、温泉公园三期（温泉C地块东侧绿地景观项目）、双泉堡楔形绿地总体规划设计方案、金源世纪城周边道路绿化、中关村壹号代征绿地设计方案、海淀区大寨渠生态治理工程（代征绿地部分）绿化设计、前沙涧安置房周边绿地、威凯居住及市政公共设施用地项目公共绿地、环保嘉苑小区周边代征绿地（一期）绿化工程等9项市园林绿化局设计方案批复，规划面积约61公顷。

（马晓慧）

【代征绿地收缴】 年内，区园林绿化局接收小米移动互联网产业园项目、中关村西三旗（金隅）软件园配套商业用地项目、清河西街71号住宅项目等代征绿地14项，面积43.69公顷。取得西北旺镇辛店居住组团A地块定向安置房项目代征绿地A04地块、温泉镇中心区代征绿地C-10地块、西北旺新村三期（南）住宅项目代征绿地E1-03地块等“中华人民共和国不动产权证书”9个，确权绿地5.2公顷。

（马晓慧）

【野生动植物保护】 年内，区园林绿化局完成古树养护工程招投标工作，加强3922株古树专业养护，对364株衰弱古树进行复壮。完成2018年古树养护工作。举办“爱鸟周”和“湿地日”宣传活动，发放资料4000余份。落实野生动物疫源疫病监测日报制度，全区监测点共监测鸟类30万余只，未发现疫情。完成湿地资源普查，建立海淀区湿地台账。

（朱禄　赵敏）

【集体林权制度改革】 年内，海淀区拨付生态公益林促进发展机制资金216.94万元，其中市财政资金82.64万元、区财政资金134.30万元。拨付苏家坨镇1395366元、西北旺镇147042元、温泉镇311346元、四季青镇315672元。完成四季青、西北旺、苏家坨、温泉镇总计3443.53公顷山区生态公益林的综合保险，投入保险金92975.4元，总保险金额6198.36万元。

（付文涛）

【蜂产业】 年内，海淀区有养蜂户9户，蜂群505群，产普通蜂蜜6475千克、蜂王浆248千克、蜂花粉130千克、蜂胶10千克、蜂蜡390千克，实现收入近48.63万元。

（刘长军）

【种苗产业】 年内，全区有苗木生产企业39家，苗圃面积334.2公顷，实际育苗面积243.9公顷。苗木总产量68.58万株，其中针叶树14.68万株、阔叶树27.1万株、花灌木26.8万株。

（刘君）

【新一轮百万亩造林绿化工程】 年内，海淀区落实年度造林任务173.33公顷，全部为新增造林绿化。城区绿化30.44公顷、平原造林142.89公顷，共8项绿化工程，栽植乔灌木16万余株。

（杨爱武）

【AI科技主题公园二期建成】 年内，海淀公园科技主题公园二期部分建成开放，智能体验设施进一步提升完善。新开放的智能设施包括公园景点智能导览系统、智能座椅、雨水收集互动展示、电音花园、公园智慧管理系统展示，以及畅春园虚拟空气成像、交互古建搭建、沉浸式畅春园漫游系统、三山五园历史文化场景可视化系统等数字畅春园交互体验项目。

（夏舫）

【“留白增绿”专项工作】 年内，海淀区“留白增绿”专项工作完成绿化面积25.92公顷，涉及7个街、镇的32个点位，利用拆违腾退地、城市边角地，建成解放军档案馆、大有北里社区南侧绿地等公园绿地。

（杨爱武）

【首家园艺驿站挂牌】 4月19日，海淀区首家园艺驿站在清华大学附属中学永丰学校小学部挂牌成立。借助学校现有活动空间，通过创建等活动，把校园的“半亩棉田”引入社区、引入家庭，满足市民的园艺需求，丰富居民业余生活。

（张梦菲）

【屋顶绿化】 年内，区园林绿化局完成八一学校、万泉曙光小学、羊坊店第五小学、海淀医院、温泉社区卫生服务中心、北太平庄社区卫生服务中心、北京永兴花园饭店7处屋顶绿化，总面积14345平方米，栽植乔灌木388株，地被花卉5902.9平方米，色带530.2平方米，草坪803.6平方米，铺装1892.86平方米。

（杨爱武）

【绿化美化先进集体创建】 年内，海淀区组织开展群众性绿化美化先进集体创建工作，创建花园式社区1个、花园式单位4个。东升镇、苏家坨镇、海融达、北京林业大学实验林场4个单位被评为北京市“全民义务植树先进单位”；上庄镇、海淀镇、海淀区绿化队3个单位被评为北京市“首都绿化美化先进单位”；北京南水北调团城湖管理处、中国石化集团新星石油有限责任公司、北京万科物业有限公司西山华府、中共中央对外联络部4个单位被评为北京市“花园式单位”；曙光街道曙光花园社区被评为北京市“花园式社区”。

（张梦菲）

【森林管护项目】 年内，西山林场完成中幼林抚育701.7公顷、完成林业有害生物防治面积4195.6公顷。编制《北京市西山试验林场森林管护项目实施方案》和《北京市西山试验林场森林管护项目间伐设计说明书》并获北京市园林绿化局批准。完成2018年度中央财政森林抚育项目，作业总面积393.34公顷。完成2019年度西山林场中央财政森林生态效益补偿基金项目，完成重点公益林抚育54.4公顷，修建作业小路2000米。开展射击场北侧硬隔离项目，完成魏家村分场边界围封450米。履行《联合国森林文书》示范单位建设项目，完成第一阶段宣传及抚育等工作。开展第九次全市园林绿化资源专业调查工作，完成703个小班的外业调查工作。

（成新新）

【林政资源管理】 年内，西山林场完成2处违建别墅拆除工作，并进行绿化恢复。完成“青龙桥被租林地及房屋到期未收回”事项整改，收回林地。组织开展“绿卫2019”森林执法专项行动，排查涉林违法问题3件，涉及林地面积3246平方米，违法建筑面积102平方米，全部完成整改。专项治理殡葬领域突出问题23件，涉及林地面积573.3平方米，移交属地民政部门并配合整改。依法办理采伐手续9件，抚育采伐手续5件，采伐林木共计40447株；办理工程移植手续2件，移植林木3547株。整改林地认养事件共4件，收回国有林地。

（成新新）

【森林防火】 年内，西山林场投入森林防火经费685.81万元，签订森林防火工作责任书150份。完成割灌及清理可燃物134.3公顷，割打防火隔离带200万延长米，利用无人机对林场林区定期巡航飞行58小时。101名护林员上岗。辖区内没有发生森林火情。

（成新新）

【林业科研工作】 年内，西山林场完成对北京市地方标准《生物防治产品应用技术规程 白蜡吉丁肿腿蜂》（DB11/T 1602—2018）修改，并报批；提交北京市地方标准《生物防治产品应用技术规程 舞毒蛾核型多角体病毒》（DB11/T 1432—2017）实施情况报告。

（成新新）

【林业有害生物防治】 年内，西山林场严格执行有害生物防治分级管理体制，逐级签订责任书，编制《林场林业有害生物测报和防治工作方案》，撰写《林场防治白蜡窄吉丁实施方案》。重点监测美国白蛾、红脂大小蠹及松墨天牛。开展虫情调查，掌握双条杉天牛、油松毛虫、黄栌跳甲等有害生物的分布范围和危害程度，做到“早发现、早投入、早治理”，保护森林资源。

（成新新）

【古树名木保护管理】 年内，西山林场启动古树复壮及养护项目，对北法海寺26株古树及卧佛寺分场院内1株古树进行复壮，“一树一方案”制定复壮及养护措施。通过修建复壮井、支撑保护、防腐防虫等方法，确保古树健康生长。

（成新新）

【野生动植物保护】 年内，西山林场结合“绿卫2019”专项行动，加强对野生动植物的保护。完成林场野生动物栖息地建设与保护项目，制作悬挂鸟类招引巢箱100个，设立野生动植物保护宣传牌8处，完成动物饮水点建设。

（成新新）

环境卫生

【概况】 2019年，海淀区环境卫生服务中心（简称海淀环卫中心）是负责全区环境卫生技术性、服务性、事务性工作的区政府所属正处级全额拨款事业单位。所属基层单位14个，除油料供应管理站为自收自支单位外，其他均为全额拨款事业单位。有职工4719人，其中正式职工897人、编外职工3093人、社会化招聘人员75人、劳务派遣人员654人。

海淀环卫中心全年清扫保洁道路（含中关村西区）212条、立交桥45座、广场绿地6个、地下通道32座、过街天桥174座，道路总长度为429.68千米、总面积1545.82平方米；绿地保洁面积369.05万平方米；机械清扫保洁面积839.04万平方米，机械清扫率94.4%；机械二次保洁作业面积619.34万平方米，机械二保率为70.55%；机械清洗作业面积834.46万平方米；车行道冲刷作业面积812.82万平方米，步道冲刷作业面积84.8万平方米；洒水作业面积607.88万平方米。非法宣传品清除作业长度426.25千米。维保公厕650座，其中一类水冲66座、一类生态公厕214座，二类移动公厕33座、二类水冲公厕27座、二类生态公厕32座，三类达标水冲公厕108座、三类达标生态公厕135座、三类达标普通公厕35座。接收街镇改造旱厕92座，并全部纳入环卫专业化管理。粪便作业清运量为31.33万吨，粪便集中处理率为100%。有垃圾站2912座，其中256座密闭式清洁站、337座桶站、131座活动箱站、774座厨余垃圾站、1414座餐厨垃圾站。清运各类垃圾105.15万吨，其中厨余垃圾2.53万吨、餐厨垃圾9.48万吨。有机扫车、喷雾降尘车、除雪车、洗地车、小广告冲刷车、垃圾清运车、垃圾转运车、粪便清淘车等各种车辆、机械设备1597部。在创建国家卫生区的工作中，各作业单位在重点区域、重点道路实施严格规范的作业工艺，增频步道冲刷、道路清洗、洒水降尘措施，每天人工保洁延时作业至24时。海淀环卫中心被北京市委、市政府授予“北京市筹备和服务保障中华人民共和国成立70周年庆祝活动先进集体”称号。

（姜艳玲）

【北京绿海能环保有限责任公司】 北京绿海能环保有限责任公司是海淀区国资委监管的一级国有企业。2019年，公司负责海淀区建筑垃圾循环利用综合处置项目、海淀区循环经济产业园餐厨厨余垃圾处理厂项目、餐厨厨余废水厌氧罐发酵系统建设项目、海淀区循环经济产业园再生能源发电厂项目等建设及运营工作。3月22日，北京绿海能环保有限责任公司运输分公司完成工商变更手续，更名为北京海绿运运输有限公司，转为子公司独立运营，负责海淀区建筑垃圾清运、暂存、管理等工作。

海淀区建筑垃圾循环利用综合处置项目。项目总投资约21807.39万元。设置三条处理线，其中两条为建筑垃圾处理线，一条为炉渣处理线。完成项目设计方案编制及调整优化、边坡治理工程设计图纸及概算编制，编制完成水评报告，取得水影响评价批复。完成27个建筑单体的基础施工和混凝土浇筑，合计25302平方米；完成17个建筑单体的钢结构安装，合计16833平方米。部分设备已进场。启动建筑垃圾循环利用综合处置项目外围配套项目前期工作，配套道路工程、配套河道治理工程均取得规划意见复函、项目选址意见书及用地预审意见书，配套综合管线工程完成外围配套综合管线实施方案编制和项目设计单位、监理单位比选工作。

海淀区循环经济产业园餐厨厨余垃圾处理厂。完成大工村餐厨厨余垃圾第一阶段性能测试验收工作。全年处理餐厨垃圾8.2万余吨，厨余垃圾1.65万余吨，生产土壤调理剂2.5万余吨，毛油2300余吨。2017年6月13日带料调试至2019年12月31日，处理餐厨垃圾147819吨、厨余垃圾31721吨。

海淀区循环经济产业园再生能源发电厂餐厨废水厌氧处理系统建设项目。项目位于苏家坨镇大工村餐厨厨余垃圾处理厂西侧，建筑面积720平方米，总投资3000万元。日处理沼液200吨。建设内容包括餐厨废水工房、原水收集罐、均质罐、沼液缓存罐、厌氧装置区、冷却塔、火炬、油脂罐等建（构）筑物及设备。完成4个罐体桩基施工、基础浇筑、工房施工及设备安装，1个缓存罐、1个均质罐和2个厌氧罐提前1个月安装完工，经满水试验、罐顶严密性打压试验，罐体合格无渗漏、具备使用条件。蒸汽加热系统、除臭系统、沼气系统、气浮设备等设施投入使用，已完成项目全系统带料调试，处理餐厨废水13072.9吨，厌氧系统共产气849086.9立方米，出水各项指标均符合设计要求。项目性能测试验收工作完成，试运营工作顺利展开。

海淀区循环经济产业园废水综合处置项目。展开500吨废水处理项目前期工作，确定项目建设范围和内容，完成项目建议书代可研的编制，提交区发改委申报立项。组织项目核心工艺调研、选型，初步确定浓缩液、沼液处理工艺。

海淀区循环经济产业园再生能源发电厂项目。完成环保自主验收复核评估，配合水保总站和水务局完成水保验收，推进废水处理系统性能恢复和运行费用审计，完成全部设备合同款支付。

循环经济产业园景观照明工程。完成道路、绿化恢复等全部工程任务，通过验收，完成工程竣工结算和工程决算，项目尾款支付完毕。

宝山综合处理厂项目。完成项目优化方案和规划方案，组织地下水环境评价，开展项目周边水环境、地震地质情况、地质灾害评价以及针对选址、消防等方面的调研、咨询和查询。围绕项目周边3千米范围内涉及的海淀、石景山2个区84个小区48809户居民，共收集25404户居民意见，收集率52.05%。完成民意征集意见表电子化和数据库搭建建档。

（谈一军　丁尧）

【中华人民共和国成立70周年庆祝活动环卫保障】 7月30日至10月2日，海淀环卫中心负责中华人民共和国成立70周年训练活动和庆典活动的环卫保障任务，保障时间为前期训练、3次演练和庆祝活动。多次召开国庆保障部署会，针对保障点位多、时间跨度长、标准要求高、保障任务急等难题，详细制定工作方案和应急预案。各级领导靠前指挥，提前对各保障点位展开巡查，在活动训练、演练、正式活动等阶段，根据各点位公厕摆放、人员部署等情况进行现场调配，对各疏散点位及时在沿线摆放临时公厕，对途经内部道路开展清洗作业。组建应急队伍，及时处理各类突发问题。活动中，主要负责相关点位临时厕所设置和保洁、生活垃圾清运、道路清扫保洁，保障点位覆盖群众游行、群众联欢训练和集结点位、观礼嘉宾远端集结点位以及游园活动点位共计20处，提供拖挂公厕6部、大巴公厕1部、拼装式公厕1座、单体临厕262座等，合计厕位380个。保障期间共计出动28725人次、6318车次、移动公厕62班次、单体临厕1387座次。每一场活动结束后第一时间恢复环境，迅速筹备公厕转场；一般区域常规性保障，重点区域个性化服务；在重点点位增设洗手设施、配置环保型洗手液、卫生纸以及女性用品，提供人性化的专业优质服务。

（姜艳玲）

【环卫转制】 11月20日，根据区编办《关于重新明确海淀区环卫中心机关及所属财政补助事业单位类别的通知》，将海淀区环卫中心机关及所属13家财政补助事业单位承担的经营性职能剥离，明确事业单位类别为公益一类事业单位，不再承担经营性职能；根据《关于撤销海淀区环境卫生服务中心油料供应管理站机构建制的通知》，撤销海淀环卫中心所属经费自理事业单位北京市海淀区环境卫生服务中心油料供应管理站机构建制，20名经费自理事业编制由区委编办收回。有关区环卫中心所属作业车辆油料供应和管理职能，交由区环卫中心所属海淀区清洁车辆场承担。

（姜艳玲）

【垃圾分类】 年内，海淀环卫中心作为海淀区生活垃圾、餐厨垃圾及厨余垃圾主体收运单位，配合垃圾分类工作。按照分类收集、分类运输、分类处理的原则，重点做好“分类运”环节。探索生活垃圾、餐厨垃圾及厨余垃圾运输增效提速的方法、措施，接管全区674个垃圾分类小区餐厨垃圾收运服务，对接2100余家餐饮企业，收运餐厨垃圾9.48万吨、厨余垃圾2.53万吨。加强密闭式清洁站进站垃圾的源头管理，结合实施密闭式清洁站机械化分类改造PPP项目，配套改造密闭式清洁站分类设备，通过对现有垃圾收运设施进行升级改造，实现各类垃圾分类收集、计量、中转等功能。根据垃圾分类小区、分类运输量、行驶路程等情况，综合统筹测算所需垃圾分类运输车辆，制定车辆需求和经费测算方案。

（姜艳玲）

【公厕品质提升改造】 年内，海淀环卫中心按照海淀区公厕革命建设统一部署，完成2018年97座公厕品质提升建设并投入使用。按照市、区公厕建设标准，重新修改设计改造方案，推进对2019年255座公厕服务品质提升进程。环卫中心自行研制的模块化移动公厕，在清华南路、潘庄、五棵松南广场3个重点区域安装应用，在重大活动保障中发挥积极作用。

（姜艳玲）

【公厕无障碍设施改造】 年内，海淀环卫中心精准对接服务2022年冬残奥会，根据市、区关于公厕无障碍设施改造的规范标准，结合公厕革命建设，对所辖公厕无障碍设施情况进行调研，梳理无障碍设施情况和改造条件，做好公厕无障碍设施改造前期准备工作。经核查，所辖公厕711座均需按照市区无障碍设施改造要求进行改造，其中669座公厕具备改造条件，其余42座由于无水无电、属于移动公厕、地处拆迁地区等情况不具备改造条件。

（姜艳玲）

【农村垃圾楼管理】 年内，海淀环卫中心加强农村地区垃圾楼管理，确保设施内外整洁，垃圾日产日清。协调解决因停水停电造成的公厕停用问题，确保公厕正常开放使用。对已接收公厕实行专业化管理，按照城乡一体化的规范标准进行保洁服务。

（姜艳玲）

【五路居转运站全密闭改造工程完成】 年内，海淀环卫中心完成五路居全密闭改造工程，推进五路居转运站精细化管理。建设卷帘门、新风系统、除臭系统等设备，立体化阻隔臭气外溢，实现工作区域全部密闭化，减少垃圾压缩转运过程臭气污染。建设交通导改和隔音屏设施，垃圾车进入独立区域调度，对高峰时期站外排队环卫车辆进行交通导改，实现垃圾车与周边居民视觉和噪音隔离，最大限度降低对周边环境的影响。

（姜艳玲）

【环境应急保障】 年内，海淀环卫中心处理区城市服务管理指挥中心信息平台案件11636件，其中网格化融合系统共处理案件9617件、考核评价案件935件、“接诉即办”案件1084件，所有案件结案率均为100%。在重大活动、节日期间，制定环境保障工作方案和应急预案，要求各清扫保洁作业单位实时启动保障方案，保证市容环境整洁、卫生良好。完成全国两会、中华人民共和国成立70周年庆祝活动等重大活动和重大节日的环境保障共计187天，开展应急保障102次。接收空气重污染预警7次，出动作业车辆8495车次，出动作业人员58951人次，作业用水69127吨。开展扫雪铲冰作业4次，出动作业车辆1275车次，作业人员13184人次，使用融雪剂1735吨。清理道路遗撒、盗卸垃圾等突发问题2800余起，出动应急作业人员7000余人次，出动应急作业车辆3400余车次。

（姜艳玲）

水务

【概况】 2019年，海淀区作为全国节水型社会建设示范区，节水工作保持良好势头，新水用量逐年下降。全区新水用量约为3.14亿立方米，其中自来水2.10亿立方米、自备井0.71亿立方米、环境用水0.33亿立方米。全区再生水利用量1.2亿立方米，其中北部地区再生水利用量3718万立方米。完成市政府折子、市重要民生实事、区委区政府重点任务、区重要民生实事等14项重点发展任务。北部地区污水处理率达到98%。区水务局全年固定资产投资项目21项，其中续建项目12项，新建项目9项，完成固定投资5.64亿元，其中建安投资3.7亿元。完成春节、全国两会、中国北京世界园艺博览会、国庆期间等重要节假日排水设施安全运行保障工作。

（李月霞）

【“芯视界”河湖水质监测系统上线】 1月，海淀区“芯视界”河湖水质监测系统上线运行。“芯视界”河湖水质监测系统采用量子点光谱传感技术进行水质监测，在南沙河海淀区段约13.5千米的14个主河道监测断面和15个支流（支渠）设置监测点，进行原位、在线水质监测，通过物联网技术实现水质信息的快速回传，数据采集频率为10分钟一次，满足全天候在线监测、无线数据传输、多平台终端展示和7×24小时动态更新数据；通过网格化布控，快速、准确识别排污过程，追溯目标水域排污敏感点位和排污时段。

（钟冷）

【“中国水周”宣传活动】 3月22日至28日是第三十二届“中国水周”。区水务局以“世界水日”和全国城市节水宣传周等节点，制作海报、旗帜、背心等宣传品，在“世界水日”“中国水周”活动中开展河长制宣传，营造河湖共治共管社会氛围；开展节水宣传进企业、进学校、进社区等系列宣传活动12次。节水科普宣传视频在海淀区中小学校、幼儿园、区机关办公场所及街镇、社区大屏滚动播放。海淀区的宣传做法被住建部采纳，并向全国推广宣传。

（李月霞）

【稻香湖片区翠湖片区补水及循环工程开工】 3月，稻香湖片区翠湖片区补水及循环工程开工。稻香湖片区新建取水泵站1座，新建补水及循环管道主管线13.7千米，管径为DN600～DN1200毫米。管线建成后向南沙河支渠上游的周家巷沟、温泉沟、东埠头沟、大寨渠、团结渠、宏丰渠补水。翠湖片区新建取水泵站1座，新建补水及循环管道主管线11.69千米，管径为DN600～DN1200毫米。管线建成后向南沙河支渠上游的前柳林沟、后柳林沟、前沙涧沟、后沙涧沟补水。

（李月霞）

【北长河泵站取水枢纽正式运行】 4月12日，北长河泵站取水枢纽正式运行，向玉泉山等地下水源地及河道补水回灌1020万立方米，与2014年10月同期（运行到10月测的地下水位）相比，玉泉山地区地下水位回升5.7米。

（李月霞）

【园外园核心地区水系循环补水启动】 4月12日，北长河取水枢纽建成通水，园外园核心地区水系循环补水工作启动，实现对北长河、金河及两山公园补水，有效涵养地下水源，促进区域水网贯通，为两山公园提供生态水源。践行林水融合理念，开启大尺度水面空间，成为中心城重要生态涵养区和水源涵养区。

（李月霞）

【北旱河补水工程完工】 4月，北旱河循环补水工程完工，实现自金河向北旱河南支沟补水。工程位于山前地区，补水管线起点为金河万安闸，补水由规划泵站进沿规划补水管线、由沿旱河路向北穿香泉环岛，分别向北旱河和北旱河南支沟补水。建设内容包括补水提升泵站1座，补水管线长 2.4 千米。

（李月霞）

【防汛工作】 6月1日08时至9月15日12时（汛期），海淀国家地面气象观测站降水量为353.3毫米，比常年同期（1981年至2010年平均值，422.6毫米）偏少16.4%，较10年同期（2008年至2017年平均值，477.6毫米）偏少26%。汛期出现30次降水天气过程，较上年41次偏少。明显降雨过程（降雨量全区平均≥30毫米）有3次，分别为7月28日至29日、8月4日、9月9日。其中，9月9日夜间至10日白天，出现的暴雨天气最强，累计雨量全区平均65.4毫米，最大北太平庄（水文）129.5毫米，最大雨强温泉44.6毫米/小时（9日17时至18时）。区水务局与区应急管理局联合成立防汛工作专班，整合雨水情监测监控资源，完善中小河道、五七水库预报预警系统。汛前对34个自动雨量站和9个人工雨量站进行巡查和维护，清淘雨水口1.95万个，检查井1.54万个、雨水管线366千米。

（李月霞）

【上庄再生水厂实现通水】 7月初，由海融达公司实施的上庄再生水厂配套进退水管线完工，并完成严密性试验。14日，水厂红线内的进水井完工，实现厂内厂外管线对接，具备通水条件。15日，施工单位打通水厂外围进水管线封堵，上游污水开始少量缓慢进入水厂，正式进水。

（钟冷）

【"水清岸绿"行动计划项目梳理】 8月21日，区水务局召开第三次"水清岸绿"联席会，同海淀区水系生态治理领导小组成员及各建设单位对接，梳理2019年至2020年"水清岸绿"计划及开展的重点项目。"水清岸绿"行动计划是区委、区政府于2018年提出的水环境治理目标，分为基础设施、生态治理、民生实事三大类，包含96个水务项目，其中基础设施类项目41个、生态治理类项目45个、民生实事类项目10个。涉及区水务局、6个镇政府、市自来水集团、中关村生命科学园、西农投资有限公司、海融达公司、区水务公司（海国投）等12个建设主体。经过梳理，在96个水务项目中，已启动项目37个，计划2020年启动项目16个，继续论证项目25个，取消项目18个。

（李月霞）

【南沙河（稻香湖桥—上庄新闸）生态修复工程竣工】 12月，南沙河（稻香湖桥—上庄新闸）生态修复工程完工。对南沙河上游进行清淤，实施水生态工程及巡河路工程。上游段初现水清岸绿景观。

（李月霞）

【水务规划】 年内，区水务局推进水清岸绿行动计划经验，完善水务建设和管理理念，完成《海淀区蓝网水系综合治理规划》基本资料的梳理和相关规划的研究分析，确定初步设计大纲。编制《南旱河蓄滞洪区规划》，做好南旱河地区百年一遇洪水的蓄滞，解决旱河路以西地区的内涝问题。完成《海淀区河湖水系连通补水规划》初稿，该规划对全区河湖水系生态治理，特别是对玉泉山周边水环境恢复建设有积极的指导意义。

（李月霞）

【海绵城市建设】 年内，海淀区按照市统一要求建立海绵城市建设联席会议，完成《海淀区海绵城市建设专项规划》工作。启动一零一中学海绵型校园、青棠湾海绵型小区的地块摸排调研工作，完成相关试点项目申报立项工作。通过审核严格落实雨水径流控制性指标，新增雨水收集设施19万立方米，透水铺装200万平方米，下凹绿地220万平方米；完成黑山扈路雨水收集利用工程。目前全区海绵城市建设试点区达标面积占建成区试点面积的17.4%。

（李月霞）

【水资源管理】 年内，全区完成60处自备井置换自来水任务，改造64处老旧小区供水管线。对40眼饮水自备井进行提质增效，为老旧农村饮水自备井更换20套消毒设施。新建27眼地下水监测井，市、区监测井数量达116眼，每3.7平方千米有1眼监测井，监测井密度处于全市乃至全国领先地位。

（李月霞）

【再生水利用情况】 年内，全区再生水利用量1.2亿立方米，其中北部地区再生水利用量3718万立方米。在3718万立方米中，为河道景观补水3565万立方米，为用水户供水153万立方米。利用再生水向风格、五一、宏丰、团结渠持续补水，建设再生水取水口3处，为园林、市政部门提供再生水用于生产作业。实现由稻香湖再生水厂向团结支渠调水补水，使团结渠成为全区首条实现源头补水的河道。

（李月霞）

【排水和再生水管理】 年内，区水务局组织处置甘家口街道增光路污水管塌陷等10处排水应急事件。加强对污水处理运营单位的监督考核，采取定期检查、不定期抽查的方式，确保各再生水厂设施的安全运行。完成永丰、温泉两座再生水厂提量改造。推进解决北部地区临时污水处理设施遗留问题。完成上庄水循环系统污水处理费调价工作。完成海淀北部地区水环境区域补偿资金申报工作。协调处置污水处理厂站溢流问题。北部地区污水处理厂站全年计处理污水4161万立方米，实现COD（化学需氧量）削减量7528吨，氨氮削减量1325吨。温泉、永丰、翠湖、稻香湖4座水厂及上庄水循环项目全年产生脱水污泥23388吨。

（李月霞）

【水土保持工作】 年内，区水务局完成2014年至2016年125个生产建设项目水土保持跟踪调查、2017年至2019年度257个疑似水土保持违法违规图斑的核查、2018年10个生产建设项目水土保持设施自主验收报备项目的核验工作。受理生产建设项目水土保持设施自主验收报备项目18个。通知缴纳水土保持补偿费401.2万元，审核免缴水土保持补偿费119.7万元。

（李月霞）

【污水治理】 年内，区水务局巩固团结渠支渠等5处黑臭水体销账成果。开展翠湖东路、翠湖南路重点雨污合流口改造。推进农村生活污水治理专项行动，指导各镇按照人居环境整治和美丽乡村建设要求开展村庄整治工作。配合市排水集团完成12千米污水收集管线及23.6千米雨污河流管线改造项目的拆迁工作。

（李月霞）

【小微水体整治】 年内，区水务局开展小微水体专项整治工作。对全区336条农村地区沟道、坑塘、马路边沟、公园池塘等小微水体进行排查。针对存在问题的91条小微水体，明确责任主体和整治计划，多次召开会议协调推进小微水体整治进度，开展现场督导检查。完成市级绩效任务，21条小微水体整治任务全部销号。

（李月霞）

【中关村软件园及后厂村路应急排涝工程】 年内，区水务局完成中关村软件园及后厂村路应急排涝工程项目调概，重新进场施工。后厂村路排水干线南接软件园西三路排水干管，向北于西北旺北路汇入友谊渠。现状该段排水干线过流断面不足，且上下游高程不匹配，需按规划对该段排水干线进行改造，解决中关村软件园及后厂村路积水问题。项目将新建雨水箱涵478.4米，新建雨水连接管125米，新建污水干管489米。

（李月霞）

【河长制工作】 年内，区级河长带头巡河，街镇级河长巡河率100%，村级河长巡河率由79%提升至100%。区水务局通过区河长办公平台，与石景山区协同解决军福渠上游污水入河问题；与昌平区解决北沙河上游"三不管"地带垃圾乱堆乱倒问题；与市级单位、驻区部队协作解决软件园边沟脏乱差问题，推进北清路边沟清理和部队污水引流工作；联合街镇和行业管理单位，解决旱河路边沟倾倒污染物、信息桥下私搭乱建、圆明园退水明渠散发臭味、黑山扈沟雨水管线排污等问题。

（李月霞）

【大中型水库移民后期扶持】 年内，全区新增农转非移民15人，全区登记在册的农转非移民共500人，涉及20个街道、7个镇。按照560元/人/年的标准发放500名农转非移民，共发放农转非移民资金28万元。减少农业移民6人，全区登记在册农业户口移民共104人，涉及7个镇的44个村。2019年度按照600元/人/年的标准发放104名农村移民扶持资金6.24万元。

（李月霞）

交通 邮政 通信

4月16日，北京移动城区三分公司员工在北京师范大学调试5G基站（刘彬 摄）

4月23日，“筑梦新时代载人航天，喜迎新中国七十华诞”主题邮品正式发行（海淀邮政供图）

11月12日，海淀区自动驾驶示范区（张洪军 摄）

交通管理

【概况】 2019年，北京市公安局公安交通管理局海淀交通支队（简称区公安交通支队）下辖中关村大队、清河大队、黄庄大队、公主坟大队、温泉大队5个执勤大队及1个机动中队。全区机动车保有量95.7万辆，占全市的15%；驾驶员128.1万人，占全市的11%。

区公安交通支队坚持"精精益求精、万万无一失"的工作标准，围绕全国"两会"、"一带一路"高峰论坛、世界园艺博览会开幕、中华人民共和国成立70周年、中共十九届四中全会五大安保任务，完善安保模式，对勤务交通与社会交通同步规划、双轨推动，研究制定六大类73个工作方案，确保专项勤务与日常勤务、安保工作与基础工作有序衔接；采取实战演练、图上推演等方式，对勤务指挥、路线保障、外围疏导、应急处突等各环节全盘分析论证，确保"零差错、零疏漏、零缺位、零误判"。圆满完成各项安保任务，保证全区道路交通正常运转。

（白千如）

【百度获北京首批T4级别自动驾驶路测牌照】 7月1日，北京市自动驾驶测试管理联席小组发布首批T4级别自动驾驶测试牌照，总计5张，全部颁发给百度。T4是迄今北京市颁发的最高级别自动驾驶测试牌照，T4牌照意味着自动驾驶车辆需要具备在复杂城市道路自动驾驶的能力，其复杂程度远超T3所需应对的道路。相比T3，同样的专项测试项目增加场景复杂度。T4技术标准要求能够通过隧道、学校等区域，应对行人违章通行、施工路段绕行等复杂场景，车辆要准确识别多种交通要素如潮汐车道、可变导向车道、路口左转待转、临时红绿灯等特殊交通标志、标线和信号灯，并可以正确实现无障碍通行。车辆要具备超车能力，并具备坡路行驶，具备坡道停车和起步能力，误差要严格小于15厘米。

（钟冷）

【交通安全宣传】 年内，区公安交通支队举办"萌娃说交通""文明交通进驾校五个一""最美快递小哥"评选等主题活动，推进中小学生、新驾驶员及邮政寄递驾驶员交通安全教育培训。开展宣传活动370余场次，发放宣传材料54万余份，受众30万余人次。

（白千如）

【路面交通秩序整治】 年内，区公安交通中队联合公安分局、城管、交通执法等部门，依托鹰眼、电视监控、融视等科技支撑，严罚酒驾、涉牌、僵尸车、违规停车等突出违法行为。特别是在涉牌打击方面，组织市属、区属两级专班，会同公安分局平安办、警务支援大队，整合梳理各类线索，每天利用海淀区大数据平台、微卡口等科技系统，滚动摸排分析嫌疑车辆行驶轨迹、落脚点，采取线上视频跟踪调查、线下路口设卡蹲守，实现精确分析、精确打击。"两打击一整治"专项工作期间，现场查处严重涉牌787起，比上年增长178.1%；伪造、变造、挪用号牌382起，比上年增长558.6%。全年现场处罚交通违法47.2万起，比上年增长10%；违法停车135.7万起，比上年增长10.2%。

（白千如）

【交通非现场执法】 年内，区公安交通支队运用区网格监控、微卡口、货车车脸识别技术和鹰眼执法技术，增加监控设备覆盖数量，进一步拓展融视执法，由25条路拓展至100条路，货车车脸识别、渣土车闯禁行、外埠车限行等违法抓拍功能，逐步完善跨网数据传输、办证车辆筛选、违法重复录入、假套牌识别等功能，提升科技执法覆盖宽度、广度和深度。优化视频警务室走勤模式、探索新型非现场执法设备等，提升交通非现场执法效能。针对科技设备增加、非现场执法回传数据骤增、待录入数据累计等情况，探索研究非现场录入运行和考核创新性模式。

（白千如）

【缓堵治堵】 年内，区公安交通中队在推进中关村西区智能交通体系建设的同时，着眼于"马上清（青）西"，玉泉山地区，香山地区，清华大学，北京大学4个区域，全面推动交通综合治理。在中关村软件园片区，结合前期单行方案研究，推动交通护栏撤除及区域微循环建设工作，完善后续交通管理措施，打造符合软件园定位的交通环境；在香山地区，推进杰王府路大修、线杆拔除、公交场站腾退等综合管理措施，缓解交通压力。以停车治理为工作主线，复制推广世纪城一、二期停车治理政府主导工作模式，以停车刚需突出点位为着手点，按照"每个街镇一处"原则，逐步启动区域停车治理研究、摸排数据、专家论证、落地实施等环节，带动全区停车秩序规范化、精细化。

（白千如）

【强化交通执法规范】 年内，区公安交通支队以5个执勤大队分别召开现场推进会，以"现场"观摩、"现场"对照、"现场"取经的方式，提出规范执法整改意见。针对执法中的具体问题，拍摄5个常见现场执法规范教学短片，组织6次法庭庭审旁听，开展"法制讲堂"活动69次，制定完善13个规范文件，交通民警执法规范化意识得到较大程度提升。区公安交通支队科技创新小组研发"平安扣"App线上管理平台，实现从扣车、扣证到发还或解体报废的全流程电子信息化监管，为各级部门提供可查询、可监督、可控制、可考核的管理平台，规范执法程序。"平安扣"App获北京市公安局公安交通管理局科技"金点子"评选一等奖，并在北京市公安交通管理局推广应用。

（白千如）

【"城市交通大脑"建设】 年内，区公安交通支队结合海淀区"城市大脑"建设，参与区城市大脑交通部分工作。在全区城市大脑整体框架下，确定交通大脑交通领域的顶层设计方案，逐步推进交管相关业务实战场景搭建。依托海淀支队交通科技三年规划，在“十六合一”电子警察、货车车脸识别卡口电子警察、交通违法视频监控“一键拍”等科技系统基础上，明确“1+1+7”科技应用场景建设项目[①]。区公安交通支队每月召开一次专题会，掌握各个场景的搭建进度，分析突出难题，推进工作进展。

（白千如）

【交通事故快清快处】 年内，区公安交通支队与中国太平洋保险公司、中国平安保险（集团）股份有限公司开展“警保联动”。在市民出行集中的繁华商圈，安排“警保联动”工作人员，一旦发生轻微车损符合快清快处的交通事故，第一时间赶到现场、第一时间妥善处置、第一时间取证定损，提升交通事故快处快赔效率，缓解因事故造成的社会面交通拥堵。警保联动工作人员每日处理事故数占当日报警数的10%左右，平均处警用时4.7分钟，同比下降39%。推行“警物联动”工作，各大队分别与10家物业管理部门建立合作机制，在部分事故报警高发商圈、停车场、小区推进“警物联动”工作，即由物业部门协助处理轻微车损交通事故，处理轻微事故113起，民警减少出警113次。全年处理交通事故108起、伤19人、亡118人，其中列入事故69起亡72人，不列入事故25起亡27人，伤人事故14起伤19人。一般程序事故接办172起、伤185人。

（白千如）

【交通业务办理】 年内，区公安交通支队审验驾驶证4451个，换证24915个，驾驶证降级1643个，补证4615个，外转京7187个，办理电动自行车号牌31697张，办理临时号牌38104张，进京证1624张，委托代检113次，发放免检标13096个。

（白千如）

交通运输管理

【概况】 2019年，海淀辖区有834户交通运输企业（含1家个体出租管理站、1家公交公司、2家网约平台），其中货运企业481家，出租企业29家（含1家个体出租管理站），旅游企业5家（1家停业），租赁企业62家，修理企业237家，驾校10所，游船单位7家，公交1家（北京祥龙公交客运有限公司），网约平台2个（阳光出行、滴滴出行）。有16591辆（艘）营运车（船），其中货运营运车数2318辆、出租运营车数3042辆、旅游运营车数90辆、租赁运营车6719辆、教练车数1959辆，游船1336艘。北京市交通委员会海淀运输管理分局（简称海淀运输管理分局）承接辖区交通运输业务5020件，受理4485件，补齐补正535件，发放各类证件7714个；发放从业资格证件6286个。

年内，海淀运输管理分局完成第二届“一带一路”高峰论坛、北京世界园艺博览会、亚洲文明对话大会、篮球世界杯和中华人民共和国成立70周年系列庆祝等重大活动的交通运输服务保障工作。

（胡德国　贾巍）

【重大活动交通运输服务保障】 3月3日至15日，全国“两会”期间，海淀运输管理分局入户检查82户（站）次，出动检查177人次，约谈企业负责人6人次，开具限期改正书9份，移送行政处罚2户。中华人民共和国成立70周年庆祝活动3次演练期间，出动61个保障小组，保障远端集结点，发送889辆保障车辆，发送38200人次。10月1日庆典活动共出动32个保障小组，保障远端集结点，发送607辆保障车辆，发送18624人次。

（孙小龙　时磊）

【机动车维修企业质量信誉考核】 4月至6月，海淀运输管理分局对符合参评条件的机动车维修企业开展2018年度维修质量信誉考核工作。考核从企业资质、安全生产、维修及服务质量以及环保等方面内容对维修企业进行初评，把参评企业的被投诉量和被采取行政措施量作为考评的重要指标。共评出2018年度AAA级企业78家，AA级企业47家，A级企业59家，B级企业119家。

（王靖翔）

【防汛安全检查】 6月1日至8月30日，海淀运输管理分局出动629人次，检查交通运输企业289户次，发现安全隐患39处，全部整改完毕。其中现场采取行政措施6件，行政处罚2件，约谈3件，现场整改9处，企业自查自改19处。

（时磊）

【“安全生产大讲堂”活动】 6月12日，海淀运输管理分局组织辖区交通运输行业开展“安全生产大讲堂”活动，辖区出租、租赁、旅游客运、货运、机动车维修、水运、驾培7个行业共计267家企业负责人参加此次活动。邀请北京市政府安全生产专家采用PPT、视频形式详细讲授《北京市交通行业安全生产隐患治理管理办法》和《生产安全事故报告和调查处理条例》，并对历年重特大交通事故、安全生产事故的基本情况、发生经过、原因及性质、对有关责任人员和责任单位的处理意见、整改及防范措施建议等内容进行详细分析。

（时磊）

【防汛应急响应桌面推演】 7月10日，海淀运输管理分局开展防汛应急响应桌面推演。推演模拟收到黄色预警通知后，启动防汛应急响应预案，各科室及时向企业传达预警信息，加强巡查，督促企业做好运输安全保障工作。

（时磊）

【水上安全知识进校园活动】 8月16日，海淀运输管理分局在海淀区农科

---

① “1+1+7”科技应用场景建设项目：1个法制保障，1个科技支撑，7个科技系统，即“平安扣”App、交通设施GIS管理、交通事故实时智处理、占路施工智能监管、视频图像侦查、交通安全行业监管追查、集成科技指挥调度。

院附小开展水上安全知识进校园活动。海淀运输管理分局海事执法人员通过案例讲解、场景模拟、互动体验等趣味性较强的教学方式，向120名教师、小学生讲授水上交通标识、水上求生救助、船舶水上航行、乘船和防溺水常识等安全知识和技能。

（刘航麟）

【清河站开通运营保障】 12月30日，京张高铁开通运营。开通前期，海淀运输分局领导多次带队到清河站进行现场踏勘，及时掌握清河枢纽相关配套设施建设进展，出租车上客及蓄车区施工进度情况。成立清河站接续运输服务保障工作组，制定《海淀运输管理分局清河站地区2020年交通运输服务保障工作方案》《海淀运输管理分局清河火车站交通枢纽运输保障应急预案》，并根据实际情况对方案、预案进行动态修订。

（孙小龙）

【新能源货车管理】 年内，海淀运输管理分局根据近几年海淀区货运行业的发展趋势，通过对问卷调查的数据分析，并结合日常监管发现的问题，将本辖区使用新能源货车的企业按车辆数分层级，并针对各层级制定相应管理模式，落实企业主体责任，以便及时发现安全隐患，及时消除安全隐患。从而进一步规范使用新能源货车企业的规范运营，掌握行业发展的新动态，加强货运市场的有序发展，有效降低货运物流市场的投诉率。

（姚子瀚）

【道路运输车辆综合检测资金补贴发放】 年内，海淀运输管理分局审核道路运输车辆综合等级评定单据4282份，客车等评复核119份，罐体检测单据1份，拨付道路运输车辆综合检测资金89.89万余元。

（王靖翔）

【旅游企业质量信誉考核】 年内，海淀运输管理分局完成所辖3家旅游企业信誉考核。其中中苑出租汽车有限公司和北京海淀颐海出租汽车有限责任公司获得AA级评级，北京虹桥旅行社有限公司未达到经营规模企业参加考核，不予以评级。

（王哲）

【租赁企业质量信誉考核】 年内，海淀辖区共有汽车租赁企业61家，本年度应考评企业61家，实际考评企业55家，未考评企业6家。2家企业获优秀等次，4家企业获得良好等次，49家为合格等次。

（王哲）

【驾驶员安全文明驾驶培训】 年内，海淀运输管理分局开展旅游客运行业驾驶员安全文明驾驶培训考核工作，共培训3家旅游客运企业的72名备案旅游客运驾驶员，且全部通过考核。完成普通货运企业驾驶员2300人次的考核工作。

（王哲）

【汽车租赁经营备案证件超期清理】 年内，海淀运输管理分局采取告知、公示、管理注销的方式，依法分3批对北京德颐苑会议服务有限公司等15家租赁备案证件超期且未延续的企业的汽车租赁备案证件进行注销。

（王哲）

【交通运输许可证件注销】 年内，海淀运输管理分局注销501家经营性货运企业道路运输经营许可证、15家汽车租赁企业租赁备案证、23个道路运输经营许可中的“普通货运”经营范围、2695辆道路运输车辆道路运输证、90个经营性道路旅客运输驾驶员从业资格证、154个经营性道路货物运输驾驶员的从业资格证。

（贾巍）

【水上安全监管】 年内，海淀运输管理分局出动海事执法人员166人次，实际检查78户次，累计检查船舶2272艘次，填写《入户监管检查记录台账》78份，约谈企业2次，开具《北京市交通运输责令限期改正通知书》5份。

（刘航麟）

【水上安全培训】 年内，海淀运输管理分局编排2019年度水上安全培训计划，以PPT授课的形式对辖区游船单位开展开航前水上安全培训工作，共培训100余人次。培训内容包括海事基本职责、水上安全检查管理流程及重点、案例分析、处罚措施、救生消防器材、船舶航行和驾驶规则、应急与救助等12个方面，通过图、文、视频、案例等形式，对从业人员展开培训。

（刘航麟）

【机动车维修行业备案】 年内，全区机动车维修备案企业共计235家，其中一类企业96家、二类企业62家、三类企业77家、一类摩托车维修1户、二类摩托车维修1户。总数较备案前413户减少43.1%，一类、二类、三类企业分别较备案前减少25.6%、64.1%、35.6%。

（王靖翔）

邮政

【概况】 中国邮政集团公司北京市海淀区分公司（简称海淀分公司）是中国邮政集团公司北京市分公司直属的二级邮政通信企业，担负着东至东小口、南至又一村、西至北安河、北至沙阳公路的404平方千米范围的邮政通信服务工作，覆盖海淀区的大部分辖区。海淀分公司下属17个邮政支局、103个邮政所（有代理金融业务的支行63个）、25个村邮站（海淀18个、昌平7个）、30个揽投部及商函局、集邮公司、金融业务部、发投局、电商分销局5个专业经营和11个职能部室。截至2019年年底，共有职工3161人，其中正式职工778人；大专学历以上1508人，管理人员159人。

（王英红）

【邮政业务】 年内，海淀区分公司业务收入累计完成6.15亿元。金融收入累计完成1.88亿元，寄递收入累计完成1.64亿元，集邮收入累计完成9407万元，国内函件收入累计完成5873万元，国内包裹收入累计完成805万元，报刊发行收入累计完成5353万元，电商分销收入累计完成589万元。

（王英红）

【邮政基础设施建设】 年内，海淀区

分公司完成批复网点改造5个，金融网点自助机具安装6处，网点及寄递场地改造20处，金融网点门头整改23个，门头清洗17处，金融网点微整改12处，寄递场地微整改17处，场地改造面积1200平方米。海淀区分公司所属金融网点更新纸币清分机63台，改善生产网通信带宽。至年底，基本完成对现有金融网点的线路升级改造和设备更新工作。

（王英红）

【专项主题营销】 年内，海淀区分公司完成9项专项主题营销项目。全国“两会”专项服务项目：海淀区分公司专投工作共计服务16天，计投递邮件5067件、报刊89975份，实现业务收入911.12万元。中国航天日活动：启动中国航天日活动“家书载梦”太空信项目，首批制作“家书载梦”太空信5000套，设计制作《金牌火箭筑梦航天》邮折5000套，《纪念中国石化长城润滑油为航天事业服务六十周年》邮册3000册，《飞天足迹》圆梦版邮册5000册。海军70周年项目：开发《中国海军发布庆祝人民海军成立70周年外宣纪念封》专题系列邮品，设计制作《海军70周年纪念封》1万枚、《海军70周年纪念封A款》1万套、《海军70周年纪念封B款》5000套，实现收入220万元。北京大学五四运动一百周年纪念活动：北京大学主题邮局、北京大学双创中心校友接待处以“五四”邮资机纪念戳，5月4日当天形成函件收入6.2万元，邮资机收入1.2万元。生肖产品预订：利用自有会员平台和微信平台，采取日通报制度，实现生肖邮品预订1627.31万元。生肖季首发活动、《金猪拱门 福瑞祥和》己亥年特种邮票首发活动：设计制作《己亥金猪拱门 福瑞祥和年》金猪拱门 福瑞祥和己亥纪念封。生肖文化季产品大型客户答谢会：采取“产品预售+客户邀约+客户答谢会”方式，进行“线上+线下”宣传预售及客户邀约，实现销售收入18.86万元。中华人民共和国成立70周年项目：开展“追寻革命足迹 品鉴红色经典”客户答谢会暨“壮丽七十周年 阔步新时代”庆祝新中国成立70周年全国集邮文化巡展活动，展销邮品包含生肖套票、老纪特珍邮以及记录中华人民共和国成立历程的各类纪念邮票和纪念币共55种，实现销售收入6万余元。国庆产品营销活动：围绕《中华人民共和国成立七十周年》邮票发行，组织开展国庆产品专项营销活动，累计实现集邮国庆产品预订收入和函件销售型产品收入近600万元。

（王英红）

通信

中国联通北京市分公司

【概况】 中国联合网络通信有限公司北京市分公司（简称北京联通）隶属于中国联合网络通信有限公司，致力于北京市信息化基础设施建设，在全市范围内为公众、商企和政府机构等客户提供包括固定电话、移动电话、数据传输、互联网、宽带接入等基础电信业务和增值电信业务，以及与上述业务相关的行业应用、系统集成、技术开发、技术服务、信息咨询、工程设计施工等相关服务。

2019年，北京联通下设6个市区分公司，二区、八区、三区分公司为海淀区提供服务。二区分公司位于海淀区皂君庙9号，是亚洲最大的通信枢纽。下辖11个营销服务中心，分别是中关村营销服务中心、北太平庄营销服务中心、上地营销服务中心、清河营销服务中心、西直门营销服务中心、皂君庙营销服务中心、二里庄营销服务中心、大有庄营销服务中心、温泉营销服务中心、西三旗营销服务中心、永丰营销服务中心。八区分公司位于海淀区茂林居甲14号，下辖9个营销服务中心，分别是五棵松营销服务中心、展览路营销服务中心、紫竹院营销服务中心、石景山营销服务中心、鲁谷营销服务中心、四季青营销服务中心、茂林营销服务中心、金顶街营销服务中心、恩济庄营销服务中心。三区分公司下辖的西客站营销服务中心属于海淀区。在海淀区界内的北京联通的通信局所还有北京联通管线中心（复兴路65号）、北京联通移动中心（羊坊店路9号）、北京联通平台中心（羊坊店路9号）、北京联通网优中心（羊坊店路9号）。

北京联通提供3种客户服务方式，电话“10010”为使用中国联通业务的客户免费提供7×24小时的业务咨询、信息查询、投诉建议、业务办理等人工与自助的综合服务；电话“10011”为中国联通客户提供全国“一卡充”充值服务；“116114”信息导航平台全方位提供查号、订餐、机票、预约挂号等各种便民服务。

（陈育红）

【光纤改造】 年内，北京联通推进5G建设，实现5G网络规模和使用感知全国领先。围绕“SMART智慧冬奥”总目标，推动冬奥权益赋能企业发展。连续8年实施提速降费，普及千兆宽带，上线携号转网，落实国务院大督查，牵头推进地区行业生态净化工作，以优质通信体验服务社会民生。

（陈育红）

【运营保障能力提升】 年内，北京联通面向未来网络和市场发展方向，推动网络演进。深化集约化、专业化、扁平化管理模式转型，推进固（固定电话）移（移动电话）融合，建立全网集中网络监控、资源调度、网管支撑和分析优化的网络运营体系。完成全国“两会”、中华人民共和国成立70周年庆祝活动、第二届“一带一路”高峰论坛、北京世界园艺博览会、亚洲文明对话大会等重大活动的通信重保工作，涉及重保客户135户，保障175次。

（陈育红）

【校园网络建设】 年内，北京联通改善校园网络质量，完善校园营销队伍，实施“海陆空”作战计划，执行海战（暗线）“智”胜，陆战（阵地）“质”胜，空战（线上）“致”胜的“海陆空”协同作战战略，搭建线上线下同步销售渠道。与北京邮电大学、中国农业大学、北京体育大学等院校达成5G战略合作，合建“5G智慧教室”，该项目成为行业5G应用标杆。

（陈育红）

【服务质量提升】 年内，北京联通从全量普通投诉管控入手，推进“大服务、大提升”，对重点企事业单位的重要客户设立“一对一”专属客代、专属服务专家，提供电子账单推送、业务预约办理及上门服务等服务项目。加强对服务投诉处理人员的业务培训，提升从投诉中发现问题、解决问题的能力。

（陈育红）

2019年海淀辖区北京联通营业厅名单一览表（32个）

表13

	序号	营业厅名称	地　址
二区分公司	1	北太平庄营业厅	海淀区北三环中路33号
	2	温泉营业厅	海淀区温泉乡太舟坞
	3	上地营业厅	海淀区上地电话局
	4	中关村营业厅	海淀区海淀路54号
	5	清河营业厅	海淀区清河毛纺路清河电话局
	6	二里庄营业厅	海淀区志新路11号
	7	皂君庙营业厅	海淀区皂君庙路9号
	8	西三旗营业厅	海淀区西三旗建材城东路28号
	9	中关村东路营业厅	海淀区中关村东路1号院2号楼108室
	10	苏州街营业厅	海淀区苏州街55号101
	11	马连洼营业厅	海淀区马连洼兰园小区14号楼1层2–5号
	12	上地信息路营业厅	海淀区农大南路1号院2号楼B104A
	13	西直门营业厅	海淀区西直门北大街32号院1号楼1层106–第72至76号房间
	14	西土城路营业厅	海淀区西土城路10号综合楼1层
	15	中关村南大街营业厅	海淀区中关村南大街乙12号院1号楼1层1–17
	16	北科大营业厅	海淀区学院路30号2区10幢1层101室
	17	北语大营业厅	海淀区学院路15号1区9幢1层104室
	18	万柳中路营业厅	海淀区万柳中路星标家园1号楼底商104室
	19	永泰中路营业厅	海淀区永泰东里52号楼首层5号北侧
	20	花园路营业厅	海淀区花园路B3号1层南侧
	21	杏石口营业厅	海淀区杏石口路益园文创基地A区1号楼0105室
三区分公司	22	莲花桥营业厅	海淀区什坊院甲3号
	23	西客站营业厅	海淀区羊坊店路9–1号
八区分公司	24	五棵松营业厅	海淀区复兴路65号
	25	远大路营业厅	海淀区远大路1号金源时代购物中心1层1022、1069号
	26	田村营业厅	海淀区永定路乙1号院8号楼6单元101
	27	紫竹院营业厅	海淀区西三环北路昌运宫1号
	28	四季青营业厅	海淀区昆明湖南路12号
	29	茂林居营业厅	海淀区茂林居小区甲14号
	30	公主坟营业厅	海淀区复兴路21号国美大厦1层
	31	四通桥营业厅	海淀区中关村南大街1号
	32	恩济庄营业厅	海淀区八里庄路63号院1号楼1层08号

（陈育红）

【海淀辖区北京联通营业厅名单】 年内，海淀辖区有32个北京联通营业厅（名单见上表）。

中国移动北京公司城区三分公司

【概况】 2019年，中国移动通信集团北京有限公司（简称北京移动），为客户提供包括移动电话、固网号码、互联网、数字传输专线等基础电信业务和增值电信业务以及与上述业务相关的行业应用、系统集成、技术等服务。北京移动下设3家城区分公司、9家郊区分公司，其中位于海淀区学院路51号首享科技大厦的城区三分公司为海淀区提供属地通信和信息化服务。北京移动城区三分公司（简称城区三分公司）致力于属地网络建设，不断优化网络运营能力，提高网络服务能力。加快属地5G网络建设步伐，推动智慧医疗、智慧校园、智慧小区建设。中关村国家自主创新示范区展示中心、玉渊潭公园第31届樱花文化活动、志强北园小区5G+AIOT（智能物联网）智慧社区、北京邮电大学5G网络覆盖等示范项目成功落地，为区域布局智慧城市提供网络保障。

（刘彬）

【服务质量提升】 年内，城区三分公司为属地客户带来全新的服务体验。智慧营业厅启用，完善融合实体渠道营销服务模式和异业合作商业模式，推进以数字化为驱动的体验型、智慧化、开放合作的服务模式，提升营业厅的综合服务能力。深入社区开展防电信诈骗宣传，传播防范电信诈骗常识。集团服务不断完善产品类型，丰富产品种类，以全产业、全行业为服务对象，提供专线、互联网、IDC（机柜租赁）、大数据、移动云等通信及数字化、信息化解决方案，为政府、企业提供网络及科技创新保障。

（刘彬）

【海淀辖区北京移动营业厅名单】 年内，海淀辖区共有北京移动营业厅34个。

（刘彬）

2019年北京移动海淀营业厅名单一览表

表14

序号	营业厅名称	地址
1	北大动感品牌店营业厅	海淀区海淀路5号北京大学内45甲号楼地下1层
2	科大营业厅	海淀区北京科技大学内3号宿舍楼1层
3	北理工营业厅	海淀区北京理工大学内职消社超市2层
4	北师大西门营业厅	北京师范大学小西门底商
5	北医动感品牌店	海淀区学院路北京大学医学部新综合楼地下（露天）1层
6	北邮动感品牌店	海淀区西土城路10号（北京邮电大学西门内北侧1层）
7	交大动感品牌店	海淀区交大东路18号院9号楼1层
8	锦秋国际动感品牌店	海淀区知春路6号锦秋国际大厦1层A102
9	林大动感品牌店	海淀区清华东路35号北京林业大学校内信息楼东侧
10	民大动感品牌店	海淀区中关村南大街27号
11	清华动感品牌店	海淀区清华园街道清华大学16区
12	人大营业厅	海淀区中关村大街59号中国人民大学餐饮管理部1层
13	保福寺营业厅	海淀区中关村东路10号银谷大厦1层
14	万柳营业厅	海淀区万柳东路9号
15	中关村海兴营业厅	海淀区丹棱街16号海兴大厦A座1层
16	中关村西区营业厅	海淀区彩和坊路8号天创科技大厦1层底商北侧
17	北太平庄营业厅	海淀区北三环中路35号北太平庄邮局2层
18	北下关营业厅	海淀区大柳树富海中心2号楼101号
19	枫蓝国际营业厅	海淀区西直门北大街32号院枫蓝国际购物中心1层106-27
20	首享科技大厦营业厅	海淀区学院路51号首享科技大厦1层
21	紫竹桥营业厅	海淀区紫竹院路1号人济山庄D栋101号
22	玲珑路营业厅	海淀区西四环北路160号1层1区108号
23	五棵松营业厅	海淀区西翠路12号
24	西翠路营业厅	海淀区西翠路5号今日家园6号楼（苏宁电器内）
25	主语国际营业厅	海淀区首体南路9号主语国际中心1层
26	永定路营业厅	海淀区永定路乙1号乐府江南乙1-20号底商
27	公主坟城乡营业厅	海淀区复兴路甲23号1层1-02
28	清河营业厅	海淀区清河镇清河强佑新城底商108A
29	上地科实营业厅	海淀区信息路甲28号1楼1层F
30	西山林语营业厅	海淀区冷泉林语山庄二区13号楼1至2层107
31	橡树湾营业厅	海淀区清河镇学府树家园二区1层8-7号商铺
32	中关村软件园营业厅	海淀区东北旺中路8号院尚东数字山谷41号楼
33	永泰营业厅	海淀区永泰东里41号楼引商
34	博雅西园营业厅	海淀区厢黄旗1号楼1层D04底商

科技

4月23日，北京市知识产权宣传周主场活动暨中关村科知识产权论坛在中关村展示中心举行（海淀园 供图）

5月19日，中国（中关村）知识产权保护中心揭牌仪式举行（海淀园 供图）

8月18日，全球首台“5G+8K”转播车在海淀诞生（海淀园 供图）

10月24日，中国·海淀高价值专利培育大赛决赛现场，海淀区高价值专利培育运营中心揭牌仪式举行（海淀园 供图）

综 述

2019年3月19日，根据海淀区机构改革方案，将区科学技术委员会的职责以及相关部门的推进工业、软件和信息服务业发展，推进信息化技术创新和技术进步等职责整合，组建区科学技术和经济信息化局，作为区政府工作部门。中关村科技园区海淀园管理委员会与区科学技术和经济信息化局合署办公。不再保留区科学技术委员会。中关村科技园区海淀园管理委员会内设机构不再加挂区经济和信息化办公室牌子。

2019年，海淀区科学技术和经济信息化局（简称区科信局）围绕科技创新出发地、原始创新策源地和自主创新主阵地定位，聚焦中关村科学城建设，坚持创新提级，创新引领发展跑出“加速度”。全球健康药物研发中心、北京量子信息研究院、智源人工智能研究院、中关村海华信息技术前沿研究院等新型研发平台加速发展。加强与高校院所、企业等各类创新要素协同发展，促进科研成果市场化、效益化。首个概念验证中心——北航概念验证中心正式挂牌；清华荷塘探索基金、北大·海淀重大科技成果孵育基金稳步推进。联合北京市自然科学基金委员会加入国家自然科学基金区域创新发展联合基金（北京）。推进创新平台建设，多元开放、高度聚合的区域创新体系逐步完善。依托北京协同创新研究院、中关村前孵化创新中心、中科海淀科技创新综合体、智友天使学院等载体，推动一批重大成果转化落地。中关村前孵化创新中心共落地原始创新项目12个。驻区单位主持完成的49个项目获得2019年度国家科学技术奖。海淀区专利授权量48778件，同比增长14.1%，占北京市的37%；其中，发明专利授权量26779件，同比增长20%，占北京市的50.4%。PCT专利申请量2632件，占北京市的42.9%；每万人发明专利拥有量突破400件，达405.3件。技术合同成交52720项，总额1899.3亿元，比上年增长8.7%，占全市的33.3%。

（程晓荷）

科技成果

【中科院发布地球大数据共享服务平台】 1月15日，中国科学院在京召开新闻发布会，正式发布A类战略性先导科技专项“地球大数据科学工程”2018年度成果——地球大数据共享服务平台。地球大数据共享服务平台提供对地观测、生物生态、大气海洋、生物物种、微生物资源等多领域数据共计约5PB，其中对地观测数据1.8PB，生物生态数据2.6PB，大气海洋数据0.4PB，基础地理数据及地面观测数据0.2PB；地层学与古生物数据库数据49万条、中国生物物种名录360万条、微生物资源数据库42万条、组学数据目前在线10亿条。包括两个核心系统：数据共享服务系统、CASEarth Databank系统以及一个区域系统——数字丝路地球大数据系统。数据共享服务系统是国内首次遵照国家标准《信息技术科学数据引用》在国家重大项目数据共享平台发布数据引用；CASEarth Databank系统提供长时序的多源对地观测数据即得即用产品集，包括1986年中国遥感卫星地面站建设以来20万景的长时序陆地卫星数据产品等。数字丝路地球大数据系统包括“一带一路”区域资源、环境、气候、灾害、遗产等专题数据集94套，自主知识产权数据产品57类，共享数据超过120万亿字节。该共享平台将为全球用户提供系统、多元、动态、连续并具有全球唯一标识规范化的地球大数据，通过建立数据、计算与服务为一体的数据共享系统，推动形成地球科学数据共享新模式。

（钟冷）

【联想首次公布5G布局】 2月25日至28日，在西班牙巴塞罗那举行的MWC2019（世界移动通信大会）上，联想集团携数十款全域智能化设备、行业和消费端5G解决方案、IoT场景和解决方案参加展会；首次公布在5G方面的布局规划，除手机、PC在内的终端产品外，还围绕物联网、5G、AI等领域公布相关的技术解决方案。联想展示5G技术在产业端广泛的落地方案和应用，包括供应链物联网、智慧零售、智慧城市、边缘计算、工厂设备智能预测与维护等；发布首款可升级至5G的手机motorolaz3和联想5G通，用户可在第一时间加入指定运营商5G商用网络。

（钟冷）

【中国首例中学生太空舱发射成功】 6月17日15点30分，中国首例中学生太空生物实验舱“方舟一号”在中国兵器工业集团第051基地成功发射。“方舟一号”由北京市八一学校牵头研制，依托空间生命科学实验室、北京航科方舟空间技术有限公司、中国科学院城市环境研究所的支持，来自北京市八一学校和河北省石家庄鹿泉区第一中学的40余名学生参与工程的设计、研制、发射和回收的全过程。试验的载荷为北京市八一学校的学生参与研制的太空生物实验舱，为青少年航天科普实践提供平台，还可验证基于中国北斗工程的自主定位系统以及返回式着陆搜救试验等返回式航天技术的关键技术。

（钟冷）

【“海创千乘”号卫星发射入轨成功】 8月17日12时11分，中国航天科技集团有限公司捷龙一号遥一火箭在酒泉卫星发射中心发射升空，千乘一号01星作为主星搭载其上，成功进入预定轨道。千乘一号01星作为中关村国家自主创新示范区核心区科技创新的成果之一，由海淀区政府冠名为“海创千乘”号，是中国民营卫星创业公司迄今为止自主研发的规模最大的一颗卫星，也是第一颗同时具备遥感和地球探测功能的业务卫星。该星历时14个月完成研制，整星重量65公斤，取得30余项自主知识产权，完成10余项技术创新及工程落地。该卫星可同时承担遥感和窄带通信业务，既可传回图像，也可实现物联网信息传输。

（钟冷）

【全球首台“5G+8K”转播车诞生】 8月18日，全球首台“5G+8K”超高清视频全业务转播车在海淀落成并启动。该转播车由海淀企业超高清视频（北京）制作技术协同中心主导设计和集成建造，全车设备共计24类2000余台/套，其中国产化设备达到全车设备的15%，是迄今为止全球视音频规模最大、技术水平最先进的转播车。转播车长近14米，除传统的电视台拍摄、制作、传输、存储等各项功能外，转播车借助5G和8K两项关键技术，实现超高清视频的制作和传播。该车部分系统已于2019年北京世园会投入应用测试，整车将用于8月底至9月中旬举办的2019男篮世界杯赛事直播。

（钟冷）

【国内首个国家密码技术团体标准发布】 8月21日至23日，在2019北京网络安全大会（BCS2019）上，中关村网络安全与信息化产业联盟发布全国首个国家密码技术团体标准。该标准体系包括4个标准:《移动智能终端密码模块技术框架》《移动智能终端密码企业安全应用指南》《移动智能终端密码金融安全应用指南》《移动智能终端密码应用技术检测规范》。在密码模块新形态、密钥保护新模式、高安全级密码模块实施方案等方面取得多项突破，对国产密码的应用将起到示范与引领作用。

（钟冷）

【5项成果入选世界互联网大会领先科技成果】 10月20日，第六届世界互联网大会“世界互联网领先科技成果发布活动”在浙江乌镇举行。在入选的15项领先科技成果中，5项来自海淀，约占33.3%，分别是：面向通用人工智能的异构融合天机芯片（清华大学）、飞桨（百度）、思元270（寒武纪）、人工智能算法平台Brain++（旷视科技）、硅立方浸没液冷计算机。天机芯是世界首款异构融合类脑计算芯片，具有计算存储融合和去中心化的众核架构，每块芯片含有156个计算功能核，约合4万神经元和千万突触。飞桨深度学习平台集深度学习核心框架、模型库、工具组件和服务平台于一体，是中国首个、唯一全面开源开放、技术领先、功能完备的产业级深度学习平台。思元270芯片理论峰值性能达到每秒128万亿次人工智能基本运算（INT8），同时兼容NT4和NT16运算，理论峰值分别达到每秒256万亿次和64万亿次，可支持视觉、语音、自然处理以及传统机器学习等高度多样化的人工智能应用。人工智能计算平台Brain++能够很大程度将算法训练及模型改进过程流程化，减少人员参与而不牺牲训练质量，大幅提高算法训练效率。硅立方浸没液冷计算机可大幅提高计算密度、提升能效比、减小占地面积；采用异构架构，超融合管理，广泛支撑人工智能、大数据、云计算等多种应用，为科学探索、产业升级、融合创新提供先进计算力。

（钟冷）

【三聚环保两项技术装备入选“首台套”推广目录】 10月25日，工信部发布《首台（套）重大技术装备推广应用指导目录（2019年版）》（简称《目录》）。三聚环保（300072.SZ）MCT悬浮床加氢冷壁反应器、低压等压合成氨反应器成套系统两项技术入选。MCT悬浮床加氢技术由三聚环保自主研发，在专有的复合型多功能催化剂、超级反应器及核心装备、防结焦系统解决方案、先进的单元工艺技术集成等关键技术上取得突破。2016年2月21日河南鹤壁15.8万吨悬浮床加氢示范装置一次开车成功，实现装置的长周期平稳运行。低压等压合成氨反应器成套系统以化肥催化剂国家工程中心、三聚环保与福州大学共同开发的高性能钌系氨合成催化剂为核心。采用该技术，氨合成压力从22～26MPa降低到10MPa，能耗比现行合成氨企业降低15%以上，吨氨可节约200公斤标准煤，该技术将为全国近300家合成氨厂的节能、减排、增效和淘汰落后产能具有革命意义。江苏禾友化工的首套钌基合成氨改造项目于7月顺利实现开车，各项技术指标完全达到设计要求。

（钟冷）

【龙芯中科发布龙芯新一代通用CPU产品】 12月24日，海淀企业北京龙芯中科技术服务中心有限公司发布两款龙芯新一代通用CPU产品3A4000、3B4000，性能达到国际先进水平。该处理器采用28纳米工艺，通过设计优化提升性能，主要表现为：基于中国自主研制的新一代处理器核，主频达到1.8G赫兹～2.0G赫兹；定点和浮点单核测试分值均超过20分，是上代产品的两倍以上。龙芯新一代通用处理器芯片中的所有功能模块，包括CPU核心等在内的所有源代码均实现自主设计，所有定制模块也均为自主研发。2019年，龙芯芯片出货量超过50万颗。

（钟冷）

【49个项目获国家科技奖励】 2019年度，国家科技奖励共评出296个项目。海淀驻区单位（第一完成单位）主持完成的项目有49项获得国家科学技术奖（通用项目），占北京市通用项目获奖总数的69%，占全国通用项目获奖总数的20.5%。其中，获国家自然科学奖12项，占北京市自然科学奖通用项目总数的66.7%，占全国自然科学奖通用项目总数的26.1%；获国家技术发明奖10项（一项一等奖），占北京市国家技术发明奖通用项目获奖总数的66.7%，占全国国家技术发明奖通用项目总数的26.1%；获国家科技进步奖27项（两项一等奖），占北京市国家科技进步奖通用项目总数的64.3%，占国家科技进步奖通用项目总数的20.5%。

（孙猛）

2019 年度国家科学技术奖获奖项目名单一览表

表 15

	序号	编号	项目名称	项目主要完成单位	奖项
自然科学奖	1	Z-101-2-03	Pinkall-Sterling 猜想和超曲面几何的研究	清华大学	二等奖
	2	Z-102-2-03	铁基超导电子结构与磁相互作用的理论研究	中国人民大学	二等奖
	3	Z-103-2-02	石墨烯的可控生长及其性能调控	中国科学院化学研究所	二等奖
	4	Z-104-2-02	燃烧废气中氮氧化物催化净化基础研究	中国科学院生态环境研究中心	二等奖
	5	Z-104-2-04	大气复合污染条件下新粒子生成与二次气溶胶增长机制	北京大学	二等奖
	6	Z-106-2-01	数种新发自然疫源性疾病的发现与溯源研究	中国人民解放军军事科学院军事医学研究院	二等奖
	7	Z-107-2-01	互联网视频流的高通量计算理论与方法	中国科学院计算技术研究所	二等奖
	8	Z-107-2-05	动态系统运行安全性评估理论与方法	清华大学	二等奖
	9	Z-108-2-01	磁性纳米材料构筑与多功能调控	北京大学	二等奖
	10	Z-108-2-04	动力学新模式的发现及在塑性非晶合金材料研发中的应用	中国科学院物理研究所	二等奖
	11	Z-109-2-03	基于全寿命周期的钢管混凝土结构损伤机理与分析理论	清华大学	二等奖
	12	Z-110-2-02	软材料与生物软组织的表面失稳力学研究	清华大学	二等奖
技术发明奖	13	F-310-1-01	复杂机场高精度飞行校验技术及装备	北京航空航天大学	一等奖
	14	F-301-2-01	农产品中典型化学污染物精准识别与检测关键技术	中国农业科学院农业质量标准与检测技术研究所	二等奖
	15	F-301-2-03	新型饲用氨基酸与猪低蛋白质饲料创制技术	中国农业大学	二等奖
	16	F-303-2-03	矿井人员与车辆精确定位关键技术与系统	中国矿业大学（北京）	二等奖
	17	F-306-2-02	活性相定向构建及复杂反应分级强化的柴油高效清洁化关键技术	中国石油化工股份有限公司石油化工科学研究院	二等奖
	18	F-306-2-03	粘性粉体流态化过程强化与放大技术	中国科学院过程工程研究所	二等奖
	19	F-307-2-06	高性能特种粉体材料近终形制造技术及应用	北京科技大学	二等奖
	20	F-30801-2-05	耐酸碱、高速、分瓣式磁性液体旋转密封关键技术与应用	北京交通大学	二等奖
	21	F-30902-2-01	先进 MEMS 卫星设计制造关键技术及应用	清华大学	二等奖
	22	F-30902-2-02	面向一体化无线网络的多域资源认知与虚拟化关键技术	北京邮电大学	二等奖
技术进步奖	23	J-222-0-01	长江三峡枢纽工程	中国长江三峡集团有限公司	特等奖
	24	J-219-1-01	高光效长寿命半导体照明关键技术与产业化	中国科学院半导体研究所	一等奖
	25	J-201-2-05	耐密高产广适玉米新品种中单 808 和中单 909 培育与应用	中国农业科学院作物科学研究所	二等奖
	26	J-203-2-04	家畜养殖数字化关键技术与智能饲喂装备创制及应用	中国农业科学院北京畜牧兽医研究所	二等奖
	27	J-203-2-05	饲草优质高效青贮关键技术与应用	中国农业大学	二等奖
	28	J-215-2-01	大尺寸铝合金车轮成型关键技术及应用	北京航空航天大学	二等奖
	29	J-216-2-03	商用车机械自动变速式混合动力系统总成关键技术及其产业化应用	清华大学	二等奖
	30	J-21702-2-01	青藏地区可再生能源独立供电系统关键技术及工程应用	中国电力科学研究院有限公司	二等奖
	31	J-220-2-03	面向公共安全的大规模监控视频智能处理技术及应用	北京航空航天大学	二等奖
	32	J-220-2-04	编码摄像关键技术及应用	清华大学	二等奖
	33	J-22101-2-01	绿色公共建筑环境与节能设计关键技术研究及应用	清华大学	二等奖
	34	J-222-2-01	复杂水域动力特征和生境要素模拟与调控关键技术及应用	清华大学	二等奖
	35	J-22301-2-03	车用高性能制动系统关键技术及产业化	清华大学	二等奖
	36	J-22302-2-01	中国民航数字化协同管制新技术及应用	北京航空航天大学	二等奖
	37	J-22302-2-03	高速铁路高性能混凝土成套技术与工程应用	中国铁道科学研究院集团有限公司	二等奖
	38	J-230-2-01	新能源汽车能源系统关键共性检测技术及标准体系	北京航空航天大学	二等奖
	39	J-231-2-03	煤矸石山自燃污染控制与生态修复关键技术及应用	中国矿业大学（北京）	二等奖
	40	J-231-2-06	废弃物焚烧与钢铁冶炼二噁英污染控制技术与对策	中国科学院生态环境研究中心	二等奖
	41	J-235-2-02	药物新制剂中乳化关键技术体系的建立与应用	北京大学	二等奖

续表 15

	序号	编号	项目名称	项目主要完成单位	奖项
技术进步奖	42	J-236-2-01	超高速超长距离T比特光传输系统关键技术与工程实现	北京邮电大学	二等奖
	43	J-236-2-03	大容量弹性化灵活带宽光网络技术创新与规模应用	北京邮电大学	二等奖
	44	J-25101-2-05	重大蔬菜害虫韭蛆绿色防控关键技术创新与应用	中国农业科学院蔬菜花卉研究所	二等奖
	45	J-25103-2-01	北方玉米少免耕高速精量播种关键技术与装备	中国农业大学	二等奖
	46	J-25103-2-03	水产集约化养殖精准测控关键技术与装备	中国农业大学	二等奖
	47	J-25202-2-01	易燃易爆危险物质爆炸防控关键技术与装备	北京理工大学	二等奖
	48	J-236-2-02	北斗性能提升与广域分米星基增强技术及应用	北京卫星导航中心	二等奖
	49	J-204-2-01	优质专用小麦生产关键技术百问百答		二等奖

（孙猛）

【原始创新联合基金计划】 年内，海淀园原始创新联合基金规模维持3120万元。支持领域新增疫苗和流行病学、智慧骨科等生物医药相关指南领域，总共包括机器人计算机视觉、智慧骨科、疫苗、流行病学4个方向。共支持38家单位申报项目69项，支持金额3036万元。

（孙猛）

【重大科技项目与平台建设专项】 年内，海淀园设立重大科技项目和平台建设专项，鼓励企业参与或主持国家和北京市重大科技计划，支持企业承接建设科技创新平台，并对获得国家或北京市科技奖机构给予奖励。共支持机构67家，支持金额3120万元。实施科技创新2030——重大项目和国家实验室建设，继续支持北京量子科学研究院建设。

（孙猛）

【支持高校院所成果转化】 年内，海淀园支持北京大学、清华大学、中国科学院等高校院所建立技术转移中心，并给予经费支持。与市科委合作设立中关村前孵化创新中心，出台概念验证支持计划，在北京航空航天大学设立首个高校概念验证中心。与中国科学院合作设立中科海淀创新综合体，成批导入中科院硬科技成果转化项目。支持清华大学工研院设立荷塘探索等基金，建立全球健康药物研发中心、国际医疗机器人创新中心。支持北京协同院建立跨高校院所的资源整合机制，5年累计立项159项，完成转化116项，转化率超过70%；累计新成立高科技企业47家，预建设京津冀国家技术创新中心。

（程晓荷）

科技产业

【2018年度“创业榜样”颁奖】 1月17日，2018年度“创业榜样”颁奖典礼在中关村创业大厦举办。活动由中关村科技园区海淀园管委会指导，由中关村科技园区海淀园创业服务中心、中国北京（海淀）留学人员创业园、北京金种子创业谷科技孵化器中心主办，共颁发奖项11类，分别为：10家海创2018年度十佳企业、10位海创2018年度十佳企业家、18家海创2018年度最佳新星、1位海创2018年度最佳社会责任奖、4位海创2018年度优秀创业导师、3位海创2018年度最佳合作媒体人、3家海创2018年度最佳合作伙伴、5家海创2018年度最佳投资机构、5位海创2018年度最佳投资人、6位海创2018年度最勤奋创业者、5家海创2018年度最佳校友企业。

（程晓荷）

【北京科技周海淀主会场活动】 5月19日，由海淀园管委会和区科协主办，海淀科技中心承办的2019年（第25届）北京科技周海淀主会场活动在海淀科技中心举行。海淀科技中心联合中央电视台大型科普节目《加油向未来》和科普益智竞猜节目《正大综艺·动物来啦》栏目组线下联动，打造具有知识性和互动性特色的科技周主会场科普活动。《加油向未来》栏目组带来超导磁悬浮列车、楞次定律、模拟太空、镜子趣味游戏、留声机、气泡沉船等8个体验项目，《正大综艺·动物来啦》栏目组带来狙击手鹦鹉螺、不会得脑震荡的啄木鸟、鸡蛋的生命之旅、巧舌如簧的食蚁兽等讲解展示项目。海淀科技中心设置VR飞行、VR赛车驾驶、虚拟书法、液氮冰激凌、水中花园、slime、高温超导磁悬浮等18个常规体验项目，让公众近距离接触科学活动，感受科技创新在社会发展中的魅力。

（程晓荷）

【承办国家自然科学基金优秀成果北京对接会】 7月18日，由国家自然科学基金委员会计划局和北京市自然科学基金委员会主办，北京市自然科学基金委员会办公室和海淀园管委会承办的国家自然科学基金优秀成果北京对接会在北京会议中心召开。对接会围绕遴选出的人工智能、信息技术、生物医药三大领域24项国家自然科学基金优秀项目成果，通过项目路演展示、意向对接、企业考察等方式，海淀区组织企业、孵化器、投资机构与项目负责人进行合作洽谈和对接，推动优秀成果落地。国家纳米科学中心聂广军研究团队等海淀区3个科技成果方与投资机构签约。

（程晓荷）

【81家企业获研发费用资金支持】 10月24日，中关村科技园区管理委员会公示“2019年中关村示范区科技型小微企业研发费用支持”的企业名

单。本批次共给予2920家中关村示范区科技型小微企业研发费用支持，其中海淀创业园共有顶象技术、钢铁侠、深思考、墨云科技、钛方科技等81家企业入围，占全北京市获选企业的2.7%，比2018年入围的46家企业增长近1倍。

（程晓荷）

【中关村科学城—北京航空航天大学概念验证中心挂牌】 10月25日，北京市首个概念验证中心——中关村科学城—北京航空航天大学概念验证中心揭牌，区委书记、中关村科学城党工委书记于军，北京航空航天大学副校长刘树春与与会嘉宾共同为中关村科学城—北京航空航天大学概念验证中心揭牌。这是中关村科学城首批建设的5个概念验证中心之一。中心依托北航技术转移中心和工研院公司联合建设，为非实体组织，通过构建项目挖掘、项目可行性分析、项目对接、投融资洽谈等“一站式”概念验证服务体系，为概念验证工作提供支撑，将基础研发与成果转化形成有效衔接。中心的建设将为解决科技成果转化“最初一公里”问题、降低科技成果转化的最初风险提供有力支撑。

（程晓荷）

【海淀区与科创投资公司签署战略合作协议】 11月26日，海淀区与北京市科技创新基金、北京科技创新投资管理有限公司签署战略合作协议，进一步加强市、区两级在科技金融领域的协同联动，为高精尖产业发展和高科技企业成长构筑可持续生态。三方将围绕基金合作、项目投资、行业研究及评审尽调等多个维度开展战略合作，加快构建市区政府引导基金协同体系，助力全国科技创新中心建设。

（程晓荷）

【研发倍增计划】 年内，海淀园完善研发费用补贴专项政策，采用知识产权评议的方法分级分档给企业进行奖励。共支持企业171家，支持金额1.821亿元。

（孙猛）

【中关村协同创新券平台】 年内，中关村协同创新券平台新申请协同创新券项目182个。共有24家服务机构成功使用协创券为78家企业的144个项目提供科技服务，共计补贴金额1159.52万元，累计促成创新服务交易3871.93万元。

（于军玲）

【高新技术企业认定辅导】 年内，海淀园利用高企协官方公众号、产业园区、联盟协会等各类媒介，宣传国家科技创新政策和对高新技术企业的扶持政策；实地走访中小型企业100余家，深入解决中小型企业申报核心困难和疑问，开展30场小型座谈及专题培训会。举办9场大型政策及实操培训，累计培训1800余人次。清华同方孵化器、玉泉慧谷产业园、中关村壹号、中关村集成电路产业园等众创空间展开培训辅导上门服务8场，累计辅导600余人。动员600余家小微企业参与高新申报。

（孙猛　程晓荷）

【大健康产业】 年内，海淀园组建医药健康产业工作专班，梳理23个大健康领域的高精尖重大项目，细化医药健康重点企业分类，明确推进措施。联合中关村管委会、昌平区政府、大兴区政府和亦庄经济技术开发区管委会联合印发《关于促进中关村国家自主创新示范区药品医疗器械产业创新发展的若干措施》，出台25条举措。联合市级部门发起设立10亿元的首发展天玑生物医药原始创新基金，储备10余个重大技术突破项目。腾盛博药全球研发总部项目已投入使用，推动引进的2个治疗乙肝的重组蛋白免疫疗法（VBI-2601）和新型研究性RNA干扰治疗药物在北京开展临床研究；重点引进联影、百放公司创新孵化加速器，与百放英库医药科技（北京）有限公司签订关于海淀区生物医药专业研发设备仪器平台建设和运营管理协议，会同市科委研究关于联影的支持方案。关注全球健康药物研发中心打造的医疗机器人技术协同创新平台、纳通集团牵头组建的智能外科医疗器械产业创新中心、波士顿科学牵头设立的T3创库孵化平台等一批平台建设。梳理大健康产业空间，研究实创大健康产业园（J地块）的产业定位和产业规划。参与市级AI+云+医疗工作专班组建，围绕智慧医疗，联合海淀医院等推出人工智能医学影像分析中心、智慧医疗、智能辅助中医诊断等科技应用场景示范项目，鼓励医疗及人工智能领域新技术新产品示范应用。

（程晓荷）

知识产权保护

【概况】 2019年，海淀区全面推进区域知识产权运营服务体系建设工作。拓展建立1个知识产权海外维权援助基地，为企业提供海外知识产权布局、应诉和维权援助服务。中国（中关村）知识产权保护中心揭牌运行，国际知识产权服务大厅落户中关村知识产权大厦。举办2019中国·海淀高价值专利培育大赛和2019中关村知识产权论坛；继续在产业发展专项资金评审中开展知识产权评议工作；区域知识产权创造再上新台阶，专利申请量、授权量继续稳居全市首位。为落实《海淀区企业知识产权管理规范贯标工作实施方案》，出台相关配套政策，形成了政府推动、企业参与、机构服务的工作机制，全年共举办知识产权贯标培训6场，培训人次近千人。

（程晓荷）

【中关村知识产权论坛】 4月23日，2019年北京市知识产权宣传周主场活动暨中关村知识产权论坛在中关村国家自主创新示范区展示中心举行。市知识产权局党组书记杨东起、中关村管委会主任翟立新等市有关部门领导，于军、李俊杰、高念东等区领导出席论坛。有关高校院所、企业、知识产权服务机构等单位的代表约500人参加。论坛主题为“知识产权与营商环境”，启动第二届中国·海淀高价值专利培育大赛，组织北京市知识产权局与北京市贸促会签订战略合作协议、北京市知识产权局与海淀区人民政府签署北京国际知识产权服务大厅共建协议、北京市专利代理师协会与国际知识产权律师联合会签署战略合作协议等签约活动，发布《中关村国家自主创新示范区知识产权行动方案（2019—2021）》、北京市知识产权助力创新服务包、《2018年海淀区知识产权白皮书》，并邀请世界知识产权组织中国办事处代表、国际商标协会亚太区首席代表、TD产业联盟秘书长进行专题发言。

（程晓荷）

【2018年度中关村核心区知识产权白皮书发布】 4月23日，在中关村知识产权论坛上，区知识产权局发布《中关村核心区知识产权白皮书》（2018年度）（简称《白皮书》）。《白皮书》显示，海淀全年专利申请量81873件，同比增长19.8%，占北京市的38.8%，位列全市第一；全年专利授权量42768件，同比增长14.4%，占北京市的34.6%，继续全市领先。截至2018年年底，区域有效发明专利拥有量突破10万件，达110572件，占北京市的45.8%；每万人发明专利拥有量329件，约为北京市的3倍、全国的28.6倍。

（程晓荷）

【2019中国·海淀高价值专利培育大赛】 4月23日，由区知识产权局和知识产权出版社有限责任公司共同主办的"2019中国·海淀高价值专利培育大赛"新闻发布会在中关村国家自主创新示范区展示中心召开，大赛正式启动。本届大赛主题为"弘扬工匠精神，提升创新价值"，共征集来自全国15个省、自治区、直辖市的近百项项目，涉及中国、美国、日本、中国香港专利以及PCT专利申请等1533件，涵盖人工智能、高端装备制造、新一代信息技术、新材料、生物医药、智慧军工等技术领域。8月6日至7日，进行大赛复赛，分为综合赛和人工智能、智慧军工与高端装备两个专场赛，从29个入围项目中，评选出10个项目晋级决赛。10月24日，大赛决赛暨高端论坛在北京中关村软件园国际会议中心举行。海淀区中电博顺智能设备技术有限公司的"光伏板智能清洗机器人"项目获一等奖，三角兽（北京）科技有限公司的"智慧识屏"、北京拉酷网络科技有限公司的"拉酷：提供一种感知输入的新方式"2个项目获二等奖，北京桀亚莱福生物技术有限责任公司、北京可以科技有限公司、北京幸福益生高新技术有限公司、北京星际荣耀空间科技有限公司、新能动力（北京）电气科技有限公司和拜西欧斯（北京）生物技术有限公司的6个项目获三等奖，北京宇航系统工程研究所的"运载火箭智能分离系统"获最具潜力奖。在高端论坛上，专家、学者、企业、知识产权服务机构、投资人等就"产业升级与高价值专利培育运营"展开对话，共同交流探讨高价值专利培育运营新理念、新思考、新路径；为海淀区首批11个高价值专利培育运营中心授牌。北京IP与3家优胜企业签署知识产权质押贷款合作协议，意向合作金额达3000万元。

（程晓荷）

【知识产权问题与应对策略专题培训会】 4月26日，区知识产权局联合海淀园对外合作处，举办主题为"美国展会中的知识产权问题与应对策略"的专题培训会。驻区企业、高校院所及知识产权服务机构的近30人参训。活动邀请七星天副总裁杜洋洲博士就美国专利法律制度，美国展会专利风险的表现形式及特点，专利风险的应对措施及会前、会中自身知识产权保护等内容进行了专业翔实的分析讲解与现场答疑。爱平台（北京）有限公司商务部总监陈笑凡就2020年CES（国际消费类电子产品展览会）展作组展介绍。

（程晓荷）

【中国（中关村）知识产权保护中心成立】 5月19日，在中关村科学城创新发展发布会上，中国（中关村）知识产权保护中心揭牌仪式举行。保护中心于2017年11月13日获国家知识产权局批复，2019年5月15日通过国家知识产权局现场验收。保护中心开展专利预审、专利快速维权、知识产权保护协作以及专利导航与知识产权运营等工作。

（程晓荷）

【区知识产权运营服务体系建设专项资金实施细则发布】 5月23日，海淀园管委会和海淀区财政局联合印发《海淀区知识产权运营服务体系建设专项资金实施细则》（简称《细则》）。《细则》包括总则、支持方向、支持重点、组织管理及监督、附则5章36条。专项资金主要采用奖励补贴、购买服务、引导基金、股权投资等方式支持海淀区知识产权运营服务体系建设。专项资金主要用于构建产业发展知识产权支撑体系、打造知识产权产业生态港、优化区域知识产权运营体系、构建知识产权多元立体保护体系、营造知识产权文化环境等方面，重点支持高价值专利培育、实施知识产权优势企业培育计划、鼓励企业专利商用化等。

（程晓荷）

【国际知识产权研讨会】 6月10日，由市知识产权局与海淀区知识产权局主办的国际知识产权研讨会在中关村东升国际科学园举行，近70家企业的代表参加。会议邀请美国知识产权专家团队就处理美国专利和商业秘密法时应考虑的问题、抵制专利流氓、复审与专利诉讼等内容做专题分享。与会企业代表与美国知识产权专家还就中国企业面临日益严峻的知识产权挑战问题开展圆桌对话交流。活动对企业了解和掌握有关国家知识产权相关法律制度与维权程序提供帮助，对提升企业海外知识产权布局能力、提高海外知识产权风险防控能力提供支撑。

（程晓荷）

【海淀区"双创"知识产权保护阶梯培训】 4月18日，由北京市知识产权维权援助中心、海淀区知识产权局主办的2019年海淀区"双创"知识产权保护阶梯培训第一讲在中关村互联网教育创新中心举行。培训由北京市专利代理师协会、中国版权保护中心的志愿专家讲解"知识产权政策知多少"和"软件企业著作权登记"两项内容，授课专家还与参会企业就App登记软件著作权的注意事项、游戏产品的著作权保护等问题进行互动交流。10月25日，2019年海淀区“双创”知识产权保护阶梯培训第七讲在中国（中关村）知识产权保护中心举行。培训由市知识产权维权援助中心、区知识产权局主办，中国（中关村）知识产权保护中心承办，60余家企业和知识产权服务机构代表参加培训。知新创（北京）咨询服务有限公司首席法律顾问赵礼杰作主题为“走出去企业知识产权风险防范和纠纷应对”的讲座，详细介绍产品出口前知识产权风险预警和海外知识产权纠纷应对，并回答参会人员的提问。截至年底，“双创”知识产权保护阶梯培训系列活动举办8期，累计培训400余人次。

（程晓荷）

【生物医药企业知识产权运用与保护专题讲座】 7月10日，由海淀区知识产权局、海淀区律师协会联合主办的2019生物医药企业知识产权运用与保护讲座在中国（中关村）知识产权保护中心举行。海淀区部分生物医药企业以及科研院所、服务机构的代表80余人参加。活动邀请知识产权法律专家就企业知识产权管理、生物医药企业知识产权保护、商业秘密保护等问题进行专题讲解与案例分析。活动设置一对一法律咨询环节，由专业律师组成“法律体检团”，为企业遇到的知识产权问题进行逐一把脉。

（程晓荷）

【国际知识产权服务大厅落户】 11月26日，北京国际知识产权服务大厅揭牌仪式暨国际高端知识产权服务论坛在中关村知识产权大厦举行。市知识产权局与区政府签署《北京国际知识产权服务大厅共建协议》，服务大厅涵盖国际知识产权服务咨询、知识产权服务资源展示、国际知识产权文献检索查询、知识产权国际人才培育以及知识产权服务国际交流等功能，现有53家国内外知识产权服务机构申请进驻大厅，为社会公众提供专业免费咨询。

（程晓荷）

【知识产权服务体系建设】 年内，海淀区政府实施涵盖知识产权创造、运用、保护、服务和管理全链条共计13项支持政策，专项支持金额达17190.61万元。新增3项知识产权专项政策：海淀区高价值专利培育运营中心建设专项，围绕海淀区战略性新兴产业和特色优势产业，建立高价值专利培育运营中心；高校院所专利运营办公室建设专项，支持16家驻区高校院所推进激活知识产权运营；知识产权托管服务专项，在产业园区及孵化器中开展针对中小企业知识产权托管服务。依托优质知识产权服务机构，为产业园区及孵化器内的200余家中小微企业提供全方位的知识产权创造、运用、保护和管理服务。

（赵丽 程晓荷）

【知识产权服务业资金支持】 年内，知识产权服务业集聚区入驻机构房租补贴专项给予4家单位资金支持，总额108.55万元。促进知识产权服务业发展专项支持12个项目，支持总额438万元。国外授权专利资助专项：给予支持单位48家，支持金额共计2359万元。托管服务专项支持3家单位总金额130万元。通过该专项推进小微企业知识产权托管服务，为产业园区及孵化器内的200余家中小微企业提供全方位的知识产权创造、运用、保护和管理服务。专利奖配套奖励专项支持单位12家，金额668万元。高校院所专利运营办公室建设专项支持16家驻区高校院所推进激活知识产权运营，其中高校7家、科研院所9家，金额750万元。

（赵丽 程晓荷）

【知识产权质押贷款】 年内，海淀区知识产权质押融资成本补贴专项支持项目数96项，比上年增长14.3%；政府贴息补贴金额3396.22万元，涉及融资金额超14亿元，比上年增长36.6%。

（程晓荷）

【“智融宝”项目】 截至年底，“智融宝”为海淀项目实现放款55个，放款总额2.338亿元，比上年增长70%。该项目是2016年推出的国内首个纯知识产权质押贷款创新产品。

（程晓荷）

【知识产权一条街建设】 年内，以中关村知识产权大厦为基点的知识产权一条街，汇聚1000余家知识产权服务机构在海淀集聚发展，初步构建起知识产权多元服务体系。海淀区拥有专利代理机构239家（不含国防），占全国的11%。

（程晓荷）

【知识产权海外维权援助基地建设】 年内，海淀区知识产权局与日本知名知识产权服务机构签订合作备忘录，搭建日本知识产权维权援助站点，为走向日本市场的区域企业提供知识产权咨询、维权援助等服务。海淀区分别在英国、美国、法国、德国、芬兰、意大利、日本等国家搭建9个知识产权海外维权援助站点，为区域企业走向国际市场提供良好的海外知识产权维权援助网络。依托海外知识产权维权援助站点，举办数十场知识产权国际交流培训活动，增强区域企业海外知识产权维权援助及知识产权海外风险防控能力。

（程晓荷）

【标准化支持专项】 年内，海淀园管委会围绕智能制造、大数据、集成电路、新材料等优势主导产业领域，制定标准化支持专项，支持多主体联合开展标准制定，引导各类创新主体探索标准化与科技创新融合的模式。对于制定和修订符合核心区重点产业领域的国际、国家、行业标准的牵头及主要参与单位给予专项资金支持。对60家企业的170项标准（包括国际标准29项、国家标准99项、行业标准42项）给予945万元资金支持。

（李鑫）

【技术合同成交5.27万项】 截至年底，海淀区技术合同成交5.27万项，成交额达1899.3亿元，比上年增长8.7%，占北京市技术合同成交总额的33.3%。技术开发、咨询、服务合同均居十六区之首，成交额分别占北京市同类合同的54.2%、33.9%、33.1%；技术转让合同成交额位居全市第三位。

（程晓荷）

【专利申请与授权】 截至年底，海淀区专利申请量85975件，比上年增长5%，占北京市的38%；其中，发明专利申请量60094件，比上年增长8.7%，占北京市的46.3%。专利授权量48778件，比上年增长14.1%，占北京市的37%；其中发明专利授权量26779件，比上年增长20%，占北京市的50.4%。PCT专利申请量2632件，占北京市的42.9%，居全市第一。有效发明专利拥有量131211件，占北京市的46.2%，较上年增加20639件。每万人发明专利拥有量405.3件，较上年增加76.3件，是北京市每万人发明专利拥有量132件的3.1倍，是全国平均水平（13.3件）的30.5倍。

（程晓荷）

【企业专利备案】 年内，中关村知识产权保护中心对涉及新材料、生物医药产业领域的支柱企业、专利密集型企业、小微企业、高校科研院所进行梳理。备案企业共415家（高校20所，新材料领域企业134家，生物医药领域企业261家），其中海淀区169家、大兴区114家、昌平区53家、顺义区12家、房山区11家、通州区12家、朝阳区10家、丰台区8家、石景山区6家、西城区5家、延庆区4家、平谷区3家、密云区3家、怀柔区2家、门头沟区2家、东城区1家。

（石蕾）

【专利预审】 年内，中关村知识产权保护中心共接收预审案件73件，进入预先审查的案件40件。接收案件中19件不在分类领域范围内，不予审理；进入预先审查的40件案件中，13件通过并加入预审快速通道，2件通过预审快速通道获得授权。国家知识产权局专利局复审和无效审理部到中关村知识产权保护中心开展口审40场，审理无效请求案件58件。

（石蕾）

【知识产权维权援助】 年内，中关村知识产权保护中心与北京市知识产权维权援助中心合作，开展知识产权维权援助工作。协助北京市知识产权维权援助中心开展北京市国内外知识产权维权援助项目审查工作。共有7家单位申报北京市海外知识产权维权援助项目，2家单位申报知识产权国内维权援助项目。

（石蕾）

【专利导航项目和专利预警项目】 年内，“中关村知识产权保护中心专利导航项目”通过结题验收。协助区知识产权局完成国内外专利预警补贴专项工作，申报企业27家，最终通过审核符合申报要求的企业23家，获得补贴金额共计363万元。

（石蕾）

【知识产权保护宣传培训】 年内，中关村知识产权保护中心举办中关村知识产权创新沙龙、海淀区“双创”知识产权保护阶梯培训、备案单位专利预审服务系列培训、中关村软件园知识产权案件巡回审判、北京海外学人生物医药专题知识产权培训、生物医药企业知识产权运用与保护讲座、医药领域高价值专利培育专题培训、房山区创新服务体系建设众创空间交流会、“4·26”知识产权日广场咨询活动等知识产权保护宣传培训活动，2000余人参加活动。

（石蕾）

教育

2020
北京海淀年鉴

1月24日，清华大学研究生海外实践支队在柬埔寨与当地学生互动（清华大学 供图）

4月29日，北京市首届中学共青团精品团课交流展示活动举行（张洪军 摄）

6月5日，第四届京津冀非遗进校园交流会暨海淀区非遗进校园成果展举办（区文旅局 供图）

7 月，北京健翔学校参赛的舞蹈《倾听无声》获第 16 届北京舞蹈大赛创编和表演两个特等奖（张翔 摄）

9 月 4 日，清华大学洁华幼儿园双清苑分园开园（清华园街道 供图）

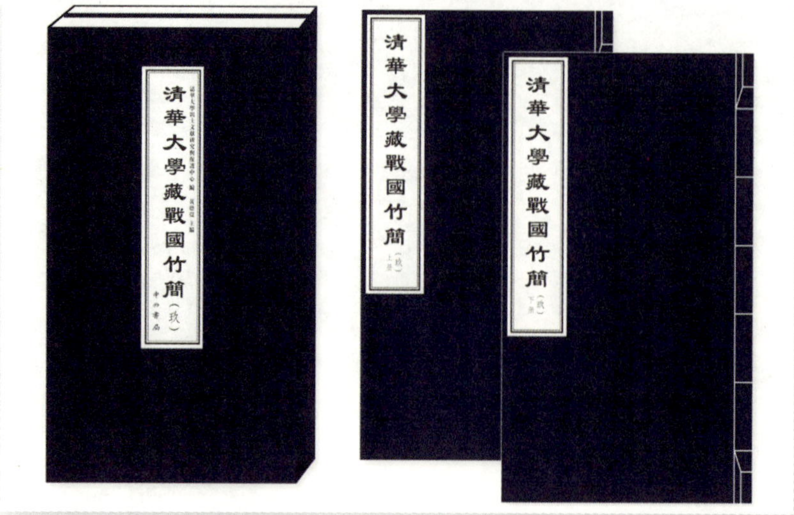

11月22日，《清华大学藏战国竹简（玖）》成果发布（清华大学 供图）

12月1日，北部文化馆举办的少儿书法培训班（北部文化馆 供图）

综述

【概况】 2019年，区教委辖属教育单位400个，其中幼儿园185所（教育部门办园20所、集体办园24所、民办园58所、部队办园36所、地方企业办园3所、其他部门办园17所、事业单位办园26所、具有法人资格的中外合作办园1所），另有附设幼儿班7所。小学118所，独立设置小学85所；普通中学81所，其中九年一贯制学校10所（教育部门办校8所、民办校2所）、十二年一贯制学校23所（教育部门办校10所、民办校11所、其他办校2所）；特殊教育学校2所，工读学校1所，职业高中1所，其他法人单位45所。招生93996人（幼儿园23635人、小学31686人、初中25440人、普通高中12558人、职业高中677人）；毕业75420人（幼儿园18109人、小学27129人、初中15841人、普通高中13758人、职业高中583人）；在校生349909人（幼儿园67482人、小学173141人、初中66726人、普通高中39469人、职业高中1979人、特殊教育学校1112人）。教职工总数36772人（幼儿园12407人、小学8328人、中学15301人、中等职业学校434人、特殊教育226人、工读教育76人），其中高级职称4597人、中级职称8523人。北京市特级教师214人、北京市骨干教师325人、北京市学科教学带头人61人。全年教育总投入140.382亿元，其中国家拨款（国家财政性教育经费）137.562亿元，自筹经费（事业收入）2.684亿元。中小学固定资产总值132.82亿元。培训机构406个。小学新增1所，更名3所；九年一贯制学校新增1所，变更办学类型1所；初级中学变更办学类型3所；完全中学更名4所，变更办学类型1所；十二年一贯制学校变更办学类型3所，更名1所。设立学区17个。区级实验学校达90所、国家级足球特色校达37所，冰雪运动试点校50所。

2019年，海淀区教育综合改革全面深化，全面育人质量稳步提高，学位紧缺难题有效化解，招生入学秩序逐步规范，由制度优势向治理效能的转化初见成效。全区中考文化课总及格率达97.55%。高考高分段覆盖率持续提升，有660分以上考生的学校达25所，680分以上考生达381人，占全市的55%；文科、理科总平均分分别高出北京市17.13分、33.60分。获27项北京市科技创新大赛一等奖，4名学生获市长奖。完成2019年国家义务教育质量监测工作。海淀区被评为“全国青少年校园足球优秀试点县区”。

扩增办学空间。编制基础教育设施专项规划，为未来教育发展预留空间。北大附中西三旗学校、十一晋元中学建成招生，人大附中航天城学校、育英中学等项目投入使用。八一学校小学部改扩建、永泰二十中二期项目开工。推进北部国际学校建设。收回校舍12处。全年增加中小学学位9420个。继续推进学前教育三期行动计划，扩增学前教育学位8200个，完成7255个学位的社区办园点转化任务。为区内120余所普惠性幼儿园投入市区专项补助经费8.5亿元，普惠性幼儿园覆盖率达89%。完成170所无证园、25个社区办园点责任督学挂牌工作。

招生入学改革。引导驻区单位办园最大限度接纳适龄儿童。完善小学入学审核内容和线上线下联审机制，平稳推进多校划片入学政策。扩大初中登记入学比例，取消特长生入学途径，规范公办寄宿和民办学校招生。增加优质高中招生计划。推进中考中招改革，首次将初中综合素质评价纳入中招录取。

整合区域教育资源。通过名校承办的方式，持续为北部地区引入优质资源。与首都师范大学在教育政策研究、教师教育、人工智能教育等领域开展合作，推进北京体育大学与清华附中、清华附中上地学校和上地小学合作探索足球人才培养模式，与北京师范大学合作成立北师大二附中海淀学校，与中国铁路北京局合作提升羊坊店第五小学发展水平并将其更名为“北京铁路实验小学”。与驻区重点企业和高校合作，探索建立职业教育人才培养体系，共建职业教育特色专业和课程、企业职业教育技师和职业教育基地，搭建校企合作“双师型”师资库。依托中关村学院，设立“创新教育实践基地”，推进职业教育、成人教育教学改革，“社区教育课程超市”被评为北京市“终身学习品牌”。落实《海淀区特殊教育提升计划（2019—2022年）》，提高特教师资专业服务能力。

智慧教育。出台《智慧教育2.0行动计划》，实施47个智慧校园建设项目，完成高中教学管理、中小学资源共享等11个管理平台建设。在2所集团校实施“双师教学”试点，探索优质师资多校区共享新模式。建成海淀区教育视频监控专网和区级视频监控联网应用平台，实现区属中小学所有校区视频图像上网。建成海淀智慧教育云，全面提升教学方式和学校管理等手段现代化水平。

教育交流合作。推进“国际交流与合作能力提升”项目，深化与芬兰、新加坡、美国、英国等国家的教育合作，引进国外优质教育资源。支持优质中小学、幼儿园到雄安新区、城市副中心、远郊区承办配套教育设施。推进与湖北省丹江口市、河北省保定市的特殊教育对口帮扶项目。

社会主义核心价值观教育。制定《深化“五育并举”人才培养模式改革的实施意见》，把思想品德、理想信念教育摆在首要位置，将社会主义核心价值观融入教育教学全过程。开展“我和我的祖国”爱国主义主题教育活动；推进“日常行为养成教育”基地校培育项目；开展文明校园创建和交流活动，认定14个“海淀区新时代文明实践基地”。

教研科研。教育部“国培计划”名师领航海淀进校培养基地和示范性项目培训基地、北师大教育学部教育教学实践基地、中国教科院

STEM 教育协同创新中心、教育部基础教育课程教材发展中心高中化学学科教研基地五大基地落户海淀。教科研水平保持全市领先，立项国家级教育规划课题3项、市级47项，居本市各区之首。

干部教师队伍建设。与首都师范大学合作建设思政课教师培训基地，推进3个“师德基地”建设。启动“战略型人才培养”工作。推进“名校长培养工程”，成立“海淀区校长培养基地”和12个名校长工作室，评选出16名特级校长、121名高级校长、93名中级校长。完成名师工作站第四期导师制研修工作，开展百人名师梯队培养项目，完成30位双导师学员动态诊断。评选区级带头人2700名，区级骨干教师2623名。选派干部教师以支教方式援疆、援藏、援青工作，承担6个省市118名教师跟岗培训任务。实施党组织书记领航工程和党务工作者素质提升工程。

参加国庆系列活动。全区教育系统3000余人承担并完成“同心追梦”“圆梦奥运”方阵群众游行、联欢晚会、烈士纪念日、广场合唱、广场联欢、现场观礼等任务。其中，情境式表演“同心追梦”方阵由海淀区35所中小学的2019名学生和80名教师组成，创造群众游行中平均年龄最小、表演时间最长的纪录，方阵独立表演总长度3分10秒，以中国少年先锋队队歌《我们是共产主义接班人》为主旋律，通过乐队演奏、队列变化，旗舞表演等视听元素，以行进乐队的独特语汇，呈现出曲目的深刻内涵；由2008人构成的“圆梦奥运”方阵里，有教育系统6个学区38所中小学的190名教职员工。

（尹涛　宋亚甫）

【“引企入教”改革】 1月15日，区教委深化“引企入教”改革。在海淀区职业教育发展成果展示活动上，北京市信息管理学校与新大陆科技集团有限公司、凤凰数字媒体教育、颐信泰通信息科技股份有限公司举行校企签约仪式，北京市信息管理学校将与3家单位在人才培养、校企合作方面展开密切合作，促进学生素质更全面地提升。发布中关村十大高精尖产业紧缺人才需求目录，为10名产教融合导师代表颁发证书，为5个“双师型”教师企业实践基地授牌。百度云智学院、北京联合大学、中国教科院职继所、北京市信息管理学校分别围绕“产教融合、校企合作”作演讲。区教委支持引导高新技术企业深度参与职业学校、高等学校教育教学改革，在产教融合师资建设及人才培养基地建设等重点领域，促进企业需求融入人才培养环节，逐步构建产教城融合发展的创新生态体系。

（宋亚甫）

【11个名校长工作室启动】 1月23日，区委教工委启动11个名校长工作室。工作室采取“双导师”培养方式，为每个工作室配备一名实践导师和一名学术导师，展开为期两年的学习实践。启动仪式上，区教委领导总结优秀校长培养基地工作情况，为实践导师颁发工作室牌子和聘书，为学术导师颁发聘书，为各工作室学员代表颁发证书。2名实践导师、2名学术导师代表分享工作室开展理论学习和入校指导工作的经验以及做好名校长工作室的思索与建议。

（宋亚甫）

【课程研究中心成立】 3月21日，区教委课程研究中心在一零一中学挂牌成立。该研究中心探索新的发展模式，让研究与服务职能“下沉”，通过开展切合教师的科研课题，实现教育理论与教育实践的“无缝对接”。北京市海淀区教育科学研究院与一零一中学合作组建文科、理科两大研究团队，开展学科阅读指导研究；以课题为载体，开展“中小学学科阅读指导体系建设研究”，将一零一中学教学经验提炼固化，培育优秀成果，辐射和带动全区。中心核心组工作人员15人、学校各学科初高中教师130人参与课题研究。揭牌仪式上，区教委领导为一零一中学校长陆云泉颁发“海淀区教科院荣誉院长”聘书，为一零一中学科研干部和骨干教师颁发“海淀教科院课程研究中心兼职科研员”聘书。

（宋亚甫）

【海淀区学校思想政治理论课教师培训基地】 3月29日，区教委召开教育系统学习贯彻习近平总书记在学校思想政治理论课教师座谈会上的讲话精神座谈会。与会人员就“提高思政课教学实效、全面做好立德树人工作”进行交流，3所学校代表从如何做好学校的全局统筹、建设思政课教师队伍、打造精品课程、营造思想教育良好生态等方面发言；海淀区教师进修学校教研员代表交流做好思政课教师培训培养和思政课教研经验；4所学校教师代表就如何更好地进行课堂教学，创新教学方式以及提升自身专业水平提出建议。座谈会上，区政府、首都师范大学、区委教工委、区政府教育督导室领导共同为“海淀区学校思想政治理论课教师培训基地”揭牌。该基地为首都师范大学与海淀教委共同设立，旨在强化思政课教师的专项培养。区委、区政府，区教育系统两委一室领导班子成员，区教育系统书记校长、一线教师和教研人员代表35人参加座谈。

（宋亚甫）

【“高参小”项目总结汇报会】 4月1日，区教委举办“高参小”项目总结汇报会。会议在首都师范大学召开，20所项目小学校汇报“高参小”项目实施经验和成效，区教委美育校外科交流项目实施总体情况。在首师大主楼大厅举办项目校学生美术作品展，展示学生绘画、书法、剪纸、手工等作品；在首师大学生活动中心举办优秀成果汇报演出，11所学校400名学生展示舞蹈、戏剧、诗朗诵、戏曲、微电影等节目；“高参小”项目是依靠高等院校、社会力量参与小学体育、美育教育，依靠高等院校先进的理念与师资，在特色课程、学生社团建设、融合教学和科研三方面给予支持和帮助。海淀区于2014年起开始实施“高参小”项目，至2018年，有22所小学校或校区参与此项目，受益小学生37450名，占全区小学生总数的22%。2018年经费投入达448

万元。市教委、区教委相关负责人以及20所小学领导和教师100人参加会议。

（宋亚甫）

【区教委与延庆区教委签署结对协作协议】 4月11日，区教委与延庆区教委签署基础教育领域开展结对协作协议。双方将在学校教育教学、教科研、干部教师高端培训以及教育资源共享等方面开展深度合作。5月22日，区教委与延庆区教委启动双方帮扶工作，海淀区12所中小学与延庆区第一批15所中小学结对拉手，主要从学校协作提升、教科研质量提升、干部教师高端培训、开放共享教育资源4个方面加强合作。6月4日，延庆区教育科学研究中心22名教研员正式拜海淀区教师进修学校教研员为师，结对协作包括教研员专业素养提升和名师工作室建设两个项目，延庆教研员分别以跟岗培训和拜师学习两种形式与海淀区教师进修学校教研员结成“一对一”师徒帮带关系。海淀区教师进修学校教研员成立中高考9个学科、小学5个学科以及中小学音、体、美等学科的23个名师工作室，对延庆各学科教研工作进行全方位指导。

（宋亚甫）

【教育信息化会议】 4月16日，区教委召开教育信息化大会暨智慧教育统一规划建设工作总结表彰会。会议播放短片《云端筑梦育桃李》，回顾海淀智慧教育起步、发展和飞越的历程；作海淀区教育信息化建设发展工作报告，介绍海淀区智慧教育1.0阶段总体规划、建设成果，总结智慧教育发展建设经验。2所学校通过视讯平台做远程发言，介绍各自学校在智慧校园建设中的经验和做法。教育部、市教委、海淀区有关领导共同启动海淀区智慧教育统一规划建设项目应用触摸球。来自教育部、中央电化教育馆、市教委等单位的领导和嘉宾，以及海淀区教育系统各中小学、学区管理中心、事业单位等部门的信息化工作负责人300余人参加会议。

（宋亚甫）

【两大教育集团成立】 5月10日，经区委教育工委、区教委研究决定，北京一零一中教育集团、海淀区教师进修学校教育集团正式成立。北京一零一中教育集团在原有基础上，将石油附中、矿大附中、石油附小、西苑小学（一零一附属实验小学）纳入教育集团；海淀区教师进修学校将中国地质大学附中与教师进修附属实验学校、教师进修附属实验香山分校、教师进修附属实验小学、科大附中、玉渊潭中学等学校纳入教育集团。

（宋亚甫）

【国家义务教育质量监测工作】 5月23日，海淀区完成2019年国家义务教育质量监测工作。2019年度国家义务教育质量监测科目为语文和艺术两项，海淀区共有20所样本校参与本次监测，其中包括北邮附小、人大附小、理工附中小学部等12所小学，交大附中二分校、北京一零一中学等8所中学，监测对象为各样本校四、八年级学生，样本校校长，四、八年级语文、艺术（音乐、美术）教师和班主任。海淀区2015年作为第一批义务教育质量监测样本区县参加数学和体育学科监测。

（宋亚甫）

【新媒体新技术教学应用研讨会】 5月26日，区教委召开2019年新媒体新技术教学应用研讨会暨第十二届全国中小学创新课堂教学实践观摩活动现场会。研讨会回顾总结海淀区教育信息化建设发展过程，展望智慧教育未来发展蓝图；海淀校长、教师代表与专家学者围绕“以智慧教育推动教育现代化”“新媒体新技术环境下的教师成长”“教育信息化的发展趋势与策略”“新技术新理念助力教育新方向”等议题进行探讨交流。与会嘉宾参观新媒体新技术应用成果展示，观摩体验虚拟演播环境下校园电视台的建设、互动体验式课堂教学的展示、学校官方App成果应用等。海淀区教育信息化工作进入智慧教育阶段，人工智能、大数据、物联网、虚拟现实等最新科技已进入中小学，技术与教学深度融合，师生互动的教育创新得到激发，正在成为海淀区基础教育一个品牌。

（宋亚甫）

【“一校一品”体育教学成果展示】 5月28日，北京市“一校一品”体育教学改革成果展示（海淀分会场）在北大附小召开。海淀区民族小学、北师大实验学校、石油附小、台头小学和北京大学附属小学学生分别展示本校体育教学改革成果并进行比赛，展示内容包括大课间素质操、特色操、体育趣味课、全员运动会、安全教育演练等多项活动。市教委、区教委、北京市“一校一品”北师大项目组部分专家及海淀区中小学教师学生1800余人参加活动。

（宋亚甫）

【海淀教育大会】 5月29日，海淀区召开教育大会。会议以“提升教育现代化水平，建设教育强区”为主题，总结5年来海淀教育改革发展取得的成绩，分析教育改革发展面临的新形势新要求，对新时代提升海淀教育现代化水平、建设教育强区重点工作进行研究部署。发布《海淀区提升教育现代化水平建设教育强区行动计划（2019—2022年）》主文件和加强教师队伍建设、推进中小学集团化办学、提高教育教学水平、推进“五育并举”人才培养模式改革、启动智慧教育2.0行动计划5个配套文件。区教委与首都师范大学签署《加快海淀区教育现代化战略合作协议》。市委教育工委、海淀区四套班子全体领导，全区各委办局主要负责人，区教育系统两委领导班子成员及各中小学幼儿园负责人，区教育系统两委机关科室及直属单位负责人400余人参加会议。教育大会以视频会议形式在全区范围内召开，1200余人通过转播收听、收看会议。

（宋亚甫）

【首届全国积极教育大会暨海淀中小学心理健康教育活动周】 6月27日至28日，区教委与清华大学社会科学学院联合主办首届全国积极教育大会暨海淀区第十届中小学心理健康教育活动周。会议围绕“积极教育，心智发展”主题，设置主题报告、经验介绍、论坛研讨、学校展示等环节，发布《中国积极教育白皮书》，区教委以“积极心理教育奠基学生未来——打造积极心理教育海淀服务模式开创立德树人新局面”为题，介绍海淀区作为“全国中小学心理健康教育示范区”，在心理健康教育方面的实践与探索；开启“积极教育领军计划”，把教育活动、学习考察、共享资源加入到积极教育的实践中。3个分论坛分别以“积极教育在中小学校的实践”“积极学习系统建构与教学应用”“积极教育科技”为主题，清华大学社科学院、清华大学积极心理学研究中心、清华幸福科技实验室、海淀区教科院、全国中小学幼儿园、教育局等教育一线工作者做主题报告。6月28日，与会者分别走进交大附中、清华附小和上庄科技幼儿园，全面了解积极教育在海淀幼儿园、小学、中学的实践与成果。国内外高校科研院所专家、中小学校长和教师代表700余人参加活动。

（宋亚甫）

【海淀区校园足球训练基地揭牌】 7月5日，海淀区校园足球训练基地揭牌。基地位于海淀区中小学综合实践教育中心和四十七中学，将建标准11人制场地2块，8人制场地2块，配套700人住宿和同时用餐。揭牌仪式上，举办参加“北京市校园足球精英赛”队员和教练出征誓师，为“2019年海淀区校园足球学区联赛”小学初中和高中3个级别前三名获颁奖杯、首批“海淀区校园足球带头人”获颁证书。教育部、市教委、海淀区政府、区教委领导及海淀区有关单位、学校教师、精英队队员近200人参加揭牌仪式。海淀区作为国家首批校园足球综合改革试验区和试点区，创建海淀区校园足球实验校92所，首创区级校园足球学区联赛，成立班级足球队、校足球队173支，学区足球队和区级精英队87支。

（宋亚甫）

【新品牌学校建设】 9月24日，区教委举办育英学校新品牌学校建设汇报暨基于“大单元教学理念的开放性教学”展示活动。听取育英学校《高中师资队伍建设》主题报告。展示活动以“课程建设撬动整体发展守正创新锻造品质内涵”为主题，育英学校高中学部10名教师推出语文、数学、英语、选修课和育校特色经济学等学科10节公开课，公开课围绕学科培养目标，在大单元教学理念指导下，以单元教学为整合模式，精心设计开放性教学问题；6名教师分别围绕高中课程整体构建、大单元教学设计、发展力课程实施、高端学术课程探索以及生物学科课程教研等方面作专题发言。专家点评认为育英学校抓住教育本质，回答为什么办教育、怎样办教育的问题；在教师队伍培养过程中，始终围绕“四有教师”“四个引路人”标准培养教师，营造良好的教学生态，形成教师发展良性循环；围绕课堂教学和课程建设两个方面，按照教育方式和规律推动教学发展，狠抓教学基本问题的深入研究，探索课程创新的落实途径。2016年3月，区教委启动新品牌学校建设工程，19所学校申报成为新品牌学校。

（宋亚甫）

【首届中国新西兰校长论坛】 10月11日，首届中国新西兰校长论坛在一零一中召开。论坛由区教委国际交流与合作办公室主办，一零一中教育集团承办，设主旨报告、国际沙龙环节，围绕中国、新西兰双方“跨文化交流与未来教育的探索与实践”进行多领域交流探讨，就未来教育发展趋势、国际教育实践、培养全球公民等教育热点议题展开主题演讲。论坛期间，一零一中与新西兰卡皮提中学进行友好学校签约仪式，海淀区教师进修学校附属实验学校与新西兰塔瓦中学进行友好学校签约仪式。论坛闭幕式上，中、新各方代表发起倡议，在友好学校基础上建立新西兰海外实践基地，扩大中小学实践课堂的范围，让中国学生走出去，成为德、智、体、美、劳全面发展的创新型、复合型、应用型人才。区政府、区教委领导，新西兰驻华大使馆教育参赞及双方教育工作者200人参加论坛交流。

（康文中　宋亚甫）

【融合教育全员及特教教师系列培训】 10月11日至12日，区教委举办融合教育全员培训及特教教师专业必修培训。听取浙江工业大学徐云“孤独症儿童的教育教学与融合”经验交流与案例分享，北京师范大学博士王琳琳《融合教育背景下特殊需要儿童的表现及应对策略》的主题讲座；西北师范大学教授杨中枢为特教教师专业必修课培训授课，从中西不同课程管理体制引入，对教师课程意识、培智学校课程调整依据、培智学校课程调整重点进行分析，并就做好课程建设给出经验和建议。全区融合教育教师和特教教师300人参加培训。

（宋亚甫）

【普通学校优质发展交流会】 10月25日至26日，区教委召开“普通学校优质发展：理念与行动”主题交流会。来自全国各地的近800名教育同行参加会议。会议由北京教育学院、区教委主办，育英学校承办，听取“一位让学校从普通走向优质的校长”主题发言，育英学校校长介绍学校文化建设、制度建设和课程建设方面的探索，中国教育学会专家作题为“基础教育改革和发展走向”的专题报告，24名教师在“小学沙龙”“初中沙龙”“高中沙龙”发言。2016年9月，育英学校正式实施学生综合素质评价。

（宋亚甫）

基础教育

【4名学生获“北京青少年科技创新市长奖”】 1月3日，第十七届“北京青少年科技创新市长奖”揭晓，10名学生获奖，其中海淀区4人，分别是人大附中王煜桐“用废弃轮胎制备硫掺杂炭材料提升锂硫电池的电化学性能”和陈芃润“人机交互智能切换装置”、一零一中学肖雨涵“基于语音

和动作识别的遥控器”、育英学校谢竞宁“一种提高有机朗肯循环系统效率的方法”。本届参与终评答辩的项目涉及环境科学、工程学、植物学、化学、物理、生物医学、行为与社会科学、计算机科学、生物化学9个学科，选手通过介绍自己的课题，阐述对科学研究的认识及参与科技活动的感受，通过PPT、照片、视频等形式展示个人特长和才能。

（宋亚甫）

【海淀区首届中小学冰雪嘉年华】 1月6日，海淀区首届中小学冰雪嘉年华启动。启动仪式上，展示冰雪嘉年华吉祥物小企鹅，举办登坡、雪上方阵表演，滑雪对抗赛，以及雪地龙舟、雪球大轰炸、雪上铁人三项、雪域狂欢等趣味活动和比赛，50所区级冰雪运动试点学校学生参加。本次活动在狂飙乐园开展，场地分南部为正规滑雪场、北部为雪上儿童乐园，历时一个半月，一万余名中小学生参与活动。

（宋亚甫）

【安全教育“百校百剧”展演】 3月22日，区教委在上地实验学校举办全国中小学生安全教育日之“百校百剧”进校园展演。一零一中学、翠微小学北校区、台头小学、石油附属实验小学、北外附小及中关村一小学生表演情景剧《瘾》《奶奶别怕，有我呢》《希望的红风筝》《独自在家》《淡定的我》《商场惊魂》。来自中国灾害防御协会、市安全监管局宣教中心、市公安消防局、海淀公安分局、海淀区应急管理局、区教委领导专家对演出剧目进行点评。“百校百剧”是区教委在全国创新推出的校园安全教育舞台情景剧，内容涉及地震、火灾、踩踏等安全知识，已推出40部中文剧、10部英文剧，以同学们喜闻乐见的形式，宣传各种安全知识，提升孩子们的安全防护意识，并以“小手拉大手”，将安全生产、应急自救的知识普及进入每个家庭，促进全社会安全知识的提升。海淀区中小学生校园安全教育舞台情景剧“百校百剧”于2017年6月启动，200多所中小学参与，开创国内首个“应急文化＋安全教育＋亲身参与”创新安全教育模式，覆盖四大类灾害，多次参加联合国防灾减灾活动及国际青少年夏令营活动，被推广到北京市石景山区、西城区，四川雅安，河北雄安等地。

（宋亚甫）

【全国首个“航空国防班”开班】 3月28日，全国首个“航空国防班”在八一学校附属玉泉中学正式开班。该班由北京市飞行者航空科普促进中心发起，30名初一学生经过严格面试选拔和基础军事训练后，正式成为“航空国防班”首批学员。该班以航空文化知识、专业飞行知识为抓手，是培训领导型人才的少年军事航校学习班，全程军事化管理。在为期一学年的学习训练中，学员们将通过军事素养、航空基础理论、飞行教学、心理素质训练等四大方向课程的学习和实践，提升全面素质。除学校内上课外，学员们还到平谷机场进行飞行实践操作教学，利用全真1:1飞行模拟机，模拟飞行操作。

（宋亚甫）

【民办幼儿园教师专项培训班】 4月3日，区教委与北京开发大学合作举办的海淀区民办园教师专项培训班结束。培训于2018年12月7日开班，共80学时，11所民办幼儿园的保教管理干部和骨干教师30人参加学习班，均获得结业证书。培训班采取“线上＋线下”形式，其中线上40学时、线下40学时，线上内容主要包括三门网络课程共6个模块：“幼儿园日常安全管理”“学前儿童健康教育”“学前儿童家庭教育”；线下学习包括跨区观摩研讨、工作坊等形式。

（宋亚甫）

【五十七中承办上庄中学】 4月9日，海淀区五十七中学正式承办上庄中学。上庄中学更名为北京市第五十七中学上庄分校，保持独立建制，区属公办学校性质不变，学校办学类型变更为十二年一贯学校，暂时招收初中学生。五十七中学与海淀区羊坊店第五小学建立九年一贯对口直升机制。从2019年入学小学一年级学生开始，6年后按照不低于当年五十七中初中招生计划20%的比例参加直升。上庄中学成立于1973年，现有在编教工54人，学生310人。

（宋亚甫）

【中关村二小承办万泉河小学】 4月11日，海淀区中关村二小正式承办万泉河小学。万泉河小学更名为北京市海淀区中关村第二小学万泉河分校，保持独立建制，区属公办小学性质不变，仍为区教委所属的独立核算财政补助事业单位，纳入中关村二小教育集团一体化管理。万泉河小学始建于1949年10月，是海淀区唯一一所“体育运动学校”，现有19个教学班，600余名学生，教职工50余人。

（宋亚甫）

【中关村三小承办科技园小学】 4月17日，海淀区中关村第三小学正式承办海淀区科技园小学。科技园小学更名为北京市海淀区中关村第三小学科技园分校，继续保持独立建制，区属公办小学性质不变，纳入中关村三小教育集团一体化管理，开展集团内的资源统筹、人才合理流动、课程整合共享及教师研训一体的集团化办学模式探索，探索适合北部地区发展特点的优质教育新样态和新路径。2015年，海淀区大牛坊小学与西玉河小学合并为科技园小学，现学校借址原永丰中学办学，办学规模为36个班。

（宋亚甫）

【国内首部校园安全教育电影宣传活动】 4月18日，国内首部校园安全教育电影《妈妈你真棒》宣传活动在北京举行。电影由区教委、东方核芯力联合教育部、应急管理部、共青团中央等16家单位摄制，在海淀、廊坊、雄安三地拍摄，校园取景地主要在北京一零一中学，2名主演分别是北京市师达中学、十一学校龙樾实验中学学生，电影展现应对火灾、野外求生、交通意外、医疗救助、食品卫生安全等多种安全状况的知识和应急技巧。《妈妈你真棒》是海淀区中小学生校园安全教育舞台情景剧“百校百剧”的一部分。

（宋亚甫）

【初中登记入学派位】 5月22日，区教委完成2019年初中登记入学派位。在海淀区参加升学的小学毕业生25752人，其中参加登记入学派位学生21478人，占升学学生总数的83.4%。登记入学派位录取学生占升学学生总数的24.7%，6356名小学毕业生通过登记入学升入初中。

（宋亚甫）

【中关村二小昌平分校合作办学】 6月5日，区教委和昌平区教委、中关村二小合作办学签约仪式举行。三方合作举办北京市海淀区中关村第二小学昌平学校，该校位于北七家国瑞熙墅小区，为昌平区教委所属公办学校，建筑设计规模24个班，计划2019年9月1日开学。

（宋亚甫）

【孙向恺获物理奥赛第一名】 7月7日至15日，第五十届国际物理奥林匹克竞赛在以色列特拉维夫举行，来自78个国家和地区的360余名选手参赛。中国代表队由5名选手组成，获团体总分第一名。5名队员全部获得金牌，包揽所有个人单项第一，其中海淀区人大附中高中学生孙向恺个人理论成绩第一名、总成绩第一名。

（宋亚甫）

【上地学区新增一所幼儿园】 7月19日，区教委与北京体育大学达成合作办园意向，决定建成北京市海淀区恩济里体大幼儿园，加挂北京体育大学东胜实验幼儿园牌子。该幼儿园占地面积8924平方米，办园规模12个班，由海淀区恩济里幼儿园承办，按照市级示范园标准运行，面向北京体育大学和周边社区招生。

（宋亚甫）

【获全国青少年科技创新大赛7个一等奖】 7月22日至25日，第34届全国青少年科技创新大赛在澳门举行。来自全国的35支代表队、50余个国家和地区的代表队以及专家、媒体代表共1500余人参加大赛。大赛分青少年和科技辅导员两个板块，其中青少年板块包括青少年科技创新成果竞赛和少年儿童科学幻想绘画、青少年优秀科技实践活动，科技辅导员板块包括科教制作类、科教方案类创新成果竞赛、优秀科技辅导员评选。经逐级选拔推荐，500余名中小学生和200名科技辅导员参加终评竞赛、展示和交流活动，北京获得学生项目一等奖9项、二等奖8项、三等奖4项，其中海淀区学生获得一等奖7项、二等奖1项、三等奖2项，分别来自中关村中学、清华附中、清华附属实验学校、人大附中及育英学校。人大附中学生梁天昊获得最高奖“中国科协主席奖”。

（宋亚甫）

【区教委与怀柔区教委签署教育合作框架协议】 7月24日，区教委与怀柔区教委举行教育合作框架协议签约仪式。根据协议，海淀区将在学校结对、一体化办学、干部挂职、教师跟岗、教研合作、学生交流等方面为怀柔区提供支持和指导。

（宋亚甫）

【参加国际青少年文化艺术交流周】 8月13日，海淀区举办第八届“欢动北京”国际青少年文化艺术交流周海淀行活动。活动以“欢动北京·浓情海淀”为主题，温泉苏家坨学区200余名学生与来自秘鲁、印度、土库曼斯坦、缅甸、德国及中国澳门特别行政区、四川、山西等地青少年表演节目，包括民间舞蹈、武术表演、独轮车表演、街舞、合唱及评剧等17个节目。有关领导及中外青少年400人参加活动。“欢动北京”国际青少年文化艺术交流周由市政府主办，活动于8月9日至14日在京举办，共吸引12个共建“一带一路”国家及来自中国澳门特别行政区和26个省区市的5000余名青少年参加。

（宋亚甫）

【与三地31所学校结对】 9月5日，海淀区教委与内蒙古兴安盟科右前旗32所学校结对签约。海淀区教师进修学校、十一学校一分校、民族小学、立信幼儿园等15所学校分别与科右前旗教研室、科右前旗教师进修学校等17所学校签约，双方将在学校管理、教育教学、师资队伍建设、信息资源共享等方面互动交流，海淀区继续选派教师、管理干部到受援地，交流教育理念、管理经验和教学方法，组织开展学科教研交流等活动。11月8日，区教委与河北张家口赤城县教育体育和科学技术局签订开展教育合作框架协议，双方各4所学校建立第一批手拉手合作学校，海淀区将在教育硬件建设、教师培养、干部培训、教学科研等方面给予指导和帮扶。11月11日，区教委与湖北丹江口教育局举行第二批教育结对协作签约仪式，双方各有10所学校签署教育结对协议，实现教育理念、资源、管理与成果互通共享。

（宋亚甫）

【少先队建队70周年庆祝活动】 10月，区教委举办中国少年先锋队建队70周年系列庆祝活动。全区以校为单位，各少先队大队集中开展“习爷爷教导记心中”国旗下讲话，少先队中队集中开展“我和红领巾的故事”分享汇，组织开展少先队基本知识和标志礼仪教育、“我为新中国唱首歌”仪式；各学校开展主题大队会、主题队课、建队仪式等活动。开展“争做新时代好队员”主题教育活动，展示少先队组织风采。10月15日，第九届红领巾鼓号队风采展示，28所学校1500余名学生集中展示风采。10月10日至13日，参加全国少工委办公室开展的“争做新时代好队员”实践体验分享汇活动，3名少先队员作为北京市入选代表，分享参加国庆群众游行所思所感。海淀少先队拥有160名大队辅导员、4400余名中队辅导员、15万名在校少先队员。

（宋亚甫）

【国际化融合课程建设学术论坛】 11月2日至3日，区教委举办首届“学贯中西”国际化融合课程建设学术论坛及“创变领导力与PBL教学法”主题工作坊。此次论坛是2019年“海淀教育与世界对话”系列活动之一，由区教委、区教科院主办，八一学校协办，邀请美国、加拿大、英国及国内教育专家，以“集中西教育精华，共建国际化融合课程”为主题，通过主旨演讲和主题工作坊等形式，探讨国际化融合课程建设有效方案，探索国际化教育理想变革方式。有关专家及中小学教育工作者200余人参加活动。

（宋亚甫）

【第二届课堂教学研讨会】 11月22日至23日，由中国教育学会、区教委主办，中国教育学会教师专业发展研究中心、中国教育学会初中教育专业委员会和海淀区教师进修学校承办的中国教育学会第二届课堂教学研讨会在海淀区举办。研讨会设立校长论坛和专家报告、现场展示及研讨、专家沙龙、学科教研基地论坛、大会总结6个单元，与会者围绕“促进核心素养发展的学习方式变革”主题，做4个校长和专家主旨报告、32节现场课、美国专家专题讲座、一场专家沙龙及4个学科教研基地专题发言。26个省市及美国高校、科研院所、中小幼教育机构代表1000余人参加会议。

（宋亚甫）

【礼乐文明教育】 11月29日，区教委举办2019年全国礼乐教育实践探索研讨会暨《小学礼乐文明教育》地方教材发布会，清华大学专家及北京、江苏、河南、广东等地教师300人参加会议。会上分享海淀区礼乐文化教育策略，研讨小学礼乐教育具体实践方式；海淀区红英小学汇报学校礼乐教育情况，学生展示诗乐舞、古琴、箜篌演奏等节目。2014年年底，海淀教科院与清华大学中国礼学研究中心开展合作。至2019年，举办4场礼乐教育主题研讨会，3期骨干教师礼乐文化教育培训班，编印3本礼乐教育文集，推出26节礼乐文化教育示范课，完成《小学礼乐文明教育》并通过北京市地方教材初审。

（宋亚甫）

【礼尚“网”来德育品牌被评优秀】 12月5日，北京市信息管理学校礼尚“网”来德育品牌参加市职业院校德育“一校一品”创评活动，获优秀德育品牌。2012年起，学校建设礼尚“网”来礼仪教育微信平台，开展传统礼仪、日常生活礼仪和职业礼仪教育，通过线上学习与线下践行相结合形式，形成学生文明礼仪教育的立体空间，实现学生文明礼仪素质的全面提升。平台结合学校《职业人成长手册》，形成着装礼仪、值周礼仪、升旗礼仪、实训礼仪、课间礼仪、尊师礼仪、同学礼仪、就餐礼仪、集会礼仪九大礼仪模块，将各模块资源数字化，构建成为交互式、游戏式的中职特色礼仪教育资源；平台将传统职业礼仪教育内容进行碎片化处理，提炼坐姿、站姿、走姿、蹲姿、手势、接待6类职业礼仪行为，构成通识礼仪教育载体，建立全新的通识礼仪教育结构。

（宋亚甫）

【“海淀智慧教育云”启动】 12月19日，海淀智慧教育云正式启动，是北京市首个政府专有教育云，可为海淀区教育系统所有单位，包括中小学、幼儿园、职业学校、特殊教育学校、事业单位以及教委机关，提供独享的计算资源、存储资源、物理服务器、各类云服务相关的虚拟化资源，以及容灾备份、安全等级保护等云服务，为学校提供完整的网络安全保护与运维。海淀区教育招生和考试中心、海淀区教育人才服务中心、北京科技大学附属中学、首都师范大学附属小学、海淀区双榆树第一小学5家单位与区教育科学研究院签署入云托管协议。

（宋亚甫）

【3名学生获“北京青少年科技创新市长奖”】 12月20日，海淀区3名学生获得第十八届“北京青少年科技创新市长奖”。北京青少年科技创新市长奖由市科协、市教委、市科委联合主办，本届参与终评答辩的项目涉及工程学、天文学、环境科学、植物学、计算机科学与技术、生物医学、化学、微生物学、生物化学9个学科。评审委员会评选出10名市长奖获得者，其中，一零一中学田茗羽、清华大学附中林岩、中国人民大学附中梁天昊分别以“利用C2H谱线分析蛇夫座分子云的部分结构”“固态柔性可快速充电电池的设计研究”“金属材料对抗酸雨腐蚀的智能‘外衣’：对传统金属涂层的改进”项目获得“北京青少年科技创新市长奖”。

（宋亚甫）

高等教育

【概况】 海淀区是全国高等院校最密集、高等教育最发达的地区。2019年，区域内有普通高等学校37所。有中共中央党校、国家行政学院、中国人民解放军国防大学、中央社会主义学院、中央民族干部学院、中国青年政治学院6所党、政、军、团高级干部培训学府。北京天主教神哲学院和燕京神学院在区境内。

（钟冷　郭君兮）

【“二氧化碳在炼钢的资源化应用技术”入选2018年世界钢铁工业十大技术要闻】 1月1日，世界金属导报社公布“2018年世界钢铁工业十大技术要闻”，北京科技大学教授朱荣主持的“二氧化碳在炼钢的资源化应用技术”入选。朱荣团队针对炼钢过程中烟尘产生量大、二氧化碳排放量高这两大技术难题，首次提出利用二氧化碳的反应吸热效应实现降尘，将二氧化碳资源化应用于炼钢的设想。十余年来，该团队系统揭示二氧化碳用于炼钢的物理化学本质，建立健全相关理论体系，助推节能减排和钢铁冶炼洁净化。相关技术已成功在首钢京唐钢铁联合有限责任公司完成工业示范，并推广应用于天津天管特殊钢有限公司、西宁特殊钢股份有限公司等，取得良好的经济效益和社会效益。

（陈曦）

【北京航空航天大学获8项国家科技奖励】 1月8日，中共中央、国务院在北京举行国家科学技术奖励大会，北京航空航天大学获2018年度国家科技奖励8项，其中国家技术发明一等奖1项、国家科技进步一等奖1项、国家技术发明二等奖3项、国家科技进步二等奖3项。

（朴悦嘉）

【中国人民大学发布中国发展指数（2018）】1月11日，中国人民大学中国调查与数据中心发布中国发展指数（2018）[简称RCDI（2018）]。RCDI（2018）共有15个指标，由健康、教育、生活水平（经济）、社会环境4个分指数合成，数据来源于《中国统计年鉴（2018）》，反映中国分地区2017年度的社会经济等方面的基本状况。RCDI（2018）总指数为94.83，相对于RCDI（2017）总指数增长率为2.11%；健康分指数、教育分指数、生活水平分指数、社会环境分指数分别为90.92、84.60、114.36、91.92，相对于RCDI（2017）4个分指数增长率分别为1.78%、1.52%、4.52%、0.67%。

（陈伟杰　钟冷）

【北京大学启动3项“一带一路”重大项目】1月11日，北京大学服务“一带一路”倡议重大项目发布会举行，宣布“海上丝绸之路与郑和下西洋”及其沿线地区的历史和文化研究重大项目、“丝路重大考古发掘与丝路文明传承”重大项目、“一带一路”书院“未来领导者”国际双学位本科项目启动。“海上丝绸之路与郑和下西洋”项目意在沿着“海上丝绸之路与郑和下西洋”的地域范畴，进一步探讨沿线地区和国家的近现代历史与文化，逐渐建立起系统扎实的基础研究体系。“丝路重大考古发掘与丝路文明传承”重大项目将立足北京大学丝路考古优势，通过国内外合作交流、个人研究与团队建设相结合的方式，以创新研究范式推动考古学科融合式发展，揭示丝路文明传承的历史规律，为构建国际交往和文明交流的新价值观提供理论支撑。“一带一路”书院“未来领导者”国际双学位本科项目以国际化的、开放创新为办学理念和人才培养模式，已与13个国家的14所顶尖院校达成合作意向，共建教育合作联盟。

（任一丁）

【“2018中国文化产业系列指数”发布】1月12日，由中国人民大学主办、中国人民大学文化科技园和中国人民大学文化产业研究院承办的“2018中国文化产业系列指数发布会”在中国人民大学举行，发布2018中国省市文化产业指数与中国文化消费指数等。中国省市文化产业发展指数由产业生产力、驱动力和影响力3个分指数构成。从综合指数来看，北京凭借文化产业影响力和驱动力的优势排名第一。中国文化消费指数由文化消费环境、意愿、能力、水平、满意度5个分指数构成。从综合指数看，中国文化消费综合指数继续走高。从性别看，2017年男性文化消费指数首次超过女性，2018年女性的综合指数高于男性，但两者之间的差距不断缩小。从年龄看，26～40岁居民是文化消费主力；17岁以下居民的文化消费意愿指数最高。最受消费者欢迎的五大文化产品依次是：电视广播，网络文化活动，电影，图书/报纸/期刊，文化旅游。居民消费支出最大的五大文化产品依次是：游戏、文化旅游、文化娱乐活动、电影、网络文化活动。

（陈伟杰）

【中国农业大学两专业通过中俄联合国际认证】1月16日，教育部高等教育教学评估中心公布“理农人文社科类28个专业试点认证结论”。中国农业大学植物保护专业和园艺专业通过中俄联合国际认证，成为中国农林类高校中首家参与并通过中俄联合国际专业认证的单位。

（杜伟）

【中国人民大学工程学科进入ESI全球排名前1%】1月18日，根据科睿唯安（Clarivate Analytics）发布的最新一期基本科学指标数据库（Essential Science Indicators，ESI）数据，中国人民大学的工程学科（Engineering）首次进入全球科研机构排名前1%，成为中国人民大学进入ESI的学科。此次工程学科进入全球前1%的机构有1430个，中国人民大学位于1408位，国际排名百分位0.985。

（陈伟杰）

【北京工商大学农业科学学科进入ESI全球排名前1%】1月18日，根据科睿唯安（Clarivate Analyti cs）发布的最新一期基本科学指标数据库（Essential Science Indicators，ESI）数据，北京工商大学农业科学（Agricultural Sciences）学科首次进入全球科研机构前1%行列，北京工商大学成为北京市属高校继北京工业大学、首都医科大学、首都师范大学后第四个拥有ESI前1%学科的高校。

（杨蓉　杨巧明）

【北京大学研究成果入选2018年度“中国科学十大进展”】2月27日，2018年度“中国科学十大进展”在北京揭晓。北京大学物理学院量子材料科学中心教授江颖和中国科学院院士王恩哥领导的“揭示水合离子的原子结构和幻数效应”研究成果入选。研究团队开发一种基于高阶静电力的新型扫描探针技术，刷新扫描探针显微镜空间分辨率的世界纪录，实现氢原子的直接成像和定位，在国际上首次获得单个钠离子水合物的原子级分辨图像，并发现水合离子的迁移率与特定水分子数目相关这一全新的动力学幻数效应。该工作首次澄清界面上离子水合物的原子构型，建立离子水合物的微观结构和输运性质之间的直接关联，颠覆受限体系中离子输运的传统认识。

（任一丁）

【中国矿业大学（北京）110周年校庆年活动】3月1日，中国矿业大学（北京）举行110周年校庆年启动仪式。仪式上，学校发布校庆LOGO和校庆第一号公告，启动新校训、新校徽的公开投票活动。3月至10月，学校以“传承·奋进·筑梦”为主题，以“育一流人才，创一流大学”为主线举办校庆系列活动。11月10日，中国矿业大学（北京）召开建校110周年纪念大会。全国政协副主席辜胜阻出席大会并讲话，教育部副部长郑富芝、应急管理部副部长尚勇、北京大学校长郝平等出席大会并致辞，17名院士、国家有关部委和省、市领导，109位国内其他高校的领导和专家，17位国外大学的校长和专家，175家理事单位和知名企业董事长、总经理等出席校庆大会。

（杨恬）

【“北邮网安杯”第二届全国中学生网络安全技术大赛举行】 3月17日，2019年“北邮网安杯”第二届全国中学生网络安全技术大赛线下决赛在北京邮电大学举行。27个省、自治区、直辖市的中学生报名参赛，经过线上预赛的激烈争夺，最终42名预赛成绩优异的中学生选手脱颖而出，参加于3月17日在我校举行的线下决赛。竞赛中各位选手充分展示web安全、在线编程、逆向分析等优异的网络安全技术实力。大赛最终评选出一等奖1名、二等奖5名、三等奖10名。

（吴旻）

【北京语言大学在国内率先设立“语言学”本科专业】 3月21日，教育部公布2018年度普通高等学校本科专业备案和审批结果，北京语言大学申报的“语言学”专业（新增）获得批准。语言学系的成立和“语言学”本科专业的设立，实现学校本科专业建设与发展规划的稳步推进和新专业的领先布局。

（刘奕男）

【清华大学“乡村振兴工作站”建设】 3月至12月，清华大学开展“乡村振兴工作站”建设，驻点长期开展“乡村振兴”主题实践。学校依托“清华大学学生社会实践基地”建设“乡村振兴工作站”，通过与地方政府共建实体工作站点，提供生活、工作、培训的功能保障，创新校地合作机制，引导青年学生结合专业实践积极服务国家乡村振兴战略。3月，首个“乡村振兴工作站”在福建福鼎建成并投入使用。全年共有39支437名师生，到17个省的25个区、县开展“乡村振兴工作站”建设，形成设计方案、实践报告、文创设计、学术调研等成果。

（吴筱君）

【国内首家智慧矿山与机器人研究院成立】 4月1日，中国矿业大学（北京）智慧矿山与机器人研究院在北京成立，这是国内首家智慧矿山与机器人研究院。研究院以中国矿业大学（北京）和中国煤炭科工集团研究人员为主，致力于开展煤炭行业无人工作面智能化开采的创新发展道路，将师资力量和科研储备进行融合，快速培养工程化带头人。研究院首任院长由中国工程院院士王国法担任。

（杨恬）

【中国青年政治学院特聘教授为中央政治局集体学习讲解】 4月19日，中共中央政治局举行第十四次集体学习，中国青年政治学院特聘教授李玉琦就“五四运动的历史意义和时代价值”作讲解。习近平总书记强调，要加强对五四运动历史意义、五四精神时代价值、五四运动以来中国青年运动的研究，同时也要加强对五四运动史料和文物的收集、整理、保护。会后，学校召开五四运动和五四精神研究工作推进会，贯彻落实习近平总书记关于加强对五四运动和五四精神的研究的重要指示，制定《中国青年政治学院全面加强五四运动和五四精神研究规划（2019—2024）》，组建五四运动以来中国青年运动研究课题组和五四运动文物资料收集整理工作组，推进五四运动和五四精神研究与历史文物保护工作。在马克思主义一级学科下增设“中国近现代史基本问题研究”目录内二级学科点，下设“五四运动和五四精神研究”和“中国青年运动的理论和实践研究”研究方向。

（崔保锋）

【2个实验教学项目获国家虚拟仿真实验教学项目认定】 4月，中国地质大学（北京）申报的“北京周口店野外地质仿真模拟实习”与“复杂地形条件下空间信息采集与地理环境仿真虚拟实验”2个实验教学项目通过北京市教委评选、教育部审核公示，分别获得国家级虚拟仿真实验教学项目地质类和测绘类两个类别的认定。“北京周口店野外地质仿真模拟实习”实验教学项目，可以让学生通过二、三维地质体变形仿真模拟试验，实现从课堂到野外虚拟现实的无缝转换。“复杂地形条件下空间信息采集与地理环境仿真虚拟实验”以地形复杂、滑坡灾害多发的北京上方山地区为研究区域，训练学生综合运用专业理论知识，完成复杂地形的空间信息采集、加工、输出、应用全过程的工作流，评估滑坡灾害等级，撰写滑坡灾害评估报告，是测绘学本科生专业培养的重要内容。

（李媛媛）

【纪念五四运动100周年学术研讨会】 5月4日，由市委教育工作委员会和北京大学主办的“五四运动与新时代”纪念五四运动100周年学术研讨会暨五四运动研究中心成立仪式在北京大学举行。市委常委、教育工委书记王宁，中宣部宣教局副局长常戌，共青团中央书记处书记徐晓，市委副秘书长郑登文，市委教育工委常务副书记郑吉春等出席会议。北京大学党委书记邱水平、校长郝平等领导班子成员、相关院系部门负责人、200多名学生代表参加会议。五四运动研究中心以习近平新时代中国特色社会主义思想为指导，开展五四运动及中国近现代史研究，提供富有时代性、前瞻性、原创性和重大影响力的思想理论成果。

（刘鹏）

【《马藏》首发仪式举行】 5月4日，北京大学“纪念五四运动一百周年”马克思主义在中国的早期传播学术研讨会暨《马藏》首发仪式举行。《马藏》由北京大学组织编纂，系统呈现马克思主义在中国传播、接受和发展的历史文献典籍——《马藏》第1部第1卷至第5卷，收录1884年至1903年出版的马克思主义相关著作、译著类文献，约370万字。《马藏》研究第一辑同时出版。中央马工程[①]咨询委员会主任徐光春，中共中央党校副校长谢春涛，中央党史和文献研究院原副院长陈晋，北京大学党委书记邱水平，党委常务副书记、马克思主义学院院长于鸿君等校领导，来自其他院校的专家学者出席会议。专家

① 马工程：“马克思主义理论研究和建设工程”。

学者们围绕着“五四运动与马克思主义在中国的早期传播的关系”“北大在马克思主义传播和研究的重要地位”“在新时代研究和发展马克思主义”等话题进行研讨。

（任一丁）

【北京大学国际发展战略发布】 5月4日，北京大学发布《北京大学国际发展战略——全球卓越：面向未来的责任与担当》。战略包括创新、引领、开放、独特、多元、塑造六大理念；明确六大行动路径：以增强创新创造实效为方针，推进科研国际协同创新；以提升引领未来能力为主线，全面培育全球卓越人才；以开放融通互利共赢为途径，构建好国际学术共同体；以中国特色北大风格为底蕴，争创国际交流独特范式；以多元聚才品质校园为载体，打造一流国际智识高地；以塑造国际发展动能为统领，优化全球合作协同体系。战略制定六大行动计划：国际科研协同创新计划、全球卓越人才培养计划、全球卓越新型互联计划、国际发展特色行动计划、国际智识高地打造计划、全球合作协同推进计划。

（傅翰文）

【冬奥会竞赛项目知识介绍片发布】 5月7日，由北京体育大学承制的15部冬奥会竞赛项目知识介绍片发布。这是国内首套具有自主知识产权的竞赛知识视频资料。知识介绍片介绍北京冬奥会15个竞赛分项的基本知识，包括速度滑冰、短道速滑、花样滑冰、冰壶、冰球、高山滑雪、越野滑雪、跳台滑雪、北欧两项、单板滑雪、自由式滑雪、冬季两项、雪车、钢架雪车、雪橇。每部短片时长约4分钟，阐述各竞赛分项的历史沿革、场地情况、器材装备、竞赛规则、观赛赏析点等内容，以3D动画技术、立体视觉技术等手段进行辅助呈现。

（董健）

【国际理论物理中心—亚太地区正式启动】 5月13日，联合国教科文组织国际理论物理中心—亚太地区（International Centre for Theoretical Physics Asia-Pacific，简称ICTP-AP）在中国科学院大学中关村校区启动，同时召开基础物理前沿国际研讨会。会议组织27场学术报告，来自9个国家的130余位专家学者参加。ICTP-AP是开展基础科学前沿与相关交叉科学领域高水平科研、教育和培训的非营利性组织，也是联合国教科文组织在中国建设的第一个基础科学方面的二类中心。

（通拉嘎）

【北京·第三届网络教育年会】 6月22日，由北京开放大学主办的2019北京·第三届网络教育年会召开。大会主题为“探索创新融合：新途径与新方法”，多位来自开放教育、网络教育、智能教育等多领域、跨学科的国内外权威专家学者为大会带来报告和发言，从多个维度研讨新时代信息技术与开放教育创新融合之路。

（李玥　郭莹）

【王岐山出席第八届世界和平论坛开幕式】 7月8日至9日，由清华大学主办、中国人民外交学会协办的第八届世界和平论坛在清华大学开幕。本届论坛主题为“稳定国际秩序：共担、共治、共享”，50余个国家的驻华使节出席论坛开幕式。国家副主席王岐山出席论坛开幕式并致辞。来自多个国家的前政要和来自24个国家的100位智库学者，就当今世界持续面临的安全挑战进行讨论，并提出建设性应对方案，推动国际社会的安全合作。王岐山指出，面对当今国际秩序变革调整，中国主张推动构建新型国际关系和人类命运共同体，维护多边主义基石，拓宽共同发展途径，促进文明互学互鉴，携手应对人类共同新挑战。呼吁各国坚守和平发展的信念，毫不动摇地推进经济全球化，共同构建更加公正合理、稳定有效的国际秩序。

（吴筱君）

【“尼泊尔哈珠拉市小城镇发展评估报告”发布】 7月8日至10日，中国农业大学与联合国南南合作办公室合作完成的“尼泊尔哈珠拉市小城镇发展评估报告”在塔什干发布。这是中国农业大学通过南南及三方合作推动中国与“一带一路”国家平行分享减贫、乡村振兴以及城乡融合发展经验的新举措。同时，与尼方签署校、市合作意向书。

（杜伟）

【发现亚洲首例霸王龙足迹】 7月29日，中外古生物学专家、学者宣布，在江西省赣州发现一个巨大的恐龙足迹，这是中国乃至亚洲首次发现暴龙足迹，对研究中国白垩纪最末期恐龙动物群的分布与演化有着重要意义。该研究由中国地质大学（北京）的邢立达副教授、英良世界石材自然历史博物馆执行馆长钮科程、美国科罗拉多大学足迹博物馆馆长马丁·洛克利等学者共同研究，论文以封面文章的形式发表在国内权威学术期刊《科学通报》（Science Bulletin）上。暴龙又名霸王龙，是一种超大型的肉食性恐龙，属于兽脚类，生活在晚白垩世的最后300万年，距今约6850至6550万年前，随后在白垩纪—古近纪大灭绝事件中销声匿迹。

（李媛媛）

【《中华文明传播史》编纂工程启动】 7月29日，北京大学国际汉学家研修基地国际合作项目——“中华文明传播史”启动暨与商务印书馆、博睿出版社合作签约仪式举行。北京大学校长郝平、副校长王博，北京大学国际汉学家研修基地主任、《中华文明传播史》项目主持人袁行霈，商务印书馆党委书记、副总编辑李平等出席仪式。《中华文明传播史》国际学术工作坊与会学者、北京大学相关职能部门负责人、国际汉学家研修基地成员和媒体记者共40余人参加仪式。该项目覆盖文学、历史、哲学、艺术、宗教、制度、语言、科技、社会风俗等方面，内容涉及典籍的传播与翻译、人员的交往、经贸的来往、器物的交换、海外的移民等，配合“一带一路”倡议，为当代中国文化的国际传播、国际汉语推广提供借鉴经验。拟用5年时间，以专题论文集、考察报告、文献资料集和多卷本《中华文明传播史》等形式展现最终研究成果。

（徐聪颖）

【全球首款异构融合类脑芯片“天机芯”发布】 8月1日，清华大学类脑计算研究中心施路平教授团队发布类脑计算芯片“天机芯”。该芯片是面向人工通用智能的世界首款异构融合类脑计算芯片。基于此研究成果的论文“面向人工通用智能的异构天机芯片架构”作为封面文章刊登在8月1日《自然》上。10月20日，“天机芯”入选2019世界互联网15项领先科技成果。

（吴筱君）

【首届“西部高校、民族院校新闻传播学科院长论坛”】 9月6日，首届西部高校、民族院校新闻传播学科院长论坛在中央民族大学举办。论坛由中央民族大学倡议，由西安交通大学、兰州大学、云南大学、广西大学、内蒙古大学、宁夏大学，以及国家民委直属院校等12所高校联合发起，来自云南大学、广西大学、宁夏大学以及国家民委5所直属院校的有关人员参加，探讨西部高校、民族院校新常闻传播学科建设、专业建设与人才培养所面临的挑战与问题。论坛设立“知行奖”，表彰在新闻传播教学、研究领域做出重要贡献的教师、教学成果、科研成果，以及学术优秀的本科生与研究生，以期形成西部高校、民族院校新闻传播学科教师发展与学生培养的共享平台、专业建设与学科建设的共促平台。

（周翊兰）

【“傲雪”金银木被授予植物新品种权】 9月，北京农业职业学院教授石进朝选育的“傲雪”金银木被国家林业与草原局授予植物新品种权（品种权号：20190131）。“傲雪”金银木喜光，耐半阴。耐寒、耐旱、耐贫瘠、耐水湿和轻度盐碱土。对土壤适应性强，萌芽力强，耐修剪。繁殖容易，栽培管理方便，适生范围广，抗逆性强，观赏价值高，是北京地区乡土春花秋果树种之一，适合在中国东北、华北、西北、黄河及淮河流域等地区栽培推广，在北京增彩延绿工程及城乡绿化美化中有着良好的应用前景。

（刘宪东　石进朝）

【中国劳动关系学院建校70周年庆祝活动】 10月13日，在全国总工会党组、书记处的关心下，中国劳动关系学院召开建校70周年庆祝大会，全国总工会主席王东明对学校建校70周年致以热烈祝贺并做出重要批示，书记李玉赋出席庆祝大会并致辞。学院按“学术的校庆、文化的校庆、劳动的校庆、师生校友的校庆”4条主线，热烈有序地开展一系列意义重大的纪念活动。面向社会举办“70周年校庆·70场公益讲座”，体现关爱民生、启迪民智、服务社会的作为和担当；出版《劳动的名义》《中国职工状况研究报告2018》等学术出版物19部，评选70篇优秀论文、70部优秀著作，举办新时代行业特色高校的使命担当与发展路径研讨会、第四届劳动经济学年会、2019’中国工会·劳动关系论坛等多场高水平学术活动，扩大学校学术影响力；举办校庆美育展演、校友返校大会、校庆70忆光阴离退休人员座谈会等一系列活动，提升学校师生校友凝聚力。

（李冰之）

【中央财经大学建校70周年庆祝活动】 10月18日，中央财经大学建校70周年校长论坛在学院南路校区召开，来自国内外的200余名专家学者围绕“社会变革中大学的责任与担当”的论坛主题展开研讨；主论坛结束后，分别以“人工智能时代的高等教育变革”“高等教育国际化背景下的哲学社会科学：新机遇、新挑战”“‘双一流’建设背景下创新创业教育与专业教育融合路径探索”为主题举行3个分论坛。19日，建校70周年纪念大会在学院南路校区田径运动场召开，部分中央和国家机关、省区市、企事业单位领导，国内外90多所兄弟高校、科研院所领导，用人单位代表，海内外校友和在校师生近万人参加大会。

（王卉乔）

【第三届“一带一路”民族传统舞蹈展演及研讨会】 10月22日，由北京舞蹈学院主办，北京市哲学社会科学民族舞蹈文化研究基地承办的“第三届‘一带一路’民族传统舞蹈展演”及学术研讨会举办。中国、韩国、尼泊尔、马来西亚、印度、越南、泰国7个国家的汉族、藏族、苗族、瑶族、哈萨克族、朝鲜族等10个民族的15个节目入选展演。研讨会设“舞蹈与文化、审美多样性”“舞蹈记录、保护、传承、发展的经验与个案”“研究生圆桌研讨会”3个分论坛，来自国内外高校、研究所、社科院等单位的100余名专家、学者围绕会议主题进行讨论。活动期间，北京舞蹈学院与海淀区委区政府联合主办“中关村舞蹈节”，由20支舞蹈队伍近500人组成的“一带一路”沿线国家民族民间舞蹈团体，在海淀公园西路进行室外舞蹈巡游。

（段晓萌）

【《红楼梦》研学基地成立】 10月23日，中央民族大学《红楼梦》研学基地在北京植物园曹雪芹学会挂牌成立。北京曹雪芹学会、中央民族大学、北京植物园、《曹雪芹研究》、北京植物园曹雪芹纪念馆等单位的领导和专家以及20余位博士、硕士研究生参加活动。《红楼梦》研学基地将中央民族大学学科资源与北京曹雪芹学会、曹雪芹纪念馆的社会文化资源结合，构成校内外协同育人的合力。

（周翊兰）

【纪念李大钊同志130周年诞辰学术研讨会】 10月30日至31日，纪念李大钊同志诞辰130周年学术研讨会在北京大学举行。研讨会由北京大学、中国李大钊研究会和中国中共党史学会、北京市委宣传部、河北省社会科学院联合发起，北京大学和中国李大钊研究会承办，以“先驱者的初心与新时代的使命”为主题，来自中央有关部门和全国19个省（市、自治区）的李大钊研究者150余人参加，李大钊的亲属和家乡代表应邀出席。大会分为学习参观、开幕会、学术报告、分组讨论、总结发言和闭幕会等阶段。自2月向全国开展论文征集，收到180篇论文，100篇优秀论文入选，展示李大钊研究领域的现状、动态、学术前沿和发展走向，取得丰硕的学术成果。10月29日是中国共产主义运动的先驱、伟大的马克思主义者、杰出的无产阶级革命家、中国共产党的主要创始人之一李大钊130周年诞辰纪念日。

（刘鹏）

【孙春兰会见清华大学公共管理学院全球学术顾问委员会外方代表】 11月1日，国务院副总理孙春兰在人民大会堂会见清华大学公共管理学院全球学术顾问委员会外方代表。孙春兰介绍中国共产党十九届四中全会情况，希望委员们深入研究中国发展背后的制度和治理模式，促进中外治理交流互鉴。公共管理学院全球学术顾问委员会由来自全球11个国家和地区的34位专家学者、商界精英和政界领袖组成，旨在为公共管理学院的教学、科研工作和国家现代治理体系建设发展提供前瞻性、战略性指导建议。

（吴筱君）

【马克思主义与教育中外论坛】 11月2日，北京师范大学主办的“马克思主义与教育：东方与西方”中外学者高端论坛在北京师范大学举行。北京师范大学资深教授顾明远、美国威斯康星大学麦迪逊分校 Michael W. Apple 教授与 Rima D. Apple 教授等学者参加。论坛聚力推进对马克思主义教育学的时代性探讨，与会专家就“教育全球化时代下马克思主义理论的作用和相关性”“中西方对马克思主义和教育的阐释的共性与差异”“马克思关于正义、自由与异化的立场及其对课程、教学和学习改革的意义”等问题发表意见。

（申政）

【全球首个人文社会科学高校联盟成立】 11月4日至5日，首届人文社会科学高校联盟全体会议在意大利罗马召开，来自阿根廷、巴西、中国、德国、俄罗斯、英国、南非、法国、美国等国的22所世界顶级大学代表出席会议，探讨适应21世纪新挑战的教学与研究新模式。5日，会议宣布全球首个“人文社会科学高校联盟”（Social Sciences Universities Network，简称“SSUN”）正式成立。联合国教科文组织教育助理总干事斯蒂芬妮亚·贾尼尼（Stefania Giannini）、洛伦索·菲奥拉蒙蒂（Lorenzo Fioramonti）等嘉宾出席会议。洛伦索·菲奥拉蒙蒂、意大利路易斯大学校长普伦奇佩·安德里亚（Prencipe Andrea）、中国人民大学校长刘伟出席成立仪式并致辞。联盟将通过加强信息与人员交流、定期举办学术论坛、出版和宣传研究成果、组织联盟成员对全球治理重大问题进行研讨发声等方式发挥具体功能。

（楚艳红）

【与中国国家铁路集团建立全面战略合作关系】 11月8日，北京交通大学与中国国家铁路集团有限公司签署战略合作协议。根据协议，国铁集团将北京交通大学作为铁路基础研究和技术研发的重要基地，支持学校参与铁路科技创新与管理创新工作，支持学校参与川藏铁路科技攻关和技术咨询服务，支持该校相关重大平台与人才队伍建设。北京交通大学将发挥人才培养、理论研究与基础研究优势，在相关专业建设、人员培训、技术研发、标准制定和决策咨询等方面为国铁集团提供高质量的支持与服务。

（高杰）

【体育（奥运）旅游大数据实验室成立】 11月10日，体育（奥运）旅游大数据实验室在北京体育大学成立。体育（奥运）旅游大数据实验室由北京体育大学与联通大数据有限公司共同建立，系统开展体育旅游领域的游客行为、市场细分、营销诊断、景区管理、舆情监测等方面的大数据挖掘与分析，为教学、科研和人才培养提供坚实的数据平台，为政府和企业提供决策支持。在揭牌仪式上举办“体育旅游融合”主题论坛，围绕体育与旅游融合发展的方向与方式，大数据在体育旅游融合当中的作用等议题进行研讨。来自全国各省区市体育、文化与旅游部门，体育旅游企业，高等院校，科研机构和新闻媒体等60余人参加仪式。

（董健）

【华北五省（市、自治区）大学生机器人大赛】 11月16日，由华北五省（市、自治区）教育主管部门共同主办、北京信息科技大学承办的第七届华北五省（市、自治区）大学生机器人大赛在北京信息科技大学小营校区举行。大赛主题是“智能+·创新+”，设七大类14个小项，来自5个赛区及台湾地区的95所高校学生参赛。大赛首次面向参赛队伍征集参赛学术论文，24篇优秀论文被汇编成论文集公开出版。各省（市、自治区）教育主管部门领导为参赛学生代表颁发《2019年华北五省（市、自治区）大学生机器人大赛——人工智能与机器人创意设计赛论文集》。

（孙旭）

【《清华大学藏战国竹简（玖）》成果发布】 11月22日，《清华大学藏战国竹简（玖）》成果发布会在清华大学举行。清华简第九辑整理报告共刊布5篇战国简册，包括《成人》《治政之道》《祷辞》和两篇《廼命》，均为传世文献未见的佚籍，将为历史学、文献学、古文字学等领域的研究提供研究资料。来自全国部分高校、科研院所和考古文博单位的50余位专家学者参加发布会。

（吴筱君）

【《马克思主义经典文献传播通考》首批20卷出版】 11月30日，《马克思主义经典文献传播通考》（首批20卷）出版座谈会在人民大会堂举行。《马克思主义经典文献传播通考》由清华大学和辽宁省委宣传部共同发起，是国家出版基金资助项目，是全面系统考证马克思主义经典文献传播的大型主题图书。丛书对1949年以前马克思、恩格斯、列宁等重要著作的中文版本进行整理、考证，主要由原版考释、译本考释、译文解析、原版书影印4部分组成。丛书计划出版100卷，首批出版的20卷包括《共产党宣言》陈望道译本考、《共产党宣言》博古译本考、《哲学的贫困》许德珩译本考、《德意志意识形态》郭沫若译本考等。来自全国马克思主义理论界、教育界和出版界的专家学者约120人参加会议。

（吴筱君）

【“中国政法大学立法研究院”暨“北京市人大常委会立法研究基地”建立】 12月6日，北京市人大常委会与中国政法大学签署合作框架协议，共同建立“中国政法大学立法研究院”暨“北京市人大常委会立法研究基地”。研究院以精准服务地方立法工作为宗旨，围绕北京市人大常委会的重大立法决策部署，开展多方位、多层次、多视角研究，将研究院建设成为地方立法实践和理论研究的新型高端智库。

（陈泉廷）

【北京师范大学包揽全国应用心理大赛奖项】 12月6日，2019年全国应用心理专业学位实践技能大赛（决赛）在上海举行。来自北京大学、北京师范大学、华东师范大学、复旦大学、西南大学、华中师范大学、华南师范大学等66所高校的学生参加，征集初赛作品151个，45个优秀作品进入决赛。大赛设置应用心理案例开发、培训/教学技能、心理咨询面谈技能3个分会场。北京师范大学心理学部带队应用心理专业硕士参赛，包揽培训/教学技能比赛、心理咨询面谈技能比赛、应用心理案例开发比赛一等奖及优秀组织奖和优秀指导教师奖全部奖项。

（申政）

【北京交通运输职业学院入选高水平专业群建设单位】 12月10日，教育部、财政部公布中国特色高水平高职学校和专业建设计划建设单位名单，确定197个中国特色高水平高职学校（56所）和专业群（141个）建设单位。北京交通运输职业学院获评高水平专业群建设单位，城市轨道交通运营管理专业群入选。

（赵蕊　李志鸿）

【“冬奥术语平台”V2版交付北京冬奥组委】 12月11日，由北京语言大学语言资源高精尖创新中心研发的“冬奥术语平台”V2版交付仪式在北京冬奥组委举行，这是2018年12月平台V1版的升级版。“冬奥术语平台”目前总共拥有中、英、法、俄、德、韩6个语种的术语12.5万条，其中包含冬奥核心竞赛术语9539条。本次V2版本平台新增冬奥会语言服务规范手册内数百条专业词汇、千余条常用中英公示语等数据，并可根据测试赛需要，实时新增常用词汇和术语至冬奥术语平台。平台同时在网站端和移动端App提供服务功能，支持术语报错和修改、术语标注和提取功能。

（刘奕男）

【首都体育学院与朝阳区签署全面合作协议】 12月18日，首都体育学院与朝阳区签署全面合作协议，打造“国际奥林匹克教育示范区”。进行奥林匹克精神宣讲和奥林匹克知识普及，实现“奥林匹克教育在中小学和社区（村）全覆盖”，打造中国特色国际奥林匹克教育新模式。提升体育科技服务水平。建设体育人工智能高精尖创新中心和高端人才科学运动指导中心，为高端企业、优秀人才提供科学运动指导，提升营商环境软环境，进一步吸引国际化人才到朝阳工作和生活。首都体育学院组织科研攻关与科技服务团队，为朝阳区高水平运动队提供科技攻关等智力和专业技术服务。推动冰雪运动发展。合作开展“冰雪运动进校园”等主题活动，将冰雪运动知识和技能送入朝阳每一所中小学，让青少年感受冰雪运动带来的乐趣，营造浓厚冬奥氛围，助力冬奥筹办。建设群众性体育场地设施。首都体育学院为朝阳区建设全民运动场地提供指导，提高场地建设规范化水平，为朝阳区文化体育演出给予教练员、裁判员、运动员等专业力量支持。建设中小学体育教育改革示范校。朝阳区选送教师到首都体育学院进修，首都体育学院对中小学课程设计提供智力支持，打造个性化体育课程体系。培育校园体育重点项目，实现以体、教两家为主体，社会、企业、市场多方打造的纵贯小学—中学—大学的高水平竞技体育人才培养体系。建设国际网球运动示范区。从场地设施、专业团队服务、网球文化营造、网球产业汇聚等方面进行科学设计，构建赛产研培一体化国际化网球运动示范区。开展网球进校园，网球特色校建设以及网球文化博物馆建设等项目建设。

（申珊）

【“科技冬奥”专项项目启动会】 12月25日，国家重点研发计划“科技冬奥”专项——“北京冬奥会综合交通出行‘一张票’关键技术”项目启动暨实施方案论证会召开。该项目由北京航空航天大学牵头，北京经纬信息技术有限公司、北京交通大学、中交信有限责任公司、阿里云计算有限公司、河北省交通规划设计院、中国交通通信信息中心、北京市交通信息中心、北京轨道交通路网管理有限公司、北京理工大学9家单位参与。项目面向冬奥会智慧交通出行保障的重大战略需求，研究冬奥交通出行一站式信息服务和一体化电子票务相关技术，提高多方式联程运输效率及旅客服务品质，保障奥运赛事的平稳高效运行。

（朴悦嘉）

【毕业联合作业获64个电影节奖项和提名】 年内，北京电影学院2019届本科毕业联合作业报送国内、国际13个电影节，涵盖中小型电影节以及国际知名短片节，获64次电影节奖项和提名。2019届本科毕业联合作业、艺术硕士学位作品在国内外电影节展上获得38个奖项，其中研究生短片作业《十月》获第十五届欧亚国际电影节短片单元最佳影片等多个奖项；研究生短片作业《AB面》入围意大利米兰电影节等多个国际电影节；研究生短片动画《摩登超市》入围法国戛纳电影节短片角展映环节等多个国际电影节。2019届毕业联合作业获第四届宁波微电影节多项大奖，其中《2012》和《澡堂鼓手》各获100万元的长片项目扶持资金，用于剧本孵化、筹备和长片拍摄。

（毕晟）

【北京工业大学留学人员创业园】 截至年底，北京工业大学留学人员创业园孵化海外人才企业120家，新增海外人才企业3家，在园海外人才企业93家；国家高新技术企业累计6家；授权知识产权315项，其中发明专利97项。新增知识产权17项，挂牌上市企业1家，京津冀协同发展项目3个。新增金融合作机构3家。组织园区企业参加6次项目推介活动，举办5次创业沙龙活动。完成两个孵化器（5000平方米）的物业管理工作。

（陈嫒　金峰）

【海淀辖区普通高等学校名单】 2019年，海淀辖区有普通高等学校37所，其中本科普通高校33所，专科普通高校4所。

本科普通高校（33所）：

1. 北京大学
2. 清华大学
3. 中国人民大学中关村校区
4. 北京师范大学北京校区海淀校园
5. 北京航空航天大学学院路校区
6. 北京理工大学中关村校区、西山校区
7. 中国农业大学
8. 中央民族大学
9. 中央财经大学学院南路校区
10. 中国矿业大学（北京）学院路校区
11. 中国地质大学（北京）
12. 国际关系学院
13. 北京外国语大学
14. 北京交通大学本部
15. 北京科技大学海淀校区
16. 北京邮电大学西土城路校区
17. 中国青年政治学院
18. 北京林业大学
19. 北京语言大学
20. 北京体育大学
21. 中国劳动关系学院北京校区
22. 北京舞蹈学院
23. 北京信息科技大学小营校区、清河校区
24. 首都师范大学本部、北校区、东校区
25. 北京电影学院
26. 首都体育学院
27. 北京工商大学阜成路校区
28. 北京城市学院中关村校区、航天城校区
29. 中国政法大学
30. 中国科学院大学中关村校区
31. 北京化工大学西校区
32. 北京联合大学应用文理学院
33. 中国社会科学院大学西三环学区

专科普通高校（4所）：

1. 北京培黎职业学院
2. 北京艺术传媒职业学院
3. 北京交通运输职业学院海淀校区
4. 北京农业职业学院北校区

（林琳）

职业教育和继续教育

【海淀区职业学校】 北京市海淀区职业学校主要培养中专学历人才和在职干部职工、下岗失业人员再就业和非学历教育的岗位培训以及专业技术培训，是全国重点就业训练中心，是北京市下岗失业、农村劳动力转移人员和外地务工人员定点培训学校，是北京市三级安全生产培训机构，市特种作业考试定点机构，是海淀区军地两用人才、残疾人培训基地。有3个校区，占地面积45746平方米，建筑面积14840平方米。2019年，学校完成各种政策性培训和社会职业技能培训16838人，完成财政局、安监局及其他社会考试工作，共计51522人次；完成区财政局委托的北京市财政局会计人员信息审核工作，共审核43166人。中专教育。中关村北大街47号校区主要进行中等专业学历教育。有在校生102名。53名中专学生毕业，全部就业。未招收全日制计算机专业学生。技能培训。北四环中路275号校区主要进行各种职业技能培训工作，涵盖城镇失业人员、农村劳动力适应性培训及在职农民等培训（全年培训356班次，共培训16838人）。继续教育培训。知春东里15号楼校区主要承担区属企业和对社会财会人员专业技术职称考前培训和财会人员的继续教育培训（全年培训2个班次，共培训60人）。

（张凌）

【中关村学院（海淀区职工大学、北京市海淀区文明市民总校）】 2019年，中关村学院完成海淀区中小学教学辅助岗位教师“人文与艺术素养提升”培训工作，涉及书法、国画、篆刻、声乐、西点、厨艺6个专题、8个班次，共培训238人。面向海淀区农村劳动力、社区居民、企事业单位职工等开展职业技能、人文素养、文化生活等培训。全年完成各类培训22090人次，其中海淀区北部新区专业技能培训2865人次，社区工作者培训6925人次，社区教育专项培训12300人次。海淀区职工大学成人高考总计录取733人，比上年增长11%。推进教学模式和教学方法改革的进程，鼓励教师充分运用现代教学技术和网络在线教学资源、探索在互联网技术支持下的线上线下混合式教学模式改革。海淀区职工大学物业管理专业经北京市教委批准，6月开始首届招生；海淀区职工大学学前教育专业被评为北京高校继续教育特色专业；学前教育专业教学团队被评为2019年北京高等学校继续教育优秀教学团队；社区教育团队被评为“北京高校继续教育高水平教学团队”。9月，海淀区文明市民学校师资培训获北京市成人教育学会颁发的北京市2019年终身学习品牌项目。

（卞爱美）

【海淀区第十届文明市民艺术节】 4月上旬至10月下旬，海淀区第十届文明市民艺术节举行。艺术节由区文明办主办，中关村学院承办，紧扣庆祝中华人民共和国成立70周年主线，秉承“文明绽放，幸福人生”主题，设置唱歌、舞蹈、书法、国画、趣味运动、厨艺、讲传统故事、摄影、生活实用小发明9个比赛项目。文明市民艺术节分培训、初赛、复赛、决赛4个阶段进行。来自海淀各街道、镇、社区的3.8万人次参与初赛、复赛活

动，4000余人参与决赛。

（卞爱美）

【海淀区党支部书记学院成立】 6月25日，全市首家党支部书记学院——海淀区党支部书记学院在中关村学院成立，第一期党支部书记培训班同日开班。中关村学院按照区委党组织书记“头雁领航”工程要求，打造“研、训、练、考、任”一体化实训基地。创新提出“模块化”课程设置方式，课程分基层党务工作实务和综合素质与专业能力提升两大类，其中实务类运用情景模拟、案例教学等方法，教学内容包括党支部的性质任务、党支部党员大会专题、党小组会专题、党课专题等13个模块；提升类包括理想信念和党性教育、政治理论和时政热点、常用公文写作、矛盾纠纷调解化解方法与艺术等10个专题模块。培训采取小班教学模式，第一批培训班共分两个小班，来自街道的50名社区党支部书记参加为期1周的培训。培训学习通过考试后，方能取得结业证书。至年底，共举办11期党支部书记培训班，培训党支部书记781人、5608人次。

（卞爱美　宋亚甫）

【文明市民学校校长培训和师资培训】 11月5日至8日，中关村学院（海淀区文明市民学校总校）开展校长培训，150名校长参与《公文写作》《心理与健康》《管理的修炼》《高效工作及情绪管理》《人工智能科普》《国学智慧与领导韬略》等讲座课程以及文化体验类课程。5月至6月开展文明市民学校中心校、分校师资培训，设置国画、书法、模特与形体、形象礼仪、声乐、诗文吟诵、香文化、微信与App、PPT制作、古琴、电子琴基础与弹唱、旅游英语12个模块，每个项目每期5天，共培训4100余人次。

（卞爱美）

【课程超市项目】 年内，中关村学院共开展4类课程超市项目。社区教育公益课，通过“中关村学堂选课平台”发布公益课程，举办涵盖国学、艺术、科技、生活、礼仪、健康、媒介、公民、管理、经济、法律、职业、家庭教育、心理、安全素养等内容的公益课平台选课280课时，培训1500人次。选派优秀教师进社区开展法治社会、科学生活、安全健康、创新创业、职业技能提升等教育培训活动，培训100课时，培训1200人次。社区文艺骨干培训系列课程，每年9月至11月对参与艺术节唱歌、舞蹈比赛项目人员进行培训，10大类20个班次，开设国画、书法、钢琴、电子琴、古琴、葫芦丝、太极拳、模特等课程，培训3500余人次。艺术系列课程培训，开设书法、国画、声乐、古琴、舞蹈5项艺术系列课10个班次，培训1500余人次。

（卞爱美）

【创新创业培训】 年内，中关村创新教育实践基地采用项目实战互动体验的教学方法，将项目实战体验学习贯穿创新创业教育全过程，构建海淀区创新创业教育实训平台。开设“中关村自主企业创新大讲堂”8期，培训255人次；“全国高校创新创业导师特训营”3期，培训115人次；接待各类参观及来访活动24场次1049人次；举办培训34场次1565人次；举办研学活动10期，600人次参与；完成初中开放性科学实践课程开发11门，培训2777人次；开展企业研讨会两次；举办十分创新论坛2期。

（卞爱美）

民办教育

【概况】 2019年，区教委实施培训机构专项治理精准行动、民办学校防范办学风险专项行动，优化行政审批、监管制度。完善联合执法机制，建立街镇每月违规行为发现报送机制，巩固治理成果。推进培训机构主动退费承诺，依法化解退费纠纷。疏解5个教育培训机构近9800人次。加强无证园和来京务工人员随迁子女自办校监管。

（宋亚甫）

【校外培训机构专项治理】 3月至6月底，区教委全面开展民办学校规范办学防范化解风险专项行动。根据建立的2377家培训机构治理台账，推进民办学校分类管理改革，防范和化解风险。至9月30日，海淀区完成海淀区校外培训机构专项治理行动第三阶段“专项治理精准行动”任务。10月，对320家培训学校、94家学科类培训机构及6个重点地区组织开展“回头看”整改工作。

（宋亚甫）

【民办幼儿园教师培训】 4月3日，由区教委与北京开发大学合作开展的民办幼儿园教师培训班结业。培训班历时4个月，11所民办园的保教管理干部和骨干教师30人参加学习，均获得结业证书。培训班采取“线上+线下”形式，其中线上40学时、线下40学时。线上内容包括三门网络课程共6个模块：“幼儿园日常安全管理”“学前儿童健康教育”“学前儿童家庭教育”；线下学习包括跨区观摩研讨、工作坊等形式。

（宋亚甫）

【校外培训机构管理】 4月28日，区教委召开校外培训机构规范管理工作会，总结校外培训机构开展第三阶段专项治理精准行动、防范风险规范管理工作、2018年年检工作、教师资格核查工作、安全管理工作和“接诉即办”工作方面经验和不足，重点就“接诉即办”工作进行部署；要求各校外培训机构主动接受社会监督，信息公开，建立培训机构的信誉品牌。会后对13家培训学校进行行政约谈，重点对近期信访件逐件分析询问，主要涉及培训学校宣传与教学实际不符、收费不规范等问题；对已经处理解决的问题备案登记，对没有解决完的问题，督促加快处理进度。海淀区各校外培训机构负责人300人参加会议。

（宋亚甫）

【“跟谁学”纽交所挂牌上市】 6月6日（美国东部时间），海淀独角兽企业“跟谁学”——北京百家互联科技有限公司旗下明星在线教育平台成功在美国纽交所挂牌上市（股票代码为“GSX”），上市首日收报价格为10.49

美元，总市值达24.63亿美元（约合人民币170.31亿元），成为国内首家规模盈利在线教育上市公司。“跟谁学”是中国领先的K12在线教育机构，辅导课程覆盖小学、初中和高中全学科的K12课程与适合大学生、职场人士等成人阶段的语言培训、职业资格及生活兴趣类课程。通过“直播+辅导”的在线直播大班课堂形式及“7+6高效学习法”，使受训者随时随地享受优质的教育资源。“跟谁学”不仅规模快速增长、实现规模化营收，并且在上市之前已经实现盈利。数据显示：公司连续7个季度的净收入复合增速达到345%，2019年第一季度净收入增至2.69亿元。

（钟冷）

【14家校外培训机构承诺退费】 11月14日，海淀区学而思、新航道、高思等14家校外培训机构举行退费承诺书签约仪式，成为海淀区首批签订退费承诺的校外培训机构。退费承诺由区民办教育协会发起，退费承诺书对收费、退费比例、退费时限等内容做出明确规定，收费方面要求各培训机构收费时段与教学安排协调一致，收取时间跨度不超过3个月的费用。要求报名后未开课而学员要求退学的，无条件给予退费；已开课学员提出退学，学校按已完成课时比例扣除相应学费，其余部分全部退还；参加优惠课程、联报课程等提出退学的，学校按已完成课时的比例扣除相应学费，其余部分全部退还，赠送的课时从总课时中扣除，退费路径与交费路径一致。退费从双方确认退费金额之日起，在15个工作日内完成。

（宋亚甫）

特殊教育

【北京市盲人学校】 2019年，北京市盲人学校（简称盲人学校）占地面积2.97万平方米，建筑面积3.14万平方米，运动场地面积8271平方米（室外4959平方米、室内3312平方米）。图书馆藏书3.0547万册，包括盲文版书0.87万册。全年教育经费投入4376.96万元。学校信息化经费投入20万元，有网络多媒体教室44个。教职工123人，其中高级职称31人、中级职称30人。专任教师85人，包括北京市骨干教师2人、北京市学科教学带头人1人；其他专业技术人员13人。开设教学班20个（小学7个、初中5个、成人中专2个、职业高中6个）。毕业57人（小学13人、初中12人、成人中专13人、职业高中19人）；招生33人（小学13人、初中13人、职业高中7人）；在校生165人（小学61人、初中41人、成人中专22人、职业高中41人），其中66%为寄宿学生。

年内，盲人学校推进视障教育，夯实孤独症儿童教育教学基础，探索个别化教学。以“分层分类教学研讨，提高课堂教学质量”为主线，在基础教育中践行康教结合理念。开展“新星杯”“巧手杯”“微课杯”“耕耘杯”等校级教学比赛，提高教师的业务水平。持续平稳推进IEP（个别化教育计划）工作，适应学校视障学生多元化需求。组织学生参加中国第十届残疾人运动会暨第七届特殊奥林匹克运动会盲人跳绳项目，获低视力组男子双人花样赛第五名；在北京市第二届职业院校“最美朗读者”大赛（中职组）的比赛中获二等奖。完成对口支援拉萨、玉树、和田、乌鲁木齐的暑期夏令营4期，承办市残联的盲人培训班8期。盲校被推荐为“全国残疾人体育先进单位”候选单位，成为“北京市中小学教师教育基地”。

（高爽）

【北京市健翔学校】 北京市健翔学校（简称健翔学校）包括海培校区、牡丹园校区2个校区。

年内，海培校区落实培智学校课程标准，建立个性化学习模式，加强对个别化教育的监管力度。开展以教学为基础的小组教研活动，有生活语文等6个学科教研组和语言康复等3个康复领域的专题教研组。以海景门昌特教联盟为平台，开展校际联盟间班主任教师基本功展示活动和学生活动课程。设有书画、合唱、管乐、舞蹈、特奥运动5个学生社团。海培校区占地面积5950.47平方米，建筑面积5950.71平方米，运动场地面积1320平方米。图书馆藏书2700册。固定资产原值9082万元，固定资产净值4804.7万元。教育经费投入9365万元，学校信息化经费投入158万元，拥有计算机803台。在编教职工71人，其中正高级职称1人，高级职称9人，中级职称42人。专任教师70人，其中特级教师1人，全部具有本科及以上学历。开设教学班44人（幼儿阶段1人、小学阶段28人、初中阶段15人）。毕业41人（初中阶段41人）；招生44人（幼儿阶段6人、小学阶段38人）；在校生318人（幼儿阶段6人、小学阶段200人、初中阶段112人），其中言语残疾4人、肢体残疾4人、智力残疾131人、精神残疾104人、多重残疾75人。

牡丹园校区由十三年一贯制听障部和三年制培智高中部组成。占地面积11697.03平方米，建筑面积12779.03平方米，运动场地面积3208.6平方米。图书馆藏书49333册，电子图书5000册。固定资产总值5199.82万元，全年教育经费投入7741万元，信息化经费投入60万元，拥有计算机500台，多媒体教室座位700个。教职工82人，其中高级职称23人、中级职称30人。专任教师68人，包括特级教师1人、北京市骨干教师1人；本科及以上学历69人。开设教学班25个（小学2个、初中3个、职业教育20个）。毕业55人（小学7个、初中13人、职业教育35人）；招生65人（初中7人、职业教育58人）；在校生189人（小学5个、初中30人、职业教育154人，包括寄宿生85人，外省市借读生52人），其中智力障碍53人、自闭症23人、听力障碍33人、言语障碍9人、肢体障碍10人、多重残疾61人。有金贝鼓、古筝、萨克斯、合唱、戏剧游戏、特奥篮球、健翔舞团、版画 8 个社团。

听障部高中部毕业生全部考入全国特教高校，高考升学率 100%。培智高中部高考班毕业生均通过自主招生面试，被北京经济管理职业学院、北京网络职业学院等高校录取。培智部的职业教育设置中餐烹饪、工艺制作、信息技术、酒店家政等专业。开设缝纫、风筝、景泰蓝、萨克斯、金贝鼓、聋人文化、阳光体育等 23 项选修课程。本年在培智高中部增设金贝鼓、戏剧游戏、非遗——空竹、形体训练等艺术休闲专业。学校以手语中心为依托，继续为普校学生输入手语课程。聋人舞团获第 16 届北京舞蹈大赛创编、表演两个特等奖；学生代表获全国纸飞机比赛多项奖项；特奥融合足球队获北京市第一名、全国足球争霸赛年终总决赛第八名；培高特奥男子篮球队勇夺全运会冠军，获“国家级体育道德风尚奖”。

（米洁　曲亚迪　孙艳）

【北京市海淀寄读学校】 2019年，北京市海淀寄读学校教育经费投入 4613.7 万元，均为国家拨款。学校信息化经费 137.7 万元。学校现有教职工 83 人（在职在编 76 人），大学本科以上学历占 97%。在职在编人员中，专业技术人员 73 人，职员 2 人，工人 2 人，其中高级教师 25 人，一级教师 29 人。海淀区教科研带头人 1 人，骨干教师 7 人，学科带头人 7 人，班主任带头人 4 人；北京市骨干教师 1 人。学校获得荣誉 26 项，教师获得各级各类荣誉、奖励 132 人次，学生获得各级各类荣誉、奖励 167 人次。开设教学班 16 个，其中小学 1 个班、初中 8 个班、职业高中 5 个班、计算机实验班（大专）2 个。在校生 305 人，其中初中 161 人、高中 122 人。招生 135 人，其中初中 94 人、职业高中 41 人。毕业 104 人，其中初中 84 人、职业高中 20 人。7 名学生获“海淀区优秀学生干部”称号，1 名学生获“海淀区三好学生”称号。2019 年，学校优化课程结构体系，以教法、学法、练法为关键要素，形成《海淀寄读学校课程重构实施方案》，形成“和合至善 1955”的学校文化体系。

（王常智）

【盲人学校艺术教研组教学成果及兴趣小组作品展】 1 月 4 日至 7 日，盲人学校举办《冬之韵，我有一双巧巧手》——2018 艺术教研组教学成果及兴趣小组作品展活动。展出 200 余幅学生作品，包括版画、布艺、纸浆、泥工、纸工、串珠、木偶、贴画、绘本等。所有作品都为学生平时的作业，反映学生在盲人学校获得的美学体验、技能技法等。

（秉鸥）

【上海市教委到海淀寄读学校交流】 2 月 26 日，上海市教委、浦东新区教委、松江区教委、闵行区教育局、浦东新区育华（集团）学校的领导到海淀寄读学校参观交流。海淀寄读学校校长肖建国介绍海淀寄读学校的创建背景、发展历史、招生方式、教师队伍建设以及学校的教育教学情况；上海市浦东新区育华（集团）学校校长卫宝弟介绍上海市近年来寄读教育发展的瓶颈和 12 所寄读学校发展的不均衡以及问题存在的原因。主宾围绕工读教育的现实情况、发展路径、招生、政策方面以及在新时代大背景下，如何更好地发展寄读教育进行了交流探讨。

（王常智）

【海淀寄读学校第五届校园心理戏剧节启动】 3 月 12 日，海淀寄读学校第五届校园心理戏剧节启动仪式暨人生主角戏剧活动拉开序幕。活动现场，熔言剧社表演《红岩》，运用声音、肢体动作的表达，感受声音和动作的丰富性，在趣味中渗透方法和技巧，激起更多同学参与到戏剧活动中的热情。本届戏剧节与学校的读书节相融合，将戏剧融入教学、融入阅读，带领学生以阅读为生活蓝本，以戏剧为创作场域，从感受中领略知识的意蕴，从相互交流中发现可能性、创造新意义。

（高亚娟）

【心肺复苏培训】 4 月 17 日，海淀寄读学校红十字急救队在海淀区中小学综合实践教育中心，为工作部四十多位责任督学进行急救培训。台头小学校长王燕讲解心肺复苏的步骤和技巧要领，红小龙急救队的学生进行心肺复苏演示，红小龙急救队的成员和老师为参加培训的责任督学老师进行现场一对一指导。

（张旭）

【“青春心向党建功新时代”主题团日系列活动】 4 月，海淀寄读学校团总支组织开展“青春心向党建功新时代”特别主题团日系列活动。4 月 17 日，海淀寄读学校 41 名学生团员和 4 名教工团员到五四运动的发源地——北京新文化运动纪念馆进行参观学习。4 月 30 日，海淀寄读学校团委组织五四主题团日活动。团员代表自编自导自演历史剧《五四运动》和手语《国家》；微团课带领大家走入五四运动的发展过程并学习其历史意义；为新团员颁发团员证；新、老团员代表发表感言。

（胡晓群）

【健翔学校与北师大开展箱庭疗法项目合作】 4 月，北京健翔学校（牡丹园校区）与北京师范大学心理学部签订协议，开展为期一年的心理咨询及箱庭疗法培训项目合作，为学校教师提供更高层次、更深入、更系统、更具实操性、更全方位的专业培训。北京师范大学心理学部安排学生为健翔学校（牡丹园校区）师生作箱庭体验和一对一辅导、开展各项心理活动。

（董金亮　岳春艳）

【与香港心光恩望学校缔结姊妹校】 5 月 9 日，盲人学校与香港心光恩望学校在盲人学校举行缔结姊妹校仪式。两校将在办学理念、管理模式、教育教学等方面进一步交流学习。香港特殊教育校长团校长王天玲、香港明爱赛马会乐仁学校校长莫爱玲、香港宝良局罗氏信托学校校长陈启贤、香港灵宝恩光学校校长蔡奕玲、香港耀能协会罗怡基纪念学校校长赖云艳及盲人学校领导班子出席仪式。

（高爽　单纬华）

【中途失明盲人生活和职业技能重建培训班】 5 月 13 日至 31 日，2019 年北京市第一期中途失明盲人生活和职业技能重建培训班在盲人学校举行。参训学员12人，陪护5人，共计17人。课程设置包括心理建设、康复技能、职业素养与职业技能三大模块。心理建设模块包括对视力障碍的认知、自我认识与接纳、积极心理健康知识和技能、不良情绪的正确疏导几大方面课程；康复技能包括生活自理技能训练、低视力康复技能训练、定向行走技能训练、辅助器具的认识与使用、计算机基础应用几大方面的课程；职业素养与职业技能包括常见法律知识理解与运用、生活与职场礼仪常识与训练、常见沟通与交流常识、基本文化常识、生活与职业规划几大方面课程。

（高爽　茹甜子）

【盲人学校筋骨平衡疗法工作室开展公益讲座】 5月23日，盲人学校筋骨平衡疗法工作室的3位教师到访延庆进行“走进延庆，筑梦翱翔”公益按摩专题技能辅导与讲授讲座。讲座共分为两个部分，第一部分为按摩手法，工作室的首席教师李元详细讲述按摩常见病中的颈肩病的五步操作手法即“一个面，两个角，三个缘，四个窝，五个穴”，并进行手把手地辅导和讲解。第二部分，工作室老师带领盲人朋友进行弹力带、刺猬球、泡沫轴的简单使用方法，同时结合颈肩部教授专项的训练动作。7月9日，盲人学校筋骨平衡疗法工作室受邀到东城特殊教育学校，进行“开启健康生活”的健康科普讲座。讲座内容包括：8个动作帮你改善僵硬的身体，6个妙招教你解除颈肩部的疲劳，教习中国传统功法八段锦，总结提炼适合普通百姓预防疼痛和缓解疼痛的康复内容。

（何祖永　李元　王虹）

【海淀寄读学校共产党员示范班会】 6月6日，海淀寄读学校党总支开展主题为“立足岗位强本领双向培养树标杆”的共产党员示范班会。海淀区班主任带头人陈俊祥作题为《平凡的世界英雄的守护》主题班会。本次班会分为4个环节：走进英雄、了解英雄、我说英雄、我做英雄。在走进英雄环节，陈老师从学生喜闻乐见的漫威电影出发，引导学生带着感恩之情走进英雄。在了解英雄环节，学生通过模拟采访现场，还原“最美逆行”中两位身边英雄的心路历程。在我说英雄环节，学生分小组讨论，分享自己了解的英雄事迹。在我做英雄环节，倡导人人争当英雄的氛围。德育副校长姚鹏龄点评本节班会课有“三好”——立意好、内容好、形式好。

（胡晓群）

【阿联酋教育代表团到健翔学校参观交流】 6月19日，阿联酋教育部长H.E Hussain bin Ibrahim Al Hammadi带领阿联酋教育代表团一行十余人到北京健翔学校海培校区参观交流。校长于文介绍学校的发展历程及发展现状。阿方代表详细询问学生的教育安置和教学形式，高度认可学校在特殊教育领域取得的成绩，表示希望中阿双方能在教育领域展开更多友好互访活动。双方互赠礼物，对未来的深入合作交流达成共识。

（米洁）

【特教助学活动现场咨询会】 6月21日，海淀区举办2019年特殊教育助学活动现场评估咨询会。活动由区教委与区残联联合主办，区特教中心承办，北京市盲人学校协办，设主会场和两个分会场。主会场由区残联作康复、辅助配备相关政策宣讲。一个分会场由市盲人学校、市健翔学校、区残联负责，就教育、康复、就业、无障碍改造、辅助配备等问题为家长现场答疑解惑；另一个分会场由区特教中心承担，开展融合教育政策宣讲及评估咨询等活动，重点就融合教育政策、融合支持相关服务的范围及申请与家长进行面对面交流。中国残联、市残联、市特教指导中心、海淀区残联、海淀区教委领导，北京联合大学、市盲人学校及海淀区特教学校、普通中小学幼儿园教师家长和学生200余人参加活动。

（宋亚甫）

【“海景门昌”特教联盟特奥冰雪嘉年华】 6月24日，北京市“海景门昌”特教联盟在华星冰上运动中心举行特奥冰雪嘉年华体验活动。北京市健翔学校海培校区、石景山培智中心学校、门头沟区特教学校、昌平特教学校领导以及学生、家长、教师等60余人参加活动。学生们在专业教练的指导下穿上冰鞋，体验冰上行走。

（白芸）

【首期职康家长课堂】 6月27日，盲人学校举办首期职康家长课堂——视多重障碍学生以及学前视障儿童的家长教育和康复策略讲座。课堂内容包括视障儿童家庭教育和康复策略，家庭生活中的定向行走。为家长提供简单实用的家庭教育方法以及在家庭当中如何对学生进行基础的定向行走概念和技术。盲人学校学前指导和视多障学生家长参加课堂活动。

（高爽　万小燕）

【健翔学校艺术社团获奖】 8月16日，在津宝第五届国际音乐节暨打击乐大赛上，健翔学校（牡丹园校区）培智高中部金贝鼓社团作为唯一的特殊教育学校参赛队伍，参赛曲目《布谷鸟》获特殊表演奖。12月底，在海淀区学生艺术节小型器乐展示中，作为唯一的特殊教育学校参赛队伍，健翔学校（牡丹园校区）萨克斯重奏乐团4名学生演奏的《康康舞曲》《当圣者行进》，获得木管四重奏十二年一贯制组银奖。

（董金亮　李成荫）

【培智男篮获全运会冠军】 8月25日，健翔学校（牡丹园校区）培智特奥男子篮球队代表北京市，参加在天津举办的全国第十届残疾人运动会暨第七届特殊奥林匹克运动会特奥篮球比赛，获得冠军。胡宝龙、张子辰、任俊丞3名运动员获全国个人体育道德风尚奖；球队获全国团体体育道德风尚奖；教练获全国优秀篮球教练员。

（贺明）

【健翔融合足球队获2项冠军】 9月20日，在中国残疾人体育运动管理中心、国际特奥东亚区主办的“2019年特殊奥林匹克北京融合学校足球锦标赛”上，北京健翔学校（海培校区）健翔融合足球队大年龄组摘得冠军。10月10日，健翔学校（牡丹园校区）

培智特奥融合足球队代表海淀区参加第五届“三菱友谊杯”2019年残疾人民间足球争霸赛年终总决赛分区赛暨北京市残疾人城市足球挑战赛，获得冠军。代表北京市参加年终总决赛，获得第八名；球队获得全国团体体育道德风尚奖，教练获得全国优秀足球教练员称号。

（赵连怡　贺明）

【首届“海景门昌”4校联盟特奥运动会】 10月18日，由北京市“海景门昌”特教联盟主办的第一届“海景门昌”四校联盟特奥运动会在海淀体育场举办。北京市健翔学校海培校区与石景山培智学校、门头沟特教学校、昌平特教学校的学生们参见。运动会分为运动项目类、民俗游戏类、身体素质类三大项，包括足球定点射门、垫上爬行钻山洞、移动投篮、曲棍球射门、地滚球等17小项的运动项目。根据学生们的比赛成绩评选出单项优胜奖。600余名师生、家长共同参与本次活动。

（刘娟）

【贺伟班主任工作实践分享会】 10月30日，温泉苏家坨学区联合海淀寄读学校举行海淀寄读学校贺伟班主任工作实践分享会。北京市教科院、区教工委、区教委、温苏学区有关领导以及温苏学区各中、小、幼教师代表共200余人参加分享会。贺伟以《青春路上终无悔，桃李正是最甜时》为主题，分享自己20年的班主任经历，坚守“让自己成为一个能够纠偏扶正、改变学生命运甚至帮助那些困难家长重拾幸福的卫道者”的职业理想，践行“爱生敬业，主动担当，团结协作，坚守奉献”的工读精神，用父亲般的爱给学生以心灵的慰藉，用高标准、严要求成就学生的行为习惯，用言传身教帮助学生成长。

（王常智）

【特殊教育服务实体调研评估】 11月5日，北京市教委组织特教专家组到盲人学校进行特殊教育服务实体实地评估。专家分别查阅办学与管理、队伍建设、教育教学工作和发展效益4个方面33盒业务档案材料、近百件校本教材、多件创新型教具和学生美工作品；随机听取多重障碍学生康复课；校领导和中层干部参加提问与答辩。

（单纬华）

【市教委调研评估特殊教育服务实体】 11月6日，北京市教委组织评估专家小组，对北京健翔学校特殊教育服务实体开展实地调研评估。校长于文以“执特教初心、寻生命价值”为题作工作汇报，书记侯天新、副校长王桂香分别汇报两个校区的教育教学工作情况。专家小组还调研学校自闭症基地建设服务情况。学校自闭症基地坚持“以研促教”，为自闭症儿童及情绪障碍儿童提供系统的专业评估、训练和指导服务。专家小组对学校各项工作给予高度评价，充分肯定健翔学校在北京特教领域的引领作用，做法和经验值得广泛推广和借鉴。

（米洁　崔盼盼）

【获全国中小学师生小版画藏书票展览奖】 11月9日至11日，第十一届全国中小学师生藏书票小版画展览暨教学研讨会在河南省洛阳市龙门博物馆召开。健翔学校（牡丹园校区）高中组8名学生参加展览，其中3幅作品获一等奖，4幅作品获二等奖，7幅作品获优秀奖。王昆获优秀辅导教师称号。

（薛晓侠　乔尹冰）

【副区长调研寄读学校】 11月12日，副区长张若冰到海淀寄读学校，调研专门教育学校建设、学校办学和校园安全工作，区教委、温泉苏家坨学区领导参加调研。张若冰一行参观学校校园，了解学校各项办学设施的建设与使用情况。在座谈会上，张若冰听取海淀寄读学校关于学校简介、学生情况、教育管理、教育举措、教育效果与存在的困难的工作汇报，详细询问学生入学、教育效果、学生未来发展等具体情况。

（付俊杰）

【3次打破全国纸飞机比赛纪录】 11月14日至18日，健翔学校（牡丹园校区）参加由国家体育总局航空无线电模型运动管理中心在江西省全南县举办的2019全国纸飞机嘉年华暨“放飞梦想”全国青少年纸飞机通讯赛总决赛。6名学生参加“纸折飞机直线距离”“纸折飞机留空时间”和奥运五环靶标团体赛的角逐。5人获纸折飞机直线距离赛一等奖；3人获奥运五环靶标赛一等奖；武圣杰和于佳蕊分别以留空计时赛12.2秒和7.2秒的成绩打破全国纪录；武圣杰在直线距离赛和留空计时破纪录赛中，以45.2米的成绩刷新新的直线距离全国纪录。学校获得纸折飞机直线距离赛单人赛、纸折飞机留空计时赛、纸折飞机奥运五环靶标赛团体赛一等奖。

（张桂萍）

【敬大力担任海淀寄读学校法治副校长】 11月15日，北京市人民检察院检察长敬大力担任海淀寄读学校法治副校长聘任仪式在学校礼堂举行。北京市人民检察院联合海淀寄读学校举行“北京市检察机关与专门学校建立未成年人犯罪预防和教育矫治工作机制座谈会”。北京市人民检察院副检察长张家贞，市教委副巡视员冯洪荣，海淀区委常委、政法委书记吴计亮，海淀区副区长张若冰；海淀区教工委副书记、教委主任王方，区教委副主任赵建国以及教委相关科室的领导40余人参加座谈会。会上，冯洪荣介绍全市6所专门教育学校的情况，强调专门教育学校在维护社会稳定方面作出的贡献，也提出专门教育学校现在的困境。座谈会上，围绕“预防未成年人犯罪，建立罪错未成年人教育矫治机制，加强未成年人保护”主题，与会代表分别在未成年人教育举措方面谈具体的方法。

（王常智）

【寄读学校与检察机关签订合作协议】 11月15日，北京市人民检察院与海淀寄读学校召开北京市检察机关与专门学校建立未成年人犯罪预防和教育矫治工作机制座谈会。会上，双方签订《北京市检察机关、海淀寄读学校关于建立未成年人犯罪预防和教育矫治工作机制的合作框架协议》。协议规定合作目标、合作方式、合作内容以及具体举措和经费保障。通过探索建立科学的未成年人罪错行为预防矫治体系，提升未成年学生的法律素养和法治意识，纠正不良行为学生的思想偏差与行为失范，矫治罪错未成年人，保护救助未成年被害人，实现对未成年人的犯罪预防和全面综合司法保护。市检察院检察长敬大力担任寄读学校法治副校长，寄读学校为其颁发聘书。法治副校长的职责是通过开展法治讲座、模拟法庭等方式，为学生普及预防未成年人犯罪法、未成年人保护法、中小学生欺凌预防等知识，增强学生法治意识。

（宋亚甫）

【与民盟海淀区委签署合作备忘录】 12月3日，盲人学校与民盟海淀区委举行合作备忘录签署仪式。盲人学校正式成为民盟海淀区委的社会服务基地，民盟海淀区委将为盲人学校提供师资培训、教学研究、教研组建设、教学质量提升等方面的专业支持。民盟海淀区委领导及盟员、北京市盲人学校领导和师生共100余人参加仪式。

（高爽　单纬华）

【“北京市盲人学校中医康复保健专业经络探查课程开发与实践研究”专家评审会】 12月17日，北京市职教学会重点课题“北京市盲人学校中医康复保健专业《经络探察》课程开发与实践研究”专家评审会暨结题会议在盲人学校召开。党委书记张松岩、副校长张秋兰以及课题组全体成员参加结题会。经络探查课程利用盲生触觉灵敏这一优势，从人体经络气血运行状态的探察，从辨析病症与经脉的对应关系入手，培养学生临证中医思维，提高按摩治病的针对性和有效性。经络探察课程实施过程中，激发学生综合各学科知识，探究病症表现与经络异常之间的联系路径，在小组合作探究式学习中深化中医脏腑经络一体化的整体观。经络探察训练设置“易”“中”“难”三个难度阶梯，在实践中体验发现的快乐，感受成功的喜悦，以及思维的艰辛，使学生的辨析思维能力得到逐步提高。经络探察课程在教学内容方面确定及实施，在教材及教辅教具开发做大量的工作，确定小组合作学习和案例教学法教学模式和教学策略，确定与其他基础课和专业课的结构关系，重盲生的经络探查的接诊能力。根据盲生教学需求，研发适合于盲生使用的触诊探察模型。经络探查课程的设立有前期调研和课程的理论和专业的准备，师资符合课程要求，进行课程实施的探索和研究，课程课题研究有较高水平。专家评审意见认为，《经络探察》课程的学习是在中医整体观念指导下，研究探察经络结构特点，了解人体经络脏腑气血运行状态，发现临床常见病的经络异常改变，建立学生临床整体思维。解决各科常见病症提供治疗线索和依据。在经络医学理论指导下，《经络探察》课程学习效果得到校内外认可和好评，经络医学推拿临床的应用前景广阔，有较高的行业推广价值。

（王红民　高爽）

【融合教育工作会】 12月18日，海淀区教委召开2019年融合教育工作会。会上，区特殊教育研究与指导中心作融合教育工作总结，介绍2019年海淀区融合教育在政策机制保障、服务实体建设、师资培训、个案指导和教育科研等方面工作开展情况，部署2020年工作，表彰先进学校和优秀教师并颁发证书，先进学校和优秀教师代表发言，围绕《资源中心、资源教室管理手册》和《海淀区特殊教育管理服务平台操作指南》进行培训，与会领导与专家希望融合教育工作者对标、对表国家政策，探索融合教育发展有效路径，进一步提升教师专业力量和专业水平。有关领导专家及特教教师100余人参加会议。

（宋亚甫）

【盲人学校中医康复保健专业学生技能大赛】 12月26日，盲人学校中医康复保健专业学生技能大赛暨教研组展示活动举行，职业教育中医康复保健专业全体学生和全体专业教师50余人参加技能大赛。技能大赛暨教研组展示活动以“夯实基础、突出特色、以赛促练、提升技能”为目标，设置竞赛单元、全体展示比赛单元。教研组老师设计为黏贴肌肉（按一按二参加）、经络探查、中药识别和小儿推拿操作（三年级三个班）4个部分。经过比赛，评出集体奖项5个，个人奖项10个。

（董培培　李元）

【“以爱之名 星不孤单”画展】 12月26日，北京健翔学校（海培校区）主办的“以爱之名 星不孤单”学生美术作品邀请展在至高美术馆展开幕。画展展出70余幅学生美术作品。海淀学区主任彭欣，联想弘毅基金会负责人、文化部《财富人物》副主编郑林，至高美术馆创办人米良等参加开幕式，对孩子们的作品给予肯定，勉励学生们继续努力，结出更多的艺术硕果。画展持续向公众展出7天。

（钱京京　陈烁瑶）

【融合教育】 年内，海淀区构建“1+2+3+4+N”特殊及融合教育服务实体网络，形成学段衔接、普特融通的融合教育体系。“1+2+3+4+N”，即1个特教中心，2个特教学校，“特教中心—学区资源中心—学校资源教室”三级服务实体，4个基地（学前融合教育基地、自闭症融合教育基地、教育评估基地、教师实践基地），N个融合教育学校，构建“区级—校本”两级融合教育教研机制，在区级层面建立学校本位融合教育、学生行为指导教师、资源教师3个教研组，形成由“巡回指导教师—行为指导教师—资源教师—融合教育班主任—随班就读教师—特教助理教师”等构成的多元化、多层次融合教育师资梯队。海淀区共有特殊教育学生1480名，其中在普通中小学接受融合教育学生770名，在特殊教育学校就读学生667名，接受送教上门学生43名。有巡回指导教师13人，学生行为指导教师85人，资源教师331人，融合教育班主任510人，随班就读教师4020人。

（宋亚甫）

【特殊教育服务实体实地调研评估】 年内，在市教委评估专家小组对海淀区特殊教育服务实体实地调研评估中，海淀区教委汇报特殊教育服务实体工作，区特教中心介绍中心基础建设与日常工作及海淀区自闭症及情绪行为障碍儿童教育训练基地调研评估工作汇报。评估专家参观区特教中心专业教室、评估教室、数据库建设以及区自闭症基地，查阅特教中心及自闭症基地建设与运行业务档案资料，与中心4名教师现场提问与答辩。评估专家肯定海淀区特教中心在区域特殊教育和融合教育工作中发挥的作用，真正做到将融合教育生态化、专业支持个性化、学生发展全面化。截至9月底，海淀区普通学校随班就读的备案特殊学生712人，占所有在校特殊学生人数的50%以上。仍有近3000名有注意力缺陷多动障碍、学习障碍、感统失调、抑郁症者等特殊教育需要的学生，已建立9个学前融合教育康复基地，8个学区融合教育资源中心（5个为2019年在建项目），99间资源教室累计每周为有特殊需求学生提供约600课时教育康复训练服务；成立示范性自闭症及情绪行为障碍儿童教育训练基地，为特殊儿童提供教育评估、康复训练等服务，承担教师和家长的培训、咨询与指导工作，开创自闭症儿童“生态化”支持模式。

（宋亚甫）

教育督导

【概况】 2019年，海淀区人民政府教育督导室（简称区教育督导室）围绕立德树人根本任务，发挥监督、检查、评估、指导作用，确保党和国家的教育方针政策得到贯彻执行。做好中小学校园安全、开学条件保障、校舍安全管理、安全检查中问题的整改追踪、中小学食堂管理及卫生防疫、近视防控、学生肥胖检出、国家义务教育监测等挂牌责任督学经常性督导任务，每月纳入教委“四公开一监督”[①]数据统计。构建普适性学科督导与精准性学科督导相结合的工作机制，学科督导以“三个紧密围绕”[②]为核心，重点对纳入国家质量监测的语文、政治、地理和生物等学科教学进行精准督导。完成幼儿园办园质量督导评估等市级重点工作，组织220所幼儿园、25个社区办园点开展网上自评，对70余所幼儿园开展办园质量督导评估，初步确定幼儿园等级。形成全区幼儿园办园质量督导评估总报告。

（宋亚甫）

【教育督导30年座谈研讨会】 4月26日，海淀区召开教育督导室成立30周年座谈研讨会。与会者观看海淀教育督导30年发展成就宣传片，从督导评估体系建构，督导制度演进，督导观念、策略和方法分析，督导结果运用等不同维度，进行课题解析与汇报，并对海淀教育督导工作未来发展方向提出建议。教育部、市教委、区委教工委、教委、教育督导室领导，北京师范大学、首都师范大学、国家教育行政学院的专家学者100余人参加会议。

（宋亚甫）

【首轮校外教育督导总结会】 6月13日，区教委召开首轮校外教育督导工作总结会，区委教工委、区教委、区政府教育督导室、区校外教育机构负责人，校外教育督学及教育视导员36人参加会议。会议交流展示海淀区校外教育督导工作经验，总结第一轮校外教育督导工作。海淀区中小学综合实践教育中心、万寿路青少年活动中心和海淀青少年活动中心负责人作经验发言，教育部教育发展研究中心专家作题为《新时代教育强国战略——中国教育现代化2035解读》的专项培训。2015年9月，海淀区第一轮校外教育督导工作正式启动，出台《海淀区校外教育督导指标体系》，组成校外教育兼职督学队伍；完成全区校外教育活动63次现场教学督导，覆盖80%的在编专业教师；访谈11家公办校外机构负责人。完成海淀区第一轮校外教育综合督导总报告1份，专题报告3份，校外机构教育活动专题报告25份，“校外教育活动方案”16篇，出版《海淀区校外教育督导工作指南》《海淀区校外教育督导实践探索》。

（宋亚甫）

【学生身心健康专项督导总结会】 6月28日，区教委召开海淀区学生身心健康专项督导情况通报暨总结会，区身心健康督导评价组成员、各中小学校领导及视导员、各学区视导员、责任督学等400余人参加会议。会议听取海淀区中小学学生身心健康专项督导报告，红十字会建设促进、心理健康促进、卫生健康促进及体育健康促进4个督学团队总结，9所中小学校分别作为学校红十字工作、心理工作、卫生工作及体育工作优秀代表典型发言及经验展示。2018年11月15日，海淀区普通中小学校学生身心健康发展专项督导工作正式启动，第一阶段在49所公办中学开展。2019年3月中旬至4月中旬，开展79所小学学生身心健康专项督导评价工作，督导评价组通过平台调阅、查阅资料、实地考察、现场抽测和网络问卷等方式全面了解中小学生身心健康发展实际状况，完成专项督导报告。

（宋亚甫）

【无证幼儿园挂牌督导】 6月，区教育督导室根据市教委、市教育督导室《关于落实无证幼儿园责任督学挂牌督导工作的通知》，开展无证园责任督学挂牌督导工作。组织40名督学与8名专职督查员，对幼儿园联合开展督导督查工作，通过查看海淀区无

---

① “四公开一监督”：“四公开”指公开城市管理责任部门清单；公开责任部门的执法职责和查处标准；公开责任部门的城市管理网格化机制及责任人；公开责任部门“月检查、月曝光、月排名”的城市管理执法数据。“一监督”是指在市委、市政府的领导下，在市城管执法协调领导小组的指导下，在市监察局及相关部门的协同下，市区两级城管执法协调办责成环境秩序联合督导检查组和城管督察队负责具体实施，监督各区（县）政府、地区管委会、职能部门、执法部门城市管理工作履职情况，充分发挥综合监管作用。

② “三个紧密围绕”：围绕布局调整，围绕课程改革，围绕考试制度改革。

证幼儿园园所环境，听取幼儿园办园特色、安全、师德队伍建设等工作汇报，摸清辖区内无证园和社区办园点底数及分布情况，并对园所教师队伍建设、课程设置、管理和保教等方面提出建议，完成170所无证幼儿园及25个社区办园点责任督学挂牌工作。

（宋亚甫）

【2018年义务教育学校社会满意度调查结果揭晓】 9月25日，海淀区2018年义务教育学校社会满意度调查结果揭晓。此次调查共形成总报告1份、专题报告3份、学区报告17份、学校报告185份，共计206份300余万字。调查结果显示，2018年海淀区总体满意度达到“非常满意”水平。其中，学生和家长对教师的专业素质（水平）、师德修养、教学能力满意度较高，小学和初中教师对学生素质满意度较高，小学和初中教师对办学理念、学校风气等满意度较高；五一小学分享《做有思想、有情感、有敬畏的教育》经验做法，二十一世纪国际学校从学生成长、教师发展、家长满意3个方面介绍学校办学经验；中关村创新研修学院项目负责人对2019年满意度调查工作进行工作部署及要点培训。

（宋亚甫）

【安全管理培训】 12月16日，区教育督导室举办安全管理培训会，全体督学及学校视导员、安全管理干部400余人参加培训。培训会介绍全国及市、区校园安全形势、校园安全突发事件特点、校园安全工作的若干对策、中小学校园安全管理工作评价等8个方面的情况。区教育督导室落实市级月度经常性督导任务，开展各类安全检查工作8次，覆盖开学条件保障、校舍安全保障、食品饮水安全与卫生防疫管理、校车安全管理、校园安全管理和安全教育等内容，出台《海淀区中小学、幼儿园平安校园建设工作方案》《海淀区教育系统保安服务管理办法》《海淀区教育系统寄宿制学校寄宿部安全管理规定（试行）》等文件。

（宋亚甫）

文化

2020
北京海淀年鉴

4月8日，区文旅局开展基础文化组织员培训（张洪军 摄）

5月10日，圆明园启动“修复1860”，持续修复圆明园出土的文物（田峰 摄）

5月16日，亚洲数字艺术展在北京市海淀区创业路6号开展（田峰 摄）

7月11日，位于中关村壹号的壹美美术馆开馆（田峰 摄）

10月19日，中关村舞蹈节巡游展演活动（张洪军 摄）

11月13日，文化和旅游部、国家文物局在中国国家博物馆举行圆明园马首铜像捐赠仪式（陈曦 摄）

11月30日，《马克思主义经典文献传播通考》（首批20卷）出版（清华大学 供图）

12月20日，区档案局对区统计局进行档案工作市级优秀单位测评复查验收（区档案局 供图）

12月30日，在全国地方志机构主任会上，中国地方志指导小组办公室向海淀区史志办等入选中国精品年鉴的单位颁发奖牌（钟冷 摄）

12月，北法海寺遗址保护工程一期、二期建成（西山林场 供图）

12月，海淀博物馆基本陈列展厅（姜英鎏 摄）

综 述

【概况】 2019年3月28日，海淀区文化和旅游局揭牌成立。将区文化委员会、区旅游发展委员会的职责整合，组建海淀区文化和旅游局（简称区文旅局），作为区政府工作部门。不再保留区文化委员会、区旅游发展委员会。

区文旅局以国庆70周年活动为工作主线，谋划文旅融合产业发展顶层设计，持续固化国家公共文化服务体系示范区创建成果，举办区域品牌文化活动，加强文化遗产保护，海淀文旅融合稳步推进，文化旅游事业繁荣发展，文化和旅游市场安全稳定。公共文化建设取得跨越式发展，荣膺国家公共文化服务体系示范区称号。总结成功创建"国家公共文化服务体系示范区"经验，提出后创建时期的文旅工作新思路。高水准完成庆祝中华人民共和国成立70周年群众联欢、游园和中国北京世界园艺博览会海淀周专场的组织保障工作。

（杨立辉）

【海淀区获第三批国家公共文化服务体系示范区称号】 2月18日，文化和旅游部、财政部公布第三批国家公共文化服务体系示范区（项目）名单，北京市海淀区等30个城市（区）列入第三批国家公共文化服务体系示范区名单，54个项目列入第三批国家公共文化服务体系示范区项目名单。3月19日，在上海长宁区召开的推进公共文化产品供给侧改革现场经验交流会上，文化和旅游部、财政部为海淀区等30个获"第三批国家公共文化服务体系示范区"的城市（区）颁牌。近年来，区委、区政府适应首都公共文化高质量供给的发展要求，以创建国家公共文化服务体系示范区为抓手，推动文化供给侧结构性改革，公共文化服务体系建设取得跨越式发展，基本建成"南北均衡、便捷高效、保基本、促公平"的海淀现代公共文化服务体系，形成一批在本地区乃至全国具有重要示范意义和推广价值的创新经验和做法。

（陈婉莹）

【创建国家公共文化服务体系示范区工作总结会暨2019年文化和旅游工作会】 5月23日，海淀区召开创建国家公共文化服务体系示范区工作总结会暨2019年文化和旅游工作会，区委副书记、区长戴彬彬主持会议。会议总结海淀区创建国家公共文化服务体系示范区的经验，鼓励进一步提升公共服务效能，为人民群众提供更高质量、更高品质的文化和旅游产品。国家文化和旅游部公共服务司副司长白雪华，市文化和旅游局党组书记陈冬出席会议。区委常委、宣传部部长张劲林总结国家公共文化服务体系示范区创建工作，部署2019年海淀区文化和旅游工作。副区长张若冰宣读海淀区创建国家公共文化服务体系示范区协调领导小组《关于表扬在海淀区创建国家公共文化服务体系示范区工作中表现突出的单位和个人的通报》。苏家坨镇、花园路街道、北下关街道作先进集体和先进个人交流发言。区委书记于军高度肯定创建工作成果，并为下一步工作提出要求。区委常委、区委办主任高念东及区属有关单位主要负责人，各街镇主要和主管负责人、业务科长（文服中心主任）和部分文化组织员代表参加会议。

（陈婉莹）

【优秀群众文艺团队评选】 10月9日，区文旅局启动2018—2019年海淀区优秀群众文艺团队评选工作。通过征集、评选、公示环节，共有336支优秀群众文艺团队获得星级称号，其中"三星级"团队38支、"二星级"团队55支、"一星级"团队243支。根据分级补贴标准，共为336支团队补贴401.5万元。

（陈婉莹）

【海淀区公共文化服务体系建设工作会】 10月14日，区文旅局召开海淀区公共文化服务体系建设工作会。会议部署海淀区公共文化服务体系建设近期重点工作，对各街镇和区文化馆、区图书馆在创建国家公共文化服务体系示范区工作中的贡献和成绩给予肯定；总结各单位数字文化工作，并就委托第三方机构对街道、镇综合文化中心开展服务效能评估工作进行讲解和安排。全区29个街道、镇主管领导和业务科室负责人，区文化馆、图书馆主要领导和重点业务科室负责人参加会议。

（陈婉莹）

【基层文化组织员培训】 12月2日至13日，区文旅局举办2019年海淀区基层文化组织员能力提升培训班。本次培训班以分片区形式开展，在4个培训场地，分4个批次进行，677名基层文化组织员参加培训。培训围绕业务能力提升、艺术水平完善、重要政策解读、基础工作开展、心理疏导等方面，设置12门课程，全面提高海淀区基层文化组织员的综合素质和服务能力。

（陈婉莹）

【"数字阅读机盲点覆盖计划"实施】 年内，区图书馆依托公共电子阅览室社会化推广项目，通过区文旅局"双馆齐下"文化惠民活动，实施"数字阅读机盲点覆盖计划"，新购置数字阅读机16台，投放至区机关和驻区企事业单位。全年点击量达110万余次，下载量40余万次。"数字阅读机盲点覆盖计划"已在8个园区、13家区属对外办公区配发和投放数字阅读大屏76台，惠及2000余家企事业单位，受益人群达30余万人。

（向华）

文化设施

【概况】 2019年，区文旅局加强区级公共文化设施的建设拓展，持续完善海淀北部文化中心、海淀区非遗展示中心（北馆）和海淀美术馆（北馆）

的北部文化集群，实现南、北文化资源均衡发展。三级公共文化设施每周错时开放，开放时间不少于每周开放时长的三分之一，保障更多群体享受到公共文化服务。

（陈婉莹）

【海淀区文化馆】 海淀区文化馆是国家一级文化馆，总建筑面积1万余平方米，设有专业琴房、练功房、培训教室、多功能厅、演播厅和小剧场。2019年，区文化馆组织文艺团队深入基层开展“送福到家”新春文艺慰问、秋日欢歌文艺活动、业余文艺大赛、“万人合唱季”、广场舞达人秀、“历史传承·海淀故事”、2019北京世园会海淀文艺演出周等文化惠民系列公益活动。举办免费文化艺术培训班，在馆内外开设900多个班次的艺术培训辅导，内容涉及声乐、舞蹈、摄影、书法、合唱等门类，培训学员23.29万余人次，其中馆内服务人群7.44万余人次、馆外服务人群15.84万人次。举办惠民演出150余场，放映免费电影3467场。出版《红叶》杂志4期。在80所中小学校、7个社区开展非遗教学展演展示活动，惠及师生、群众90万人次。

（陆丽明）

【海淀区文化馆（北馆）】 2019年，海淀区文化馆（北馆）（简称北部文化馆）围绕公共文化服务供需对接、文化活动配送，实现高效能的公共文化服务。开展各类文艺演出活动171场、文艺及科普讲座26个、书画影展览及巡展24个，总计221场，惠及30.97万人次。举办声音、器乐、舞蹈、书画影等各类文艺培训班327个，培训6.60万人次。其中，青少年开展少儿美术、少儿编程等培训班79个，培训1.75万人次；老年群体举办老年舞蹈、老年声乐等培训班40个，培训1.93万人次。辅导52个业余群众文艺团队，惠及6.7万人次。微信公众号“海淀北部文化馆”发布各类活动信息408条，关注量2.16万。“文化@海淀”数字平台发布活动数量357个，累计活动订单44483个，预约54075张电子票；场馆预约6982个订单，13194小时活动；上线课程120个，子视频128个。接待参观来访人员42批次1220人，形成海淀文化创新的辐射力和影响力。中央文化和旅游管理干部学院现场教学点，接待11批次625人开展现场教学活动。

（张春）

【海淀区图书馆（南馆）】 2019年，海淀区图书馆（简称区图书馆）包括“2+28+36”总、分馆服务体系（即南馆、北馆2个总馆，28个分馆，36个社区、村图书馆）。南馆位于海淀镇丹棱街16号海兴大厦C座，365天免费开放，共接待读者80余万人次，外借图书76万余册次；举办各类文化惠民活动325场（阅读活动197场、展览25场、讲座103场），受益读者12万余人次；加工分编入库新书近25万册。对外服务窗口设有图书流通、24小时借阅、信用借阅、集体外借、少儿部、报刊阅览室、自习室、期刊外借、多媒体阅览室、地方文献室、资料室、基层辅导组、宣传策划组。区图书馆发动社会各界为内蒙古科右前旗公共图书馆捐赠3万册图书；为参加国庆70周年阅兵方队、三军仪仗队配置自助图书借阅柜，为广大参阅指战员在训练之余提供丰富的文化“给养”；为总参遗光寺军民生活区、永丰航天城、火灾救援应急中队等多家驻区部队提供图书馆（室）共建服务；举行“爱心起航 传递书香”图书募捐倡议，收到来自5000余名市民捐赠的近4万册图书，最终选出3万册图书，总价100余万元，帮助内蒙古科右前旗公共图书馆建馆。

（向华）

【海淀区图书馆（北馆）】 2019年，海淀区图书馆（北馆）（简称海图北馆）全年365天免费开放，每天开馆12小时，早9点至晚9点。设计馆藏量80万册，现有期刊480种，报纸100份。开放阅览座位1200席。为读者提供报刊阅览区、电子阅览区、视障阅览区、图书外借、资料查询、自习、培训、讲座、展览和读者活动等服务。全年到馆110.53万人次，文献借阅量101.26万册次，读者办卡量10709张。为41个单位提供集体外借图书。举办各类活动共计370场，其中讲座79场、弱势群体210场（弱势群体包括老年人、青少年、残障人士、农民工）、书刊宣传45场、展览36场。媒体宣传报道586篇。接待参访58批次1738人。

（金春爽）

【海淀区文物保护中心（海淀区博物馆）】 2019年，区博物馆向公众免费开放4个展览，即基本陈列“沉香越千年——海淀历史文物展”和精品临时展览“春节民俗文化展”“海淀考古成果展”“回望七十年，奋进新时代——海淀建设成就展”，累计接待观众4万余人次。应中国园林博物馆要求，再次将样式雷诰封碑借展，作为“绝世天工——样式雷园林图档展”展品展出。区博物馆作为北京校外教育协会会员单位、北京市科普教育基地、海淀区青少年校外教育实践基地、海淀区中小学生社会大课堂首批资源单位、海淀校外教育协会首批会员单位、中关村博物馆与艺术品行业联盟首批会员单位，联合北京校外教育协会、海淀校外教育协会共同打造移动展览服务平台，向5家驻区院校、单位送展7次，惠及观众5000余人次；举办“漫谈宋元时期的龙舟题材画”等公益讲座3次，举办剪纸、脸谱等非遗体验活动3次，举办老北京建筑牌楼拼装等手工DIY活动3次。

馆藏文物。完成馆藏文物三维数字化（二期）项目，包括100件（套）馆藏珍贵文物的三维数据采集、建模、系统导入工作和云展平台建设；完成大慧寺293件（套）石刻文物的编号、测量、登记、影像采集工作，建立文物电子账目；完成大慧寺14块重点立碑的说明词编写工作；从原海淀区电影公司征集电影拷贝及播放设备等共300余件；征集海淀区公共文化示范区创建工作相关实物49件；征集中华人民共和国成立70周年联欢活动相关实物20件及海淀区参与相关活动的实物129件（套）；征得科学家程振炎捐赠的手摇计算机等20世纪科技物品9件（套）。

地上文物。推进海淀区慈恩寺修缮工程、海淀区隐修庵修缮工程、海淀区大慧寺文物基础信息采录项目、海淀区不可移动文物测绘项目（第一批）、海淀区石刻拓印项目（第一批）共5个项目工作，其中海淀区不可移动文物测绘项目（第一批）及海淀区石刻拓印项目（第一批）于年内完成全部工作，其余3项按计划推进；完成产权单位永山宅院室外消火栓管网水源改造工程及大慧寺、永山宅院消防系统维保工作，完成大慧寺智能钥匙管理系统升级和值班监控系统升级；推进官河遗址等16处不可移动文物认定工作；处置一亩园娘娘庙界碑等6件流散石刻。

区博物馆新馆建设工作。2019年，区博物馆新馆建设项目升级为三山五园艺术中心（海淀博物馆升级改造）项目，被列入北京市2020年"3个100"重点工程。确定建设规模和推进规划，完成基础建设、大纲编写、藏品征集的前期调研论证和准备工作。

（姜英鎏）

【海淀剧院】 2019年10月31日，北京海淀剧院有限责任公司（简称海淀剧院）由北京海淀置业集团有限公司划转到北京海淀文化旅游产业发展集团有限责任公司。剧院全年承接演出剧目及会议342场，接待观众25余万人次，营业收入1632万元。其中，举办"海之声"音乐会1场，迎新春相声晚会2场；演出剧目《飞跃疯人院》《捕鼠器》《谋杀启事》《维罗妮卡的房间》《电话谋杀案》《蒋公的面子》《开心晚宴》《声临阿加莎》等以开心麻花为代表的舞台剧226场，观众突破15万人次；推出以《巧虎》儿童舞台剧为主题的演出活动27场，演出剧目《热乎乎王国历险记》《和拖拉虫说再见》等，观众2.5万人次；演出剧目《拉赫玛尼诺夫》《我的遗愿清单》《音乐之声》《隐婚男女》《爷们儿》等音乐剧66场，观众约5万人次；与北京曲剧团合作推出《正红旗下歌唱祖国》等曲剧6场；河北梆子剧《人民英雄纪念碑》2场；承接工作会议9场。海淀剧院被中宣部选定为4K高清信号直播影院，现场直播中华人民共和国成立70周年庆典活动。全年电影放映4322场，票房收入818万元，接待观众25万人次。

（张伟）

【中国知网】 中国知网（www.cnki.net）是清华控股有限公司旗下《中国学术期刊（光盘版）》电子杂志社有限公司的数字出版与知识增值服务网站，源于1995年清华大学始创的《中国学术期刊（光盘版）》（CAJ-CD），由同方知网数字出版技术股份有限公司、同方知网（北京）技术有限公司分别为其提供技术支持、数据加工、产品发行等相关运营服务。2019年，中国知网提出"知识创新服务业"基本概念，全面启动CNKI2.0工程，构建服务中国"世界一流学科建设""世界一流科技期刊建设""世界一流企业建设""国家治理体系与治理能力现代化建设"战略的知识创新服务业运营机制与产业模式。截至年底，中国知网共收录70个国家和地区的2.8亿篇全文文献、3亿篇摘要文献。国内资源涵盖近1万种期刊、1万余册工具书、3.5万余册会议论文、440万篇博硕士学位论文、500余种报纸、5100种年鉴（含部分年度报告）、2587条专利等数十种类型。中国知网与国际700多家出版机构建立版权合作，整合出版数百个重要数据库，收录外文期刊7万余种，覆盖JCR期刊的94%、Scopus期刊的80%以及图书80多万册、会议论文近100万篇。中国知网用户覆盖56个国家和地区的各级各类教科研、政党政府、立法司法、工农卫、社团智库、公图文博等机构3.3万余个，拥有2亿多户个人用户，日访问量1600万人次，年下载量23.3亿篇次。

（常晶会）

【"最美书店"钟书阁京城首店落户海淀】 6月22日，享有"最美书店"之称的钟书阁京城首店落户海淀区中关村融科资讯中心。书店营业面积660平方米，是一家综合性书店，藏书近6万册，包括文学、社科、艺术、经济、育儿等1.6万个品类。此前，钟书阁因其设计新颖、环境优雅，成为众多白领青睐的网红文化空间。在设计上，位于海淀区的钟书阁将城市的历史脉络和城市记忆在有限的空间内加以展现，呈现出最具"京味"的书店。海淀区作为全国科技、文化大区，文化底蕴深厚，高端人才荟萃，密集的科研院所和高新技术企业、完整的新闻出版产业链条、丰富的高等院校资源，是吸引钟书阁落户海淀的主要原因。海淀区共有153家登记注册书店，书店总面积超过4.4万平方米。

（钟冷）

【三级公共文化设施网络体系建设】 年内，海淀区拥有海淀区图书馆、海淀区文化馆、海淀北部文化中心图书馆、海淀北部文化中心文化馆、海淀美术馆（北馆，在稻香湖景区内）、海淀区非遗展示中心（北馆）和海淀区博物馆等7家区级公共文化设施；街镇综合文化中心平均面积超过2000平方米，社区（村）文化活动中心平均面积达到490平方米。全区三级公共文化设施设置率100%，总面积达51万平方米，达标率100%，构建起海淀公共文化服务设施全域化版图，形成南北均衡的三级公共文化设施网络体系。

（陈婉莹）

【新建小区配套公共文化设施建设】 年内，区文旅局加大对新建小区配套公共文化设施的检查验收力度，确保新建公共文化设施达标。与北京市西郊腾飞房地产开发有限责任公司等8家开发单位签订移交协议，与北京市龙鼎华源房地产开发有限责任公司等2家单位签订接收意向书，新增公共文化设施1.5万余平方米。

（陈婉莹）

文化产业

【概况】 2019年，海淀区规模以上文化产业单位实现收入6241.9亿元，比上年增长21.2%，占全市文化产业总收入的48.6%，产业规模居全市各区首位。从业人员22.1万人，较上年下降1.8%。海淀区文化发展促进中心（简称区文促中心）落实海淀区消费能级提升三年行动计划，策划开展艺术中关村项目、“我们的节日”海淀文创市集活动和北京国际设计周创意市集。协助市文促中心举办北京文创市集中关村创业大街站、中关村创业公社站活动。组织海淀文化沙龙40期，调动社会力量共同研究促进海淀文化产业；与北京社科院联合开展海淀文化产业发展比较研究（北上广深杭蓉六地比较研究）；与中国人民大学合作开展海淀文化产业品牌青年影响力排行榜研究，编写海淀区文化企业营商环境报告、海淀区文化企业动态报告、海淀区上市文化企业报告和海淀独角兽文化企业报告，研究成果在北京大学新年文化产业论坛——海淀对话会上发布。组织第十四届中国北京国际文化创意产业博览会。加强海淀图书出版企业对外合作交流，努力促成中文图书海外贸易。组织北京大学出版社、人民大学出版社、北京师范大学出版社、北京语言大学出版社和外语教学与研究出版社参加2019年法兰克福国际书展，展出图书700余册，合作洽谈20余次，举办活动3场。

（于佩丽　韩娟娟）

【艺术中关村项目】 3月，区文促中心在海淀美术馆举办“艺术中关村——全国青年写实油画展”，展出写实油画作品111幅，参展艺术家59位。4月，艺术中关村创作基地在曹雪芹文化艺术中心挂牌。4月25日，艺术中关村创作基地在贝家花园挂牌。5月18日，中关村艺术研究院在中国人民大学成立。5月26日，艺术中关村2019年第二场中关村西区采风写生活动举行。9月21日，艺术中关村2019年联展在中关村壹号壹美美术馆开幕。展览由区委宣传部、区文联、区科协、区北部办指导，海淀区文促中心、实创公司主办，艺连网、壹美美术馆承办。展览内容涵盖国画、油画、书法、雕塑、科学家信札五大部分，参展艺术家90余位，展出作品160余件，充分展示一年多来艺术中关村项目的运营成果。

（于佩丽　韩娟娟）

【香山公园获北京文化创意大赛3项奖】 4月18日，由市委宣传部、市委网络安全和信息化委员会办公室、市国有文化资产管理中心指导，市文化创意产业促进中心主办的“歌华有线杯2019北京文化创意大赛”在天坛神乐署启动。香山公园组织9个项目参加公园文创赛区初赛路演，香山奇妙夜博物之旅暑期夏令营、夜间自然科普生物馆及香山系列首饰3个项目进入决赛，分获大赛一等奖、三等奖、优秀奖。其中香山奇妙夜博物之旅暑期夏令营项目以公园文创赛区第一名的成绩，代表市公园管理中心参加8月18日在天鼎218文创园举办的“歌华有线2019北京文化创意大赛”总决赛暨颁奖大会，获年度行业引领奖。

（李晓影）

【《2019年海淀文化企业独角兽报告》完成】 4月，区文促中心完成《2019年海淀文化企业独角兽报告》。报告包括《2019年文化企业独角兽榜单》概述、北京市文化企业独角兽各区分布情况、海淀区文化企业独角兽特点、海淀区文化企业独角兽面临的问题、建议5个部分。报告分析了全国文化企业独角兽地域分布情况、领域分布情况，北京市上榜企业数以及海淀区上榜企业数，排名北京市各区第二，分析海淀区文化企业独角兽具有估值水平领先、经营情况良好的特点，指出海淀区文化企业独角兽面临内容质量大幅下降、营收增长难以突破等问题。针对存在的问题，报告提出密切关注海淀区文化企业独角兽的动态，做好文化企业独角兽的服务工作，保障企业发展的合理需求；努力培育文化企业独角兽的2条建议。

（叶亮清　高洁　薄君阳）

【北京国际设计周创意市集——蓝集人民大学站】 5月24日至26日，2019年北京国际设计周创意市集——蓝集人民大学站开幕式在中国人民大学举行。本次活动由中国人民大学文化科技园、北京国际设计周组委会和区文促中心联合主办，以“青春飞扬、创意未来”为主题，邀约来自全国各地的文化创意产品进行展售。来自中关村创业大街、艺连网、北京故宫文化创意有限公司等知名企业与研究机构的嘉宾参加开幕式。活动涵盖互动体验、设计分享、大学生项目路演、设计师沙龙等。

（于佩丽　韩娟娟）

【组织参加第十四届北京文博会】 5月28日至31日，由文化部、国家新闻出版与广电总局、北京市政府主办的第十四届中国北京国际文化创意产业博览会在京举办。海淀区组织企业参展，海淀展区以“创新数字文化产业、创意共赢美好未来”为主题，设立电竞赛事体验、数字文化展示、产业推广合作3个主题区域，突出展现海淀区数字文化产业和文化科技融合发展最新成果。

（于佩丽　韩娟娟）

【2019北京文化创意大赛海淀分赛】 6月10日，由区文促中心主办的“歌华有线杯”·2019北京文化创意大赛海淀分赛决赛在中关村创业大街举行。近百个创业团队报名参赛，经过海选和复赛，北京视感科技有限公司获得第一名，北京企鹅童话新科技有限公司、光与盐（北京）文化创意有限公司获得第二名，北京极睿科技有限责任公司、Sencity（北京）泛谷创意科技有限公司、北京灵动音科技有限公司获得第三名，6个获奖团队进入北京文创大赛总决赛。

（于佩丽　韩娟娟）

【4家企业入选全国文化企业独角兽榜单】 8月10日，创业黑马联合产

业协会、投资机构、行业媒体，发布《2019年文化企业独角兽榜单》，50家企业入选。榜单将文化企业独角兽划分为硬独角兽和准独角兽两类，硬独角兽为估值5亿美元以上、有硬实力的产业独角兽；准独角兽为估值1亿美元以上、有高成长潜力的产业独角兽。北京各有11家企业分别上榜硬独角兽（25家企业）、准独角兽（25家企业）榜单，海淀的今日头条（含抖音）（媒体及阅读）、快手（短视频/直播）、知乎（知识问答/分享）3家企业入选硬独角兽榜单，分别位列第一、二、十位；微播易（短视频营销）上榜准独角兽榜单，位列第二十位。2019年，北京字节跳动科技有限公司（简称今日头条）最新估值750亿美元，北京快手科技有限公司（简称快手）最新估值200亿美元，智者四海（北京）技术有限公司（简称智乎）最新估值24亿美元。

（叶亮清 高洁 薄君阳）

【香山公园获"文博设计奖"】 9月5日至10月7日，香山公园参加由文化和旅游部与市政府联合主办的2019北京国际设计周活动。公园组织自营企业及联营企业遴选20余件香山文创产品参加比赛，香山家族公仔挂坠获2019北京国际设计周文博设计奖优秀奖。

（李晓影）

【10个文创产品入围红色旅游文创产品】 9月19日至20日，由中国旅游协会主办的全国红色旅游文创产品和红色旅游演艺创新成果征集活动完成初步遴选，海淀区10个文创产品入围红色旅游文创产品，包括办公用品2个、手工艺品3个、纪念品5个，由香山公园、北京今朝红创文化传播有限公司、北京瀚藏科技有限公司提供，占北京市入选数量的近40%。入围的红色旅游文创产品在江西省赣州市瑞金市体育馆展出。

（钟冷）

【"我们的节日"海淀文创市集活动（创业公社站）】 10月31日至11月2日，区文促中心联合艺连网共同举办"我们的节日·海淀文创市集"活动，为小微文化创意企业提供市场机会，促进文化创意产品消费。首次在创业公社室内举办"我们的节日"海淀文创市集（创业公社站），涉及传统文化、品牌宣传、手工文创、红色文创、数码科技、文化科技等40余家参展商参与活动。市集活动包括抽奖兑换有海淀地区代表性的文创产品；机器人格斗表演；艺术家现场挥毫泼墨，给企业题字；古琴表演；现场绘画脸谱活动；无人机表演互动，5700人次参与活动。北京电视台、腾讯视频、爱奇艺报道，海淀融媒"北京海淀"发推文，40家网站进行全方位报道。

（韩娟娟）

【《2019年海淀区文化企业营商环境报告》完成】 10月，区文促中心完成《2019年海淀区文化企业营商环境报告》。报告包括中国、北京、海淀营商环境的总体水平，新时代海淀区文化企业营商环境问题梳理两大部分。根据10月23日世界银行最新发布的《2020年营商环境报告》，中国得分77.9分（满分100分），总体排名比上年上升15位，名列第31名。在2018年中国营商环境评价中，北京市综合排名位列第一。在最新公布的2018年北京市各区营商环境评价结果中，海淀区综合得分95.72，排名第一（与朝阳区并列）。通过梳理，海淀区文化企业营商环境在文化市场准入、文化企业行政审批、文化品牌保护、文化政策落实、舆论环境、文化企业人才、小微文化企业融资、文化出口环境8个方面存在问题，需要政府和社会各界采取对策予以解决。

（叶亮清 高洁 薄君阳）

【中关村文化产业系列活动】 11月8日至10日，由海淀区主办的中关村文化产业系列活动举行。海淀区发布支持数字文化产业发展的若干措施，围绕推动游戏研发和内容创作、集聚游戏企业及电竞俱乐部、支持电竞场馆建设和赛事举办、支持开展游戏电竞交流活动、强化人才支撑、优化营商环境6个方面，支持创新主体建设游戏开发共性技术平台、开源开放创新平台、公共技术服务平台、游戏引擎研发平台，最多给予1000万元人民币资金补贴。成立中关村文化产业50人咨询委员会，由中国数字文化产业领域的领军人士、学者和投资人组成，为海淀数字文化产业创新与发展支着。在国内首次独立举办世界顶级电竞赛事2019英特尔极限大师赛，汇集国内外十余支战队，吸引6000余人现场观看；举办2019中关村数字文化产业交流展，汇集20余家数字文化产业机构推出的优秀项目，在展厅现场举办2019海淀高校电竞邀请赛。

（钟冷）

【海淀区支持数字文化产业发展政策发布】 11月10日，在中关村文化产业五十人研讨会——数字文化产业创新与发展会议上，海淀区发布以电竞产业为重点，推动游戏研发和内容创作、集聚游戏企业及电竞俱乐部、支持电竞场馆建设和赛事举办、支持开展游戏电竞交流活动、强化人才支撑、优化营商环境6个方面的支持政策，以推动海淀区数字文化产业高质量发展。

（钟冷）

【"我们的节日"海淀文创市集活动（西站食宝街）】 12月30日，由区文促中心举办的海淀文创市集在西站食宝街开幕。邀请24家文化企业参展，包括研究红、兰、皇、法、中等海淀特色的文创企业，自主文创IP开发企业；有传统手工艺制作文创企业，也有电子、光学等高新技术企业。本次市集超过5万人次参与，实现销售额5.1万余元，较首次市集增长39.8%。活动亮点是推广线上市集，近500人关注线上市集。北京电视台新闻晚高峰当晚报道市集盛况，海淀电视台跟进播报，"北京海淀""海淀文创市集"公众号发布专题推文，40余家网站进行报道。活动持续至2020年1月1日。

（韩娟娟）

【《2019年海淀区上市文化企业报告》完成】 12月，区文促中心完成《2019年海淀区上市文化企业报告》。

报告包括海淀区上市文化企业情况、拟上市文化企业情况、工作建议3个部分。至年底，注册地在海淀区的上市文化企业共33家。上市的33家文化企业发生股权投资事件14次；参与投资基金1次，金额2500万元；融资事件4次，融资近140亿元；并购事件6次，金额26.59亿元；新设子公司事件3件，金额7.63亿元。拟上市文化企业投资情况：2015年至2019年9月，北京市共新增挂牌新三板文化企业347家，其中海淀区新增103家，占全市的29.7%。2019年发生股权投资事件5次，投资2896万元；参与投资基金1次，金额4000万元；融资事件5次，金额5261.88万元；并购事件3次，金额100万元；新设子公司事件13次，金额6853.86万元。针对2019年海淀区上市文化企业情况，报告提出2条工作建议：密切关注全区上市文化企业动态，积极研究全国、北京市、海淀区文化金融发展政策环境，深入了解全区上市文化企业需求，并有针对性地给予发展建议；与北京市文化企业上市培育基地达成合作，为区内的拟上市文化企业提供更多的培训机会和必要的政策指导，助力有上市意愿的文化企业平稳运行，促进海淀区文化产业高质量发展。

（叶亮清　于佩丽　韩笑）

【香山公园文创产品设计研发】 年内，香山公园委托第三方公司设计开发文创产品。文创utig以福文化、红色文化、红叶文化、皇家文化为主题，设计开发6类96种文创形象及产品设计，其中香山家族IP形象进行产品打样，工作成果为电子矢量图、产品图册及打样产品。结合双清红色历史故事，与中国邮政集团合作开发发行《人民解放军解放南京》纪念封500套。以香山革命纪念地实景照片及文字资料为主题，与中国邮政集团海淀区分公司合作开发发行《红色足迹》纪念邮册6000册。与王府井梦工厂合作开发推出红色文创产品双清别墅木质书签、双清书U、双清别墅帆布包、双清一群红鱼帆布包、双清T恤衫文创产品。公园与旗人Manchurian、野兽派The Beast合作设计开发金莲花礼盒丝巾扣（戒指两用）。与三德白瓷合作开发推出金莲福品茗杯茶具及包装。公园自研开发文创产品主要有三大类：包装设计，香山家族形象纸杯、爆米花桶、热狗包装盒、棒棒糖、香山移动贩卖车形象装饰；红色文创产品设计，红色书屋正式营业，推出双清别墅红亭系列文创产品：文件袋、风琴包、党员学习笔记本、香山皮U三折页笔记本、皮U活页笔记本、活页笔记本套装；香山福神IP形象设计，开发七种不同寓意福牌，满足前来登高祈福的游人需求。文创餐饮：完成“松林品福”春节特色文创餐饮、文创菜单及制作工作；推出以鲜花为元素的特色文创菜品10余种；松林餐厅推出红色餐饮套餐，文创菜品收入76.86万元。“香山·双清一群红鱼”“香山·双清红亭”系列文创产品被中国旅游协会遴选为全国优秀红色旅游文创产品。

（李晓影）

区域特色文化

【概况】 海淀区人文底蕴丰厚，历史文化资源丰富，形成鲜明的具有革命基因的“红色”文化、曹雪芹西山故里“红”文化、纳兰性德“兰”文化、“三山五园”皇家园林文化、贝家花园中法交流文化以及经过改革开放40年的中关村创新创业发展而形成的中关村创新创业文化等区域特色文化和特色文化品牌。

2019年，开展曹雪芹红文化国博大讲堂、兰迷嘉年华“纳兰性德与三山五园”主题文化月活动、“三山五园”文化巡展巴黎站活动，支持贝家花园红色革命文化话剧和情景体验剧创作。

（钟冷）

【《北京地区近代石刻选粹》出版】 5月，北京石刻艺术博物馆编著的《北京地区近代石刻选粹》由学苑出版社出版。该书是1998年至2000年北京市文物局课题“北京近代名人名碑”（2000年6月结题）的扩展和深化。全书约51万字，插图300余幅，收录1840年至1949年北京地区的各类文字石刻近200处。采用实地调研和文献梳理相结合的方法，对近代石刻进行整理、研究，按时代先后为序进行著录。类型包括摩崖石刻、寺庙道观宗祠碑、名人墓碑、会馆碑刻、门额等，内容涵盖政治、教育、工商业、公共事业、宗教、民俗等方面。

（郭豹）

【2019兰迷嘉年华——纳兰性德与三山五园主题文化月活动】 6月8日至29日，区委宣传部、区文联指导，海淀区纳兰文化研究中心、海淀区文化发展促进中心（简称区文促中心）共同主办2019兰迷嘉年华——纳兰性德与三山五园主题文化月活动。6月11日，在海淀公园举办2019兰迷嘉年华主题文化月开幕式暨纳兰文化出版联盟成立大会，现场嘉宾80人，兰迷爱好者及游客约220人，线上直播3800余人收看；召开“纳兰性德与三山五园”主题研讨会。11日至29日，在海淀公园憩心亭长廊举办“纳兰性德与三山五园”文化展示，总浏览量约3600次。16日，“纳兰性德与三山五园”主题诗会及文艺交流活动举行，从征集的节目中遴选14个节目参加演出。22日，举办“当时只道是寻常”主题安意如读者见面会，到场65人，线上直播2800人收看。29日，举办《纳兰容若传之人生若只如初见》读者见面会暨纳兰文化专题讲座，到场79人，线上直播3200人收看。“遇见最美纳兰词——寻找纳兰文化短视频达人”征集活动，收集视频1100条，参与人数3.3万人。

（王锐　邵晶淼）

【“纳兰性德与三山五园的前世今生”主题研讨会】 6月11日，2019兰迷嘉年华——纳兰性德与三山五园主题文化月活动之一的“纳兰性德与三山五园的前世今生”主题研讨会举办，5位专家出席会议。纳兰文化出版中心主任牛颂，从民族学角度，讲解《纳兰词的魅力与京都园林山水空间》;《海淀区志》《海淀史志丛书》主编张宝章，从史地研究层面，介绍“海淀公园与三山五园的关系及历史”；首都师范大学国学传播研究院常务副院长、教授、《纳兰性德全集》主编尹小林，揭秘纳兰性德与文渊阁四库全书的历史渊源；曹雪芹纪念馆副研究员樊志斌，探寻“纳兰性德的香山游览空间与书写空间”；清乾隆帝第九世孙女、顾太清诗词研究会名誉会长、爱新觉罗历史文化研究会顾问金适，讲述“‘双桥诗韵’的历史渊源”。京西皮影非遗传承人林中华展示纳兰性德的皮影人物形象设计。专家们的研究成果，填补了“兰文化”的研究空白，使“兰文化”研究向体系化发展。现场及线上直播2600余人收看。

（钟冷　邵晶淼）

【纳兰文化出版联盟成立】 6月11日，在2019兰迷嘉年华——纳兰性德与三山五园主题文化月开幕式上，纳兰文化出版联盟在海淀公园成立。纳兰文化出版联盟由纳兰文化出版中心联合线装书局、中华书局、人民文学出版社、人民东方传媒集团、国文传媒、丝路书院等共同发起成立，标志着海淀区“兰文化”工程走向纵深发掘和广度传播，形成舞台戏剧、出版发行、网络视频等多维度的发掘传播格局。领导嘉宾为联盟成员单位颁发聘书。

（王锐　钟冷）

【“贝家花园1940”创新型党建活动】 6月至10月，区文促中心与北京大美西山文化传播有限责任公司共同策划组织“贝家花园1940”创新型党建活动。区委宣传部、北太平庄街道、凤凰岭公园、京海龙物业等8家单位共举办10场活动、207人次参与。“贝家花园1940”创新型党建活动采取沉浸式实景剧情体验的形式，体现1940年平西地下交通线秘密交通站“贝家花园”发生的故事。参与者通过参演剧本，体验打入敌人内部执行秘密任务，地下交通员与日伪军斗智斗勇，保护革命同志的过程。同时宣传法国白求恩式的医生贝熙业为中国抗日事业做出的贡献。

（邵晶淼）

【《今日宜逛园：图解皇家园林美学与生活》出版】 8月，区委宣传部、区文促中心与中国林业大学三山五园研究团队合作的《今日宜逛园：图解皇家园林美学与生活》由中国林业出版社出版。《今日宜逛园：图解皇家园林美学与生活》包括三山五园研学、三山五园文创与三山五园研究、创新传播三山五园历史文化等主要内容，通过300余幅复原图、古代绘画、新老照片等图像和生动翔实的文字，帮助公众全面了解皇家园林的艺术特色、历史脉络、布局原理及皇室生活。10月13日，在颐和园举办《今日宜逛园：图解皇家园林美学与生活》新书游园会活动。

（邵晶淼）

【中共中央北京香山革命纪念地正式对公众开放】 9月13日，中共中央北京香山革命纪念地正式对公众开放。包括毛泽东同志办公居住地——双清别墅，朱德、刘少奇、周恩来、任弼时同志办公居住地——来青轩，中央警卫处——双清别墅东侧平房，中共中央宣传部办公地——思亲舍，中共中央宣传部办公地——多云亭，中共中央图书馆——小白楼，香山专用电话局——丽瞩楼，中共中央办公厅机要处——镇芳楼及镇南房8处纪念地。

（王奕）

【第十届曹雪芹文化艺术节】 10月3日至7日，以“梦开始的地方”为主题的第十届曹雪芹艺术节系列活动在北京植物园黄叶村举行。由北京曹雪芹学会、北京曹雪芹文化发展基金会发起，北京曹雪芹学会、北京市公园管理中心、区委宣传部共同主办的第十届曹雪芹文化艺术节，江苏红学会名誉副会长朱永奎、河北廊坊收藏专家李培良、1987版电视剧《红楼梦》作曲家王立平、1987版电视剧《红楼梦》总摄影师李耀宗等50余位嘉宾出席在北京植物园内曹雪芹纪念馆西侧凹晶馆·芹溪茶舍举行的开幕式。系列活动包括珍品汇聚的首届红楼梦收藏市集、曹雪芹文化讲座、红迷会独创的曹红主题线下游戏、以梦为纲的曹红文化展览。曹雪芹文化艺术展分为“梦之书”“宝鉴碎片”“问津者语”三个部分。主办方独创的“大观园之谜”“寻芹记”两款曹雪芹《红楼梦》主题线下游戏首次亮相；首届红楼梦收藏市集，展出与曹雪芹《红楼梦》相关的书籍、影像制品、艺术藏品、文创产品；曹雪芹《红楼梦》文化系列讲座，邀请6位曹红研究领域的专家学者，围绕曹雪芹在西山的故事、《红楼梦》中的节庆文化、红楼雅居、红楼收藏等内容带来不同主题的讲座。艺术节期间，《人民日报》、光明网、《北京晚报》、网易、腾讯、搜狐、凤凰网、环球网等10余家媒体对活动进行报道，艺术节相关话题在新浪微博引起受众转发，宣传覆盖超过500万人。

（邵晶淼　钟冷）

【“纳兰成德家族在京史迹调查与研究”通过评审】 12月11日，由北京石刻艺术博物馆承担的北京市文物局课题——“纳兰成德家族在京史迹调查与研究”通过专家评审。课题以纳兰成德家族在京遗迹遗物为研究对象，以明珠和成德两代人为中心，兼及其祖辈和后代重要人物的活动地点。现场踏勘纳兰成德家族在京史迹13处，包括位于海淀区上庄镇的家族墓地、东岳庙及戏台、龙王圣母庙，位于西城区后海北沿的家庙、府邸等以及保留至今的多方家族墓志、榆河乡东岳行宫碑等重要石刻文物。结合文献资料收集、口述史访谈等方式，为纳兰家族的研究提供第一手资料，为相关建筑、遗址的保护与合理利用提供基础资料。

（郭豹）

文化活动

【概况】 2019年，海淀区“海之声”

新年演出季、“海之春”新春文化季、“书香海淀”全民阅读、“青春的海”中关村国际青年艺术季、海淀文化季、中关村儿童演出季、中关村金秋演出季七大公共文化品牌活动坚持社会主义核心价值观，统筹区域资源共建共享，提供创作、演出、展览、体验等文化和旅游活动，营造具有海淀特色、丰富多彩、积极向上的浓郁文化氛围，形成高品质、多元化、社会化的群众文化艺术新生态。七大品牌全年投入资金7500余万元，举办各类文化活动（三级文化设施）518项1万余场次，惠及群众615万余人次。

（刘珊珊）

【“海之春”新春文化季】 1月25日至3月10日，区文旅局举办“海之春”新春文化季。新春文化季以“文化惠民、文化乐民、文化暖民”为宗旨，以“福满京城 春贺神州”为主题，包括春福到家——“送福到家”己亥迎春文化惠民活动、春山声远——新春名园游园活动、春风劲吹——“新动力新形态”中关村文化科技双创月活动、春瑞京歌——新春文化艺术大秀活动、春禧非遗——“家门口的庙会”非遗文化体验活动、春村花会——传统民俗春节活动、春吟诗意——“新春新风尚”悦读海淀推广活动、春阳暖心——海淀青少年春节文化活动8个单元52项活动，开展送福到家、科技文化体验、新春山水游园会、迎春阅读、艺术会展、舞台剧展演、非遗赏春等活动901场次，113万人次参与。本届文化季挖掘海淀区特有的山水名园、科教大区、中关村国家自主创新示范区核心区，特别是创建国家公共文化服务体系示范区的优质资源与创新成果，延续“海燕行动”之“文艺轻骑兵”活动，以“小精尖”文艺小分队为载体的基层文化方式，深入高新技术园区、区域各街镇及驻区单位基层演出，营造春节欢乐祥和、喜庆热烈的艺术温度。

（刘珊珊）

【“送福到家”暨“海之春”新春文化季启动】 1月28日，由北部文化馆主办的2019年北京市文化志愿者“送福到家”暨“海之春”新春文化季启动仪式在北部文化中心举行，现场书写春联、赠送“福”字、剪纸、窗花、皮影、糖画等，开辟科技体验区、编程试验区等，让科技更加贴近生活。北部文化馆文艺小分队将春联、“福”字和文艺演出送到和熹会敬老院。活动惠及近千人次。

（张春）

【海图北馆2019新春系列活动】 1月28日至2月19日，“福泽淀阁 文韵传香”——海图北馆2019新春系列活动的启动仪式举行，包括28项活动。本次活动集合古六艺——“礼乐射御书数”，同时加入科技互动阅读、“平语近人”展览、改革开放画册展、传统文化展、特色朗读亭等内容。科技互动体验墙，将文化与科技融合，打造“年年有余线上阅读活动”。新春民俗文化展、小花灯制作、吹糖人、射箭文化讲座等活动让读者尽享传统文化乐趣。花道、茶道、香道（“三雅道”）等中国传统文化展演，传承历史“雅”的艺术享受。朗读亭为读者打造“读万卷书 行万里路”的“旅行式”新型阅读空间。翰墨飘香，年味浓郁！朗读亭外，由图书馆特别邀请的书法爱好者们现场挥毫泼墨，创作楹联词句，为读者送上新春祝福。“引经据典显底蕴 平语近人传国风”——海图北馆学习时代思想新春特别展，传颂习近平新时代中国特色社会主义思想。“百名摄影师聚焦中国改革开放四十年”图片展，真实、生动地展现改革开放40年历程。参加活动人数25779人。

（全春爽）

【凤凰岭京津冀迎新春游园会】 2月5日至10日（正月初一至初六），区文化馆在凤凰岭公园举办“走进春天里”——2019海淀区凤凰岭京津冀迎新春游园会。游园会设置非遗名家大舞台、非遗项目展演、非遗展示区、传统游艺、民间文学故事汇、展板展览展示、非遗VR互动项目等，全方位展示京津冀地区优秀非遗文化。

（陆丽明）

【“游北馆添福气”室内庙会】 2月5日至2月10日（正月初一至初六），北部文化馆举办12场“游北馆添福气”室内庙会活动。庙会活动设置猜灯谜、剪纸、捏面人、刻“福”章、绘花灯、套圈、射箭等传统的游艺及非遗项目，新增VR滑雪、VR电视、跳舞机、夹福娃、大头贴等科技互动体验项目，共8000余人次参与活动。

（张春）

【“节日欢歌”新春演出季】 2月13日至3月9日，北部文化馆在北部文化馆剧场举办8场“节日欢歌”新春演出季，共3200余人次参与活动。8个专场分别是：海北艺术团的综艺专场、馆内文艺团队的舞蹈专场、相声专场、菊荣君京剧社的京剧专场、舞台姐妹越剧社的越剧专场、馆办乐团的器乐专场、“节日欢歌——三八妇女节综艺专场慰问演出”以及北京节日合唱团开展的“节日欢歌——献给女性的歌”合唱专场音乐会。

（张春）

【第九届“海之声”新年演出季】 2月28日，区文旅局举办的第九届“海之声”新年演出季结束。本届新年演出季于2018年12月1日开幕，在区内剧场共上演36项112场精品文艺演出，惠及观众4万余人次，总票房380余万元，惠民补贴达55万余元。推出话剧、音乐会、儿童剧、歌舞剧、舞剧等深受百姓喜爱的艺术形式，继续推广传播优秀传统艺术门类，曲剧、越剧、京剧等经典戏曲剧目及新创排剧目，相声、小品等曲艺节目，不同年龄、不同喜好的群体均能找到自己专属的文化消费品。演出季鼓励和倡导开设艺术鉴赏类公益讲座、在演出中设置艺术普及教育环节等形式，引领和提升居民艺术欣赏水平快速提升。

（杨帆）

【香山公园开展红色文化进校园活动】 3月13日至5月13日，香山公园“走进香山双清别墅 追寻伟人红色足迹”双清别墅红色文化进校园活动分别在海淀区教师进修学校附属实验小学、海淀区第四实验小学和温泉和平小学开展。其间，香山公园双清别墅讲解员开展6场红色宣讲，向四、五、六年级千余名师生传播红色文化，讲述革命故事，传承革命精神。

（张寅子）

【《中国1949·香山之春》开机发布会】 3月21日，由市委宣传部主办、香山公园承办的电影《中国1949·香山之春》（后更名为《决胜时刻》）开机发布会在香山公园致远斋举行。市委常委、宣传部部长杜飞进，副部长赵卫东及相关领导出席发布会，市公园管理中心主任张勇及公园负责人陪同，新华社、《人民日报》等80余家主流媒体现场拍摄。电影以1949年毛泽东等党中央领导进驻北平香山后的活动为主线，讲述党中央完成国共和谈、指挥渡江战役、制定经济政策、筹备政协会议和开国大典的故事，艺术地再现党中央在香山这段鲜为人知的历史。

（马龙　钟冷）

【纪念中共中央进驻香山70周年活动】 3月25日，香山公园举办“追寻伟人足迹 重温红色记忆”纪念中共中央进驻香山70周年活动。特邀3位曾在毛主席身边工作的机要人员及10余名中央办公厅工作人员出席活动现场。西苑小学“红领巾小导游”师生代表领颂红色诗篇，公园讲解员诵读经典文献以缅怀革命伟人与致敬香山红色历史。80余名游客参加现场活动。

（马丹）

【新春文化服务进企业】 3月，由北部文化馆与海淀区图书馆共同举办的“双馆齐下，文化走亲”——新春文化服务进企业活动结束。活动于2018年12月下旬启动，共为10家企业配送图书（电子借书机），为15家企业的文艺骨干开展艺术培训150余次，活动惠及企业员工5000余人次。

（张春）

【2019年全民阅读系列活动】 4月23日，由区委宣传部、区文旅局联合主办的海淀区2019年全民阅读系列活动启动。开幕式暨原创话剧《书店》首演在清华大学新清华学堂举行。本届全民阅读活动持续至12月初，以“筑梦行舟远 书香伴我行”为主题，举办“书读 红海交响”“书伴 蓝山听涛”“书见 碧园春峰”“书随 风帆高扬”“书咏 文华典韵”“书品 百院书香”“书观 踏卷起舞”7个单元48个项目，革命历史文献展、读书沙龙、系列巡演、户外阅读、经典诵读、诗歌大赛、名人讲堂等830场主题活动，179.88万人次参与线上线下活动。

（刘珊珊）

【海图北馆换书大集】 4月26日至27日、5月29日至30日，“筑梦行舟远 书香伴我行”——2019海图北馆换书大集活动举行。换书大集秉承“以书为媒，以书会友，图书有限，循环无限”理念，搭建以书会友平台，倡导全民阅读。换书大集设立“图书捐赠区”，开展阅读延伸活动，图书交换量达5000余册，捐赠图书1000余册，上千人参与活动。

（金春爽）

【在全市首推信用借阅柜】 4月下旬，区图书馆在（南馆）一层大厅设立首个24小时预约借阅柜。推广基于支付宝蚂蚁信用积分的信用借阅服务，App预约借书，不办卡、无押金就能借书等令读者足不出户就能享受高品质的图书借阅服务，拓宽图书馆的服务域度、丰富图书馆的借阅手段，有效提升图书馆全天候服务效能。全年信用借阅系统新增用户1.1万人，外借图书3万余册。

（向华）

【第五届中关村儿童演出季】 5月15日至8月31日，区文旅局举办以“助力文旅融合 筑梦海淀未来”为主题的第五届中关村儿童演出季，在10家剧场上演85项242场演出，惠及观众3.9万人次，总票房82万余元。开展以“望向未来”为主题的工作坊和“艺术知识传播大课堂”活动，培养儿童的艺术兴趣，引领和提升儿童的艺术欣赏水平。本届中关村儿童演出季通过“文化@海淀”数字平台销售惠民票，培育居民的文化消费观念，激励文化消费行为。市民在“文化@海淀”数字平台销售专区线上购买惠民票，A类项目每张票补贴100元，B类项目每张票补贴60元。

（杨帆）

【香山公园推出红色课堂】 5月16日至7月31日，香山公园首次推出“追寻伟人足迹 不忘入党初心”红色课堂活动。将双清别墅展览内容在致远斋院进行展出，推出“7+X”环节的党课内容，即看一次展览、听一次讲解、上一堂党课、温一次誓词、唱一首红歌、诵一次经典、写一句感言7个主要环节以及各团体自行安排的X环节。活动期间接待550余批次2万余人次。

（马丹）

【云中图书馆建设】 5月28日，区图书馆与万科集团旗下万永房地产开发有限公司就打造公益性公共文化阅读空间事宜达成共识。9月，完成图书数据回溯、图书流转、图书整理排架及电子资源补充工作，国庆节前，将云中图书馆作为西北旺镇社区图书服务点，纳入北京市公共图书馆“一卡通”服务序列并正式向社会开放。云中图书馆的合作共建，极大地解决企业办馆图书资源后续补充问题，完善电子资源服务，为企业组织开展公共文化活动节省大量资金。

（向华）

【“祖国七十载 诗歌抒心怀”诗词大赛】 6月22日，由区政协、区委宣传部、区文化和旅游局共同主办，海淀北部文化馆承办的“祖国七十载，诗歌抒心怀”诗词大赛颁奖活动在圆明园举行。大赛活动于4月启动，面向社会征集参赛作品400余首，近千人参与。最终评选特等奖作品1首、一等奖作品5首、二等奖作品10首、三等奖作品15首。

（张春）

【“丝路芬芳 传承经典”中外青年艺术家专场音乐会】 6月26日至10月4日，在海淀区2019第九届中关村国际青年艺术季活动中，北部文化馆举办7场“丝路芬芳 传承经典”中外青年艺术家专场音乐会。其中在北部文化馆剧场演出6场，中关村集成电路园演出1场。分别邀请匈牙利弗拉斯民族艺术团、美国加州圣莫尼卡大学艺术团、厄瓜多尔山之神民族舞蹈团、乌克兰歌手KATE、克罗地亚坦布理查民族乐团、印度魅力旁遮普艺术团、俄罗斯歌手表演，近2800位观众观看。

（张春）

【“海淀阅读星行动”之“70年·70人·70本书阅读故事汇”】 6月28日，区图书馆在北馆举办“海淀阅读星行动”之“70年·70人·70本书阅读故事汇”启动仪式，现场发布该项目的目标和内容：将邀请70名著名作家带着他们的著书举办文化讲座。至年底，该项活动在区南、北两图书馆，书店，企业，社区完成讲座活动70场，线上、线下65余万名听众参与。现场参与8000余人，线上直播、微信推送参与人次60万人。“海淀阅读星行动”在首都图书馆举办的年度阅读盛典中被评为推荐活动。

（向华）

【第九届中关村国际青年艺术季】 6月至9月，区文旅局举办2019“青春中国”第九届中关村国际青年艺术季。本届中关村国际青年艺术季以“筑梦青春奋斗史，英雄遍地中关村”为主题，突出社会主义核心价值观引领对于当代青年培育过程的深刻意义，通过大型主题活动《青春中国》和青春中国音诗海、2019到青年中去、行旅青春你我他、奋斗为青春定义、中关村青春放歌、国徽的青春守卫、四海国际帅青春、传承文化绣青春、青春诗墨画中行、青春向山岳放歌、青春飞扬舞光影11个单元44项372场青年主题活动，163.39万余人次参与线上线下活动，体现海淀区、“一带一路”沿线国家和地区的青春文化风采，展示红色文化、传统文化、当代青春砥砺奋进主题文化和面向未来的时代文化魅力。

（刘珊珊）

【北京世园会·海淀周专场演出活动】 7月17日至24日，由区委、区政府主办，区文旅局承办的“历史传承·海淀故事”2019北京世园会海淀文艺演出周活动举行。演出周集结海淀区优秀文艺资源，BIG BANG爵士乐团、北京阿卡贝拉联盟艺术团、“吴氏管乐”民族室内乐团、EAGLE打击乐团、苏家坨太平鼓等文艺团队，为观众奉献18场时尚与经典、传统与现代、民族文化与流行元素、演唱与演奏等不同风格的音乐秀文艺演出以及16场非遗展演。

（陈婉莹　陆丽明）

【第三届青少年讲故事大赛】 7月21日至10月23日，海图北馆、雄安县教育局、温泉苏家坨学区管理中心共同举办以“传承美德颂经典 放飞梦想谱新篇”为主题的第三届青少年讲故事大赛。大赛分为初赛、复赛和决赛3个阶段，共1304人参加大赛。本次决赛产生一等奖1名、二等奖3名、三等奖6名，同时还评选出优秀指导教师1名、优秀学校组织奖2名、优秀小主持人4名。

（金春爽）

【海淀区第四届万人合唱季活动】 7月至12月，区文化馆、北京文化艺术活动中心等单位联合举办“第八届北京合唱节暨海淀区第四届万人合唱季”活动。活动包括“走进世界合唱”专家公开课、“新锐和声”专场音乐会、庆祝中华人民共和国成立70周年主题精品音乐会、“我们都是追梦人”——2019北京阿卡贝拉全国电视邀请赛暨阿卡贝拉全国展演、青春为祖国歌唱——京津冀青年歌手竞秀“最美人声”、开闭幕式等，吸引近万名群众参加。

（陆丽明）

【“青歌飞扬”2019中国青年歌唱家公益声乐讲堂】 8月5日至8日，由北部文化馆、中国传统文化促进会青年歌唱家学术委员会联合主办的“青歌飞扬”2019中国青年歌唱家公益声乐讲堂在北部文化馆剧场举行。邀请中央歌剧院国家一级演员王立民、青年男高音歌唱家康曦、中国著名歌唱艺术家李谷一等12位艺术家，开设12场声乐艺术知识分享课程，与来自全国各地的声乐爱好者进行深度多元化的学术探讨及交流，普及和推动声乐艺术发展，4000余次参加讲座。

（张春）

【第三届“青春在云端绽放”——海淀区驻区企业员工“文艺秀”活动】 8月25日，由北部文化馆主办、北京中关村集成电路设计园发展有限责任公司协办的第三届“青春在云端绽放”——海淀区驻区企业员工“文艺秀”巅峰盛典晚会在ICPARK喷泉广场举办。此项活动为2019中关村国际青年艺术季重要系列活动之一，共收到60余个驻区单位的500余个动态及静态作品，涵盖舞蹈、声乐、器乐、语言、绘画、书法、摄影7个艺术门类。通过“专业评委评选+线上人气”遴选，120余幅作品入选驻区企业员工“文艺秀”书画影作品展览，55个动态作品参与“文艺秀”动态节目线上展示及评选。最终评选出4项企业大奖，动（静）态一、二、三等奖和最佳人气奖30个，优秀奖若干。

（张春）

【第八届中关村金秋演出季】 9月1日至11月30日，区文旅局举办以“华锦华章七十载　欢歌欢海中关村”为主题的第八届中关村金秋演出季。区内13家剧院上演135项300余场精彩文艺演出，惠及观众8.9万人次。开展以“传承红色基因 讴歌时代风采”为主题的艺术讲座类项目。

（杨帆）

【中华人民共和国成立70周年游园文体活动】 10月2日，区文旅局作为中华人民共和国成立70周年海淀区游园活动文化活动组的组长单位，承担海淀区游园活动中的文体活动的组织保障工作。策划开展专业文艺演出、群众文化互动、专业体育表演、群众体育互动和快闪等庆祝活动，指导、会同相关街镇在区内7个公园同步开展文化体育活动，在全区范围营造欢乐、祥和的节日氛围。“海淀公共文化”微信公众号完成国庆70周年游园活动颐和园、海淀公园游园门票网上预约及票务发放工作。

（陈婉莹）

【原创话剧《梁希》首演】 10月16日，北京林业大学原创话剧《梁希》首演。话剧包括梁希早年留学、回国任教、出任林垦部部长、赴西北考察、创办北京林学院（北京林业大学前身）六幕，时长约100分钟，反映梁希为祖国的林业事业、生态文明事业奋斗的一生，展现了以梁希为代表的老一辈科技工作者爱国奉献、矢志林业的理想信念。北京林业大学师生约9000人观看演出。

（焦隆）

【第十六届海淀文化季】 10月至12月，区文旅局举办第十六届海淀文化季。本届文化季以“红色香山奠基共和国壮丽江山，国之大典汇聚七十年胜利辉煌”为主题，以文化和旅游融合发展以及贯彻落实“两新两高”战略作为切入点，通过“海脉 红色延伸”“海潮 壮丽欢歌”“海颜 红叶万千”“海霞 书画江山”“海蕴 文化非遗”“海燕 翩跹歌舞”“海帆 筑梦青春”“海星 阳光少年”8个单元62项580余场文化活动，144.4万余人次参与线上线下活动。11月19日举办的大型主题晚会《这一刻，我就是中国》，以“再现国庆情境、揭秘幕后故事、展现报国情怀、集结红色基因”为主线，以海淀区独特的红色历史文化旅游新布局为副线，展现海淀区在中华人民共和国成立七十年的历程中，以红色基因为底色、以祖国至上为信仰的理想追求和使命担当。

（刘珊珊）

【秋日欢歌文化广场演出活动】 10月至12月，区文化馆组织优秀文艺团队到马连洼街道、清河街道、上地街道、北下关街道等29个社区，举办29场“秋日欢歌”文化广场演出活动，吸引近万名群众观看。

（陆丽明）

【第四届广场达人秀活动】 10月至12月，区文化馆举办第十六届海淀文化季之第四届海淀区广场舞达人秀活动。活动分群众舞蹈比赛、京津冀广场舞交流展演等单元，其中群众广场舞比赛分中老年组比赛、青少组舞蹈美育专场比赛、机关企业组培训比赛展演等组别，吸引300余支团队参赛，参赛人数、人群覆盖面均创历史新高。

（陆丽明）

【首届海淀国际艺术节】 11月10日至13日，由区文旅局主办，海淀美术馆（北馆）、北京稻香湖投资发展有限责任公司承办，稻香湖景酒店、朗弗国际广告（北京）有限公司协办的2019年第十六届海淀文化季之首届海淀国际艺术节举行。首都师范大学教授韦红燕、中国美术家协会理事许向群、清华大学美术学院教授庞媛等美术界专家学者以及青年艺术家、媒体等300余人参加开幕式。开幕式由“学院精神——中国画展”“风范艺术展”“至微广大——雕塑艺术展”3个主题展览和“雅风海淀名人大讲堂”“动感艺术之夜”组成。艺术节探索整合艺术力量和艺术市场，助推艺术机构和卓越艺术家，致力打造集文化旅游、艺术创研、艺术博览为一体的综合创新服务体系，逐步把稻香湖园区打造成宜学、宜居、宜游的文化和旅游融合、文化和科技融合的新型文化创意产业园区。

（李静磊　钟冷）

【优秀传统戏曲展演活动】 11月20日至12月10日，北部文化馆在北部文化剧场开展5场优秀传统戏曲展演活动。特邀北京文华飞彩艺术团上演大型古装豫剧专场折子戏《穆桂英挂帅》、北京评促评剧团上演《花为媒》《刘巧儿》《包公赔情》经典评剧专场折子戏、舞台姐妹越剧社演出经典越剧《梁山伯与祝英台》、北京红祥剧社上演经典京剧大戏《大英杰烈》、北京志远艺术团开展黄梅戏专场演出，惠及人员达2000余人次。

（张春）

【第三十届农民艺术节乡村大舞台演出】 11月22日，区农业农村局举办第三十届农民艺术节乡村大舞台演出。大舞台演出以“京郊喜庆70年，乡村文化展‘京’彩”为主题，汇集舞蹈、小品、独唱、合唱等节目类型，大部分节目由农民自编自演。来自7个镇的演出团体及群众共计1000余人参加演出。

（王倩玉）

【北京阿卡贝拉全国电视邀请赛暨阿卡贝拉全国展演】 11月，区文化馆与北京合唱协会共同承办“我们都是追梦人——庆祝中华人民共和国成立70周年”2019北京阿卡贝拉全国电视邀请赛暨第二届北京音乐家协会阿卡贝拉全国展演。活动分海选和决赛展演两轮进行，来自全国的30余支团队参赛，年龄跨度从十几岁到70多岁不等。

（陆丽明）

【“最美人声”京津冀青年歌手竞秀赛】 11月，区文化馆举办青春为祖国歌唱——“最美人声”京津冀青年歌手竞秀赛活动。活动以声乐艺术为载体，来自京津冀三地的近150名选手参赛。决赛展演以全媒体互动的形式进行现场直播，网友实时关注比赛盛况，并进行留言互动。

（陆丽明）

【海淀区业余文艺团队大赛】 11月至12月，区文化馆举办2019年海淀区业余文艺团队大赛，分戏曲、器乐、合唱、舞蹈4个门类进行，来自29个街镇的120余支团队3700余名群众参赛。其中，舞蹈门类决出7个一等奖、10个二等奖、7个三等奖；合唱决出4个一等奖、5个二等奖、5个三等奖；戏曲类决出2个一等奖、3个二等奖、4个三等奖；器乐类评出4个一等奖、4个二等奖、5个三等奖。北下关齐舞飞扬舞蹈团、温泉镇追梦艺术团等7支团队斩获舞蹈比赛的一等奖；香慈博爱合唱团、军星爱乐合唱团、前哨老战士合唱团、西三旗五色土合唱团获得合唱比赛的一等奖；长剑老干部民乐队、百把二胡群英汇、山水民乐团、玉海民乐团获得器乐比赛一等奖；双新爱心苑艺术团、海北艺术团金榜戏曲剧团获得戏曲比赛的一等奖。

（陆丽明）

【科技奇幻夜活动】 12月20日至22日，海图（北馆）举办智·造——“海图北馆科技奇幻夜”系列活动。启动仪式首次采用夜场模式，展现科技文化的融合；首次采用图书馆纪念币的形式，打造品牌影响力。活动期间，共展示27个科普项目，吸引近1.5万人次现场参观体验。科技节活动以创意体验营系列活动、课程体验、科技讲座、线上活动竞答全民体验等多样化的形式展现，包含科技“驿站”主题阅读活动、鹰击长空展、化学实验室、机器人争霸赛等多个科普活动。

（金春爽）

【星期五艺术“party”活动】 年内，区文化馆举办24场星期五艺术party活动。活动以赏析为主要形式，分别邀请“广场舞男神”饶子龙、“敦煌舞皇后”史敏、全国广场舞推广委员会技术部副主任王广成、非洲著名舞蹈艺术家阿蓓·西蒙、俄罗斯古典芭蕾舞演员叶卡捷琳娜·阿妮辛卡、“中国印度舞第一人”金珊珊等舞蹈界的专家、学者以及器乐演奏家李文博、许歌卉、张晶晶、赵晓霞、许笑男、许玉莲、李路洋、奉朝红、崔军淼，歌唱家刘萤萤、王韻晶等近40位著名专家、学者走进海淀，为地区群众带来24场高品位、高质量、接地气的艺术盛宴。

（陆丽明）

文化市场监管

【概况】 2019年，海淀区文化市场综合执法大队围绕全国“两会”、国庆等重要时段，开展文旅市场综合整治行动、“扫黑除恶”专项整治行动，对近500家文化市场经营单位、千余家互联网文化经营单位、317家文物保护单位执法检查1829次，对社会旅馆、景区景点、星级酒店拉网式执法检查1031次。立案259件，结案256件，罚没款近44万元，收缴非法出版物6361册（张）。

（徐文）

【“扫黄打非”专项行动】 3月至11月，区文旅局开展“清源·2019”“固边·2019”“护苗·2019”“净网·2019”“秋风·2019”等“扫黄打非”五大专项行动。办理新闻出版物类案件192件，罚没款35万余元，没收违法经营设备7套，没收非法出版物（音像制品）6538册（张）。其中，联合公安分局、市场监管局取缔一处制售盗版光盘“黑窝点”，没收盗版光盘1937张、刻录机5台、罚没款2.05万元。

（高菲）

【文旅市场综合整治】 7月30日至10月15日，区文旅局集中开展文化和旅游市场综合整治行动。聚焦文化和旅游市场乱点乱象，线上清查与线下治理同步实施，暗访评估与严厉打击同步开展，日常监管与专项整治同步推进，共出动执法人员912人次，检查文化场所456家次，检查车辆3202台次、导游员304人，检查旅行社和网点5家。配合公安部门行政处罚“黑导游”等扰乱公共场所秩序人员24人次，协调交通执法六队查扣黑车23辆。联合公安分局、学院路街道对1家没有营业执照的网点责令停业。监管演出19场次，处理文化市场举报79件，立案54件，罚没款5.3万元，没收非法出版物1051册。

（高菲）

【文化市场综合执法大队挂牌】 7月31日，北京市海淀区文化市场综合执法大队挂牌成立。整合区文化执法队的职责和机构，以及旅游市场方面的执法职责，为区委宣传部、区文化和旅游局双重管理的副处级行政执法机构，以区文化和旅游局名义执法。现有编制27人。

（徐文）

文化遗产保护

【概况】 2019年，海淀区共有不可移动文物317处，其中全国重点文物保护单位22处、市级文物保护单位21处、区级文物保护单位107处、文物普查登记项目167处。

（高五一）

【对口帮扶支援协作非遗文化展厅落成】 1月25日，海淀区对口帮扶支援协作非遗文化展厅揭幕式在稻香湖非遗科学城举行。揭幕式由区委宣传部、区文委联合河北易县、赤城县，内蒙古敖汉旗、科尔沁右翼前旗，新疆和田市、湖北丹江口6个地区共同主办，海淀区文化发展促进中心、北京稻香湖投资发展有限责任公司、北京稻香湖景酒店承办，6个地区相关部门领导出席揭幕式并参观非遗展区。对口帮扶支援协作非遗文化展厅展出6个地区绞胎陶艺、易水砚、气流画、麦秸画、蒙古族服饰、敖汉民间剪纸、扎萨克图民族服饰、太极土法酿制技艺等非遗传承项目，海淀区组织毛猴制作、脸谱、剪纸、太平燕、糖葫芦、驴打滚、山楂丸制作等非遗传承人现场演示。

（李静磊）

【第四届京津冀非遗进校园交流会暨海淀区非遗进校园成果展活动】 6月5日，区文旅局与区教委联合在海淀区民族小学举办第四届京津冀“非遗进校园”交流会暨海淀区“非遗进校园”成果展。邀请80余位非遗传承人开展非遗展演展示和互动教学活动。活动以“传承文化根脉，共筑民族未来”为主题，除保留原有的“一课一会一展示一论坛”系列活动外，重点展示京津冀三地的数十所非遗基地校学生的非遗作品，增设“学校非遗课程成果展示”、《北京市非物质文化遗产条例》解读座谈会和以“非遗教育如何在中小学教育中形成贯通性教育体系”为主题的非遗文化论坛。来自京津冀三地的文化学者、教育学者、非遗专家和非遗基地校的代表展开研讨交流。

（陈婉莹　陆丽明）

【“文化和自然遗产日”主题宣传活动】 6月6日，区文旅局和圆明园管理处在圆明园“三一八”烈士纪念碑共同举办海淀区2019年“文化和自然遗产日”主题宣传活动。活动主题为“保护革命文物·传承红色基因——我的一封红色家书”。海淀区文物保护工作人员、中关村第四小学师生代表、学生家长代表以及慕名前来的游客向先烈们敬献鲜花。中关村第四小学的学生和家长分别诵读红色家书和新时代家书，缅怀革命英烈，传承中华文明。中关村四小的学生被授予文化遗产守护者徽章，集体宣誓，志愿成为文化遗产守护者。本次活动在网络媒体进行现场直播，通过扫描二维码，可以远程观看，了解革命文化遗产。

（高五一　陈婉莹）

【北法海寺二期遗址保护工程竣工】 10月18日，北法海寺二期遗址保护工程如期竣工，建设方为北京市西山试验林场，共投资3947.3013万元。工程范围：北法海寺中路建筑修复及一期施工期间发掘出的建筑遗址的建筑修复，修复建筑面积1401.4平方米。北法海寺二期安防、防雷、消防工程全面竣工。北法海寺周边环境整治工程全面竣工，寺区周边环境得到明显提升。完成北法海寺附属配套设施工程，完成附属用房建设，为文物保护及后续的管理打下坚实的基础。2018年10月9日，北法海寺二期遗址保护工程开始施工。

（成新新）

【文物工作专题培训】 10月21日，区文旅局举办2019年海淀区文物保护培训。培训就北京地区文物建筑特点、文化遗产数字化展示两个方面进行生动翔实的解读，参会人员亲身体验数字化AR技术在文物保护中的应用。全区相关委办局、街道、镇、管理使用单位共60余名文物工作负责人参加培训。

（高五一）

【圆明园流失马首铜像回归】 11月13日，文化和旅游部、国家文物局在中国国家博物馆举行圆明园马首铜像捐赠仪式。马首铜像为圆明园十二生肖兽首铜像之一，1860年英法联军火烧圆明园后，马首铜像被掠夺，后藏于法国。2007年被香港企业家何鸿燊购回。2019年11月，何鸿燊决定将马首铜像正式捐赠给国家文物局。国家文物局经与何鸿燊协商，将马首铜像划拨北京市圆明园管理处收藏，回归原属地。12月4日，国家文物局、北京市文物局、海淀区领导听取圆明园管理处关于马首铜像展览选址方案及相关工作汇报，并到圆明园正觉寺实地调研后，决定拟将马首铜像存放于正觉寺保存。多年来，在国家文物局和社会各界的努力下，牛首、猴首、虎首、猪首、鼠首、兔首、马首7尊圆明园流失兽首铜像通过不同方式回归祖国。已回归的7尊圆明园流失兽首铜像在国家博物馆举行的“回归之路——新中国成立70周年流失文物回归成果展”中展出。

（钟冷）

【西山永定河文化带建设】 年内，北京市西山永定河文化带建设重点项目——圆明园大宫门遗址区保护展示工程启动，责任单位圆明园管理处取得市文物局“关于圆明园大宫门遗址区保护展示工程方案的复函”，并根据复函意见对所报方案作进一步修改和完善。

（高五一）

【文物修缮保护】 年内，区文旅局使用文物保护专项资金1849.2万元，支持由海淀区文物保护中心实施的慈恩寺修缮工程、隐修庵修缮工程、大慧寺文物基础信息采录项目，凤凰岭公园开展的文物安防系统建设项目等共8个文物保护项目支撑文物保护修缮、安防、研究利用等项目开展。加强对街镇文物保护项目的指导和支持，提升各属地和文物使用单位的保护利用积极性。清河街道完成毛纺厂办公楼（孙中山讲堂）修缮，用于地方展览馆使用，为属地文物保护再利用提供可借鉴的范例。

（高五一）

2019年海淀区文物安防系统建设项目一览表

表16

编号	名称	金额（元）	级别
1	海淀区不可移动文物测绘项目（第一批）	408362.67	2018年市级
2	海淀区石刻拓印项目（第一批）	139450	2018年市级
3	海淀区隐修庵修缮工程工程款	1978524.66	2019年市级
4	海淀区隐修庵修缮工程设计费、监理费	194390.04	2019年市级
5	海淀区慈恩寺修缮工程工程款	3436477.14	2019年市级
6	海淀区慈恩寺修缮工程设计费、监理费	326525.13	2019年市级
7	海淀区大慧寺文物基础信息采录项目	5398617	2019年市级
8	凤凰岭文物安防系统建设项目	6427908.43	2019年市级
9	第一次事前评估	84000	2019年市级
10	第二次事前评估	98000	2019年市级

（高五一）

【文物保护与科技融合】 年内，中海纪元数字技术发展有限公司海淀区文物保护综合管理系统正式上线试运行。管理系统包含文物基础信息数据库子系统、文物地图子系统、文物巡检管理子系统、文物安全隐患上报及处置管理子系统、文物管理使用单位及从业人员管理子系统、文物监管信息共享子系统、文物保护单位综合管理移动应用7部分。系统达到文物精准化、数据化管理，文物安全隐患上报处置高效协同，提高文物资源管理效率的目标。

（高五一）

海淀区域国家级文物保护单位一览表

表 17

编号	名称	公布时间	编号	名称	公布时间
1	颐和园	1961-3-4	12	大觉寺	2006-5-25
2	真觉寺	1961-3-4	13	静明园	2006-5-25
3	圆明园	1982-2-23	14	健锐营演武厅	2006-5-25
4	觉生寺	1996-11-20	15	万寿寺	2006-5-25
5	景泰陵	2001-6-25	16	辛亥滦州起义纪念塔	2006-5-25
6	碧云寺	2001-6-25	17	慈寿寺塔	2013-5-3
7	清华大学早期建筑	2001-6-25	18	摩诃庵	2013-5-3
8	原燕京大学未名湖区	2001-6-25	19	大运河（广源闸、高梁闸）	2013-5-3
9	十方普觉寺（卧佛寺）	2001-6-25	20	双清别墅	2019-10-16
10	大慧寺	2001-6-25	21	醇亲王墓	2019-10-16
11	元大都城墙遗址	2006-5-25	22	宋庆龄儿童科学技术馆	2019-10-16

（高五一）

海淀区域内市级文物保护一览表

表 18

编号	名称	公布时间	编号	名称	公布时间
1	魏太和造像	1957-10-28	12	定慧寺	1990-2-23
2	“三・一八”烈士纪念碑	1984-5-24	13	梁启超墓园	2001-7-12
3	黑龙潭及龙王庙	1984-5-24	14	广仁宫（西顶）	2001-7-12
4	李大钊烈士陵园	1984-5-24	15	清河汉城遗址	2001-7-12
5	旭华之阁及松堂	1984-5-24	16	上庄东岳庙	2003-12-15
6	钓鱼台养源斋	1984-5-24	17	孙岳墓	2003-12-15
7	乐家花园	1984-5-24	18	普照寺	2011-6-13
8	达园	1984-5-24	19	承泽园	2011-6-13
9	孚郡王墓	1984-5-24	20	鹫峰地震台	2011-6-13
10	广济桥	1984-5-24	21	贝家花园	2011-6-13
11	静宜园	1984-5-24			

（高五一）

海淀区区级文物保护单位一览表

表 19

编号	名称	公布时间	编号	名称	公布时间
1	蓟门烟树	1981-2-13	16	龙泉寺	1999-1-27
2	白塔庵塔	1981-2-13	17	瑞云庵明照洞	1999-1-27
3	清代碉楼	1981-2-13	18	上方寺遗址	1999-1-27
4	恩佑寺	1981-2-13	19	香岩寺	1999-1-27
5	恩慕寺	1981-2-13	20	熊希龄陵园	1999-1-27
6	彩和坊 24 号四合院	1999-1-27	21	西禅寺	2001-11-1
7	北坞金山寺及戏楼	1999-1-27	22	孙传芳墓	2001-11-1
8	香山八旗高等小学	1999-1-27	23	齐白石墓	2001-11-1
9	龙王庙	1999-1-27	24	怡贤亲王祠	2001-11-1
10	马甸清真寺	1999-1-27	25	周云端塔	2001-11-1
11	金仙庵	1999-1-27	26	龙王圣母庙	2001-11-1
12	鹫峰山庄遗址	1999-1-27	27	法华寺	2001-11-1
13	响塘庙	1999-1-27	28	立马关帝庙	2001-11-1
14	秀峰寺	1999-1-27	29	紫竹院行宫	2001-11-1
15	升平署	1999-1-27	30	妙云寺	2001-11-1

续表 19

编号	名称	公布时间	编号	名称	公布时间
31	六郎庄真武庙	2014-8-31	70	镶红旗碉楼	2014-8-31
32	六郎庄烈士纪念碑	2014-8-31	71	刘天华墓	2014-8-31
33	六郎庄田世光故居	2014-8-31	72	梅兰芳墓	2014-8-31
34	六郎庄茶棚	2014-8-31	73	马连良墓	2014-8-31
35	吴家花园	2014-8-31	74	一亩园娘娘庙	2014-8-31
36	蔚秀园	2014-8-31	75	隐修庵	2014-8-31
37	火神庙	2014-8-31	76	慈恩寺	2014-8-31
38	湖山罨画坊	2014-8-31	77	大有庄小学四合院	2014-8-31
39	树村清真寺	2014-8-31	78	东公所	2014-8-31
40	肖家河延福庵	2014-8-31	79	309 医院天主堂	2014-8-31
41	城子山娘娘庙	2014-8-31	80	鲁班庙	2014-8-31
42	高时明墓	2014-8-31	81	董四墓娘娘庙	2014-8-31
43	护国佑民观音禅林	2014-8-31	82	大高玄殿牌坊	2014-8-31
44	莲花寺	2014-8-31	83	温泉菩萨庙	2014-8-31
45	范长喜宅院	2014-8-31	84	显龙山石刻	2014-8-31
46	中法大学附属中学旧址	2014-8-31	85	护国寺戏台	2014-8-31
47	西埠头兴善寺	2014-8-31	86	冷泉关帝庙	2014-8-31
48	车耳营关帝庙	2014-8-31	87	韩家川西庙	2014-8-31
49	凤凰岭石刻	2014-8-31	88	韩家川东庙	2014-8-31
50	凤凰岭旮旯庵及石窟遗址	2014-8-31	89	冷泉村福泉寺	2014-8-31
51	龙泉寺万缘茶棚	2014-8-31	90	西北旺关帝庙	2014-8-31
52	北安河关帝庙	2014-8-31	91	大牛坊关帝庙	2014-8-31
53	北安河玉皇庙	2014-8-31	92	唐家岭关帝庙	2014-8-31
54	周家巷娘娘庙	2014-8-31	93	蒋家胡同四合院	2014-8-31
55	车耳营妙觉寺遗址	2014-8-31	94	治贝子	2014-8-31
56	妙峰山香道中北道遗址	2014-8-31	95	黄庄双关帝庙	2014-8-31
57	法海寺遗址	2014-8-31	96	佰王园	2014-8-31
58	晏公祠	2014-8-31	97	永山宅院	2014-8-31
59	瑞王坟	2014-8-31	98	公主坟门殿建筑	2014-8-31
60	金河堤诗碑	2014-8-31	99	北玉河关帝庙	2014-8-31
61	门头新村甲 8 号院四合院	2014-8-31	100	恩济庄关帝庙	2014-8-31
62	万安公墓	2014-8-31	101	极乐寺	2014-8-31
63	田村关帝庙	2014-8-31	102	清河制呢厂办公楼	2014-8-31
64	北坞关帝庙	2014-8-31	103	安宁庄兴隆寺	2014-8-31
65	功德寺遗址	2014-8-31	104	马甸黑寺	2014-8-31
66	小屯村侵华日军飞机掩体遗址	2014-8-31	105	香山慈幼院址	2014-8-31
67	刘半农墓	2014-8-31	106	正白旗北庙	2014-8-31
68	佟麟阁墓	2014-8-31	107	普安塔	2014-8-31
69	镶白旗碉楼	2014-8-31			

（高五一）

海淀区非遗项目保护名录一览表

表 20

类别	序号	项目名称	项目级别	代表性传承人	保护单位
民间文学	1	颐和园传说	市级	集体传承	北京市海淀区文化馆
	2	圆明园传说	市级	集体传承	北京市海淀区文化馆

续表20

类别	序号	项目名称	项目级别	代表性传承人	保护单位
民间文学	3	香山传说	市级	王钢	北京市海淀区文化馆
	4	曹雪芹（西山）传说	国家级	集体传承	北京市植物园
	5	凤凰岭传说	市级	集体传承	北京凤凰岭自然风景公园
	6	民间气象谚语	区级	曾金星	中国气象局
	7	北京满族民间故事	区级	吴增芳	北京市海淀区人民政府曙光街道办事处
传统音乐	8	京西佛乐	区级	张贵	海淀街道社区服务中心
	9	古琴艺术（泛川琴派）	区级	权霖泓	中关村学院
	10	京西吹打乐	区级	王建军	北京市海淀区文化馆
传统舞蹈	11	海淀扑蝴蝶	市级	刘炳焕	苏家坨镇文化服务中心
	12	西北旺少林五虎棍	市级	方志刚	西北旺镇文化服务中心
	13	蓝靛厂少林棍	区级	索凤才	四季青镇文化服务中心
	14	六郎庄五虎棍	市级	集体传承	北京万柳置业集团有限公司
	15	苏家坨太平鼓	市级	集体传承	苏家坨镇文化服务中心
	16	南安河武松打店棍会	区级	赵云	苏家坨镇文化服务中心
	17	高跷秧歌	市级	杜宝利	西北旺镇文化服务中心
	18	太少狮（京西蓝靛厂义振旗缘太少狮会）	区级	赵岩	四季青镇文化服务中心
	19	翰林院五虎棍	区级	赵文岳	北京市海淀惠泽社会工作事务所
	20	苏一二单槌大鼓	区级	集体传承	苏家坨镇文化服务中心
	21	前沙涧少林子弟棍会	区级	王永忠	北京市海淀区苏家坨镇杨彤养殖中心
传统戏剧	22	京西皮影戏	区级	王丽娟	北京龙在天文化传媒有限公司
	23	西路评剧	区级	张淑桂 吴淑敏	北京市海淀区文化馆
曲艺	24	太平歌词	市级	王双福	北京远大京成石油化工有限公司
	25	单弦（荣派）	区级	律宁	北京市海淀区文化馆
传统杂技与竞技	26	踢石球（蹴球）	市级	王蕾	北京体育大学
	27	花样空竹表演技法	区级	刘振钰	北京市海淀区文化馆
	28	传统弹弓术	区级	岳庆利	北京体育大学
	29	珍珠球	市级	王向宏	首都体育学院
	30	纪氏太极拳法	区级	曹绪伦	香山街道社区服务中心
	31	口技	市级	成加强	北京爱韵文化艺术中心
	32	宋氏三皇炮捶拳	区级	张成仁	吴彬世泉（北京）国际武术俱乐部
	33	孙式太极拳	市级	孙永田 刘树春	北京市武术运动协会
	34	吴式太极拳	市级	任达文	北京一花一木文化传播有限责任公司
	35	屯佃中幡	区级	梁文海	西北旺镇文化服务中心
	36	白猿通背拳（海淀）	区级	张信斌	北京海得威科技开发公司
	37	飞叉（海淀）	区级	李学军	海淀镇文化服务中心
	38	临清潭腿	市级	隋士国	北京北禾源工贸有限公司
	39	祁家通背拳（海淀）	区级	崔凤纪	北京静竹堂文化艺术中心
	40	五行通背拳	区级	张福顺	北京海得威科技开发公司
	41	六合拳	区级	孙绪	北京中联炎黄影视文化有限公司
	42	少林五形八法拳	区级	秦庆丰	北京东方尚武文化发展有限公司

续表 20

类别	序号	项目名称	项目级别	代表性传承人	保护单位
传统杂技与竞技	43	霍元甲迷踪拳（霍氏练手拳）	区级	赵伟诺	北京平英一诺文化有限公司
	44	中幡（万柳）	区级	李学军	海淀街道汇新家园居委会
	45	蹅跤	区级	沈志坤	北京体育大学
	46	太极拳（王其和式）	区级	杜军明	北京大学
	47	六子联方	区级	张倩	新莱蒙文化艺术（北京）有限公司
	48	梅花拳	区级	周双纲	北京武悦体育产业发展有限公司
传统美术	49	面人（北京面人郎）	国家级	郎志丽 高雅琪 郎佳子彧	北京市海淀区文化馆
	50	传统插花	国家级	王莲英 秦奎杰	北京林业大学
	51	颖拓艺术	区级	吕素勇 赵小平	海淀区老年大学
	52	团花剪纸	区级	张凤琴	北京红阳鸣文化交流中心
	53	金属锻錾	区级	靳增明	四季青镇文化服务中心
	54	彩塑京剧脸谱	市级	杨玉栋	北京玉海腾龙文化艺术有限责任公司
	55	面塑（潘大洪）	区级	潘大洪 潘静	北京市海淀区文化馆
	56	北京绢人（齐聪颖）	市级	齐聪颖 张彧	北京市海淀区文化馆
	57	面人汤面塑（海淀分支）	区级	冯海瑞	羊坊店街道社区服务中心
	58	平刻微雕	区级	陈小林	上庄镇文化服务中心
	59	剪纸（晓林剪纸张）	区级	张晓林 张立君	新零（北京）设计咨询有限公司
	60	京剧脸谱（刘派）	区级		花园路街道社区服务中心
	61	京绣（海淀分支）	区级	刘静锜	北京龙凤鲲鹏商贸有限公司
	62	面塑（贾会珍）	区级	贾会珍	北京市海淀区文化馆
	63	齐派篆刻	区级	郑忠强	北京市海淀区京华印社
	64	京派内画鼻烟壶（铁华）	区级	铁华 李昂	北京市海淀区文化馆
	65	内画鼻烟壶	区级	顾群 张玉华	北京市海淀区文化馆
	66	京绣（于静）	区级	于静	北京静东润瀛工业设计有限公司
	67	烙画	区级	徐建利	北京兴鑫京艺文化中心
	68	毛猴	区级	荣慧生	北京玉海腾龙文化艺术有限责任公司
	69	葫芦雕刻技艺	区级	马江红	诗书开世（北京）教育科技有限公司
	70	蛋壳雕	区级	毕凯	北京市海淀区文化馆
	71	核雕	区级	张永胜	北京玉海腾龙文化艺术有限责任公司
	72	连环画	区级	集体传承	神州共享（北京）技术有限公司
	73	染色剪纸	区级	金凤杰	北京百美源文化艺术中心（有限合伙）
	74	剪纸（杨钺）	区级	杨钺	北京玉海腾龙文化艺术有限责任公司
	75	北京雕漆	区级	陈厚棣	北京博利宏泰商贸有限公司

续表 20

类别	序号	项目名称	项目级别	代表性传承人	保护单位
传统美术	76	纸塑（胡青梅）	区级	胡青梅	北京三师汇文化传播有限公司
	77	面塑（姚惠敏）	区级	姚慧敏	北京市海淀区翠微小学
	78	食品雕刻	区级	张宝珍	北京龙凤鲲鹏商贸有限公司
	79	石画	区级	杨东海	北京玉海腾龙文化艺术有限责任公司
	80	剪纸（倪巧凤）	区级	倪巧凤	北京静东文化传媒有限公司
	81	鸟虫篆	区级	王祥云	文化部艺术发展中心鸟虫篆艺术研究院
传统技艺	82	京剧盔头制作技艺	市级	张月兰 杨宇辰	北京玉海腾龙文化艺术有限责任公司
	83	曹氏风筝工艺	国家级	孔令民 孔秉张	北京市海淀区上庄地区民间工艺文化发展中心
	84	风筝制作技艺（北京风筝哈制作技艺）	国家级	哈亦琦	北京汉风至和文化发展有限公司
	85	绣花鞋技艺（王冠琴）	市级	王冠琴 郑丽群	北京市海淀区文化馆
	86	彩灯工艺（小灯张）	区级	张双志 张冬	北京市海淀区甘家口地区社会组织联合会
	87	惠丰堂鲁菜制作技艺	区级	胡建军 王祝	北京翠微大厦股份有限公司
	88	京西水稻种植技术	区级	李增高	北京市农林科学院农业生物技术研究中心
	89	颐和园听鹂馆寿膳制作技艺	市级	李晓静 张炬明 韩银超	北京市颐和园听鹂馆饭庄
	90	宏音斋笙管制作技艺	国家级	吴景馨 吴彤	北京宏音斋民族文化发展中心
	91	绣花鞋制作技艺（蒋丽娟）	区级	蒋丽娟	北京智网设计咨询有限公司
	92	御膳制作技艺	区级	行红智	北京凯瑞豪门餐饮有限公司
	93	蒙镶（郑旭映）	区级	郑旭映	北京市海淀区文化馆
	94	山石韩叠山制作技艺	市级	韩雪萍	北京山石韩风景园林工程有限公司
	95	中式盘扣技艺（海淀）	区级	白莲芳	北京智网设计咨询有限公司
	96	京式旗袍制作技艺	区级	田鹏	京华绣丽（北京）文化有限公司
	97	景泰蓝制作技艺	区级	李克	北京铭客诚景泰蓝工艺品有限公司
	98	毛猴制作技艺	区级	孙晨	北京市海淀区文化馆
	99	纸胎容器制作技艺	区级	王冠琴	北京诺信泰克信息技术有限公司
	100	中山装制作技艺	区级	杨春鹏	北京市工贸技师学院
	101	八珍糕制作技艺	区级	薛希鹏	上和元（北京）中医研究院有限公司
	102	吹糖人技艺	区级	刘书华	北京玉海腾龙文化艺术有限责任公司
	103	制香技艺	区级	滕珈瑄	北京太平庚寅商贸有限公司
	104	绒布唐工艺	区级	王钢	新莱蒙文化艺术（北京）有限公司
	105	金镶玉制作技艺	区级	杨园	北京艺博鼎园商贸有限公司
	106	盘扣制作技艺	区级	张伟许	新莱蒙文化艺术（北京）有限公司
	107	普洱茶膏制作技艺	区级	苏晓红	北京市海淀区东升青少年活动中心
	108	传统核桃油制作技艺	区级	郝德香	诗书开世（北京）教育科技有限公司
	109	鹿胶膏制作技艺	区级	宋子刚	北京金丰餐饮有限公司

续表 20

类别	序号	项目名称	项目级别	代表性传承人	保护单位
传统医药	110	蔡氏脉象	区级	蔡新长	北京蔡新长文化交流中心
	111	程氏针灸	市级	程红锋	北京大诚中医针灸医院有限公司
	112	葛氏捏筋拍打疗法	国家级	葛凤麟	首都医科大学附属北京世纪坛医院
	113	正体复本术	区级	张栋梁	北太平庄街道社区服务中心
	114	连氏艾灸	区级	张惠萍 张文荣	上和元（北京）中医研究院有限公司
	115	千峰派内丹养生术	区级	席春生	北京金雀未来科技有限责任公司
	116	赵氏针灸	区级	赵寿毛	中央民族大学
	117	“又一新”养生药膳	区级	侯仲华	北京中卫神州生物科技有限公司
	118	刘氏正骨技艺	区级	曹晓红	北京优逸互动广告有限公司
	119	道医按摩正骨	区级	席春生	北京金雀未来科技有限责任公司
	120	邢氏利水散	区级	邢汝雯	北京中豪国研中医门诊部
	121	中医膏滋制作技艺	区级	韩平欣	北京城市学院
	122	连氏针法	区级	张文荣	上和元（北京）中医研究院
	123	高氏点穴	区级	高卫东	北京盛邦科华商贸有限公司
	124	何氏通络开结术	区级	何银萍	何氏浩生（北京）国际中医药科学研究院
	125	连氏饮膳制作技艺	区级	李建书	上和元（北京）中医研究院有限公司
民俗	126	喜轿习俗	区级	李连生 赵文岳	北太平庄街道社区服务中心
	127	苏家坨立夏习俗	区级	集体传承	苏家坨镇文化服务中心
	128	妙峰山香道	区级	集体传承	苏家坨镇文化服务中心
	129	京西北坞村普兴万缘净道圣会	区级	潘桂江	北京市海淀区玉泉工业公司
	130	前沙涧灯棚习俗	区级	王庆国	北京市海淀区苏家坨镇杨彤养殖中心

（陆丽明）

媒体传播

【概况】 2019年3月，海淀区委、区政府根据海淀区机构改革方案，将新闻中心（区融媒体中心）的职责，以及区域公共媒体相关机构的职责整合，组建区融媒体中心，作为区政府直属事业单位，归口区委宣传部领导，不再保留区新闻中心。

2019年，海淀区融媒体中心紧扣区委、区政府中心工作和重大决策部署，坚持一手抓新闻宣传、一手抓融合体转型升级，探索区级融媒体中心建设“海淀模式”，发挥传播主流舆论的重要作用，努力打造全市乃至全国区级融媒体中心样本，为推动全区经济社会高质量发展提供强有力的舆论保障。

整合“报、台、网、端、微”资源，建立适合报纸、电视和网络新媒体的“策、采、编、发、存、评”工作流程。海淀融媒云端技术平台“媒e家”投入使用（海淀版的中央厨房），实现内容生产、流程设计、播发调度、效果评价、人员管理、绩效考核、技术支撑等方面的融合，接待90余家市内外媒体参观交流，成为全市乃至全国区级媒体融合改革的精品和样板工程。

“一报两刊”（即《海淀报》《中关村周刊》《都市生活周刊》）2019年全年共出版报纸171期，开办专栏30个，其中刊发记者稿件5000余篇400余万字。完成365期电视《海淀新闻》，播出新闻3830条，在中央台及北京台播出新闻140条。运用抖音、快手、微视频、西瓜视频、海淀融媒今日头条等新媒体平台发布作品14726条，总点击量12亿次，总点赞1.1亿个。海淀融媒直播活动62场，观看人数1500余万人次。“两微一端一抖”（海淀新闻微博、北京海淀微信，掌上海淀客户端，海淀抖一抖抖音号）和新闻网站覆盖人群超过800万人，日均发布信息200余条；被中共中央宣传部“学习强国”平台选用作品190件。

（赵知毅）

【刘奇葆到区融媒体中心考察】 6月6日，全国政协副主席刘奇葆率全国政协新闻出版界部分在京委员，围绕“推动媒体融合发展、培育新型文化业态”主题，到海淀区融媒体中心等单位和企业考察。在海淀区融媒体中心，委员们了解全媒体传播、技术和机制创新等情况。全国政协文化文史学习委员会副主任阎晓宏、全国政协常委周树春参加考察。市委常委、宣传部部长杜飞进，市政协副主席牛青山陪同考察。

（钟冷）

【纸媒体】 2019年，《海淀报》《中关村导刊》《都市生活周刊》围绕“两新两高”战略落实、中华人民共和国成立70周年活动、“不忘初心、牢记使命”主题教育活动宣传，策划实施“不忘初心 牢记使命 我在基层”系列报道、中华人民共和国成立70周年等重大选题宣传报道，开设重点专栏49个，刊登稿件541篇81万余字。《海淀报》宣传报道主要有：推出“春节特刊”，配合各大公园、景区推出冰雪活动，以《在海淀邂逅冰雪奇缘》为题进行整版报道；元宵节围绕“福满京城，春贺神州”主题，报道全区元宵节活动；三八妇女节，报道6个女性的奋斗故事，诠释新时代海淀女性巾帼风采；以《打赢扫黑除恶专项斗争攻坚战——海淀扫黑除恶专项斗争实现阶段性目标》为主题进行重点报道；推出《中关村大街70栋楼宇点亮夜色迎国“祖国万岁”主题灯光秀正式上演》以及《花团锦簇喝彩中国梦 金秋美景祝福新时代》《我爱你中国，我们用行动为您献礼》《服务国庆节，我光荣我自豪》《祝福祖国 同心逐梦》6个国庆特刊，全方位宣传全区各条战线庆祝中华人民共和国成立70周年盛况。开设《不忘初心 牢记使命 主题教育进行时》《建功核心区 高质量发展 献礼新中国成立70周年》《海淀故事》《当好高质量发展标杆 打造高品质典范城市》《在习近平新时代中国特色社会主义思想指引下——新时代新作为新篇章（实现经济开门红）》《民有所呼我有所应》《建设生态绿道共享健康生活》7个精品栏目。

（赵知毅）

【广播电视】 2019年，海淀有线电视节目纳入北京电视台公共频道（现BTV新闻频道）播出。每天4.5小时，首播每晚19：30—21：00、重播次日7：30—9：00，12：30—14：00；播出的新闻类节目有《海淀新闻》《海淀1时间》，专题类节目有《海淀教育》《警方在线》《城管视点》《火线》《文明海淀》《海淀播报》等。

围绕区委“两新两高”战略决策的深化落实，加快建设中关村科学城和全国科技创新中心核心区，特别是“吹哨报到”“接诉即办”工作，以及区域化党建开展的共建共治共享新格局，通过实时进展报道、成就性报道、后续跟进报道、政策解读类报道等形式，做好全面宣传报道工作。

围绕北京“两大主场外交活动”服务保障、亚洲数字艺术展、中华人民共和国成立70周年庆祝活动、京交会、全国双创周、“2019年国际篮联篮球世界杯”、中关村科学城城市大脑建设等重大活动，组织专题策划。以“福满京城、春贺神州”系列文化活动、欢欢喜喜过大年、非遗项目看年俗文化、节日坚守的劳动者等内容进行专题策划，营造喜庆祥和的节日氛围。

推出“家门口的变化”系列报道，重点播报地铁新线开通、冰雪运动普及、老楼装电梯、垃圾分类新模式等民生服务保障类新闻，展现老百姓通过城市治理带来的环境变化而提升的获得感。

围绕中华人民共和国成立70周年，以《红色基因，红色海淀》《我的名字叫“建国”》《“醉”美海淀，祝福祖国》为固定板块，推出成就类报道，受到北京市广播电视局的点名通报表扬。

（赵知毅）

【融媒体】 2019年，区融媒体中心探索区级融媒体中心建设“海淀模式”，努力打造全市乃至全国区级融媒体中心样本。“掌上海淀”下载量超过120万人次，海淀融媒矩阵用户量超过1000万，发布量比上年增长4倍，每日发布原创产品超过120条，比上年增长100%以上。“新媒体云服务平台项目”获国家级奖项“王选新闻科学技术奖”三等奖，这是全国区级融媒体中心首次获得该项荣誉。由区融媒体中心负责的海淀区政府网站，在2019年中国政府网站绩效评估中位居全国区县政府门户网站首位。

探索将人工智能、大数据、云计算、物联网、区块链等前沿技术嵌入新闻生产全流程，首次尝试智能新闻写作、虚拟主持人、5G+8K直播等。

深度参与区域一体化在线服务平台建设，贯通融媒体中心、政务服务中心、新时代文明实践中心，打造“新闻+政务+服务”综合体。把“掌上海淀”客户端作为全区信息化系统移动端建设“总入口”，无缝链接新时代文明实践中心管理服务平台、“一网通办”移动平台，汇集5000余节慕课、85万册电子图书和有声读物以及108个精品服务菜单，实现153个行政审批事项的移动端线上办理。城市管理、应急疏散、养老助残、医疗挂号、智慧社区、工商咨询、非公党建等13个便民服务系统在逐步接通中。整合领导信箱、接诉即办、网上调查、意见征集、在线访谈、智能咨询等全区网上政民互动渠道，搭建“前台多样，后台统一”的政民互动网络平台。

为“学习强国”“央视频”“现场云”“北京号”等平台推送原创稿件，扩大海淀新闻传播效果。与北京广播电视台、歌华有线、千龙网、清华大学新闻与传播学院新闻研究中心签署战略合作协议，联合市属媒体、驻区企业、高校，推动业务深度合作，深化媒体融合发展。

（赵知毅）

档案

【概况】 2019年3月根据海淀区机构改革方案，将区档案局（区档案馆）的行政职能划归区委办公室，对外加挂区档案局牌子，区档案馆仍作为区委直属事业单位，归口区委办公室管理，不再保留与区档案馆合署办公的区档案局。3月28日，北京市海淀区档案馆正式挂牌。

涉改机构档案管理。区档案局、区档案馆成立涉改档案工作小组，区档案局制定《关于在全区机构改革中加强档案工作的实施意见》和《海淀区涉改机构档案处置办法》，指导涉及机构改革的单位制定档案处置工作方案。区档案馆完成6家涉改单位4.66万余卷/件档案接收进馆工作。

重点在建设项目档案管理。区档案局对海淀区负责的13家项目法人单位、5个新建项目、6个在建项目和7个计划竣工项目的档案登记工作进行布置、指导和审核，完成市重点建设项目档案管理登记填报工作。

重要活动档案管理。区档案局、区档案馆完成国庆70周年庆祝活动与“不忘初心、牢记使命”主题教育文件材料规范指导、收集、移交等工作。区档案局起草《关于国庆70周年庆祝活动海淀区档案收集、整理办法》，与区档案馆共同完成向市、区档案馆移交档案工作。全区国庆70周年庆祝活动共形成4525件（张）档案、声像档案1.28G、音视频资料10T。编写《海淀区2018年大事记》。协助区委宣传部、海淀融媒体中心等完成《海淀风物志》栏目、《地标70年》系列纪录片筹备工作。

区档案局完成对各立档单位的档案行政执法检查，档案行政执法检查率达100%。

区档案馆策划“档案印证·海淀辉煌”等主题展览，展示中华人民共和国成立70年来海淀区跨越式发展、系统化改革的变迁史。筹划建立“三山五园资料中心”。接待全国各地档案同行、干部培训班、部队系统、高科技行业、中小学生及各类社会团体66批次11612人次，其中完成承接非洲吉布提研修班的参观任务。全年接收27家单位约13万卷/件档案进馆，其中23家基层单位档案、4家涉改单位档案以及馆藏零散档案等。接待查档12866人次，比2018年（9214人次）增长33%。区档案馆获“全国档案系统先进集体”称号，出席全国档案工作暨表彰先进会议并在大会上做经验交流发言。

（孟宪华　李京泉）

【“国际档案日”活动】 6月9日，区档案局、区档案馆在北部文化中心举办以“新中国的记忆”为主题的国际档案日暨北京市第十一届“档案馆日”海淀分会场活动。全国档案同行、全区处级领导干部和专兼职档案员、群众、各界媒体等逾2000人次参加。推出征集活动、展览展示、体验互动、知识讲座四大主题单元，开设“档案见证温泉发展”温泉档案文化沙龙、“共和国脚步·香山印迹”专题讲座。开放“海淀印迹”“海淀特藏”固定展览，举办“新中国记忆之追寻海淀红色印记”展览、“庆祝新中国成立70周年主题征集成果展”、“今昔温泉”绘画展、档案法制宣传漫画征集作品展及档案法宣传等系列展览。参观者走进档案库房近距离接触档案。区档案局、馆工作人员现场展示、指导家庭建档。派发3000余份档案宣传资料。特邀档案管理的科技企业进驻现场，分享档案智能化科技管理理念，彰显“科技+档案”的时代特色。“海淀档案”微信公众号、海淀电视台新闻频道、今日头条、新浪微博进行多渠道视频、图文宣传报道，《中国档案报》《海淀报》等多家媒体报道活动纪实。

（孟宪华　李京泉）

【档案跨馆利用】 6月13日，区档案馆婚姻档案数据与区民政局婚姻登记处正式达成共享。档案馆婚姻类档案查询4395人次，占比37%；婚姻登记处利用4833人次，占比40%。区档案馆与外省、市、县级36家档案部门签署民生档案跨馆异地利用合作协议，完成上海浦东和重庆沙坪坝两地共6例档案异地查档利用。

（李京泉）

【档案管理】 年内，区档案馆推进零散档案规范化管理。完成档案资料8456件（含实物档案369件），抢救刻录光盘824张，全部接收进馆。排查57号全宗伤残和革命烈士档案共4215卷。

（李京泉）

【档案接收】 年内，区档案馆接收23家单位的文书档案约12万卷（件）、会计档案139卷、专门档案7910卷、实物档案136件，照片7301张，编研资料5套移交进馆。走访机构改革单位，配合区档案局制定“涉改单位档案进馆处置办法”，接收原区旅游委等4家涉及机构改革的单位档案11993卷（件）、照片999张进馆。接收区民政局2011年至2015年婚姻档案12307卷、收养档案90卷进馆。完成区委办2017年、2018年档案1099件接收进馆。接收国务院、市政府、区政府公报共计88期420册。

（李京泉）

【档案征集】 年内，区档案馆征集各类珍贵档案资料542件，电子数据12.4TB，电子照片1786张。为23位捐赠者颁发捐赠证书。征集毛泽东、周恩来为冀鲁豫抗战著名人物申云浦签发的任命通知、《中共中央在香山》手稿原件、“黑山扈战斗纪念碑”碑文草稿等珍贵红色文化档案66件。征集知青插队日记、知青老照片、“四清”材料等档案共计113件。征集《京北畿甸清河镇》《海淀胜景图》等图书资料48件。征集反映中华人民共和国成立70年来展现海淀区历史、文化、经济、教育等各个领域面貌变迁的老照片1786张，其中包括照片长卷，长8.88米、宽0.6米，汇集437张四季青镇老照片。留存全区重要会议和重大活动翔实影像资料，共计314GB。

（李京泉）

【档案数字化】 年内，区档案馆完成区民政局婚姻登记处2011年至2015年新进馆婚姻档案的数字化工作。完成档案数字化约420万页、照片档案2476张。校对历史数据175238条及6万余张照片。对1831件实物档案拍照挂牌和系统录入，实现实物档案数字化。

（李京泉）

【档案信息化】 年内，区档案馆统筹规划数字档案馆（室）建设，完成数字档案馆二期项目的招投标工作、项目开发建设合同和监理合同的制定、审核和签订、组织启动实施项目建设。完成数字馆二期项目6个子系统的系统开发，图书文萃、实物、照片档案的数字化和全部馆藏照片档案的校对工作。接收27家计划进馆和机构改革单位各类进馆档案电子目录共计132441卷件。继续推进8家试点单位室藏档案数字化工作。

（李京泉）

【档案鉴定】 年内，区档案馆鉴定开放馆藏1986年形成档案，涉及59个全宗，共计59213件档案。经鉴定，拟开放档案19128件，开放比例32.3%，拟延期开放档案40085件。

（李京泉）

【档案利用】 年内，区档案馆累计接待查档群众12866人次，比上年增长33%。其中，因公利用583人次，占5%；因私利用12049人次，占93%；开放档案查询234人次，占2%。因私利用中，婚姻类档案查询9228人次，占77%；房产类档案查询1065人次，占9%；招工类档案查询293人次，占2%；知青类档案查询377人次，占3%；其他类档案查询1086人次，占9%。出具各类证明10379份，复印证明4762页，打印12059份、33302页，调阅2948卷、件。婚姻类档案查询占比仍居首位，占比比2018年增长18%。为单位和个人提供利用并复制照片482张。查询政府公开信息及政府公报700余人次。

（李京泉）

【档案编研】 年内，区档案馆编辑《海淀区四套班子工作报告选编》（一套4本）、《海淀档案》电子杂志4期、《2018年海淀区大事记》、《“不忘初心·牢记使命”主题教育工作简报汇编》、《2018年领导政务汇编》、《档案印证·海淀辉煌》画册、《春华秋实》（高念东、刘圣国海淀履职）画册、《奋进·2019》海淀档案微信公众号汇编等刊物。

（李京泉）

【档案执法】 年内，区档案局完善档案执法工作体系。对全区立档单位采取自查和检查组实地抽查相结合方式，进行档案综合执法检查，实地检查数量占40%～45%，电子模板检查数量占55%～60%，并将档案综合执法检查成绩纳入海淀区政府年底绩效考核中。将档案综合执法检查与日常检查相结合，设立巡查制度，依法随机开展档案检查工作。对69家立档单位进行档案行政执法检查，汛期选取23家单位开展档案安全巡查，确保档案实体安全。

（孟宪华）

【档案法制宣传】 年内，区档案局开展档案普法活动。邀请律师讲解《档案法规与档案人员的岗位交接》，系统讲解档案违法违纪行为种类、产生后果及应负责任以及档案工作交接的重要性和交接流程；设置档案法制咨询台，展览档案违法行为漫画宣传展板，发放档案法宣传册子和漫画宣传折扇，拓宽档案法治宣传受众面，促进全民档案法治意识提升。

（孟宪华）

【档案监督指导】 年内，区档案局对区属涉改机构、临时机构、立档单位通过现场、电话、网络等形式进行档案工作业务监督指导2700余次。根据《北京市海淀区档案局关于贯彻落实〈北京市区县机关档案工作测评办法〉的实施意见》，对2018年验收通过的15家区属单位向市档案局报送审批材料。对2013年和2016年档案工作测评获得优秀的33家单位开展档案测评复查工作。加强全区档案基础业务规范化和标准化建设，编制《档案业务标准手册》，与区档案馆合编《档案业务操作手册》，将有关档案工作的法律、法规、标准融入各门类档案整理具体操作步骤中，夯实档案业务基础。

（孟宪华）

【档案培训与科研】 年内，区档案局通过在职学习、区内横向挂职锻炼、轮岗交流等方式，为档案干部搭建学习交流平台；组织举办全区档案人员初任培训班（194人），与区教委联合举办教育系统专题培训班（280人）。积极组织市区两级课题的申报、调研工作，市级课题“以知识管理提升综合档案馆公共服务能力”在有序推进中。区级课题“推进新时代海淀档案事业高质量发展思路研究”结题。

（孟宪华）

地方志

【概况】 2019年，海淀区党史地方志办公室（简称区史志办）完成《北京海淀年鉴（2019）》编纂工作。《北京海淀年鉴（2018）》被中指办评为第三批“中国精品年鉴”，成为全国唯一一部3次蝉联“中国精品年鉴”的区县年鉴；4次蝉联全国特种年鉴。11月27日，区史志办副调研员、《北京海淀年鉴》执行主编钟冷被评为全国地方志先进工作者。

《北京海淀区志（1996—2010）》修改工作。1月29日召开区志送审稿会议，对志稿中政治人物、单位计量、数字核对、篇目设置等问题进行讨论。6月5日召开出版工作讨论会，重点讨论志书中的政治问题，特别是港澳台和人物传记部分，军事和防空、计划生育等涉密问题。7月22日、9月5日，编辑部分别召开二校、三校工作讨论会，讨论篇目设计是否合理，并最终形成全志31编的格局。

地名志工作。完成《北京市地名志》政区聚落卷、名胜古迹卷、交通设施卷、自然地理实体卷、生产公共建筑卷的词目表及释文的撰写、修改、审批上报工作。召开海淀区地名志编辑部业务会议4次，讨论编写中的问题，各责任编辑按照计划完成词目表和样条撰写。召开专题会议3次，协调解决地名志编写过程中存在的问题及难点，推进资料长编的撰写。

《海淀史地丛书》和《海淀村镇记忆丛书》编辑出版工作。完成《海淀史地丛书》之一《京西名园纪略》编辑出版，该书对京西园林进行深入挖掘，对进一步认识皇家园林具有重要历史价值。完成《海淀村镇记忆丛书》之一《故土情深——北安河忆旧》的编辑出版，该书主要介绍海淀区北安河村古老村庄的历史变迁。

村镇志编修工作。到相关村镇开展调研，推进村镇志的编修工作。村镇志市级挂账项目——苏家坨镇车耳营村志完成初稿。

（周勇）

【《北京海淀年鉴（2018）》专家审议会】 1月16日，《北京海淀年鉴（2018）》专家审议会在海淀区召开。中国精品年鉴评审专家、北京市地方志办公室副主任张恒彬，区史志办主任李强、副主任赵习杰及全体人员参加会议。区史志办副调研员、《北京海淀年鉴》执行主编钟冷逐条汇报对申报中国精品年鉴专家意见的修改情况、修改中的困难和问题，张恒彬对《北京海淀年鉴（2018）》进行现场指导，从编辑说明、篇目框架设置、具体条目问题、大事记、社会民生、街道镇（地区）、人物、军事保密问题、编委会及其他等方面进行修改指导。

（周勇　刘江英）

【《北京海淀年鉴》3次蝉联"中国精品年鉴"】 2月26日，中国地方志指导小组办公室公布第三批入选中国年鉴精品工程"中国精品年鉴"名单，由区史志办编纂、方志出版社出版的《北京海淀年鉴（2018）》上榜，成为全国唯一一部3次蝉联"中国精品年鉴"的县（区）级综合年鉴。《北京海淀年鉴（2018）》着重突出地方特色。海淀区是文化大区，历史文化积淀厚重，文化形态丰富多样，有些文化形态是海淀独有的。因此，在文化类目下增设区域特色文化分目，主要记述6种文化形态："红"文化——红色文化基因；"红（曹）"文化——《红楼梦》及曹雪芹研究；"皇"文化——皇家园林研究；"兰"文化——纳兰性德研究；"法"文化——20世纪初中法文化交流渊源研究；"新"文化——中关村创新文化。

（钟冷）

【海淀方志文化宣传】 6月19日，区史志办党支部受邀到区城市服务管理指挥中心，与城市服务管理指挥中心党总支开展联合党日活动。区志编研室主任田颖作题为"海淀区的多彩文化要素"的专题讲座。9月25日，田颖参加香山街道办事处"重温香山历史 展望香山未来"暨《记忆中的香山》珍贵老照片纪念册首发仪式。以"香山历史文化——千年的耀眼亮色"为题，从自然环境、历史人物、名胜古迹等方面介绍香山的文化特点，为街道群众带去一堂生动的区志文化课。

（周勇）

【《海淀区地名志》研讨会】 7月8日至9日，区史志办召开《海淀区地名志》研讨会。区史志办、海淀园管委会、市场监督管理局、卫健委、社工委民政局、文旅局、园林绿化局、规自委海淀分局、商务委、教委、农工委、水务局、体育局、城管委、各街道、各镇相关人员参加研讨会。与会人员就编写《海淀区地名志》过程中遇到的问题、具体的条目编纂等问题进行讨论。

（周勇）

【应邀在全国年鉴主编培训班作专题报告】 7月23日至25日，区史志办副调研员、《北京海淀年鉴》执行主编钟冷应邀参加由中国地方志指导小组办公室、中国地方志学会年鉴分会主办，吉林省地方志编纂委员会承办，吉林市地方志编纂委员会办公室协办的第四期全国年鉴主编培训班，并作题为《精品路上漫求索——〈北京海淀年鉴〉打造中国精品年鉴之路》的"精品之路"专题报告，介绍海淀年鉴如何成功打造中国精品年鉴的历程和体会；介绍18来年鉴编辑部探索出的成功经验和做法；就精品年鉴的价值体现与影响提出自己的观点和建议。

（钟冷）

【2019年海淀区年鉴业务培训会】 9月18日至19日，区史志办组织召开2019年海淀区年鉴业务培训会。区史志办主任李强，副主任王少谱、赵习杰，年鉴编辑部全体人员，全区各单位的年鉴撰稿人共140余人参会。中共北京市委党史研究室、北京市地方志编纂委员会办公室副主任张恒彬以《坚持创新发展 全面提升年鉴质量》为题，从《外国年鉴选介》看年鉴功能、问题与出路、内容与质量、历次评比中常见的问题、创新与发展5个方面，作专题业务培训。区史志办副调研员、《北京海淀年鉴》执行主编钟冷以《年鉴条目编撰及常见问题分析》为题，从条目分类和结构、条目编撰中常见问题及分析两个方面，进行年鉴编纂实操培训。李强总结2018年年鉴工作，部署2019年工作任务，并提出具体要求。

（林琳　周勇）

【常乐村村志编修调研】 10月23日，区史志办副主任王少谱带领区志编研室一行，到上庄镇常乐村调研，就该村村志编修问题与村干部和村志编委会进行座谈、沟通。

（周勇）

【《北京海淀年鉴》4次蝉联全国特等年鉴】 10月29日，中国地方志指导小组、中国地方志学会公布第六届全国地方志优秀成果（年鉴类）通报表扬名单，对获奖的264部年鉴进行通报表扬，其中特等年鉴23部、一等年鉴56部、二等年鉴73部、三等年鉴90部、提名年鉴22部。由区史志办承编的《北京海淀年鉴（2018）》获特等年鉴，这是《北京海淀年鉴》连续4年获此殊荣，也是全国唯一一部连续4年获得特等年鉴的年鉴。《北京海淀年鉴（2018）》全面记述2017年海淀区自然、政治、经济、文化、社会发展的基本情况，设31个类目、169个分目、1846个条目，近113万字。

（林琳　周勇）

文联活动

【概况】 2019年，北京市海淀区文学艺术界联合会（简称区文联）下属作家协会、书法家协会、美术家协会、摄影家协会、京华印社、香山诗社、稻香湖诗社、四季书画院、晚香诗书画印社、楹联协会、舞蹈家协会、戏剧家协会、影视协会、音乐协会、戏曲协会、搜酷摄影协会、摄影家协会17个协会，有注册会员8000余人。编辑出版《海淀文艺》6期。

文艺品牌活动。举办"百川汇

海·作家大讲堂”12期，邀请活跃在当代文坛上的著名作家、文艺理论家、港台作家陆续担任主讲，成为驰名京城的文学讲座品牌。小作家协会受到爱玛中国作协的关注，会员学校包括人大附中、附小等中小学校，基本涵盖区内中小学。举办“联合杯”作文大赛、第二届中学生戏剧节等大型活动。推动作家进校园，与首都师范大学附中探索成立文学实验班。8月27日，在俄罗斯国立东方艺术博物馆《海淀百景图》举办巡回展。

舞台戏剧出新作。推出赞美海淀区改革开放四十年的大型原创话剧《书店》。海淀舞协大型原创舞剧《人生若只如初见》在国家大剧院首演后启动全国巡演，累计演出40余场。舞协创排大型原创古典舞剧《曹雪芹》。

国学文化传播。举行“孟子思想当代价值与应用暨孟子文化传播的数字化、艺术化、国际化”研讨会。纳兰文化出版中心联合发起成立纳兰文化出版联盟，“兰文化”工程走向纵深发掘和广度传播。举办“2019兰迷嘉年华——纳兰性德与三山五园主题文化月”活动，“兰文化”研究正向体系化发展。

艺术教育。开展“艺术进校园、进社区、进企业”，为基层群众提供艺术教育服务。海淀书协完成书法进万家公益讲座10次。海淀书协青少部组织学生参加“江山如画”第十届北京电视书法大赛，获3个一等奖、7个二等奖。纳兰文化研究中心参加中国人民大学清史文化节之“三山五园”校园宣传日活动，普及纳兰文化。联合北京市多所中学，在第二届北京中学生文学戏剧节上加入多部原创作品，推动中华优秀传统文化的创造性转化和创新性发展。香山诗社在北京二十中学成立春蕾诗社。四香书画院开办两次书法绘画培训班，共计培训40名学员。

（王锐）

【原创舞剧《人生若只如初见》巡演】 1月5日至6日，海淀舞协大型原创舞剧《人生若只如初见》在国家大剧院成功首演，随后启动全国巡演，累计演出40余场。5月25日，作为京台文化季的重点交流剧目，在台湾地区剧院演出。9月28日至29日，庆祝中俄建交70周年，受莫斯科中国节组委会邀请，舞剧作为中国节活动闭幕演出唯一剧目，在克里姆林宫大剧院进行演出。

（王锐）

【书法进万家公益讲座】 3月，海淀北部文化中心文化馆、海淀区书法家协会主办“书墨海淀”——驻区企业及北部地区书法骨干培训班。驻区高新技术企业及北部地区的100余名学员参加培训班。海淀书协成立书法普及教育领导小组，制定教学计划、培训内容、培训方法，聘请在篆隶楷行草方面颇有经验的理事，组建培训团队。培训班采用分体集中理论讲座与技能演示、个人实践与辅导，封闭教学与外出参观结合，多元素交融的方式进行，重点加强篆隶楷行临帖技能的培养与提高。全年累计培训海淀书法文艺爱好者1000余人，群众创作作品100余幅。

（王锐）

【原创话剧《书店》公演】 4月23日，由区委宣传部、区文旅局支持，区文联出品，区戏剧家协会制作的原创话剧《书店》在清华大学新清华学堂举行首演。该剧以改革开放和中关村创新发展40年为背景，通过中关村同生书店冲破禁区、遇冷衰落到重新崛起的历程，展现不同时期生活形态、文化现象和文化精神的发展变迁。由国家话剧院、北京人民艺术剧院和北京电影学院优秀演员演绎。演出得到社会各界的高度评价，《光明日报》《中国青年报》《中国文化报》等50余家纸媒和网络媒体分别进行报道。5月23日，《书店》应邀参加在合肥举办的“全国书业多元文创作品交流会”，15分钟的录像介绍让来自各地书店系统的书店人备受感动，纷纷邀请巡演或加盟合作。《文艺报》刊登刘平的剧评《让心灵常闻书香》，《中国财经报》刊登北京市委宣传部干部赵伟的观后感《一个时代的“术”与“道”》，戏剧理论家梧桐、国家一级编剧林蔚然等撰写剧评。

（王锐　韩松）

【《书店》学术研讨会】 4月27日，北京戏剧家协会和《新剧本》杂志社举办原创话剧《书店》学术研讨会。中国艺术研究院研究员杨云峰，中国社会科学院戏剧文学研究所刘平，中国戏剧文学学会常务副会长梧桐，国家一级编剧、原武警文工团创作员王宝社，戏剧理论家、北京戏协原秘书长杨乾武等专家出席研讨会，专家们一致认为，《书店》是一部有温度、有底蕴、有情怀的作品，具备艺术精品要素。

（王锐）

【“孟子思想当代价值与应用暨孟子文化传播的数字化、艺术化、国际化”研讨会】 5月6日，由区委宣传部指导，区文联主办，在西山孟子学院召开“孟子思想当代价值与应用暨孟子文化传播的数字化、艺术化、国际化”研讨会。研讨会主要研讨孟子思想新时代应用价值，孟子文化在“一带一路”和“构建人类命运共同体”国家战略中的海外传播和发展，数字化视域下孟子文化新的传播方式。清华大学教授钱逊，北京师范大学哲学系教授周桂钿、哲学院教授李景林，中共中央党校教授王杰，北京外国语大学中文系副教授韩振华等专家学者出席研讨会。

（王锐）

【“海淀百景图”巡展】 7月22日，“诗化海淀·百景张掖”——北京市海淀区、甘肃省张掖市庆祝新中国成立70周年美术联展暨“海淀百景图”巡回张掖站展览开幕。8月27日，“新时代·新友谊·新海淀——庆祝中俄建交70周年书画展”在俄罗斯国立东方艺术博物馆开幕。该展览是海淀区庆祝中华人民共和国成立70周年系列活动之一，纳入莫斯科中国节系列活动序列，由莫斯科中国节组委会、莫斯科国立东方艺术博物馆、海淀区委宣传部、海淀区文联共同主办，展出63位中国艺术家的68幅国画作品。11月26日，“海淀百景图”巡展厦门站开展。

（王锐）

卫生

5月9日，纪念“5·12”国际护士节暨护理工作会议召开，表彰优秀护理工作者（区卫健委 供图）

7月17日，国家卫生健康委领导到海淀调研（王佳琪 摄）

卫生监督与管理

【概况】 2019年3月19日，根据海淀区机构改革方案，将区卫生和计划生育委员会的职责，以及区安全生产监督管理局的职业安全健康监督管理职责，相关机构的深化医药卫生体制改革工作、老龄工作职责等整合，组建区卫生健康委员会，作为区政府工作部门。不再保留区卫生和计划生育委员会。将区政府公共服务委员会调整设置为医院管理中心，作为区卫生健康委员会（简称区卫生健康委）管理的事业单位，不承担相关行政职能。不再保留区政府公共服务委员会。

2019年，区卫生健康委在完善预约诊疗、推进“一站式”服务、打通绿色转诊通道、营造“一医一患”就诊环境、增设便民服务设施等方面务实施策。7个镇全部通过国家卫生镇考核验收；29街镇、142个点位通过国家创卫专家组暗访检查。

全区常住人口323.7万人，医疗卫生机构1257个，其中非营利性机构491个，营利性机构766个。实有床位13546张。卫技人员37140人，其中执业（助理）医师14314人，注册护士16274人。每千名常住人口拥有卫技人员11.4人、执业（助理）医师4.4人、注册护士5.0人、实有床位4.1张。全年全系统收入（公共委、卫计委）769431.13万元，其中财政拨款218310.47万元、事业收入546350.17万元、其他收入4770.49万元。全系统支出758486.91万元，其中基本支出623827.26万元、项目支出134659.65万元。

全区户籍人口人均期望寿命为82.96岁，较2018年升高0.04岁，其中男性人均期望寿命为80.41岁、女性为85.66岁。

居民死因前10位依次为恶性肿瘤、心脏病、脑血管病、呼吸系统疾病、损伤和中毒、内分泌和营养代谢性疾病、消化系统疾病、神经系统疾病、精神障碍和泌尿生殖系统疾病。前10位死因总死亡人数为11980人，占死因总数的92.96%；因病死亡人数为12399，占全死因总数的96.21%。

（张梅）

【医疗工作】 年内，海淀区有区属三级医院2家（海淀医院、中西医结合医院），二级医院6家（中关村医院、羊坊店医院、海淀区妇幼保健院、四季青医院、上地医院、区精神卫生防治院）。全年门诊3121.64万余人次，急诊130.56万余人次，入院51.15万余人次，出院51.39万余人次，病床使用率80%。住院手术17.98万余人次。采血79948.65个单位，其中街头采血53540个单位（含血液中心献血小屋3881个单位），团体献血26408.65个单位，全血77369.15个单位，成分血2579.5个单位。完善医联体网络及运行机制建设，建立“6+5”医联体服务网络，涵盖6个综合医联体和5个专科医联体。推进紧密型医联体建设，形成以航天中心医院、西苑医院、海淀医院带动永定路、双榆树、温泉镇社区卫生服务中心发展的3个试点。507家医疗机构开展多点执业，共办理3031人次。

（刘春红　刘红霞）

【卫生监督】 年内，全区有公共场所3370户，应量化公共场所单位100%完成量化分级。区卫生健康委卫生监督所监督检查13114户次，覆盖率99.97%；处罚1453户次，罚没款金额2893410元。审批卫生许可证800个，其中新办489个、延续71个、变更187个、注销53个。有自备井347个，新办证29户、延续53户、变更47户，监督检查1119户次，其中农村自备井办证率93.2%。有二次供水2031个，新办证201户、延续407户、变更286户，监督检查6020户次，完成39处老旧小区二次供水设施改造。未发生生活饮用水污染事故。有医疗机构1220户，监督检查16689户次，覆盖率99.43%。开展“春风行动”，重点打击对象由农村黑诊所转为生活美容、中医服务中的非法行医行为，取缔无证行医点80户。开展母婴保健、医疗广告整治、血液透析、消毒产品、传染病防治、医疗卫生重点监督、卫生技术人员资质超诊疗科目行医、预防接种、肠道门诊、流感疫苗预防接种等专项检查。血液督导检查78次。传染病防治检查10337户次。职业卫生监督26户次，学校卫生监督1373户次，放射卫生监督1234户次，控烟监督26514户次，计划生育监督185户次。

（刘春红）

【卫生健康教育】 年内，区卫生健康委举办11场覆盖学校、机关、农村、社区、企业5类人群的区级健康讲座（健康大课堂），直接受众2501人。利用媒体发布信息42篇，发布原创微博525条，转发微博1427条，粉丝20881人，内容主要包括合理用药、了解身体、慢病防控、基本医疗、科学运动五大类。“海淀疾控”微信公众号合计发送172期212条内容，内容总阅读共计358177人、转发共计15325人次，粉丝59103人。在海淀有线电视台《人口计生栏目》播出《健康海淀》。对2018年安装的200个健康教育宣传栏进行定期质控和管理。结合创建国家卫生区和全国健康促进区工作，完成45家医疗机构、27个街镇335家社区、23家机关单位、5家大型企业、169所中小学创建健康促进区的培训和督导。完成2019年成人烟草监测，调查7个街镇14个居委会调查问卷1243份；完成2018年中医药健康文化素养监测，调查3个街道6个居委会调查问卷240份。创建健康促进医院，指导43家单位获“北京市控烟示范单位”称号。组织开展海淀区健康家庭评选暨技能大赛；制作8期MG动画，24期公益广告形式的《健康海淀》，通过爱奇艺等11家线上平台或线下的方式进行推广。

（李玉莲）

【卫生应急工作】 年内，区卫生健康委成立“新中国成立70周年服务保障工作专项指挥部”，制定“1+5+5”（即1个总体方案，5个专业方案，5个专项保障任务）的保障方案体系，从区卫生健康委、区疾控中心、区卫生健康监督所、区医学救援中心等近40个单位抽调278人组建医疗保障队伍，完成保障49天，提供保障161次，出动保障车辆154车次，参与保障人员222组625人次；完成诊疗144人次，转运15人次，完成中华人民共和国成立70周年庆祝活动服务保障任务。依托西苑医院、海淀医院、中西医结合医院、中关村医院、上地医院、东升镇社区卫生服务中心、上庄镇社区卫生服务中心、温泉镇社区卫生服务中心、苏家坨镇社区卫生服务中心9家医疗机构，新建并启动9个网络急救站，其中5个24小时急救站、4个6小时急救站，院前急救呼叫满足率从85%提升至95%左右，最高时达98%，2分钟出车率达98.09%，服务满意率超98%。

（谢嘉沅）

【医疗设施建设】 年内，全区医疗设施在建项目7项，基建总投资20715.7万元。其中，北京市中西医结合医院改扩建工程、北京市海淀医院改扩建医技综合楼项目、中关村医院改扩建及综合楼项目、北京市羊坊店医院建设工程总建筑面积14.23万平方米。八里庄社区卫生服务中心装修改造项目，改造面积3974.25平方米。3个农村卫生室改建项目，竣工面积527.27平方米。启动项目3项：永丰新H地块，建筑规模6830平方米；翠湖新增D21地块建2个社区卫生服务中心，建筑规模3642平方米；北部医疗中心项目，总建筑面积18.3万平方米。

（刘春红）

【智慧卫生建设】 年内，区属单位信息化建设总投入560.69万元（智慧卫生一期50.8万元，智慧卫生二期509.89万元）。投入使用的智慧卫生一期各模块运行高效，社区卫生信息平台覆盖142家区属社区卫生服务中心及下属社区卫生服务（独立）站，全年服务门急诊563.09万余人次，新建电子健康档案78876份，区域影像平台共完成远程诊断1657例，药品供应链完成西成药订单29334单，中药代煎代配订单135250单。推进智慧卫生一期未完成项目，启动世纪坛医院医联体建设，完成区域运营管理系统初验。智慧卫生二期进展顺利，启动北京市海淀区精神卫生防治院及北京市羊坊店医院信息系统改造，完成机房建设及硬件安装，完成羊坊店医院门诊挂号收费等模块并试行。人工智能医学影像分析中心、智能语音辅助诊疗项目启动立项。启动非区属社区机构政务云集中部署，完成6家社区卫生服务中心、5个下属社区卫生服务站、18个独立社区卫生服务站的集中部署。保障医耗联动综合改革，266家需进行信息系统改造的参改机构一次性成功完成切换。

（刘春红）

【对口支援】 年内，区卫生健康委承担对西藏自治区拉萨市当雄县，新疆维吾尔自治区乌鲁木齐市、和田市（联系皮山农场），内蒙古自治区赤峰市敖汉旗、兴安盟科右前旗，河北省保定市易县、张家口市赤城县，湖北省丹江口市，四川省凉山州越西县9个贫困地区50个县级医疗机构的对口支援任务。向受援地派出医疗人员75人次，其中一年期人员9人次、3个月至6个月期人员10人次、1个月至2个月期人员56人次。在学科建设上从以业务帮扶为主到科研、教学、党务、文化等全方位帮扶，从讲课、查房等传统的帮扶方式到“互联网+医疗”等立体帮扶方式等，加强对受援地区“建档立卡”贫困户的健康扶贫工作。对当地群众开展义诊会诊6272人次，救治贫困人口6523人次。在当地培训卫生技术人才6070人次，安排受援地区医生进京培训173人次。帮助受援地相关医院建立完善医疗管理制度158个，输出医疗卫生技术55项。与受援医院搭建远程诊疗平台，组织远程培训11次，培训150余人次，远程会诊病例22人次。

（刘春红）

基层卫生

【社区卫生】 年内，全区已建成50家社区卫生服务中心，191所社区卫生服务站。其中，政府举办的中心28家，占56%；社会力量举办的中心22家，占44%。政府举办的服务站125所，占65.4%；社会力量举办的服务站66所，占34.6%。居民个人健康档案建档数277.7万份，建档率85.8%，使用率44.6%，其中电子档案建档率83%。全区完成家庭医生签约127.43万人，总签约率39.37%。其中，重点人群签约71.96万人，重点人群签约率89.52%；非重点人群签约55.47万人。开展上门服务13.28万人次，其中为老年人上门服务4.46万人次。为辖区内80周岁及以上的老年家庭和计划生育特殊家庭提供“一键式”家庭医生服务，惠及5.5万户家庭，5.9万名户籍人口。

（刘春红）

【学校卫生】 年内，全区中小学校（包括分校）194所，其中192所学校在校生参加体检。在校生共267790人，实检人数258293人（96.45%）。中小学生肥胖检出率14.42%，营养不良检出率5.08%，视力不良检出率63.75%，贫血检出率0.92%，恒牙患龋率为16.54%，恒牙充填率为69.36%。

（李玉莲）

【职业卫生】 年内，区卫生健康委开展各级医疗机构放射诊疗设备医用辐射监测，医用辐射设备合格率由2013年的65.7%提高到2019年的100.0%。完成31家非医疗机构放射性危害因素监测调查工作，配合市疾控中心完成8家非医用辐射机构放射性职业病危害因素检测。完成职业病诊断鉴定8例，登记、审核职业病、疑似职业病、农药中毒病例78例，访视新确诊病例11例。

（李玉莲）

【农村卫生】 年内，四季青镇、海淀镇、东升镇、温泉镇、西北旺镇、上庄镇和苏家坨镇7个涉农地区设置社区卫生服务中心9个、社区卫生服务站55个、村卫生室11个，基本形成以社区卫生服务机构为主、村卫生室为辅的覆盖方式。全区在岗乡村医生71人，分布于8家社区卫生服务中心。

（刘春红）

疾病防治

【疾病控制】 年内，全区甲类传染病累计报告法定传染病2例，无死亡病例。乙类传染病累计报告法定传染病3560例，死亡病例18例。甲乙类法定传染病发病率为106.0751/10万，其中乙类传染病发病率前3位的分别为痢疾、肺结核和梅毒。痢疾、肺结核、梅毒报告发病数（发病率）分别为1068例（31.80/10万）、783例（23.32/10万）和520例（15.49/10万）。累计报告布氏杆菌病1例，较2018年减少2例。

（李玉莲）

【艾滋病防治】 年内，全区新报告HIV/AIDS 370例。全区二、三级医疗机构共筛查1160314人次，较2018年1057128人次增长9.76%，其中332例确认阳性。4家免费自愿咨询检测门诊共为1532人提供自愿咨询检测及性病诊疗、心理辅导、转介治疗等服务，发现阳性59人。

（李玉莲）

【结核病防治】 年内，全区报告肺结核患者834人，收治管理425人，报告患者登记管理率为51%。定点医疗机构收治患者367人，病原学阳性150人。同期登记管理活动性肺结核患者数562人，治疗成功患者520人，成功治疗率92.5%。

（李玉莲）

【慢病防治】 年内，区卫生健康委开展多项慢病综合监测，着重对高血压、糖尿病等高危人群的发病人数等情况进行筛查并进行规范管理。完成国家慢阻肺监测任务，监测430人。完成4家示范餐厅和4家示范食堂的创建和验收。推进国家级慢性病综合防控示范区复审工作，开展慢性病及其危险因素监测工作，收集调查问卷5812份，采集并化验血样5800份。

（李玉莲）

【精神病防治】 年内，全区有严重精神障碍在册患者12348人，报告患病率为3.55‰，在册规范管理率为91.93%，在册规律服药率为79.99%。精神分裂症患者服药率为91.77%，面访率为81.67%。免费服药惠及8279人，免费服药惠及率达67.05%。

（侯林飞）

【计划免疫】 年内，全区有预防接种单位111个，其中卡介苗接种门诊2个，常规免疫规划接种门诊82个（AAA级门诊4个，AA级门诊15个，A级门诊62个，基本达标门诊1个），产科接种单位19个，狂犬疫苗接种门诊8个。发放第一类疫苗17种共计846113支，第二类疫苗56种774264支。应急接种麻腮风、水痘等5种疫苗2120支。全区预防接种单位接种各类疫苗158.38万余人次，报告疑似预防接种反应277例，比2018年减少1例，其中一般反应109例、异常反应64例、偶合症97例、心因性反映7例。

（李玉莲）

妇幼保健

【妇女保健】 年内，区卫生健康委调整宫颈癌筛查方法为TCT+HPV联合检测，乳腺癌筛查方法沿用以前的筛查方法，但对转诊组织病理检查指征作了调整。宫颈癌筛查27034人，诊断宫颈癌前病变158例，宫颈微小浸润癌1例，宫颈浸润癌6例，早诊率为96.36%；乳腺癌筛查28186人，诊断乳腺导管上皮内癌变6例，乳腺癌25例，早诊率为64.52%。全区19家助产机构分娩产妇总数为34098例，其中剖宫产产妇数为13198例，平均剖宫产率为38.71%，比2018年低0.85%。助产机构分娩初产妇总数为21242例，其中初产妇剖宫产数为7872例，初产剖宫产率为37.06%，比总剖宫产率低1.65%。海淀区户籍孕产妇18007名，其中高危孕产妇13419名，占比为74.52%，高危管理率100%，孕产妇死亡0例。区妇幼保健院婚前医学检查4016名，登记结婚45976对夫妇，婚检率8.73%，比上年增长0.45%；检出疾病人数687例，其中生殖系统疾病人数499例。海淀区19家助产机构共分娩34850例新生儿，比上年减少582例，为10年来全区分娩活产最低水平。其中，本市户籍活产21956例，占63.00%；外地户籍活产12894例，占37.00%。出生性别比为106.57，比上年出生性别比（108.58）降低2.01，达正常范围（103～107）。孕前优生和咨询：为1936对夫妇做免费孕前优生筛查和备孕指导；为1316人作优生咨询，咨询孕前准备、TORCH检测、合理用药、内外科疾病、妇科疾病的人数分别为768人次、210人次、258人次、107人次和207人次。

（王伟丛）

【儿童保健】 年内，全区户籍活产18335例，比上年减少2470例；新生儿死亡18例，新生儿死亡率为0.98‰。婴儿死亡数23例，婴儿死亡率为1.25‰。5岁以下儿童死亡30例，死亡率为1.64‰。助产机构报告新生儿出生缺陷636例，新生儿出生缺陷发生率为182.50/万（636/34850）。其中，北京市户籍296例（占46.54%），出生缺陷发生率为134.81/万；外地户籍340例（占53.46%），出生缺陷发生率为263.69/万。出生缺陷前5位分别为：先天性心脏病（170例）、外耳其他畸形（88例）、多指（趾）（66例）、隐睾（44例）、尿道下裂（39例）。其中，重大新生儿重大出生缺陷8例，发生率为2.29/万。管理辖区0～6岁儿童146932名，儿童保健覆盖率为99.18%；系统管理143324名儿童，系统管理率为97.54%。营养不良与佝偻病发生率为0；0～6岁儿童中单纯性肥胖儿童14822名，肥胖发生率为1.95%（14822/145724），预防肥胖是现阶段工作重点。托幼园所在册儿童61673名，系统管理率为99.98%；儿童体质状况整体良好，随着年龄组上升，优秀率升高。视力低常率5岁组>6岁组>4岁组，弱视率5～6岁组高于4岁组，提示5～6岁年龄组的儿童视力保健应为重点工作之一。

（王伟丛）

计划生育

【计生协会】 2019年，区计划生育协会开展计生家庭意外伤害保险工作。投保家庭总计35988户，投保金额115.1万元。其中，财政补贴类农村、低保、特殊家庭投保共计16908户，财政补贴保费总计38.04万元；住院补贴保险投保5101人，财政补贴保费51.01万元，两种保险财政补贴保费总计89.05万元。加强计生特殊家庭心灵慰藉，举办失独家庭新春慰问演出活动，投入91万元支持各镇街开展健康讲座、文体娱乐等失独家庭帮扶活动。完成2019年度暖心计划工作，为2296人发放暖心卡2296张。

（申卫东）

【计生工作】 年内，区卫生健康委开展计划生育行政执法督查。配合区委组织部、统战部等单位，审核各类先进候选人计划生育情况信息200余人。配合审核各级党代表候选人、先进单位等信息200余人。办理两孩以内生育登记15894例，办理再生育行政确认335例，病残儿鉴定2例。指导非京籍入学审核3747人次。符合计划生育奖励扶助政策54222人，发放奖励扶助金7112.4495万元。享受独生子女父母奖励32710人，发放金额193.24万余元。农村计划生育家庭奖励扶助对象3988人，每人每年2100元，发放奖励扶助金837.48万元。为女方年满55周岁、男方年满60周岁的独生子女父母发放1500元的一次性奖励，发放人数7169人，发放金额1075.35万元。计划生育家庭伤残、死亡特别扶助金发放标准分别为每人每月590元、720元，发放特扶金3898.17万余元。独生子女意外伤残、死亡对其父母的一次性经济帮助198人，发放金额198万元。独生子女特扶家庭养老帮扶5000人，发放养老帮扶金831.70万元。计划生育困难家庭帮困157户，按每户5000元标准一次性发放帮困金78.50万元。

（牛光鑫　刘萍　高凌飞）

【计生关怀】 年内，区卫生健康委加大对计划生育特殊家庭关心关爱力度，为410名新进入特殊家庭人员发放"北京市计划生育特殊家庭扶助卡"。健全落实计划生育特殊家庭"双岗"联系人、家庭医生签约服务和就医"绿色通道"。由政府全额补贴，为全区计划生育特殊家庭特扶对象办理居家养老失能护理互助保险，缴纳2019年度居家养老失能护理互助保险经费611.62万余元。参保人年满65周岁后如不幸达到失能标准，可根据轻度、中度、重度等失能等级享受专业照护服务机构以"实物"形式提供每月900元、1400元、1900元等相应标准的照护服务。为入住属地养老机构的计划生育特殊家庭中的失能老年人或年满70周岁的老年人给予每人每月1000元定额补助，完成人员资格审核17人，申请入住福利机构补助金18.3万元。

（牛光鑫　刘萍）

【计生药具服务管理】 年内，区卫生健康委完成对29个街镇、100余家驻区医院等单位的免费药具调拨工作。调入药具7702840支（板），金额181万元，调出8830002支（板），金额218万元。有药具发放网点3497个，药具发放覆盖率100%，其中24小时免费避孕药具发放网点占37%。拓宽发放渠道，引进44台扫二维码药具发放机安装在部分公共场所，方便育龄群众获取药具。驻区40所大学安装药具发放机42台，年发放量7万只，提高高校学生的避孕节育和防艾意识。完成2018年度国家基本公共卫生服务药具项目考核。

（申卫东）

【计生宣传教育】 年内，区卫生健康委依托海淀区融媒体中心，制作25期电视栏目、12期《海淀报》专栏，加强计生政策、工作动态及科普知识宣传。开发手机电子杂志，制作7万张壁报、2万张折页，配送到29个街镇近700个社区宣传栏张贴。与区妇幼保健院合作，编写《孕产优生实用宝典（全2册）》，面向群众发放。举办海淀人口文化节活动，70多个家庭参加"亲子融融　家庭幸福"亲子体验活动。14个"宝贝计划"基地共开展亲子课程、绘本阅读等早教活动1000余场次，受益人群5万余人次。

（申卫东）

体育

1 月 6 日，海淀区首届中小学冰雪嘉年华启动（区教委 供图）

2 月 22 日，海淀区冰球队选拔赛落幕（区体育局 供图）

8 月 14 日，海淀区选手宁潇函在二青会上获田径 110 米栏冠军，破北京市纪录（区体育局 供图）

8月15日至9月15日，2019男篮世界杯5G+8K直播活动在五棵松华熙篮球公园举办（文旅集团 供图）

11月10日，2019英特尔极限大师赛（IEM）北京海淀站比赛现场（文旅集团 供图）

11月24日，燕园街道举办社区乒乓球团体交流赛（燕园街道 供图）

综述

【概况】2019年，海淀区体育工作围绕完善全民健身公共服务体系，提高竞技体育水平，推动冬季体育运动发展开展工作。区体育局下辖9个事业单位：海淀区体育场馆管理中心、海淀区社会体育管理中心、海淀区体育局综合管理服务中心、海淀区体育科研所（海淀区全民健身科学指导中心）、海淀区体育运动学校、海淀区少年儿童业余体育学校、海淀区少年儿童游泳业余体校、海淀区重竞技业余体育学校、海淀棋院。

借助“互联网+体育”模式，推进体育产业政策落地。加大政府引导资金投入，助力体育产业发展。冰雪运动、引导群众上冰上雪支出资金近2300万元；投入全民健身专项资金3000万元。全区规模以上单位实现体育产业收入255亿元，同比增长10%。

促进全民健身体育设施建设。打造“一刻钟健身服务圈”，全区29个街镇所有社区、村均达到“15分钟健身圈”标准，达标率100%。配建全民健身路径100套，建设19.48千米健走步道，其中14千米建在中关村公园，为举办专业赛事提供场地。完成鹫峰森林公园200延长米危险登山步道的修缮工作。截至年底，全区共配建全民健身路径1364套，专项球类活动场地278处，专项棋类活动场地564处，健身步道17条38.28千米，面积6万余平方米。区属场馆完成10余支运动队的训练场地保障任务，服务约22.5万人次。承办海淀区中小学生各类竞技体育比赛100余场次，服务2.8万余人；承办机关各部委、街道各团体运动会及重点企事业各类赛事40余次，服务5万余人；承办老年健身运动会、培训班等免费活动20余次，服务1.5万余人。承办全国柔力球（北京）培训班、市柔道锦标赛、市U系列锦标赛等150余场市级以上体育活动、赛事。利用各场馆空余时间，开展体育项目培训，引进以网球、羽毛球为代表的各类体育项目12项、俱乐部14家，组织以花样游泳、老年太极拳等为代表的培训班110班次。区属场馆共接待近100万人次，其中低免收费人数近55万人次。

海淀区华熙国际（北京）五棵松体育场馆运营有限公司、速得尔科技（北京）有限公司、北京建依体育用品有限公司、青鸟体育（北京）有限公司获得北京市体育产业示范单位称号。北京恒健国际体育文化传播有限公司的“健康（中国）人运动素质公开赛”、新浪网技术（中国）有限公司申报的“新浪3×3黄金联赛”获得北京市体育产业示范项目称号。

（高鑫鑫）

【“体医融合”送健康进企业活动】5月7日，海淀区体育科研所（海淀区全民健身科学指导中心）、海淀医院神经科联合在绿海集团开展“体医融合”送健康进企业活动。针对办公室久坐人群，开展疼痛评估、国民体质测试、运动风险测试、科学健身指导、健康风险筛查及“脑血管与运动健康”义诊宣传等体质测试与健康指导讲座，将体育的功能由强身健体向缓解工作压力，释放不良情绪方向拓展，推动科学健身与医疗相融合，发挥运动防护、运动康复及科学健身在疾病防治和健康促进方面的积极作用。

（高鑫鑫）

【2019五棵松篮球发展论坛】5月28日，以“以篮球会世界”为主题的“2019五棵松篮球发展论坛”在华熙LIVE五棵松M空间举办。论坛2019年中国国际服务贸易交易会分会场的重要活动，由市体育局、市发改委、海淀区人民政府联合主办，新浪体育、华熙国际承办，来自国内外篮球组织、体育管理机构、运动协会、俱乐部、商业品牌的领导及代表以及运动员、核心媒体、行业专家等300余人出席论坛。论坛分为主旨演讲、签约仪式和圆桌论坛三大板块，围绕篮球产业的市场需求、行业机遇、未来发展趋势、篮球产业政策引导、赛事运营和规划、体育营销及媒体矩阵等问题深入研讨。副区长陈双、区长助理上官伟、区体育局局长张彦祥出席论坛。

（高鑫鑫）

【温泉社区服务中心“体医融合”站点成立】11月21日，海淀区体育科研所（海淀区全民健身指导中心）联合海淀医院，在温泉社区服务中心举行“体医融合”站点启动仪式暨宣传义诊活动。活动现场，海淀医院神经外科主任王志潮科普通过体育运动防治脑血管疾病相关知识；海淀区体育科研所（海淀区全民健身科学指导中心）主任倪泽飞分别从社会角度、个人健康角度向温泉社区卫生服务中心工作人员详细解读“体医融合”的概念及海淀区相关政策实施情况，就体育运动在体医融合中的作用发表主题讲话；开展国民体质监测，为居民和社区服务中心工作人员进行体质检测，并提供体质报告和个性化健身建议。温泉社区服务中心“体医融合”站点的成立，标志着“体医融合”三级架构联动推广新模式的初步形成，初步实现拓宽覆盖人群、为居民们就近提供健康促进服务目的。

（高鑫鑫）

【体育社团管理】年内，全区有42个体育协会（分会），其中29个独立法人协会，13个体育总会分会；118个健身气功站点。培训二、三级社会体育指导员3000人（冰雪项目1000人）；新增社会体育指导员2679人。全区共有注册社会体育指导员14832人，其中国家级181人、一级1002人、二级3030人、三级10619人。组织优秀社会体育指导员宣讲团进机关、进社区30余场，组织2022年冬奥会冰雪社会体育指导员社区讲座活动10余场。批复成立国际象棋、龙舟、网球、排球、柔力球、摔跤、武术7个协会。组织各协会参加第十届国际空竹艺术节、京津冀社会体育指导员交流展示大赛等国家级、市级赛事10余次，组织开展中老年优秀健身项目交流展示活动、首届全国健身气功引导养生功十二法交流比赛等大型活动10余场。

（高鑫鑫）

【“海淀体育”微信公众号】 年内，“海淀体育”微信公众号发布信息1557篇，原创文章547篇，粉丝量达63202人次；“海淀体育”服务网发布3017篇图文信息，策划12册专题及13个电子宣传册；“海淀体育”微博发布文章1043篇，最高阅读量为3.2万次，粉丝量达22054人。“中关村核心区高知人群专项体育健身系列活动”获“全民健身志愿服务品牌活动”称号。

（高鑫鑫）

群众体育

【概况】 2019年，海淀区群众性体育活动品质不断提升，从以数量为主向重视质量、效果转变，从多点分散转为打造精品。探索政企合作模式，互联网企业为赛事提供执行运营、线上传播、商业拓展等支持，扩大影响力。组织开展20余次健身活动，其中参加和承办市级的主要活动10次，大型区级活动13次，参与人数77504人。

支持创建2个全民健身示范街道、3个体育特色乡镇和10个体育特色村。与区教委联合评选学校体育设施向社会开放优秀学校60所，奖励扶持资金600万元。评选优秀全民健身团队500个，奖励扶持资金425万元。全区有1084支健身团队，平均每个街镇拥有健身团队37支。

完善“体质测定”网络系统建设，初步形成“测—评—指导—校正—追踪”线上线下于一体的体质健康监测与科学健身指导服务体系。上线海淀区健身电子地图，为群众就近健身提供便利。完成区级体质测试中心居民体质健康测试及运动能力评估1万余人次，开展“体质测试日公益活动”，开设全民健身大讲堂，免费为居民及企业员工进行体质检测、健身与健康咨询。携手海淀医院共同设立全国首家“脑血管病与运动健康门诊”，完成“体医融合”高科技人才专项保障活动15次，直接覆盖人群6000人，初步形成以慢病防控和亚健康状况改善为主，三甲医院、二级医院、社区医院三级联动的“体医融合”运行模式。开展线上科普，为公众提供全面便捷的健身指导、健康资讯等服务。

（高鑫鑫）

【获首届市冬运会2项奖】 1月5日，北京市第一届冬季运动会群众项目冰蹴球（条形场地）及滑雪比赛分别在龙潭湖公园和延庆石京龙滑雪场举行。来自14个区的14支代表队，130余名运动员、教练员和裁判员参加蹴球；14个区的25支代表队，210余名运动员、教练员和裁判员参加滑雪比赛。海淀区代表队获冰蹴球（条形场地）二等奖、滑雪团体三等奖。

（高鑫鑫）

【太极拳协会太极（八法五步）集体比赛展示大会】 1月6日，由海淀区太极拳协会主办的海淀区太极（八法五步）集体比赛展示大会在海淀体育馆举行，海淀区太极拳协会的40支健身团队的600余名运动员参加比赛展示活动。太极（八法五步）套路3分钟左右，参赛的40支健身团队分成20个小组，每队参赛人数不少于8人，最多的近50人。经过角逐，北京理工大学队、紫竹院队等15支代表队获得一等奖。

（高鑫鑫）

【获市冬运会大众冰雪趣味项目一等奖】 1月12日，北京市第一届冬季运动会群众项目大众冰雪趣味比赛在平谷区渔阳国际滑雪场举行，来自全市的18支代表队参赛。海淀区代表队由47人组成，参加雪地足球、雪球夺标、雪地拔河、拉雪舟、雪圈保龄球、雪地龙舟共6个项目的比赛，获得团体总成绩一等奖。

（高鑫鑫）

【首届中关村地区缤纷运动季启动】 4月1日，首届中关村地区缤纷运动季媒体发布会在皇冠假日酒店召开。区委常委、政法委书记吴计亮，区体育局局长张彦祥，中关村街道主要领导以及20家媒体、50余家地区重点企业、20家中科院所及其他地区重点单位代表应邀出席发布会。运动季活动由中关村街道党工委、中关村街道办事处联合区体育局共同打造，旨在为中关村地区群众提供立体覆盖、形式多元、价值丰富的全民健身公共服务。运动季设足球、篮球、乒乓球、羽毛球、迷你马拉松、地区运动会、围棋七大系列赛事，历时4个月，40余家重点企事业单位的3000余人次参加活动。

（高鑫鑫）

【获第十届国际空竹节集体展演金奖】 5月6日，保定第十届国际空竹艺术节开幕。共有293支代表队的4000余人参加集体展演，设金奖、银奖、铜奖各20名。海淀区空竹协会秘书长刘长顺带领30名会员参加集体展演，斩获集体展演金奖，表演中加入单轮、双轮、异形空竹、飞碟上杆、单轮挂龙凤、呼啦圈挂龙、大盘空竹、异形空竹大金雷，最新设计的重4.2斤、直径300毫米金球走钢丝第一次展示。

（高鑫鑫）

【海淀区第二十四届中老年优秀健身项目交流展示活动】 5月17日，由区体育局、区民政局主办，海淀区社会体育管理中心、海淀区老年人体育协会承办的海淀区第二十四届中老年优秀健身项目交流展示活动在海淀体育中心举办。活动分健身项目、综合才艺项目两大类。健身项目包括大众健身操、保健操、武术健身、柔力球、太极功夫扇等，综合才艺项目包括健身腰鼓、健身秧歌、广场舞、民族、民间舞蹈等。展示活动突出“歌唱新中国、歌颂新时代，全民健身、健康海淀”的主题，体现新时代海淀区老年人运动健身的新趋向，共有34支代表队近700人参加活动。

（高鑫鑫）

【凤凰岭第五届户外运动大会】 6月8日至7月7日，由北京凤凰岭自然风景公园主办的凤凰岭第五届户外运动大会在凤凰岭景区举行。户外运动大会设水上滑滑梯、水上大冲关、水上跷跷板、水枪大战等趣味活动以及“岭”骑生态苏家坨“凤”献红心颂祖国——庆祖国70周年华诞红色骑游活动、泡泡凤凰跑、越野跑夜赛、雷殿生徒步线路行、避暑探幽“桃源峡谷”徒步线路、环保公益行等户外活动。

（高鑫鑫）

【京津冀社会体育指导员交流展示大赛海淀分站赛】 6月13日至14日，2019年京津冀社会体育指导员交流展示大赛（海淀分站）在海淀体育馆举行。展示大赛由北京市社会体育管理中心、北京市体育总会、区体育局等单位联合主办，来自海淀区、石景山区、昌平区、延庆区和天津市等地区的58支代表队和17名个人共近千名社会体育指导员参赛。海淀分站赛分别进行广场舞、武术类、健身器械类3个项目的团体展示以及技能教学比赛和个人健身技能展示活动。海淀区太极拳协会导引养生功十二法队、海淀区太极拳协会健身气功五禽戏队、海淀区太极拳协会二十四式太极拳队、石景山区翠微太极拳表演队、昌平区公园健身气功一队等获得武术类团体展示及技能教学比赛一等奖；海淀区海燕柔力球队、石景山区京西花棍表演队、安定门街道毽队、昌平区南邵镇柔力球队等获得健身器械类团体展示及技能教学比赛一等奖。

（高鑫鑫）

【“羽众杯”海淀区全民健身羽毛球积分赛】 7月9日，“羽众杯”2019海淀区全民健身羽毛球积分赛新闻发布会在北京市海淀体育场综合馆举行。比赛由区体育局和北京甜区体育文化发展有限公司联合主办。赛事采取“积分小比赛+系列积分赛+总决赛”的模式进行，参与者可获得积分并在“羽众”微信服务平台上兑换奖品，赛事组织者可享受比赛用球补贴。11月23日，“羽众杯”2019海淀区全民健身羽毛球积分赛总决赛在红人运动俱乐部羽毛球馆举行。该项赛事共举办系列比赛367场，超过9000人次报名参加。总决赛汇集海淀区21个街镇及小米、新东方在线等企事业单位共计50支球队、近700名羽毛球爱好者。燕园北京大学队、西北旺韩家川队和西三旗街道队获得街镇甲组前3名，四季青羽协队、北太平庄街道队和海淀街道队获得街镇乙组前3名。企业甲组前3名由食安羽队、百望股份队和东华软件队获得，企业乙组前3名则由中工国机队、北体大神行队和地质工程勘察院队获得。

（高鑫鑫）

【第三届“中关村·国超杯”职工足球超级联赛】 7月25日至9月22日，由区体育局、区总工会、国控体育文化有限公司联合主办的2019年海淀区第三届“中关村·国超杯”职工足球超级联赛举行。区属机关、企事业单位的24支职工足球代表队近千名职工足球爱好者参赛。历经小组循环赛、淘汰赛、半决赛、决赛共64场比赛，四季青青远地产足球队成功卫冕冠军，青龙桥街道国关社区足球队获亚军，东升泰戈光辉FC足球队获季军。海淀公安分局前卫足球队获特殊贡献奖。

（高鑫鑫）

【获北京市广播体操展示大赛三等奖】 8月8日，2019年全国“全民健身日”活动北京分会场——北京市第十二届全民健身体育节系列活动——北京市第九套广播体操展示大赛在地坛体育馆开幕。来自市直机关、市总工会、各区的48支队伍参赛，海淀区体育局组织北下关街道代表队和纳通生物科技（北京）有限公司两支代表队54名队员参加活动。海淀区体育局获“优秀组织奖”，纳通生物科技（北京）有限公司代表队获三等奖。

（高鑫鑫）

【首届全国健身气功导引养生功十二法交流比赛大会】 11月1日至4日，“绿谷清泉杯”首届全国健身气功·导引养生功十二法交流比赛大会在北京海淀体育馆举行。本次比赛由国家体育总局健身气功管理中心、中国健身气功协会主办，北京体育大学、海淀区体育总会、北京市海淀区太极拳协会、太极康慧（北京）文化产业有限公司承办，来自各地大专院校、健身气功协会、太极拳协会、部队、企事业单位共65支代表队的380余名运动员参加交流比赛大会。比赛大会设理论培训、健身知识竞赛和交流比赛三大板块，不分性别，集体赛和个人赛由不同年龄段分为甲、乙、丙3个组别。海太协会玉渊潭队、军事科学院队、军队驻京北极寺老干部管理局和海淀区太极拳协会一队、三队以及北体大梦之队、研究生队、2018级安贞吉队等获得集体比赛项目一等奖，多名队员获得个人比赛一等奖。

（高鑫鑫）

【海淀张家口万人滑雪嘉年华活动在京举行】 12月28日，第六届北京市民快乐冰雪季系列活动“迎冬奥”2019海淀张家口冰雪挑战季万人滑雪嘉年华活动启动仪式在北京西山滑雪场举行。在启动仪式上，区体育局发布《北京市海淀区青少年冰雪运动发展白皮书》。畅滑体验活动在北京西山滑雪场、颐和园冰场展开，针对不同人群开展机关干部专场、企业职工专场、社区居民专场、学生专场、民宗侨界人士专场及残疾人专场。活动设置打雪仗、雪地飞镖、雪地曲棍球、雪橇障碍赛等项目以及独具特色的冬奥灯谜竞猜、冬奥知识展、滑雪定妆照。活动参与人数达万人以上。

（高鑫鑫）

【“中关村核心区高知人群专项体育健身系列活动”获“全民健身志愿服务品牌活动”称号】 12月，由国家体育总局群体司指导、光明网主办的“全民健身志愿服务品牌活动暨最美全民健身志愿者征集”活动评选名单揭晓。自10月10日至11月1日，本次征集活动共收到各省区市、新疆生产建设兵团的197个活动、206个志愿者报名。结合网络投票和专家评审两个环节，推选出得分前10名的“全民健身志愿服务品牌活动”和“最美全民健身志愿者”。海淀区“中关村核心区高知人群专项体育健身系列活动”

为北京市唯一获奖项目，获得“全民健身志愿服务品牌活动”称号。

（高鑫鑫）

竞技体育

【概况】 2019年，区体育局开展等级运动员审核工作，全区注册运动员达7306人。承办乒乓球、空手道、柔道、摔跤、手球5个市级锦标赛，手球、乒乓球、羽毛球3个市级U系列比赛；首次以区体育局主办、各区级单项协会承办的模式，举办摔跤、柔道、空手道、棒球4个项目的区级青少年锦标赛。组队参加全国第二届青年运动会，海淀区运动员共为北京队摘得金牌16枚、银牌14枚、铜牌14枚。海淀区运动员在全国、北京市各类锦标赛、U系列等比赛中，共获480枚金牌、368枚银牌、356枚铜牌。

（高鑫鑫）

【获中国中学生冰球锦标赛冠军】 1月24日至26日，2019中国中学生冰球锦标赛在黑龙江省齐齐哈尔市黑龙体育馆举行。该赛事由中国中学生体育协会主办，齐齐哈尔市教育局承办，支持单位为黑龙江省教育厅。来自北京、黑龙江、吉林、辽宁和四川5省市的9支代表队展开18场比赛。海淀区代表队北京市十一学校获得冠军，北京市第二十中学获得亚军，齐齐哈尔市第三十四中学获得季军。来自北京市十一学校的齐·马克西姆被评为最有价值球员，来自北京市二十中学的胡佳昊被评为最佳前锋。

（高鑫鑫）

【李嘉文破全国青少年游泳U系列比赛总决赛4项纪录】 1月27日至29日，“中国游泳协会杯”2018年全国青少年游泳U系列比赛总决赛在北京国家游泳中心水立方举办。海淀区少年儿童游泳业余体校队员李嘉文夺得男子100米自由泳、200米混合泳、400米自由泳3个单项的冠军和男子11岁组自由泳全能冠军，全部打破全国纪录。本次比赛为U系列比赛总决赛，参加者均为2018年全年分站赛各单项大排名前16名。

（高鑫鑫）

【清华附中男女篮蝉联市篮球冠军赛冠军】 3月23日，北京市中小学生篮球冠军赛暨2018—2019斯伯丁初中篮球联赛总决赛在北京市朝阳体育馆举行。清华附中男篮以67：59战胜北京四中，夺得冠军。清华附中10号球员李永炜蝉联总决赛MVP。清华附中女篮获得女子组冠军。至此，清华附中初中男女篮双双蝉联北京市中小学篮球冠军赛冠军。

（高鑫鑫）

【获第53届国际少年运动会柔道铜牌】 7月10日，第53届国际少年运动会在俄罗斯乌法开幕。本届比赛设足球、击剑、摔跤、柔道、田径、攀岩等竞赛项目，赛事吸引包括中国、澳大利亚、泰国等29个国家的84个城市1192名运动员参加。中国农业大学附属中学派出5名学生参加柔道项目比赛，毛子洋获得81公斤级铜牌。

（高鑫鑫）

【获市青少年锦标赛高尔夫球比赛2金】 7月16日至17日，由市体育局主办，市体育竞赛管理中心、北京高尔夫球运动协会承办的北京市青少年锦标赛高尔夫球比赛在北京大运河高尔夫球俱乐部举办。赛事设有男子甲、乙组和女子甲、乙组4个竞赛组别，竞赛项目为个人比杆赛和团体赛，共有海淀、朝阳等6个区的选手参加。队员年龄9～14岁，比赛日程为期2天36洞。海淀代表队共有6男4女共10名运动员参赛，斩获2枚金牌、2枚银牌、2枚铜牌。

（高鑫鑫）

【破二青会田径110米栏北京市纪录】 8月14日，在山西体育中心田径场举行的二青会田径项目比赛中，海淀区选手宁潇函代表北京代表团，在体校甲组男子110米栏决赛中，以13秒39的成绩夺冠，破北京市男子（18～19岁组）110米栏纪录，原记录13秒63是他2018年创造的。

（高鑫鑫）

【首夺全国青少年U系列冰球锦标赛冠军】 8月18日至24日，2019年全国青少年U系列冰球锦标赛U10组比赛在青岛举行。海淀区09队以9：0战胜上海队夺得冠军，黄梓晨获最佳门将称号，谭信获最佳后卫称号。8月29日，U12组比赛在沈阳体育学院冰球馆落幕，海淀区07、08队获得亚军，李赟泽获全场最佳后卫称号。

（高鑫鑫）

【获全国中学生柔道锦标赛12金】 8月22日至23日，2019年中国中学生柔道锦标赛暨2020年世界中学生运动会选拔赛在辽宁省辽阳市举行。来自全国各地34所学校的近400名选手参赛。海淀区派出北京市八一学校、北京大学附属中学、中国农业大学附属中学、北京市第十九中学、北京市中关村中学知春分校5所学校参赛。其中，中国农业大学附属中学获6枚金牌、8枚银牌、6枚铜牌以及1个第五名；北京市八一学校获3枚金牌、1枚银牌；北京市中关村中学知春分校获2枚金牌、1枚银牌；北京市第十九中学获1枚金牌、2枚银牌；北京大学附属中学获1枚铜牌。

（高鑫鑫）

【获市青少年曲棍球锦标赛男子甲组第一名】 8月24日至27日，2019年北京市青少年曲棍球锦标赛举行。比赛设男子甲、乙组和女子甲、乙组4个竞赛组别，来自海淀、朝阳等6个区的100名选手参加比赛。海淀区代表队夺得男子甲组第一名，男子乙组和女子乙组分获第三名。

（高鑫鑫）

【李嘉文破全国青少年游泳U系列总决赛3项纪录】 12月6日至8日，2019年全国青少年游泳U系列总决赛（第二站）在江西景德镇景东游泳馆举行。共有73个代表队的514名运动员参赛，海淀区少年儿童游泳业余体校队员李嘉文获U12年龄组50米自由泳、50米蝶泳、100米自由泳、200米混合泳4个项目的冠军，并打破3个项目全国U12年龄组全国纪录，被国家体育总局及赛会评为“每日之星”。

（高鑫鑫）

【获全国“体校杯”足球赛U14、U16组冠军】 12月16日至20日，2019年全国“体校杯”足球比赛总决赛在广东省恒大足球学校举行。来自全国各地的24支队伍激战60场，决出男子U16、U14和女子U16三个组别的名次和奖项。代表海淀区体育运动学校参加总决赛的人大附中三高足球俱乐部夺得男子U14组和男子U16组冠军。U16主教练韩铮获最佳教练员称号，3名运动员入选最佳阵容，冯子俊获“足球未来之星”称号。U14有5名球员入选最佳阵容。三高俱乐部获“优秀竞赛组织奖”“优秀人才输送奖”。

（高鑫鑫）

学校体育

【概况】 2019年，区体育局推进体教融合。以区队校建的形式发展青少年篮球、足球、排球等项目，全区共有篮球、足球、排球基层网点校29所、重点示范校18所。联合区教委举办中小学生春季、秋季田径运动会，中小学篮球、羽毛球、乒乓球等22个项目的比赛，参与人数达3.97万人次。

（高鑫鑫）

【获市中小学生校园足球联赛双冠】 4月6日，2018—2019北京市中小学生校园足球联赛决赛在人大附中三高足球训练基地开赛。海淀区教师进修学校附属实验小学以6胜1负44粒进球获得小学男子甲A组冠军，海淀区永丰中心小学以6场全胜53粒进球获得小学女子组冠军。本届比赛采取小组赛、交叉赛、半决赛和决赛的形式，双线作战，历时一个月。

（高鑫鑫）

【海淀区中小学生春季田径运动会】 4月17日至20日，由区教委、区体育局主办的2019年海淀区中小学生春季田径运动会在海淀体育中心田径场举行，125所中小学校的2152名学生参赛。运动会分小学、初中、高中3个级别。其中，小学设甲组（男、女）各13项，小学乙组（男、女）各9项；初中甲组（男、女）各17大项，初中乙组（男、女）各13大项；高中甲组（男、女）各17大项。

（高鑫鑫）

【两破初中组男子200米29年纪录】 4月20日，在2019年海淀区中小学生春季田径运动会最后一天的比赛中，区田径队小将吴宜桐在初中组男甲200米预赛中，以22.474秒的成绩打破1990年至今已保持29年的22.5秒赛会纪录。决赛中又将成绩提高到22.458秒，再次创造该项目新纪录。

（高鑫鑫）

【第三届海淀区校园足球学区联赛】 4月至5月，“2019年海淀区校园足球学区联赛”举行。赛事由区教委和区体育局联合主办，海淀区中小学体育运动促进中心、海淀区校园足球工作组联合承办，17个学区精英训练营的87支球队近1500人参加6个组别175场比赛，每周六、日在6个赛区同时进行，采用单循环和分组循环的比赛。高中男子组：冠军上地学区、亚军中关村学区、季军紫竹院学区；初中男子组：冠军上地学区、亚军八里庄学区、季军中关村学区；中学女子组：冠军四季青学区、亚军上地学区、季军温泉苏家坨学区；小学男子甲组：冠军中关村学区、亚军花园路学区、季军紫竹院学区；小学男子乙组：冠军西三旗学区、亚军中关村学区、季军青龙桥学区；小学女子组：冠军上地学区、亚军紫竹院学区、季军上庄西北旺学区。

（高鑫鑫）

【海淀区中小学生三大球（足球）超级联赛】 7月14日，为期两个月的海淀区三大球（足球）超级联赛落幕。参加比赛高中组有14支、初中男子组25支、中学女子组12支、小学男子甲组43支、小学男子乙组57支、小学女子组22支，共计173支队伍，2639名队员参赛。获高中男子组前3名的分别是清华大学附属中学、中国人民大学附属中学、中央民族大学附属中学；获初中男子组前3名的分别是清华大学附属中学、北京市第四十七中学、北京市中关村中学知春分校；获中学女子组前3名的分别是北京市清华育才实验学校、北京市第四十七中学、清华大学附属中学；获小学男子甲组前3名的分别是北京市海淀区中关村第一小学、北京市海淀区民族小学、清华大学附属小学；获小学男子乙组前3名的分别是北京市海淀区实验小学、北京市海淀区中关村第一小学、中国人民大学附属中学实验小学；获小学女子组前3名的分别是北京市海淀区永丰中心小学、北京市海淀区翠湖小学、北京实验学校（海淀）（小学部）。

（高鑫鑫）

【体育俱乐部建设】 年内，区体育局加强传统项目学校和青少年体育俱乐部建设。制定《海淀区体育传统项目学校后备人才培养经费管理办法（试行）》《关于强化海淀区体育传统项目学校建设工作实施方案》。针对传统校和青少年体育俱乐部管理运行、服务效益等方面开展现状调查分析，形成《2019年海淀区体育传统项目学校现状分析报告》和《2019年海淀区青少年体育俱乐部现状分析报告》。截至年底，全区有国家级青少年体育俱乐部10个；体育传统项目学校66所，其中国家级6所、市级30所、区级30所。

（高鑫鑫）

冰雪运动

【概况】 2019年，海淀区组织协调冬奥会2020/2021国际滑联短道速滑世界杯、2020年国际滑联花样滑冰大奖赛总决赛、2021年国际冰联女子冰球世界锦标赛×级×组3项测试赛工作。2020国际滑联花样滑冰大奖赛总决赛的国内申办程序已经履行完毕，进入提交材料准备国际申办程序。2020/2021国际滑联短道速滑世界杯、2021国际冰联女子冰球世界锦标赛的申办工作正按照程序、步骤有序推进。

继续实施《海淀区发展冰雪运动行动计划（2016—2022年）》。举办海淀区青少年冰球、滑雪、花样滑冰锦标赛暨队员选拔赛；参加全国第二届青年运动会各冬季项目比赛、市青少年冬季项目锦标赛、中国花样滑冰俱乐部联赛、中国齐齐哈尔夏季冰球季国际冰球邀请赛、全国青少年U系列冰球锦标赛等赛事。编写、发布《北京市海淀区青少年冰雪运动发展白皮书（2016—2019）》，这是全国首份反映区域青少年冰雪运动发展的白皮书。

开展迎冬奥——海淀张家口冰雪挑战季系列活动，参与人数近万人。推动冰雪运动进机关、进企业、进学校，扩大冰雪运动人口规模。举办大众冰雪嘉年华、冰雪运动推广体验活动40余场。

（高鑫鑫）

【首届海淀区中小学生冰雪嘉年华活动】 1月6日，由区体育局、区教委联合主办，海淀中小学体育促进中心承办的首届海淀区中小学冰雪嘉年华在北京汇通诺尔狂飚乐园举行。来自50所区级冰雪运动试点学校的学生参加活动。在体育展演环节，小运动员们表演登坡、雪上方阵、雪地龙舟、雪球大轰炸、雪上铁人三项、雪域狂欢等趣味活动和比赛。

（高鑫鑫）

【冰雪挑战季活动】 1月19日，由区体育局、张家口市体育局等单位联合主办的“第五届北京市民快乐冰雪季系列活动暨迎冬奥2018—2019海淀及张家口冰雪挑战季（北京海淀站）活动”在海淀区五彩城冰酷运动中心举行。北京市社会体育管理中心、区委宣传部、区文明办、区体育局以及张家口市赤城县文广新局负责人出席活动。雅典奥运会女排冠军队员、海淀区冰雪运动形象大使宋妮娜宣读倡议书。挑战项目包括青少年冰球友谊赛、冰上龙舟、冰车接力、冰上自行车、龟兔赛跑5项内容。设张家口崇礼站和海淀站两大主会场，同时在海淀区世纪金源冠军冰场、五彩城冰酷运动中心、颐和园昆明湖冰场、五棵松冰世界冰场、凤凰岭公园冰雪乐园、金辉滑雪场等冰雪场地设分会场，开展冰雪体验活动。

（高鑫鑫）

【海淀区青少年冰球锦标赛】 2月21日至22日，由区体育局、区教委联合主办的2019年海淀区青少年冰球锦标赛暨海淀区冰球队选拔赛举行。这是北京首个区级青少年冰球项目选拔比赛，有162名冰球项目注册业余运动员参赛，设男子2010—2011组、男子2012组、男子2007组3个组别。经过比拼，数字10队、飞熊12队、飞熊07队分获男子2010—2011组、男子2012组、男子2007组冠军。

（高鑫鑫）

【第四届海淀区中小学冰球联赛】 3月30日至4月21日，第四届海淀区中小学冰球联赛举行。联赛由区教委、区体育局联合主办，赛制分为学区与学校，来自学校48支球队、学区11支球队的700余名中小学参赛，分为小学甲组（5～6年级）、小学乙组（3～4年级）、小学丙组（1～2年级）、中学组（7～9年级）4个级别。比赛历时1个多月时间，进行137场比赛。经过循环赛和分组淘汰赛，最终角逐出小学甲、乙、丙组，学区甲、乙、丙组和中学组冠、亚、季军。

（高鑫鑫）

【冰雪运动发展联席会议】 7月2日，海淀区召开冰雪运动发展联席会议。副区长陈双、区体育局以及16家委办局、29个街镇相关负责人参加会议。区体育局从工作措施与成效、创新发展模式，助力青少年冰雪运动、激发参与热情，推动群众冰雪运动3个方面详细汇报海淀区冰雪运动发展的全面情况，以及下一阶段健全发展冰雪运动工作机制、继续做好冰雪运动进校园工作、丰富群众冰雪运动形式和内容、不断完善冰雪运动基础设施建设、继续加强青少年冰雪运动5个方面的工作。区教委、西三旗街道、温泉镇、中关村二小作校园冰雪运动经验交流汇报，16家委办局与29个街镇相关负责人作交流发言。与会人员观看海淀区青少年冰雪运动发展宣传片。

（高鑫鑫）

【获全国花样滑冰俱乐部联赛分站赛7金】 8月1日至4日，2019中国花样滑冰俱乐部联赛第四站在青岛站举行。来自全国44个俱乐部的300余名运动员展开角逐。北京舞蹈学院附中的卢妤/张陈航代表海淀区运动学校青少年体育俱乐部，在精英组冰上舞蹈青年组中，以总分90.93分的成绩夺得冠军；北京舞蹈学院附中的胡雨含嫣代表海淀区运动学校青少年体育俱乐部，在大众组戏剧表演单人滑组别中获得第一名；海淀区选手赵爰/高山代表北京世纪星滑冰俱乐部在精英组双人滑少年组中，以总分28.46分的成绩夺得冠军。8月14日，2019年中国花样滑冰俱乐部联赛第五站在吉林市体育馆开幕。海淀区花滑小将安香怡代表北京世纪星滑冰俱乐部，在精英组女子成年组单人滑中，以总成绩190.71分获得冠军；李音希代表北京庞清佟健国际滑冰俱乐部，在精英组儿童低龄女子单人滑中夺得冠军。

（高鑫鑫）

【短道速滑队获二青会短道速滑3金2银】 8月4日，第二届全国青年运动会短道速滑项目决赛在河北奥林匹克体育中心举行，共有来自全国14个省区市37支参赛队的300余名运动员参赛。海淀区首次组队参赛，王晔代表北京世纪星滑冰俱乐部夺得社会俱乐部乙组女子1500米、女子500米、男女混合2000米接力3枚金牌，女子1000米、女子3000米接力2枚银牌；铁昕宇、张雨涵、赵灿、王昊暄代表北京市海淀区运动学校青少年体育俱乐部参赛，铁昕宇获社会俱乐部乙组男子1000米第5名、男子1500米第10名，张雨涵获得社会俱乐部乙组女子500米第7名、女子1500米第10名、女子1000米第12名，赵灿获得社会俱乐部甲组女子1500米第12名、女子500米第14名、女子1000米第15名。

（高鑫鑫）

【市青少年花样滑冰锦标赛】 11月22日至24日，由市体育局主办的北京市青少年花样滑冰锦标赛在万域芳菲冰上演艺中心（亚运村）举办。比赛设成年组（男、女）、青年组（男、女）、少年甲组（男、女）、少年乙组（男、女）8个组别，短节目、自由滑、总成绩3个项目，来自东城、西城、朝阳、海淀等11个区的111名花样滑冰运动员参赛。比赛共产生24枚金牌，其中海淀区独揽18枚，位列全市金牌榜首位，获银牌12枚、铜牌4枚。

（高鑫鑫）

【获全国花样滑冰少年系列赛男子丙组金牌】 12月15日，2019/2020全国花样滑冰少年系列赛暨U系列少年比赛第二站在徐州奥体中心冰场结束。来自全国24个代表单位的112名运动员参加男单、女单、冰舞、队列滑4个项目8个组别的比赛。海淀区花滑小将张瑞洋获男子单人滑少年丙组金牌，孟兰欣获少年乙组女子单人滑第三名。

（高鑫鑫）

【获市青少年滑雪锦标赛8枚金牌】 12月22日，由市体育局主办，市体育竞赛管理中心、延庆区体育局承办的2019年北京市青少年滑雪锦标赛在延庆万科石京龙滑雪场落幕。比赛设高山滑雪男子、女子组与单板滑雪男子、女子组4个组别，每个组别分为甲、乙、丙、丁4个年龄组，共设16枚金牌，海淀区选手共夺得金牌8枚、银牌7枚、铜牌4枚，位列金牌榜第一。

（高鑫鑫）

【《北京市海淀区青少年冰雪运动发展白皮书（2016—2019）》发布】 12月28日，区体育局发布《北京市海淀区青少年冰雪运动发展白皮书（2016—2019）》。这是中国首份反映区域青少年冰雪运动发展的白皮书，系统阐释海淀区紧抓北京2022年冬奥会历史机遇，深入落实海淀区“两新两高”战略，打造全区青少年冰雪运动赛事，推动奥林匹克精神进校园的系列举措。

（高鑫鑫）

体育业训

【概况】 2019年，区体育局推动继续教育培训制度化建设。采用部门培训与全员培训相结合的方式，分专业、分批次开展教练员、教务和科研管理人员专项技能培训，完成教练员继续教育培训90学时。开展海淀区业余训练科研论文征集及评选工作，评选一等奖5篇、二等奖11篇、三等奖17篇、优秀奖15篇、参与奖5篇，形成海淀业余训练论文汇编。

制定《海淀区体育局关于反兴奋剂教育准入工作实施计划》《关于加强反兴奋剂风险防控的规定》等规章制度。完成市体育局科教处反兴奋剂专项治理督导组检查。完成全国第二届青年运动会参赛人员反兴奋剂资格准入专项工作。全年未出现任何兴奋剂问题。

完成康复治疗11564次，赛事医疗服务4次；为柔道队、摔跤队、武术队、羽毛球队、网球队、农大柔道队等12支队伍开展体能训练400课时，汇总分析形成《2019年海淀区体育科研所体能测试数据分析报告》。完成网球、柔道、田径、足球运动心理4支队伍集体宣教及一对一运动心理辅导。完成4所体校、20所体育传统校及冬季项目运动营养补剂发放。

（高鑫鑫）

【击剑裁判员培训班】 1月14日至15日，海淀区击剑协会举办击剑项目二级、三级裁判员培训班。培训班分授课、考核两个环节，邀请来自19个单位的27位讲师分享具有典型特征的实战经验，精准讲解击剑比赛编排要素、裁判法要义，解析最新击剑规则。在考核环节，除闭卷理论考核外，增加视频考核内容，视频执裁按照3个剑种（重剑、花剑、佩剑）独立专场展开。

（高鑫鑫）

【雪上运动社会体育指导员培训】 1月28日，区体育局、区体育总会分别在温泉体育公园、北京狂飚乐园滑雪场举办的海淀区三级雪上运动社会体育指导员培训结束，共培训区政府机关、医院、中关村科技园、全区29个街镇选派的400名社会体育指导员。2家雪场各举办4期培训，每期培训时间半天。400人通过考核，获得三级雪上运动社会体育指导员资质证书。培训于2018年12月19日启动。

（高鑫鑫）

【冰上社会体育指导员培训班】 11月13日至12月3日，区体育局、区体育总会主办的2019年海淀区冰上运动社会体育指导员培训举办。15家机关事业单位、13个街镇、1家中关村高科技公司的600余人分别在金源冠军溜冰场、五彩城冰酷运动中心、华星冰上运动中心参加培训。

（高鑫鑫）

社会工作

2020

北京海淀年鉴

1月，2018 感动海淀十大文明人物公布（高政 摄）

4月28日，海淀区新时代文明实践志愿服务队伍授旗仪式（区文明办 供图）

6 月 5 日，海淀区道德模范走进世园会（区文明办 供图）

11 月 27 日，海淀区社区居民委员会主任履职能力提升示范培训班（区委社会工委区民政局 供图）

综 述

2019年，区委社会工委区民政局巩固和深化全国社区治理和服务创新实验区成果，探索实践“多元参与型”社区协商模式。推进“社区会客议事厅”试点建设，每个街镇建设1个“社区会客议事厅”，推行“五步循环工作法”（问民需、汇民意、议民题、执民事、促民评），健全完善议事协商机制，推广月协商活动计划，指导29个试点社区围绕规范停车、环境治理、社区管理等民生事项开展议事协商，努力实现“小事不出社区，大事不出街镇”，推进社区协商常态化、制度化、规范化。全区已基本形成社区党组织领导、社区居委会牵头，物业服务企业、业委会、驻区单位、社区居民等多元主体共同参与的多元协商治理格局，打造出一批具有海淀特色的社区协商和治理模式。学院路街道健翔园社区在“五步循环工作法”基础上，结合实际，总结出“值、记、访、巡、议、做、示”闭环式“健翔工作法”。西三旗街道怡清园社区形成由社区党组织、社区居委会、产权管理单位、物业公司、居民代表组成的“i家园共治联盟”，通过建立共治共建承诺公约、定期召开联盟会议等解决小区物业管理问题。万寿路街道今日家园社区设立“全时民情应诉站”和“民情热线”，通过民情窗口、双楼长公示牌、民情专业队伍、发放宣传单等形式，将社区内问题前置，努力实现“未诉先办”。

区委社会工委区民政局在开展专题调研的基础上，研究起草《海淀区协管员队伍规范管理工作实施方案》，稳步推进协管员优化整合。指导街道开展高考考场周边环境整治，对14个考场环境进行4批次大规模的集中整治。做好街道系统办公用房清理整顿工作，先后4次组织联合检查组对街道系统的办公用房面积进行现场检查，督促立行立改，确保全部达标。

（杜小倩　王甫亮）

精神文明建设

【概况】 2019年3月，根据海淀区机构改革方案，海淀区精神文明建设委员会办公室（简称区文明办）由挂靠区委宣传部改为设在区委宣传部。

2019年，海淀区精神文明建设工作按照中央、首都精神文明建设工作部署，围绕庆祝中华人民共和国成立70周年主线，培育和践行社会主义核心价值观，全面落实新时代文明实践中心工作，加强公民思想道德建设，深化群众性精神文明创建活动，凝心聚力提升区域文明程度，为推动中关村科学城建设，落实“两新两高”的战略任务提供良好的道德力量和精神支撑。

（王桂芳）

【海淀区精神文明建设工作大会】 4月26日，2019年海淀区精神文明建设工作大会暨背街小巷环境整治提升动员和新时代文明实践中心工作部署会召开，总结2018年精神文明建设工作，部署2019年精神文明建设重点任务。于军、戴彬彬等四套班子领导参加。会议强调，将精神文明建设与全区各项工作紧密结合，稳步推动精神文明建设各项任务落实，为全区经济社会发展注入新的强大动力；开展好海淀区新时代文明实践中心建设工作，用中国特色社会主义文化、社会主义思想道德牢牢占领人民思想文化阵地，不断满足人民日益增长的精神文化需求；以背街小巷环境整治提升为切入点，全面抓好文明城区建设。持续开展文明街巷、文明商户创建，推广街巷长、小巷管家的治理经验，动员文明单位、志愿组织参与街巷治理，推动城市治理取得全面提升。

（王桂芳）

【海淀区新时代文明实践中心成立】 4月28日，海淀区在全市率先于北部文化中心广场组织“海淀区新时代文明实践推动日”活动，海淀区新时代文明实践中心正式揭牌成立。市委宣传部副部长、首都文明办主任、市推进新时代文明实践中心建设领导小组副组长滕盛萍和区委书记、区新时代文明实践中心主任、区新时代文明实践志愿服务总队长于军共同为海淀区新时代文明实践中心揭牌。夕阳再晨志愿服务队代表新授旗成立的21支文明实践志愿服务队宣读志愿服务倡议书，随后到社区、村庄、课堂、广场等志愿服务场地为5000人次市民群众提供政策宣讲、急救技能传授、心理健康辅导、健康义诊、法律援助等志愿服务项目。

（钟冷　王桂芳）

【新时代文明实践中心服务管理平台正式上线】 10月25日，海淀区新时代文明实践中心服务管理平台正式上线。该平台汇聚VR、LBS、AI等先进技术，整合包括36个委办局和29个街镇的文明实践服务资源，“2+9+N”（2个规定的志愿服务队，9大服务内容，N个海淀特色志愿服务队）的志愿者及团队资源，5000余节慕课，85万余册电子图书及有声图书，104个可全程网办的便民服务事项，180个精品菜单及水、电、气、煤等公共服务数据的在线查询服务，建有“点单派单”、活动超市、VR展厅、志愿海淀等功能，提供菜单式、订单式、一站式的文明实践服务。百姓可就近“点单”，参与106项“新时代文明实践推动日”活动动。

（钟冷　王桂芳）

【践行社会主义核心价值观】 年内，区文明办组织测评辖区所有社区及小区的社区公益广告宣传，督促问题整改，建立台账统筹管理。设计“福满京城　春贺神州”为主题的元宵节灯光秀和“喜迎国庆、祝福祖国”为主题的公益广告，在各级各类媒体和城乡公共场所刊播展示。设计制造各种文明主题宣传展板，主要有北京榜样宣传展板366块，宣传画2000余张，包括“把空调调高一度”“垃圾分类从我做起”，未成年人专题宣传、志愿服务等主题内容。围绕中华人民共和国成立70周年活动，全方位做好新挂国旗、灯笼灯饰、硬质宣传横幅、宣传海报的宣传布置；统筹协调建筑工地围挡、大型户外广告设施、户外电子屏、文化墙等宣传阵地的宣传，营造喜庆热烈祥和的节日氛围。中关村大街、中关村壹号以及上地软件园地区的灯光表演区成为海淀市民的“打卡地”，中央电视台、北京电视台等主流媒体多次报道。利用全区各级文明市民学校，普及宣传社会主义核心价值观。组织完成街镇和社区文明市民学校校长培训2期，160课时，参加人员128人次；组织完成文明市民学校课堂教学进社区（村）80余场次，受益群众达17.2万人次；组织完成“海淀区第十届文明市民艺术节”9项比赛内容和闭幕式颁奖活动，参与群众达3.8万余人次。

（王桂芳）

【精神文明主题宣传活动】 年内，区文明办围绕中华人民共和国成立70周年活动，开展形式多样的精神文明主题活动。举办“我们的中国梦”——文化进万家元旦、春节、元宵灯会主题活动。以“忆满京城　情思华夏”为主题，组织开展“清明祭英烈、清明忆先贤、清明踏青游、清明诗画展、清明文明祭”等文化活动。以“迎国庆、展形象、做文明有礼的北京人”为主题，开展讲文明礼仪系列讲座70场，聘请专业礼仪老师进行政务礼仪常识、行政大厅服务礼仪、涉外商务礼仪等课程培训。举办“听外交风云　知国情区情”——外交官走进海淀宣讲活动60场；北京榜样高玉红带队的文明旅游宣传队开展文明旅游专题活动展演30场；文明交通礼让斑马线广场舞大赛获好评；举办邻里文化节活动，参与家庭8万余户达140万人。组织春节、元宵、清明、端午等“我们的节日”传统节日文化活动，突出文化科技融合。发动组织区直机关系统、各街道镇的3000名干部，参与服务保障亚洲文化嘉年华活动。利用《中关村杂志》、《雷锋杂志》、《精神文明导刊》、《精神文明报》、社区宣传栏等传统媒体，开展精神文明主题宣传。利用中国文明网北京海淀分站、文明海淀微信公众号、12期海淀台《文明海淀》系列节目等媒介，宣传精神文明建设工作。

（王桂芳）

【新时代文明实践中心建设试点】 年内，海淀区被中宣部列为新时代文明实践中心建设第二批全国试点单位。海淀区印发《海淀区新时代文明实践中心建设工作方案》《海淀区加强新时代文明实践志愿服务工作措施》。组建区四套班子主要领导担任总队长的区新时代文明实践志愿服务总队，打造区、镇（街道）、村（社区）三级组织体系，建立“2+9+N”志愿服务体系（“2”即1支新时代文明实践志愿指导员队伍和1支宣传文化组织员队伍，“9”即9类专业志愿服务队伍，“N”即N支功能多样的志愿服务队伍）。把每月的最后一个周末定为“新时代文明实践推动日”，368支新时代文明实践志愿服务队深入29个实践所和648个实践站，全年开展文明实践活动3000余场次，直接惠及20余万人。广泛联系驻区科研院所、科技企业、部队大院等单位，建立新时代文明实践合作共建机制，为辖区群众构建“家门口”式的志愿服务网，“新时代文明实践联盟”“光合作用室”等创新形式的文明实践形式遍地开花。新时代文明实践中心、区融媒体中心和区政务服务中心联合打造“一库双系统多端口”的新时代文明实践服务管理平台，以“掌上海淀”App为入口，与“海淀通”等App实现贯通，百姓在平台可就近就便“点单”参与文明实践。

（王桂芳）

【公共文明引导】 年内，全区1911名公共文明引导员在公交、地铁、路口、赛场和公园等主阵地，开展公共文明引导工作。参与中华人民共和国成立70周年活动志愿服务工作，50名公共文明引导员参加国庆群众游行编入中国文化方阵；广泛开展志愿服务活动，为市民和国内外游客提供信息咨询、便民服务、语言翻译、应急服务，城市志愿服务站累计上岗志愿者5512人次，累计服务时长24224小时，服务群众126704人次。参与国际交流活动的服务保障，完成第二届“一带一路”高峰论坛，亚洲文明嘉年华、亚洲美食节、亚洲数字艺术展和世园会期间疏导交通保障任务。参与篮球世界杯赛服务保障28场，足球赛服务保障17场，共计保障3300多人次，以“观赛嘴净　人走场净”为目标，开展赛场柔性引导，培育文明观赛的行为习惯养成。参与海淀区的“樱花节”“桃花节”“红叶节”“圆明园灯会”等特色文化旅游活动，疏导游客、维护秩序，助力文明旅游有序推进。以“走进新时代，文明我先行”为主题，在全区开展“11排队推动日”“每周三来控烟”等公共文明引导主题宣传活动，开展“做文明有礼好乘客”评选活动，600余名乘客当选“好乘客”，发挥示范引领作用，培育海淀良好的社会风尚。

（王桂芳）

【未成年人思想道德建设】 年内，区文明办按照中央文明委《全国未成年人思想道德建设工作测评体系》（2019年版）工作要求，制定年度工作方案、明确责任分工，推进任务落实，安排部署全区未成年人思想道德建设工作，并做好组织指导、督促检查。发放2019年做文明有礼北京人——市民高雅艺术殿堂文明行参观票2000张。推动社会主义核心价值观进校园、进课堂、进头脑。围绕“经典诵读”“传统美德”等内容，推进中华优秀传统文化进校园学习教育活动。开展“美育大师课　名家进校园”活动，组织海淀美术馆走进前进小学、上地实验小学等学校；开展“京剧（武术）启蒙进校园”活动，邀请梨园世家、本真《京剧启蒙》的发起者实践者、领头人汪锦生带领团队走进北京理工大学附属中学小学部等5所学校；北京市戏曲职业学院戏曲巡演走进清华大学附属中学永丰学校，引导未成年人感悟深厚的文化魅力，增强思想认同，文化自信。开展清明祭英烈网上网下签名寄语活动、

“我和国旗合个影”、观看红色影片为学生们注入“红色基因”，增强青少年国家观念和爱国情感。开展“爸妈教我这样做”家风故事征集活动。开展喜迎新中国成立70周年“童谣配画”征集推广和传唱活动，征集童谣作品600余篇。征集2019年度“未成年人思想道德建设创新案例”36个。推进未成年人心理健康宣传和知识普及，利用校外活动场所，组织开展有利于青少年身心健康的心理素质拓展活动。运用网络、电话、授课等多种形式，开展心理健康辅导活动，教育引导未成年人形成乐观健康、积极向上的良好心理品质。“快乐同行，和谐校园，阳光成长”心理健康团体社工服务项目获2018年度首都未成年人创新案例提名奖。开展新时代“学习和争做美德少年”评选活动。海淀区北达资源学校林子茜、清华附小徐若涵被推荐为首都“新时代好少年”。

（王桂芳）

【群众性精神文明创建】 年内，区文明办继续推进文明城区、文明单位、文明社区（村）、文明校园、文明家庭等“五大文明”创建活动。健全文明城区长效机制。对海淀区建设全国文明城区2019年测评体系指标进行任务分解，组织建立新的文明城区建设工作联系网络，明确专人负责文明城区建设指标任务；建立实地考察点位数据库并进行分类分层培训。建立主次干道、商业大街、背街小巷等56类详细信息数据库，共管理点位数据3792个；多维度、多形式、多渠道推进新版全国文明城区测评体系培训工作，开展文明城区测评体系综合性培训、专项培训。做好文明城区测评检查并专题调研。以“创新城市治理模式，深化文明城区建设”为题开展调研，总结提炼海淀区文明城区常态化创建模式和创建经验，提出深化文明城区建设的对策建议。文明单位、文明家庭、文明校园创建。对296个区级各类先进单位给予奖励并制作奖牌、证书。与区妇联合作共同推动文明家庭创建活动，高洪敏等300户家庭获“海淀最美家庭”称号，其中葛正明等23户家庭获“首都最美家庭”称号，陈中、侯宁、申天雷、周晨光4户家庭获“全国最美家庭”荣誉称号。与区教委合作，开展第三批首都文明校园评选活动，听取申报学校的现场汇报答辩、对申报首都文明校园的38所学校进行现场实地考核。文明村镇创建。开展文明村镇、文明家庭、文明户创建活动，促进农民思想、生活习惯、行为方式的文明化；开展12个村庄美丽乡村建设，深化乡村文明村镇创建工作，弘扬传承乡村优秀传统文化，坚持把移风易俗作为农村精神文明建设重要内容，破除铺张浪费、炫富攀比、薄养厚葬等陈规陋习，提升文明乡风、发展优良家风和新乡贤文化。支持乡情村史陈列室建设工作，投入一次性专项经费105万元，支持中关村街道、清河街道、温泉镇3个镇乡情村史建设，促进农村延续乡村文化脉络，守护乡村文化生态，留住美丽乡愁。

（王桂芳）

【文明街巷创建】 年内，区文明办组织街镇开展“美丽街巷我的家”摄影作品征集活动，组织小巷管家参加“时代楷模”北京榜样优秀群体先进事迹报告会，学习小巷管家殷金凤等先进事迹。组织开展“五好”文明街巷评选工作，推树八里庄街道玫瑰御园小区路等29条区级文明街巷，永定路街道杜振华等10名同志为区级优秀街巷长，花园路街道邱岳等11名同志为区级优秀小巷管家。评选八里庄街道北京印象东路等19条首都文明街巷，保留八里庄街道盲童学校路等30条2018年度首都文明街巷称号，评选上地街道华联上地店等17个首都文明商户，保留八里庄街道亮甲店菜市场等37家2018年度首都文明商户称号；选树香山街道刘繁等21名同志为市级优秀街巷长，评选北下关街道王振林等10人为市级优秀小巷管家。通过“试点先行、全面推广”的模式，在全区推行街巷长制和建立小巷管家队伍，促进多元共治共建，精心谋划长效管理机制。

（王桂芳）

【区域精神文明共建】 年内，区文明办利用驻区文明委、全国文明单位联盟、驻区高校宣传部长3个微信群，在41个驻区文明委单位之间搭建沟通交流平台，传播文明理念。驻区文明委成员单位领导参与海淀区精神文明各项会议、宣传活动10次，分享驻区单位参加《人生若只如初见》《孔子》等文化演出和元宵节、中秋节等群众文化活动20余次。驻区单位参与精神文明建设工作达97%。组织驻区文明委单位走进中国航天科工二院、旷视科技有限公司和小米集团，了解人工智能技术和航天科技知识；走进国家图书馆（国家典籍博物馆），了解海淀“三山五园”文化特色；组织海淀文明委开展“走进中科院、走近科学家”活动，促进海淀科技公民行动落到实处，提升公民科学素养。联络、协调、服务驻区单位，动员其加入文明单位创建行列，参加海淀区推树“全国道德模范”“北京榜样”“感动海淀文明人物”等精神文明评选活动，将精神文明创建领域向科技企业、科技组织拓展动员。

（王桂芳）

【“科技星球环游记”系列主题活动】 年内，由区委宣传部、区文明办主办的“科技星球环游记”系列主题活动分别在苏家坨、上庄镇、学院路街道举行。活动围绕提升公民科学素养和文明素质，设置奇幻星球、回收星球、感应星球、吱扭星球、爆炸星球、3D星球、时光星球、探索星球等互动单元，推动“文明＋科技”大发展，增加精神文明建设的组织力、传播力、影响力、引导力。与中国科学院合作，推出5场“SELF+Haidian”格致论道和科技星球环游记主题活动，邀请科学、教育、文化等领域30位嘉宾，通过格致论道“精英思想的跨界交流”，将干细胞、黑洞、温室超导体等前沿科技向市民普及。通过“科技星球环游记”让海淀发展前沿科技以雅俗共赏的沉浸式体验方式飞入寻常百姓家，“科技星球环游记”累计接待游客6万人次，累计阅读量达10万次，抖音、微博等网络传播次数约 300 万次。

（王桂芳　钟冷）

【榜样人物宣传】 年内，区文明办组织 4 次海淀区道德模范故事汇基层巡演，巡演活动进机关、进社区、进企业、进军营、进网络、进村镇、进校园。推荐“我推荐我评议身边好人”、北京榜样、感动海淀文明人物，制定《海淀区礼遇帮扶道德模范实施办法》并通过电视媒体道德模范专题播报、公交站台海报宣传、列席精神文明建设工作大会等重要会议、参加延庆世园会等大型活动和文化演出等多渠道、立体式宣传榜样人物。

（王桂芳）

社区建设与管理

【概况】 2019 年 3 月，根据《北京市海淀区机构改革方案》，区委社会工作委员会与区民政局合署办公，将区社会建设工作办公室的职责划入区民政局。3 月 22 日，中共北京市海淀区委社会工作委员会与北京市海淀区民政局合署办公正式揭牌。整合后的区委社会工委区民政局的主要职责是：贯彻落实党中央关于社会建设、民政工作的方针政策、决策部署和市委区委有关工作要求，形成社会建设和民政工作的整体合力。在区委、区政府的坚强领导下，区委社会工委区民政局坚持以习近平新时代中国特色社会主义思想为指导，落实“两新两高”战略，深化党建引领，全面推进社会建设各项工作。

（谢璐）

【行政区划管理】 8 月 26 日，区政府发布《北京市海淀区人民政府关于调整永定路街道、万寿路街道和田村路街道辖区范围的通知》，区社工委民政局委托专业机构，对调整后的这 3 个街道进行勘界联检，签订行政区域界线协议书，更新行政区划图，推进永定路街道移交工作。加强区界日常管理，对海昌线、海门线、朝海线、石海线等进行全面巡查。

（肖珂）

【基层治理和社区建设】 年内，全区社区建设工作以深化社区治理和服务创新实验区为主线，围绕“加强街道工作和吹哨报到”中心任务，健全完善社区治理体系，深化基层协商民主建设，完善社区服务体系，加强社工和义工队伍建设，不断夯实基层社会治理根基，全面提升社区治理能力和水平，全区社区治理各项工作蓬勃发展。海淀区社区工作得到民政部和北京市充分肯定，在全国社区治理和服务创新实验区示范培训班、全市基层政权和社区建设工作推进会上做经验交流。

（于彬彬）

【社区管理】 年内，区委社会工委区民政局采取“四不两直”（不发通知、不打招呼、不听汇报、不用陪同接待、直奔基层、直插现场）方式对社区盖章事项、挂牌情况等进行多次督查。开展减负“回头看”，主管副区长、委局领导带队，深入街镇社区开展专题调研，现场解读政策，督促落实。

（杜小倩）

【社区共建】 年内，区委社会工委区民政局聚焦居民需求，整合社会资源，推进 41 个市级“社区之家”和 25 个市级“一刻钟社区服务圈”示范点建设任务，通过“以奖代补”等方式，鼓励驻区单位将文化、医疗、体育等活动设施向居民开放。

（杨东）

【既有多层住宅增设电梯】 年内，全区 283 个增设电梯点位开工建设，完成 102 个点位，增设电梯工程范围不断扩大，切实解决百姓出行问题。

（杨晓苏）

社会组织工作

【概况】 2019 年，海淀区登记在册社会组织 948 个，其中社会团体 197 个、民办非企业单位 751 个。

（朱捷）

【北京市海淀社会组织联合会】 2019 年，北京市海淀社会组织联合会（简称海淀社会组织联合会）由科技、经济、文体、服务、街道乡镇五大类 63 家社会组织构成。

海淀社会组织联合会与海淀区医院协会合作，到河北省易县南城司乡开展医疗精准扶贫活动 12 次；组织 120 余名专家及医护人员为南城司乡群众义诊 7 次，受益群众 1248 人次，专家义诊咨询 848 人次、眼睛视力检查 35 人次、眼底镜检查 24 人次、测血压 87 人次、测血糖 40 人次，中医手法治疗 33 人次，中药方剂 85 张；组织培训南城司乡卫生院及村医务室医务人员和村民 96 人次，讲授《针灸学》2 次、《肿瘤防治》1 次、《家庭急救》1 次；向南城司乡卫生院捐赠医学图书 216 册、针灸挂图 60 套（男、女各 30 套）、药品 2 箱，价值 4 万余元。与北下关街道合作，开展祖孙同乐堂、不倒翁书堂、不老松画堂、老玩童工笔画堂系列书画培训 70 次，培训 1794 人次。与海淀区医院协会、海淀区民营医协会合作，在上庄李家坟村、百草园社区、海淀区老干部活动中心，为乡镇、社区居民群众和区机关老干部开展义诊活动 6 次，受益群众 458 人次。组织重点行业协会撰写 9 篇行业发展报告，编辑《行业发展报告汇编（2018—2019）》，为政府有关部门决策提供重要参考。

（周恒）

【社会组织服务与管理】 年内，区委社会工委区民政局完成社会组织成立登记 25 件，注销登记 30 件，变更登记 112 件，其中社会团体成立登记 10 件，注销登记 23 件，变更登记 10 件；民办非企业单位成立登记 15 件，注销登记 7 件，变更登记 102 件。累计完成社会组织年度检查 681 件次，其中社会团体年检 140 件次，民办非企业单位年检 541 件次。取缔非法社会组织 1 家，行政处罚社会组织 9 家。办理到期换证 78 件次。完成49家社会组织等级评估工作。接待各类社会组织相关咨询1万余人次。

（朱捷）

【社会组织培育扶持】 年内，区委社会工委区民政局采用向社会组织购买岗位的形式，扶持社会组织发展，投入资金300万元，分别向13家社会组织购买岗位40个。购买岗位用于社会组织自身建设，提高服务能力，促进社会组织健康发展。

（申琳）

【社会组织工作体系建设】 年内，区委社会工委区民政局抓好区、街镇两级社会组织工作体系建设，依托海淀社会组织服务与发展中心和区级“枢纽型”社会组织在行业引领中的桥梁纽带和骨干作用，加大对社会组织的服务管理与培育扶持。利用街镇社区服务中心作为街镇社会组织孵化基地，并兼具街镇“枢纽型”社会组织作用和功能，培育孵化街镇和社区社会组织。试点委托专业的社工机构直接入驻街镇孵化基地，通过先走访调研、梳理需求、制定工作方案的模式开展服务。

（申琳）

【社会组织公益行】 年内，区委社会工委区民政局发挥海淀社会组织联合会、海淀志愿者联合会、骨干行业协会商会等社会组织的作用，带领区内社会组织参与公益活动，内容包括公益服务类、社区服务老人等，把社会组织的公益服务常态化。

（申琳）

社区工作者队伍建设

【概况】 2019年，区委社会工委民政局制定政策支持社区工作者队伍建设，全面落实社区工作者工资福利待遇规范调整，落实退离居委会老积极分子待遇补贴，与区财政局联合下发《关于调整退离居委会老积极分子补贴待遇的通知》，增加对老积极分子的补贴待遇。健全队伍关怀和激励机制，做好社区工作者特困人员走访慰问工作，做好社区工作者区内调动的统筹管理，制定下发《海淀区社区工作者区内调动管理办法（试行）》，进一步提升社区工作者的本土化程度和归属感。全区社区工作者配备职数为7070人，现有社区工作者5700余人，平均每个社区9人。

（杨东）

【社区工作者培训】 年内，区委社会工委区民政局组织全区130名新当选的社区居委会主任参加“全市村（居）民委员会相关成员履职能力提升培训班”。举办“海淀区社区居委会主任履职能力提升示范培训班”，全区近600名社区居委会主任参加，邀请专家老师现场教学，解读最新政策要求，探讨社区治理的新方向、新使命，切实提高社区治理“领头人”素质。

（杨东）

【专业社工队伍建设】 年内，区委社会工委区民政局组织全区社会工作者职业水平证书登记、审核工作，完成登记审核人员1279人，其中初级首登记406人，初级再登记397人；中级首登记157人，中级再登记319人。组织开展2019年度海淀区社会工作者职业水平考前辅导培训和社会工作者继续教育培训，2500人参加培训；组织街镇社区持证社工460人参加继续教育培训；组织10名社工参加2019年北京市“乡土社工”培养计划示范班。

（申琳）

【确定心理服务站点建设对象】 年内，区委社会工委区民政局在全区开展社会心理服务站的建设工作，这项工作是2019年市委、市政府折子工程，在市社工委、民政局统一部署下首次在全市范围内建设心理服务站，经过前期调研，最终确定羊坊店街道、田村路街道、马连洼街道3个社会心理服务站建设对象。

（申琳）

【义工志愿服务工作】 年内，区委社会工委区民政局推动义工服务专业化、常态化。在上地、清河等10个街镇开展“家庭助理　亲情扶助”义工行动试点项目，通过社区义工自组织或社会组织协助等方式，发挥“社工＋义工”的作用，为困难群体和特殊家庭提供精神慰藉、生活照料、政策扶助、代购代办等帮扶服务，先后开展互助帮扶服务600余人次。健全区、街镇、社区三级义工志愿服务体系，通过政府购买服务的方式推进社区服务社会化，提升社区服务效能。

（张美芳）

社会生活

2020
北京海淀年鉴

1月，曙光街道望福园小区加装电梯（区委社会工委民政局 供图）

2月22日，温泉镇村居换届转段暨社区居委会换届选举工作推进会举行（温泉镇 供图）

7月25日，区人力社保局组织举办中关村科学城博士、博士后专场招聘会（刘禹 摄）

9月4日，海淀区温馨家园综合改革“党建+业务”双督导工作对接会召开（区残联 供图）

9月10日，民政部领导到清河敬老院调研养老服务工作（张华平 摄）

10月2日，参加中华人民共和国成立70周年活动优抚老兵载誉归来（张政伟 摄）

10月12日，区民政局参展在京举办的2019中国（北京）国际老龄产业博览会（温兴煜 摄）

就业和社会保障

【全市首家协调劳动关系工作站成立】1月28日，北京市首家协调劳动关系工作站在中关村创业大街揭牌成立，这是海淀区协调劳动关系三方委员会功能向基层下沉、直接服务民营企业的一项创新性举措。北京市将在全市推广工作站的经验，开展试点。工作站由政府、工会和企业三方共同组成，实行工会常驻、人力社保局轮岗、以工商联为代表的企业协会配合的工作形式，针对企业管理运营、人员选用、集体协商、竞业限制、劳动争议调解、政策解读等劳动用工方面的需求，就近为创业大街及中关村西区周边企业和职工提供精准化、贴身式、一站式的指导及服务。

（钟冷）

【获2项“创业北京”创新创业大赛一等奖】4月至7月，由市人力社保局等单位主办的第二届“创业北京”创新创业大赛在京举行。大赛主题为“创时代 新未来”，分创新项目组、创业项目组2个组别，区人力社保局组织420个项目参赛。经过初赛、复赛，海淀区有9个创新组项目、7个创业组项目入围决赛，包揽创新组和创业组一等奖，吸纳3508人就业。

（张艺璇）

【社保费率调整】5月1日起，根据北京市人力资源和社会保障局《关于降低本市社会保险费率的通知》，城镇职工基本养老保险（包括企业和机关事业单位基本养老保险）单位缴费比例由20%降至16%。失业保险总费率1%延长执行至2020年4月30日。

（张艺璇）

【就业再就业】年内，区人力社保局成立就业工作领导小组，落实北京市人民政府关于做好当前和今后一个时期促进就业工作的实施意见以及区新一轮“1+11”① 促进就业政策。采集空岗信息7.08万个，帮助2.13万余名城乡登记失业人员实现就业，其中1.6万余名就业困难人员通过再就业援助实现就业。建立用人需求档案6188户，跟踪服务1.87万次；实现创业2206人，带动就业4070人。全区城镇登记失业率0.92%。

（张艺璇）

【精准帮扶】年内，区人力社保局开展东西部扶贫和对口支援工作，到河北、内蒙古和新疆有关县、旗、市开展精准帮扶。与各受援地联合召开7场现场招聘会，提供7500余个岗位，吸引当地1.5万余人参会，达成就业意向570余人，为扶贫地输送58家单位的2926个岗位信息。帮助北京市生态涵养地区（密云区、延庆区、门头沟区、怀柔区、平谷区）农民实现转移就业，优先招收低收入农户劳动力，安置500人在公安辅警岗位就业。

（张艺璇）

【社会保险】年内，海淀区养老保险、失业保险、工伤保险、生育保险、医疗保险五项社会保险基金累计收缴877.65亿元，比上年增长11.51%。其中，养老、失业、工伤、生育和医疗保险分别收缴524.72亿元、22.49亿元、8.03亿元、18.97亿元、303.44亿元，分别比上年增长8.6%、14.8%、12.94%、17.32%、16.27%。累计支出374.08亿元，比上年增长9.49%。全区参保单位12.06万户，比上年增长5.72%；参保人数370万人，比上年增长3.05%。

（张艺璇）

【社保待遇调整】年内，海淀区人力社保局为27.87万企业退休职工调整养老金，调整后人均养老金达4206元/月；为178名工伤职工调整定期待遇，人均增加343元/月；为420人调整工亡职工供养亲属抚恤金，每人每月增加200元；为1.3万人调整福利养老金，65岁以下人员养老金715元/月，65岁及以上人员养老金725元/月；调整城乡居民养老金，基础养老金标准为65岁以下1127.5元/月，65岁及以上1137.5元/月，比全市标准高出327.5元，基础养老金水平位居全市第一。

（张艺璇）

【劳动关系案件受理】年内，区人力社保局受理劳动监察案件3342件，劳动仲裁案件2.5万件，社保稽核案件1428件。做出行政处罚案件482件，行政处理案件25件。区劳动保障监察队被人力资源和社会保障部、国家市场监督管理总局评为“2019年全国清理整顿人力资源市场秩序专项行动取得突出成绩单位”。区劳动人事争议仲裁院获国家人力资源和社会保障部授予的“全国人力资源和社会保障系统2017—2019年度优质服务窗口”称号。

（张艺璇）

医疗保障

【概况】2019年3月，根据海淀区机构改革方案，将区人力资源和社会保障局的城镇职工和城镇居民医疗基本

---

① “1+11”：1. 关于印发《海淀区关于规范社区就业管理服务职能的意见》的通知；2. 关于印发《海淀区社区（村）就业服务站开展精细化就业服务工作补助办法》的通知；3. 关于印发《海淀区鼓励用人单位招用农业户籍及农转非劳动力社会保险补贴办法》的通知；4. 关于印发《海淀区农业户籍及农转非劳动力灵活就业社会保险补贴办法》的通知；5. 关于印发《海淀区鼓励创业带动就业暂行办法》的通知；6. 关于印发《海淀区城乡劳动力自主创业社会保险补贴办法》的通知；7. 关于印发《海淀区鼓励城乡就业困难人员在城市公共服务类岗位实现就业补贴办法（试行）》的通知；8. 关于印发《海淀区鼓励城乡就业困难人员单位就业补贴办法》的通知；9. 关于调整海淀区职业培训补贴政策有关问题的通知；10. 关于印发《海淀区就业创业专项培训经费补贴办法》的通知；11. 关于印发《海淀区灵活就业人员技能提升培训补贴暂行办法》的通知。

保险、生育保险、新型农村合作医疗职责，区发展和改革委员会的药品和医疗服务价格管理职责，区民政局的医疗救助职责等整合，组建北京市海淀区医疗保障局，作为区政府工作部门。3月21日，海淀区医疗保障局（简称区医保局）挂牌成立，负责贯彻执行国家和北京市有关医疗保险、生育保险、医疗救助等医疗保障制度的法律法规和政策规定，拟订全区医疗保障相关政策、规划和标准并组织实施。

2019年，海淀区围绕国家脱贫攻坚“两不愁三保障”[①]要求，将城镇职工住院支付限额提高至50万元，城乡居民住院支付限额提高至25万元，最低生活保障人员、生活困难补助人员门诊救助封顶线提高到8000元、住院救助封顶线提高到8万元、重大疾病救助封顶线提高到16万元。改进医疗救助方式，将审核频次由每月一次增加到两次，让救助更加及时。全年救助6611人次，救助金额1207万元。全区医疗保险基金共结算支付2478.94万人次、115.06亿元，跨省异地医保费用共结算支付17.42万人次、29.05亿元，涉及全国30个统筹地区，辖区44家定点医疗机构。

（陈建宇）

【药品“4+7”带量采购试点工作】 3月，海淀区启动国家医保局药品“4+7”带量采购试点工作[②]，全区299家定点医疗机构完成系统切换，25种中选药品价格在定点医疗机构执行。将更多的救命药、救急药纳入医保报销范围，使群众的药费负担得到有效降低，医务人员技术劳务价值得到更好的体现，有力推动医疗、医药、医保“三医”联动。

（陈建宇）

【医疗保障大会暨开展打击欺诈骗取医疗保险基金专项工作动员会】 4月29日，海淀区召开2019年医疗保障大会暨开展打击欺诈骗取医疗保险基金专项工作动员会。区医保局总结2018年医疗保障工作，部署2019年重点工作，即开展“不忘初心，牢记使命”主题教育活动；落实4+7药品带量采购试点、医耗联动改革、医疗服务价格调整等重大政策；加强基金管理，构筑防控体系；科学分析数据，加强质量管理；优化营商环境，推进“一网通办”等。提出建立健全辖区医疗保障制度，不断提升人民群众获得感、幸福感、安全感的工作目标；对2019年开展打击欺诈骗取医疗保险基金专项工作进行动员。

（陈建宇）

【城镇特困职工医疗救助】 4月，按照北京市医疗保障局《关于对2018年参保城镇特困职工给予一次性医疗救助工作有关问题的通知》精神和统一部署，海淀区对2018年度患重大疾病、个人负担重的361名参保职工进行一次性医疗救助，救助金额总计810万元。

（陈建宇）

【打击欺诈骗保专项行动】 4月至12月，区医保局开展打击欺诈骗保专项行动。向全区300家定点医疗机构、53家定点零售药店发放打击欺诈骗保宣传海报618张、宣传折页2万余份，宣传医保政策法规。围绕人证不符、恶意挂床住院、虚构医疗服务、伪造医疗文书或票据行为和留存、盗刷、冒用参保人员社会保障卡的行为等11项重点项目开展现场检查，重点打击医疗机构和零售药店存在的欺诈骗保行为。全年共检查定点医药机构467家次，处理举报事项31件，约谈违规人员211人，锁卡57人，停卡9人，查处53家定点医疗机构，累计追回违规资金310万元。

（陈建宇）

【城乡居民基本医疗保险政策调整及参保缴费工作】 11月，北京市启动2020年城乡居民基本医疗保险参保缴费工作。2020年度城乡居民基本医疗保险筹资标准调整，人均财政补助提高1000元。老年人4180元/人/年，其中市级财政补助1860元，区级财政补助2320元；学生、儿童1610元/人/年，其中市级财政补助575元，区级财政补助1035元；劳动年龄内居民2150元/人/年，其中市级财政补助845元，区级财政补助1305元。门诊首诊医疗机构范围由本人选定的一级及以下基层定点医疗机构扩大到区政府主办的二、三级定点医疗机构。三级医院住院报销比例由75%提高到78%。门诊最高支付限额由3000元提高到4000元。2020年，城乡居民集中参保缴费期延长至2020年2月底，集中参保期参保缴费人员从2020年1月1日起享受待遇。海淀区全面启动参保缴费和宣传落实工作，参保人员45万人。

（陈建宇）

【医耗联动综合改革】 年内，海淀区实施医耗联动综合改革，落实“五个一”改革举措，完善医疗机构管理运行机制。参改医疗机构417家，其中区级归口管理的医疗机构399家。区医保局制定“1+4”工作方案（印发1个文件和4个附件）。召开3批次专题培训会，参改医疗机构和内部工作人员全覆盖；成立4个专项督导小组，对医疗机构开展现场督导；与145家非公立定点医疗机构签订补充协议，确保药品和耗材零差率安全使用。取消医用耗材加成，调整规范6621项医疗服务价格。向市医保局反映“口咽部异物取出术”价格问题，被采纳。市医保局印发《关于下浮调整口腔部异物取出术价格的指导意见》，下浮调整该项目价格。

（刘春红　陈建宇）

---

① “两不愁”就是稳定实现农村贫困人口不愁吃、不愁穿；“三保障”就是保障其义务教育、基本医疗和住房安全。

② 2019年3月，国家医保局实施药品集中带量采购试点，试点范围包括4个直辖市和7个省会城市共11个城市，简称“4+7”。带量采购是指一种新的招标方式，从通过一致性评价（即仿制药须与原研药疗效及质量一致）的仿制药对应的通用名药品中筛选试点品种入手，国家组织开展药品集中采购试点，以此降低药价，减少企业交易成本，引导医院用药，控制医保费用。

民政

【海淀区慈善协会】 2019年，海淀区慈善协会共募集善款1470.62万元，使用善款1163.28万元，救助困难群众16039人次。

筹募工作。“春雨行动”主题活动，筹募善款379万余元。“共产党员献爱心”捐献活动，65家单位现场捐款37余万元，接收全区475家单位（系统）、10万余名党员和群众捐款725万余元。

救助工作。街道、镇慈善工作站日常救助困难群众3176人，使用善款260.48万元。定向救助：“一对一助学”定向救助4名困难学生，使用1.1万元善款；“特困知青救助资金”定向救助特困知青61人，使用定向捐款53.2万元；四季青农工商总公司定向为11209位农民订报纸，使用善款302.4万元；区国资委救助困难群众5人，使用善款2.5万元；区工商联定向救助河北赤城县茨营子乡，购买棉衣140件，使用善款3万元；花园路街道组织部定向救助党员及其家属2人，使用善款1万元。

“海淀·慈善——爱心捐赠月”活动，救助困难群众922人，使用善款427984元。其中，东升镇开展以“敬老爱老，全民行动”为主题的尊老、敬老活动，救助困难老人906人，使用善款341484元。其他工作站集中规模地开展“五助”活动。

“慈善情暖万家”公益活动，救助困难群众1563人，使用善款140.9万元。

“共产党员献爱心”捐款使用。困难党员帮扶：救助生活困难党员241人，使用专项资金120.5万元。助老活动：“携手助老送健康——慈善医疗卡”项目，为695名60岁以上的城乡低保老人每人发放500元医疗救助金，使用救助款34.75万元；帮助聂各庄敬老院、阳台山老年公寓、四季青敬老院进行设备设施改造，共使用善款150万元；“五老”（具有北京市户籍因大病或其他原因造成家庭困难的困难老党员、困难老劳动模范、困难老复员退伍军人、困难老公安干警、困难居村委会老积极分子）精准帮扶活动，救助困难老人644人，每人1000元，使用善款64.4万元。助学活动：“爱心助学子”救助困难中小学生251人，每人2000元；困难大学生105人，每人5000元，使用善款102.7万元。助困活动：救助特困官兵200人，每人5000元，共计使用善款100万元；救助区委统战部困难职工2万元。北京市慈善协会救助活动：救助10个街镇的21名低保高三学生，发放善款4.2万元；救助2个街镇的2名大病困难儿童，发放救助善款3万元；救助田村路街道困难群众孙某，发放救助善款1万元。

（常欣欣）

【殡葬服务】 清明节祭扫服务接待日期间，11个墓园上岗工作人员累计1.3万人，墓园扫墓人数47.62万人，比上年同期增加20.6%，疏导扫墓车辆9.8万辆，比上年同期增加0.05%。全区各扫墓点，做到“服务零投诉，安全无事故”，完成2019年清明节服务保障工作。做好城乡无丧葬补助居民丧葬补贴核准工作。截至年底，共审核726人，涉及补贴资金共363万元。全区共11个墓园，其中市属6个、区属5个。

（杨萍）

【儿童福利】 7月，为23个街镇47名困境儿童，合计补发困境儿童生活费的调标经费7.8万元。全区共认定新增困境儿童8名，减员3名，至年底共有困境儿童48人。全年共计发放困境儿童生活费67.38万元。

（杨顺意）

【黄树贤调研养老服务工作】 9月10日，民政部党组书记、部长黄树贤到北京市调研大城市养老服务工作。在海淀区清河敬老院、海淀区有颐居中央党校养老照料中心，黄树贤调研考察建设、运行、管理和服务情况；与民政干部、养老机构工作人员、社工和志愿者交流，听取对做好养老服务工作的意见建议；慰问、了解老年人起居、饮食、活动、就医等情况，听取他们的困难和建议。黄树贤充分肯定近年来北京市发展养老服务工作的好经验好做法，强调要切实履行兜底线保基本职责，优先保障特殊困难老年人服务需求，不断深化公办养老机构改革，实现专业化高效运营。民政部有关司局、北京市市长陈吉宁、副市长张家明分别参加调研。

（钟冷）

【社会救助】 截至12月底，全区共有城乡低保人员3047户、4941人，全年累计支出低保金7186.57万元；特困供养人员147户、150人，累计支出特困供养资金731.06万元，生活不能自理特困人员集中供养率达77%；低收入家庭71户、138人，对城乡低收入家庭中16周岁及以下未成年人和16周岁以上接受全日制本科及以下学历教育的在校学生累计支出生活补贴6.46万元；实施医疗救助3921人次，支出693.2万元；实施教育救助144人，支出83.3万元；对遭遇突发事件、意外伤害、重大疾病或其他特殊原因导致基本生活陷入困境的家庭（个人），实施临时救助461人次，支出124.22万元。2019年春节共对3311户特困、低保（含生困人员）困难家庭发放“两节”慰问金合计231.15万元。2019年全区29个街镇全部建立困难群众救助服务所，实现街道（乡镇）困难群众救助服务所全覆盖。2019年救助流浪乞讨人员和暂时遇到困难流浪人员1040人，救助流浪未成年人30人，接回长期滞留流浪人员37人，衡水市精神病院托养25名长期滞留人员。

（柯胜英　石奕　赵长林）

【残疾人福利】 年内，全区享受残疾人护理补贴共计0.88万人，累计发放资金2563万元；享受残疾人生活补贴0.48万人，累计发放资金4272万元。调整退休年龄段内残疾人生活补贴标准，涉及58人，补发资金3.23万元。按照新的低保标准，调整困难残疾人生活补贴标准，涉及4394人，补发资金31.4万元。

（杨顺意）

【老年人福利】 年内，全区享受困难老年人养老服务补贴共计1702人，累计发放资金76.72万元；全区享受失能老年人护理补贴5543人，累计发放资金544.09万元；全区享受高龄老年人津贴1101735人，累计发放资金13720.43万元。对全区困难老年人养老服务补贴、失能老年人护理补贴、高龄老年人津贴进行调标及补发工作，涉及困难老年人养老服务补贴1702人，补发资金50.93万元；失能老年人护理补贴5543人，补发资金307.05万元；高龄老年人津贴111942人，补发资金956.8万元。

（杨顺意）

【养老服务】 年内，为80周岁及以上老人配置浴凳2000个，为90周岁及以上高龄老人家庭适老化改造1889户。新建29家社区养老服务驿站。出台《海淀区家庭养老床位建设试点实施方案》，家庭照护床位试点工作正式启动。

（赵迎春）

【超转和地退人员服务管理】 年内，全区在册超转人员23600人，其中市管1058人，区管22542人；地退人员1151人，其中一般地退人员1117人，中华人民共和国成立前老工人33人，副高级专家1人。接收超转人员1515人。为全区22743名征地超转人员调增生活补助待遇，人均增长198.21元。发放超转人员2018至2019年度采暖季住宅清洁能源分户自采暖补贴1314万元。为1227名地退人员调增基本养老金，月人均调增约254元。为46名地退中华人民共和国成立前老工人每月调增退休费400元，为1名副高级专家每月调增退休费580元。为中华人民共和国成立前38名老工人颁发庆祝中华人民共和国成立70周年纪念章。

（刘永海）

【婚姻登记】 年内，办理结婚登记23013件，离婚登记11200件，补领婚姻登记证6179件，出具（无）婚姻登记证明165件，收养类登记7件。4月，区委社会工委区民政局婚姻登记办公室被北京市海淀区精神文明建设委员会授予海淀区文明单位。

（李洌）

【扶贫送暖】 年内，开展“爱心暖阳”系列之“春风送温暖”和“冬衣送暖”主题社会捐助活动，共募集资金140万余元，接收衣物17.5万余件。向全区29个街镇拨付捐赠款105万余元用于救助低保、低收入及异地返京知青困难家庭，受助困难家庭4100余户。按照市对口援助计划的要求，支持河北省赤城县东万口敬老院设施改造提升项目50万元。自2017年起，海淀区民政局连续第三年向河北赤城县捐助善款，累计支持赤城养老福利设施改造提升项目150万元。继续扩大捐赠站点的覆盖率，将原有460个站点增加到464个。

（李磊）

【见义勇为权益保护】 年内，确认见义勇为行为5件。北京市公安局海淀分局法制支队信访中队被评为第十二届“首都见义勇为权益保护工作先进单位”，马震、鞠亚昆、史克军、庞志成、李小旗被评为第十二届“首都见义勇为好市民（荣誉市民和模范群体）”。

（朱捷）

【福利彩票销售】 年内，全区共有销售网点301个，其中普通游戏网点60个，快乐8游戏网点20个，快3游戏网点221个。电脑票销量4.236亿元，即开票销量0.371亿元，总计4.607亿元（筹集公益金1.557亿元），超额完成北京市福利彩票发行中心下达给海淀区福彩全年4.483亿元任务0.124亿元，超幅2.76%，总销量居全市第三。

（周忠辉）

【福利企业管理】 年内，完成46家社会福利企业资产清算核查审计工作，出具《北京市海淀区社会福利企业资产清算情况汇总报告》，为政府开展股权处置提供参考依据。

（郭树）

退役军人事务管理

【概况】 2019年3月16日，北京市海淀区退役军人事务局（简称区退役军人局）挂牌成立。将区民政局的退役军人优抚安置、军队离休退休干部休养管理职责，区人力资源和社会保障局的军官转业安置职责以及军队有关职责整合，组建区退役军人事务局，作为区政府工作部门，下设7个科室和52个事业单位。

2019年，区退役军人局58次调研走访涵盖街镇、社区、军休所、信访对象家庭，列出调研清单问题16个，其中解决问题13个，挂账督办3个。走访慰问200余名军休干部。

协调办理1196名符合入学资格的现役军人子女入学。接收随军家属442人。接收按计划安置军转干部205人、自主择业干部1874人、军队离退休干部和退休士官1002人，完成退役士兵安置工作和符合条件的退役士兵保险接续工作。完成退役军人及优抚对象信息采集16万多人，悬挂光荣牌数近15万户。为571名优抚对象、军休老干部、立战时一等功退役军人颁发中华人民共和国成立70周年纪念章。举办“我和我的祖国”歌咏展示活动、“美好新时代”军休干部才艺展示活动。

区退役军人局拥军优属办公室被中央退役军人事务工作领导小组办公室、中共中央组织部、人力资源和社会保障部、退役军人事务部、中央军委政治工作部授予“全国退役军人工作模范单位”称号。区退役军人局在北京市退役军人事务局组织的“不忘初心再出发、牢记使命开新局”党史国史军史知识竞赛中获二等奖。

（张泽智　马晓云　蒲运东）

【海淀区退役军人服务中心成立】 4月28日，经区委编办批准，海淀区干部就业指导服务中心更名为海淀区退役军人服务中心。海淀区退役军人服务中心为海淀区退役军人事务局所属相当于正科级财政补助事业单位。负责退役军人及随军家属的就业服务工作；协助做好退役军人的关系转接和档案移交工作；负责自主择业军队转业干部的档案接收、存放及退役金的核定、各项待遇的审核、发放工作；协助做好退役军人及其他优抚对象的信息数据采集、信访接待、走访慰问、优抚帮扶、权益保护、舆论宣传等工作。全区29个街镇、645个社区（村）便民服务站加挂退役军人服务站牌子，区退役军人服务中心核定事业编制29名，街镇退役军人服务站核定事业编制86名。全区退役军人“区—街镇—村居”三级退役军人服务保障体系初步建立。

（刘晓文）

【慰问新中国第二批女飞行员苗晓红】 6月20日，北京市退役军人事务局副局长李中水，区政府副区长张若冰，北京市军休办副主任王俊录，区退役军人局党组书记、局长石立峰，区退役军人局副局长、军休党委书记张建伟等领导到曙光军休所，看望慰问军休干部苗晓红。苗晓红是新中国第二批女飞行员，时隔30年驾机重返蓝天，为庆祝中华人民共和国成立70周年献礼，被网友赞为“硬核奶奶”。

（蒲运东）

【重点优抚对象走访活动】 “八一”建军节和冬季，区退役军人局对在乡老复员军人、孤老、“三属”（烈士遗属、因公牺牲军人遗属、病故军人遗属）、高龄人员等重点优抚对象开展换季走访活动。为48名残疾军人配置康复器具，改善生产生活条件。投入11.4万元购买新春对联、福字，为优抚对象送去新年祝福。落实“缅怀英烈 关爱烈属”通信服务合作活动，为15位烈士遗属赠送中国移动A6手机。

（张政伟）

【退役士兵就业能力提升培训会】 8月28日至29日，区退役军人局举办就业能力提升培训会。44名符合政府安排工作的退役士兵参加培训。培训内容从军人向社会人转变的自我认知入手，抓住退役士兵感兴趣的职业定位和求职技巧等方面，讲解从军队走向社会、走向职场所应具备的知识和技巧等内容。

（史小弘）

【烈士公祭活动】 9月30日，海淀区在万安公墓李大钊烈士陵园举行海淀区2019年烈士公祭仪式，开展“不忘初心、牢记使命，学习贯彻英雄烈士保护法、继承弘扬革命烈士精神主题活动”。市委第二巡回指导组组长张雪，区委书记于军、区人大常委会主任刘长利、区政协主席刘勇等区四套班子领导及部队领导，烈士家属、老战士代表，机关企事业单位干部职工、学校师生代表以及驻区部队官兵、社会各界群众代表共200余人参加公祭活动。

（张政伟）

【优抚老战士参加国庆活动】 10月1日，海淀区的张鸿玉、马竹山、林晴生、卢凡元、姜广德、晋桂枝、马继忠、白溪洞、范进库9名优抚老战士参加中华人民共和国成立70周年阅兵活动，在致敬方阵礼宾车上接受党和国家领导人的检阅。9名军休干部代表参加中华人民共和国成立70周年观礼活动。8名军休干部代表参加中华人民共和国成立70周年招待会。

（蒲运东）

【退役军人及随军家属专场招聘会】 10月10日，区退役军人服务中心举办海淀区退役军人及随军家属航天军工专场招聘会，85家航天军工企业提供350个职位1146个职数，962名退役军人及家属参加，现场215人达成初步就业意向。12月19日，组织全区涉及军转安置计划的65家机关事业单位和170多名计划安置军转干部，参加海淀区2019年计划分配军转干部专场双向选择会，118名军转干部和安置单位达成双选意向。12月20日，联合产业园和产业联盟在产业园区举办海淀区退役军人就业创业基地揭牌仪式暨2019年海淀区退役军人及随军家属专场招聘会，包括世界500强企业、国有企业和优秀民营企业等近百家企业参会，提供751个职位，近600名退役军人及随军家属参加招聘活动，现场190人达成初步就业意向。

（刘晓文）

【自主就业退役士兵适应性培训】 10月25日，区退役军人局举办自主就业退役士兵适应性培训会。秋季退役的自主就业退役士兵300余人参加。培训包括士兵安置及就业创业政策解读、士兵退役后职业规划和心理调适等内容，现场解答社会保险接转、落户政策等问题。

（史小弘）

【双拥模范城（县）九连冠迎检】 11月1日，海淀区迎检创建全国和北京市双拥模范城（县）九连冠考评验收会议召开，北京市退役军人事务局副局长马可容带领17个北京市双拥工作领导小组成员单位，对海淀区创建全国和北京市双拥模范城（县）九连冠工作进行检查考评。区退役军人局利用广播、网络等新媒体，宣传创建全国双拥模范城（县）工作的重要意义和考评标准。召开创建全国和北京市双拥模范城（县）九连冠部署会。在繁华街道、重要地段开辟双拥工作宣传栏，悬挂宣传标语400幅，设置电子屏30块，分发画报500份。按照创城考核标准的分类指标，整理、归档资料212卷、100余万字。

（翟瑞颖　郝士德）

【海淀区推进服务体系建设培训会】 11月12日，区退役军人局组织街镇、社区（村）退役军人服务站负责人培训会，700余人参会。区退役军人局各业务部门宣讲抚恤优待、安置就业、权益保障、服务体系建设相关政策，部署下一阶段退役军人服务体系建设重点任务。

（刘晓文）

【军转干部安置工作会】 12月16日，海淀区军转干部安置工作会召开，涉及军转干部安置工作的65家行政机关事业单位主要领导、主管领导及组织人事干部180人参会。会议要求各部门、各单位要压实领导责任，严肃工作纪律，任何部门和单位都不能拒绝接收安置军转干部，不能因机构改革影响军转干部安置计划任务的落实。

（史小弘）

【海淀区退役军人就业创业基地成立】 12月20日，海淀区退役军人就业创业基地在海淀区军民融合产业园挂牌成立，帮助退役军人搭建就业创业平台、拓宽就业创业渠道，服务退役军人及随军家属的就业创业。

（刘晓文）

【军休服务】 年内，海淀区接收安置军队离退休干部和退休士官1002人。其中，离休干部3人、退休干部995人、退休士官4人；正师职干部499人（享受正军职待遇的135人、副军职待遇的264人），副师职干部280人，团职干部207人，营职及营职以下干部16人。为6名军休干部办理跨区县调整。海淀区累计接收军休干部人数22778人。为军休干部专项住房申请加装电梯84部，完成安装46部，投入运行39部。军休干部孙晶岩、郭随柱被评为“北京军休榜样”。

（蒲运东）

【优待抚恤】 年内，海淀区提高优抚对象抚恤补助标准。为全区优抚人员发放“两节”慰问金530.8万元。为757名义务兵家庭发放优待金5528万元。为4300多名优抚对象发放抚恤补助金6500万元。为940名病故军人及老干部遗属发放一次性抚恤金近3.6亿元。

（张政伟）

居民生活

【农业农村统计调查基层基础工作检查】 8月，区国调队完成农业农村统计调查基层基础工作检查。检查内容涉及2018年粮食生产（全面调查）数据、畜牧业生产数据、农产品生产者价格数据，对检查过程中发现和提出的问题，与各镇、村进行全面梳理予以现场整改解决。对平台操作、报表填报、指标解释等方面内容在各镇开展现场指导，进一步夯实统计调查基层工作基础。

（胡启航）

【居民收入】 年内，海淀区城乡居民人均可支配收入为84733元，同比增长8.4%，与区域经济发展水平保持同步。从全市范围内看，2019年全年海淀区居民人均可支配收入绝对量居全市第二位，高出北京市人均可支配收入16977元；收入同比增长8.4%，与丰台区并列位居城六区第二。从收入构成上看，在居民可支配收入四项组成中，工资性收入44392元，同比增长12.2%，是拉动海淀区居民可支配收入增长的主要力量；经营净收入仍在进一步收缩，人均绝对额891元，同比下降14.5%；财产净收入20027元，同比增长6.9%；转移净收入19424元，同比增长3.1%。从因素分析上看，个人所得税起征点上调、机关事业单位发放绩效奖金，城乡低保、医保补助和养老金标准提升等政策性调资是助推居民收入增长的重要力量。

（张佳）

【居民支出】 年内，海淀区城乡居民人均消费支出为56630元，连续八年居全市首位；同比增长7.0%，与上年同期持平。从全市范围内看，2019年全年海淀区居民人均消费支出绝对量高出北京市13592元，连续八年居全市首位；从增速上看，由于基数较大，海淀区消费支出增速低于全市1.0个百分点，在城六区中位居第四。从消费构成上看，居民消费支出的八项组成中增速“六升两降”，其中食品烟酒、医疗保健和其他用品和服务增速超过10%，特别是受今年猪肉价格上涨因素的影响，食品类消费五年来首次呈现正增长；同时教育文化娱乐消费已成为新的增长点，连续三年较高增长，在总消费中的占比稳定在10%以上，仅次于居住和食品烟酒；而交通通信类消费占比仍在持续下降，受限行、摇号等政策性影响今年降幅达到4.9%，在总消费占比不足一成。

（张佳）

民族宗教

【概况】 2019年3月19日，根据《北京市海淀区机构改革方案》，海淀区民族宗教侨务办公室更名为海淀区民族宗教事务办公室（简称区民族宗教办），仍作为区政府工作部门，归口区委统战部领导。民族宗教侨务办公室的侨务工作职责划入区委统战部。3月25日，海淀区民族宗教事务办公室挂牌。

全区有少数民族56个，民族村1个，少数民族人口13.5万人，占全区总人口的4.1%。其中，占比较大的民族有满、回、蒙古族。区域五大宗教场所齐全，爱国宗教团体有3个，分别是海淀区伊斯兰教协会、海淀区基督教三自爱国委员会、海淀区天主教爱国会。有依法登记的宗教活动场所26处，其中佛教寺院1处，道教宫观1处，清真寺7处，天主教堂2处，天主教弥撒点2处，基督教堂1处、基督教聚会点12处。宗教教职人员60人。

区民族宗教办把民族团结创建工作放在首位，围绕民族教育、民族文化、民族经济、民族体育，开展丰富多彩的民族活动，增进各民族居民之间相互交流、交往、交融，营造民族团结的浓厚氛围，促进社区民族工作不断发展。海淀区民族小学、马连洼街道梅园社区党委、海淀公安分局黄文祝工作室获北京市民族团结进步创建示范单位称号；圆明园被评为北京市民族团结进步教育基地。

（王菁菁）

【清真食品安全检查】 1月14日至22日，区民族宗教办对清真食品专柜和餐饮店进行检查，尤其对食品的摆放、进货渠道证明、店内环境、后厨操作间等情况逐一检查，要求各清真食品生产、加工、经营企业要守法经营，保证少数民族群众吃到安全、放心的清真食品。

（王菁菁）

【走访慰问困侨】 1月21日至2月3日，区民宗侨办领导带队走访慰问侨界代表人士和困难归侨眷属家庭50余户，详细询问家庭生活以及身体情况，送上慰问金和慰问品价值21.37万元，并致以新春的问候和良好的祝愿。

（王菁菁）

【完成朝觐报名工作】 3月19日，按照市民族宗教委员会关于朝觐名额分配及体检接种工作的相关要求，区民族宗教办完成2名报名朝觐人员体检工作。

（王菁菁）

【龙泉寺财务检查】 3月21日，区民族宗教办到龙泉寺进行财务检查，检查龙泉寺财务管理制度，对财务制度中不完善的事项提出修改完善意见。查看龙泉寺财务审计报告，要求龙泉寺对审计报告中需要说明的事项，增加需说明的内容，要求将第三方财务审计报告、财务管理制度报区民族宗教办。

（王菁菁）

【程红调研城市民族工作】 3月22日，市政协副主席程红一行到海淀区调研城市民族工作，市政协民宗委主任池维生、市民宗委主任钟百利和市公安局、市教委、区民族宗教办、四季青镇等单位负责同志参加调研。程红一行参观西山派出所黄文祝警务工作站，同部分少数民族流动人口代表交流。召开座谈会，听取黄文祝警务工作站、锦绣大地市场负责人关于开展少数民族流动人口服务管理工作情况的汇报。程红希望市、区对黄文祝警务工作站的工作进一步总结提炼，做出海淀品牌，树立一面民族团结的旗帜。

（王菁菁）

【和谐寺观教堂创建动员部署会】 4月11日，区民族宗教办召开2019年和谐寺观教堂创建动员部署会，全区各宗教团体、场所管理组织成员、教职人员50余人参加。会议部署2019年宗教工作重点任务、安全工作任务、和谐寺观教堂创建工作任务。向各宗教团体和龙泉寺、桃源观发放《2019年宗教工作要点》和《海淀区民族宗教办关于开展以“四进”宗教活动场所为主题的和谐寺观教堂创建活动的通知》。会议要求各宗教团体要充分认识和谐寺观教堂创建工作的重要意义，坚持宗教中国化方向，弘扬中华优秀传统文化，确保创建工作落实到位。

（王菁菁）

【开斋节安全保障工作协调会】 5月8日，海淀区召开开斋节安全保障工作协调会，区民族宗教办、区公安分局、区交通支队、区城管执法监察局、区消防支队，七所清真寺所在地区街道办事处相关工作负责人及海淀区伊斯兰教协会、各清真寺负责人参加会议。区伊斯兰教协会和各清真寺负责人分别汇报开斋节安全保障工作准备情况。各职能部门和属地街道就做好开斋节服务保障工作进行讨论。区民族宗教办强调：落实属地管理责任，7个街道办事处要做好辖区内清真寺外围的安全保障工作，加强消防、治安、环境的维护，确保安全、稳定；落实行业监管责任，民宗、消防、公安、城管等职能部门要检查到位；落实宗教活动场所主体责任，实施工作预案，做好组织保障工作，确保节日吉庆、祥和。

（王菁菁）

【海淀区第十三届民族社区运动会】 6月22日，由区民族宗教办主办，四季青镇、门头村村委会和海淀区第四实验小学等单位共同承办的海淀区第十三届民族社区运动会在海淀区第四实验小学举行。来自12个民族社区、村代表队的400余人参加角球、蹴球、夹包、推铁环等11个大项22个小项的比赛。民族村四季青镇门头村开场表演“苗族迎宾鼓”，海淀第四实验小学学生表演行进打击乐。同时举办海淀区民族社区迎接中华人民共和国成立70周年展览、团城演武厅传统民族体育展览、海淀区第四实验小学校史展；组织与会人员体验民族体育项目传统弓箭。

（王菁菁）

【市民宗委到基督教海淀堂调研】 8月9日，市民宗委副主任贺淑晶、市民宗委政策法规处处长茹洪庆等到基督教海淀堂调研，区民族宗教办主任田桂茹、海淀堂吴伟庆牧师等教职人员参加调研。贺淑晶一行参观海淀堂，与教牧人员座谈，了解海淀区基督教宗教团体和海淀堂在财务制度建设、管理，宗教活动场所房屋产权证办理，宗教活动场所法人登记，市、区宗教团体互动以及教职人员户籍、居住证办理等情况。贺淑晶对基督教海淀堂在制度建设、规范管理、开展“四进”活动、坚持宗教中国化方向等方面所做的工作给予充分肯定，希望海淀堂和教牧人员坚持走爱国爱教道路，为首都和谐稳定做出更多贡献。

（王菁菁）

【古尔邦节会礼活动】 8月11日，海淀、马甸等7所清真寺举行古尔邦节会礼活动，参加活动总人数3240人，其中外国人930人。区民族宗教办前期召开协调会进行部署和检查，区伊斯兰教协会及各寺制定安全预案开展自查工作。公安、消防、城管、交通、食药和属地街道各部门提前进行周密部署，区民族宗教办投入3万元为各寺聘请专业的安检设备和人员，确保活动平安有序。节日前夕，区委统战部、区民族宗教办和各街镇为清真寺送去慰问品、慰问金，向各族信教群众表达节日祝福。

（王菁菁）

【宗教界国庆安全生产工作会议】 9月20日，区民族宗教办召开宗教界国庆安全生产工作会议，各宗教团体、宗教场所负责人参加会议。区民族宗教办传达北京市委统战部关于宗教界国庆安全生产工作的具体要求。

（王菁菁）

【追思已亡瞻礼活动保障工作】 11月2日，北京市天主教一区两会在全市各堂举行追思已亡瞻礼活动，海淀区活动在西北旺天主教陵园举行。活动分为教友自由祭扫、第一台弥撒、第二台弥撒、第三台弥撒。为保障活动顺利开展，10月23日，由区民族宗教办牵头，市区两级天主教爱国会、市民宗委、区公安、消防、交通、环卫、属地等单位召开工作协调会，制定活动安全预案，并进行现场安全检查。活动当天，各单位、各部门在活动组织、交通引导、秩序维持、医疗救助、后勤服务等方面提供保障，2600余人次参加服务保障工作。

（王菁菁）

【圣诞节活动服务保障工作】 12月初，区委统战部、区民族宗教办启动圣诞节活动期间安全服务保障工作，制定《2019年海淀区圣诞节安全服务保障工作方案》及《2019年海淀区圣诞节突发事件应急预案》，印发至全区所有街镇。12月2日至23日，区民族宗教办联合公安、消防、应急、属地街镇等部门，开展宗教活动场所安全执法检查工作，对活动场所的外围交通秩序、消防安保、反恐防暴、活动组织、技防监控、医疗救护、后勤保障、用电用气等进行现场检查，发现问题隐患责令整改。12月16日，召开圣诞节安全服务保障工作协调会并提出平安夜、圣诞节当天安全保障的工作要求。截至12月25日，参加圣诞节活动人数11800人，涉及13个活动场所，投入安保工作力量500余人。12月22日至12月27日，全区有12家宗教活动场所涉及1万余人参加活动。

（王菁菁）

【民族事务】 年内，区民族宗教办落实市、区民族团结进步创建活动三年行动计划，民族小学、马连洼街道梅园社区党委、海淀公安分局黄文祝工作室三家单位被评为北京市民族团结进步创建示范单位；圆明园管理处被推选为市级民族团结示范教育基地；中国农业大学附属中学和海淀公安分局黄文祝工作室、黄文祝警官分别获得全国民族团结进步模范集体、模范个人称号。拨付市级少数民族专项扶持资金236万元、投入资金25万元对18家清真专柜进行表彰，新增加规范化清真专柜1家。举办海淀区第十三届民族社区运动会。完成新版清真食品牌证换发工作。

（王菁菁）

【宗教事务】 年内，区民族宗教办多次召开民族宗教工作领导小组会议，部署宗教工作和重点工作任务。调整补充民族宗教工作领导小组成员单位，新增高校联络员单位，新建立高校周边专项整治工作联席会，完善工作制度。落实三级网络两级责任制，签订街镇宗教工作责任书。坚持宗教中国化方向，组织民族宗教界参加首都民族宗教界庆祝中华人民共和国成立70周年主题教育活动，基督教海淀堂举办“我和我的祖国”感恩音乐会；北京市伊斯兰教协会、海淀区伊斯兰教协会联合举办北京市伊斯兰教界“祝福祖国”成立70周年书画艺术展。会同区委统战部举办“助力新时代、共筑中国梦”海淀区宗教界书画艺术展。定期组织宗教界开展政策法规学习；指导宗教活动场所落实教务、财务、安全、消防、文物保护、卫生防疫及宗教活动等内部管理制度。做好人员密集场所的安全疏导工作，确保场所安全。协助做好天主教、基督教和伊斯兰教市级宗教团体换届工作。

（王菁菁）

【依法行政】 年内，区民族宗教办行政执法检查389余次，对9起违法宗教活动场所进行执法检查，依法取缔处罚1起，配合公安部门行政处理3起，处理信访举报7起。办理行政服务事项47件。

（王菁菁）

【民族宗教政策法规宣传】 年内，区民族宗教办组织宗教工作负责人参加市宗教局组织的培训。举办海淀区《宗教事务条例》培训班和宗教界学习《宗教事务条例》培训班，对区民族宗教工作领导小组成员、各街镇主管领导和民政科负责人以及各宗教团体、宗教活动场所管理组织成员近200人进行培训。组织执法人员参加北京市民委组织的依法行政培训班。组织统战宗教干部专题培训班5次，会同区委党校组织街镇民族宗教主管领导专题培训班1次，对社区、村工作人员开展民族政策法规知识培训，培训800余人次。举办宗教界人士培训班6次，培训500余人次。编印政策法规知识宣传手册5000余册，发放到委办局、街镇、社区村和社会各界。参加“12·4”国家宪法日宪法宣传周系列宣传活动。

（王菁菁）

残疾人事业

【概况】 2019年，全区29个街镇和持证残疾人20人以上的社区（村）均设立残联和残疾人协会。截至年底，有498个社区（村）残疾人协会，户籍人口中有持证残疾人38349人，其中视力残疾3462人、听力残疾2598人、言语残疾217人、智力残疾3729人、肢体残疾20248人、精神残疾5780人、多重残疾2315人。

海淀区残疾人联合会（简称区残联）完成三项重点改革任务阶段性目标：确定残联72项改革任务；启动36个温馨家园综合改革，投入1400余万元，用于康复服务、文化体育等六大类21个政府公开购买项目，满足基层温馨家园的发展需求；30项残联政务服务事项纳入区网办大厅和市业务系统。结合“一人一村一社区一家园”“千百十·我在基层”和温馨家园综合改革工作，实现42名在职党员与街镇和温馨家园的服务对接；发起党员志愿服务项目17个，服务残疾人群体1618人次。康复服务支出3150余万元，实现康复服务全覆盖；（对口）扶贫支出521万余元，与内蒙古敖汉旗、科右前旗和河北省赤城县、易县4个地区落实8个帮扶项目。为全区3～22岁在校就读的残疾儿童、青少年212人开展康复训练、家长培训、辅具适配、家庭无障碍改造、送教上门等系列助学服务；建成16个残疾人职业康复劳动型、公益劳动型帮扶性就业基地，与第三方人力资源机构和用人单位签订劳动合同，促进特殊困难残疾人就业。组织精神残疾人及其亲友户外生态疗愈活动、农疗康复活动、劳动技能训练活动；举办肢体残疾人“遇见色彩，发现更美的自己”色彩搭配、丝巾造型沙龙活动；举办聋哑残疾人歌颂祖国诗歌朗诵会；举办《与压力共舞动之如何进行心理保健》、中医药专题讲座；举办视障残疾人带球培训推广活动。

（何文辉）

【残疾人政策解读培训班】 2月28日，区残联举办《北京市残疾人康复服务办法（试行）》政策解读培训班，29个街镇的残联理事长及工作人员、康复服务机构工作人员以及肢残人协会、盲人协会、聋人协会、精神残疾人及亲友协会和智力残疾人及亲友协会委员共计130人参加培训。北京市残疾人康复服务指导中心社区指导科科长李闻解读《北京市残疾人康复服务办法》的配套文件，太极计算机股份有限公司的孟宪海工程师讲解网络平台的系统操作方法。

（何文辉）

【“我们在一起”孤独症日主题宣传活动】 4月2日是第十二个世界孤独症日，区残联与区现代艺术幼儿园、睿智全纳教育康复中心联合举办“我们在一起”孤独症日主题宣传活动。50余名孤独症儿童走进现代艺术幼儿园，体验和普通孩子们在一起的学前融合教育。

（何文辉）

【海淀区第十一届残疾人乒乓球比赛】 4月21日，区残联举办海淀区第十一届残疾人乒乓球比赛。29个街镇和特教学校的137名残疾人乒乓球运动员参赛。比赛设置男、女上肢站立组、下肢站立组、下肢轮椅组，言语听力组、智残组等10个组别的比赛。羊坊店街道、紫竹院街道、中关村街道的代表队分获团体第一、二、三名。

（何文辉）

【残疾人社区康复协调员暨专职委员培训班】 4月22日至25日、28日至29日，区残联举办两期残疾人社区康复协调员暨专职委员培训班，29个街道（镇）残联理事长、康复协调员、专职委员共1000余人参加。培训班讲解康复政策、社会保障惠残政策、心理学方面的内容。区残联理事长张春华出席并作开班动员讲话。

（何文辉）

【区第一届残疾人网络文化节优秀作品展】 5月13日，由区残联主办的海淀区第一届残疾人网络文化节优秀作品展暨残疾人文化发展项目中期汇报展活动开幕式在马奈艺术空间举办。区残联理事长张春华及理事会成员陈培伦、柴京津、张国图等十多位爱心艺术家和100多名残疾人书画摄影爱好者、志愿者参加活动。展览共展出残疾人书画摄影手工作品150幅，与会领导向项目老师和参与项目的爱心艺术家、网络文化节获奖者分别颁发爱心证书和荣誉证书。进行书画笔会交流和读书朗诵会。

（何文辉）

【残疾人文化发展项目中期汇报展活动】 5月18日，区残联在海淀北部文化中心举办残疾人文化发展项目中期汇报展活动，区残联理事长张春华、副理事长张孝平、温泉镇副镇长王洪彬、区残联兼职副理事长崔晓红以及社会单位、各街道乡镇残疾人代表约200余人参加。张孝平致辞，残疾人代表梁宁介绍自强感人事迹；3家社会单位分别与苏家坨镇、西三旗街道、田村路街道的3家残疾人帮扶性就业基地签订帮扶协议，与就业基地的残疾人代表现场签订就业协议，捐赠服装、电器等物品；与会领导为助残企业颁发爱心证书。仪式结束后举办了残疾人手工艺品现场展卖、模拟冰壶等康复体育项目体验活动，开展了免费义诊测量血压、血糖等助残便民服务。区残联发放政策宣传材料，组织残疾人康复、教育、就业、生活保障、护理补贴等现场政策咨询。

（何文辉）

【温馨家园综合改革项目签约】 5月31日，海淀区残疾人温馨家园综合改革首批15个政府购买（为残疾人服务）项目举行签约仪式。区残联党组书记、理事长张春华，北京西城区公益文化传播中心等16家中标单位，第三方评估机构北京天平社会服务绩效管理评估与促进中心和街道乡镇代表40人参加。签约21个标段55个项目，涉及全区36个温馨家园，满足残疾人康复服务、文化体育、法律心理、社会力量托管、居家上门及出行服务、技能培训等需求，14448名残疾人受益。初步形成残疾人温馨家园“自主服务 + 购买服务、原有人员 + 引进人员、区残联 + 街镇残联 + 第三方机构分层评价”的工作推进机制。

（何文辉）

【“残疾人文化大篷车”文艺演出】 6月27日，区“残疾人文化大篷车”文艺演出在苏家坨镇草厂村举行，戏曲《斥敌》、器乐合奏《好日子》《歌唱祖国》、快板《劫刑车》、舞蹈《激情拉丁》《千手观音》、朗诵《改革开放四十周年颂》等节目吸引海淀区苏家坨镇残联和草厂村领导及近200名居民、残疾人及残疾人工作者驻足观看。

（何文辉）

【残疾人社会体育指导员培训】 7月23日至24日，区残联举办残疾人社会体育指导员培训班，29个街镇的80名体育骨干参加。培训班由中国残疾人体育管理中心群体特奥部社区残疾人健身专家冯希杰、北京冬奥组委会宣讲团旱地冰壶球项目一级讲师、旱地冰壶球外观和实用新型专利拥有者残疾人旱地冰壶球发起者李洪国、北京市回春医疗保健操协会主席回春医疗保健操创始人王仲生等专家教授施教，以理论和实操相结合，设置残疾人体育常识、残疾人旱地冰壶项目规则、残疾人冰雪运动组织、社区融合活动设计、残疾人回春医疗保健操等课程。

（何文辉）

【精神残疾人康复活动成果展示暨合唱比赛】 8月29日，区残联举办海淀区精神残疾人康复活动成果展示暨合唱比赛，28家精神残疾人日间康复照料站的精神残疾人及残疾人工作者500余人参加。八里庄街道等5个街镇代表队获一等奖、清河街道9个街镇获二等奖，21个代表队获三等奖和纪念奖。

（何文辉）

【民办康复机构工作总结暨优秀教师经验交流会】 9月8日，区残联召开2019年海淀区残疾人民办康复机构工作总结暨优秀教师经验交流会。区残联党组成员、副理事长姚万军及海淀区13家残疾人民办康复机构的负责人、教务主任、优秀教师等60余人参加。市残联康复指导中心王蕊、海淀区民政局林欣分别讲解《机构评估中的问题和对策》和《民办非企业单位登记管理规范》，区残联康复部解读《北京市残疾人康复服务办法》有关政策，各个康复机构和部分优秀教师代表进行工作总结交流，表彰39名优秀业务主管和优秀教师。会议肯定残疾人民办机构发挥的作用和取得的成绩，并就如何加快残疾人民办机构发展和存在的问题提出要求。

（何文辉）

【精神康复者职业技能大赛】 10月24日，区残联举办2019年度海淀区精神康复者职业技能大赛，29个街镇、34支精残人日间照料站的170余名精神康复者参加。通过角逐，花园路街道分中心等4个单位获得个人单项一等奖，清河街道分中心等8个单位代表获得二等奖，青龙桥分中心等8个单位获得三等奖，八里庄分中心获得团体优秀奖。

（何文辉）

【“大美海淀”第三届残疾人书画摄影展暨2019海淀区残疾人文化发展项目成果汇报展】 12月2日，区残联在中国盲文图书馆举办“大美海淀”第三届残疾人书画摄影展暨2019海淀区残疾人文化发展项目成果汇报展开幕式。中国盲文图书馆、文化教育部领导、区残联理事会领导以及朱守道、黄西岭、袁维学等十多位爱心艺术家、近百名残疾人书画摄影爱好者、志愿者参加。参展的150多幅书画艺术作品全部来自海淀区残疾人文化发展项目书画摄影培训班及温馨家园学员，展期一周。开幕式上，北京传统书画艺术研究会会长刘欣茹介绍2019海淀区残疾人文化发展项目执行情况，艺术家老师代表和残疾学员代表分别发言，学员代表现场创作、现场演示，爱心艺术家们与残疾人书画爱好者共同挥毫泼墨，相互交流。

（何文辉）

红十字会

【概况】 2019年，海淀区红十字会（简称区红十字会）有玉渊潭农工商总公司红十字会、红十字会学校、机关、医疗卫生、国有企业和非公有制企业5个系统工作委员会，29个街镇红十字会全覆盖，成为全市基层组织覆盖最广泛的地区。区红十字会围绕区域发展大局，推进人道惠民核心业务创新，抓好“两个品牌”项目——应急救护培训和推动献血捐髓。应急救护培训16.5万余人次。全区有3万余人加入中华骨髓库，84人实现成功捐献。2019年共募集爱心善款437.11万元。共计投入善款527.4万元，其中通过“两节送温暖”和实施日常“博爱救助”“红十字博爱海淀行”等活动共计投入241.5万元，救助困难家庭1160户。携手爱心企业开展“博爱助学”项目，投入85.9万元助力精准扶贫，救助建档立卡贫困学生731人。并携手爱心企业投入100万元，支援新疆和田扶贫项目建设。携手小米集团投资100万元为新疆和田6所中小学校，建设小米图书馆。开展募捐救助、宣传传播、救援能力建设、志愿服务、红十字青少年等人道惠民工作。区红十字会获全国红十字系统先进集体称号、中国红十字会总会报刊宣传工作一等奖、全国红十字知识竞赛组织一等奖。被评为中国红十字博爱理事会2019年度优秀理事单位。代表北京市红十字会参加全国第五届红十字系统应急救护大赛获得第二名、获得北京市红十字系统应急救护技能大赛冠军。

（刘兆莹）

【红十字会青少年活动】 3月5日，北京市红十字会在北外附校召开全市红十字青少年工作现场会，启动“3·5”学雷锋活动及红十字博爱月展示活动，16个区的红十字会有关人员参会。区红十字会联合区新闻中心、区学工委举办“以闲置动奉献爱心”的义卖活动，辖区10余所中小学校的3000余名师生及家长参加义卖活动。“5·8”国际红十字日，区红十字会组织全区169所学校红十字会组织开展红十字青少年系列活动。

（刘兆莹）

【“‘5·8’红十字博爱文化月暨造血干细胞采样工程”启动】 5月8日是第72个世界红十字日，区红十字会与北京电视台联合启动海淀区“‘5·8’红十字博爱文化月暨造血干细胞采样工程”电视访谈节目。访谈节目邀请血液病专家介绍造血干细胞捐献知识，采访在精准扶贫、应急救护培训、造血干细胞捐献等人道惠民工作中的工作者、爱心企业、受助者、志愿者、捐献者，通过他们讲述发生在他们身边、身上的人道博爱奉献的感人故事，传播红十字精神、文化和公益理念。市、区相关领导、爱心企业领导、造血干细胞捐献者代表等参加启动仪式。清华大学、北京大学、人民大学、北京交通大学等首都高校红十字会会长、代表，志愿者、捐献者共计100余人参加活动。区红十字会联合高校红十字会，举办造血干细胞捐献知识讲座和志愿者招募活动，850名大学生加入中华骨髓库，20人成功捐献。截至年底，全区累计3万余人加入中华骨髓库，其中84人实现成功捐献，加入中华骨髓库人数和成功捐献者人数居全市首位。

（刘兆莹）

【获全国红十字应急救护大赛团体亚军】 9月10日至11日，由中国红十字会主办的第五届全国红十字应急救护大赛在内蒙古呼和浩特市举行，大赛主题为“关爱生命‘救’在身边”，分复赛、决赛两个阶段，来自全国各省（自治区、直辖市）以及香港、澳门特别行政区红十字会的35支近400名红十字救护员参加比赛。区红十字会代表队代表北京市红十字会出征大赛，获团体亚军，3个单项技能一等奖。

（刘兆莹）

【红十字公益文化宣传】 9月26日，区红十字会携手街镇红十字会、红十字会五大行业工作委员会、爱心企业、造血干细胞捐献者、高校红十字会、红十字应急救护培训师资代表等180余人，在海淀公园唱响《我和我的祖国》，快闪视频发布在“学习强国”，传播红十字精神。11月27日至28日海淀区街镇系统红十字应急救护技能大赛期间，联合北京市红十字会、北京电视台在BTV—北京时间进行现场直播，收看人数达到6万多人，并在今日头条、《人民日报》、今日北京、《北京青年报》网络媒体宣传，传播红十字“人人学急救、急救为人人”的公益理念。在各种网络媒体、纸质媒介以及区红十字会微信公众号、网站等，发布人道惠民工作动态500余篇次。

（刘兆莹）

【街镇系统红十字应急救护技能大赛】 11月27日至28日，区红十字会举办2019海淀区街镇系统红十字应急救护技能大赛，29个街镇的232名红十字救护员参加比赛。比赛设置理论考核（应急救护知识、红十字运动知识）、救护技能（心肺复苏、创伤救护）、场景演练（地震灾害、交通事故、火灾现场）、主题演讲（我与红十字）。中国红十字总会赈济救护部副部长李庆华、北京市红十字会副会长谢延智、北京市16区红十字会领导、海淀区副区长张若冰、区红十字会常务副会长张立红以及相关委办局、各街镇相关领导、社会各界爱心人士共计200人观看决赛。最终西三旗街道获一等奖，清河街道、学院路街道获二等奖，中关村街道、万寿路街道、田村路街道获三等奖。

（刘兆莹）

【应急救护培训】 年内，区红十字会推进应急救护培训进学校、进社区、进机关、进企事业单位、进农村“五进”活动。加大应急救护培训工作管理力度和督察跟踪力度，确保培训工作质量。打造群众身边的红十字会，以赛促学、以赛促训，提升行业系统人员急救意识和知识技能。对29个街镇社保办事大厅的1300余名工作人员进行取证培训。利用海淀公共安全馆举办公开课、大讲堂、知识竞赛、安全馆科学普及，普及应急救护知识16.5万多人次，举办取证培训班396期，有1.98万人参加取证培训，1.78万人取得培训证书，取证率90%。

（刘兆莹）

【博爱助学】 年内，区红十字会携手区妇联、区团委、区属爱心企业开展精准扶贫—博爱助学项目，与新疆和田市、内蒙古科右前旗、敖汉旗红十字会、妇联、团委签订三方或四方协议，对建档立卡贫困学生、贫困大学生、贫困家庭女童实施博爱助学，资助完成学业，实现精准扶贫。全年投入85.9万元，救助731名建档立卡贫困学生或特困学生完成学业。携手爱心企业投入100万元，支援新疆和田扶贫项目建设；携手小米集团投资100万元为新疆和田6所中小学校建设小米图书馆，为贫困地区学生提供更为丰富的阅读资源。

（刘兆莹）

【人道救助】 年内，区红十字会开展“博爱在京城，共圆人道梦”募捐活动，号召街镇、总公司红十字会和学校、机关、医疗、国企和非公企业红十字会工作委员会，集中开展宣传动员和资金募集活动；基层红十字会和红十字会工作委员会在本系统、本单位开展募捐宣传活动。全年募集善款437.12万元，比上年增长20.82%。其中，“博爱在京城”善款244.15万元，精准扶贫定向募捐款192.97万元。开展人道救助、精准扶贫项目，投入善款527.4万元，比上年增长52.19%。其中，70万元善款用于“红十字博爱海淀行”人道救助活动，救助辖区350户因大病致贫的困难家庭。“两节送温暖”和“博爱救助”活动共投入救助款241.5万元，救助困难家庭1160户。

（刘兆莹）

街道 镇（地区）

5月29日，四季青镇股份经济合作社第一届股东代表大会第一次会议召开（四季青镇供图）

6月14日，台湾高雄市参访团到花园路街道北航社区参观交流（花园路街道供图）

6月20日，学院路街道二里庄斜街（田峰 摄）

9月20日，第二届城事设计节——老外说学院路（共话成府路）（闫思 摄）

11月28日，紫竹院街道举办紫竹院地区第十届民族文化节开幕式，56个民族齐聚一堂（何照云 摄）

12月3日，海淀首家地区融媒体矩阵联盟成立——上地街道融媒体中心挂牌（田峰 摄）

12月18日，2019年中关村西区好声音暨《西区故事》首发式在创业公社举行（海淀街道 供图）

12月23日，蓝旗营社区养老服务驿站开业（清华园街道 供图）

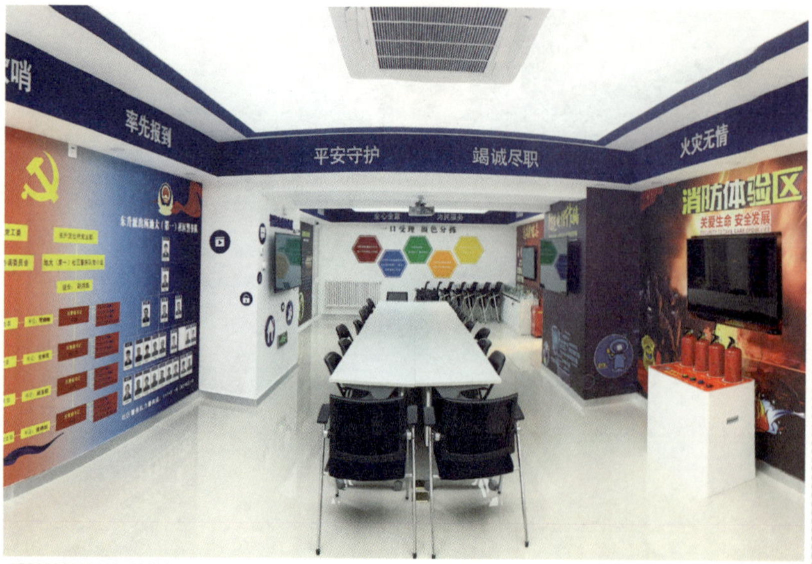

12月，学院路街道展春园街区工作站（郑爽 摄）

万寿路街道

【概况】 2019年8月26日，区政府发布《北京市海淀区人民政府关于调整永定路街道、万寿路街道和田村路街道辖区范围的通知》，万寿路街道辖区四至调整为：西至西四环路—复兴路—采石路7号院社区东—北太平路—301医院西院围墙—西中环路一线，与永定路街道接壤；北至永定河引水渠，与八里庄街道接壤；东至翠微路—莲石路一线，与羊坊店街道接壤；南至莲花河，与丰台区接壤。街道办事处驻地不变。调整后的辖区面积6.56平方千米，常住人口约15.4万人。有27个社区居委会，有企事业单位3000余家，其中重点企业15家、大型央企5家。有中小学7所，幼儿园12所。有三甲医院2家，社区卫生机构3家。

万寿路街道是海淀区政治、军事机关单位密集度最高的地区之一，是服务保障中央政务功能的重要地区，驻有中央级国家机关6家，团以上军事单位20家。五棵松文化体育中心已成为集商务办公、休闲娱乐、国际赛事为一体的国际化现代新商圈。五棵松体育馆成为全国大型文化、体育、娱乐活动的标杆性场馆，占据着北京市大型室内演出80%的市场份额。

（赵飞　钟冷）

【环境建设】 年内，街道整治停车秩序，施划车位160个，设置护栏241米、清理废旧共享单车2240辆。开展“家园环境清洁”活动，开展18个清洁日活动。对枣林路、永定路东街、沙窝中路（南段）、沙窝社区路等4条背街小巷开展整治提升工作。对翠微南里社区路面、万寿路12号院实施环境改造，绿化朱各庄路。对650万平方米的公共环境开展6轮消杀作业，病媒生物防治达到国家卫生区标准。

（赵飞）

【平安建设】 年内，街道完成中华人民共和国成立70周年庆祝活动、篮球世界杯等重大活动的保障工作。摸底排查重点区域生产经营单位，建立《万寿路地区“庆祝建国70周年阅兵活动”临街总台账》，专职安全员对台账单位蹲点值守。梳理地区舆论风险台账，启动地区舆论安全零报告制度。加大对群租房和黑车、黑摩的整治力度。实施“防风险保平安迎大庆”安全生产检查专项行动，街道领导分片包干、靠前指挥；主要领导走访社区，班子成员带队夜查，确保重点地区、重点时段、重点场所安全。

（赵飞）

【民生建设】 年内，街道通过科务会、微信会等方式传达街道工作要求，加强人员学习和政策培训，截至6月，对于接收的148件各类非紧急救助服务中心电话登记单，全面回复办理。组织社区通过张贴海报发放彩页、政策宣讲会、居民会议等方式，对加装电梯政策开展集中宣传，并进行实地勘察，对未列入加装电梯试点范围的居民进行解释安抚，解决社区加装电梯问题。开展社区会客议事厅建设试点工作，探索畅通居民诉求表达机制，拓宽社情民意反映渠道，搭建议事协商平台，实现“社区的事情大家办”。

（赵飞）

【社区建设】 街道第十届社区居委会换届选举工作全部一次性选举成功，35个社区的两委换届工作圆满完成，换届选举的参与率再创新高，基层民主得到进一步深化。开展2019年度社区党务专职招聘工作，面向社会公开招聘社区党务专职工作者共计20人。组织筹办街道社区建设工作大会，全面贯彻落实北京市《关于加强新时代街道工作的意见》和海淀区委、区政府“党建引领、吹哨报到”，落实街道社区工作意见4个文件精神。

（赵飞）

【基层党建和精神文明建设】 年内，发挥街道基层党校的主渠道、主阵地作用，精心设置课程，分层分类抓好党员轮训。开展街道机关党员干部走进科学院培训学习活动，提升科技素养。组织200余名“两委一站”负责人党性修养、履职能力培训，培训内容包括理想信念、城市基层党建、区委“两新两高”战略和区委十二届九次全会等。配合区委组织部组织社区书记培训。完成党员轮训30期、轮训党员20388人次。在节假日组织开展“两新”组织党员和军队自主择业党员专题轮训班，组织微信线上答题活动。全地区设置宣传横幅53处、展板5处60余块，协调地区单位设置宣传点位14处，在长安街沿线及万寿路、玉南路等重点点位悬挂国旗500余面。梳理地区舆论风险台账，启动地区舆论安全零报告制度。完成区委宣传部组织的“壮丽70年成就主题报道”系列活动，全力保障重大时间节点的意识形态安全。

（赵飞）

羊坊店街道

【概况】 2019年，羊坊店街道辖区面积6.61平方千米，有社区居委会31个，户籍人口12.8万人。有中国人民革命军事博物馆、中华世纪坛等知名建筑。有卫生医疗机构41个，中小学校、幼儿园17所。区域有企业4100余家，其中部委、部队及区重点企业53家。落实税源建设，与38家区重点挂账企业对接，领导包片、实地走访，帮助协调企业解决问题38个。实现“一窗式”办公，工商个体注册达到网上执照即办即取。

（王楠）

【环境建设】 年内，街道完成“疏解整治促提升”专项行动各项年度台账。拆除违法建设2万余平方米，封堵“开墙打洞”27处，治理违法违规出租房屋56户，无证无照、无证餐饮单位以及占道经营实现动态清零。完成12条背街小巷改造、12条道路架空线入地。近3年累计整治背街小巷19处、架空线入地17处，投入

4700万余元，累计施划车位500余个。北蜂窝中路获“十大北京最美街巷”入围奖。养护绿地92067.4平方米，补植树木1800平方米。完善辖区337家餐饮单位的基础信息台账，升级改造120家餐饮单位油烟设备。组织人大代表就修订《北京市生活垃圾管理条例》深入选区宣讲，征求2948名市民意见。

（王楠）

【平安建设】年内，街道完成全国“两会”、“一带一路”国际合作高峰论坛、世界园艺博览会、亚洲文明对话等社会面防控任务，实行一级及以上等级防控82天，新设长安街沿线社会单位值守点位28处，发动民兵、保安、社区志愿者等各类社会力量43万余人次。中华人民共和国成立70周年活动期间，完成京西宾馆、世纪坛、铁道大厦、玉渊潭公园南门等多处点位以及长安街、莲花池东路、三环路3条阅兵保障路线的服务保障任务。实施“雪亮工程”，完成7个老旧社区、近600个视频监控点位的数字化改造。开展“扫黑除恶”排查、反恐宣传教育。建设综治中心第三平安建设工作站暨社区警务第三工作站。地区“三类可防案件”① 可防案件比上年下降46.7%。配合区消防救援支队筹建小型消防站，辐射京西宾馆、世纪坛、梅地亚中心及军委大楼。检查企业4000余家次，排查各类安全隐患4000余项。组织44家食药联盟成员单位参加“集体食堂安全联盟2019年食品安全培训暨现场交流会”，中小学、托幼机构、养老机构15处食堂全部达到“阳光餐饮”标准。建成“安全生产应急指挥监控平台”，通过电子传感手段监测烟感、用电安全、可燃气体及餐饮油烟，充实消防安全体系力量。投入自筹资金490余万元，在京西宾馆、梅地亚中心、铁道大厦3个重点部位周边的161家企业安装各类物联设备296套。

（王楠）

【民生建设】年内，街道健全“接诉即办”案件跟踪督办制度，组建党建工作组下沉社区；创建“民意快递”服务点，将“接诉即办”转化为“未诉先办”。接办市、区两级案件5019件，反馈率100%，解决率62.08%，满意率75.26%。增补蔬果零售网点、直通车，总量增至70家。“一刻钟”服务圈实现全覆盖，4个社区被评为市级先进。引入电商20余家，设立蜂巢、速达通等快递柜，业务点30余处。响应夜间经济点亮行动，摸排餐饮行业440余家。建立街道困难群众救助服务所，按时发放救助金、物资补贴1120余万元，实施“五老”② 精准帮扶、“爱心助学子”等慈善项目，救助92人，发放救助金26万元。解决900名失业人员再就业。上门为特殊人员的提供社保参保。搭建“养防救”③ 智慧养老服务平台，为老人提供燃气泄漏、火灾、入室盗窃、突发疾病和意外时的紧急救助服务。指导建设社区养老服务驿站5家，确定167名老人享受定期电话巡访或上门探视服务。组织健康宣讲、义诊检查等活动近40场，卫生监督2354户次，家庭医生累计签约36806人。与河北省易县三镇一乡建立对口帮扶结对关系，拨付扶贫资金200万元。

（王楠）

【社区建设】年内，街道完成社区“两委”④、妇联换届选举，书记、主任“一人兼”达90.3%。坚持社区治理“分门别类、个性定制”，推出“老旧社区增能”项目。在羊坊店社区投资160余万元增加停车位，指导建立“车主自治联合会”，解决老旧小区停车难问题。在铁西社区建立“领头羊创新雨林中心”，打造集居民议事、便民、孵化、动员等多功能于一体的综合服务平台，围绕居民需求，研究社区公共空间治理问题。

（王楠）

【基层党建和精神文明建设】年内，街道明确“三项清单”⑤，实现“三级协办”⑥，健全“一统四联六平台”⑦ 的区域化党建体系。深化“街乡吹哨、部门报到”改革，落实10项改革任务以及“地区鸣笛、家家出力”区域化党建3项制度。投资70余万元建设非公党建App，提供非公企业咨询办事、企业文化展示、党员活动报名、缴纳党费等6个“一站式”服务。将党群活动中心命名为“复兴路上”，作为“企业吹哨、党组织报到”的终端载体，与App形成线上线下一体化的党建品牌，实现地区党工委与各党建相关主体之间的共商共建共治共享。结合市委巡视组、区委第二巡察组整改要求，开展专项监督整治近20次。协助中华世纪坛举办“美逢·佳节”清明文化主题系列活动、“永远的红领巾”“六一”活动。青少年科普联盟开设中科院科普课程近20场，覆盖1000余人。街道团委举行春季定向越野、科学实践体验、国学体验营、红色观影等“青年汇”系列活动50余场。

（王楠）

① “三类可防案件”：入室盗窃、入室抢劫、盗窃机动车3类案件。

② “五老”：帮扶对象是具有属地户籍因大病或其他原因造成生活困难的困难老党员、困难老劳动模范、困难老复员退伍军人、困难老公安干警、困难居（村）委会老积极分子的简称。

③ “养防救”：对社区老年人提供居家养老、安全预防、紧急救助。

④ “两委”：社区共产党员支部委员会和社区居民委员会的简称。

⑤ “三项清单”：包括服务资源清单、服务需求清单、服务项目清单。

⑥ “三级协办”：指通过整合区、街道（镇）、社区（村）各类单位和组织的服务资源，及时、高效地解决地区党建工作协调委员会成员单位在基层党建、社会治理、公共服务、社区（村）建设中具有地区性、社会性、群众性、公益性问题的处理机制。

⑦ “一统四联六平台”：在街道党建协调委员会的统一组织下，做到思想工作联做、公益事业联办、社会治安联防、地区环境联保，下设地区单位党建工作部门负责人联席会、双拥工作党建协调委员会、学区党建协调委员会、食品安全联盟党建协调委员会、城市管理党建协调委员会、非公党建协调委员会。

甘家口街道

【概况】 2019年，甘家口街道辖区面积6.49平方千米，有24个社区居委会，人口14.7万人。辖区中央和市属单位、科研院所及知名企业云集，有4所高等院校、5所医院和中央电视塔、玉渊潭公园等人文景观。

（李梦寻）

【环境建设】 年内，街道继续推进"疏整促"提质工程，拆除违法建设48处，总面积30528.73平方米，完成市折子任务的152%；拆除违法群租房46套，疏解人口5602人，完成目标任务的140%；封堵"开墙破洞"14处。推进城市空间营造工程，完成玉渊潭北门路等6条市级项目背街小巷整治提升和增阜巷等10条背街小巷通信架空线梳理规范任务；拆除70座建筑物屋顶93块违规广告牌匾；实施阜成路等6条干道路侧停车改革，改善静态交通环境。打造建设部社区"垃圾分类精品示范社区"，地区142个居住小区全部实现垃圾分类；开展"家园清洁日"活动11次，美化绿地14万平方米。推进"碧水蓝天"保卫工程，落实"河长制"，推动水岸共治；地区77家餐饮业实施油烟净化改造升级，指标完成率111%，地区$PM_{2.5}$浓度平均检测值优于区指标。

（李梦寻）

【平安建设】 年内，街道全方位做好重大活动服务保障工作。坚持常态化保障与重点任务保障相结合，启动社会面等级防控88天，发动群防群治力量20万余人次，高标准完成国庆70周年庆祝活动、全国"两会"、"一带一路"第二届高峰论坛、亚洲文明对话大会、世界园艺博览会5项服务保障任务。开展日租房、群租房、号贩子、黑摩的、文化市场等领域专项整治120余次，推进"扫黑除恶"专项斗争。完成西钓鱼台地铁站周边无照游商联合治理，区级挂账社会治安重点地区整治有序推进；在辖区部分学校、幼儿园开展反恐演练，装设智能化报警柱；依托社区警务工作站，建设2个综治中心平安建设工作站。搭建消防车、微型消防站、模块化小型消防站"三位一体"联防体系，处置6起应急突发事件。将人民调解、行政调解、司法调解有机结合，充实行业性、专业性调解组织3个；建立信访、司法、接诉即办"三方联动"的大信访工作格局，化解司法、信访、劳动等各类矛盾纠纷1229起，综合调处成功率达90.6%，信访案件解决率提升12%；开展法治宣教活动800余场。

（李梦寻）

【民生建设】 年内，街道推进政务服务"一窗、一网、一次"改革，实现综合业务"一窗通办"；打造24小时自助政务服务区，全年办理政务服务事项9.07万件。完成第四次经济普查工作；通过重点走访、政策指导、精准问需，鼓励引导京外注册及异地纳税企业回迁。引入品牌企业，建成地区第二家品质化规范化社区商业e中心；利用腾退空间，打造"情暖万家"便民服务站，满足社区家政、便民、文化娱乐等群众基本需求；加强48个菜篮子网点日常管理，开展"蔬菜保供应　平价惠民生"活动，升级社区生活性服务业。以水科院社区为试点，推进适老化电梯安装；推进"医养结合"示范街道建设，建成海淀首家老年餐集中配送中心，构建"1中心+7驿站"① 养老服务体系，实现地区养老服务全覆盖。完成非京籍适龄儿童入学、转学107人；发放教育救助金8.8万元。针对不同群体，分类开展健康理念普及、疾病预防干预、优生优育服务，发放医疗救助金116万元。受理保障性住房申请233户、公租补贴144户、市场化租赁补贴56户。登记失业人员实现就业1024人，完成指标任务的104.5%；就业困难人员实现就业760余人，完成目标任务的125%。实施残疾人精准补贴、居家康复、就业促进、精神关爱，发放补贴约50万元、慰问金74万元；成立困难群众救助服务所，对困难家庭和人群实行应保尽保、精准救助，发放临时救助款12.4万元，慰问金410余万元。规范街道、社区两级退役军人服务站建设，完成7932名退役军人的信息采集，落实各项优抚安置政策。投入扶贫资金207万元、捐赠电脑30台、图书文具5000余件，助力新疆和田伊里其乡5个行政村按期脱贫。

（李梦寻）

【社区建设】 年内，街道按照综合化、扁平化方向，推进街道管理体制改革。全面完成"六室一队三中心"② 机构调整，整合下沉多支综合执法力量，下派24名社区专员，基层力量增强。以民生诉求引导地区治理，将"接诉即办"与精细化治理相结合，将"未诉先办"与主动治理相结合，依托"吹哨报到"工作机制，开展地锁拆除、街面秩序整治、脏乱点治理等专项行动，解决民生诉求2600余件。将社区物业、非公企业、地区单位、"双联系"单位党组织纳入社区党建协调委员会，实现社区、"两新"、"双报到"、"双联系"四股党员力量融合，构建"四入四合"的网格化社区治理体系。打造花园村社区"会客议事厅"，成立花园村小区车辆自管会临时党支部，实现党建联

① "1中心"指甘家口养老照料中心，"7驿站"指西三环社区养老服务驿站、花园村社区养老服务驿站、甘东社区养老服务驿站、进口社区养老服务驿站、西钓社区养老服务驿站、甘东社区养老服务驿站（颐佳）、第四十八离休干部休养所养老服务驿站（颐佳）。其中，前1家中心与5家驿站均由医养康（北京）健康管理有限公司负责运营，后2家驿站为颐佳（北京）养老服务股份有限公司负责运营。

② "六室一队三中心"：指甘家口街道设置综合办公室、党群工作办公室、平安建设办公室、城市管理办公室、社区建设办公室、民生保障办公室，综合行政执法队，便民服务中心、市民活动中心、市民诉求处置中心。

建、工作联动、难题共商、区域共建、资源共享，解决逸升轩小区电梯隐患治理、小区停车管理等社区治理难题160余件，“党建引领、多元参与”的社区治理模式成效凸显。整合城市管理力量，探索构建大城管工作体系，推进综合执法平台实体化建设；先行先试“多网融合”和“社区微网格”试点；投入130余万元在阜北、甘东社区建成海淀区首个智慧社区，实现21种技术场景应用，地区治理水平得到提升。

（李梦寻）

【基层党建和精神文明建设】 年内，街道实施“党建+网格化、党建+精细化、党建+信息化、党建+专业化、党建+项目化”五大提升工程，推动基层党组织的领导力、组织力、凝聚力、战斗力、创造力不断提升。打造“谊站群”项目，辐射建成7个社区党群活动服务中心，建设“甘红谊站”党建微信公众号，扩大“甘红谊站”党建品牌影响力。开展“不忘初心、牢记使命”主题教育，到包片社区、辖区单位、重点企业进行走访140余次，市委第三巡视组反馈的32项具体问题按期整改。完成社区“两委”换届选举和第十届妇联换届选举工作。打造“社工成长加速器”品牌，以建设部社区为试点，推行“全能社工”服务模式，社区工作者队伍综合能力由“一专”向“多能”转变，提升社区干部队伍综合素质。综合运用“9+X”① 监督方式，开展社区“两委”换届、公车私用、“疏整促”、吹哨报到、精准扶贫等重点领域专项监督。围绕中华人民共和国成立70周年，开展“甘甜中国梦　共爱一个家”主题嘉年华、“中塔炫”攀登中央电视塔等特色主题活动；与区融媒体中心合作，推出“壮丽70年　奋斗新时代”主题系列报道，展现地区优秀干部群众的精神风貌。建立街道、社区两级新时代文明实践所（站），组建12支志愿服务队伍，开展志愿服务活动210余场，形成新时代文明实践工作“甘家口样本”。推进文化惠民，通过“政府出资、单位参与”的方式，开辟群众文化活动场地3000平方米；“菜单式”“订单式”② 文化服务模式带动地区100支文化团队蓬勃发展；开展玉渊潭春季健走节、科技文化嘉年华、人机厨艺大赛等品牌群众活动近200场。

（李梦寻）

八里庄街道

【概况】 2019年，八里庄街道辖区面积6.49平方千米，常住人口98875人，流动人口10879人，有32个社区居委会。辖区内商务楼宇33栋，各类工商注册企业约7000家。

（张怡萍）

【环境建设】 年内，街道拆除违法建设4.37万平方米，完成“留白增绿”面积1万平方米。整治无证无照行为124处、占道经营行为69处、“开墙破洞”5处、违法群租房116套。完成29条背街小巷的环境建设工作和7条背街小巷架空线梳理。开展联合执法专项行动600余次，疏解人口3070人。办理“接诉即办”5669件。完成玲珑路北侧（原五路居火车站周边）环境综合整治工作，完成铁路早市腾退、环境卫生治理、西郊粮库违建拆除等工作。修建五路居南街，解决五路居涵洞多年来的交通堵塞和安全隐患问题。建设京门铁路文化公园。推进路侧停车改革，开展岭南路居住停车认证和定慧东街、阜成路出行停车认证工作。在五路居南街、徐庄主路等6条路施划车位；联合公主坟交通大队开展西八里庄路桥面停车治理工作，改善交通出行环境。对辖区内餐饮单位、汽修洗车、施工工地、“散乱污”等开展巡查检查700余次，开具环境检查记录单400余张，推动地区120余家餐饮单位完成升级改造工作。

（张怡萍）

【平安建设】 年内，街道发动民警、保安、巡防队员、社区治安志愿者等共计3000人次社会面防控力量，重点看护昆玉河沿岸、八里庄地区13处地铁口、28处涉及水电气热信重要点位和119处社区周边点位，完成中华人民共和国成立70周年服务保障工作。开展“防风险保平安迎大庆”消防安全执法检查专项行动，检查企业500余家，与72家重点单位签订安全责任书。

（张怡萍）

【民生建设】 年内，街道与北京首开寸草养老服务有限公司合作建成八里庄养老照料中心，内设床位87张；新建成养老服务驿站3家，辖区养老服务驿站达6家。登记失业人员实现就业910人，城镇就业困难人员实现就业705人，失业人员技能培训60人。对无证门店开展联合执法检查24次，无证小餐饮实现动态清零。完成各类抽检任务238件，快检任务270件，一械快检14件。推进“阳光餐饮”和“品质餐饮”建设工程，“阳光餐饮”工程覆盖率达96.1%。食药领域案件立案24件，罚没款10.3万元。受理食药领域投诉、举报478件。

（张怡萍）

【社区建设】 年内，街道打造以“人文师苑”为特色的社区建设模式，探索社区多元共治机制，建设多彩人文社区。开展美丽园社区会客议事厅试

① “9+X”：监督方式中的9种方式指谈话函询、参加民主生活会和述责述廉会、专项检查、参加巡察或监督巡察整改、督促履行主体责任、参与线索处置、专题调研、信息化监督和信访舆情研判。“X”指驻点调研、座谈交流、深度访谈、明察暗访、专项审计。

② “菜单式”公共文化服务，以现有文化资源为基础，制定文化服务项目目录，提供给有需求的居民选择。“订单式”公共文化服务，以居民需求为导向，根据居民公共文化需求，有针对性地提供文化服务项目。通过“菜单式”“订单式”公共文化服务提供更符合居民需求的文化项目，提升公共文化满意度。

点建设项目，推进颐慧佳园社区心理驿站试点建设。完成为民办实事项目36个，涵盖辖区所有社区。公开招考选聘40名社区干部。完成“两委”换届选举工作，选出32个社区班子，158名党组织委员，230名居委会委员。“两委”交叉任职、“一肩挑”、党员主任比例上升，学历水平上升、平均年龄下降。

（张怡萍）

【基层党建和精神文明建设】 年内，街道开展“不忘初心、牢记使命”主题教育，共开展理论中心组学习19次、领导干部开展个人自学102次、专题研讨交流学4次、党课辅导引领学91次。组织领导班子专题研讨4次，革命传统教育5次，集中培训7次。组织和接待调研154次，组织会议22次。制定主题教育“1+6+2”方案体系①、推进专项整治“8+1+1+1”方案②，梳理建立问题台账109项，整改84项。深化“双报到”“双联系”制度，32个社区党组织与42个“双联系”单位党支部和42名区属单位党员干部实现对接。成立全区首家业委会党支部——美丽园社区第四党支部。协调解决3个社区党群活动阵地。新建200平方米的京鼎园商务楼宇中心站，扩建新洲商务楼宇中心站活动阵地。完成32个社区一级党组织和91个二级党支部换届选举工作，调整5个社区党组织建制。组建7个非公企业党支部，102家企业纳入联合党支部，指导14个“两新”党组织换届选举。发展党员16人、转正党员18人。面向社会公开招录32名社区专职党务工作者。

实施推行“三种模式、三种机制”的文明城区长效工作措施和方法，实现“文明建设主体明晰化”“目标责任具体化”“文明城区测评体系定量化”，消除工作空档，建设基础筑牢文明城区长效机制。注重市民群众在文明创建中的主体地位，树立人人参与文明城区建设的责任使命。

（张怡萍）

紫竹院街道

【概况】 2019年，紫竹院街道面积6.23平方千米，常住人口约14.61万人，流动人口2.45万人，汇聚56个民族。街道辖22个社区居委会，有8所高校、18家大型企事业单位。紫竹院地区各类经济主体10034户，其中内资9214户、外资191户、个体629户。全年新增各类主体980户，比上年增加206户。紫竹院地区注册资金1000万元以上的企业有6983家，3000万元以上的271家，5000万元以上的429家，亿元以上的592家。走访地区重点企业50家，服务地区3个高校科技园。

（张婷婷）

【环境建设】 年内，街道完成“疏整促”专项行动工作专项任务。拆除违法建设117处，总面积1.7万平方米，完成市折子任务的116%；实现楼顶违法建设“基本清零”；完成47处“开墙破洞”整治专项任务，市级任务全部销账；完成24处无证无照治理专项台账整治任务；完成15条背街小巷整治，新建自行车道1998.14米，增设便民服务设施126处。落实大气、水、土壤污染防治行动计划，空气质量整治效果显著。落实河长制，开展联合执法，推进第二次全国污染源普查工作，接受市环保局督察处两次对街道大气污染防治精细化管理工作的检查验收。推进卫生城区创建，通过创建国家卫生城市国家级暗访。

编制《2017—2035年紫竹院街道区域发展提升规划》方案。统筹推进老旧小区整治，魏公村小区征收改建项目结构封顶。街区规划工作从“一体两翼”③ 工作体系向“1+1+N”④ 工作模式推进，探索“顶层牵引、双轮驱动、规建合一、存量盘活、点面融合、多元参与”的城市“微更新”紫竹院模式。挖掘大运河文化带（南长河段）特色风貌，打造多元文化景观交融的特色公共空间，形成“1+3”⑤ 紫竹院地区生态景观历史廊道总体方案。

（张婷婷）

【平安建设】 年内，街道完成全国“两会”、“一带一路”高峰论坛、中华人民共和国成立70周年庆祝活动等重大活动的服务保障工作。活动保障期间，每日发动群防群治力量5800余人，全年发动21万余人次参与社会面防控。开展“全民国家安全教育日”“扫黑除恶”专项斗争等活动，摸底排查重点人群、关注群体。推进平安大道（路）、平安社区等基层平安创建活动，开展平安建设宣传。落实“1+X”⑥ 管控措施，实现3类可防性案件比上年下降34.8%。与辖区300余家地区单位签订责任书，推动城市安全隐患治理三年行动，开展依法依规用人用工检查，检查单位1300家，成功调解劳动争议

---

① “1”：总方案；6：领导班子、机关、社区、“两新”、离退休、专项整治6个分类指导方案；“2”：大调研工作方案、学习方案。

② 在贯彻落实中央8项专项整治任务、市委“8+2”专项整治任务的基础上（高校政治建设整治不涉及海淀区），将市委巡视海淀区反馈问题，海淀区反腐倡廉建设领导小组对街道全面从严治党工作评估的反馈和街道年度的工作重点，形成“8+1+1+1”专项整治方案。

③ “一体两翼”：以街道为主体，以北建院、中建集团设计院为两翼的工作体系。

④ “1+1+N”：形成责任规划师、清华大学高校合伙人、中建集团设计院、中国青年政治学院、北京外国语大学等N个团队分工协作、通力配合的合作框架。

⑤ “1+3”：长河景观带万寿寺周边风貌提升方案，广源闸、龙王庙景观提升方案，万寿寺路景观廊道更新方案，万寿寺南山（码头）历史风貌恢复方案。

⑥ “1+X”：指专群结合加强对重点人防管控，“1”指专业力量，“X”指保安、群防志愿者等辅助力量。

案件16起，实现拖欠农民工工资案件“零”指标。各类案件数量均比上年下降20%以上，无重特大事故发生。处理解决华澳中心业委会和物业等5项焦点矛盾纠纷。推进北京理工大学等6个家属院增设电梯试点安装。办理行政复议案件5件，行政诉讼32件。审核各类合同160多个，出具法律意见书180份，现场办公18次。通过人民调解处理矛盾纠纷59件，调解成功率达98.3%，处理矛盾纠纷排查230起。办理法律援助申请审批5人次，律师提供法律援助60人次。坚持“阳光信访”，办理网信91件，开展滚动式矛盾排查6轮，在基层化解矛盾105起，协调处理矛盾纠纷案件8起。

（张婷婷）

【民生建设】年内，街道完成城乡居民生活最低保障金发放工作，慰问422户困难家庭。完成171户低保家庭2019年度低保、低收入调标核对，为9名地区特困家庭入学子女申请一次性学费救助。完成高龄津贴等各类津贴发放、困境家庭入驻社会福利机构工作，为老年人量血压、健康咨询。举办“幸福金婚”拍照活动，为31对金婚夫妇免费拍摄婚纱照。完成北京市生活性服务业公共平台便民服务网点数据维护更新，建成52家地区蔬菜零售网。街道政务服务中心深化“一窗式”服务，推进“互联网+政务服务”模式，实现“让数据多跑路、让群众少跑腿”，工作职能由社会保障向政务服务转变。为80名申请人办理非京籍适龄儿童入学联审、转学审核、异地就读相关手续。开展“学有所乐　乐在紫竹”文化培训课堂，完成社区教育工作情况调查统计。

完善“接诉即办”工作方案，形成标准化流程图，实行工单回复主管领导审签备案制度，闭环“接诉即办”工作流程。深化主管领导包片、科长联系社区机制，将“街乡吹哨，部门报到”向“社区吹哨、科室报到”延伸，提高“接诉即办”的诉求解决率和群众满意率。答复“12345”、“96181”、非紧急救助服务中心转办件4569件。召开协调会，解决群众关切的物业等热点、难点问题。

（张婷婷）

【社区建设】年内，街道提升社区办公、活动室等居民办事活动场所环境。规范完善社区公益金使用，规范社区印章等使用，规范社区表格，落实社区减负。招聘36名社工并开展专题培训。开展“微治理+四堂微更新”项目，引导居民参与社区规划。依托“互联网+社区服务”，推进“一刻钟社区服务圈”向纵深发展；开展规范化社区建设，与驻区单位共建共享。开展“社区会客议事厅”，调动居民参与社区事务，完善社区治理体系。接待韩国首尔特别市西大门区研修团，组织干部到台湾社区交流考察，京台交流取得新进展。

（张婷婷）

【基层党建和精神文明建设】年内，街道开展“不忘初心、牢记使命”主题教育。以“一规一表一册一网”[①]为载体，构建“B（标准）+T（特色）+X（先进）”党建工作体系，促进党支部规范化建设与主题党日制度、支部评星定级、党员积分管理等融合推进。办结“四风问题”问题线索7件，谈话函询41次，会议监督55次。完成“两委”换届选举、妇联换届选举工作。推动全面从严治党主体责任落实，制定主体责任清单，通过清单化引领、项目化推进、动态化考核，将责任分解到岗、落实到人。办理好各级各类建议提案2件。

推动区域化和社会新型领域党建全面提质。成立4个“两新”党组织；制定楼宇党建摸底情况清单，摸排走访商务楼宇中心站，制定并完善非公党建工作指导员管理办法；充分发挥党建协调委员会的作用，在重大问题决策和重点项目建设上把关定向，形成“党建引领、区域联动、共商共建、共治共享”的工作格局；开展区域党员教育，优化区委党校紫竹分校培训课程，组织“两新两高”战略专题党课等课程，11次集中培训，培训党员约3000人次。依托中共中央宣传部“学习强国”掌上教育，“I紫竹”微信公众号的“紫竹课堂”，引导党员及积极分子学习。

组织开展街道成立60周年系列活动，制作宣传片《我们》、宣传展板《不忘初心　砥砺前行》、百米文化墙《如意紫竹　万寿长河》，撰写、制作宣传册《如意紫竹》、专刊《回望历史展望未来》，开展“水清人杰如意紫竹”文艺会演。打造文化活动阵地，开展第四届“北京社工”宣传周主题系列宣传，举办“邻里节”、“紫竹院街道科普大讲堂系列科普讲座”、“五月的鲜花”文艺会演、“阅读+我书香紫竹”等文化讲座活动。

（张婷婷）

北下关街道

【概况】2019年，北下关街道辖区面积6.04平方千米，有社区居委会31个，大院大所型社区12个、社会型社区19个，蒙古、满、回等少数民族22个，常住人口15.6万人。辖区文化古迹众多，科研院所密集，是北京金融科技与专业服务创新示范区核心区的一部分。针对企业在发展中遇到的各类问题，会同工商部门、税务部门，多形式、多途径提出解决方案，确保各项政策惠及企业。地区企业纳税104亿元，区级贡献26.4亿元。

（张秘晗）

① “一规”就是《党支部工作规范》，“一册”就是《党支部工作手册》，“一表”就是《党支部学习活动年度安排表》，“一网”指北京长城网（“党员E先锋”基层党建综合管理平台）。

【大钟寺中坤广场重组项目启动】 1月18日，街道为推进地方税源建设，由区政府搭建平台，与大钟寺中坤广场签订重组项目协议，确立战略合作意图。8月15日，大钟寺中坤广场A地块甩项区域环境整治项目启动仪式举行。年内推进重组各方债权股权转让、小业主回购等工作，拆迁补偿方案通过并加快实施，国检中心项目检测队伍进场，改造方案由中国建筑科学研究院设计，其设计理念、立面设计方案、交通一体化建设方案等得到市规划自然资源委海淀分局认可。

（张秘晗）

【北京市首个老旧小区适老化改造试点项目完成】 2月20日，北下关街道南二社区老年宜居环境建设试点工作正式启动，这是北京市首个老旧小区适老化改造试点。由区政府出资，完成对南二社区居住环境、出行环境、健康环境、服务环境、敬老社会文化环境营造五大方面的改造提升。优化社区老年人的“住、行、医、养”等环境，南二社区成为“以居家养老为基础、社区照料为依托、智慧手段为辅助、医养结合覆盖”的养老社区。

（张秘晗）

【五塔寺地区环境整治项目启动】 10月23日，五塔寺地区环境整治项目正式启动。11月20日至12月13日，完成入户调查工作。组建工作专班，准备前期违法建设拆除工作。

（张秘晗）

【环境建设】 年内，街道以区域北京金融科技与专业服务创新示范区核心区建设为统领，统筹布局五塔寺地区环境整治、中坤广场重组、四道口区域低效用地开发，拓展立体空间。开展“疏解整治促提升”专项行动，拆除违法建设223处，拆除面积32929.28平方米；完成“两街十二巷”违法建设综合整治及重点社区违法建设清零工作。整治高梁桥斜街—大柳树路—皂君庙路和交大东路—四道口路两条街，与12条背街小巷治理同步进行。整治停车秩序，对学院南路、大柳树路等4条道路进行电子化停车收费改革，施划车位1300余个；清理占道僵尸车16辆，废旧电瓶车1400余辆，各类无主单车、废弃共享单车1万余辆。皂南社区皂君东里老旧小区综合改造工程完成楼本体改造和公共区域环境整治。清运无主建筑、装修垃圾、废旧家具、社区内无主废弃物约40吨，清运无主生活垃圾（以白色泡沫垃圾为主）约60吨。病虫害防治面积8000平方米。

（张秘晗）

【平安建设】 年内，街道建设地区安全生产责任体系，与地区主要生产经营单位、消防重点单位、交通监管单位、社区居委会签订安全生产综合责任书。完成市、区两级以及街道挂账隐患584处；完成5家重点企业的“一企一标准、一岗一清单”编制任务填报审核工作。开展专项整治行动8次，检查人员密集场所201家，巡查“六小”① 单位2600家次，检查地下空间202处，开展各类安全宣传教育“七进”② 活动50余次，制作海报5000张、安全提示卡1万张、宣传品（袋）1万余份。启动社会面一级防控62天，对辖区160个社会面点位、15座天桥、4个涵洞及6个地铁口进行巡逻看护。以五塔寺社区为试点，投入152万元，建设社区图像应用系统，通过高清视频监控、语音广播、信息采集综合显示及车辆管理系统，构筑公共安全。

（张秘晗）

【民生建设】 年内，街道拓展就业渠道，完成就业总人数748人，帮助462人实现灵活就业，2200人享受优惠政策。举办35期失业人员培训班，对362人进行职业指导。举办16场招聘会，采集4750条空岗信息指标。9906人参保城乡居民医疗保险，180人参保城乡居民养老保险。新增低保23人，医疗救助219人，重大疾病救助99人。为辖区居民申请公租房补贴360万元，市场化租房补贴411.1万元。实现残疾人基础台账动态管理，完成地区400余名困难残疾人精准帮扶，为重度残疾人发放助残补贴31.91万元。走访慰问1800余户残疾人家庭，慰问品总价值近20万元。完成非京籍儿童入学年审工作，128人通过审核。

（张秘晗）

【社区建设】 年内，街道优选配强社区班子，31个社区完成换届选举，27个社区实现书记、主任“一肩挑”。打造社区会客议事厅和“社区之家”示范点。依托“互联网+”模式，举办“胡同里的百家讲坛”12期，被200余家官方媒体报道。开展“奥运零距离”活动12期，配套建立“北下关街道奥运展览馆”。开展中医讲座及义诊65场，建成40号社区养老驿站和南里社区养老驿站。完成99户家庭居室适老化改造、安装感应夜灯130个、沐浴椅83把、无障碍扶手182件。改建老年人活动中心，开设书画、手工编织、法律咨询等课目。新增南二便民服务综合体，完成大柳树、皂君庙等10个社区的8项便民服务全覆盖工作。完成多层住宅增设电梯13部。

（张秘晗）

【基层党建和精神文明建设】 年内，街道落实全面从严治党主体责任，召开理论中心组学习扩大会17次。南二社区东院作为市级试点，开展党建引领物业服务企业和业委会工作。巩固“智汇金港”党建品牌，招录40名党建指导员。以“一规一表一册一网”为载体，构建“B（标准）+T（特色）+X（先进）”工作体系，加强党支部规范化建设。结合巡察整改意见，明确意识形态工作考核小组的组织架构、工作职责及责任。建立新时

① “六小”：小餐馆、小理发馆、小洗浴、小店铺、小娱乐场所、小网吧。

② “七进”：进企业、进校园、进机关、进社区、进农村、进家庭、进公共场所。

代文明实践所，推进地区精神文明创建工作。开展文联活动和第五届“北下关新时代好人”评选表彰活动，改版街道官方微信平台，正面宣传舆论引导，在市、区级以上媒体刊登新闻130条。

（张秘晗）

北太平庄街道

【概况】 2019年，北太平庄街道辖区面积5.17平方千米，有32个社区居委会，户籍人口143212人，流动人口51766人。辖区内文化、教育、科研机构众多，北京邮电大学、北京师范大学等高等学府，中国铝业集团有限公司、中国节能环保集团等重点企业以及中冶建筑研究总院等科研机构均坐落于辖区内。地区有从事第二产业和第三产业的法人单位4566家，外资企业212家，个体工商户732家。

（石婷婷）

【环境建设】 年内，街道拆除8个社区的违法建设1000余处3.7万平方米，完成“无违建街道”创建工作。启动“清锁行动”，完成16个社区的2485个违规地锁的拆除工作，实现违规地锁动态清零。引入停车管理公司，管理无物业小区的停车混乱问题。推进“疏整促”工作，完成“无证无照”门店治理30处，实现“散乱污”企业台账动态清零。完成17条背街小巷综合整治建设任务，完成转河绿色长廊整治工作。32个社区、142个小区实行垃圾分类，探索科技手段对厨余垃圾进行就地处理方案。全年疏解人口7300人。完成计划内老旧小区综合整治任务。

（石婷婷）

【平安建设】 年内，街道启动社会面等级防控15次，完成春节、“两会”、中华人民共和国成立70周年等重点时期的服务保障工作。查处渣土运输、无照经营、门前三包、户外广告牌匾等各类违法行为4829起，罚款101.51万元。开展“黑车黑摩的”专项治理，暂扣违规车辆20余辆。对辖区1454家企业开展安全隐患排查4290次，发现隐患966项，整改965项，检查覆盖率100%，整改率99.9%。开展燃气安全专项执法检查，检查餐饮服务单位300余次，责令改正20余次。组织群租房治理联合执法52次，清理违法出租房屋256户次，拆除隔断900余间。开展消防安全检查300余次，处理解决群众举报消防隐患线索220条。新增充电桩（柜）350余处。开展“校地警”防诈骗活动，提高地区居民防电信诈骗能力。办理信访件214件，接待集体访15批426人次。

（石婷婷）

【民生建设】 年内，街道完成节能大厦南侧口袋公园建设、罗庄中路南段扩宽、天兆家园道路整治、滨河路路侧停车位增容等20项为民办实事项目。完成西直门北大街43号院和新外大街25号院8栋老旧居民楼的综合整治工作。建设76处便民蔬菜销售网点，完成西直门北大街43号院养老驿站的建设工作。为蓟门里和师大北路等多层住宅加装电梯6部，治理老旧住宅隐患电梯29台。完成114名非京籍子女入学审核工作，地区幼儿园扩增学位265个。“接诉即办”接收处置案件11269件，“响应率”100%。落实对口帮扶工作要求，与河北省赤城县赤城镇，内蒙古敖汉旗兴隆洼镇、贝子府镇对接，签订帮扶协议，拨付对口帮扶资金300万元。走访辖区重点企业19家，异地迁入高新科技企业1家，深入楼宇工作站开展社保政策答疑咨询。

（石婷婷）

【社区建设】 年内，街道完成第十届社区居委会换届选举，实现32个社区一次选举成功率100%。完成32个社区居务监督委员会推选工作，产生居务监督委员会主任32名，其中社区专职副书记3名，专职纪检委员14名，党组织其他委员8名，社区党员7名。制定并落实北太平庄街道社区书记、主任例会制度。召开2018年度新入职社区工作者座谈；开展社区“两委”换届后新一届社区书记主任任职培训。组织举办2019年“社工宣传周”和“社区邻里节”活动，有效宣传社区工作并引导社区居民广泛参与到社区治理中来。完成2019年社区工作者招聘工作，新招录40名社区工作者并完成入职培训。消除3批隐患电梯台账，完成65台隐患电梯中29台的治理。建成文慧园“社区之家”示范点。对附近社区居民开放活动中心内部乒乓球馆、台球馆、健身馆、图书室等文体场地及设施。落实《北京市基层社会治理规范化建设三年行动计划（2018—2020年）》，以志强北园、蓟门里等老旧社区为重点，解决社区停车难、环境脏乱差、服务设施短缺、基础设施老旧、治安混乱等问题，完成撤销新外大街31号院4号、5号楼业主委员会备案，指导太月园小区业主委员会开展换届选举，在社区广泛推广北京市业主手机App注册，筹备成立志强北园小区业主大会和业主委员会等工作。对今典花园、红联东村、北太平庄等社区自行车棚进行改造，对志强北园、罗庄东里等11个社区的门禁、社区监控系统进行季度巡检和维保；为天兆家园、邮电大学、政法大学、志强南园等5个社区安装宣传栏26个；为北太平庄、明光北里、明光村小区、师范大学等6个社区安装社区便民路椅；完成红联村、北太平庄、北三环中路40号等4个社区的办公活动用房及设施的修缮工作；为32个社区配备电脑57台、笔记本1台、打印机6台、空调44台。在32个社区大力推广社区会客议事厅建设。落实“接诉即办”，提升为民服务水平。落实“吹哨报到”机制，解决社区物业管理难题，提升“接诉即办”案件的解决率和满意率。

（石婷婷）

【基层党建和精神文明建设】 年内，街道社区“两委”换届工作，对新当选的社区书记、主任开展集中培训。开展“不忘初心、牢记使命”主题教育。完成区委第三巡察组对街道党工委的巡察工作，推进街道全面从严治党工作。深化志强北园社区“四心”① 党建品牌影响力，完成党建引领物业服务企业和业委会参与社会治理市级试点工作，形成党建引领社区治理的“四圆向心”② 工作机制。成立海淀区首家红色“业委会”，建成北京首个5G新型智慧社区，形成“志强模式”。蓟门里社区成立“社区居民会客议事厅”，推进党建引领社区基层治理。成立枫蓝国际党建楼宇工作站党委、锦秋国际党建工作站党总支和8个非公独立党支部。建立“北太红帜”地区党建App平台。开展手工制作、健步走、知识竞赛、阅读会等各类文体活动1200余场次，惠及居民3.6万余人次。组织第五届北太平庄杏坛文化节系列活动，开展第七届社区歌咏比赛、第六届社区舞蹈比赛等大型活动。

（石婷婷）

海淀街道

【概况】 2019年，海淀街道辖区面积6.9平方千米，有32个社区居委会，下属便民服务中心、市民活动中心、市民诉求处置中心3个事业单位。户籍人口11.8万人，流动人口约5.1万人。辖区有中央、市、区属单位180余个，大、中、小学校10所，医院2所，宗教场所2个，企业近4万家。审核企业3313家，其中新增1589家，代征房产税7012万元。开展重点企业走访活动，促进地区税源健康良性发展。完成第四次全国经济普查登记。

（李雅姝）

【中关村西区新型城市形态建设】 年内，街道继续推进“科技、创新、文化、智慧”中关村西区新型城市形态建设。推进“城市大脑”物联网、5G试验场建设，投入监测设备2394台。搭建完成新中关、海龙大厦等8个5G基站，推进“空间交流”“空间开放”“空间融合”试点；优化交通设施，安装完成违停抓拍系统84套、电子警察系统70余套、高点监控系统6套、路口流量监测系统70余套、违法鸣笛系统1套；实施景观照明工程，整改完成亮化楼体灯光效果；落实《西区绿化及小尺度环境专项规划》，提升绿化美化水平。与北京市建筑设计研究院有限公司达成街区规划合作协议，聘用街道责任规划师和高校合伙人。城市规划、城市管理、背街小巷改造、中关村西区4个地铁口升级方案，万柳地区停车规划、户外广告规划等项目得到专业指导和设计。完成硅谷电子市场和利康金桥电子市场疏解任务，涉及870余家商户；推进鼎好电子市场疏解腾退工作，完成对440家小业主的摸底和沟通，制定清退工作方案；推动中关村e世界电子市场转型升级，协助海淀置业集团和创业公社对小业主开展回租和回购，业主签约率达85%，签约面积达90%。推进中关村西区国际化人才社区建设，开展国际化物业服务探索。

（李雅姝）

【环境建设】 年内，街道完成10条背街小巷改造、10条重点道路架空线入地、万泉河东巡河路整治等重点项目。拆除违法建设93处，建筑面积20254.85平方米。根治排污点2处，完成万泉庄一号院排污口治理工作，完成万泉河清淤工作，整改完成油烟设备改造台账任务93件。开展占道经营违法、违规户外广告、露天烧烤、施工扬尘及道路遗撒问题专项整治，对食宝街168家餐饮单位进行油烟专项整治，整改23家300平方米以上餐饮单位，31家档口类商家改造完毕。将辖区670家餐饮单位油烟清洗工作纳入日常监管。开展无违法广告牌匾街道创建工作，拆除各类违法广告牌匾600余块3.4万余平方米。处理“接诉即办”案件2000余件，热线响应率100%，解决率77.9%，群众满意率85.9%。作为市级全品类垃圾分类示范街道，在三环、人大南社区建设两处垃圾分类智能柜机并投入运营，居民参与率达到85.6%，厨余垃圾分拣率达10%，苏州桥西垃圾分类新型模式在全市起到示范作用。

（李雅姝）

【平安建设】 年内，街道完成重大活动服务保障任务，启动社会面等级防控73天，发动群防群治力量30余万人次，保障中华人民共和国成立70周年庆祝活动、“一带一路”高峰论坛、全国“两会”、亚洲文明对话大会、世园会开幕式等重大活动安保任务。成立中关村西区“扫黑除恶”工作专班，海龙、鼎好、E世界电子产品买卖、退费纠纷类警情比上年下降98%，实现涉嫌强迫交易零接报。构建街道党工委、办事处、安委会、平安建设办公室、专职安全员检查队伍四级责任落实体制，累计检查企业超过7000家次，消除隐患超过4500项；开展城市安全领域隐患治理三年行动，开展建筑施工、电气火灾等重点行业领域专项整治10余次，推动1100余家企业实行安全生产管理“一本账”③、200余家企业投保安全生产责任险。

（李雅姝）

【民生建设】 年内，街道发放临时救助、义务教育、助残补贴等各类补贴共计592221元，就业指标完成率98%，就业困难指标完成率100%。完

① “四心”：居住环境更加“舒心”，社区服务更加“贴心”，小区治安更加“安心”，精神生活更加“开心”。

② 核心引领圆：社区党委。同心助力圆：社区居委会、社区服务站。中坚力量圆：社区议事厅、物业服务企业、业委会。区域共建圆：街道党建协调委员会成员单位、社区党建协调委员会、“双报到”基层党组织、“双报到”在职党员。

③ “一本账”：《海淀街道生产经营单位安全生产管理记录》，帮助1100余家企业建立安全培训、例会、隐患排查和预案演练等管理记录。

成公租房新申请、复核938户，采集退役军人及家属信息4262份，发放光荣牌4241块，发放义务兵抚恤金711598元。为河北省赤城县大海陀乡架豆种植园、内蒙古敖汉旗牛古吐镇爱心超市项目和敖汉旗黄羊洼镇爱心超市3个项目投资117万元。开设社区蔬菜零售网点70个（含17辆蔬菜直通车），完成辖区全覆盖。在海淀路、稻香园西社区新建两处老年餐桌，社区覆盖率达50%。

（李雅姝）

【社区建设】 年内，街道建立"社区会客议事厅"群策会商制度，以合建楼、小南庄社区为试点，初步构建由社区党组织领导，社区居委会、物业企业、驻区单位、社会组织、社区居民等共同参与的社区多元主体治理格局。完善海淀南路北、稻香园北社区"社区之家"、康桥蜂鸟园社区"一站式服务"①、倒座庙社区"未诉先办"工作机制、阳春新纪元社区"二加一"志愿项目②等亮点品牌。完成社区"两委"换届选举工作，32个社区均一次选举成功。招录42名社区工作者。实施"专业社工培育计划"，开展各类课程29次，参加社工2700余人次。

（李雅姝）

【基层党建和精神文明建设】 年内，街道开展"不忘初心、牢记使命"主题教育工作。开展调研149次；领导班子成员专题讲党课14次、党组织书记讲党课156次，4400余名党员接受党课教育。轮训基层党组织书记109人次。依托党员"双报到"，开展党员承诺践诺办实事活动。召开地区党建协调委员会工作推进会、"不忘初心　牢记使命　立足民生促发展"专题会，夯实区域化党建阵地基础。创新构建"1+1+29"③网格化"两新"党建管理体系，累计建立"两新"组织党组织322个，覆盖企业845家，覆盖率为96.02%。完善红帆党建品牌建设工作，新建"红帆书屋"党建阵地，编印图书《党建引领，企业发展"新时代"》。举办第二届海淀地区秋季运动会、第四届"创新杯"羽毛球赛。开展"文化主题月"活动，将32场文化活动送入社区；开办3场文艺展演和非遗体验活动，吸引16个社区、25个文艺团队参与。完善公共文化服务设施，协调开放海兴大厦24小时读书空间；利用中关村西区内4个信用借阅书柜，为西区企业员工提供中英文对照读书阅览服务，上架新书3000余册；完成街道文化服务中心图书阅览室藏书2万余册，举办读书活动23次，接待读者8万人次。"海淀街道之声"微信公众号发布新闻稿件900余条，新闻点击23万余次。

（李雅姝）

中关村街道

【概况】 2019年，中关村街道面积5.28平方千米，有30个社区居委会，户籍人口11.9万人，流动人口5.5万人。辖区内有国家级科研院所23家，商务楼宇32座，各类企业3.9万家。有5000多名科学家和高级知识分子，有中国科学院、中国工程院院士114位。居民大学以上文化程度约占总人口的30%。

完成中发电子市场和蓝景丽家大钟寺家居广场的升级转型，疏解摊位数247个。完成政务服务大厅改革，152项政务服务事项全部进驻办事大厅。优化营商环境，建立创新合伙人"合作服务包"制度，打造服务企业样板间。开展院士手模采集、院士讲堂、院士沙龙等系列活动，为81位院士提供服务。完成第四次全国经济普查工作。对内蒙古阿力得尔苏木、桃合木苏木、绿水种畜场进行项目扶贫，筹集资金总计300余万元。代征房产税3023万元。

（沈成保　湛宗祥）

【环境建设】 年内，街道推进"拆建管"精细化治理，开展联合执法行动1100余次，出动执法人员4200余人次。拆除爱家收藏市场等违建111处，面积1.29万平方米，实现新生违建"零增长"。规范"门前三包"5400次，取缔无照商贩100余起。完成8个公共空间及社区空间更新环境建设项目，完成燕归园"科学家小径"等3条健身步道的智能升级和11条背街小巷提升改造工作。推进城市运行管理智慧中心建设、"智慧社区"建设和6处公厕改造。

（沈成保　湛宗祥）

【平安建设】 年内，街道围绕"平安中关村"建设，发挥"中关村智慧生活+"智能安防系统和安全宣教基地作用，完成全国"两会"、"一带一路"高峰论坛、亚洲文明对话大会、中华人民共和国成立70周年等重大活动保障工作，累计发动群防群治力量20万人次。抓好重点人员、重点领域、重点环节的安全维稳工作，开展群租房整治、安全生产检查、食品卫生督察、矛盾纠纷化解、劳动争议调解等工作，开展各类检查9400余次，出动检查人员1.46万人次，排查隐患3160项，检查覆盖率100%，整改率99%。整治群租房260处。社区人民调委会调解纠纷838件、接收社区矫正服刑人员8人。接转区非紧急平台投诉件6987件，结案率99%；受理群众来信来电来访87件次。全国试点"中关村科学城劳动仲裁中心"

① "一站式服务"：社区融合"基本生活服务、出行服务、安居服务、文体娱乐服务、文化休闲服务、宣传教育服务、咨询服务"七大服务为一体，让居民不用出远门，就可以解决物质生活和精神生活中的各种问题。

② "二加一"志愿项目：2名志愿者与1名服务对象牵手结对，定期上门探视、提供节日慰问、帮助解决生活困难。

③ "1+1+29"：1个红帆党群服务中心、1个红帆书屋、29个商务楼宇工作站。

调解劳动纠纷457件，涉及2567人、金额2578万元，调解成功率78.33%。

（沈成保　湛宗祥）

【民生建设】 年内，街道完成第十届社区居委会换届选举工作，创建“全科社工”“会客议事厅”“红管家”社区名片品牌项目。落实“12345”市民热线“接诉即办”工作，市级平台案件和区级平台案件下派5545件，有效回访案件3923件，反馈率100%、解决率50.65%、满意率87.47%。围绕“中关村智慧生活+”项目，建成便民商业网点1105个。打造以“五站一中心”①为依托的养老体系建设，服务老人1.6万人次。组织113户家庭参与街道“十佳健康家庭”评选。办理各类保障住房2996户，办理非京籍适龄儿童入学152人，采集退役军人信息900余人次，完成就业指标1020人，为困难弱势群体发放救助金700余万元。

（沈成保　湛宗祥）

【社区建设】 年内，街道在社区治理方面逐步形成“社区搭台，居民主导，多元共治”的“中关村模式”。在全市率先实施“全科社工”制度，居民办理的服务事项在一个窗口、一名社工手中就能完成。推动30个社区“会客议事厅”常态化运行，实施“问民需、汇民意、议民题、执民事、促民评”五步循环工作法。组织41场社工综合素质拓展、前辈经验分享、行业知识专讲等培训，累计培训4000余人次。开展“最美笑脸——大学生公益服务进社区计划”共建项目，培训并组织大学生参与社区名片建设。为“科普教育”“为老服务”等主题名片社区免费开展花园营造、“点单养老”线上服务平台建设等项目，100余名大学生参与实践，提供6300余小时、3200余人次的志愿服务，服务社区居民4000余人次。围绕传统节日，在30个社区开展“我们的节日”主题活动，举办首届“社区邻里节”活动，累计6000余人次参与。社区治理做法入选《中国城市社区治理报告（2019）》，成为北京市唯一入选的社区治理典型。

（沈成保　湛宗祥）

【基层党建和精神文明建设】 年内，街道以市委巡视和区委巡察整改为突破口，完成党工委6类33个问题（含市委巡视7个问题）、社区党组织6类23个问题的研究整改。推进“不忘初心、牢记使命”主题教育，抓好处级领导班子和182个基层党组织的教育学习。落实“街道吹哨，部门报到”工作机制，构建地区大党建工作格局，制定街道党工委及处级领导班子抓党建责任指导清单。推进“双报到”、“双联系”和“千百十·我在基层”工作，完成45家单位党组织、4501名在职党员报到，完成30个社区党组织与34家区属机关和企事业单位党组织及34名党员结对。制作“两新”党建思维导图，“两新”组织覆盖率81.33%，工作覆盖率100%。推行党建协调委员会轮值主席单位制。完成182名基层党组织书记轮训。在“党建e站”微信公众号推送信息50余篇，推送学习资料45期。送27堂主题党课进社区，参训党员达2200余名，实现30个社区党员全覆盖。落实全面从严治党主体责任，制定全面从严治党主体责任清单，领导班子主体责任全程记实平台填报2312条，逐级签订个性化责任书174套，开展监督121次。

举办首届中关村地区缤纷运动季、第八届科技艺术节、“科技强国科普惠民”等系列活动，累计参与单位130余家、人员1500余人。拍摄2019年“中关村温度”系列微视频，成立中关村街道新时代文明实践所，培树“中关村温度”文明实践品牌。改版“乐活中关村”微信公众号，升级“1+1+30”政务新媒体矩阵群②，发布文章384篇，阅读量27.4万人次，比上年增长27.2%。打造中关村特色科技文化阵地，推进中关村众享荟（村史馆）建设；升级改造中关村南路文化墙，增加序言、73位院士手模及寄语、30家重点企业Logo三大板块。

（沈成保　湛宗祥）

【创新合伙人“合作服务包”】 年内，街道围绕地区企业发展需求，以项目制为工作方式，以地区人工智能、大数据等高精尖产业为服务对象，为企业订制创新合伙人“合作服务包”。建立“重点企业街道领导包户定点”联系机制，对接高新企业1300余家，走访重点企业39家。打造街道科室与地区执法部门联动模式，从办公周边环境保障、强化组织建设、人工智能街区应用场景建设、助力企业发展、文体活动联办、智能便民服务6个方面为企业服务。开展送服务到名企系列活动，组织永生花手工坊、踏青季、咖啡品鉴会等活动21次，吸引旷视科技、东华软、中科软、建设银行、交通银行等50余家辖区重点企业与平台的2000余人参与。联合职能部门举办减税降费政策专题培训会、优化营商环境政策宣讲会等10余场政策培训，共服务地区企业500多家，员工1400余人。

（沈成保　湛宗祥）

【“红管家”社区治理模式】 年内，希格玛社区挂牌成立北京市首个环境和物业管理委员会，构建以社区党组织为核心，居委会、业委会、11家物业配合，辖区职能站所、“两新”组织③等共同参与的“红管家”治理模式，引导居民“在社区里诉求，在视线中即办”，确保居民已诉“未诉”尽快办理，在第一现场化解物业纠纷。建立预约服务，“红管家”24小时错峰工作，做到岗位留人、楼宇住人、街面见人。组织学习宣传物业、物权等政策法律，确定履职、协商、奖惩等运行方案。探索“红管家

① “五站一中心”：海淀区中关村街道黄庄、科汇、希格码、知春里西及科源社区5个养老驿站和海淀区中关村养老照料中心。

② “1+1+30”政务新媒体矩阵群：乐活中关村，一个乐活中关村政务头条号及30个社区微信公众号。

③ “两新”组织：新经济组织和新社会组织。

一三五七”工作法，即围绕党建核心，发挥基层党组织、党建协调委员会、社区居委会3个作用，推进社区治理、物业管理、居民自治、业主自管、群众参与5种自治模式，推动党组织第一责任人责任、党员承诺、居委会主任职责、物业负责人职责、小巷管家责任、党员志愿者责任、环物会委员责任等7项责任落实。自“红管家”治理模式推行以来，业主投诉率显著降低，化解矛盾纠纷90余件，办理“接诉即办”案件20余件，解决率、满意率均为100%。

（沈成保　湛宗祥）

【对口帮扶】 年内，街道对口帮扶内蒙古科右前旗阿力得尔苏木6个深度贫困嘎查、桃合木苏木和绿水种畜场区域。搭建教育扶贫平台，对接中关村互联网教育创新中心，组织地区15家教育企业对内蒙古科右前旗阿力得尔苏木拉斯嘎嘎查幼儿园项目，捐款15万元及部分课程资源。发动地区青联单位和地区报到团员、志愿者捐助爱心物资，完成127名阿力得尔苏木困难孩子实现2019年“微心愿”。组织辖区企业、学校、社会组织到阿力得尔苏木开展产业商贸帮扶、医疗健康帮扶、教育培训帮扶、“一对一”爱心帮扶等共计16类，捐助物资合计158.84万元。全年拨付支持内蒙古科右前旗阿力得尔苏木6个贫困嘎查项目资金238.44万元，拨付支持内蒙古兴安盟科尔沁右翼前旗桃合木苏木项目20万元，拨付支持绿水种畜场项目20万元。经过帮扶，科右前旗已退出贫困旗县序列，阿力得尔苏木贫困人口从2014年的6458人降到137人。

（沈成保　湛宗祥）

学院路街道

【概况】 2019年，学院路街道辖区面积8.49平方千米，有29个社区居委会，户籍人口179458人，流动人口52182人。辖区有中国科学院、中国工程院院士55名，高等院校10所，中小学校11所，国家级科研单位10所，是北京市科技、文化、教育最密集的地区之一。辖区有企业8300家，开业登记企业572家。对地区重点楼宇中的异地纳税企业进行摸排核实，核查企业549家，有异地纳税企业65家。协助企业解决问题20余件。优化营商环境，引进智能机器人“小爱”提供自助式政策咨询服务，实现“一网、一窗、一次”办理率100%。对新疆维吾尔自治区和田地区、湖北省丹江口市开展帮扶，涉及6个项目、资金200万元。完成个人出租房屋租赁税代征1694万元。

（韩帅）

【北京国际设计周海淀分会场活动】 9月7日，北京国际设计周海淀分会场“海师·海诗‘约会五道口’城市更新荟”启动仪式在学院路街道五道口西街一号举行。北京国际设计周组委会办公室、市规划自然资源委、海淀区政府、市规划自然资源委海淀分局、清华同衡规划设计研究院、清华大学、北京林业大学、北京语言大学、北京农业大学等单位负责人出席活动，学院路街道党工委书记冯志明主持仪式。北京国际设计周是由文化和旅游部与北京市人民政府联合主办的国家级大型年度文化活动。国际设计周海淀分会场活动由学院路街道、规自委分局共同主办，包括京张铁路遗址公园五道口启动区（京张绿廊）及“约会五道口”城市更新荟展览展示活动，持续至10月7日。海师·海诗“约会五道口”城市更新荟活动包括5个部分：京张铁路遗址公园启动区现场展示，学院路规划设计馆，清华、林大、交大等高校和设计机构京张铁路和五道口地区设计成果展，“科技星球环游记”主题展，泛学院路地区国庆70周年科学文化成就展。当天举行“学院路街道手绘地图”发布会，手绘地图分为学院路街道手绘总图、慢生活地图、美食地图、悦游地图四大类，为市民朋友生活出行提供极大的便利。活动期间举办论坛、活动22场，科技各级党组织“不忘初心、牢记使命”主题教育现场参观研讨50余批次，共吸引近10万人次参观。9月15日，京张铁路遗址公园五道口启动区向公众开放，总长度770米，总面积1.77万平方米，分为铁路记忆广场、轨道花境、展望花园3个部分。

（韩帅）

【环境建设】 年内，街道实施生态、城市功能“双织补”，举办2019年第二届“城事设计节”，孵化2018年设计节项目落地。建设逸成休闲体育公园。拆除违法建设30993平方米，整治“开墙打洞”63处、无证无照商户44处，清理整治群租房116套。完成五道口服装市场疏解任务，疏解商户600户。完成东王庄老旧小区25栋楼以及公共区域的综合整治，面积16万平方米。提升5条背街小巷环境面貌。加强道路空间治理，在五道口设置电动自行车充电设施60组。建设口袋公园16处，绿化面积约5000平方米。完善大件垃圾及可再生资源回收体系。建立环境卫生问题快速处置机制，清运大件垃圾500万千克。清除小广告3660平方米。

（韩帅）

【平安建设】 年内，街道做好重点时期各项安全维稳服务保障，启动等级防控93天，发动志愿者、安全稳定信息员等群防群治力量及专业安保人员约8000余人。开展“扫黑除恶”专项斗争，印制并发放各类宣传品1.5万余份，开展各类宣传活动150余次，宣传覆盖面达2万余名居民，上报扫黑除恶线索8条。打造“学地警”“校地警”平安联盟。加强公共安全领域风险管理。开展日夜巡查120余次，检查生产经营单位210家次，发现、整改隐患800余处。组织400人开展消防业务实操培训，提升地区消防安全消隐能力水平。

（韩帅）

【民生建设】 年内，街道建设展春园街区工作站，设置“四站一室”① 共5个“嵌入式”功能区，建立“一口受理”“颜色分拣”机制，打造“郑朝工作室”特色品牌，调解案件2件，司法确认案件1件；法律咨询20余件；组织法律宣传活动13场次，受众700余人。搭建“接诉即办”专项工作平台，与社会专业机构合作，做到诉求第一时间响应，案件第一时间督办，问题第一时间解决，共受理群众诉求4200余件。促进地区两个养老照料中心建设，为失能失智老人提供照料床位130张。完成适老化电梯改造加装41部。完善地区学前教育公共服务体系，推进展春园幼儿园抗震加固改造与安全提升工作。开展“非遗传承民俗文化进社区”项目220次，惠及居民4200人次。开展“家庭助理 亲情扶助”义工行动志愿服务628次。举办“公益大课堂”系列服务课程156次，受益居民4800人次。完成19个社区的8项基本便民商业服务功能全覆盖，完成全年任务的190%。

（韩帅）

【社区建设】 年内，街道将街区规划师向社区延伸，聘请专业社区营造师，形成“双师联动”的治理局面。以二里庄社区为试点，引进社会组织，成立“二里庄社区营造工作坊”，构建社区新生态。推动“双报到”制度常态化，推进党建引领物业服务企业参与社会治理试点工作，探索并形成“1+3+N”② 工作模式。举办“路人变主人”斜街更新工作坊、“点靓学院路”社区营造与治理创新主题论坛、“新时代社区工作新作为”——京、沪、蓉三城社区论坛，探讨基层治理创新与社区营造的新模式。以健翔园为试点社区，推行“聚力健翔，共享宜居”、党建“4S”、“雨露园”和“银发乐活在社区”等社区议事厅项目。以石油大院为试点，探索建立柔性关系网络，拆除院内违建，腾退2000余平方米公共空间，建设“石油共生大院”，促进街区共治、共享、共生。

（韩帅）

【基层党建和精神文明建设】 年内，街道开展“不忘初心、牢记使命”主题教育。开展地区发展思路走访调研，建立领导班子集体调研、带队走访及每周党政联席专题会议制度。完善“两层级、多平台”区域化党建模式，地区党建工作协调委员会成员单位新增22家。推进“两学一做”学习教育常态化制度化，加强各基层党组织规范化建设。完成“两委”换届工作及机构改革工作，为新一届社区“两委”班子开展百余次“星火计划”③ 培训。摸索“两讲”④ 课程、“三建”⑤ 师资、“四进”⑥ 模式的党校办学法，集中培训90场，培训党员6036人次。为街道干部举办“名家大讲堂”15讲。抓好党风廉政建设“两个责任”⑦ 落实，将全面从严治党责任进行逐一分解，正风肃纪。

成立学院路街道新时代文明实践所，下设29个社区新时代文明实践站，组建新时代文明实践志愿服务中队，组织开展活动200余场。开展“我们的节日”主题活动，举办传统节日文化活动35场。联合清华大学城市品牌研究室，深入社区、学校开展调研座谈，推进区域品牌形象建设。组织地区200余人参加2019年海淀区第十届文明市民艺术节决赛，获2019年海淀区第十届文明市民艺术节“优秀组织奖”。“美丽学院路”微信公众平台共发布信息2060余条，完成制作8期《美丽学院路》报纸。共刊发稿件472篇，其中国家级媒体165篇，市级媒体290篇，区级媒体87篇。

（韩帅）

清河街道

【概况】 2019年，清河街道辖区面积9.37平方千米，现常住人口约15.2万人，流动人口约6.6万人。社区居委会29个。地区现有3个中央级单位、4所部队大院、6所中小学校，有北京儿童福利院、北京第四社会福利院两家福利机构。

通过“一对一”走访、集中座谈和电访等形式，服务企业百余家。共有企业13114家，三级税收64.55亿元，区级税收13.17亿元，税收10万元以下的企业11746家，比上年增长89.57%；10万元至100万元的1098家，比上年增长8.37%；100万元至1000万元的231家，比上年增长1.76%；1000万元以上39家，同比上年占比0.3%。统计并认定2018年区级贡献5万元以上的新增税源企业7家，占全区的8.4%（全区共83家），纳税额2345万元，为街道争取税金奖

---

① “四站一室”：包括学院路街道综治中心第一平安建设工作站，东升派出所第一（地大）社区警务工作站，接诉即办展春园站，展春园新时代文明实践站，学院路街道“郑朝工作室”。

② “1+3+N”：“1”即以社区党组织为核心，强化社区党组织的领导作用，增强党组织凝聚力、向心力、影响力和辐射力。“3”即社区治理主体，包括社区居委会、物业服务企业和社区全体居民。“N”即社区治理中其他重要参与者，包括街道各职能科室、区属各相关单位及有关执法部门、驻区党代表、人大代表、社区在职党员、各驻区单位企业、社区智囊团、志愿者队伍、楼委会等共同参与社区建设，发挥各自作用，协助社区党组织解决社区建设中遇到的各类问题的各方力量。

③ “星火计划”：学院路街道与市委党校谈小燕老师合作，开展近百课时的社区工作者能力提升系列培训，以分层次分类进阶培训的方式，让社区工作者理解和掌握社区治理的道、法、术、器。

④ “两讲”：讲理论教育和党性教育。

⑤ “三建”：利用学院路得天独厚的智力资源，建设“党校老师、高校专家、地区知名人士”师资库。

⑥ “四进”：“进社区、进高校、进楼宇、进机关”，将党课开到了党员的“家门口”。

⑦ “两个责任”：在落实党风廉政建设责任制过程中，街道党工委负主体责任，纪工委负监督责任。

励253.02万元。

（罗博誉）

【环境建设】 年内，街道发挥“12345”热线“哨声源”作用，办理案件10915件，解决群众关注的难事、烦心事。通过社区民意征集，发动群众全程参与，投入668万元实施29项为民办实事工程，12个社区实现8项基本便民服务功能全覆盖。在完成“疏解整治促提升”专项行动各项工作任务基础上，拆除各类违法建设97004平方米，建成朱房北一街城市会客厅、学府树中街街心花园及清上园东路南口休憩区并面向公众开放，棚户区改造项目有序推进。义务植树1216株，组织开展第二次全国污染源普查工作，采取措施应对空气重污染。规范辖区交通秩序，集中整治“僵尸车”①，完成五彩城二期慢行系统建设，开展路侧停车建设试点，地区新增停车位490余个。

（罗博誉）

【平安建设】 年内，街道以服务保障中华人民共和国成立70周年庆祝活动为“纲”，发动群防群治力量14余万人参与群防群治社会面防控和城市运行服务保障。深化“扫黑除恶”专项斗争，开辟案件线索举报渠道，对涉黑涉恶案件深挖彻查。深化重点行业领域专项整治，持续推进城市安全隐患专项治理三年行动。开展“防风险保平安迎大庆”专项行动，排查治理火灾风险隐患。清理楼道可燃杂物76.19吨、电动车1502辆，打通消防通道53处、清理油烟道40处，对辖区地下室、人防工程进行3次全覆盖检查。开展矛盾纠纷排查调处，加强反恐防恐工作，组织反恐常识培训6次，反恐演练1次，反邪教培训2次，禁毒主题宣传教育活动1场。动员群众参与，治理违法群租房650户，拆除隔断785间、上下铺385张，涉及人口1890人。

（罗博誉）

【民生建设】 年内，街道办理适龄儿童新入学300人，为非京籍适龄儿童办理转学6人。保障房资格市级备案148户，公租房补贴新申请40户。为地区66名80～89岁老人配发浴凳，为34户90岁以上老人家庭进行适老化改造。协调社会力量建设安宁里养老服务驿站和毛纺北小区老年驿站，缓解老年人养老服务需求。建立清河街道困难群众救助站，全年发放各类救助补助金616.87万元，惠及地区困难群众1083人次，为45名肢体残疾人定做了矫形鞋及围腰辅具，发放各类补贴453万余元，发放困难慰问金37万余元，温馨家园共服务残疾人2.2万余人次。走访慰问驻地部队、退役军人和驻区企业，组织开展优秀士兵服务游京城活动。针对贫困地区开展定向认捐活动，共同构建“支部+”模式，以“党建促脱贫”，推动支部共建与脱贫攻坚的深度融合。

（罗博誉）

【社区建设】 年内，街道完成社区居委会换届选举，规范指导物业公司、业委会工作，提高保障和改善民生水平。依托清河实验课题组，创建“智汇五家”社区治理共同体机制，在智学苑社区形成可复制推广经验，完善街道指导体系和社区治理体系。成立社区指导中心，聚焦群众高度关心的问题，积极化解矛盾。建立党建清河“家”品牌，落实“千百十·我在基层”行动，发挥好“两级吹哨、平台发力”机制作用，制定工作实施细则，坚持主动治理与接诉即办结合，健全快速响应机制，提高“接诉即办”能力，打通社区治理“最后一公里”。

（罗博誉）

【基层党建和精神文明建设】 年内，街道开展“不忘初心、牢记使命”主题教育，建立“1+2+4+N”工作机制②，实现“京北畿甸、创新枢纽、产城高度融合的活力宜居新清河”区域发展定位为中心，推动街道26项重点工作任务落地落实。开展“我的初心岁月”老党员口述史活动，编辑《我的初心岁月》地区老党员口述史册，创办《今日清河》社区报。推进党群活动服务中心、金泰富地商务楼宇工作站阵地建设。开展“党旗领航”系列活动，积极打造“两新”组织党建品牌。依托区委党校清河分校功能，举办培训班17次，培训党员1838人。全年接转组织关系500余人。

完成街道机构改革、内设机构组建和人员调整，健全基层党建组织管理，落实处级领导干部抓分管领域党建主体责任，规范党组织服务群众经费使用程序，建立群众满意度测评和服务商评价机制。召开党风廉政建设大会，签订个性化责任书179份，查找廉政风险点近200个，与150余名机关社区干部进行集体廉政谈话，警示谈话68人次；调查谈话73人次；发调查函询9份。与150余名机关社区干部进行集体廉政谈话，印发5000册《清河街道党员干部廉洁自律工作手册》，以“作风建设永远在路上”为主题，举办清河街道第六届廉政文化作品展；播放警示教育案例、强化微信群警示宣传，营造风清气正的政治生态环境。

（罗博誉）

青龙桥街道

【概况】 2019年，青龙桥街道辖区面积18.59平方千米，是“三山五园”历史文化景区的核心区域，有20个

① “僵尸车”：长期停在车位不动、无人使用及维护的车辆。

② 建立“1+2+4+N”工作机制：“1”：围绕一个中心，即以落实“两新两高”战略，实现“京北畿甸、创新枢纽、产城高度融合的活力宜居新清河”区域发展定位为中心；“2”：抓好两个层面学习，即抓好处级领导班子和基层党组织两个层面；“4”：将4项重点措施贯穿主题教育全过程，做到了集体学习与个人自学相结合、理论学习与实践锻炼相结合、规定动作与特色活动相结合、调研检视与整改落实相结合；“N”：推动街道26（根据工作任务可增加）项重点工作任务落地落实。

社区居委会，下属便民服务中心、市民活动中心、市民诉求处置中心3个纳人工资规范管理的事业单位，户籍人口28349户71756人，流动人口28785人。辖区内有颐和园、圆明园、中共中央党校（国家行政学院）、中国人民解放军国防大学。

街道与利亚德集团共建青龙桥街道文化科技融合展示中心，展览总面积约为1500平方米，共分为9个展示区域，每个展区利用不同种类的现代化科技展陈手段并与光影艺术、数字动画等多种艺术形态相结合，多方位呈现青龙桥地区的历史文化背景、皇家园林景观、古镇商业景象以及科技文化相结合的街区特色。建成青龙桥·二河开21号艺术区，总占地面积17万余平方米，现存建筑为1.5万平方米左右，全部为20世纪80年代以前建造的库房、招待所、办公用房等。艺术区以青龙桥街道新修建的南北向的两条主干道作为分界线，分成三大板块，自东至西分别为公共艺术区、产业功能区和文体活动区。

（王京红）

【环境建设】 年内，街道完成市折子拆违任务1.1万余平方米。拆除私装地锁410个，违规牌匾、条幅等180余个；清运占道共享单车9.5万余辆；查处施工工地、渣土车等问题立案65个，罚款26.2万元。推进老旧小区改造综合整治工程；完成8条背街小巷整治；投入600余万元，对拆违腾退的二河开21号院进行绿化种植、景观提升。建立并完善“1+1+N”规划师[①]工作制度。发动8300余人次参与“家园环境清洁日”活动。东至清华西门、西至颐和园北宫门，在树池加装防腐木及胶丝盖板彩绘树篦子931个。

（王京红）

【平安建设】 年内，街道开展“安全生产月”“防保迎”专项行动，出动2169人次检查、复查生产经营单位2977家次，发现隐患2658项，整改2529项，开具责令整改文书1054份，消防工作指标完成率达70%。拆除彩钢板建筑2733平方米，解决安全隐患192处，清退违规居住人员1930名。3类可防性案件20起，比上年下降20.9%；盗非警情27起，比上年下降16.9%；巡防队协助派出所破案46起。完成重大活动期间社会面等级防控一级加强45天、一级24天的防控任务。

（王京红）

【民生建设】 年内，街道投资203万元，与解放军第八医学中心合作，共建军民文化广场。完善“双拥”工作机构机制，军地领导定期走访慰问。创新机制推动“接诉即办”工作，制定“三四五”步骤法[②]及“四见面”工作法[③]。处理案件1834件，“三率”指标考核[④]在市级、区级考核中稳居前列。8个社区的8项基本便民服务功能实现全覆盖，完成便民服务商业网点建设任务。开展12次便民服务进社区惠民生活动，受益人数1万余人。建成总面积约1500平方米的文化科技融合展示中心。综合文化活动中心举办公益培训89次，惠及地区居民1万余人次。宣传推广“三山五园”优秀历史文化，举办古镇新“韵”盛世华章——青龙桥“三山五园”文创系列活动。推进公共卫生服务，举办健康知识宣教活动、知识讲座。智慧政务平台办理残疾人两项补贴复审127人、计生类业务327人、社保卡业务980张。成立地区困难群众救助服务所，开展困难群众精准救助项目，完成15个个案指标，办理民政其他业务450余笔。办理涉及企业和各类社保业务8500人次；审核辖区147名非京籍子女入学监护人的社保记录情况；办理“一老一小”及城乡居民养老保险业务2350人次。

（王京红）

【基层党建和精神文明建设】 年内，街道党工委打造每月“一静一动”品牌[⑤]。指导基层党组织落实“三会一课”制度[⑥]要求、推进“五个好”党组织[⑦]创建。建设完成“红舫”党群活动中心，结合“不忘初心、牢记使命”主题教育，对机关党员和社区党员开展48场主题教育培训及党性、党史理论培训，培训党员2377人次。完成社区党组织换届工作。接收报到党员1236名，组织4次在职党员回社区报到活动，组织28家双报到单位开展活动4次。壮大非公党建“两支队伍”[⑧]，在20个社区建立老党员先锋队。打造微信公众号宣传阵地，利用新媒体平台及时宣传党的最新理论和政务服务信息。抓牢党风廉政建设，对新任职的科级干部、社区党组织书记、社区居委会主任、服务站长开展集体廉政谈话；对8名科长、负责人进行谈话提醒。

（王京红）

---

① “1+1+N”规划师：“1”，1名街镇规划师——专职技术专家，区政府统筹计划配置。“1”，1名高校合伙人——兼职高校团队，区政府统筹计划配置。“N”，N个设计师团队——根据项目需要，政府引导，市场主导，按照择优原则遴选的设计单位团队。

② 受理案件3天内必须结案；4天内需要提供相应的案例分析；面对一些难以解决的案件，在5天内需提供申诉佐证材料。

③ 见到问题，见到群众、见到现场、见到成效。

④ 响应率、解决率、满意率。

⑤ 开展每月“一静一动”党员教育活动，以街道党员每月“参加一场活动、聆听一场讲座”为内容。紧密结合当月最热门、最关注、最前沿的课题，邀请国内著名专家教授为党员授课，形成了长效机制。现在“一静一动”已经成为青龙桥街道极具特色的党建品牌。

⑥ “三会”：定期召开支部党员大会、支委会、党小组会；“一课”：按时上好党课。

⑦ 执行上级党组织决定好、严格党的组织生活制度好、加强自身建设规范化好、加强党员教育管理科学化好、引领联系服务群众作用常态化好。

⑧ 第一支队伍以社区为单位建立联合党支部，每个联合支部都配备一名非公党建工作指导员，专门负责开展党课教育及系列学习活动，不断提升联合支部企业党建工作能力。第二支队伍利用好专职党建工作指导员，按照“日周月”三级制定工作任务，采用“拉网式”摸排方式，在企业数据准确度、党员信息精确度上下功夫，使两支非公党建工作队伍形成互相配合、互相促进、互相督导的良性模式。

香山街道

【概况】 2019年，香山街道辖区面积20.34平方千米，其中山林面积16平方千米，位于海淀区西北部。设6个社区居委会，人口39188人，其中户籍人口14484人，流动人口24704人。香山地区是北京旅游风景区，有香山公园、北京植物园、碧云寺、卧佛寺等，年接待游客700余万人次。香山公园和北京植物园绿化率达98%，属于重点护林防火区。香山紧邻玉泉山、国务院机关事务管理局、杏林山庄，中央级单位、市级单位多，安保任务重。

（高明远）

【环境建设】 年内，香山街道服务保障中共中央北京香山革命纪念地建设工作。成立专项工作组，领导班子全员参与、街道干部整体动员，围绕纪念地及周边地块开展交通、地下管网综合情况普查，为北京香山革命纪念地落成提供保障。做好纪念地周边环境、交通、经营等秩序的整治，清理堆物堆料923处，清理违规广告牌匾、标识350余处，拆除地锁180余个，推进“疏整促”专项工作，拆除违法建设60处29382.19平方米，市折子[①]完成率120.3%；查处取缔无证经营25家，劳动执法检查120家，完成全年指标的120%；整治“开墙破洞”4处，区台账完成率100%；整治占道停车；背街小巷安装路灯37盏；投入资金190万元，完成买卖街、下行线路、北营村路、金山陵园路4条市级重点背街小巷环境整治，买卖街被评为“北京最美街巷”。新建仿古公交候车亭6处。

（高明远）

【平安建设】 年内，街道推进“雪亮工程”。四王府社区警务工作站和社区综治中心投入使用，警务工作站、综治中心平安建设工作站、四王府社区服务站和综合执法站实现“四站合一”，基层社会治理体系进一步完善。发动群防群治力量8.5万人次，保障“两会”、中华人民共和国成立70周年等重点时期社会面防控。调整加装沿香山14千米防火通道监控探头20个，管控防火通道秩序。检查生产经营单位2951家次，检查覆盖率100%，发现隐患539项，完成整改535项，整改率99.26%；为平房区居民配备4000余具灭火器，为地区居民、生产经营单位、商户发放并安装烟感报警器450具，沿街重点区域设置消防柜70套，安装电动自行车充电桩36套。发挥VR[②]消防安全教育警示基地作用，定期开展消防实战演练。打造香山应急救援体系，建立日常备勤、突发响应、整体联动、就近处置“一键启动”应急处置机制。

（高明远）

【民生建设】 年内，街道继续落实“接诉即办”工作，以群众诉求为“哨声源”，增加物防技防，实现综合协调处理、高位协调监督。“12345平台”累计受理群众诉求案件1257件，办结1253件，待办4件，诉求解决率和群众满意率得到提升。在社区推广六号院社区养老服务特色项目。完成非京籍儿童入学联合审核工作，为退役军人和优抚对象悬挂光荣牌1000余副，完成香山地区车辆信息普查统计工作。建成社区商业e中心1个，在煤厂街27号院南侧开通蔬菜直通车。推动“互联网+政务”服务，方便群众“网上办”，让群众“最多跑一次”。拓宽就业渠道，实现174名城乡劳动力就业，完成率158%；实现131名困难人员就业，完成率187%；成立困难群众救助服务所，依托“爱心家园”和“温馨家园”，发放慰问金和补助67万元。

（高明远）

【社区建设】 年内，街道完成6个社区“两委”换届选举工作，书记主任“一肩挑”100%，交叉任职比例60%。开展党组织和党员“双报到”，6个社区共接收报到在职党员883人，组织开展志愿服务活动6类20项。推动党建引领“吹哨报到”机制，推进党建引领老旧小区社会治理第一社区——香山公园家属院小区试点工作，成立试点工作专班，建立民生需求清单、强化党建引领，激发党员先锋意识、建立长效机制，巩固治理成果；组织开展“亮身份　明职责　当表率”活动，指导社区党委开展楼门党员“亮身份”、“划责任”、卫生死角清理等行动。

（高明远）

【基层党建和精神文明建设】 年内，街道在基层党建方面以理论中心组学习、“三会一课”为抓手，把习近平新时代中国特色社会主义思想和系列讲话精神作为学习教育的重要内容。加强区委党校香山分校阵地建设，在6个社区全面推行社区党员轮训制度、党组织书记“头雁领航”工程、党务工作者“素质提升”工程、党员“党性锤炼”工程，共举办8期党员轮训班。开展“不忘初心、牢记使命”主题教育，开展交流研讨3次，开展调研43次，现场解决问题39个、挂账督办问题2个，其他协调解决问题2个，形成领导班子检视问题清单12项；开展普通党员交流心得活动37次；举办主题教育专题轮训班6次、党支部书记轮训班4次；开展“不忘初心、牢记使命”主题党日活动，提升广大党员运用学习成果指导工作实践的能力。重点打造第一社区“红黄绿”三色扮靓幸福家园党建品牌。推进“两新”组织党建工作，优化非公党建指导员队伍，地区140家非公企业工作覆盖率100%、党组织覆盖率85.7%。开展社区大讲堂、百姓宣讲、北京榜样、我们的节日等文化活动以及社区宣传栏、电子屏、街

① 北京市政府折子工程是由相关委、办、局及承办单位协调配合的重要工程项目，它要求做到文字，确保落实，是政府批准并亲抓亲办的工程。

② VR设备所在地为香山消防中队；利用VR技术产生视觉感受，以此警示消防安全重要性。

面公益广告等形式宣传社会主义核心价值观、中华民族传统美德，提高居民文化素养。加强红色主题教育、中华传统教育，利用辖区香山革命纪念馆、双清别墅、一二·九运动纪念碑、抗战名将纪念馆等革命文化、红色文化资源，香山公园、北京植物园等旅游资源，组织开展系列主题教育活动，深化爱国主义和革命历史宣传教育，弘扬传统美德。发挥香山社区少年宫和各社区未成年人活动场所的作用，开展学雷锋志愿服务活动和孝道教育、诚信教育、勤劳节俭教育活动；举办国学、绢人、泥塑课程；组织文明旅游宣传、慰问敬老院等社会实践，培养未成年人友善、孝敬、诚信、节俭的良好品质，引导未成年人崇德向善、见贤思齐。市级媒体报道67次，区级媒体报道40次。

（高明远）

西三旗街道

【概况】 2019年，西三旗街道辖区面积8.23平方千米，辖区为城乡接合部地区。有27个社区居委会，实有人口17.2万人，其中外来常住人口7万人。推进街区责任规划师试点，与北京清华同衡规划设计研究院有限公司合作编制《西三旗整治提升规划》，包括产业升级、空间整合、品质提升三大项10个细分项。建设中关村西三旗（金隅）科技园，一期项目实现结构封顶，完成固定资产投资267667万元，二期项目完成立项备案，取得综合方案审查意见。获全国第三批智慧健康养老应用试点示范街道、北京市交通安全先进单位、北京市全民健身示范街道、北京市侨联工作先进集体等称号。

（王小民）

【环境建设】 年内，街道开展环境综合治理，疏解人口3240人，完成全年任务的103%。拆除违建51093平方米，完成全年任务的128%。整治“开墙打洞”点位32处，清理宝盛里22号楼地下室900平方米。加快建设电科院南侧公园城市小品、背街小巷整治等重点街区规划项目。完成北京市科实五金有限责任公司、五星啤酒厂搬迁。完成建材城东一里小区改造，协调解决悦秀园小区自来水改造资金。分别与海开集团、海房投集团和中冶集团签订战略合作协议，完成地区平房区和老旧小区更新。组织联合执法400余次，整治无证无照点位57处，拆除地锁3482件，清理废旧机动车81辆，查扣违规运输渣土车20辆，拆除违规牌匾372块。推进“河长制”，清河（西三旗段）水环境进一步改善。通过创建国家卫生区工作验收。

（王小民）

【平安建设】 年内，街道构建立体治安防控体系，开展视频监控、人脸识别和智慧门禁等物防技防设施改造，完成“一带一路”高峰论坛、中华人民共和国成立70周年等重大活动的安保工作。检查单位2120家次，整改安全隐患1466项。建设西三旗小型消防站，提升应急救援保障能力。组建集消防巡查、抗震救灾、应急处置、灭火救援为一体的队伍。开展重大行政决策合法性论证，审查各类合同470份，提出法律建议71条，调解矛盾纠纷1106起。

（王小民）

【民生建设】 年内，街道完成为民办实事30件。搭建全天候“接诉即办”平台，受理诉求6200件。办理行政事项5.6万件，帮助863名失业人员再就业，其中685人为困难人员，100%完成就业指标。新增社区服务用房面积4000平方米。推动地区大型商业综合体和“菜篮子”示范点建设，启动公园九九阳光餐饮示范街工程，打造食品安全示范街区步行街。建设半程马拉松步道和半马驿站——砖窑工业遗址公园。创新智慧养老、家庭养老新模式。北大附中西三旗学校、北师大二附中海淀学校、人大幼儿园实现招生，新增中小学学位1770个。组织商会企业代表到湖北省丹江口市蒿坪镇和内蒙古科右前旗德佰斯镇、满族屯满族乡开展对口支援，帮助蒿坪镇销售扶贫蜂蜜28万余元，捐助扶贫资金220万元，推动企业项目资源在扶贫乡镇落地。

（王小民）

【社区建设】 切实办好群众家门口的事，不断提升地区百姓的幸福感、安全感和获得感。面向社会公开招考46名社区工作者，进一步充实社区工作者队伍。委派27名思想政治好、工作能力强的街道机关科长到社区兼职社区专员工作，并制定方案和考核管理办法，做实做细面向社区、面向群众的相关统筹协调工作。依托清缘里社区自管会“爱家汇”开展“社区会客议事厅”试点工作。探索多样化服务合作和社会资本引入，做好平房区的改造更新工作。制定并完善《关于进一步加强西三旗地区物业管理服务提升的工作方案》，建立地区优质物业库，召开地区物业管理工作大会，进一步提升西三旗地区的物业管理服务水平。加强便民服务网点建设，扎实推进公元九九、新都购物广场、枫丹丽舍、硅谷先锋、华润置业5家商业E中心建设的前期工作，完成区商务下拨的11万元菜篮子项目补助款发放工作。持续做好i家园的服务管理工作，西三旗i家园智慧服务驿站开展活动190次，服务5614人次，受益12000人次，接待市总工会、焦作、云南、内蒙古等参观团200余人次。

（王小民）

【基层党建和精神文明建设】 年内，街道开展“不忘初心、牢记使命”主题教育。将意识形态工作作为政治建设和党的建设重要内容，推进8个方面主体责任落实，将领导班子成员落实责任制情况纳入民主生活会对照检查和年度述职报告的重要内容。做好党建引领深化“街镇吹哨、部门报到”试点，指导27个社区党组织和居委会完成换届选举，组织39家基层党组织进行党建工作述职评议考核会。区委党校西三旗分校开展培训15期，轮训党员干部4469人次。完成16名党员培养发展和8名预备党员转正工作，转接组织关系622人次。加强文化品牌建设。推进西三旗图书馆智能化工作。开设舞蹈、声乐、合唱等课程，惠及群众9000余人。拓宽党建、政务服务等微信公众号覆盖面，“海淀西三旗”公众号推送信息700余条，媒体报道160余条。打造清缘西里家文化主题广场、富力桃园党建同心圆、清润家园外部围栏改造等宣传载体。举办非遗文化戏曲、餐饮文化宣传、地区特色文化等活动。

（王小民）

马连洼街道

【概况】 2019年，马连洼街道辖区面积10.74平方千米，常住户籍人口58733人，流动人口46824人，设有18个社区居委会。辖区属于典型的城乡接合部。地区有注册企业近3000家。完成中关村软件园二期建设，230家企业全面进驻运营。代征房产税573万余元。

（王菁）

【环境建设】 年内，街道实施“疏解整治促提升”专项行动，完成人口调控台账任务，涉及6796人，占全年任务的135.92%；拆除新生违法建设43处，面积3793.502平方米，实现新生违法建设零增长；拆除既存违法建设73处，面积32145.12平方米，完成年度台账任务。完成马连洼北路和马连洼西路交叉路口护坡加固和景观提升工程、圆明园花园别墅东侧绿化改造项目、肖家河东王庄环境整治工程、12条背街小巷整治提升任务；推进河道灯光提升项目、茉莉园养老驿站项目及茉莉园社区商业E中心项目。整治中关村软件园二期周边环境；衔接修通荷塘月舍东侧、天秀路东口、绿苑小区东侧3条路，改善交通状况。针对“马上清（青）西”城市提升计划，列出16项重点任务，并对马连洼街道城市更新发展进行研究，形成《马连洼街道新时期城市更新发展战略研究》研究报告。开展中关村软件园二期公共空间营造及专项设计研究，收集有效提案1584件。指导安河桥北地铁站综合提升项目两轮设计方案，提出“治乱、优化人流动线、调整非机动车停放点、公交换乘融合”具体实施意见。接收区创卫办督办案件390件，完成率98%。每月开展城市清洁日行动，开展病媒防治消杀监测、控烟行动、春季灭鼠行动等。开展“厨余垃圾集中投放”模式，涉及街道7个社区、6家物业公司、148栋居民楼、7000余户，厨余垃圾分出率13.8%。

（王菁）

【平安建设】 年内，街道在中华人民共和国成立70周年庆祝活动等“五大安保”任务中，累计发动专业公安警力5820人次，群防群治力量232264人次（其中巡防队员3000人次、治安志愿者145543人次、其他力量83721人次），任务明确到社区网格，责任落实到人头，实现全方位、全覆盖、精细化的社区治安志愿服务。完成西北旺社区视频监控系统改造提升工程。开展“扫黑除恶”专项行动，抓获15人、拘留15人。检查企业3800余家次，发现问题隐患1083项，消除隐患798项。开展消防安全执法检查专项行动，督促辖区单位开展“三自行动”①，落实“三自主两公开一承诺”②，推进商场、学校等12类场所消防安全专项整治。开展消防大比武1次、消防安全知识培训及演练活动5次。建成中关村软件园小型消防站并投入使用。为社区安装烟感报警器2246个。开展电动车治理和燃气安全检查，完成辖区内肖家河平房区、百草园兴隆庄电动车充电桩安装。组织多部门对辖区平房地区的用火用电安全、燃气安全开展夜查。

（王菁）

【民生建设】 年内，街道为低保家庭发放低保金69.63万元，医疗救助35人次，合计8.99万元，发放严重精神患者监护补贴67.16万元，发放残疾人两项补贴153万余元。完成残疾人学生助学服务项目调查工作。成立马连洼地区困难群众救助服务所，排查录入困难家庭1095户，对7户困难家庭实施精准救助和个案帮扶。采集并上传退役军人信息2450人，发放光荣牌2343块。547名失业人员实现就业，完成就业指标的103%；办理失业、就业登记1037人次，开展职业指导、职业培训和政策大讲堂67次。申请保障性住房获得市级备案家庭127户，配租入户家庭249户。为梅园、竹园、菊园3个老旧小区居民办理房产证302户。处理农民工讨薪突发事件5件，涉及金额195.22万元。完成对内蒙古科右前旗乌兰毛都苏木和大石寨镇的结对帮扶任务。开展校外培训机构整治及社区办园工作，督促整改校外培训机构69家。完成164名非京籍符合条件适龄儿童的资料审核工作。推进“阳光餐饮”工程，保障地区食品安全。

（王菁）

【社区建设】 年内，街道利用“吹哨报到”工作机制，建设“接诉即办”机制，受理热线案件4865件，解决一批历史遗留问题。上报海淀区城市管理指挥中心的典型案例被《北京市热线反映日报》《海淀市民热线反映日报》等媒体采用。为各社区办理为民办实事项目28项，推进重点建设

---

① 各单位做到消防安全隐患自知、自查、自改。

② “三自主”：自主评估风险、自主检查安全、自主整改隐患。“两公开”：向社会公开消防安全责任人、管理人。“一承诺”：承诺本场所不存在突出风险或者已落实防范措施。

及民意征集实事项目63项，涉及环境整治、绿化提升、公共卫生服务、便民设施改造、规范化管理、公共安全等方面。开展党建引领物业服务企业和业主委员会参与社区治理试点工作。选取百旺茉莉园社区为试点小区，提出“一核两议N助力”社区治理[①]“融心聚力”工程，动员物业、开发商、职能科室（站所）、志愿团队、共建单位等力量，共同推进社区社会治理和提升服务百姓水平。推进社区智慧化管理水平，打造高品质“一刻钟社区服务圈”，依托“互联网＋社区服务”的发展模式，在农大南路社区、天秀社区开展市级“一刻钟社区服务圈”建设工作。在百草园社区开展“社区会客议事厅”试点，开展“美丽社区　花香四议”会客厅项目。

（王菁）

【基层党建和精神文明建设】 年内，街道机关、社区、非公企业开展“不忘初心、牢记使命”主题教育。强化党风廉政建设学习宣传，开展8个专项监督检查项目。梳理巡视巡察整改清单38条。完成社区“两委”换届选举，共选出社区党组织委员88名、居委会委员148名，一次选举成功率100%。开展“千百十·我在基层”行动[②]，每月开展对接活动。联系非公企业700余家，走访500余次。新成立8个非公企业党支部，设非公党建指导员17名。6个非公支部完成换届选举。在18个社区建立马连洼街道基层党校社区分教学点，每月开展1次社区党员教育培训。举办8场海淀区“两新两高”战略专题宣讲。开展党员培训158场，培训地区党员7200余人次，线上培训3400余人次，送学上门500余人次，覆盖率达100%。

（王菁）

花园路街道

【概况】 2019年，花园路街道辖区面积6.33平方千米，有26个社区居委会，户籍人口13.3万人，流动人口3.4万人。辖区有各类法人单位5000余家，高校、科研院所集中。街道以服务保障中华人民共和国成立70周年庆祝活动为“纲”，落实“两新两高”战略为牵引，突出党建引领，打好五大战役[③]，完成各项目标任务。走访企业56次，为辖区单位解决停车难、大龄单身青年联谊和业余活动场地等问题。开展楼宇经济摸排清查工作，涉及43栋楼宇、1110家单位。打造以牡丹集团、蓟门物业、欣华公司、翠微百货为中心向周边辐射的夜间经济带，形成花园路地区亮点。街道领导带队调研湖北省丹江口市牛河林区、河北省易县独乐乡以及新疆维吾尔自治区和田市伊里其乡，与当地政府签订对口帮扶协议，慰问建档立卡贫困户，落实援助资金200万元。

（石悦）

【环境建设】 年内，街道开展“开墙破洞”、背街小巷、地下空间、僵尸车、私装地锁、架空线梳理、广告牌规范等专项整治行动。重新修订《花园路街道城市管理综合考核评价工作实施办法》，对机关科室和社区网格试行开展城市管理综合考核评价工作，按月考核排名、上会通报，提高街道考核评价成绩。拆除违法建设近6万平方米，完成全年拆违任务的300%。加强公共空间景观设计建造，完成17条背街小巷环境景观提升工作，完成龙翔路、乙28号院等5个社区口袋花园建设工作。部署创建国家卫生区迎检工作，开展“百日攻坚行动”，组织“周末城市清洁日”“家园环境清洁日”等活动。

（石悦）

【平安建设】 年内，街道实施“街区心理师”参与社会治理项目，推动“小事不出社区，大事不出街道，把矛盾化解在基层”的机制建设，助力平安花园路建设。推进综治中心平安建设工作站暨社区警务工作站建设，北医三院及北航大运村宿舍两处综治中心平安建设工作站暨社区警务工作站投入使用。开展消防安全隐患攻坚整治行动，建设小关西后街综合安全管理站及电动自行车集中充电设施，平房区内私搭乱建、消防通道被堵塞、电动自行车违规充电、治安事件频发等问题得到解决。构建立体化社会治安防控体系，完成“两节”、“两会”、“一带一路”国际合作高峰论坛、亚洲文明对话大会、中华人民共和国成立70周年庆祝活动等重大活动的服务保障任务。

（石悦）

【民生建设】 年内，街道以市民诉求为哨声，实行双主官督导与专题例会制度，提升“接诉即办”的解决率和满意率。推进26个社区完成43项街道为民办实事工程，涉及车棚改造、道路维修、电梯加装、口袋花园建设、背街小巷整治等惠民工程以及培训、演出、阅读推广等精神文化提升内容，投资经费6300余万元。推进老楼加装电梯及隐患电梯治理工作，完成新装电梯6部，隐患电梯整改19部。利用“社区会客议事厅”平台，采用“问需提案、协商立项、合作办理、效能评议”四阶段协商善治模式，创造居委会与居民之间互动对话的公共空间，解决社区治理难题。

（石悦）

【社区建设】 圆满完成第十届社区“两

---

① “一核”，即党组织核心；“两议”，即居委会、业委会两个议事机构；“N助力”，即物业、开发商、职能科室（站所）、志愿团队、共建单位等助推力量，共同推进社区社会治理和服务百姓水平的不断提升。

② 即由“千名党员沉一线”“百名骨干解难题”和“十个团组齐攻坚”3个活动构成，推动全区党员领导干部下沉基层一线，为民解忧。此活动为区委组织部牵头。

③ 五大战役：意识形态阵地战、疏解整治促提升攻坚战、平安建设持久战、品质民生升级战、民主法治保卫战。

委”换届选举工作，做到提前谋划，广泛动员，聚焦难点，依法依规，一次成功选举居委会委员146名。以“8+N”项便民商业服务①为依托，融合新型科技手段，满足居民一站式社区便民商业服务需求。年内，在北影社区、玉兰园社区分别建成具有社区特色的商业e中心，为社区居民提供更加便捷、完善、优质、现代的便民服务。

（石悦）

【基层党建和精神文明建设】年内，街道依托“吹哨报到”“千百十·我在基层”工作机制，以党建协调委员会、在职党员“双报到”为抓手，以党校分校为平台，推进“大部制”改革，加强领导班子和干部队伍。开展“不忘初心、牢记使命”主题教育。建设花园路街道融媒体中心，开通花园融媒矩阵，建立微信公众平台、新浪微博、抖音、快手、百家号、大鱼号、搜狐号、头条号、企鹅号等自媒体平台，实现由传统媒体向新型媒体的突破性转变，发挥引导群众、服务群众的作用。落实全面从严治党主体责任，推动党风廉政建设向纵深发展。高度重视巡察整改工作，突出问题导向，确保巡察反馈意见整改到位。

（石悦）

田村路街道

【概况】2019年8月26日，区政府发布《北京市海淀区人民政府关于调整永定路街道、万寿路街道和田村路街道辖区范围的通知》，田村路街道辖区四至调整为：东起西四环，与曙光街道、八里庄街道接壤；西至八角东街，与石景山区接壤；南至老山自行车换线路—水厂南路—玉泉路—金沟河路—采石北路—阜石路一线，与石景山区、永定路街道接壤；北至阜石路—大台铁路—通惠路一线，与四季青镇接壤。街道办事处驻地不变。调整后街道辖区面积为6.79平方千米，属典型的城乡接合部，街道轮廓呈狭长形，有四横五纵9条主要道路。设27个社区居委会，共有常住人口107000人，其中户籍人口55000人，流动人口52000人。有各类企业、商户3000余家，其中百余家中央、市属、区属企业单位，王致和、龙徽等老字号和新业态并存。有首师大附中西校区、玉泉小学等十余所学校及幼儿园。

（李晓雅）

【环境建设】年内，街道拆除清理违法建设35处，建筑面积6.01万平方米，完成台账拆违折子任务，实现新生违建零增长。开展阜石路（定慧桥—晋元桥段）环境整治提升工作。摸排1044处手续待核查类案件和2282处手续待完善类案件，涉及房屋建设面积约135万平方米。完成区级创卫档案检查，通过全国爱卫办专家组暗访。街道创卫办接收区创卫工作各类案件督办单20余件，涉及市容环境、病媒防制等8个方面，全部案件点位共计600余处，均在规定时限内完成整改并反馈。通过治理渣土车、苫盖裸地、增加植被、洒水降尘、监测点位周边治理等方式，对辖区$PM_{2.5}$（细颗粒物）和TSP（总悬浮颗粒物）指数开展数据追踪和原因分析。开展渣土运输专项检查120余次，夜查50余次，立案处罚违规运输车辆41起。完善修订《空气重污染应急分预案》，检查散乱污企业20家，增加路面保洁及洒水20次，空气重污染应急值守机制运转顺畅。核对绿化图斑变化3次，做好对地区50余棵古树的保护工作。完成汤泉逸墅小区绿地认养整改工作。完成辖区23个垃圾分类达标小区的基本信息核查工作，检查考核服务企业的垃圾分类工作。每月开展一次地区单位垃圾分类情况监督检查，累计检查餐饮单位90家次，处罚12起。开展社区生活垃圾临时堆放点的排查工作。半二社区平房区和阜石路11号院小区被纳入海淀区垃圾分类达标小区目录。

（李晓雅）

【平安建设】年内，街道深化“疏解整治促提升”专项行动，将准物业管理模式引入半壁店第二社区，疏解流动人口1746人，完成流动人口规模下降20%以上任务。消除各类安全隐患550余起。开展联合执法31次，查处无照经营、摆摊设点、店外经营、乱堆物料行为1535起，占道经营案件举报量同比下降70%。市级任务致和路和区级任务永悦东路2条背街小巷环境提升项目全面竣工。推进田村路19号院老旧小区综合整治工作。整治“开墙打洞”市级反弹点位2处。拆除群租房75套，面积1101平方米，疏解372人。协助王致和食品有限公司关闭生产线。开展“扫黑除恶”专项斗争。接访220起，处理集体访35起。配合完成“宝山垃圾处理厂项目”涉及的9个社区15370户的调查工作。化解矛盾纠纷121件，受普法教育群众10万余人，为群众解答法律咨询700多件。街道公共法律服务站接待来访居民300余人次，涉及案件119件。成立由最高检察院退休老干部组成的睦邻法律服务中心，为周边群众提供法律服务。31个社区法律顾问24小时免费为社区居民提供服务。做好安全生产保障工作。开展有限空间专项检查、电动自行车违规充电专项检查和生产安全事故应急预案专项检查。检查企业5725家次，发现隐患1503项，下达责令整改通知书400余份，隐患均整改消除。组织各类消防宣传讲座65次，消防演练12次，为社区安装1319个独立烟感报警装置。

（李晓雅）

【民生建设】年内，街道落实海淀区“一键式”（2014年海淀启动“一键式”家庭医生式服务体系，为全区80岁以上户籍老人免费安装智能电话，这一系统预先存储了老人的各项信息，与社区卫生服务中心、急救中

① “8+N”项便民商业服务：以“菜篮子”、早餐、超市便利店、快递、维修、家政、洗染、美容美发8项基础性服务功能和N项选择性业态为依托，融合新型科技手段和创新服务模式，为社区居民提供更加便捷、完善、优质、现代的便民服务。

心对接，可实现“一键求医，一键呼救”）家庭医生式服务体系建设工作方案，截至年底，办理80岁以上老人和特服人员“一键式”家庭医生式服务入网申请和签约29户，服务开展以来共计办理1635户。举办3场大型招聘会，3场实用技能培训班。举办48期失业人员就业指导课，培训失业人员400余人次。完成就业登记人数630人，其中新增灵活就业500余人，个人就业登记400余人；企业就业登记30余人。调整127户低保、3户低收入家庭救助标准。为5845名残疾人发放两项补贴总计1602130元。完成105户的公租房补贴专项复核。成功为20余户低保低收入家庭专项配租。完善养老服务体系，增加养老服务供给。完成5家社区养老服务驿站建设，累计为近4000名老人提供服务。为辖区居民办理失能护理险，为高龄老人提供无障碍设施改造。在11个社区建立“菜篮子”、家政、便利店等8项便民服务，完成便民商业服务功能30%社区全覆盖任务。在永达社区和西木社区新开设老年餐桌并提供早餐服务。开展小学生“课后四点半”工程。完成2019年非京籍适龄儿童入学联审工作，检查整改辖区43家校外培训机构。

举办河北省保定市易县扶贫农产品展销会，为牛岗乡与桥家河乡的农副产品拓展销路；为易县牛岗乡的扶贫果品交易市场配套建设项目提供35万元资金援助；为易县桥家河乡的扶贫制衣车间建设项目提供35万元资金援助。为湖北省丹江口市石鼓镇建设扶贫车间提供30万元资金援助。

（李晓雅）

【社区建设】 年内，31个社区全部完成“两委”换届选举工作。共选举产生“两委”成员237人，其中社区党组织成员145人、居委会成员177人。推进驻区单位开放内部服务资源及设施，解决社区居民文化、体育、生活等服务需求。完成1个市级“一刻钟”社区服务圈及2个市级“社区之家”示范点的考核验收工作。推进社区合伙人、社区会客议事厅试点建设工作。推进解决社区矛盾集中的社区门禁和社区环境治理问题，将地区废旧垃圾场改造成“137号时光花园”。完成国庆70周年城市重点社区志愿服务工作。以西木社区为试点，开展节水护水、保护河湖系列志愿服务活动。累计接收报到团员964人。社区青年志愿服务队共组织开展132次志愿服务活动，累计服务时长1209小时，参加志愿服务509人次。完成21场国庆志愿服务活动的组织工作，重点社区城市志愿者上岗485人次。协调处置各类考核案件1万余件。启动田村路街道社区“微网格”建设工作。完成重大时期环境秩序安全巡查、监督、监控工作以及24小时不间断视频应急值守工作。完善社区工作事项清单，清理社区工作机构，精简社区会议和台账。

（李晓雅）

【基层党建和精神文明建设】 年内，街道开展“两新”组织党建工作，落实领导班子“两新”党建工作联系点制度。区委党校田村路分校开展集中培训21期，指导社区开展个性化培训51期，累计培训地区党员4462人次，覆盖率达114%。31个社区党组织申报服务群众项目713项，执行565项。开展“千百十·我在基层”活动，深化党组织和党员“双报到”工作。构建监督执纪“四种形态”，把监督融入日常。落实主体责任全程记实制度，推动“主体责任”向社区延伸。对社区“两委”换届、“扫黑除恶”、“疏整促”等重点工作开展专项监督。

完善落实文明城区长效机制，按照新的文明城区指标要求，细化指标，继续将指标落实到责任科室、责任人。与区文明办、建设办加强沟通，协调相关科室做好检查前的准备与检查后的整改工作，针对实地考察中发现的难点问题进行调研，组织相关职能科室进行联合整治。同时，加强对文明引导员的管理及培训，做好每月的排队日活动，定期更新“禁烟宣传”广播。依托市民文明学校在社区广泛开展舞蹈、唱歌等文化活动，并选派代表参加海淀区第十一届文明市民艺术节比赛；开展丰富多彩的市民学校教育活动，引导健康文明生活方式，提升地区文明素质。“新田村”微信公众号发布160期、800条，关注粉丝3200余人。

（李晓雅）

上地街道

【概况】 2019年，上地街道辖区面积9.52平方千米，有12个社区居委会，常住人口6.1万余人，其中在册户籍人口38135人，在册流动人口23187人。推进政务服务中心“一窗、一网、一门”改革，拓展服务事项至400余项。走访企业300余家，推进企业“接诉即办”。协调300套周转房面向地区企业员工配租。研究国际人才社区建设，邀请联合国工业发展组织走进留学人员创业园、软件园，为企业国际化搭建平台；举办国际人才创新创业发展座谈会、“构建新型城市形态　助力中关村科学城建设”论坛，打造国际人才会客厅，为国际人才创新创业营造良好环境。

（任克红）

【环境建设】 年内，街道拆除违建71处6.13万平方米；完成无证无照经营、占道经营、违规广告牌匾清理、私装地锁整治、群租房整治等专项任务；完成1000余家企业用人用工检查。推进东馨园、东旭园老旧小区综合整治。推进垃圾分类和再生资源回收工作。落实河长制要求，巡视检查解决河道环境问题，完成国家卫生区创建阶段性工作。解决清河岸边遗留近20年的私搭乱建问题；拆除办公中心南侧违建，恢复规划道路红线40米；拆除道路机非护栏和便道护栏1.19万米。发挥指挥大厅监控作用，有效处置10683件社会案件。

（任克红）

【平安建设】 年内，街道启动重要时间节点社会面等级防控89天，累计出动群防群治力量34.55万人次，完成中华人民共和国成立70周年庆祝活动、

“一带一路”国际高峰论坛、亚洲数字艺术展、园博会等重大活动的服务保障任务。推进“扫黑除恶”专项斗争。检查企业4583家次，发现隐患2640条，整改2617条。推进三车间平房区消防设施建设，组织微型消防站技术大比武，开展演练40余次。完成北路一号院社区和西里社区智慧门禁建设试点。完成创建市级安全社区的各项工作。科技园社区成为全国减灾救灾示范社区。联合北京千方科技集团有限公司，在东北旺南路安装13个高清抓拍探头。

（任克红）

【民生建设】 年内，街道完成16项为民办实事项目。推动尚东数字谷社区办园点及北体大幼儿园建设。引入专业社会组织，为困难群众提供帮扶。依托养老照料中心、养老服务驿站，开展服务项目69个，服务8000余人次。推动健康中国和健康促进区工作，为400余位老人开通就诊绿色通道，开展活动60次。建设332个8项基本便民服务网点，服务2万余户家庭，12个社区实现8项基本便民服务全覆盖。举办上地美食节、承办中关村科学城醇美科技嘉年华，7万余人次参与系列活动。整合企业资源，助力新疆维吾尔自治区和田市阿克恰勒乡、拉斯奎镇和河北易县精准脱贫。建立主要领导督办亲办和“一二三四五六七”的“接诉即办”机制①；开展“访惠聚”活动，设立社情民意热线“88588590”，实现“未诉先办”。解决1600余件民生诉求。

（任克红）

【社区建设】 年内，街道完成12个社区党组织和11个社区居委会换届选举，配齐社区“两委”班子。开展社区工作者系列培训。推进社区减负，精简社区表格。开展首届社区邻里节活动。培育万树园“律镜司”、东馨园“暖馨”志愿队、科技园“聚爱”等社区治理品牌。完成西里社区党建引领物业服务企业和业委会参与社会治理市级试点工作。组织多家律所参与“美丽社区”缔造、社会治理等工作。处理519件纠纷案件。依法处置占道游商、非法运营、露天排档等违法行为2636件。推进“家庭律师进万家”创新项目，建设“1+12”②街道和社区两级法律服务站、服务室，开展215场专题讲座，提供500余小时法律服务。开展法律宣传活动60次，发放宣传资料万余份。

（任克红）

【基层党建和精神文明建设】 年内，街道依托党校上地分校，分类组织培训27次，4000余人次参加；街道班子成员讲党课22次；深入地区160个点位开展调研84次，现场解决问题77个，研究推动解决断头路、停车治理等七大类22个难点问题。组织召开地区党建工作协调委员会，研究解决重点问题。新建非公独立党支部28个，“两个覆盖”③率达95%。将党群服务中心和文化活动中心融合打造为“上地e家”。建设党建主题公园和西二旗党群中心，打造“一园两中心六站点”④的党建红色地标。以滴滴党委为试点，探索“党建+互联网”流动党员教育管理新模式，“红旗方

① “一二三四五六七”的“接诉即办”机制：即“一访”“两级”“三专”“四制”“五双”“六步”“七联动”的工作体系。

“一访”：以访惠聚促为牵引，访民情促民意，力争由接诉即办向未诉先办转变。

“两级”：对长期未解决或涉及跨部门的重点、难点问题根据问题疑难程度或涉及部门的范围实行主要领导、主管领导二级协调会制度。协调会的形式不限，可采取吹哨、会商、现场等多种形式，目前执行周周有调度。

“三专”：专席、专员、专线。设立独立办公室，5名工作人员，3部回访电话。

“四制”：1.派单机制。2.反馈机制，各办队中心应根据市区“接诉即办”的工作要求在规定的时限内办理案件。3日内可以处理结束的，3日内向“接诉即办”办公室反馈处理结果；3日内不能处理结束的，3日内向“接诉即办”办公室反馈案件进展情况，7日内反馈案件处理结果。3.预警机制，“接诉即办”办公室及时梳理辖区内所有案件及每月市区考核明细，根据梳理结果在日报上发布“红橙黄”三级预警。4.排榜机制，市区“接诉即办”工作月度考核的节点是每月21日至下月20日，每月市、区考核结束后，“接诉即办”办公室对各办队中心案件量和“三率”进行综合排名。

“五双”：双派遣，案件派发各责任部门和各社区；双办理，让责任部门与社区同时进行办理；双报告，承办部门和承办社区及时汇报“接诉即办”工作落实情况；双回访，责任部门和社区以及“接诉即办”办公室进行及时回访。承办部门在案件办理结束需及时与反映人联系反馈办理结果，“接诉即办”办公室针对案件的响应率、解决率、满意率进行回访；双总结，承办部门社区和“接诉即办”办公室每周分析总结产生原因，进行总结。

“六步”：第一步：高度重视。“接诉即办”工作是市委一号工程，每个办队中心到每位街道工作人员都应提高认识，将“接诉即办”放在突出位置，攻坚克难，打通为群众服务的“最后一公里”。第二步：快速响应。接诉后，各办队中心应快速响应，第一时间联系反映人了解其具体诉求，找准症结，精准施治。第三步：重在行动。对于合理的诉求且可以马上解决的要立即行动，急群众之所急，解群众之所困，办群众之所需；对部分不合理诉求或一时难以解决的，也要积极行动，赶赴现场，深入了解情况，寻找下一步的解决方案。第四步：暖心回复。不论问题解决与否，都要及时回复，切实做到“件件有回音，事事有着落”。回复时首先要感谢投诉人的投诉，体现以人民为中心的服务理念。已经解决的回复到位；一时难以解决的或不合理的诉求要解释到位，疏导宣泄，化解矛盾赢得理解，获得满意和支持。第五步：源头治理。各办队中心在处理问题时，注意总结，争取通过一个诉求解决一类问题。同时充分利用各口现有工作体系和一分钟响应圈，发现问题，主动出击，努力做到源头治理。第六步：举一反三。各办队中心应强化责任担当，集中精力全力以赴，组织人力、物力、财力持续做好“接诉即办”工作。同时加强协作，争取越做越好。

“七联动”：科室与社区联动、科室与科室联动、科室与驻区企事业单位联动、社区与驻区企事业单位联动、科室与主管领导联动、主管领导与主要领导联动、主要领导与区领导联动。

② 1个街道公共法律服务站和12个社区公共法律服务室。

③ 党的组织覆盖和工作覆盖。

④ 上地党建主题公园；上地街道宏达党群服务中心、上地街道红领西二旗党群服务中心；硅谷亮城楼宇党群服务站、嘉华大厦党群服务站、得实大厦党群服务站、数字山谷大厦党群服务站、辉煌国际大厦服务站、宏达大厦党群服务站。

向盘”[①] 品牌在市非公企业大会上进行经验交流。成立4个科技服务文明实践基地，培育16支企业志愿服务队。举办“上地好声音”“我和我的祖国”系列活动80余场，惠及万余人。文化活动中心举办活动277场次，6800人次受益。打造“十分钟体育生活圈”[②]，举办互联网运动会、园区骑行、荧光跑、羽毛球邀请赛等品牌活动。

（任克红）

曙光街道

【概况】 2019年，曙光街道辖区面积5.45平方千米，下辖17个社区，29个自然小区，户籍人口7.03万人。地区法人单位3900余家。建立街道领导联系地区企业制度，走访地区企业；开展服务经济情况评估，联合地区工商联组织对50余家企业进行“减税降负”个税政策宣讲；完善街道办事大厅24小时服务区，形成“一窗受理、后台流转、全面服务”格局。

（王雨）

【环境建设】 年内，街道对世纪城南区采用绿地置换、树池连通、优化绿植、平整树池等技术进行道路环境提升。制定符合曙光实际的“无、业、自、首”居住停车认证标准，进行全辖区路侧停车电子收费改革居民停车认证工作，开发错时和临时停车位1300余个。地区17条道路、3640个车位实行电子收费，地区城市交通环境得到改善。完成6条背街小巷整治提升及人大附小东校区西侧架空线梳理整治工作，开展中船宿舍、正福寺平房区的两个旱厕改造工作，对怡丽北园北侧通道实施环境整治提升，对板井路西口部分路段实施环境整治。“疏整促”工作完成无证无照经营和“开墙打洞”23处上账点位的整治，整改报刊亭3处，关停1处。开展重大节日环境保障工作；完成创卫办、区管委督办的379个点位整改。完成第二次全国污染源普查工作。通过“吹哨报到”工作机制开展4次区域联合执法。强化“门前三包”、小广告和占道经营日常监管，拆除违法建设22处，面积1.10万平方米。强化餐厨垃圾收集贮存、施工工地监管等专项治理，助力“蓝天保卫战”。完成自管绿地养护和道路保洁任务；曙光花园社区“花园式社区”创建工作通过北京市首都绿化委员会验收，实现八连创。完成辖区国庆70周年花卉摆放任务。

（王雨）

【平安建设】 年内，街道加强安全生产治理工作，对人员密集场所、建筑工地、加油站、楼宇内生产经营单位检查覆盖率达100%，问题整改率99%。推进交通、电气、建筑施工、危险化学品等安全生产领域专项整治。开展交通引导、二轮电动自行车登记和发放牌照工作，为空指社区、晴雪园社区配备微型消防站。开展社会面等级防控83天，组织发动群防群治力量近5万人次。落实处级领导接访日制度，开展舆情监测和矛盾纠纷排查。

（王雨）

【民生建设】 年内，街道推进“接诉即办”工作，开展全覆盖网格巡查和问题内循环处置，签收、办结群众诉求案件2700余件，大城管信息平台流转处理城市管理类问题案件5万余件。就业指标完成率105.2%；落实社保政策以及失业、退休、就业再就业、低保、公益性、高龄等享受政策人员的管理，开展城乡居民基本医疗、养老保险等工作。曙光地区养老照料中心建成并投入使用。成立曙光街道困难群众救助服务所，实现地区救助全覆盖。向内蒙古赤峰市敖汉旗四道湾子镇、新惠镇、下洼镇提供200万元扶贫产业帮扶资金；人大附小参与教育扶贫，向下洼镇、新惠镇和四道湾子镇捐助总计2.83万元助学资金并举办送教下乡讲座，诚品建筑社区、世纪城西区、农科院社区党委、世纪城物业开展爱心捐助和总计4万元的消费扶贫。

（王雨）

【社区建设】 年内，街道党建引领基层治理取得重要突破。落实市委“街乡吹哨、部门报到”工作机制，建立党组织领导下的社区治理合伙人机制，在17个社区推广实施。各社区解决涉及社区治理问题90件，实现“小事不出社区”的工作目标。完成17个社区居委会换届选举。完成社区公益金及专项经费项目28项；板井路市民活动中心和晴雪园北部市民活动中心北部分中心投入使用。

（王雨）

【基层党建和精神文明建设】 年内，街道开展“不忘初心、牢记使命”主题教育。利用基层党组织服务群众经费与社区公益金，打造党建惠民项目221个；新成立“两新”党组织15家；指导地区青年汇及各社区开展志愿服务活动。制定全面从严治党工作规范，编制主体责任清单和账单，开展执行中央八项规定精神情况等专项监督。围绕“12345”市民服务热线反映强烈的物业、业委会社区减负等矛盾和问题，开展调研70余次。围绕区委“8+2+1”[③] 专项整治任务，街道、社区共计梳理调研问题、自查问题、接诉即办问题、巡察反馈问题121项，通过主题教育立行立改106项，开展专项整改10类28项。开展

① 滴滴出行倾力打造的具有滴滴特色的“党建＋互联网”品牌，旨在建立以党员司机为代表的基层党员群体，将党的最新方针和政策充分触达到平台上的党员司机，解决流动党员参加学习和组织生活的痛点，进一步提升他们为人民服务的意识，为老百姓提供更好更安全的出行服务。

② 借助地区体育资源优势，开展形式多样的群众性体育活动，推广科学体育健身方法，使市民在十分钟距离内享受到便利的体育设施和体育环境，共同畅享绿色、健康、快乐的生活。

③ “不忘初心、牢记使命”主题教育专项整改工作，中央级整改任务8项，市级8+2项，区级8+2+1项。

舆情收集和风险分析。通过微信公众号、《曙光信息》、《海淀报》等媒介和刊物发布信息和报道文章500余篇。成立新时代文明实践所。完成17个社区妇联换届选举工作。

（王雨）

燕园街道

【概况】 2019年，燕园街道辖区面积约1.84平方千米，包括北京大学校园和方正集团、未名集团、北大青鸟公司等单位。设7个社区居委会，户籍人口4.1万人，流动人口5514人。燕园街道属于大院式街道办事处，受海淀区政府和北京大学双重领导。

（李金茹）

【环境建设】 年内，街道开展背街小巷整治、违法建设上账、重大活动安全保障、空气重污染预警应对、餐饮油烟净化设施升级改造等工作。拆除校园周边违法建设9处，共2253平方米。累计投入约200万元改善基础设施，整理绿化用地约340平方米，栽种国槐、栾树等绿植上千株；划禁停黄线283米，安装消防通道、交通安全标牌、减速垄20米；新建可呼吸式生态透气砖步道2360平方米、立缘石1260平方米，沥青路面整修1640平方米；畅春园东区4幢楼铺设透水砖、方砖约1600平方米，新建标准停车位40余个；更新燕北园信报箱1100个；7个社区修缮外墙约1400平方米。完成街道办公楼西配楼及蔚秀园办公区的改造。老旧小区建成并投入使用电梯17部。

（李金茹）

【平安建设】 年内，街道开展“防风险、保平安、迎大庆”和“五清”（清污、清漂、清淤、清障、清违）消防安全专项行动。开展“扫黑除恶”专项斗争，整治社会治安重点地区。实现全年安全生产，累计检查生产经营单位600家次，发现安全隐患142处，整改率100%。完成“两会”、中华人民共和国成立70周年庆祝活动等重大活动群防群治社会面等级防控9次。完成北京大学师生群众游行远端集结点位的服务保障工作。

（李金茹）

【民生建设】 年内，街道接收失业人员档案120份，登记423人次。完成失业金领取标准调整22人次。失业人员动态管理系统分发失业人员115人次，社区接收115人次。办理灵活就业及单位就业登记业务127人次。受理申请灵活就业人员资格材料审查及资格申请上报118人。受理公租房业务1622人次，备案通过8户。受理公租补贴业务766人次。完成市场租赁业务319人次。办理独生子女父母光荣证、计生证明开具、流动人口信息协查等计生业务1356件，接待业务咨询2963件。完善残疾人信息台账；完成256名残疾人服务一卡通的激活和发放。发放残疾人临时救助金1人次1.9万元。发放助残券、各类补助6.2万余元。办理残疾人灵活就业保险补贴7.3万余元。发放康复补助7.8万元。发放慰问品、慰问金9.8万元。接办“接诉即办”案件276件，有效回访案件206件，响应率100%，解决率67.1%，满意率86.8%。《北京日报》、北京电视台对燕园街道“接诉即办”予以报道，被称为“大院治理新模式”。

（李金茹）

【社区建设】 年内，街道完成社区“两委”换届，选举产生7个社区班子，29名社区党组织委员，35名社区居民委员会委员。北京大学首家社区养老驿站——承泽园社区养老驿站开业，增设医疗服务巡诊点，形成涵盖助洁、助浴、助餐、医疗康复、精神关怀等基本养老服务在内的燕园地区养老照料中心。完成社区楼门公告栏项目及蔚秀园社区办公用房装修改造工程。完善和提升“一刻钟服务圈”“社区之家”“社区会客议事厅”建设等工作。联合北京大学环境科学与工程学院、法学院、外语学院等院系建立共建基地，以“共建共享发展、共绘美丽燕园”为主题开展系列项目，包括老年大学、学生助理下社区、挂职锻炼、生态文明讲堂、社区书屋、二对一定点帮扶等。同北京大学人口所建立学生实习实践基地，以学分式为社区建设引进专业人才。对街道工作人员及社区志愿者开展包括知识技能、工作坊、参观交流等内容的志愿者培训。建立新时代文明实践所（站），组织开展月度主题社区志愿服务活动20余场。

（李金茹）

【基层党建和精神文明建设】 年内，街道完成机构综合改革，内设6个办公室、1个综合执法队，保留北京大学燕园社区服务中心。开展“不忘初心、牢记使命”主题教育，组织参观香山革命纪念地、中华人民共和国成立70周年大型成就展、听主题辅导报告等活动。完善街道党工委对辖区治理工作的领导体制机制，召开党政联席会41次，讨论决定议题220项。完成海淀区人大代表补选工作。组织开展非物质文化遗产传承剪纸课堂学习、AI进社区、太极进社区等特色项目，定期开展社区优秀影片放映、文化赏析等工作，孵育20余支文体团队，举办社区文体活动百余次。开展“和满京城　奋进九州”2019年端午节军民文化联欢活动、“壮丽祖国70年　筑梦燕园新时代”2019年国庆主题文艺会演和2019年社区乒乓球团体交流赛等活动。

（李金茹）

清华园街道

【概况】 2019年，清华园街道辖区面积3.49平方千米，主体为清华大学校园，包括清华大学科技园，设9个社区居委会和1个家委会，常住人口2.8万人，流动人口6000余人。辖区内有两院院士近100人，教授、副教授4000余人。清华园街道属大院式街道办事，受清华大学和海淀区双重领导。

（孟先梅）

【国庆70周年活动保障】 4月至11月，街道围绕服务保障庆祝中华人民共和国成立70周年重要活动，加强辖区反恐工作“十大体系”建设，包括反恐维稳指挥体系、情报信息体系、人口管理体系、重点物品管控体系、重点场所管控体系、现场处置体系、网络防控体系、宣传培训体系、区域部门协作体系和考核评估工作体系，制定“扫黑除恶”、安全防控等专项工作方案，保障安全稳定。9月至11月，强化24小时带班值守制度，完善辖区9个反恐防暴重点点位基础工作台账，发动社区志愿者、社区巡逻队、治安巡防队“三支队伍”共计5000余人次。

（孟先梅）

【环境建设】 年内，街道组织综合执法行动100余次，累计拆除违法建设21处，共计8123平方米。清理无证无照经营400余次，确保“开墙打洞”无反弹。城市服务管理综合考核评价系统平台结案2942件。推进创建国家卫生城区和垃圾分类，开展“除四害”专项消杀6次，消杀面积超过300万平方米；创建海淀区垃圾分类示范点，室外定点宣传垃圾分类活动283场次，居民知晓率达到97%，居民累计投放、分出厨余垃圾超过10万千克。接办“接诉即办”案件287件，案件整体响应率100%、满意率98%、解决率95%。

（孟先梅）

【平安建设】 年内，街道检查生产经营单位200余家550余次，排查消除隐患90余起；对辖区50余家企业100余人次进行安全生产培训。每周开展消防安全联合夜查，分类解决消防隐患21处。开展安保防控演练5次、消防演习3次。对平房区电动车充电隐患进行专项摸排整治，摸排电动车300余台，安装5处电动车集中充电设施。排查化解社区矛盾，消除潜在隐患因素，调解劳动争议案件10余起。辖区未发生安全责任事故和越级访、群体访等影响社会稳定事件。

（孟先梅）

【社区建设】 年内，街道完成辖区第四次全国经济普查工作，上报法人和产业活动单位1752家。完成第十届社区居委会换届选举。成立街道新时代文明实践所（站），建立47支新时代志愿者服务队伍，举办志愿服务活动80余场。完成22项为民办实事项目，如建成北京市首家高校内出入境证件受理点、开设蓝旗营便民果蔬超市、建成蓝旗营社区养老服务驿站、推进荷清苑社区养老服务驿站建设、推动校园家属区居家养老服务体系建设、推进双清苑社区“两委”建设、开办幼儿园双清苑分园、为西南楼和南楼社区共计7栋楼加装27部电梯等。推进居家养老服务体系建设，引入专业服务资源，推动蓝旗营和荷清苑养老驿站建设试点。老龄大学开班30余个班次，招生1200余人次；老龄互助社组织老人联欢交流活动，为45对老人举办金婚庆典。开展为老服务项目，走访慰问困难老人近100人次、便民医疗车服务近1000人次、送医专线行程超过5000千米。办理社保、卫生计生等服务项目1.4万余人次，落实残疾人和老年人各项补贴。

（孟先梅）

【基层党建和精神文明建设】 年内，街道开展“不忘初心、牢记使命”主题教育。开展居家养老服务、为民办实事、幼儿爱国主义教育3项课题调研。各支部开展主题党日活动45次，参与党员、群众约5000人。开展党员志愿服务30余场，到社区报到党员约360人次参与志愿活动。落实和完善理论中心组学习制度、“三会一课”制度①；定期召开支部大会、支部委员会、党小组会，按时上好党课，支部指导员讲党课制度；每月1次党支部例会制度；社区党支部送学上门制度。发展4名党员。“家住清华”微信公众号发文153次，232篇，总阅读量超过11.2万人次；优化社区宣传栏、电子屏等宣传阵地。组织11次共1000余人参观香山革命纪念馆、中华人民共和国成立70周年展览。社区图书馆举办青年读书会、亲子阅读会80场，组织举办第十四届社区文化节和社区体育节等7次文体活动，吸引居民5000余人次参加。

（孟先梅）

永定路街道

【概况】 2019年8月26日，区政府发布《北京市海淀区人民政府关于调整永定路街道、万寿路街道和田村路街道辖区范围的通知》，区属永定路街道整合原永定路街道全部辖区、万寿路街道和田村路街道的部分辖区，辖区四至调整为：西至玉泉路—航天中心医院一线，与石景山区接壤；北至金沟河路—采石北路—阜石路一线，与田村路街道接壤；东至西四环路—复兴路—采石路7号院社区东—北太平路—301医院西院围墙—西四环路一线，与八里庄街道、万寿路街道接壤；南至莲花河，与丰台区接壤。街道办事处驻地不变。调整后的街道辖区面积为4.7平方千米，设30个社区居民委员会，总人口148553人，其中户籍人口118603人，流动人口29950人。

（李雪　钟冷）

【组建海淀区永定路街道】 6月18日，经区委、区政府研究决定，同意设立中共海淀区委永定路街道工作委员会（简称永定路街道党工委），为区委派出机构，规格为正处级，依据区委授权，全面负责永定路街道辖区党的建设，领导本地区的工作和基层社会治理；同意设立北京市海淀区人民政府永定路街道办事处（简称永定路街道办），为区政府的派出机构，

① “三会”：定期召开支部党员大会、支委会、党小组会；“一课”：按时上好党课。

规格为正处级，受区政府领导，依法在永定路街道辖区行使综合管事职能；永定路街道党工委与办事处合署办公。永定路街道由中国航天科工集团第二研究院管辖划归海淀区政府管辖，由大院式街道调整为区属街道。7月1日，正式启动永定路街道交接工作。

（李雪）

【环境建设】 年内，街道持续推进“疏整促”工作，拆除违建15处5893平方米，拆违台账完成率118%，遏制2处新生违法建设。成立地区综合执法队，针对环境污染、“开墙破洞”、无照经营、“门前三包”、食品安全等环境秩序问题开展联合执法行动150次，规范“门前三包”600余起，取缔无照游商200余起，无证无照经营整治台账销账6处，清理整治群租房29户。以6个社区为试点，开展垃圾分类示范片区创建。完成铁家坟路、正大南路等4条背街小巷的整治工作。投入5000万元接续推进三街坊环境整治工程。集中整治航天中心医院周边、武警总医院周边等3处环境秩序乱点，综合整治嘉源五孔桥农副产品市场等问题。

（李雪　钟冷）

【平安建设】 年内，街道开展“防保迎”消防安全执法检查、“五清”等专项行动，安全、消防检查2091家次，查处整改安全隐患350余项。成立永定路街道消防巡查应急处突队，建立1座小型消防站。开展筒子楼消防隐患整治，全覆盖巡查筒子楼27轮次。开展“两会”、“一带一路”高峰论坛、国际篮联篮球世界杯等重点时期的社会面防控工作。完成中华人民共和国成立70周年活动服务保障。开展地区文化娱乐服务场所日常检查和专项清理整治。安全隐患年度挂账隐患全部销账。治理校园周边环境，消除校园和周边隐患20余起。

（李雪）

【民生建设】 年内，街道完成与万寿路街道、田村路街道各类困难群体帮扶、劳动监察、退役军人及双拥、卫计、教育、就业、住房保障、社会化退休人员服务等各项民生保障工作的移交，档案交接和数据划转1.7万余份，完成辖区近860家用工单位的对接调研。推进政务服务“一窗式”改革，形成前台受理、后台审批、咨询前置的服务模式。年度就业指标完成率118%。开展困难群体救助服务和募捐活动，做好独居老人、社会化退休人员、残疾人、低保、地退人员等各类群体的服务管理工作。推进精神卫生综合管理，对地区严重精神障碍患者做到“一人一策”。成立退役军人事务所，协助指导社区完善退役军人服务站建设。办理“接诉即办”案件1449件，平均满意率87%。协调公主坟交通大队和驻区学校通过“小手拉大手”“温度执法”等措施，缓解五一小学、建华学校周边接送学生和社会交通的矛盾。

（李雪）

【社区建设】 年内，街道推进31个社区的交接融合，完成近300名社工的接收。为4个社区新增办公面积920平方米；对6个社区近1000平方米的办公用房进行装修改造；完成801楼等3栋住宅楼的适老化电梯加装工作。推出社区居民议事厅建设试点，推动社区自治。完成“菜篮子”“米袋子”保障任务，设立社区便民超市，恢复便民商业服务功能。拓展养老驿站辐射功能，开展老年餐桌、巡视探访服务及多种形式的老年文化活动。依托幸福家庭活动基地，开展免费早教课程和“心灵家园”等品牌活动，“心灵家园”为社区居民提供心理服务。开展健康促进进社区工作，推进家庭医生签约。

（李雪）

【基层党建和精神文明建设】 年内，街道开展“不忘初心、牢记使命”主题教育。落实意识形态责任制，建立党校分校和新时代文明实践站，规范新闻发布和新闻发言人工作机制。完成40余个基层党组织、4300余名党员的组织关系接收，为16个社区建立社区党员党统信息库，组建6个机关党支部。落实从严治党主体责任，开展风险警示教育2次，筑牢廉政自律防线。巩固文明城区建设成果和创建国家公共文化服务体系示范区成果，开展“五月的鲜花”、“社区邻里节”、新春音乐会等文化活动。开展清明诗词会、“书香永定”、“文化讲堂”等系列活动，营造全民阅读、传诵经典的良好氛围。开展新时代文明实践活动200余场。

（李雪）

东升镇（东升地区）

【概况】 2019年，东升镇辖区面积54.6平方千米，东升地区辖区面积8.28平方千米，有5个村民委员会和8个社区居委会。常住户籍人口23554人，其中非农业人口22942人、农业人口612人，流动人口31711人。地区有高科技企业500余家、上市公司50余家、“独角兽”企业6家。中关村东升国际科学园引进腾盛博药医药技术（北京）有限公司，实现全球最新药物研发项目落地中国。中关村智造大街聚集企业63家。北京海淀博展股份社外引进离岸孵化器贰柒空间，签约客户18家；投资2亿元，与清华工业研究院等机构发起设立水木氢能产业投资基金，总规模20亿元。集体经济总收入实现31.03亿元，比上年增长10.53%；集体经济收入实现14.66亿元，比上年增长13.35%。中关村东升科技园总收入252亿元，纳税22.5亿元。

（韩慧新）

【东升镇与旷视科技签署“城市大脑”协议】 4月12日，东升镇政府与北京旷视科技有限公司正式签署战略合作协议，双方就东升镇“城市大脑”建设展开全面合作。将组建“东升镇城市大脑专班”，围绕“城市治理、智慧交通、智慧社区、科技公园”等应用方向，构建“两个社区、两个公园、两条道路”；建设符合AI要求的智能硬件产品，为群众提供强大的科技体验服务；构建满足政务管理应用要求的机器视觉相关系统，规范辖区内人工智能政务应用系统建设，推动人工智能技术在政府领域的应用，为东升镇城市治理、服务模式以及产业经济的发展提供有力支撑。

（钟冷）

【环境建设】 年内，东升镇关停提升天丰利服装市场、清河农副市场北半部和健翔桥市场3家市场，疏解经营面积40998平方米、商户1145户，疏解人口6000人。履行河长职责，巡河720千米。拓展绿地7105平方米。整治宝盛东路等背街小巷6条，完成3条道路架空线入地，成功创建“国家卫生镇”，连续6年获“首都环境建设样板单位”称号。

（韩慧新）

【平安建设】 年内，东升镇启动社会面等级防控19次84天，组织群防群治力量14万人次。领导接访73批次，办理信访案件403件。完成118家企业标准化创建、121家单位安责险投保等任务。东升镇获北京市“2019年安全生产先进单位”称号。

（韩慧新）

【民生建设】 年内，东升镇投入1719万元，完成10项为民办实事项目。开展职业指导、政策咨询1237人次，实现就业334人，连续4年被评为北京市充分就业镇。新增社区用房5300平方米，在龙樾社区建成北部文化中心，在观林园社区建成综合服务中心。完成4个社区8项便民商业服务网点建设。

（韩慧新）

【基层党建和精神文明建设】 年内，东升镇召开党委会37次，学习研讨22次。理论中心组学习25次。东升镇蝉联“北京市理论宣讲示范基地先进单位”称号。轮训党员2765人次。新增非公党支部29个、转入党员196名。成立芳清园物业和业委会联合党支部，累计建成11个楼宇党建工作平台和2个党群服务中心。以中华人民共和国成立70周年为主题，完成第二届市民文化艺术节系列活动，受众2万余人次。成立1个新时代文明实践所、18个实践站、2个实践基地和9支志愿者服务队伍，组织活动558次。

（韩慧新）

海淀镇（万柳地区）

【概况】 2019年，海淀镇辖区面积4.79平方千米，下辖4个村委会和2个居委会。以存量产业提质增效为主导，以加快增量产业落地为助力，实现集体经济总收入约8亿元，比上年增长5%；集体经济纯收入约4亿元，比上年增长3%；劳均所得5.43万元，比上年增长6%。40余万平方米存量产业健康发展，增量产业建设再获新进展。市、区规划协作平台会原则同意树村产业项目、功德寺产业项目和东西水磨产业项目的设计方案；树村地区规划实施单元方案、功德寺产业项目调规文件已报送市规自委。推进相关集体产业融入“中关村论坛”永久会址建设，完成功能布局方案。龙湖星悦荟商业街改造后收益率增长50%；汇苑农工商公司与青龙桥村进行资本运作有益尝试，探索集体经济创新发展途径，提升集体产业效能。完成集体经济资产清查及海淀镇股份经济合作社第二届董事会、监事会换届选举工作；通过北京农村产权交易平台，完成全区首宗交易项目。

（范宏伟）

【城乡一体化建设】 年内，海淀镇完成树村棚改项目全部宅基地和社会单位腾退；功德寺棚改项目处于收尾阶段；完成中央党校西墙外环境整治项目腾退工作。启动东西水磨环境整治项目，拆除集体产业约4900平方米，宅基地腾退签约40余户。一亩园安置房、树村安置房一期交付，完成树村安置房项目二期，建设功德寺安置房项目。推进万树园小区房产证办理。探索万柳集团整建制农转非解决途径，工作方案已成型。

（范宏伟）

【环境建设】 年内，海淀镇实施“疏整促”专项行动，拆除违法建设12万余平方米。落实乡村振兴战略，探索“美丽乡村”建设全面融入科学城发展新模式。成功创建国家卫生镇；实现辖区生活垃圾分类全覆盖；利用“吹哨报到”制度，解决河道管理问题，推动“河长制”责任落实。实施打赢“蓝天保卫战”3年行动计划，提升空气质量；新增绿化面积4400余平方米。

（范宏伟）

【平安建设】 年内，海淀镇开展联合执法80余次，实现市、区重点点位台账任务“动态清零”。提升社会治安防范水平，建设城市管理综合指挥中心，实现辖区24小时监控系统全覆盖。组织开展扫黑除恶问卷答题活动，落实反恐、校园及幼儿园周边治理、禁毒、反邪教、防震减灾、养犬、“三电”① 保护等专项宣传工作；“三类”（入室盗窃、盗窃机动车、电信网络诈骗）可防性案件保持“零发案”。开展安全生产大检查，检查生产经营单位2000家次，发现并整改问题隐患288项，覆盖率与整改率均达100%。落实城市安全隐患治理3年行动工作任务，建立年度安全隐患整治台账，年度销账率达100%。完成中华人民共和国成立70周年庆祝活动、第二届“一带一路”国际合作高峰论坛、中关村论坛等活动的服务保障工作。

（范宏伟）

【民生建设】 年内，海淀镇做好“接诉即办”工作，在全市300多个街乡镇中4次排名前十，其中2次名列第一。推进就业、教育、医疗、社保、社会救助等民生工作，新增就业180人。走访慰问1806人，扶贫济困167人。深化“1+3+5”（1个平台：社区协商议事平台；3个提升计划：提升村居民文化素质，提升村居资源融合，提升物业管理水平；5项工作机制：信息互通机制，事物共管机制，资源共享机制，文明共创机制，难题共解机制）村居

① 电力、电信和广播电视设施。

共融共建工作机制，完善柳浪家园社区会客议事厅。精准扶贫河北省赤城县，各股份社参与投入200万元，完成4个援建项目。协办市人大代表提出的“关于搬迁培星小学北校区的建议”“关于请市政府尽快帮助解决整体推进‘三山五园’地区拆迁整治中有关难点问题的建议”，协办区人大代表提出的“关于搬迁培星小学北校区的建议”，主办镇人大代表提出的“关于关注退休低保人员，提高退休农民生活保障的建议”“关于减轻企业负担，促成居民供水事项移交的建议”“关于建设‘六郎庄村史馆’的建议”“关于协调解决六郎庄拆迁安置用房项目产权手续问题的建议”。办结3件，1件在办理中。完成10项街道为民办实事项目：投入资金支持文化活动和队伍建设，为辖区百姓购买惠民演出票、电影票；提升改造树村万树园文化活动室；为辖区农民、困难群众、社会化管理人员免费体检；实施柳浪家园南里、北里室外景观照明线路更换工程；增加社区政务服务站服务事项；对辖区高龄老人、残疾人等开展关爱服务；建立健全辖区困难群众救助服务体系，加大对困难群众的帮扶力度；修缮青龙桥裕隆新村地下车库设施；为基层单位配备消防器材；重新铺设柳浪家园社区南里部分排水管线。

（范宏伟）

【基层党建和精神文明建设】 年内，海淀镇组织开展“不忘初心、牢记使命”主题教育，落实“两新两高”战略，推进全面从严治党向纵深发展。成立海淀镇新时代文明实践所（站），组建13支志愿服务队，打通宣传、教育、服务群众的“最后一公里”。建成柳浪家园阅其书苑，打造社区居民精神家园。推进乡情村史陈列馆建设，编著《海淀镇寻故》，展示海淀镇深厚历史文化底蕴。围绕中华人民共和国成立70周年主题，举办文艺会演、百姓宣讲、快闪等活动，激发党员干部的爱国主义热情。

（范宏伟）

四季青镇（四季青地区）

【概况】 四季青镇辖区面积40.83平方千米，下辖13个村委会、12个社区居委会，有直属企事业单位16个，成立农业科技集团和工程管理集团。户籍人口53898人，流动人口84522人。集体经济总收入约36.68亿元，同比增长10.67%；集体经济纯收入约13.61亿元，同比增长11.69%。集体账内劳均分配83727元，同比增长2.4%。完成历时8年的四季青镇集体产权制度改革工作，成立四季青镇股份经济合作社。完成镇机关机构改革工作，镇机关机构设置为“八室一队五中心”[②]。

（张晓冲）

【北京四季青工程管理集团有限公司成立】 12月15日，北京四季青工程管理集团有限公司成立。集团公司集房地产开发、工程建设、装饰装修、市政建设、电气安装、通信电器安装于一体，具有多项专业资质，由北京四汇建筑工程有限责任公司、北京青远房地产开发有限公司、北京市四季电器安装工程有限公司3家分公司组建而成。

（张晓冲）

【北京四季青农业科技集团有限公司成立】 12月19日，北京四季青农业科技集团有限公司成立。集团公司以农业为主体融合科技、教育、餐饮、住宿、休闲、观光、娱乐等多方面开展经营活动，集团下设1家子公司和5家分公司。子公司为销售公司，包括物流分拣中心、四季青农业线上商城以及社区果蔬超市；5家分公司包括18个农业园区、1个卡丁车馆、1家酒店和1家餐厅。

（钟冷）

【城乡建设】 年内，完成香山东西红门及荷叶山地区腾退工作，中坞平衡资金用地实现挂牌上市；常青产业园开工建设，巨山创意园各项手续基本完备，启动巨山路西侧产业园区腾退和申报方案。吸引中国铁塔公司等央企落户。建设香山一期、双新祁家村、宝山什坊院、常青东冉村等回迁安置房；吸引中国铁塔公司等央企搭户。

（张晓冲）

【环境建设】 年内，四季青镇巩固国家卫生镇创建成果，依托人居环境整治与“美丽乡村”建设工作，改善农村地区环境面貌。开展日常环保宣传，加强大气污染防治与精准治理；坚持巡河常态化、河道保洁常态化，通过工程措施解决西郊机场排洪沟水质不佳等问题。高标准持续推进绿地认建认养、公园配套管理用房出租整治、林地自查自纠等工作。完成“疏解整治促提升”各专项任务指标。深入推进“厕所革命”，完成全镇剩余10座旱厕的全部改造及验收工作。

（张晓冲）

【平安建设】 年内，四季青镇组织群众游行队伍及观礼嘉宾，参与中华人民共和国成立70周年庆祝活动。检查企业3000余家次，督促整改各类隐患500余处。发动群防群治力量37万人次，完成中华人民共和国成立70周年庆祝活动、第二届“一带一路”国际合作高峰论坛、北京世界园艺博览会、亚洲文明对话大会等重要时期的服务保障工作。强化村居科技创安，实施北坞嘉园智慧社区试点工程。

（张晓冲）

① “八室一队五中心”：“八室”是综合保障办公室、党群工作办公室、平安建设办公室、城乡建设办公室、社区建设办公室、民生保障办公室、经济发展办公室、农业农村办公室；“一队”是综合行政执法队；“五中心”是市民活动中心（党群活动中心）、便民服务中心（退役军人服务站）、农村合作经济经营管理站（农业综合服务中心、农村统计信息中心）、林业管理服务中心、水务管理服务中心。

② “7+2”事项清单是市区部门社区表格保留清单，“7”指的是市委组织部的党员E先锋系统，团市委的北京共青团线上系统，市残联的北京市残疾人服务管理平台，市卫生健康委的北京市全员人口信息管理系统，市委社会工委、市民政局的党委、居委会换届信息系统，市司法局的人民调解案件情况统计表，市文化和旅游局的首都市民系列文化活动统计表；“2”指的是区委政法委的社区平安建设月报表，各街镇的社区日常管理事项表（含考勤、考核、资金项目申请及社区基本信息统计内容）。

【民生建设】 年内，四季青镇帮助581名城乡劳动力实现就业。推进常青幼儿园扩班及馥霞园东区配套幼儿园项目，增设学位，促进优质教育资源均衡发展。推进社区减负，明确社区工作"7+2"事项清单[②]，改善社区办公及活动场所硬件条件。建立地区物业联席会，通过党建引领、"吹哨报到"、四方议事等机制，提高物业服务管理水平。完成曙光望福园小区适老化电梯改造工作。成立四季青镇困服所，建立困难群众基本生活保障协调机制。在内蒙古自治区赤峰市敖汉旗金厂沟梁镇，确定蘑菇深加工和黑木耳种植的帮扶目标，推进"造血式"扶贫。在对口协作地区湖北省丹江口市凉水河镇建立四季青工业园、四季青植物园项目，与河北省赤城县开展产业项目合作。

（张晓冲）

【基层党建和精神文明建设】 年内，四季青镇开展"不忘初心、牢记使命"主题教育，基层137个党支部、2100余名党员参加主题教育活动。在贝家花园建立初心学堂，对174名党支部书记开展轮训。完成村、社区"两委"换届选举工作。申报7个党建创新项目，建设党建品牌。开展农村小微权力腐败问题专项整治，整改问题合同；围绕中央"扫黑除恶"督察和市委巡视、区委巡察等反馈问题，进行约谈提醒和监督执纪问责。

成立四季青镇新时代文明实践所，在村和社区设立新时代文明实践站，依托志愿服务等活动，打通服务群众的"最后一公里"。"宝贝之家"（微信公众号）连续8年为地区少年儿童提供主题活动；"文化四季"（微信公众号）配送文化惠民活动，开展活动730余场，惠及群众6万余人。

（张晓冲）

西北旺镇（西北旺地区）

【概况】 2019年，西北旺镇镇域面积51.09平方千米，辖8个村委会、20个村级股份经济合作社、15个社区居委会和2个社区筹备组。有户籍人口47241人，其中农业人口6266人，非农业户口40975人；流动人口113116人。农村集体经济总收入完成9.48亿元，比上年增加1.41亿元，增长14.9%。其中，镇级集体经济总收入3.09亿元，比上年增长28.2%；村级集体经济总收入6.38亿元，比上年增长8.5%。

完成18个村级股份经济合作社换届选举工作和村级产权制度改革工作。完成全区首个通过产权交易平台进行公开招标的房屋出租项目，实现农村产权交易阳光操作。

"一镇一园"项目取得突破：市、区重点项目——X2地块作实现开工；推进X5地块项目手续办理，园区建筑概念设计通过审批；X3—016地块项目完成开工前准备工作。

（刘冲）

【海淀首个"不忘初心"主题展览】 6月25日，西北旺镇主办的首个以"不忘初心"为主题的展览向公众开放。《初心之路》主题展览近3000平方米，由"忆初心""守初心""践初心""悟初心"四个篇章组成，采用图文展板、模型陈列、多媒体演示等方式，全景展现中国共产党成立98年来"为中国人民谋幸福、为中华民族谋复兴"的光辉历程。

（林琳）

【城乡一体化建设】 年内，西北旺镇拆除违法建设28.37万平方米，完成市折子任务，疏解人口1.2万人。整治无证无照经营商户220户。在永丰屯、屯佃、冷泉、韩家川、亮甲店5个平房村开展农村人居环境整治工作，拆除广告牌匾400余处，拆除私搭乱建、私搭棚舍1114处、3万余平方米。实施"厕所革命"改造工程，拆除公共旱厕91座，改造公厕57座。完成马连洼村环境整治及唐家岭、土井腾退收尾工作。推动西北旺辛店居住组团BCD地块、永丰产业基地（新）J地块、功德寺棚户区改造、邓庄南路西延等区级重点项目。完成屯佃村259人征地农转非和马连洼村543人整建制农转非工作。

（刘冲）

【环境建设】 年内，西北旺镇完成镇域内10条、40.25千米河道的养护保洁，清理小微水体河渠边沟15条，封堵新发排污口5处。镇、村两级河长和水务巡查员巡河里程累计达2115千米。完成屯佃村千秋花园供水管网改造和永丰屯村重置生活自备井工程，提升地区居民饮用水安全。整治清理"散乱污"企业113家，升级改造餐饮企业油烟处理设施80家。全面排查裸露地面、分类推进扬尘治理、精细化管理工地，改善辖区空气质量，$PM_{2.5}$浓度值保持在每立方米41微克以下，低于全区平均值。建成总面积约6万平方米的大牛坊悦康公园及7万余平方米的永丰屯滨河公园。完成造林128.76亩、留白增绿119.6亩。成立森林打点巡查队，在重点地段24小时巡逻打点，预防森林火灾。

（刘冲）

【平安建设】 年内，西北旺镇加强社会面等级防控，完成国庆70周年活动、亚洲文明对话等五大安保任务。投入约700万元，在亮甲店村平房区、地铁站周边等地安装124处视频监控摄像头，在西六社区、永丰嘉园五区49个单元安装61套"智慧门禁"系统。办结各类信访案件159件，接待来访群众191批次。"接诉即办"共受理群众诉求9692件，办结率100%。开展城市安全隐患三年治理专项行动。组织安全联合大检查、宣传教育培训及应急演练活动约100次，检查生产经营单位4116家次，整改各类隐患1545处。建成并投入使用小型消防站1座及配套水池5个，安装独立烟感报警装置5000户，提升地区消防综合应急救援能力。全年发生火灾事故25起，同比下降4%，未发生安全生产事故。

（刘冲）

【民生建设】 年内，西北旺镇政务服务中心办理业务30722件，群众满意度达99.12%。申请灵活就业人员612人，办理个人就业1156人次，发放失业金715万元。开展"春风送暖""博爱在京城"等捐款活动，捐款45万元。

新建屯佃村卫生站。统筹推进镇域内学校、幼儿园等配套教育资源建设。打造回迁房商业配套样板间——六里屯特色商业街，获评“全国社区一刻钟服务示范街”“北京生活性服务示范街”等称号。举办深夜食堂嘉年华活动，入驻商户销售额平均增幅达50%以上。筹建青棠湾社区、天悦西山社区。投入505万元，建设大牛坊村悦康公园、亮甲店村锅炉房等138个惠民项目。开放友谊嘉园等3个回迁安置小区地下车库。拨付资金305.07万元，对口帮扶内蒙古科右前旗俄体镇和湖北省丹江口市均县镇。与怀柔区怀北镇和庙城镇开展合作对接。

（刘冲）

【基层党建和精神文明建设】 年内，西北旺镇开展“不忘初心，牢记使命”主题教育。做好150名群众游行人员训练保障工作，完成国庆70周年群众游行任务。组织“我与国旗同框”“同升国旗”等6项活动，其中“我与国旗同框”4天吸引1600余名党员群众参与，千人唱响《我和我的祖国》。完成7个村委会、15个居委会以及6个撤制村、18个村级股份经济合作社换届选举工作。实施“第一书记”工程，所有行政村第一书记全覆盖。成立2家“两新”党组织，“两个覆盖”覆盖率达92%。开展软弱涣散党组织整顿工作。打造党群服务中心体系，建成唐家岭党建示范基地、永丰屯红丰党群服务中心和大牛坊党建文化广场等阵地，永丰屯村红丰党建品牌成为海淀区村级党建工作亮点。举办第七届社区邻里节、农民艺术节、春节民间花会秧歌踩街等大型文化活动28场，组织各类演出38场。

（刘冲）

温泉镇（温泉地区）

【概况】 2019年，温泉镇镇域面积33.19平方千米，辖2个村委会，13个社区居委会，2个地区工委，7个股份经济合作社。有户籍人口30190人，其中农业人口136人，非农业人口30054人；流动人口39694人。有注册企业1万余家，区级规模以上企业654家，近4万名高新技术人才，年总产值400余亿元，对社会税收贡献30余亿元。经济总收入14.25亿元，比上年增长7%；纯收入4.36亿元，比上年增长7%；人均年收入31725元，比上年增长8%；农民月均收入2643.75元，比上年增长8%；农村集体收益分配股东分红人均12080元，比上年增长13.5%。明确“资本立镇、产业强镇”发展路径，完善“一镇一园”体系现有公司及企业治理结构。“一镇一园”两个镇级园区发展良好，创客小镇一期服务627家创业企业，42家孵化平台，入孵企业估值454亿元左右，年产值约21亿元；云中心服务企业286家，年产值约130亿元。推动集体经济发展转型，由7个村股份经济合作社入股的北京兴泉资本有限公司开展投资运营，集体经济组织债权投资的年化收益率从4.35%提高至8%左右；创客小镇资产管理公司取得私募基金管理人的牌照，对接股权投资平台。组建北京兴泉润德资产管理有限公司，开展不良资产处置业务，拓宽集体经济组织金融产品渠道。建立区、镇两级重点企业领导包干联系服务机制，搭建政企高层产业联动平台。镇属集体企业北京温泉兴业公共环境设施管理服务有限公司、北京宏泉物业管理有限公司、北京赢海欣泉工程建设有限公司、北京昊远兴达网络技术开发有限公司等业绩平稳增长。

（王莹莹）

【科技文化节暨青少年科技活动周】 5月18日，温泉镇政府携手温泉苏家坨学区管理中心开展科技文化节暨青少年科技活动周。本次活动参展团队主要来自一零一中学（温泉校区）、海淀寄读学校、中法实验学校（中学部）、中法实验学校（小学部）、翠微小学（北校区）、和平中心小学。此外，特别邀请了来自中科院软件所、清华大学信息学院、石油大学等单位的5位科技专家，对孩子们的作品进行点评，在60件参赛作品中，评选出一、二、三等奖，颁发优秀指导教师奖和最佳组织奖。

（王莹莹）

【地区第二届文化科技艺术节】 5月31日，温泉镇举办以“智慧海淀、创新发展”为主题的非凡创客分享会活动。非凡创客分享会以“弘扬爱国奋斗精神、建功立业新时代”为指导思想，汇聚国内外优秀创新创业人才，通过宣传短片、人才对话、人才访谈、人才脱口秀等丰富的艺术表达形式，讲述海淀老、中、青三代创新创业优秀代表典型故事，彰显海淀人才至上价值理念，营造海淀尊重人才、尊重知识、尊崇创新的良好氛围。本次非凡创客分享会声势浩大，吸引近40家主流媒体报道，吸引关注人群超过4000人次，进一步扩大创客品牌影响力。

（王莹莹）

【第二届中关村创客节】 10月25日，由海淀园管委会指导，温泉镇政府主办，中关村创客小镇承办的第二届中关村创客节在中关村创客小镇拉开帷幕。以“智能时代下的中国探索”为主题，依托“创客小镇”双创服务平台，聚焦5G技术、人工智能、新材料等关键技术，共建中关村智慧经济生态圈，将创客节打造为全国创客的节日，创客节政治、经济、社会影响持续扩大。

（王莹莹）

【城乡一体化建设】 年内，温泉镇落实街镇责任规划师制度，搭建“多规合一”信息平台。推动村庄腾退，高里掌村腾退133户，占总户数的75.57%；辛庄村腾退269户，占总户数的72.7%；两村完成非宅腾退10.82万平方米。协调推进太舟坞二期安置房开工建设，开展中心区F地块、C03-1地块定向安置房项目，推进北辰D1地块项目。加强基础设施和服务设施建设，温泉天兰商业中心开业，引入肯德基、必胜客，开设社区E中心，为周边居民提供便民服务；C06

地块兴泉商业楼项目与物美超市、麦当劳等10余家商户签约。在白家疃村、温泉村试点建立村庄公共服务供给模式。完成辛庄村、高里掌村撤村工作。13个社区居委会全部一次性选举成功，111名候选人全部当选。强化水岸家园、温泉人家地区工委（管委会）管理力度，推动传统农村管理体制向村居融合共建管理转变。

（王莹莹）

【环境建设】 年内，温泉镇开展农村人居环境整治“60天大会战”，白家疃村和温泉村通过北京市考核验收。实施农村“厕所革命”，对农村旱厕、公厕进行改造提升。改造白家疃村、温泉村停车场，新建翠微小学停车场、中法实验学校北侧停车场，增加停车场面积3万余平方米，增加车位近700个。开展北部文化中心周边和杨庄幼儿园周边交通设施提升改造项目，缓解地区停车难问题。拆除浅山区违法建设1234处15万余平方米；开展重点区域、居民生活区和环境薄弱地区的环境整治提升工作，治理无照游商、非法小广告、无证无照经营。开展系列安全生产检查工作，整治背街小巷、占道经营、地下空间、群租房，实现散乱污企业“动态清零”。加大施工工地扬尘防控巡查力度。完善“河长制”工作体系，实施白家疃排洪沟治理工程、团结渠治理工程及北大微信排洪沟和温泉北支沟清淤治理工作，改善河道环境，营造“水清、岸绿、河畅、景美”的生态环境。

（王莹莹）

【平安建设】 年内，温泉镇完成中华人民共和国成立70周年庆祝活动、“一带一路”国际合作高峰论坛、北京世界园艺博览会、亚洲文明对话大会等重大活动的服务保障工作。优化“大城管”工作体系，完善与公安、消防、安全生产等部门的联合执法机制，建设综合执法专业队伍。推动三级网格有效运行，做好重要节点的社会面防控工作。推进“扫黑除恶”专项斗争，铲除黑恶势力生存土壤。办理依申请信息公开、履行法定职责、依法行政申请347件。推进信访积案化解工作，加强重点管控，防范各类风险，筑牢维稳防线。

（王莹莹）

【民生建设】 年内，温泉镇做好“接诉即办”工作，办好群众身边事。建立领导包片制度，聘请第三方公司24小时座席，划拨专项应急资金，推动解决重难点问题。承办“12345”热线接诉即办案件2453个。协助办理“推动美丽乡村建设融入中关村科学城发展”议案和市区人大代表建议2件。落实为民办实事项目18件，镇域医疗、教育、公共交通、文化娱乐等公共服务设施持续完善。完成创建国家卫生镇任务。做好全国健康促进区工作，温泉村、环保园、尚峰园、水岸家园、杨家庄5个社区卫生服务站投入使用；开展送医送药便民服务，诊疗7100余人次。开展立新幼儿园温泉分园第二年招生工作；依托水岸家园社区养老服务驿站，探索养老服务运营模式和服务体系建设。与内蒙古科右前旗归流河镇、居力很镇开展对接交流，投入扶贫专项资金及企业捐助资金近600万元。开展系列文化惠民活动560余场次，近5万人次参加。新建篮球、网球等球类场地10片。

（王莹莹）

【基层党建和精神文明建设】 年内，温泉镇开展“不忘初心、牢记使命”主题教育。实施党组织书记“头雁领航”① 工程、党务工作者“素质提升”工程、党员“党性锤炼”工程，加强党务干部和党员队伍建设。制定实施《温泉镇关于深化党建引领“街镇吹哨、部门报到”改革的实施方案》，建实党建工作协调委员会平台。组织理论中心组学习21次1200余人次，组织12期共2200余名党员参训。落实全面从严治党主体责任全程记实平台工作，建立“横到边、纵到底”的责任制网络。对24家基层单位进行全面从严治党检查，对排名靠后的3家单位进行集体约谈。配合做好市委第三巡视组巡视、区委第一联动组联动巡察及区委第五巡察组开展规划自然资源领域专项巡察工作，并落实各项整改任务。举办纪检监察工作培训班暨清廉大讲堂活动，开设“清泉”廉政专栏，引导党员干部学法纪、明规矩、知敬畏、守底线。建立中层领导干部廉政档案，规范廉洁行为。运用“四种形态”约束党员干部，处理45人次，处置问题线索23条。开展温泉文创大赛等17个项目，培育新型文化业态，打造自主创新文化品牌。成立温泉镇新时代文明实践所，9支镇级新时代文明实践志愿服务队、15支村（社区）级新时代文明实践站志愿服务分队开展特色文明实践活动12次。

（王莹莹）

苏家坨镇（苏家坨地区）

【概况】 2019年，苏家坨镇面积84.57平方千米，辖14个行政村，9个社区。全镇总人口7.3万人，其中户籍人口38203人（农业户籍人口10875人、非农业户籍人口27328人），流动人口34815人。全镇农村经济总收入51579万元，其中镇级集体经济总收入38947万元，村级集体经济总收入12632万元。

（徐瑶）

【承办海淀区丰收节】 9月23日，由区农业农村局主办，苏家坨镇政府、上庄镇政府承办的2019年海淀区“中国农民丰收节”暨第十八届金秋田园体验季开幕式举行。丰收节以“丰收海淀　祝福祖国”为主题，区委常委、区委办主任高念东，区人大常委会副主任臧桂武，区政协副主席胡淑彦，区政府特聘专家靳晖，海淀区农业农村局局长张春明及相关委办局领导和各镇负责人以及怀柔区、延庆区

① 根据区委组织部要求，通过加强对党组织书记的培训，提升其履职能力和综合素质，为充分发挥“头雁”作用打下良好基础。

农业农村局负责人出席开幕式，苏家坨镇党委书记张文涛和镇领导班子成员参加。现场设置农业科技企业产品技术展、京西稻收割体验活动、“海淀农业　峥嵘岁月”展、农产品展卖、儿童游戏等环节。农业科技企业产品技术展现场展示海淀区10家涉农科技企业带来的高科技产品，有植保无人机、智能温室技术、痕量灌溉技术、水肥一体化设施等，让市民近距离接触现代农业、科技农业。“海淀农业　峥嵘岁月”展则展示海淀各镇的农业特色以及京西稻。现场提供花生、红薯、玉米采摘体验。

（徐瑶）

【城乡一体化建设】 年内，苏家坨镇编制完成镇域185公顷集体产业布局和用地指标方案。完成集体租赁住房项目设计方案，取得多规平台初审意见。“一镇一园”6025等地块项目取得市发改委立项核准批复。前沙涧S1产业地块项目、七王坟集体产业项目形成设计方案。完成安河家园商业街设计方案，同步开展招商、启动装修。深化柳林村等7个“美丽乡村”建设方案。编制完成北安河地区腾退后12平方千米区域休闲公园概念策划方案。推进北安河地区腾退收尾，采取北安河安置房现房回收、选房指标货币化、地铁上盖住宅优惠选房等措施有效解决安置房缺口问题，消化指标近6万平方米。三星庄村176户腾退遗留户回迁完成77%。协调配合相关单位推进地铁车辆段二期代征用地、“一镇一园”6025等地块用地腾退工作。实施阳台山南线道路提升、紫云台香草园围墙修缮以及大西山骑行线路自行车租赁系统项目，完善旅游基础设施。

（徐瑶）

【环境建设】 年内，苏家坨镇落实“蓝天保卫战”行动计划，实时监测4处大气粗颗粒物点位。对扬尘、渣土车泄漏遗撒、露天烧烤、露天焚烧等开展执法并处罚。每周六开展环境清洁日行动。开展大规模村庄清洁行动，全镇1499处3.4万余平方米私搭乱建全部拆除，11个村通过市级考核验收。完成49家餐饮企业的油烟净化设备改造。开展饮用水水源地保护专项行动，清退兴达驾校修理厂和芳元缘养殖场，实现“散乱污”企业动态清零。落实“河长制”，镇、村两级河长巡河1000余次。委托第三方实施污水溯源治理，确保入河排污口动态清零。完成“新一轮100万亩造林绿化行动”48.5公顷、“留白增绿”7.78公顷、森林健康经营200公顷。阳台山景区林地改造提升项目（一期）全面竣工。管护102.9公顷永久基本农田。完成第三次全国国土调查工作。提升文化东路、郊北路等道路环境，完成海淀看守所北门一条街整治。

（徐瑶）

【平安建设】 年内，苏家坨镇完成国庆70周年方队训练、服务保障及“扫黑除恶”专项斗争。落实“街乡吹哨、部门报到”机制，建成实体化综合执法平台。实施城市安全隐患三年治理行动和“防风险保平安迎大庆”专项行动，检查生产经营单位3700余家次，消除各类隐患1300余项。火灾事故起数下降50%。加强食品药品和农产品质量安全监管。加强文物巡查频次和力度，确保文物安全。健全完善立体化、信息化社会治安防控体系，开展“扫黑除恶”专项斗争。定期开展意识形态研判工作，分析意识形态领域情况。摸排各种矛盾风险隐患，把风险和矛盾及时化解在源头。

（徐瑶）

【民生建设】 年内，苏家坨镇推进“厕所革命”，13座旱厕改造工程全部竣工。七王坟、西小营、柳林3个村实施准物业化管理。建立“接诉即办”工作机制，全渠道累计受理案件2508件（含市级直派2006件），办结2447件。北安河村2500余名农民完成农转居。投入3000余万元，完成11件重要民生实事。开工加装电梯10余部。新建、提升便民商业网点5个，实现8项便民服务功能全覆盖。发放各类救助保障资金400余万元。推进前沙涧社区卫生服务中心建设。开发苏家坨旅游微信小程序、微网站，提升线上旅游服务。

（徐瑶）

【基层党建和精神文明建设】 年内，苏家坨镇开展“不忘初心、牢记使命”主题教育。围绕经济、环保、民生等展开调研，现场解决问题34个，挂账督办问题12个。对照巡视巡察反馈问题，制定专项整治方案，整改村干部经营个人产业和租用集体土地问题。落实“千百十·我在基层”“双联系”“吹哨报到”等制度。新增“两新”台账企业218家，新建非公企业独立党支部3个。完成机关、企事业单位和“两新”领域23个党组织换届选举。履行全面从严治党主体责任，落实镇领导班子成员包村全程记实和党建联系点制度，开展基层党组织述职评议。采取“一村（社区）一策”，整顿软弱涣散党组织。完善基层社会治理体系，完成村（居）委会换届选举。推进北京市体育特色乡镇创建。举办第五届地区运动会。成立镇级新时代文明实践所、基层新时代文明实践站，常态化开展新时代文明实践推动日活动。实施“文化+体育”惠民工程，建成“大西山”地方文献资源中心、数字化智慧型图书馆，完善地区文体基础设施，开展群众性文化体育活动1000余场次。

（徐瑶）

上庄镇（上庄地区）

【概况】 2019年，上庄镇面积38.45平方千米，户籍人口12953户29798人，其中农业户4566户10591人，非农业户8387户19207人，流动人口53772人。下辖19个村民委员会，5个社区居委会，8个事业单位，15个镇属公司。镇域内有上庄水库、北京市唯一的国家级城市湿地公园——翠湖国家级城市湿地公园、享誉海内外的清代第一词人——纳兰性德之墓和北京市首批非物质文化遗产之一的

"曹氏风筝"工艺坊等历史文化遗址。主要农产品有京西稻、食用菌、冬枣、草莓、樱桃、油桃、糯玉米等。经济总收入5.92亿元；农民人均劳动所得29060元，比上年增加1169元。启动第四次全国经济普查工作，普查企业1603家。完成经济合同整改专项工作，整改问题合同800余份，合同收入6000余万元。完成农村集体产权制度和集体经济组织制度改革。完成全镇39家单位总额32.24亿元的资产清查工作。完成"上庄镇从'地'入手突破地区发展瓶颈调研"课题调研报告。

（罗丽薇）

【城乡一体化建设】 年内，上庄镇完成2家一般制造业企业退出。配合西郊农场推进京北钢材市场关停，搬离清退商户近20家。拆除违法建设约21万平方米，复耕土地面积14.9万平方米，疏解人口5600余人。共拆除17个村庄私搭乱建2100余处，对全镇街坊路及路灯进行全面核实，建立台账。实施农村基础设施专业化管护（资质）项目，提高农村基础设施管护水平和养护资金使用效率。完成59座公厕改造实施方案编制工作。南沙河路灯安装项目稳步实施。开展沙阳路两侧"僵尸车"及非道路移动机械整治工作。启动翠湖南路、沙阳路等主要道路两侧景观修复和提升改造，拆除整治重点街道老旧广告牌匾，清理堆物堆料和非法小广告等。翠湖南路项目启动立项程序，沙阳路项目开展方案设计。启动镇域总体规划，研究村庄设计导则制定，保留村的村庄规划项目进入立项程序。开展绿色空间、水系连通等专项规划，北部健康服务单元中6个村庄开展前期研究，罗家坟村及森林康养区4个村完成概念方案。罗家坟村美丽乡村建设试点工作完成资金评审，启动项目施工招标工作；完成东马坊、梅所屯、西闸等7个村美丽乡村实施方案编制工作。实施罗家坟村准物业化管理试点工作，启动第二批3个村庄试点工作。

（罗丽薇）

【环境建设】 年内，上庄镇实施"水清岸绿"行动计划。完成双塔村南排水等9条镇村两级河道沟渠治理项目，清理村域河塘沟渠21条362次。启动北沙河流域景观提升改造项目，完善上庄后河老河道雨水湿地工程和前章村沟综合治理工程方案。协助完成南沙河流域污水治理工程，推动上庄再生水厂投入运行，沙阳路沿线村庄污水陆续接入。整治非农园区7个，拆除违法建设2.3万平方米，复耕土地面积4.73万平方米。完成1543个设施农业大棚二维码挂牌工作，完成360万余元的农业相关保护补贴工作。基本完成平原造林任务85.71公顷，补植苗木6.5万株。启动老旧杨树林地的提升改造项目，完成上庄村村南集体生态林地试点方案，启动全镇可利用林地整体设计工作。开展环保检查督察，管控裸地扬尘、道路扬尘、施工扬尘和建筑垃圾运输车辆，减少扬尘污染。对重点企业严格限排禁排管理，实现"散乱污"企业动态清零。落实空气重污染应急预案，执行烟花爆竹安全管理规定，加强大气污染联防联控。清理农村生活垃圾5000余处，大型垃圾堆积点60余处；拆除地撮式垃圾站94处，为各村居配备垃圾箱1205个，配备户用垃圾桶9500余个，基本实现垃圾密闭和日产日清。清理乱贴乱挂乱画及小广告1200平方米，苫盖护网8万平方米，清理乱堆乱放3000余处。整治农村人居环境问题，拆除各村私搭乱建2185处，共计33294.7平方米。

（罗丽薇）

【平安建设】 年内，上庄镇结合"街镇吹哨、部门报到"机制，做好"接诉即办"工作。探索基层参与共治新机制，启动修订《村民自治章程》《村规民约》工作。完成馨瑞嘉园社区会客议事厅建设项目及"家庭助理亲情扶助"义工行动项目。举办"法治宣传主题活动月"等主题法治宣传10余场。审核各类文件合同1100余份。成立城市秩序管护工作队伍，开展城市治理专项执法，开展镇、村两级公共安全隐患综合治理工作，出动执法人员4200人次。开展"扫黑除恶"专项斗争，入户发放宣传品近2万份，开展主题宣传、专题宣讲会、知识问答等活动40余次，通过各类电子屏、横幅、海报宣传5000余次。完成全国"两会"、"一带一路"高峰论坛等重大活动的服务保障任务。开展安全隐患治理工作，检查企业3057家次，发现并整改隐患2517项。安装烟感报警器2748个，建成小型消防站1座，18座村级微型消防站均投入使用。完成白水洼村警务工作站建设，建立人防、物防、技防相结合的长效工作机制。开展病媒生物防治及食药安全检查工作。

（罗丽薇）

【民生建设】 年内，上庄镇发放低保金约51万元，救助金17万元，无保障老人福利养老金覆盖1445人。城乡居民医疗保险覆盖8605人，养老保险新参保130人。全镇就业率达98%，城乡登记失业人员就业790人，城乡就业困难人员就业33人。发放户籍"失独家庭"① 补助金25户，高龄、特困老人、重点优抚对象、残疾儿童康复补助4000余人次，250万元。完成上庄家园养老驿站、困难群众救助服务所建设。五十七中和清华附中落户上庄，改善教育资源匮乏现状。完成非京籍子女入学审核工作，合格率达99.5%。签订未经注册审批学校、幼儿看护点安全管理工作责任书，依法关停未经审批幼儿看护点4处。开展与内蒙古自治区赤峰市敖汉旗玛尼罕乡、木头营子乡，怀柔区喇叭沟门满族乡、汤河口镇，延庆区张山营镇对口帮扶协作。

（罗丽薇）

【基层党建和精神文明建设】 年内，

①指独生子女死亡，其父母不再生育、不能再生育和不愿意收养子女的家庭。

上庄镇建立以党组织一把手为站长的镇、村两级退役军人服务站体系，完成退役军人及其他优抚对象信息采集1457人，发放军属光荣牌1457块。完成国家卫生镇创建任务。完成上庄卫生院升级改造工程立项工作。开展“不忘初心、牢记使命”主题教育，通过8个主题、7次集中学习研讨，组织开展全镇基层党组织书记、党群工作者和宣传信息员、党员的专题培训班，在镇党群服务中心举办“不忘初心、牢记使命”中国革命历史文献展，600余人次参观。以“接诉即办”为抓手，聚焦服务保障中华人民共和国成立70周年庆祝活动、农村人居环境整治、强化基层党建工作等任务，围绕工作反映、群众关切的各种问题等开展集中拉练调研和联系蹲点调研。结合“千百十·我在基层”行动，推进道路整治、路面硬化及文化体育设施配备，挖掘上庄镇文旅资源。召开专题民主生活会，开展批评和自我批评。制定整改方案，明确牵头领导、责任领导、责任部门和整改时限，完善工作机制，解决群众身边的操心事。选优配强村（社区）“两委”队伍，采取“一村一策”，有力保障26个党支部、16个村委会和5个居委会全部一次选举成功，当选人与预测人选全部吻合，完成书记主任“一肩挑”任务。推动“一规一表一册一网”规范化建设，落实“三会一课”、组织生活会和民主评议党员等制度，全年共发展党员23人。整顿软弱涣散党组织，加强梅所屯村组织建设达到“完成转化、可以销账”标准。完成职务与职级并行职级套改工作，开展集中培训、挂职锻炼、参观学习等培训活动，完善《上庄镇关心关爱干部职工制度》，规范村“两委”人员薪酬待遇。为各村公开招聘14名党群服务中心专职人员，充实村级后备干部队伍。推进“扫黑除恶”专项斗争工作。制定《上庄镇关于加强基层组织建设进一步推进扫黑除恶专项斗争工作的若干措施》。筑牢党员干部拒腐防变的思想道德防线。运用“四种形态”把监察对象全部纳入监督范围。巩固文化服务体系示范区成果，完善基础设施，为全镇社区、村图书室订阅各类书籍50余种，开展舞蹈、声乐、相声、戏曲、非物质文化遗产等培训活动80余场次，传承京西稻、曹氏风筝等非物质文化遗产。举办国庆70周年系列纪念活动。开展“迎新春”“发现上庄之美”“到人民中去”“星火工程演出”等文体活动100余场。成立上庄镇新时代文明实践所，完成地区文化特色标识及主视觉设计。

（罗丽薇）

玉渊潭农工商总公司

【概况】 玉渊潭农工商总公司（简称玉渊潭总公司）受玉渊潭股份经济合作社委托，对股份经济合作社所有资产进行经营与管理，是拥有酒店、物业、置业三大集团，集实业投资与资本运营为一体的集团企业。2019年，按照上级要求，召开玉渊潭股份经济合作社第二届股东代表大会，选举产生新一届董事会、监事会。完成集体经营收入29.12亿元，完成集体净利润7.76亿元，上缴国家税金4.62亿元，员工劳均分配9.04万元。

（孙雯）

【中关村玉渊潭科技商务区建设】 年内，玉渊潭总公司聚焦中关村科学城，加快玉渊潭科技商务区、中关村互联网文化创意产业园建设，优化客户结构，将新建、优质物业项目纳入区统筹，吸引和聚集创新要素，提高优质客户的对接服务能力，促进园区发展。打造定慧文化科技融合产业园，实施改造升级，提升环境品质。

（孙雯）

【产业升级和疏解整治】 年内，玉渊潭总公司完成西南饭店改造项目旧主楼拆除，加快精装修施工，推进各项运营筹备。阜石路商务楼项目做好验收准备。完成又一村腾退工作，完成回迁安置房项目主体结构。推进玲珑巷二期地块入市。提升酒店板块市场化水平，深化品牌输出管理，金龙潭大饭店、裕龙大酒店完成中央、市区巡视迎检组服务保障。推进战略的创新转型，加快教育产业发展，玉渊潭实验幼儿园获北京市一级园评定。玉渊潭培知培训学校承办多场技能培训。对半壁店、小屯地区、阜石路沿线进行腾退扫尾及绿化提升。完成市委第三巡视组巡视反馈绿地问题的整改工作。

（孙雯）

【基层党建与企业文化建设】 年内，玉渊潭总公司实施“线上＋线下”党员干部学习模式，在全区“学习强国”党员参与度、人均积分排名中均处于前列。开展“不忘初心、牢记使命”主题教育。开展专项监督检查，执行中央八项规定精神，纠正“四风”，控制廉政风险。以“领导者角色认知与胜任力提升”“前沿科技创新趋势对企业的影响”“《习近平新时代中国特色社会主义思想学习纲要》解读”“科技文化融合对企业的影响”，开展4期企业领导干部培训班。加大高素质年轻干部的选拔培养力度，建设适应发展需要的人才队伍。开展检查、抽查、夜查，加强隐患排查整改，深化专项治理，加大安全培训、信访工作力度，保证安全稳定。做好中华人民共和国成立70周年活动的各项服务保障工作。开展企业文化活动和走访慰问活动。组织开展健步走、乒乓球比赛、红色教育等活动。“玉渊潭公众微信号”刊载会议精神、企业资讯、关联讯息95篇，深化玉渊潭企业精神。

（孙雯）

【对口帮扶】 年内，玉渊潭总公司安排200万元帮扶资金，对口帮扶新疆维吾尔自治区和田市吐沙拉镇、河北省保定市易县白马乡和良岗镇。累计向新疆和田吐沙拉镇和河北易县提供帮扶资金300万元，帮扶276人，解决近40名贫困劳动力的就业问题，帮助128人实现脱贫。

（孙雯）

人物 荣誉

先进人物

全国五一劳动奖章

刘玉亭　北京百度网讯科技有限公司百度地图数据引擎部工程师

全国三八红旗手

行秀娟　北京凯瑞御仙都餐饮投资控股集团董事长
王锡娟　康辰医药股份有限公司董事长
刘小惠　人大附中联合学校总校党委书记、人大附中翠微学校校长

中国好人

李迎宾　北京市公安局海淀分局警务督察大队大队长、党支部书记
史永乐　中国航天科工二院二十三所职工
胡　方　北京幸福益生高新技术有限公司董事长

第七届“全国道德模范”提名奖

张佳鑫　北京邮电大学信息与通信工程学院教师

首都劳动奖章

余德学　北京市海淀区房屋管理局普通地下室规范使用协调办公室科长
张宏波　北京市海淀区政府机关事务管理处科长
齐长学　华北建设集团有限公司海淀区两园之间棚改安置房一标段技术员
蔡　璐　北京翠微大厦股份有限公司翠微店营运部客服中心受理员
沈贺玲　北京凤凰岭自然风景公园营销中心主管
佟亚辉　北京日立电梯工程有限公司维保部技术主管
荐世新　北京健力源餐饮管理有限公司董事长
赵连霞　中共北京市海淀区四季青镇委员会党委委员、人大主席
刘晓昶　北京市第五十七中学书记兼校长
赵璐玫　北京市海淀区实验小学校长
王　磊　北京市海淀区医学救援中心副主任
周军民　北京佳讯飞鸿电气股份有限公司技术总监
李玉福　北京大北农科技集团股份有限公司技术总监
李　刚　北京市海淀区人民检察院轻罪案件检察部检察官
李　明　北京市海淀区环卫服务中心五路居垃圾压缩转运站班长

第33届“北京青年五四奖章”

闫昕卓　北京市公安局海淀分局中关村社区警务四队副队长
熊　华　中国航天科工集团二院二部总技术负责人助理

北京榜样

闫昕卓　北京市公安局海淀分局中关村派出所民警、中关村街道华清园社区党委副书记
马宝民　滴滴专车全职签约司机、滴滴司机北京流动党支部书记
黄乐平　北京义联劳动法援助与研究中心主任
张爱华　海淀紫竹院街道魏公村社区卫生服务站主管护师
陈云霁　中国科学院计算技术研究所研究员、中国科学院脑科学卓越中心特聘研究员、博士生导师
文　岩　首都师范大学学前教育学院教师
付英波　北京旷视科技有限公司总裁
胡　方　北京幸福益生高新技术有限公司董事长

第七届首都道德模范奖

张志伟　北京市百瑞律师事务所执行主任
李迎宾　北京市公安局海淀分局警务督察大队大队长、党支部书记

第十二届“首都见义勇为好市民”

马　震　鞠亚昆　史克军　庞志成　李小旗

首都“新时代好少年”

林子茜　北京市北达资源中学
徐若涵　清华大学附属小学
徐奥宇　中国人民大学附属小学
于小添　北京市八一学校
童钰洁　北京市二十一世纪国际学校

第一届“海淀工匠”

周军民　北京佳讯飞鸿电气股份有限公司
刘　树　北京四方继保自动化股份有限公司
雷海环　北京明天幼稚集团
王晓英　北京市海淀区实验小学
李　阳　海淀区精神卫生防治院
齐　峰　北京迪信通电子通信技术有限公司
王顺利　太平洋海底世界博览馆有限公司
赵建民　北京昊海建设有限公司
刘可晶　北京翠微可晶文化发展有限责任公司
梁海生　海淀区绿化三队

“感动海淀”十大文明人物

段淑珍（女）　北京市第十五届人民代表大会人大代表
戴　韡　中央财经大学金融学院金融工程系副教授、硕士生导师
王志勇　海淀区人民法院综合审判庭负责人
陈　岩（女）　海淀区教育党校常务副校长
李明爱　北京市中西医结合医院医生
牟宏磊　创客天下（北京）科技发展有限公司董事长
付英波　北京旷视科技有限公司总裁
范祥华　中国航天科工二院二部专业副总师
杨　煦（女）　羊坊店街道羊坊店社区党总支书记
黄乐平　北京义联劳动法援助与研究中心律师

先进集体

全国工人先锋号荣誉称号

博彦科技股份有限公司集智创新业务部

首都劳动奖状

中共北京市海淀区纪律检查委员会、北京市海淀区监察委员会
北京旷视科技有限公司
北京石油学院附属小学

北京市工人先锋号荣誉称号

国家税务总局北京市海淀区税务局第四税务所
北京超市发连锁股份有限公司学院路店
北京市海淀区北太平庄街道办事处城管执法队
用友网络科技股份有限公司云平台团队
二十一世纪空间技术应用股份有限公司卫星技术与预处理部
北京市海淀区人民法院民事审判第六庭

“感动海淀”团队特别奖

观礼嘉宾组织团队
阅兵服务保障团队
群游与志愿者保障团队
环境整治提升团队
联欢活动表演团队
安保和社会治安团队
游园服务保障团队
文明引导员群游海淀团队
海淀中小学生群游方阵团队
“五老”志愿宣讲团队
香山革命纪念地建设保障团队
宣传服务保障团队
北京理工大学国庆方阵团队
利亚德国庆视效服务团队

统计资料

2018年至2019年海淀区主要经济社会指标一览表

表21

项目	单位	2018	2019
人口与就业			
人口			
年末户籍人口	万人	238.8	241.1
年末常住人口	万人	335.8	323.7
户籍人口自然增长率	‰	3.7	7.4
户籍人口机械增长率	‰	16.9	11.5
劳动就业			
城镇登记失业率	%	0.95	0.92
城镇登记失业人员就业率	%	62.4	65.0
宏观经济			
国民经济核算			
地区生产总值	亿元	7369.1	7926.0
第一产业	亿元	1.6	1.6
第二产业	亿元	674.2	707.2
第三产业	亿元	6693.2	7217.2
人均地区生产总值	美元	32570.4	34843.0
投资			
全社会固定资产投资	亿元		
#房地产开发投资	亿元		
#住宅投资	亿元		
房地产业房屋施工面积	万平方米	1142.4	1152.3
房地产业房屋竣工面积	万平方米	145.5	156.9
财政			
区级一般公共预算收入	亿元	446.0	446.5
区级一般公共预算支出	亿元	659.3	697.0
产业			
农村经济			
农林牧渔业总产值	亿元	4.3	4.3
工业			
规模以上工业企业总产值	亿元	2517.8	2577.0
建筑业			
建筑业总产值	亿元	1970.0	1931.2
商业			
社会消费品零售总额	亿元	2873.1	2972.6
对外经济贸易			
新批项目数	个	338	363

续表 21

项目	单位	2018	2019
合同外资额	亿美元	225.6	64.9
实际利用外资额	亿美元	79.1	61.5
海关进出口总额	亿美元	383.0	365.9
进口额	亿美元	240.1	219.3
出口额	亿美元	142.9	146.6
金融			
银行存款余额	亿元	32089.0	35836.0
# 城乡居民储蓄存款余额	亿元	4623.9	5111.1
银行贷款余额	亿元	9482.9	10248.0
教育、科技、卫生			
教育			
中小学学校数	所	172	175
小学	所	84	85
普通中学	所	798	1
职业中学	所	9	9
中小学毕业生数	人	54458	59842
小学	人	23430	27129
普通中学	人	28742	29599
职业中学	人	2286	3114
科技			
技术合同成交总额	亿元	1747.2	1899.3
专利申请数	个	81873	85975
专利授权量	个	42768	48778
卫生			
卫生机构个数	个	1182	1257
卫生机构病床数	万张	1.33	1.35
卫生技术人员数	万人	3.46	3.71
每千人拥有执业医生人数	人	3.9	4.4
每千人拥有注册护士人数	人	4.5	5.0
每千人拥有医院床位数	张	4.0	4.1
生活与环境			
人民生活			
全区居民人均可支配收入	元	78178	84733
全区居民人均消费支出	元	52910	56630
劳动工资			
城镇单位从业人员平均人数	人	1972293	1848196
城镇单位在岗职工工资总额	亿元	3010.8	3234.5
城镇单位在岗职工平均工资	元	170411	198601
城市公共事业			
万元地区生产总值能耗	吨标准煤	0.10	0.09
城市绿化覆盖率	%	52.5	53.0
污水处理率	%	99.0	99.3
人均绿地面积	平方米	38.0	41.0
细颗粒物浓度（$PM_{2.5}$）年平均值	微克 / 立方米	50.04	0.0
园区经济			
海淀园			
总收入	亿元	23978.5	27459.4

2018 年至 2019 年海淀区地区生产总值一览表

表 22　　单位：亿元

行 业	2019 年	2018 年	不变价增速
合计	7926.0	7369.1	7.0
按产业类型分			
第一产业	1.6	1.6	-1.9
第二产业	707.2	674.2	5.8
第三产业	7217.2	6693.2	7.1
按行业类别分			
农、林、牧、渔业	1.8	1.8	-2.2
工 业	512.3	490.7	6.1
建筑业	196.0	184.5	5.1
批发和零售业	371.7	369.3	1.0
交通运输、仓储和邮政业	111.7	103.8	9.0
住宿和餐饮业	76.8	72.8	0.7
信息传输、软件和信息技术服务业	2718.7	2435.0	12.6
金融业	858.8	821.8	4.1
房地产业	332.4	316.7	5.5
租赁与商务服务业	270.4	242.6	5.7
科学研究和技术服务业	1076.8	1008.8	4.6
水利、环境和公共设施管理业	61.8	54.2	2.3
居民服务、修理和其他服务业	33.0	31.1	4.5
教育	716.7	669.9	2.7
卫生和社会工作	139.9	130.7	4.3
文化、体育和娱乐业	265.1	259.0	4.3
公共管理、社会保障和社会组织	182.1	176.2	5.0

2019年海淀区城镇单位从业人员与劳动报酬情况表

表23

项目	从业人员平均人数（人）	从业人员劳动报酬总额（万元）	从业人员平均劳动报酬（元）
合计	1848196	34362215	185923
按行业分			
农、林、牧、渔业	13	150	115231
采矿业			
制造业	89717	1617147	180250
电力、热力、燃气及水生产和供应业	1394	19243	138038
建筑业	79917	1031328	129050
批发与零售业	92765	1376981	148438
交通运输、仓储和邮政业	92133	1239634	134548
住宿和餐饮业	38275	309015	80735
信息传输、软件和信息技术服务业	537572	12303258	228867
金融业	77681	1467347	188894
房地产业	74039	745011	100624
租赁和商务服务业	88537	1465876	165566
科学研究和技术服务业	273076	5382190	197095
水利、环境和公共设施管理业	20710	278953	134695
居民服务、修理和其他服务业	11428	97889	85657
教育	231447	4114424	177770
卫生和社会工作	38436	864988	225046
文化、体育和娱乐业	47354	1247491	263439
公共管理、社会保障和社会组织	53702	801291	149211

2019年海淀区工业企业主要经济指标一览表

表24

单位：家、人、万元

项目	企业单位数	#亏损企业	工业总产值	从业人员平均人数	资产负债											
					资产总计	流动资产合计	#存货		#应收账款（净额）	固定资产净额	固定资产原价	负债合计	#流动负债合计		所有者权益合计	#实收资本
								#产成品						#应付账款		
合计	387	71	25770427	96569	51063410	31108566	6357543	2091722	8926324	2053458	3811020	24817244	23441956	10317544	26246163	7763194
按规模分组																
#大型	15	2	13847947	31364	17512726	13706313	3478797	1365001	3341444	796436	1335163	11628903	11178690	5993826	5883823	1553929
中型	53	9	5492808	28664	14245926	7657793	1065353	155070	2686874	573314	1259843	6222949	5859628	1869766	8022976	2521033
小型	301	56	6294486	35196	16198581	9512814	1750295	566765	2876327	673564	1197000	6493831	5961438	2426270	9704748	3368440
按隶属关系分																
中央	44	3	4693683	21807	11330008	6516501	1352440	289664	1587190	702328	1222842	4661034	4353343	1516217	6668973	2232373
地方	27	6	515855	5169	1845153	930125	135387	37220	233221	231888	339191	756150	620266	216347	1089002	494540
按登记注册类型分																
内资	337	59	11709952	72542	36286872	18641874	3352842	801765	5700326	1611604	2834345	14653904	13588523	4227519	21632965	7159241
国有	4		23081	517	89936	42032	1510	831	5097	34300	59672	60377	29326	6817	29559	18538
集体	2	***	***	***	***	***	***	***	***	***	***	***	***	***	***	***
股份合作	1		***	***	***	***	***	***	***	***	***	***	***	***	***	***
联营																
有限责任公司	140	19	6255311	33627	9628692	7580482	1691070	372245	2228814	815947	1399061	5244035	4942313	2144838	4384656	2054085
股份有限公司	75	20	3974698	25555	23635076	8927866	1230284	331023	2725939	568230	1050865	8165510	7536458	1724654	15469565	4504449
私营	115	18	1439451	12663	2876936	2059673	425236	95017	724416	185709	316474	1148283	1044727	341992	1728652	576138
其他																
港澳台商投资	17	3	12942421	14514	12714339	10897281	2745925	1249242	2956675	301451	485877	9577315	9318924	5891864	3137023	274902
外商投资	33	9	1118054	9513	2162199	1569411	258775	40716	269322	140403	490798	586024	534510	198161	1476175	329051

续表 24

项目	损益								
	营业收入	营业成本	税金及附加	销售费用	管理费用	研发费用	财务费用	利润总额	应交增值税
合计	36423315	30155609	131690	2158556	1107949	978075	94580	2739974	492002
按规模分组	21748596	19072095	56919						
# 大型	6393312	4506236	37008	1285289	408963	299729	−52786	1395862	137391
中型	8129026	6468901	36242	489719	283467	312108	54126	759900	222515
小型				380632	405766	354222	65957	593170	126509
按隶属关系分	5427306	4373454	28654						
中央	806680	670132	7431	132455	216484	273953	8179	509395	154768
地方				46846	50514	19812	−3324	54759	17249
按登记注册类型分	13611545	9952016	81003						
内资	39603	24548	1489	842783	737799	762353	170472	1349842	403628
国有	***	***	***	1501	5970	1726	−138	4740	465
集体	***	***	***	***	***	***	***	***	***
股份合作				***	***	***	***	***	
联营	7122953	5694042	35488.7						
有限责任公司	4841583	3285011	32330.9	265743	304127.6	352502	12199	564728	196970
股份有限公司	1588835	932560	11637.6	436920	292886.1	296506	143424	520817	137813
私营				137869	132308.5	111013	14430	260986	68171
其他	21479654	19297189	41516.5						
港澳台商投资	1332116	906404	9171	1235026	282479.3	147208	−67545	1163469	42334
外商投资				80747	87671	68514	−8346	226663	46040

2018年至2019年海淀园主要经济指标增长情况表

表25

项目	单位	2019年	2018年	2019年为2018年的%
总收入	亿元	27459.4	23978.5	114.5
#技术收入	亿元	7491.0	6065.5	123.5
产品销售收入	亿元	5780.8	5462.1	105.8
商品销售收入	亿元	10291.3	8759.8	117.5
实缴税费总额	亿元	872.8	904.7	96.5
出口总额	亿元	940.4	744.7	126.3
利润总额	亿元	1455.0	1355.2	107.4
园区企业数	家	12331	11354	108.6
#年收入亿元以上企业数	家	1723	1644	104.8
从业人员期末人数	万人	130.2	127.5	102.1
孵化器数	个	238	211	112.8
累计孵化企业数	家	22187	21126	105.0
加速器数	个	7	7	100.0
大学科技园数	个	19	19	100.0
#国家级大学科技园	个	13	13	100.0

2018年至2019年海淀园高新技术产业情况表

表26

项目	单位	2019年	2018年	2019年为2018年的%
总收入				
#电子与信息	亿元	20810.0	17352.0	119.9
生物工程和新医药	亿元	367.2	344.2	106.7
新材料及应用技术	亿元	1145.8	1125.5	101.8
先进制造技术	亿元	1081.9	962.2	112.4
新能源与高效节能技术	亿元	564.8	521.1	108.4
环境保护技术	亿元	487.9	516.2	94.5
利润总额				
#电子与信息	亿元	624.4	703.4	88.8
生物工程和新医药	亿元	32.1	39.4	81.5
新材料及应用技术	亿元	63.8	42.8	149.1
先进制造技术	亿元	289.0	141.4	204.4
新能源与高效节能技术	亿元	21.2	16.8	126.2
环境保护技术	亿元	30.4	37.2	81.7
实缴税费总额				
#电子与信息	亿元	577.4	603.8	95.6
生物工程和新医药	亿元	23.2	25.0	92.8
新材料及应用技术	亿元	22.9	28.3	80.9
先进制造技术	亿元	47.4	38.9	121.9
新能源与高效节能技术	亿元	16.0	20.1	79.6
环境保护技术	亿元	23.2	33.7	68.8
出口创汇总额				
#电子与信息	亿元	688.7	480.2	143.4
生物工程和新医药	亿元	22.2	12.7	174.8
新材料及应用技术	亿元	69.2	64.8	106.8
先进制造技术	亿元	31.9	16.2	196.9
新能源与高效节能技术	亿元	18.7	39.0	47.9
环境保护技术	亿元	0.7	1.0	70.0

2018年至2019年高新技术企业情况表

表27

项目	单位	2019年	2018年	2019年为2018年的%
从业人员期末人数	万人	130.2	127.5	102.1
工业总产值	亿元	2453.1	2412.4	101.7
总收入	亿元	27459.4	23978.5	114.5
#技术收入	亿元	7491.0	6065.5	123.5
产品销售收入	亿元	5780.8	5462.1	105.8
商品销售收入	亿元	10291.3	8759.8	117.5
实缴税费总额	亿元	872.8	904.7	96.5
#增值税	亿元	423.6	425.4	99.6
所得税	亿元	311.1	346.0	89.9
出口总额	亿元	940.4	744.7	126.3
#“三资”企业	亿元	556.8	375.4	148.3
利润总额	亿元	1455.0	1355.2	107.4
研究开发费用合计	亿元	1796.9	1477.8	121.6

2018年至2019年海淀园对外交流及国际化程度一览表

表28

项目	单位	2019年	2018年	2019年为2018年的%
国际化				
进出口总额	亿元	2177.0	2179.0	99.9
#出口总额	亿元	940.4	744.7	126.3
#技术服务出口	亿元	109.0	77.1	141.3
硕士学历以上人员	人	201514	191180	105.4
#留学归国人员	人	19037	16460	115.7
专利申请数	件	57197	48946	116.9
#欧美日专利申请数	件	3195	3453	92.5
专利授权数	件	29125	25474	114.3
#欧美日专利授权数	件	1677	1477	113.5
引进国外技术经费支出	亿元	1.9	1.0	192.2
#引进技术的消化吸收经费支出	亿元			
外资企业情况				
企业数	家	662	629	105.2
资产总计	亿元	9281.0	8793.5	105.5
总收入	亿元	10202.1	8715	117.1
利润总额	亿元	456.2	421.5	108.2
实缴税费总额	亿元	202.4	248.5	81.4

附 录

2019年海淀区国民经济和社会发展统计公报

一、人口

年末全区常住人口323.7万人，比上年末减少12.1万人。其中，常住外来人口123.7万人，占常住人口的比重为38.2%。常住人口出生率7.79‰，死亡率4.65‰，自然增长率3.14‰。年末全区户籍人口241.1万人，比上年末增加2.3万人。

2019年年末海淀区常住人口及构成一览表

表29

指标	年末人数（万人）	比重（%）
常住人口	323.7	100.0
按性别分：男性	164.9	50.9
女性	158.8	49.1
按年龄组分：0–14岁	32.6	10.1
15–59岁	234.4	72.4
60及以上	56.7	17.5
其中：65及以上	39.4	12.1

二、综合

经济增长：初步核算，全年实现地区生产总值7926.0亿元，按可比价格计算，比上年增长7.0%。分产业看，第一产业实现增加值1.6亿元，下降1.9%；第二产业实现增加值707.2亿元，增长5.8%；第三产业实现增加值7217.2亿元，增长7.1%。三次产业结构为0.02∶8.92∶91.06。按常住人口计算，全区人均地区生产总值达到24.0万元。

2018年至2019年海淀区地区生产总值一览表

表30

指标	绝对数		比重（%）		2019年比2018年增长（%）
	2019年	2018年	2019年	2018年	
地区生产总值	7926.0	7369.1	100.0	100.0	7.0
按产业分					
第一产业	1.6	1.6	0.02	0.02	–1.9
第二产业	707.2	674.2	8.92	9.15	5.8
第三产业	7217.2	6693.2	91.06	90.83	7.1
按行业分					
农、林、牧、渔业	1.8	1.8	0.02	0.02	–2.2
工业	512.3	490.7	6.5	6.7	6.1
建筑业	196.0	184.5	2.5	2.5	5.1
批发和零售业	371.7	369.3	4.7	5.0	1.0

续表 30

指标	绝对数		比重（%）		2019 年比 2018 年增长（%）
	2019 年	2018 年	2019 年	2018 年	
交通运输、仓储和邮政业	111.7	103.8	1.4	1.4	9.0
住宿和餐饮业	76.8	72.8	1.0	1.0	0.7
金融业	858.8	821.8	10.8	11.2	4.1
房地产业	332.4	316.7	4.2	4.3	5.5
其他服务业	5464.5	5007.6	68.9	68.0	8.2

财政收入：区级一般公共预算收入完成 446.5 亿元，比上年增长 0.1%。其中，增值税 155.5 亿元，增长 1.2%；企业所得税 99.0 亿元，下降 12.4%。

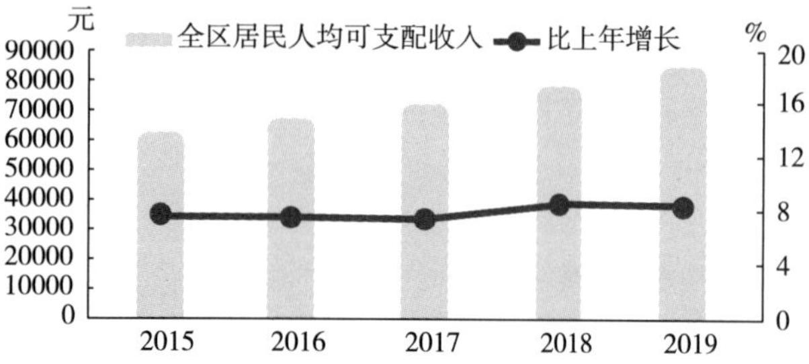

图 1　2015-2019 年区级一般公共预算收入及增速

金融：全区各类金融机构达 3170 家，其中银行机构 816 家，保险机构 293 家，证券机构 160 家。年末全区中资银行人民币存款余额 35836.0 亿元，其中个人储蓄存款 7188.0 亿元。人民币贷款余额 10248.0 亿元，其中短期贷款 3479.4 亿元，中长期贷款 6673.2 亿元。

2019 年年末中资银行人民币存贷款余额一览表

表 31　　　　　　　　　　　　　　单位：亿元

指标	年末数	比年初增加额
各项存款余额	35836.0	3747.0
其中：单位存款	25311.8	1942.1
个人存款	7188.0	934.6
其他存款	3336.1	870.3
各项贷款余额	10248.0	765.1
其中：境内短期贷款	3479.4	220.9
境内中长期贷款	6673.2	499.8

三、人民生活和社会保障

人民生活：全年全区居民人均可支配收入 84733 元，比上年增长 8.4%。全年全区居民人均消费支出 56630 元，比上年增长 7.0%。

就业：年末实有登记失业人数 10597 人，其中，城镇户籍登记失业人员 10004 人，农村户籍登记失业人员有 593 人；全区城镇登记失业率为 0.92%；城镇登记失业人员就业率 64.97%，比上年提高了 2.56 个百分点。

社会保障：年末参加基本养老、基本医疗、失业、工

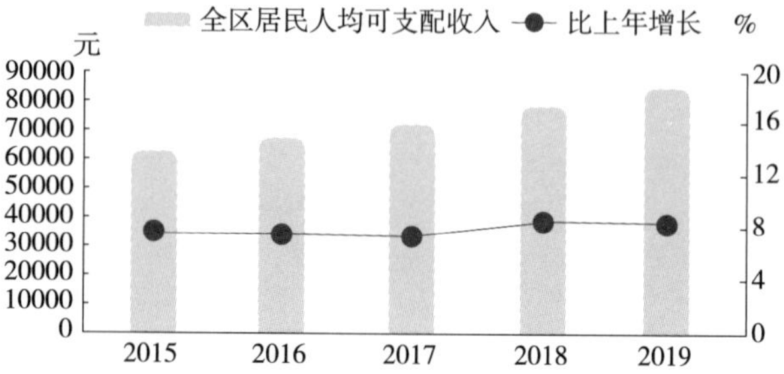

图 2　2015-2019 年全区居民人均可支配收入及增速

伤和生育保险人数分别为 296.8 万人、370.0 万人、254.7 万人、236.0 万人和 222.9 万人，分别比上年末增长 13.2 万人、10.9 万人、13.8 万人、12.7 万人和 11.7 万人。

年末参加城乡居民养老保险人数 1.1 万人。城乡居民养老保险续保率达 96.0%，与上年持平。

全区享受最低生活保障的城市居民为 60521 人次，享受最低生活保障的农村居民为 767 人次。

四、农业

全区农业观光园 87 个，比上年增加 11 个；实现总收入 8989.6 万元，比上年增长 47.5%。民俗旅游接待 2.1 万人次，比上年下降 44.0%；实现总收入 149.6 万元，比上年下降 35.5%。全区实现农林牧渔业总产值 4.27 亿元，比上年下降 0.7%。其中，农业实现产值 1.5 亿元，比上年增长 20.3%。

五、工业和建筑业

工业：全年规模以上工业企业实现工业总产值 2577.0 亿元，比上年增长 2.4%。其中，计算机、通信和其他电子设备制造业实现产值 1062.0 亿元，增长 3.5%。高技术制造业实现产值 1885.8 亿元，增长 2.6%。

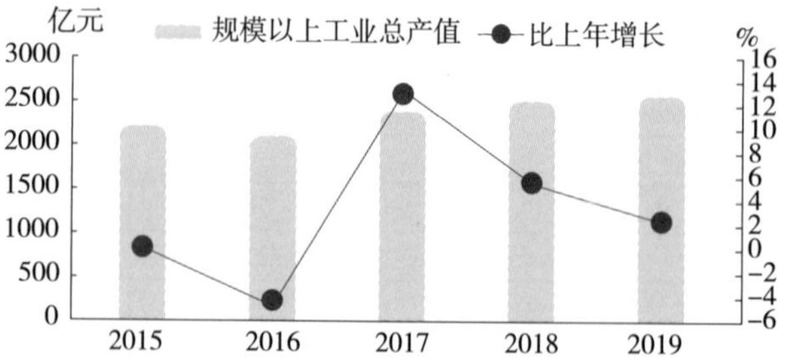

图 3　2015-2019 年工业总产值及增速

建筑业：全区具有资质等级的总承包和专业承包建筑业企业完成建筑业总产值 1931.2 亿元，比上年下降 2.0%。

其中，在本市完成产值626.1亿元，增长13.9%。实现竣工产值796.5亿元，增长26.2%。

六、固定资产投资和房地产开发

固定资产投资：固定资产投资（不含农户）比上年增长2.1%。按行业分，电力、热力、燃气及水生产和供应业，科学研究和技术服务业，卫生和社会工作的投资实现较快增长，投资增速分别为1.7倍、63.0%、47.3%。

房地产开发：全年房地产开发投资比上年增长30.6%。年末全区房屋施工面积1152.3万平方米，比上年末增长0.9%，其中，本年新开工面积194.1万平方米，增长1.9%。房屋竣工面积156.9万平方米，增长7.8%。商品房销售面积49.4万平方米，增长86.8%。

七、市场消费、对外经济

市场消费：全年实现社会消费品零售总额2972.6亿元，比上年增长3.5%。

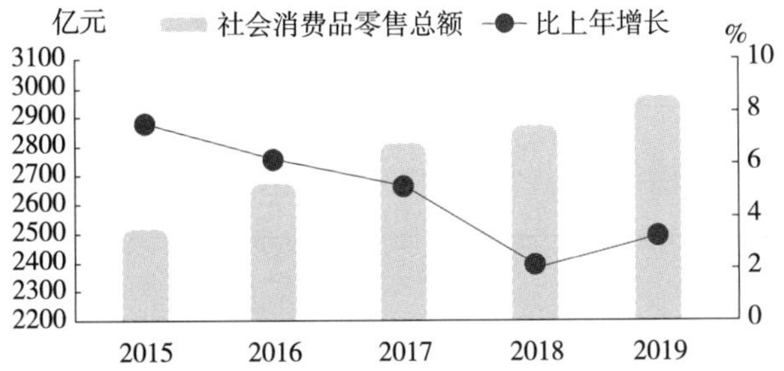

图4 2015-2019年社会消费品零售总额及增速

对外经济：全区进出口总额365.9亿美元，比上年下降4.5%。其中进口额219.3亿美元，下降8.7%；出口额146.6亿美元，增长2.6%。全年吸收合同外资64.9亿美元，比上年下降71.2%；实际利用外资额61.5亿美元，下降22.2%。

八、教育、科技、文化、卫生和体育

教育：全区共有普通中学81所，在校生10.6万人，毕业生2.96万人。小学85所，在校生17.3万人，毕业生2.7万人。幼儿园185所，在园幼儿6.7万人。中等职业学校9所，在校生6310人，毕业生3114人。特殊教育在校生1112人，毕业生87人。

全区中小学幼儿园共有教职工3.6万人，其中特级教师、市级骨干教师和市级学科带头人共595人。35岁以下教师占比40.7%；高级以上职称教师占比18.8 %。

科技：全区专利申请量与授权量分别为8.6万件和4.9万件，分别比上年增长5.0%和14.1%。其中，发明专利申请量与授权量分别为6.0万件和2.7万件，分别增长8.7%和20.0%。全年签订技术合同5.3万项，技术合同成交总额1899.3亿元，增长8.7%。区内各企、事业单位获国家技术发明奖10项，国家科学技术进步奖27项，国家自然科学奖12项。

文化：年末区属公共图书馆总藏量172.1万册，全年借阅人次239.8万人次；文化馆组织文艺活动435次；博物馆举办展览4次，参观人数共计4.69万人次。

卫生：全区共有卫生机构1257个，比上年末增加75个，其中，医院94个，社区卫生服务中心48个。共有卫生技术人员3.7万人，其中执业医师1.4万人，注册护士1.6万人。医疗机构总诊疗3280万人次。婴儿死亡率1.2‰。全年报告甲乙类传染病发病率106.08/10万。

体育：全区公共体育场馆243个；全民健身工程1364个；群众参与各类体育活动10.3万人次。全区运动员共获得全国性比赛奖牌1204枚，其中金牌480枚，银牌368枚，铜牌356枚。

九、资源环境

水资源：全年水资源总量1.5亿立方米，比上年下降4.9%。全年总用水量3.1亿立方米，比上年下降3.7%，其中生活用水2.4亿立方米，增长0.9%；工业用水1191万立方米，下降2.8%；农业用水431万立方米，增长13.1%。

环境：全区城市污水处理率为99.3%，比上年提高0.3个百分点。年均细颗粒物浓度（PM2.5）40微克/立方米，比上年下降20.0%。二氧化氮和二氧化硫年均浓度值分别为38微克/立方米和4微克/立方米。

城市绿化覆盖率为53.0%，比上年提高0.46个百分点。全区人均公园绿地面积为13.95平方米，比上年增加0.03平方米。

公报注释：

1. 本公报中2019年数据为初步数。

2. 地区生产总值及各产业增加值总量按当年价格核算，增速按不变价核算，历史数据根据第四次全国经济普查结果进行修订。

3. 规模以上工业企业是指年主营业务收入2000万元及以上的全部法人工业企业；限额以上批发零售企业是指年主营业务收入2000万元及以上的批发企业和年主营业务收入500万元及以上的零售企业。

4. 卫生机构和卫生技术人员等相关数据不含部队隶属医院数据。

5. 公报中部分数据合计数或相对数由于计量单位取舍不同而产生的计算误差，均未作机械调整。

资料来源：

本公报中户籍人口数据来自北京市统计局；财政数据来自海淀区财政局；金融机构数据来自海淀区金融服务办公室；就业、社会保障数据来自海淀区人力资源和社会保障局；进出口数据来自海淀区商务局；教育数据来自海淀区教育委员会；专利数据来自科学技术和经济信息化局；公共图书馆、文化馆数据、博物馆数据来自海淀区文化和旅游局；卫生数据来自海淀区卫生健康委员会；体育数据来自海淀区体育局；水资源及污水处理数据来自海淀区水务局；空气质量数据来自海淀区生态环境局；城市绿化数据来自海淀区园林绿化局；全区居民收支数据来自国家统计局海淀调查队；其他数据来自北京市海淀区统计局、北京市海淀区经济社会调查队。

2019年中共海淀区委文件一览表

表32

序号	文 号	标题	印发日期
1	京海发〔2019〕1号	关于印发《区委常委会2019年工作要点》的通知	2019.3.5
2	京海发〔2019〕2号	印发《海淀区关于开展质量提升行动的实施方案》的通知	2019.3.6
3	京海发〔2019〕3号	关于印发《北京市海淀区机构改革方案》的通知	2019.3.20
4	京海发〔2019〕4号	关于调整组建区委全面深化改革委员会的通知	2019.3.22
5	京海发〔2019〕5号	关于撤销区法制办等单位党组、设立区民族宗教办等单位党组的决定	2019.3.23
6	京海发〔2019〕6号	关于印发《海淀区提升教育现代化水平建设教育强区行动计划（2019—2022年）》	2019.5.28
7	京海发〔2019〕8号	关于命名表彰海淀区非公科技领域优秀共产党员、优秀党务工作者、先进党组织以及命名“党建挚友”的决定	2019.8.23
8	京海发〔2019〕9号	关于印发《关于在全区开展“不忘初心、牢记使命”主题教育的实施方案》的通知	2019.9.10
9	京海发〔2019〕10号	关于撤销中共北京市海淀区档案馆党组的决定	2019.9.19
10	京海发〔2019〕11号	关于中共北京市海淀区城市管理综合行政执法监察局党组更名的决定	2019.9.19
11	京海发〔2019〕14号	关于新时代加强和改进人大工作的意见	2019.10.28
12	京海发〔2019〕15号	海淀区贯彻落实《2018—2022年北京市干部教育培训规划》的实施意见	2019.11.4
13	京海发〔2019〕16号	印发《中共北京市海淀区委关于新时代加强和改进人民政协工作的实施意见》的通知	2019.12.20

2019 年海淀区人民政府文件一览表

表 33

文 号	标题	印发日期
海政发〔2019〕1 号	关于印发 2019 年《政府工作报告》的通知	2019.1.23
海政发〔2019〕2 号	关于印发《北京市海淀区国民经济和社会发展第十三个五年规划纲要（修订）》的通知	2019.2.3
海政发〔2019〕3 号	关于落实向区人大常委会报告国有资产管理情况制度的实施意见	2019.3.18
海政发〔2019〕4 号	关于印发本区 2019 年建安工程投资推进方案的通知	2019.3.28
海政发〔2019〕5 号	关于印发《海淀区提升消费能级提高生活品质三年行动计划（2019—2021 年）》的通知	2019.5.6
海政发〔2019〕6 号	关于印发《2018 年海淀区法治政府建设情况报告》的通知	2019.5.23
海政发〔2019〕8 号	关于印发《2019 年第二批海淀区政府投资建设项目安排方案》的通知	2019.8.9
海政发〔2019〕10 号	关于印发本区法治政府建设工作规定的通知	2019.9.6
海政发〔2019〕11 号	关于印发《海淀区行政复议和应诉工作规定》的通知	2019.9.23
海政发〔2019〕12 号	关于印发《海淀区行政规范性文件制定和管理工作规定》的通知	2019.9.24
海政发〔2019〕13 号	关于下达海淀区 2019 年度符合政府安排工作条件退役士兵安置指标的通知	2019.9.30
海政发〔2019〕14 号	关于印发《海淀区道路环境卫生工作分级分类实施方案（2019 年修订）》的通知	2019.10.28
海政发〔2019〕15 号	关于印发《海淀区进一步优化营商环境行动计划》的通知	2019.11.25
海政发〔2019〕16 号	关于北京大学附属中学体育馆Ⅱ期及综合楼项目的房屋征收决定	2019.12.4
海政发〔2019〕17 号	关于印发《2020 年第一批海淀区政府投资建设项目安排方案》的通知	2019.12.24

2019年海淀区行政区划基本情况一览表

表34

序号	地区	社区居委会	村委会	辖区面积（平方千米）
	全区	581	63	430.77
1	万寿路街道	35		8.78
2	羊坊店街道	31		6.61
3	甘家口街道	24		6.49
4	八里庄街道	32		6.49
5	紫竹院街道	22		6.23
6	北下关街道	31		6.04
7	北太平庄街道	32		5.17
8	海淀街道	32		6.90
9	中关村街道	30		5.28
10	学院路街道	29		8.49
11	清河街道	29		9.37
12	青龙桥街道	20		18.59
13	香山街道	6		20.40
14	西三旗街道	27		8.23
15	马连洼街道	18		10.74
16	花园路街道	26		6.33
17	田村路街道	31		7.77
18	上地街道	12		9.52
19	曙光街道	17		5.45
20	燕园街道	7		1.84
21	清华园街道	9		3.49
22	永定路街道	16		1.45
23	东升镇	8	3	8.28
24	海淀镇	2	4	4.79
25	四季青镇	12	13	40.83
26	西北旺镇	15	8	51.02
27	温泉镇	13	2	33.23
28	苏家坨镇	9	14	84.51
29	上庄镇	6	19	38.45

组织机构负责人名录

中共海淀区委员会

书　记　于　军
副书记　戴彬彬（6月免）
副书记　曾　劲（6月任）　孟景伟（11月任）
常　委　肖韵竹（女）（2月免）　高念东（10月免）
　　　　孟景伟　周志军（女）　鲍　雷（7月任）
　　　　李俊杰　张劲林　田敬军　吴计亮（9月任）
　　　　张欣欣（女，挂职，2月免）

海淀区人民代表大会常务委员会

主　任　刘长利
副主任　王鲁豫　臧桂武　杨　莉（女）
　　　　刘佩金　邓佑玲（女，土家族）

海淀区人民政府

区　长　戴彬彬（6月免）
　　　　曾　劲（6月任副区长、代区长）
常务副区长　孟景伟（12月免）
常务副区长　李俊杰（12月任）
副区长　陈　双（女）
　　　　刘圣国（12月免）
　　　　梁　爽　谭　权
　　　　张若冰　沙海江
　　　　徐洁勤（12月免）
　　　　崔坤军（4月任，挂职至2020年3月）

中国人民政治协商会议北京市海淀区委员会

主　席　刘　勇（1月任）
副主席　刘　恪（女，12月免）　丁志明
　　　　陈　双（女，12月任）　胡淑彦（女）
　　　　杨剑飞（12月任）　张维佳（12月免）
　　　　王玉梅（女）　徐凤芹（女）

中共北京市海淀区纪律检查委员会、北京市海淀区监察委员会

纪委书记、监委主任　肖韵竹（女，3月免）
纪委书记、监委代主任　鲍　雷（7月任）
纪委副书记、监委副主任　李传峰（9月免）
　　　　刘志平（12月免）
　　　　杨　科（12月任）
　　　　杜陈生（12月任）

北京市海淀区人民法院

党组书记、院长　焦慧强（5月免）
党组书记、副院长、代理院长　邵明艳（6月任）

北京市海淀区人民检察院

党组书记、检察长　刘　惠（1月任）

民主党派、工商联

中国国民党革命委员会北京市海淀区工作委员会
　主任委员　汤维建
中国民主同盟北京市海淀区委员会
　主任委员　张维佳
中国民主建国会北京市海淀区委员会
　主任委员　王玉梅（女）
中国民主促进会北京市海淀区委员会
　主任委员　邓佑玲（女，土家族）
中国农工民主党北京市海淀区委员会
　主任委员　徐凤芹（女）
中国致公党北京市海淀区委员会
　主任委员　安雪晖
九三学社北京市海淀区委员会
　主任委员　叶培贵
台湾民主自治同盟北京市海淀区工作委员会
　主任委员　杨　旭
北京市海淀区工商业联合会
　主　席　陈　双（女）
　党组书记、副主席　卢克玉

群众团体

区总工会　主席　胡淑彦（兼）
团区委　书记　文思君
区妇联　主席　车苇歆（女）
区文联　主席　苗　地
区侨联　主席　石　岳（女）
区残联　理事长　张春华
区科协　主席　白春礼（中国科学院院长）

	常务副主席	李云飞
区红十字会	会长	刘圣国（兼，10月免）
		张共冰（兼，10月任）
	常务副会长	张立红

中共北京市委中关村科学城工作委员会、中关村科学城管理委员会（8月组建）

党工委	书记	于　军（兼）
	副书记	曾　劲（兼）
	副书记	李俊杰（兼）
党工委	委员	吴宝华
		林剑华
		王　斌（女）
		舒毕磊
		申宏艳（女）
		刘　莉（女）
管委会	主任	曾　劲（兼）
	常务副主任	李俊杰（兼）
	副主任	金勤献（兼）
	专职副主任	吴宝华
	专职副主任	林剑华
科技创新部	部长	
产业发展部	部长	林剑华
创新服务部	部长	
海淀区科学技术和经济信息化局		
	局长	
海淀区知识产权局		
	局长	
综合事务部组织人事处处长、非公党建工作处（统战部）		
	处长	王　斌（兼）
产业发展部产业促进一处		
	处长	舒毕磊
综合事务部综合协调处、财务审计处		
	处长	申宏艳（兼）
区纪委区监委驻中关村科学城党工委、管委会纪检监察组		
	组长	刘　莉（女）
产业发展部产业促进二处		
	处长	何建吾
创新服务部知识产权处		
	处长	刘向阳
科技创新部规划发展处		
	处长	王春生
产业发展部产业空间管理处		
	处长	杜嘉宁
创新服务部服务体系建设处		
	处长	刘　钊

中关村科技园区海淀园管理委员会 区科学技术和经济信息化局（3月组建，3月不再保留海淀区科学技术委员会）

主任		李俊杰（兼，11月免）
常务副主任（区科委主任）		林剑华（3月免）
副主任		胡　岩（10月免）
办公室	主任	胡　岩（10月免）
科技发展处	处长	空缺
服务体系建设处	处长	空缺
对外合作处	处长	空缺
企业发展促进处（区经济和信息化办公室、区政府信息办）		
	处长（主任）	何建吾
知识产权处（海淀区知识产权局、行政审批处）		
	处长（局长）	刘向阳（11月免）
投资促进处（区投资促进局）		
	处长（局长）	任加浩（11月免）
产业规划处	处长	舒毕磊
区科学技术和经济信息化局局长		林剑华（3月任）

海淀区北部地区开发建设委员会办公室（中关村大街建设办公室，8月撤销）

主　任　高志庆

副主任　申桂芳（女）　魏　星　唐京丰

胡　岩（11月任）　刘培宝（兼）

周　波（兼）　陈晓智（兼）

马光耀（兼，9月免）

张洪雨（兼，3月免）　尹　刚（兼）

区委系统

区委办公室（3月挂区委保密委员会办公室、区委机要局牌子）	主任	高念东（11月免）
	常务副主任	张红林（女）
组织部（挂区公务员局牌子）		
	部长	周志军（女）
	常务副部长	甘丽平（女）
宣传部（挂新闻出版局、区政府新闻办公室牌子）		
	部长	张劲林
	常务副部长	黄　英（女）
区委区政府研究室	主任	王世松
统一战线工作部（挂区政府侨务办公室牌子）		
	部长	周志军（女）
	常务副部长	刘　珍（女）
台湾工作办公室	主任	王　锋
区委政法委员会	书记	吴计亮
	常务副书记	王勇禄

副书记 郑海洋（兼）
谭 权（兼）
王际宝（3月任）
杨秀成（兼）
沙海江（兼）

区维护社会稳定工作领导小组办公室（为区委政法委内设机构） 主任 王勇禄（兼）

社会管理综合治理委员会办公室（与区委政法委合署办公，3月不再设立） 主任 王际宝

区流动人口和出租房屋管理委员会办公室（3月不再设立）
主任 孙金春（3月免）

区直属机关工作委员会 书记 苏德琴

区精神文明建设委员会办公室（设在区委宣传部）
主任 杨军昌

老干部局 局长、党组书记 黄春明（3月免）
赵静国（4月任）

人民武装部 政委 田敬军
部长 黄世斌

中共海淀区委党校（海淀区行政学院）
校长、院长 刘 勇（2月免）
常务副校长（常务副院长） 何昭瑾

区党史地方志办公室 主任 李 强

区委机构编制委员会办公室 主任 张京玲（女）

区委网络安全和信息化委员会办公室
主任 黄 英（女）

区委巡察办 主任 陈 熙（11月任）

区人大常委会机关

办公室 主任 吴琢如（女）

研究室 主任 俞昌吉（朝鲜族）

代表联络室 主任 孙大钧

财政经济工作委员会办公室 主任 白 莉（女）

法制办公室 主任 李友成

教科文卫体办公室 主任 郭景玉

城建环保办公室 主任 郭少东

农村办公室 主任 赵德法

预算审查办公室 主任 那 梅（女，满族）

区政府系统

区长助理 靳 晖
丛轶弢（2月任）

区商务委员会（3月更名区商务局）
党组书记 王 澎（女）
主任 王 澎（女，3月免）
局长 王 澎（女，3月任）

区教育委员会（与区委教育工作委员会、区政府教育督导室合署办公，3月挂区政府教育督导室牌子）
主任 王 方

区委教育工作委员会 书记 尹丽君（女，回族）

区政府教育督导室 主任 乔 键（11月免）

区教育科学研究院 院长 吴颖惠

区政务服务办公室（3月不再保留）
党组书记、主任 马学印（3月免）

海淀区政务服务管理局
党组书记、局长 马学印（3月任）

区民政局 局长、党组书记 李大成

区委社会工委区民政局（3月，区委社会工委与区民政局合署办公） 书记 李大成（3月免）
王玉芳（3月任）
局长 李大成

区司法局（3月组建）
局长、党组书记 周玉鑫（3月任）

区财政局 局长、党组书记 程培衡

区人力资源和社会保障局
局长、党组书记 李卫华

区城市服务管理指挥中心（3月不再保留区突发事件应急委员会办公室牌子）
主任、党组书记 李 伟

区城市管理委员会（挂区交通委员会牌子）
主任、党组书记 赵 寒

区住房和城乡建设委员会（挂区人民政府房屋征收办公室牌子） 主任、党组书记 张世芳

区房屋管理局（3月挂区住房保障办公室牌子）
局长 刘 件（7月免）
辛 果（12月任）

区农村工作委员会（挂区动物卫生监督管理局牌子，与区委农村工作委员会合署办公，3月不再保留）
书记 王桐慧（3月任）
主任 王桐慧（3月免）

区农业农村局（3月组建） 局长 王桐慧（7月免）
张春明（7月任）

区文化委员会（3月不再保留）
书记、主任 陈 静（女）

区文化和旅游局（3月组建）
书记 孙鹏利（3月任）
局长 陈 静（女，3月任）

区旅游发展委员会（3月不再保留）
党组书记 曹宇明（女，3月免）
主任 曹宇明（女，3月免）

区委卫生工作委员会 书记 甄 蕾（兼）

区卫生和计划生育委员会（3月不再保留）
党组书记 甄 蕾（女，3月免）
主任 李劲涛（3月免）

区卫生健康委员会（3月组建）
主任 李劲涛（3月任）
区政府公共服务委员会（3月不再保留）
主任 甄 蕾（女，3月免）
区发展和改革委员会
主任、党组书记 李 泉
区金融办公室 主任、党组书记 刘建民
区人民政府国有资产监督管理委员会
主任、党委书记 魏开锋
区审计局 党组书记、局长 王彩霞（女）
区安全生产监督管理局（3月不再保留）
党组书记、局长 刘磊刚（3月免）
区应急管理局（3月组建）
局长 刘磊刚（3月任）
区环境保护局（3月不再保留）
局长 仲良喜（3月免）
区生态环境局（3月组建）
局长 张洪雨（3月任）
党组书记 刘培恩
区统计局 局长 王凌志
党组书记 鲁贵黎
区水务局 局长、党组书记 马光耀
区体育局 局长 张彦祥
党组书记 崔仲军
区民族宗教侨务办公室
党组书记 田桂茹（女，满族）
主任 田桂茹（女，满族，3月免）
区民族宗教事务办公室（3月更名）
主任 田桂茹（女，满族，3月任）
区法制办公室（3月不再保留）
党组书记 王勇禄
主任 王勇禄（3月免）
区社会建设工作办公室（3月不再保留）（与区委社会工作委员会合署办公） 书记 王玉芳
主任 王玉芳（3月免）
区委区政府信访办公室（3月更名区信访办公室）
党组书记、主任 赵立华
区民防局（3月更名区人民防空办公室）
局长 王京立（3月免）
党组书记 陆 平（3月任）
区城管执法监察局 局长 王志伟
党组书记 石立峰
海淀区市场监督管理局（加挂区食品药品安全委员会办公室牌子，3月组建）
党组书记、局长 刘春梅（女，3月任）
区政务服务管理局（3月组建）
局长 马学印（3月任）
区退役军人事务局（3月组建）
局长 石立峰（3月任）
区新闻中心 主任、党总支书记 王言敏
区环境卫生服务中心 主任 郑秀山
区园林绿化局（区绿化委员会办公室）
局长（主任） 林 航
党组书记 肖敏鹏
区医疗保障局（3月组建） 局长 黄春明（3月任）
圆明园管理处 主任 李 博
区机关事务管理处
处长、党总支书记 于 锋
区地震局 局长、书记 刘振华（4月免）
区档案局（馆）
局长（馆长）、党组书记 孙俊宏（女）
区档案馆（3月挂牌）
馆长 孙俊宏（女）
区农村合作经济经营管理站（与区农村经济与集体资产管理办公室实行一套机构两块牌子合署办公）
站长、党组书记 常印怀

区政协机关

秘书长 杨剑飞
办公室 主任 刘 玲（女）
研究室 主任 党慧海
专委会工作一室 主任 刘 彦（女）
专委会工作二室 主任 吴明波
专委会工作三室 主任 刘秀荣（女）
专委会工作四室 主任 周文健（女）
专委会工作五室 主任 王欣焕（女）
专委会工作六室 主任 孙继光

垂直领导单位

北京市公安局海淀分局 局长 谭 权
政委 刘少波
北京市公安局公安交通管理局海淀交通支队
队长 刘春利
政委 （空缺）
海淀区消防救援支队（5月由海淀区消防支队更名）
队长 李广耐
政委 李久义
北京市国家安全局海淀分局
局长 杨秀成
北京市工商行政管理局海淀分局（3月不再保留）
局长、党组书记 刘春梅（女，3月免）
国家税务总局北京市海淀区税务局
党委书记、局长 武立煌

海淀区食品药品监督管理局（3月不再保留）
局长、党组书记 李红杰
海淀区质量技术监督局（3月不再保留）
局长、党组书记 朱玉兵
海淀区气象局
局长、党组书记 刘建忠
北京市规划和国土资源管理委员会海淀分局（不再保留）
局长 陈朝晖（4月免）
党组书记 陈朝晖（3月免）
北京市规划和自然资源委员会海淀分局（3月组建）
党组书记 陈朝晖（3月任）
局长 陈朝晖（4月任）
海淀区烟草专卖局（公司）
局长、经理、党组书记 张秀武
海淀海关 关长 杨得泉
国家市场监督管理总局知识产权局驻中关村国家自主创新示范区办事处 主任 梁爱民

街道

万寿路街道 党工委书记 白建平
办事处主任 杜陈生
羊坊店街道 党工委书记 寇 平
办事处主任 孙笑庸
甘家口街道 党工委书记 李振山（9月免）
张俊峰（9月任）
办事处主任 孙 鹏
八里庄街道 党工委书记 曾 涛
办事处主任 姜之波（9月免）
李云驰（9月任）
紫竹院街道 党工委书记 王曼瑜（女）
办事处主任 常增玉
北下关街道 党工委书记 张泽根（3月免）
李红杰（3月任）
办事处主任 周建瓴
北太平庄街道 党工委书记 齐明军
办事处主任 王树彦
海淀街道 党工委书记 陈国启
办事处主任 张 伟
中关村街道 党工委书记 许 云
办事处主任 王翔宇（9月免）
董智杭（11月任）
学院路街道 党工委书记 冯志明（5月任）
办事处主任 李恺彦（9月免）
郑 鹏（9月任）
清河街道 党工委书记 米 佳
办事处主任 陈 兵
青龙桥街道 党工委书记 聂俊杰
办事处主任 王 方（11月免）
邬斌锋（11月任）
香山街道 党工委书记 钟福林
办事处主任 刘来奇
西三旗街道 党工委书记 张启兵
办事处主任 曹玉明（女）
马连洼街道 党工委书记 朱利忠
办事处主任 刘永泉
花园路街道 党工委书记 高 毅
办事处主任 胡宗江
田村路街道 党工委书记 张之放
办事处主任 杜 宇（5月免）
孙金春（5月任）
上地街道 党工委书记 毕淑琴
办事处主任 孙连红
曙光街道 党工委书记 冀国瑞
办事处主任 胡宏宇（蒙古族）
燕园街道 党工委书记 杨学祥
办事处主任 严敏杰（6月免）
杨兴文（6月任）
清华园街道 党工委书记 高 斌
办事处主任 许立冬
永定路街道 党工委书记 王新明
办事处主任 李啸龙（11月免）
杜 宇（11月任）

镇（地区）

东升镇（东升地区）
党委（党工委）书记 武 凯
镇长（办事处主任） 张文涛（6月免）
刘 件（6月任）
海淀镇（万柳地区）
党委（党工委）书记 苏建华（女）
镇长（办事处主任） 朱海斌
四季青镇（四季青地区）
党委（党工委）书记 陈爱清
镇长（办事处主任） 薛飞飞
西北旺镇（西北旺地区）
党委（党工委）书记 赵小云（女）
镇长（办事处主任） 尹 刚
温泉镇（温泉地区）
党委（党工委）书记 方海强
镇长（办事处主任） 张洪雨（5月免）
张国斌（5月任）
苏家坨镇（苏家坨地区）
党委（党工委）书记 张春明（5月免）
张文涛（5月任）

镇长（办事处主任） 刘培宝

上庄镇（上庄地区）

党委（党工委）书记 刘　涵（女）

镇长（办事处主任） 周　波（6月任）

玉渊潭农工商总公司

党委书记、总经理 杨　琪

索 引

说 明

1. 本索引采取主题索引，也称内容分析索引法编制。主题词以《北京海淀年鉴（2020）》正文中出现的专业名词或名词词组、机构名等为主。

2. 索引的文字部分称为标目，标目之后的数字为其在正文中出现的页码，数字后的英文字母（a、b、c）表示正文中的栏别（从左至右）。部分标目后面有若干个页码，则表示该标目均在这些页码出现。

3. 本索引按汉语拼音音序排列，汉字打头的标目按首字母的音序音调依次排列，首字相同时，则以第二字排序，依此类推；以阿拉伯数字打头的主题词，排在最前面；以英文字母打头的主题词，列于其次。

4. 类目中的《党和国家领导人与海淀》《特载》《专文》《附录》栏目内容不在索引范围内。

1~9

A~Z

A

B

C

D

E

F

G

H

J

K

L

M

N

P

Q

R

S

W

X

Y

Z